[MIRROR]
理想国译丛
066

i
imaginist

想象另一种可能

理
想
国
imaginist

理想国译丛序

"如果没有翻译,"批评家乔治·斯坦纳(George Steiner)曾写道,"我们无异于住在彼此沉默、言语不通的省份。"而作家安东尼·伯吉斯(Anthony Burgess)回应说:"翻译不仅仅是言词之事,它让整个文化变得可以理解。"

这两句话或许比任何复杂的阐述都更清晰地定义了理想国译丛的初衷。

自从严复与林琴南缔造中国近代翻译传统以来,译介就被两种趋势支配。

它是开放的,中国必须向外部学习;它又有某种封闭性,被一种强烈的功利主义所影响。严复期望赫伯特·斯宾塞、孟德斯鸠的思想能帮助中国获得富强之道,林琴南则希望茶花女的故事能改变国人的情感世界。他人的思想与故事,必须以我们期待的视角来呈现。

在很大程度上,这套译丛仍延续着这个传统。此刻的中国与一个世纪前不同,但她仍面临诸多崭新的挑战。我们迫切需要他人的经验来帮助我们应对难题,保持思想的开放性是面对复杂与高速变化的时代的唯一方案。但更重要的是,我们希望保持一种非功利的兴趣:对世界的丰富性、复杂性本身充满兴趣,真诚地渴望理解他人的经验。

理想国译丛主编

梁文道　刘瑜　熊培云　许知远

[美] 马里乌斯·詹森 著　莫嘉靖 译

现代日本的缔造

MARIUS B. JANSEN

THE MAKING OF MODERN JAPAN

民主与建设出版社
·北京·

© 民主与建设出版社，2024

图书在版编目（CIP）数据

现代日本的缔造 /（美）马里乌斯·詹森
（Marius B. Jansen）著；莫嘉靖译 . -- 北京：民主与
建设出版社，2024.5

书名原文：The Making of Modern Japan
ISBN 978-7-5139-4515-8

Ⅰ.①现… Ⅱ.①马…②莫… Ⅲ.①日本—历史—
研究 Ⅳ.① K313.07

中国国家版本馆 CIP 数据核字（2024）第 045628 号

THE MAKING OF MODERN JAPAN
by Marius B. Jansen
Copyright © 2000 by the President and Fellows of Harvard College
Published by arrangement with Harvard University Press through Bardon-Chinese Media Agency
Simplified Chinese translation copyright © 2024 by Beijing Imaginist Time Culture Co., Ltd.
All rights reserved.
This edition has been modified for Chinese readers only.

北京市版权局著作权合同登记号 图字：01-2024-1434

现代日本的缔造
XIANDAI RIBEN DE DIZAO

著　　者	［美］马里乌斯·詹森
译　　者	莫嘉靖
责任编辑	王　颂
特约编辑	徐晓雨
装帧设计	陆智昌
内文制作	陈基胜
出版发行	民主与建设出版社有限责任公司
电　　话	（010）59417747　59419778
社　　址	北京市海淀区西三环中路 10 号望海楼 E 座 7 层
邮　　编	100142
印　　刷	山东临沂新华印刷物流集团有限责任公司
版　　次	2024 年 5 月第 1 版
印　　次	2024 年 5 月第 1 次印刷
开　　本	635 毫米 × 965 毫米　1/16
印　　张	67.25
字　　数	906 千字
书　　号	ISBN 978-7-5139-4515-8
定　　价	179.00 元

注：如有印、装质量问题，请与出版社联系。

目 录

前 言 001
致 谢 007
关于名字和罗马拼音的说明 009

第一章　关原之战 011
第二章　德川政府 047
第三章　对外关系 083
第四章　身份群体 125
第五章　城市化和交通 165
第六章　大众文化的发展 203
第七章　教育、思想与宗教 237
第八章　改变、抗争、革新 279
第九章　对外开放 319
第十章　德川幕府的倒台 365
第十一章　明治革命 411
第十二章　明治国家的建立之路 455
第十三章　大日本帝国 507
第十四章　明治文化 555
第十五章　两次世界大战间的日本 603
第十六章　大正时期的文化与社会 651

第十七章　侵华战争 699
第十八章　太平洋战争 755
第十九章　吉田时期 811
第二十章　主权恢复之后 859

推荐阅读书目 917
注　释 971
图片出处 1019
索　引 1021

前 言

　　涉足日本史于我而言纯属意外。在普林斯顿大学念本科的时候，我就决定要专攻宗教改革和文艺复兴史，然而第二次世界大战*爆发，1943年我加入军队，人生之路从此改变。我结束冲绳岛和日本本土的服役，参加陆军的语言项目，这是段迷人的经历，也给我带来无穷的兴趣。主持项目的是日本研究先驱叶理绥（Serge Elisséeff），他本人见证了西方"遇见"日本这段历史。叶理绥的父亲是俄国富商，他于明治末年在东京帝国大学学习日本文学，是第一个以此为专业的外国人。随后，他加入某个学生团体，与小说大家夏目漱石会晤。他返回莫斯科，好不容易在十月革命中活了下来，想办法到了巴黎，1935年出任哈佛燕京学社的社长。作为老师，叶理绥相当出色，每回谈到字词的用法，他几乎都能引用自己的趣闻逸事来加以强调。

　　日语与我知道的语言竟然如此不同，令我大为震惊。学习这种

---

* 后文中亦简称为"二战"。——编注

语言无异于重新学习怎样思考。日语有清晰的语态等级，用以表示不同的礼貌程度，全都是非字母文字。早在课程结束之前我就下定决心，等战争结束后，一定要再去日本进行更系统的学习。

对日本社会有所了解后，我的信念愈发坚定。我在冲绳岛上认识的百姓如此温和、亲切、宽厚，即便什么都没了仍保持尊严，一场战争浩劫夺走了他们四分之一的人口，他们恍惚失神，惊讶于自己还活着。他们看起来彬彬有礼、待人谦敬，沉静地质疑一切权威。很快我就被派到日本本土，城市废墟间，昏暗的人影沿着阴郁的街道徐徐移动，比起冲绳岛上的人，他们的恐惧更深，心扉也闭得更紧。

我接到任务，前往山地纵横的箱根与某支小分队会合。之前城市被炮火空袭、陷入火海时，日本官方将一群"友好"的欧洲人送到箱根的村里避难。我所在的小分队负责调查间谍理查德·佐尔格（Richard Sorge）。美军总司令部情报部门想要厘清他的经历，以此为实例说明共产主义势力的危险。佐尔格是德裔，出生于俄国，他才智过人，兼具一股狠劲。他以《法兰克福时报》专栏作家的身份，顺利接触到纳粹德国驻东京大使馆的长官，他没费多少功夫便和日本的社会科学家们打成一片。这些社会科学家大多是马克思主义者，在同一家研究所里任职，建立这家研究所的是担任过三届内阁总理的公爵近卫文麿。佐尔格向莫斯科传送一卷又一卷秘密文件，文件显示，日军将要南下，而不是北上对付俄国。我们的办公室有从德国大使馆拿来的相关文档，前德国大使欧根·奥特（Eugen Ott）也住在附近。佐尔格的间谍身份被揭穿后，奥特丢了大使一职，由海因里希·斯塔梅（Heinrich Stahmer）继任，我们的办公室就在他住的酒店里，位于他房间楼下。同样住在这里的一位德国大使馆驻外军官曾跟我们描述，12月某天早上，正在日比谷公园遛狗的他，听到日本海军袭击珍珠港、美国对日宣战这一消息的时候有多么震惊。很难想象还有比这更好的东亚近现代史"入门课"了。

战争结束后我到哈佛攻读中国研究和日本研究，那些年的运气同样不错。我们这班学生里，有的重拾、继续推进因战役而推迟的学习计划，他们大多亲身体验过战前的东亚；但绝大部分是受战争影响半路出家，热切地想要将自己学到的、经历过的事情，放到一个更宽广也更长远的历史视野里。赖肖尔（Edwin O. Reischauer）刚结束华盛顿的工作，回哈佛担任教授，他比我们大多数人年长十岁有余，是我们这班人的导师兼领袖。面对一班突如其来的热情学生，他所迸发的活力、精神，与叶理绥教授的态度相互映衬，后者仅悄悄表示惊讶。我们的研究充满了兴奋和新的发现，那个世界的大门似乎才刚刚打开，布满仍待探索的路径。

我的第一个研究题目来得很偶然，如同我当初涉足日本研究一样。当时我正为费正清（John Fairbank）的中国史研讨会作准备，要找一个可以利用日本材料作研究的题目，于是我想到了中日文化与政治交流，这个主题从此再也没离开过我的关注，在接下来的章节也会有所反映。《日本人与孙中山》（*The Japanese and Sun Yat-sen*，哈佛大学出版社，1954）一书梳理了中日之间于19世纪末的几十年发展起来的友谊，那时候西方帝国主义兴起，给中、日带来同样的压力，该书对相关事件中的日本人作了深入研究，揭示了那一代年轻日本人的拳拳抱负，外来文化的巨浪从根本上摇撼了他们的身份认同。这里面的突出青年——宫崎滔天（Miyazaki Tōten）和千叶卓三郎（Chiba Takusaburō）——正是诠释这波冲击和文化之惑的佳例。

那一代人绝大部分怀有一股为保护核心价值而拼命的冲劲，这股劲头进而将他们聚集到现代国家建设的事业周围。孙中山等在日流亡的中国人有时会自比为日本明治时代的缔造者，与此同时，年轻的宫崎和千叶正想办法拓宽这些先辈创立的政策方针。为进一步了解，我转向明治以前活跃分子的思想与政治世界，尝试对政治和思想领域的骚动进行专题研究，这些骚动在明治时代仍留有余音，继续触动着宫崎等日本人及他们的中国友人。这时，一位热血青年成为我的人选。离乡在外，他与家人保持通信，这些信件见证了他如何在政坛上一步步崛起，不料德川幕府倒台前夕，他竟遇刺身亡，英年早逝，一生事业戛然而止，再无转变之可能。在《坂本龙马与明治维新》(*Sakamoto Ryōma and the Meiji Restoration*，普林斯顿大学出版社，1961）这本书里，我还聚焦德川时代封建末期和后封建体制下的地方史问题，而这些问题渊源于1600年幕府建立之时。

接下来的数十年里，1600年以后的日本史一直是我的授课主题和研究对象，也是我这本书里探讨的课题。这项任务对于50年前的我可能要更简单一些，那时候我才刚刚在华盛顿大学开始自己的学术生涯。一个领域，相关书籍几乎为零，论文也就寥寥数篇，观点不多，这放在今天简直难以想象。但就在这半个世纪里，日本史研究快速发展，刊物涌现，话题层出不穷，学生不得不细化自己的研究，这对于我们那一代人来说不可能。诚然，那时候我们了解的知识相对较少，但每个研究问题都可以做、都需要探讨，这样来看，我们或许更加幸运。封建主义、军国主义、现代化、中央集权制、市民社会、社会史等概念改变了研究面貌，每个概念都唤醒了新的问题意识、展示新的可能。

我这一代日本史学家，通过接触日本学者、与他们合作而获益匪浅。以我为例，1960年到1961年我在东京的日本国际文化会馆担任执行助理，这一年里我结下的友谊往后逐渐加深。20世纪50年代，访问学者是我们研究项目的合作伙伴；到60年代，他们参加多国或日美学术会议，70年代他们以委员会一员的身份制订研究计划；80、90年代，他们作为编委会成员、合撰者，参与到像《剑桥日本史》这样的项目里。他们翻译我们的研究成果并加以讨论，访问各大学术机构，清晰、详细地介绍自己的想法。在日本国际交流基金会过去数十年的支持下，加上近年国际日本文化研究中心的协助，日本社会和文化研究不再局限于日、美这两个国家。

新一代日本史研究者的出现带来了另一主要变化——他们对日本历史和社会的认识始于课堂，这一块已是各大高等学府的标准课程之一，没有国际危机，也无须政府下令，他们就被吸引到日本研究这一领域来。学生在老师协助下相互指导，有时哪怕有老师指导也依然如此。1959年我开始在普林斯顿大学开展日本史研究，在这期间不断有本科生和研究生参与进来，他们的陪伴与激励是我在这求索过程中收获的最大快乐。在本书注释和推荐阅读书目里，他们不少人会发现自己的研究成果赫然在列。这本书也献给他们。

致 谢

每个作者都会感谢帮助过自己的人，而由于视力下降，我的感激更是有增无减。罗纳德·P.托比（Ronald P. Toby）仔细阅读了我的书稿，我无比感谢。电脑是年轻人的专利，数不清有多少次，拉尔夫·梅耶（Ralph Meyer）上门帮我处理紧急情况；艾琳·墨菲特（Eileen Moffett）找到一种字体，令我勉强能看得清了。摩根·皮特尔卡（Morgan Pitelka）扫清书稿的技术性错误，令稿子焕然一新，作者本人的精神也为之一振。日本国际文化会馆和普林斯顿大学葛思德东方图书馆的两位馆员小出泉、牧野泰子，总能迅速为我提供材料、解惑答疑。何义壮（Martin Heijdra）、清水义明、雅子·希恩（Masako Shinn）、罗伯特·辛格（Robert Singer）、薮田贯在插图上给了我种种帮助。我的同事马丁·科勒库特（Martin Collcutt）、谢尔登·加龙（Sheldon Garon）、戴维·豪威尔（David Howell）总在我有需要时伸出援手。哈佛大学出版社的阿伊达·唐纳德（Aida D. Donald）、伊丽莎白·苏塔勒（Elizabeth Suttell），尤其是本书文字编辑伊丽莎白·吉尔伯特（Elizabeth Gilbert），待我宽容，堪称楷模。简（Jean）一如既往地是我写作的重要支柱，她永远不知道她在这方面有多么重要。感谢所有人，正由于你们，才有了书里的一切，假如书里有所欠缺，我表示抱歉。

于普林斯顿
2000 年 4 月

关于名字和罗马拼音的说明

和汉语、朝鲜语一样,日语中的姓氏是放在名字之前的,本书所有人名都依照这个顺序。某些日本作者的作品有英译本,或他们以英语发表过作品,有时他们会喜欢按西文顺序来拼写自己的名字,把姓氏放到名字后面,在这种情况下,注释中的引文遵循原出处中的顺序。此外还有别的难题。有的日本人以笔名著称,甚至更棘手的是,他们的名字是用汉字写成的。在这种情况下,正文和索引中会标明其他读法。日语的罗马拼音依据研究社《新和英大词典》第4版(1974),对赫伯恩式拼写法有所修改。赫伯恩式拼写法由传教先驱詹姆斯·赫伯恩(James Hepburn)制定,他还是普林斯顿大学1832年的毕业生。名字中的长元音会用长音符号来表示,但某些众所周知的术语和地名例外,如 Shogun("将军")、Tokyo("东京")。至于人名、日期的读法,我参考了《角川日本史辞典》第2版(东京:角川,1976)。中文名字方面,我用的是威妥玛式拼音法,但 Peking("北京")这样熟悉的地名除外,考虑到现在的用法,这个名字在1949年以后改为 Beijing。

第一章
关原之战

1610 年，建立德川幕府的德川家康在养女嫁给津轻信枚之前，将一对八扇屏风作为嫁妆送给了她。屏风上描绘了关原之战的场面，这场发生在 1600 年农历九月的战役奠定了德川家的政治根基，此后德川家开始长达两个半世纪的统治。这件屏风在风格上属于宫廷画派土佐派，细节丰富，用色绚烂，铺展在一张张薄薄的金箔上，点缀着种种英雄壮举。画面叙事与日文的阅读顺序一样从右到左。屏风首先表现了战争前一天双方阵营集合的场面。关原村地处狭谷，位于美浓国两座大山之间。稻谷已收割好，堆放到一起。那时候的将领尤爱秋天，因为他们可以直接抢占农民的收成，不需费力运输大批物资。画面上方，德川家康的军队正奔向前线，而未来的幕府大将军德川家康本人则骑在马上，英气飒飒，身边环绕着侍卫。画面低处为大垣城，这是几位大名即封建领主联合对抗德川家康的大本营。整整十六扇屏风布满一群群簇拥在高大旗帜下的军队，军旗上宣示着各自所属的部队和领主。众人涌向前线，溃败后落荒而逃。身穿盔甲的武士令人瞩目，他们坐在马背上，身边跟随着一大批手持长矛、刀剑的步兵。在第十六扇也是最后一扇屏风上，下方的军队正在逃亡，而装备火器的士兵从附近丘陵后方开枪，力图置对方于死地。敌军一个个倒下，他们的首级很快会被整齐堆放在一起，方便计算敌人的死亡人数——据今人估算，这个数字在4000到8000之间。在主场战败的敌军将在几天之后遭到处决，他们的首级会被悬挂在附近市镇上示众。

对阵双方的战斗人员数量十分惊人。每边兵力都可能超过10万，不过由于地势的关系，实际参加战役的大约只有一半人，即11万左右。将近一个世纪的零星战火最终在关原之战迎来大爆发。这些零零星星的战事为指挥官积累了调动大规模部队的经验。关原之战爆发前夜的倾盆大雨也没能阻止部队集合,各就各位。当天早上，浓雾弥漫，开战命令还没下达，双方部队便碰上了。作战管理并非易事，因为军中有全国各地封建领主派出的部队。例如，东北仙台郡的大名伊达政宗就出动3000兵力参战。以这支队伍为例，我们可以对武器比例有大概了解，这里面有420名骑兵、200名弓箭手、850名长矛兵、1200百名配备火绳枪的火枪兵。很多人都佩有刀，武士还长短各执一把，但刀以外的武器更加关键。

第一节　关原之战的背景

近世的日本作家把德川幕府的统治时期讴歌为太平盛世，为这200多年没有硝烟的日子感激涕零。要知道同一时候，中国明王朝正遭受满人的蹂躏，印度处于蒙古人的铁蹄之下，而欧洲卷入一场又一场的战争中，最后以法兰西第一帝国的兴起、灭亡而告终。要理解上述日本作家的想法，我们就必须了解此前究竟发生了什么。德川时期并不是日本第一个统一时代。公元7世纪至8世纪的日本

第一章　关原之战

曾仿效中国，实行中央政府制度，开始长达数百年的和平时期，直到北方边境冲突爆发。早期政权在近畿一带推行中国式集权制度，但这是有代价的，周边地区的诸事权仍掌握在地方豪族手上，到10世纪，私有化迅速发展，大有取代中央体制的势头。朝中宠臣和寺社获赠不少免税田地，中央政府的财力捉襟见肘。为维护治安、土地登记而增设的部门，接掌原来朝廷机构的职能。到12世纪，地方显贵之间的权力斗争在京城掀起风云。位于权力中央、分为数家支脉的藤原氏，通过政治联姻、私相授官的方式，将势力伸进朝廷内部，势力巨大，天皇为了能自主安排生活、管理田产，开始想办法早早退位。朝廷越来越像是私有的而非政府机构，虽然担任朝廷职位的仍然是相关氏族的头号人物。以大寺院为中心形成的关乎土地利益的依附关系遍布全国上下。野心勃勃的人囤积自有土地并加以管理，被蚕食剩下的公有领地也在他们的照料之下，在这个过程中，越来越多的人前来依附。这些人开始拉帮结派，宣称彼此之间有血缘关系，有时的确如此。随着这些人的势力日渐增长，朝中贵族试图利用他们来达到自己的目的。

12世纪，贵族武士之间爆发一连串战争。这类武士人数稀少，对自己的家族传承十分自豪，他们一身华胄地骑在马上，好不威风凛凛。最后胜出的源氏在位于日本东部相模湾的镰仓，建立自己的大本营。征夷大将军原来只是为了征讨北方阿伊努人而临时设立的职位，但在这时却变成永久的、世袭的名号，用于指称幕府首领。自此开始日本进入军政时代，直到1868年德川幕府倒台后才得以结束。

这是个不断发展、变动不居的时代。后来的德川幕府宣称自己沿袭镰仓幕府的政统，这个说法并没有可靠的依据。镰仓幕府的第一代将军奠定了武家权力，为朝廷（公家）效力，有时甚至令后者相形见绌。在朝廷允许下，幕府强行给全国上下的私人庄园指派管

3

事人(地头),在各国(省)*设置治安官或军事长官(又称"守护")以施行新设的执法制度。不过,源氏很快就失势下台,北条氏作为摄政家族接过幕府的权力棒。皇城脚下,天皇的想法更加无足轻重。他们常常从王位上退下来,移居寺院,以便在那里发挥更大的影响力。某个退了位的天皇曾试图从镰仓幕府那里夺回大权,但很快就被镇压下来,导致幕府加大打压力度。暗地里掌权的"暗影将军"与"暗影天皇"交锋,镰仓幕府的组织仍然盘踞在朝廷头上。各国(省)及地方利益愈发重要。1274年和1281年,蒙古人大举入侵,武、公两家的脆弱关系被打破。日本安然度过这次危机,主权保持完整。然而,幕府首领没有新的领土可用来奖赏下属。1333年,心怀不满的天皇召集一批同样愤愤不平的武士向幕府发难,最终结束了其统治。

第二代征夷大将军足利氏将幕府设在了京都。这时,"征夷大将军"一职正式和"武家之栋梁"挂钩,然而在现实中,将军越来越难以驾驭各国(省)武士领主。那股被天皇利用的怨气不仅引发1333年的危机,更蔓延至整个14世纪。西方有阿维尼翁和罗马的教宗争权,而在这时的日本,两大军事势力拥护各自的天皇。14世纪有四分之三的时间都在战争中度过,最后双方妥协,决定由两个皇室轮流执政,战火才告结束。与此同时,朝廷权力不断萎缩。将军权力仅局限于近畿一带,但无损其在畿内愈发自矜,这种情况一直持续到足利义满掌权时期,和中国明朝皇帝进行外交协商的时候,他竟称呼自己为"日本国王"。

足利义满(1358—1408)热衷于展露自己的涵养与审美,表现自己和大陆文化接触的能力,他勤勤勉勉地收集画作和陶瓷,以体

---

* 根据古代日本的律令制,从奈良时代开始到近代为止,日本全国分为数十个令制国,英语译为"province"。为避免歧义,"各国"后面加"(省)"以示区别。(如无特别说明,本书脚注均为译注)

现自己的修养。那个时代有几百甚至几千人和他一样积极，对于想要的东西，他们更是肆无忌惮地拿走。14世纪和15世纪，海盗猖獗，朝鲜、中国这两个文明社会屡遭掠夺。这班被称为"倭寇"的人，大部分以日本九州岛附近的岛屿为根据地。这里中央政权与社会公序软弱无力，日本的武士社会开始孕育出蓬勃的商业活力和军事力量，在这样的环境下，九州及其周边逐渐成为日本海盗、中国流民、朝鲜叛党的理想根据地，祸害日本邻国。等到朝鲜人调整政策、允许这班强盗在指定港口进行一定限度的交易后，"冥顽不灵"的明朝成为他们下一个目标。像足利义满这样的将军坐镇时，幕府实力还比较强，尚能压制这班海盗，但自从1408年足利义满去世以后，海盗势力越来越猖獗。1467年，将军继嗣引发纷争，导致武士领袖关系破裂，应仁之乱（1467—1477）爆发，日本境内的政治秩序几近瓦解。由于明朝禁止一切贸易，"地下"交易的风气在中国沿海一带居民间盛行，稍有不慎便沦为海盗劫掠，这种情况到16世纪进一步恶化，危机一触即发。载有几千武装人员的倭寇船队在中国沿海大肆抢劫，抢走粮食及其他一切有价值的东西，有一次他们直接打到南京城的城门。如同伊丽莎白时代的英国，贸易跟海盗是密不可分、互进互促的关系，不一样的是，英国的海盗得到皇室的认可和犒赏，倭寇却没有。

  应仁之乱点燃了漫长的战火，终结了足利氏的势力及统治。熟悉中国史的日本人把这段时期称为"战国时代"，这是中国大一统帝国建立之前的时期。幕府将军的影响力跌至低谷，朝廷也一样。1500年继位的后柏原天皇因为财库虚空，不得不在20年后才举办登基仪式。16世纪，每一任足利将军都经历过被夺权、赶出京都的遭遇，有时甚至不止一次。唯一一个例外则是因为遇刺才死在了都城。[1] 实际权力旁落到地方统治者的手上，当上层在中央争权夺势、陷入胶着局面时，他们趁机壮大自己的人力物力。

自从明朝皇帝禁止日本船靠岸以后，中国商品的买卖便通过中国商人于东南亚各地建立的贸易站点网络继续进行。16世纪的欧洲商人和海盗——先是葡萄牙人，然后是西班牙人、英国人和丹麦人——以中国澳门、菲律宾马尼拉、印度尼西亚和印度为根据地，成功打入这个贸易网络。中国的商业大潮将这些人带到日本。来自中国的私掠船船主汪直便将日本作为自己的根据地。那个收复台湾、令满人（还有荷兰人）最为头痛的郑成功（欧洲人和日本人称他为"国姓爷"），也是在九州出生的，他的母亲是日本人，父亲是中国人。

1543年，两三个葡萄牙商人乘坐一艘中国舢板，到达九州南边的种子岛。按某权威说法，这座岛屿曾是"海盗的沃土"[2]，今天的种子岛是日本最重要的火箭发射基地。葡萄牙人乘着"倭寇大潮的余波"[3]来到日本，从此开启日本与伊比利亚半岛长达百年的交流，耶稣会的传教士是其中之一。当时耶稣会仅成立数年，他们自律、无畏，大多出类拔萃，在接下来的半个世纪里，这批人对日本产生不容小觑的影响。鼎鼎大名的倭寇首领为他们作翻译。圣方济各·沙勿略（St. Francis Xavier）搭乘海盗船从马六甲出发，于1549年到达日本。我们将在后面看到，传教士具有非同凡响的勇气和奉献精神；当日本统治者打压基督教、驱逐传教士、迫害基督徒的时候，仍有上千人信奉这一新宗教。小西行长是九州的一位大名，在关原之战中落败，但他为了不违背不许自裁的基督教义，拒绝听从下属建议自杀，甘愿忍受屈辱选择投降，最终被当众斩首。

日本与西方的第一次接触首先带来的成果是火器。火绳枪立刻给日本人留下深刻的印象。以其引进地命名的"种子岛铳"很快就被仿造、改良并大量生产。火绳枪改变了战争形态，成为统一日本的一大利器，这一点在关原之战的屏风画上已经有所体现。

为种子岛领主种子岛时尧所编撰的《铁炮记》一书，记载了某

位僧人初次见识这种武器时的印象,展示了岛民如何努力运用祖辈相传的思想观念来认知这一新式武器:

> 他们[陌生人]手里端着两三英尺长的东西,这件东西中通外直,用重材做成。里面的通道贯穿首尾,底部封闭。侧面有一个小孔,用以通火。从外形来看,无法拿它来跟我知道的任何事物相比较。使用的时候,将火药和小铅球塞进去。在岸边竖起一个白色的小靶子。用手紧握这件东西,调整姿势,闭上一只眼睛,在小孔点火。然后小球就击中了靶子。引爆的火光如同闪电,响声如同雷鸣。旁边的人都得捂住耳朵……
>
> 领主时尧见识了这件东西,如获奇珍异宝。他起初并不知道这件东西的名字,也不清楚其具体用途。后来有人称它为"铁炮",但没人知道这究竟是中国的叫法,还是我们岛上的称呼。于是,有一天,时尧通过一位翻译,向两个外族首领说道:"虽然我没什么才能,但我愿意学习。"随后,外族首领借由翻译之口,回答道:"若您愿意学习,我们将教您个中奥秘。"时尧接着问:"它的奥秘是什么?"外族首领说:"奥秘就是要把自己的心端正,闭上一只眼。"时尧说:"古代圣贤经常教导我们怎样把心端正,我已经学到一些。如果心不正,我们说的话、做的事都将毫无道理可言。所以,我明白你们为什么说要把心端正。不过,我们把一只眼睛闭上的话,不就会看不清远处的事物了吗?为什么我们要闭上一只眼睛?"对此,外族首领答道:"这是因为在做任何事情的时候,专心是最重要的。一个人专心致志的时候并不需要多大的视野。闭上一只眼,不仅不会降低他的视力,还会将他的注意力进一步集中起来。这一点您应该知道。"时尧很高兴地说:"这个道理跟老子的'见小曰明'是相通的。"[8]
> ……

这种武器传入我国已有六十多年。对此尚有一些老人清楚记得。时尧取得两件武器后加以研究,枪火一发,震响扶桑六十州[即整个日本]。时尧还令铁匠学会如何制造这种武器,将之传遍全国上下。[4]

第二节　战国大名的崛起

各种各样的管治模式、土地所有制和税制是日本16世纪头数十年的一大特点。11世纪和12世纪,日渐衰弱的平安京(京都)朝廷将土地赐予势力强大的家族和寺社,称为庄园,其中某些庄园延续下来,自主性越来越强。庄园主人委派当地豪族进行管理,维护治安;家族姓氏被冠在占有的土地上,这类家族人员被称为"名主",他们支配小规模的农户,为幕府的地方官员,如地头、守护维持秩序。在一些远离都城的地方,当地武士家族很大程度上取代了中央的地方代表,"国人"(拥有土地的人)成为不容小觑的势力。地方上还有一班自称为"侍"*(さむらい,从"さぶらう"衍生而来,意为"服侍")——令人联想起都城的职业武士——的武者,他们在未被私有化的国衙领地承担起维护治安的角色。15世纪由继嗣问题引发的应仁之乱,必然令局势变得更加复杂、混乱,最终,部分地区沦为多个管辖权力与规章制度相互混杂、各行其是之地。

到16世纪,日本大部分地方开始形成某些趋势,混乱的局面逐渐呈现出清晰的模样。农业生产力不动声色地出现大幅增长,与此同时,商业实现更大规模的发展,交易货币化。肆虐中国及朝鲜

---

* "侍"在中文里也译作"武士",这种武士与前文的"武士"(日语为ぶし)有所区别,"侍"一般指具有一定地位的军事贵族,镰仓幕府、室町幕府就设有侍所,统领家臣,负责军事、警备方面的工作;后者指所有武人。但在今天,日语中的"侍"成了"武士"的别名。

沿海一带的匪祸既是这波经济发展的反映，又是其衍生出来的后果。一同到来的还有体制变革，以及统治技巧的改善。再者，火器的引入带来军事技术的革新，统治范围扩大，开发手段更加有效，日本中部绝大部分地区发生了深刻的变化。为解释上述现象，日本的历史学家常提到"战国大名"，以区分中世的"守护大名"，以此突出局势混杂的14世纪与秩序逐渐形成的16世纪两者间的差别。

新崛起的大名在领地上势力强大。守护大名在地方上的权力则要小得多，他们是被任命的，受制于幕府势力、贵族领主和寺社，一旦前者有过分行为，后者很快会向朝廷禀报。战国大名通过军事谋略积累权势，他们有更加丰厚的资源作为支撑，能够更强势地对家臣发号施令，对外界的针砭可以泰然自若。他们当中很多人——特别是那些历经以关原之战为最的一系列战争而存留下来的大名——如一些学者所说的那样，迫不及待地想要将自己塑造为领地的独裁者。不过，他们也想加强自己与日薄西山的室町幕府及京都朝廷的关系，他们清楚，中央权力尽管摇摇欲坠，但仍会对自己的大业产生影响、助自己一臂之力，因而一直维持朝尾直弘所谓的"京都取向"（Kyoto orientation）[5]。用朝尾的话来说，室町幕府是在朝廷—官员、主君—家臣这两个体系内运转的。

新地方霸主的崛起过程中存在几个要素。首先，庄园的所有者丧失了数百年来享有的土地所有权和免税权。由于需要新的办法去控制、剥削依附的农民，户籍登记、土地等资源利用方面的新制度应运而生。早前的制度主要对农田收取实物税，新的趋势则是以货币来计算赋税和财产，且越来越普遍，历史学家将这种新的制度称为"贯高制"。和此前不同的是，贯高制使得征税方可以向所有可耕作的土地收税。大名想方设法充实自身资源，于是命令家臣重新丈量土地（检地），而且要比此前做过的更加全面、更加系统。此外，在斗争不曾停息的年代，家臣的战争职责也是大名关心的事情之一，结果，这次登记的内容远比之前宽泛。根据评估结果，封地领主要履行相应的军事责任。例如，甲斐大名武田氏有一位家臣叫作大井左马允，他的军役经评估为227贯文，这就意味着，每次主君发出号召，他都必须动员4个骑兵和34个步兵。[6] 早些时候，幕府颁布任命都是官方性质的，如今，授予封地第一次真正意义上为封建领主带去明确的契约义务。主君向家臣发出的指令和告诫也更为严苛和具体。随着主君权力越来越不受限制，"忠"与"孝"这两个久远的道德标准被赋予了新的含义，那便是绝对的服从。

其实，这些主君要充实自己的小金库并不容易，他们的领地只有一部分归自己治理。检地账准确记录了生产力的情况，使得他们可以对农村地区征收更多的税。许多大名设置收税点、建立新市镇，对于连接家臣或竞争对手的市场的商业网络，想尽办法加以开发和利用。此外，日本不仅货币量不足，而且往往质量低劣。为此，大名发布政令，要求税收只收高质量的货币。无论家臣还是农民都会用自己的方式表达困难，家臣有时会出卖或转让自己的封地，而农民则会发起请愿、游行。另一方面，由于大名长期统治同一流域，大规模的河岸工程得以逐步落实，这不仅扩大耕地面积，还对这些耕地起到保护作用，有助于进一步提高大名的经济实力。

日本的封建统治逐渐走向成熟。那些存活下来的庄园，其收入名义上归京都贵族和寺院所有，但越来越多地被新崛起的地方统治者占为己用。大名将自己控制的领地分给家臣，一旦打仗——这时候越来越频繁——家臣有义务提供军事援助。新的管治模式日渐稳固，火器引入带来新的战争技术，军队规模也随之愈发庞大。各国（省）领主逐渐萌生竞逐国家统治权的意愿。大名给家臣下达的指令中开始出现"国事""天下"等字眼。

但必须记住的是，这些现象都是缓慢发展起来的，朝廷和幕府和之前一样仍然是焦点所在，这些现象的出现并没有取代它们，反而令局势进一步复杂化。其中一个复杂化因素来自骚乱不断的农村，当地有名望的人拒绝缴纳增收的税目。村民向武家政权发难，背后的思想动机带有天皇和宗教方面的意味。他们向往远古统治，那时候他们与朝廷的联系还没有被武士阶层切断。他们经常宣称自己为天皇效力。[7] 为此，武士不得不坚称自己对农村的统治权是朝廷和幕府将军赋予的。虽然将军自身难保，但毕竟是所有武士的最高指挥（"武家栋梁"）。到16世纪，室町幕府的将军已经不成气候，地方上的领主越发觉得有必要发布国（省）的法令，在布告上写道，"虽然不情愿"，但时机使然，"我们必须维护自己的秩序"。[8] 大名或亲自或派使者前往京都，拜见幕府将军、天皇、朝廷贵族，给他们送礼。这在绝大多数强大的战国大名看来属于明智做法。可以说，他们都有一种"京都取向"。这部分是为了保护自己，农民的收成是他们的主要资源，他们需要巩固自己在农民心目中的地位，同时带有竞争目的，确保对手不会暗地里对付他们。这还是一种进取手段，希望自己能够"升迁"到京都这个核心统治圈里。

第三节　统一天下者——织田信长

　　动荡中有三个男人出现了，在战火几乎不曾断绝的40年里，他们制服对手、除掉足利将军、摆布朝廷。欧洲人到来后，这场野蛮残暴的斗争被葡萄牙商人和传教士记载下来，他们一针见血地指出，在各大势力争权夺势的过程中，背信弃义、血腥暴力是再寻常不过的事情。德川家康在1600年和1615年先后取得关原、大坂[*]

---

[*] 即现在的"大阪"，在1870年前写作"大坂"，讲述更名之前的历史时仍采用旧写法。——编注

两场战役的胜利后，人们撰文称颂"德川太平"（Great Tokugawa Peace）已经来临，称忠诚是武士精神的核心，语气如此真诚，16世纪末期的相互厮杀和猜疑仿佛已经被抛诸脑后。

那些在权力斗争中脱颖而出的人自然是历史学家关注的对象，日本的制度变革和经济变革有时候会被归为三位统治者的功绩，他们造就了不一样的日本。这种说法无疑过于简单。日本绝大多数地区都在经历同样的变化，事实上，当时新崛起的领主无一不在采用类似的策略，怀着相似的目标。但由于其他势力没能获胜及存活下来，出于方便，这几个统一天下的人被冠上创立制度和革新的名号，他们给日本带来的，是继7世纪、8世纪中国统治模式引入日本以来最伟大的制度变革。

织田信长（1534—1582）的父亲是尾张国的守护代。尾张国位于日本中部的浓尾平原上，属于战略要地，距离都城不远，行军不久便能到达，但又不太近，足以远离中部的令制国（省）之间的纷争。1551年信长父亲去世后，一系列战事接踵而来，信长在斗争中成功击退了那些试图损害其权威的族人。他派人刺杀亲弟弟，驱逐其他潜在的夺权者。他很快就熟练利用欧洲人带来的新式战争武器。早在1549年，他便给部队购入500支火枪。他的士兵很快就掌握了有效使用枪支的技巧。给火绳枪上弹药、点燃引火线需要花费一定的时间，而且一枪开完后要再次装弹才能接着开，无法多弹连发以阻挡敌人冲过来。于是，信长把士兵分为几支队伍*。按照中世的战争礼仪，身穿重型盔甲的武士在冲锋陷阵之前，原本是要在战场上作自我介绍的，而信长舍弃了这种做法。这种礼貌举动此后反而给人以致命一击的机会。

1560年，织田信长击败了今川义元派来讨伐他的大军。今川

---

* 这种战术被称为"三段击"。

义元的家臣松平元康（即后来的德川家康）与织田信长结成坚实联盟。通过数十年的战争，信长迅速地从一个边境推进到另一个边境，将对手们打得惊慌失措，一步步扩大自己的领地。眼见他取得一个又一个胜利，其他大名试图联合起来对付他。1575年的长筱之战是信长军事生涯的一个转折点。信长的4万大军中有3000人配备了火绳枪，他们用坚实的防御工事作掩护，迎击前来进攻的骑兵队伍。

织田信长毫不留情地与佛教势力作斗争，并因此遭到历史学家的谴责，例如乔治·桑瑟姆（George Sansom）就认定他是一头"冷酷残暴的野兽"[9]。信长身处的必然是一个冷漠的时代，他的同辈人并不比他善良得多。假如他不比他们更残忍的话，一旦有心人要害他，他面临的将会是灭顶之灾。他无情地消灭反对他的人，圣地及神圣阶层的传统禁忌在他眼里完全不当一回事，正是凭借这些举动，信长建立起自己的名声。织田信长的反对势力当中，最为顽强的当数净土真宗*的本山本愿寺，整个16世纪70年代，本愿寺的武僧为了打击信长不惜一切手段。信长的军队在几次行动中——特别是1574年伊势的那次†——据称屠杀了两万名净土真宗僧人。更耸人听闻的是1571年他对延历寺发起的进攻。延历寺位于京都西北方的比睿山上，是天台宗的圣地。山上的僧人配有传统武器，以文身为标记，对都城来说是安全隐患。这些僧人好几次不顾信长威胁，支援信长的敌人。报仇时机一到，信长便派军队包围了比睿山，下令烧毁所有建筑，杀死所有居民。一些人向他求情，说延历寺自8世纪建立以来已经镇守王城八百年，他全然不理会。他们说："我们的时代固然堕落，但破坏圣地这样的举动实在是史无前例、闻所

---

* 又称"一向宗"。

† 长岛一向一揆。

未闻。"但这些话完全不起作用。同时代的某文献记载道："寺院燃烧时的轰鸣之声，在众多老少的痛哭悲喊中进一步放大，回荡于天地之间，瞬间震耳欲聋，令人闻之哀怜。"[10]

1568年，织田信长向京都进军，表面上是应正亲町天皇和足利义昭的要求。京都落入信长掌控后不久，天皇就把足利义昭封为室町幕府第十五任（也是最后一任）征夷大将军。抵达京都后，信长却一反上述"忠君"之举的态度，显然没有遵从这种君臣关系的意愿。足利将军很快就邀请他出任副将军或管领，连天皇也劝他接受任命。出于感激，将军跟前来救援的信长说话时极尽赞美之辞，天皇更矜持一些，但对信长"无与伦比的部署"也赞誉有加。计划确实像形容的那样，但事情却没有按当权者所希望的那样发展。这位新来的庇护者其实另有图谋。此前，信长就在印章上刻下"天下布武"（以武力征服天下）几个字，此刻他的所作所为表明他在一步步实现这个意图。1570年以后信长所发布的文书里，"为了天下"常常和"为了信长"同时出现。很明显，他的目标与路易十六的"朕即国家"相类似——织田信长即天下。

织田信长首先要解决的是幕府将军。佛教和世俗势力经年累月的顽抗已经令信长烦不胜烦，但他还是坚决让将军远离军务，由他全盘负责与封建领主打交道。在1569年发表的《殿中御掟》里，他明确限制将军跟外界接触，限制他在执政和法律方面的权力，阻止别人直接上书将军。一年后他发出命令，将军要把各国（省）领主的通信和进献向他禀报。其中一条写道："既然天下事务都在信长的实际掌控之中，信长可以根据裁夺，对任何人采取措施，而无须经过将军同意。"信长没有就此打住，他开始发难，称将军为朝廷效力，如同公开训斥信长本人。将军得悉众人对信长的为人和图谋起了疑心。1573年，将军面临要么屈从、要么反抗的命运。他选择了后者。他希望其他武士头领前来救援，如同他从前向织田信长求助那样。信长随即命令军队包围京都，系统烧毁都城的外围地带。将军公开表示痛悔，但依然被迫逃出京都，随后经历落败、获赦、流放。义昭注定是室町幕府最后一位将军，他一直活到了1597年，但不再涉足国内政治，名义上他在一块不起眼的小地方当领主，实际上是被放逐在外。[11]

织田信长成功切断了幕府体制——连带其与生俱来的与朝廷的君臣关系——与武士领袖之间的纽带关系。他要求武士对自己忠心不二。如他1575年对一位家臣要求的那样："你必须竭尽全力按我的吩咐去做……你应该敬畏我，不要背着我有任何坏念头。你对我的感受必须如此，你甚至不会把脚尖朝向我。倘若你能这样做，好运将永远眷顾着你，这也是一个真正的武士所应得的。"[12]

至于织田信长关心的合法性问题，朝廷是关键。他小心行事，避免被一大堆朝廷礼节、先例等繁文缛节缠身，同时逐步确立对朝廷职能的控制。将军足利义昭刚被赶出京都，织田信长就急切地上表要求改年号。一般来说，这种提议属于幕府将军的职责，然后由朝廷最后作决定。一切进展顺利，其后四年里，他平步青云，官至太政大臣一职。随后他以军务要紧为由辞去所有头衔，请求把这些头衔转让给自己的儿子，朝廷没有答应。于是，信长通过一些手腕，削弱朝廷保有的几项特权，包括大寺院发生土地纠纷时朝廷的判决权。信长对皇子（诚仁亲王）青睐有加，敦促正亲町天皇退位，信长还在刚建立不久的雄伟壮观的安土城里，为诚仁亲王准备了一座华丽的官邸*，只等他即位。

然而，等到正亲町天皇退位时，织田信长已经去世。关于统一大业完成以后权力应该怎样行使，织田信长没有一个明确的最终方案。他可能打算亲自出任征夷大将军。但无论如何，他都会确保自

---

* 二条城。

己始终是至高无上的掌权者。

耶稣会的路易斯·弗罗伊斯（Luis Frois）目睹了织田信长在京都修建二条城的过程。从他对这项工事的描述里，我们可以间接感受信长身上那股让人恐惧的气质。弗罗伊斯把信长称为"国王"，把他的家臣称为"王子"，这是他唯一知道的权力机制。

> 信长在那里修建了一座城堡，此前日本从未出现过与之类似的建筑。首先，他下令夷平两座寺院，然后征用这个地方，大约有四条街长、四条街宽。日本所有王子和贵族都前来支援。来这里干活的人数一般在1.5万到2.5万之间，全都穿着布料短裤和皮革上衣。他巡视工程情况的时候，或持剑，或把剑扛在肩上，或拿着指挥棒……由于缺石材，他下令拆毁许多石神像，人们用绳子绑着神像的脖子，把它们拉到工地上。这些神像向来深受都城［京都］居民敬拜，这种做法让他们又惊又怕。一位贵族——也是他的家臣——每天都从每座寺院里搬走一定数量的石神像，所有人都急着讨好信长，不想让他有哪怕一点点的失望，于是他们粉碎石坛，推倒、打碎佛像，将这些碎块一车车地拉走。至于其他人，有的动身去采石场劳作，有的运土，有的在山里砍伐木材；整个工程实际上和建造耶路撒冷的圣殿、狄多建立迦太基类似……他下令，工程进行过程中城内外的寺院不许鸣钟。他在城堡里安置了一座钟，用来召集和解散这些人，每当钟声响起，所有大贵族及其家臣便开始干活……他总是大步流星地走来走去，身上缠着一张虎皮，用来当坐垫，穿着质地粗糙的衣服；每个人都模仿他的衣着，穿上兽皮，工程期间，没人敢穿着朝服出现在他面前……一天，他在工地上碰见一个士兵正轻轻掀起一位女子的斗篷、想瞧瞧她的样子，他当场就用手打了那个士兵的头……整个工程最不可思议的地方是，施

工速度快得难以置信。看起来要花四五年时间才能砌筑起来的砖石，他用了70天就完成了。[13]

1582年织田信长去世的时候，他的武统大业仍未实现。不过，他已经是中部平原的霸主，征服了日本约三分之一的地方。他下一步的计划是进犯内海一带的令制国（省），这是毛利氏的势力范围。1582年，一位家臣对信长所驻扎的京都本能寺发起突袭，让他大吃一惊，不久前这位家臣才受命去前线，如今竟然率军来讨伐自己。信长奋起抵抗，眼见败局已定，他不得不撤退，按照武士仪式剖腹自尽，这种行为在日语里又称为"切腹"（せっぷく），或更通俗地叫作"腹切り"（はらきり）。

我们假如只关注织田信长残暴的一面的话，可能会忽略他为日本统一所做的前所未有的贡献。他翦除了位于延历寺和大坂的僧兵大本营，中世以来势力强大的宗教王国至此寿终正寝。他强制摧毁各国（省）要塞和防御工事，类似举措在后来的霸主手中继续实行。检地被严格执行，伪造调查数据的人将被施以酷刑。几个家臣受命离开领地、被随机派往新属地，预示着中央权力将进一步加强。以往都市寺院、贵族与各国（省）的庄园通过相互交织的控制权与权力捆绑在一起，而今这一联系被切断。地方上的小领主曾经为了赚钱向中转货物征税并为此设置收费的关卡，如今，为推动商业发展，这些关卡被废除。"自由"贸易和行会（乐座）将出现。由于战事频繁，大批人员要在领主驻地集合，促使武士开始离开属地。领主驻地逐渐发展为城下町，城中心的宏伟建筑矗立在巨大石基之上，火力从这里可以发射到俯瞰的各个地方，这些建筑同时象征着新的权力结构即将到来。最能体现这些趋势的莫过于织田信长自己的城堡岐阜城，然后是琵琶湖岸边的安土城。曾经有几个欧洲人获信长接见，目睹了这两座堂皇富丽的建筑奇观。

关于岐阜城，耶稣会的路易斯·弗罗伊斯这样写道："我希望自己是一位老到的建筑师，或有那么一项天赋，可以将地方描绘得有声有色。因为，我衷心向您保证，我在葡萄牙、印度和日本见过的那些宫殿、房屋中，从奢华、富丽、洁净方面来看，没有一个可以比得上这座。若我告诉您，信长不相信来世，不相信任何他看不见的事物，您将更能体会到这一点；因为他富有至极，所以他不允许自己在任何方面被其他国王比下去，他要超过所有人。"

安土城更是在岐阜城之上："……在建筑、力量、富丽、壮观方面，[它]完全可以跟欧洲最伟大的建筑相媲美。其坚固的、精心垒砌的石围墙高达60拃，很多地方甚至更高；围墙之内有许多漂亮、精致的房子，所有房子都用黄金作装饰，其简洁、美观的程度，似乎已是人类典雅之极致。中间有一座塔楼一样的建筑物，他们称之为'天守'，它的外表远比我们的塔楼宏伟、辉煌。它一共有七层，所有楼层的里里外外皆设计巧妙；至于里里外外，我的意思是，里面的墙壁都装饰有金色等五彩斑斓的图案，而每一楼层的外面都绘上不同颜色。有的楼层，外面是白色，窗户则按照日本的惯例被涂黑，真是好看极了……最高的楼层整层镀了金……总而言之，整座大楼美丽动人、完美至极、绝妙非凡。"[14]

织田信长并不是不了解或不关心日本的传统文化。他进入京都后，正亲町天皇要赏赐他一件东西，他从奈良的皇家宝库正仓院里挑选了一根印度产的香木，这件东西近乎神圣，既表现了他的嚣张气焰，也体现了他的鉴赏品位。信长还酷爱茶道。他死前不久刚刚招待完一批朝廷贵族，向他们展示了自己珍贵的茶具。他不受传统禁忌拘束，因此，那些他不时亲近的耶稣会士把他描述为一个沉着冷静的理性主义者、一个无所畏惧的人，而且他对这些会士及其事业有强烈的好奇心。他和这些传教士都相信当时的佛教已经堕落腐败，这为他们增加了一层联系。

第四节　丰臣秀吉

丰臣秀吉出生于1537年，父亲是织田信长手下一名步兵。秀吉一直活到1598年，一生成就非凡，所有历史学家无不赞叹，20世纪初苏格兰一位日本史学家甚至把他称为"日本至今为止最伟大的人"[15]，尽管不是每个人都会同意这个说法。秀吉年纪轻轻就得到织田信长青睐，在为后者效力过程中，逐渐成长为一名杰出的战略家，出任大名，信长死后不久，他便为其报仇，打败明智光秀，即那位发动兵变、害死信长的家臣。信长的重臣和盟友一致同意拥立信长之孙为继承人，设四位宿老行使守护职责。丰臣秀吉和德川家康这两位巨头之间无疑必有一战。双方在战场上较量了好几次，胜负难解难分，最后家康承认秀吉为主君，成为秀吉最重要的家臣。

丰臣秀吉野心之大，与织田信长不相上下，但他更愿意拉拢盟友而非一味恐吓、威胁，对敌人更倾向于利用而非斩草除根，这些手段为他赢得宽宏大量的美名。他继续推进武统大业，最终实现了日本的统一。1583年，他打败日本海沿岸的一帮大名，将自己人安置在那里。他延续信长的作风，平定纪伊国（省）的佛教势力。两年后，四国全岛落入他的手中。1587年，他打败九州岛上最大的大名岛津氏，征服了九州。至此只剩下东北地区了，而这个"堡垒"最终在1590年的小田原之战中沦陷。

丰臣秀吉前所未有地摘下一个个胜利之果，他的宦途、地位随之发生变化,他的名字也一样。他原来的姓氏"木下"颇为土气,后来改为更合适的"羽柴",再后来,朝廷赐姓"丰臣"。织田信长曾获得的那些荣誉,如今向丰臣秀吉接踵而来,甚至比信长的更多。1585 年,他被任命为关白,一年后任太政大臣。他为自己塑造了一个显赫的家族谱系,和古代的藤原氏攀上关系。他比信长更有手腕,顺利将自己的荣誉转给外甥,然后只用"太阁"——关白退位以后获得的名称——这一头衔,在今天的日本,"太阁"便经常用来指称丰臣秀吉。

　　丰臣秀吉越来越习惯把辖地的统治权交给最重要的家臣,即便是他的手下败将,只要承认他为主君,都可以得到这样的待遇。如此看来,秀吉远比织田信长慷慨大方。由此形成的政体甚至被现代某位历史学家形容为"联邦制"(federalism)。[16]织田信长的家臣绝大多数习惯于臣服,他们接受了秀吉的领导;由于职位调动,加上长年征战,这些人往往没有稳固的地方基础,也因此没有可以造反的根据地。秀吉一改信长的恐怖统治,开始将对手的儿子收为养子,尽可能避免大规模清洗异己。人生接近尾声的时候,他似乎变得狂妄偏执,喜怒无常,成为一名危险人物。他多年的友人、茶道宗师千利休被下令切腹自尽,下场悲惨。这件事至今仍令历史学家和剧作家百思不得其解。晚年的秀吉发现自己的儿子可以托付大业,转而处死了原来指定的继承人——外甥秀次,将他的首级弃于荒野,秀次一家全部被公开处决。根据耶稣会的路易斯·弗罗伊斯描述,"血腥、黑暗的一天到来了,[秀吉的]命令必须执行,一辆辆小车拉着他们,穿过街道,抵达一个公众场所,一共 31 位小姐和贵妇,还有[秀次的]两个儿子、一个女儿,最大的那个还不到五岁。大家可以想见,在旁观者看来,这个场面该是多么悲惨……按照[秀吉的]命令,他们的尸体被一具具扔进一个专门准备的土坑里。他命人在坑上修筑了一座小庙,庙里有一座坟墓,墓上刻着'叛者之墓'"。[17]

日本统一以后再也没有国（省）需要征服，丰臣秀吉念头一转，对朝鲜和中国打起了主意。有历史学家认为这次征战有一个目的，那便是让大名的军队有事可忙，因为日本已经没有多余的领地可以奖赏。别的观点则认为秀吉想要重开日本与明朝之间的勘合贸易。太阁在世最后几年，他的作为越来越不理性，其狂妄自大有增无减。秀吉写下语气嚣张的文书，发往琉球（冲绳岛）、菲律宾群岛、中国台湾，以及葡萄牙在印度的大本营果阿。他希望别人在听闻他的丰功伟绩后会前来觐见。他似乎有计划将朝廷迁到北京，以便扩大统治范围。这些地方的反应不出所料——有的表示拒绝，有的根本不作回应。据说，秀吉在九州北部的名护屋城（今天的唐津）建立指挥部，召集家臣和盟友参战。他计划攻下汉城后便前往前线亲自坐镇，但在后阳成天皇和两位大名德川家康、前田利家的劝阻下作罢，德川和前田两人也设法留在了日本。

朝鲜的首府汉城陷落以后，丰臣秀吉去信*台湾，其满满壮志跃然于纸上。他宣称自己天赋异禀，语气仿佛中亚帝国的开国皇帝：

> 予际欲处慈母胞胎之时，有瑞梦，其夜日光满室，室中如昼，诸人不胜惊愕。相士相聚占卜之，曰壮年辉德色于四海，发威光于万方之奇异也。故不出十年之中，而诛不义，立有功，平定海内，异邦遐陬向风者，忽出乡国，远泛沧海，冠盖相望，结辙于道，争先而服从矣。朝鲜国者，自往代于本朝，有牛耳盟，久背其约。况又予欲征大明之日，有反谋，此故命诸将伐之。国王出奔，国城付一炬也。闻事已急，大明出数十万援兵，虽及战斗，终依不得其利，来敕使于本邦肥之前州而乞降……

20

---

* 即《丰臣秀吉"高山国"招谕文书》。

……如南蛮琉球者年年献土宜，海陆通舟车，而仰予德光。其国未入幕中，不进庭，罪弥天。[18]

1592 年，一支由 15.8 万人组成的军队渡海前往朝鲜，向着中国这个终极目的地进发。不到一个月的时间，他们就占领了汉城。另一支大名部队迅速北上，很快就控制了朝鲜的主要城市和交通路线。这些日本人经历过日本统一战争的洗礼，都是久经沙场的老兵老将。而且他们有火绳枪，相较于毫无准备的朝鲜人，他们占据了上风。两个月以后，明朝一支军队跨过鸭绿江，与日本人交战，日本人撤退到汉城。接着，战局僵持了近四年，这期间朝鲜人组成的游击队不停骚扰日军。日本部队的指挥官试图通过谈判来解围，还试图向丰臣秀吉隐瞒相关细节。秀吉要求明廷与日本天皇和亲、重开勘合贸易，并将朝鲜的四个道（省）割让给日本。明人却以为日本要向明朝称臣，以此作为勘合贸易的前提条件，因而大方地册封丰臣秀吉为"日本国王"，送上官袍、印章。当秀吉发现负责谈判的人居然虚报胜利，立刻勃然大怒，下令再次入侵朝鲜。

这次入侵发起于 1597 年初，日本再次向朝鲜派出 14 万大军，然而，翌年丰臣秀吉去世，战事也随之结束。日本的目标是落实那份秀吉以为自己赢来的和平条约，但手段带有越来越多的报复性质，也越来越残忍。朝鲜和明朝的军队顽强抵抗，日本的海上补给线被朝鲜的铁甲"龟船"截断。战争愈发艰苦、残酷，最能体现这一点的是京都名迹耳冢——在点算敌军死亡人数的时候，耳朵是标志物。秀吉一死，日本联军的将领迅速将自己的队伍从朝鲜撤出，同时试图隐瞒丰臣秀吉的死讯。这场朝鲜之役给未来的德川政权种下仇恨、猜疑的种子，为日后的朝日关系埋下祸根。

进攻大陆的行动以失败告终，但在丰臣秀吉称霸的这些年里，日本的制度实现从中世晚期向近世的转变。大名在执行秀吉命令方

第一章　关原之战

面落实程度不一，时间长度也各异，视地方和当地条件而定，但这些命令确立了一个标准，成为后来德川幕府的统治基础。服从秀吉统治的人可以获得大名的身份，这为德川时期的大名制度树立了典范。大名财产的所有权完全由秀吉定夺，而织田信长的政令从未能到达日本的每个角落。很多大名都要镇压来自宗教势力和农村的反抗，对于大名而言，为了换来领地的统治权，他们只能臣服于霸权之下。最终，他们和中央之间发展出一种共生关系。

毫无疑问，家臣必然是服从主君的。自室町时代以来，武士（有时候还有寺社）向当地统治者发誓效忠，若被发现有不忠行为，愿接受神、佛两道的惩罚。丰臣秀吉试图进一步强化这种关系，将其与为朝廷效忠相挂钩。1588年，后阳成天皇参观秀吉新近落成的华丽城堡伏见城，秀吉下令所有家臣都要在场，还要求当时聚集在伏见城的大名同意以下声明："圣上的到来实在是我等荣光，我等为此感激涕零。若有恶人想要骚扰皇室的庄园、土地或者宫廷贵族的封地，我等将坚决采取行动。明确地说，不只是我们自己，我们的子子孙孙都将承担同样的义务。我等将一丝不苟地遵守太阁［秀吉］的命令。上述条文如有丝毫违反，那……［神、佛两道神祇的名字］的惩罚将降临我等身上。"[19]这样一来，对天皇的忠诚便和对秀吉的服从联系在一起，不忠之人将被神灵报复。

除了确立"大名制度"，丰臣秀吉还建立了"武士制度"。法令规定农村不得窝藏武士。根据早年的制度，武士可以一边务农一边当兵，如今他们只能选择其一。秀吉所在的那数十年战事连连，由全职士兵组成的常备军于是变得不可或缺。1591年，秀吉甚至下令："你们当中若有当过兵、自去年七月开始务农的人……你们有权对其进行监视和驱逐……对于未经主君允许、擅自离开主君的士兵，他人不得雇用……未能及时禀报自己有主君的人，将因违法而遭到逮捕，并被遣返到上一位主君那里。如有人违反本法令但获准释放，应取得三个人的首级，作为对原主君的补偿。"[20] 换言之，武士不得隐居农村。他们必须待在主君身边。结果，战国时代兵农合一的做法被废止，相关人员转为常备军，统一生活在新建城堡的兵营里，这些新兴的城堡散布于全国各地的交通沿线上。这一历史现象被日本的历史学家简要概括为"兵农分离"。

与此同时，丰臣秀吉下令在全国各地推行检地，而且要比此前做过的更加系统、更加彻底。这在后来被称为太阁检地，通过使用新近统一的度量单位，对耕地逐块逐块地进行测量，记录下每块耕地的质量和产量，然后确定这块地的赋税该由谁来承担。早前的检地是根据地税来登记土地及其面积的，测量过程关注的是税收潜力。早前的检地成果大多数由地方当局呈交，常常利用地籍档案作为底本。丰臣秀吉掌权期间，测量队伍要根据秀吉或其家臣的命令进入村里，丈量土地面积，在过往记录基础上记下土地的生产状况，注明其所有者。有些地方如土佐国的检地账保存至今，这些账本显示出检地所耗费的巨大人力。[21] 必须记住的是，要在日本全面推行检地，一个复杂的官僚体系不可或缺，而这在当时尚未形成。甚至到19世纪70年代，明治政府花了不止五年时间给土地所有者颁发产权证明。近来的地方史研究表明，我们评估秀吉政策的有效性时往往根据其发布的政令，忽略了政策在秀吉时期的连续性，以及地方上的变数。[22]

或许，太阁检地更应被视为某些变革的先声，而这些变革要到大半个世纪以后才成熟起来。丰臣秀吉的法令是一个重要的里程碑。

这个过程当中有一个关键变化，那就是从贯高制转变为石高制。税收记录、检地评估、武士收入都以相应的粮食单位来表示：一石大约等于五个蒲式耳*；一俵相当于一草袋；一扶持，相当于一个军

---

* 英制 1 蒲式耳相当于 0.03637 立方米，美制 1 蒲式耳相当于 0.03524 立方米。——编注

人一天的口粮。在德川统治下的和平年间，这种单位日益标准化。乍看之下，这似乎是货币化的倒退，但实际上，这是为了实现总产量的数量化而大胆迈出的一步，这一步的重要性再怎么强调也不为过。价格可能会浮动，而在一个以农立足的社会里，除了在歉收、饥荒的年份，生产力在衡量产量方面远远更稳定。用单一的测量单位来估算总产量的话，便可以对大名土地、家臣封地和农村收入进行调整，这种评估权力、影响力和地位的方法，体现了惊人的创新性、客观性与合理性。在整个德川时代，我们都要跟它打交道。同时，它表现了一种零和竞争观。所有土地都经过测量、都有所属，在没有对外征服提供新机会的条件下，一个人的收获只能以损害同伴为代价。如今人们至少在理论上可以知道大米的总体生产力或"石高"有多少，并对其进行配置。这些规则要等到下一位霸主出现才能被改变。

假如没有解除农村武装力量的话，这一举措不会有任何约束力可言。1588年，丰臣秀吉下了一道《刀狩令》："严格禁止各国（省）人持有长剑、短剑、弓、矛、火器等武器。"对于这样做的目的，法令直言不讳地说道："持有不必要的[战争]器具，会令征收税费的工作难以展开，而且容易煽动暴乱。"当然，武器并没有一夜之间就从村里绝迹。但有文书明确记载，日本各地的大名都认真对待这道法令。例如，远在萨摩国，实力强大的大名岛津氏——那之前不久才在跟秀吉的斗争中落败——就十分重视这道法令。如玛丽·伊丽莎白·贝瑞（Mary Elizabeth Berry）所说，"该国（省）以太刀闻名，考虑到这一点……岛津氏在执行法令方面有任何失误，都会相当显眼"[23]。当然，这一法令也符合大名的利益，毕竟可以减少农民起义的发生。

总的来看，检地、刀狩令、兵农分离，这些法令以遵从天皇之命为名义整饬大名，确立新的合法性基础，为武家与非武家身份制定了新的规则，农村地区也因此重归安宁。这些现象确实与丰臣秀吉的统治存在关联，虽然它们必然已经存在一段时间，直到秀吉去世时，一些地区仍然没有完成转变。

丰臣秀吉终其一生也没有当上征夷大将军。室町幕府最后一位足利将军只比秀吉早一年去世。然而，秀吉更想拉近与朝廷的关系，为此他宣称自己与藤原氏有血缘关系，他担任的关白和太政大臣传统上属于藤原氏的头衔，他还利用朝廷的威望来实现自己的目的。或许因为自己的血缘和出身比织田信长、德川家康都要逊色，他有意将自己跟朝廷绑在一起，以便可以利用它的声望。1588年，秀吉安排天皇参观自己的居所，其间他让31位大名发誓保卫朝廷和贵族领地，借此将朝廷、大名和他本人联结成一个代表他们共同利益的政治体（公仪）。自此以后，对其中任一方发起的挑战，都会是对处于核心的天皇的不忠。除了注重天皇，秀吉还努力掌握能舞等传统艺术，大举推崇茶道、参加茶会，这是他利用（和改变）贵族气质的另一种方式。茶道本应是亲朋好友间的小聚，可秀吉风格的茶道却成为一种炫耀贵气和财气的活动。除此之外，秀吉还像织田信长那样想获得神道神（かみ）格。他之所以会将矛头转向那些他原本宽待的伊比利亚传教士，也与此有关。1587年，他下令驱逐传教士，严厉警告称日本是"神的国度"。传统的力量被用以合理化革命性的转变。这一现象，我们将会在德川时代的末期再次看到。

第五节　安土桃山文化

日本统一过程中，暴力、背叛、残酷比比皆是。但与此同时，经济蓬勃发展、欣欣向荣，文化方面也真正迎来了百花齐放的大发展。大多数的军事霸主忙于驰骋天下，几乎没时间或没兴趣读书。

有的人则费尽心血去掌握和传播传统文化。一座座城市沿着交通要道拔地而起，城市里的人并没有多少文学才能，毕竟当时识字能力还不普遍。而具有深厚文化涵养的宫廷贵族和名僧，某种程度上活在军事霸主的摆布之下，而这些霸主依然渴望获得宫廷、寺社的承认，在文化方面取得正统地位。急于抬高身价的他们，无比慷慨地赞助、拥护每一种视觉艺术。他们意识到，无论生活还是打仗都需要自制力，于是，茶、陶瓷、书法这些安静的艺术形式进入他们的世界。同时，他们不再受传统等级的束缚，对外来影响持比较开放的态度。他们最会攫取商业、矿藏和战争带来的好处，因而有能力在艺术、建筑和武道上一掷千金。

这个时代的典型标志是那一座座高耸的城堡，它们是建造者实力的象征。巨大的石砌护墙为纵横交错的护城河所环绕，从入口进来后，一座迷宫便展现在眼前，这里能把人困得团团转。入侵者走完狭长的通道才发现这是一条死胡同，即使攀爬过去，前面的道路还连接着多个90度的拐角，随着道路往高处走，每一侧甚至连顶部都有矮墙，侧翼的火力可以从这些矮墙背后射出，给敌人以致命一击。城堡里建有守卫的营房，有时站岗的守卫多达数千名，此外还有大名及其主要家臣的居所。整座城堡的最高点为五层、七层高的主楼或天守，亮白色的外墙把硕大的建筑梁架隐藏起来，墙壁间有细小的黑色开口。其上，屋檐、护栏组成的复杂构架上铺有重瓦，是为建筑的最顶部，瓦上还带有大名的家徽，以及海豚、鹤、凤凰、鲤鱼这些图案，十分醒目。

整座城堡的设计注重表现所在地的美和比例。耶稣会神父德阿尔梅达（d'Almeida）曾经描写过奈良的一座天守，他说："从外观来看，世界上没有比这更漂亮的景色了，令人赏心悦目……走进这座城（或许可以这样称呼它），在里面的街道游走，如同走进天堂……这看起来并不像是出自人类之手……墙壁上布满绘画，以金箔为衬底，画面上描绘着古老的故事……至于花园……我在宫殿里见到的那些，无法想象还有比这更令人神清气爽的地方了……我肯定，全世界绝对找不到别的地方，能比这座堡垒更华丽、更有魅力。"[24]

这些建筑内部昏暗。为了装饰公共房间的墙壁，艺术家们使用大量金箔、银箔，即锤揲而成的轻薄的金片、银片。日本正是从这时开始生产贵金属，并持续了一个多世纪。日本是白银的主要产地和出口地，这个地位保持了一百年，直至矿藏开始枯竭。对金箔、银箔进行锤揲、镶嵌、绘画，这些工作不是一个文化人单凭业余爱好就能完成的，需要十分高超的技艺。这一需求，以及这样的资助条件，恰恰出现在狩野派画家的伟大时代。狩野永德（1543—1590）曾为京都多家寺院制作过屏风画，作为御用绘师，他负责织田信长、丰臣秀吉的城堡府邸的装潢，还为信长的安土城、秀吉的聚乐第绘制过屏风，这些作品有一部分保存在京都的西本愿寺。他是日本艺术史上的一代大师，同时代的艺术家和他的许多学生身上都体现了他的影响。他开创了一种崭新、壮丽的障壁画，其风格融汇了土佐派的华丽画风和起源于中国的水墨画，与当时新建宫殿、城堡的富丽堂皇十分相称。他喜用金色作为绘画背景，大量运用浓墨和绚彩，永德的过人天资完美地迎合了这个时代。永德并不是单打独斗，他手下有一个绘师作坊。今天人们到二条城参观的话，仍可以感受到作品传递出来的敬畏和力量，创作这件作品的绘师及作品的主人希望，当来客进入二条城的门厅、巨大壁画上魁梧有力的松树迎面扑来的时候，心里能生出这种敬畏、力量之感。对于内部的居住区而言，这种威风凛凛的画风就不是那么有必要了，相反，这里会用上更多平和的画面，包括圣贤说教和中国传统娱乐。

织田信长始建于1576年的安土城，以及丰臣秀吉的桃山城，共同命名了文化史上的一个时代。这个时代以其朝气蓬勃和繁荣昌盛而举世瞩目。日本各个地方，特别是各大交通沿线，都有大名的城堡。他们根据自己财力、实力的大小，打造与之相匹配的城堡。这种情况在16世纪90年代尤为显著，在这十年里，城堡的建立，以及城下町——连带其消费群体，由武士组成的常备军——的形成，开始改变日本的城市生活。

丰臣秀吉的表现欲也体现在茶道上。一般来说，茶道的理想状态是克制、持重，而他毫不犹豫地给自己盖了一座外表贴满金箔的茶室。在1587年的北野大茶会上，他也表现出同样的品位。当时，他邀请京都全体居民前来观赏他的精美茶具，还在开幕当天亲自给约800人点茶。茶会还欢迎参与者展示自己的珍宝，但有多少人愿意冒这个险则不得而知。倘若秀吉这位霸主对某个宝贝心生羡意，他必然会要求物主送给他。秀吉为什么会下令让千利休自裁，有这么一个说法——这位茶道宗师拥有一件特别精美的茶碗，让秀吉起了妒忌之心。

安土桃山时代文化最主要的特征自然是各种技艺。不管是制造火绳枪的工匠，还是富有的手艺人如千利休，几乎可以和军事霸主们平起平坐。他们必须献出茶道的专业技能，整个过程极为严苛。陋室、粗墙、一卷画、朴素的花、无声的碗，这些事物所体现出来的美感代表了主人的教养和品位。织田信长向堺地的大师学习茶道。有时，当家臣表现特别出色、英勇的时候，信长会用茶具来奖赏他们。他还跟当时数一数二的大诗人相互赠送贺诗。至于丰臣秀吉，从他和别人的通信就能看出来他绝非博学雄辩之人，但他不仅资助能剧，还刻苦练习能舞。他邀请天皇（这位天皇必然长期忍受着折磨）来欣赏自己的艺术成就，强行让德川家康、前田利家这些头号家臣跟他一起表演。某些资助文化活动的大名自己本来就是数一数二的文化名人。古田织部，即那位先是遭到丰臣秀吉的怀疑、最终因德川家康的猜忌而切腹自尽的大名，本身就是一名陶艺大家。出身于大名望族的细川藤孝（1534—1610，他还是20世纪90年代某位首相的先祖）是秀吉和家康手下的武将。诗歌、古典文学、茶、食、乐、剑、典章制度，他样样精通并因此盛名在外。中世诗歌集《古今和歌集》的释文向来只能密授，细川藤孝由于拥有这门知识而被视为独一无二的国宝级人物，关原之战期间西部军队包围了他的城堡，其性命危在旦夕，一位亲王*为他请求，后阳成天皇也专门下了一道敕令为他解围。

这个时代最受赞赏的陶瓷器是那种外表粗糙、形状不规则、手工捏塑而成的碗，这种真实象征着茶道的理想状态。日本陶瓷在战争果实的滋润下变得更加丰富，率军入侵朝鲜的大名很多在回国的时候将朝鲜陶工——有时甚至是一大批——带了回来。萨摩的一座叫作苗代川的村落里，就有一群流落至此的朝鲜人，直到19世纪仍保持着自己的民族身份和制陶传统。熊本也有一群朝鲜人，由加藤清正带回来。佐贺的陶瓷业进步最大，大名锅岛氏带回来的朝鲜陶工发现了一个瓷土矿，为日本瓷器的面世奠定了基础。日本陶工和朝鲜陶工生产的青花瓷，是佐贺藩保护的对象之一。这种最初以明朝青花瓷为模板的瓷器，通过船只被运送到日本的每一个地方。其他艺术形式也在蓬勃发展。琳派通过精致细腻的技法，发展出一种罕见的绚烂之美，这种艺术传统将装饰技巧提升到另一个水平。这些以书法、绘画、釉瓷为专长的琳派艺术家，改变了近世日本的艺术生命和艺术水准。

这个时代对外部世界的态度也特别开放。日本商人和探险家踏足东南亚多个地方，沿着中国商人建立的港口网络活动。这些人带回来各种东西，既有用于制造军火的原材料，也有上等的中国丝线，属刺绣用的佳品，这些都是城市商人孜孜以求的商品，供应给城下町的军事首领及其女眷。这类贸易的许可证由丰臣秀吉颁发，秀吉死后则由德川家康负责。大寺社和富商共同资助这些贸易活动，军

---

* 八条宫智仁亲王。

事大名也经常参与。16世纪40年代，来自伊比利亚半岛的第一批商人和传教士来到九州南部，此后，前往日本的人越来越多。他们带来的艺术、纹样迅速与日本主题融合。一系列"南蛮"画描绘了他们的船只、传教士和仆人。数十年后，九州大名大村纯忠眼见政敌步步紧逼，担心政权不保的他，将长崎港口开放给西方人作为贸易基地。长崎成为传教活动的大本营，除了开设了一所提供日语培训的学院以外，还有一家印刷厂，印发《伊索寓言》、托马斯·肯皮斯（Thomas à Kempis）的《效法基督》（Imitation of Christ）等一系列作品。耶稣会有不少成员来自意大利和伊比利亚半岛的封建统治阶层，他们对日本的封建贵族进行传教，自信地认为只要说服了领主及其家臣，平民百姓就会跟着信教。他们思忖，向日本平民布道的话会让人觉得有造反之嫌。事实证明他们的做法是对的。许多势力强大的大名成了基督徒。与此同时，多明我会、奥古斯丁会的传教士也在向普通民众布道。在多个教派合力之下，基督徒这个群体急速扩大。到16世纪末，天主教徒的比例可能接近总人口的2%，比今天日本的基督徒还要多。中国的情况则不一样，为了进入文人的圈子，耶稣会士要先成为知识分子、学者。而在日本，他们可以专注于宗教使命，因为日本最重要的知识阶层——佛教僧侣——对他们完全不闻不问。他们敌视一切佛教派别，这种敌意在某种程度上令他们有意去讨好织田信长、丰臣秀吉这样的军事巨头，这两位都对佛教下过狠手。这些军事巨头邀请西方人来参观自己的城堡，对他们的家乡表示好奇，敬佩他们的奉献精神和勇气。而且，像织田信长——他在1582年痛心地发现自己被一名家臣背叛了——这样的霸主，对手下一直有所戒备，而那些主持耶稣会传教活动的欧洲人跟霸主们没有利益瓜葛，还博学、有修养，霸主们大可以放心与之交往。

不管怎样，耶稣会的人觉得这些日本领袖魅力非凡、可钦可敬，虽然他们从未公开表示对后者有全面的了解。传教士刻苦学习新的语言，进步显著，而且他们为人审慎、处事得体，因此在那些巨头的城堡里颇受欢迎，即便 1587 年秀吉开始管制基督教，情况也一度不变。模仿西式服装的风气在不少藩城流行起来。很多人改信基督教，这或许可以说明传教活动是成功的，那些成了基督徒的大名一直保持着信仰，更是确凿的证据。上文曾提及小西行长，他是秀吉派去入侵朝鲜的主要大将之一，在输掉关原之战后，他下不了决心自杀，最后选择受俘，被人耻笑，身首异处。在后面的章节里，我们将会对基督教运动作进一步的讨论。

第六节　关原之战的战利品：德川家康

继织田信长、丰臣秀吉之后第三位统一天下的是德川家康，他成功将前两位取得的成果占为己有。家康活得够长，有足够时间来完成大业；他儿子众多，因此不需依赖家臣的忠心；他建立的幕府一直持续到 1868 年。

德川家康的一生堪称是教科书般的典范，向我们展示了社会动荡与个人品性是如何造就一代战国领袖的。他出生于 1543 年，父亲是三河国（今天的静冈）的一个军事小头领。家康四岁的时候，父亲将他送去附近势力更强大的今川氏当人质。然而，他在去的路上被织田家的人绑架了。这个织田家就是后来织田信长接掌的织田家。家康在织田家被扣留了两年，直到七岁才获释放。随后，按照早年计划，他被送去今川氏那里作人质，一直待到 18 岁。到那时候，他娶了第一任妻子，有了一个儿子。1560 年，织田信长打败今川氏，这是他第一次大胜。家康与这位胜利者缔结盟约*，此后他一

---

*　清洲同盟。

路辅助信长，四处征战，直到信长去世为止。这令他得以为自己谋利，不仅接掌自己家族的老家臣，还一步步蚕食今川氏的领地。经朝廷同意，家康把自己原来的氏姓（松平）改为更加古老的"德川"。由于与信长有盟约，为了表示忠诚，家康不得不处死妻子（与今川氏有血缘关系），命令儿子切腹自尽。信长一死，他立刻就占领了北部武田家余下的领地。1583年，他成了五国（省）领主。他出身高贵，单是这个理由就足以令周边那些比他强大的势力给他留活路。他在逆境中磨炼。他深谙联姻政治之道，并继续将这个策略运用到丰臣秀吉身上。经过几次不分胜负的军事较量后，家康和秀吉决定结盟，他将另一个儿子送给秀吉作养子，还把秀吉刚刚离异的妹妹纳为正室。

　　德川家康拓展自己的治理能力，与此同时，丰臣秀吉忙于征服四国、九州。1590年，他们成功包围了小田原城，这是两人生涯中最重要的一次军事合作。通过这次战役，日本东北的令制国（省）加入秀吉统领的大名联盟。秀吉给家康的奖赏却是命令他带上全部家当搬到刚刚拿下的领地，放弃位于日本中部的令制国（省），转封给别人。这一举措乍看对家康必然是一大打击，但从根本上说，这对家康反而有利。现在他掌握了关东平原，这是日本最大的平原，地形稳固，其财政收入加起来高达250万石。但对于家康和他的家臣而言，这是个陌生的地方，这些家臣在当地没有根基，只能依靠自己的主君。家康将全部精力投入到关东地区的开发上，而秀吉则集合日本西部的大名，准备入侵朝鲜。家康并没有掺和到这件代价高昂的蠢事当中，只是用委婉的方式力劝秀吉不要离开日本本土。

　　事实证明，德川家康治理关东地区的成绩，为他在关原之战后执掌国家权力奠定了最有力的基础。家康把最受信赖的家臣安排在战略要地。他设立一个机构负责地方的行政和税收工作。他没有重修小田原城，尽管这是大名北条氏的统治根据地，相反，他在新领地的中部选择了一座小堡垒作为统治中心。他选的这个地方就是后来的江户，即今天的东京。家康开始对江户进行大规模建设，这个计划需要15年甚至更长时间才能完成。人们要把沼泽地的水排干。雄伟的千代田城（今天的皇宫所在）处于中心位置，城墙由巨大的岩石砌成，石材来自南边伊豆半岛的岩壁。为了把石材运送到城里，沿海平原一带开通了一系列运河。但供水问题仍需要通过其他公共建设才能解决。大约不到一个世纪后，这里将会是世界上人口最多的城市之一。

1598年，丰臣秀吉感觉自己命不久矣，于是任命德川家康为五大老之一。身处大坂城的秀吉之子秀赖年纪尚轻，五大老负责确保秀赖的福乐安康。家康等人发誓将效忠秀赖，如同效忠其父。但他们很可能并不打算这样做。不管怎样，家康手中握有一大片领土，正妻与侧室为他诞下众多儿女，还通过几段婚姻结下不少同盟，他的条件最有利，野心也最大。他很快就给一个儿子、一个养女、两个孙女安排婚事，与身居要职的家族进行联姻，巩固自己的势力。以石田三成为首的一批家臣向家康发难，为此他采取一系列行动，最终引发关原之战并大获全胜。

关原之战并不是丰臣秀吉支持者和反对者之间的一场较量。所有人都宣称自己对逝去的秀吉、对秀吉的继承人忠心耿耿。家康被公认为东部势力之首，没有人能比他更有优势，将这场战役的结果利用起来。家康既是这一战事的推动者，也是主宰者。打了胜仗的他需要解决一众事情。丰臣秀赖仍然在大坂活得好好的，他的存在让人想起家康立下的誓言。秀吉最重要的那些大名，有许多都待在自己的领地里。尽管秀赖只有八岁，但由于身份等级和朝廷职位的关系，他能够跟家康平起平坐。两人背后各有阵营维持着这一局面，直到1615年大坂城陷落为止。

1603年，德川家康受命出任征夷大将军，但这并没有解决秀赖的问题。家康觉得有必要在都城附近的伏见城待一年零九个月，以便监视京都和大坂城的动向。1605年，他将大将军一位传给儿子秀忠，然后隐居在东部的静冈骏府城，但他仍旧监管着新秩序的建立；大御所，字面意思是"雄伟的宫殿"，但实际上它指的是这座宫殿的主人，一个退隐的权贵。从家康的时代开始，"大御所"在日本口语里便用以指代事件的幕后推动者和引导者。大名被下令上交所辖地区的村落簿籍和地图。1606年，朝廷被告知，日后朝廷官职和军府职位的人选皆由家康来推荐。体制变革开始起步，主宰此后两百年的德川制度从此诞生。

每个统一者都站在前一位的肩膀上继续开拓。织田信长摧毁了旧秩序，推动了中央集权进程的齿轮；丰臣秀吉规范了大名制度，但他没有建立起一套稳定的家臣等级体系，反而依靠朝廷的威望来行事。德川家康在拿下最大的胜果后又活了16年，他一心要确保德川政权绵绵不息。为此将五个儿子分派出去，形成外围保护圈。他经历过秩序混乱、互相猜疑，从这些经验出发，他建立了一套相互制约但不均衡的机制。这套机制一直持续到了1868年。

第二章

德川政府

德川时代或江户时代的日本属于什么性质的政体，对此人们一直在激烈地争论。18世纪的日本学者十分了解中国的国家性质，深知自己的国家与之有极大的区别。中国的政体从"封建制"逐步发展为帝国的中央集权制。这两种制度的日文汉字分别是"封建"和"郡县"，后者指的是以行政区为基础的中央集权政府。到了德川时代晚期，就连供平民百姓学习的知识纲要都会提到，中国从"封建"制转变为"郡县"制，而日本的顺序则与之相反，从"郡县"制变为"封建"制。中国式的制度在7世纪引进日本，然后孕育了一个以天皇为首的中央集权政府，但武家的统治导致封建制度确立。

到了19世纪，人们逐渐熟悉西方的历史作品，不久便开始尝试将日本史放进世界史的框架之中。大量的作品涌现，有的为德川将军辩护，认为他拥有的"王权"与西方的封建君主相似。赞同这一说法的人认为，天皇只具有仪式性的作用而没有政治实权，其地位与西方的教宗更有可比性。这种立场在德川时代就已经有了先例。

荷兰的代表来江户时按照惯例，会把将军称为"君主"（emperor）。在为佩里*1853年访问日本所准备的文书里，也把将军称呼为"君主"。18世纪初，幕府辅臣新井白石曾试图通过把将军称为日本的"国君"（こくおう），将这一做法纳入制度的范畴，但他的这些努力很快就随着他的宦途一起终结了。

问题的根源在于，德川时代的日本的确和平安定，也建立了一套官僚制度，但并未真正统一起来。大名的领地，连带其行政架构、军队和财政制度，为他们的自治权保留了关键要素，尽管他们仍需要看幕府的脸色。赖肖尔所说的"中央集权的封建制"，不仅精简地概括了这一矛盾的局面，还指出其问题所在——日本既没有彻底中央集权化，也没有彻底封建化。"二战"以后，日本的历史学家大体遵循同一思路，他们把德川时代的制度视为幕藩国家加以分析，指出它具有中央幕府（幕）和地方大名（藩）两种政体的双重特征。更有甚者，随着近年威权主义在其他地方渐次消退，人们开始好奇，一个表面上封闭的制度内部是否能发展出非政府性质的空间，这个疑问进而引导人们去探讨另一个问题：鉴于中央的幕府统治具有诸多局限，我们是否能够把近世的日本放到"市民社会"的主题下进行思考。可以这么说，中央和周边都有自己的局限，由此出现了间隙，而间隙的某些特点正是形成一个共同参与的、有限的政府的先决条件，它们很可能预示了现代变革的到来并加快了其步伐。

带着上述问题去考察江户时代的制度，我们会发现事情十分有趣。但在此之前，我们有必要强调，这个制度是随着时间变化的。江户时代的头一个世纪，德川家康在关原、大坂两场大战中胜出，家康和他的继承人成为实力最强的大名。但除了他们以外，还有别

---

* 全名为 Matthew Calbraith Perry。

的大名存在，而他们的胜利其实是联盟军队的胜利，无论家康后来的地位如何高高在上，这个事实都不会改变。然而，早期的幕府将军可以管控、奖赏、惩罚大名，同时具有一定的免除责罚的权力。一百年后，一旦封建大贵族在合适的地方待上一代或几代人的时间，将军的那种支配权就会使用得越来越少，大名的位置也会变得相对稳固一些。政治体制并没有越来越集中化，但经济的一体化反倒朝着这个方向发展。对和平的渴望、对商业和交通设施的需求，翻出一波波浪潮，越来越频繁地冲刷着政治的边界。随着冲突减弱，将军不再需要或有意去整编、管制自己的家臣。

第一节　掌握话事权

德川家康小心翼翼地、有计划地利用关原之战的胜利。他的目的是建立一个经久不衰的制度，超过前人所为。家康从一开始就比他们更有优势。织田信长去世后留下三个儿子，丰臣秀吉有一个，但家康有九个儿子，他去世的时候还有五个在世。到1616年，即家康死的那年，其中一个儿子秀忠已经是幕府的将军，另外三个则分别担任尾张、纪伊、水户三个亲藩的藩主，倘若将军没有合适的继承人，那么，这三家的子嗣将有资格成为将军家的养子。然而，家康要想成功的话，还必须具备敏锐的判断力、决心和耐性。

显然，德川家康第一步要做的是处置西军大名所持有的领地，这些人在关原之战中与他为敌。87家大名被除封，三家被减封，受影响的领地的石高多达622.169万石。单是丰臣秀吉之子秀赖的领地，就减少了130万石。直接受益的是那些一开始就为家康效力的德川氏家臣。16世纪90年代，秀吉下令让家康迁往关东平原，此后这一带的土地都由这些家臣掌管,其中有好几个的领地比很多大名的都要大,只不过因为是家康的家臣,所以没有正式得到大名的身份。此时,官衔、名号都成了家康的囊中之物,由他来颁发,他很好地利用了这一条件,把家臣重新安置到日本腹地的各个战略要地。接着,出于追加奖赏的需要,加上对大名忠心的猜疑,已经分封出去的土地也会发生变数。小早川秀秋在关原之战中背叛了西军,从而决定了这场战役的输赢,他被封到位于濑户内海的冈山(备前),他1602年离世的时候并无子嗣,因此其领地被重新分封给别的大名,小早川氏灭亡。这是第一次因为战争以外的原因导致封地治权的转移,由此证明了当时崛起的中央权力是多么强大。

最大的问题是那些头号大名。萨摩藩的大名岛津氏在关原之战落败后,迅速地撤退到九州南部的领地。要消灭他的话,就必须跟另一位有深厚根基的大名联手作战。家康选择用外交手段来解决这个问题。很快,使者就在家康的大本营和远方的港口鹿儿岛之间来来往往。但晚至1602年,家康和岛津义弘才在前者的伏见城安排会面。有意思的是,当义弘第一次来的时候,家康刚好去了江户,不在伏见城里,他让这位客人一直等到他悠悠闲闲地回来。现在,义弘终于可以向家康解释,自己之所以参加关原之战,是因为他错以为这是对秀吉之子忠心的体现。家康的心情平复下来,向义弘保证其祖传的封地仍由岛津氏统治,义弘发誓效忠德川家康这位新霸主。在两人会面之前,朝廷提议家康担任武家源氏的长者*,一心以为他会拒绝,现在,既然有了岛津氏的加盟,家康便在1603年接受了这一任命,出任征夷大将军、源氏长者、武家栋梁、淳和院与奖学院别当、右大臣。两年以后,他把将军一位传给儿子秀忠,秀忠率领十万众来京都接受任命。家康的就职大典在关原之战后不久

---

* 原则上由源氏中官位最高者担任。

举行，但主要的大名没几个出现（与德川氏的家臣截然相反）。等到秀忠上任的时候，包括萨摩藩的岛津家久在内的所有大藩主几乎都来了，其随从挤满了京都的街道。值得注意的是，没有一个想到除了参加秀忠的庆典，他们还应该去大坂城拜见丰臣秀赖。

家康摆脱了繁琐的礼节，终于腾出空来计划对付大坂城。丰臣秀赖贵为大坂城的主人，仍旧掌管着日本这座最大、最坚固的城堡建筑群。不过，大坂城所在的城市遭到那些落败大名的手下蚕食，因为他们的领地都已经被没收充公。绝望、恐惧的情绪在他们当中日益蔓延，要发起军变不太可能，可如果不这样做的话，又得不到其他大名的支持——毕竟这些大名已看出了不祥之兆。岛津氏投降以后，绝大多数重要的大名向家康投诚。1611年，原来与家康平起平坐的主要大名全部宣誓效忠于他。

家康踏出第一步，他提议和秀赖会面。这时秀赖已经十岁，正接受京都贵族技艺的教育，他的母亲在旁辅政。尽管秀赖的领地已经缩减到只有65万石的石高，他仍然对德川氏的合法地位构成威胁，毕竟家康和其他大名曾承诺过捍卫他的利益。对于家康提出的会面要求，秀赖和他母亲有所抗拒，踌躇不定，他们不确定的是，家康宣称自己关心并尊重丰臣家，但谁知道这是不是其精心策划的诡计呢。最后，双方在1611年会面，地点并没有选在家康的伏见城，而是在京都二条城这个比较中立的地点，不过这对双方的关系并没有起到多少改善的作用。

家康接下来要集中精力对付朝廷，后者为了确保自身权势，可能会用秀赖来牵制他。就在家康获得那一系列头衔的时候，秀赖也被任命为内大臣。这个小男孩看起来颇有才干，逐渐成为朝廷上的热门人物，人们开始议论是否要让他继任其父亲的关白一职。家康急需朝廷保持中立，不能把它牵扯进武家政治之中。对于曾利用朝廷头衔的丰臣秀吉来说，想做成这种事并不容易。但家康不一样，他作为新的"武家栋梁",反而有可能成事。1613年,家康发布一则针对朝廷贵族的命令(公家诸法度),意在限制朝廷干预武家事务,尤其要阻止朝廷加官或授职的举措。这不过是更大的计划中的一部分,整个计划是要对朝廷事务加以规范,通过研习古代文书、寻找先例,一劳永逸地解决种种仪式场合的次序和礼节问题。这些场合数量繁多,主宰着贵族重复单调的日常生活。家康密切关注着计划的进行,急匆匆地催促那些受命执行计划的人,对这件事情予以高度的重视。通过优先处理这类事务,朝野复归平静,怨愤之气消散,朝廷也越来越少或越来越不需要通过武士阶层内部的关系来寻求帮助。同时,这个计划必然体现了家康的地位在朝廷之上。还有大量的证据显示,家康发自内心地敬重朝廷,在跟它打交道的过程中,他表现出尊重,也表现出决断。

1613年,朝中贵族被下令要"勤于学业",要给天皇安排贴身警卫,无论白天还是黑夜,都要抵住外出逛街的诱惑,不要参加运动、游戏,最重要的是,不要接触那些不守规矩的浪子、无赖,这些人在京都街道上到处都是,数量还不少。一旦接报有人违反命令,那将会由将军或他的代表而非朝廷来进行审查。

与此同时,更详细的程序准则《禁中并公家诸法度》仍在准备当中,1615年大坂城一陷落,这份准则就立刻发布出来。[1] 天皇的主务是文化方面的事情,把精力集中在精通那些平和的技艺上。接下来,它列出朝堂上应当遵从的座次、改元(年号)的时候应该遵守的程序,然后仔细说明不同等级的人在朝堂上行礼时所穿的衣服应该是什么质地、什么颜色和什么纹样的。最后一条规定则是关于如何任命"门迹"(与公家有关的寺院)的僧纲*。

出于对佛教事务的关心,家康还想解决寺院之间的争论,他下

---

* 管理僧尼的僧职。

令分发明朝的重要佛经，希望寺院住持能够为了教义学说而抛弃政治纷争。

不管怎样，秀赖还在大坂城，他的存在提醒着大家，德川氏手中的最高权力在某种程度上是非法的。到了1614年，家康认为条件成熟，决定对大坂城发动袭击。他的借口很贫弱，说某个寺院的钟铭使用了家康名字里的字，因此认定这是对家康不敬的表现。大坂城约有9万守卫，作为日本最大的城堡，其防御工事给了他们不少帮助，两次击退了两倍于他们的大军。家康狡猾地转而与丰臣家进行和谈，提出休战，但要求对方填平大坂城的部分城壕，以表诚意。对方答应了这些条件，落实的时候德川一方还好心地为对方提供劳动力。就在这时，德川一方撕毁和约，局势随之被扭转。德川氏派出的工人队伍过于热心，最后填平的城壕比和约里要求的还要多。工程完成后，1615年夏天，家康再度发起袭击，势如破竹。败局已定，年轻的秀赖和他母亲自杀身亡，大坂城陷入大火之中，对死去的秀吉效忠这个难题也与之一并消亡。

第二节　整饬大名

1615年，重新安置大名的工作大体完成。大坂城一役胜利后，秀赖的领地可以由德川氏随意处置。全国的区划终于可以确定下来。

在领地分布格局上，德川氏的布局明显是从早期实践自然演进而来的。镰仓幕府和室町幕府影响并发展了朝廷所奠定的行政与区划模式，同时把自己的家臣团嵌入已有的行政单位里，此后京都的贵族和寺社关系网再也不能掌控自己领地内的财产。在三位统一者当中，织田信长一直坚决排除僧侣和行政力量对自己行动的干扰，而丰臣秀吉则通过接受各种公家头衔，尽可能地对朝廷的声望加以利用。从家康发布的朝廷贵族守则来看，家康的第一步是让这些人远离武家政治，他在很短的时间内就断了京都当局的左右臂膀，公家的实权大幅削弱，几乎跌至 7 世纪以来的最低点。

与前人相比，战国时代三位统一者的家臣团关系更加紧密，属于氏族结构的某一部分。约翰·霍尔（John Hall）注意到，纵观历史，日本总在家族结构和官僚结构之间摇摆[2]；随着时间的推移，两种结构彼此交替迭代。在德川时期的日本，这个趋势发展到了顶峰，大多数的依附关系以虚构的家族关系来作掩护。

家，无论在哪儿，都是长久存在的单位，家的存续凌驾于所有的责任义务之上，并不是只有武士阶层才这样。17 世纪的时候，日本农村的大户人家下面有从属于各种奴役关系的依附人员，这种现象十分常见。其中最主要的佃户或仆人被划分为"谱代"；接下来是地位更次要的关系网，他们受到程度不一的契约束缚，视自己的直属上级为父亲一般的存在。在这关系网之外的人属于外人，他们或许具有相同的等级，但却是生活在不一样的人际关系的宇宙之中。[3] 某种程度上，现在的日本还有这种现象，对于日本人来说，那些闯进他们独特的日常轨道中的非亚裔"外人"永远是"不一样"的。

而在江户时代的封建社会，这一特征造成"谱代大名"（德川氏原来的家臣）和"外样大名"的区分。关原之战时，有的大名与德川氏的势力作对，有的与之合作。他们身处全然不同的主从制度中，绝不可能改变自己的类别。居于高位的大名尚且如此，那些普通的武士更是这样。大名之间可以互动，可以竞争，也可以根据自己与将军的亲疏远近来确定等级地位，但他们的家臣不一样，这些人的生活是以大名为中心展开的。谱代大名和外样大名的分类，使得德川氏和其他大名区别开来。德川氏的家臣可以在幕府机构中任职，而外样大名的家臣则永远被排除在外。

第二章 德川政府

必须要补充的一点是，有些大名的家族长期以来对自己的落败心怀愤恨，甚至把这种积怨视为宝贵的品质。长州藩的毛利氏在输了关原之战以后，领地被大幅削减（从 1,205,000 石降至 298,480 石），可以想见他们心底里是多么希望将来能报仇雪恨，对于那些在不同时间经历过不同遭遇的底层人员来说，更是如此。阿尔伯特·克雷格（Albert Craig）讲述过长州藩的一个传统习俗，在新年的第一天，藩主还没讲话，家老们就会问道："倒幕的时机到了吗？"藩主则会照惯例回答："为期尚早。"[4]

随着大名制度在江户时代走向固化，其等级差别也日益严格起来，这是大名制度的第二个特征。一个大名要具备封建领主的身份，其条件是封地的石高要在 1 万石以上，而且是由将军直接授予的。后一条尤为关键；很多大名的家臣从主君那里获得的封地高于 1 万石，但仍属于下层的家臣（百姓），只能在大名的"天体轨道"中而非将军的国家"星系"里运转。而石高、身份等级、军队规模或家臣团所体现出来的军事实力这三者之间表现出来的一致性正是每一个"星系"的独特之处。石高的数值依据的是江户时代初期实施的检地，称为领地的"官方"或"外表"产值（表高）。随时间流逝，表高很可能会低于"实际"或"内部"产值（内高），但它依然是衡量身份等级的标准，如果要做到与时俱进、改换这套标准的话，那将要重新确立大名之间的等级关系，这样一来，整个制度都要重新设置。大名的这个等级决定了大大小小的事情，从屋敷*、江户藩邸乃至大门的选址和规模[5]，到大名可以带多少武士去京都，他可能会坐在将军城堡里的哪个会客厅或走廊，他要在哪些地方和其他同等身份的大名保持一致——总之，决定了他封建领主的身份具有多少分量，这一点从他的花销水平就能清楚

---

* 住宅。

展示出来。这对于他的家臣来说同样重要，因为主君的地位是他们尊严的来源。这个还关系到江户时代的城市居民和商人，他们可以拿到"大名家徽手册"即《大名武鉴》，这本册子列出这些封建领主的家督、石高、徽印、随从规模、宅邸、献给将军的贡品明细。在跟大名的武士进行商业交易时，这些信息都是十分关键的，可以说，它们显示了后者的信用等级。

还有两项评级具有官方用途。一个与领地大小有关。如果大名的领地涵盖了整整一个国（省），那这个大名就是"国主"；如果领地规模接近一个国（省），那就是"准国主"。推而广之，领地是否涵盖一座城也被纳入评比之列；那些面积极小的封地常常不符合这个条件。结果，"国"和"城"这两个要素直接标示了官方地位的高低，由于可以进一步分出"准"与"正式"两个等级，这种衡量标准具有一定的弹性。另一个等级则与古代的九位制有关，这是7世纪时日本朝廷从中国借鉴过来的制度。江户幕府必须确保朝廷不会插手位阶方面的事务，武士都想要提升自己的地位，极为看重这些。1606年幕府下令，幕府自己可以奏请朝廷授予武士官衔。通过这种做法，幕府极为巧妙地利用这个权利，最大化地实现德川氏及其依附势力的利益。随后，在1611年、1615年，幕府进一步下令，将武士从公家人员中剥离出来；武家的官职、官位都与公家的分开。1680年及以后，最高级的官位绝大部分由德川氏担任。[6]

现在，我们可以根据大名的类别来考察土地的区划问题。将军还有一类家臣，称为"旗本"，在大名之下，但由将军另外授予；这类家臣将会在幕府的官僚制度运作上发挥重要的作用。由于将军会提拔自己青睐的人、会处罚别人，变动在所难免，但在江户幕府定型期的最后几年，以下格局大体形成[7]：

第二章　德川政府

朝廷领地	141,151 石
幕府领地（天领）	4,213,171 石
大名之下的将军家臣 *	2,606,545 石
谱代大名和德川氏宗亲（亲藩）	9,325,300 石
外样大名	9,834,700 石
寺社领地	316,230 石

我们会看到，幕府的领地总面积高达 6,819,716 石，约相当于全国总面积的四分之一。如果把谱代大名手上差不多 1000 万石的领地也算进去的话，江户幕府明显居于绝对的统领地位。

地理上的权力制衡巩固了幕府的这一地位。本州最肥沃的平原每一块都在德川氏的手里，通往江户的交通道路也在主要的谱代大名和亲藩的控制之下。关东平原则由德川氏的家臣掌管，他们大多数是旗本。势力较大的外样大名则分布在日本西部和东北部，某种程度上属于边缘地区。朝廷保有的领地位于旧都京都一带，公家的 137 家贵族都分有一定石数的俸禄。有趣的是，即便是在公家的家族内部，也会在一定程度上区分谱代和外样。

单凭以上概述，难以将领地极为破碎的格局体现出来。外样大名约有 85 个，拥有大片的土地；他们之间的界限是在战国时代划定的，有的甚至更为久远，关原之战后他们一致认同德川氏的领袖地位。其中，位于今天金泽†的前田氏拥有最大的领地，高达 1,022,700 石，仅次于德川氏。领地最大的 16 个大名里，有 11 个是外样大名；剩下的 5 个里，一个是井伊氏，在谱代大名中其领地面积最大，其余四个则为德川氏的亲藩。领地超过 30 万石的大名只有 16 个。与

---

* 旗本和御家人。

† 加贺藩。

之形成鲜明对比的是，谱代大名的领地普遍小之又小，数量在145个左右。他们大部分甚至没有城下町，领地的石高也只是刚好超过大名资格的基准线1万石而已。这个特点在浓尾平原的沿海一带体现得一清二楚。这一块土地属于滨海的沙嘴地区，今天已经成了高度发达的度假胜地，但在江户时代，当地十分贫瘠。即便是本地的高级官员，生活也颇为贫寒。但是，与许多内陆藩相比，这块叫作田原藩的领地运气还是不错的，那些内陆藩的土地被其他大名的领地包围着，形同孤岛。在关东平原，旗本的领地经常交杂在一起，有些村庄甚至会被分属两个不同的领主。因此，虽然谱代大名要比外样大名几乎多一半，而旗本又必然多于谱代大名，但单个谱代大名或旗本的领地规模完全不可能跟外样大名相比。而且，幕府领地广泛分布在各地，令事态变得更为复杂；幕府也时常在这样或那样的违规情况下分派或调拨土地，命令邻近的大名代幕府治理。无怪乎凯伦·威根（Kären Wigen）会用"拼凑式的主权"（parcellized sovereignty）来形容德川时期的制度。[8]

第三节　德川幕府的结构

在家康的掌权下，德川氏的统治拉开了帷幕。到1616年家康去世的时候，秀忠已经做了十年的征夷大将军，不过关键的决策还是由家康拍板。历史学家总结道，秀忠之所以会被家康选为继承人，不是因为他多么出色，而是因为他的小心谨慎。事实上，秀忠的这些性格让他差点丢了继承的机会——关原之战时，他很晚才率领军队到达战场，只因为他伺机围攻某座城，而这座城本来他可以绕道避开的。据说家康因此勃然大怒，有一段时间拒不与秀忠见面。秀忠继任将军之后，未能像他父亲那样明了朝廷和天皇的心思。他坚

第二章　德川政府

持让天皇迎娶自己的女儿和子入宫。后来，和子生下的一个女儿登上皇位，是为明正天皇（1629—1643），这是继多个世纪以来出现的第一位女帝。1626年这个孩子出生的时候，秀忠和他当时已经继任将军的儿子家光一起启程前往京都，他们大肆给都城的贵族和居民派发金币。家康死的时候，幕府金库还留有600万两[*]，一两金属于当时日本的基本金币；而家康留下来的这些金币，在他死后不久就用完了。

第三代将军德川家光，同样是一生下来就被立为继承人，家光对待大名的态度之所以如此傲慢，原因或许就在于此。他摆脱了父亲辅臣的束缚后，就把自己信赖的朋友召来，留在身边。作为封建制度的专制独裁者，他为人严苛，以自我为中心，但同时，他会借着独自去鹰狩的机会，尝试与普通百姓进行交流。第八代将军吉宗也喜欢鹰狩，但不可能做出家光这种不正式的行为。在家光的统治下，幕府机构的体制固定下来并一直维持到幕府末年。家光去世的时候，他的五个高级辅臣也自杀殉葬，这种行为随后在1663年被幕府禁止。

一旦获朝廷授予将军称号，他就成为拥有绝对权力的统治者。当将军还小的时候，政务也许会由大老代理，当他长大以后，则通过当时形成的官僚机构来发布政令，但理论上说，没有什么可以约束他。这样的话，将军年少时就必须要在别人的教导下学习德政的价值，这一点特别重要。根据家康的规定，如果将军家没有继嗣，将军的继承人将在御三家即尾张德川家、纪伊德川家、水户德川家中选出。第八代将军吉宗又加入三家[†]作为将军继承人列选。对于这些德川家，将军必然时刻加以警惕，毕竟从中可能会出现竞争对手

---

[*] 小判，日本江户时期的一种通用金币，一枚为一两。
[†] 田安德川家、一桥德川家、清水德川家，又称御三卿。

或继承人，而庶系或旁系德川家的家督则很少甚至不可能出任国家级别的官位。幕阁职位都由德川家的家臣担任；最高的级别是谱代大名，在此之下则有旗本。德川幕府的将军一共有15代。

德川幕府将军

1	德川家康（1542—1616），任期：1603—1605
2	德川秀忠（1579—1632），任期：1605—1623
3	德川家光（1604—1651），任期：1623—1651
4	德川家纲（1641—1680），任期：1651—1680
5	德川纲吉（1646—1709），任期：1680—1709
6	德川家宣（1662—1712），任期：1709—1712（甲府德川家）
7	德川家继（1709—1716），任期：1713—1716
8	德川吉宗（1684—1751），任期：1716—1745（纪伊德川家）
9	德川家重（1711—1761），任期：1745—1760
10	德川家治（1737—1786），任期：1760—1786
11	德川家齐（1773—1841），任期：1787—1837（一桥德川家）
12	德川家庆（1793—1853），任期：1837—1853
13	德川家定（1824—1858），任期：1853—1858
14	德川家茂（1846—1866），任期：1858—1866（纪伊德川家）
15	德川庆喜（1837—1913），任期：1866—1867（水户/一桥德川家）

注：可以看出，有五个将军出自德川氏的支脉。有好几次，德川家支脉收养的幼子甚至前任将军的孙子最后成了德川氏宗家的养子。例如，德川吉宗凭借自己家康曾孙的身份，在调整局势的时候颇为有利。

从室町幕府开始，长子继承制就在日本扎下了根，根据这个制度，将军一位由长子继承。江户时代末期，德川氏的一位家臣在讨论继承人选的时候，就强调了血缘比才干更重要："国家的安定有序归功于伟大的将军家的尊贵与美德，而非仅仅由于［某个将军的］智力。这是我们国家的传统，与别的国家［即中国］有异。"[9] 但在千代田城舒舒服服长大的孩子，不太可能培养出强有力的领导才能。再说，自从1684年一位高级官员*遭到刺杀以后，幕府采取措施，将军及其首要官员不再那么容易接近；守卫必须确保只有侧众、侍童和贴身侍从才可以靠近主人。[10]

就是从这时开始，侧众逐渐占据核心的地位。自此以后，幕阁首脑和将军辅臣之间的争权夺势成了江户时代政治的特征，除非将军具有超强的决断力和个人实力。值得注意的是，那些掌握了主导权的将军几乎没有一个是在江户城的大奥里出生、成长的，他们都是通过收养这种非常规的"外在"渠道走上权力的顶峰。这种现象在大名的家族里也十分明显；具备革新精神、能力出众的人常常会被宗家收养。不仅如此，那些有影响力的将军经常有一个出身平民的母亲，德川家的血脉由此焕然一新。下面，我们以三个将军为例。

第五代将军德川纲吉，他执政下的元禄年间（1688—1704）是日本文化发展的一个转折点。纲吉作为专断的独裁统治者，在将军之位上待了29年。[11]身为家光之子、家康之曾孙，纲吉可能是所有将军里最为博学的。他颁发了一系列保护动物的《生类怜悯令》，本意是为了发扬众人的怜悯之心，但做法有误，被人嘲笑为"犬方公"或"狗将军"。[12]

纲吉是儒学的主要资助人，在他统治期间，江户城成为汉学、佛学的学术中心。年轻英俊的侧用人很容易就能获得纲吉的宠信，其中很多都因为讨得他的欢心而被提拔为大名，为此，纲吉的名声并不好。纲吉的母亲是京都一个菜贩的女儿；她在父亲去世以后，去了一位朝廷贵族的家里当侍女，此后她又在江户城的大奥里当女侍，并获家光喜爱，为他诞下一子，而这个儿子便是未来的将军德川纲吉。其时，纲吉看起来不太可能是将军的继承人，因此被任命

---

* 堀田正俊，时任幕府大老。

为馆林藩的藩主，不过他继续待在江户，学习儒学知识。后来，他的一个兄长自杀身亡，而另一个兄长即将军家纲，躺在病榻上奄奄一息，于是，纲吉成了家纲的"末期养子"*。在纲吉这个例子里，出身平民（但聪慧过人且美貌出众）的母亲，和不需为继任幕府将军做准备而无拘无束的成长经历，造就了一个意志强大、富有智慧的将军，虽然性格有些古怪。

第八代将军德川吉宗是一个更好的例子。从任何方面来看，吉宗都是一位重要的将军，可能是继家康之后最重要的一位，而吉宗自己就是以家康为榜样赶追其功绩的。他反对元禄年间奢侈堕落的作风，为此他自己及其下属每天只吃两顿饭。他努力让自己的武士团重拾尚武精神。他担心海外贸易会令日本的贵金属外流，于是从中国引进汉方药，实施了一系列农业实验项目。吉宗热衷于学习中国的制度史，资助明律研究，着手修改历法，尽最大努力从中国和荷兰引进军事、技术方面的知识。按照传统习俗，将军清醒的时候大部分时间待在深宫之中，吉宗费了不少工夫去摆脱这些束缚。

吉宗的父系一脉无可挑剔。他是家康的曾孙、纪伊藩藩主的第三子。然而，他的母亲却出身民间。她之所以当上女侍，自然是因为她的美貌，但由于等级太低，她不能亲自抚育自己的儿子。年轻的吉宗看来晋升无望，他获得一块小小的封地，只有两千石高，领地财力如此微薄，以至于连自己朝廷官位的礼节要求他都难以满足。后来，他的两个兄长去世，吉宗继任纪伊藩（今天的和歌山）藩主，一下子就具备了将军继承人的资格。随后，将军意外地染病早逝，加上吉宗的父亲属于纪伊德川家，他被任命为辅佐将军处理政务，并借由这个职位，争取老中的支持，帮助自己登上将军一位。吉宗

---

* 在无继嗣的情况下，武家当家人临死前收养子作为继嗣。

代表了另一类例子——平民的血脉加上居高位者的意外死亡，令一个外人接过了统治的权力棒。

德川家齐是德川幕府较长寿的将军，历史学家对他的评价不太好，把他的统治时期称为"大奥（后宫）时代"。家齐出身于一桥德川家（由吉宗创设），13岁的时候被膝下无子的家治收为养嗣子。他在1787—1837年间担任将军，起初他支持松平定信（吉宗之孙）的改革计划，随后却否定了它，并在公家政治和政治联姻方面采取宽松的态度，对传统上外样和谱代的区分不予理会。家齐的正室是萨摩藩藩主的女儿。他的侧室多达数十人，为他诞下50多个儿女，其中很多孩子被收养到其他大名的家里。结果，德川幕府晚期有一群数量惊人的大名其实是同父异母的兄弟，他们的生父都是家齐。江户时代那些强大、自我的大名当中，最为出色的三位——第四出色的那位（出生于水户家，过继给一桥家）在1867年奉还大政于天皇——都是外样大名，相对来说，不用像在江户城长大的孩子那样受到贵族条条框框的限制。

江户时代，将军之下的幕府行政机构发展为一个庞大的官僚体系，人员多达1.7万名。然而，在德川家的和谱代大名的家臣团中，这个数字不过是一小部分而已。而且，主要的职位往往都由某个家臣的家族担任或者被这个家族独占。这就导致了才能与职位的不匹配，分配到同一职位的几个人轮流当值，而且不用说，大部分人对自己的工作感到厌烦。

下表列出德川幕府官僚体系中最重要的几个职位，这只是为了让大家稍微了解一下官职和担任该职位的人的数量。[13] 江户的千代田城占地广阔，为表中及其他数量更多的官员提供了办公场所。大部分职位不只有一个人，以大坂町奉行为例，这个官职就有两人，一位在大坂，一位在江户。

德川幕府官僚体系的首要职位

大老
老中（高级顾问，4—5人），下辖： 侧众 町奉行（设于江户、京都、大坂、长崎） 勘定奉行、寺社奉行（监管财政、寺社、公共事务） 大目付（监察官总长） 关东郡代 高家（掌典礼仪式）
若年寄（初级委员会）
评定所（最高法院）

让我们来进一步看看老中。那些在战争与和平时期为家康和秀忠效力的人被安置为专门的幕僚。到了家光的时候，他想要组建一个对他个人效忠的行政架构。1634年，家光下令老中负责所有与公家有关的事务。家康将一个备受信赖的家臣安排到京都，任京都所司代，于是朝廷也任命了一位朝中贵族（武家传奏）来跟幕府打交道。

老中是幕府最重要的官员。他们掌管外交政策，还负责和所有的大名打交道，包括势力最大的大名。重要的建设项目、给那些放弃或想上交自己土地的武士发放津贴、将军的家内事务、江户城的议事日程、城堡的重修、大名的退位和继任、新领地的创立，都由老中负责。必要的时候，老中还要组织大名去镇压叛乱。总之，所有国家大事都交给他们。

若年寄负责将军家臣团的内部事务。这个职位在1649—1662年间一度被废止，恢复以后，负责处理大名级别以下的将军家臣的事务。

老中只能由领地为3万到10万石的谱代大名担任。担任老中之前，他们一般都要在寺社奉行、高家、京都所司代或城代这些职位上待过。因此，这个职位只提供给那些级别最高、最受信赖的谱代大名。对整个江户时代的老中加以研究的话,我们会发现,担任老中的人来自少数几个家族,同一个家族的人在这个职位上出现了一次又一次。至于导致这个现象的相关原因,正如托马斯·史密斯(Thomas Smith)所说,"德川幕府的后半期,颁授头衔可能已成为一件令人头痛的事,部分原因就在于,身份等级作为晋升的门槛较此前更为严苛"。[14]

老中们按照委员会的方式运作,然后将他们的决议报告给将军。老中每月轮值*,即便不在当值时间,老中每天早上都要在江户城里露面。而当值的老中每天早上都会来拜谒将军。老中手下有一大批文秘官员,负责文书工作,从这里出来、待进一步审阅的公文案牍体量惊人。老中一职属于从四位。每到年末的时候,他们会从共事的大名和官员那里收到礼物,荷兰人来江户时,所有大名来江户参勤交代时,也会给他们赠礼。碰见老中的时候,低级官员需要下跪,连御三家的家督都要向其鞠躬。在江户城外,大名的队列要让老中先行。老中去世的时候,三天之内公众场合禁止唱歌、跳舞和奏乐,大名也会去信吊唁。中央官僚机构大部分要向老中汇报工作;很明显,他们是江户行政制度的枢纽所在。

幕府将江户、大坂、京都、长崎这些大城市纳入自己的领地范围内。江户町奉行和大坂町奉行都是重要的职位;他们也是月番制,一个在江户的本部当值,另一个在当地工作。至于朝廷所在的京都、对外贸易重镇长崎,都有类似的管理机制。

有的职位需要专业知识,这时等级的重要程度就比不上才能了。勘定奉行由500到2500石级别的旗本担任,就职期间他们的俸禄可以增加到3000石。他们负责管理将军粮仓的所在地,管辖这些地方并负责征税的郡代和代官都要向勘定奉行汇报工作。简言之,

---

* 月番制。

八名奉行要监管大约五六千名官员的情况，然后向老中汇报。

写作者经常提到的一个官职是负责情报工作的目付，字面意思为"观察者""督查者"，这个职位分为大目付到横目等高低不同的层级，他们及时上报行政机构的运作情况，发现政治阴谋、宗教叛乱后予以通报。当时并不存在一个政治情报系统，以某一个基于不信任而建立的组织为中心。事实反而有可能是，还没有几个行政系统能够在自己统治架构的每一个分支中开展有效、持久的反情报工作。反对基督教和某些佛教派别的禁令让幕府有借口进行审查，因此对任何异见的出现都能保持警惕。同时，目付组成的监察网络还能够核查地方行政机构的工作表现和工作质量。

第四节　藩

日本有四分之三的土地在大名的控制之下，他们的领地从西南的九州一直延伸到北部的北海道。江户时期，由于奖惩不一，藩和大名*的数量不停变化；一度超过500个，而且无论何时，数目都维持在250个左右。"藩"这个词是现代称谓，诞生于19世纪，和西方的"封建制度"一样；只有当人们认为"藩"是不一般的、特别的，才会开始关注这个事物。第二次世界大战前的日本史学者埋头研究日本帝国的根基，"二战"结束以前，关于藩的研究寥寥无几。1945年以后，关于藩的研究、关于"幕藩制国家"的分析如洪水般涌现；四分之三个国家都在大名的统治之下，这意味着有四分之三个国家不在将军的直接统治范围之内。我们有必要来看一下。

藩在规模大小和重要程度上差别非常大。最大的藩是前田家的

---

* 指藩主。

藩，其藩厅位于金泽城，领 100 万石以上。而更多的藩才过 1 万石这个基准线。只有 16 个藩超过 30 万石，而且仅有数十个藩主家族能在德川幕府两个半世纪的统治时期内屹立不倒。

藩的社会结构多种多样，要看武士在人口中的比例。有些藩的武士特别多，以至于城下町无法容纳，最后，这些武士获准在农村一带生活。萨摩藩的军事编制在战国时期有所膨胀，到了江户时代一直保持不变。这里到处都是武士家族，占总人口的 20%~30%，而在别的地方，这个数字只有 2%~3%，加上从属的人员也只是 5%~6%。结果，外样大名领有的大藩绝大多数具有较高的军事化程度，而且由于武士遍布整个地区，因此在经济上落后于德川幕府所在的腹地。

我们曾提到，一方面，有些外样大名的大藩如长州藩，对德川幕府的统治心怀愤恨并代代相传。萨摩藩也一样，每年一到关原之战落败的纪念日，上层武士都会穿上盔甲，出发前往神社，省思当年的败绩。萨摩藩专门有一套方法接待幕府的监察官，确保这些人不会知道得太多。为了迎接监察人员的到访，他们特地安排了一些村庄待命，为了保证万无一失，他们会把原来的农民赶走，然后由武士假扮农民在田地里干活。[15] 但另一方面，许多大名因为幕府授予他们合法的统治权而心存感激，因此费尽心思地礼遇这些幕府的监察官。

藩的大小可能是藩与藩之间最重要的区别。由于御用画师渡边华山（1793—1841）生平的关系，田原藩在现代读者中颇为有名，其实这个藩极小极穷，只领有 1.2 万石。从江户出发步行七天便能到达该藩，当地仅有一座脏乱不堪的城堡。因为田原藩的大名*从一开始就为家康打天下，所以获得一块江户的土地，跻身德川家主

---

* 户田尊次。

要家臣之列。不幸的是，这份荣誉的代价实在太大，这块领地有24个村庄，人口约为两万。这里有598户武士家庭，其中296户为步兵，212户为寺院服务，27户为神社服务，32户属于"罪犯、乞丐"。

结果，即使在田原藩的武士阶层中处于顶尖位置，像渡边华山家那样课税基数为130石的，也过着贫苦难熬的生活。渡边家收到的津贴不足一半。对于这般艰难的境况，他有一段生动的描述：

> 我们境况之贫困，已不是文字所能公允道出的。因为供粮削减，我们不得不将一个弟弟送到寺院当学徒，然后送去一位旗本家里当侍从。14岁的我被告知，要把这位小弟弟带到板桥［位于江户，那位旗本在大名宅邸的居所］。我记得，当时雪花飘然落下，这个八九岁的小男孩被一位粗野大汉般的陌生人领走。我俩不停地回首顾盼，直到再也看不见彼此，每每想起此景，恍如昨日。[16]

身居田原藩高位的渡边家果真如此的话，那么可以想见，其他地位更为糟糕的家庭又是过着怎样的生活。像田原藩这样的小藩，对中央江户幕府的权力起不了多少约束作用。

大藩则完全是另一番景象。四国岛上的土佐藩是一块扇形地区，群山环绕，对外交通颇为不便。这个地方自成一体，以自然环境为边界；作为地理实体，在一体化程度上或许只有萨摩藩才能更胜一筹。1600年土佐藩的人口为20万，到江户时代晚期这个数字几乎翻了一番。根据表高，土佐藩的生产力在日本排第19位。它拥有丰富的自然资源，森林茂密，还能利用林木生产纸张等产品，温暖的海湾令捕鲣——主要的日常食物之一——和捕鲸成为有利可图的行业。

土佐是在战国大名长宗我部氏统治的时候统一的。16世纪80

年代,长宗我部家的家督*率领本地武士,统一了土佐。他一度将要把整个四国岛并入自己的统治范围内,但1585年丰臣秀吉打败了他,令其野心受挫。此后,长宗我部参与了秀吉在九州和朝鲜发动的战争,并在关原之战时加入西军。这一选择为他在土佐的统治画上了句号。此前,他的继任者继续推进检地,为德川幕府在高知的统治奠定了基础。在行政程序、行政法的影响下,四国岛和日本其他地方的发展大体保持一致。[17]

德川家康取得关原之战的胜利后,把土佐藩封给了山内一丰。对于不是德川氏家臣的人来说,这份奖赏实在非同一般——虽然他在关原一役中提供了些帮助,但在最后一刻才伸出援手,而且作用也不大。山内家对这份好意心怀感激,这种感激之情对山内家在幕府末期的政治策略造成了影响。山内一丰是尾张一位地方贵族的弟弟。尾张,就是关原之战后德川御三家之一所在的地方。土佐藩的地主阶层曾是长宗我部的家臣,他们不愿承认新的藩主,有意反抗。农民也担心新领主到来后会加大剥削力度。他们拒绝配合新藩主的统治,许多人翻过边境,逃到邻藩。

新藩主只带了158名骑士就来土佐藩上任。他采取明智的做法,借助外力来宣示自己对这片土地的所有权。他用诡计和暴力手段把异见镇压下去,很快就掌握了控制权。山内一丰派出两艘船,载满273个首级前往德川幕府的总部,借此表现自己多么高效。另外73个异见分子则在岸边被处以磔刑。

现在,藩主山内一丰可以把精力放在开发自己的领地上。重要的家臣都分有领地,成为当地的统治者,而山内家自留的土地在产量上比长宗我部家的粮仓地多一倍。类似地,家康自留地的产量也比秀吉的多。山内在海湾处建了一座全新的城堡——高知城。这时,

---

* 长宗我部国亲。

能够赢得地方豪族配合的长效合作机制还没有建立,他们很多人曾是长宗我部家的追随者,其中约有 900 人因为有务农之功而享有"乡士"*的称号。藩主的一名叫作野中兼山的官员实施了一个大型的河岸工程项目,以提高生产力。德川幕府的建设项目给土佐藩带来了沉重的财政负担,后者不得不花大力气去开发财源。身处和平年代,大名们不再需要在战场上拼杀,他们的义务也随之一变,分担幕府的项目,并以此来作为衡量义务大小的标尺。将军新城堡的修建、寺社的重修、各种各样的公共工程,都需要从土佐藩那里运来大量的木材。负担如此之重,致使土佐的大多数步兵(足轻)觉得自己成了苦力队——在山林中砍伐,将木材拖曳到河边,让木材漂流到某些沿海地点,然后在那里装载上船,运到大坂和江户。[18]

像土佐藩这样的重要大名的藩,其政体就是小型的江户幕府。首要的家臣都被封有领地,他们所在的官位逐渐为来自宗家的养子所占,然后设立为庶家。高知城有 11 位老中,各领有 1500 到 1 万石的土地。另外的 11 名中老则领有 450 到 1500 石的土地。骑马的正规武士(马廻)有 800 人,各自分到的土地的石高在 100 到 700 石之间,他们辅助大多数官员完成村庄的治理和税收工作,正是这些村庄的收成保证了上述官职的运作。可以说,马廻如同德川家的旗本。除了自己的领地,上层武士在高知城的城下町也有自己的居所,这些居所统一按照权力、收入的大小顺序来分布。

不久,一套以幕府为模板的复杂行政体系建立起来。其中的首席官员执掌与幕府的关系,监督那些掌管郡治、渔村、税收、寺社的地方官。监察官在领地上巡视。由武士担任的行政官员组成各个部门,负责治理整个藩,管理藩主的家内事务和粮仓地,维护江户的藩邸。与幕府的谱代大名一样,位高权重的大家族占据了大部分

---

* 又称乡侍,即乡村武士。

的重要职位。在农村地区，对于山内氏到来之前的日子，人们仍久久不忘，有着很深的眷恋，使得长宗我部家的传统依旧活跃；到了19世纪的时候，这一传统将会以城下町的武士（上士）、农村武士（乡士）、村役人互相对抗的方式再度出现。

幕府会要求藩与藩在某些建设项目上协作共事，但幕府不会直接对藩征税。领地是一个藩的财源所在。幕府在兵力方面设有指导方针，但它无权控制藩的武装力量。幕府可以在自己的管辖范围内发布指示，说明哪些货币可以流通，但是，藩主可以发行藩内使用的纸币，甚至能自己铸币，虽然原则上应该得到幕府同意。德川幕府末期，有上百种通货在流通，大部分只能在自己藩的范围内使用。总而言之，有好几十个藩几乎等同于独立的国家，它们有自己的军队、行政章程、法律法规、税收制度和税法。无怪乎在像土佐藩、萨摩藩这样的大藩，百姓会觉得自己的藩就是一个国家，对于藩主以外的权力制度完全没有概念。"幕藩制国家"中"藩"这一环，代表了一股强大的约束力量，限制着中央集权和日本民族国家的发展进程。

第五节　中央与边缘：幕藩关系

真正考验近世日本的国家地位的，是幕府和藩之间的关系。最大的藩当中，有的藩主家族的统治历史比德川氏还要长，因此，这样的藩会在19世纪的大政奉还运动中担当主导角色，并不是偶然。

早期的将军在战场上赢得自己的霸权，因此能轻易地将大名的土地拿来充公、重新分配。17世纪的时候，有1300万石的土地——日本的三分之一以上——被用来重新分封。外样大名的数量减少，新的谱代大名诞生。下表显示了这些变化。所以，大名的领地明显并非其个人财产,只是委托给他们管理。将军会在大名成年的时候授予其称号,而新将军继位的时候,全体大名都要以个人名义发誓表示臣服。

然而,随着时间的流逝,重新分封、没收充公的情况日益减少,藩主的位置越发稳固。一般来说,大家都会关注到,在江户时代的头一个半世纪里有上百个大名发生变动,但经过进一步考察,除了经历过战争的地方以外,发生变动的大名里,大约有一半获得的领地比他们失去的还要多,将近一半的大名其领地在石高上没有变化。很多领地遭到没收或剥夺,其实是因为继承的问题(比如绝嗣,"末期养子"的做法获准后,绝嗣的情况已经很少见),或者由于个人举止的不当、荒唐,这些行为常被归入"狂气"的行列。一旦遇到这种情况,幕府关心的显然是如何维护和建立公共秩序。[19]

大名领地的没收和变动,1601—1705

将军	大名数量	外样/谱代	没收领地(单位:石)
德川家康	41	28/13	3,594,640
德川秀忠	38	23/15	3,605,420
德川家光	46	28/18	3,580,100
德川家纲	28	16/12	728,000
德川纲吉	45	17/28	1,702,982
总共	198	112/86	13,211,142

资料来源:John Whitney Hall, "The *bakuhan* System," in *Cambridge History of Japan*, vol. 4: *Early Modern Japan*, ed. Hall (Cambridge: Cambridge University Press, 1991), p. 152.

德川氏的旁系越前(今福井)松平家就是一个例子。松平家地处战略位置,倘若发生入侵的话,敌军可能会经过这里,从西北方进攻江户城所在的平原。家康把自己的儿子秀康安置在此,让他继

第二章　德川政府

承旧姓松平氏，将附近的领地合并起来，形成一个庞然大藩，石高达 68 万。秀康的儿子忠直在大坂之围中表现英勇，尽管稍显冲动；可是很快地，他的举动开始变得十分古怪。有关他奢靡无度、凶残至极的故事逐渐在江户流传开来。在将军看来，忠直更为恶劣的事迹是他对自己来江户参勤的义务显得漫不经心。江户幕府派代表前往越前藩，就这位年轻藩主的行径可能带来的后果，向他的首要家臣发出警告，但无济于事。随后，这位藩主迷上了一位家臣的美貌妻子。这位女子曾躲到尼寺里，试图摆脱他的注意，于是他下令让她的长子自杀，没收其家族的封地（15,350 石）。为了明志，家族剩下的人则在大火燃烧的宅邸中集体自杀。将军秀忠将这位藩主流放到九州，命其儿子继位，并把他的封地削减了 13 万石。可是，这里仍旧事情不断，困扰着德川氏的宗家。到了第五代将军纲吉的时候，越前藩再度被削，只剩下 22.5 万石。这次，幕府派一位重臣到松平家暂停其统治；剥夺其礼仪方面的特权，禁止其使用"松平"一姓、德川氏家徽、马鞍上的镀金装饰、"殿"的称呼，藩主不再参与江户举行的新年庆典。藩主的江户藩邸则被下令关闭大门，贴上封条，只允许通过侧门入内。松平家的领地很多是从别的大名那里夺过来的，如今支离破碎。因此，松平家在遭受公开侮辱的同时，其地缘政治上的力量也急剧下降。[20] 直到几代人之后，松平家才重新获得幕府的青睐。德川幕府晚期，有赖贤明领袖的带领，松平家重拾过去的辉煌，在江户时代晚期的幕府改革中，松平家的大名担当了重要的角色。

早期的将军还注意确保大名的军事实力在自己的掌控之内。1615 年，幕府颁布法令，要求每个藩只能保留一座城堡。但幕府不希望军事技能方面有所倒退，于是向所有藩发布了防备准则。1649 年的法规试图说明清楚这一点。比如说，十万石的藩要有 2155 名现役军人，其中 170 名为骑兵、350 名为枪兵、30 名为弓箭手、

150 名为长矛兵，有 20 名要接受信号旗方面的训练。往下推及，一个领两百石的武士就有 5 个人需要供养：他和他的马，一个马夫，一个搬矛的人，一个拿盔甲的人，一个打杂的人。[21] 随着参勤交代制度逐渐固定下来，大名来江户时可以带的武士数量也有了相应的标准；这个标准同样需要根据藩的石高来确定，不过，这次之所以设定标准，是为了减少攀比和奢侈之风。

幕府控制大名的核心策略是编纂行为守则。1615 年，大坂城一役后不久，大名被召集起来，同意遵守《武家诸法度》。这些法令后来有所修改、补充，在幕府和大名的关系中居于核心地位。用哈罗德·博莱索（Harold Bolitho）的话来说，这些法令"提醒每一个藩，他们要在某些关键领域交出自己的自主权"。[22]

大名不得在境内藏匿"杀人者"或"反逆者"，不许新建防御工事或修补旧有的——有一条说道："城堞和深壕是动乱的根源。"大名在安排家人婚事之前需要得到官方的批准。倘若邻藩有什么可疑的行动，必须立刻上报；但同时，"由于各藩有各俗"，除非必要，否则相邻管辖区间不应有任何联系。最后一条告诫里，幕府命令大名要择才授官。"如果行政机构里有能人，那这个藩必将繁荣兴盛，否则必将灭亡。"通过这种方式，幕府宣示自己有权判定何为良治并将这些标准加之于身为家臣的大名，以此来评判他们的好坏。

1635 年，家光发布《武家诸法度》的第二个版本，加强了控制力度，拓宽了控制范围。1622 年，大名要留下家人作为幕府的人质（让人想起家康年轻时的人质经历）。很多大名明智地选择派出人质，或者在此之前亲自来江户拜访。例如，加贺藩的前田氏在关原一役后不久就把自己的母亲带过来。1622 年，秀忠将这种做法常规化，使之成为谱代大名的一项义务。1636 年家光颁布法规，这一做法成了一种制度和固定的安排，是所有大名都必须完成的军事任务。"参勤交代"制度塑造了大名的生活。根据身份等级的高低，他们在江户获得相应的土地。大多数在自己的土地上建三座大宅*。他们的宅邸里有仆人，有武士侍从，但他们的家人和主要家臣的家人仍留在将军的居城里。他们自己则要每隔一年——有些是每隔半年——来江户拜谒将军。刚开始这是一种人质制度，后来却成为精英阶层来回流动的宦途生活的基础。在这种机制的运作下，日后大名都将在大都市里出生、成长，在接受大名一职之前，他们从未踏足本藩，而上任之后，又要在江户和本藩之间往来。不出一两个世代，这套机制就会将战国时代的军事头目们转变为一个个有教养的城市贵族，学会欣赏茶道、料理、文化和服装方面的微妙之处。

接下来，幕府需要对平民百姓进行户籍登记。幕府和各藩很早就开始对人口和牲口开展登记，但随着禁绝基督教的力度加大，这类登记便和反对宗教——基督教——叛乱的担保措施结合在了一起。1614年，幕府开始让自己领地内的所有居民在寺院登记户籍。家光时期，迫害基督徒的程度加剧，幕府进一步收紧上述境内政策，并在数十年后即1665年下令所有藩一同实行。第二年，政策力度加强，要求每年都要进行户籍登记[†]。登记机构为寺院，它们共同承担起国家安全方面的工作。此后，村役人和町役人要保证自家百姓中没有基督徒，然后上报檀家寺。宗门改账为中央政府在全日本范围内干预私人生活提供了一大利器。《武家诸法度》规定，藩的法令必须与幕府大体保持一致。1635年法令的第二十一条规定："在任何事情上，所有地方都要以幕府法令为榜样，予以遵从。"随着这条规定生效，幕府和大藩的主要法令在内容上有了更多的相通之处。

这样一来，幕府承担了向全国各地发号施令的职责，如禁教

---

* 上屋敷、中屋敷、下屋敷。

[†] 被称为"檀家制度"。

令。它宣称自己代表的是"公仪",即公众利益,因而有权实施监视和干预。幕府在显眼的地方如十字路口和桥头安装布告板(高札),遍布全国各地,不管是各藩还是幕府的领地。在年号改变或新将军继位时,布告板才会更新内容,直到18世纪仍是如此。值得注意的是,法令的发布机构逐级下降。这些法令原来是以幕府老中的名义发布的,随后变成幕府的奉行。为了方便百姓阅读,布告用语十分简单,可以说是"平民诸法度"。有的法令嘱咐大家要保持忠孝、知礼、仁恕这些公民美德;别的法令则警告人们要提防基督教的谬论,提防有人纵火,倘若有人违反上述禁令,还承诺给举报者奖赏。高札逐渐用作学校(寺子屋)的基础课文,各地民众通过这些文本熟知幕府的存在及其意愿。

1633年,幕府再一次显示自己的权力,它任命大约30个监察官*对那些有必要加以监视的藩进行巡视。为了协助他们的工作,1644年,幕府命令各藩上交详细的地图。

有时候,这些监察活动并不是那么容易对付。1764年,幕府的监察官到访冈山藩,此时新藩主的继任尚未得到批准,他们命令藩政官员把本藩法律、行政、经济方面的详细报告拿过来。冈山藩的长老上交了一份报告,报告中的标题极为简洁,但现代学者对它的研究足足有四页纸那么长。通过这份报告,他们向幕府的监察官保证——藩主命令他们遵从幕府的法令,藩主保持极为俭朴的生活条件,并孜孜不倦地追查潜在的基督徒叛乱。[23] 大名的改易和变动也一样,他们需要一一禀报自己的财产和用具,看起来就像是某个军人被调往别的部队一样。

随着时间的推移,这些要求很多都变得形式化,而非落到实处。上文就提过,萨摩藩为了防止远道而来的监察官知道太多本藩的事

---

* 诸国巡见使。

情，提前做好样子。藩主没有继嗣，这曾是导致除藩的最常见的原因，可到了1651年，幕府允许末期养子的做法，这个顾虑就此消失。1665年，为了纪念家康逝世50周年，江户的人质制度被废除，可到了这时，多姿多彩的江户生活远远胜过大多数了无生气的城下町，使得那些自愿留下来的人质甚至跟早年被迫留下来的一样多。大型工程项目的劳动力和物料需求下降。1644年幕府要求藩主上交各国（省）地图，但直到1697年才再次下达同样的命令。

尽管仍有些小藩改易十分频繁，但大藩的变动越来越少。19世纪的时候，有相当多的藩主似乎并不把幕府看作一个强大的霸权机构，而是视为同侪组成的一个政府委员会。1840年，将军为了帮家齐侧室之子谋利，试图将某个谱代大名，即庄内藩的藩主，强行改封到另一个小一半的领地，但最终作罢。下文将会谈到，发起运动反对藩主改易的，是某些带头平民、当地商人、大名家臣，乃至27位外样大名。最后这则命令被迫取消。[24]要是在17世纪，大名及其手下肯定不会对幕府有这样的想法。

以上这些篇幅主要在谈论幕府如何压制藩的自主权和行动，但必须记住的是，幕府和藩的关系是双向的，它并不是一场零和博弈。双方都需要彼此，两者之间更多地属于共生而非对抗的关系。

幕府执掌公仪，给各藩带来稳定的环境。它们不再需要互相提防，因为幕府设定彼此来往的规则，而1635年建立的评定所可以作为它们的上诉法院。德川幕府作为最高统治者，肯定会镇压那些由起义农民和宗派发起的底层动乱。18世纪的时候，这些叛乱活动愈演愈烈，幕府经常委派甚至命令邻近的藩协助平叛。维护农村地区的稳定，与每一个封建势力利害攸关。

幕府需要藩，藩也需要幕府。幕府的领地分布在全国的上上下下，但幕府经常将部分领地的行政权和税收权转让给某些藩，只要后者所处的地理位置方便其进行监管。作为回报，幕府原本会强制命令各藩援助工程项目，但这种情况逐渐发生变化，后来幕府甚至会为那些因歉收而匮粮的藩提供紧急援助。18 世纪初，第八代将军德川吉宗放宽贷款的归还*，这种还贷模式此后被沿用下来。生产贵金属的矿山本应全归幕府所有，但结果常常是由藩来经营。北部的秋田藩†就是一个很好的例子。秋田藩的矿山盛产铜矿，这些铜矿会运到大坂进行冶炼，然后通过水路运到长崎，用于对外贸易，支付给荷兰商人和中国商人。幕府在秋田藩的产量中拥有相当高的占有额，可当秋田藩由于无法满足这个份额而向幕府求情的时候，幕府大发慈悲，借款给秋田藩，好让它打理矿山，完成自己的份额。[25]

第六节　德川"政府"

德川幕府的影响力尽管惊人，但远非无所不能。它把控对外事务和对外贸易，发布法令禁绝天主教这类外国反动力量，但它并不具备中央的国家财政或国家税法。两个藩发生争议时，幕府的评定所在一定程度上充当着终审法院的角色，但这个机构只是老中下辖诸多要务中的一项，幕府并没有国家司法部门。公共正义未能充分落实，特别是在武士阶层，他们要向自己藩内的各大势力尽责。至于个人正义，如果能以恰当途径来实现的话，这不仅是被允许的，事实上还值得赞扬。如在藩界之外遭遇暴行，人们可以进行血亲复仇。有资料列出 113 个事例，显示私人复仇在获准后被执行并恰当地上报；当中的 30 个事例里，复仇者并非武士，有 4 个事例的复仇者是商人。[26] 幕府修建了五条主要干道，借此施展自己的权力，

---

*　相对济令。
†　久保田藩。

还订立规章要求沿线村庄予以支持，而无视当地藩主的权威，但是，幕府并不具备全国通信系统，也没有建立一支国家武装警察部队。[27] 连幕府的军队也不过是众多军队中规模比较大的一支。幕府要强制执行某项任务的时候，还得依靠其家臣的军队予以合作。19世纪60年代，当这些家臣的军队不再配合的时候，幕府的地位便渐渐下降，退化为一个地方势力。在经济逐渐一体化的过程中，经济变革和国内商业得到巨大的发展，日本腹地一带尤其如此，但政治方面却没有相应地进步。外样大名和亲藩在体制上不再涉足国内事务。幕府不鼓励大藩之间进行贸易，那些致力于发展自给自足型商业社会的藩亦然。

最后，我们也就理解了为什么历史学家至今还会对德川政权的类别持有不同的观点。有一位学生研究德川幕府的早期，关注其头半个世纪和那些强大的幕府将军，她认为，即便在那时，权力高度集中，但也是集中在大名这个集合体身上，而非中央。她提出："在公众的生活中，德川幕府的角色并不突出。"当时没有警察部队，没有普遍的战争征税，对社会福利、学校教育、卫生健康没有系统的考虑。当时也没有中央法典。幕府并未建立司法制度，也未能组织官僚体系、创建国库。它只是将中世的个人依附制度发挥到了极致，利用婚姻、收养作为结盟的手段，延续的仍是熟悉的那套前官僚制度式的等级秩序。在精英这一阶层，人与人之间的关系更多地由出身而非法律塑造[28]。

其他人则有不同的观点。詹姆斯·怀特（James White）着眼于整个江户时代的长期发展，他提醒读者，近世欧洲的"专制"国家之专制，本身就是比较而言的。日本的独特之处在于，它没有必要进一步强化中央权力，17世纪时为了统一而达到的中央集权程度就已经足够了。日本没有身处一个充满竞争的国家体系中，没有经受军事方面的威胁。它不需提高自己的中央权力，只要保持适当的限度，足以防止那些手无寸铁的农民造反就可以了。结果，日本的中央权力在几个世纪的太平中日渐衰退，尽管在更大的政治经济方面一体化的程度却越来越高。[29]

可随着时间的流逝，农民不再是17世纪时候的那样，而更多地成了一种威胁。到了18世纪中叶，幕府对民众的抗议活动越发感到忧心，命令邻近的藩协助镇压。在那几十年里，幕府就突发事件的处理和报告发布了一系列的法令，还发出新的禁令，禁止非法集会。此时，社会上对法律的兴趣更加浓厚，江户的法院也开始构建一套新的程序来庇护、代表诉讼当事人。对此，我们会在讨论完社会变革和经济变革之后再进一步展开，但在这里，可以提醒大家的一点是，这些变化证明了幕府的角色较此前更为突出。

将德川制度称为"政府"这一做法正确与否，有怀疑，有赞成，这两个观点表明了视角或参照标准方面的关键问题。历史学家从德川幕府的前身和它的确立来评判这一时期，对于他们来说，把没落时期的幕府势力描述为生机勃勃、自信满满的样子，这可能不合时宜并且具有误导性。与诞生之时的政治秩序相比，晚期的德川幕府迥然不同——事情看起来不一样，人们谈论它们的方式也不一样，事实上它们的确不一样。18世纪的时候，某些重要的事情发生了。

我们已经提过，"藩"这个术语是德川幕府晚期的用法，是直到那时才成为规范用词的。近来日本历史学家也以同样谨慎的态度看待下列术语：在德川幕府开始没落之前，"幕府"这个词很少被使用；"朝廷"一词并不仅限于京都，它还可以指江户；"天皇"这个词在13世纪的时候已经废弃不用，但在19世纪初再度出现。[30]

江户时代的大部分时间里，写作者把权力机构称为公仪（这里可解释为"公共事务"，但并不完全允当），又由于公仪显然以江户为核心，因此经常代替"朝廷"一词，两者用法几乎相同，随后"朝廷"便用来专指公家。至于公家本身，由于既没有政治效力，也不具有像人一样的地位,于是成了一个神秘的、出入受禁的实体,被称为"禁中"或"禁里"。

这些研究表明,像"幕府""朝廷""天皇"这样的术语传达的是一种关于从属地位的清晰定义,为德川幕府晚期水户学派的儒学所创造。关于水户学派,我们稍后会提及。水户学派的学术成果为"尊皇"思想奠定了理论基础,而现代国家正是在这一思想的推动下成立的。有观点认为,如果不加批判地用这些词语来描述19世纪以前的日本,我们很可能会扭曲史实,给原本模糊不清的权力与威望画出清晰的轮廓。还有更糟糕的后果,这些词语可能会进一步巩固那种以天皇为中心的褒贬式历史,这种史观在战前日本的教科书中比比皆是。从下文即将展开的讨论来说,这些要点提醒我们,江户时代的人们把将军的制度视为权威,而不像后来的历史学家那样清楚地意识到朝廷和幕府的二元关系,这种情况强化了"德川政府"的概念。

但是,当历史学家踏上日本近世的历史之旅时,他们需要一些术语来作为自己的指针。他们需要注意的是,这段旅程的风光其实在渐渐地、不断地发生着变化。强加的术语会随着时间而改变,我们提出的术语必须有助于问题的分析,但同时要避免产生误述。

不管我们用什么样的术语来描述日本的权力关系,有一点毫无疑问——日本位于东亚世界边缘,身处一个受保护的地理位置上,这对它政治秩序的发展产生了深远的影响。现在,我们有必要将注意力转到德川制度的国际性的一面上。

第三章

对外关系

德川时期，市井上贩卖的一幅长崎版画*描绘了这世界上最美丽的港口之一（见插图4）。低矮的山峰在北、西两侧包围着长崎所在的海湾，保护这座城市免受海洋风暴的摧残。版画上的图注标示了从此地到其他重要地点的距离：京都，陆路210里†，海路248里；江户，陆路332里，海路470里余；熊本，陆路35里，海路46里。为了使画面更好看，制图者在港口一带画上船舶：一艘荷兰船在停泊着，而另一艘则被一队日本小船拖曳，正发射炮火表示敬意；有两艘中国舢板，一艘带有"南京"的标记，另一艘则标着"福建"两字。画中还有一些警卫船，从属于肥前藩藩主的船队，他（和福冈藩的藩主轮流）负责长崎港的安保工作；此外，还有很多用于货运的小型平底驳船。画面正中央有一块不合比例、不同寻常的扇形岛屿，通过一道拱形桥与大陆相连。这是人工岛出岛（见插图5），

---

* 《肥前长崎图》。
† 本段中的长度单位"里"（ri）指日本传统长度单位，1里约为3.9千米。——编注

本来是为葡萄牙人建造的,但从1641年开始荷兰人便定居在岛上。这里是长崎的学术中心,制图者或画师正是出于敬意而将尺寸扩大,以便凸显其重要地位。它的南边也有一块人工填土,被用作卸货区,同样通过一座石桥和大陆相连,从这道桥走过去,就能到达一片被墙、壕包围的地方,被称为"唐人屋敷",即中国人的居住区。

这两块外国人的飞地是长崎对外贸易的枢纽,长崎能够在日本境内占据独一无二的地位,原因就在于此。如18世纪初的儒学家荻生徂徕所说:"东夷[日本人]和中国人在长崎展开交往,航海船也是停靠在这里;这个港口满是奇货异物,来自五方之人聚集在此,他们抛弃了家乡,皆为利往;这是他们来到我们国家后登陆的第一个地方。"[1]身为儒学家,荻生看不起那些营私逐利之人,但像他这样想的人只是少数。对于金钱的驱动力,井原西鹤持有更正面的看法,这位作家的散文作品深受17、18世纪之交的市民喜爱。他热情讴歌海外的商业冒险,这类投机活动在德川时代早期还是可行的,他辩论说:"离开日本,转向中国贸易的高风险投机买卖,把自己的钱财送到完全看不见的地方,这些举动需要勇气和想象力。还好中国商人是老实人,信守自己的承诺:每匹丝绸表里一致,中草药里不会掺点不值钱的碎渣,他的木料的确是木料,银的确是银,即便年月推移,这几点都不会改变。至于那些彻头彻尾的奸诈伎俩,我们反倒在日本境内就能发现。"[2]所有这些事情都发生在长崎,要是有人想要看看——虽然只能远观——外国人即荷兰人和中国人,不妨前往这个充满异域风情的中心。

德川幕府将绝大多数外国人拒之门外,这一点在当时大部分记载中有明确的表示。许多作者把德川时期的日本描述为封闭的国家,将自己与外部世界隔绝开来,因此对于19世纪的"开放",难免过分夸大其意义和成果。像"佩里以前的日本""佩里以后的日本"这样的教科书标题,又进一步加深了误解。人们可能会认为,德川

第三章　对外关系

时期的日本既没有外国人，也没有对外政策。

事实上，当时是有对外政策的，但由于这些政策更多是针对亚洲而非西方，所以西方的作者才会说出"隔绝""孤立"这样的词汇。日本的对外政策同样在不停地改动。纵观德川时期，尽管对外贸易的限制力度不断加大，政策制定者忧心的对象更多是西方国家而非日本的亚洲邻国。或许可以这么认为，那些闭关锁国的著名法令，与其说是一道柏林墙，倒不如说是一道竹帘。

第一节　背景

德川幕府崛起之时，西欧的海洋国家正在建立帝国版图和民族国家，欧洲在兴起宗教改革和反宗教改革运动，而亚洲地区也在掀起改朝换代的浪潮，这三大因素深刻地影响了日本。

葡萄牙航海家亨利王子（Henry the Navigator of Portugal）赞助的海洋探险活动拉开了这一帷幕。亨利的船只沿着非洲海岸行驶，试图寻找东方香料岛的财富之源。此前，这些丰饶的物资都是由阿拉伯人的船运到威尼斯，然后才转送到西方的。16 世纪中叶，葡萄牙人先后在马六甲和中国澳门建立自己的据点；随后不久，麦哲伦的西班牙舰队开进了菲律宾的水域。这些西班牙征服者从中美洲、南美洲掠取了大量的金银，足以支撑他们往更远的地方进行探索。

中国的税制正在发生转变，以白银为基础的税收体系逐渐成形，因此，中国经济对白银的渴望程度不亚于伊比利亚人。纺织品交易刺激了贸易活动。英国和低地国家的船只出发寻找羊毛制品的市场，然后载着香料、丝绸归来；对于那些专门为富人制作华服的裁缝来说，中国产的优质生丝是他们孜孜以求的物料，而这些富人便是常常出现在文艺复兴的肖像画里与我们对视的人。这些货物原来都由阿拉伯的贸易商提供给威尼斯的商人，而在伊比利亚船只和北欧船只的合力下，这一垄断局面被打破。欧洲人的大炮打垮了阿拉伯的海军，如1509年的第乌战役，葡萄牙人便战胜了阿拉伯人，但他们的枪口很快就对准了彼此。北欧海盗如弗朗西斯·德瑞克（Francis Drake），若有买不到的货物，就强行掠夺。信奉新教的荷兰背叛信奉天主教的西班牙，使得西班牙大举征伐信奉新教的欧洲诸国，对暴力和贪婪的行为在思想和宗教上加以制裁。英西战争期间，一百多艘私掠船频频出现在海上搜寻猎物。

这场海事竞赛很快就波及东南亚的海域。中国人通过舢板逐渐建立起一个贸易网络。自从明朝在16世纪60年代取消海外航行的禁令以后，每年将近有100艘载货量约为2万吨的大船驶向东南亚。用某个权威人士的话来说，"他们从马尼拉带回来上千条白银和热带作物。在雅加达（荷兰人改名为'巴达维亚'），17世纪初中国船队的总吨位和荷兰东印度公司的整支返航船队一样多，甚至更多"[3]。跟随货物而来的还有华人移民，随着华人聚居地的扩大，一个网络渐渐形成，日本的商人和后来的欧洲人都在其中找到自己的位置。中国人在整个东南亚建立的一连串贸易站点，为葡萄牙人、日本人和荷兰人在当地展开的贸易活动打下了基础。这些活动在很大程度上可以理解为确保日本和美洲的白银能够稳定、顺利地流向中国，中国的丝绸能够稳定、顺利地流向日本：数量越来越多、质量越来越好的丝绸被送到日本的富商巨贾手中，他们为大名的军队供应物资；富有武士手上绣纹富丽、带有家徽的外衣越来越多，供大名府女眷穿戴的桃山时代款式的华服也越来越多。欧洲船与中国舢板竞争，前者常常袭击后者，偷取其货物，而欧洲船利用的据点、航线网络正是在中国商人的需要下逐步建立起来的。

16世纪，新教的宗教改革撼动了欧洲基督教的秩序，这场运动结合了君主的个人目标、政治目的，一举粉碎昔日的基督教团结。

信奉天主教、反宗教改革的君主则奋力夺回那些失去的领地并进一步扩张,16世纪中叶后,他们在亚洲取得了惊人的成绩。罗耀拉的耶稣会由一群意志坚定、富有才干的神父主持,他们经常来自低级贵族,属于其中躁动不安、热爱冒险的那一部分人。1540年,耶稣会迈出第一步,这一步将带领他们打开印度、中国、日本的大门。近世欧洲的知识和技术推动了这一进程。葡萄牙的船只上配有新型的航海设备和战争武器,还载有一群反对宗教改革的代表。在传教、贸易、战争的作用下,亚洲大国的边缘建立起一个个据点——印度的果阿、马来亚的马六甲、中国的澳门——从这些据点开展的探险活动,向亚洲文明的腹地伸出试探的触角。

传教的狂热与欧洲的政治变化交织在一起。通过政治联姻的手段,西班牙国王在1580年继任葡萄牙的王位。不久,神圣罗马帝国的帝位成了伊比利亚人和哈布斯堡王朝的共同愿望。这些事情都给东亚带来了影响。西班牙方济各会和多明我会的修士向葡萄牙耶稣会的垄断权力发出挑战,而日本的统治者担心自己国家将成为外人争斗的地盘,面对这样的局势,英、荷两国的新教徒早已准备好坐收渔翁之利。只要看一眼那些重要的年份和事件,就能知道世界的政治局势对日本产生了多么直接的影响。

16世纪的商业变动和政治骚乱,给日本带来新的一波贸易和海盗浪潮。海盗船队以九州岛沿海的岛屿为根据地,在中国、朝鲜的沿海地区大肆掠夺。在日本的封建领主和富有寺社的资助下,私人性质的出海投机买卖开始进入中国船只建立的东南亚商贸网络。16世纪中叶以后,葡萄牙人带来的枪炮加快了日本的统一进程。强大起来的中央政府渐渐有能力制止邻近沿海地区出现的海盗行为。随后,到了16世纪末,丰臣秀吉在统一日本后扩大战事规模,试图入侵中国但以失败告终,其军队给朝鲜带来巨大的灾难。与此同时,秀吉尽可能地鼓励对外贸易,给商人颁发海上航行的许可证。这类

1497—1648年间对外关系的重要年份及事件

1497	达伽马绕过好望角
1509	葡萄牙在第乌战役中战胜阿拉伯的舰队
1540	耶稣会成立
1542—1643	葡萄牙在九州以南的种子岛登陆
1557	葡萄牙在中国澳门建立据点
1567—1648	荷兰叛乱
1580	西班牙国王腓力二世兼任葡萄牙国王
1588	无敌舰队落败
1600	威尔·亚当斯（Will Adams，即三浦按针）驾驶的"爱"号（Liefde）到达日本；英国东印度公司成立
1602	荷兰东印度公司成立
1609	荷兰人在平户建立商馆；家康授予贸易权
1609	《己酉条约》签订，日本和朝鲜重新通商
1613	英国东印度公司也在平户建立商馆
1620	伊达氏（支仓常长）的使团从欧洲归来
1623	英国东印度公司关闭平户的商馆
1623	葡萄牙人居住受限
1634、1635、1636	头三项闭关锁国法令颁布；供葡萄牙人居住的出岛落成
1635	中国人只能在长崎进行贸易
1637	岛原之乱
1640	61名葡萄牙人被处死
1641	荷兰人被赶到出岛
1648	《威斯特伐利亚和约》签订，欧洲战争结束

授权书最早在1592年开始颁发，叫作朱印状，同年，秀吉出兵朝鲜；朱印状允许船只在中国台湾到泰国、中国澳门到马尼拉这一带航行。通过这种手段，秀吉取缔了无组织的海盗行径，代之以有组织的战争行动，以及零星的航运贸易，而这些航行的船只都带有统一者颁

第三章　对外关系

发的朱印状。

秀吉还与传教士为敌，他在1587年征服九州以后，下令将传教士驱逐出日本。他的法令*宣称日本为"神的国度"，从一个"吉利支丹"（きりしたん）国家传播过来的"邪法是极不受欢迎的"。基督教的神父（伴天连，即葡萄牙语的padre）要在20天内离开日本。但贸易则另当别论，秀吉特别指出这一点。"随着年月推移，各种各样的物品或可在买卖之列。"与之前一样，"只要不妨害佛法，人们可以继续自由出行"。[4]有些传教士离开了，但大部分选择留下来。在长崎，一些耶稣会士考虑将信仰基督教的大名联合起来发动起义，还好这个计划并没有付诸实践。不过，到了1597年，秀吉的脾气愈加暴躁和反复无常，他害怕基督教会成为政治上的绊脚石，这个念头让他辗转反侧，他担心包括几位重要大名在内的基督徒可能会听命于除他以外的人，然而方济各会、多明我会和奥古斯丁会修士并没有与军事巨头来往，他们选择在平民百姓中布道，还获得不错的反响。这一年，26位方济各会的传教士在长崎遭到处决，他们的尸体被绑在十字架上，任其腐烂。一年后，秀吉去世，重要的大名全都忙于解决继承问题。基督徒暂时松了一口气，数量甚至一度有所增长。然而，从政治、意识形态上向这种外来信仰开战的号角已经吹响。

丰臣秀吉入侵朝鲜，使得中国明朝的政治局势和军事力量加速崩溃，很快，明王朝就要经受来自北方的新一波攻势。满人军队的锋芒先是指向了朝鲜，然后转向明朝。满人逐渐将明朝的核心地带纳入自身版图之中，中国台湾和东部沿海地区的反清势力向日本求助。德川幕府的统治时代见证了世界局势的巨大变迁。信息的传播必然是缓慢的，没有一个国家可以充分掌握远在自己国土之外的事

---

*《伴天连追放令》。

情。但是，新型技术和航海术结束了这种普遍的孤岛局面。欧洲人得知日本有军阀政治，教会领袖可以不断获悉基督教使者在亚洲取得的进展，德川幕府的创建者德川家康极力巩固对外贸易带来的种种好处，但同时，他避免让对手从中获利，也不让贸易危及自身安全。西方商人和中国商人的身影出现在了日本，而东南亚一带则有日本商船的踪影，一批批日本侨民和探险者甚至在遥远的泰王国的首都大城（Ayuthia）留下足迹。日本的沿海地区冒出一个个"唐人街"。新上任的日本统治者已经有必要制定对外政策了。

第二节　日朝关系

德川时代晚期，幕府官员回绝了西方国家的通商提议，根据他们的说法，闭关锁国从一开始就是幕府政策的出发点，他们宣称，出于对德川盛世的开辟者、已故的圣人德川家康的敬畏，他们无法改变这一点。然而事实上，没有比这更离谱的理由了。德川时期拉开帷幕的时候，家康就施行了一系列积极有效的措施来鼓励贸易和国际来往。只是从1616年家康去世以后，局面才日渐紧张起来。

家康面临的第一个问题，是要妥善处理秀吉侵略朝鲜所带来的灾难性后果。家康身为位高权重的日本大名，是仅次于秀吉的第二号人物，他必须清楚知道朝鲜一役在人员和财力上造成了多么巨大的损失。登陆朝鲜半岛作战的军队大约有15.8万人，其中能够回来的可能只有三分之二。朝鲜方面的损失肯定更大，这是因为秀吉发现与明朝和议的真相之后，下令对朝鲜进行血腥的报复。

家康赢得关原之战的胜利后，向朝鲜发出信号，表示愿意和谈。1605年，双方达成和平协议。两年后，由504人组成的朝鲜使团来日，祝贺秀忠上任第二代幕府将军，然后前往骏府谒见家康。随后双方进行洽谈，最终在1609年签订《己酉条约》。条约允许日本和朝鲜重新通商，不过，过去开放的三个商埠如今只剩下一个，在釜山。即便在釜山，日本人也只能在"倭馆"这个区域内活动，其居住环境类似于17世纪稍晚时候荷兰人和中国人在长崎的待遇。日本人受到严密的监控，不准离开本区域，也无法靠近汉城做买卖。

幕府将对朝事务交给家臣、对马藩的藩主宗家进行处理。对于对马藩而言，朝鲜是它财富和地位的来源。这个藩的领地只有5000石，其收入大部分来自它对日朝贸易的垄断。田代和生的研究清楚表明，日朝贸易在对马藩看来是一份利润丰厚的差事，而对于幕府来说则意义重大。[5]一开始，日本人向朝鲜人支付中国生丝的航运费用时，用的是白银。尽管后来长崎禁止输出白银，但对马藩和朝鲜的交易却不受限制。这类贸易自然是对马藩的命脉所在。藩主家臣的主要收入来自这些贸易，有人甚至为了推进双方贸易而伪造了一封幕府写给朝鲜的国书。对马藩资助的商人经营着长崎、京都和江户的商铺。随着日本的城市文化日益发展、市场需求不断扩大，人参进口成为货物运输的主力，而当18世纪后半叶日本逐渐发展人参种植时，对马藩的经济遭到了沉重的打击。

幕府在1629年时曾命令对马藩出使朝鲜，但它自己从未派出过正式的使团，而在德川时期，朝鲜就有12个大规模的使团出访日本。这12次出使都发生在1655年以后，其中大部分是来庆贺新上任的将军。幕府特别重视这些来客，在前往江户的路上让他们结队游街，其后常常让他们继续去往位于日光的德川家灵庙*。通过这种方式，幕府向大名和百姓宣示，日本是重要的一方强国，有着自己独一无二的世界秩序，它并不是一颗在中国圈子内运行的卫星。[6]

---

* 东照宫。

大规模的朝鲜使团即通信使出访的时候，人数 300 到 500 不等，场面十分壮观。朝鲜人极为看重这些出访活动，它们不仅具有文化方面的意义，还有外交上的作用。使团成员撰写的游记一共有 34 种。证明自己的文化水平，与履行外交礼节同样重要。1764 年的一位朝鲜使节在游记里描述了自己与朝鲜国王的会面，国王面试使节的候选人，让他们在有限的时间内创作出汉语诗句，确保他们在日本跟当地人交流、比拼的时候能立于不败之地。

实际上，他们的表现远不止于不败，毕竟朝鲜人要比日本人更接近中国的文化传统。朝鲜人往往鄙夷本土的朝鲜语书写系统，反而对古典汉语青睐有加。但在日本人看来，汉语是一种需要后天学习的书面语，在书写日语假名的时候起补充作用。因此我们会发现，在德川时代，即便是新井白石（1657—1725）这样的渊博学者，也会急切地想让朝鲜人赞赏自己的汉语诗作。新井曾提到，1682 年一个朝鲜使团到访日本的时候，自己去信"三位使团的长官，他们都是出色的学者，想请他们为自己所作的一百首诗撰写评语"；朝鲜人客气地请求与诗人会面，其中一位朝鲜客人还为他的诗集写了跋语，令年轻的新井感到欣慰。[7] 几年以后，一位名叫前田纲纪的大名——他本身也是一位令人尊敬的学者——提到，一群研究明律的学者遇到难以攻克的问题，于是认为有必要听取朝鲜人的意见；他写道："没有一个人知道这是什么意思，把问题交给包括朝鲜人在内的其他人后，才终于明白了一些。"[8]

朝鲜人还在德川时期的宋明理学研究中担当传播者的角色。朝鲜学者李滉（1501—1570），其号"退溪"更为人所熟知，他的著作在日本学者当中广为流传，其学说为许多日本学者所认识，并逐渐演变为德川时期的主流思想。朝鲜医学在日本同样受到普遍的关注。从第一次出使日本开始，朝鲜使团里常常会有医师，这些医师一路上都会回答日本人提出的疑问。不止如此，上文曾提及，许多

第三章 对外关系

大名听从秀吉的命令入侵朝鲜，然后带回来一大批陶工。朝鲜人的陶艺自中世以来就相当杰出。佐贺藩的朝鲜陶工具备陶土和釉料方面的知识，使得日本生产出青花瓷，这种瓷器很快就收获了很高的评价，得到广泛的使用。以简洁的唐草为花纹的青花瓷，经过水路运输，迅速地到达日本的各个地方，其制作奥秘受到藩政府的严密保护，佐贺藩的货币收入有相当大的一部分就来自这种青花瓷的生产。不久之后，这类瓷器（从伊万里港出发，所以该瓷器后来被称为"伊万里烧"）被运到长崎，然后由荷兰商人带到欧洲。到了18世纪，荷兰代尔夫特（Delft）、德国迈森（Meissen）、英国伍斯特（Worcester）的窑口都在烧制青花瓷，用的是欧洲的釉料和纹样。在萨摩藩，一小群居住于苗代川的朝鲜陶工在陶器制作上也发挥了类似的作用；晚至19世纪60年代，某位在当地参观的武士写道：这里竟然有这么一个陶工群体，在语言和服饰上都与其周边的村民截然不同。

由此明显可见，在整个德川时期，对朝关系始终是一条重要的线索。诚然，贸易量逐渐衰减，而且随着幕府财政状况恶化，政府对招待大规模的使团也不再那么热情。1811年，最后一个来日的朝鲜使团甚至没有到访对马藩以外的地方。但是，受这种衰退影响更多的是对马藩的财政，而非官方的朝日关系。

随着时间的推移，平静而温和的好感逐渐褪去，当有指控称朝鲜通信使的任务是确保日本方面没有在策划入侵朝鲜的活动时，早年那股强烈的敌意及恐惧又重新当道。上文曾提到新井白石，有一个和他处于同一时代的人，叫作雨森芳洲（1668—1755）。雨森在釜山的日本人社区里学习朝鲜语，他编纂的朝鲜语课本直到19世纪仍在使用。朝鲜方面则有申维翰，他在1719年随使团到访日本，庆贺将军吉宗的上任。他在游记中提到："人们匆忙跑来求取我的诗作；他们在我的桌上堆满了文章，请求我写些什么，虽然我对每个人都有求必应，但文章继续像柴火那样堆了起来。"在大坂，这种情况更是数不胜数："由于这些人的缘故，有时候我要到凌晨时分才能躺下，或者没有机会吃上饭。日本人崇尚我们的文章，仿佛我们是神一样，待我们的作品如珍宝。即便是一个可怜的轿夫，也会为获得了一张带有某位使节手书的一个汉字的纸张而高兴不已。"而申维翰则对自己所目睹的日本古典学问不以为意，由于日本缺少敬拜孔子的正式礼仪，他为此感到不快。他发现学校没有祭拜孔子的庙坛，还痛心疾首地感叹日本人在为双亲或君主服丧期间竟然没有正规的丧服可穿，他难过地写道："他们天性纯良，只是不知道何为正道。"但同时，他目睹日本的城市繁华并为之折服。大坂的道路上"全都是看客。这里的豪华壮观令我目眩神摇，以至于连经过多少个村庄都数不清楚"。到了京都，他发现东大寺"以金银为饰"，描述自己在跨过"伴有琳琅街灯的数里长街"时心里的感受。他想象自己"置身于梦中仙境"。在江户，朝鲜使团列队穿过城市的中心，"路边的长条建筑是商人的店铺。看客的衣着五彩斑斓，因此我想，江户要比大坂、京都更为繁荣"。身为一名优秀的儒家弟子，申维翰感到自己必须将这种景象视为物欲横流的表现并加以谴责，但作为一个旁观者，他总结道，即便在日本的农村，人们也过得相当不错。[9]

我们可以愉快地得出结论，过去的仇怨和心结已经被放到一边，这200年来朝日双方平起平坐，但令人不安的现象仍旧存在，暗示着旧日的念头并没有消失。申维翰写下了他和雨森芳洲的一次对话，两人都抱怨彼此看待对方国家的想法不妥。雨森说，有段时间他们和朝鲜交好，但朝鲜的书籍依然把他们称为"倭"；怎么会这样？申维翰回答，这些书籍很可能成书于日本入侵朝鲜以后，因此情有可原，不过，日本人为什么要把他们朝鲜人称为"唐人"？雨森回应道，根据法令本应称呼他们为"朝鲜人"，但因为长得像中国人，就常常称为"唐人",这表明他们尊重朝鲜的文化。可惜雨森的这些话并非出自真心,"唐人"已经成了外国人的通称,日本的普通人甚至会用它来指称西方人。更糟糕的是,就在几年以前,长崎的荷兰使团长官在日记里注意到,某个夏日是"他们打败朝鲜人的纪念日,他们将这个国家变成自己的附属国"。[10]换言之,长崎的日本人对荷兰人解释,他们在庆祝秀吉战胜了朝鲜人,朝鲜使团其实来自日本的一个附属国。

第三节 西方各国

家康同样热切希望与西方继续通商并扩大通商规模。由于荷兰人、英国人的到来,他的选项又多了一些,但随他们一同到来的,还有17世纪欧洲的敌对和仇恨。威尔·亚当斯是英国康沃尔郡人,他在1600年驾驶荷兰船"爱"号来到日本,并留在这里一直到1620年去世为止。他受到家康和秀忠的优待,享有较高的地位——他领有一块小封地,组建了一个家庭,还有机会从朱印船贸易中发家致富。同时,他还赡养着英国的妻子、家人,而且按照自己的意愿划分财产,分别由两个家庭的孩子继承。家康似乎觉得亚当斯这个人有趣且有用,此前有关西方世界的消息都是通过伊比利亚半岛的传教士和翻译罗德里格斯(João Rodrigues)知道的,而亚当斯的到来打破了这一垄断局面。[11]同样在1600年,英国东印度公司建立,亚当斯一度为其担任顾问。两年以后,一系列较小的贸易公司获准合并,组建为荷兰东印度公司(The Dutch United East India Company,荷兰语简称VOC)。

这些公司实质上是互相独立的王国。其长官有权发动防御性战争、修建要塞、制定合约、参与结盟,而这种种行径都是为了扩大他们的贸易规模。早年的时候，荷兰东印度公司就是一股特别强大的势力。到了1648年，反抗西班牙的独立战争结束，荷兰实际上成了世界上最大的贸易国家，波罗的海的粮食贸易有四分之三为荷兰人所掌控，他们在斯堪的纳维亚的木材贸易中同样占了四分之三的比例，荷兰也因此拥有了自己的造船业，瑞典金属的大部分贸易也由荷兰人主导；随后，荷兰人还将法国、葡萄牙产的盐销往波罗的海，将在荷兰织好的布料拿到欧洲各个地方贩卖。荷兰东印度公司迅速成为香料、糖、瓷器的最大进口商和发行商。于是，它直接与来自中国澳门的葡萄牙船只、来自马尼拉的西班牙船只竞争。17世纪，与荷兰东印度公司相对应的西印度公司，在巴西、在加勒比海的岛屿库拉索与苏里南、在美洲东海岸的新阿姆斯特丹设立要塞和据点，荷兰贸易点的建立、海事力量的崛起便是这整个过程的明证。与此同时，荷兰东印度公司将自己的贸易与权力网络延伸到南非、锡兰、印度、澳大利亚、爪哇和中国台湾。按照计划，他们于1624年在台湾建立的商馆（factory，以一位首席代理人为首的贸易站）热兰遮城将会是一座足以与澳门媲美的坚固据点，确保他们与日本的贸易持续稳定。

1580年葡萄牙和西班牙合并的时候，正值荷兰共和国从西班牙脱离、发起独立战争之时。紧接着，腓力二世的无敌舰队在1588年意图征服英格兰。西、葡合并使得荷兰人和英国人联合起来，结成暂时的盟友，一同对抗伊比利亚人在太平洋的霸权。荷兰和英国的公司在印度的苏拉特建立相邻的据点；在爪哇，巴达维亚（雅加达）于1619年建立，而在日本，荷兰、英国分别于1609年、1613年在长崎以北的港口平户设立公司。荷兰和英国的船只以平户作为据点，对马尼拉范围以外的西班牙势力和船舶发动了几次袭击，荷兰人还攻打葡萄牙人占领的马六甲，每当截获葡萄牙的大帆船，他们就会欢欣雀跃地大肆劫掠这些更为庞大也更加笨重的商船。可以预料到，海盗、私掠这些行为也会随之出现。中国的舢板同样是诱人的猎物，当它们在西班牙或葡萄牙控制的港口之间来回的时候更是容易受到攻击；只有那些带有幕府颁发的朱印状的船只才能幸免于难，在涉及自身利益的事情面前，幕府是否会采取暴力行动，其态度并不明晰。

正是在这样的背景下，家康制定外交政策及对外贸易方面的策略。长期以来，从中国澳门过来的葡萄牙大船是最重要的贸易来源，直到1639年葡萄牙人遭到驱逐以后，情况才发生了改变。而传教士和基督徒则是另一回事。幕府秉承秀吉的法令和举措，打压传教士和日本的基督徒。但是，西班牙和葡萄牙合并以后，来自新教会的传教士乘坐西班牙船只来到日本，与耶稣会的传教士发生冲突，法令的执行变得复杂起来。1593年，向来四处流连的方济各会修士从马尼拉来到日本；他们是以使节的身份过来的，但在停留期间却扮演着传教士的角色。由于并不完全了解这个国家的环境，他们密切关注耶稣会的谨慎做法，以便推迟甚至规避禁令的实行，同时继续对公众进行布道。他们的成功似乎印证了他们对耶稣会修士的看法，即后者太过优柔寡断。与此同时，幕府官员逐渐察觉到，位于东南亚的日本人社区正成为基督徒的避难所，他们疑心，若秀吉的一些旧部也跑到那里的话，宗教问题和政治问题可能会交织在一起。从马尼拉、澳门发来的国书在回复幕府建议的时候，更多是在谈论宗教宣传，有关贸易的内容较少，这令幕府官员感到惴惴不安。

英国人的通商请求则少了几分危险的味道。虽然詹姆斯一世自诩为"信仰的捍卫者"，但他的确谈到了商业。最终，英国提出的一项请求得以落实，1613年，英国东印度公司的代表获准进入日本的"任一港口"。另一方面，荷兰有意加深日本对天主教传教士的恐惧，并向日方表示愿意进行不带丝毫意识形态的贸易。[12] 拿骚的毛里茨（Mauritz of Nassau）在1610年的一封信中警告说："耶稣会以宗教的神圣性为外衣，意图让日本人臣服于自己的宗教之下，分裂日本这个完美的国度，将其卷进内战之中。"为了突出这一点，荷兰人送礼物的时候特别挑选了更招老武士青睐的铅弹和火药，而非供富贵人家摆弄的玩物。

可以想见家康会有怎样的反应。他向马尼拉发去警告，说日本向来被视为神圣的国度，他也不打算违背先人的立场。而荷兰人则获得了官方的通商许可，十分正式，以至于逐渐成为国与国之间的协议，这也是唯一一份如此颁发的许可。在未来的日子里，荷兰的首席代理商将定期来拜谒将军，仿佛他并不是一家商业公司的代表，而是一位封建领主。

随着事情的发展，协议各方发觉自己的发财梦破灭。英国人是第一个开始丧气的。他们在平户做了几年贸易后，发现自己的许可证需要得到每一任将军的续签。秀忠时期，根据许可证上的新文，英国人在平户港的采购权受到限制，由此剥夺了他们利用不同市场来牟利的途径。1623年，英国东印度公司认为其下的代理人为了谋取私利而隐瞒贸易情况，于是关闭了平户、巴达维亚的商馆，把精力集中在更有利可图的印度。[13]

幕府官员自身也从葡萄牙的贸易中获利，但随着这些贸易与天主教的关联越来越强，他们只好看着自己的商机渐渐远去。幕府进一步巩固自己的贸易垄断权，先是缩减朱印船的授权范围，然后干脆关闭了这一渠道。家康主政的时候，大名和寺社经常拥有朱印船，外国的商人（包括三浦按针）和船只也可以获得朱印状，其中很多是中国人或中国船；这些朱印船里，有不少是借用了别人的名义，实质上是为幕府高级官员服务的。大名是第一批被逼走的。1631年，相关方面必须追加一份担保文件，而这份文件只能由老中颁发。如今，贸易许可证被限制在经过挑选的七个家族或个人手中，每个都与德川氏存在某种关系。1633年，全部日本人都不允许到海外旅行。

荷兰人旁观事情的发展并为此感到满意，他们期待自己最终能独霸对日贸易。在荷兰使节的说服下，日本人更加确信自己对两面三刀的伊比利亚人的担忧并非无凭，这些使节还煽动他们对海外日本人的猜疑。荷兰使节仿佛在呼唤："让我们来替您做买卖吧。"最后，荷兰人成功了，但不是按照他们期待的那样。长崎湾的一个人工岛本来是准备给葡萄牙人的，如今却成了荷兰人的家。1641年，他们被迫从平户搬到出岛，此后，日本官方对于外国人的所有疑虑都降临到荷兰人身上，他们通过自由贸易权获得的商机由于相关法规而受到限制，根据这些法规，他们只能跟幕府指定的商人团体交易。荷兰在1648年与西班牙达成和议，使得幕府开始对荷、西两国昔日的仇怨有所怀疑。荷兰早年是英国的经济竞争对手，但彼此也是政治合作的关系，但到了这时，两国关系发生转变，荷兰分别于1652年至1654年、1657年至1667年与英国开战。

第四节　锁国令的由来

1587年丰臣秀吉已经对天主教加以打压，到1597年更是处死了第一批传教士，是为第一批殉道者，但在德川时期初年，关于基督教的命途，其实并不完全清楚。家康热切希望扩大对外贸易的总量，但还有更重要的政治难题等着他去处理，他要摧毁秀赖在大坂的城堡，击败其追随者。

许多身居高位的封建领主也对"吉利支丹"——对天主教徒的称呼——的命运持有疑虑。或许是贸易利润的诱惑影响了某些领主的判断，他们做了错误的猜测。1582年，九州的三位大名资助一支由年轻有为的武士组成的使团出使欧洲。这些使节被视为基督教未来的风向标，受到当地热烈的欢迎，他们请求对方在接下来的几年里派更多的传教士来日本，并获应允。但当他们在 1590 年回到日本的时候，秀吉发布了针对基督教传教的第一个禁令，使团愿望成空。将近四分之一个世纪以后，1613 年，强大的仙台藩藩主伊达政宗派遣家臣支仓常长借道墨西哥、西班牙前往罗马。与支仓同行的是方济各会牧师索铁罗（Luis Sotelo）。支仓在马德里接受了洗礼，教名为唐菲利普·弗朗西斯科（Don Philip Francisco）。此行的任务是就额外的贸易安排和传教活动进行谈判，但在他那时，教会人士，包括他拜会的教皇保罗五世在内，都提高了警惕。可当支仓在 1620 年返日的时候，发现大坂城在 1615 年就已陷落，其后还出现了针对吉利支丹的高压措施。

打压基督教的最重要的几个政策大约在 1614—1615 年间确定下来，和伊达政宗的错误判断没什么关联。这些决策是基于一系列政治、经济、行政方面的考量而作出的。其中最首要的因素是，幕府想要知道信仰基督教的武士特别是大名，是否仍然把德川氏视为至高无上的主君。家康接受了两位顾问的忠告，这两人都是佛教徒，可以想见，他们视传教士为敌人。他们找到论据支持自己，以不少惹怒家康的事件为契机，对其中真正的或所谓的基督徒进行讨伐。例如，一位基督徒大名有马氏试图通过贿赂家康的幕阁来恢复自己失去的领地。这一罪行暴露以后，他匆忙放弃自己的信仰，但还是没能逃脱早早被流放的命运。另一个例子是，一位负责财政的幕府官员为了提高贵金属的矿产量而提出某个计划，但同时通过在报告上弄虚作假来中饱私囊。他被人指控为基督徒，但很可能不是（他的 24 位侧室告发了他），不管怎样，有指控进一步声称他和传教士密谋行事，使得流言蜚语甚嚣尘上。

随后，1614 年一道法令下来，再次命令全体基督教传教士离开

第三章 对外关系

日本。这标志着一场广泛的迫害行动即将拉开帷幕。相应措施也开始实施，要求德川幕府直辖领地内的所有居民都要把户籍挂靠在某座佛教寺院之下；寺里的僧人定期向政治机构报告隶属于本寺的民众姓名和数量。17世纪80年代中叶，这种做法被推广到全国各地，并且每年都要申报一次。通过这种方式，佛教被纳入德川政权的公共服务体系之内。

到了这时，基督徒大名的数量已经急剧下降，不出意外，这些大名一般都选择了放弃信仰，保住自己的身份地位。对于其中一些大名来说，信仰基督教不过是为了商业或许还有社交上的便利。反而是普通信众的坚毅和倔强，令人大吃一惊。他们大部分是在奥古斯丁会传教士的影响下皈依了基督教。那些拒绝放弃信仰的吉利支丹被公开处决的时候，大批大批的信众来到刑场，他们唱着赞美诗，为犯人祈祷，对自己可能招致的危险毫不在乎，可见，他们过着的是多么艰难的生活，而他们心中的希望又是多么坚定。

现在，轮到那些疑似或曾经的吉利支丹大名对基督徒进行迫害了，他们要通过此举来向幕府表明自己仍然是可以信赖的。九州长崎附近的山村是基督教信仰最为盛行的地区。长崎是将军的直辖地。灭绝基督教的抓捕和拷问行动第一时间就在这一带开展起来。随着迫害活动愈演愈烈，社会窘境与政治灾难开始降临到自耕农和失去主家的武士，即今天所谓的浪人身上，这些武士因为被先前的主君处罚而失去了俸禄和手下。

1637年，上述这些人走到一起，在长崎附近的岛原半岛发动了一场起义。这一带政权频繁变动，当地的封建领主贪婪残暴，一心想从一贫如洗的农民身上榨取更多的油水。岛原之乱对于幕府及其第三代将军家光来说，既是一场重大的考验，也是一次巨大的冲击。刚开始的时候，起事人员并不全都是基督徒，但很快，基督徒成了最重要的起义领袖，其中就包括一个名叫天草四郎的年轻战士，他后来还成了传奇人物。基督教深深扎根于岛原半岛的贫瘠土壤之中。到 1637 年，日本各地接近 30 万的普通信众要么被抓获、处决，要么放弃了信仰。于 1637 年、1638 年发起岛原之乱的人如绝命狂徒一样浴血奋战。他们战绩彪炳，打得幕府惊慌失措。然而，结局还是不出意料——起义军在原城被包围，弹尽粮绝。他们无力抵抗，原城陷落后，剩下的所有人全都遭到残忍杀害。[14]

幕府颁布了一系列被认为"锁上"日本国门的法令，表明它在收紧对大名的政治控制。事关以九州为首的西南地区的大藩主，幕府有理由保持高度警觉。为此，幕府首先对这些藩主获取朱印状的途径加以限制，先是收紧了数量，接着干脆关闭了渠道。1609 年，幕府禁止藩主船只的载重量超过 500 石。1616 年家康去世以后，第二代将军秀忠对基督教表现出更强烈的敌意，对外国的人和事物抱有更大的疑心。英国东印度公司就感受到了这一变化，此前享有的权利遭到削减，传教士被驱逐出境。英国商馆馆长理查德·考克斯（Richard Cocks）前往江户，向新上任的当局表示抗议，而对方却就英国君主自诩为"信仰的捍卫者"一事来盘问他；日本人命令他解释英国人的信仰和伊比利亚天主教徒的有何不同。英国人被禁止在平户以外的地方进行贸易，与此同时，日本西部的藩主也被禁止在藩内交易，并且要遵从命令，务必将所有出现在各自港口的外国船舶送去长崎或平户。对于倒霉的英国人来说，为了表明诚意而将自己知道的天主教传教士的踪迹告发出去，对自己也没有好处。理查德·考克斯在 1621 年写道：

> 昨天夜里，我获知方济各·洛帕斯（Francisco Lopas）和神学院的一位神父来了，暂住在去年被送走的一位船长的房子里；我通过我们的译者寇阿·季诺（Coa Jno），建议虎左卫门（Torezemon）殿下把这个消息告诉王［即大名］。但天色已晚，

第三章　对外关系

有禁令不许外地人外出。今天早上，我派同一个译者去找虎左卫门殿下的秘书，想得知王的回复；我本该等权六（Gonrok）殿下来了再商议此事，但等到那时就晚了，神父很可能已经走了。尽管如此，没有人倾听我说的话或表示尊重。[15]

考克斯一直等到自己和其他证人一起被传唤去指认神父。事情的结局是，藩主命令——或许他也并不情愿——本地基督徒去认人，然后把他们铐住送走。

最主要的五道锁国令是在1633—1639年这六年间出台的。首先颁布的法令有17条规定，根据规定，除了那些获得专门认证的船只以外，其余日本船只被禁止前往海外，海外日本人回国的话将被处死（第1—3条规定），吉利支丹的名单要上报，并对指认吉利支丹者予以奖赏（第4—8条规定），将海外商品的贸易渠道限制在五家得到授权的商行，所有船只必须被遣送到长崎（第9—17条规定）。两年后，第二道法令下来，取消了前往海外的特许情况，使得所有对象都被纳入禁令的范围内，若有违反者，皆处以死刑。国外的船长过去经常雇用日本船员，这种行为如今也遭到禁止。

接下来的规定对日本的吉利支丹及任何被发现的传教士进一步赶尽杀绝。到了这时，检举信众违反法令的案例逐渐增多。葡萄牙人作为信仰的主要传播源，已经被驱逐出境。葡萄牙人及其287个后代在1636年被遣送到中国澳门。1639年，第五道同时也是最后一道法令下来，大局已定。澳门的官员试图进行最后一次抗议，在1640年派出一艘船前往日本，然而日本的态度很明显——船长及60人被处决，剩下的13人则获准返回澳门，把其他人遇难的消息也一同带了回去。

17世纪，世界上的大多数地方还没有出现宗教宽容或良心自由的事例。在日本，由于担心会发生宗教叛乱，萨摩藩直到19世纪仍禁绝一向宗的存在。[16]而在东亚的其他国家，日本来客仍然受到当地的敌视。朝鲜只允许日本人待在釜山，中国的明王朝依旧禁止与日本通商，有人在中国朝廷上书，请求下令禁止制造可以航行到日本的大船。至此我们可以推断出，日本并不是东亚国家里第一个制定"锁国"政策的，反而是最后一个。欧洲的情况类似。宗教裁判所的火刑还没有消失。1648年，荷兰反抗西班牙的独立战争在历经漫长的岁月后终于落幕，并因此导致江户幕府起了疑心，重新考虑日本与新教欧洲的交流是否为明智之举。在西方，宗教自由并不是主流。1648年的《威斯特伐利亚和约》缓解了新教与天主教的僵局，其中的一道拉丁文信条呼吁被统治者应当接受统治者的宗教信仰。Cuius regio, eius religio（"教随国定"）——统治者的信仰占优势地位——在这一原则之下，个人的决定没有任何话语权可言。

要说德川时期的迫害行动有什么特点的话，那可能是其手段之残忍。在与外界隔绝的环境下，逃出日本的可能性为零。在九州，宗教人士的行迹转入地下，通过独创的标记法来维系所属的群体，利用佛教造像来暗示圣母与圣婴。这种本土化的做法令幸存下来的吉利支丹几乎成了一种民间宗教。在经受审判官的折磨后，大多数人要么丢了性命，要么叛教。那些被抓获的神父遭受惨无人道的酷刑，有六名欧洲神父宣布背弃自己的信仰。其中几个人后来还撰写了小书，尤为生动地展示了审判官在意识形态的层面上与基督教较量的过程。[17]

这些举措可能跟第三代将军的性格也有点关系。家光为人冷酷无情、偏执自大，他的头号审判官井上筑后守政重总能熟练地迎合他那邪恶的嗜好。[18]受害人眼中他们手段之恐怖，在那些年的历史记载和小说情节里都有所提及。

第五节　长崎的荷兰人

英国人离开后，西班牙人和葡萄牙人遭到了驱逐，剩下的荷兰人成为日本境内唯一的欧洲人。这一结果曾是他们希望看到的，也是他们极力独揽日本贸易的目的所在。他们想方设法地向日本人保证，他们的基督教与对手伊比利亚人的截然不同，一艘荷兰船为了帮助德川幕府镇压岛原之乱，还向原城发射炮弹。然而，他们尝到的胜利滋味在1641年荡然无存，他们接到命令，要腾空平户的商馆，然后搬到长崎湾的人工岛出岛上。平户商馆的一座新建建筑上还刻有"1640 A.D."*，这种西历年号属于大不敬。

出岛原来是为葡萄牙人准备的，由那些将要从对外贸易中获利的长崎商人出资建造。出岛呈扇形，长约600英尺†，宽约200英尺。高大的栅栏伫立在石造堤坝上，包围着出岛，上面挂有指示牌，警告行人远离此地。出岛与大陆是通过一座石桥连接起来的，桥上有守卫站岗。荷兰人每年都要缴纳租金。栅栏之内，有几座仓库供20个左右的荷兰人居留，日本译者和守卫也有自己的居住区。这里还有地方可以种植蔬菜，圈养奶牛、绵羊、猪、鸡。水源通过竹管从大陆那头输送过来，这一项是另外收费的。

荷兰东印度公司的分部职员由首席代理人率领，荷兰人称其为"opperhoofd"，而日本人则称之为"甲必丹"。这批人里还包括一个医师、一个书记官和多名助手，地位较高的荷兰人经常会带上自己的黑奴。这里面的任何人在未经特批的情况下都不许过桥，然而批准的次数少之又少，即使获准了，也经常是到长崎的烟花柳巷去消遣；那个地方的女子倒是能获准过桥去见荷兰人，而且更为常见。[20]

---

* 应为1639年。

† 英制长度单位，1英尺合0.3048米。——编注

为此，日本专门有一个行政部门负责应付荷兰人；正、副头领，5个秘书，15个监工，36个司库，5个门卫，夜班警卫，厨子，马夫，还有阶级社会里常见的跟班，而这样一个阶级社会，是建立在一个未充分就业、不事生产的大型阶级之上的。武士的收入经常被称为2人或4人"扶持"，这一点在下文中会再次出现。在风俗画或风俗版画的街头场景里，我们往往会看到侍从为自己的上级扛东西，而"上级"在那时及在以后都是一个相对性很强的概念。

我们有必要专门说一下译者这个群体。直到17世纪中叶，葡萄牙语仍然是西方贸易的通用语，但随着交往渠道逐渐缩窄并集中到荷兰东印度公司，学习荷兰语便变得越来越有必要。出于对中国贸易的需要，长崎的贸易行业也需要一批会翻译汉语及东南亚语言的译者。为了能够和荷兰东印度公司沟通，有20多个家族被授予译者一职*，实行世袭制。他们通过指派继承人的方式来维持自己行业的存续，而继承人常常是收养的孩子。家长制是德川时期社会的特点，这意味着，译者们会按照等级高低的方式编排，以家长为首，分为"主要"译者和"见习"译者。日本政策并不主张荷兰人学习日语，唯恐这些外人跟那些与之沟通的人走得太近。荷兰东印度公司的代表曾经由于懂得太多日语而被告知要离开日本，这样的事情发生了很多次。日本人想要按照自己的方式来保持联络。

出岛的生活节奏十分规律，因此十分枯燥。7月，船只顺着夏季季风到达这里。日本的海边瞭望员会宣布船的到来，当船到达海湾入口即帕彭贝格（Papenberg，即"Pope Hill"［教皇之山］，为了殉教的吉利支丹而有此命名）的时候，就会收到信号通知；然后，船长下令让全体船员将枪炮里的弹药退出来，把《圣经》等基督教书籍锁进木桶里。至少早年的时候，船员还必须踩踏圣

---

* 被称为"阿兰陀通词"。

母圣子像（踏绘），日方觉得在审讯吉利支丹方面这种测试方式尤其有效。

当日本工人卸货的时候，全体船员都要待在船上。17世纪贸易最为兴盛的时候，中国产的生丝在所有贵重物品中位列前茅。排在它后面的，是和战争有关的原材料，如锡、铅、硝石、硼砂。然后才是鹿皮、香料、热带木材等珍奇物和奢侈品，以及欧洲的小玩意，如眼镜、时钟、镜子。货物上陆后便被陈列开来，那些被授权与外国人做生意的商会派代表进行检查。这些商会中最重要的是丝割符制度，其字面意思是"丝的分配"，它代表了幕府直辖的各大城市的商人。幕府官员可以优先选择物品，他们自然会把战备物资留给自己。他们还可以给荷兰人列订货单，让后者明年运过来。

荷兰人会得到相应的报酬，开始是银条，可17世纪中叶以后，就变成了铜条。17世纪的日本是银的主要出口地，向来也是铜的主要出口地。此外，由于中国明朝末年的战争，直接前往中国的可能性越来越低，于是，日本产的瓷器，即由佐贺藩的朝鲜陶工率先研制的青花瓷，成为重要的贸易物品，同时是绝佳的压舱物，很快就风靡欧洲、近东一带。最后，还有一项商品畅销欧洲，那便是日本产的漆器、箱柜。其时，从耶稣会与明朝的交流中衍生出来的"中国风"（Chinoiserie）在欧洲大行其道。[21]

荷兰东印度公司的船会在11月随秋季季风返航，回到巴达维亚。他们的利润多少，只有一部分视乎日本—爪哇—荷兰贸易；关键环节在于亚洲、近东各地的转口贸易。位于伊斯坦布尔的奥斯曼帝国宫殿里至今还藏有一批重要的日本陶瓷，这并不是偶然。

贸易的细枝末节被登记在日常记事簿上，内容枯燥，由出岛的商馆馆长保管，然后转交到巴达维亚及之后的荷兰。下一任馆长一般会在第二年到来，代理人基本不会在日本待很久，除了亨德里克·道夫（Hendrik Doeff），他在拿破仑统治期间被困在出岛上。

实际上，代理人最重要的公务是11月的江户之行，在船只出发前往爪哇之前，他要与将军进行礼节性的会面。这样的谒见之旅（荷兰人称之为"hofreis"）将馆长的身份从一个商人头目转变为封建领主。在这一方面，他的地位要比朝鲜的大使和中国的"甲必丹"更高，因为只有他，是凭借着家康颁发给拿骚的莫里茨的许可而来到这里的。

这样的出行在德川时期一共有116次；1633年后每年一次，1764年后每两年一次，1790年后则每四年一次，最后一次是在1850年。往返平均需要90天，最长的一次需要142天。首先，他们要坐船前往下关，然后列队行进到大坂，接着沿东海道去往江户。途中，他们会与低级官吏讨价还价，也会跟高级官员碰上面。旅行费用由荷兰人承担（如同封建领主一样），因此馆长急切想把随从尽可能地减少。而日本人则觉得规模越大越好，想让他们带更多的侍从，允许将私事夹杂在公务里。在这整个运作当中，荷兰人感觉日本人在尽可能地少劳多得。出使日记的目的之一便是提供先例作证，让荷兰商馆的馆长可以为自己的节约申辩。

巴达维亚的工作，可以对日本这样一个越来越遥远、越来越不可接近的国家定期进行观察，并因此吸引了一些才能杰出、好奇心强的欧洲人，他们的记载为我们描绘了日本在德川时期的珍贵画面。其中最著名的当数恩格尔伯特·坎普费（Engelbert Kaempfer, 1651—1716），他在1690年以医师的身份待在出岛，并在1691年、1692年陪同馆长前往江户。他的《日本史》一书被翻译成英语，在1727年至1728年初次出版，这本书如同一座大宝库，为我们提供了丰富的信息。坎普费是在一位年轻的见习译者帮助下搜集材料的，这位译者跟随他长达两年时间，提供了很多他意想不到的信息。坎普费记载了他们与第五代将军纲吉的会面，虽说这并不是这本书最大的贡献，但这一记载清楚显示出，到了17世纪末，欧洲人在日本人眼中不过是一种有趣的异国生物罢了。

我们进来后不久，便按惯例鞠了躬，坐在指定的位置上，备后先生［备后福山藩的藩主］代表皇帝［将军］欢迎我们，然后要求我们坐姿端正，脱下斗篷，告诉他我们的姓名和年龄，接着让我们站起来，走路，转弯，跳舞，唱歌，互夸，生气，邀请彼此吃晚饭，交谈，像父子那样亲近地对话，展示两个友人或夫妻之间怎样恭维对方或怎样告别，与小孩玩耍，用手抱起他们，以及其他许多类似的事情。而且，我们还被问了很多问题，有严肃的，有滑稽的；比如说，我的专业是什么，我有没有发过很大的脾气，对后一个问题我回答说有，但不是在长崎，我们在那里的待遇跟囚犯没什么区别；我们的房子是什么样的？我们的习俗跟他们的是不是一样？我们是怎样埋葬死者的，以及什么时候下葬？对于最后这个问题，我回答说我们一直都是在白天埋葬死者的……我们有没有像葡萄牙人那样的祷词和画像，我回答说没有……接着，他们又命令我们朗读、跳舞，或单独或一起，然后让我告诉他们一些欧洲石膏的名称，我提到了我能记得的最坚硬的几种。大使［馆长］被问起了他的孩子，有几个，他们的姓名是什么，还问到荷兰距离长崎有多远……随后，我们被命令戴上帽子，一边和别人聊天一边在房间里走来走去，摘下自己的假发……然后，我再度被要求靠近屏风、摘下假发。随后，他们让我们跳跃、舞蹈、耍闹、一起行走，紧接着他们问大使，让我们猜备后先生的年纪有多大，他回答说50，我说45，他们听到后大笑。然后，他们让我们就像夫妻那样互相亲吻，女士要特别通过笑声来展示自己很满意。他们要求我们再次展示一下欧洲人习惯上怎样赞美地位比自己低的人、女士、地位比自己高的人、王子、国王。接着，他们请求我再唱一下歌，我唱了两首后，他们感到心满意足，随同的人似乎很喜欢。闹剧结束后，我们被命令脱下斗篷，一个接一个地靠近屏风，然后按照在欧洲告别王子或国王的方式告别……当我们离开会客厅的时候，已经是下午四点了，我们就是这样被折腾了四个半小时。[22]

日本人开始限定荷兰东印度公司的船只数量，禁止出口白银，对铜的出口也加以限制，而铜正是荷兰人最想要的物品。商馆馆长呈递给巴达维亚和荷兰上级的日记里满满都是诉苦，抱怨送给日本官员的礼物多么昂贵，抱怨他们跟长崎的官方机构争辩，为了价格、货运量，为了进口的漆器和瓷器的质量，为了日本官员利用他们所做的种种事情。随着时间的推移，早年对出岛施加的人身限制稍微宽松了一些，不过荷兰人仍被禁止逾越商人的角色，而且只能通过译者来工作。刚开始的数十年，在极为艰苦的条件下，这种贸易的利润十分可观，但后来，无论是贸易量还是贸易额，都在逐步滑落。

尽管有种种限制，但还是有不少异常精明的荷兰人将自己的经历写了下来。坎普费是最有名的一个，他的成就也相当不凡；他甚至悄悄地使用指南针，绘制出前往江户的路线图。植物学家林奈的学生、瑞典科学家卡尔·彼得·通贝尔格（Carl Peter Thunberg）在 1775 年来到出岛，他采集了超过八百种日本植物。荷兰人铁俊甫（Isaac Titsingh）在 18 世纪 80 年代三度前往日本。在他那时，日本人对荷兰语的兴趣大幅提升，因此当他回国后，还能和勤奋好学的大名用荷兰语通信。铁俊甫自己也准备好对日本进行深度研究，可当他在巴黎过退休生活的时候，他的材料在法国大革命后的骚乱中散逸。上文提到的亨德里克·道夫，在 1804—1817 年间滞留出岛；他致力于编纂日语词典，还将自己的经历写成回忆录。德国人菲利普·弗朗茨·冯·西博尔德（Philipp Franz von Siebold）是一名军医，在1823—1828年间留日，他获准在长崎开设一家医学院。他让学生写一下自己国家的情况，借此为一项关于日本的重要研究搜集材料，随后他设法获得一份日本北部的地图，并因此以间谍罪被驱逐出境。此外，还有许多荷兰医师曾在出岛上工作，比起那位向西方世界介绍日本的著名作者，他们停留的时间其实要更长，只是他们的记录基本没有保存下来。

即便贸易量在跌落，但出岛的商馆仍然维持运营，为什么？对于荷兰人来说，这个商馆是巴达维亚贸易站的延伸，而后者作为荷兰东印度公司的一部分，是这个国家最为有利可图的殖民地，荷兰还能以此宣示自己稳定持续的强大霸权。

至于日本人，他们可以通过和荷兰人接触来获取海外情报。每一个来日的商馆馆长都要上交一本《风说书》，记载自上条船来日以后外面发生的事情。坎普费甚至在最后一章里指出，这才是日本直到他那时仍然维持这种制度的原因。他写道，日本完全可以轻易满足自己的需求，它不缺任何必需品。为什么日本没有把荷兰人也驱逐出去？他回答说："人们认为，强迫他们离开日本的做法并不可取，但是，准许他们自由出入日本的话又十分危险。为此，他们如今几乎如囚犯一样身处监禁，沦为人质，受到大批眼线的严密监视，这些眼线郑重发誓，哪怕再微小的举动也要加以严查，这种做法看起来似乎没有多大用处，但是，通过自己的办法，日本人便有可能知道世界上的其他地方发生了什么。因此，为了让他们在停留期间有所收获、耐心忍受其间受到的种种苦楚，日本人给予他们许可证，允许他们每年抛售大约50万克朗的商品。不要错误地以为，没有荷兰人带来的商品日本人就过不上好日子。日本一周之内丝绸及其他物品的消耗量，要比荷兰人一年的进口量还要多。"[23]

第六节　日中关系

秀吉扯断了日本与亚洲之间的纽带，家康做了各种努力来修补这段关系，其中还有对中国方面的考虑。毕竟，中国的商品特别是纺织品，是17世纪最重要的进口货，能直接在货源地取货是梦寐以求的事情。很长时间以来，中国的工匠和商人不顾明朝廷的禁令，与日本通商。事实上，九州沿海各地乃至本州的川越、小田原，都有"唐人街"的存在。中国的工匠曾协助设计织田信长城堡的砖瓦，家康及其同时代的人在建造自己的都城时都雇用过手艺娴熟的中国人，其中一些还被赏赐了土地和宅邸。德川幕府统治下的社会安定有序，而晚明的局势却不断恶化，为此，他们中的很多人都选择留在日本，取了日本姓名，成为日本国民。随着贸易活动日益集中于长崎一地，大多数海外中国人觉得有必要搬到长崎；德川时期的前数十年，有超过两千名中国人居住在长崎。

1609年，家康成功与朝鲜恢复邦交，接着他便与明朝展开协商，试图重新通商。明朝官方没有朝鲜人那样宽容大量，对日本人的提议也表现得没有什么兴趣；有奏折争论说，在任何情况下都不能相信"倭寇"。1609年，这些猜疑都得到了证实——萨摩藩在幕府知情的情况下，夺下了琉球群岛的控制权，解除岛上居民的武装，并建立了一个傀儡政府，但其统治者仍待在琉球的首都，以便在独立国家的外衣下维持与中国的朝贡关系。在接下来的数年里，各方都假装没有发生入侵一事，这在当时还比较容易；当中国派使团前往琉球，授予统治者称号时，日方长官都会谨慎地保持距离。于是，萨摩藩便拥有了中国货物的供应渠道。而且，每当新将军上任，琉球国的使团都会来庆贺，这些使团列队出现在江户的时候，幕府感到自己脸上添光。然而，晚明那些写奏折的人并没有上当受骗，他们提醒皇帝要小心日本会带来新的危险。考虑到华南沿海一带的商

第三章 对外关系

人最想前往日本，加上山高皇帝远，于是不出意外，奏折里还主张应当立法禁止修造可以航行到日本的大船。

尽管如此，1611—1625年间幕府就重新和明朝直接通商一事，向福建布政司修书数封。可是，这些信件并不符合中国朝廷对附属国文书的礼节规范；它们没有遵照措辞、文体方面的要求，所用的日期也不是中国农历年号。更糟糕的是，幕府没有对自己侵占琉球的行径表示歉意，反而坚称现在的琉球国王自称为日本的家臣。[24] 而且，布政司官员的答复似乎也表明他们不同意进行协商。可当幕府收到答复的时候，大坂城没了，家康也已经去世，这时的幕府较此前更加自信，坚信自己能找到对付的办法。那些制定涉及中国的原始方案的官员，此时都认为中方的回复粗鲁无礼，不予理会，并提出未来双方的通信都应该经由对马藩这个渠道，就像他们和朝鲜那样。换言之，两边的政权都选择了坚守自己的原则和尊严，倘若没有礼节或商业上的好处的话，绝不进行协商。17世纪40年代当明朝官员请求日本一同对付满人的时候，江户幕府终于有机会宣示自己的威望，并以蔑视的语气回复了对方。某位大名给一个家臣写道，中国人"不允许日本船靠近自己的海岸，他们甚至安排了巡逻船。为此他们基本不能正当地过来，如今他们的国家深陷内战之中，还说：'我们现在有些麻烦，能否请您派一些军队来？'"[25]

幸亏还有中国的私营商人，幕府才能够兼得鱼与熊掌。在国与国的层面，幕府仍保持着傲慢自大的态度，与此同时，荷兰东印度公司、出岛、萨摩藩和中国的私营商人大大满足了它的商业需求，且有过之而无不及。随着亚洲形势的变化，幕府认为应该切断日本商人与东亚"污染源头"之间的联系，17世纪30年代以后幕府还想强令日本商人留守国内。但这绝不代表海外的货物、情报甚至技术会就此牺牲掉。

日本的"锁国"最主要针对的是西方。人们之所以会认为一个国家选择断绝与西方的联系无异于将自己摒除在世界之外，其实是受到了西方民族中心主义的影响。幕府制定的大部分贸易政策是为了获得中国的商品，就此而言，他们是相当成功的。对外贸易和长崎制度对幕府来说意义重大，因此才会为那些生产铜以备出口的藩提供补助，好让这些藩继续维持下去，同时防止它们将铜卖给出价更高的国内市场。"荷兰"贸易实际上是以中国商品为首的亚洲商品的贸易。与荷兰人相比，中国人、朝鲜人能带来更多的商品。用大庭修的话来说，长崎贸易实际上是中国贸易。[26]

不像荷兰人，中国人没有馆长、没有获得官方授权，他们在迁移、商业方面的自由度也逐渐在收紧，但是他们的人数要比荷兰人多得多。长崎的唐人坊自1689年设立以来，每逢船队来日之时，便有上千人居住在里面；在它建成的第一年，就有4888个中国住客。唐人坊占地超过七英亩*，是出岛的两倍。18世纪40年代，形势对荷兰人越来越不利，但在出岛上巡逻的日本守卫只有30多人；而唐人坊则有300多名官员、守卫和监视员对其进行管理。对比之下，两者在规模上的确相差悬殊。长崎的译者被分为两类，一类给荷兰人翻译，另一类则服务中国人且人数远比第一类多。唐通事实际上是负责整个亚洲，其下再分设别的职位来应付中国以外的国家。在17世纪，这意味着泰国、越南、"吕宋"（马尼拉）和印度都有专人负责。从这些地区过来的船只大部分派遣自海外华人的定居地。译者内部维持着一种相当家族式的编制，其学生和继任者一般都是有血缘或收养关系。负责中国的专职人员获得的报酬要比负责东南亚的更多。到了后来，对于来自某学者所谓的"吕宋—中国澳门"（或天主教路线）以外地区的代理人，幕府越来越加以提防，专员的数量也随之减少。

---

* 英美制地积单位，1英亩合4046.86平方米。——编注

第三章　对外关系

这一贸易占有巨大的份额，特别是在17世纪的时候。1635年，幕府命令中国人只能在长崎登陆。随后，中国人的数量迅速增长；1640年，有74艘中国船到来，一年后，上升到97艘。自1683年满人统一管辖台湾以后，中日双方的贸易来往变得十分繁忙（1688年有193艘船），以至于有必要为中国船员建造专门的居住区，并制定法令条例来限制来日人数。结果，到了18世纪，船数渐渐减少；1720年有30艘，到1791年就只剩下10艘。

至少在德川时代后期以前，日本人还没有对西方感兴趣的时候，中国人的文化角色与荷兰人的角色、待遇形成了极为鲜明的反差。为了讨好将军纲吉，坎普费及其一行不得不自取其辱地上演几个小时的闹剧，但纲吉自己为了学习中国的高雅文化而刻苦认真地研习。他嘲笑坎普费，但对来访的中国僧人给予最大的敬意。荷兰人被严正警告要隐瞒自己的信仰，船舶停在港口的时候他们会把所有宗教书籍密封起来。然而，中国人却获准在长崎修建福建、浙江寺庙的分寺，幕府官员还会陪同中国的"甲必丹"、船员一起列队前往这些寺庙，感谢神灵庇佑他们安全抵达。在17世纪30年代法令公布以前，长崎修建了三座寺庙；一座（南京寺）是为了满足那些来自浙江、江苏、江西的人的需要，另外两座即福州寺、漳州—泉州寺，则供福建一带的船员使用。1678年，第四座寺庙（广州寺）落成，系为广东人所建。在这一百多年间，不断有住持、僧侣从中国过来，就职于这些寺庙。

中国僧人动身前往日本中部，参拜宇治的万福禅寺这所临济黄檗宗的寺院之前，南京寺是他们的第一站。南京寺的第一任住持是隐元，他修订了新的授戒法仪。不久，他就接触到（京都）妙心寺的住持龙溪性潜，龙溪恳请他前往京都，与退了位的后水尾天皇会面；隐元还得到第四代将军德川家纲的资助。直到1740年，万福寺的所有住持都来自中国。1740年以后的60年里，住持由中国僧人和日本僧人轮流担任,再之后,万福寺的住持则全都是日本人。[27]

隐元和其他从中国来的临济宗僧人都是将军纲吉一朝的座上宾。纲吉自诩深谙中国经典。他主持了240场《易经》的研讨会,要求僧人、官员、大名、儒学家都得在场。[28]他的侧用人柳泽吉保组织了一群人来研究汉语口语,幕府的儒学家荻生徂徕为了掌握汉语会话,还花了不小的力气。徂徕在给中国学者写的信中,写满了近乎令人反胃的奉承话。

> 昨日,我参观某处佛地,与您这样谦和有礼之人初次相遇。我们就各种话题作了意义非凡的交谈。就如敲钟一样:当钟[您]发出高亮的声音,那是问题得到了回答;当钟[我]发出低沉的声音,那是我惊讶得吸了一口气。毛笔跃然于纸上[我们在写字交流],带起一阵风,墨汁在纸上化开,绽放出一朵朵花……现在,您不知疲倦、勤勤恳恳地为我展示您那美妙的教义。我能感到心灵之和谐。到家后,我几近昏厥,回忆占据了我……我尝到了至甜之甜,它仍在我的齿颊上萦绕,我无法将它从我的嘴上洗去……在您打禅过后的闲暇时间里,若您能劳驾雄笔一挥,若我能在自己的陋舍挂上这幅字,来自某个永恒纽带的字,它将熠熠生辉,恒久不息[您能赠送我一些书法作品让我展示一下吗?]。[29]

简言之,将这些担任高级神职的中国人所受的待遇,和那个用来对付天主教神父的天罗地网相比较,一个事实便清楚显示出来——一个多世纪以来,日本的锁国政策试图将西方的思想和宗教拒之门外,但与此同时,日本的精英阶层却在努力学习中国的文化传统。这个道理同样可以应用在中国的商品上。幕府要确保,最好

第三章　对外关系

的中国丝绸要落入自己的手中，最好的中国书籍能到达自己的学者手中。

在某些方面，朝鲜学者也受到了同样的礼遇，部分原因在于他们能够传播中国典籍和思想。雨森芳洲费了很大工夫去学习朝鲜语，但在此之前，他曾前往长崎学习汉语口语。朝鲜使团的成员并不只是跟招待他们的日本人交换诗歌、绘画和书法作品。日本人还很热衷于了解朝鲜的医学实践，并找到随团的医师给自己作介绍；在使团的整个旅程当中，日本人一直在跟访日的医师进行问答。此外，上文曾提及，朝鲜的陶工带来了陶土和釉料的知识，使日本得以生产出青花瓷，这些青花瓷在纹样、外形上几乎都与明朝的陶瓷一模一样，以至于后者的器底常常印有明朝年号以示区别，后来，日本的瓷器伊万里烧被荷兰人出口到了近东、欧洲，被荷兰、德国和英国的工匠模仿。换言之，在某些方面，"锁国"的日本是国际文化和技术交流的节点。关于白银流通的研究也表明，17世纪的日本在经济交流上发挥了重要的作用。[30]

在第八代将军吉宗的统治时期，日本对中国律例的研究延伸到了制度模式方面，其中又以明朝的行政法为重点。清朝入关后的第一位皇帝顺治的《圣谕六言》*从琉球传到了萨摩藩。吉宗觉得这些简单的道德箴言可以直接在日本派上用场，于是下令将这一圣谕的通行版翻译成简化的日语版†，其中的箴言被运用到初等学校的教学当中。有记载表明，大名下令让村役人在每个月的第一天向村民解释六谕的重要性。这份文书甚至影响到了现代日本。明治时期的《教育敕语》（1890年）作为战前日本最重要的意识形态文本，便把六谕视为先例，借鉴其用法。[31]

---

* 最初的版本是在明洪武三十年颁发，称为明"六谕"。
† 《六谕衍义大意》。

除了上面所说的以外，德川时期日本和中国的交流还给大众文化带来了影响。就我们所知，到过长崎并一度停留的中国画家就有130多个。这些人并不是他们那个时代的大画家；大多是神职人员、商人，拥有不错的创作水平，足以让日本人钦佩。其中才艺最出众的几位在日本享有盛名。最著名的要数沈南萍，他在1731年、1733年两度赴日。回中国以后，他仍继续将自己的画作送到日本出售；其中有两百多幅保存了下来。他和另外三人后来被合称为"四大家"，正是这四人，将明末清初的花鸟画引入日本。他们的风格舒适、闲逸，很容易招人喜爱。这种作品深受中国中原一带城市居民的欢迎，而且很快就在日本市民间流行起来。中国画家还引进了中国的文人画，这类画作在日本的南画、文人画中找到了共鸣，后者是与谢芜村、池大雅及德川末期折中派的作品风格。明朝印刷品对日本的印刷技术也起到推动作用，技术的进步令印刷业得以蓬勃发展，在日本那些高速发展的城市里，市民对印刷品的需求十分迫切。同时，日本封建精英所赞助的传统艺术，也必然对中国早期主要艺术流派的画作有所借鉴。

18世纪初吉宗统治的时候，幕府面临严重的贸易失衡，为了缓解局面，日本开始从中国进口实用品。随着日本的矿产资源日渐枯竭，幕府分别于1685年、1715年、1790年出台规定，限制金银出口。荷兰人、中国人能够送来的船和运出的铜在数量上都被大幅削减。管控走私的新措施开始生效，为了吓退那些跃跃欲试的人，走私者将公开遭受严厉的惩罚。[32]不过更有趣的是，幕府积极鼓励生产丝绸、蔗糖、药物等在进口清单上名列前茅的物品。中国的专家也随之被幕府聘请过来，在日本寻找有用的植物和合适的种植地点。

换言之，在闭关锁国的这些年里，日本的国际贸易不断发生变化。日本对战备原料如火药、硝石的需求和兴趣都有所下降，荷兰人也发现自己给长崎送去的商品多种多样。其中蔗糖是大宗，吉宗

第三章　对外关系

极力提倡在日本境内种植这种作物。在爪哇的中国人发动起义后，荷兰人丧失了糖源，导致当地的加工厂在18世纪轰然倒闭，他们和出岛之间的整体事务随之陷入危机之中；幕府行政官提供的铜越来越少，荷兰人威胁要断绝所有联系。他们清楚知道长崎居民都会站在他们那边，因为这座城市是为对外贸易而生、靠对外贸易才能活下来的。与荷兰人具有同样想法的，还有那些负责和荷兰人、中国人打交道的官员，他们有幸被指派了这份工作，在位期间多次悄悄中饱私囊。

第七节　"锁国"之问

日语里的"锁国"一词，是由一位日本学者[*]提出的。他翻译了坎普费讨论"锁国"（closed country）的那一章，还顺带作了辩护。这份译文在私人之间流传，直到19世纪50年代才公开出版。"锁国"成了一个标准术语直到今天。我们将在下文看到，德川时期最后的十年里，"开国"在当时激烈的政治话语中被用作"攘夷"的反义词。海军准将马修·卡尔布雷斯·佩里（Commodore Matthew Calbraith Perry）平和地相信，自己正在将文明传播到这片愚昧的土地上，一直以来它都公然违抗国际社会的一切规范。

从上面的叙述来看，面对坎普费的结论，我们明显应该仔细考虑是否要像他的译者那样认同他的判决。17世纪应该按17世纪的标准来受审，这里有一定数量的先决条件等待我们检验，在此之后我们再来考虑是否接受19世纪的佩里对这件事的看法。

正如我们所看到的那样，日本远不是处于完全的"封锁"之中。

---

[*] 志筑忠雄。

日本人心知肚明自己被禁止离开或返回日本，违者将以死罪论处。但在德川时期行将结束之前，这些严苛的规定有了一点松动，因为当时的政权发现，回国的人可能会带回有用的消息和技能。但在绝大部分时间里，规定被严格执行。19世纪的英、美两国船长认为，为了讨好日本的政府而把遇险的日本海员和渔民送回母国，这种做法既没有帮助这些船只失事的漂流者，对他们自己的事业也没有好处。欧洲远比日本更加国际化、多国化。至于朝鲜，可能比日本更加与世隔绝。

但是，日本人的世界在思想、文化或技术方面远非处于封闭的状态。整个德川时期，不断有中国的学者、艺术家、神职人员前往长崎；有学养的中国人受到日本人的诚挚招待，即便是中国平民，只要具备才干，都可以对日本文化作出重要的贡献。

随着18世纪逐渐翻篇，荷兰人的待遇也日益趋同；渐渐地，他们在拜访将军宫殿的时候，不再遭受耍猴般的羞辱。随着日本学者的荷兰语水平见长，荷兰船带到长崎的书籍变得重要起来，比这些船带走的铜还重要。19世纪20年代，上文提及的那位医师，菲利普·弗朗茨·冯·西博尔德，甚至获准在长崎为日本学生开设学校。

但与此同时，日本人对基督教的猜疑从来没有减弱过。在长崎，即使是进口的汉文书籍也要接受检查，看看是否含有基督教的内容。1704年，一位名叫乔万尼·巴蒂斯塔·斯多蒂（Giovanni Battista Sidotti）的勇敢的西西里人前往马尼拉，跟当地的日本侨民学习日语，然后在1708年，带着传福音的愿望，设法在九州岛上了岸。很快他就被截获并送到江户，他生命最后的七年便是在江户的地牢里度过的，讽刺的是，这座地牢被称为"吉利支丹屋敷（基督徒的住处）"。他在那里接受幕府学者新井白石的审问，新井仰慕斯多蒂的智慧和勇气，但对他的轻信表示失望。斯多蒂还向狱卒传教，使其皈依了基督教，但这更加令日本人确信，他的教义是多么危险。

第三章　对外关系

不久，有译者受命告知荷兰人，说斯多蒂和皈依基督的人被幽禁在小小的正方形箱子内。他们此后再也没出来过。这件事发生在1715年。半个世纪多以后，西医的先行者及专家、医师山田玄白在日记里提到，普通的村民也都被追捕、折磨并处死，因为他们被指控为地下基督徒。在对付政敌、宣泄私仇的时候，最有效的办法是将对方指控为基督徒。这并不是说，基督徒一定是邪恶之人；如1825年会泽安提到的那样，其实情况刚好相反，这些人能用善意来误导愚昧的群众，让他们随时背叛自己的国家。[93]

有人或许会说，如果不把日本斥为"闭关锁国"，如今所谓的"公民权"便成了无何有之物。但可以肯定的是，日本官方觉察到沙俄正从北方进入千岛群岛、北海道，而英国从南方入侵中国，它必然加强了防卫，再一次封锁自己的大门，断绝交流。毕竟国家到了危在旦夕的地步。到了这时，家康的锁国计划备受赞赏，成了德川幕府传统的一部分，绝不可违抗。对外贸易也逐渐走到了尽头；来长崎的船只越来越少，它们带来的东西，除了书以外，对日本经济的重要性已远不如从前，日本的丝、棉、糖产业已经成熟。

准确来说，西方的剧变是发生在18世纪和19世纪初。承平已久的日本与西方战火连连的局势形成对比。其间，军事技术急剧地更新换代，日本人持有的武器已经过时，正如持有那些武器的阶级那样处于淘汰之列。欧美在思想、政治和经济方面经历变革，形成了参与式的政府，由公民士兵（citizen soldier）参政，而在日本，普通人对武士的活动没多少兴趣。

西方势力的排位也经历了巨大的变化。德川时期刚开始的时候，荷兰即将成为欧洲巨头之一，其据点遍布全球各地，但到了19世纪的时候，荷兰仅仅是一个小小的贸易国，只安安静静地操心自己的事务，跟德川时期的日本一样。19世纪60年代被派去荷兰留学的日本学生沮丧地总结道，他们学错了西方语言，学错了西方国家。

松木弘安，即后来的寺岛宗则，在1862年的信中说出了那些留学生的心声。"英、法两国的学者听到我们正在看荷兰的书籍时，都挑起了眉毛表示震惊，"他写道，"即便是荷兰人自己，读的书也是法语书或德语书……出了国界，就没有人知道荷兰。我必须如实说，这个国家弱小得令人吃惊。"[33] 当然，对于日本他可能也会说出相同的话，在日本这个国家，学者读的是汉语、荷兰语的书。

这种做错了选择、结果落后于人的感受，有助于解释为何现代日本人会写出如此多的文献来讨论"闭关锁国"的日本。此外，日本人开始学习世界历史的时候，正值欧洲作者强调国际关系和战争对现代国家的创建具有首要作用之时。[34] 而孤立的日本又经历了什么样的"历史"？自然而然地，"锁国"令便聚集了大家的目光，正是由于这些法令，近世日本才无法立足于世界之林。在"二战"行将结束的时候，哲学家和辻哲郎将"锁国"形容为日本的"悲剧"，这个国家在现代经历的绝大部分苦难应归咎于此。他认为，锁国之举导致现代化的进程不得不在政府的操控下匆忙进行，从而进一步鼓动日本去争、去赢，最终在太平洋战争中惨淡收场。

然而，半个世纪以后，日本史学家眼中的江户时代的面貌变得相当不一样。这一代学人自然没有像前人那样被残酷的事实打败、满脑子都是失败的念头。经过几代人的研究，我们终于弄清楚，江户年间究竟在多大程度上发生了变化。当代的日本人不再因为日本"落后"于西方而困扰。和辻的脑海中抹不去的灾难，如今被他们远远地抛在身后。结果，他们愿意以冷静、客观的态度，将日本的经历和其他国家作比较。对于某些自由主义乃至国际主义的学者来说，整个锁国体制需要重新加以思考和评判。他们更愿意把这种制度视为一个近世国家的正常或至少合理之举，这个国家正处于定义自身、确认边界的过程当中。他们引用江户时代活跃的知识界作为证据，否认锁国一举扼杀了人们的求知之心和知识的多样性。事实

第三章　对外关系

上，转引某位学者的话，"锁国期间，这个国家对新兴潮流的态度远比今天开放……外国的商品和信息大量涌入"，虽然这肯定带有挖苦的意味。如果认同这一观点的话，我们就必然会得出结论，教科书上的那些总结严重夸大了现实，西方作者将佩里的功劳打造为英雄般的丰功伟绩，实属言过其实。

　　但我们没必要为了表明事实被严重夸大而将德川制度看得那么美好。假如德川幕府的创始人没有以如此狭窄的眼光来看待日本在国际体系中的地位，那会怎样？事情很可能不会有太大的不同。中国和朝鲜是某种世界秩序的一部分，而日本处于这种世界秩序之外，除非它愿意从实质上改变自己的主权和自治权。附属国的地位是要付出代价的，拒绝与西方建立紧密联系便是其中之一。但无论如何，这些联系都不太可能发生。英国人在17世纪20年代自行离开日本，此后便越来越多地涉足印度半岛的事务，英国人在印度获得了较此前更为巨大的利润和荣光。17世纪，伊比利亚半岛的西班牙和葡萄牙已经衰落，对于日本的执政者来说不构成什么威胁。这样一来，就只剩下荷兰人在东南亚一带的沿海据点，但直到19世纪末这些据点才统一起来，处于绝对的政治控制之下。

　　换言之，事情或许不会有特别大的区别。但有一件事除外——灭绝基督教的暴行原来只是内部事务，随后却引发了种种对外限制。这种对宗教势力的控制，是幕府掌控家臣的关键所在。从这个意义上说，"锁国"和幕府"权力"是可以互换的。

第四章
身份群体

早期的大多数社会为了整齐有序、尊卑有别，会把人分为不同的群体，但没有几个会像德川时代的日本那样，为身份地位确立了相当精细的标准。到了19世纪下半叶，这套精细的划分标准让那些摆脱了它的年轻人倍感羞愤。德富猪一郎（常以笔名"苏峰"著称）在其畅销书《新日本之青年》里提出，日本人生活在一个个隔间里：

> 谁是封建社会的真正权威或统治者？有判断力、头脑清晰的人必然会说，社会的统治者并不是天皇、贵族、武士、农民或商人。权威是在别的地方。统治社会、蓄积权威的，是习俗、惯例和传统。[1]

我们在第二章讨论过谱代大名和外样大名的区别，这种区别在某种程度上体现了德富所表达的意思，但对于身份制——这个或许是德川日本最有趣的方面——它触及的不过是其皮毛而已。近世以来，西方社会的流动性越来越大，美国可能是其中变化最为显著的国家。帝制中国让有学问、有教养的人获得特殊的权利和身份，并将之裹上一层社会流动性的神话——即便是农夫的儿子，只要在科举考试中一展身手，也能平步青云、跻身高位。

然而在日本，神圣天皇的神话是其立国的基点，天皇的权威源自他和日神的关系，大概没有比这更具感召力的了。佛教否认这个神话的真实性，从而削弱了这种力量，但在实际当中，僧团中的很多高级职位都逐渐为上层男性所占据。而儒教在举止、道德和才干上提出的评判标准，只是附加在出身这个标准之后，很少能取代它。

一些学者指出，德川时代的身份区别在某种意义上可以视为一种保护手段，当时人们深知昔日生活之不易，不公平的遭遇、残忍的命运随时会降临，而这种身份之别就是要保护他们。[2]19世纪一些浪漫主义者的想法更是有过之而无不及，他们说，身份固定的日本社会使得人与人之间的关系具有某种良好的稳定性。小泉八云（Lafcadio Hearn）就是这样称赞这个制度的：

> 身份往往造就大众的幸福，带来普遍的繁荣。在那些年里，人们不需要为生存作斗争，至少不是我们今天意义上的生存斗争。生活的需求很容易就得到满足；每个男人都有一位主人为他提供生计，庇护他；竞争遭到抑制或不被鼓励；人们不需在任何方面花费极大的力气——不需要竭尽自己的哪一部分机能。再说，没有什么东西值得让人们为之追求：对于绝大部分人来说，这里没有奖励需要去争夺。等级地位和收入都是固定的；职业是世袭的；由于法规的限制，富人不能随心所欲地使用自己的钱财，人们的积财累富之心必然有所抑制，或者已经麻木无感。即便是势力雄大的主君，甚至是将军自己，也无法凭一己好恶

来任意行事……每一个人的娱乐消遣多多少少都要受其社会地位制约，要从低位攀上高位并非易事。[3]

小泉和德富在主要观点上是一致的，只是德富仍记得昔日的社会面貌，对自己所属的"隔间"感到不满和不安，而小泉没有这样的回忆，因此，当想到"在自己的枷锁里"度过一生的时候，他表现得更加淡定和顺从。但是，两人的说法都有夸张之处，我们仍需要对这个制度作更深入的探讨。

这时期最主要的身份区别由不同的职业——武士、农民、工匠、商人（士农工商）——来体现，时至今日，这种观点仍深深扎根于教科书中，用来描述前现代的日本社会的概貌。在开始讨论这些职业之前，我们最好还是先思考一下，在这四大类别之上还有哪些人。

第一节　朝廷

1586—1866年间一共有13位天皇，其中有两位是女性。直到19世纪末，男性才成为传承皇位的唯一人选。德川年间海内升平，比起动荡不安的战国时代，朝廷不仅收入大增，日子也过得舒服多了。但这种种改善之处仍维持在较小的范围；下文会再次提及，分给朝廷和贵族的领地不到15万石。

早年，很多天皇退位得比较早，因此朝廷所取得的收入常常还要供养隐退的天皇及其专属机构。此外，旁系的家族也需要给养。在男性过多的情况下，为了维持其生计，一个常规的做法是将他们安置到16家与朝廷有关系的寺院（门迹）里当住持或僧人。皇室的女儿一般会嫁给那些位高权重的封建领主，留下来则可以出家为尼。天皇事务都交由幕府在京都的代表——京都所司代——来负责；天皇的所有出行计划，哪怕是前往位于京都住处附近的皇家园林，都要取得所司代的准许。这个重要的职位最初授给了家康最信赖的家臣之一板仓氏。而朝廷保留了早年的行政架构。和幕府代表的沟通工作则交给一位贵族来负责，其职衔为"武家传奏"。这样一来，两个"执政机关"在和彼此保持距离的同时，对一切事务都几乎心中有数。所有朝廷官职的任命，上至丰臣秀吉自居的太阁一位，都要经过幕府代表的确认。但如果就此认为，朝廷会因为受制于江户的武家而充满了愤懑、沮丧，那很可能就错了。在京都这样一个环境里，官职、家族、职能都已经退化了好几百年，过往因先例而积累下来的约束已经数不胜数，武家的组织化控制不过是在这上面又加了一副镣铐而已。

皇室成员在受过相应的训练后，都养成了温顺、保守的性格，在这样一套法则之下，一旦有人不安分，就会被要求以退位的方式，提前卸下自己所肩负的职责。但即使真出现这样的人，也要经过仔细的准备、协商工作，还要得到江户方面的批准。

宫廷生活是围绕着180多种典礼仪式来展开的，从诗歌节到向神、佛两道神祇祈福的仪式，这些典礼的日程都有精确的计算。在对先例有了彻底的研究后，家康精心准备了数道法令，向朝廷、贵族发布，命令他们要专心于文化事业。在先例和严谨程度上，朝廷成了包括诗歌、花道、香道在内的整个日本文化的最大权威，并一直保持如此。

天皇虽然在政治上没有丝毫权力，但总归象征着传统和合法性；赫歇尔·威伯（Herschel Webb）形容说，有这么一群人，他们集体的权力远远大过他们单个人的权力，而天皇就是这群人的核心。[4] 幕府和朝廷都尊重彼此。17世纪末的时候，由于幕府的慷慨、好意，当时已经衰落的典礼仪式获得了资助，得以重新举办。登基仪式即大尝祭，恢复其往昔的尊显地位。中古以来就已停办的庆典也重新

第四章　身份群体

出现在了朝廷的日程表上。随着学问逐渐昌盛，古代的习俗和经典获得了应有的重视，尤其是在将军纲吉在任期间，幕府费尽心思去确认前代天皇的陵墓并进行祭拜；78座陵墓里，有66座就以这种方式被调查和维护。

反过来，朝廷赋予的荣衔对幕府来说也很重要。每一代将军都由天皇来指定。位于日光的家康之墓要升格为重要神社，必须得到朝廷的准允。每一代将军都要兼任两院别当（淳和院和奖学院的院长）、右近卫大将；还被提名为武家之首（武家栋梁），在不具实际功能的朝廷官僚体系中出任右大臣一职。

朝廷能够授予武家一定的官位，这是每个大名孜孜以求之物，幕府对此小心地加以操纵和监控。有一套精密的计算方法被制定出来，用于考核九位制中特殊官位（四位以上）的任职资格。九位制是几个世纪以前日本从中国借鉴过来的制度。大名在将军的江户城里进行会见时，其位阶大小便是他们座次先后的凭据。在分配这些官位的时候，德川的旁系家族自然要比其他大名更受优待。[5]

幕府官员也可以获得与其地位相对应的朝廷官位。这些头衔让大家仿佛回到了公家统治的时代，其中常常包括诸如某某地区之领主、长官、将军这样的官号。无论这个头衔与官员的职务或实际地点有多么风马牛不相及，被授予的人都会在此后的日子里使用它，别人也会这么称呼他。

朝廷还要制定年号，日历年的年份通过年号来计算和命名。年份的名号（如1688年至1704年的"元禄"）由学者、天文官一起从中国典籍中挑选一组两个字的吉词。年号制定出来后，使用的时间从来没有超过20年，经常只有短短四五年。年号被认为对运势、成败有重要的影响，朝廷常常要跟幕府一起对此进行大量的协商。

尽管朝廷丧失了政治势力，但对于整个日本社会而言，它仍然是合法性和荣誉的来源，其地位越来越重要。幕府极力斩断朝廷与武家的关联，想办法将朝廷在百姓、神社中的威望控制在合理的范围内，但能肯定的是，朝廷仍然受人敬畏，如同萨满一样。朝廷官位并不只授予武家的精英阶层。不那么显著的官位（例如"某国史生"）也会被用来表彰那些出色的工匠或者受朝廷关注的艺人。一旦有人获得这样的荣誉，其家族往往会沿袭这个头衔。1707年幕府试图规范这套制度，下令这些官位必须要登记入簿且此后只能授予一代人，经过调查，单是江户这个城市就有521个官位。[6]朝廷凭借自身与日神、伊势神宫之间的特殊关系，还可以向全国各地的神社授予神阶。

武家出身的官员有时候会把朝廷贵族蔑称为"长袖"，暗示他们在现实世界中不切实际、经验贫乏，而且善妒、气量小，他们的确常常这样。但由于身份、名望的关系，他们的女儿是理想的婚姻伴侣。在这方面，幕府也有规定，《武家诸法度》就警告说不得私订婚约。但随着时间的推移，重要的大名家族都和重要的贵族家庭建立了联姻之谊。例如，萨摩藩的岛津氏九常常和近卫家进行婚配，土佐藩的山内氏和三条家也是，其他例子还有很多。即便在最高等级的层面上，这种情况也同样存在。第二代将军秀忠将自己的一个孙女嫁给了天皇，和朝廷联姻，自此以后，每一代将军都遵循类似的做法，他们的正室、侧室皆来自天皇家或公卿家。德川的旁系家族也一样。结果，到了德川时代晚期，如若林正（Bob T. Wakabayashi）指出的那样，日本顶级阶层的成员间产生了一种真挚的骨肉之情。[7]19世纪60年代，皇室的一位公主嫁给江户的将军，却引起了巨大的争议，这跟明治维新有关系，我们将在后面说明。

"朝廷"这个称呼常常指代京都贵族和皇室，至于公家，它单独构成一个社会集团，不接受外界的进入。京都有137家贵族。这些家族也是按照严格的等级制度来编排的。公家起源于一个贵族的家族集团，从藤原镰足（614—669）时代开始登上历史舞台。藤原镰足主持了公元645年的大化改新，以天皇为中心建立起一整套官僚制度，将天皇置身于如同中国皇帝一样的地位。继藤原镰足之后发展出一个庞大的氏族，拥有数不胜数的分支，这些家族主宰着朝廷和国家事务，直到11世纪武家掌权以后才有所改变。

京都贵族以五大家族为首，称为五摄家，是藤原氏的嫡系。近卫家便是其中数一数二的大家族。每一个摄关家都领有1500到2000石不等的俸禄。朝廷官僚集团最主要的官位人选都来自这五家，包括关白一职。在他们之下有九个家族（清华家），他们的俸禄为300到700石。公家的宅邸（常常朴实无华）簇拥在天皇的京都御所附近。很多家族为了帮补微薄的收入，接掌香道、花道、茶道、诗歌、音乐、传统舞蹈等家业。他们在各自的技艺中将家元体现到淋漓尽致的程度，所谓家元，指的是技艺的秘密传统和传习模式，具有等级差别、世代相传的特征，以某个家族为中心，遵循既定的正统之道。

在这样一个被纯净化了的京都贵族社会里，生活是做作的、枯燥的。虽然男女私相结合的事情经常发生，使得新鲜血液不断注入其中，但嫡系必然还是在极小范围内近亲繁殖的。德川幕府统治之下，数百年来海内升平，打仗的本事越来越不重要，人们越发需要一个更文明的社会，对这样一个社会的兴趣也越来越浓厚。京都朝廷随之更加受人尊敬，声望日渐增长。18世纪，古物研究的潮流进一步推动了思想的变革，人们对天皇的热情重新被点燃，天皇被视为一切真正"日本的"事物的核心所在。长久以来，皇家的体制和传统都是文化民族主义的中心，到了这时，这种体制和传统随时会转化成一种新的政治民族主义的中心。

第二节　统治日本的武士阶层

　　武士这个社会阶层为德川时代打下了独特的印记。武士属于理想的道德模范，理论上要全心全意为他人服务，对自身的安危和利益毫不在乎。当武士面临刑事诉讼的时候，他们是被单独立案、走另外一套程序的。他们的一切事情与平民文化分隔开来。他们腰带间插有一长一短的两把剑，没有附属物或支架；为了平衡剑的重量，武士要两脚跨开，并做出一个髋部向前的特别姿势。他们头顶上有一个特别的发髻。武士身穿独特的硬肩短上衣（肩衣），下身穿的长裤（袴）就像裂开的裙子一样。他们昂首阔步的英姿，加上佩剑，与普通人迥然有别。根据一项可能是"家康遗法"的法令，如果平民由于愚昧而做出什么无礼行为的话，武士可以挥剑斩杀（"切舍御免"，斩杀许可证）。对于武士的名门望族而言，祖先的一套甲胄足以让他们引以为傲，但随着岁月流逝，他们越来越需要相关手册来指导如何正确穿戴上这些甲胄。

　　这些身份所带来的好处，在一定程度上是对某些舍命行为的补偿。武士要做好视死如归的准备，一旦主公有令，随时以切腹（或者更通俗的说法"腹切り"）这种极为痛苦的方式献出自己的生命，以捍卫自己的名誉。这个规矩一直延续到19世纪60年代，19世纪的基督教牧师海老名弹正在其回忆录里就有生动的记载：

　　　　在我十三岁的时候，英式的操练方法被引进。只有十五岁的人才能受训，我本应不在里面，但我极力争取，最终成功进入受训队伍。一天，正当枪火最猛的时候，我不知怎么在没有移走装填棒的情况下，拉动了自己火枪的撞针。火枪发射时，装填棒被弹飞，伤了一位官员。我不知所措，在傍晚时分偷偷地溜回了家。我在路上碰见父亲。他正视着我，说："你做了糟

第四章　身份群体

糕的事。你必须要自杀了！不过先等一等，等到我回家后你再这样做。对于自己必须做的事，你要认了。"我接受了这一事实后，便开始等待，检验着自己的武士决心有多诚恳。大约午夜时分，父亲回到家中，而我还在等着，但他大声喊道："事情还没坏到需要你自杀的地步。"[8]

17世纪初有一本讲述武士品德的入门读本，名为《叶隐》，作者是土佐藩的武士山本常朝，这本书经常被引为武士道的经典著作。在日本极端民族主义沸腾的战前年代，《叶隐》一书再次流行，即便是"二战"以后，由于三岛由纪夫的文章，以及他在1970年切腹自杀一举，这本书一度还很受欢迎。这本奇书至少有三个方面值得我们去讨论。第一点，它坚持武士要完全服从自己的主君，这种信念之深堪比宗教信仰。第二点，它提倡一种宿命论般的忍受、顺从甚至舍弃自己的生命，要求武士时刻准备赴死。第三点，也是更加令人意外的一点是，它预感随后出现的官僚主义世界将满是猜疑和诽谤，警告读者不可向他人吐露秘密。根据这本书的建议，一个真正的武士应当闭上自己的嘴，全神贯注于自己的事情。它强调要保持恰当的行为举止，但在江户武士那多姿多彩的世界里，这种坚持反而让人无所适从。作者自己就哀叹道，他所颂扬的这些品行正逐渐消逝于和平的岁月里。

我发现，武士道已经奄奄一息了。
面对生死抉择的时候，一种做法是毫不犹豫地选择死亡。这并不是什么特别困难的事；只需下定决心，然后去做便是了。
但某些人说"没有实现自己的抱负便死去，死得没有价值"，这样一种精打细算的想法来源于自高自大、充满市民气的武士道。一个人不得不在两者间进行选择时，他很难确定自己选择的是正义的一方。当然，每个人都是好生恶死的；他往往设法用道理来说服自己要活着。但是，倘若他没有达到正义的目的却仍然活着，他就是个懦夫。这是需要思考的一个关键点。

反之，只要一个人选择了死亡，即便他没有实现自己的正义目的就死了，他的死也没有一丝一毫的耻辱可言，尽管别人可能会视之为徒劳或愚蠢之举。这正是武士道的本质所在。如果一个人日夜都做好了赴死的准备，随时视死如归，武士道便会内化为他自身的一部分，借此，他将能够侍奉主君一辈子而不会犯下任何愚蠢的错误。[9]

到了德川年间，经过充分的论述，武士道明确被视为一种道德准则。武士出身的道学家必须解释的一个问题是，国人当中为何独独他们这些人不事生产。山鹿素行（1622—1685）问道："为什么武士不应从事任何［生产性的］职业？"他的答案是："武士的职责要求他省思自身，有主君的话则要尽忠主君，和朋友交往时要重情重义，并在对自身经过一番慎思之后，全身心投入到实践上述职责中去……武士不需从事农、工、商的事务，只要专心实践武士道；假如农、工、商这三类平民中有违反人伦者，武士立即予以惩罚，从而为天下树立正确的人伦之道。"[10] 换言之，武士是唯一一类不需要"工作"，因而能不受束缚、专注于道德并在社会中付诸实践的人。这就导致了一种严苛的道德标准，当然，这个标准并不是所有武士都能做到的。

日本从中国经典中吸收了这样一个观念，在一个井然有序的社会里，阶级是按照其劳动性质来划分、排列的。首先是士大夫，然后是农民，农民通过种植五谷来供养社会。接下来是工匠，和士、农这两类人一样，他们制造有用的东西，地位都比商人要高。商人不仅不事生产，而且由于从事商品交易的关系，反而会助长追求物

第四章　身份群体

质享受、自私自利之风。

在日本，居于社会首位的"士大夫"如今成了"武大夫"，"侍う"（saburau，表"服侍"）这个词语也逐渐转变成"侍"（samurai，即武士）。[11]但是，武士这个等级从来不具有充分的法律依据，在某种程度上，它仍然是人为的、含糊的。不过，这样一种按照术业来划分等级秩序的思想，在社会组织的过程中成了公认的规范。[12]通过各种各样的媒介——尤其是戏剧——这种思想为全社会所接受。纵观整个德川时代，大众文化都在进一步巩固和传播了这些想法，这一点下文将会谈到。

16世纪80至90年代，在丰臣秀吉的一系列决策之下，武士从农民中分离出来，形成一个封闭的社会阶级。历史学家认为，秀吉是依靠某种社会流动性才取得高位，他之所以颁布那些法令，为的正是中断这种流动性。农村一带被解除武装，只有武士才拥有动武的权利，维护和平成为他们唯一的要务。武家的领主收到警告，不许收留那些可能会破坏社会稳定的外地武士[13]，武士被集中到主君所驻扎的府城里。其间，武士的家族可能会分裂。土佐藩的第一代藩主山内一丰原是尾张一位显贵*的弟弟，这位显贵虽然放弃了武士的身份，但仍被视为家族的家主，一直待在自己的领地之内，而山内一丰则投奔了丰臣秀吉，成为土佐山内氏的第一代家主。

大名军队内部必然设有一系列衔级，从将军到列兵不等，而每一位主君都对自己家臣的职务了如指掌。从我们自身的历史来看，哪怕步兵的数量要多得多，那些等级更高的人仍是最受关注的。我们可以对某个藩如土佐藩进行考察，这有助于我们了解这些重要的家臣是怎样分等级、怎样受赏的。如日本其他地方一样，土佐藩的武士被划分为高级和普通两级，分布如下：

---

* 山内十郎。

11名家老，领有石高为1500～11000石的土地。家老在各大军事部队中担任首领，经常和大名的家族进行联姻。实际上，家老在土佐藩的地位类似于谱代大名在德川幕府的地位。

11名中老，领有石高为45～1500石的土地。最重要的职责实际上都由中老来执行。

土佐藩的普通武士包括：

800名马廻，即骑卫兵，领100～700石，相当于校级军官，是公职人员的一大组成部分。

小姓，领70～250石，数量不定，多数担任地方治安官。

留守居，数量不定，领50～200石，担任次要的职务。

还有远比上述级别更低的：

足轻，即步兵，在工程建设和林木采伐中充当劳工队和工头。

上述石高只是估算的数值，并不是武士的全部收入，前者平均只有后者总额的一半。武士的官职一般会带来额外的收入。

讨论"武士"的时候，人们常常把焦点放在中高级武士上，这两个级别的武士有资格拥有自己的屋敷，有甲胄、佩剑、马和随从，还具备担任公职的资格。领地的声望和收入都归他们所有，可算作是他们的一部分"财产"。而那些身处等级队列底端的人，只能频频在卑微的官位、繁重的职责中周旋。

那么，究竟有多少日本人可以被当作武士？19世纪的时候，全国第一次对这个问题进行仔细的调研，当时的明治政府想知道，如果给过去的武士发放津贴的话，政府要承受多大的负担。经过调

第四章　身份群体

查，武士数量为408,823户，把从属人员也计算在内的话，总人数高达1,892,449人。[14]这个数字占了日本总人口的5%或6%，这些人构成了一个数量庞大的特权阶层。以大革命前的法国为例，其神职人员和贵族只占人口的0.5%~0.6%。而且，法国的贵族依靠自己的领地来维持生计，而日本的军队都由大名来支付俸禄，其中就包括大批大批的低级士兵和步兵。[15]

江户时代，"高级"和"低级"之间有着各种各样数不清的等级变体。仙台藩有34级，山口藩有59级，即便是九州的中津藩这样一个区区小藩，根据明治时期教育家福泽谕吉的回忆录记载，就有100级之多。福泽谕吉提到，有的人能够成功跨过门槛，从"低级"晋升"高级"，但他说，做到的人在过去的250年里，很可能不超过四五个。在中津藩，等级低的人要拜倒在等级高的人面前；即使两者只是在路上偶然碰见，等级低的人也要卑微地脱掉鞋袜、拜倒在地。福泽谕吉写道，"低级武士对文学及其他高等学问一窍不通，其举止、仪态自然也就像地位低下的工匠那样"，而等级高的人"其风貌……自然是优雅高贵的……可以视之为最有教养和最文雅的绅士"。[16]武士阶层内部这样的等级门槛，在日本各地都有。而在低下阶层里，等级的变动则要频繁得多，进进出出间没有什么必要的先决条件。约翰·霍尔在对冈山藩进行分析后推断，通过收养、招募方式，冈山藩的人员流动频繁得令人吃惊，而且等级越低的职位，新进来的人员就越多。徒士这种低级职衔，冈山藩一共有527名，其中有354名是1632年以后才进去的。[17]

武士以战士身份登上德川时代的舞台，但经历了几代人以后，他们却被派去承担民政事务。随着这一趋势的发展，和平时代的技艺、教育水平的要求变得越来越重要。有些地方以学问著称，并因为有大名资助其学术发展而名声在外，这样一来，有才干的人在这些地方可能会更有用武之地。德川家的水户藩从17世纪开始便以历史研究为傲。藤田幽谷（1774—1826）的父亲是一位做旧衣买卖的商人，当时某位藩主*求才若渴，围绕在他身边的都是博学的参谋，在藩主的资助下，藤田幽谷和儿子东湖给政治和思想方面带来了重大的影响。[18] 然而，普通民众几乎没有机会可以进入武士这个庞大的阶层，能够得到赏识的更是少之又少。

身处太平之世，士兵难以展现自己的素质以晋身上位。如果是在战争时期，他们可以凭借英勇、反应快这些品质得到奖赏。岛原之乱过后，在日本武士心目中，与一群群手无寸铁、心怀不满的平民百姓交战，是他们最大的梦魇。到了最后，武士这个阶层就像占领区的军队那样，世世代代都保持原状。在和平时期，军营生活里的身份区别、等级门槛都是赤裸裸的。武士和平民的比例，以及由此可见的军事化程度，在每个地方都不一样。和德川家家臣在幕府早年获封的藩相比，像萨摩藩这样的创立久远、地处边境的藩，其武士数量要多得多。但是，无论在哪个地方，武士阶层内部不同等级、身份之间都有精准的层级区别。

总的来说，最能区分"高级"和"低级"武士的标准是他是否持有某一带土地、村落、郡的管辖权。这类分封常见于外样大名的藩，太平洋沿岸要地那些以谱代大名为主的藩反倒少见。随着行政管理日益理性化，大多数藩逐渐以俸禄来代替封地。大部分武士，包括所有的低级武士，从藩的仓库中领取一包包米，作为自己的收入。这样一来，这些人就不得不受米商摆布，因为他们得从米商那里换钱，然后用钱来获取自己无法生产的货物；他们所居的城下町越大，他们需要购买的东西就越多。

很难想象，当一个人的收入是由17世纪初先祖获得的奖赏来决定时，他的生活该受到多大的局限。山村耕造对整个德川时期

---

* 德川齐昭。

4956名旗本的人事档案进行研究，结果表明，这些"高级"武士的待遇基本不会有改善的可能。[19]旗本居于幕府军事与行政架构的枢纽位置。他们大部分在早年时从关东平原上领了一小块封地，但这些的领地很小很小，以至于一个村庄可能会被切割成两份甚至三份，分别置于不同的行政和税收体系之下。

纵观整个德川时代，这些旗本中有55%仍处于家族始祖获封的级别。只有4%在身份和收入上有所提升。一半多（53%）担任过官职，其中有41%是继承父位。464人因为酗酒、恶行、欠下巨额债务这些不检点的个人行为而受到贬谪的处分。其中有23人被流放，5人被处决，8人获准切腹谢罪。大概由于没有子嗣的原因，有40支家族血脉消亡，不过有1124个事例显示，家主获准收养别的孩子来做自己的继承人。除去以上种种，大多数的旗本收入稳定，但随着他们身边的平民过上越来越富足的生活，他们的收入实际上是在下降，心里的天平也必然失衡。正如山村总结的那样，"按照统治阶级的任何标准来看"，他们那"形式般的收入就足以将他们划到贫困线以下"。

每一代人的最大愿望，便是在有生之年被派到一个至少让人觉得有用处的职位上，能从官职中获得额外的报酬或贪污的机会，改善自己的生活条件。许多日记提到，如果没有先例表明某个人的祖先担任过某个官职，那他就很难争取到这个职位。尾张一位武士的日记就展示了他疯狂而沮丧的求职之路，他在遭到严重打击之后，甚至当众冲向大名的队伍，试图向大名表达自己的痛苦诉求，可最后徒劳无功。[20]大体而言，随着德川幕府的统治逐渐发展，等级制度的僵化越来越严重。19世纪初一位名叫胜小吉的旗本就郁闷地写道："每天早上，我穿上肩衣、袴，四处拜访当时的权势。我前往组头大久保上野介［"上野介"是一种具有荣誉性质的朝廷官衔］位于赤坂喰违外的家中，恳求他举荐我去担任个一官半职。我甚至把自己做过的不端行为列出来，上交给他，末了还请求他考虑一下我，毕竟我已经悔过……但我还是没有获得官职，一次都没有。"[21]因此我们毫不意外地发现，很多人会通过反社会的举动来发泄空虚人生所带来的沮丧感（当然也包括胜小吉，他的日记就展示了这一点）。以胜小吉为例，他变得脾气古怪，很久也改不过来，收养他的家庭自觉已经没办法改变他，担心他可能会做出一些令家族蒙羞的行为，于是为他准备了一个木笼，安放在自家宅邸之内。

将这么庞大的武士阶层维持在不事生产的闲散状态，本质上，这就是不鼓励发展。从更高层面来看，这种做法避免了权力过多地积聚在某个人手上；而从低层面来看，这种做法把事务分散开来，保持一种相互依赖的状态。在幕府官僚机构的顶层，绝大部分官位有多人在任，他们按照月番制每月轮值一次。而在机构的中下层，为了符合身份、阶层的期望，家臣被滥用作私人的奴仆。德川时代的版画里，从来没有出现过一个武士是自己拿着东西的，哪怕是他自己的伞；这种活都由身份比他低的人来干。对于一个决心以最低成本来维持和平时期的常备军力的政权来说，这些身份卑微的人自然是它考虑的对象，因此幕府和藩的法律规定，下级服侍上级属于正当行为。不管是奖赏还是职位的报酬，俸禄的升涨常常以"二人（或更多）扶持"的形式来表示。1712年，幕府用石高作为基准，规定大名的江户藩邸里至少应该有多少个侍从。旗本同样被命令保持一定数量的家臣。理论上，这种做法本意是为了满足可能的军役需求，但由于国家承平，这类侍从、家臣所发挥的作用，绝大多数跟家庭用人差不多。[22]

在安定的社会秩序之下，人们乐于在表面上维持和身份相配的样子。家臣不该欠下放贷商人的债，但也不应为了充实荷包而过于吝啬。他的安危取决于其上级的仁慈。幕府下令，所有家臣都要"反省自己，厉行节约，这样才不会做出什么铺张浪费的事"。不过，

第四章 身份群体

1710年的《武家诸法度》指出，"衣着、住宅、宴席、送礼方面，有的铺张浪费，而有的则过于节俭。是铺张还是节俭，要根据礼节规矩来定"。据记载，家康自己就曾警告说："有的人误解了什么是节俭，他们觉得自己节约，甚至会节约到不去做那些他们应该做的事情，倘若他们因此没能尽到自身的责任，那他们就犯下大错了。"[23]

对于等级低的人来说，在两者间保持平衡并不是一件容易的事。到18世纪，许多武士开始发现，他们可以雇用平民来保持门面乃至在正式的会见中充当搬运工、侍从，这样做更省钱。结果，在"武士"阶级的底层，非武士身份的人逐渐充斥其间，两者没有清楚划一的区别。在江户的行政管理机构中，町奉行下面有与力（或寄骑）来辅佐自己，与力下面则有数量更多的同心作为帮手。同心的佩剑只有一把，也没有正式的袴可穿。同心也有助手，但这些助手并不都是武士。越来越多同心被雇来执行关卡、桥梁的日常警卫工作，对于这种趋势，有作者担心军事准备、武士纪律会出现问题，频频表示抗议。

在很多大规模的城下町里，尤其是江户，商业化、物质主义风行，昔日人们时常援引某些武士道学家的道德规范，而到了这时，这些严苛的准则已经被磨蚀了不少。在小一点的城下町和贫困地区，武士靠俸禄赖以为生，经常在生存线上挣扎。若是当地藩主作风严厉、决心要"改革"本地经济来重建军事准备的时候，情况更是雪上加霜。在这样的环境下，负担实际上都落到了武士的妻子身上，她们不得不对微薄的收入进行分配，应付各方面的基本需求。她可以依据自己的能力，尽可能承担衣服的针织、缝纫和清洗工作。孩子们的教育也落到她们的肩上。妻子的第一要务是为夫家延续香火，若是不孕不育的话，很可能会被遭送回娘家。

随着时间的推移，经济状况必然不断恶化。山川菊荣出生于亲藩水户藩的一个"高级"武士家庭，她回忆起19世纪的童年往事时，向我们展示的竟是这样一个贫苦艰辛的上流社会。当她还是孩子的时候，某位藩主（德川齐昭，1800—1860）开始着手进行极为严酷的"改革"，这位藩主眼看危机随着西方势力的到来而日益迫近，决心让自己的藩做好应付的准备。菊荣写道，水户藩武士大约有1000名，其中有700名的禄高不到100石。而他们实际收到的还不及这个数字的一半，因此，水户藩允许处于这个收入水平及以下的武士赚一些外快，通常的做法是让这些人的妻子兼职做些织布活。有些武士为了赚些零头，也可能会去造伞或编篮子，但实际的担子还是落在妇女身上。级别最高的家臣世袭城代一职，领有5000石的收入，其手下有多达30位的家臣。然而，大部分武士能节约的就节约，保留的家臣越来越少，然后雇用农民的次子、三子来兼任。菊荣长成少女后，水户藩的改革计划已经进行到十分严苛的地步，甚至有规定禁止武士家的女孩修习音乐、茶道、花道这些传统技艺。她们去学校上学（学生按照各自父亲的收入，分成不同的班群），学习基本的日文读写知识，而当她们掌握了这项技能后，就会把接下来的时间放在家政和织布上。禁奢令规定不许穿丝绸做的衣服，于是水户藩开发了多片棉田；这让武士家的妇女在纺车前忙个不停。家里的衣服经常被翻转再缝，补了又用。就连身体和头发方面的护理也变得节俭起来；职业的理发师有是有，但不允许为武士的妻子理发。"一般来说，妇女最多一年洗两次头，分别在仲夏和年末，男人们也一样，洗头的次数少之又少。德川时期初年，水户的生活十分简朴，直到17世纪90年代的时候，就连藩主自己似乎也不用发油。"[24] 山川家里从来不用坐垫（座布团），即使是在吃饭和"宴请"（用现有的粗食）的时候也这样；家里唯一一个坐垫是为家主的桌子准备的。当小孩子不愿意吃东西的时候，人们就会教育他，提醒他说，一个武士无法预料何时就有命令让他去作战，何时他就要用上自己的全部力量。

第四章 身份群体

换言之，当战争的硝烟在日本大地上消失了200年后，17世纪的那套军人道德、军事语言又重新被人提起，为的是让年轻的家臣做好对付危机的准备。人们满怀同情地提起过往的英雄事迹并加以改编，以便适应如今平凡单调的日子。菊荣有一个亲戚，他家的收入从500石慢慢下降为200石，其祖先曾担任过前卫部队的队长，而这个亲戚如今被派去负责消防的工作。每当火灾发生，他便穿上他那件带有火花防护功能的特殊短外套，把自己的小组共20名步兵集合起来，向着"敌人"进发。出队期间，家里的其他人也没闲下来，忙着热清酒、准备食物，以便犒劳归来的救火员。据菊荣记载，到了19世纪的时候，水户藩家臣的家族，比如她自己家，都有一种灰暗阴郁、无人打理、遭人废弃的氛围。武士家庭再也负担不起维持门面的费用。宽敞的场地上长满了野草，灯芯草铺成的地席（榻榻米）空荡荡的，上面粘有污渍，破旧不堪。到她那时，藩中"高级"武士的生活明显远远达不到一个"统治阶级"所应有的水平。江户那些忙碌的幕府官员试图用禁奢令来抑制过度消费，令外表和身份保持一致，把禁奢令和上述德川时代中晚期的种种事实放到一起，反差尤为强烈。[111]

第三节 农村生活

在传统的四民之分里，农民排在第二位，位于武士之后。有了农民生产的粮食，其他事情才有可能。德川年间，大约85%的日本人是农夫，他们生产力有多高，过得幸不幸福，有没有什么不满，都折射了政府的成功和不足之处。

在日本，气候、地貌、传统习俗因地而异，但由于人们对身份的关注，其中的一些差异变得不那么突出。德川时期的日本大约有

6.3万座村落。某种程度上说，德川时代的村落是战国时期大规模检地的产物，检地由当时的统一者执行，丰臣秀吉便是其中尤其突出的一位。这种稳定的村落状态是从何时开始的，日本各地都不一样[25]，但大部分解释都认为秀吉的检地是一个关键的节点。检地打破了中世时期治权私有化的大土地（庄园）制度，或者说，制度打破后的局面通过检地而最终确定了下来。16世纪晚期的检地终结了权力重叠的状态。半农半武的现象被禁止，代之以全职的武士或农民。随着检地一起推行的，还有一套大体上标准的全国土地测量法。检地是以村落而非个体农民为对象，但每一个村落的农田及其耕作者都要确定下来。那些被登记在簿的耕作者理论上要为村落的年贡（农产品税）负责。检地的范围包括住宅地、高山地及水稻田，所有的估量都是按照米的石数来计算的。

在前现代时期，村落生活犹如一项社区事业。人们需要合力平整土地，用作稻田，由于稻田可能会被水淹没，他们还要一起疏通渠道，作物生长季期间分配好渠道的使用。同时，稻米种植也是一种集体劳动。位置得天独厚的农田被用作苗床，全村协作一起种植幼苗，这部分工作完成后，村里会举办庆典以示庆祝，并恳求神社保佑收成顺利。给新建筑加盖屋顶、修补老建筑，这些事都需要集体合作。人们从公有地或高地拿堆肥的时候，也有相应的协作措施来加以监督。

因此，农户几乎不可能过着与世隔绝的生活。人们若是做出脱离本村规范的异常行为，便会遭到村民的排斥（村八分）以示惩罚，对个体而言，被人排斥会导致十分严重的问题，因此受罚的人经常会上交一份请愿书，恳求重新获得村里的支持。对于整个农村社会来说，被驱逐出集体活动是一种强有力的制裁手段。在大多数地方，年轻的男性会组成若者组（即青年协会，而在某些地方，年轻的女性会组成娘组），若者组通过绝交的方式来规范组员的行为。想要重新入组的人常常要保证自己已痛改前非，例如下面的当事人，他要为自己婚礼后醉酒闹事而道歉：

道歉书

我的两个弟弟和我，最初就不守规矩，过去做了很多过分的事，大家都看在眼里。在今年虎年二月二十六日这天，在我的婚礼上，当浅吉前来观看、发生些许骚乱的时候，我们兄弟三人追他追到田里去，用农具打他。不仅如此，我们还把他拖进屋，中伤他，说他坏话，把他痛打了一顿。因此，若者组驱逐了我们；我们被指责为恶人，这深深地触动了我们。由于被赶出了若者组，我们找不到人来商量，最后我们请了一位调停者去恳求你们与我们和解。因为这种种，对于你们来说，集体协商很困难，但感谢大家的仁慈，事情在友善的气氛下解决了，我们不胜感激。

经决定，我们将永不担任若者组的任何职位。在酒席上，我们绝不会居于上座，待遇同初级组员。无论什么时候，我们都会接受建议而不反驳，我们承诺将安分守己，改正自己的行为。万一我们的心有所改变，未能履行这些诺言，你们可以随意施加任何惩罚。如今我们已经改过并呈送了这份道歉书，心中没有丝毫的敌意或怨恨。安养寺村，栗太郡，近江国，1866年。[26]

村落不只是生产米。山地上的旱田被用来种植粗粮、红薯、黄豆和麻。当地条件允许的话，村民还能种植一些少见的作物，如棉花、蓝草、甘蔗，利用沿海一带的海床来制盐。随着时间的推移和城市市场的发展，烟草（和土豆一样，在16世纪引进日本）这样的"奢侈"作物也成了村民的种植对象之一。起初，藩政府希望村民能专心种植粮食作物，然而，烟草这类作物的生产潜藏着巨大的商机，对当时正在壮大的商人群体来说十分有吸引力。到了18世纪，藩里的商人常常带头主张生产而非（从别的藩）引进这类商品有种种好处，想办法让掌管本藩财务的武士长官不再对这类作物的生产那么反感，乃至不反感。[27]

德川时代初期，在村落的社会结构中处于核心位置的，是那些在早年检地中经过确认的有地农民。这些农民被称为本百姓，"本"表"最重要的"之义，和"百姓"（普通农民）相区别。很多本百姓来自战国初年半武士化的特权阶层；这些人可能拥有林地的专营权，负责主导本地的水利工程、维护大型建筑物。村民从来就不是一个没有差别的群体。据账簿显示，村民占地大小不一，差距十分惊人，用托马斯·史密斯的话来说，有的村民只有园地，而有的则拥有一百多石的土地。[28]家产丰厚的人，自然拥有优良的教育条件，也更受官员的青睐，这些人常常寻找门当户对的家庭结成姻亲。村里只有本百姓才拥有完整的"村民权"（株），村集体要上交租税给当地领主，本百姓身为村落领导阶层*，有权决定每个人要承担多少份额。只有本百姓才可以加入全村事务的最高决策机构"村寄合"。后来，这些人的耕地被称为"本田"，即在早年检地中被登记下来的原（"本"）稻田。

村役人可能是世袭的，可能由武家官员来任命或者从重要的村户中选出。他们职位的名称因地而异，但工作内容是一样的；充当村里百姓和武家地方官的中间人，这些地方官以距离最近的镇为办公地点。村长†肩负的责任很重，毕竟他是村落和当地"政府"的中介。无论哪一方出错，他都要负责。德川时代初年，村长人选没几个，

---

* 村役人。
† 名主。

如果任务太重的话他可以向官方抗议。但随着日子承平,人们日益富庶,情况逐渐发生变化。到了德川时代中后期,村民们坚持要在村役人选举及自身事务上获得更大的发言权。[29]

本百姓之下的是那些没有土地的人,这些人很多是佃农,但更多人选择在社会领袖的组织里效劳。日本农村的租佃制并非和资本主义一起发展起来,它起源于前现代时期的不平等。在日本,囿于大多数农村地区的自然特征,人们占有的都是一小块一小块的稻田和耕地,散布在山谷间的各个地方,无法相连成片,对于大部分农户来说,这样的布局反而更好,有助于抵御气候、虫害和干旱的影响。即使地势适宜,田地不必这样七零八落,但传统还是鼓励这种布局。很多地方的冲积平原每隔一段时间就会被重新分配,其过程令人想起早年法令所规定的分配制度。不过,由于田地分在不同的地方,人们需要经常乃至不停地在田地之间来来回回。如果田地面积比较大的话,倒不如把田地转租给别人(那些早年在检地账中不在有地农民之列的人),让他们来承包农活,这样效率更高,也更有利可图。不过,佃户基本不能享受地主的公共权利,但也不用替后者承担什么公共职责,他们在经济上极度依赖于他人。佃户的田地常常只有很小一块,基本不可能有积蓄,他居住的房子、使用的工具很可能都不是他自己的。他的言行举止、事事遵从体现了一种家长式的作风,这种作风是他生活的命脉,概言之,他的身份属于"水吞"农民。地主如同他的"亲方"(父母),而他是地主的"子方"(孩子)。[30]

农村家庭按照五户一组(五人组)的方式组织起来,置于邻保制度之下。一旦有成员做出不当行为,整个组都要受罚,假如某个家庭没有完成税额,那这一部分就得分摊到组内的其他家庭身上。农村生活的基本单位是家庭或住户,而不是个人。17世纪的时候,法令严厉禁止迁入或迁出村落,村里每一个人都清楚而心照不宣地了解村户间的地位高低、他们在这个位置上的历史及经历、他们的资源。[31]

我们之所以能够了解日本农村地区的状况和福祉，极大地归功于过去50年的历史研究。"二战"以前，绝大多数历史学家只关注日本武士统治阶层的历史。从这样的角度出发，人们通过城下町下发的那些劝谕和威吓性质的法令来观察农村地区。发生在农村地区的镇压、屠杀等种种可怕故事，让人以为近世时期的农民遭受了严重的压迫，创造了一群大体没有差别和个性、为了劳作而驼背弯腰的农民形象。根据官方文书，我们基本可以确定，官方带着什么样的眼光来看待农民；有句话这样说：要像榨籽那样压榨农民，从他们身上榨取出尽可能多的油水。还有一句这样说：要让农民去干活，这样他们就不会活（消费）也不会死（从而不再生产）。大部分的法令——尤其是17世纪的——可以证明这些说法。1612年土佐藩的一份文书表明，官方担心农民会潜逃，它提醒道，"关键是要防止［农民］离开本国"；窝藏逃亡者"很可能会被判死刑，但如果我们太过严厉的话，只会导致他们直接跑到邻国"。然后，文书再次指出，"逃到别国是一项严重的罪名。途中协助的人要承担同样的罪名。耳、鼻都要割掉"。不过，"如果逃亡者只藏身在本地范围内，那他的罪名就没那么严重。逃到别国的行为是绝对要禁止的"。[32]上述举措明显是为了保留劳动力。幕府1649年的政令*当属这类声明的范例，这份具有指导性质的文书一共有32条条文，讲种植要整洁、除草要仔细、起床要早、晚上干活要"小心翼翼"，还警告农民不要购买茶或酒。"无论妻子多么漂亮，如果她因为饮茶、观光或游山而疏忽了家务，必须跟她离婚。"农民不应该吃稻米而要吃小米等粗粮，他们只能穿棉或麻做的衣服，绝不能穿丝织的，而

---

* 《庆安御触书》。

第四章　身份群体

且"他们不能吸烟。这对身体有害，而且浪费时间和金钱。吸烟还可能会引发火灾"。[33]

以上这些不好的信息似乎表明，农民的生活充满了压迫与艰苦，令人觉得德川时代的村落就像是一个秩序井然的集中营。不过，我们最好把这些训诫看作武家官员的臆度，他们远远低估了农民的勤奋和智慧，制定出来的这些条文和农民的实际生活有一定的差距。这些官员急于防止农民从自己的劳动中获益。他们的禁奢令明确规定农民不能穿棉质的雨披、不能使用雨伞，这些权利只能由村役人独享。农民不得穿皮革底的凉鞋，若有人使用龟甲做的发梳，将处以拘禁 30 天的惩罚。有些地方禁止农民在城下町一两英里*范围内骑马、骑牛。当有武士经过的时候，农民要摘帽鞠躬。其他法令还列明婚礼和节庆之日所允许的消费范围，对住宅限度作详细的规定，还不许使用拉式门板和叠席（榻榻米）。显然，官方机构在监督和提防消费无度的现象出现，一心要将农村地区的盈余收为己用。[34]

"二战"以后，日本专家重新钻研起村落生活和经济的细枝末节。从他们的研究成果中，我们看到一个更加有趣的村落，里面有着复杂的身份与特权层级，它在很多方面是国家身份等级制度的缩影。正如某个领先学者在文献里所总结的那样，"农民并不像儒学家认为的那样是一个同质的阶层。农民阶层自身就是一个财富、权力和法律权利的金字塔，位于底部的是佃户和下人，中间是中小地主，而位于顶尖的则是一个可称为富农的阶层"。[35]

近年来阐释的重点又发生了变化。17 世纪形势严峻，统治者试图掌控全局，而到了 18 世纪，日本却出现多方面的增长，其间的转变成了如今大家探讨的主题。首先，从村落的自治程度来看，尽管武士可能会有所不满，但他们不一定居于支配地位。这些人绝大

---

*　1 英里合 1.6093 千米。——编注

部分居住在城下町，有些藩还禁止他们进入农村地区，以防扰乱秩序。结果，农民碰见武士、例行拜倒之礼的概率和频率都不高。其次，农村地区的生产力有所提高，留在农村的农产品越来越多，这一点我们将在下文看到。土地开荒，加上播种、灌溉、施肥方面的农业技术有进步，收成有所增加，使得个人有可能产生积累。商业化过程中，财富不停地变换；随着家族支系从完全依赖走向半独立直至真正独立出来，大规模的家族财产往往会分裂成不同的部分。对于这部分新出现的农业剩余产品，城镇的武士统治者显然无法抽走多少；税率大体上没什么变动，要真发生变动，农民肯定会抗议，或许因为这样，税率才保持这个水平。[36] 随着农村的剩余农产品越来越多，农村开始为那些发展中的城市种植经济作物，农村的手工专业化、定期市集便有了出现的可能和必要。新兴的农村精英发现投资农业开发有利可图，于是开始为自己身处一套专制的、被古老家族垄断的村落治理模式而感到懊恼。农学书籍开始出现，有上百本在识字农民间流传，而且识字农民的数量越来越多。由于农民能够保留更多的农产品，为了进一步提高产量，他们越来越勤劳。用经济史学家速水融的话来说，农村的这场"勤勉革命"（industrious revolution）与西方的"工业革命"不相伯仲。[37] "百姓株"（农民份额）开始在文本中出现，这表明土地买卖是可能的，而且的确存在，人们随之开始享有参加村寄合、水资源分配的权利，并由此被委派对村落进行治理。[38] 我们将会再次碰见"株"这个术语，它的盛行表明术语开始统一，各个身份类别逐渐固定下来。

第四节 市民（町人）

在社会等级中排第三、第四名的工匠、商人，都居住在城镇里，

第四章　身份群体

或许我们可以将两者放到一起来考虑。幕府和藩的法令中，这些人被统称为"町人"（市民）。但两者有重要的差别。理论上，工匠对社会的贡献体现在前者满足了后者对居住和物品的需求，而商人（merchants）、店主（tradesmen）主要从事交易，依靠别人生产出来的东西获利。因此，传统的社会理论把这些人放到末位。在那些以零和观念来看待社会的人眼中，这些商人毫无贡献，他们积累下来的任何东西，都是以牺牲其他更有生产力的人的利益换来的；因此，在人们的印象中，商人是一群自私自利的寄生虫。

战国年间，工匠和商人的数量大幅增加，其地位也有了巨大的提升。战国时代的统一者在堺这个港口城市（今大阪郊区）、京都、名古屋和长崎都有自己的中间商，以满足自身日益旺盛的需求。堺是贸易和制造业的中心，地位尤其重要。当地富有的商业巨头在文化界和茶道中也是领头羊。千利休是信长和秀吉眼中的第一等茶道大师（第一章提到他自杀的事情），他坐拥巨额财富，却秉持简朴之道，并将这种精神灌输进那个时代的茶道之中。从当时描绘堺的画作里，我们能看到商店、食肆伫立在水道两旁，滋养着朝气蓬勃的城市文化。德川时代初年，家康手下的大名发展出各自的城下町文化，很多大名说服了从京都和堺一带城市中心来的商人，把他们带回自己的藩里，希望能在自己这个小地方上多少复刻出一些畿内都市的繁华。例如，土佐藩的藩主山内氏成功劝说播磨家的商人来高知城。这些商人担当着类似军需官的角色，经常可以跨过身份的界限，进入武士阶层。在幕府禁止海外航行之前，像角仓这样的堺和大坂巨贾，在国际贸易中发挥了重要的作用。

17世纪头数十年，城市生活多样，骚乱与稳定并存，幕府和大名两方极力让形势回到正轨上。大量大名被改易、降级，使得很多家臣遭到免职，出现一大批失去武士身份、急需工作的浪人。那些获得更大封地的大名可能会雇用一部分，但更多的浪人不得不靠自己的头脑和剑来过日子。他们的苦痛在1651年一起败露的阴谋*中爆发了。一位名叫由井正雪的兵学教师，组织了一群浪人，试图炸毁江户的幕府火药库、引起城里大火。他们还计划烧毁家康退位后所居住的骏府。据说因为由井的副手丸桥忠弥自吹自擂，这一阴谋不慎被泄露，最终，34名策划人及其亲属一同被处决。由井知道败局已定，在被捕之前就已自杀身亡，留下遗言解释说，自己的目的是要让当政者看到这些被抛弃的武士过得多么艰辛。或许由于被除藩的大名比例在后来有所下降，加上战国那一代战士逐渐远去，浪人的问题变得越来越不重要。

好些年来，城镇深受一大群无赖青年的滋扰，这些人或许因为军事和社会奖励机制的中断而感到愤怒、绝望，进而对日常的社会公德和个人道德嗤之以鼻。他们大声吹嘘自己那长得离谱的佩剑，披一头长发，穿着不成体统，大摇大摆地穿行在京都及其他城市的街道上，到处寻衅滋事。这些人后来被称为"倾奇者"，这个词从"傾く"（表示倾向、倾斜）这个动词演变而来，他们以不合流而自豪。这个现象持续很短暂，但呈席卷之势，给城里的官方机构出了一道大难题，这有助于解释为何在德川时期的前半个世纪里会涌现一批严厉的法令，在德行、秩序方面加以训诫。[39] 虽说这些人属于社会问题，但奇怪的是，倾奇者留下的那种张扬的特质，却在后来成了歌舞伎的一部分。歌舞伎源于德川时代初期的京都，跟一个由女性组成的非正规剧团有关，这些女性所跳的舞在讨百姓开心的同时，对那些体面之人大加讽刺。后来，最受欢迎的剧目里就有一些是专门用于纪念这种反抗精神的，戏迷们在剧中目睹勇猛过人的英

---

* 庆安之变。

第四章　身份群体

雄以伸张正义为己任、挑战权威，并为此激动不已。浪人策划的"庆安之变"就是这样，这一事件在17、18世纪的时候被改编成戏剧，名垂后世。

幕府想要控制这些现象，恰好此时迫害吉利支丹的行动正在进行，于是，幕府的控制计划便和它所开展的一系列登记措施搭上了关系。从很早开始，官方就对户口、役畜单独进行调查，以备征发徭役。上文曾提及，1614年幕府在自己的领地内实施寺请制度，将这类调查和寺院登记结合起来，半个世纪后这一措施被推行到全国各地。在农村地区，这些调查还会记录户主姓名、家庭成员、年龄与亲属关系、家庭石高、役畜。这样一来，全部人都被登记在寺院的账簿里。这些账簿会以一个村落或其他行政单位的形式上交。通过这个由各种手段交织而成的控制网络，全体居民被划分成各个类别。

这种细致的分类精神，同样出现在手工艺的分工上。在17世纪海北友雪（1598—1677）创作的绘本中，我们可以看到各种各样的手艺分工，它描绘的专门手艺人多达120个。[40] 这些手艺人的工作内容有服装、食物、住宅、工具乃至娱乐、赌博、宗教、幻术等种种。在这个时代，人们似乎仍然相信存在接触超自然奥秘的方法，因此算命人、占卜师这类职业，和布商、医师一样都是合法的。在某些地区，我们通过文书，看到一个高度组织化的生产体系，以木工为例，木工每年都要为领主服务24天，以换来官方对其工匠身份的承认。这一体系明确规定了米和住房这些生活必需品的分配额度。

幕府下辖的城市和大名的城下町日益发展，土木大兴，在这样的环境下，工匠自然会被视为藩的重要财富之一。木工的现代称谓是"大工"，其词源所指更像是承包商这类人。家康征得"大和守"中井正清为他效劳，中井的父亲曾在法隆寺劳作，后来被秀吉派去修建京都的方广寺。家康让中井相继建设伏见城、京都二条城、江户千代田城，以及他隐退后所居的静冈骏府城。中井还要负责在某些地区征召木工，由于身上肩负的职务如此之多，他因此获得了"大工栋梁"的称号，与将军的称号"武家栋梁"相呼应。[41]这样一来，日本社会其他阶层所特有的等级制度，同样出现在手工业和专门行业中，至少高级圈子里是这样。城下町的工匠最初共同居住在"町"里。在农村地区，木工和制作工具的工匠也很重要，但鉴于有规定不许群体、阶层混居，因此在村落的账簿上，这些人一直被登记为"百姓"。

对于官方来说，商业活动十分重要，不可能放任不管。战国时代晚期，统一者们通过终结特权群体的存在，尽可能地打破中世社会所形成的等级闭环，但在实际运作中，这一举措是为地方军的利益服务，对商业发展造成了约束。到了德川时期，制度、秩序是官方关心的问题，这时，他们考虑的重点就不一样了。最重要的机制是那些获得许可的行会，称为株仲间（即"株"的持有者），这些商人群体获得授权，能够垄断他们行业的那部分市场，作为回报，他们要向官方支付一定的许可费表示"感谢"。

商人的家业有一套自己的等级制度，上有当主，下有店员和学徒。以三井家为例，这一家族在江户经营一家叫作越后屋的大型纺织品商店，现代百货公司巨头三越就是从这里孕育出来的。三井家坚持认为，要从商店边上的社区挑选年龄介乎11到13岁的男孩来店里当学徒，以确保他们对家族企业的忠心。经过10到15年后，他们可能会晋升为领班，只有很小一部分人或许可以坐上等级更高的职位。某个职员在勤勤恳恳地工作了数十年以后，可能有幸获准另起分店*，到了那时，本家的价值观、特质很可能已经内化在他的

---

* 称为"别家"。

第四章　身份群体

思想里。每一个重要的商家都有自己的别家体系，这些别家与本家有联系并隶属于后者。每一个重要的商家都极力确保没有一所别家或其经营者能够掌握足够大的权力来危害整个体系的稳定。城市的大商家开始实行企业的组织形式，这些家族靠着自己与藩政府、幕府的关系，能够享有特权、抓住先机。他们的家规和武士家族类似，以延续家族的管理和领导为第一要务。事实上，实力最强的家族里有很多出身于武士家族，如鸿池、住友、三井，主君灭亡后，这些家族的家主便改为商人身份。在这过程中，他们将行政组织的很多原则带到商业的世界里。家财再多也可能会被某位无能的继任者挥霍殆尽，为此，绝大部分家族——特别是那些成功发家致富的——费了相当大的心思来避免这种情况的出现。他们的家规经常警告说，和武家执政者交往过密会带来一定的危险；官方的偏袒固然可以让他们获取丰厚利益，但一旦发生政治变数，他们很可能会遭殃。三井家的家主八郎右卫门在遗嘱中警告后人："不要忘了我们是商人"。幕府也时不时地提醒他们这一点——由于某个商人家族奢侈无度，幕府没收了这个家族的财产。1615年，即大坂城被家康军队攻陷的那年，大坂的木材承包商淀屋赢取了幕府的信任。这个家族后来有好几个家主为几位大名担任过财务代理人，淀屋家为开发大坂中部的中之岛出了不少力，这个地方成了大坂的金融与商业中心，淀屋家获准在此建立大坂米市。然而，1705年，将军纲吉试图抑制商人的财力和排场，淀屋家刚好碰上枪口，家族的财产和商铺惨遭没收。

　　在讨论商业组织的时候，像三井、淀屋这样的大商家都是突出的案例，但就数量而言，规模较小、没有那么引人注目的商家必然远远多于前者。所谓店主既包括乡镇定期市集上的那种兼职的流动商贩，也包括那些在街上叫卖土豆、小玩意之类的小贩，还包括大型城市企业的当主。

121　　然而，官方的身份分类基本无法应付现实的局面。城下町和城市的町人里有大量来自农村地区的劳动力，这些人希望在城里找到工作、改善自身生活。他们大约占了城市总人口的十分之一。这些人的地位不一，有的在高级武士家庭里打杂，充当侍从、"草履取"（负责携带便鞋），其中一些可能还想获得穿丝、佩剑的许可，提高自身的地位，有的则当搬运工、家仆、普通店员。之前我们在谈论世袭大名的时候，就提到过"谱代"一词，这是德川时期之初用于表示依附程度的词语。德川初年，"谱代"侍从*算不上是自由人，不过在1616年，幕府首次发布法令禁止人口买卖。[42] 丰臣秀吉急于想要进一步巩固大名对自己的长期义务，于是警告不得使用散工，但到了德川时代，天下太平，工程建设蓬勃兴起，大名极力避免徭役对农业周期造成干扰，因此，在施工过程中，用散工来代替谱代下人的做法越来越普遍。"奉公人"这个称呼原用于表示武士，后来逐渐发生变化，类似于"'侍者'（servant）一词在近世欧洲所表示的一系列职业"。[43] 在幕府下辖的城市里，劳工现象十分普遍，这一点从幕府频频发布有关劳动期限的法规便能看出来；加里·路普（Gary Leupp）的研究显示，德川时代头一百年里有27项与此有关的法令。渐渐地，幕府允许的契约期限从三年延长到十年，然后变成无限期。而且，这些人的酬劳有增长的趋向，收入低的人难以雇用多个侍从，只能将侍从人数维持在最低水平，无论武士还是平民，一律如此。在富商巨贾的供养下，大名的宅邸里生活着一群群侍从，反观普通的家庭，他们扶养的侍从数量很少（佃户就更不用说了），两者的反差再一次展示了社会关系的等级特点。

---

* 称为"谱代下人"。

第五节 "亚种姓"的日本人

德川时期还有许许多多的日本人实际上并不属于上述任何身份，对于这些来自别的身份群体的人，日本存在一套固有的歧视制度。用戴维·豪威尔的话来说，对整个社会来说，一个人的身份意味着他是某个群体的一员，而每个群体都肩负着一定的职责。武士提供公共服务，有领袖之责；农民供应粮食，上交赋税；工匠制造物品；商人负责买卖。群体之间并不完全隔绝，边缘是可以互相渗透的，人能上下流动，但更多时候是往下。但每个群体的核心都是独特的，很大程度上自我管理，具有一些自治性。日本不是一个种姓社会，但有一大批日本人不隶属于上述任何身份群体，无论是从人数还是重要性来看，这些人都应该被称为"亚种姓"（subcaste）。[44]

在各个"亚种姓"的群体中，人数最多的当属秽多。从外表看，他们和其他日本人没有区别，但在大众心里，这些人总是和污秽、死亡有关。他们违背佛教"不杀生"的戒律，以畜产品（内脏）为食物，他们从事的也是佛教徒十分反感的工作，包括屠宰动物并处理尸体，鞣制皮革并将其做成物件，执行死刑并处理尸首。早在德川时代之前，这类活动就受人鄙夷，从事这类活动的人也遭到歧视。国家统一以后，颁布一系列法令来规范社会差别，包括农兵分离，平定乱党残余，为了禁绝基督教、防范非法的佛教门派而实行檀家制度，使社会群体得以重新洗牌并分类，直到这时，秽多这类人才形成正式的架构，拥有独立的身份。

在这种歧视和鄙夷之情的作用下，秽多在整体上属于"不可见的"（invisible）人群。他们的居所集中在普通村镇的范围之外。早期的检地可能将这些人当作邻近村落的分支，但只是悄悄这样做，而纵观整个德川时代，所有地图都谨慎周到地忽视了这些人的存在。

为了确保他们不是基督徒，这些人被登记在户籍簿上，但这些账簿单独成册，按另一套流程来操作。在规模较大的社区里，为了防止发生玷污的情况，他们的生活要尽可能地与其他人隔绝。但同时，这些人是民众的重要组成部分，掌握一定的自治权。他们的头目同样受官方承认，负责管理自己的成员。有时候，某个"亚种姓"群体的头目会跟官方机构打交道，向后者投诉有"外人"入侵诸如皮革制作这些向来属于他们的职业领地。如豪威尔说的，该头目的管辖范围不一定和其他身份群体的头目一样，特别是在江户（关东）和大坂—京都（关西）这些东拼西凑似的领地上，头目的管辖权实际上可能覆盖了另外几个藩的秽多群体。

并非所有秽从都只能从事指定的工作。他们很多会在其他村落的边缘或城镇的外围耕田。若是在别的村落边上务农的话，这些人所属的聚落会被视为这个村落的分支，他们也就得缴纳租税，但他们并不会因此而享有村民的任何权利，虽然也不需像村民那样承担徭役的义务，但作为替代，他们得负责搬运动物尸体这样的任务。豪威尔指出，在这样的情况下，秽多的特殊业务几乎等同于农务以外的副业，但他们的身份仍然与众不同，可以想见，邻近村落的村民们可能会对他们避而远之。但两者之间的关系并不这般简单。这么说吧，秽多这群人的存在和他们所发挥的作用，对于社会的物质运作和道德功能来说至关重要，至少在别人眼里如此。在很多地方的民间节日里，这些人还要扮演特定的角色。可以说，从秽多这样一个突出的例子身上，我们再次窥见了身份社会的运作方式。

贱民群体中还有另一种相当独特的身份类别，称为"非人"。这一类人跟某些受人鄙视的职业相挂钩，包括低俗娱乐业、算命、卖淫和乞讨。秽多的身份是世袭的，但非人不是，或许可以算作是遁世、流浪之人"后天获得"的身份。非人所做的事有一个共同的特征——都是流动的；在一个整齐有序、组织良好的社会里，那些

第四章　身份群体

没有固定职业、靠东拼西凑来谋生的人，无论生活过得糟糕与否，都不能视为体面的活法；虽然官方承认这些人也有用处，让他们独占某些权利，而且这些权利是绝大部分普通人孜孜以求的。那些没了土地、到城市里寻找活计的倒霉农民，按理是要以非人的身份被遣送回自己所属的村落的；假如逃过遣返的话，这些人或许就能"加入"乞讨的行列。

非人在理论上或许是"受人鄙视"的，但在一个武士统治的社会里，某些游乐放纵的场地之所以能发展起来，有部分非人的贡献在里面。这些地方上有表演者组成的巡游剧团，在节日庆典上表演民间歌舞伎等戏剧，还有街头艺人、管理和经营卖淫行业的人、无法融入社会的人，以及像潮水那样流动的乞丐。类似的，城市乃至城下町里一些持有许可的街区逐渐成为合法的寻欢之地。这些地方还成了一个更大的娱乐业即歌舞伎表演的中心，而且，从这里诞生的文学和艺术表达形式，为德川时代的大众文化奠定了发展背景。因此，人们对这些对象作评价时，可能既有鄙夷也有钦羡；来自武士阶层的道学家、出身平民的现实主义者自然不可能作出相同的评判，但在实际生活中，这两类人都曾在这纵乐园中一同度过某些时光。

第六节　身份与功用

上面的叙述表明，德川时期的四民（士、农、工、商）社会显然没有想象中那么简单。这种组合既没有包括那些位于这四类身份之上（朝廷贵族）和之下（贫困阶层）的人，也没有考虑到这几大类别的复杂性。比如说，儒学家、医师、神职人员可能出身卑微，虽然这些身份对学识有一定的要求，只有那些生活环境相对比较好的人才能获得。这几种身份里，每一种都有形形色色的人，有不学无术的，也有掌控着大名的教育与健康的。

以医师为例，这个职业没有正式的资格认证。有的可能是擅长针灸等汉方医学的专家，有的则对西方外科（长崎贸易的"舶来品"）有些了解。他们有的专长助产术，有的善于艾灸（烧灼术的一种，放上少量的艾并点燃）这种被视为能治百病的疗法。大名身边的医师常常是具有一定名望的行家，他们清楚知道自己对这些身居高位的人肩负着什么样的责任；除此之外，也有一些是不学无术的庸医。很多医师都因为自己开发的药方而有意外的收获。例如涉江抽斋（1805—1858），这位医术高明的医师研发了一剂含有鸦片成分的药。他在10岁的时候被引荐给藩主，17岁时就被任命为实习医师。渐渐地，他获得主君信赖，每天都被传唤，长年陪伴在侧，直到自己退休为止。因此，他代表了这样一类人，这类人相对来说不受阶级束缚，得以沉浸在学术、艺术之中，能够和一些不看重正式身份的人交往。确实，在文学和艺术的发展过程中，很少有人会在乎身份地位方面的礼数，在江户尤其如此，各种各样的"沙龙"定期将一批来自多个术业、素养极高的人聚集在一起，主题或是诗歌或是艺术或是茶道。[45]

与其说日本社会是以武士为首的分层型社会，还不如认为，德川时代的身份社会包含了一系列相辅相成的等级制度，而每一个等级制度都拥有自己的高、中、低级。身为统治者的武士自然具有明显的优势，但也有的过着捉襟见肘、动荡不安的生活，而且不是只有等级最低的武士才这样。农民当中位于前列的村落头领，住的是结实的房屋，带有高墙、巨梁，与佃农和无地劳工那黑漆漆、灰尘满布的小房子相去甚远，不可同日而语。工匠中，既有那些被派去服务政治精英阶层的承包商和专业人员，也有制作蜡纸伞、篮筐等物品且水平拙劣的工匠。商人这类群体里，既有像三井、住友这样

第四章　身份群体

财力雄厚的豪商巨贾，也有那些沿街叫卖熟土豆、靠此维生的小贩。每个等级制度的上流阶层都知道财富和教育的好处，为自己在茶道、诗歌、园艺方面的造诣而得意洋洋。福泽谕吉在描述中津的低级武士时，说他们跟那些恭恭敬敬、邋里邋遢的工人没什么区别，他的话进一步说明，这群在数量上占大多数的武士其实生活在极为粗劣的环境中。

假如日本社会不是一个社会等级森严的分层社会，那我们最好怎样理解它呢？尾藤正英认为，我们应该将日本社会看作由一系列相互依赖的服务性工作（役）构成。兵农分离这样一种剧烈的社会变动为什么能够平和地发生并长久维持下去？对此，尾藤指出，我们必须考虑到一个人在社会中所起到的"功用"（function），以及这种功用所赋予的责任，他还表示，"役"的许多细微差别在一定程度上解答了上面的问题。

武士理应证明自己的酬劳——无论是领地还是稻米——都是自己应得的，方法便是维持适当数量的随从和装备，以备在战场上派上用场。农民要缴纳粮税，普通百姓要服徭役（夫役），而武士则要提供军役。军役可能是每年30天，这是德川时代初期的普遍做法，也可以像后来那样，直接用钱来支付，或者在指定的官道上提供出行用的马匹、随从。秽多要清理农村地区的腐尸，这种肮脏活就是他们的"役"。肩负夫役的农民常常被称为"役家"；武士则经常被唤作"役人"，这个称呼至今仍用于指代日本的"公务员"。承担一定义务、经过认证的农民（本百姓）同样是村里的"役人"（村役人）。他们负责管理村落租税的税率和运输，由于这种行政职责属于"役"的一种，他们得以减免大量的租税。町人（即町的居民）也有类似的情况，他们的职业资格要求他们负起相应的职责，一方面是各自行业的专业化劳动，另一方面是非专业化的劳动，体现为公共劳动；在有些人看来，一町之长所背负的行政要务，就其内涵而言，其实跟村落头领相同。这些义务一开始只在某些封建领地的内部实行，但随着和平日子的到来，这种方式被推广到整个国家，公共性与私有性兼具，官僚性与封建性并存。

因此，尾藤写道："对这一时期的统治者而言，他们的总体目标是进一步发展这套为社会服务的'役'制度，并通过军事强权和法治来维系其运作。这一政策之所以能成功，是因为它不仅回应了平民百姓的需求，还实现了政治局面的稳定。"[46] 随后他进一步认为，将军把对天皇和朝廷的义务编入法令，实际上就是以清晰明确的方式来说明为君主及其臣属承担的"役"，而天皇会把统治权托付给将军，其实也是天皇反过来令这位军事霸主承担的"役"。

要理解整个制度，最关键的是这样一个事实——事物的"私有性"越来越少。绝大多数大名的藩是从将军那里获封的，这种分封可以改易或撤销，藩并不是大名自己所有的。大名在获得这个地位的同时，也要肩负起相应的义务，作为对这份恩赐的感激和答谢。武士领有世袭的家禄，无论家禄是大是小，都应对自己的上级心存感谢并为其效劳，正如他应对祖先保持忠诚一样，毕竟他能有这等犒赏是因为祖先的功劳。随着世间承平已久，农民和町人开始夸奖起统治者，称赞他们的壮举伟业结束了战国时代的动荡，换来安定平和的德川时代。我们或许可以这么认为，假如百姓比较温顺、乐于合作的话，那么统治者会尤其钟爱这样一套相互依赖的服务体系。要是统治者治理不善或蛮不讲理的话，民间常常会怨声载道，纷纷要求改弦易辙，恭顺的平民也会转变为争强好辩之人，痛心疾呼要让事情回归昔日的正轨。接受身份，并不意味着要接受不公平。关系也好，义务也好，都是双向的，而且当时普遍存在一种契约观，虽然没有被明确表达出来。

关于德川社会，本章开头为大家呈现了两个截然不同的观点：德富对"隔间"带来的约束深恶痛绝，而后来的小泉八云则认为，

第四章　身份群体

这些安排在很大程度上有益于整体的福祉。这套制度,既可以像德富那样,拿来跟现代工业社会的活力相比,也可以拿来跟德川盛世之前那个不公与动荡随时可能发生的血腥年代对比。这套制度的发展与变化能力,同样是历史学家必须关心的问题,这个任务就摆在我们的面前。

第五章

城市化和交通

到了17世纪末，德川政权为控制各个封建领主而采取的种种措施，已经改变了日本的面貌。武士集中在城下町里，使得町人（商人和工匠）这样一个庞大的服务业阶层发展壮大起来，除了最落后的几个藩，这种现象几乎出现在所有的藩里。随着和平的降临，幕府将军一改军役的做法，让封建领主提供某种服务，表现为居住和参勤的形式，要求他们待在首都江户。此后，家臣们必须定期在自己的封地和遥远的都城之间来来回回，这一义务成了他们生活的核心内容。为此所做的种种准备工作，主宰着藩中的行政和经济事务。他们把能带上的东西都带上，没有的则去买，人员、物品从地方流向首都，使得这个国家不再是一盘由封地堆积起来的散沙。

交通路线需要一定的措施去管理、监督和控制：有里程标志显示此处距离江户的日本桥有多远，有人负责为公务跑腿，有检查站和关卡，有中转的驿站，有指定提供人、马的村落。普通百姓必须有相关许可和通行证，才能穿过这些站点；无论要去哪里，他们都能看到告示板，立在道路交叉口和桥上，警告他们不得拜耶稣，并劝告他们要忠于职守。国道不属于地方管辖，不过大部分藩在自己的领地内复制了这套道路系统，只是规模比前者小。和将军类似，封建领主把家臣、武士聚集到自己的城下町里；这些领主也需要商人，对人员出行也进行管理并加以限制。但有一个问题是这些领主需要操心而将军不用的——领主在江户的藩邸和城下町各有一套行政架构，他们要维系和资助这两套架构的运作。他们还要安排好，自己不在的时候事务应该怎样处理。

江户成为各个势力的主要聚集地，大坂发展为全国的市场中心，而京都和长崎仍然是商业中心、手工业中心和交通枢纽。17世纪90年代，两度来往长崎与江户的坎普费就已经对道路的交通量大为吃惊。日本各地正在被紧密地连接在一起——武士阶层需要承担参勤交代的义务，各藩需要保持城下町和首都间的联系，身份群体之间需要彼此。冲突让位于仪式和消费，城市化由此开启，平民文化在这间隙中蓬勃生长。

第一节 参勤交代制度

德川政权建立的种种制度当中，最核心的当数这个——每隔一年，大名都要在将军的首都江户待上一年。这种被称为参勤交代的制度，对后来的日本产生了重大的影响。在这一制度下，统治阶级的注意力都集中到首都的生活上；除了第一代封建领主外，后面的大名都是在江户出生的，直到成年后才开始踏足自己的领地。这一制度榨干了日本各地的区域经济。在此推动之下，全国交通体系应运而生，这套体系在促进国家统一方面发挥的作用，要大于德川家康在关原之战中取得的胜利。随着各式各样的商品汇集到这个中心来，地区经济的发展逐渐超出了藩的政治边界。为江户的生活提供所需物资并运送到那里，成了普通百姓经济机遇的来源，随着商人和工匠两个阶层日渐壮大、地位越来越重要，新的大众文化开始萌芽。某些地方文化摆脱了原来的区域面貌，逐渐蜕变成一种全国性的文化。江户成为统治阶级的"神经中枢"，在江户打听到的消息不久就会传遍全国各个角落。19世纪，在意识到西方道路的重要性后，武士阶层迅速成为一群出谋划策的精英群体，他们坚信政治变革势在必行。

在东亚地区，参勤交代制度并非日本首创。在公元前2世纪帝制中国建立以前，经典文献中就有记载，诸侯会在一定的季节觐见周王。在日本，室町幕府的将军足利氏在朝廷的首都创造了灿烂的文化，将全国各地的大名吸引过来并纷纷在京都建宅。这些地方军阀把精力投放到中央的事务上，导致彼此间互相竞争，织田信长、丰臣秀吉、德川家康三人最终脱颖而出，一跃成为日本的统一者。16世纪末，战火纷飞之时，秀吉也将手下的大名聚集到自己的居城里，他担心农村会暗地里发生叛乱，为了防止这种情况发生，16世纪90年代他解除了村落的武装，将武士和农民分离开来。不过，这些措施都是在动荡不安、战火纷飞的时候实施的。而新建立的德川制度要维护的是和平这一历经战场厮杀而得来的胜利果实。

取得关原之战的胜利后不久，德川家康就开始采取行动。金泽城的主人前田氏前往江户觐见家康。家康的主要家臣向来是自己人，但前田氏不同，此前他几乎是跟家康平起平坐的，如今却来谒见家康，这表明，一种新的等级制度正在形成。没过多久，西部的领主陆续出现在江户；但在这时，他们的江户之行还没有成为强制性的义务，很大程度上是一种政治手腕。很快，许多领主把自己的家庭成员遣送到江户，到家康那里当人质。

德川家光作为指定继承人，出任第三代将军，他将上述这些惯常做法正式确定为大名的义务。1635年他修订了《武家诸法度》，明确规定："如今决定，大名、小名要交替［交代］前往江户效劳。他们应当在每年夏天四月到江户参勤。"战争时期要求承担的军役，现在转变为和平时期的参勤。260名封建领主每隔一年就要前往江户城觐见将军。其中一些——不重要的谱代大名——可能每六个月参勤一次，实际上就是全职。对于其他规定的军役，有些藩可能会根据情况进行调整，以相应的方式来替补。例如，佐贺藩和福冈藩的藩主轮流派兵守卫长崎，防止西方势力入侵。又如，对马藩和松前藩地处边疆，其藩主就分别负责对朝鲜、对北海道的事务。1622—1665年间，人质制度进一步巩固了参勤的义务。大名及其主要家臣都要将自己的直系亲属，即妻室、孩子甚至母亲，送到江户长期定居。[1]

德川政权发起大量工程建设项目，这种情况在18世纪达到了顶峰，来江户参勤随之成为唯一的选择。工人数量、船夫数量、巨石尺寸、木料运送等，凡修建江户的千代田城、重建大坂的城堡所需种种，都是考核参勤义务大小的标准。某些地区被指定提供本地的特产（如土佐藩的木材），而别的藩主则要提供工人，数量根据他们藩的石高来确定。以将军（和今天的天皇）所居的千代田城为例，其底部的巨石便是从日本各个地方运来的，主要来自伊豆半岛的岩壁，今天那里还留有当年砍斫、开采的痕迹。

相应地，幕府在江户给大名分配了土地。可以想见，屋敷的位置和大小应该是根据过去的功劳（针对谱代大名）和名望（针对外样大名）来定的。大名的屋敷成了江户地貌和布局的一大特点。

参勤交代制度的实施需要一个庞大的幕府机构来推进。大名往返江户原属于军事部队的行动，但到了后来，他们带动的人数可多达几千。武士守卫环绕在大名的身边保护着他，大名坐在轿子（称为"驾笼"，是一种封闭的肩舆）里，处于整个行列的核心位置。以大名的轿子为中心，越靠近的家臣，等级就越高、装扮就越华丽。

第五章　城市化和交通

春季的几个月里，很多大名都在路上，沿路的设施和资源都得小心准备好，以免引发争夺；武士视主君的威望为自己名誉的延伸，一旦不同部队间发生争执，部队不得破坏公共安定。早在1635年，家光就在修订的《武家诸法度》里提及："近来随同[主君]而来的家臣和仆人数量太多。这不仅给藩和地区造成浪费，还给百姓带来巨大的负担。此后，这方面的人数必须有所削减。"但是，将军是最高统治者，大名名义上前来为将军效劳，假如阵容过于从简的话，又会对将军构成不敬。1648年，幕府制定了一套估算规则，根据藩的石高来确定动员的人数（每10万石对应15个骑马者），并在1660年规定了可无条件征用的搬运工和马匹数量，但在各种因素的作用下，大名的随员还是超过了这个数目。于是，保证行程的准确和周密，就变得十分重要。使者在藩主的居城和将军的首都之间来来回回，以便确定启程出发的时间，报告平安返回的消息。最偏远的外样大名，其领地往往最为广阔，势力最为雄厚，他们出行的时候阵仗也是最大的。萨摩藩的藩主岛津氏从藩厅鹿儿岛城出发，要花50天的时间才能到达江户，返程时同样需要50天。有些藩主可能会在途中走一段水路，今天我们在某些图片里看到的船队，可能就是熊本等藩的藩主率领的。但到了最后一段路程时，大名行列常常走陆路，沿着宽敞的国道直奔江户，将军的下属会在城外迎接他们。由于大名带着一小队武装的武士，再加上他们的军事装备，当行列途经各个封地的时候，对于当地领主而言，的确是个政治问题和安全隐患。出于礼数和礼貌，大名行列踏入自己的领地时，官方需要派代表前去欢迎并陪伴在侧，直到行列离开边境为止，到那时，就会有另一批官员来接应。谱代大名的封地交错分布在主要交通路线的周围，这样的接待对于他们来说是一个沉重的、耗时的负担。

德川时代晚期的版画家如歌川广重，就在作品里向我们展示了大名行列前进的画面——他们排成一或两队纵列，穿行在狭窄、曲折的道路上。这些队伍的出行并非等闲之事，必然给人们留下难以忘怀的印象。1690 年，土佐藩的藩主就带了 2775 名随从一同上路。[2]19 世纪的时候，大名行列引起了在日西方人极大的兴趣。当时，美国人弗朗西斯·霍尔（Francis Hall）曾站在道路上高一点的位置，观看德川家尾张藩的藩主列队前往江户，他意识到，要是在一个世纪以前，那些在低处怒视他的武士想必会因为这种冒犯之举而把他们这几个人干掉。他写道，这一长队"分成好几段，相隔长短不一，从［队伍人员的］白色帽子来看足足有两英里长，移动的时候就像是一条白鳞巨蛇，沿着蜿蜒的东海道爬行……队伍就这样缓慢前进了将近一个小时，然后长队变得紧凑起来，因为尾张藩的藩主正在靠近"。一年后，"尾张藩的年轻王子"被选为将军的继任人，霍尔再一次看到这位"王子"的行列。"整个上午都是搬运行李的工人和下人在前进，中午过后不久，王子和几百号持有武器的守卫现身。一个大约四岁的孩子穿着稚气的衬衣，由奶妈托着，将头伸出自己那座精致的驾笼［肩舆］的窗外，作为统治者的后代，对于他来说，这样的排场是必须的"。[3]上文提及的那位坎普费，在 17 世纪 90 年代目睹了参勤制度最鼎盛的时光，还亲身参与其中，当时荷兰商馆的馆长每年都要率领队伍去江户，为将军恩准他们在长崎进行贸易表示感谢，坎普费作为小队的其中一员，曾两度陪同馆长前往。坎普费描述了路上碰见的大名队列，这段记载至今读来仍相当令人难忘。他提及队伍前进时的盛大阵仗：非武士阶级的搬运工搬着巨大的箱子，箱子上贴有大名的家徽，还有各种各样的武士，越靠近大名的肩舆，等级就越高，跟在肩舆后面的武士，越往后等级就越低。随着队伍走进一座村落，一名先行人员以自豪的神色大声喊道："向下！"；普通百姓要低下头，脸朝地面，不能抬头看大名的脸。队列进入某个社区的时候，队列中地位最低的人会展示一种歌舞伎式的正步，以显示这一场合的庄严。对此，坎普费是这样描述的：

> 最古怪的场面莫过于此，当经过一些重要的市镇，或碰见另一位王子或主君的长队时，侍童、持长矛者、抬伞盖者、背箱子者及其他穿着制服的步兵，全都做出一种模仿行军或跳舞一样的奇怪步伐。他们每走一步，都尽力将一条腿往后背靠，同时使劲将另一侧的手往外伸，他们保持这样的姿势，仿佛要在空中游泳。与此同时，他们拿着的长矛、伞盖、背箱、盒子、篮筐等所有东西都在十分奇特地舞动着，晃来晃去，和他们身体的摆动互相呼应。[4]

就这样，礼仪、排场说明了一切。对于行列中心的人来说，这是一次相当舒服的户外之旅。1858年，荷兰代表范波尔斯布鲁克（van Polsbroek）曾陪同长崎的商馆馆长出使江户，不久前汤森·哈里斯为美国签订了一份条约，他们此行的目的是确保荷兰享有条约中的同等待遇。范波尔斯布鲁克记载了这趟旅行，其中的一些片段向我们展示了这些尊贵的旅行者在途中过着怎样的生活：

> 旗手一身黑衣，衣服上带有荷兰的标志，他拿着荷兰国旗，旗杆髹黑漆，顶部有一座鎏金狮子像。我坐在一座驾笼中，一位日本官员和侍从分别走在驾笼两侧，驾笼由四名轿夫抬着，轿夫都穿着黑衣，上面有荷兰的盾徽。荷兰长官所坐的驾笼有六个轿夫，两侧各有两名日本侍从。包括官员和翻译在内的二十多名日本公务人员，都坐在驾笼里。大小一样的箱子有六十多个，全都是黑色，每一个箱子都由两个人用竹竿挑着。箱子里装着食物、饮品，以及暂时不需要的衣服……坐在驾笼

里的人甚至可以把脚伸展开来。我所坐的驾笼垫有一层漂亮的锦缎，长官的则是一层黄色的缎子。两侧都有扶手。前方脚底的位置有三个孔，分别装有铜制的令人舒适之物、放雪茄的铜盒和香烟……当时我比较健壮，待在驾笼里不到一个小时，就跟侍从说想要走走。这时，驾笼前倾至地面上，后侧保持某个角度，好让我从里面出来，在我着地前，一位侍从已经帮我把鞋穿好……

我们每个人的生活用品都装在一个精致的漆箱里，箱子环有木制框架……晚上，我们还有自己的睡衣；总之，我们不缺东西，连喝白兰地的杯子都有……我们的侍从中有六个厨子，三个负责午餐，三个负责晚餐；当我们吃完饭、重新启程时，那张黑漆的餐桌及相关用具都会收拾起来，迅速运到下一个用餐地点；当我们到达那个地点的时候，餐桌已经布置好，一切都准备就绪。食物很完美，他们尽可能把最好的食物提供给我们；美味的淡水鱼、海鱼，鲜嫩的野禽，都由长官的厨子一手烹制，他们都出身于烹饪世家，子承父业，相传数百年……

我们住在"本阵"，这些大旅店是专门给幕府的高级官员、大名和皇子住宿用的。从外观来看，它们和宫殿没什么区别。其内部布置精美，地上铺着优质的榻榻米，沿边饰有金色的皮革。浴室最有品位，搁毛巾的架子和固定装置都髹了黑漆，杂以金色。简言之，一切都布置得很有品位……

我们进入某个镇的时候，官员首领和年纪最大的顾问在边界迎接我们，然后走在旗手的前面，这些人前面又有四名警官，警官手持大铁杖，铁杖末端还带有铁镣铐。他们每走一步，都把这些铁器具重重地砸在地上。我们离开这个镇的时候，官员首领向我们再次敬礼，然后我们继续上路。

道路维护得很好，穿过一片平原，远远看过去，平原上尽

第五章　城市化和交通

是水稻、芋头、谷物、油菜的田地……我们停在镇上的时候，人们在自家门前撒上干净的白沙，向我们表示尊敬，这是他们的习惯，每当主君经过的时候，他们都会这么做。[5]

于是，这名地位尊贵的旅行者，由于荷兰同胞的关系，加上各种舒适条件，和他所经过的农村地区隔离了开来。假如说，德川时代晚期的外国人能有这等待遇，那当重要的大名行列经过时会受到什么样的接待，我们也就可想而知了。

到18世纪中叶时，西部的长州藩就有两千名武士驻扎在江户。为了供养这么庞大的组织，藩里的财政如同被榨干了一样，所有可利用的资金都被耗尽。幕府一方面试图限制各藩的豪奢之举，另一方面又强制各藩履行义务，以示忠诚。此外，让大名在履行家臣之责的过程中竭尽自己的资源，这种做法符合幕府的利益，至少早年的确如此。这样做还可以给大名的家臣团内部带来压力；那些待在江户的家臣尽可能在这个充满竞争、攀比的世界里屹立不倒，而留守藩中的家臣则要节制本已不足的资源外流。

如果大名无法履行参勤交代的义务（常常以生病为借口），那他可能会被强烈谴责，并承受一定的惩罚，从降格到除封不等。前文曾提及，1686年幕府注意到，亲藩之一的越前藩的藩主再三缺席参勤，于是幕府削减了他的礼仪规格，包括不得再用"松平"的姓氏、禁止戴葵冠、撤去他在会客厅的席位，还削减了他将近一半的领地。除此之外，藩主还被命令关闭自己藩邸的大门，只能走旁边的小门。[6]这种种针对炫耀、傲慢行为的压制手段，令大名家族及其家臣蒙羞（几名家臣试图劝解大名，但徒劳无功，于是自杀身亡），让我们深深体会到，在一个身份社会里，丢失了公共名声（脸），原来会让人感到如此之绝望。

第二节　交通

出于防护和掌控的考虑，从很早开始，幕府就对陆路交通加以规范并使之系统化。但没过多久，对经济的考量迅速压倒了上述两点，到德川时代最后一百年时，非官方的商业和交通已经成了和官方需求一样重要的考虑因素。日本建立的这套交通体系将全国各地连接在一起，其连接程度之高，令人惊讶。

这一道路系统最初是出于防护的需要。[7]关原之战后，德川家康将自己领地内行之有效的一套体系，迅速地在全国推行开来。他的两名家臣受命对连接京都和江户的一条主要沿海通道（东海道）进行勘查，建立官方驿站*。不久，其他主要道路陆续加入这套体系，最终形成五条国道（五街道）。其中最重要的当数东部的沿海道路；另一条道路走向与之类似，但穿过日本中部†，余下的几条道路则穿过本州，朝着日本海的方向，向西北延伸至敦贺海峡。

17 世纪 30 年代参勤交代制度正式建立以后，对全国交通网络的管理工作就成了政府政策的一部分。幕府不许私人、藩府设置关卡或妨碍国家交通网络的运行。不止五大道，所有主要路线都沿路设有驿站。这五条国道最受关注，驿站总数多达 248 座，两座驿站之间一般相隔 4 到 12 公里。东海道的交通最为频繁，沿路设有 53 座驿站，这些驿站屡屡出现在 19 世纪艺术家歌川广重的一系列版画中，为人所熟知。

驿站同时也是休息站、交通运输中心和信息汇集地。驿站有一名经营者或站长，手下有一套班子负责分派搬工和马匹、记录账目、对"本阵"进行保养。所谓本阵，是给出行的官方人员提供住宿的

---

* 称为"宿场"。
† 称为"中山道"。

第五章　城市化和交通

地方。很快，为了满足非官方的交通出行需要，大量旅店涌现出来，精致程度不一，价格也高低不等。驿站逐渐成为当地特产、商品、食物买卖和娱乐消遣的聚集之地。

谱代大名的封地沿主要交通路线分布，驿站也大多位于这些大名的藩内，但是，事情并非如此简单。幕府为了建立这些驿站并管理其运作、支出，发布了一系列法令，这些法令极大地侵占了藩的自治权，通过此举，幕府明显确立了自身在全国的统领地位。1659年，幕府设立道中奉行一职，随着时间的推移，这一位置的职责越来越大，重要性日益提高。幕府在地方的代表机构曾一度负责汇报道路现状和保养情况，但18世纪初以后，有关道路的所有事务都归到中央政府，由道中奉行管辖。参勤交代制度建立后，无论对于行政日程还是各藩的生活节奏来说，驿站都必须保持平稳运作，这一点十分重要。旅人、行列有时候为了节省时间，会想绕过某几个驿站，但幕府明令禁止这种做法。倘若这种做法被允许，那些热门的驿站可能会不堪负荷，而没那么受欢迎的驿站将更加无人问津。[8]人员、行列、货物在一套传驿系统中流转，每个驿站都能获得差不多的客源和收入。

每个驿站最少要拥有36匹驮马，同时保持一定的搬工数量；17世纪40年代，最低驮马数上升到100匹，搬工要有100人，但几乎没有驿站能具备这样的条件；18世纪初的一次调查显示，东海道的53座驿站中只有9座能达到这个标准。驿站有自己的土地，用以供给驿站，其支出大部分都靠这些土地的收入支撑着。驿站所在小镇*的住户要按照其临街面积的大小来缴纳赋税，通过这种方式，驿站在商业利润和官方职责间保持一定的平衡。这种做法在以平民为对象的城市税制中十分普遍；在长崎，像出岛这类建设项目

---

* 称为"宿场町"。

的费用，都是向商人强行征收的，而缴费的多少就以其临街店铺的面积为基础进行计算。对于一个藩来说，假如境内道路交通繁忙的话（东海道沿线的道路便是如此），那它的收入和自治权实际上就遭到了严重的剥夺。随着搬工和马匹的需求量上升，幕府让驿站拥有更多的自留地，以便提高驿站的服务能力。

驿站附近一定范围内的村落被划分为"助乡"，为驿站提供马匹和人力，这一负担对普通百姓来说尤为沉重。尽管幕府明令禁止，大名的参勤行列还是越来越壮大；17世纪90年代，坎普费就说过"帝国最显赫的皇子中有好几位的长队在街道上足足走了几天才走完"，而且如我们所见，最大的几个藩往往处在最为偏远的位置上。1694年，幕府将助乡的义务进一步规范化，但并不提及助乡所在领地的管辖权问题。自此以后，多个大名下辖的村落被指定为助乡，根据村的石高，提供人员、马匹或船只、搬工，在极端的情况下，涉及的大名多达27个。一般来说，每100石就要提供两个搬工、两匹马，但在特殊情况下，村落需要响应特殊的需求。随着交通量的增加，被指定为助乡的村落范围越来越大。助乡的农民被征用来驿站干活，得到的报酬却比正式的搬工还要低。更糟糕的是，春夏两季是大名出行的高峰期，在作物种植和收获最关键的几个月里，农民可能要面临人手不足的问题。由于义务大小是根据石高来定的，富有的农民可能会尝试雇用贫农来干这些活，有些村落甚至想通过这种方式，将整个村的职责转嫁出去。助乡义务的指派常常是民众抗议的缘由。随着经济的发展，价值高、体积小的商品的运输量增加，令情况更加复杂；有的商人认识一些没什么钱的大名，有时会通过上交一笔费用，将自己的货物装入大名的箱子中，从而享受到优惠的装卸价格，这种优惠原来只提供给"皇子"。

驿站还会向旅人征收一定的费用，以填补部分支出。因公出行的人可以免费享受驿站的服务，如果是在执行与幕府、朝廷、外交

第五章　城市化和交通　　　　　　　　　　　　　　　　　177

相关的公务，可免费的项目多达79项，十分惊人。此外，在17种情况下，旅人只需支付一定比例的费用。对于大名的行列来说，大名的身份地位决定了随员的多少，而根据随员的规模大小，大名行列需要支付的费用比例不等。超出定额的侍从和行李要付全款，非公务性质的和个人的出行也需要全额付费，但这个费用并不固定，而是在自由的市场体系下经过协商后确定的。到了这时，驮马主、搬工们终于可以收回一些成本，由于被征用而导致的种种不便也得到了一些补偿。出于保护搬工和驮马的考虑，同时也为了保证一定程度的收入公平，装载方面另有明文规定，明确说明人、马所能搬运或承载的物品重量。但无疑，在实际运作中，这些规定常常遭到忽视，每当农忙季节来临，这种对劳动力的无情压榨便成为普通农民的巨大负担。田中休愚（1663—1729）曾描写过举步维艰的农村所经历的穷苦情况，并屡屡为历史学家所引用，原来他自己就是某个驿站的经营者，无怪乎能作出如此描述。

　　大宗货物的运输大部分走沿海的水路，因此陆路不必考虑货运车辆的需求。不过，大规模的社区里也会使用轮式交通工具。由于所有东西几乎都用畜力或人力运载，因此，在春季时分，日本的道路不像欧洲的那样，被碾压得泥泞不堪。在运输大宗货物以外的东西时，幕府往往选择走陆路。陆路交通更好控制，而且驿站的收入也能有所提高。于是，重要的国道上人来人往，好不拥挤；早在17世纪90年代，坎普费就对路上的交通量表示震惊。官方的紧急信件都有专门的跑腿（被称为"飞脚"）来负责递送，这些人不受大部分限制的束缚。除了飞脚，对于每个人来说，陆路交通既慢又贵，有时候甚至有危险。旱季还好，很多河流都可以轻易跨越，但到了春季，这些河流会从山坡上奔涌而下，这就给筏夫、搬工提供了一个稳定的财源，这些人会在溪流较浅、可涉水而过的几个位置点上，将旅人运送到河的对岸。一些河流建有桥梁，但是，体量最大、最

139

著名的河流——东海道沿线的大井河——却从来没有建过桥。究竟是因为大井河自身是一道绝佳的天然屏障，还是由于存在技术性的难题，个中缘由并不完全明了。无论如何，纵观德川时代，跨越大井河成了旅途惊险的一道象征。

德川时代的道路系统中，最引人注目的是设置在主要道路上的关卡（称为"关所"）。五大国道上总共有53座关卡，大多集中在江户附近，形成一个环形，包围着江户。从织田信长开始，战国时代的统一者们都废除了私建的关卡，德川幕府延续了这种做法。幕府禁止大名在路经其领地的国道上修建障碍物，但在境内和边境的其他道路上，重要的藩往往设有关卡，鉴于"关所"被明令禁止，这些关卡被称为"番所"。从很早开始，安全便是德川幕府关心的问题，这种担忧体现在了江户禁止"入铁炮出女"（女人离开，枪炮进来）这道命令中。无论是"入铁炮"还是"出女"，都暗示了有人可能在密谋推翻将军；大名可能会转移自己的家属人质，或悄悄运输枪炮。不过，大名的行列不会被检查，虽然理论上关卡的守卫可以这样做；另一方面，小一些的队伍，如果有武士家的女性在内的话，则要接受仔细的检查，确保他们的通行证符合规定，队伍人员与描述相一致。关所的常备兵力比较薄弱，只有几名到十名不等的守卫，但在重要的交通要口，兵员数量可能会增加。晚上，关卡是关闭的，人员不得通行。因此，关卡极大地拖慢了交通速度。百姓出行的时候，既需要通行护照*，也需要关卡的通行许可†。他们的这些文书都要经过仔细的（和冗长的）检查，为了保证没有女扮男装的妇女、幼童试图蒙混过关，常常还要附加身体检查。身上有伤口的人员会被建议在旅行文书上标明伤口的位置和成因。旅行文书

---

* 称为"通行手形"。
† 称为"关所手形"。

第五章　城市化和交通

的申请过程同样费时。关所手形的发放，经常要得到江户千代田城的长官*或同等级官员的批准。武士的话，自然是向上级官员申请，而普通百姓则可以向寺院、村长或所在五人组的组头递交申请。旅行文书会确认旅行者的资助人和担保人，这些信息如有出错，有关人等都将遭到重罚。

禁止"入铁炮出女"所体现的那种安全隐患，到18世纪时就已经不存在了。此时，刀剑取代枪炮，再次成为武器的首选，大名及其家臣的家族也已经习惯了江户的生活，不太可能会偷偷溜回自己的藩。这些制度逐渐成为惰性设置，化身为神圣创始人所建立的光荣传统。它们还为一群未充分就业的武士提供了不错的活儿来打发时间。但在更基本的层面上看，如瓦波里斯（Constantine N. Vaporis）所说，这些制度体现了德川幕府的一种观念，即在一个固定不变、以土地为根基的社会里，人们实际上是不该出门旅行的。

但事实上，旅行变得越来越普遍。旅行指南和通俗版画展示了一幅幅名胜之图，暗示远方有着种种趣味，越来越多具备识字能力的人阅读这些作品。到著名寺院参拜，向来是申请旅行的好理由，虽然旅行的真正目的常常是为了在路上和朝圣之地玩乐。朝拜之旅将观光与虔诚结合在一起。每过一段时间，民间就会出现参拜伊势神宫的浪潮。1650年、1705年、1771年、1830年，每隔半个世纪左右，前往伊势的道路上便挤满了热情高涨的民众，人数多达几十万乃至上百万，有时几乎像是千禧年的信徒一样，他们很多是依靠路上村民的同情和好心才走到目的地的。这些事件发生的时机大约跟中国历法的60年一甲子有关，这种参拜行为逐渐被称为"御荫参"（お蔭参り），对于贫苦的农民来说，御荫参让他们得到了暂

---

*　御留守居。

时的解脱，有机会去体验别的世界；在没有通行许可证的情况下，他们会悄悄地绕过关卡。面对这些情况，关卡不足以起到应有的约束作用，想要"冲关"的人大可以走偏道或晚上通关。不过，由于官方会时不时地开展打击行动，这类违规行为具有一定的危险，有时甚至会招致严厉的惩罚。不管怎样，没有什么可以削弱人们旅行消遣的热情。德川幕府将整个社会视为静态的，并在此基础上进行统治，但令人震惊的是，这个社会却逐渐变成流动的、多样的。对此，参勤交代制度功不可没。

我们还要讲一下粮食的大宗运输，为了给江户这样的大城市供应粮食，这类运输是必需的。[9] 随着时间的推移，这类运输的组织化程度也变得相当高。锁国令中有一项禁令，禁止制造承载量超过五百石的船只，但由于沿海运输的货量不断增长，这项禁令很快就遭到废弃。到17世纪70年代，西回航线已形成，船只从日本北部出发，沿着日本海的海岸线，穿过下关海峡，到达大坂。船上载的一般是米，这些都是藩主的余粮，为了给自己筹措前往江户的旅费和生活费，他们把米运到大坂的市场上出售。东回航线也是出于同样的目的而发展起来的，只不过服务的是太平洋沿海各藩。随着城市的发展，税米、菜籽油、原棉、醋、米酒等物品也成了这两条航线的运输对象，这些物品被带到大坂（随后到达江户），回航的时候，船只上载的是这两座大城市的沙丁鱼干、用鱼沤制的肥料和手工制品。整个17世纪，江户的物资在很大程度上都来自大坂，随着这种依赖关系减弱，航运路线也开始变得多样和成熟起来。一场激烈的竞争在两群航运商之间展开，幕府特许经营的十个主要贸易组织掌控着其中一群，另一群则由米酒酿造商所控制。渐渐地，航线间有了分工，各自负责运输不同的货物。对于这些商家来说，资本积累是最为核心的；西回航线的航运商往往自己购买货物、自己销售，而其他航运商则收取运费。随着商业的发展，船只越来越大，其承载量常常是法定上限500石的三四倍。后来，由于幕府的改革者试图控制价格和商业利润，组织设置再次发生变化；行会的垄断性质有所减弱，17世纪时，以航运商为主导的组织机构为自由契约所取代。

第三节　藩的城下町

参勤交代的旅程始于城下町，也终于城下町，德川幕府的国道将各地藩厅连接在了一起。每一支大名行列都会穿过城下町。上文曾提到范波尔斯布鲁克1858年的参勤之旅，这位荷兰代表还这样描述过肥前藩*的藩厅佐贺城：

> 这座城气派非凡、整洁美观，以水环绕，水上建有结实的门和桥。一条宽阔的街道穿城而过，连接两道城门。我们花了将近一个小时，才横跨了这座城。城中居民穿着正式的服装，他们已经把自己的房子打扮好，在房子前屈膝下跪。[10]

佐贺城比较偏僻，很少有行列会出现在当地的街道上；这批从长崎来的荷兰使者，可能给当地带来了一些喜闻乐见的变化。但在春秋两季的东海道路上，大名行列十分常见。

城下町代表了一种不同寻常的城市发展模式。它们在规划之初就担当着行政中心的角色，随后衍生出商业中心的职能，而非从后者发展起来。许多大名把大都市的商人请到自己的城下町里。幕府只允许大名在藩里设一座城，因此这些城下町在当地居于垄断地位。

---

*　又称"佐贺藩"。

城下町还以具体客观的方式，显示了社会阶级的区分。这里的大部分区域，包括所有舒适宜人的地方，都被用来建造武士的宅邸和寺院，工匠、商人只能挤在剩下的地方里。不管怎样，城下町推动了日本的城市化进程，到18世纪时，每个藩平均有10%的人口居住在城下町里，藩中的武士几乎全都是这里的居民。

城下町还是军事力量的集中地，这个角色起源于丰臣秀吉的刀狩令和兵农分离政策，这些政令解除了农村地区的武装，将武士和普通百姓区隔开来。在烽火连天的战国时代，大名必须让自己的作战部队保持在待命状态，但随着和平降临，原来的军事指挥中心逐渐变成行政中心。在中世的战争年代，防御优势是城堡选址的着眼点，它们经常位于战略高地上，但随着更大的控制单元日渐普遍，新兴的军事领主转而在冲积平原的中心点上建造堡垒，以便控制人口及其劳动力带来的利润。

高知城位于四国的土佐藩内，其城下町代表了一种相当典型的模式。高知城坐落在河谷和海湾的交汇处，这一位置使它成为通往其他中心的必经之地，控制着这一带的平原。城堡亮白色的天守阁安坐在巨大的花岗岩上；天守阁的四周簇拥着重要家臣及其亲属的大宅，这些房子占地广阔，呈规则的网格状布局。而这些宅邸的旁侧又有高级武士的屋敷，按块状分布，占地面积比前者小，根据武士的收入和等级，尺寸不一。这是一座按规划建造的城市，是前现代时期的"公司城镇"（company town）。

人要通过调整来适应地形地貌，沿海地区尤其如此，但无论哪里，那些位于高地、舒适宜人的位置总是留给上层阶级的。在所有可用的土地里，武士用地占了一半以上。还有10%~15%的土地分配给了神社和佛寺。规模最大、气势最雄伟的寺社，包括那一排排为纪念大名祖先而设的巨大灯笼、碑匾，将城堡传递出来的某种意味进一步增强。

第五章 城市化和交通

剩下的土地被用作工匠和商人的居住区，这些地方往往地势较低，条件不尽如人意。町人的房子*挤在狭窄的巷道上，只有少数几个商人，由于在官方享有重要地位而格外受优待。工匠常常按照行业和专长来聚居，店主、小贩则四处做生意。小巷一般很窄，连那些将居民排泄物运到邻近农田（正是居民粮食的来源）的牛车、马车都无法通过，遇到这种情况时，搬工就会将这些排泄物装进水桶里，用竹竿挑着，运送到附近的稻田。河岸上的农田常常会被重新改造为住宅用地。洪水季节到来或疾病、虫害暴发时，首当其冲的便是这些区域。在重大火灾或暴风雨面前，无论是哪个阶级或身份的人都无法幸免，但那些挤满了人的町屋敷，必然会在灾难中毁于一旦。

城堡之内，对于那些身居要位的家臣来说，每年往返江户的行程是生活中最重要的大事。有一段时间，土佐藩大名的行列会经过相邻的德山藩，然后从那里乘船到大坂，但18世纪以后，路线发生了变化，行列会通过山路走到北边，再坐船穿过内海前往大坂。根据幕府1658年的法令，大名的随员数量要按照其石高的多少来决定，每1万石（大名的最低级别）可以带90人。土佐藩的石高为20万石（尽管其实际产量是这个数目的两倍多），因此大名可以带1800人。1645年，参勤的队列有1477人；到1680年，人数上升到1799人，十年后，增加至2775人。根据分析，这支队伍中有50匹马、46条船、1313名船夫，还有1000多名武士。出身于武士望族的家主，每过一段时间就要参加这类出行。以第九代毛利氏家族为例，担任马廻的武士中，只有两个家族的家主有一次及以上未能成行。而且，根据家族记载，很多武士没有跟随大名的队列，而是组成小队伍出发。这样的旅程肯定更加有趣，所以人们才会认为

---

* 称为"町屋敷"。

更值得在日记中加以记录和描述。一个人若是独自出行或和一小群人结伴而行的话，便可以游览风景、选购土产，而对于一心维护身份、尊严的大名行列来说，这种安排是不可能的。[11] 由于大多数家庭的一家之主长时期不在家，且次数十分频繁，料理家务、养育孩子的负担也就不可避免地落到了妇女肩上。日本文学作品里，坚忍的武士妻子是热门的故事题材，数量丰富，她们为年轻一辈树立了严苛的榜样。

大名的家庭一旦常驻或长时间居住在江户，就绝不可能被留在那里不管不顾。大名的重要家臣一度也要将自己的家人留在江户做人质，但即便法令有所松弛以后，很多家庭仍选择待在江户。江户宅邸的生活是在另一个仪式、典礼的世界里展开的，位于中心的是主君及其正室，侧室也常常在内。除了第一代，后来的大名基本都在江户出生、长大。对于这些后代来说，江户的贵族生活令人萎靡不振，无怪乎，那些作风强硬的大名其实大部分是从旁支家族收养过来的孩子。待在江户期间的生活维持、人事安排、给养供应都是头等的大事。和其他藩一样，土佐藩发展了两套官僚机构，其中一套就是专门承担江户方面的职能的。

填补这套制度的花销，常常是土佐藩最主要的经济问题和行政问题。剩余的稻米和任何可出售的土特产都被运到大坂去卖，而进行买卖的地方渐渐成为全国商品的交易市场。在大坂，重要的大名都拥有自己的仓库和中介商。今天，大阪市内有一个叫作"土佐堀"的地方，正是近世经济留下的痕迹。大名需要现钱来支付旅行和生活的费用。出行时路上的消费总是高昂，他们要在驿站购买很多东西，而驿站又以卖方市场为主。盛大的队伍出行是需要花时间的。旅途可能很遥远，而旅程本身也会花时间；上文就提到过，九州南部萨摩藩的藩主要花50天才能到达江户。除此之外，他们还要为不同身份地位的人送上合适的礼物，这也是一笔支出。日本社会是礼物的社会。馈赠的礼物中，既有精美的瓷器这类奢侈品，也有马。大名的正室要和其他同等身份的女性相互赠礼，大名的高级家臣也要和幕府的老中互赠礼物。整个过程都受到监管，一点也不能马虎随意。1692年，幕府宣称注意到：

> 大名在抵达首都及一年中的其他固定场合时，规定要呈送给侧众及其他公务官员的礼物，无论是在数量还是质量上都有所下降，或者干脆不送。这些礼物并不只是个人的好意，还是属于义务性质的给上级的献礼……因此，每位大名务必确保礼物符合自己家族的既有身份且不是次品。[12]

当然，礼物的流动是双向的。在这一交换中，身为上级的将军也必须做好自己的本分，这对江户政权的财政来说是不小的负担，毕竟它要应付的大名数量要远远多得多。

江户的这套制度开销十分庞大，几近无法承受，随着时间的推移，所有的大藩开始实施相关计划，鼓励将产品出口到中央市场上出售，还努力限制藩外的商品进入境内。这种做法导致某种出于所谓"国"（省）利益即国益的重商主义。[13]工艺品的制作，如佐贺藩的陶瓷、加贺藩的漆器，在藩的财政中居于核心地位，因此藩中专门有官员负责管理，实际上就相当于国有企业。生产秘方受到严密的保护，以防竞争对手窃取。在官府的控制之下，生产价格得以保持低廉，因为官方垄断了产品的买卖，而且只要有可能，官方就会采取进口替代和保护主义的办法，不让利润外流。主要的藩都发行了自己的纸币（硬币也经常发行）供境内使用，并借此垄断了交易手段，使得地方上的商业组织发展缓慢，实际上就和政治当局绑在了一起。杰出的工艺大师极受其赞助人的重视，为了表示敬意，这些赞助人会授予他们一些特权。柿右卫门、今右卫门这两个家族是佐贺藩的陶瓷大师，他们制作的精致瓷器被藩主作为礼物赠送给其他大名。这两家人在藩中备受优待，鉴于他们所具备的天赋，他们自然要招收出色的学生，以便创建工匠世家、代代传承。事实上，这些家族一直延续到了现当代，不像武士这一"上层"阶级那样有断绝之虞；在现代的自由市场上，他们的技艺甚至更加弥足珍贵。不过，在大都市附近的地区，藩的面积较小，而且作为商业销售点的话机遇会更多，因此重商主义政策在这里显得不切实际。这种情况在江户、大坂周围的广阔平原尤其突出，私人性质的利益方更有可能和城市的分销商建立联系，推动地区经济的进一步发展，而不必过于顾及武士阶级的利益。

可见，大环境下有着各种各样的情况，十分多变。纵观整个日本，在德川时代的头一个世纪里，城市化飞速发展，其速度或许是此前的四倍。由于藩这种制度及其城下町的存在，地方城市在分布上比较均衡，和当地生产力相匹配。无论在哪里，城市的影响力都是逐渐向外辐射的，从大都市到城下町，再从城下町到市镇、集市。现代某些城市的前身正是德川时代城市化过程的产物，它们的名字就反映了这一点。[14]

第四节　江户：中心磁体

将军的首府江户是所有城下町里规模最大的一座。德川时代的一幅大型地图展现了这座城市的复杂结构（参见插图13）。城址位于武藏野台地的最高点，俯瞰附近的天然海湾，这里曾是一位小领主的封地，1590年丰臣秀吉把它封给了家康。不久，家康开始建造自己的城堡，但要到他赢得关原之战的胜利、被授予将军之位以后，他才有能力号令各大领主出力出原料，参与修建雄伟的千代田城。

第五章 城市化和交通

江户的建造工程实际上动员了全国的力量,各个封地被勒令提供数以千计的石料、木材,出动上千名工人来劳作、运输、航运。为了改变河流走向,一个个庞大的工程项目陆续开工,以便将冲积平原上的水引入隅田川,然后流向江户湾[*]。江户湾的一部分被改造成港口;神田山的泥土被用作填土,并因此被夷为平地,上面还开凿了一条很深的河道(御茶之水,日语为"御茶ノ水");渠道、水路组成的网络将西边的水源引入城内,同时充当了交通方式,贯穿整个城市。[15]

在江户,河岸一带及河道桥梁的底部逐渐发展为商业区和娱乐区。这些地方都是货物运输和人员来往的大动脉。18世纪的通俗版画里,就有一群群狂欢者坐上夜间游船,前往食肆、戏院和官方认可的妓院[†]。滨水之地属于公共区域,由幕府进行管辖。刚开始的时候,这些地方的斜坡都长满了草,泥泞不堪,但随着城市的发展,斜坡铺上大量石头作为支护,仓库、商店、市场倚水而立。官方活动和民间生活在此产生了交集。桥梁中最为雄伟的当数日本桥,这座桥建成于1604年。两年后,官方公告栏(称为"高札")上开始发布官方的法令和告示;又过了很久,这块公告栏上逐渐出现一些讽刺诗,批评政府暮气沉沉、反应迟钝。日本桥很快就成了大型鱼市和商业中心的核心区域。这里被认为是国家的中心,所有地方的距离都以日本桥为基点进行衡量。

德川时代的江户木版画显示出,水道在城市生活中具有核心地位。进入现代时期后,渠道、河道成了修建铁路和公路的理想路线,旧有的水路网络大多已经消失。内部护城河的轮廓和现在东京的高速铁道线山手线("山手"意为高处的城)一致。至于日本桥,在

---

[*] 即今天的东京湾。
[†] 称为"游廓"。

歌川广重的版画中，这道拱桥高挑出众，衬以壮丽的富士山风光，而如今，它不再受人重视，屈身于现代高速公路系统之下。

这幅江户版画以护卫将军居所（如今是天皇的皇宫）的城墙为中心，事实上也如此。在城墙以西和以北的地方，是大名和德川家武士的聚居地；它们占据了城市近70%的用地。寺社的土地大约占了15%，剩下的15%被划归为"町"，即供町人使用的所谓的小镇。环境最佳的高地都被用作大名的屋敷，这是幕府专门为参勤交代的大名留出的土地。这些屋敷大部分位于千代田城西边的"山手"。这个地方被划分为三个区域，内有七座山，五道山谷穿插其间，是这座城市最宜人、最理想的居住地。山脊道路在山顶上延伸，山峰之间以环状道路相连接，而支线道路则显示了作为大山支脉的小山丘的走势。大名、德川家旗本、普通步兵的居所分布，同样体现了这种等级差别，占据高处的主要是大名的宅邸。由于地形变幻莫测，居所分布不可能完全保持一致，但看上去胡乱拼凑的布局，实际上却都按照一定的尺寸来安排，所有事物都有标准，包括大名的宅邸，都是在360×480×720英尺的网格内修建的，在帝制历史伊始之时，这个尺寸曾用于京都的区划。[16]

大名屋敷的面积可以很大，有些还成了名副其实的自治地。屋敷的大小和位置，与藩的石高、大名在德川幕府等级体系中的地位相对应，而决定后者的，是其祖先在统一战争中的英勇表现，至少对于谱代大名来说是如此。最大的藩是加贺藩（也称金泽藩），藩主前田氏获得的屋敷在19世纪时改用为某所官办大学的校区，占地广阔，这就是今天的东京大学。明治改革时期，这些地方被皇室收回，版画上显示的其他的大屋敷，也都逐一变成政府办公楼、公馆和权贵住宅。幕府的禁奢令规定了中央大门和侧门的具体尺寸，以此表明大名的身份地位。大门也是按某种测量单位、依照一定的规格修建的，而负责设计的木工大师如同众多工匠的"主君"，指

第五章　城市化和交通

挥工人队伍的工作。[17]整个屋敷都被墙包围起来，很多墙都是双重的，形成所谓的"长屋"，供藩武士居住。早期的欧洲城市里，贵族会在大宅前留有一片公共广场，从而令人眼前一亮。而江户的大名，若是能负担得起也有足够空间的话，则会在围墙内修筑一个田园般的庭院。精心设计的园林景观常常复制自中国或日本的著名自然美景，是后者的小型版。因此，江户的高地一带绿意盈盈，园林遍布，令人备感舒宁，这样的地方自然是禁止普通百姓入内的。[18]大名藩邸内的生活仿佛是他自己属地的延伸，而且，由于江户的屋敷集中了各个地方的人，萨摩、土佐、新潟一带的方言甚为流行。藩邸一般都十分雅致，带有供手下使用的附属建筑，办公地、库房、马厩、学校、运动场、仆人居住区一应俱全，有时连牢房都包含在内，因为大名的手下只能由他自己进行审判、处置。

　　大名在江户的时候，每隔一段时间就要去觐见将军。这并不是私人会面，而是一种要求，通过礼敬的方式表示效忠。在给留居江户的大名安排会客室的时候，会根据其身份地位分成七类，每一类都有自己的厅和位置；第七类即最后一类是个大类，人数庞大，这类大名的石高都在3万以下。会面结束后，大名及其家臣回到自己的屋敷，继续过着"光荣孤立"的生活。大名可以在此接待家臣，在不同的季节举行相应的传统仪式和庆典。大名之间也会交际（有材料记载，土佐藩的藩主从高知城召来一名陶工，让他为其他大名展示自己的制陶工艺），但不像欧洲的封建领主那样，举办各种耀眼的节日和沙龙。某些谱代大名觉得自己如同幕府的行政官员，从官方任命的情况来看，这些职位往往由同一个家族出任。等级最高的大名是日本西部的外样大名，但在幕阁中他们的人数很少，整体上没有得到充分的代表。幕府批准的话，藩的行政官员可能会在其他藩邸里，为主君寻觅婚姻伴侣；但总体来说，大名之间几乎没什么交往，这一点让人惊讶。他们更倾向于在屋敷内构建一个尽可能满意的、熟悉的世界。退了位的大名常常会待在江户，有时住在次等的宅邸里。17世纪中叶以后，除了原有的屋敷以外，大部分藩开发了别的房产；到18世纪时，平均每个藩都有三处宅邸，分别称为"上屋敷""中屋敷""下屋敷"。[19]藩也会另行购买土地，作为办公场所或安置藩的办事人员，这种情况并不少见。重要的藩大部分会将自己的"下屋敷"设在靠水的地方，以便将食物及其他物料运输进来。"下屋敷"的某些区域可能会紧靠着围墙环绕的藩邸，甚至不在这里面。[20]随着相关限制有所松弛，藩开始将自己获赐的土地拿去买卖、交换。有些藩的机构十分庞大，所需的空间必定相当惊人；以长州藩的毛利氏为例，他们在江户就有5000多人。

等级越低的人，和别的地方的人打交道的机会就越多。藩的行政官员要处理宅邸维护、幕藩关系这类问题。大名不在江户的时候，相关事务就交给留守居役负责。这些人甚至组成一个略具形态的"理事会"*，甚至有人认为，这个理事会日后有机会发展为某种代表大会，但我们对它的了解大部分仅限于幕府的训斥，幕府责骂这些人大多时候在设宴玩乐而非出谋划策。级别最低的武士往往会跟不同地方的人来往。无事可干的时候，他们有武术学校可去，有家庭收支问题需要操心，还有娱乐场所可供消遣。

对于武士阶级以外的人来说，藩邸是高贵奢华之地，那里的职位十分抢手，但很难进去。我们之前提过一位19世纪的日记作者弗朗西斯·霍尔，他就写道："江户的屋敷，或者说世袭贵族的宫殿，雇用了一大批女侍，这些屋敷的每一位女侍都环绕着一群女仆，女仆们过着无所事事、豪华舒适的生活，这是许许多多淳朴的农村少女梦寐以求的工作，她们知道自己将会在藩邸里学习艺术、培养才艺，为自己的身份增光添彩。"[21]但要进去并非易事。森鸥外讲

---

* 称为"留守居役组合"。

第五章　城市化和交通

述过一位14岁的少女向某个藩邸求职的故事。这个女孩参加笔试，"按照三十一音节的古典诗体创作日语诗歌。考官是一名高级女侍。一个砚台，一支毛笔，一张正规的、带花纹的纸，放在了［应试者的］面前……"考试通过以后，"她立刻被任命为中老（这个称谓，我们在谈封建官僚制度时提到过），即中级女侍，被分配到主君的起居场所，还肩负着［主君妻子］私人秘书的职责……"凭借这一身份，她"拥有一间三居室，有两名女仆"。但是，她的薪水极低，还要支付女仆的酬劳；为了让她来这里，她父亲付了一些代价，而她之所以来，实际上是为了接受培训，为以后精致高雅的上流生活做好准备。[22]

旗本、普通的幕府士兵在数量上必然要比大名多得多，但他们的屋敷很小，远不及大名。最近一项研究提到，"几乎所有经过武家区域的道路都还静静地保持原样。这些地方最值得一提的是其出色的规划。笔直的道路划分出统一整齐的街区和地块，穿过这些基本完整独立的单元，这样的例子比比皆是"。[23]跟那些需要参勤交代的精英不一样的是，这些武士是江户的常住人口。当然，由于他们的等级、俸禄存在差异，其住宅也各不相同。对于一位高等级的旗本来说，他的宅邸在大小、环境方面，或许跟一位不起眼的大名差不多。至于等级更低的人，他们的住宅都挤在一起，街道或街区（町）的一侧便有二三十间房子。这样一个町就是一个市政单位。在德川时代的绝大部分时间里，为了控制人口的出入，町的两端都设有木门，防止外人进入，每到晚上，木门就会关上。对于特权阶层来说，江户属乡野之地，空间比较开阔，可以建造花园、种植草木，只有等级最低的那些人，才会连种几棵菜的地方都没有。

借助道家的堪舆术，城里的某些地方被挑选出来用作宗教用地，这是保卫江户的一种方式。三座规模庞大的护城寺庙建筑群拔地而起，地处东北这一大凶的方位（上野）；德川家的灵庙增上寺位于芝，守卫着西南一带；还有浅草的浅草寺，其中心建筑是北部的观音寺。这些区域，以及河流、水道的岸边，跟江户一样，逐渐成为"公共"或"共有"土地，浅草寺一带兴起一大片商业娱乐区，环绕着中心寺院那座慈悲的观音像。[24]

这样一来，江户只剩下15%的土地，供过半的居民使用。普通百姓聚居在一些山谷、峡谷内，与精英阶层所在的"山手"相区隔，很快，服务行业就在这些地区发展起来。随着现代高速公路的开发、高楼大厦的建造，这些地方大部分已经消失，保存下来的有两处，一处是位于河流交汇点的二重桥，一处是芝附近的一条道路，这里聚集了大量商铺，麻布的鸟居坂周围建有一批藩邸，这些商铺就是为这些藩邸提供物资的。到了晚近，随着藩邸所在的大名屋敷陆续被酒店、公寓、大使馆占用，商铺转而与这些机构做生意。

大多数百姓挤在深川、日本桥这些低洼地区的窄巷里，这些地方原属于江户湾或农田，后来被改造或开发成居住地。这一带成了所谓的"下町"，聚集了上千名工匠、手艺人、小贩、商人。地块的尺寸相当标准。主干道两侧分布着一栋栋二层商铺，商铺后面的空间比较长。在临街的店面背后，伫立着一排排房屋，房屋被隔成两居或三居室，有的是一居室，供贫穷的工匠和工人居住。房屋外有一个公共厕所，既是水源所在地（水井或供水的地方）也是排泄的场所。房屋背后的街道可能也挤满了商铺。临街楼房的所有者或出租人向这里的住户收取租金。临街土地的所有者，具备所在町的成员身份或"株"，对这个町的内部事务承担一定的职责。町门常常会关上，将街道封锁起来，以便实行宵禁、确保安全。

不过，有一个安全问题却让政府束手无策，那便是火灾。整个城市都是木构建筑，加上百姓居住区巷窄路狭，一旦起火，就会造成恐怖的灾难，后来人们常常称火灾为"江户之花"，也不无道理。

第五章　城市化和交通

火灾发生的时候，无论是什么身份、等级的人，都无法幸免，要是遇上旱季的冬风，大火便会蔓延到整个城市。对于藩来说，一旦发生火灾，江户藩邸的维护费用就得翻倍，维修、重建的材料还要在当地购买或通过海路运送过去。德川幕府统治的266年间，土佐藩的上屋敷（位于锻冶桥）就遭遇了18场火灾，而芝的中屋敷曾12次被焚毁。这些火灾中有4次是受全城大火的牵连。商业区在两个世纪中遭受了31次火灾，即便是将军的城堡，也曾七度受重创。

这些火灾中最严重的一次或许是1657年的明历大火，这场大火和1923年的大地震、1945年B-29的大轰炸一起，并列为这座城市历史上的关键大事。关于此次火灾，詹姆斯·麦克莱恩（James McClain）有过很好的描述：

> 1657年即明历三年的一月十八日，过午不久，火灾首先在本妙寺发生，这是一座不起眼的小寺，坐落在江户北部边境的本乡。到下午晚些时候，大火已经遍及本乡，汤岛一带已经烧毁。火花飞溅，火苗蹿过护城河、水道，将城堡北部的数十处大名屋敷夷为平地，好几百个旗本建筑群瞬间被摧毁，神田川沿岸密集分布的商人房屋沦为焦土。入夜不久，风向狡猾地一转，迅速将大火吹向了隅田川沿岸的商业区……几个小时过后，小石川的一处武士住宅里由于做饭不小心而起了火，进而导致第二天的灾难。风势依旧猛烈，很快就将火苗吹成了又一场熊熊大火。首先遭殃的是几处大藩邸，然后火焰蹿进了江户城内，吞噬了中央主楼的大部分建筑，高耸着、象征将军财富与权力的那座雄伟的天守，也被烧毁殆尽。[25]

接着，麦克莱恩引用了17世纪的作家浅井了意的话：

人们涌出居住区，希望能躲避这场迅速蔓延的大火。家中的箱柜被弃之不顾，堵塞了街道的十字路口……烈火之苗喷入拥挤的人群当中，人们互相推搡……桥塌了下来，顿成废墟。大火把人们围困在里面，他们先是冲向南边，然后又回到北边。他们无助地挣扎着，往东走走，往西走走。[26]

火灾结束的时候，死亡人数多达10万以上。160所藩邸、3550所寺社、超过750所旗本和武士宅邸，以及大约5万座百姓房屋，全都化为灰烬。

大火过后不久，江户就开启了重建计划。经过一个半世纪的和平岁月，人们对何为富裕、舒适的标准已有所提升，大名的藩邸往往比从前更为豪华。有的藩原来除了主宅邸以外没有别的房产，如今都另建了宅邸。为了防止大火再度发生，幕府尽可能重新调整一些安排。很多寺院都从中心城区迁到郊区一带，城市向北、西两个方向扩张。至于拥挤的百姓居住区，政府尝试对水道沿线、桥梁两边进行清空，制造防火带。但是，麦克莱恩对江户桥的研究表明，幕府的这些措施并没有维持多久。零售商首先申请豁免，他们都想在水边建仓库，好接收船只运送过来的货物。随着零售商的步伐，日益固定化的临时商铺，以及抗灾佑民的寺院，也都开始提出这样的请求；食肆、娱乐门店很快大批出现，戏院、艺人、乞丐随之而来。如麦克莱恩描述的那样，这些事情都是逐步发生的，有一个发展的过程，普通百姓占用了越来越多的土地，而精英阶层的土地随之缩减，但大体上，土地分布的不平均并没有改变。

这种转变在另外两个方面也有体现。江户这一片广阔区域的消防工作原来是由武士专门负责的；大名负责自己建筑物的消防，幕府的家臣则为自己的领地负责。但火灾本身是不分区域的，消防职责的割裂导致灭火效率低下，因此，大名请求幕府允许在大火烧到

第五章　城市化和交通

自家建筑之前出动人员前去扑灭。18世纪初，幕府试图建立一个覆盖全城的权力体系，在这体系之下，各个区域的职责都得到明确的划分。当时的灭火技术，大体上就是将那些可能位于火线上的房子推倒，抽水灭火反倒是其次。随后，专制化和私人化的做法出现，两者并存：普通百姓以组为单位被征募起来承担消防工作，抵作部分税收，至于商人，他们对此发起抗议，但没有成功，于是尝试雇用别人来代替自己。渐渐地，专业的消防队伍开始出现。到19世纪初，这类人员锋芒毕露，宣称自己秉承了德川时代早年的倾奇者传统，每年他们都要展示自己高超的体能，这成了一项节日传统。由于他们有装备，能够推倒火线上的房屋，也被授权这样做，因此他们以此作为威胁手段，对不肯合作的屋主进行恐吓。[27]

　　在供水问题上，普通百姓的利益也逐渐和地位更高的武士阶层区别开来。家康手下的筑城者在设计江户的时候，是以大名城下町的格局为依据的，将防护、安全摆在第一位，所建造的水道系统主要是为了服务武士守卫的需要。为了满足额外的供水需求，江户修筑了封闭的涵洞，将饮用水从江户西部的优质水源地和神田川输送过来，而普通百姓只能在附近巷尾的水井里取水。水井属于公共维护的对象，有人定期清理，以便继续使用。随着武士的"公共"供水系统不堪负荷、水质不佳，上层阶级的人开始在自己广阔得多的领地上掘井取水，而百姓日渐依赖于水质不好但水源较多的"公共"供水系统。维护公共供水系统的责任原来是由武士承担的，如今逐渐落到了商人、工匠这些邻里街坊身上。为了维护供水系统，在江户市政官员的协调之下，拥有私人财产的百姓要缴纳税款、应征劳动。跟防火一样，确保供水安全的工作，逐渐与百姓社会生活中的日常和复杂事务交织在一起。人们疲于从事疏浚水道这类重活，于是有话事权的人提高了社区服务的税费，以便雇用日结的散工来承担这些工作。[28]

江户社会网络的复杂性，反映在了它拼凑式的行政管理结构上。大名负责管理自己的屋敷和家臣。町人的管辖则归由一组町役人负责，这个制度和农村类似，而城市里的町人此前也是从农村里来的。治安组织的力量比较薄弱，也不正规，但有瞭望台、关卡、门的存在，违反宵禁并非明智之举。不过，在江户町奉行的组织下，其整合、强化程度日益增加。通过这一趋势，我们可以对日本社会有更多的了解，因此有必要提及几点。随着城市的扩张、变化，幕府处理秩序和效率问题的方法也开始改变。明历大火发生前后的17世纪中叶就是一个转折时期。18世纪初，将军吉宗的改革负责人、人称大冈越前守的大冈忠相，也给江户带来了重要的变化，面对这座从城下町发展而来的大都市，他极力组织起一套系统的制度来。[29] 第三次变化发生在19世纪初的数十年，人们对社会几经反思，随后迎来了浩浩荡荡的明治改革。

但始终不变的事实是，尽管幕府手下有大批家臣未能充分就业，但它仍保持着能不做就不做的作风，想让个别居民自己解决自己的事务。幕阁不愿意介入那些和政府没有直接关系的争论，只敦促当事人去找到解决的方法。[30] 幕府想要知道人们是怎样做事的，然后让地方官员向下面的人传达幕府的法令和告示，但它并未着手建立一套行之有效的官僚机构。大名的权力机构，如供养他们的藩，实质上是独立自治的。从萨摩藩、土佐藩等地来的"外来"武士，在江户享有实质性的治外法权，但如果闹事者严重破坏秩序，一经上报，幕府和藩的行政官员之间就得协商处理。江户町奉行下辖的治安组织无权在大名屋敷内逮捕任何人，甚至在幕府家臣的屋敷内也不行。幕府的老中负责跟大名打交道，大名在执行规章条例的时候，要跟幕府发布的法规保持适度的一致。幕府的旗本和普通武士下辖于若年寄。寺院归由寺社奉行管理，町人则是町奉行的管辖对象。鉴于町人的人口比例十分庞大，我们有必要对其管理系统作进一步

第五章　城市化和交通

的探讨。

17世纪40年代，不少人在街上惨遭砍杀，于是幕府下令在武家区域内设立警卫室，没过多久，这样的警卫室就多达九百多所。其中有几百所是大名出资、出人力操办的，其余的则由旗本负责。以这些警卫室（可以视为当代日本警察岗的前身）为中心，警卫人员出行巡逻附近的街区，逮捕可疑人士和恶棍无赖。在商业区，町奉行设立的警卫室更是较前者多了好几百所，配备治安官员，这些职位常常是世袭的。这些人要汇报公共舆情、鼓励正义行为，概括地说，就是要补充江户微薄的警力。町人的居住区也设立了警卫室和门卫室，负责看管物品，并在夜间和搜捕罪犯期间确保町门关闭。町人区域内渐渐出现了其他的公职人员。地位最高的是町年寄，定员三人，这些人可以佩带刀剑，并在新年时获将军接见。他们虽然没有薪酬，但被分配了土地，常常会把这些土地租出去。每个街区都有一位名主（这个称谓也用于村落的头领）。这个职位同样成了世袭的位置。到18世纪中叶，担任町名主的大约有250人。在最底层，家庭以五户一组（五人组）的方式被组织起来，由事实上的町人（即拥有临街房屋的人）充当组头，组头要负责确保组内的居民及其依附者遵守幕府法令；他们要为消防、水道系统维护、节庆花销、警卫室、町门等有关事务筹集税费。每组有一个组头，由组员轮流担任。组头可以提出各种申请（例如旅行许可），请求开展调查。

如此一来，就形成了一个权责层层下放的复杂程序，职责从町奉行转交到普通的城市居民手上。用某位作者的话来说，幕府似乎希望"有这么多人参与其中，所有人都会感到自己的责任更重，在实施国家、城市的法令时，所有人都会出一把力"。[31]

此外，跟其他城下町一样，在江户这座城市里，出行时必须多加小心，尤其是入夜以后。这部分是由于等级之别的存在，使得地位高的人可以恫吓地位低的人。一位出身旗本的浪荡子*就在自己的传记《梦醉独言》中描绘道，凭借自己的身份，他可以叫来几个地痞流氓去干架，还常常恐吓邻里左右。某种程度上，他似乎是由于找不到工作备感沮丧，才有此举动。他写道："一次，我在某个房间里等着，和大草能登守†的与力神上弥太郎发生了很大的争执。在三人——留守居役神尾藤右卫门及其手下目付石坂清三郎，以及同心汤叶庄十郎——的劝阻下，我才放走了他，没有把这件事报告他的主君。争执大概持续了两个小时。"等级更低的人，其遭遇更是糟糕。"……我们一路上挑事打架，就这样一直走到两国桥。那天晚上，我没有什么特别的事要做，于是回家去了。"

凡是有点身份的人家，出了这么一个犯事的人，就得准备好监禁的措施。[32]《梦醉独言》里就有这样的记载：

> 一回到家，我就看到一个足足有三张榻榻米那么大的笼子，放置在客厅的中间。我被猛地推了进去。在笼里的时候，我摇晃笼条，不到一个月，就找到办法移开了其中两条。我也反思自己过往的行为，然后得出结论，所发生的这一切都是我的错。[33]

私人采取的这类惩罚和预防措施，终究难以替代一个治安良好的社会。到了德川时代晚期，权力结构已开始失效，明治年间的教育家福泽谕吉曾回忆道，自己在跟一群研习西方知识的同学度过一个愉快的晚上后，是如何乘着一片朦胧的夜色回家的。时间不知不觉地过去了，所有客人都没有察觉。由于排外情绪逐渐高涨，他们感觉自己处境危险。刀剑随时会砍过来。

---

* 胜小吉。
† 此处的"能登守"与后文中的"与力""留守居役""目付""同心"皆为武士的职位名称。——编注

第五章　城市化和交通

　　主人赶紧过来，为我们在附近的河上雇了艘船。我们坐在这艘不令人起疑的船只里，沿河流、渠道漂流到城市的各个角落。住在附近的人最先下船，随着船只靠近家的位置，人们一个接一个地上岸。最后，一名叫户塚的老医生和我一起，在新桥登陆。户塚朝着麻布的方向走，而我则走回新钱座。

　　这段路程不足两公里。一个小时过去了，正值半夜时分。冬夜里冷冷清清，一轮明月当空悬挂……一个人也没有出现，彻底的寂静。但我记得，每个晚上都有流氓四处流窜，在某个黑暗的角落里砍杀倒霉的人。我卷起宽大的裤腿，以便在发现不对劲的时候，可以拔腿就跑，还能跑得快。

　　突然之间，他看到一个家伙向着自己走过来，这个人的身影"在月光之下显得十分高大……如今我们有警察作依靠，还可以跑到某个人的房子里躲一躲"，但当时并没有这样的条件。福泽谕吉心里一想，已经无路可退了，唯有咬咬牙挺过去，于是走到路的中间来。让他错愕的是，这个人也做了同样的事。他们两人走的路线十分靠近，即将相撞。

　　每走一步，我们就越靠近，最后我们进入攻击距离之内。他没有退缩，我也没有。就这样，我俩擦肩而过。刚一错过，我就跑了起来。我不记得自己跑得有多快。在跑了一小段距离后，我回过头来，脚下还跑着。另一个人也在跑，朝着他那个方向……他肯定吓坏了；当然我也是。[34]

　　这个故事所处的，自然是一个动荡不安、危机四伏的特殊时代。它说明了以下几点：治安保护缺乏，武家区域尤甚；船只被用作交横行通手段，穿行江户各地；恶棍无赖横行。我们在德川时代的版画上经常看到篷船，船上挂着灯笼，载着醉醺醺的客人和衣着艳丽的情人，远方绽放着庆典的烟火，气氛一片欢乐，这些人正前往游廊，即将度过笙歌曼舞的一夜，不过，福泽谕吉的回家路线却是在江户的另一边。

暴力横行、法纪不存、私人监禁、驿站、助乡，以及不时暴发的朝圣热——这些朝圣之旅鼓励了虔诚，也助长了放荡、轻浮之风——所有这一切都为近世日本社会的面貌抹上了色彩。而在此背后是某些关系链的持续发展，在这过程中，日本走上了有别于大多数国家的道路。

第一点是城市发展的巨大规模。由于某些政治措施，武士被迫在城下町和城市里居住下来，使得大量精英集中在全国各地的行政中心。为了满足他们的需要，服务行业应运而生，正因为如此，城下町、城市迅速成为地方、区域乃至整个国家的制造业中心、贸易中心和商业中心。当德川时代的第一个世纪即将过去之时，基本上，每一个藩有将近十分之一的人口聚集在这类中心城市里。

第二，在参勤交代制度下，武士阶级的顶层精英成为一群不停来回流动的人，他们的生活永远都在旅行和准备旅行的循环当中。参勤的主要道路上兴起了一批旅店、商铺，大名的出行为它们带来了利润。江户政府为了满足自己的需求，发展了一个交通网络；江户成为整个国家的神经中枢，在这里发生的故事、关注的焦点，随着大名的行列一路传播，他们从藩邸中鱼贯而出，回到自己起始的地方。

第三，参勤交代制度对藩、地区和国家的经济产生了显著的影响。中心城市居住着庞大的人口，他们需要食物、原材料，其需求量还持续增长。大名要出售中间人所征集的部分税米，菜商需要搜罗农村一带寻找货源，农民则要用城市里的排泄物给自己的田地施肥。从村落到藩，日本上上下下都不再那么自给自足，反而更习惯于交易。

第五章　城市化和交通

　　第四，地方文化和都市文化的交流，促进了国家文化的发展。在参勤交代制度之下，数千名出行人员对途经的各藩有了一定的了解，比较和评价的基准得以形成。他们回藩里的时候，还将自己在首都获得的物品和习得的知识一并带了回来。中心都市里有着教授各色各样知识的老师，从剑道到儒学一应俱全，渐渐地，这些老师开始在地方上有了自己的门徒，并吸引各地学生前来。战国大名的后代逐渐蜕变为城市贵族，茶道和书法的造诣成了他们引以为傲的资本。朝鲜朝廷在挑选出使日本的使节时小心谨慎，保证使节的文化素养足以匹敌，而到了这时，日本也有了类似的做法，开始确保自己的江户宅邸里有这么一些人，他们在和平技艺的素养上不落于人后。

第六章

大众文化的发展

17世纪时，文学和文化呈现一种自上而下的传播趋势，城市的居住分布也体现了这一点。城市方面，武士聚集在主君的居城中，为了满足他们的需要，仆人、工匠、商人被招过来，这种聚居的先后关系，使得城下町形成一种独特的地形布局。文化素养和文化活动方面，也大体呈现出类似的发展特点；战国时代的武士一般没接受过什么教育，读写能力贫乏，到了德川时代之初，将军及大名下令，武士必须注重文化素养，同时要兼顾武术修为；城市生活进一步加强了这种趋势，到该世纪末，至少绝大多数武士具备一定的读写水平。新兴的城市社会，以及随着新社会而出现的人和物的流动，不仅让人获得学习读书写字的机会，而且对于越来越多的人来说，读写渐渐成了不可或缺的一项能力。宗教箴言、道德劝诫、行为规范，以及从商务农的窍门，都被印成了书籍刻本，在全国各地流通。由于民众的宗教和户籍（为了确定租佃份额和税收）情况需要定期登记，最基本的假名知识得到进一步的普及。在大坂、江户两座大城市附近，这种对读写能力的需求最早引起关注，也最为紧迫，而普通百姓的大众文化也正是诞生在这两座城市里。到该世纪末，新的诗歌形式、阅读品位、戏剧表演纷纷登场，标志着一种现代民族文化的到来。

第一节　统治阶级的教化

德川时代的头个世纪里，幕府所在的首都江户，以及分布于交通路线上的城下町，都居住了大量的武士，他们的宅邸占据了城市的大部分面积。武士阶层在历经数十年战争洗礼后，已经是一群嗜血之徒，要将他们转变为文明政府的得力代理人，还需要一段时间。主要的大名大多识字，但有一些只是勉强能读能写。例如，土佐藩早期的一位藩主就因为喜爱儒家的《孝经》而遭人嘲笑，也没办法向别人解释《孝经》其实可用于治理国家。家康意识到有必要教化自己的这帮武士，当时已有一些图书室供研习先例之用，现在大可以将它们利用起来，家康还觉得，应该让自己的家臣尽可能都具备读写能力。可直到1715年，只有20个藩为藩内的武士设立了官学。一般只有上层阶级的子弟才能从私人教师那里接受早期教育，但有时候，寺院的僧人也会以小班的形式授课。不过，到了17世纪末，连作家井原西鹤也指出，不识一丁的武士是被时代抛弃的不幸之人，他还一口断定，"这世上没有比不会写字更丢脸的事了"。[1]

年轻武士首先需要掌握的阅读和书写材料是一些说教文，摘选自某些论述纲常伦理的中国经典。除了基本的汉字书法和儒家四书（《论语》《孟子》《大学》《中庸》）以外，他们还要学习仪态规范、茶道，掌握一些基础的能剧的咏唱和敲鼓技能。成人后，他要学习击剑、剑法、骑术、箭术。到18或19岁时，他们已经从武士变成绅士，通晓汉诗和日语诗，在象棋、双陆棋和军事治理方面有所成就。

换言之，在这样一种文化培养的宽松氛围中，这些年轻男性需要掌握的造诣，与西欧上层阶级的年轻男性类似。

同时，教化还意味着安抚。早期，倾奇者不时在城市街头引发暴力事件，幕府不得不加以镇压，种种事迹表明，这些年纪轻轻的流氓是一群危险的惹事精。与其让年轻人在城里大摇大摆、危及百姓生活，还不如让他们埋头书海。1657年的明历大火，在某种意义上是这类问题的分水岭，重建后的江户在格局上远比从前更有秩序。

教化之风在首都江户大行其道，但城下町的年轻武士并没有受多大影响，不过大体而言，城下町也出现了相同的趋势，只是发展得比较缓慢而已。武士要在江户尽职、留居，可以想见，这一点可能激励了武士在这些方面有所精进。到该世纪末，私人教师、剑术道场逐渐改变了武士社会的性质。在剑术道场上，个人的等级不如其技艺来得重要。

无论是在资金来源还是客源上，德川时代的日本都为建筑、绘画、雕塑、书法、戏剧提供了前所未有的沃土。武士资助的寺院建筑、高级家臣在城下町的宅邸、大名在江户的藩邸，这些建筑工程催生了大量的技术工作，在这样的背景下，工匠、艺术家的技艺水平得到进一步的提高。艺术家、建筑工匠获得前所未有的支持。绘师用绘画装饰了寺院、宫殿、城堡的壁面，那些保存下来的屏风依然体现着上层阶级的趣味和典雅。造园工匠也能一展身手，为修复好的寺院、新落成的宅邸打造园林。

新起的宅邸里，私人起居区的绘画往往画的是中国的生活场景，一如典籍教材中所描写的那样。在表现这些题材的艺术家当中，首屈一指的当属狩野派，这个画派在室町时代（足利幕府时期）晚期和战国时代就已引领风骚。织田信长和丰臣秀吉都是狩野派的主顾，进入德川时代以后，狩野派实际上成了官方画派。狩野派的当主狩野探幽（1602—1674）获家康和秀吉私下接见，并被赏赐了一所江户宅邸，就在江户城的大门外，他还被授予了与大名相当的朝廷官阶。狩野派的作坊里有大量画师，大师探幽会给作品画上最后数笔，赋予其狩野派的合法身份。[2]探幽和他弟弟一起，给许多地方的推拉门（襖）作过画，包括德川氏在江户、名古屋、京都（二条城）的宫殿，以及皇宫、家康的灵庙日光东照宫和京都的许多大寺院。老年的探幽还被授予了"法印"的法号，这是绘师所能获得的最高称号。狩野派是将军的御用画师，因此，其作品和风格深受大名和高级家臣的青睐。另一画派土佐派（它跟土佐藩之间没有任何关系）就没有那么强烈的汉式风格，其作品具有更加清晰的线条感、动感。精湛的画师有时候会将两种画派结合在一起，或在两个画派各有创作。狩野派和土佐派为精英阶层设立了艺术喜好的标准。

得益于国家太平，统治阶级大兴土木，建筑方面获得了源源不断的资助。几乎所有的大寺院都是在德川时代初年重建的。室町时代盛行汉风，宋式门（亦称为"唐门"，即"汉式门"）是其最重要的特色，但重建过后，大部分寺院的建筑风格反而变得更加庄重，不再那么富丽。两个特例或许能说明这个问题。中国禅宗的一个分支通过长崎传入日本，其僧人在奈良附近的宇治主持着一座大寺，是为黄檗宗的万福寺，这座寺院几乎完全秉承了明朝建筑的风格。纵观万福寺的历史，在前半段，住持都来自中国。另一个例子更加有名，那便是家康在日光的灵庙，家康的孙子家光将家康神格化，尊为"东照大权现"，并建设了这座神社祭祀他。日光东照宫用色鲜艳，可以看出在建筑装饰上力求华丽，但日本的普通建筑偏向于使用原色的木材，两者形成明显的对比。东照宫享有与伊势神宫同等的皇家荣誉，而伊势神宫祭祀的是日神天照大神，通往东照宫的大道两旁，种植了由大名捐赠的柳杉。历代将军、朝廷使者和朝鲜使节的队列都曾沿着这条大道蜿蜒行进，前往神社。在日光东照宫，"建筑工匠、雕工极力将整个建筑群打造得美轮美奂，而在建筑内外的用色上，工匠们同样不遗余力。基本色调几乎高亮得无以复加，有火红色、明亮的淡蓝色、金色的高光，黑漆充当着其中的'低音部'；而关键部位则被涂上耀眼的白色，给人带来最终的视觉冲击"。不过，在周围环境的映照下，汉式的华丽风格被削弱了几分。要是在中国，这样一组大型寺院建筑会采用露天设计，以大理石道路环绕。而在日光东照宫，一排排高耸的柳杉投下密荫，将寺院的喧哗声淹没其中，就连回音也几乎没有。[3]

陶瓷方面也取得了巨大的进步。对于有教养的人来说，茶道是必须具备的基本技艺，这就为陶工们带来了机遇，在他们制作的器具烘托下，精心布置过的简朴环境更显质朴无华，令那些大人物能从官场、职务的拘束中抽身出来，在这里稍作歇息。战国时代的每一位统一者，都对那些隐隐散发着天然之美的水罐、茶碗待以极大的尊崇；不少茶具都有自己的名字，在社会顶级阶层中备受追捧，每每被拿来相互攀比。一些陶艺大师创作的作品具有宁静、精致的雅气。17世纪初的野野村仁清或许是第一个在自己作品上标注姓名的陶工，表明他意识到工匠所具有的艺术家身份，这标志着行业进入了另一成熟阶段。他创作的茶壶、香炉在装饰上十分大胆，将新兴统治阶级身上的那种华贵之气进一步烘托了出来。

随着城市需求剧增、人员流动变得频繁，那些规模不大的窑口迎来机遇，可以将自己的产品送往全国各地的市场。很多地方研制出本地的釉色和黏土，使得原来使用木碗的普通百姓逐渐改用陶碗，这不仅对身体有益，还延年益寿。除了陶器，还有瓷器。在九州北部的肥前，佐贺藩的藩主锅岛氏拥有一批朝鲜陶工。16世纪90年代入侵朝鲜的战争结束后，锅岛氏的军队俘虏了一群陶工并带回了日本，这些陶工便成了他的优势。17世纪初，佐贺藩的陶工发现了一处瓷土矿，含量丰富，以此为契机，当地开始烧制瓷器。瓷器生产逐渐成为佐贺藩的一项事业，受到严密的监管和控制。最主要的窑口位于有田，而在距离有田不远的地方，另有窑口生产一种非常特别的瓷器，大名称之为"锅岛烧"，为了防止制作秘方泄露，生产过程被置于军事安全的级别，藩主将这些瓷器作为必备的礼物，送给江户的将军。有田的窑口以明朝的青花瓷具为模板来制作瓷器，这些瓷器经伊万里港，被运至长崎，然后出口到欧洲各地。但有更大一批的有田烧，被送上船只，通过日本沿海贸易路线，到达各大城市，成为人们手中的面碗及各种餐具。

这类器具虽然质量欠佳，但在各大市场上广泛流通，渐渐地，德川时代的社会对纹样和品味形成一种统一的喜好。说"通俗"（popular）文化与"高雅"（high）文化两者截然不同，那多少有点误导性。某些娱乐方式，包括能剧在内，由于幕府有令，自然只有统治阶级才能接触到。类似的，由于花销和制作的原因，最好的瓷器和绘画也为统治阶级所独有。然而，比起小圈子里的事物，那些被大家分享的、流传的，反而更加重要。随着时间的推移，真正的大众文化日渐形成。

第二节　书籍与识字

生在太平国度，不只有武士需要识字。五人组的组头必须知晓法令法规并禀报其实施情况，村役人要登记人口及其户籍所在的寺院并提交相关报告，商人也需要记账。再说，假如人们不认字的话，那些立在十字路口、桥上的简单的劝诫文（高札）就完全没有意义了。经历17世纪最初的数十年以后，日本人能够看到的书籍逐渐增多，宗教的、消遣的、实用的，五花八门，印刷品俯拾皆是，读书写字成了社会所赞许的一种能力，那时的人就在这样的氛围中长大。

起初，官方并没有多少提升民众识字率的动机，某些地方的统

第六章　大众文化的发展

治者更是从来没萌生过这种心思。但他们也很少阻止人们学习读书写字。随着这些统治者日益受到儒家价值观的熏陶，他们渐渐意识到，假如百姓能看懂一些基本的说教作品的话，统治起来会更加便利。德川时代头一个世纪过去以后，百姓的识字率迅速提高，平民学校（寺子屋）的建立反映了这一点。但在此之前，地方上的显要就已经将读写能力视为一种重要的技能。到17世纪末，当诗人松尾芭蕉在日本边远地区游历时，他无论走到哪里，都受到当地村落头领的欢迎，这些人对他有所耳闻，还常常要跟这位著名的来客比拼诗才；尽管才能远远不及，但仍全力以赴。阅读不只在那些有能力阅读的人中产生作用，其影响力超出这个圈子之外。地方显贵、村落头领肩负启蒙民众的任务，引导他们发现自己理应成为什么样的人，这在一定程度上和中国的情况一样，在中国，村中头领要召集下面的民众，当众朗读朝廷颁布的道德敕令。

　　活字印刷术传入日本，或如亨利·史密斯（Henry Smith）所说，这种技术其实是丰臣秀吉的军队从朝鲜"偷"回来的。[4]同时，长崎耶稣会的印刷工坊也在运用这种技术，出版各类作品的译本，从宗教著作到伊索寓言，无不俱全。17世纪第一个十年里，用木活字或金属活字印刷的书籍就有300多种。可到了1626年，印刷工坊却又使用起更古老的雕版印刷术，这种技术很早就为日本人所熟知。日语以汉字为基础，另附两套语音系统，书写系统极为复杂，而雕版印刷似乎更能符合其书写要求。同时，雕版还可以印刷草书和插图。日本的印刷工坊开始印制多种字体的作品，有纯汉字的，有汉日杂糅的，还有纯日语假名的。这些技术最初都从京都、大坂这两座古老的文化中心地发展起来。在德川时代的很长一段时间内，京都是佛教和儒学作品出版的佼佼者，这两类出版物都含有大量汉字。京都的商业印刷迅速增长。到该世纪中叶时，大坂的商业印刷也已形成势头，到18世纪时，这种趋势甚至波及江户和大的城下町。

根据某个权威说法，17 世纪的出版物总数估计达 7200 种，或许每年就有 100 多种；到德川时代的中期、晚期，这个数量可能还要翻个五六倍。

雕版印刷所要求的技能与活字印刷不一样，其中更多关乎人而非技术。首先，由一位技艺娴熟的书法家在木板上写字。然后，雕工要将木板雕刻好，这一步的难度要比前者大。工匠逐渐各有所长，有的善于草书，有的擅长各种正体，有的则工于插图。木板雕好后要上墨，然后印工就可以将湿润的纸张覆盖上去，开始印刷。与西方书籍不同，日本的雕版书籍不怎么重视装帧和环衬，最后的装订步骤相对比较简单，一般由女工在室内完成。雕版印刷的最终成品，远不如欧洲的同类印刷品耐用。印刷用的米纸（rice paper）容易受虫蛀*，但这样一套流程下来，印刷品的生产速度很快。单套雕版能够印制的成品数量，取决于版面的复杂程度，以及所用木料的质量。樱桃木十分坚硬，因此被视为理想的木料。书版上如果刻的是工整的汉字的话，可以用上好几百次，但若是精心刻成的草书，还带插图的话，那它的寿命可就没那么长了。使用过后的雕版可能会被磨平，然后再度利用，但也有可能被储藏起来，以备下次印刷，只是保存期间难保不会变形。史密斯注意到 [5]，在印刷所需的技能、资金方面，日本和西方有巨大的不同。西方的印工需要机器设备和各类字体，但只要东西齐全了，上手并不难。而日本的印工并不需要多少资金，但要接受较长时间的指导，教导内容常常根据行规来设置。木板、刻刀可能不愁不够，但刀工精细、笔尖优美的工匠，却不是一找就能找到的。

值得注意的是，印刷业是由私人经营的。幕府必然保持一定的警惕，确保出版物不会危害自身地位、颠覆公共道德，但它并没有

---

* 日本传统纸张被称为"和纸"，其原料主要为构树、结香、雁皮的韧皮纤维。

第六章　大众文化的发展

对这个行业进行严密的监控，出版内容也不需要获得它的许可。不过，随着读者群体日渐增长，某些禁忌也开始明朗起来。有关基督教的出版物从一开始就在禁止之列，但每隔一段时间，总有法令对此进行严厉警告，"改革"时期尤甚。为了防止耶稣会书籍的中文译本被带进来，从中国进口的书籍都要加以审查。第二种违禁物，则是那些可能会损害公共秩序的出版物。出版物不得谈论时政，也不能讨论有关德川家族的任何话题。第三种违禁出版物则跟公共道德有关，主要是色情读物。虽然不存在审查制度，但这类书籍一经面市，出版方和作者可能会面临伤风败俗的指控。对于这类犯事者，典型的惩罚措施包括销毁书版及其他固定设备，以达到威吓出版方的作用，还会动用枷具，把颈或手锁住，防止作者继续创作。官方希望，这些潜在的后果能对出版业起到恐吓的效果。但事实证明，这些手段很少能派上用场，严重的出版"事故"只在三个时期发生过（分别是1729—1736年、1787—1793年、1837—1843年），都是在幕府倡导改革复兴的时候。[6]

　　年轻人所用的阅读教材常常是说教性质的，这一点跟西方一样；日本的教材结合了儒家训诫和佛教伦理。到17世纪晚期，一种更实用的手册——或者说识字读本——出现了。人们称之为"往来"，这类读物往往以商业词汇和经商窍门为内容。市面上开始出现其他类似的"往来"，教授各色各样的本领，包括怎样耕作、怎样操劳家务。到该时期末年，市面上的这类书籍就有7000种左右。17世纪末，另一种读物《重宝记》开始流行。这类书籍教导读者一些个人技能和社会技能，涉及生活的多个方面，既有给女性看的，也有给男性看的。此外还有各种"节用"集，生活在和平时期的日本所需要了解的知识，在这类书中都能找到；这些节用集收录了书信范本、胜地名录、"三都"地图、日本史纲，以及年度盛事的日程安排。简而言之，这类书籍与西方常见的家用百科全书十分类似。[7]

第三节　大坂和京都

直到 18 世纪，江户才一跃成为日本最大的城市。而在此之前，西部的两座城市大坂和京都，都远比它繁华、先进。江户后来居上，此后这三座城市常常并称为"三都"。在空间的布局与分配上，京都和大坂完全不同于城下町，而江户又是这诸多城下町中最雄伟的一座。城下町是军事中心，超过一半的土地都属于武士。反观京都和大坂，武士的分量则要轻得多；除了幕府和藩派驻在此的一小撮武士以外，其他阶层享有优先地位。

京都是一座古老的都城，即便在德川时代，这里也一直是朝廷和旧贵族的安身之地。公家的宅邸簇拥在皇宫附近，南面是南北向的中央大道，这种布局仿效了中国的都城。城市的边缘大部分是大寺院的土地。桂离宫和修学院离宫这两座皇家园林，分别位于西边和北边，天皇出行之前，哪怕是前往这两座离宫，也需要请示幕府。许多大寺院在 16 世纪的战火中遭到破坏，甚至沦为废墟，此时都得到了修复。工匠、商人的住宅和生意场所位于贵族区的南边，分布在棋盘式的街道上。同一行业的人经常被集中安置在同一街道上，街道显示了他们最初从事的职业，尽管更多时候，街道上汇聚了各色各样的产品和技艺。长期的政治动荡造成了地方分裂的失控局面，每个地方都对自己的神社、寺院与庇护自己的贵族负有责任，贡献自己的力量。几位统一者，尤其是将京都当作自己首府的丰臣秀吉，消除了这种混乱局面，将事情统一起来。京都人的优雅，以及京都物产的精致，是这座城市的名声所在。京都特产里，既有精心制作的织锦等布料，还有精美的漆器、金属器。位于北边的室町冷泉町是商业中心，1593 年的一项调查报告罗列了当地的 59 家作坊和商店，这些店铺的能工巧匠生产各种各样的物品，有油、银、铜、锡、针、丝织品、金纹漆器、剑鞘、盔甲、皮具、刀片、竹帘、毛刷、扇、伞、茶勺、绘画、药、绳。长久以来，京都一直是奢侈物品的聚集地，即便到了这时也一样。[8]

京都更是佛教势力的集中地。净土真宗的一支派别*以阿弥陀佛信仰为中心，深受民众崇拜，在幕府的干预下，这一门派被分裂为东本愿寺和西本愿寺两大教团，每个教团都坐拥一组庞大的建筑群，占据着城市的中心地带。净土宗专于口念阿弥陀佛之名，其在东山的知恩院规模宏伟，并不落于本愿寺之后。知恩院的内部庄严壮丽，具有桃山时代的宫廷风格——西本愿寺那几处著名的天花板，原是狩野永德为秀吉的聚乐第所绘制的，在幕府取得大坂之战的胜利后，聚乐第及其他类似的建筑物，由于与秀吉的那个时代或与他遗留的东西有关，全都惨遭拆除。巨大而肃穆的柱子，支撑着雄壮的屋檐。寺院举行礼拜仪式的时候，念佛之声重复不断，场面宏伟壮观，对此，庄严的建筑环境功不可没。而这一切都是为了让这一大班聚集起来的信徒有所觉悟。"法师静坐着，背后的灯光一闪一闪地立在那裏金的佛坛上。空气中香烟袅袅，随着一百个声音的吟咏而跳动。在那些信徒的想象中，这个画面肯定代表着某种有力的承诺，承诺西方极乐必然是美与崇高的化身，它如此靠近而又如此真实，不可思议。"[9] 日本没有别的寺院可以与之媲美。

修建、维护这些建筑物，离不开众多巧手工匠的心血。在丧失了权力中心的地位后，京都也就顺理成章地成了众人的朝圣之地，并在很长一段时间内保持着这个地位。街上挤满了武士、僧侣、随侍、学生和朝圣者。不像城下町这些行政中心，这里的阶级界限并没有那么重要。幕府意识到，在像京都这样的城市里不乏技艺娴熟的平民高手，于是开始重视起这些人来。大名也一样，他们很多都想尽办法，极力将旧日中心城市的人吸引到自己的城下町里。1634

---

* 本愿寺派。

年，家光减免了大坂、堺、奈良的地税；京都（和江户）的地税在更早的时候就被免除了。幕府对商业也没有多加限制。16世纪那些冗杂的关税、课税都被取消了，町人在军事混战期间发展起来的自治传统，也被幕府利用了起来。

幕府在京都有自己的代表，这是它控制和操纵朝廷必不可少的手段。西边那座雄伟的二条城里，权力的影子无处不在，折射在基座的石工、壕沟的防御工事、城门及内部建筑的规格，以及那幅巨松画作所散发的威严气息上——只有那些地位足够高的贵宾才能从大门进来，而当他们走进这里，首先迎面碰见的就是这幅绘画。幕府派驻京都的所司代是代表幕府与朝廷联系的官员，他就在二条城里办公。德川时代早期，将军还会亲自到京都来，但自从家光在1634年率领30万大军上洛以后，这种拜访就中止了，一直到19世纪60年代，将军才再度前往京都。京都有武士的驻守岗位，但没有供武士居住的屋敷。86位大名在京都派驻了代表或设有办事处，以便搜罗当地的奢侈品、和其他大名进行贸易，但他们自己却从来没有在这里居住过。

京都早年便是出版业的中心，还一直是汉字作品出版的领头羊。1650年前后，由于出行热潮兴起，人们对国内其他地方的好奇心日益浓厚，地图出版迎来了一次高峰。从这时开始，京都的地图都绘制得特别细致，版画不仅将众多商业区（町）一一列明，还附有当时京都的相关信息。[10] 为了制胜，出版商会制作出更加精细、颜色更加多样的作品来。其他城市的地图也陆续出现，大坂和江户的地图更是备受青睐。而且，这些地图是可以出售和流通的，这一点很重要，但很少人提到。而在海对岸，戒备森严的清王朝想必会为这种做法大吃一惊，这样做不就为造反势力提供极大的便利了吗？但德川政权早就没有这样的顾虑，而且远在满人统一中国以前就是这样。

第六章 大众文化的发展

大坂，作为三都的最后一都，跟京都、江户都不一样。凭借港口和商业，大坂这座城市在日本史上一直处于核心的地位。中国、琉球的船只开到这里来进行贸易，然后交易所得的商品又从这里出发，沿着河道前往奈良、京都这两座古都。日本的第一座佛寺四天王寺，就是在大坂修建的。16世纪时，本愿寺派的信徒在大坂的石山本愿寺反抗织田信长，在被秀吉降伏以前，这批教徒一直是平民抗争中一支强悍的传统势力。秀吉将大坂当作军事指挥中心。他在这里修建了一座雄伟的城堡，1615年德川军队攻克大坂之后，这座城堡惨遭焚毁，但随后被幕府重建起来，作为它权力的一个象征。

德川时代的第一个世纪里，大坂迅速成长为日本的经济中心。全国各地的封建领主都可以将自己的余粮水运到这里来出售，大坂成为全国的商品交易市场。领主们从中赚取的利润，令他们得以支付参勤交代制度所带来的种种义务的花销。大坂的市场欣欣向荣，早在德川时代以前，这座城市就有"日本厨房"之称，经过德川幕府数十年的统治后，这一美名更是从此扎根于大坂。大坂壕沟众多，有些还以当地最重要的藩商来命名（如土佐堀），岸边仓库林立。大坂的桥也很有名，河道、壕沟上的桥梁就有150座；修建、维护桥梁的工作是当地居民的一项重要义务。原先，各藩会在大坂派驻一名武士官员作为代表，但这一职务很快就落到那些平民出身的仓库主管身上，这些人被称为"藏元"。有些藏元还掌管好几个藩的事务。有的藩会安排一名藩武士来负责这项业务，但由于大米贸易错综复杂，职业代理人仍旧不可或缺。很多武士都把数目、计算蔑称为"店家的工具"，在这样的价值观中长大的孩子，自然无法与町人同日而语。

各藩在大坂安排的藏元身兼三项要务：贩卖藩中剩余的大米及其他出口商品，为藩中的精英阶层购买诸如武器、衣物、奢侈品等物品，还要以藩代理人的身份向其他商人借贷钱财。大米会在秋季时分运往大坂，放到市场上竞价出售，500 多个合法的中间商获准参与。竞拍者先用白银来支付订金，之后再把余下的款项付清；同时，他们会收到相关收据，作为仓库所存大米的凭证。起初，这些收据被用作 30 日内的支付凭证，不久就变成期货交割的凭证，能够作为商品股来转让、出售。它们有幕府作靠山，可以抵挡违约的风险，于是成了颇有市场的商品抵押物。因此，对于藩来说，大坂的代理商十分关键。他们可以根据预期收入来预付一定的金额，然后这些预付金会被用作长期贷款，利率高达 10% 至 20%。期货市场就这样发展起来了；买家可以投注未来大米价格的变动，这是为了保护自身现处的弱势地位而采取的一种防范手段。这种现时或"现场"的市场，加上期货，为极为复杂的资本主义交易提供了土壤。[11]

大坂的市场为全国的大米设定了标准价格。市场价目通过鸽子和飞脚被传递到全国各地。到 17 世纪中叶，幕府官员对某些市场运作表示不安，他们意识到，这些机制会导致价格操控，或令巨额利润聚集到个人手中。为了维护幕府的利益，大米的价格必须维持在高位，因为幕府给家臣发放的俸禄就是以石为单位的。到该世纪末，纲吉实施改革计划时，没收豪商财产成了尤为重要的目标。1705 年，淀屋家积累的财富遭到充公，人们通过这次事件，看到了一个平民家族竟能积累如此雄厚的财力，令人瞠目结舌。面对商人财富的种种迹象，官员感到困惑甚至惊恐，于是尽可能把它控制在一定范围之内。有时候幕府会发布法令，禁止承兑手形，即期权和期货合同，但基本徒劳。

大坂是一个商业市镇，不存在武士屋敷，而幕府也想让它保持这种形态。跟京都一样，大坂是幕府的直辖城市，由特派官员*进行

---

* 大坂町奉行。

第六章　大众文化的发展

管理，向江户的老中汇报。大坂周边农村地区的税收都分配给了幕府的旗本。

京都与大坂拥有全国数一数二的大商家。它们大多数集中在纺织品行业；不过三井家除了纺织业以外，还有一家货币兑换店。大坂的经济以白银为基础，而在江户，以"两"为单位的黄金才是标准通货，无论是幕府还是藩，都需要将资金从大坂转到江户，而这个核心业务就交由具有相应资质的货币兑换商来承担。

京都和大坂的商店常常是总店，设在其他地方如江户的则是分店。通过这种方式，这些商家推动了商品从生产中心流动到消费中心。纵观当时，这些商店巨头的规模可能是世界上最大的。它们成为城市生活中一道亮眼的风景线，并被当时的版画记录了下来。创建于京都的三井越后屋，后来发展成三越连锁百货商场；白木屋、松坂屋、惠比寿屋及其他几家企业，都有类似的成长历史。

当中规模数一数二的商店，无论在占地还是雇员规模上都堪称巨头。雇员即奉公人一般是年轻的单身男性，寄宿在店里；这类人的数量有时候能上百，在某家商店里，这个数目甚至接近五百。[12]

如果一个商家的架构、组织具有这等规模，那它就可以起到沟通武家和市民社会的作用，像桥梁一样。商家的创始人会给继任者留下家训，详细说明继承的流程，告诫他们应当时刻惦记着家族利益。每个家族都有自己的家训，各不相同。武士家的家训强调公共服务和责任的重要性，而商人往往小心谨慎，铭记自身的地位和利益。家族的继承权有时会转交到某位女性手上，但收养某位男性作为继嗣的做法更为常见。偶尔的慈善行为能够为家族带来好处，但狂热的宗教情绪就如同政府公职那样，有危害家族之虞。与此同时，佛门成了那些无能之辈的收留地。

171

1722年《宗竺*遗书》（摘录）

- 后人要矢志不渝地遵守以下行事准则。
- 家族人要团结一致，共谋福祉。身份高的人要善待身份低的人，身份低的人要尊重身份高的人。家族人谨守家规，家族将更加兴旺。即使一个人广结善缘，但如果他只维护自己的尊严，而不为家族的其他成员着想，那么家族也会不得安宁。如果一个人过着奢侈的生活，而忽视了他的事业，那么他的家族就不会兴旺。
- 当一个商人有所懈怠，他的事业就会落入他人之手。必须保持警惕。
- 以家主的意愿，八郎右卫门一脉始终为家族主脉。因此，即便八郎右卫门的儿子年纪尚幼，只要他有足够的能力，就可以继承父亲的地位成为家主。
- 当家族主脉没有继承人时，可以收养支脉的儿子作为继嗣。如果没有男性，女性可以成为继嗣。
- 虽然原则上是长子继承家业，但如果其行为不利于家族，那么即便他是唯一的男丁，也应将其驱逐，送入寺院；并收养支脉的孩子作为继嗣。如果支脉中的继承人没有能力维持家业或者行为不端，那么这样的人也要被送入寺院。
- 家族成员如果因病不能履行义务，其生活费配额应减少两成。所积累之款项，应留作奖金，分配给其他勤奋工作的家庭成员。
- 一般来说，担任公职的人并不富裕。这是因为他们专注于履行公共职责，而忽视了自己的家族事务。不要忘了我们是商人，和官府打交道只是我们生意的一项副业。因此，令家族事业让位于公职是巨大的错误……
- 信仰神和佛，遵循儒家的教化是人的责任。但是，走极端是不好的。宗教中的极端分子永远不会成为成功的商人……
- 神和佛存于人的心中。因此，不应该向神和佛进献金银并期待特殊的恩惠……应该将其施与穷苦之人，这样做的回报将数以万倍。

改写自埃：Eleanor M. Hadley, "Concentrated Business Power in Japan" (PhD dissertation, Radcliffe, 1949), app.

172 　三井家成立于1673年，一开始是京都和江户的纺织品商店。十年后，它增加了货币兑换和借贷业务；1691年，大坂分店成立。那一年，三井"通过将军委任"（御用商人），有权将幕府的资金收据从大坂发往江户。政府财政代理人的这个角色，可以为自家带来优势，事实上也的确如此；资金可以转换为货物的形式，然后在江

---

* 宗竺即三井高平。——编注

户这个消费中心出售，从中获利。

随着家族利益日渐增长、活动越来越多，一个由分支家族的家主组成的理事会*在京都成立。家主们从小就被教育要将家族利益放在个人私心的前面。和武家的家主一样，三井家的每一代家主都被灌输了家族至上的观念，被教导要将自己视为财产的管家而非所有者。

家训和家法就体现了这种理念。这两者在平安时代一直是贵族的标配，很早就为武家望族所推崇。以朝仓敏景（1428—1481）为例，他一路拼杀，最终成为越前一带的统治者，去世前，他给自己的后代留下17条家训。他警告说，选择帮手的时候，比起辈分，要更看重能力，然后他强调要冷静、节俭，避免卖弄。根据家训，家主要对领地进行全面的视察，要重视"公众意见"。敏景建议："在寺庙、神社或住宅前经过的时候，放慢坐骑的步伐。如果这个地方不错，那就赞美它。如果它条件恶劣，就表达你的同情。这样做会收到良好的效果。"[13]

三井高利（1622—1694）带领家族奠定了基业，在一代代家主的推动下，到18世纪初，三井家的规章制度正式形成。年迈的三井高利曾跟他的孙子三井高房（1684—1748）说起过往的经历。高房是三井家北家的家主，三井家的管理之所以实现正规化，高房发挥了关键的作用。高房将自己听到的故事进行改写，撰成《町人考见录》†。这部《考见录》为三井家九个分支家族的家主所传抄，直到19世纪才付梓出版。这本书围绕着京都约50个富商家族的兴衰展开。高房最感兴趣的是这些家族的衰落，他将这些例子列举出来，好让将来的三井家家主有所借鉴。在他提及的家族里，有超过一半

---

*　称为"大元方"。
†　口述者应该是高房的父亲高平。

是由于借钱给大名而走向没落。别的家族则因为出了败家儿子，这些人以绅士阶层自居，忘了自己的商人身份。高房写道："经观察得知，京都那些有名的商人家族，一般都是在第二或第三代的时候败掉家业、退出这个舞台的。"这样的例子一个接一个，背后的观点呼之欲出。高房接着说："当大人物铺张浪费的时候，他们丧失了领地，而那些地位低下的成员，失去的却是生计。"[14]

关于别人家如何衰败的种种回忆，令三井家的家祖高利开始创立一套家训。经过长子兼继承人高平（法名是宗竺，1653—1737）反复钻研，1722年，三井家的家训正式形成*。1900年，当三井公司已是一家现代企业的时候，他们家还一直秉持着这份家训。家训最最强调的，是三井各家必须要团结在一起。它以家祖的经历和回忆为基础，提出更为笼统的告诫，生动反映了商人价值观的某些方面，因此值得我们多说几句。虽说这些训条考虑的是商人关心的事情，但仍很容易让人联想起武士的家训。三井家的家训详细说明了继承的规则，指出能力理应比辈分更重要。家训警告不得做出任何炫耀或放纵的行为，包括出于虔信而大手大脚地花钱。从投资来看，适当地公开给穷人送礼，也比给寺院、神社布施更有利可图。家训告诫三井家的继承人不要和官府有过多的牵连，否则不仅花费巨大，还有危险。或许，我们可以用下面这句尖锐的话来总结："不要忘了我们是商人，和官府打交道只是我们生意的一项副业。"[15]

很多商人家族的家祖会像高利这样留下遗言。跟每个地方的长辈一样，他们往往会强调自己年轻时如何全身心地奉献，教育后辈要以此为榜样，同时对商人的诚信和价值深信不疑。[16]

像三井这样的大商家都会有一套结构化的官僚组织，尽可能确保雇员具有一定的业务水平，然后才把职务交付给他。三井家的档

---

* 称为"宗竺遗书"。

1610年博多商人岛井宗室的遗嘱（摘录）

- 据说，有些职员会在晚上出门。重申有关禁条的话不必多说……夜间出行是被严厉禁止的。
- 学徒……受商家重视，理应得到良好的待遇，这样一来，他们也会忠于商家。
- 四十岁以前，你都要避免任何奢侈享受，不得有任何超出自己实际身份的行为或想法……不要培养昂贵的趣味，你应远离茶道、刀剑、匕首、华服这类事物。总之，不要携带武器。如果别人送了你一把剑或一些盔甲，倒不如卖了它，换些钱带着。
- 永远不要在商店外面闲逛，或前往那些你没有生意来往的地方……
- 你应该将所有垃圾拿进来，放到房子后面，切碎绳子和小块垃圾，用在石膏里，然后利用长条的垃圾，做成绳子。将超过五分长的木块、竹条收集起来，清理干净，用作柴火……按照我之前的做法来做，不要浪费一丝一毫。
- 购买你需要的物品时要讨价还价，尽可能少付钱，但要记住每一件物品的价格范围……然后，你可以将女仆所需要的物品，按精确数量交给她。
- ……如果你为侍从提供的是一锅大杂烩，那么，你和你的妻子也应当食用。即便你想要吃米饭，你至少也要先喝一小口，不然你的侍从将对这锅杂烩心生嫌弃……
- 即便是财富不多的人也必须牢住，他们生活中的职责是全身心为自己家族及其生意而努力……武士可以依靠自己永久领地的农作物来过日子，而一个商人必然要依靠生意的利润来维生，没有利润，他钱袋子里的钱很快就会没了……
- 无论你在进行什么样的会面，如果接下来会爆发一场激烈争论，你都要立刻离场……如果人们因为你回避争斗而把你唤作懦夫，告诉他们，违反［这项原则］如同背弃誓言。

改写自：J. Mark Ramseyer, "Thrift and Diligence: House Codes of Tokugawa Merchant Families," *Monumenta Nipponica*, 34 (1979).

案文件详细记载了职员的历史记录。和那些记录武士任职经历的名册一样，这些记录记载了每个人的职业生涯，从中体现了商家在职员培训上所耗费的心力。举个例子，1810年14岁的市川中三郎来到三井家充当一名丁稚。他能来，是因为有他父母及几位担保人的担保，这些担保人提供了手写的说明，确保中三郎品性不赖并愿意承担他初期的花销。假如他在五六个月的试用期内没有犯错的话，他就能正式获得奉公人的身份，在随从中处于最低的等级（第114阶）。到18岁时，中三郎接受成人仪式元服礼，晋升到第91阶，在这个位置待了三年后，他成为一名"正式员工"（日语称为"平"）。

中三郎有了这个身份后，等级开始慢慢地往上升，职责也变得越来越重要；中三郎在31岁时当上了役头，34岁当上了组头，37岁当上了支配（第8阶）。1839年，年届43的他成了亲，随后走上事业的巅峰；47岁的他当上了勘定名代（第4阶），最后，61岁的中三郎坐上了头把交椅，这时的他拥有决策权，手掌商店印章（日语称为"加判"）。此后他一直身居此要职，直到1865年69岁的他去世为止。终其一生，中三郎为这家商店工作了56年。[17]

在德川时代的日本，三井家这种规模的商家自然属于例外；家族经营的商店才是常态。在这些大商家的对照之下，其他商家不免相形见绌。一般来说，商家只在一町即一个街区的范围内经营。与村落一样，町的管辖是以同侪合议的方式进行的，町内部的带头成员组成一个关系紧密的团体，通过当面讨论来形成决议。但对于像三井家这种规模的商家来说，其占地、资源和人员都与一般的商家不同，这种管辖方式显然并不可行。像三井这样的商家不是某个町的常住居民，实际上，他们并不出现在这里。为这些商家服务的大批职员也一样，他们大多是离乡背井的人。例如，三井家的职员大多来自京都附近的山代地区。不管怎样，这些商业巨人会崛起、会衰落，这是生活的真相，与那些财力小得多的富商无异。这类故事也逐渐成为通俗小说中最受欢迎的题材。

第四节　元禄文化

元禄时期是指1688年到1704年。在此期间，日本文化发生了关键的转折，因此人们也用元禄文化一词来指代德川时期的通俗文化。正是在元禄年间，坎普费随荷兰使团执行公务而到访江户。也正是在这一时期，幕府将军德川纲吉为了改善社会状况，颁布保护

第六章　大众文化的发展

动物的法令，从而给幕府治下的城镇民众带来了难以承受的重担。同时，在德川纲吉带头下，江户的精英阶层在这十几年里钻研起儒家学问。对于普通百姓而言，这是苦难与繁荣并存的时期。他们苦于法令竟让动物权利凌驾于人权之上。但同时，商贾巨富、大城市的娱乐场所又折射出它繁荣昌盛的一面，这一面是那样耀眼，以至于在几个世纪以后，"元禄"成了经济增长的代名词。不过，这一时代最具代表性的特征，是源源不断的诗歌、散文创作，是蓬勃发展的雕版印刷和歌舞行业。

我们从俳句的发展说起。俳句是利用日常词汇进行创作的诗歌，十分简短。诗人松尾芭蕉（1644—1694）出生于一个贫穷的武士家庭，是家中的二儿子，虽然从小生活在上流社会的边缘，但这并没有为他带来什么好处或收入。他结交了一位权贵，这份友谊曾一度让他宦途顺畅，可后来两人情谊终了，松尾芭蕉移居江户，在水务部门担任一个小官。1680年，他搬到一座简朴的村舍里居住，一名弟子在门外种植了一株芭蕉树，这座村舍因此得名为"芭蕉庵"，而住在里面的人也改名为"芭蕉"。在松尾芭蕉早年的时候，不同的诗歌门派竞相争论和比拼，十分活跃。他和友人热衷于连歌对咏，每人说出两三行诗句，拼在一起，以婉转曲折但有深意的方式层层递进。他的创作逐渐固定下来，以三行为一段，每行分别有五、七、五个音节，是为单个叙述。在这样一个极为简短的行文里，由多音节组合而成的日语几乎没有发挥的余地，只能描绘某个画面或渲染某种情感。因此，能像松尾芭蕉经常做到的那样，在展现日常事物的过程中传递一刹那如同禅意般的灵光，道出万事万物的意义，这真是非同一般的成就。而整个过程中，使用的词汇和场景简单至极，令人惊讶。青蛙跳进老旧池塘时发出的声响，乌鸦站在光秃枝丫上的景象，或在古战场上长出的茵茵夏草，为读者或听众设下某种场景，而场景里发生的其余事情，皆是他们情之所至。诗句中常常会传递多种感官，通过景象和声音来加强情感的力量。

1684年，松尾芭蕉开始外游，先后出了五趟门，每一次旅行都留下一本优美的纪行作品。有一次，他一连几个月都在日本的偏远之地闲游，描绘着身边的景象，创作出引人入胜的诗句，述说着自己的孤独与恐惧、哀伤与安宁。他一路上步行、骑马，没带补给的物资。他没有为了报酬而招收门生，尽管这种做法在当时十分常见。不过，他时不时会出售自己的书法作品。当时，他的名声实在太大，人还没到，风声就已传过去。每到一个地方，他都受到当地头领的欢迎，他们想尽办法来招待这位尊贵的客人。他们常常整个晚上都在交流诗作，当地人的才艺要逊色得多，但他们仍尽力发挥最好的水平，与松尾芭蕉对阵。或许有人会觉得，这样的事情大概是发生在城市中上层阶级的生活中，但实际上，这是在偏僻的山村。通过这一点，我们对地方精英的才能和信息渠道有了更深的了解。

诗歌在日本文化中向来占据着核心的地位，而松尾芭蕉的诗歌自然是这一伟大传统的重要一章。他在一篇名作里很好地表述了这一观点："有一样东西始终贯穿在西行的和歌、宗祇的连歌、雪舟的绘画和利休的茶道里。这些艺术作品的共同点在于，它们追随自然，与四季交友。艺术家眼里看的只有花，心里想的只有月。当一个人看见的不是花，他跟蛮夷无差。当他心里想的不是月，他与鸟兽无异。我要说的是，让自己摆脱蛮夷的束缚，与鸟兽划清界限；追随自然，回归自然！"[18] 几个世纪以后，学者本居宣长（下文会进一步提到这个人）说明了他对诗歌的同一信念，他坦言，那些无法用和歌来表达自己情感的人并非完人，甚至连动物也不如。他写道："即便是虫鸟，也不时叽叽喳喳地哼出自己的曲调。那些连一首和歌都创作不了的人，难道不应该感到羞愧吗？"他还说："每一个人都必须具备感受事物优雅的能力，否则他便没有办法领悟到'物哀'。"[19]

第六章 大众文化的发展

本居宣长的"物哀"是个既简单又复杂的概念，它抓住了关键问题的本质，令人注目。从字面上看，它的意思是"对物的意识"，乔治·桑瑟姆更喜欢称为"为物落泪（Lacrimae rerum），对物的怜悯"；其他人则认为是"对物的怜悯"或者"容易被物打动，对物的这种力量十分敏感"。松尾芭蕉笔下的日常景象最具这般动人的力量，他赋予这些景象以缱绻的深意。无怪乎他的同时代人把他奉为偶像，他每到一个地方都受到礼遇，临终卧床时身边弟子环绕。松尾芭蕉的一生表明，在元禄时代，连日本的乡村都已经受到人文素养和文化的熏陶。

在散文写作上，描写日常生活方面出现了一股新的现实主义，这一趋势堪比诗歌摆脱了形式化的标准和用词。这是一个循序渐进的过程，随着日语读者数量越来越多而流行起来。

德川时代初期，市面上开始出版假名草子，这是用日本假名写成的书籍，远比用日语汉字写成的作品更加通俗易懂。一些老套的爱情故事甚至通过活字印刷术，制作成小开本。但渐渐地，雕版印刷的书籍取而代之，成为主流的媒介。刚开始，说教类的作品是最多的；作者往往是朝中贵人或医师，后来大多是贫穷的武士，其中有些还成为儒学教师和佛教僧侣。假名草子的作者中，著述最为丰富的是浅井了意（1612？—1691），他的父亲是一名僧侣，但被寺院除名。浅井了意靠写作为生，被称为日本的第一位职业作家。[20]他创作了20多种作品，涵盖道德规训、小说、行记等类别。他最有名的作品是《浮世物语》，写于1661年以后。"浮世"一词的含义之所以发生转变，离不开这部作品的重要作用。"浮世"原来是佛教用词，比喻尘世的短暂、变幻。而浅井把它定义为"浮动的世间"，言外之意，"在充满欢乐的时代里，人生的种种不确定令人愉快，在这样一个时代，人们为当下而活，像一只葫芦那样随波逐流，在水面上轻快地浮浮沉沉"。[21]变幻不定，这个名词曾与忧伤、苦痛相关，如今摇身一变，代表此刻那些变化不定的愉悦。这个含义自此扎根在元禄时期及以后的文学、民间艺术中。

1682年，井原西鹤（1642—1693）发表《好色一代男》，主角是一个年轻的浪子，他游历各个妓院娼馆，最后乘船出发前往一个据说只有女人居住的岛屿。一般认为，这本书引领了一种新的小说风格，即"浮世草子"。井原的父亲是町人，但井原自己对家族生意并不感兴趣。有好几年，他游历全国各地。他研究诗歌，以精湛的技艺而赢得名声，在诗歌比赛中凭借作诗速度和持久力而震惊四座。但真正令井原声名鹊起的是他的小说，人们常常对他的处女作大加赞赏，认为它在日本小说里开创了一个全新的概念。这部小说写的是元禄时期町人关心的话题，但用词优美，风格雅致。他用当时的口语体来写作，行文简短扼要、令人费解。他的作品在大坂首印时，销量达一千本。井原写书的速度堪比作诗。有时他也被誉为日本第一位畅销小说家。为了取悦读者，他叙述浪子和妓女的成长历程，语带冷冷的讽刺和超然，而真实直白的场景又增添了一些喜剧效果。一部流通量如此大的作品，自然引起艺术大家的注意，他们为这本小说绘制插图。这本书第一次出版时，井原亲自画了插图，而不久之后的江户印本则由菱川师宣（1694年去世）配图，这位艺术家是推动浮世绘发展的关键人物。随着浮世草子名声渐响，版画大师开始亲自为这类作品配插图，有的版本甚至会将文本置于插图之内。这样一来，元禄文化中文字与图像的关系便变得十分密切。井原笔下的人物像印刷品一样，是二维的，这些人物的显著点不在于其深度或发展变化，而在于其风月场上如同线画和素描一般的形象，他们头脑简单，一心想要在这个合法场所里纵情玩乐，沉溺于其脆弱的美丽和稍纵即逝的快乐。作者时时在读者耳边评点，偶尔发出讽刺的评论，对人物的所作所为假装反对。此时，小说已进入百姓的生活，对于空闲的武士来说，也必然具有不小的魅力。

第六章 大众文化的发展

井原西鹤转而写商人的故事。《日本永代藏》和《西鹤织留》这样的作品告诉人们，金钱是重要的，后代似乎很难保有第一代发家人积累下来的资源。三井高房在《町人考见录》里对自己的继任者作过（严肃得多的）告诫，而西鹤所传递的这些信息可以拿来为三井背书。

继西鹤之后，富家子弟的癖好成了很多作家跃跃欲试的题材。纵观江岛其碛（1667—1736）的整个职业生涯，他与自己出版商的关系从共事变为竞争，最后又变成合作，在其有生之年，他见证了出版业的中心从京都—大坂地区转移到江户。关于他笔下的角色，霍华德·希伯特（Howard Hibbett）这样写道："[这些角色]都是带着讥讽和描摹的意图来塑造的……其碛并非肖像画家：他的长处在于私密的场景，就是浮世绘里常见的那类。在他对浮世寥寥几笔的速写中，他更喜欢将浪荡子、艺人、妓女和普通的町人聚到一个不经意的画面里，这样一种场景，我们可以在[版画家]菱川师宣和西川祐信的绘本中见到。"[22]

德川时期版画大家的成就，是衡量这个时代的另一种维度。假名草子经常带有插图，但插图作者的姓名并没有流传下来。17世纪的时候，岩佐又兵卫发展了一种新的绘画风格，兼纳土佐和狩野两派要素，用以描绘游廓的生活，以及为日常事务奔走的普通民众。渐渐地，这些绘画被称为"浮世绘"。后来的画师，包括上文提及的师宣，在书籍插图中寻获一方天地，为自己的艺术找到新的表达渠道。不久，悬挂式的图画有了自己的市场，这些作品与更贵气的卷轴画（日语称为"挂物"）、屏障画一样，可用于展示；从这时起，画师不再受制于书籍插图这种方式。大幅绘画开始应运而生，满足都市人想要装点自家门面的需求。这类作品描绘的场景多种多样；以一幅杰作为例，它常被认为是师宣的作品，描绘了正在为朝鲜大使和日本官员表演的朝鲜骑兵（1682年朝鲜使团的部分人员）。版画家用作品装扮了诗歌、传统故事，但他们更喜欢为游廓、戏院里的人提供装饰（这部分占了最大的市场份额）。18世纪后半叶的版画作品极尽典雅、臻于至美，后世几乎不可能齐观，遑论超越。

浮世绘令江户时代的町人心生愉悦，给19世纪西方的收藏家带来灵感。印象派画家着迷于浮世绘的明晰、色彩，西方艺术史家也一样——这一点，多少让维多利亚时期的日本人和日本古典学家感到惊讶，因为他们都觉得浮世绘相当粗俗。现在，我们有了博物馆、有了当代的品味，得以对江户时代这些类型和风格的绘画细细进行研究。最好的作品能将线条那种动人之至的精准和优美的装饰设计融合在一起。画中女子没有露出正脸，对于这个部位，雕工除了用寥寥几笔来表现，别无他法；当我们凝视这些女子的时候，她们只能一眼不眨、事不关己地报以回应。我们欣赏她们，但跟她们没有发生关联，有点像西鹤作品的读者看待他作品中的角色那样。我们浏览、欣赏个中的美丽和鬼斧神工，常常品鉴一番，而作品之所以能呈现在我们面前，正是因为凝聚了艺术家、雕工、印工的才艺。

对商人来说，借钱给武士和大名会带来危险，但商人的儿子却养成了在游廓的女子身上花钱的恶习。游廓给江户时代的通俗文化造成了非同一般的影响。每一座大都市都有自己的游廓：京都的岛原、大坂的新町、江户的吉原。德川时代之初，官方建立这些游廓，归武士管辖，游廓内有人员仔细巡逻，确保武士——游廓的客源——不会醉酒闹事。京都和大坂的武士很少，维护秩序不是什么大问题，但在江户，好几千名武士一连好几个月都离家在外，在游廓的常客中，这些人占了一大部分。最初，幕府将江户的游廓设置在市中心附近，明历大火之后，游廓被迁往城市的外围。随着城市的扩张，这些"外围"越来越靠近市区，浅草寺一带成了那些一心想要寻欢作乐、沉湎酒色的狂欢之徒的聚集地。

第六章　大众文化的发展

游廓里的房屋豪华程度不一、花费不一，区别相当大；茶屋、酒馆、食肆比邻。游廓里的女子*在品质上也相差巨大，既有乡村姑娘，被苦于生存的村民卖到这里，过着堕落的生活，但也有衣着华丽、教养极高的美人，她们可能有自己的喜好，十分挑剔。日本是等级社会，游女也有正式的等级制度；京都有四阶，游女总共208人，大坂有五阶，共760人，江户有七阶，根据同一次调查（1700年左右），共有1750人。[23]但都市里还有许多小规模的"恶所"，上面几个数字并没有将这些地方的人包括进去。

最高等级的是太夫，她们从小接受老鸨的训练，学习怎样保持仪态得体、端庄优雅，她们的身边常常伴有年纪更小、等级更低的女孩子，这些女孩实际上就是她们的仆人。她们只垂青于大人物和富人。西鹤及其后继者记录了一场场金钱"灾难"，大商人竞相卖弄，意欲在风头上更胜一筹，而在这些攀比中，太夫扮演了关键的角色。很少有武士能够和大商人一争高下。芳名远播（价格高昂）的美人是版画家关注的焦点。在鸟居清长与怀月堂派版画家的笔下，这些女子拖曳着华丽的裙尾，犹如名妓中的"大名"，给人以傲然自持的感觉。平民阶层和武士阶层对于女性之美的种种理想，在其他版画家及评判记、指南书作者的笔下，多少流露了出来。

儒家的道德观反对放荡的行为，对不受管制的"恶所"更是大加鞭挞，但从整体来看，德川社会对这种交易并没有多少道德上的谴责。对于农家女孩来说，为了服从父母的权威、满足他们的需要，这种自我牺牲的行为可以被视为一种德行，而对于那些出身更好的女孩来说，为他人提供娱乐也许能为她们带来机遇，当上经营者或者获得一位主顾的青睐，从而实现最终的"独立"。日本是一个男性社会，虽说在农村地区和商业区，普通人的家庭结构不像

---

*　称为"游女"。

军事阶层那样完全以男性为主导——武士的家庭里，武家职衔及俸禄都是由长子继承的——但在城市，许多非武士阶层要遵守的社会规范其实是由武家法则奠定的。商人的妻子可能是他事业不可或缺的一员，甚至掌控着财政大权，但根据社会规范，为了体面，妻子至少要在形式上将丈夫放在第一位。婚事是人为安排的。向订了亲或已成亲的另一方公然示爱，属于不成体统的行为。但男性在游廊流连，却可能是他品位和眼光的体现。然而，爱恋之情难保不是灾难的导火索。

这类关系在元禄时代的戏剧中展现得最为淋漓，家庭剧以数一数二的犀利洞见，揭示了义务之网是如何在生活各方面将日本人束缚起来的。情节剧难免有所夸张，这一点固然要考虑到，但戏剧仍不失为社会史的珍贵材料。元禄时期的歌舞伎源于一位名叫阿国的女子所跳的舞蹈，时值关原之战后最初的几年。歌舞伎（かぶき）在词源上指的是疯狂、离奇的行为；究其缘由，这个词跟倾奇者（かぶきもの）这些不受管束的团伙有关，他们都是些年轻的恶棍，穿着不得体的衣服，带着长长的剑，在京都的街道上游荡。阿国的舞蹈模拟表演了一位年轻男子光顾一家妓院并引起轰动的故事。一般认为，阿国在1607年前往江户的城堡进行表演。很快，妓院经营者就在京都的鸭川岸边搭建起舞台，用表演来吸引顾客。甚至连游廊的明星太夫，也一度登台演出。

舞蹈越来越受欢迎，开始有武士在表演过程中打斗闹事，常常造成严重的后果。有鉴于此，幕府下令禁止女人登台演出，只能在自己所属的游廊区域里行动。取而代之的，是一个个由小男生组成的戏团。战国时期，同性恋不仅在佛教僧侣间十分普遍，在武士间也一样。但演出途中发生闹事的情况依然没有减少，武士为了这些年轻男子大打出手。将军家光在其人生最后几年，频频邀请伶人表演歌舞伎，1651年家光去世以后，幕府一度禁绝歌舞伎表演。幕府还曾禁止武士的同性恋行为，但效果不甚显著。

男性表演者并不只在舞台上出现。元禄时期，以舞蹈、音乐、对咏为业的男性很常见，直到18世纪中叶，女性才开始有机会学习这些技艺，她们从小在家族安排下接受培训，成为所谓的艺者。一开始，用来指代这类表演者的名称有好几个，但从18世纪50年代开始，"艺者"这个词似乎就在京都和江户成了标准用法。艺者要接受长年的技艺训练，练习歌唱、舞蹈、诗歌，学习怎样谈吐风趣，怎样在宴会上用游戏助兴。某种意义上，这些都是上流阶层的造诣，习得这些本领的女子也就掌握了能够让她们营业多年的技能，还能常常借此跟客人或主顾联络感情。具体来说，筹备晚宴的主人会向某家会馆预订好位置、食物、酒水和娱乐节目，这样的会馆在京都祇园、江户赤坂等花街里比比皆是。然后，这些豪华会馆会从专门的食肆里买来吃的、喝的，召集表演者。这样的夜晚必将是挥金如土的，晚宴过后，主人往往会另外留下一笔可观的赏钱。艺者的收费是以烧香的根数来计算的，四根香的燃烧时间约等于一个小时。后来，这套制度高度结构化，艺者的雇主、教师对技艺设下很高的标准。18世纪晚期，这些艺者成了彩色版画大师喜爱的题材。到了这时，女性已经是娱乐活动中的关键角色，她们妙语连珠，为这灯红酒绿的夜晚更添几分兴致。[24]

不过，元禄时代的舞台终归是男人的世界。当歌舞伎再度登台的时候，所有角色都由男性来扮演。担当女性角色的演员被要求剃掉头部前侧的头发，就像武士发型那样，以便减少他们的性魅力，但从版画家的作品来看，这样做并没有起效。以游女指南为模板的歌舞伎指南出版上市，还附有演员的先后排名。到17世纪80年代，演员以其才艺之别，被分为三到六阶。从这时开始，歌舞伎中出现一些改编自早年武家故事、木偶戏（净琉璃）及经典能剧的剧目。元禄时期，有些天赋异禀的演员对歌舞伎进行改造，创作出雅俗共赏的舞台戏剧，深受武士和平民的追捧。

民间刮起一股崇拜演员的风气。演员成了歌舞伎的决定性力量，有关他们铺张、招摇的传言和丑闻成为日常的谈资和版画的素材。剧本都是事先写好梗概，然后留待演员进一步确认。表演方式的偏好也不一样，有的喜欢武士的勇猛（日语称为"荒事"，即粗暴的东西），有的喜欢多愁善感（日语称为"濡れ事"，即湿润的东西），在京都、大坂这两个不属于武士的世界里，后一种更受欢迎。为了满足个人口味，歌舞伎的作者越来越频繁地借鉴净琉璃，而净琉璃对剧本的还原程度是很高的。至于叙唱者，他们随着唱词的高低响亮、演奏动作的激烈回缓，有节奏地弹着他的三味线（从琉球引进），这是演出的一大亮点。剧本作者创作的时候，心里已经想着某个叙唱者的长处。这类似于19世纪意大利的作曲家，他们会专门为某位女高音而作曲。越来越多歌舞伎从净琉璃中借鉴题材。这些题材内容广泛，既有"时代物"（历史剧），也有"世话物"（家庭剧）。

元禄时期，近松门左卫门（1653—1724）将戏剧推至了新的高度，达到德川时代的巅峰。他创作的世话物记录了寻常百姓生活中义理与人情的对决。两者之间并非简单的对立关系，因为某个人的义理与另一个人的义理、此义理与彼义理可能是相冲突的。商人有责任落实自己的商业协定，但同时，他还身兼别的责任。剧作家的本领正在于向我们展现，社会期望设定了各种道德准则和传统，一个人要在生活中遵守这些准则和传统，是一件多么困难的事情。社会关系中的义务之网无所不包，以至于它并非何为善、何为恶的抽象概念，反而成了伦理守则的基础。广义上的义理，可以覆盖一个人所处的一切社会环境。[25] 人们可能会因此陷入进退两难的境地，要想摆脱它，往往只有一个办法，那便是逃避，以自杀的方式逃离社会或者逃离生活。一个商人和青楼女子发生一段无望的爱情，爱恋之情让他不顾自己对家庭、债主的责任，和情人双双自杀，被称为"殉情"，通过这种方式，他的爱有了"幸福"的结局，两人或许能在天上重聚。戏中的张力便是在义务和爱情之间产生的，而义务之间也经常处于互相矛盾的状态。在这过程中，近松笔下的角色似乎常常缺乏个性；身处社会之网中，面对自己的义务，他们无望地挣扎，就像蜘蛛网上的飞蛾那样，没有一丝逃脱的机会。

近松笔下的角色——很难说他们是英雄——以激烈的方式捍卫自己的社会名誉不被玷污，就连他们的妻子也一样忧心忡忡，想要保护犯事的丈夫免受惩罚。身为妻子，她们所承担的义理可以迫使她们做出英勇的牺牲。阿三为了填补她丈夫在游廊挥霍的那笔账，将自己的婚服典当了出去，甚至向父母隐瞒了两人窘迫的境地，当初，正是她父母借了一笔钱给丈夫，他才有了自己的店铺。而丈夫呢，尽管郁郁寡欢，但始终不能挥刀斩断不伦的情丝，只能目睹自己的名声、家庭、生活逐渐消亡。那位妓女也没有好到哪里去；她既愧疚又同情阿三，同为女人，她是有某种义务的，同时她还对阿三父母感到懊悔，妓院的老板或承包人要求他们赔上一笔钱。无论从哪一边看，没有谁是赢家；殉情这个做法并不高明，但或许是主角的一个出路，可剩下的人就要遭殃了。[26]

有人或许会想，还有一条路可选——身为丈夫的店主，应该有意识、有意愿地怀着愧疚去行动。然而，近松笔下的那些男性角色，在意识到不可能做到最基本的义理、保持良好的社会声誉后，全都屈服于人情之下。这些男人往往都是一副不争气、懦弱的样子，与毅然决然承担起责任的女人形成鲜明的对比。我们会惊讶地发现，在这个男性的社会里，女性常常在现实中更为强大。或许，自我牺牲塑造了一个人的品格。德川时代，社会在日本人的心中占据着重要的分量，甚至是他们的全部。哪怕是在情人即将殉情的神圣时刻，他们还会想起社会，想象人们将会说什么、怎么想，早上的布告在通报这件最新的丑闻时会怎样谈论他们。

为爱双双殉情，是日本新出现的现象，直到17世纪60年代以后才普遍起来。1712年，幕府发布法令，威胁要对活下来的人施加惩罚，同时禁止小说、戏剧谈论殉情，否则以违法论处，不过这些法令一直没有得到有效的贯彻。一本叫作《殉情大鉴》的出版物就列出十七个殉情案例；殉情男性中，有一个浪人、一个农民、七个工匠、八个商人。町人热衷于这些绯闻逸事，而近松的反应十分迅速，常常很快就将这些风流韵事搬上舞台。曾根崎殉情，发生于1703年农历四月十三，事发第二天就被公之于众。不到几个月，近松的戏剧便上演了。为了戏剧效果，他经常对事实进行大刀阔斧的改编，但仍能明显看出，他所反映的是当时的社会事件。[27]

近松的"世话物"可能夸大了社会束缚对市民社会的影响。而歌舞伎的历史剧，通过描述种种超乎常人的忠行勇举，令武士典范在普通百姓中进一步流传、升华。《忠臣藏》47个浪人的故事是最有名的一个。[28]这个故事是有历史根据的。1701年，广岛的一个小藩赤穗藩（3.5万石）有一位年轻大名*，他受幕府官员吉良义央的指挥，要按适当的礼节来接待朝廷使者。吉良似乎认为浅野的礼物过于微薄，于是羞辱他、辱骂他。年轻的大名一怒之下，拔刀刺向吉良，让后者受了轻伤，浅野随即被拉住。将军纲吉大怒，居然有人敢在千代田城之内对他的官员动武，于是命令浅野切腹自杀，除去浅野家的名分，将赤穗藩改易他人。浅野手下的那批忠臣如今都成了浪人，前途尽丧，决心要向吉良报仇。为了让吉良失去防备之心，他们假装丧失了荣誉感；他们过上浪荡的生活，终日在游廊里流连，对家庭不管不顾。元禄最后一年的最后一个月，某个雪夜，机会来了，他们包围吉良的宅邸，突破守卫，砍下吉良的人头，带着人头赶到

---

* 浅野长矩。

1.细节图。德川家康委托绘制的屏风画,展现了他在关原之战中的胜利场面。一位倒戈的大名的部队向逃跑的士兵开枪;其余人等持剑、短矛、长矛作战。

2. 屏风画细节，描绘了信长配备火绳枪的步兵部队如何抵御骑兵的进攻，赢得 1575 年的长筱之战。

3. 建于 1600 年的姬路城是德川时代早期留存至今的大型城堡建筑。

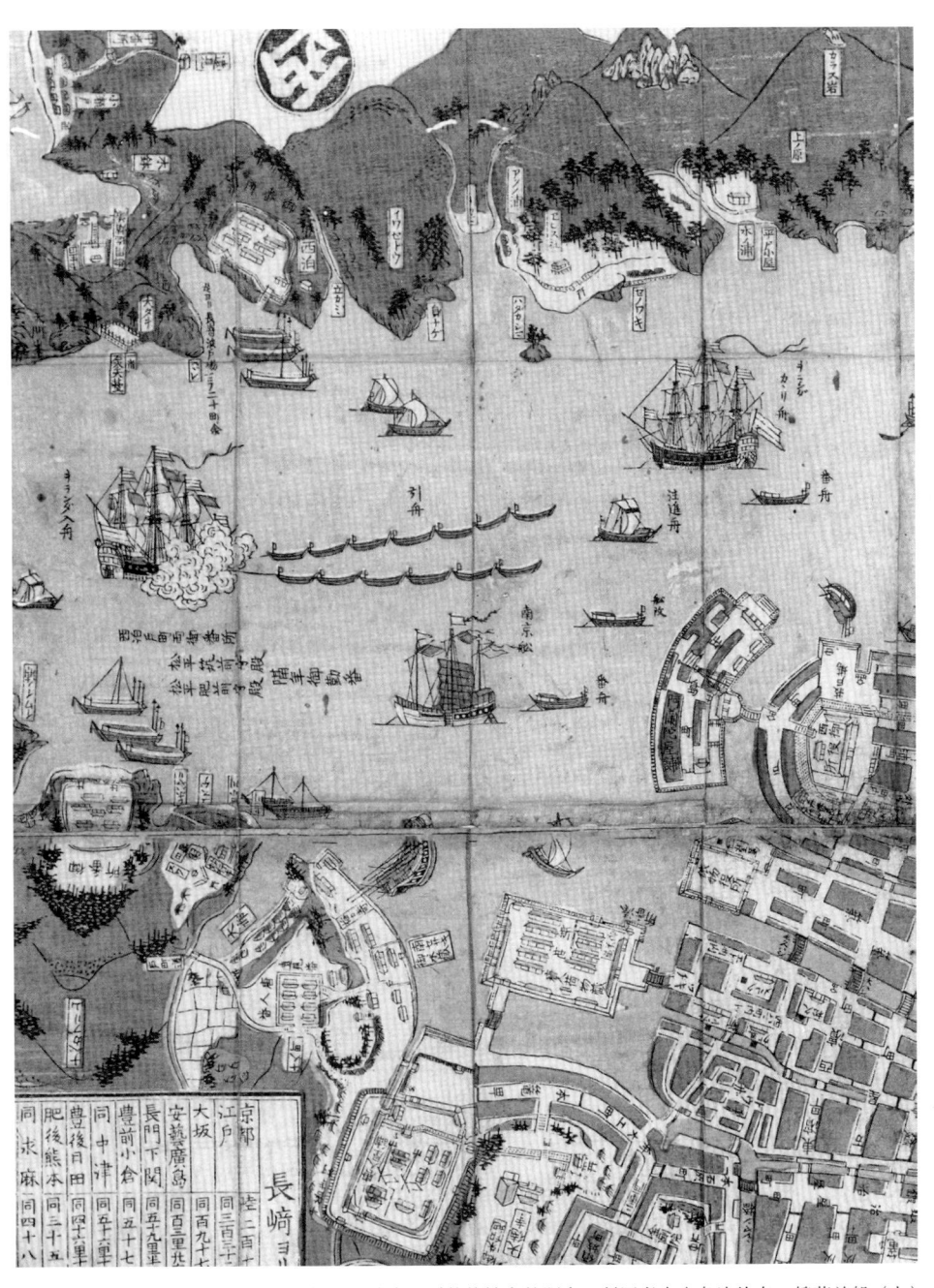

4. 1802年长崎的木刻地图，图注中标示了从这里到其他城市的距离。制图者在出岛边绘有一艘荷兰船（上）和一艘中国船，后者正好在中国人的居住区外。

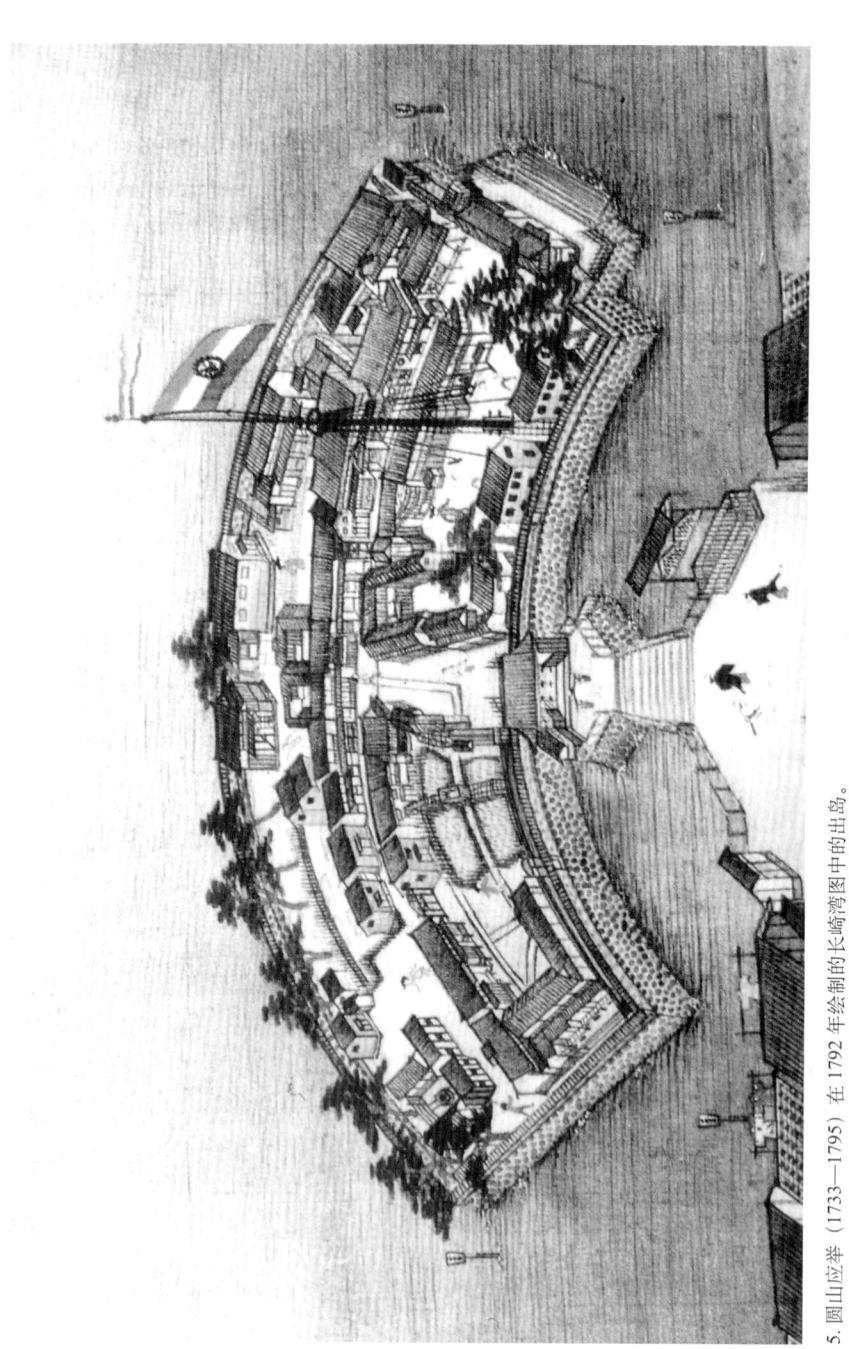

5. 圆山应举（1733—1795）在1792年绘制的长崎湾图中的出岛。

6. 用于亵渎的圣像：踏绘。圣母圣子像被人的脚磨得光滑，这些人被迫践踏圣像，以表明自己不是天主教基督徒。

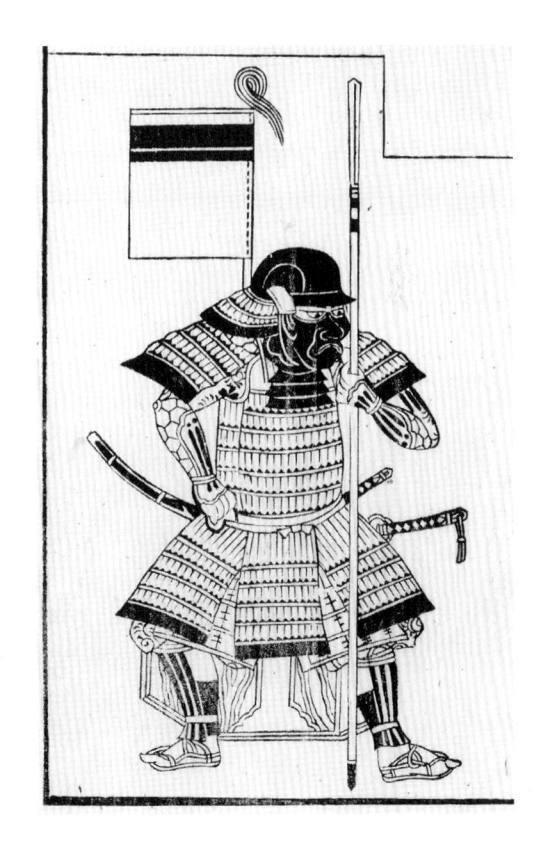

7. 武士的战袍。

8. 初版于1697年的《农业全书》是一本广为流传的重要农业手册。水稻种植是一种合作性的集体劳作。画中的妇女正在种植从公共苗床带来的秧苗。

9. 多年的和平生活，加之接触到城市的娱乐活动，好战的人很快就减少了。在这幅17世纪的画作中，倚着长剑的年轻小伙并没有吸引到百无聊赖的女士。

10. 江户商业中心日本桥的鱼市。

11. 恩格尔伯特·坎普费的素描画，绘制了荷兰人前往江户的情景。而肩负参勤交代任务的大名的随行队伍则要庞大得多。

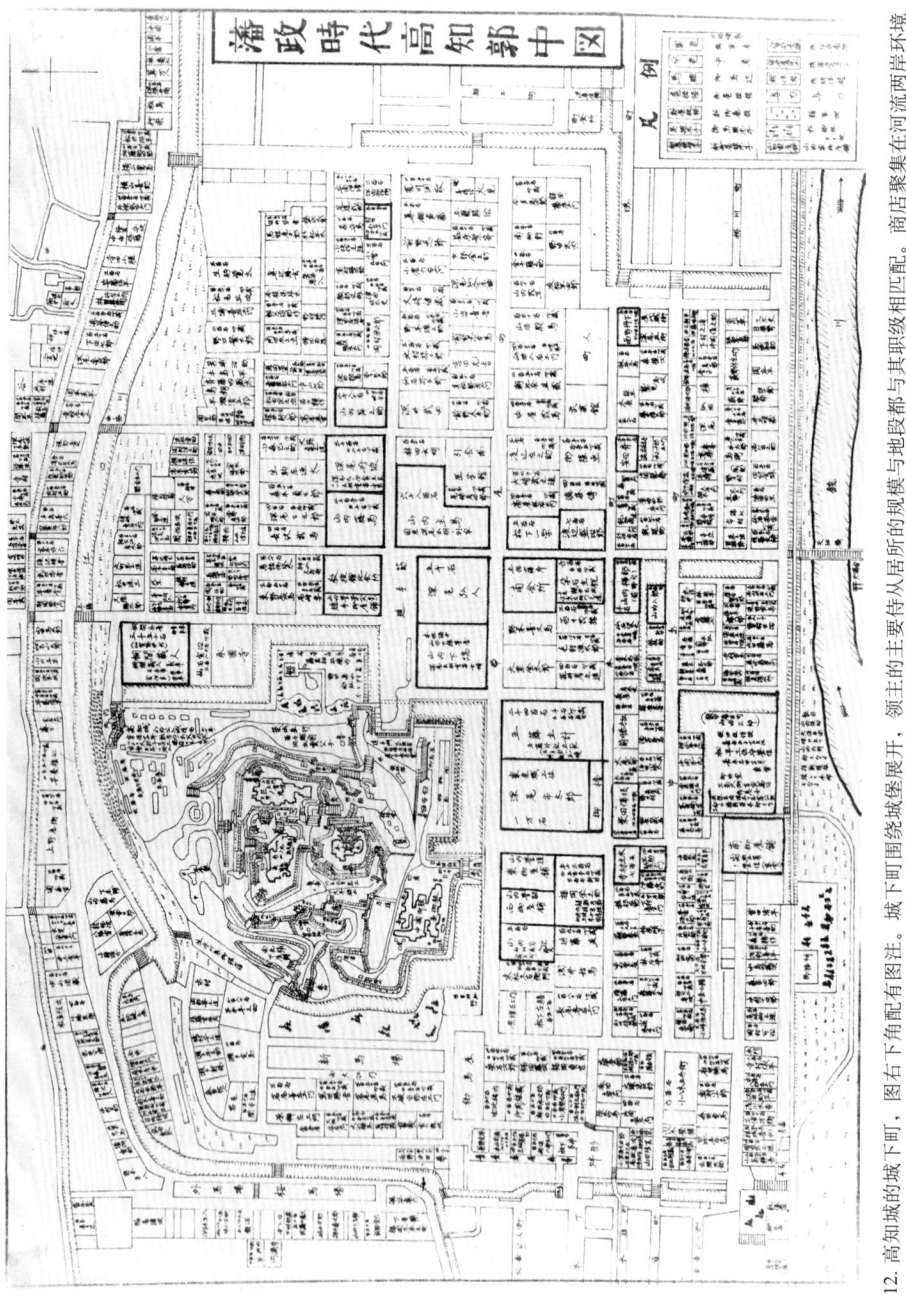

12. 高知的城下町，图右下角配有图注。城下町围绕城堡展开，领主的主要侍从居所的规模与地段都与其职级相匹配。商店聚集在河流两岸环境次等的地方。

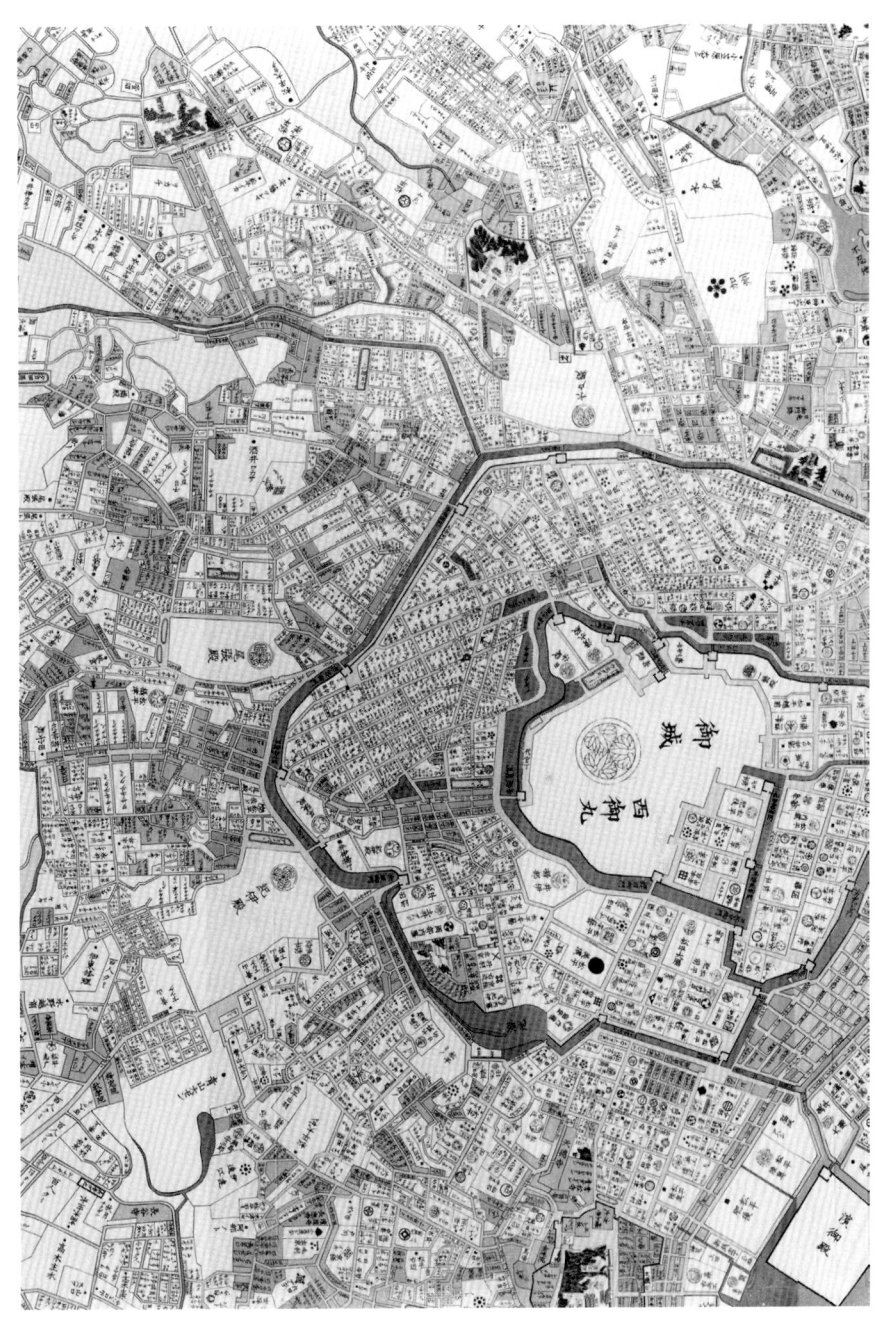

13. 1843年的木刻地图，细致描绘了东京湾以北的江户中部。将军所居住的千代田城，也就是现今皇宫的所在地，俯视着整座城市。城市周围的水道用于商业与私人运输。最大的屋敷属于最大的藩——加贺藩，这座屋敷后来成为现今的东京大学校园。水户、尾张、纪伊这三个亲藩的屋敷围绕着城堡，三者的家徽形似奖章。

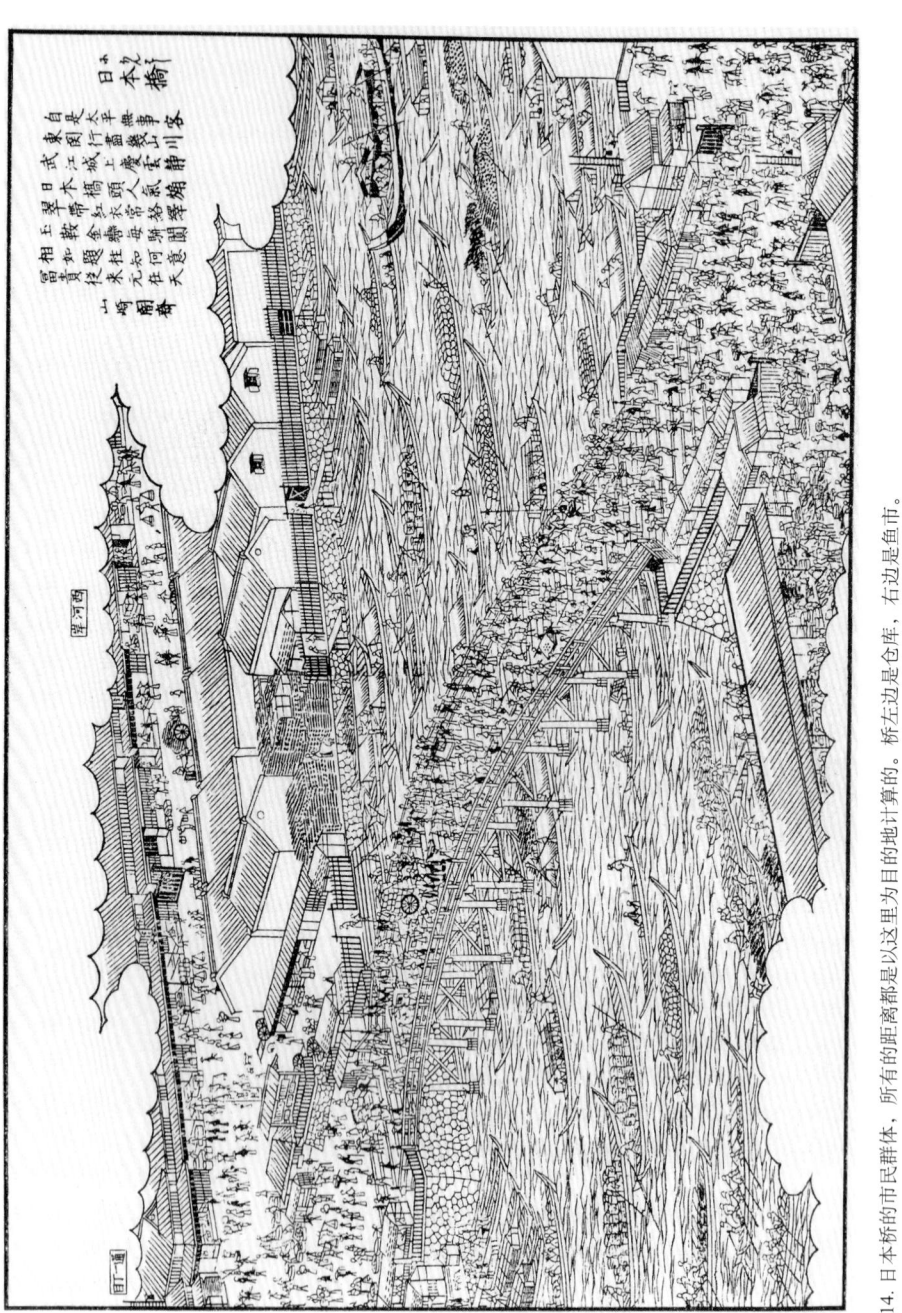

14. 日本桥的市民群体，所有的距离都是以这里为目的地计算的。桥左边是仓库，右边是鱼市。

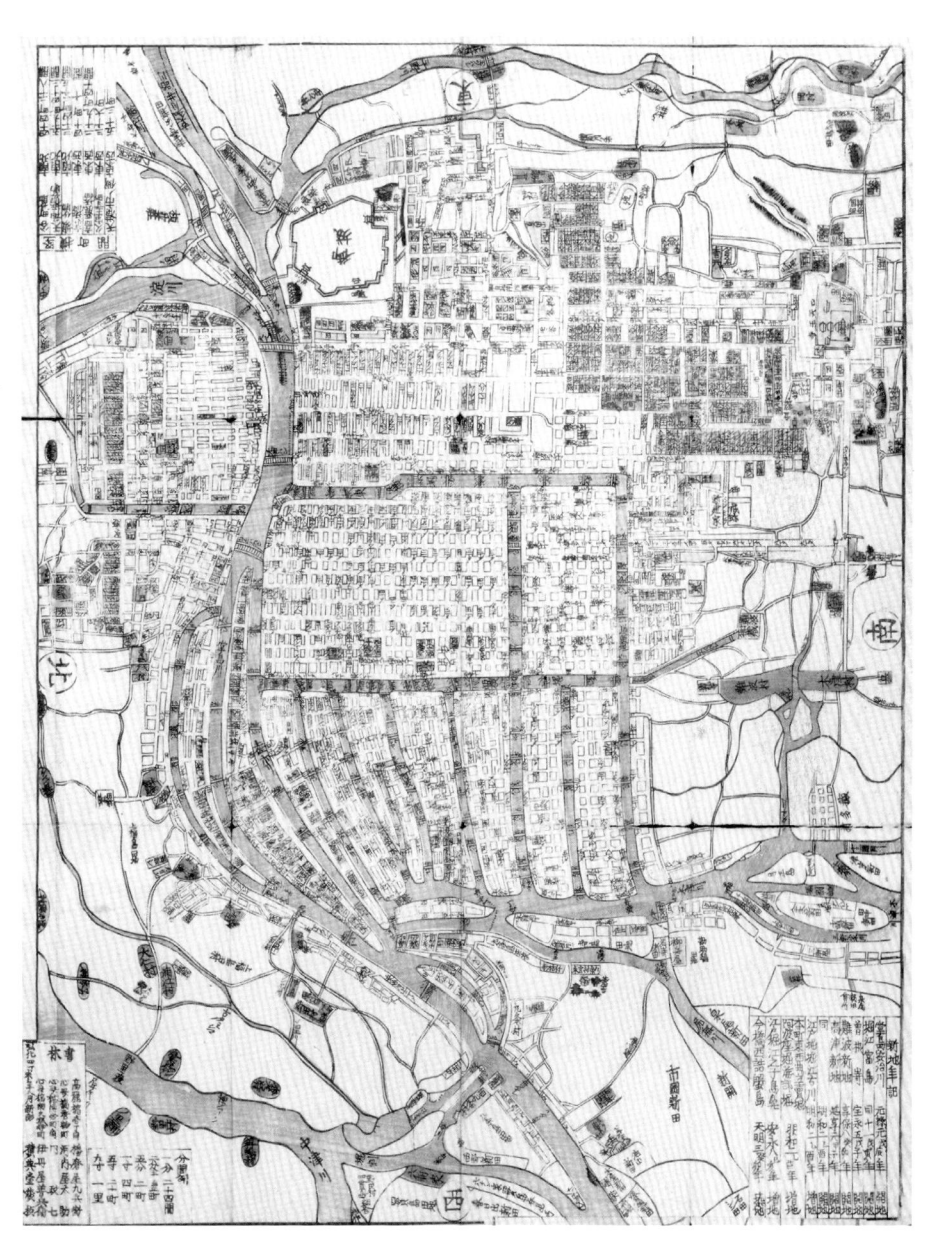

15. 1847年的木刻大坂地图。领主的仓库沿护城河排列，方便卸货，为全国稻米商品交换提供了基础。

16. 屏风画中描绘了17世纪中期欢乐的江户节日场景。狂欢者坐船前往沿水道而建的娱乐中心。

17. 19世纪初期江户的书店与版画店。

18. 稻米在大坂卸货。一名武士在监督操作。

19. 元禄时代奥村派版画中的歌舞伎剧场，通向舞台的"花道"增加了观众的参与度。

第六章 大众文化的发展

主君在泉岳寺的坟前。随后，他们向官府自首，请求责罚。

这次忠君伟举的发生，正逢严苛的武士法则被城市利益、商业利益取代之时。整个日本都遭逢大变。传统派向来对封建价值观的堕落悲痛不已，如今却在该如何处罚的问题上出现意见分歧。幕府向当时数一数二的儒家道学家请教。浪人确实犯了法，而且在众目睽睽之下；即便是血亲报仇，也需要事先公布、登记在案。他们杀害了幕府的一位官员。应该要受罚吗？以及要受什么样的罚？但另一方面，他们展示了一种世所罕见的纯粹的自我牺牲精神。那他们应该受赏吗？应该怎样赏？最终，幕府折中出这样一个办法：他们要死，但不是让刽子手动刀，而是让尊贵的武士自己动手——切腹自尽。死后，他们的坟墓被安排在泉岳寺，围绕在主君之墓的附近。

很快，戏剧家就开始动手改编这个故事。但时事是禁区；起初，有人试图将故事放到8世纪，但仍明显和时事有关，遭到禁止；这一故事的文本并没有流传下来。1706年，近松尝试进行创作，他小心翼翼地将角色设定为14世纪的人物。这部作品*至今仍在，1748年另一部更伟大的作品†就是在它的基础上创作而成的。这个剧旋即成为人形净琉璃和歌舞伎最受欢迎的剧目。这个剧每年一到浪人袭击吉良宅邸的那天就会上演，成为一项传统，当天还有很多人会去泉岳寺，在那些家臣的坟前上香。进入现代以后，由此改编而成的影视剧目更是数不胜数。

这个故事如同教科书一般，告诉人们何为武德。那些浪人堪称忠臣典范，一心要为主君报仇。他们完全听命于家臣头领‡，即一手策划这次报仇的人。他们既无私心，又丢掉常人的家庭顾虑，让自己不受家的羁绊。他们的家人和商人同侪，不仅没有因此怨恨他们，

---

* 《天神记》。
† 《假名手本忠臣藏》。
‡ 笔头家老大石内藏助良雄。

反而感受到个中大义，恳求提供援助，并对他们的德行肃然起敬。不过，这个故事还有另一种至关重要的吸引力，并不一定是因为武士而产生的：每个角色都对自己所属的某个更大的群体怀有忠诚，这种忠贞有着某种美。为了集体利益而坚决地牺牲个人，这种举动让读者、观众认识到何为信念、何为天职，直到今天仍是如此。

　　元禄文化，标志着一种新的、更广泛的国家文化意识开始成形。识字教育得到大范围的普及，为大量涌现的刊本、版画提供了相应的市场。通过戏剧、书籍，普通百姓得以对消沉的武士感同身受，也令武士对平民的不幸有所了解。此外，在一波波商业主义浪潮的推动下，一些武士，以及许多商人，都加入消费竞赛，以几乎平等的身份互相攀比。

第七章
教育、思想与宗教

18世纪的日本几乎没有发生政治变动。天下承平，从第六代将军开始，大规模的领地改易不再发生，幕府和藩着手巩固和打造自身的行政机制。没有战争，家臣失去了英勇表现的机会，不再能凭军功受赏，只能继承祖先打拼得来的地位和荣誉；比起胆量和主动性，仪式、先例更重要，行政岗位上的表现——或他人的偏袒——是他们获得赏识和奖励的唯一途径。武士必须掌握与此前不同的技能，但碍于自己的武士身份，他们很多都难以满足这些新要求。

随着越来越多的人涌进城市里，商业性农业不断扩张，平民迎来了新的机遇和挑战，但这同样需要他们具备一定的技能，而为了学习这些技能，他们必须要有识字的能力。德川时代伊始，只有极少日本人——哪怕武士——能够读书写字。但到18世纪末时，这一局面已经彻底扭转。表面上看，日本社会似乎毫无变化，但实际上它已经被改造了。文化复兴所结出的果实从上至下地传播，遍及整个社会。新兴的公民宗教（civic religion）通过价值观、信仰的方式将社会团结在一起。各自成群的局面逐渐消失，一个国家正在诞生。

第一节　教育

德川时代以前，贵族、僧人和上流阶层的武士都有条件配备私人教师，但绝大部分日本人没有这等待遇。早年统治者基本无意改变这个局面，但到了元禄时期，自诩为儒家圣人和佛教徒的第五代将军纲吉，通过发布训诫、树立榜样，想尽一切办法来鼓励学习，将学习当作和平技艺的核心要素。

四分之一个世纪过去后，一心要恢复武士精神和武士姿态的第八代将军吉宗，也意识到教育的重要性。下文将提到，国学学者荷田春满向吉宗建言设立一所国学学堂。有一群商人请求幕府资助大坂的一所研究机构*，这一学问所便是怀德堂的前身，在政治经济的问题方面，怀德堂能提供强有力的理性分析。[1]

宽政（1789—1801）末年，教育再度引起关注。当时，负责改革的行政机构对幕府的官立学校进行调整，禁绝不一样的或有反动嫌疑的学问†，广招人才，对重要的职位实行选贤任能，而不是让资质不足但出身良好的人来承担。

教育方面的工作，首先在武士身上展开。藩立学校一般只对统治阶级的子弟开放。这些藩校绝大多数是在18世纪急速发展起来的。1750年以前就已经设立的藩校有40所，1751—1788年间成立的有48所，1789—1829年间有78所，1830—1867年间有56所。大部分学校的领导权掌握在儒学家的手中。大约有60所学校设有儒家圣堂，按照春分、秋分的习俗，每半年举办祭孔大典，让学生铭记学习的重要性。行政事务一般由一名高级家臣负责，但他本身不一定是学者。这种教学很少会激励学生，主要教会他们怎样阅读

---

* 日语称"学问所"。
† 幕府以朱子学为正学。

第七章　教育、思想与宗教

汉文；为的是让他们在汉、日夹杂的文本中"读取信息"，进行解读。礼节、形式方面的规矩多如牛毛，全都是为了端正学生的学习态度。根据描述，这些老师都是"将知识打包好卖出去的商贩，他们并没有亲自去探索某个领域的发展，这样的老师很难让学生对知识产生热情"。[2]学生不论等级如何，一律按照辈分的高低来就座，年长的学生教导年轻的后辈。由于武职是武士的第一要务，因此在某些方面，这些武士学校对书本知识表现出一种奇怪的矛盾心理。老师的身份等级并不是很高，而武术训练往往要比念书更受重视。

私塾的数量也在急速增长[3]。其中大部分是私人的，创建者常常是某位大名鼎鼎的学者，他们用坚毅不拔的理念来勉励年轻学生，渐渐地让学生产生一种门徒的感觉，有了忠诚之心。这样的大人物在当时及此后的通俗小说里比比皆是：他们深受爱戴，作风经常异于常人，对年轻弟子总是严格要求。[4]私塾可能以某一个学说见长。这些学说有好几个，下文将会详细列出来。

最后一类学校是平民学校，它们经常被统称为寺子屋和乡校。尽管寺子屋有时候会在村寺里上课，但它绝不是由佛教徒资助或运作的；事实上，将寺子屋和"寺"等同起来，这种做法是明治时期才出现的，那时政府急需取代寺子屋，建立自己的学校网络，在政府看来，"寺子屋"是个贬义的称呼。这些平民学校不像武士学校那样以汉文经典为教学重点，反而专注于传授实用的技能，同时给学生灌输一些简单的道德观。

随着日本社会的转变，教育成了平民百姓的大事。由于商业管理的复杂性，以及村役人的职责所需，识字率开始上升，印刷业也逐渐发展起来，这一点我们在前文已经讨论过。私塾、寺子屋和乡校便是应这样的需求而生的。到19世纪头数十年，日本已经是众多农业社会里受教育程度最高的国家之一。我们无法给出一个有意义的数字来表明这一点。以近世的英格兰为例，为了断定一个人识

寺子屋的部分校规

- 生而为人却不会写字，不足以为人。文盲是一种无知。这让你的老师、父母蒙羞，你自己也会感到可耻。正如谚语所说，三岁小孩的心会一直保持到他百岁之时。要有成功的决心，拼尽全力去学习，决不忘记失败之耻。
- 坐在桌子前，不要有无谓的闲谈，不要打哈欠、伸懒腰，不要打瞌睡、挖鼻孔，不要吃纸，不要咬笔头。举止像懒人那样的话，就会养成恶劣的习惯……
- 不好好对待自己的笔和纸，就永远不会进步。如果一个人即便是在使用最破旧的毛笔时也能小心翼翼，那他将事业有成。要小心对待你的笔。
- 奢侈的习惯是从味觉开始养成的。给你什么就吃什么，不要一时兴起，也不要满腹抱怨。偷买食物的孩子，可能会因为这种劣行而被逐出学校。
- 跟你的老师保持两米的距离，常言道，老师的影子不得践踏。你知道的每一个字都是老师的功劳。不要跟父母或老师顶嘴。仔细听从他们的训诫，请求他们的指导，这样你或许会在成人之道上走得更加坚定。

资料来源：R. P. Dore, *Education in Tokugawa Japan* (Berkeley: University of California Press, 1965), pp. 323f.

字与否，学者经常采用的标准是这个人能否签署自己的名字，这背后的假设是，如果他能写出自己的名字，那他应该熟悉一整套字母符号。然而在日本，"签名"是通过盖上带有自己姓名的章完成的。英国的标准无法用到这里，因为日语书写系统的性质决定了这种做法并不可行。"名"常常由两三个汉字组成，很少人会笨拙到连写名字这么一个小小的任务也完成不了。再说，明治（1868—1912）以前，并不是每个平民都有姓氏。在多尔（R. P. Dore）那项划时代的研究中，他估算了学生的数量，然后通过这个数字来推断整个人口的比例。他估计，到德川时代末年，大约40%的男孩和10%的女孩正在接受某种家庭以外的教育。基于这样的推断，在可接受教育的人口比例和识字率方面，日本很可能只低于两三个西方国家，而其他国家都落于其后。而且有一点值得注意，如下表所示，这些数字和比例随着时间的推移而逐步上升。

不同时期创建的学校数量

年份	私塾	寺子屋	乡校	藩校
1750年以前	19	47	11	40
1751—1788	38	194	9	48
1789—1829	207	1286	42	78
1830—1867	796	8675	48	56

资料来源：Richard Rubinger, *Private Academies* (Princeton: Princeton University Press, 1982), p. 5.

第二节 儒家思想的传播

政治学家丸山真男曾将儒家思想描绘为"人们看待世界的一组范畴"。在德川时代，位于这些范畴之首的是忠诚。紧随其后的，是孝顺、义务、责任、和谐、勤奋。这些品德自然不是儒家所独有——几乎所有文明都看重这些品质——但对于日本人来说，它们都是借由儒家的措辞和事例表现出来的。这些品德以"五伦"（君臣、父子、夫妻、长幼、朋友）为出发点，以"正名"为目的。五伦中的每个位置都有相应的职责，通过"正名"，一个人践行了他所处位置的责任。"修身"是道德生活中不可或缺的一环，也是社会安定有序、和谐共融的关键所在。

这些教条深嵌于儒家经典之中，而大批印刷而成的道德入门读本则进一步强化了这些观念。它们要求统治者提升统治水平、被统治者更加服从统治，从而巩固社会的权力结构，德川时期的统治者无不全力支持。但这并不是一个单向的过程，这里预设了一个基本的互惠原则。有人甚至把这个原则称为"契约"。上面的人所做出的道德姿态——表现为"仁"——可以唤起下面的人的义务之心（恩）；反过来，被统治者恭敬地配合统治，也会迫使统治者承担起相应的义务。由此发展而来的关系网络遍及整个社会，包括统治者与被统治者、主人与仆从、地主与佃农，当然也包括主君与家臣。双方都有义务在身。

这类说教基本都是关于现世生活的，是理性的。它们不需要超自然力量予以赏罚，也不同意这样做。但它要求具备一定的精神修养。修身养性，以及像追求成佛或禅宗顿悟那样去追寻美德，这两项要求和日本的传统文化产生共鸣，表达了佛、神、儒共有的真理。

早在汉风东渐的时候，儒家思想就已随着这波潮流传入日本，佛教也一样。7世纪圣德太子制定的《十七条宪法》是最早的公文之一，它杂糅了儒、佛两道思想，实质上几乎是两道之间的对话。朝廷贵族接受的教育都以儒家经典为基础，但佛教的世界观才是朝廷的主流。中古时期，寺院成了知识的避难所，儒家传统恰恰是靠佛教学者保存下来的。此后，前往汉地朝圣的僧人带回朱熹的宋学。朱熹是12世纪的儒学家，与西方的圣托马斯·阿奎那（St. Thomas Aquinas）处于同一时代，他用道、佛两教的形而上学来包装儒家教义，将三者强有力地结合在一起。根据他的说法，道德原则反映了更高的普世原则，而普世原则通向的是"太极"，它属于无所不包的形而上学。"格物"成了新重点，求道者可以通过对个别事物的细察来寻获普世的原则。这个道理还可以引申到权力结构的原则上。自我修养能够极大地帮助统治者和臣民履行自身的职责，一个人必须修身养性才能觅得真心。如果这些原则得以落实，那么个人和宇宙便能实现和谐共融。这样的追寻对人要求极高，有时候宋明理学会从真理的寻找和获取中发掘其宗教般的、忏悔式的一面。对于很多人来说，接触朱熹的作品是他们顿悟的一个契机。

宋代儒学为近世的中国和朝鲜提供了强大的思想熔炉和意识形态。在中国，科举考试表现优异的人能够获得社会与政治方面的奖赏，而宋代学者的作品是官方认定的真理。朝鲜也一样，有类似的认可和奖赏，尽管有资格参加科举的人越来越局限于某个特殊的社会阶层，即所谓的"两班"。值得一提的是，入侵朝鲜一役结束后，秀吉的大将们将半岛上的文化瑰宝带回了日本，朝鲜学者李滉的作品就是在这波浪潮中逐渐为日本人所知并产生影响。

而在日本，由于身份制度根深蒂固，世袭被视为优先选择的继承方式，没有人会认为这种儒家理想会适用，事实上也的确如此。然而，随着战国的硝烟褪去，德川时代迎来了和平之治，在这样的环境下，宋代儒学的某些要素有助于巩固权力结构。不过，这种思想最初是以佛教的名义出现的，儒家教义要从寺院势力中独立出来，还需要一定的时间。将军的"御用学者"林罗山（1583—1657）是某个儒家学说的创始人，他曾经因为家康的命令而接受了剃度，但他的后继者们成功和佛教组织保持一定的距离。实际上，中江藤树（1608—1648）虽然对佛经大加鞭挞，但孝顺有加的他还是会给抱恙的母亲读佛经，他也因为这一举动而受到褒扬。

在上流武士阶层，"儒者"充当起顾问、教育者的角色，成为精英势力的一部分。1630 年，江户建立了一所由林家担任校长的武士学校*。大名纷纷效仿幕府的做法，到 17 世纪中叶，大多数城下町有儒者担任顾问。

儒者的身份地位一般不高甚至很低。以朱熹之学为专长的学者中，只有极少数是平民，不少是医师，但更多的是儒者的后代，不过他们大部分是低级武士。这些人有才能，但在武士阶层中处于边缘地位。他们提倡学识和以才统治的重要性，这往往反映了他们怀才不遇的境地，但也是其个人理念的体现。[5]

身为大名的顾问，儒者认为自己有责任给大名传授经学要义，

---

* 称为"忍冈圣堂"。

通过这种方式来培养大名的道德意识，进而提升他们的政治潜力。当德川之治进入第二个世纪之时，将军和大名更多是权力的符号，而非实际的掌权者，他们接受的教育与现代日本天皇的十分类似。他们发展出平静的忍耐力，对经典、对学问表示尊敬。新井白石（1657—1725）讲述自己19年间给主君上了1299次课，后者在课上表现出来的风范和坚忍令他大加赞赏。无论严寒的冬日，还是蚊子肆虐的夏天，新井授课的时候，家宣——未来的将军——总是保持坐姿，纹丝不动，以此对正在被讲述的经典表示敬意。[6] 某些大名因为极力奉行儒家法则而被学者誉为"明君"。水户藩的藩主德川光圀（1628—1700）建立儒家寺庙，并将原来佛教寺院承担的户籍登记转移至此。他把一位明朝遗臣兼学者*招过来，让他主持一项经年累月的修史大业——他们要以中国史书为模板，编纂一部体量巨大的"国史"，即《大日本史》。这部书强调对天皇的忠诚，出于慎重，资助人†让史书的叙述止于德川家崛起之前。冈山藩的藩主池田光政（1609—1682）为了削弱佛教势力，拆除了藩内半数的寺院，下令民众向神社而非佛寺登记户籍。他给自己定下严苛的规矩，宣布"统治者必须最为重视自身的孝行……[他]以慈爱之心来对待武士和农民，令国家繁荣昌盛……真正的有识之士……首先会提升自身的素养，而后去治理他人。"光政按照中国儒家的做法，对突出的孝悌事例予以褒奖；三年期间，他向来自各个阶层的1684名民众颁发正式的褒赏状，赞扬他们的孝悌忠信与典范之举。[7] 在这里，大名几乎充当起儒家宣扬者的角色，有点类似于明朝的地方官和朝鲜的两班。虽然树立儒家礼法、修建文庙的大名不少，但大多数遵循的仍是佛教宗派的思路。

---

* 朱舜水。
† 光圀至圀顺的历代水户藩藩主。

将军纲吉对汉地的学问十分着迷，尤其热衷于《易经》的研究，这一点已经有人注意到。因此，当四十七浪人一事亟待回应时，他自然便向儒家学者求教妥善解决的办法。有的学者坚决主张，这种攻击幕府官员的行为有必要以叛乱罪进行惩处。其他人则认为，这些浪人展现了耿耿忠心，这一点足以让他们不用接受处决这样屈辱的惩罚，而以别的方式进行处罚。最后的解决方案是，让他们以自裁的方式光荣结束自己的生命。援引汉地先例而得出的结论往往有说服力，但在复杂的环境下，选择什么样的先例、如何应用它们，并非易事。新井白石就是一个很好的例子。

一位妇女报称丈夫失踪了。新井白石被召来商量对策。经过调查，这位丈夫原来是被自己的岳父杀害了。这给孝行提出了一个问题：该妇女因为这次上报，最终导致自己的父亲遭到判决，她是否违反了孝道？林氏家主援引《唐律疏议》中告发父母罪行者理应处死一条，坚持要将她处以极刑。他引用了这样一段话："[郑国祭仲]谓其母曰：'父与夫孰亲？'其母曰：'人尽夫也，父一而已。胡可比也？'"

但新井不同意。他辩称，这位妇女受命运摆弄，对自己父亲、兄长杀害丈夫一事并不知情，这跟告发是两回事。他认为"处死这位妇女纯属无理之举。她若是能在其父兄杀其夫之罪行被昭告之日自我了断，便既忠于其夫，又对其父尽了儿女之道，对其兄尽了兄妹之谊。到时候我们也必须说，面对此等极悖伦常之事，她展露了高风亮节"。可惜人无完人，新井提出另一个更"合理的"方案，获得通过："若能私下建议她为其父兄出家，将她送至尼寺剃度，将其父兄之财施给寺院，那我们不仅拯救她于危境之中，还维护了国法，保全了妇女的贞洁。"[8]

"儒者"这个群体很有趣,也很重要。他们自视为学问道德的传承者并深以为然。他们为大名主持一个个文字工程,编纂谱系、法令与行政判例。很多人对本地植物进行研究、分类,这样的工作尤其适合于"格物"。不少人将自己的成果记录下来,流传后世。他们的事迹、学术脉络、教育背景及私人记录,全都被大量研究。但我们需要记住一点,他们虽然服务于真正的权力结构,但从来就不是其中的一分子。

第三节　学者与学术

在百花齐放、兼容并包的环境下,德川时代的儒学日益成长,同时,得益于那些能力出众的独立学者,儒学从他们的种种努力中汲取了营养。这些学者并没有附属于哪个家臣团的权力结构,因此能够在好几个源头里寻获引导,从中受益,还能对其他藩的诉求作出回应。但从整体来看,他们活在危机感、挫败感之中,苦苦挣扎。这种危机是脱节造成的,古时候(自然是人们想象中的古时候)德行一致的理想,与他们所身处的、远远更复杂的礼仪与身份的社会,发生了脱节。在重商主义的影响下,他们所崇尚的简朴之道被撕了个粉碎。面对日渐崛起的商家势力,藩和幕府在对抗的同时,又依赖于他们。学者们之所以感到挫败,是因为他们意识到,自己在武士社会的决策核心圈里处于边缘地位,往往不在统治者的考虑范围之内。尽管如此,又或者说正因为如此,德川时代的儒者努力将自己所继承的智慧发挥到极致,最终给政治、政策造成了翻天覆地的变化,他们的成就足以被视为日本思想界的"文艺复兴"。由于篇幅有限,我们无法对当时活跃的背景展开叙述,但仍需要提及其中最重要的几个特点和人物。

第七章　教育、思想与宗教

　　山崎暗斋（1618—1682）出生在一个浪人家庭，在几家寺院里当过数年的沙弥。他从京都移居土佐，开始接触到宋学，师从土佐学派的儒者，然后回京都创办了自己的学堂。后来，他移居江户，并在那里深受神道研究的某个派别*影响，此后他便一直宣扬、传授这套带有强烈个人色彩的神儒融合学说。暗斋逐渐收敛了自己对外来思想的狂热之情，有人会认为这当中有民族主义情绪的推波助澜。他以日本朱熹自居，为某位大名撰写了《大和小学》（即"日本的初学课本"），以一部关于忠义和皇权史的早期文献作为全书的基础。他努力将日本置于宋学的"宇宙星系"中，构思了一套精细的论据来说明古代日本的优越性。[9] 高峰时期，暗斋的学生据说有六千多名。他所主张的神儒融合，推动了日本古代研究的复兴。

> 　　山崎暗斋曾经问过学生这样一个问题："倘若中国进攻我们国家，由孔子挂帅、孟子为副将，率领数十万兵马前来，你们觉得我们这些孔孟弟子该怎么做？"学生无法作答。他们说："我们不知道该怎么做，请告诉我们您怎么想的吧。""假如此事不幸发生，"他回答道，"我会披甲携矛上阵，活捉这些人，为我的国家造福。这就是孔孟教给我们的道理。"
>
> 　　后来，他的一名学生碰见［亲华的］伊藤东涯，把这件事告诉了他，还补充道，老师对孔孟之道的理解怕是无人能及。但东涯笑着让他不要担心孔子、孟子会来入侵本国，"我保证这件事永远不会发生"。[10]

　　贝原益轩（1630—1714）出生于显贵之家，父祖辈是某重要大名的家臣，但这并没有让他的人生一帆风顺，他时而受重用、时而

---

* 吉川神道。

失宠，这也是德川时代不少武士的人生写照。他的父亲是一名医师，而他自己也开始踏上这条道路。但他的思想从佛教一步步转移到朱子学。作为福冈藩家臣团的一员，他被派到长崎任职（这里的防务由福冈藩与佐贺藩轮流负责），前往江户参勤交代，还在藩费的资助下到京都学习了七年。他接受了17世纪的日本所能提供的各种教育机会，除此之外，成年时期的他还曾以浪人的身份漂泊了一段时间。益轩成为朱子学正统的拥护者，他的医学训练、个人偏好令他在"格物"时尤为严谨。由于医学研究的关系，他开始关心药方、植物，将福冈藩的动植物资源记录下来，集结成书*，成了这一方面的经典研究著作。益轩还以地方史研究、地形学见长，他所写的关于农耕、纪行方面的文章，以及福冈藩藩主黑田氏的家谱，都是有名的作品。除此以外，他还演说、授课，名声显赫，就连当时在荷兰商馆任职的德国物理学家菲利普·冯·西博尔德都称赞他是"日本的亚里士多德"。[11] 和所有优秀的儒者一样，益轩也是一位道德家，他撰写的训诫读本是讲述孝悌之道的权威作品。某个据说是他发表的有关女性教育的观点，一直影响到了19世纪。《女大学》（即"女人的大学问"）是为教导上流家庭的女儿而撰写的读物，提出女人必须与家庭制度紧紧捆绑在一起，因此遭到20世纪女权主义者的谴责。

女孩子一旦长大成人，便注定要进入新的家庭，服从公婆，从这方面看，她比男孩子更有义务去谨听父母的教诲。假如她的父母过于温柔，让她自由长大，将来她在夫家的时候必然表现任性，丈夫也会因此冷落她，同时，如果公公是个坚守正确原则的人，那她将会觉得这些原则是不可忍受的束缚……

---

* 《筑前国续风土记》。

第七章　教育、思想与宗教　　　　　　　　　　　　　　　　　　　　　　249

> 对于女人来说，善心要比美貌更宝贵……女人应有的品质只有温顺、贞洁、慈悲、文静……从她幼时开始，她便要划清男女界限，不越雷池；决不允许自己看见或听见一丝一毫不得体的事，哪怕片刻也不行……即便在危及生命的关头，她必须心如金石，遵守礼法……女人没有主君。她必须视丈夫为主君，以最深的崇拜和最高的敬意来服侍他，不得鄙夷或看轻他。女人一生中最大的责任就是顺从。对待丈夫的时候，她的面容表情、言语风格都必须恭敬、谦逊、和煦，而不应带有脾气、胡搅蛮缠，不得粗鲁无礼……她可决不要有妒忌之心啊。假如她的丈夫在外风流，她必须劝告他，而不得怀有怨气或发脾气。如果她的妒忌心十分强烈，她将面目可憎、说话难听，这只会令她的丈夫完全疏远她……
>
> 折磨女人最糟糕的五种心病分别是不顺从、不满、说人坏话、嫉妒和愚蠢。不消说，十个女人里就有七八个患有这五种病，正因为如此，女人才会比男人低一等……
>
> 为人爹娘的，请将上面说的这些箴言教授给你们的女儿吧，从最小的时候开始！时不时把它们抄下来，好让她们阅览并铭记于心！[12]

198

18世纪的欧洲教育家在给那些以婚姻生活为目的培养女儿的父母提供建议时，或许大多会说出类似的话。但益轩的苛论之所以特别和具有日本特色，是由于他强调家庭制度对个人的束缚。不过，有一点或许令人安慰——他哀叹说，事实上，十分之七八的女人都做不到他所标榜的千依百顺。

在所有儒者中，荻生徂徕（1666—1728）可能是最杰出、最有影响力的一个。有一派思想家、政治学家专门对他的思想进行细致的分析，包括著名的丸山真男，可供阅读的英语文献也相对较多。[13]

徂徕的学术生涯跨越元禄、享保两个时期，历经纲吉、吉宗两代将军的统治，这时城市化引发的社会变化愈发明显——幸运的人过上更优质的生活，奢侈品数量增加，越来越多的武士陷入负债。他的人生经历生动说明了，即便是最出色的学者，也可能会被动荡不居的命运影响。徂徕出生在一个医师家庭，是家中的次子，由于父亲宦途受挫、流落乡间，年轻时候的他大部分时间在乡野度过。他创建了一个小私塾，给僧人讲授经典，逐渐引起将军纲吉的侧用人柳泽吉保的注意。不久，他就成为江户一个亲华学者圈子里的核心人物。他的薪酬从15人扶持上升到300石，然后又升至500石。赤穗事件发生后，徂徕也被召来商量对策，最终通过的折中方案——让浪人切腹——正是他的提议。

　　吉宗去世后，徂徕的庇护人柳泽吉保失宠。有好几年徂徕都处于门可罗雀的状态，为新井白石的风头所掩盖。1716年吉宗即位将军，情况再度转折，徂徕成了将军智囊团的一员。他恢复和黄檗宗僧人的联系，主持明律研究。他撰写文章，详细谈论当时政治经济的问题。此外，他还投入到自己所热爱的语言文献学中，他写过的话题涵盖文学、思想、法令、军事、音乐。徂徕从不羞于表达自己对中国事物的热情。有一回他搬到江户居住并为此雀跃，因为这里离中国又近了许多。还有一次，他称呼自己为"东夷"。后来批评他的民族主义者数落他的这一"罪状"，但徂徕这些话的本意是，他为自己不是汉人却能与中国最优秀的学者比肩而感到满意。尽管这种种成就，徂徕一生未曾进入高级武士的行列。他以谦卑的姿态与那些来自中国的博学的禅僧通信可能并不都是计策使然。

　　徂徕是一个新兴儒家学派*的领头人，这个学派对日本文化具有深远的意义。宋代的理学家都以某个最终的理为立命之本，这个理

---

*　萱园学派。

第七章　教育、思想与宗教　　　　　　　　　　　　　　　　　　251

又反映在万事万物之中。所有事物的理，无论是物质的和非物质的，都来源于此。人性、人际交往的精神、政治秩序，每一样都是宇宙之理的反映。物也一样，无论有无生命——桌子、植物或野兽——其物性都是更高的、宇宙终极之理的衍生或反映。因此，对任一事物进行彻底的"格物"，都意味着开始掌握其整体。如奈地田哲夫所说，自然无所不包，并最终化归为一。"为了将幕藩制度的去中心化统治变得'合乎正道'（principled），一个永恒的绝对规范应运而生，它来自历史时间之外，立足于晚近的战乱之上。"[14]到元禄时期，宋学越来越受青睐，似乎成了主流思想，这时的宋学，还不是后来德川时代晚期的那套意识形态，也从不像在中国、朝鲜那样具有说教的性质。

　　徂徕及其追随者对这些观点很是反对。他认为朱熹的理学歪曲了历史，宋学以后人强加于儒家经典上的解释作为立论的基础。更糟糕的是，日本学者是通过第三手甚至第四手获得这些知识的。另外，这是个语言方面的问题，唯有通过一丝不苟的语言文献学研究才能解决它。12世纪宋代学者的作品与儒家经典相距千年。而且日本学者手上的读本用的是特殊的日语"汉文"，它的能指和标记语会扭曲原来的语法，以便符合日语的规则。翻译过来后，日本学者最终看到的是一堆汉日夹杂的胡言乱语、"我看不懂的话"。[15]徂徕接着说："汉语从本质上就不同于日语。即便在汉语内部，古代的语言种类也跟现在不同。"徂徕决心要揭开个中奥秘，为此，他认真研究了当时的汉语，对古代汉语进行仔细的考察。他编纂词典和词汇，用现代的、同时代的日语来解释汉语定义。从这个角度看，他在文献学上的成就或许能与井原西鹤的町人文学、松尾芭蕉的文采媲美。

　　但徂徕没有就此打住。要彻底理解经典，就要花工夫回到原典，像将近两千年前的古人那样去读这些经典文本。这种古代学问常常被称为古文辞学，它是理学讨论"理"和"性"的底气所在，和古人处于同样的出发点，用同样的术语。根据古文辞学的研究，徂徕总结道，创造这套体系的人——即古代的"圣人"——辛辛苦苦建立的这套维护社会秩序的礼乐，并非宋代学者所认为的那样，是道德原则的反映，这些成就更多的是他们智慧与创造力的结晶。幕府制度也一样，它的设计者德川家康完全可以与那些古人一道并称为"圣人"。

这样一来，徂徕重新激起了人们对政治的意愿和抱负。后人可以站在家康的肩膀上继续他此前的事业。现代人通过古人留下的真知灼见，直接与古人进行交流，进而开发、利用这股智慧之源。用澄江·琼斯（Sumie Jones）的话来说，徂徕那"无关道德的现代主义"（amoral modernism）令过去变得直接、真实，他眼中的儒家经典是对客观化了的、标准化了的历史现实的记录。朱子学派的那种道德阐释在相当程度上是不得要领的。

用文献学的方法来苦读古代作品，研究者必须具备一定的自信，但在这过程中往往会生出傲慢之心。徂徕及其门徒阐述上述观点时的那种言之确凿、咄咄逼人，令人想起某些学者——如意大利文艺复兴时期的洛伦佐·瓦拉（Lorenzo Valla）——在文字战场上的厮杀。

这样看的话，徂徕之所以能主导将军纲吉一朝的政务，并非毫无缘由。纲吉执政的时候热衷于学汉语，对中国来的高僧大德礼敬有加。数十年后困扰吉宗的那些社会问题和政治弊病，早在纲吉当政时就已发现病征，他准备着手治理。然而，这些方案致力于重拾家康遗风、恢复旧制度。徂徕辩称，来江户参勤交代的大名和武士如同游客那样在旅馆消磨时间、挥霍金钱，这些人应该被遭返回乡。这无疑与当时席卷日本的城市化趋势、商业发展背道而驰。他还提议恢复礼乐，主张让古文辞学指导政治改革。

事实上，上述所说的方案没有一个变成现实。学者可以以古文献为纲，但政府不能逆社会潮流而动。德川制度的目的是保证幕府对大名、大名对家臣的控制，这批人是无法轻易置之不顾的。

最后，儒家还是无法完全适应日本社会的现实情况。信奉儒家的学者和幕僚在留给子孙后代的训词中，常常夸示自己对主君产生了多么大的影响。德川幕府伊始，家康对中、日早年的政权和体制表现出极大的兴趣，频频聘请汉学专家。林罗山在谒见家康后被授予了官职，据林本人记载，他在会面期间展示了自己对中国历史与旧制的渊博知识。此后，林罗山辅助家康长达11年，其后代也历任教育家和幕府儒官。但家康更倚重的是崇传、天海两位禅僧。林罗山也不得不按照佛教要求剃光头发。如某位学者所说，林参与了不少幕府政策，但都只是从旁协助，并非发起者，有的决策甚至不需过问他的意见。[16]

虽然儒家对统治者、教育家颇有吸引力，但它不具备成为国家意识形态的条件。而且，武士社会一直存在反智主义的倾向，比起书本知识与仁爱之心，忠诚与英勇更受赏识。徂徕宣称古代圣王发明礼乐，以此整饬社会，这种说法为德川幕府的创建者带来了社会规划师的美誉。在这方面，徂徕的观点可以说是有建设性的。但是，将军不太可能听从新井白石、荻生徂徕及其追随者的建议改革礼乐，将礼乐确立为统治的基础。[17]

在18世纪很长一段时间里，古文辞学派在知识界享有巨大的声誉，但拥护者与反对者互相争吵，纷纷扰扰，武家统治者本就难以容忍错综复杂的局面，最终下令打压这个学派。1790年，吉宗的孙子、幕府第一任老中首座松平定信，就言明要警惕"异学"。法令称："自庆长时期以来，朱子学就深受历代将军信赖……您务必确保只有正统学问才是公务培训的基础，不仅在您自己的学校〔昌平坂学问所，幕府直辖的学校〕如此，在别的学校亦然。"（虽然这一解读并不完全准确）。[18]此后，从幕府的昌平坂学问所开始，理学关于人性、道德的解释成了各教育机构的主要教学内容。到德川时代晚期，徂徕的作品再度引起关注，但在幕府学者看来，这些读物几乎是颠覆性的，有的甚至撰文描述自己翻阅时是如何胆战心惊。[19] 但在个人生活中，正统学问的确立并没有完全扼杀别的表达形式。昌平坂学问所有不少老师过着双面生活，公开场合里他们坚持宋学，但私下却又对其他的儒家派别抱有兴趣。

第四节　如何对待中国

那些以汉学而著称的人，自然会敏感地察觉到同胞对他们"媚外"的批评。为了避免冗长，我们就不详细回溯双方的争论了，只粗略谈谈德川时代一些儒者大师是如何回应这个问题的，事实上，他们自己也百般纠结。

凯特·中井（Kate Wildman Nakai）的研究表明，早期这些人会宣称日本传统和中国传统是相近的。[20] 侍奉过家康的林罗山，在秀忠当政时期宦途失意，秀忠去世以后再度活跃起来，他就认为神道和儒家的"王道"是一致的，试图为儒、神两道的思想观念建立对应关系，甚至着力将日本神话嵌入理学的宇宙论。换种说法，他认为历史上的日本已经走完了中国圣人提倡的那些阶段。他可能会说，这些经典所宣扬的观念是普世的，适用于所有人，它们出现在中国不过是个意外。他写道："可以说，这是日本的神之道，但也是中国的圣人之道。"他在别的地方说："日本人中有比中国人更优秀的人才。一个人优秀与否，不在于他是否是知识的传授者，同理，一个人学习知识并不代表他低人一等。判断一个人优不优秀，唯一的标准是看他是否具备智、仁、勇这些美德。"

还有人认为，应该将古典时期的中国与 18 世纪的中国区分开来。荻生徂徕虽然自诩为"东夷",但也会为自己的古文学识沾沾自喜,就连当时的中国人也愈发看不懂这些文献。从这一方面来看,中国已不再是中国——这个叫作中国的地方已经为满人所统治。再说,叛乱纷起、改朝换代在中国一直是常事。某种程度上,比起中国的征服者王朝,政教合一的"日本之道"更好地体现了古人的智慧。徂徕的弟子太宰春台(1680—1747)进一步认为,在政治经济方面,当时的中国屈居次位。他指出,中国从封建制度走向中央集权,而日本在 8 世纪以后走上了与之相反的道路。在中国的中央集权制度下,实行轮任制的地方官不得到自己所属的地区任职,官民之间的纽带难以加强。但德川时代的藩却可以。日本的安定有序,加上其固有的本土主义,难道不是更有利于品德的培养吗?难道不是更接近于孔子所了解的、所赞扬的那些制度吗?

别的儒家学者则自豪地强调日本的独特性质(Japaneseness)。山鹿素行(1622—1685)早年学习理学,后来又接受了道教、佛教,最终融合儒家、神道,以此为安身立命之本。他的学说具有巨大的影响力,那 47 个浪人便自视为他的追随者。他试图回答的问题是,武士依靠农民的劳动存活,这样一套制度为何是合理的。他写道:"武士没有种吃的,却能吃上食物,没有制造工具,却有工具可用,没有做买卖,却挣上了钱。这有何合理性可言?"

他发现,合理性就在于武士的天职包含了更高尚的道德。在他看来,武士的职责是反思自己的定位、忠诚地侍奉主君、增进友人之间的情谊,以及"全心全意地履行自己的义务,这才是最重要的"。简言之,在这个私欲横流的世界里,武士理应为农、工、商三个阶层的平民树立道德模范的形象,要知道,这些平民都尊敬武士,将武士视为现实榜样。"在武士的教诲下,他们[平民]得以理解什么是基本的、什么是次要的。"[21]这些观念在山鹿素行这里体现得最为淋漓尽致,从他开始,"武士道"成为一个标准用语。

但是，中国的问题还在。中国中心主义（China-centrism）是中华文明的内在特质。中国／中华指称"中央之国"或"中央繁华"，这里的每个朝代都冠之以"大"。日本的儒学者会怎样解决这个问题？徂徕只是简单地拒绝用"大"来形容任何衰落的王朝，觉得用在自己的国家身上（"大日本"）会更好。为了突出日本的优势，山鹿素行重新排列了儒家的基本道德，将勇与智、仁放在一起。他辩称，从这一角度来看，日本——而非中国——更值得拥有"中央之国"的美称。

19世纪，从水户藩发展起来的本土主义学术与儒学合流，为"大日本"观念的最终确立打下了基础。那时的中国正在被更新、更强的西方超越。1825年，当会泽正志斋（或称会泽安，1781—1863）撰写《新论》的时候，直接把日本称为"中华"。他在开头声明："我们的神州是太阳升起的地方，是维持所有生命与秩序的活力源泉。我们的天皇是日照大人的后裔，世代继承皇位，亘古不变。我们的神州正是世界的头与肩，指挥着所有的国家。"[22]*

这本书响亮提出了不一样但很重要的论点。为了突出对天皇的忠诚，儒家思想被改头换面。日本的独特性不再来自高贵的武士阶级，而是源自王朝的延续性。神话、宗教服务于统治和政治，或者说两者合二为一。伴随着儒家的"正名"传统，形势开始有利于朝廷，幕府渐落下风。后来被称为水户学的学派指向一条皇权之路。

那些在社会中多少处于权力结构边缘的学者，提倡用儒家的办法来解决日本的问题，明显给武士带来了心理压力。再说，在幕藩中央集权制度的约束下，武士的自信心和自主性受侵蚀，使得这根弦进一步绷紧，于是，为武士和日本辩护就成了必要之事。用中井的话来说，德川时代的儒者往往将中国当作无形的对手，看谁比谁

---

* 原文为"神州者太阳之所出，元气之所始，天日之嗣，世御宸极，终古不易，固大地之元首，而万国之纲纪也"。

更优秀，18世纪中日双方的大部分互动在一定程度上都蒙上了这层阴影。[23] 当下一个危机到来之时，谋求民族认同的重要性将压倒为民族辩护的冲动。

这样的结果离不开另一个事实的影响——18世纪，新兴的本土主义学派助长了本就活跃的反儒家、反中国的极端思想，汉学面临新的难题。

第五节　民族本土主义

丰富多彩、层叠交织的学问与思想是18世纪的一大特点，而日本的国学是其中一根线索。彼时人们开始有意识地对抗以儒家为内核的汉学，国学就是在这样的背景下壮大起来的，它明确肯定日本和日本文化更加优秀。国学从17世纪的古文学研究发展而来，但到19世纪初时被赋予了强烈的政治含义。

从思想层面看，国学应该是当时其他思潮带来的余波。荻生徂徕等人热衷于中国"古学"，那么同样地，也会有学者对日本的"古学"产生兴趣，而他们对古代日本天皇的评价，想必会受到儒家忠君思想的影响，水户藩的藩主主持编纂的《大日本史》就体现了这种忠君观念。元禄年间，将军纲吉鼓励古日本研究，将之纳入自己的文明工程中，他还支持天皇陵墓的翻新、辨认工作。许多国学大师从将军或与德川家有关的家族那里获得资助。研究本土主义的时候，我们的目光不能仅局限于这种思想与后来的忠君观、反叛之间的关系，它身上有着当时思想界许多思潮的影子。

首先引起国学创始人关注的是早期的日本文学，特别是诗歌。他们发现，这些作品展露了对人性的呼唤、对情感的赞美，与他们所了解的很多儒家说教格格不入。讲究规范的"形式"，似乎与"人性"背道而驰，这两者截然不同，如同长篇大幅的汉诗有别于简洁却有感染力的日本诗歌。日本诗歌最能传达日本的精神，它的标准只关乎美与情感。本居宣长曾写道，道德、责任提出的问题与美学是完全不一样的，彼此毫无关系。他这样说："诗歌……无意违逆儒、佛教义，也不想作任何道德判断。诗歌只有一个目的，那就是表达一种对于人的存在的敏感。"他说，学者、圣人叹秋叶泛黄，却在碰见美人时假装目不斜视地经过，这并非真诚、诚实的表现。"如同百金值得拥有，但千金却遭唾弃。"[24] 美是其存在的唯一理由，所有说教在这里都是多余的。

日本的传统文化日渐复兴，本土主义学者纷纷关注起日本古代文学，这样一来，他们就与国内的中国中心主义圈子产生了矛盾，日本绝大多数儒学者属于这个圈子。在徂徕的号召下，神社神官荷田春满（1669—1736）重新审视过去的语言和文本。他研究日本的第一部诗集《万叶集》（759年），认为这些诗作几乎没有中国的影子，是"我们古已有之的表达方式，是我们神州大地发出的声音"。从此以后，他都强烈反对融合说和多元文化论。徂徕努力消除中古文本带来的影响，让学者能够真正理解古代中国，而与此同时，荷田及其弟子贺茂真渊试图摆脱来自中国传统文化的所有"枷锁"。

1728年，荷田请求将军吉宗准许他在京都建立自己的学堂。他认为这势在必行，因为当时汉学、佛学的势力完全压过国学。儒家的某些术语渐渐成为日常词汇，而"我们神圣天皇的教诲却逐步消失，一年比一年明显。日本国学要灭亡了"。几乎不再有人熟悉古代用词，如此一来，情况就更不妙了："不解古词，则古义不明。古义不明，则古学问不兴……若我们不再传授文辞之学，那造成的损害可不是一丁点而已。"[25] 这个观点听起来与徂徕如出一辙。

很快，国学学说就传播到各个地方，国学学者吸引了大批学生，其生源之广前所未有，可见日本文化已经整合为一体。荷田最有名

第七章 教育、思想与宗教

的学生是贺茂真渊（1697—1769），和他一样，也是神官的儿子。1738年，贺茂在江户创建自己的学堂，收揽众多弟子，还给德川家的要员讲过课。其学说具有几近宗教信仰般的影响力，他的弟子全都发誓忠于他。他们每个人写下承诺书，向老师保证"自己对天皇神州的往昔之道求知若渴，而贺茂大师堪当传授之任……在未充分掌握且未经允许之前，我断不会向他人泄露所学知识。我也不会对大师有任何不情愿或不一样的想法。倘若我没能遵守此诺言，就请天地诸神惩罚我。"[26]

1760年，贺茂关闭了学堂，开始前往伊势等神道圣地进行游历。如此一来，拜入其门下的人就更多了，其中便包括本居宣长。在所有国学学者当中本居宣长是最著名的一位。1765年，贺茂完成了自己最重要的作品《国意考》，虽然这部作品直到1806年才正式出版，但在此之前已经广为抄写传阅。《国意考》直接对中国的传统文化——从儒学到文字系统——进行抨击。贺茂认为，中国的王朝频频易主，与日本天皇一脉绵延不绝的纯洁传统形成鲜明的对比。他只在道家经典《老子》中找到些许价值，因为它反对形式主义，拒绝任何系统之说。他将中国的理性主义与日本的信念、信仰拿来比较。他辩称，人的心智只具备有限的理解能力和解释能力，因而人应当有一颗愿意相信、愿意接纳的心。"神的举动不受任何局限，奇妙无比。"信仰比理性更有力量。

和大多数本土主义学者一样，本居宣长（1730—1801）不是出身于武士阶级。他的家族世代经商，生活在供奉天照大神的伊势神宫附近。他一生热衷于研究诗歌和古代文本。他钻研《古事记》30年，这部完成于712年的作品，首次记载了诸神起源、创世奥秘，以及天照大神委任其后代统治日本各岛的事迹。继《古事记》之后，他又开始研读10世纪紫式部的名著《源氏物语》。

比起政治，本居更关心个人。他认为，国学接受人本来的模样，而不是像佛教、儒家那样要将人改造一番。道德说教本质上是苍白无力且虚伪的。文学研究的目的在于他所谓的"物哀",即对事物的悲凉产生共鸣,为此我们需要一种直觉性的、具备一定审美的共情意识,将这种情绪通过一种朴素真挚的方式表达出来。幸福、喜悦、悲伤,任何深层次的情感,都可以划归为"哀"。试图用武士的严于律己或者"中国的"理性主义来操控、约束、掩藏它,都是虚伪的行为。以《源氏物语》为例,长久以来它都被认为是讽喻作品,甚至被笼统地谴责为有伤风化。但这本书并不是在谈论善恶,就像真正的文学作品那样,它只关心"物哀"。没有哪种文学形式比诗歌更能传达人的意识。他进一步提出,由于女性较少被灌输要压抑自己的情感,因此往往比男性更能审视自己真实的情感。诗歌本质上是具有女性特质的。假如说日本诗歌是日本表现力的核心,那整体意义上的日本精神,特别是与天皇有关的部分,也是具有女性特质的。[27]

虽说本居宣长是一位严谨的思想大家,但他一直有一个匪夷所思的想法,他相信《古事记》的神话在历史上真实存在过。他认为这部经典记载下来的事情一定是真的,坚信其教义便是道。这里的道,他是用日语"みち"(michi)而不是汉字"道"来表示的。而且,他一反"古事记"的常用读法"こじき"(Kojiki),坚持不用从汉语衍变出来的发音方式,而代之以纯正的日语文字,将其念为"ふるあことぶみ"(furu koto bumi)。新的发音连同汉字一起被吸纳进日语里,如果一味使用,就会因为错误的"真心"而失去"大和心",人也就随之会接受一种形式化的、虚伪且反动的外来传统。本居认定,神的故事一定是真的,没有人可以虚构出这样的故事。

哈利·哈如图涅(Harry Harootunian)认为,德川时代的本土主义者如此针对中国的传统文化,其实更多的是借此言彼,他们只是用"中国"来代指理性和逻辑。[28] 这一点或许是对的。此外,国学学者所炮轰的儒家学者其实是日本的那些儒者，后者往往是出了名的吹毛求疵。尽管如此，这种将中国与日本文化存在的所有问题直接挂钩的做法，在日后产生了重要的影响。

本居宣长去世之时，其门下弟子据说多达500人，分布在40个国（省）。尽管本居的人际网络已经如此庞大，但与平田笃胤（1776—1843）的影响力相比仍逊色不少。在平田笃胤的努力下，本土主义与神道紧密结合，散播到全国各地。平田国学的宗教色彩浓厚，也更政治化。他转而强调古代祝祷的重要性，推崇古代"祭事"理想，即将祭祀与政治合而为一。按照这个古老观念，天皇凭借天神后裔的身份而带有某种光环，并将这种光环与其统治关联起来。他为诸神服务，因此神让他分担治世的责任。这种对古老甚至原始的理念的复兴，可能是本土主义复兴运动对19世纪明治政府的一大贡献。就其本质而言，本土主义是极其狭隘的。确实，国学甚至有这样一个观点，认为别的国家都是由低劣材质构成的，而日本诸岛的原始人民早就摒弃了这些劣材。

然而，对于别的文化传统中凡是可能有用的事物，平田都会毫不犹豫地接受，这多少与他上述立场相矛盾。本土主义者由于摆脱了以中国为中心的立场，不再只着眼于中国古代传统，因此更容易注意到别的文化传统的价值。对于平田来说，他决心要从中寻找论据来说明日本的优越性。他本身是学医的，当时西方医学通过长崎荷兰人带过来的医学书籍而开始传播，因此平田对西医有一定的了解。他很容易就找到理由来解释西医的存在：神将医学知识传授给所有国家，但日本高尚纯洁，治病的方法不如那些污染深重的国家那么多。可是，由于接触到外来的有害信仰，日本受其荼毒，因而也需要这些国家的疗法。无论怎样，外国凡是有用的东西，终归都是日本的。本田得悉哥白尼的天文学革命后，认为这正好证明了天照大神的伟大。他在耶稣会翻译的某些书籍中看到诺亚方舟的故事，便声称这批人实际上来到了日本，还以日本没有遭遇过洪水为理由，说明日本所处的位置高于其他国家。他甚至在神道里发现了创世神——高御产巢日神。他写道："不仅日本是这样，在许多国家，人们相信人及一切事物的起源都有赖此神的力量。"

因此，日本国学才是最优秀的，因为它如同海洋一样汇聚众流。用他的话来讲："可以说，中国的乃至印度的、荷兰的学问都是日本国学：那些钻研外来学问的日本人都应该了解这一事实。"[29]

虽然平田吸纳外来学问，但这并不代表他对外国人有什么好印象。他不仅恶意抵制中国人，还蔑视长崎的荷兰人。他信心满满告诉读者："见识过的人都知道［荷兰人］剃胡子、剪指甲，不像中国人那般邋遢……［但］他们的眼睛真的像狗。他们明显因为脚背不着地，所以在自己的鞋子上安装了木制的鞋跟，这让他们看起来更像狗了……或许［这］便是他们像狗那样好色的原因……他们滥交、酗酒，因此没人能活得长。"[30]

尽管如此，我们不能因为平田的夸张辩术而对他不以为意。他的影响力很大程度上来自日本农村，这是其本土主义一个相当重要的特征。平田氏及其弟子强调生产力的重要性，这里的生产力原本是指《古事记》神话中宇宙的生产力，但渐渐地，他们开始讨论如何种植水稻，极具实用性。仪式、祝祷，向来属于民间节日的一部分，此时为了社区或民众的幸福安康而纷纷进行。农业生产力达到前所未有的高度，这部分得益于农学家如大藏永常（1768—？）的相关作品。大藏出身于九州的农商家庭，他起初以学术为毕生志业，但他听从父亲告诫——埋头读书会让他荒废农务进而毁了自己——改变了人生的方向。他安慰自己："即便我不能研读经典、掌握治国秘术，我也不能把人生过得毫无价值，于是我立志学习农耕技术，钻研多年。"[31] 当时已有一批有影响力的农学作者，大藏氏只是其中一个，而开创这一脉络的则是宫崎安贞（又称宫崎安定，1623—

1697）。宫崎的经典著作《农业全书》重版了无数次。他的著作强调如何让农耕变得更高效、更高产，包括及时耕种、选择优质种子、使用更好的器具、多种作物耕作、养蚕育蚕。这些成果并非靠宫崎氏一人之力实现。识字教育普及，城市市场的扩大为商业种植带来了机遇，由此形成一个由农村带头人组成的读者群体，为了满足这些乡村读者的需求，书商频频推出相关书籍，首印量有两三千之多。

宣传本土主义、鼓吹平田学说的作者成功打入这一读者群体内部，将自己的观念灌输到书刊之中。他们编写的年鉴、历书既包含神道礼俗，还提供种种实用建议。他们提出的一大堆实用或属于伪科学的知识，在村落头领圈子里大行其道。[32]

18、19世纪日本的本土主义传统里充满了各种各样的矛盾。它开端于古学之流，孕育了众多思想严谨、具有里程碑意义的研究成果，但其带头人却鼓吹人们不加分别地接受那些极不靠谱的判断。它痛心日本原初的真心遭到外来——特别是中国——观念的玷污，却又冷静地宣称任何看起来有用的外来思想都是属于日本的。在借鉴外来思想的同时，这些人不忘对外国人嗤之以鼻。有些作品之所以能面世并在日后为朝廷背书、推动明治时期现代国家宗教的建设，有赖于德川时代的太平之治，也往往得益于德川家的赞助。

第六节　兰学

现在我们可以明显看出，上文讨论到的那些思潮极少是孤立发展起来的。凡是接受过良好教育的男性都对中国的传统经典有相当的了解，他们必须通过这些经典来获得学问知识。另一方面，由于实际交流的需要，日语也备受重视。荻生徂徕是当时最负盛名的汉学学者，但他在为将军拟定治国方略时写的还是日语。18世纪本土学问的发展使得日语写作更受青睐也更有深度。虽然如此，荷田春满仍请求将军允许自己开设学堂，给本土学生教授古汉语。通俗文化、民间传统必然通过日语来表达，流行于城镇乡村的大量日用手册、生活指南，众多家庭记录、个人日记，用的也都是日语。对于他们来说，最重要的是实用、有效。当西学从长崎传进来的时候，人们明显看到其身上的实用性和合理性，一个专门的学派随之在18世纪发展起来。

这一切是从医学开始的。17世纪的欧洲医学并不一直都是科学可靠的，但它在人体研究方面有扎实的基础。有的荷兰画作便描绘了一群学生为了研究人体而聚在一起解剖尸体，这种直接观察的方法在东亚很少见。中国的经典医书以均衡论、宇宙论为理论基础，进而得出相应的疗法。医者致力于维持五行与阴阳的协调。同样的目的也体现在社会秩序的维护和重建上，都是为了和谐。自西医形成之初，外科手术就是它的一项基本要领，但在东亚并不受重视，因为身体发肤受诸祖祖辈辈，而手术所用的侵入性技术可能会令其受损。

从很早开始，出岛上那个小小的荷兰商馆就在医学技术——尤其是外科手术——的传播上发挥作用。任职馆长的人每年轮换，但商馆有不少医生长年驻扎在日本。和坎普费不一样的是，这些人没留下日本民俗方面的记录，也没有编写历史书籍。我们知道他们的姓名，但他们的通信却不幸地没有保留下来。不管怎样，他们肯定和那些好奇其医术的日本人有所交流。[33] 因此才会有了一所"卡斯珀"（冯·萧贝尔根，Casper von Shaumbergen）外科学校，人称"カスパル流"（Kasuparuryū）。诡异的是，当18世纪初荷兰贸易滑落的时候，当地对荷兰技术（等同于西方技术）的兴趣却在上升。

18世纪20年代，将军吉宗为了摆脱对某些进口物品的依赖，大力推动国内对这些物品的生产，于是放松了长崎的进口书籍限制。

吉宗对西方技术的好奇还延伸到马匹、马术上，为此一名"阿兰陀"*被召来江户。这一时期，吉宗还邀请过中国的植物学家、医师。西历同样引起了他的兴趣，为了多作了解，他还派了几名年轻学者前往长崎向荷兰人请教。类似的好奇心在18世纪愈发增长。

兰学逐渐成了日本文化人小圈子内的潮流。18世纪末荷兰商馆馆长铁俊甫（Issac Titsingh）卸任回欧洲以后，还和他在日本认识的几位大名用荷兰语通信。荷兰商馆保留的日常记录表明，荷兰人因"参府"逗留江户期间，那些获准会见他们的日本医师纷纷前来咨询，他们提出的问题越来越多。

日本人努力从荷兰人身上学习更多的西方知识，这在世界文化交流史上具有非同凡响的意义。参与其中的有两类日本人。第一类是长崎的荷兰语译者，当地的翻译组织由四个家族把持，这几个家族之下有数十个甚至更多的家族世代从事翻译职业。每一家族都有初级译员，17世纪90年代坎普费对这类人员的人数做过估算，登记在册的可能有140人之多。

还有一类日本人来自江户，这是一个小得多的圈子且大部分是医师，他们和长崎的译者几乎没有交集。江户的医师大多地位卑微，不过他们在掌握中医知识之余，有志于学习一些西方的外科技术。江户和长崎的这两群人基本没有联系，毕竟长崎的专家们并不想有人打破自己对外语的垄断。再说，国内还没有建立私人邮递系统，通信的话只能交给出行队列或出门运输的人。这样一来，江户的学者只能依靠书本进行学习。不过，那些有幸给大名治病的医师，可以说服大名为自己购买某些物品，如日本境内的书籍，或在幕府官员交给荷兰人的"订购清单"上添加一些条目。不过，订购一次至少需要等上一年，整个过程慢得令人恼火。江户的医师若想见到一

---

* "阿兰陀"是日本人对荷兰人的称呼，是"Hollander"的音译名。

名真正的"阿兰陀人",便只能等到他们到江户来,1764年以后这样的机会只有两年一次,1790年以后四年一次。

有一次,一位叫作大槻玄泽的医师没能找到发问的机会,于是沮丧地写道自己唯有再等个四年。[34]能接触到的书籍更是弥足珍贵,常常被整本整本地抄写。

但因为没有语言工具的辅助,要解读书中的内容谈何容易。早期人们会查阅一部法语、荷兰语的双语词典 *,并将法语翻译成日语。但在1796年时这部词典只有手抄本,直到1855年才正式出版 †。只在极少数的情况下,江户的学者才会获准或受命去长崎学习。这样的机会等同于"留学",有幸前往的人往往被视为未来的领袖。

1771年是具有里程碑意义的一年。当时有一位老妇人被斩首,江户的几个学者获准前往行刑现场,指挥刽子手分割尸体。刽子手来自亚种姓阶层,属于被社会排斥的群体。此前有过几次解剖,但每次都是在没有可靠图纸供参考的情况下出于好奇而进行的,没有章法可言。但这回不一样,这班学者手上拿了一本荷兰的解剖学书籍（其实是从德语翻译过来的）《解体新书》(*Anatomical Tables*),这本书包含了一系列展示和辨别人体各个部位的图表。

组织这次解剖的是医师杉田玄白（1733—1817）,这个人及他的职业生涯与兰学的发展有着紧密的联系。通过他的人生,我们可以看到上文讨论过的各种思潮是如何相互依存发展的。荻生徂徕呼吁所有研究都要经过小心谨慎的考证,这对杉田氏产生了影响。这次解剖在杉田氏的自传有记录,是关于这件事的权威记载。不夸张地说,这是日本思想史和科学史上的关键一天。

---

* 《波留麻和解》,又称"江户波留麻"。

† 《波留麻和解》刊行于1798年,1855年出版的是人称"长崎波留麻"的《和兰字集》。

犯人是一名年约五十岁的老妇人，人称"青茶婆"，出生于京都。负责切割尸体的是一名老屠夫。本来我们谈好的是一个叫作虎松的秽多，他的宰割技术很有名，但他生病了，他的祖父便替他来干活。这位老屠夫年届九十，身体硬朗，他告诉我们自己从年轻时就开始做这些。据他所说，一直以来解剖事宜都交给他决定，他给观者指出肺、肾及其他器官在哪儿。这些人假装已经直接观察过人体的内部结构。有的部位没有惯称，人们也只能听凭他以自己的方式指出来。他知道什么该在哪里，只是不清楚它们的准确名称……根据我们的[荷兰]解剖图表，有些部位其实是动脉、静脉、肾上腺……我们发现，肺、肝的结构，以及胃的位置与形状，都跟我们从古老的中医理论那里了解的很不一样。[35]

回家的时候杉田氏和他的友人都羞愧难当，过去他们在对人体没有正确认识的情况下，就给自己的主君治病。他写道，他们发誓此后将以实验作为求真的唯一途径。他接着说："我提议，即便没有长崎译者的帮助，我们也应该好好解读《解体新书》，将它翻译为日语。第二天，我们就聚在一起开始翻译了……渐渐地，我们的解读速度可以达到一天十行甚至更多。经过两三年的辛苦学习，我们对一切都有了清晰的认识；这份喜悦如同吃了清甜的甘蔗一般。"

一个新的翻译时代到来了。过去曾有过一个翻译汉语作品的浪潮，而这次，翻译的对象是荷兰的科学技术。杉田注意到，早期的汉学翻译有朝廷支持，他们派遣学问僧去中国学习，而参与这次翻译的人则少得多，得靠自己来摸索。杉田氏及其同伴都意识到自己正在参与的是一件具有历史意义的事业。但同时，他承认早期的翻译传统"或许让我们在心智上作好了准备"，来应对接下来的任务。到1815年，当杉田氏撰写回忆录的时候，他惊讶于兰学已经传播如此之广，于是回顾自己那满是回报、趣味盎然的职业生涯。他开设了私人诊所并得到官方认可，因此收入水平不亚于高级武士。他为儿孙、弟子和自己的成功感到快乐。他写道："一开始只有我们三个聚在一起谋划。五十年后的今天，这些学问遍及全国各个角落，每年似乎都有新的译著面世……尤其让我高兴的是，一旦兰学之路大开，此后百年乃至千年，医师都可以掌握真正的医学并用这种技术来拯救他人性命。一想到这能造福百姓，我就高兴得手舞足蹈。"[36]

此时，汉学高高在上的地位正被国学百般质疑，这一波新的学习外国的浪潮将带来更大的思想冲击。本土主义学者称汉学是外来学问，它会从精神上危害日本的"纯洁"，而杉田及其友人进一步提出，中国的知识有时候是错的——如在人体形态方面——或不切实际的。每一个指责似乎都有当事人提供充分的证据；在18世纪晚期的日本，"中国"成了保守乃至蒙昧的象征。杉田在1775年记录了一则谈话，其间谈话者抗议道：

"听着！朝鲜和琉球不是中国，但它们至少都接受了同一批圣人的学问。而你正在教的医学知识，来自世界西北边地，距中国足足有九千里远。这些国家说的语言跟中国不一样，对这些圣人更是一无所知。在蛮夷之国中它们最为偏远。它们的学问怎么可能会有益于我们呢？"

杉田的另一位密友回答道：中国人固然可以公然嘲笑蛮夷，但要注意的是，如今统治他们的满人也是蛮夷！更重要的是，全世界的人都是一样的，中国也不过是东海的一个国家而已。真正的医学知识必须以普适性为基础，而不是依靠少数人的智慧。实验证明，圣人关于解剖学的观念是不准确的，而且，我们不应该不经考虑就将荷兰人和他们的学问弃之不用。[37]

18世纪最后的25年里，兰学迅速传播开来。到杉田去世之时，他的弟子已经多达104名，来自35国（省）。杉田的经历并不是像他给读者说的那样属于孤例，相同时期还有很多方面在起作用。

医学引领了潮流，但别的领域并非无动于衷。作为港口，长崎还是艺术灵感的引进地。印刷品和地图逐渐采用灭点透视的方法；开始有人尝试铜版画的创作，令德川时代中晚期的艺术愈发多元。换言之，很多人在行动上体现平田笃胤的观点——所有事情到最后都会是"和学"。无论是艺术、医学，还是19世纪的数学、物理，其共同点都是精确性和实用性。一边是生活的真相，另一边则是对宋学普遍法则的遵从，两者的竞争由此开始。

但若就此认为——有些人的确是这么想的——兰学的兴起为德川封建体制的衰亡敲起了丧钟，那便言过其实了。兰学学者要依赖上级提供的资源来实现自己的研究。他们绝没有把自己想象成开天辟地的人物，反而觉得自己从事的新专业是对他们个人有帮助的，可以令自己所在的社会变得更强大。有时候官方会给予他们"儒者"的称号，可见这个名称可以涵盖各种各样的才能。起初，这些人没有一部著作进入大众的视野。

第一代兰学学者并没有颠覆传统。他们对日本医学的现代化改造也不如杉田以为的那样迅速、彻底。这不是二选一的抉择。大多数医师在一贯使用的汉方、和方的综合基础上，增加西医的内容。再说，对翻译书籍的挑选也远非科学系统，实际上相当随便。18世纪的欧洲医学日新月异，有时候译者耗费好几个月的工夫去翻译，但翻译出来的却是已经过时的作品。

不如说，第一代兰学学者的贡献在于他们表现出来的那种态度和思维方式。兰学点燃了人们对新事物、不一样的事物和有难度的事物的乐趣。之所以说它是新，是因为它打开了一扇窗，让人们知道有一种学问与现有的学问完全不一样，而且它的设想常常与汉文化世界的传统知识截然不同。同时，它是有难度的，其艰苦程度是今天我们这些有人教、有学习工具、有词典的学者所无法想象的。兰学构成了德川时代思想运动的另一支重要脉络，对未来的发展产生了深远的影响。

第七节　宗教

日本18世纪的思潮固然重要，但我们不能因此小看了宗教信仰的作用，对于城乡数以百万计的日本人来说，这些信仰是有意义的。日本早期的宗教传统以佛教和民间宗教为主，但随着国家的发展，以及上述某些学者的思想的传播和渗透，这两种宗教发生了显著的变化。

早在德川统一日本之前，佛教就已然是日本宗教，进入德川时代以后依然如此。17、18世纪之交，基督教给某些地方带来严重的危机，其后在日本西南部以地下秘密宗教的形式继续存活，但由于德川幕府对天主教派的镇压，基督教已经无法和佛教抗衡。纵观日本社会，佛教观念如业报、轮回、对肉身真实性的否认，构成了此后数百万日本人的基本世界观。

同时，佛教与权力结构有着深切的联系。位于社会顶层的朝廷贵族与僧侣集团关系紧密。按照惯例，皇室的幼子们一般会被派去特定的"门迹"寺院。而在武士精英阶层，严苛的禅学思想或禅宗影响了不少人。学识渊博的禅宗住持在与大陆的外交来往中发挥了核心作用，有人为他们在镰仓和京都修建寺庙和庭院，让他们在熙熙攘攘的城市里得以修行、打坐，其中几座还是日本最负盛名、精美绝伦的寺院。德川时代早期，大部分寺院由于迁寺而失去了原有的土地和政治影响力。但是，早年织田信长火烧延历寺所带来的恐

第七章 教育、思想与宗教

怖气氛消失了，大名纷纷捐资重修毁坏或烧毁的建筑。有好几位精明的僧人得到德川家康的倚重，为他出谋划策。德川家的灵庙就设在江户的增上寺里，这里是日本甚为流行的净土宗的本山。

净土宗在对抗织田信长、丰臣秀吉的斗争中落败而大伤元气。后来，德川幕府为了确保民众与基督教划清界限，进行"宗门改"的调查，净土宗寺院因为被委以登记住民信仰的职责，而被纳入行政体制之中。到18世纪时，寺请制度已经臻于完善。家庭而非个人必须在檀家寺院登记。成亲、就业、变更住址和申请通行证，都需要有寺院的证文。通过这种方式，佛教组织成了国家统治的一种手段。有的藩甚至还将有过造反前科的宗派定性为非法组织。日莲宗的某些派系就深受幕府排斥，萨摩藩更是禁绝一向宗，要求所有百姓戴上身份证明的签牌。

幕府尽可能地对佛教力量加以控制和利用。为了寺社奉行更好地进行监管，每个宗派都有自己的寺院等级序列。势力强大的本愿寺派被分成东、西两个支派以方便管理。幕府下令寺院要精简教义，避免与其他寺院发生争执。

佛教与专制政府的关系如此紧密，这并不利于强化道德心、深化精神境界。由于不缺乏信众，而且彼此之间不提倡竞争，很少有寺院和僧侣能被人尊重或享有很高的名望。城市里的热门作家与版画家常常讽刺僧人行为古怪，武士出身的思想家则对他们的教义大加嘲笑。17世纪的儒家学者熊泽蕃山曾写道："自从基督教禁令实行以后，一种虚情假意的佛教流行起来。和过去不一样的是，这时所有人都隶属于檀家寺院，因此僧人可以随意干涉世俗事务，不用担心戒律或学识问题……他们吃肉的吃肉、风流的风流，甚至比俗人更自如。"但其间不乏出色的佛教徒厉行改革，还有一些优秀的学者参与其中，他们努力扭转上述倾向、改善僧人的形象，可这样一来，他们就不得不与当时的主流为敌。值得一提的是，这些人提出的教义、学说往往反映了当时思想界的某些特点，这些特点在上文已经有所讨论。以慈云尊者（也称"饮光"，1718—1804）为例，他具备深厚的梵语知识，对佛法持有复原主义的观点，同时肯定孝道等基本的儒家伦理。他在书法、绘画上造诣非凡，与伊藤东涯一同钻研儒学，还打坐禅修。更重要的是，他是古典梵语研究的先锋人物。在他之前，日本人主要依靠汉文翻译来研习佛法，而慈云打破了这个桎梏并向前跨了一大步。他在佛教领域所展现的对古代、对语言文献学的热情，鼓舞了荻生徂徕和本居宣长。[38]

虽然佛教仍然是日本人的宗教，但它的生命力在大量流失。日本人口绝大部分由村民构成，对于大多数村民来说，佛教是和民间宗教交织在一起的，后者包含了祖先祭祀、占卜问卦，以及人们对于一个仁慈但反复无常的自然世界的操心。德川时代晚期，这些信仰很多被归入神道的范畴，不过佛教覆盖范围广泛，虽然偶有漏网之鱼，但要摆脱其阴影，仍需要一段很长的时间。

1868年，当德川幕府的统治即将终结之时，全国寺院共有87,558所，神社有74,642座。[39]村落数量为7万座，平均每个村落都有一座寺院和神社。而且，寺、社很少会分开。大部分神社很小，没有神官全天候打理。它们常常靠近寺院，或者就坐落在寺院的建筑群里，由僧侣掌控。这种现象甚至也见于伊势神宫。伊势神宫是皇室祖传祭祀天照大神的神社，全国有将近300座寺院与天照大神有关。大体而言，"神道"的神官也要接受佛教的"宗门改"，进行户籍登记，因此从制度上说他们是"佛教徒"。

民间信仰更是数不胜数。其中很多带有地方色彩，突出某些地点的重要性，吸引信众前往朝拜。富士山、和歌山的熊野及岩清水都是著名的例子。虽然这些信仰都聚焦于个别地方，但受众范围十分广泛。以富士山信仰为例，它有一套复杂的系统，到各地布教的神官（御师）会将信众组织成一个个团体（日语称为"讲"），定期进行拜访。在日本这样一个讲究身份、追求安稳的地方，四处流动的御师成了一群特殊人员，难怪有的官员会对他们有疑虑。

由于神道的组织形态松散，政府对它的管治必然相当宽松。主要神社的神官往往是世袭的，有的甚至有负责组织朝拜的社团。某些守护性质的神社和大名家族有关，它们也有世袭的神官。为了避免混乱，幕府在1665年下令所有神官和神社必须得到吉田家的认证，吉田家祖上是一个负责祭祀礼仪的古老氏族。取得其同意后，神官和神社方能用上与其位阶相符的装束*。

在这套复杂的制度中，无论是从组织形态的形式、范围，还是其支持力量的来源、分布来看，伊势神宫都是一个特别的存在，其下属御师及受其感召的村讲†组成一个庞大的网络，遍布全国各地。御师时常沿主要交通路线出行，一年或许能走一两次。一个御师可能与上万个家庭结成师檀关系。御师与农村的生活周期紧密相关。他们会分发历书，书里提供所有关键的农业日程，记载当前六十甲子的进程及其相应的黄道十二宫，还有象征健康、丰收、好运、除秽的符咒。御师会获得一小笔资助，视村落的石高大小而定。伊势的内宫有309名御师，外宫则有555名。

一甲子六十年的周期（依据五行和十二生肖的内在关系推定）是从中国传来的，早在7世纪时，日本已经根据周期推算出日本的帝王世系开始于公元前660年。一甲子的结束，于个人、于时代而言都是吉兆，象征着一个新的开始。在江户，这种现象开始与参拜伊势神宫发生关联。御师在伊势的宿屋接待参拜的信众，安排"神乐"表演，之后信众就可以随意休闲参观。回去的时候信众会捎上福袋，这是一种具有法力的符咒，能给人带来好运。这有时候会演变成狂

---

* 该法令称为《诸社祢宜神主法度》。
† 又称"伊势讲"。

欢般的热潮，人们听到福袋显灵、护佑安康丰收的传言后，纷纷涌向伊势神宫求取福袋。除了欢乐的庆典和乐舞，富人还会提供清酒助兴，他们这么做可能出于大方，但更多时候是为了在集体狂欢中保护自己。由于有御师的历书，人们知悉出行日期，历书还提供出行路线，指导他们怎么走到乡村小旅馆"伊势屋"。随着这种出游的风行，许多人逐渐相信参拜伊势是一生中必须要有的一次经历。不是每个人都会等到六十甲子结束的时候；事实上，几次大规模参拜的发生时间和甲子结束的节点只存在松散的联系。到18世纪时，每年前往伊势的信众人数在50万以上。随着甲子结束的年份即将到来，路上前往参拜的人数可以相当惊人：元禄年间估计有350万，1771年200万，到1830年多达三四百万。要注意的是，虽然伊势的庆典系围绕天照大神而举办，但除此以外，参拜活动基本与"神道"无关。

对于大多数人来说，御荫参是暂时摆脱熟悉生活的难得机会，是一次喜庆甚至无比兴奋的经历。反观日本各地的节日（日语称为"祭"），作为表达诚心的集体活动，它们都是事先安排好、定期举行的，意在重新巩固个人与地方之间的联系，与御荫参完全不一样。这些以神社为中心展开的活动会选在某个合适的农历时间点进行，举办期间当地一片欢腾，是一个展现地方自豪感的场合。这些活动的准备工作、执行事宜，由各个年龄段的人们共同完成，村里的头领和大人们负责组织、提供吃穿，朝气蓬勃的年轻人负责出力，将沉重的"氏神"即当地的神灵从神社搬走，然后又抬回来，小孩子们则兴冲冲地跑在后头。

活跃于日本农村地区的修验道，同样混合了佛教、民间宗教、自然崇拜和参拜观。[40] 很早以前，山在日本就具有重要的宗教含义。皇室和贵族都会去某些山区进行参拜，特别是熊野、吉野，这些地方还吸引了修行者，对于他们来说，进入深山象征着从俗世走向圣

第七章 教育、思想与宗教　　　　　　　　　　　　　　275

境,身心在其间得到了净化。禅寺的创立也被称为"开山"。人们相信,深山修行者拥有法力,不仅耐热耐寒,还能悬浮空中、通达天界。当他们结束修行、功成下山后,可以充当巫师,通过法力来驱赶恶灵。随着这些行为逐渐制度化,熊野、吉野成为修验道的两大圣地。二者竞争激烈,都和佛教真言宗的密教修行有关。

　　对此,幕府再次出手整治。1613年,幕府下令所有"山伏"(即山中的修行者)要分属修验道两大宗派之下,以便建立一套体系,使之合法化。与此同时,修验道摆脱了限制,可以与普通民众有更广泛的接触,产生更大的影响力。山伏成为权威人物以后,舍弃了很多苦行的做法。他们结婚、吃肉,不再四处乞讨,反而在村落里定居下来,为一班固定的顾主作法。此外,人们到山中修行原本是个人的神秘主义或忏悔使然,如今则是为了给不修行的村民举行除厄仪式。地方民众结成一个个"讲",组织参拜活动,为某些神灵的祭祀仪式提供资助。

　　一大群男女成为修验道的实践者。据一项研究估算,19世纪这样的实践者可能有17万。带头人往往由寺院僧侣或当地神社的神官兼任。他们有时候还会负责本教区学校的事务,在众多方面与地主村落社会的上层圈子走得很近,甚至成为他们的一分子。这个圈子的成员也会进行修验道的修炼,这并不少见,他们相信这样做有助于村落的安定有序。

　　就像19、20世纪的新兴宗教那样,修验道允许女性加入和承担相应的角色。从寺院记录来看,她们有时候会被登记为神职人员的妻子,但常常发挥着共事者的作用。举行除厄仪式时,巫女与山伏进行协作,山伏是严厉苛刻的主事者,负责发号施令,而巫女作为顺从、容易共情的一方,进入催眠般的状态,此时神灵会借巫女之口来告诉众人需要补偿或改正什么。巫女有地域之分,她们在女性导师下受训、学习技艺。有的巫女(日本北部的"潮来")还

220

是盲人。

修验道的仪式与怀孕、生子、寻物、除厄、驱灵、祭祖、参拜休戚相关。[41] 这些仪式常常是公共活动，发起的家庭要给大家准备点心，因此除了富裕的村民，这种活动对于所有人来说是相当大的负担。

这一切都说明了仪式观念和宗教思想的多样性，以及这些不同因素是如何相互协调的。它们所用的语言、意象都来自佛教，但其中的自然崇拜和萨满巫术的因素则明显来自更久远的时代。

第八节　民间说教

这类教义杂糅了各种各样的思想，颇受乡下人欢迎。这种杂糅性也体现在地方城镇、城下町的民间说教和大众演讲中。日本民间说教的历史十分悠久。通过说书人的讲述，中古武士的英雄事迹为百姓所熟悉，而在镰仓时期佛教改革者的努力下，这些故事传播到全国各地，吸引了大批受众。可以说，这时的说教远比以前更亲近民众，或者说，更加关注日常生活中遇到的现实困境。演讲者向几百个听众进行演说，这样的场景并不少见。细井平洲（1728—1801）曾写道，当他结束日本北部某个藩的巡回演讲后，"村民们全都泣不成声。那些年纪大的人更是如此，他们因为我的离开悲伤不已，当我出发前往米泽的时候，有七八百人趴在雪地上号啕大哭"。[42] 细井氏接下来的这段话，必定让那些邀请他去演讲的官方人员感到满意：真诚、节俭、谦逊、勤奋是人生必不可少的品质，倘若村民了解到上面的人如此认真处理他们的财务，他们将会欣然缴纳自己的份额，以示回报。村民缺乏别的教育渠道、消遣方式，这情有可原，但演讲者还是敦促前来听讲的人要努力自我提升。

第七章 教育、思想与宗教

演讲者中包括禅宗的布道僧，他们有的走进平民百姓之中，有的用通俗易懂的日语来写作。他们努力精简禅理，直指听众所关切的问题。参加过关原、大坂两场战役的铃木正三（1579—1655）就提出，百姓生活中平平无奇的日常事务也可以令人开悟。关键在于内心的态度，态度端正了以后，做什么生意都可以获得心灵的解放。一个人若想开悟，就要努力取得"真心"，这样的观念在不同程度上与宋儒的理想主义有共通之处，使用的措辞不同但存在关联。

石田梅岩（1685—1744）的学说强烈表达了这类思想。石田的父亲是农夫，而石田自己则在京都一家商户当学徒。他尽力钻研佛教、神道、儒家，1729年在京都作了一连串演讲，可以说，他的"石门心学"也是从这一年开始的。尽管不明显，但石门心学主要以朱熹的学说为依据，他认为"学"并非只是智力活动，而更多的是通过个人的体悟和反思，对人性进行考察。石田深信道德具有普适性的一面，他提出，商人的社会地位虽然低下，但在道德实践上他们绝非人们想的那样低人一等。这实际上确立了某种商业伦理即"町人道"的存在，其重要性不亚于"武士道"。

在其弟子——主要是手岛堵庵——的努力之下，这些观念进一步发展。石田的思想"不像是思想体系，更像是传递给町人和商人的一种精神、一种修心之道"。[43] 随着研读小组即"讲社"的增加，心学不断壮大。讲社由一个合资格的老师带领，负责检验学生的思想是否有进步。小组会谈以极其简朴的形式举行，老师常常拒绝别人的送礼和报酬。这与强调勤俭节约的商人价值观完全一致。

商人阶层向来饱受嘲讽，而心学提升了他们的价值、地位，也许有人会就此以为心学具有政治性或颠覆性，但实际情况正好相反。据说，手岛堵庵路经官方公告栏（即前文提过的"高札"）时会收伞、鞠躬，避免挂拐杖（因为担心这样做像是在用拐杖指着官方）。改革时期禁止公共集会和公共表演，但幕府官员往往允许心学布道者这样做。事实上，正是因为心学对封建权力的表面服从，所以当明治维新到来，诸多身份限制被废弃了以后，心学也就走到了末路。

心学的重要性在于，它再一次展示了江户时期日本百姓对精神修养的追求是如何塑造平民社会的，武士社会反而没受到如此大的影响。无论是寻觅"真心"、努力"成佛"，还是变得像一个（神道的）神，怀抱不同宗教信仰的日本人都努力抑制自己的"私"欲和谋算之心，无比耐心地听取关于"诚"的演讲、布道。尽管封建身份制度存在界限，统治时常反复不定，但日本社会各个群体的价值观已经趋于一致，而且每一个群体都对整体的发展起了重要的推动作用。

第八章
改变、抗争、革新

1837年2月19日，大盐平八郎放火烧了自己在大坂的房子，向他的门人发出起事的信号。大盐是一名武士，原有官职在身，由于受儒家思想的影响而弃官隐退。暴乱开始后，农民将税簿抢过来并烧毁，而城里的贫民去抢夺、瓜分富商大贾的财产。但大家都不清楚接下来该怎么办，但有一点是明确的，德川幕府的统治作恶多端，与圣洁的天照大神及其后裔——天皇——判然有别。大坂的商业中心整整烧了两天，当这场暴动被幕府军队镇压下来时，富人的家宅、仓库已经被贫民洗劫一空。大盐抛弃了官学朱子学，转而信奉与其对立（并因此被禁）的阳明心学，后者提倡知行合一。他渐渐将自己看作是为民赴死的圣贤，他的旗帜上便写有"救民"的标语。在他死后，他的经历、理想和思想继续流传，指引不同背景的日本人去采取行动，如明治维新的保皇派、捍卫武士精神不受私欲腐蚀的武士、"二战"前的一些年轻人、20世纪60年代的激进学生，以及1970年以壮烈方式结束自己生命的作家三岛由纪夫。这些人与大盐一样，他们的行动都是出于一时的道德感而非政治考量。这次以悲剧收场的起事标志着德川时代以来的抗争运动达到了顶点,预示了后来各种无政府主义暴乱的出现。因此,我们将以这次事件为导引,讲述德川社会有哪些危机,以及人们是如何应对这些危机的。

我们所讨论的德川时代的政治经济、宗教信仰变化,都发生在权力与社会逐步变迁的背景下。从表面看,尊卑有序的格局依旧,但表象之下常常隐藏着持续不断的变化。由于日本绝非铁板一块,这种变化会因时因地而不同。大都市一带的经济变化要比落后地区发生得更快。但没有哪个地方在生活各个方面还保留着德川时代早年的模样。当时常常有人为周遭的变化而哀叹,用康拉德·托特曼(Conrad Totman)的话来说,"18、19世纪的统治者对德川幕府创始者的时代大肆颂扬,城里人频频回首1657年以前的江户奇事,商人对元禄年间心生向往,视其为最丰裕的时代"。[1]幕府(中央)与藩(周边)的力量对比逐渐扭转,类似的变化还发生在统治者和被统治者、村落头领和村民身上。19世纪中叶幕府倒台之时发生的一系列事件都与这三种变化有关,每一个变化都影响了明治时期现代国家、现代社会的格局。

第一节 人口

经济与社会方面的困境经常是引发抗争的导火索,但这背后的根本原因还得从人口与土地之间的平衡来考虑。人口增长和经济发展的关系向我们提出了一个个大难题。人口增长耗尽农业社会的资源,没有任何剩余可以用来投资,而伴随人口增长而来的城市衰败似乎往往又遏制了经济的进一步发展,这样的例子在20世纪的经济欠发达地区比比皆是。

最近数十年,学者常常用类似的情况来描述德川时代的日本。

第八章 改变、抗争、革新

他们认为，17世纪的快速发展使人口增长达到了马尔萨斯理论的极限，将所有可用的资源消耗殆尽，令农村地区背负上苛捐杂税并失去进一步发展的能力。众所周知，德川时代的官员已经将务农的人压榨得一分不剩，重税之下，农民仅能勉强活下来。同时代的人目睹并记载了这种悲惨状况，而且农村陷入萧条的时候，饥荒随之肆虐。20世纪初日本的很多历史学家深受马克思主义的影响，这些记载为他们提供了充分的证据。但是，这一看法并不符合当时的其他情况。根据20世纪50、60年代赴日外国人的描述，农村地区呈现出一派欣欣向荣的景象。同时，马尔萨斯理论所强调的论点难以解释19世纪后期的蓬勃增长。

最近，有人口学家对农村档案和日本全国"宗门改"的调查资料进行研究，得出不一样的结论。他们首先认为，我们此前对早期情况的认识是错误的，夸大了关原之战时期的日本人口规模。先前的研究推算1600年的人口大约为两千万。如今看来，1200万可能更符合实际情况。以速水融为首的人口学家从这个数字出发，在进一步研究时发现17世纪的人口经历了极速的增长。尽管数据仍然是估算出来的，毕竟精英圈子、城市的流动人口很多没有登记在册，但从这些数据看来，日本人口在整个德川时期翻了三番。其中一个主要因素与农民家庭结构的变化有关，后者从扩展式的父权家庭转变为核心家庭，小单位更有利于快速增长。土地被占满后，新的土地进而被开发，不用很久，即便是不被看好的坡地也都被改造为梯田、旱田。17世纪的大名为了鼓励这类土地开发，不仅提供税收优惠，有时候还给从事农业开发的人授予一定的身份（国士）。1720年，中央政府关注到这一情况，此后每六年就进行一次土地测量。18世纪，农业扩张开始减缓，乍看之下多少符合马尔萨斯理论所说的停滞状态。但是，现在的人口学家察觉到了重要的地区差异。有些地方，特别是江户东北一带，在经历极速增长后开始出现净下降；而此前表现"落后"的其他地方却开始持续增长，虽然速度较前者缓慢。这样看的话，最为城市化、经济最为发达的地区呈现出稳定甚至滑落的局面，而没有那么"发达"的地区反倒继续增长。到 19 世纪时，日本绝大部分地区又重新走上增长的道路。

我们如今对抑制人口增长的因素的了解，还得益于其他学者的重要贡献，尤其是山村耕造和苏珊·汉利（Susan Hanley）[2]。自然灾害有时候会给人口带来严重的影响。由于藩的体制具有地区自治的特征，因此饥荒发生时，藩政府很难从别的地方调取粮食。在享保年间的 1732 年至 1733 年，有些地方因为气候异常加上虫害，损失了几近一半的水稻，根据官方报告，死亡人数众多，还有几百万人营养不良。1783 年（天明年间）的火山爆发带来大量灰烬，整片区域的良田遭到毁坏，村庄被掩埋，而随后出现的恶劣气候令日本东北部几乎全部歉收。最终，受灾地区大规模暴发饥馑，人口下降。1837 年、1838 年（天保年间），由于寒冷天气的袭击，作物再次歉收，而天保饥荒期间大坂暴发瘟疫，使得人口减少了十分之一甚至更多。[3] 不过，人口学家认为这类灾难（和现代战争惊人的平民伤亡数量一样）往往不到一代人的时间就能恢复起来。另外，由于水土流失、种植粮食的田地改种棉花等经济作物，生态环境遭到破坏，明显削弱了村民抵抗重大气候灾害的能力。

但从另一角度看，人口的相对稳定反而令日本为将来 19 世纪的人口增长做好了准备。中国人口在 18 世纪时几乎翻了一番，而日本没有。但到 20 世纪初时，日本媒体对人口过多表示担忧，讨论有哪些地方适合移居。这一转变花了将近半个世纪。

最近的研究还开始关注德川时期控制人口的手段。日本的结婚年龄相对较晚，使得女性面临更短的育龄期。日本很多地方的年轻男性会在农闲期间被赶到城里打工，这种现象一直持续到今天，被称为"出稼ぎ"。速水认为，幕府以五户家庭为单位（五人组）、禁止土地买卖分割的规定到 18 世纪时已形同虚设,对人们的实际生活几乎没有什么切实的影响。[4] 但在不公平的继承制度下,家中的小儿子、小女儿仍然被迫离家干活。各种早期的堕胎方式很常见。在饥荒或困顿的年份,道德家会对当时杀婴的做法加以谴责,但近来的研究对这一现象是否常见提出了质疑。[5] 在统治者看来,杀婴行为间接反映了治理者的道德水平,因此常常加以劝止。这种行为不管有多么普遍,在不同地区会有不一样的表现,而在同一个地区,又因阶级、收入水平而不同,有能力养活自己所有孩子的人和做不到的人之间被划上一条鲜明的界线。可想而知,相比于生活宽裕的阶层,杀婴(日语称为"间引",这本来是农业用语,表示拔去多余的幼苗来保证作物的生长)在极端贫困的群体中更为常见。这一猜想被托马斯·史密斯证实。他对某个村落的研究表明,人们的经济状况(根据土地所有权来判断)不停转变,有力地反驳了有关"停滞"、萎靡不振的理论。[6]

第二节 统治者、被统治者

江户时期发生的结构性变化还有另外一个方面,那便是精英之间的界限变得模糊起来。17 世纪的幕府不遗余力地阻断朝廷与大名的联系,谱代大名和外样大名之间的区别在早年尤其重要。但随着硝烟远去、世间承平,民间庆典、高规格的典礼取代了与武力有关的种种仪式,朝廷对武家头领产生新的吸引力。联姻成了热门选择,但要得到幕府的批准。同时,中央政府自己也开始关注皇室陵墓。无论是谱代大名还是外样大名,藩务管辖、藩经济的健康运行越来越成为他们的头等大事。幕府的高级职务往往被少数几个谱代家族把持着,这样一来,其他大名可以任凭自己的兴趣、长处发展。通过婚姻、收养而结成的联盟关系也一样。妻妾成群的将军家齐拥有不少后代，因此，每当他发现哪个地方新近被开发出来，他就会把自己的儿子安排过去。家齐将萨摩藩藩主（外样大名）岛津家的一个女儿纳为妻子，为了让血统更加"纯洁"，这位女子先是被身为朝廷贵族的近卫家收为养女。家康时代并立的公家精英与武家精英开始融合。19世纪80年代，新成立的明治政府正式承认这种现象，建立了一个新的贵族阶级，不过"新""旧"贵族之间仍有席位的差别，出身大名的"新"贵族常常更有钱，但不如"旧"贵族那样受人尊敬。

在德川制度下，身份、头衔需要通过高额代价来换取。按照藩及藩主的等级，石高的大小决定了相应的头衔和礼节性的酬劳。随着时间的推移，地方上的真实产量（内高）和原来的产量（表高）相差越来越大。制度规定了不同头衔或等级之间的细微差别，但这自然是相对的。因此，当某个等级发生变化时，其他等级会立刻受到影响。经过两百年的经济发展和农业开发，不少大名的石高基数是他们名义上的两倍，但藩的正式等级大多和家康时期的一样。以日本西南部的土佐藩为例，藩主的内高至少比他名义上获得的（202,600石）多了四分之一。表高会影响到大名的贵族等级、江户藩宅的规模和位置、他在江户城会见将军时的座次、随从人员数量，以及他所承担的礼节性义务，如果他的等级发生变化的话，很多大名要跟着改，这很困难。17世纪大名和藩改易期间，很多家族的头衔发生了巨大的变化，他们常常要么继承另一家族的地位，要么失去自己的地位。有时候，势力强大的将军会尤其重用那些等级更高的头号人物，意气风发的大名或者他们的家臣长老有时会四处游说，为自己争取更高的头衔。成功的代价可能是高昂的，保守的谋士几乎都认为这得不偿失。

更令人惊讶的是，大部分藩的村落往往也维持着原有的石高。托马斯·史密斯对11个村落的税收研究表明，虽然耕地亩数有所增加，农学水平提升进而推动了农村的生产力，但1700年到1850年间村落的石高却一直没有任何变化。而且，1700年以后的检地进行得并不系统，"因此，到19世纪中叶时，税收仍然是根据一个世纪乃至一个半世纪以前的石高决定的"。[7]这样一来，良好的耕作水平——灌溉、播种、施肥方面的改善，农艺名作的指导——所带来的种种好处，至少有一部分留在了农村。当然，还有以金钱、农产品、劳动力形式征收的赋役，这些重负可能会将村民压得喘不过气。松平定信注意到，"各种类型的赋役、五花八门的苛捐杂税多得数不过来。有针对闲地荒园征收的税，建筑物、门窗要收税，连达到一定年龄的女子也成了税项。布料、清酒、草药、芝麻都要强制征税"。[8]但根据史密斯研究的案例，基本的生产税即年贡却维持在最初的水平上下。难以解释，常常以冷酷无情著称的武家统治者为何会有这样温和、节制的举动。其中一个因素可能是对先人的智慧和统治怀有敬畏之心，但这肯定不是主要的。更重要的原因可能是，对地方石高进行大规模的调整不仅成本高，而且很难。从下文即将谈到的农民叛乱史来看，即便石高还没真的开始调整，只要有这个危险，民怨和抗争往往会随之而来。

村落很大程度上是自治的，由有地家庭承担行政管理的职责，这些人的强烈自豪感常常来自姓名、出身。相比于和"普通"农民缔结姻亲，他们更倾向于内部联姻。他们经常获准拥有自己的姓氏、享受佩剑的待遇。此外，他们土地的剩余产量越来越多，可以将多出来的部分留为己用。能够将部分盈余收归己有，必然刺激他们去提高产量，为此他们辛勤劳动、制订计划。良好的耕作带来相应的回报。这样来看，速水的判断有一定的道理，他说尽管日本没有经历过"机械革命"（industrial revolution），但它有"勤勉革命"（industrious revolution），那些能从"革命"中受益的人为更长远的发展做好了准备。

带头农民和村头领不仅能获得应得的回报，还能提高回报的份额，闹市的商人也一样。但对于大多数武士来说，情况就不同了。幸运的，有条件进入江户的名流阶层，借此排遣厌倦。18世纪70年代，江户文化孕育了一个作家的精英小圈子，他们的作品诙谐、讽刺，被称为"戏作"，反映了他们那个时代的某些风潮和价值观念。那些完全合拍同时有能力进入这个圈子的年轻武士，与一群从事戏剧工作或经商的品评人打成一片，这些贪新寻乐、才华横溢的"门外汉"形成一个尖利、风趣且幽默的圈子。这必然给不少武士带来了喘息的机会，让他们暂时摆脱军事训练、繁文缛节，从窒息的生活中缓过来。对于商人的孩子来说，这象征着某种自由，让他们暂时卸下勤勉、逐利的枷锁。这些武士出身的作家常常使用自嘲十足的笔名，如"宵禁惹事""醉酒失礼"，某个大名的儿子还自称为"红屁股狒狒"，这反而暴露了他们郁郁不得志的心情。

同样令人吃惊的是，某本指南书（《当世风俗通》）还提供武士服装剪裁方面的建议。这本书撰写于1773年，针对的是那些热衷社交的年轻人，作者是日本北部秋田藩的"匿名"武士[*]，其时秋田藩正在争取幕府垂青。书中到处都是关于穿衣打扮的实用建议，社会的每个身份、等级都有对应的章节。这本书告诉武士应该怎样利用鲸须在最外边的衣褶压缝来使裤子（袴）变得坚挺。它还建议，腰带应该系在肚脐位置，正面稍微凸起。这样的结带方式，被称为"告别带"或"戏猫带"，而且"腰弯一点，才能显出效果来"。刀剑也成了时尚的一部分。"当你穿着袴的时候，将细长的刀往前拉，使得刀尖保持向上的姿势。但当你穿的是羽织时，走的是休闲风，刀剑应该朝下。"除了文字外，书中还配有插图。至于"和服"，则是"带

---

[*] 作者金锦佐惠流，一般被认为是朋诚堂喜三二的别名。

第八章 改变、抗争、革新

徽章的深黑丝绸。内衬以别致的棕色。褶了边的里衬只露出七分*左右，露太多的话就显得粗俗了……正装的一大通则是典雅，因此要坚持用经典款。但不能过头，否则就变成老古板了。其要领是在古典与当代之间保持某种平衡，这么说吧，就像在文武之间取得平衡一样"。[9]这样的话等同于亵渎。文武之道向来被奉为武士的圣则，从创立德川幕府的家康开始，每版《武家诸法度》都会对此加以强调，如今却被用在奇怪的地方，指导人们怎样为城市的纵乐之夜穿衣打扮。

不过，上述这些玩乐只有少数人有条件享受到。幸运的话，武士还有一小片领地，或许能再使点劲压榨领地的农民，而大部分人只能靠从主君的仓库领取固定的俸禄（大米）生存。对于后者来说，收成好并不是什么好事，这意味着大米价格将随之变低。住在城里的武士必须购买日用品，有的或许会鼓励妻子制作一些手工艺品拿去卖，但这种小生意帮补不了多少，难以与经营有道的商人、有地农民相抗衡。用山村的话来说，数以千计的武士"必须为每天怎么活下去、怎么不欠更多的债而痛苦地熬下去……我们要知道，传统的武士阶层夹杂了各式各样的人群，从大多数社会的统治阶级的标准来看，他们那形式上的收入都只够达到贫困的水平"。[10]

问题是，旗本必须维持和他头衔相匹配的生活水平。1855年有位作者就抱怨说，江户的武士"把那些刚从村里出来的人看作乡巴佬，后者则想要尽快通达人情世故"。另一个作者则写道，单靠旗本的收入越来越难活下去。"依照1633年的法令，旗本只有300石的禄米，却要养活两个武士、一个抬盔甲的人、一个抬矛的人、一个搬行囊的人、两个马夫、一个拿草鞋的人、两个履行军务的搬工……一个四五口之家，包括一名女仆在内，又需要30

---

* 此处指日本传统长度单位日分，1日分约为0.3厘米。——编注

两金币的花销……年收入 300 石的旗本，假如欠下 600 两的债务的话，他的年净收入就降到 17 两的水平，因为他每年还得支付 30 两的债务利息。"[11]

山村以幕府的旗本为研究对象，幕府的很多官职都由旗本担任，从中可以找到许许多多的例子来说明旗本的困境。随着旗本的经济水平与被统治者相比越来越低，他们尽可能减少自己需要养活的人数，他们会把小儿子送到别家当养子，堕胎甚至杀婴。大名试图通过向家臣"借取"俸禄来减少支出，然后——只要有可能——家臣又会尝试向他下面的人预支贡税作为借款。山村举了一个例子，19 世纪 50 年代有三名村落头领向他们的领主——某个 700 石的旗本——反映：

1. 因为您承诺削减支出，所以过去几年我们预付了贡税（大米）并发放了贷款。但是，我们看不到任何迹象显示您有减少哪些不必要的花销。

2. 您的兄弟德行有亏，游手好闲。只要您的家庭还养着这么一个人，花销就基本不可能减少。去年冬天我们曾请求对您兄弟采取一些措施。请问您有什么打算？

3. 包括女仆、马夫在内，您的仆人已经超过六个。有些应该解雇。

4. 您的代表问我们能否帮忙协商一下，发放新的贷款。但只要您有这么一名不中用的兄弟，即便给您一笔低利息的贷款，也没多大用处。您想要借款的那家寺院，并不知道您已经欠下两百两金币的债务，但您自己清楚，这是一笔大钱。

5. 您欠债是为了什么呢？就我们看来，您的生活完全能自足，但养您的兄弟却不是一件划得来的事。假如您再不采取行动，我们打算不再担当村役人。[12]

第八章　改变、抗争、革新

不久之前，幕府也发现自己不再能像过去那样对谱代大名发号施令。1840年，为了给将军某个宠妾的儿子腾位置，幕府命令庄内藩（位于日本海沿岸）的藩主换到另一个只有原来一半大小的领地。庄内藩的家臣也要跟着主君一起换，这些人开始从大商人、大地主那里集资。他们自己也很担心，因为领养将军儿子的那个大名家族*出了名地奢侈无度——但也无可厚非，毕竟松平家在过去两百年里被迫改封了11次。这时将军家齐去世了，但为了保住自己的名声，幕府官员并没有撤销这道命令。

带头的百姓开始采取行动。一封封颂扬藩主的请愿状发往江户，但都遭到了拒绝。于是，这些人鼓起勇气，直接到江户向高级官员施压请愿。为此他们受到了惩罚，但意想不到的是，惩罚很轻，这样一来，其他人更跃跃欲试了。请愿者被派去向邻近的藩主寻求帮助。其他人则到寺院、神社祈求神灵相助。恰巧的是，这次领地转换的受益人即那位年轻的大名，死了。这时，有23位外样大名出手干预，这些大名实力雄厚，享有在江户城某个大厅会见将军的待遇，他们联名写了一封问函，对目前发生的事情表示关切。"我们没有从[幕府]收到任何通知，也没有得到任何消息，"他们问道，"因此我们斗胆来交涉……酒井[忠器]左卫门尉[即这次被迫改易的藩主]的家族世代为官，为何他如今要离开，接掌长冈城？我们希望知悉个中内情，特此禀告。"[13]随后命令就被撤销了。

如果让一百年前的将军家光看到这样的结果，估计会觉得荒唐至极。大名出手干预，带头百姓抗议，地方商人宁愿继续被原来的问题困扰也不愿意换一个新的主君，都表明中央在慢慢变弱，权力关系发生了巨大的变化。

---

*　越前松平家。

第三节　民众抗议

如果官方没能从农村那里掠取到大部分的盈余，那并不是因为他们没有那样做。尽管他们百般努力，但还是失败的时候更多。有很多关于日本的作品都会强调某种"共识"模式，使得人们以为日本是一个运行流畅的社会有机体，依靠尊卑观念、父权主义来维持运作的平稳。但事实并非如此。纵观日本各地，纷争在德川时代十分常见。现代学者青木虹二整理了1590年到1877年发生的社会冲突和政治抗议，总数多达7664件。最近，詹姆斯·怀特排除了其中333件完全通过正常渠道进行申诉的事件，对剩下的7331件进行分类，看看能得出什么样的结论。[14]通过简单比较，他发现，从某个时期农民、领地及其他民众发起的抗议来看，日本略微比欧洲更容易发生纷争，和中国明朝（1368—1644）相比，更是有过之而无不及。[15]

但要强调的一点是，德川时代的抗议绝大多数属于非暴力性质。这些抗争几乎没有什么"革命性的"内容，其发起的初衷并不是令国家的统治方式或社会的组织形式发生根本变化。几乎没有人会说，官府正在侵犯一个"公正"的社会所固有的"权利"。不过，他们有着某种更广泛但不那么严谨的"公正"和互惠意识[16]，认为自己的配合、顺从，理应得到上面那些人"同情"的尊重。

大部分争议是因为某些有权力的人想要从被统治者身上榨取更多的好处，他们有的提议重新调整石高，有的强制垄断了本地产品的销售，有的没能对某个剥削无度或反复无常的官员加以监管。纷争的焦点可能是村役人的不公平（他们负责分摊基本的田租地税），也可能是对额外征收赋税徭役这种过分的要求集体表示抗议。当国道上的交通异常繁忙时，对人员、马匹的需求可能会让沿途的助乡生出怨愤。

第八章　改变、抗争、革新

村头领*有责任代表己方村民向更高的官员表达抗议,没能尽到这个责任的村役人可能会招来村民的怒气。这个职位并不轻松。他们是村民与武家官员之间的纽带,很多时候要进行艰难的选择：是要"代表"村民——这样的角色可能会招致惩罚——还是让民众的怒气发泄到自己身上,同时他们面临着自己的财产会被群众破坏的危险。除此之外,有时候村与村之间会产生纷争,或是因为边界问题,或是因为村民进入山林取肥料和建材的准入权。极端情况下,这些纷争可能会发展到整个地区,连同国道边上村民的怨愤之气也一并发泄出来,也可能会随着时间的推移而蔓延整个经济区。这种情况下,某些"路人"即那些原本默默无闻的人,可能会将众人的士气、不满集合起来。这些人被怀特称为"创业者类型的领袖",他们对奠定和巩固起义的精神起到了推动作用。

德川时代的村落是比较自治的,只要税收不出问题、没有什么抗议发生、社会安定有序,官方会放手让村长老和头领按照自己的方式来管理事务。以预防为目的的高压措施很难实行起来。另一方面,当大规模抗议愈演愈烈时,官方第一个念头就是让农民回去干活。典型的做法是,首先进行和解,官方承诺对苛税进行检讨、反思,最后常常会撤销掉。一旦秩序恢复过来,调查的时机一到,官方就开始追究责任了。那些被认定为领头抗议的人会遭到严惩。

村头领陷入进退两难的境地,没办法轻松解决。如果他抵触群众,那他可能会威望扫地,失去村民的尊重,而这本来是他工作顺利展开所不可或缺的要素。如果他与之合作、"领导"群众的话,那他可能会丢掉自己的脑袋。

当情况水深火热的时候,品格高尚的人往往选择第二条道路。这样的选择还会给他们带来身后名。牺牲了的人有时候会成为英雄

---

*　由庄屋、名主组成。

传说的主角，甚至会被神化为慈悲无我的大明神，被供奉在当地的神社里。对这类人物大加赞扬的农民叙事，记录了那些关于社会不公正和个人自我牺牲的记忆。[17] 惣五郎就是一个典型例子。他以村头领的身份，代表受压迫的村民前去和领主交涉。调解失败后，据说他还曾试图在江户拦截将军的队列进行请愿，并因此连同他的妻子、孩子一并被处死。为了纪念惣五郎，人们修建了一座神社，位于今天佐仓城址内，即日本国立历史民俗博物馆所在地。惣五郎的故事逐渐变成传说，被搬上民间舞台进行表演。今天，当农民的田地即将被并入附近的成田国际机场时，惣五郎的故事仍然鼓舞着他们去坚决抵抗。通过这种方式，"义民"逐渐和农民记忆中关于抗议、受惩继而获胜的传统联系起来。[18]

如怀特描绘出的那样，抗争运动的发生为我们了解德川时期政治经济的良好与否，提供了一个重要的视角。德川时代初年，武士的城市化、农村解除武装、大名改易引起的家臣动乱带来了广泛而深远的变化，是影响当时抗议的一大因素。早期的一些抗议由务农的武人领导，但对于农民来说，将权力交到别人手上并非易事，毕竟最后付出代价的是他们自己。有时候大批农民会直接变节，跑到邻藩的地界内，在那里展开谈判。人口数量依然低迷的时候，大名如果失去农民，什么事都做不起来，而那些刚改封大藩的领主很多都缺乏人手，无法采取胁迫性的措施。17世纪初的法令就经常表达这种困境。土佐藩的一道法令就提到，包庇逃犯"很可能要判处极刑，但如果我们过于严厉的话，只会让他们逃窜到别国（省）……主要是不能让他们离开本地"。[19] 真的离开了本藩的农民，有时会请求所在藩提供居地，如同寻找避难所一般。但所在藩的藩主由于要和农民本藩的藩主站在同一战线，因此更多时候只派遣一名家臣充当中间人，给他们安排落脚地。一旦逃犯回到本藩，那些被认为带头闹事的人便会遭到报复。

第八章 改变、抗争、革新

等到各藩格局底定、人手足够之后，发生大规模潜逃的可能性变低，但这类事件在18、19世纪时依然可见。18世纪80年代，土佐藩强迫农村的造纸工以固定价格将制品出售给特许的商会，导致造纸工奋起反抗。超过500个村民穿过山区边界逃到松山藩。起初他们希望留在这里，但遭到拒绝，于是开始和土佐藩的官员谈判返回的事宜。谈判期间，松山藩为他们提供了避难地，还让一家寺院对双方进行调解。土佐藩的官方对村民提出的17条控诉作了让步，随后抗议者回到本藩，进行"最后的"协商。紧接着，为首的三个农民被斩首。几年后,官方恢复了纸张垄断的法令。[20] 又如1853年，北边南部藩*几千个农民逃到邻近的仙台藩。他们抗议公共工程带来了繁重的徭役，而且他们要供给的官员太多，还得应付多如牛毛的附加税项。像通常的做法那样，他们要求赦免抗议者。当藩政府对双方争论的事项作出让步后，他们便回到各自的村里。然后，领导这次抗议的村头领三浦命助被藩逮捕，最后身首异处。[21]

村落群体内部也会产生纷争，常常起因于村落当权者的税役分摊不公、傲慢和欺诈。群体之间也会就灌溉用水、林业产品、边界的权利问题发生争议。但毫无疑问,绝大多数抗议和赋税有关，或是控诉现有的赋税，或是抵制额外的税项，或是反对重新检定石高的计划。但要将石高重新检定一遍的话,几乎肯定会引起争论，不管是由于它的结果，还是由于村民要给检定石高的官员提供食宿而付出的成本。一个新上任、没多少人了解的领主可能会激起人们的恐慌，让他们以为局面会进一步恶化。地方部门†新上任的武士官员也一样，农村生活与官场的初次交集便发生在郡奉行这一节点。

---

* 又称盛冈藩。

† 即郡奉行。

这些抗议被统称为"一揆"。这个词有时候会被用来指代叛乱，但更准确地说，它表现了人们一致认为要对错误进行补救的共识。怀特给了这样一个定义，"一揆"是"精英或人民中间（或共同）以契约形式建立、带有某个目的的自发性组织，其发起初衷是实现某些无法通过正常渠道或个人努力达成的目标"。[22] 一揆意味着公开的契约与宣誓，它依据某种平等主义的原则，参与人常常会署名，把名字排列成环（伞）状*，责任由所有签字人共同承担。[23]

对 2051 件纷争进行分类，我们可以从各类事件的发生次数看出些许端倪。属于一揆的事件中有 552 件"越诉"，即向更高级的官员申诉，申诉者一般是村头领，他们从直接负责的官员那里得不到满意的答复，因此越诉［怀特称这种现象为"迂回进攻"（end run）］；强诉有 783 件，即村民绕过村头领直接进行申诉；230 例逃跑事件；78 例"蜂起"，即那些演变为暴动的抗议事件。408 例城市打砸，称为"打毁"。不用说，这些肯定是非法的。事实上，德川幕府禁止任何未经许可的聚众集会，这些人被称为"徒党"即叛乱团伙。[这种用法给现代政党（日语为"党"）造成困扰，19 世纪时人们会很小心地形容自己的组织为"公党"。]

怀特的数据表明，从 18 世纪第一个 25 年开始直至德川时代结束，纷争发生的次数越来越多，规模也越来越大。18 世纪中叶，幕府官员为了应对这一局面向所有大名发出警告，要求他们必要时必须联手镇压叛乱。那时候，人口明显已经大幅增加，日本中部的农业生产力也在一定程度上达到最高点，城市的发展将昔日相互隔绝的一个个地方整合成一片片经济区域。随着普通百姓构成越来越大的危险，过去禁止大名联合行动的规章条例不得不让步。纷争次数逐步增多，每当发生自然灾害、歉收、饥荒时，更会呈现巨大的增幅：

---

* 称为"伞连判状"。

第八章　改变、抗争、革新

18世纪80年代、19世纪30年代、19世纪60年代都爆发过一揆的浪潮。

要在这样的纷争方式中寻找真正"革命性"的目标，必然无功而返。这当中几乎不存在真正的对于新社会秩序的构想。但有两个事件不时被引为例外。德川幕府最后数十年里，"世界复兴"运动（日语为"世直し"）横扫各大城市，有点类似于千禧年运动。这些运动很多时候带有目的性，但又常常陷入荒诞不经的狂欢。遇到这种情况时，有关神明显灵的谣言就会四起，而显灵的地方常常是在富人家里。欣喜、舞蹈、庆典随之而来。那些受神灵眷顾的富人往往会出于谨慎而与群众分享自己的物品尤其是酒水，最后使得整个地区都陷入狂热之中。但对于那些欢欣鼓舞的人来说，"世"更多的是指宇宙而非社会，大多数参与人似乎认为一个更加公平、更有道德的社会即将来临。还有一个更好的例子，那便是武士大盐平八郎发起的动乱，即本章开头提及的那场发生在1837年的失败的起义。但这个事例比较特殊，下文会进一步谈到。他做到的不过是用一场大火烧毁了大半个城市，而这座城市是国家经济与分配体系的命脉所在。

渐渐地，镇压越来越不起效。在民间关于叛乱的叙事中，武士官员表现得不仅无能至极还经常胆小怕事。这些记述常常是有事实依据的。例如1761年的上田骚动，武士官员撤退到防线后面，因为担心正面对峙会演变为暴动，不愿冒险，于是选择将纸条悬挂在竿上，和民众进行对话。当权者偶尔会在镇压某个抗议时表现出复仇般的残暴，但这种胁迫性的做法很少会持续或维系下去。同时，幕藩制度下分割式的主权可能会让藩与藩——哪怕相邻——的赋税呈现出明显的差别。结果，随着武士威望下降，越来越多的地方产生不满的情绪。不管怎样，幕府和藩的官员都已经意识到这波抗议浪潮，他们忧心忡忡，寻求各种能巩固其统治的办法。

第四节 幕府的应对

元禄及以后,城市一片繁华富丽,与举步维艰、不时爆发抗议的农村地区形成鲜明的对比,事业有成的商人舒舒服服地生活,而穷困潦倒的武士过着难熬的日子。面对这样的场景,几乎没有人会怀疑天平已经失衡。对于武士来说,生活的好坏取决于自己的米禄能否卖个好价钱。作物歉收的时候,粮价高涨,但收税也会变得困难;而在丰收季节,粮价便会下滑。山村认为,德川时代第一个百年或更长时期内,土地相对来说比劳动力更值钱。人口的增长伴随着荒地开发和稻田开垦。其后,在商业化的影响下,靛蓝染料、油、芝麻等产品有了新的市场,劳动力的价值上升,超过了土地。小地主的土地开始流入那些拥有大片土地的富农(日语为"豪农")手中,他们自己则沦为佃农或雇工,或加入城市贫民的行列。商业农业导致肥料价格高昂。在大坂的资金支持下,一个完整的产业发展起来,位于遥远北海道的底栖鱼被用作日本中部田地的肥料。[24] 棉花、烟草、纺织品的生产扩大,带动了相关就业。到了这时,开始有人写文章抱怨耕地荒废、新兴的农业精英如何如何。但在不同的地区,变化的速度必然不同,这些变化也并没有给所有人带来同等的好处。日本的统治者及其幕僚都将武士的喜乐安康摆在首位,至于如何实现这个目标,却几乎没人可以自信地说找到办法。

日本的历史学家将幕府统治的三个时期称为"改革",再后来就是1868年的明治"维新"。但从很多方面看,将这些"改革"视为未遂的"维新"反而更有意义,因为每次"改革"都试图恢复他们记忆中17世纪健康有活力的财政和行政面貌。相反,明治时期的变革更适合被称为"革命",因为它给日本的制度带来了永久的变化。"改革"没有一个达成自己的目标,但为了应对愈发棘手的社会问题,每一次"改革"都实现了制度上的创新。

第八章　改变、抗争、革新

享保

第八代将军吉宗的统治时期（1716—1745）因为他的享保改革而盛名昭著。吉宗掌权的时候，将军家的血脉已经断绝，他凭借家康曾孙、家光唯一一位在世孙子的身份登上了将军之位。重要的是，这位新上任的将军在担任纪伊藩（和歌山藩）——纪伊德川家是御三家之一——藩主期间就已是一名成熟有经验的统治者。一位强有力的"外人"被纳入将军或大名的宗家正嫡中，常常会带来蓬勃的生机，这是那些被纵容、受偏爱的继承人所难以匹敌的，他们年轻时就只知道各种死气沉沉的典礼仪式，这些仪式专门服务于一群养尊处优的精英。吉宗就是一个很好的例子，他尽其所能地给武士社会的体制注入新的活力。我们知道，正是在吉宗的支持下，汉学、兰学焕发了新的生机。

通过幕府的行政机制，我们可以感受到这样一位有主见的统治者是如何亲践其想法的。吉宗的继位有赖于老中的决议，但他依然削减了老中编制，任其衰落。[25]他建立了一套官员薪酬制度，使得那些有能力但因为石高不够而无法取得任职资格的人能够有用武之地。他还设立监视或情报机构，向他汇报大名的动态。为了信息顺畅，1721年吉宗安置了"请愿箱"（目安箱），鼓励人们提出建议、表达不满，其他大名不久后也纷纷采用这种做法。[26]

为了让行政规范化、提高办事效率，吉宗格外关注行政规章和法律法典。1742年，幕府制定了一套关于程序和判例的综合性法典《公事方御定书》，为日后的法律制度奠定了基础。它对审讯中使用严刑拷打的做法进行限制，免除罪犯亲属的连坐责任，这些都代表了日本的法律体系正在朝着合理化的方向发展。同时，吉宗领导下的幕府并不想让民事纷争打乱自己的工作，幕府不再管商业诉讼的事情，命令诉讼方自行解决。[27]民众被要求安其位，行其事。其时平民学校（寺子屋）越来越普遍，吉宗下令通过寺子屋来传播中国的训诫文，教导孩子认识儒家伦常的重要性。日本从中国引进有用的植物和种植办法，还有不少专家前来指导。1721年，幕府颁布法令，允许进口西方书籍的中文译本。像荻生徂徕这样的儒者负责起草政治经济的建议书。

这一切都是在实用的口号下进行的。辻达也甚至表示，正是在吉宗的统治下，日本思想从思辨性的哲学发展为自然科学、经典研究、文本分析，"为18世纪的思想革命开辟了道路"。[28]吉宗还推动了怀德堂的建立，这是一所设立在大坂、面向商人的学校。怀德堂的学者擅长以实用、理性的方式来探讨他们时代的问题。其中有一位笔名为"山片蟠桃"的出色学者，其职业身份是仙台藩藩主的商业代理人，因此对大坂贸易、财政的复杂关系有着深切的了解。[29]

吉宗一朝所面临的经济问题因为1732年的粮食歉收而变得更加棘手。第二年就爆发了德川统治以来的第一场城市暴动。接下来的几年里，幕府一心要加大对农村地区的压榨，甚至对所有大名征收一次性的税项。至于普通百姓，以往年贡是根据官方每年对农作物的检查来确定的，如今为了更好地进行规划，改为以数年为期计算出每年的平均粮食产量，以此作为征税的基准。这种办法虽然省去了每年调查所需的费用，但在自然灾害暴发的几年里，让农民陷入彷徨无助的境地。1721年，吉宗禁止任何形式的请愿，采取措施阻止农民大规模逃逸，百姓能够求助的少数几种途径都被堵上了。在征税官员的严酷执法下，税收一度呈现出丰盈的状态，导致大坂仓库库存上升，价格下降，最终损害了武士的利益。此外，幕府试图打造质量更好的货币，因此重新铸币，并禁止各藩内部发行纸币，这样一来，流通的钱币减少，进一步压低了大米的价格。为了控制这一局面，幕府下令钱币兑换商调整自己的组织，从属于特许经营的行会之下。1721年这项政策的针对范围扩大，96类商人必须以

第八章 改变、抗争、革新

行会的形式组织起来。

简单地说，享保改革反映了商业主义兴起下日本政治经济所发生的变化。武士统治者没有可靠的办法来应对这一局面。他们尝试施行的那些措施，表明大名和藩主之间形成了一种新的同盟关系。幕府甚至还一度向加贺藩借钱。如何防止大名有异心、确保自身安危是过去面临的一大问题，如今却逐渐失去了实际意义；出于节俭，吉宗用常青树的屏障环绕江户城，代替雄伟壮观但造价高昂的城墙。如何与大名合力镇压百姓对赋税过高的抗议，才是更加重要的问题。

吉宗统治末年，他似乎撤回了某些做法。幕府取消了藩内不许用纸币的禁令，在有关商人行会的政策上发生摇摆。1736年，幕府减少钱币的贵金属含量，由此放弃了一直以来想办法推行的高质量钱币。金矿、银矿已经枯竭。幕府不再铸造新的金币、银币，直到1818年、1840年金币、银币的铸造才恢复过来。但新的铜币却源源不断地出现，在不到十年的时间内，幕府发行的铜币数量就超过了整个德川时期发行量的一半。享保"改革"确实建立了一个更加强大的行政体制，这是幕府试图发挥影响力、实施监管的结果，吉宗的这些举措表明，幕府官员开始意识到，为了应付目前发生的经济变化，行政程序方面必须作出相应的更改，从这层意义上说，吉宗的统治充满了活力和创新意识。不幸的是，日本存在的问题已经不是幕府通过行政方面的措施就能解决的，那些根深蒂固的矛盾依然困扰着幕府的改革者们。有一段时间，各藩上贡给幕府的大米达到前所未有的数量，但要想问题得到真正的解决，制度变革是不可或缺的，而吉宗的这些措施远远够不上这个程度，荻生徂徕向吉宗建言，应该让大名摆脱终日流连饭店的状态，以免受到城市经济、商业经济的支配，但早期的种种条件已经无法重新创造出来。

天明

　　德川时代的政策在厉行朴素和鼓吹消费这两个极端之间来回摇摆。吉宗享保改革数十年后的天明年间（1781—1789），一股豪奢之风盛行起来。随后日本经历了一场大饥荒，是整个德川时代最严重的饥荒之一，其后，行政和政策方面不出意外地再度发生变动。这次带头制定政策的是田沼意次，他是将军的宠臣，从侍从一跃成为掌管总务的大臣，晋升老中，这样的跳升招来了幕府保守派的嫉妒和厌恶。田沼让自己的儿子就任若年寄一职，他在财政部门建立自己的派系，为他的每个要求推波助澜。他成了各方阿谀奉承的对象。在幕府的行政体系下，送礼本来十分常见，但在田沼时期达到了新的高峰。他贪污腐败是毫无疑问的，但不可否认的是，像他这样通过牺牲保守派谱代大名的利益来扩大将军的权力——特别是借由一个"暴发户"之手——的做法，很可能会激起反对的声音，同时需要非常手段来实施。

　　某种程度上，幕府与大名、中心与边缘之间的"拔河"已经成为一场零和游戏，一方的利益必须以另一方的牺牲为代价。大名，特别是那些藩内已经一体化的大藩藩主，为了缓解财政压力，发展了一系列有助于"国益"的重商政策，最大化地提高面向中心城市（即将军下辖的城市）的出口量。而幕府这方，却因为要对大城市周边的全国性市场负责而左右为难，这些产品的来源地并不在它的掌控范围内。幕府及其下辖的消费中心地，对这些"输送地"十分依赖，但这些地方却能为了藩经济的利益而集中力量发展出口，限制进口。经过一个多世纪的经济与政治自治，地方统治者、商人已经习惯于将藩视为"国"，与更大的"王国"日本相对立。[30]

　　面对这个问题，田沼不惮以革新来解决。早前的改革都着眼于现存资源的分配，这些资源一般被认为是固定的，但田沼试图通过一系列推动经济增长的政策来促进资源的增长。他采取各种措施来提高对外贸易，甚至给秋田的铜矿设置生产额，以便让产品加入长崎贸易的行列，哪怕国内市场的价格更高。[31] 田沼属下的官员针对铁、黄铜、硫黄、樟脑、人参、灯油等产品颁发专卖许可，而且通常是有偿的，从而令幕府与大名的利益直接对立起来。[32] 他还投入大量资源来建设一个以增加耕地面积为目标的大型公共水利工程。然而工程失败了，紧接着的农业歉收导致严重的饥荒，干旱过后洪灾接踵而来，整个国家到处都是抗争、农民叛乱、城市暴动，情况十分严重，以至1787年的江户有三天处于无政府状态。保守派已经为这一系列事件安排好一套说辞了：这先是"上天的声音"，然后是"百姓的声音"。[33] 田沼的影响力还没等到他宦途结束就已经消散殆尽。重用他的将军去世，儿子被刺杀身亡，使得他的地位迅速一落千丈，在耻辱中度过余生。

田沼时代，城市文化、中产阶级文化呈现出一派欣欣向荣的画面。这期间，在兰学的影响下，日本开展了医学实验，这在此前已经讨论过。"城市化"的武士，还有那些富裕的平民，都是"戏作"——一种新兴的戏谑、讽刺、嘲弄的文学——的读者。与此同时，彩色版画（锦绘）有了极大的发展，这些作品将旅行、戏剧、游廓所带来的快乐，传递给那些具备相应消费能力的町人。保守派免不了要将这文化的繁荣发展，与他们所认为的高位者的政治腐败、道德缺陷联系在一起。日本即将迎来一次新的经济紧缩。

宽政

宽政时期（1789—1801）的改革是在松平定信（1758—1829）的领导下进行的。松平定信是吉宗的孙子，原本是日本北部某个藩的藩主，后来被年轻的将军家齐指派到幕府任职。家齐出生于1773年，1787年至1837年在位，直到1841年去世以前，他仍然掌握着最高的权力。家齐的50年任期，是德川时期所有将军里时间最长的。

在这半个世纪里，统治精英内部的分界线越来越模糊。家齐的妻子是某位强大的外样大名的女儿，为了符合婚嫁资格，她先是被朝廷贵族近卫家收为养女。家齐极为扶持朝廷，他给自己封了好几个具有荣誉性质的官位，最后一个是大政大臣。他的后宫庞大，子女55人，他们都成了他与全国各地大名进行政治联姻的棋子，进而催生出一个夹杂各种各样背景、不怎么分层的贵族阶级。早前泾渭分明的头衔不再有多少意义。

松平定信的掌权期实际上很短，仅仅四年多一点，其后他便与他那位刚毅的主君发生争吵，并辞去了职务。[34] 他坚持认为，江户和京都的关系应该建立在以江户为首的基础上，名分要恰当。江户与京都间有一场颇有名的争论，当时的天皇是从别家收养过来的，他试图给自己生父赠予太上天皇的身份，但松平不同意，并阻止了这一举动。不幸的是，在后来的一次争端里，与松平发生冲突的是将军，将军也是养子，出身于御三家，他决定要赠生父一个本来属于退位将军的尊号*。虽然松平再次成功出手阻止，但双方僵持起来，最终导致松平的卸任。

松平定信执掌幕府决策仅有数年时间，但他的举措影响深远，意义重大，因此可被视为19世纪初德川行政制度的转折点。他首先采取措施，遏制田沼时期的腐败浮华风气。节俭再度成了当时的主旋律。他对官场开展大清洗，众多官员被替换。地方官被命令要准备好告示带到村里，宣扬勤奋、克制、孝悌的重要性。出版商又不得不开始留意寻找审查员，以免遭到设备没收的惩罚。有好几个作者的作品被认定为有伤风化，并因此身陷囹圄。不过，对于这些方面，所有改革者都要求得体不逾矩，不管怎么看，这些并不是什么新想法。

---

* 即"大御所"。

第八章　改变、抗争、革新

更有意思的是，松平定信采取了种种办法来强化江户在全国经济中的地位。起初，这座城市充当的是消费者的角色，消费来自西边大坂和京都的产品，如今却成为东部日本的经济中心。大坂的经济是建立在白银的基础上的，为了削弱大坂的价格优势，货币被重新定值。松平试图将江户一带发展成一个自给自足的地区，减少从日本西部进口的物品数量。某种意义上，他是将大藩推动的重商政策拿来改造，以达到幕府的目的。酒、棉、油、纸这些向来从日本西部进口的资源，如今在本地发展起来了。江户这座城市也成了行政制度改革的主要对象。松平设置了江户町会所，用以监督社会服务和监视方面的工作。他留出部分地税，建立米仓，作为调整价格的一种手段。他命令官员要在系统化记录、消防、桥梁、道路方面多加注意。从这时开始，城市问题得到应有的重视。

面对城市商业化的影响，松平定信百般应对，并为此采取相当粗暴的办法。幕府宣布免除武士的债务，并对房屋租金进行控制。这一措施并不十分奏效，因为如果武士已经对商人产生依赖，那么惩罚商人并不能真正帮助武士。

作为儒家门人，松平定信尤其致力于用各种办法来"整理"教育和知识领域的景象。在这一方面，他反而取得更大的成功。宽政异学禁令第一次明确朱熹儒学的正统地位。对于学派间的意识形态分别，前任将军们并不那么关心，松平自己也写过，对实际执政者而言，重要的不是他偏好哪种思想，而是他怎么生活。但一掌握了权力，松平就开始担心秩序问题，他认为，相互竞争的学派越来越多，势必导致乱局。由此产生了1790年的"异学之禁"。他下令说，近来"新颖的学说"对国家秩序构成了威胁；我们要"回归"到核心的学说上。幕府就其下辖的主要学问所昌平坂学问所发布了几项任命，一场禁止异学的运动随之开始了。大名和藩内的学校正处于增长速度最快的时期，它们迅速跟随幕府的步伐。到19世纪中期，荻生徂徕的作品几乎成了昌平坂学问所里的反动读物。但其他的思想、理论流派并没有消失。对于很多老师来说，自己能教授的东西是一回事，自己思考的事情是另一回事。此外，本土主义学说越来越受欢迎，相关作品越来越多；与此同时，国学正渗透到日本的大部分农村地区。兰学的发展速度也很快，很多都得到了松平定信的支持，他注意到，幕府也开始搜集西方书籍。他试图囊括这些学问，将之限制于官方渠道里。他写道："外夷精通科学，他们的解剖学、地理学著作，以及军事武器、内外科医术，可能会带来巨大的效益。不过，他们的书籍可能会促长无谓的兴趣，或者会传递有害的观点。"[35]解决办法是，当书籍进口到长崎时，政府去将有用的搜集起来，确保不会流入未经许可的人手中。松平还减少了对外贸易的批准数量，荷兰人参访江户的间隔期也被拉长。这些举措很多都延续了早些时候的做法，虽然也是对田沼政策的彻底扭转。

　　从很多方面来看，宽政年间的一大标志是教育的惊人增长及其对日本产生的重要影响。松平定信对正学的关心，与他渴望建立一支受教育程度更高、更有责任心的官僚队伍有关。他为幕府的昌平坂学问所聘请了多个领域的学者。大名也开始对自己藩内的教育更为上心。日本各地的学校数量稳步增长，表明新的期待、新的要求即将出现。

　　与此同时，幕府开始坚持自己的"传统"，并试图对此进行定义。从这时起，"如早前那样"（従来の如く）的措辞出现在对外贸易、哲学思考等各种各样的领域里，打压实验和创新的动力，而且逐渐变成一个强势的、负面的警告用语。如今回过头来看，这或许表明政权愈发僵化和缺少弹性，不再那么具有冒险精神。

化政：文化年间（1804—1818）与文政年间（1818—1830）

　　19世纪的头30年——有时候会被称为化政时代，包括文化

第八章　改变、抗争、革新

（1804—1818）和文政（1818—1830）两个时期——常常被描述为德川时代的"小阳春"。作物没有歉收。农民抗争时有发生，但规模和强度都低于18世纪晚期的动乱。学校建设运动继续扩大，到了这时，私立学问所、平民学校才真正进入大规模发展的时期。此前讨论过的许多发展趋势都在这个"小阳春"里开花结果，成为人们关注的焦点。

在社会的最顶层，对忠诚的极端重视曾让各类大名在17世纪占据了十分重要的地位，如今却让位于一个不怎么分化的贵族阶层，这些人从未经历过战争，幕府政策引导下发展起来的城市文化是他们扎根的土壤。其下，平民中的富人和统治阶级里的大多数武士群体不再有明显的区分，城市地区尤其如此。这部分是由于此前成分单一的村落出现越来越大的分化。商业化的发展和农学的进步使得农村出现了一个精英群体，他们的存在越来越突出，抹了白灰的库房、以木构为主的住宅、受到悉心照料的常青植物和花园，都是他们优渥的经济条件的明证。富裕的村民主宰着村里的事务，谋求以轮值或选举的方式担任村名主一职，这种不公平的状态引起人们的痛恨，许多农村纠纷来源于此。平民精英的某些意图刚好与落魄武士的需求一拍即合。购买武士资格的做法开始流行起来。日本北部的盛冈甚至为各个身份列明了价格。完整的武士身份需要金币620两，但佩剑的特权只需支付50两。青年组织（若者组）对这类装腔作势的行为深恶痛绝。他们通过仪式和威压来聚拢成员，维持着另一套等级秩序。1827年，幕府试图禁止这类组织，但成效不大。不过，幕府在法令中给出的相关理由很能说明问题：法令警告不得骚扰村里的豪富，并暗示骚扰者这样做是出于对他人财富的妒忌；法令还警告不得谋划阻止村落诉讼，敦促大家对"幕府的仁慈"心怀更多的尊重与感恩。[36]

人们对这类法令大多充耳不闻。日本的封建统治者活动在一个主权被分割的制度之下，当某些风向波及自己管辖的地区时，他们难以对造成此风向的根源或地区有所作为。幕府可以制定一些有利于其直辖城市的政策，但那些封地偏远的家臣和大名却有不一样的想法。如何从村里发掘更多可供出口的货物、如何限制外地货物进入本地，在这些方面，土佐、长州这类大藩的藩主都有各自的难题。但至少，他们能对边境进行管控。而幕府有时候甚至会在自己的管辖范围内栽跟头。19世纪初，农村的工业技术和精加工技术在大城市的周边地区如火如荼地发展起来，大城市里那些持有幕府特许的商会无法对此加以控制。19世纪20年代，幕府下令禁止大坂附近的平原村落利用油菜籽自己榨油，命令他们将油菜籽卖给城市的油坊、向油坊买油，从而令这些村落大为愤懑。上千个村落递来请愿状，反复要求开放市场，为了避免发生暴动，幕府逐渐放松了管控。

此前只有官方的城市商会承担经济方面的角色，如今农村作坊也能发挥同样的作用，大都市的重要性随之被削弱，但这不过是因为它已经成为推动周边地区发展的"引擎"。到1800年，日本拥有5个居住人口超过10万的城市，当时全世界居民数量超过30万的城市有20个，而日本就占了其中3个，单是江户就可能拥有100万以上的人口，是世界上人口最多的城市。[37]

随着日本北部逐渐兴盛起来，江户作为运输枢纽、市场中心的地位愈发重要。旅行、参拜的趋势持续发展，使得江户与其他都市圈越来越紧密地联系在一起。从早期开始，幕府就规划了一套街道和宿场体系，提供快速、可靠的通信服务。从大坂到江户的距离为500公里，官方的飞脚完成这段旅程的标准时间是六天。随后，江户和京都的私人运营商展开补充性的业务，并与官方网络互相竞争。由于安全性的提高与经济的进一步发展，江户、京都的私人运营商开始提供特快专差服务，将时间缩短到五天、四天乃至三天半。老到的运营商能够渗透进官方的通信网络里，通过购买的方式获得申请、贴附和展示官方标志的权利，为商业运输服务。到19世纪初，京都和江户之间的特快通信业务已经突破两天的关口。同时，其他的民营快递、船运商将网络延伸到主要城市周边的农村"移出区"（sending area）。私人旅游、官方出行呈相应比例的增长。[38]

随着识字率的提升，出版商的影响力也越来越大。旅行指南向读者展示远方的玩乐，描述京都有300多座寺庙。其他更通俗的小册子则大谈大坂的食肆、土特产和烟花柳巷，描述它们为到来的客人带来多少欢愉。山东京传和曲亭马琴是通俗小说界的领头人，读者总是急不可耐地等待他们作品的下回连载。实际上，曲亭马琴用写作赚来的钱维持其孙子的武士地位，这曾是他家族引以为傲的身份。书籍相对比较便宜，而且由于出租书籍的"贷本屋"增多，获得书籍的成本更是越来越低。这样的书铺在江户就有800家，在全国各地巡回的贷本屋甚至会背着一大堆刊物跑到偏远的乡村里来。

也许有人会想，面对这种种变化，社会评论家们估计会有所谈论甚至常常大加鞭挞吧。的确如此。1816年，一个不知名的作者——或许是浪人——用"武阳隐士"的笔名写了一大篇控诉，其中对我们提到的诸多变化作了有用的概括。他写道，大名痴迷于江户藩邸的金碧辉煌，昔日厉行俭朴的武士如今像京都贵族那样，过着游手好闲的奢靡生活。那些为了攀比而不惜散尽家财的人，往往不得不屈尊降贵，收养商人的儿子，将自家房宅分租给平民；他们卖掉值钱的东西，然而还是背着一身惊人的债务连带其可怕的利率。军事技能早就忘了，他们也不承担什么军务。农村的景象同样令人悲痛。穷人更穷，富人得势。后者财力雄厚，可以贿赂官员、避纳贡税，哪怕他们个人的小事也能拿到公堂上讨论。少数人的幸福建立在多数人的悲惨遭遇之上。越是邻近大城市，情况就越是严重。武阳隐士写道，江户周边村落的豪富完全无惧于对簿公堂，对公堂上主持事务的长官没有一丝的害怕。简而言之，文化、文政年间那些相对比较富庶的太平日子，其实已经显示出阴郁的预兆。[39]

天保

1833年发生的一系列自然灾害，似乎印证了这些凶兆；日本再次陷入危机。为改革所进行种种尝试暴露了幕府和大名甚至是谱代大名之间、城市居民和效率低下的行政长官之间的分歧，以及中央官僚体系内部的分裂。天保年间（1830—1844）的改革明显没有达到它的目的，这一时期也往往被视为幕府颓势开始浮现的转折点。哈罗德·博莱索这样写道："尽管天保初年的改革、文化成就展示了一派良好的发展势头，但事实证明，无论对于日本普通百姓还是对于他们的统治者而言，这都是一个多灾多难的时代……这几年对德川统治制度造成的破坏是史无前例的。"[40]

公共秩序和公众对执政者的满意度首当其冲。这些不能全都怪幕府，歉收从1833年就开始了，1836—1837年由于受气候影响情况进一步恶化。不过因为幕藩体系的关系，地方之间的粮食运输很难成行，这一点倒是真的。水稻种植所需的温湿平衡本就脆弱，如今遭到异常寒冷气候的破坏，并持续了数年，到1836年时，从日本北部发端的歉收已经蔓延到中部和西部。各地暴发饥荒。死去的人倒在路上，水户藩的官员不得不将尸体抬走，以防藩主德川齐昭在去江户参勤的时候看到。城市的米价更是达到前所未有的高位。

艰难的环境导致一波又一波民众抗议的浪潮。每年爆发抗议的平均次数比高峰时期的18世纪80年代还要多。保守估计，天保年间发生了465次"纠纷"、445次起义和101次城市暴乱。暴力活动在1836年达到高潮，与歉收最严重的时期刚好重合在一起。暴动、叛乱的规模很大，爆发于多个地方，涉及的人数之多前所未有。恶劣气候、饥饿、怨气冲破了政治边界，抗议的浪潮在整个经济区和

第八章　改变、抗争、革新　　　　　　　　　　　　　　　　　　309

交通网络此起彼伏。

　　大盐平八郎策划的大坂之乱就是在这样的背景下发生的。大盐是一名品行端正的武家官员，为人一本正经，做事认真尽责，他目睹德川统治者道德沦丧、冷漠无情，为此感到厌恶，因而辞去了官职。随后，他设立了一所学堂，招收来自社会各个阶层的学生。大盐本身就是一名严厉的导师，拿起棍棒来教训学生也是毫不犹豫。他的教学以历史类比为主，在课堂上常常引用明朝的忠义故事。他的睿智、正直与学问，为他赢得了广泛的尊敬。

　　大盐追随明朝士大夫王阳明（1472—1529）的儒家学说，王阳明所属的儒家学派倡导知行合一，他是这一学派最有名的支持者。德川时代初就已经有好几位杰出的思想家在教授这一学说。中江藤树（1608—1648）在世时就被尊奉为圣人，他曾视朱子学为圭臬，后来转而信奉阳明学。他的学生熊泽蕃山（1619—1691）因为对恶政发起激烈的抨击，一度让幕府十分不快。这些教义渐渐带上了反动的色彩，加之1790年松平定信将朱子学立为官学，这个学派似乎已经不再有影响力可言。但大盐对正学并不感兴趣。他反而觉得知行不可分的主张是纠正时弊的有力对策，还怀着朝圣之心到中江藤树的故居参拜。他视自己为天道圣人（sage-hero），身负改革社会的天命。[41] 天道圣人的使命是"救民"，这也是大盐起义所用旗帜上的标语。他的一举一动与自己宣扬的思想保持一致。他卖掉大量私人藏书，用这些钱买来食物并分发出去。但这自然是不够的。他还拿到一些火枪和一门小型加农炮。然后，他准备了一篇檄文，不动声息地在大坂一带传播。以下是檄文的部分内容：

　　　　致摄津、河内、和泉、播磨的村长、长者、农民：
　　　　自足利时代始，天皇就被与世隔绝，失去赏罚之权，以致民怨无处可诉……

若四海困苦，天恩则无法长存……

……我等蛰居之人断难再忍。虽无汤武之势，亦缺孔孟之德，自知无人可依靠，或牵累家人，但为天下计，我等有志者决意行动如下：先诛杀侵扰下层民众的官员；再诛杀大坂市中生活骄奢的豪商；其后，发二者所藏金银钱等贵重物品及库存大米，分予摄津、河内、和泉、播磨的无田无圃之人，以及那些虽有地但苦于供养父母、妻子的人。上述钱财、大米都会分发。其后若闻大坂城有骚动，勿念路程远近，务必速速前来。

我等所为实乃奉天命而致其罚。[42]

大盐在文中指出，自然灾害是上天对政府不满的明确信号。一群骄纵的官僚掌握了政权，他们对民间疾苦视若无睹。他写道，"遵奉天命，泄其怒气"至关重要。他呼吁农民闯入官府毁税簿。其他人则占领城中的大仓库，将大米分发给有需要的人。

大盐信奉儒家，同时夹杂着神道和处于萌芽阶段的保皇思想。救民与恢复传说中第一代天皇神武天皇的德治息息相关。本性善良的民众之所以遭受饥荒、愚昧、痛苦，与幕府藐视朝廷有关。大盐以伊势神宫天照大神的名义发声。不过，虽然他经常提到"天"，但他关心的是自己熟知的三个国（省），他的方案也止步于诛杀恶人、分发其财。

等到事情真正发生的时候，这场动乱却遭到全面的失败。由于有人变节，向官方告了密，大盐和他联系好一同起事的几百名参与者不得不提前行动。大盐点火烧着自家的房子，向同伙发出信号，后者看见后，拿着带有"救民""天照皇太神宫"字样的旗帜出动。但他们并不熟悉怎么使用搜集来的几种武器，幕府军队的指挥官也没好多少，从马上掉了下来，一度让手下士兵颇为泄气。幕府的这些人很快就成了民间的笑柄。但没过多久，幕府的军队就占了上风。

最后，大盐起义取得的成果就剩下一场摧毁了3000多座房屋、损失三四万石大米的熊熊烈火。大盐逃到山里，他的同伙或是自杀或是逃逸。很快，大盐的藏身之所就被追捕的人包围。但还没等到追捕人动手，他就点火烧了房子，和自己的儿子一起葬身于火海之中。政府不出意外地开始残忍的报复。29名还没定罪的共谋者里，只有5个在牢狱和审讯中活了下来。这些人被判处死刑，尸体被放到盐里腌渍，以便钉到十字架上接受相应的刑罚。

不过，我们还是不太清楚大盐的政治规划和策略。他的反对意见是在儒家大同思想的基础上，针对社会分化、道德沦丧而提出的。也就是说，他可以被塑造成一个真正的革命者的形象，让后来的异见人士赞叹不已。另一方面，没有证据表明除了申明道德立场之外他还有什么别的计划。他抱怨的是他那个时代的"荒淫"无度和执政官员的罪大恶极。这在日本历史上反复出现过，他在这场起义里扮演的角色和大多数抗议者领袖没多少区别。

话虽如此，大盐起义展现了一个新的特征。这场动乱是由一个正派的武家官员发起的。大盐点燃的大火使得这座大都市部分瘫痪，这里可是全国分配网络的枢纽所在，每个藩都设有驻点、仓库之类的机构。结果，这件事很快就传遍了整个日本，弄得家喻户晓。大盐的檄文迎来了新的生机，以抄本的方式流布四方。对于大盐指责的那些"妖魔鬼怪"，日本各地的民众深有同感。而且，日本再度卷入国际政治的事务当中，程度越来越深，社会和经济方面的问题似乎已经到了亟待解决的关头。

天保年间，大多数藩——无论大小——都面临着改革的紧急要务。在应对这些问题上，江户幕府行动迟缓，因为上一任将军家齐这时候仍手握大权，他并不愿意放弃原来的舒适生活。然而，大多数人意识到藩及藩主已经深陷泥潭之中。早些时候，本多利明就在一份文件（他很聪明地没有发表出来）中写道："近来有这么一个现象，主君以还债给商人为理由，没收了家臣分得的财物。但债务非但没有减少，反倒像是越滚越大……没有一个［大名］是没有向商人借债的。事态发展如此，难道不令人恻然吗？至于商人，目睹此情此景，必然觉得自己像渔夫那样看着鱼儿游进网中。官员为了钱骚扰农民，宣称自己需要为大名还债，但这些债并没有变少，大名每年都订下新的债务契约。"[43]

  藩的统治者没有太多选择。他们可以通过降低甚至没收家臣的俸禄来"筹借"款项，只不过要冒着打击士气、失去手下的风险。对于很多武士来说，这个身份本来就报酬微薄、工作内容枯燥，现在优势变得越来越小，对个人自由、经济机遇的向往，可能会让他们全然舍弃这个身份。统治者也可以想办法榨取民脂民膏。每个政权都试图提高农民的税负，但显然存在爆发抗议的风险。再说，百姓往往已经没有更多的东西可供搜刮了。连松平定信也在文章中提过，当他还是大名的时候，"农民视官员为虎、狐那样可怕"。但不管怎样，事情还是要做的，大部分藩竭力而为。"改革"依然从限制消费开始，以禁奢令、劝谕的方式进行。就像之前的所有改革那样，统治者及被统治者都被要求遵守艰苦朴素的理念。接下来的问题便是债务和利息成本。大名可以尝试将自己欠本地商人的债务一笔勾销，但欠大都市商家代理人的不一样，他们属幕府管辖，因此问题更大。通常情况下，大名会用更好的条件来让双方重新协商。但有一个风险，一个藩若是失去了信誉，就很难借来更多的款项，还可能要承受更高的利率。全国各地都在努力提高藩的收入。办法因各藩的想法、可行的威压手段和可供利用的资源而异。有的藩撤销了垄断政策，以期刺激生产，并将相关许可兜售给新的经济行为主体。其他的则为了确保商业种植的利润不流入商人手中而实行垄断。显然，有些计划成功了，其他的则栽了跟头。日本西南部的萨摩藩、长州藩实行的政策相对成功，而这些藩将在未来的政治舞台

第八章 改变、抗争、革新

上举足轻重。土佐藩、佐贺藩的改革则没有什么成效。土佐藩采取措施来加强官方对出口大坂的贸易的控制，但由于藩内的党派之争，这些措施贯彻得并不彻底。佐贺藩常年负债，19世纪初的时候，藩主甚至一度因为追债的江户商人在藩邸周围安营扎寨而没办法启程回藩。天保"改革"期间，佐贺藩提议和江户的债主重新协商债务，订立一个250年的期限，实际上试图宣布破产。

鉴于萨摩藩、长州藩未来在军事、政治方面的重要影响，我们有必要对它们的改革措施作进一步的讨论。这两个都是占地广阔、一体化程度高的大藩，武士的人口比例较高，这就为实行威压政策提供了潜在的条件。同时，两个藩都有临海区域，因此可以进行海上贸易。萨摩藩在九州南部拥有诸多岛屿，还有琉球向其朝贡。而长州藩则控制着下关海峡，这是众多贸易进出的关口。

刚开始时，萨摩藩的债务接近五百万两金币。调所广乡为首的藩政府，以行军打仗般的果敢无情挥刀斩断了这个"戈耳狄俄斯之结"。他利用某次调查之便，下令所有债主上交票据，拿到后立即焚毁，宣布问题已经解决。面对这么一个强势的大藩，商人们几乎无处求援。大坂有不少商家破产，但调所并未被追责。而且，萨摩藩确保不再有债务需要协商，进而消除了这些人未来可能产生的杠杆影响。与此同时，萨摩藩想办法利用自身的地理位置。它和琉球之间的关系，以及它对冲绳岛的控制，使得它和中国之间的贸易有了增长的机会。它还设置了贸易站点，促进西方武器通过长崎进口到日本来。萨摩藩地处南方，气候温和，更是它的一大优势。长期以来，萨摩藩垄断了蔗糖种植。调所下令九州以南所有岛屿上的稻田都要排水、种植甘蔗。食物依靠进口，整个地区变成庞大的甘蔗种植园，常常被称为"砂糖地狱"。藩政府通过严酷的措施设定生产份额，任何过错都会遭到惩罚，哪怕是小孩子舔了舔指头上的甘蔗甜味。大人一旦被发现走私、转移甘蔗，可能会被处以死刑。调所还花大力气去加强萨摩藩其他出口商品的质量管控。漆、葡萄籽、蜡、草药、藏红花、朱砂、纸、牲口的贸易全都被藩政府垄断。到19世纪40年代，萨摩藩开始盈余。藩政府得以有资金支持军事力量的发展。[44]

长州藩也有一个庞大的武士阶层，为威压政策的实行提供了条件。根据某项估算，武士及其幕僚、家属的人数多达5万，在百姓人口为470,176的本藩占了10%以上的比例。1831年、1836年的大规模起义对长州藩造成沉重的打击，这对藩当局来讲必然是当头棒喝，他们意识到问题的存在。事后证明，他们的应对方法相当有创造性和系统化，令人刮目相看。早在1762年，藩政府就设立了抚育局，这是一个负责储蓄、投资的官僚机构，如今它将投资重点放到土地开垦、港湾工程这样的创收项目上，港湾工程的目的在于吸引那些从日本西部来的、经过下关海峡的船舶。长州藩的出色之处在于，它有细致、系统的规划。举个例子，1841年长州藩的一份食品生产能力簿录详细列明了下属每个地区的数据。政府的系统规划，加上相对远离江户及其种种令人分心之事，令长州藩得以削减负债，到德川时代晚期时，财政已经处于相对稳定的状态。[45]

1841年大御所家齐去世，幕府的天保改革终于可以实施起来。带头的是老中水野忠邦。这次改革有意追随早年的传统。1842年，幕府发布法令，宣布"我们正重拾享保、宽政年间的政策"，就像之前的做法那样，以呼吁节约、理智、清廉为开端。然而，吉宗是个严于律己的人，松平定信的道德观念也很强，两人都对个人修为的追求达到宗教信仰的层次[46]，相比之下，水野"贪婪、浪荡、浅薄、私受贿赂、臭名昭著"[47]。这些话或许会让人以为，改革的呼声不过是空有其言。

但是，这位大臣并没有辜负自己的职责。幕府以前所未有的力度打击有违风俗道德的行为，对淫行之人予以逮捕，监管娼妓区，

第八章 改变、抗争、革新

禁止发行秽亵的版画，为了起警示作用，还将当时创作下流故事的热门作者铐了起来、戴上枷锁。节俭之风盛行，这在此前很少见；幕府出台一连串的法令，禁止生活奢靡，并就江户的理发店、百姓服装、特色食品和节庆玩具发布一系列规定，试图约束人们的行为举止。官员如被发现有失职行为，可能会被追查甚至革职。农民不得移居城市。简言之，所有人都被命令回到恰当的位置和身份上或保持这样的状态。

除了打击城市的轻浮现象，幕府还想办法削减商人获利、降低价格。此前获幕府许可的大商会控制着国内的商业贸易，水野下令解散这些商会。但他这一步失策了。在商会的运作下，生产价格会被压低，以促使利润最大化，但如今变成自由市场，价格反而提高了。水野的反垄断政策还波及大名的业务，在这一块，他领导的班子开创了新的局面。解散株仲间一年之后，幕府下了一道法令：

> 畿内、中国地方、关西地方、四国的大名通过各种方式将本藩甚至其他藩的产品收购回来……放到自己仓库里，等市场价格处于高位后出手……这种做法极不正常，特别是考虑到我们时时发布指令要求降低价格。[48]

通过这类措施，水野改变了吉宗等改革者的一贯做法，后者给势力强大的大名予以相对的自治权，认为这就是家康遗法。到了水野的时代，国内商业已经集约化、理性化，各种"国益"项目将幕府的需求和藩的需求对立起来。水野越是这样做，藩的损失就越严重。在长州藩，村田清风领导的改革班子很快就下了台。

水野为了增加幕府收入而采取的办法，还在另外两个方面伤害了大名的利益。1843年，幕府再度试图对位于江户北、利根川沿岸的印幡沼进行排水，将这里的土地改造为稻田。1714年的吉宗、1785年的田沼意次也做过类似的尝试。相关花费由五个大名承担。但水野的任期十分短暂，第二年就隐退了，项目中途而废。于是，第三次尝试也失败了，改造印幡沼的计划一直等到"二战"后的1946年才大功告成。

然而，水野的另一个计划最为雄心勃勃，也最有争议，但这项计划不仅疏远了谱代大名，还直接导致他自己被免职。1843年，幕府命令大名和旗本交出江户、大坂周边一定范围内的领地。幕府本来可以从政治效率、中央集权方面来解释这项决定，但仅轻描淡写地说"个人领地拥有的高产土地不应当比幕府的多"。如果成功落实的话，幕府收入将有显著的提高。这是17世纪以来幕府对大名自治权最直接的挑衅。而且，这个措施牺牲的是将军最亲近的家臣——旗本和谱代大名——的利益。不幸的是，这些人也是最能通过幕府内部各种理事会和渠道来谋划、抗议的。不到一年，水野就被罢免了职务。虽然几个月后他又被请回来解决一个外交危机，但他在幕府的权势已经到头了。这时的水野遭人唾弃，他下台以后，百姓还往他江户的宅邸扔石头。

繁荣、抗议轮番上演，对于这种循环往复的现象，我们应该怎样评价？我们讨论过的那些事件，在多大程度上反映了德川社会的基本状态或根本矛盾？

幕府在19世纪60年代倒台，带着这样的眼光回顾，我们很容易就能将不断出现的危机辨认出来，视为不祥的预兆。农民抗议、城市暴动，再加上时人对百姓生活悲惨生活、武士应对迟钝的描述，都明确暗示了幕藩体制已进入穷途末路。然而，每一轮危机过后，农业收成又开始提高，城镇被重建，国家恢复秩序，制度似乎有自我更新的能力。社会变迁持续发生，但改变社会的呼声寥寥无几，这一点十分突出。

但对社会变化起缓冲作用的"装置"随处可见。村落基本上是

第八章　改变、抗争、革新

自治的，理想状态下，通过公共集体来运作。农业方面，效率和生产力都在不断提高。身份、福祉的等级序列构成了这个有机体的外部形态，有机体的运作平稳、顺畅。所有公共职能都在传播着互惠、责任、宽容的思想观念。或许正由于不存在真正的出走、逃跑的可能，所以日本人如此宽待不平等、不公正的现象，为没有遇到更糟糕的事情而心存感激。因此，我们不能把农村想象成一个怨气沸腾的地区，这是不正确的。但是，把它的平静等同于安逸同样错误。表面的顺从遮掩了实质上的猜忌和紧张，一旦碰上紧急状况，很容易就被撕破。

每个时期的改革都清楚显示出问题正变得更加棘手，可供选择的出路越来越少。日本中部即大坂—京都和江户一带的平原，是幕府的"心脏"区域，其"封建"性质逐渐减少；政府的布告几近沦为空洞浮夸的说辞。形式背后的华而不实、徒有其表的虚张声势，成了大众文化经常嘲笑、讽刺的题材。商业化了的农村再也不愿意补贴城市的商会。势力单薄的大名和旗本不想继续为行政体制的合理化、中央集权化买单，政府竭尽一切办法来提高收入，为了达到目的，只能牺牲手下家臣对自己的支持。至于武士，除了肩负公职的一小部分人以外，其他的都变成尸位素餐的无关人员，消耗财力却不事生产。

与东北部的情况不同，日本西南部的商业化、城市化程度没有那么深。有一大部分人口是武士，如果得到主君助力，他们可以为加强藩经济而作出富有成效的改革。诚然，他们面对的难题没那么复杂；鹿儿岛、山口城的治理问题也不像大坂、江户那样棘手。尽管这些藩的军事化程度高于德川幕府的直辖地，但没有因此更加"封建化"。施行改革的藩政府把注意力集中在调查、规划上，以图解决本藩面临的财政和军事问题。

因此，长期以来讨论的重点都集中在天保改革的意义上；许多历史学家认为，从中体现的政府领导力——成功如萨摩藩、长州藩，失败如幕府——标志了一种新出现的、更有入侵性的政权，随时准备着抛弃身份的划分，为建设一种新型的、原现代（proto-modern）的专制主义扫平所有障碍。[49]

但同样明显的是，这套制度似乎还能继续存活，即使纯粹因为惯性或别的原因，除非日本遭到外部力量的冲击，使其清楚意识到，若想继续维护自己的主权和完整性，根本的变革势在必行，而现行制度已经无法满足这个需求。

内部变革期间，那些了解局势的日本人意识到日本还没有准备好面对外来威胁，为之担忧。对于这个问题，水野忠邦比他的同僚展现出更强烈的讨论意愿，也更愿意请教那些研究过世界大事、现代军备的人，但若要采取有效的举措，则必须有强大的中央权力背书，即便是权势一度滔天的水野也不足以支撑这样的变革。在这过程中——用博莱索的话来说——幕府太弱了，以至于无法为那些想要发奋图强的藩提供庇护，但另一方面，幕府又太强了，以至于藩无法为自身做好防护的准备。

第九章
对外开放

19世纪的日本比德川时代初还要封闭、孤立。虽然兰学取得了一些进步，西方书籍被进口到国内，但日本人和外国人之间却很少有甚至没有个人接触。随着日本经济实现多样化、能充分满足国内需求，对外贸易的规模逐渐缩小。不过，荷兰人仍然继续进行对日贸易，或惯性使然，或兴趣使然；只要他们还处于垄断地位，就没什么理由放弃这桩生意，但对于增长或利润，他们也不抱什么希望。至于日本国内，大都市的文化百花齐放，但涉及国内外事务的讨论全都要经过审查，由此创造出一个几乎无法从外部渗透进来的隔离层。

从1800年起开始出现某些具有重大影响力的外国人，他们的知识或他们本人的出现总是不时地打破上述那种国民意识。有的本质上属于侵略活动，其他的则不过是些小打小闹；有的来自近邻，其他的则来自万里之外，但由于日本处于隔绝状态，是远是近并没有什么差别，反正看起来都是可怕的甚至有威胁性。一个特立独行的匈牙利贵族带着俄国入侵计划的消息而来，一个俄国密使前来请求通商，一个遭遇沉船事故的水手流落至此，一艘英国护卫舰从南边闯入，一艘特许商船带回来几个漂流者。大多是从岸上发现的船只，遭遇海难的捕鲸船；荷兰国王突然而至的一封信函，接着是荷兰人从长崎发来的一连串警告。当来自太平洋另一边的黑船驶进日本时，所有这一切都发展到了高潮。这些黑船的体积比日本海域的任何船只都要大上许多倍，这批外来者对日本人的行为嗤之以鼻，要求开展远程的交易。在这过程当中，穿插着我们此前讨论到的各种社会事件、政治事件，它构成另一股冲击，将把德川幕府所"驾驶"的这个政权推上末路。

第一节　俄国

这一切是从双方在北边的接触开始的，当时北部的边界并不清晰。到19世纪千岛群岛的主权发生争议时，这个不清晰的边界成了日、俄两国的难题。受"二战"的后续影响，千岛群岛被划入俄方的势力范围内，双方的争端进一步升级。但在德川时代，一切都在迷雾之中，千岛群岛的问题也一同被掩盖起来。

德川时代最北部的封地是松前藩，家康将这样一块奇特的地方赐给了一名武者[*]，后者在关原之战中加入家康的阵营。北部的气候条件完全不适宜水稻种植，松前藩甚至没有正式的石高。因此，松前氏允许家臣通过交易的方式从当地阿伊努人那里获得毡、鱼，以满足自己的需求。具体做法是，指定专门的"场所"，让阿伊努人前来买卖。这种做法从某种高度结构化的、基本属于礼节性质的交换发展而来，后者植根于阿伊努人的传统，交换的一般是价值差不

---

[*] 松前庆广。

第九章 对外开放

多的物品。渐渐地，阿伊努人的首领开始定期出现在日本人的聚居地，经常一年一次，用岛上盛产的鱼、毛皮、昆布来换取对方的酒、大米、工具、布料等几种对阿伊努人来说越来越重要的物品。松前藩的家臣没有能力和阿伊努村落开展贸易活动，对这种生意也不感兴趣，他们很快就将贸易的管理权分给大坂和仙台的商人。相关行业应运而生，很快就得到大坂资本市场的支持，后者不仅垂涎于阿伊努贸易，还看中了当地沿岸渔业的商机。这类渔场的鲱鱼产量十分丰富，经过研磨、晒干后的鲱鱼肉，对于日本中部的水稻种植来说，是一种高价值（及高价格）的肥料。

当时的北海道被叫作"虾夷"，这并非什么宝地，也没有多少日本人居住在这里。在19世纪晚期的日本作家看来，这个地方仍然是一片与世隔绝的地方。松前藩的藩厅位于该地南境，这一带受"和人"统治，所以被视为"和人地"即日本人的领地；而剩下的一大片土地则居住着阿伊努人，属于"虾夷地"。随着鱼肥产业的发展，"和人地"有了向北拓展的动力。有的人从贫困的家乡出逃至此，开展小规模的渔业。随着时间的推移，他们愈发要和规模更大、组织更复杂的渔场进行竞争，这些渔场有大坂资金的支持，由契约劳工负责运营。当地海洋资源的商业开发程度愈发加深。[1]日本北境对于日本中部的投资者来说越来越重要，与此同时，俄国人也开始注意到这一地区。长期以来，俄国人在中亚北部进行扩张，于太平洋沿岸建立了一系列基地，此时他们正以这些据地为基点，向南探察。

俄国人在中亚的探察活动以乌拉尔为开端，随后一路延伸到北美洲。探险者到达堪察加半岛和千岛群岛北部后，开始和阿伊努人进行贸易，换取貂皮、狐皮。他们居住在荒芜地带，食物资源向来短缺，为了解决这个需求，开始往南边的日本移动，并最终东迁至北加利福尼亚的海岸地区。这类活动起源于彼得大帝对地理和民族调查的大力资助。即便在1725年彼得大帝去世以后，探索的步伐也没有就此停下来，不过日、俄双方的接触很大程度上属于偶然。1728年，一艘1000石的漕船从萨摩藩驶往大坂，但因为偏离了航线，在堪察加半岛的南端遭遇海难。17名船员中有15人为哥萨克士兵所杀害，只有两人被留了活口——一个商人，以及一个在船上当驾船学徒的11岁男孩。五年后，他们来到圣彼得堡，1734年左右被安娜女皇传召，回答有关日本的问题。在俄国居住需要皈依东正教；那个小伙子权藏［如今叫作达米恩·波莫尔采夫（Damian Pomortsev）］在俄国政府的帮助下进一步接受教育，获得俄国科学院安德烈·波格丹诺夫（Andrei Bogdanov）的资助，最后以日语教师的身份在俄国度过余生，还出版了好几本关于日本的书籍。[2]这种保持一定距离的接触，并没有吸收多少"北方四岛"的第一手经验。除了皮毛贸易，千岛群岛对俄国来的定居者来说没有什么吸引力，对日本人来说亦然。如约翰·史蒂芬（John Stephan）所言，在这个地方了结残生的人都是"心有不甘的探险者和被遗忘的受害人"[3]。而且，对于因沉船而流落至此的日本人而言，他们若是回到国内，说不定还要被追究罪名甚至处死。因此，尽管18世纪后半叶时日本流民已经跟俄国的探险者、船员、皮毛商有明显的接触，但日、俄政府都没有对进一步发展双方关系表现出特别大的兴趣。

双方接触如此有限，使得那些被记录下来的受到极大的关注。现在日本和俄罗斯的史学界都甚为重视这些早期记载，一部分是为了在"北方四岛"的主权纠纷中增加己方的胜算。但是，将20世纪的想法加在贪婪的哥萨克皮毛商、日本流民身上，这种做法并无多少道理可言。最有意思的例子是一个叫作光太夫的日本船员，他于1788—1792年间待在俄国，生活了四年，有人认为这是俄国开始对日本感兴趣的标志。光太夫成功回到日本，但被软禁在家，直

第九章 对外开放

到 1828 年去世为止。官方必然对他进行了仔细的盘查，审问他在俄国的经历及他对外部世界的了解。

18 世纪末宽政改革期间，幕府开始对北方有了更多科学的认识。这归功于伟大的地理学家伊能忠敬（1745—1818）的工作。伊能忠敬一开始师从官方天文学家高桥至时，后者的儿子便是大名鼎鼎的高桥景保。伊能从老师那里学习了数学、科学方面的知识，随后在 1800 年接受幕府任命，对北海道进行一次认真的地理考察。以此为契机，他陆续为整个日本制作了一系列共 214 幅的高质量地图*。伊能以京都的位置作为本初子午线的参考基点，在这套体系下计算出纬度和两点之间的准确距离。这些地图准确度如此之高，其中很多直到 20 世纪时仍然为日本军队所使用。继伊能之后，最上德内又亲自去考察了南千岛群岛，此前他曾在伊能考察团里担任测量员。

1800 年前后，俄国开始有目的性地南下千岛群岛和日本进行考察。1799 年，这些活动被新成立的俄美公司（Russian-American Company）承担下来，就像两百年后的英国东印度公司、荷兰东印度公司一样，它被授予管理领地和贸易的权力。要跨过中亚这么一大片区域给边远的驻地供应物资，难度很大，因此太平洋沿岸的资源开发被提上了日程；这样做也是为了有机会和中国——其次和日本——进行贸易。为此，尼古拉·雷扎诺夫（Nikolai Rezanov）带着亚历山大一世请求通商的信函，率领一支队伍向日本出发，于 1804 年到达长崎的海湾。雷扎诺夫在长崎坐了六个月的冷板凳，才等到幕府官员从江户回来，告诉他：不行。这大大激怒了雷扎诺夫，他想武力会对日本人有所作用，于是 1806—1807 年间命令两个下属对南千岛群岛、萨哈林岛（库页岛）的日本人定居点进行侵扰。结果却跟他想的不一样。日本人变得十分警惕。1811 年当俄国的

---

* 《大日本沿海舆地全图》。

一艘勘探船进入北部水域时，日本人俘虏了指挥官瓦西里·格罗宁（Vasillii Golovnin），把他拘禁了两年，然后才通过长崎的荷兰人将他遣返回国。[4] 根据格罗宁在名作《日本幽囚记》（Narrative of a Captivity）中的描述，他刚被扣押的时候过得并不好，但他说服了日本人，让他们相信此前的突袭并不是莫斯科的主意，他的生活条件才开始有所改善，他甚至获准给那些好奇的看守人教一些数学、天文学方面的知识。但日本人态度十分明确，他们对通商一点兴趣都没有。他们在回复中写道："日用一无所缺，故吾国之民不欲与外邦贸易。"同样，对于与荷兰的生意，"吾等非为利而图之，盖另有所谋"。实际上，双方的兴趣都在减退。俄国被卷入欧洲的拿破仑战争，直到19世纪40年代才再度对太平洋地区有所动作。

关于俄国这些动作的报告在首都江户的知识分子圈里四处传阅。杉田玄白——此前我们提到过的那位翻译兰学著作的医师——就颇为惊慌，他认为在雷扎诺夫事件里日本冒犯了一个像俄国这样的新兴强权。他觉得只有两条路可走，要不就答应俄国的通商请求，要不就准备与之开战，不过胜利的希望十分渺茫。因为武士阶级的战斗精神已经衰落。将军的直属家臣——旗本和御家人——本应处于第一道防线，如今都丧失了武士道。杉田在1807年的一次对话中说道，"十个［武士］有七八个像女的一样，他们斤斤计较的劲儿，跟商人无差"，射出的箭不及一米远，他们"没法稳坐在鞍上，哪怕坐骑不像马、更像猫"。[5]

日本担心北境问题，也就自然考虑起虾夷地的防务。有的作者对这些被称为"赤虾夷"的俄国人产生兴趣，仙台的一名医师工藤平助就写了一部书*，并在1783年献给田沼意次，敦促他领导的幕府班子对俄国人采取防御措施。田沼时代崇尚开拓创新，在这样的

---

* 《赤虾夷风说考》。

氛围下，人们开始留意北方的商机。1785年，幕府下令对该地区进行测量，于是便有了伊能画的这些高质量地图；另外的人则开始将当地的动植物和自然资源编成目录。到了这时，松前藩治下发展起来的那些奇特举措，以及"场所"这种授权贸易制度，第一次变得如此突出。这种关注同时伴随着对俄国人在靠近的察觉。这种活跃的探索欲随着田沼的倒台而告结束。不过，宽政改革期间重组的幕府分别在1799年、1807年决定将东部继而整个虾夷地区纳入自己的直辖范围内。作为补偿，松前藩的藩主被转封到本州北部一个小地方（9000石）。接着是通信、行政方面的问题；幕府制定了一套简易的法律程序准则，此前商家在松前藩家臣授权下执行的剥削性制度被取缔，代之以物物交换的方式，换取阿伊努人的物产。[6]幕府官员召集阿伊努人首领来松前、函馆参加一年一度的"乌伊玛目"典礼，此时的"乌伊玛目"已经成了朝贡的一种方式。到了这个接触阶段，融入日本习俗已经成了常态。幕府命令北方各藩分派兵力巩固北境防线。幕府还开展测量活动，确认萨哈林岛只是岛屿而非陆地区域；测量范围甚至远达千岛群岛的乌鲁普岛，这里也是俄国人活动的最南端。

不久，拿破仑战争的影响引起幕府的关注，就跟俄国一样，幕府对这个问题的关心超过了北方事务。欧洲战争的后果波及荷兰、爪哇进而影响到长崎，状况不明的北境不再那么重要。1821年，虾夷地被归还给松前氏。松前藩承继了幕府直辖期间的成果，但并不具备继续进行经济改革的能力。很快，贸易权再度以场所制度的方式交给了商人，而且交易条件越来越苛刻。随着居住的日本人数量增加，传染性疾病在阿伊努人中肆虐，到1854年幕府重新管辖该地区时，原来人口数量达2.7万人的阿伊努人只剩下1.9万人。

比起这些事件在政治方面产生的影响，知识阶层的反应更值得一提。这里面处于核心地位的是两个人的著作，而这两个人的生平事迹正好体现了此前讨论的诸多要点。林子平（1738—1793）是家里的小儿子，父亲是幕府的一名小官。后来，父亲因为得罪了当权者而失去了武士身份，于是林子平及其兄弟姐妹就被当町医的叔父收养过来。他的一个姐姐被仙台藩的高级武士伊达宗村收作侧室，林子平的兄长便有机会当上了仙台藩的藩士，但很快伊达宗村就去世了，林家并没有发达起来。林子平拿着没多大价值的身份，领着微薄的收入。不过，这反而给他免去了职务的枷锁，令他得以在仙台藩四处走动，甚至三度前往长崎。他幸运地和当时数一数二的西学专家工藤平助结下友谊，就是上文那位提出要警惕俄国人的医师，还和桂川甫周、大槻玄泽这些兰学学者及长崎的译者交上朋友，从他们那里获得世界地图。林子平自己必然是接受过汉学教育的，对荻生徂徕的学说似乎情有独钟。他深以为日本面临威胁，于是给仙台藩的藩主递交了三份政论，力主进行军事和制度改革以应对即将到来的困境。但他并不满足于此，接着提笔撰写了一部解说朝鲜、琉球、虾夷的书籍，名为《三国通览图说》，然后又写出大作《海国兵谈》。在这部书里，他提醒读者对日本可能构成威胁的不仅有俄国，还有中国，后者通过几次大规模军事行动巩固了对亚洲内陆地区的统治，现代中国的边界就是从那时奠定下来的。他警告说，13世纪蒙古舰队所带来的那种威胁如今可能要再次降临日本，日本务必留心防务。

不幸的是，这时的幕府更关心国内的防御问题。宽政改革期间，幕府对违规出版物进行严厉的惩处，林子平因为执笔谈论时政、违反审查制度的冒失行为，成了松平定信的打击对象。林子平的书及书版遭到焚毁，他本人也被软禁在仙台的家里，第二年就在郁郁寡欢中去世了。可以这么说，一个人即使再有能力，也无法摆脱位置、身份施加给自己的那些枷锁，去挑战政治掌权者的真理。至少他不能公开这么做。从上文我们知道，松平定信在资助兰学发展上多有作为，还将北海道纳入幕府的直辖范围内，但他并不希望有人对这些事情公开进行谈论或建言。

本多利明（1744—1821）的事例同样有意思，他竭尽所能地穿透官方这层刻意不透露信息的"缄默之墙"，试图认识日本的问题并对此进行思考。本多出生在日本海沿岸地区，关于他的祖辈我们知道得很少。他在18岁时来到江户，学习数学、地理，并逐渐沉迷于那些他可以接触到的汉文西学书籍中。他的哲学思想已经脱离新儒家学派，他更喜欢熊泽蕃山、荻生徂徕的著作。他看到天明大饥荒带来的后果，于是想尽办法让日本变得更加富裕，以克服人口对土地造成的压力。他笃定认为，要达到这一目的，荻生徂徕所赞扬的某些"作为"——即巧妙、创新的办法——是必需的。开发炸药，不仅可以推动河渠开通技术的进步，还能开采、发现贵金属矿藏。生产出来的贵金属不应该通过长崎出口出去，而应成为对外贸易的发展基础，促进其繁荣昌盛，将国内无法生产的产品引进来。日本可以向北方扩张，当地的风气可能像西欧的海洋国家那样，有着活跃的氛围；确实，将首都迁到堪察加半岛的话，日本可以发展贸易、积累财富，成为东方的霸主，和西方的英国比肩而立。从这里可以看出，本多隐约预感到俄国或许会抢占先机，结合自己糟糕的地理知识，制定了这么一个方案，他以为迷雾笼罩的北方拥有宜人的气候，试图将新日本的中心设在那里。本多很聪明，没有将他的这篇作品出版出来，因此逃过惩罚，避免遭受林子平那样的悲惨命运。[7]

第二节 西欧

对于来自北方的威胁，幕府尚能不予理会，但对于西欧，情况就不一样了。法国大革命的烈焰很快就蔓延到荷兰，1794年荷兰保守的政治制度被推翻,取而代之的是巴达维亚共和国。这对爪哇及长崎出岛上的贸易站点造成直接的影响。1798年,英国和巴达维亚共和国开战,夺取了荷兰在南非和印度尼西亚的殖民据点。后来拿破仑征服荷兰,将其改为君主制国家,让自己的弟弟当国王。拿破仑倒台后,荷兰再次独立,此前逃到英格兰的前荷兰省督*后人回到荷兰,登上王位。

上述这些事件对长崎的贸易制度造成直接的冲击。荷兰东印度公司的自主性在1766年、1791年的体制变革中遭到削弱,使得它更接近于官方组织。而当荷兰重新独立、恢复君主制后,东印度公司成了殖民办事处。[8] 在与荷兰的直接联系被切断的时候,巴达维亚(今天的雅加达)当局不得不跟来自中立国的贸易船磋商,给出岛供应物资。后来,托马斯·斯坦福·莱佛士(Thomas Stanford Raffles)以英国殖民总督的身份接掌爪哇,出岛成为荷兰的最后一个据点,物资供应的合同直接由商馆馆长制定。此时,馆长一职再也无法实行轮番制。有一位馆长就在任上去世,死在了日本。1798年亨德里克·道夫接手出岛上的商馆,一直到荷兰恢复这里的治权为止,他和他的同胞都处于孤立无援的状态。从1797年至1817年这20年间,出岛的物资都是靠中立国的特许船运送过来的,维持在最低水平;这些船只里有八艘来自美国,其中一艘还来回了两趟。[9] 每一次,荷兰人都指示船长挥舞荷兰的旗帜,让他们藏好自己的《圣经》和武器,假装一切如常。

因此,长崎当局没能迅速意识到出事了。出岛的商馆馆长本应汇报外面世界发生的事件,但这时却迟迟不来履责,在报告中闪烁其词,企图隐瞒他租用外国船只的事情。日本人收到消息,巴黎发生暴动,但局势已经被控制。1808年,莱佛士想要将出岛商馆纳入

---

* 荷兰语 stadhouder,指 1580—1802 年间原荷兰共和国或其各省的执政长官。

第九章 对外开放

爪哇的统治圈内，于是派遣船只"费顿"号（Phaeton）前往长崎。英船船长要求日本供应物资，但遭到了拒绝，便在大肆抢夺后夺路而逃，留下一名手足无措的幕府官员，最后这名官员只好为自己的失职而切腹谢罪。这时的日本人开始提出严肃的问题。港口上的美国船员很像英国人，他们是否属于某个更大的体制？他们审问道夫，知道美国通过独立战争从英国独立了出来，而且欧洲现在一团糟。通过这些探查，日本模模糊糊地得悉某些新出现的英雄人物。壮志凌云、魄力超群的拿破仑就是其中一个。另一个是乔治·华盛顿，他起兵驱逐外国人，却拒绝当国王，建立了一个"共和国"，这里的"共和国"是从"republic"翻译过来的，字面意思是"和平、和谐的国家"。日本人一开始只隐隐约约地觉得，这两人一个是现代军阀，一个是类似于儒家圣人的人物。

了解到这些情况后，幕府开始将西学单独作为一个事业发展，聘请专家，将他们聚集在一起。而在此之前，这些学者或是在各式各样的资助下工作，或是独自钻研。天文方成了第一个被用于此目的的机构。对于天文历算来说，外国学问具有重要作用，这也是18世纪时吉宗放松书籍进口限制的原因。1754年、1798年的天文方为改历作准备。而今，天文方被指派地理方面的任务，1785年及此后的北方考察活动实际上都由它来负责。这使得天文方开始研究外国的历史、制度和军事科学。出岛与荷兰恢复联系后，拟定的进口书目必然要考虑到天文方的书籍需求。1811年，出岛与荷兰尚处于断绝状态，而天文方的学者就被交代一项任务，翻译法国学者诺埃尔·肖梅尔（Noel Chomel）所写的一部百科全书式的作品。这本书的荷兰译本在1778—1786年间传入日本，此后便一次又一次地被下单采购，1819—1849年间更是频频出现在书目订单上。肖梅尔的这本书收录了海量条目，内容多样，上至个人健康、家政，下至制造业、推销计划，无所不包。作者在前言里向读者承诺，"不管要找的是什么，都可以像查词典那样通过检索字母来搜寻条目，弄明白所有的真理".[10] 为此，很多语言学家被天文方招揽进来参与翻译。1846年这项工程结束的时候，翻译的条目之多，足足装订了164卷*。这项工程属于官方事业，相关信息属于机密。不过，从这部百科全书屡屡被订货的情况来看，很多大名在手下学者的鼓动下开始做好"起跑"的准备。

在这期间，日本人对于西方的了解、掌握西方语言的能力都有了长进。长崎的荷兰商馆成了一个传播节点，提供基础的法语、俄语、英语学习课程。在日本人看来，这些语言都采用横排而非竖排的书写形式，彼此之间似乎有关联。而且，欧洲人穿得差不多，不像中国人、日本人、朝鲜人那样各有自己的民族服饰，这意味着欧洲各地笼罩在某个超强势力之下，这个势力的子民十分狡诈，假装自己来自不同地方，可见它更有威胁性。

正是在这样的背景下，幕府于1825年下令驱逐所有西方人，而不需考虑他们有何区别。

> 到今天为止，我们已经多次就如何对待外国船只的问题发出指示。文化年间，我们又出台新的法令来处理俄国船只的事宜。但几年前，一艘英国船在长崎制造了大骚乱，再后来，他们派小船到岸上来找柴火、水及口粮。两年前，他们强行上岸，偷牲口，抢大米。可见他们越来越不守规矩了，而且他们好像在给我们的民众传播他们那个邪教。这个事情明显不能放任不管。
>
> 不仅英国人，所有的南蛮、西人都信基督教，这个邪教在我国是严令禁止的。从今往后，若发现有外国船只正在靠近我们沿岸任一地点，在场所有人都要开火驱赶。如果船只朝公海

---

* 名为《厚生新编》。

第九章 对外开放

方向行驶，你们不用继续追逐，就让它走。如果这些外国人强行上岸，你们可以将其抓捕入狱，倘若这些人的母船在靠近，如情况需要，你们可以摧毁它。

注意，中国人、朝鲜人、琉球人可以通过相貌、船型来区分，但荷兰船没办法［和其他西方船只］区别开来。即便如此，若不小心［向荷兰人］开了火，也不需要愧疚；不确定的时候，就直接将船只驱赶走。务必保持警惕。[11]

这道政策，表面看似乎延续了两百年前家光颁布的法令，但涉及的范围实际上远远要大得多。早前的政策要求沿海地区的大名拦截洋船、阻止洋人出现在陆地上。如今，只要发现洋人的踪迹，看守者就必须要开枪,不许迟疑或犹豫,即所谓"无二念"（日语为"二念なく"）。但这并不是无知的愚昧思想造成的，幕府是在听从某位杰出的知识分子兼外语学习者的建议后，才作出此决定的。高桥景保（1785—1829）的父亲是天文方的一名学者*，组织过对日本北部的考察活动。高桥景保随后继承了父亲的工作。他通过阅读发现，外国的沿海地区并非能随意闯入的地方，提出相关请求的船要通过正当的协议驶入港口，但"如果船只来自某个不存在外交关系的国家，岸上离船只最近的大炮会发射一轮轮空包弹。通过这种方式，这些船明白对方不允许自己进入，按照惯例，它们就要离开海湾"。[12] 高桥心里也觉得自己给幕府提的这个政策有点严厉，但鉴于洋人变得越来越讨人嫌，"像围着一碗米饭转来转去的苍蝇一样"，的确有必要采取严苛的办法。他及其他抱有类似想法的人以为，洋人在受到如此威胁之后会知难而退，留给日本一片清净。

高桥绝不是打心底里"反洋"，这一点，从他和菲利普·弗

---

* 即上文提到的高桥至时。

朗茨·冯·西博尔德（1796—1866）的友谊就可以看出。此前我们曾提到这位德国学者，1823—1828年间他在出岛的荷兰商馆工作。荷兰人让日本注意到西博尔德的出众之才，给了他"外科少佐，有权开展自然历史调查"的署名。因此，日本人准许西博尔德在长崎外围建了一所学校，他在那里教过的学生总共有56名。[13] 西博尔德对日本医学科学的发展作出重大贡献，还让高桥有机会获得英国探险家纪事、俄国人克鲁森斯特恩（Adam Johann von Krusenstern）考察记录的荷兰语译本。西博尔德陪同荷兰使团到江户进行四年一次的参勤，这期间，他每天都和最上德内碰面，对阿伊努人的生活、文化、语言有了一定的了解。1828年当他准备离日之际，高桥给了他一份伊能忠敬的地图作为还礼。这件事被发现以后，幕府反应十分激烈，西博尔德的23名学生全都被羁押起来，他自己也被拘捕继而驱逐出日本。至于高桥，尽管他才能卓越、成就非凡，但仍遭审问，并最终死在了审讯过程中。他的尸体通过盐渍的方式保存起来，然后运到江户施斩首之刑。

　　十年后，由于"莫里森"号事件和"蛮社之狱"，局势对于西学研究者来说变得更加灰暗。但这正如杉田玄白就拒绝雷扎诺夫通商要求一事发出警告一样，是建立在错误信息之上的，同时伴随着对已经消失的威胁所持有的悲观预期。但这个警告本身确实是有道理的。1838年，美国商船"莫里森"号载着七名日本漂流民前来，企图通过这一富有同情心的举动获取通商的机会。但希望破灭了。依据1825年"无二念"打拂令，江户湾——接着是鹿儿岛湾——的海岸炮台向船只开火，"莫里森"号只好带着漂流民一同返回中国广州。随后,荷兰人误将这艘船报告为英国船，于是一群以"蛮社"自居的学者开始聚在一起，谈论这件事可能带来的影响。这群人的核心人物是小藩田原藩的高级家臣渡边华山（1793—1841）。渡边在学习西洋画的过程中对西学产生兴趣，后来发展为操心国家防务，

第九章 对外开放

浏览各个方面的文献并向西学研究者请教。其中一位是西尔博德的高徒，西尔博德被驱逐以后，他的研究只能转入地下。这群学者是当时所能找到的最有能力、最有国际视野的队伍了。

西尔博德的这位学生叫作高野长英。在《戊戌梦物语》中，高野表达了自己的担忧，称幕府这种不加考虑的驱逐洋人政策恐怕会让自己与英国为敌，在国际事务上令日本声誉受损。由于这些话，他被判处终身监禁，不过他成功逃了出来，一度通过翻译来糊口。他的同行小关三英（1778—1839）由于不愿被抓捕、审讯和受酷刑，最后自杀身亡。

渡边自己则成了众矢之的，频频受谴责和诽谤。调查人员发现，他在某篇文章中辩称，由于西方力量强大，日本的顽抗只会招致灾难。他写道："有人或许会把他们称作'蛮'，但他们不会在毫无理由的情况下诉诸武力。"他认为，西方是强大的掠夺者，这是亚洲从未见识过的，它在科学技术方面的雄厚力量，加上开放的社会结构、有效的政治体制，使得它具备其他对手所欠缺的某种活力。

渡边写的小书被发现后，他遭到谴责并被判刑，终身监禁于他所属的田原藩。两年后，他由于将自己的画作送到江户出售而违反了判决条例，继而被捕，为了不让自己的藩主为难，渡边切腹自杀，留下一句有名的哀叹："不忠不孝！"[14]

由于自己掌握的西方知识而付出沉重代价，这样的人，我们无法不致以同情。杉田玄白的后人杉田成卿被幕府聘为荷兰语翻译，他在翻译过程中碰到"自由"（freedom）一词，此后就再也挥之不去。当时某位兰学史的编纂者如此写道：

> 听到高桥、渡边、高野、高岛等人因为传播洋人思想被抓捕的消息后，他担心自己会招来横祸。他极力控制自己，处处小心，不让嘴里说出［荷兰语"自由"一词］来。

高度紧绷的精神状态下，唯一能令他感到慰藉的是喝酒，但喝醉了以后他就会不由自主地高喊："Vrijheit！*"[15]

但我们不能就此总结说，这些人肯定如他们对头经常指责的那样属于"西方派"（pro-Western），或者说他们想要改变他们所认识的社会。当然，有人的确设想过某些改革措施来壮大日本，这些办法将通过肯定才能的价值，给这个封闭的社会制度带来重大的创新。但更多人只是想让官方利用自己的这些知识来巩固日本的防务。他们实际上跟官方一样，对新兴的、具有侵略性的西方力量感到担忧；像"围着一碗米饭转来转去的苍蝇""饥肠辘辘的野兽"这样的比喻，表达了一种强烈的反感，这正是他们对于打破日本沿海一带平静的西方人的感受。

《新论》或许是那些年里最有影响力的著作。这本书写于1825年（但没有出版），作者会泽正志斋是水户藩的家臣，我们之前曾提起过他。会泽具有渊博的中国哲学知识，但对西学也并非一窍不通。他深信"神州"日本的优越性，"固大地之元首，而万国之纲纪也"。这种优越性与其万世不断的皇室血统密不可分。反观那些"西荒蛮夷"，"以胫足之贱，奔走四海，蹂躏诸国。渺视跛履，敢欲凌驾。上国何其骄也"。[16]会泽还对西学本身的危害性发出警告：

而近时又有一兰学者，其学本出译官，不过读阿兰字以解其语耳，本无害于世者。而耳食之徒，谬听西夷夸张之说，盛称扬之，或至于有著书上梓、欲以夷变夏者。及他珍玩奇药，所以夺目荡心者，其流弊亦至于使人反欣慕夷俗，异日使狡夷乘之以蛊惑愚民，则其复变于狗羯膻裘之俗，孰得禁之。履霜坚冰，渐

---

* 荷兰语，意为"自由"。

第九章　对外开放

不可长。其所以为广害深蠹者，可不熟察而豫为之防哉？[17]

第三节　从中国吹来的风声

幕府对渡边华山及其友人的迫害行动过去几年后，长崎方面收到令人震惊的消息。英国政府不同意中国销毁其在广州的鸦片库存，坚称财产不可侵犯。这时的英政府已经取代长期声名狼藉的东印度公司，承担相应角色。1840年鸦片战争爆发，1842年签署《南京条约》，中国被迫卷入一套新的制度关系——即后来所谓的通商口岸制度——之中。以英国为首的西方国家再也无法忍受茶叶贸易的逆差，急切想要为国内新工厂的产品寻找市场，如今通过这一制度，这些国家可以在指定的港口通行无阻。它们的产品进出港口时可以享受低关税待遇。从事相关贸易的个人受西方法律保护，通过治外法权的形式，由英国法官主持的领事法庭另行审理。如此一来，这些条款中的"自由贸易"实际上就是以西方所定义的方式展开的。中国一方因此丧失部分主权。根据最惠国待遇的条款，任一西方列强获得的相关权利都将惠及其他所有的西方列强。

过了一段时间后，日本人才全面看清楚了这项协议所带来的影响，由此产生的震惊感和危机感，在距离、封闭环境的作用下更是强烈。这时，历经天保改革失败的水野忠邦仍然在职，他写道："这虽然是外邦之事，但我认为很好地给我们敲响了警钟。"

长崎有两条获取消息的渠道。一个是通过荷兰人，他们很快就遭到仔细的盘问，但审讯得出的结论很大程度上被有关方面把持着。从中国来的书籍就不一样了，凡是受过教育的日本民众都能读。再说，幕府在长崎设立的进口物品监管制度，本身就是为了给中央官僚提个醒的。消息如同在中枢神经系统中四处传播。

在这方面，魏源作品的传播是一个例子。魏源在 1842 年撰写的某本书*里，叙述了中国由于叛乱、边境纠纷而面临的军事问题。这本书在 1844 年传入日本，很快就被老中们及其新上任的带头人阿部正弘拿到手里。魏源的另一本书《海国图志》影响力更为巨大，这是一部以图文并茂的方式记述海洋国家的地理志，1844 年在中国初次出版。1851 年，这本书有三个印本被送到长崎，审查员觉得它可能会被当作危险读物，于是向上级发出警示、请求下一步指令。没过多久，三名老中就各拿了一本。几年后，又有七本出现在其他幕府官员手中，另有八本在市面上出售。不久，汉学家盐谷宕阴翻印的《海国图志》流传开来。日本翻印本的存在，使得重要官员、武士阶层的思想家都能读到这些书，并由此获悉西方列强的扩张。[18] 武士思想家佐久间象山曾上书敦促官方进一步关注海防，他写道：

> 英夷正在侵略清帝国……对于时下发生之事，我深感痛惜并上书谏言……后来，我看到中国作者魏源所写的《圣武记》。他也一样，出于对近来局势的悲痛而执笔著书……魏源的著述比我上书早四个月，我们两人在没有任何讨论的情况下，往往持有完全相同的意见。啊！魏源与我生于不同的地方，此前我们甚至不知道对方的名字。我们在同一年撰书哀叹时事，而且观点不谋而合，真是奇妙！[19]

盐谷宕阴（用汉文）校对完翻印的魏源作品后，开始著书指摘中国统治者表现松懈、准备不足，在他看来，中国的命运凸显了西方在文化和政治上构成的威胁。他像会泽正志斋那样发出警告，称西方人试图通过狡诈的伎俩来渗透儒家社会，煽动无知的群众。身

---

* 《圣武记》。

第九章 对外开放

为学者，盐谷毕生致力于摸索中国智慧并将之付诸实践，可当他目睹自己理想中的国家未能有效应对西方问题时，他失去了人生的"锚"，盐谷的这种悲痛，从他对西式写作的厌恶中也能清清楚楚地感受到。

魏源的著述对于知识分子来说具有重要意义，不过通俗读物拥有的受众更多。岭田枫江于1849年写成的《海外新话》是一本带插图的通俗读物，它的素材几乎全部来自汉文资料，但在叙述上采用日本传统的战争小说体裁。若林正注意到，这本书"在德川时代晚期广泛传阅"，"助长了一种关于鸦片战争、太平天国起义的小说化或半小说化的叙事类型"在德川时代晚期和明治时代早期产生。[20]读者可以跟随这本书的叙述，看到战争是如何一步步展开的，尽管有些地方并不准确。而且，根据《海外新话》，这场战争并非像西方人（和日本领导人）所想的那样，是西方技术的全面胜利。中国的普通士兵浴血奋战，但被那些胆小如鼠的中国官员出卖，这些懦夫对人民的恐惧不亚于洋人给他们带来的恐慌。（勇士被昏官出卖的说法，将在十年后深深困扰幕府的谈判官员。）起初，岭田的这本书并没有获准出版，他自己也被监禁了两年，但在那时，裂痕已经产生。这本书在市面上已售罄。盐谷宕阴通过确凿的证据，说明中国的命运会给日本的知识分子带来怎样的痛苦：

> 中国人说："番邦距离中国万里远，不会前来掠夺的。"但他们不知道，洋人枕海而居，其殖民地就在咫尺之间……他们没有意识到，武装船舰高大如山，而卖国贼像苍蝇那么多……如今，番邦蛮夷在收买人心方面手段高明。他们的阴谋如下：用军队征服领土，并不意味着领土上的人已经屈服……通过基督教来引导民众，才是上上之策……之后，我们找准时机入侵这个国家，便能不费一兵一卒，不花任何金钱，让这些民众

成为我们忠实的奴仆。[不过]洋人之所以能收买民心,是因为我们自己已与民众离心离德。倘若我们没有失去民心,哪怕洋人用上百种方法来诱惑他们,也不会有一丝成功的机会……[最糟糕的是,如今这些洋人学习我们的语言,正在渗透进来]……除了日本,使用汉字的还有安南、朝鲜及其他几个国家。别的国家既然不懂汉字,又如何能理解[其中包含的]道理呢?

接着,盐谷对比西方和东亚的文字,两者的区别似乎象征着西方的堕落和东方的文雅:

> 说到洋文的形态,它们混乱、无章法,如蛇、蛆那样扭来扭去。直的像狗牙,圆的像蠕虫。弯曲时像螳螂前臂,延伸时像蜗牛留下的条状黏液痕迹。它们类似干枯的骨骼、正在腐坏的头盖骨,蛇尸体或毒蛇干尸那腐烂的腹部。一点一画之间,既没有形象化的文字所具有的那种平衡感,没有带暗示作用的偏旁所表现的那种意义,又失去了象征性[汉字]字体所含有的深意……[字体]平稳、匀称,形态生动、优美,一举一动如正人君子,回首顾盼时又状如佳人,其结构如金殿、礼器般灵巧……[察觉到这一点后]俄国人派学生到北京学习,英国人也发出同样的请求……这是不祥之兆。[21]

除了从中国拿到的报告以外,幕府官员还附上一份长崎荷兰人的审问记录。根据这些材料,他们了解到英国在中国设置的军力大小,还知道蒸汽船的各种功能。其中一个问题是:"据称鞑靼[满人]相当英勇,为何还是输了?"对方的回答很直接:"单靠武勇是不够的,战争的艺术还需具备别的条件。泱泱中国竟然被区区四千人

第九章　对外开放

打败了，可见欧洲国家在诸外邦势力中是最强的。"[22]

消息让人气馁。这时，水野忠邦已经重回幕府，将在短期内再度领导老中。他决定要废除 1825 年的"无二念"法令。幕府将通知下达至官员和各藩，还派人向荷兰商馆的馆长宣读。通知声称，将军出于怜悯之心，决定要恢复早前的做法。"不加考虑地驱赶所有洋船，全然不顾它们是否遭遇物资短缺、船只搁浅或恶劣天气的情况，这样做并不妥当。依据 1806 年的法令，遇到这类事件时要对其中情况进行调查，必要时你应该提供食物、燃料，建议他们返航，但决不允许洋人登陆……不过，他们若是在获得补给、收到指示后仍不离开，你当然要采取必要的措施，加以驱赶。"水野的目的并不是要废除锁国制度，而是避免在日本完全没准备的状况下爆发战争。

日本既没有为战争做预备，也没有为相关决策做好准备。1844 年当荷兰国王威廉二世向幕府将军递交一份正式国书时，幕府的反应就体现了这一点。据商馆馆长宣称，这份文件由军舰"巴邻旁"号（Palembang）送到长崎。荷兰国王在信函中赞扬了幕府放宽闭关政策的做法。然后，他提到拿破仑战争结束以来制造业和贸易出现了巨大的增长，如今所有政府都在苦苦寻求进一步推动贸易的办法。正是出于这样的动机，英国才选择与中国开战，进而导致大量中国人死亡，摧毁众多城市，中国政府还要给战胜方支付巨额战争赔款。接着，威廉二世警告说，现在日本面临同样的威胁；日本海域上的船舰数量之多前所未有；实际上，在新技术的影响下，世界正紧密结合在一起。

　　这个过程不可逆转，它将所有人聚拢在一起。
　　蒸汽船的发明克服了距离。试图置身事外的国家可能会招致别的国家的敌意。我们知道，殿下先祖开明，制定法令严格限制与洋人交易。但正如老子所言，贤者在位则天下安定[*]。若坚守古法将危害和平，那么贤者就会松弛这些法令。[23]

待在长崎的荷兰指挥官等来了江户当局的答复，老中在给国王威廉二世的回信中称他的提议完全不可能，同时请他再也不要这样写了。不久，水野再次下台，由我们之前提到的阿部正弘取而代之。[24]

事实证明，荷兰人的警告是正确的。就在幕府回复威廉二世的国书之际，好几个地方已经有洋船登陆。很快，萨摩藩的藩主汇报有一艘法国船驶进冲绳的那霸港，对方声称只是在此等候英国人。1846年，一群新教传教士开始进行传教活动。

结果表明，最有欲望和日本通商的并不是英国，而是美国。根据最惠国待遇的原则，任一列强获得的优待都可以惠及其他所有列强。英国由于强迫中国接受西方运输的鸦片，引起相当大的不满，考虑到这一点，对于日本他们颇愿意居于次位。英国已经在中国建立巨大的利益链条。和日本通商的预期收益似乎并不可观。伦敦的外交大臣通知太平洋部队的指挥官，称政府"认为更应该让美利坚政府先行实验。如果实验成功了，女王陛下的政府便可以坐享其成"。[25]

第四节　黑船来航

美国对日本有两方面的兴趣。在1858年宾夕法尼亚发现石油以前，美国人靠鲸鱼油灯来照明；太平洋海域上常常可见一队队的

---

[*] 日语译文为"賢者位ニ在シハ特ニ能治平ヲ保護ス"，负责翻译的天文方涉川六藏称没有在老子作品里找到这句话。

第九章　对外开放

捕鲸船，有的难免漂流到日本的海岸上。比起鲸鱼，当时的美国人更想保护这些捕鲸者。不过这种倾向后来扭转了过来。有消息称漂流船员遭到恶劣的对待，日本方面没能对有需要的船只伸出援手，这令大众十分愤慨。与此同时，美国人加入争夺中国贸易市场的行列。开往中国的飞剪船沿着大圆航线航行，由于日本坐落在这条航线上，因此很长时间以来这些船只都在日本沿海一带行驶。随着蒸汽航运的出现，美国需要在太平洋地区找到煤炭资源，他们希望在前往中国的航线上有一个供煤点，这进一步突出了对日联系的重要性。企业家开始设想什么样的航线可以环球一周。此外，美国在与墨西哥的战争中获胜，取得加利福尼亚的土地，巩固了自身在太平洋沿岸的地位。同时，淘金热将大批美国人吸引到偏远的西部地区。在天定命运论*的口号刺激下，大众开始想象更恢宏的蓝图，自然而然地引发了太平洋的探险活动。基于上述这些理由，日本对于美国人的意义要比英国人更重要。

1832 年，在美国总统安德鲁·杰克逊（Andrew Jackson）的主导下，美国加入大英帝国开辟的中国贸易市场。通过 1844 年签订的《望厦条约》，美国获得一系列英国靠武力夺取的好处。美国还开始与暹罗联系。同时，海军将领受命在不会引发危机的前提下，与日本开展对话，不过他们接下来并没有什么举动，除了 1837 年"莫里森"号曾私自来过以外。值得注意的是，"莫里森"号上的传教士都来自中国沿海地区，在双方未来的接触中这种现象多次出现。

1845 年，美国驻中国代表受命派遣使团前往日本。1846 年，海军准将詹姆斯·比德尔（James Biddle）率领两艘军舰到达江户湾，希望和日本建立联系。但日本人解释说只有长崎才能开展对外活动，由于没有授权动武，詹姆斯只好撤退。他甚至遭到守卫的粗

---

* manifest destiny，19 世纪兴起的思潮，认为美国的扩张是天命号召。

鲁推搡，詹姆斯的无功而返令部分日本人进一步相信，拒不屈从是正确的选择。

相比较而言，1853年佩里一行准备得更加充分，在应对方面也更加强硬。这次事件是经常出现的话题，而且已经有不错的讨论。海军准将马休·佩里（Matthew C. Perry）因为成了"打开"日本的人而名声赫赫。但在接受这项任务之初，他其实是心不甘情不愿的，担心此行没法给自己带来多少荣誉，相比之下，他更愿意到地中海一带指挥。于是，为了以最佳状态应付糟糕的局面，他进行了细致的准备，坚持要有充足的武力装备以确保出师成功，同时搜集有关日本的情况，咨询那些去过日本水域的人。纽约公共图书馆里可供参考的书不多，依据的是荷兰人的经历。佩里在参考了这些书籍，以及此前比德尔的事例后，决心将自身尊严维护到底。他要避免像荷兰人那样摆出谄媚的姿态，事实上他要避开长崎当局，只跟最高权力机关交涉。日本方面注意到这一点后，将前去交涉的官员"提升"到一定的级别，打扮成具有相当身份的人，好让佩里觉得这些人具备对等的资格。当时的朝廷官位制度也提供了很好的掩护，在这样的制度下，拥有"出羽守"头衔的人也未必真的在出羽待过。

正如佩里在官方陈述里写的那样，他坚决认为"要求得到的是一项权利而非恩惠，认为那些都是一个文明国家对另一个文明国家理应作出的礼貌行为"。他很清楚，"自己越是显得特别，看起来越是难办，那些拘泥于礼节的人反而会报以更大的尊敬"。这种高傲的口吻，我们在他传出的指示里也能感受到，这些指示必然受他的影响，可能就是他本人所写的：

> 毫无疑问，每个国家都有权决定自己要与其他国家交往到何种程度。不过，国家之间的这一规则在保护一个国家行使这项权利的同时，也赋予它必须承担某些义务，无视这些义务是

不符合公义的。这些义务中最紧要的是，若有人遭遇海难、漂流到它的海岸，它必须对他们施以援手、进行救济。诚然，在国际公法作者指定的诸多义务中，这一义务并不完善，也无权强制要求其他国家必须执行。然而，如果某个国家不仅习惯性地而且系统性地漠视这项义务，将这些不幸的人看作穷凶极恶的罪犯，那么我们有正当理由相信，这样的国家或许是人类最大的公敌。

（接着详细说明了佩里此行的目的，包括保护海员和财产，允许补充供给，可能的话设置煤仓，以及"允许进入一个或多个口岸，以买卖或物物交换的方式处置船货"，然后说道：）

倘若在竭尽一切说理、规劝以后，准将仍然没能让政府在锁国政策上有丝毫的松动，甚至无法保障我们漂流到日本的海员能获得人道的对待，那他将改变口吻，明确无误地告诉对方，这边政府坚决认为，此后若有美国公民或船只在对方海岸触礁失事，或受天气影响不得不停靠在对方港湾，只要是被迫停留，他们都应该得到人道待遇。若有人对本国公民做出任何粗鲁的行为，无论是日本政府还是当地居民，都将被严惩不贷。

事实上，还没等到"竭尽一切说理"，佩里的口风就变了。商谈刚开始时，他就给日本谈判方送去几面白旗和一封他个人写的措辞严厉的信函。他警告说，如果日本没能满足他的要求，那双方只能开战，而日方必输无疑，到了这时，投降的白旗就可以派上用场了。他使出这招虚张声势的伎俩，很可能已经超出指令的要求。由于这封信透露了佩里光荣史的另一面，与他希望别人看到的相当不一样，因此他悄悄地将信函的事从官方报告和个人汇报中抹去。[26]

1853年7月2日，佩里率领四艘军舰进入江户湾，舰队装备了61门炮，共有967名人员随行。他让传教士卫三畏（S. Wells Williams）担任汉文翻译。16年前卫三畏就在那艘倒霉的"莫里森"号上。虽然卫三畏在文件翻译方面帮了不少忙，但实际的翻译工作是由荷兰人负责的。[27] 佩里在冲绳岛的那霸停留了一会儿。他将美国人在这片地方感受到的恐惧归因于暴政，向华盛顿方面建议，美国可以考虑将琉球占为己有。佩里坚持在别人带领下进行环岛航行，同时要求对方提供必要的搬工和物资，他回程时又这样干了一遍。不过，他此行的目的地自然是在北方。美国军舰在体量上比任何一艘日本船都要大六倍以上，由于船身呈暗黑色，日本传统上称呼它们为"黑船"。[28]

佩里先是收到命令让他必须前往长崎，后来这项命令改为请求的形式。他宣称自己受命将美利坚合众国总统的一封国书交给日本天皇，他得按着办。佩里预备在久里滨举行递交国书的仪式，等他筹措好典礼方面的事务时，已经有数千名士兵站在岸边，是日本中部和北部的藩主受命派遣的军队。佩里的舰队也已经准备就绪，船上人员随时可以行动，军舰行驶到临岸处，好让机关枪能够对着岸边扫射。翻译传达佩里的警告，称他能从太平洋海域召集50多艘船，加利福尼亚的就更多了。但双方互不信任，哪一方都尽可能地吓唬对方。日方专门建了一座亭子作接待之用。登陆的美方团队从长长的日本人队列中间穿过，队列中很多人都配备了17世纪的燧发枪。佩里两侧各有一名黑人勤务员负责抬旗，他自己则大步流星地走着，最高的那名黑人听他命令行事，手下官员跟在后面。两名船上侍应搬来几个带金色合页的红木匣，里面装有官方信函和相关印章，黑人勤务员打开盒子，向众人展示。

仪式如同走过场，显得刻意而造作，美方的声明从英语翻译成荷兰语，然后再翻译为日语，而日方的声明则按相反顺序翻译过来。

第九章 对外开放

船上的燃料即将耗尽，佩里急着返回中国海域补给，于是他宣布将在四五月份回来，接收日方的复函。然后，为了凸显自己对日方禁令的毫不在意，佩里让舰队往江户方向行驶（但没有走那么远），沿海岸一带巡行。

2月佩里就回来了，比他自己预计的还要早，这必然也在日本人的预料之外。他获悉，海军上将普提雅廷（Admiral Putiatin）率领的俄国代表团正在长崎，急着要和日本达成协议。佩里打定主意，决不让人以为他会遵守或屈从别人制定的条款。这次他率领了一支实力更强的舰队，一共有三艘汽轮，每艘都拖着一只大帆船。为了确定会谈地点，双方再次进行了旷日持久的争辩。日本人想要在浦贺举行，尽可能远离江户，或在镰仓也可以。而佩里坚持在今天横滨附近的神奈川。他不顾反对，一意孤行。这次排场同样极其讲究。美国人依然踏步穿过日本守卫，但这次佩里走在后面，跟着六个黑人勤务员。但谈判开始后，进展越来越顺利。日方深知条约签订势在必行，自己已经不可能反抗。

实际的谈判工作交给了幕府昌平坂学问所的大学头，林复斋。谈判持续了23天，林复斋虽然处于弱势，但用了相当多的技巧。佩里则仍保持着一副粗暴的姿态。[29]当佩里强行索求贸易特权、一再强调中国也受益巨大的时候，林复斋斥责他这种混淆利益与人性的说法；难道他的目的不是帮那些被冲到日本海岸的人求助和求取物资吗？最终，双方达成协议，日本将开放两个口岸，一个是位于江户湾入口的下田，另一个是北海道的函馆。协议没有对冲绳岛的那霸有特别说明，但当地已经任由船只停靠。美国船可以在指定口岸获取物资和煤炭，遇上海难的船员也会被救助、送回美国。美国人获准购买所需物资，佩里认为这一步开启了通商的机遇，这套方案也让日方得以维持自己没有授予任何贸易特权的说法。美方坚持要有一名领事驻守下田，但日方态度并不明确，不过最后美方的论辩占了上风。双方都有值得欣慰的地方。佩里实现了自己设定的最低目标，而日本人则避免了像中国那样屈服于不平等的条约体系之下。

然而，这样的命运不久就要来临。汤森·哈里斯（Townsend Harris）作为美方代表被派往下田，同时带来了中国爆发新战事的消息，他提醒说，面对无法抗逆的选择，日本最好还是乖乖服从。

第五节　内部纷争

面对军事方面的落后状态，加之中国落败的警示，日本除了放弃锁国政策，似乎已经没有别的办法可行了。但在德川权力机构内部，相关负责官员实际上是受各种各样的建议和批评影响的。从权力核心层来看，水野忠邦于1845年被撤去老中首座的职位，由福山藩藩主阿部正弘（1819—1857）代替。阿部在这个位置上待了整整十年，随着问题日积月累，后来没有哪个接任者能有这么长的任职时间。幕藩制度已经胶着、垂死到一定的程度，除非出现一位异常强硬、才能出众的将军，否则国家方面不会作出任何果敢的行为。自1857年阿部正弘去世以后，政策方面一直处于左右摇摆的状态，这对官员仕途来说是有破坏性的。那些受命处理外交事务的官员经常因为进展无望而陷入危险的境地。出于自我保护，他们不得不谨慎、踌躇、拖延，而这些在美国人看来是不诚实、回避的表现。具体实施方面尤其动辄即变。1858年，一个新的行政部门——外国奉行——成立，五名任职者以合议形式履行职务。在接下来的十年里，从这里进进出出的人多达74个。新上任的带头人带来新的政策和团队，除了少数外交事务"专家"由于洋人习惯和他们打交道而成为必要人员以外，其他人的任期都很短。

第九章　对外开放

　　1857年当堀田正睦接替阿部正弘担任老中首座一职时，老中全体人员遭到替换。1860年日本派大使前往美国敕许《哈里斯条约》（下文会提到这件事），可当他们回国时，条约被石沉大海。日本在重开外交之余，还开始重辟政治之路。

　　1845年阿部正弘上台后，迅速撤销了天保时期很多令水野忠邦失去支持的政策，而那些因为江户一带土地集中化计划而疏远水野的大名，也开始平息怒气。阿部的目的是要让大名知情、安抚他们，但这种过于体面的做法给他带来严重的问题。长期以来，幕府决策都是通过各位老中合议达成的，幕府并不会广泛协商或单方面采取行动。黑船事件以后，幕府改变策略，开始尝试协商，当这种协商失败后，转而一意孤行。这样的做法令幕府招致批评，引发之后的争议和暴力活动。

　　阿部知道，御三家之一水户德川家的藩主德川齐昭曾因为幕府没有告知他荷兰国书一事而表示抗议。他不打算重蹈覆辙。1849年，他和沿海地区的藩主进行商议，询问是否应该恢复"不二念"驱逐法令的做法。这些人给了肯定的回应，但事情没有任何变化。

　　黑船带来的问题远比此前紧迫。阿部决定将美国人提出的要求告诉所有的大名和高官，连一些平民也知道了。令人更加讶异的是，他还告诉了京都的朝廷。佩里事实上"打开"了日本的政治圈，这个圈子原来的封闭程度跟日本国内口岸不分上下。

　　阿部希望通过这种手段来建立共识，但得到的结果却恰好相反。关于大名的反应，根据留存下来的材料，我们知道只有两人倾向同意美国人的要求；还有两名认为，暂时同意也不失为一个好办法；另有三名觉得可以准允美国在一定时期内通商，好让日本在开战前有充足的时间筹措防务；有四人提议拖延谈判，令美国人自动放弃；还有三人承认自己还没想好；有十一人表示要奋起反抗。我们需要记住的一点是，这些大名事先是征求过家老们的意见的，因此，他们的这些反应其实反映了更大一群人——武士统治阶级——的不确定和困惑。对于这个难题，似乎没有任何令人满意的解决方法。

　　阿部的批评者里，最活跃的当数水户藩藩主德川齐昭，齐昭是主战派人物，性格执拗，对于他，阿部采取的是时而怀柔、时而不予理会的做法。在一场激烈的继承人争议过后，齐昭（1800—1860）于1829年继任藩主之位。他总是随时表达强烈的意见，好几次令幕府感到不悦。上位以后，他立刻施行严厉的节俭标准，这一点可以参考此前有关武士家女性的讨论。同时，他继承了水户藩拥护朝廷的传统，不久便资助一个由能人志士组成的改革团体，致力这一方面的事业。齐昭当政时期的"水户学"以民族本土主义为基础（参见此前提到的会泽正志斋的论述），肯定日本天皇制度的优越性。1841年，齐昭成立弘道馆来推广实用性的西学。齐昭还写下《弘道馆记》这篇雅文，刻在石碑上。他在这篇训令里第一次将"尊皇"和"攘夷"二者结合起来，发出号召。随着外国战舰临近，齐昭试图军事化自己的水户藩，就连寺院的钟也被拿去熔化，用来制造大炮。1844年，就在阿部上台前夕，幕府受够了齐昭的谏言，撤掉他的藩主之位，强制他隐居。阿部正弘上任以后，首先做的事情之一便是撤除这项命令。1849年，他让齐昭担任海防事务顾问，解除隐居，让齐昭重新主政藩务。当幕府向齐昭咨询如何应付佩里时，后者自然持主战立场。他承认日本可能还没有做好充分准备，但随着战争的到来，决心和斗志会被激发：

　　……考虑战争与和平两者的优劣，我们就会发现，假如我们全身心投入到战争中，整个国家的斗志都会得到提升，即便刚开始时遭到失败，最终也会成功驱逐洋人。若我们一味顾着和平，哪怕一度令局面风平浪静，国家的士气也会遭受重挫，最后以一败涂地告终。

第九章　对外开放

　　……最近抵日的那班美国人,明知道幕府禁令,仍进入浦贺,扬起一面象征和平的白旗,坚持呈递自己的书面请求……他们目中无人、粗鲁无礼,种种举动与暴行无异。事实上,这是我们有史以来受过的最大屈辱。

　　……我听说,目睹这些举动的所有人,甚至平民,都觉得他们讨厌至极。假如幕府不彻彻底底地驱逐这班无耻洋人,可能会导致怨声悄起,质问那些炮台有何用处。

　　……不过,若幕府从今往后向外展示出坚决驱逐的态度,国家士气立即大涨十倍,甚至不必下令,军事部署的工作也会自动完成。[30]

　　在主张让步的大名里,最重要的当数井伊直弼。他是彦根藩的藩主,是一位实力强大的谱代大名,他决心要推行己见,为之做了一辈子的努力。他写道,日本应当同意美方要求;事实上,日本应该恢复17世纪时废止的支持商人贸易的做法,由此换来时间,为将来与美方的对抗作准备：

　　……对现今情况进行谨慎考虑过后……我认为……面对这次危机,我们不可能单靠从前的锁国令来保证国家的安定。

　　……我们必须重兴[17世纪初的]朱印船贸易,下令让大坂、兵库、堺的豪商参与进来。我们必须制造新型汽船,特别是威力强大的战舰,我们把日本不需要的货物放到这些汽船上……这些船将被称为商船,但私底下它们的真实目的是训练海军。我相信,通过这种方式来和洋人抢时间,是确保幕府将来能恢复禁令、禁止洋人来日的最佳办法……我知道美国人和俄国人也是最近才掌握航海技术的,而我们国家的人聪明机灵,假如现在就开始训练,实在没理由会做得比西方人差。[31]

虽然齐昭的反抗主张没有被采纳，但他没有就此放弃给幕府谏言。他反复给阿部提建议，其中很多是批评性质的，而且是不切实际的险招。或许出于安抚的目的，阿部作了另一个让步，由此将一个年轻人带上舞台，这个人将在接下来的十年里发挥关键的作用：阿部同意让齐昭的第七子过继到一桥德川家，从而获得继任将军的资格。这个年轻人叫作德川庆喜（后来是一桥庆喜，1837—1913），不仅有能力，声望也极高，很快就成为国内政坛的大人物。

1858年，无甚才干的将军家定年纪轻轻便撒手人寰，进而引发继嗣方面的争端，这个问题又迅速与对外政策纠缠在一起。江户当局原本就对继嗣问题左右为难，这下不得不再多加一个难题。新任将军必须来自德川家的旁系。其中一个选择是纪伊德川家（即和歌山藩），但鉴于日本面临严峻时刻、国难当头，比起12岁的纪伊藩藩主，21岁的庆喜明显是更合适的人选。但另一方面，庆喜的父母向来好争辩，一旦让他继嗣的话，必然会波及政治局势，于是幕府保守派成功让纪伊藩的小藩主继位，即后来的将军家茂。这回，井伊直弼和大多数人的意见保持一致，他的解释多少有些狡辩，认为血统优先，这是日本之道。这些说法将家茂推上了将军之位。接着，幕府开始惩处那些试图干预继嗣的人，齐昭再次被迫隐居。但作为御三家之首，齐昭的影响力不容忽视，他对尊皇攘夷的强烈主张促使政坛出现一股水户学的思潮，由水户武士组成的各种活跃势力即将形成。[32]

这些争端关系到与美国签订全面通商条约，因而意义更加重大。1856年，汤森·哈里斯作为美国驻日领事抵达下田。[33]很明显，其他国家将会要求共同享受佩里得到的那些优惠。英国人是第一个提出来的。克里米亚战争爆发后，英国的一位海军上将来到长崎，原本打算请求日本拒绝俄国船舰的停靠，没想到有机会和日本签订一份佩里那样的条约，还真的通过了。没隔多久，俄国人就来了。

上将普提雅廷争取过好几次通商优惠，最后不得不以佩里的方案落地，于1855年初和日本达成协议。日俄双方对萨哈林岛问题进行了讨论，但毫无进展，不过在千岛群岛的划分上，双方达成共识。

尽管如此，日美双方仍然没有一份正式协议，就交换代表、通商管理办法方面的事宜进行说明。而这正是哈里斯抵达下田之初给自己定下的任务。他的目标是开通四个通商口岸，确保美方代表有在大坂、江户居住的权利。1855年，佐仓藩（农民义士佐仓惣五郎所在的藩）藩主堀田正睦（1810—1864）继阿部正弘之后担任老中首座一职（两年后年仅38岁的阿部就去世了），成为日方的首席谈判官。

幕府代表官员想尽办法去拖延哈里斯，用别的事情来分散他的注意力，但他坚持己见，强调要亲自向将军递交他的方案。哈里斯在日记里哀叹没有战舰为自己撑腰，他认为自己的待遇表明一个道理，"除非全权大使有舰队撑腰，用炮弹助力，否则任何谈判都继续不下去"。但实际上，他处于不错甚至更有利的境地：有消息传来，在英法联军发动的战争中，英国将中国狠狠地践踏了一番。1858年，广州沦陷；到第二轮战事结束时，连北京也落入联军之手。面对这样的境况，没有哪位幕府谈判代表会觉得日本有抵抗成功的希望。这时，荷兰人加入进来。他们的贸易条件在当时已有十足的改善，这些荷兰人向幕府建议，比起被迫接受条约，倒不如在谈判上让步。新传来的消息更是让哈里斯大受刺激：荷兰人和俄国人已经就长崎的通商问题，与日本达成有限的协议。哈里斯觉得可以做的还有很多，谴责这些是"可耻的"条约，这令他更加下定决心，要让事情跟着自己的步伐走。1857年秋季，他在江户和将军家治（之后很快就去世了）会面，跟堀田讲述鸦片贸易的危险，英国人很可能会像在中国那样极力维护这项贸易。哈里斯称美国不会容忍这类行为，希望借此树立榜样，或令欧洲列强有所收敛。而且，与美国签订条约，也符合日本自身利益。1858年，哈里斯和堀田制定出一份协议，日本将在1859年和1863年开放五个口岸，供美国人居住和通商。

直到这时，美国人仍以为，只要将军同意了便万事大吉。因此，当堀田跟哈里斯说自己得去京都一趟，向天皇禀明一切，获得他首肯的时候，哈里斯吓了一跳。一开始，哈里斯觉得这不过是另一种拖延战术。但并非如此，因为朝廷即将成为各方游说、争议的漩涡中心。

这份新制定的通商条约遭到一部分人的反对，以德川齐昭为首的带头人派代表去劝说那些恐惧外国人的朝廷贵族，极力说服他们拒绝哈里斯的通商请求。而堀田的京都之行，代表着来自幕府一方的影响力。与此同时，德川家有好几个重要的大名派中间人来游说，希望朝廷推举一个"英明"的将军继任，换言之，21岁的庆喜而非纪伊藩那个少年，才是合适的人选。齐昭自然也希望自己的儿子当选。堀田来到京都后，要面对的是一个极其复杂的形势。两派人都试图将朝廷拉拢过来。在外部危机之下，一直以来的克制和谨慎全都被抛弃了。而这一局面其实是阿部正弘间接促成的，此前朝廷过问海防事务，他竟欣然地回复了对方，阿部还曾就如何应对佩里的问题，请求过朝廷的意见。不过，没有哪位幕府官员真的以为，朝廷会干预德川家的继嗣问题。这时，堀田请求朝廷对条约作正式的批准，进一步强化了这种局面，为齐昭接下来的发难提供了机会。这位大人物早就对哈里斯提出的要求有所耳闻，为此愈发感到担忧。几个月前，即1857年12月，他就向老中们建议，幕府应当派遣他去美国，还要带上一大群浪人、次子或幼子（"向来是多余的"），同时"就美国意图开展的贸易事宜，您应让我去调解"。即使这群人遭遇不测，也总好过让洋人在江户居住。接着他谈到，假如幕府当初让他接手虾夷，就不会有俄国人的这些纠纷。[34] 当堀田出发前往京都的时候，齐昭已经准备好相关信息，传递给那班消息不灵通而又排洋的朝廷贵族，这些人大部分和政坛没联系，齐昭试图通过这种方式，让他们推迟批准堀田的请求，最后予以否决。

堀田等了四个月才收到朝廷的答复：他应该再和大名商议，御三家（齐昭的水户德川家便是其中之一）的意见尤其要重视，虽然外样大名向来不参与政策事务，但他们的看法也格外值得注意。堀田输了，辞职下台。而在东边，汤森·哈里斯越来越不耐烦。

在这过程中，幕府和大名的政治圈子产生巨大的裂痕。这一局面由于将军继嗣问题的尔虞我诈而变得更加复杂。很多重要的大名派遣家臣到京都活动，敦促朝廷选择一个"英明"即年长的人继任将军之位。幕府的权威正遭到根本的挑战。

堀田甫一下台，幕府的领导权就交到井伊直弼（1814—1860）的手上，他以"大老"的特殊身份接掌老中一职。和大名磋商的策略已经失败，如今幕府改变态度，实行专制式的命令主义。汤森·哈里斯让谈判官员确信，鉴于中国爆发的战事，日本正面临切实的危机，不应再有所拖延。井伊直弼决定自行签订条约。获悉自己的命令遭到无视，孝明天皇不禁大怒，向齐昭派去的水户藩家臣表示气愤。幕府严令水户藩不得泄露这一消息，但没能成功。

到了这时，井伊开始恢复中央对国内事务的统治权，重拾谱代大名在幕阁的绝对地位。天皇不得不同意签订条约，声称事已至此、无力回天。将军之位也传给了来自和歌山藩（纪伊藩）德川家的那个小男孩家茂，而不是一桥庆喜。井伊直弼给受命待在京都的家臣长野主膳去信，轻描淡写地说：比起择选"明君"，遵循血统才更重要、更符合我国的传统，"明君"这套"完全是中国的做法"。[35]

接下来，在京都进行游说活动的那些大名都受到惩罚。齐昭被命令蛰居。包括土佐、福井、尾张在内的多个藩的藩主都遭遇同一命运。那些有份参与的朝廷贵族也一样。无论是大名还是贵族，他们的下属都因为主君受罚而被贴上政治标签。权力中心掀起的波澜迅速波及整个武士社会。

紧接着，政坛进行了一场大清洗*，这次清洗以其年号"安政"著称，颇为讽刺。驻守京都的低等级官员中凡是进行游说活动的，都遭到抓捕，被关押在囚车上发往江户。那些奉主君之名行事的人也在劫难逃，据判决书上的话，他们本应努力去改变主君的想法。一百多人被判刑，八人被处死，其中六人要像一般罪犯那样被斩首。用这种方式来重申幕府至高无上的权威，其严酷程度，是17世纪以来从未见过的。而井伊本人将在不久之后为这一做法付出生命的代价。

第六节　攘夷派

　　大名可以决定这一系列事件的走向，但谋划这些事的却是另外一些人。日本国内的这些争端，最初是由一批很有意思的武士学者提出的，有的人或许会把他们视为攘夷派。他们的思想一开始只出现在家臣呈递给主君的政书上，但在之后几年的动荡日子里，它成了一众狂热信念和行为的核心思想。[36]

　　藤田东湖（1806—1855）是齐昭最重要的心腹，他和《新论》的作者会泽正志斋一样，是当时水户学的代表人物。齐昭受罚的时候，藤田跟着一同遭罪，不过他的处境要恶劣得多。等到齐昭复出时，他也跟着重回战场，激情丝毫不减。他替齐昭撰写了《弘道馆记》，发出"尊皇攘夷"的口号。起初，藤田心目中的西方是一个毫无差别的敌对形象。他看到的荷兰人在装束方面和17世纪画作上的不一样，反而与雷扎诺夫那批1804年抵达长崎的俄国人差不多，他推断，日本面临西方威胁，这个西方十分狡诈，正试图从各个方向包围日本。他给齐昭写了一封又一封的奏帖，主张采取更强硬的防

---

*　称为"安政大狱"。

御措施；奏帖上说，虾夷应当交由水户藩治理。各藩——至少那些大藩——和御三家，应当获准建造远洋船，鼓励他们去提升军备水平。和会泽一样，藤田极为仇视天主教，认为它是洋人用来颠覆和征服愚昧百姓的"邪说"。为了抵抗外来信仰，1855年水户藩刊发了明代的一本反天主教著述。藤田同意开设洋学课程，但要防止人们散播这些学说。采取的每一步骤都应当有助于巩固本土的优越性；教育机构的薪酬也要反映知识方面的等级差别，即和学位于汉学之上，而两者又在西学之上。

藤田认为，只要无损于国家尊严，日本应当避免与西方开战，但同时，日本人要有洋学的知识储备，而且无论在何种情况下，都不能允许西方人踏入日本。对长崎荷兰人的管控也应有所加强。当佩里的信函在大名间传阅时，齐昭对其中的侮辱言论不屑一顾，力谏拒绝这份协议，日本应当做好开战的准备，他确信，美国人只要一登陆，就会被一大批视死如归的武士铲除掉。他认为，即便局面一度不利，但士气会大涨十倍，整个国家都做好战斗的准备。"唯有此法，将军方能实现'攘夷'之责。"[37]

这时的日本正在加强西边防线，水户藩提出的"攘夷"主张多少有些相互矛盾之处。另外一批人则提倡重整军备，他们的观点反而更有一致性，这类"专家"的圈子相对较小，很快就形成一支特殊的专业防务队伍。

高岛秋帆（1798—1866）出身于长崎。十岁时，他看到英船"费顿"号在供给遭到拒绝后竟强行夺取，对它的鲁莽行径大为震惊。他的家人是长崎的市政官员，家庭环境自然不错，所以高岛最初多少是靠自己学习和做实验的。通过翻阅书籍，他得出结论，长崎的防御措施相当不足，而且1825年幕府的"不二念"法令绝没有实施的可能。他设法从出岛那里找来一些西方武器，包括野战炮、臼炮和最先进的火枪，还有它们的使用指南，让朋友、门人帮忙翻译。最后，他手下形成两个步兵连和一个小型炮兵营,这些成就为他赢得钻研西式武器第一人的声誉。虽然水户藩的那些人也支持采购或制造现代武器,但他们本质上更崇尚日本的刀剑和徒手格斗的精神。1841年,高岛的著述和行动引起幕府官员江川太郎左卫门的注意,后者颇有远见,安排高岛给自己的同僚展示一下。高岛带来125人,让他们在阅兵场上示范紧密队形的操练形式。这样的演习方式是从荷兰书籍上学来的,发号施令用的也是荷兰语。

可以预料到,这次活动会招来一些人的批评,有的嘲笑它为儿戏,对使用荷兰语的行为进行谴责。然而,幕府却委托高岛训练更多的人员,受训者一开始仅限于幕府家臣,后来高岛获准开设新学堂,教授从其他藩来的青年子弟。这时,他的对手捏造出谋反叛乱的罪名,高岛被判处幽闭,1846—1853年间被软禁在家。佩里事件发生后,高岛再度受人重视,一大批重要的学生继续他的工作。这里要说的一点是,政坛的钩心斗角会让各色人等——不论是德川齐昭、藤田东湖,还是高岛——不时有受辱、受罚的危险。有的人以为自己的身份会由于西式技术的引进而遭到彻底的颠覆,难以顺从这些变化,进而导致政局的动荡不安。国家层面如此,地方上亦然。不久,一些自称"正义"的群体和那些被嘲讽为"庸俗""传统"的人产生不和,争执在各藩相继发生。高度集中的武士阶层,有时候并不容纳动机上的细微差别。

佐久间象山(1811—1864)也有同样的遭遇。他坚持自己的信念,这份勇气最终让他丢了性命;他在骑马的时候用了西式马鞍,因此被几个反洋狂热分子杀害。佐久间为人特立独行,才华出众,同时自信过人。他出生于山区的松代藩,但在江户接受教育,并逐渐精通古典汉学。他还是一名出色的画家和书法家。他和江川太郎左卫门一起学习炮术时震惊地发现,现代火器竟能在雨中使用。他对身份制度屡次表示不满,因为它已经影响到他个人,使得他在和

第九章　对外开放

更高级别的人打交道时惹来不少麻烦。不过，几乎所有人都佩服他的能力，他也因此不负众望地创造出一番事业。他的主君真田幸贯就是一个很好的例子。真田幸贯原是松平定信的儿子，后来被松代藩的藩主收为养嗣子。1844年，幸贯担任老中，负责海防事务。佐久间跟随他来到江户，被安排在一个策略性的位置上，能够对他人发挥影响力。佐久间轻易就和兰学学者打成一片，他开始钻研兰学，并说服主君帮自己订购和搜集相关书籍，逐渐形成一个重要的洋学文库。

佐久间根据书本知识来做实验。当时肖梅尔的百科全书*在日本国内十分受关注，他依照这部书的记载，尝试制作玻璃；他铸造大炮，探寻银、铜、铅矿床，甚至在自己的日常饮食中试验新事物。他试图刊行一部荷日双语词典——作者是荷兰商馆馆长道夫，他在欧洲爆发拿破仑战争、出岛处于隔绝状态期间，编写了这部词典——但没能获准出版。之后，佐久间做了一件想必令主君大吃一惊的事，他请求将自己的领地归还给本藩，换取一笔资金，他想用这笔钱在江户建一所学校。主君同意了他的请求，于是他在江户的松代藩屋敷内开设了一所学堂，招收全国各地的学生，据佐久间称，人数总共有5000名。作为老师，佐久间显然富有感召力，他的很多学生后来都成了德川末明治初政坛和思想界的大人物。当佩里的舰队抵达日本时，佐久间自然已经准备好为江户湾的防务出谋划策，可惜这一切都遭到幕府的忽视。得悉协议允许汤森·哈里斯在下田居住，佐久间大怒，因为下田是江户湾的战略性要地。

佐久间向来深知"知敌"的重要性，他正酝酿着一个计划——随敌人进入对方巢穴，就西方实力的根源取得第一手的认识。他有一位叫作吉田松阴的学生，是长州藩的年轻武士，下文将会讨论到

---

* 即《厚生新编》。

这个人。吉田脱藩之后成了浪人，佐久间鼓励他去海外走一趟。于是，他先出发前往长崎，但抵达时俄国船已经离开。此时佩里舰队正在江户附近逗留，这给吉田提供了另一次机会。他趁夜划着小船，登上佩里的"密西西比"号，请求对方带上自己一同返美，但佩里担心此举会损害自己更大的目标，没有同意。随后小船被发现，吉田遭到逮捕，官府在他身上搜出一封佐久间写的赠别诗，进而把他的老师也卷入案件之中。佐久间被捕，他在接受审问的时候，仍公然提倡访洋、留学是明智之举。幕府官员敬重佐久间的才华，给予的处罚较轻，仅判处他蛰居。此后八年，佐久间都被幽禁在松代藩内。在此期间，他写出名作《省愆录》，讨论自己遇到的困难，以及日本面临的危机。这部作品值得在此引用一段：

> 凡学问必以积累，非一朝一夕之所能通晓。海防利害亦是一大学问，自非讲究有素者，未易遽得其要……
>
> ……去夏，墨房以兵舰四只护送其国书，抵浦贺澳，其举词气殊极悖慢，辱国体不细，闻者莫不切齿。时某人镇浦贺，屏气负屈，遂无能为，房退后，自抽小刀，寸断其所遗房主画像以泄怒。
>
> ……不令外夷开易侮之心，是防御之至要也。边海防堵，皆不得其法；所陈铳器，皆不中其式；所接官吏，皆凡夫庸人。胸无甲兵如此而欲无开夷人侮心，宁可得乎？
>
> ……予尝欲效西洋武备之大略，于天下兵籍外，结故家世族忠勇刚毅、一可当十者，以为义会，一以保国护民为志。
>
> ……详证术，万学之基本也。泰西发明此术，兵略亦大进，复然与往时别。
>
> ……有之无所补，无之无所损，乃无用之学也。有用之学譬如夏时之葛、冬时之裘，脱无为之者，则生民之用阙矣。[38]

第九章　对外开放

这时，许多藩都在搜罗人才来帮助自己加强防务，1862年佐久间被赦免后，土佐藩和长州藩都向他抛出橄榄枝。但他留在了江户，并在幕府圈子里崭露头角，此时的日本越发在西方问题上泥足深陷。佐久间作为将军家茂的使者，被派往京都。他已经想好一套适用于当前形势的方案。日本应该吸纳西方的知识和技术，但仍然以自身的传统道德价值为本。"西洋的技术，东洋的道德"：将理性与德性两相结合。[39] 对于身边兴起的反洋浪潮，他依然不以为然。他在给情人的信中这样写道：

> 每当骑马出行，我总会使用西式马鞍……自从来到这里，我再也没用过这个国家制作的马鞍，招致某些蠢人的批评。其实，我是故意只使用西式马鞍的，我相信，凡是好的东西都应该被这个国家吸纳。……我的这个信念以整个日本的长久利益为出发点……既然世间有天道，我不认为会有人反对。[40]

但他错了。今天，在京都妙心寺属地内有一小块纪念碑，这是佐久间被斩杀的地方*。

佐久间的众多学生里，吉田松阴（1830—1859）无疑是最重要——或者说最有意思——的一个，这位年轻人曾试图随同佩里的舰队前往美国，但没成功。吉田是一位严谨的儒学学者、杰出的老师，也是一名激进的活动家。他被吉田家收为养嗣子，三岁时继任家督之位，根据当时迂腐的继承制度，他不久就被授予家族职位†，教授山鹿素行一派的兵法。这样的经历必然使得他早早成熟起来，据记载，他的主君很快就因为他的文献功夫对这个小男孩刮目相看，尽

---

* 佐久间的遇难之碑在木屋町，其墓在妙心寺。
† 吉田家的家族职位是长州藩的兵学教官。

管我们可能会对这类圣人化的叙事传统一笑而过，但不可否认，正当武士家同等岁数的小孩大多还在挥舞竹剑的时候，吉田成长为一名优秀的学者。20岁的时候，他获准前往九州游历，这期间他第一次学习会泽正志斋的《新论》。除了到访各大城下町，他还去了长崎，并受荷兰船员邀请登上他们的船。在回长州藩的路上，他给藩主写下一份意见书，强调文武教育的重要性，后来又多次为此上书。

几个月后，藩主带上吉田一同前往江户进行参勤交代。在那里，吉田遇见了很多久闻其名的学者，其中就包括佐久间象山。他回到家后，写道："这个佐久间真是一个非同凡响的气派人物……去他的学校学习炮术，还得学习汉文典籍，而那些前来学习汉文典籍的，也不得不学习炮术。"[41]吉田仍然不满足，这时他决心到日本其他地方看一看。但他没等到通行证下来就先行出发了，这对武人来说是一个大忌。他去水户拜访了会泽正志斋等学者，然后穿过日本，抵达佐渡岛，还钻进当地金矿的竖井里，离开佐渡后，他又去了江户。看到津轻海峡上的洋船，他不禁感到沮丧，并把这种哀痛记录在他那本写得一丝不苟的日记里。他回江户后，为自己违反外游规定的行为，主动投案自首，很快就被遣送回藩厅萩城。但由于吉田名声不小，对他的处罚比较轻。他被剥夺了士籍，连那点微薄的世禄也遭没收，不过他换来了十年自由前往各地学习的机会。

吉田回到江户那五彩斑斓的生活里，正是这时候，佐久间对他提起到海外学习西方第一手知识的重要性。我们知道，他先去长崎找机会，然后在佩里抵达前夜回到江户。他搭乘佩里舰队赴美的设想没能成功，事发后很快就被关押在一座露天的牢房里。美方舰队的海军军官不巧目睹了他的关押环境，为他的恶劣处境动了恻隐之心。吉田递给他们一块薄薄的木片，上面写着："自由穿行［日本］六十国也不足以满足我们，我们想要环游五大洲……我们的计划戛然而止……哭泣，会显得我们愚蠢；大笑的话，又像是流氓无赖。唉！

我们唯有沉默不语了。"[42]

在江户的监牢里被关押了数个月后（佐久间一度在他隔壁的牢房），吉田被遣送回本藩，佐久间也一样。佐久间写了《省愆录》，吉田则有《幽囚录》。比起忏悔，吉田的这部作品更关心改革。他的其中一个建议是，将幕府迁到京都，还有成立一所教授西方知识和技术的学问所。回到长州藩后，他被幽禁了14个月。在此期间，他意志愈发坚定，思想的焦点也越来越明确。甫一释放，他便开始教书，不久就开设了自己的学堂。

吉田把自己的学堂称为松下村塾，这所学校吸引了一大批学生，约70人，他们都是未来的领袖人物。他严厉地指出，如果学问只是一项成就而无法作为实际行动的道德准则，那它会带来种种危害。这些教导深深影响了学生。他讲述道，死亡并不重要；有德之人永远要有死亡的念头，以此来思索自己作了什么贡献，这会给他的努力、他的回忆带来荣耀，并达致最大的成功。"不然，"他写道，"人的一生无法过得体面，也毫无建树。"不幸的是，他那个时代的大人物都只爱舒适，意志薄弱，只有"草莽"崛起，才能拯救这个国家：

　　领袖的一个重要品质是意志坚定、果敢决断。有的人或许多才多艺、见多识广，但若缺乏意志和决断力，又有什么用呢？……生死、离合，彼此转化。万物唯有意志不变，也唯有人的成就能长存。这足以是人生的重要意义所在。

　　……对于别人，我们应该公开直接地表达自己的怨愤。倘若做不到，那就只能把它忘了。[否则]只能说是怯懦。

　　……习武之人不能不善经书。原因在于，武器是危险的工具，它并不一定会用在正途上。

　　……首先，我们必须对本藩进行整顿，然后才到别的藩。这些都完成后，就可以开始整顿朝廷，乃至整个世界。一个人

293　　首先要自己树立榜样，然后才能逐步推及他人。这就是我所说的"求学"。

　　……现在的形势是，诸侯止步于袖手旁观，而将军继续专横行事。无论哪边都不足以依靠，我们唯有寄希望于草莽。

　　……一个人若是不愿在十七八岁就死去，那在三十岁时也一样，八九十岁的生命对于他来说必然太过短暂……人生五十载，七十古来稀。除非人在死前做的某些事能带来满足感，否则他的灵魂永不得安宁。[43]

　　这些话虽然严苛，但其根源仍是儒家与武士传统。促使它们被铭记下来的，是那如火中烧的激情和理想主义，在这些情感的驱动下，吉田一步步落实自己的计划、谆谆教导门下的弟子。正是日本面临的危机，为这一切赋予了意义。

　　吉田获悉，幕府决心强迫不情愿的朝廷通过安政年间的《哈里斯条约》，当时的他无法自由行动，于是写了政论、建议书、信函，递送给他那些已经投身政治运动的学生。他谴责上层武士阶级在国难当头时的浅薄，建议藩在选任官员时不要看等级乃至身份。如果国门要被打开，他希望，幕府会主动地、有目的性地去做这件事，而不是像现在这样，表现得如此胆怯和犹豫。幕府应当往每个国家派遣留学生；日本应当拥有自己的舰队，进行通商，让自己出现在世界的舞台上，而不是停留于受害者的角色。

　　他还打算策划一起带有正义色彩的恐怖活动，用这一大动静来作为警示并带来社会变革。末尾，他提议自己的追随者去伏击幕府的一位高级官员间部诠胜，后者正在前往京都的路上，准备处理朝廷关系，平息孝明天皇的怒气。但这项计划流产了——事实上，吉田的所有谋划皆如此。井伊直弼执掌幕府后，掀开安政大狱的帷幕。幕府命长州藩将吉田移送江户，对其施以斩首之刑。

据判词言，吉田对自己试图前往美利坚的行为感到愧疚，即便身陷囹圄，仍擅自在防务上为政府献策，他反对职位世袭制，此前一直计划在外交政策上给幕府建言，所有这一切都发生在他被幽禁期间；总而言之，他对更高的权威不恭不敬。通过死亡，吉田成了殉道者和英雄，以自身证明了教义，即死亡并不可怕。

第十章
德川幕府的倒台

汤森·哈里斯的条约通过十年后，德川幕府倒台了。它的崩坏，不仅标志着早期现代幕藩制度的崩坏，还代表了七百年武家政治的终结。佩里和哈里斯通过步步紧逼，迫使不情愿的幕府谈判官员签订了协议，使得日本不得不抛弃锁国政策，进入由西方主导的国际秩序之中。随后，日本踏上重夺主权的奋斗之路，为此，它不得不开始实行中央集权、体制创新方面的政策，以建立一个现代民族国家，同时日本社会也从根本上被重构。这些发展是亚洲历史甚至世界史上的大事，民族国家的舞台上从此多了一名新的活跃成员。日本内部社会的重构引发国际秩序的重组；最初，面对感受到的西方威胁，日本只是采取一系列防御措施来进行抵挡，但很快，它就加入了这个军事经济秩序——正是那个一开始将矛头指向日本的秩序——后来更是对其发起挑战。

历史学家将这些发展归到一起，放在明治维新的名头下。整体上，明治维新是日本史上的关键转折点。人们对这场运动的看法，影响现代日本历史的各个方面，接着后者又会反过来影响前者。每一个说法，以及每一个时期，都对当时的那些骚乱事件有自己的一套叙事。追怀往昔的情愫，缓和了对当时人物的评价，令其较为温和，但赞扬其功劳的行为依然会引起争议，直到今天亦然。在讨论这些重大事件之前，本章首先会对政治叙事和年表进行简短的考量，然后关注外部世界的角色、观念和口号的价值重估（transvaluation）、政体统一过程中必须实施的进程，以及明治维新中日本普通民众的参与度问题。

第一节　叙事

井伊直弼只取得了短暂的胜利。他的政策在水户藩武士中引起激烈的反对，进而将他拉下了马。这些武士反对日本以这种方式来回应佩里、哈里斯要求，而在这过程中，藩主德川齐昭发挥了突出的作用。以会泽正志斋《新论》为代表的水户学一直主张，日本拥有纯正的天皇传统，要在此基础上建立民族政体。将反对《哈里斯条约》的声音与朝廷联系起来的最大"功臣"正是齐昭。他费尽心思，让天皇声明反对条约，在朝中贵族的谋划下，天皇的意见被传到水户藩，一同传来的还有一项指示，让水户藩把天皇的反对声音告知其他藩。德川幕府听到风声后，禁止继续传播这些消息，在接下来的安政大狱期间，井伊进一步巩固自己的权力。齐昭被禁止涉足国内事务，他是安政大狱期间受罚的大名之一。1860年齐昭逝世，他的去世消除了他所带来的极端化影响。

水户藩内知悉内情的人，包括武士和平民，都为上层无视天皇反对意见的做法感到气愤。藩中官员准备按照幕府指令，停止传播朝廷敕书，将其送还京都。愤怒的武士出手阻止，试图堵塞负责返还敕书的队伍的去路，但没有成功。另外的人由于身处忠藩和忠于朝廷的两难之间，最后选择自杀。还有一些人决定要反击。1860年3月一个下雪天，井伊的随从队伍正在前往千代田城的路上。侍卫的刀剑都被包裹起来，避免沾到雪。突然，这支小队伍遭到水户藩武士的袭击。一些人对付侍卫，另一些人则把井伊从轿子里拉出来，取了这位大老的首级，然后匆忙赶到另一位老中的宅邸门口，当场切腹自杀。*

这次武勇之举开启了之后十年的暴力潮。数十年前，杉田玄白将幕府家臣评价为一群孱弱之辈，说他们战斗能力低下，而且似乎已经没有一丝一毫武士的使命感。但如今发生的事情证明了他的判断是错的。武家统治的最后十年里，武士精神复苏了。西方侵略势力令他们感到威胁，唤起了某种民族意识，而这种意识迅速集中到身处京都的天皇身上。同时，这种民族意识逐渐超越了对某位大名或某个藩的忠诚。人们很快就开始指责同侪——尤其是上级——犯下的过失和违法行为。事情看起来越简单，血腥活动就越是一触即发。

暗杀井伊直弼的刺客准备了一份声明来表明自己的目的。它的措辞采用大量中式的、正式的汉文，德川时代的所有文化人都使用这样的文体。他们不是什么暴徒。他们写道，他们很清楚，随着美利坚夷狄进入浦贺，将军身为"征夷大将军"，已经认识到有必要进行相应的变革。然而，作出的妥协却越来越多——建立通商关系，在江户城内接待洋人，放宽"邪教"禁令，允许洋人代表定居国内——这实在是"玷污了神州自古以来的武威，有辱国体，违背了祖宗留给子孙的明训"。[1]这份声明反复恳求天皇、朝廷、天照大神和伊势神宫，但没有对幕府作出任何贬毁。他们把问题归咎在井伊直弼身上，说他是一个肆意妄为的独裁者，忽视朝廷意见，对试

---

* 这一刺杀事件被称为"樱田门外之变""樱田门事变"。

图指导他的大名进行打压，违背了以德川家康为榜样的英明之治。

这件惊天大事很快就传遍日本各地。当年大盐平八郎在大坂起义的消息也传播得很快，但这次不一样，江户可是武士社会的"神经中枢"，这是大坂所不及的。审查制度或许可以在短期内拖延消息的传播，但如今幕府大老在将军的千代田城门前被刺杀，这样一件大事，幕府不可能封杀得了。

幕府像泄了气一样，看起来迷茫不知所措。事发后，它首先尝试缓和一下局面，于是撤销了井伊对几位重要大名的处罚。接下来，幕府准备和皇室建立新关系，同时，1862年文久改革所推行的一系列控制大名的措施，也在幕府允许下有所松缓。领导权落到井伊直弼一直打压的对头手上。职位轮换的次数越来越频繁，落实政策的态度也不再那么强硬。

井伊直弼试图弹压的那几位大名，如今掌握着国家大事的领导权。齐昭并没有位列其中，他在幽禁期间就去世了。但他的儿子一桥庆喜——尽管此前没能当选为将军——地位越来越显赫。同样突出的，还有福井藩的藩主松平春岳（庆永），作为德川家旁系之一（越前松平家），他曾为庆喜的继嗣进行过游说。此外，江户和京都之间似乎有必要修补一下关系。来自纪伊藩的继承人年纪轻轻便登上了将军之位，是为德川家茂，但他尚未具备影响局势的能力。京都方面，孝明天皇虽然仍在为井伊忽视他本人意愿的做法而耿耿于怀，但得悉井伊被刺杀后，他也相当震惊，竟然有人做出这等大胆行径，他意识到，面对当前的西方威胁，有必要和江户建立某种关系。不久，西方势力进一步施压。神奈川附近的横滨原来只是一个小渔村，现在正被开发为对外通商的口岸；1859年，横滨正式"对外开放"。汤森·哈里斯带着一班外国公使，坚持要落实条约赋予的定居江户的权利。

增强实力、抵抗西方成为眼下最紧要的事，此前为了控制大名

第十章　德川幕府的倒台

而采取的繁缛低效的措施，全都退居次位。然而，国内政坛的动荡渐渐在各藩掀起涟漪。土佐藩的藩主山内容堂提议暂缓七年参勤交代，让各藩有机会发展军事力量。西南部的长州藩、萨摩藩、佐贺藩开始实行一系列重整军备的紧急方案。这些计划有部分因安政大狱而一度中断，例如，山内容堂就在井伊直弼的命令下退位隐居。在这期间，出现一位名为武市瑞山的领袖人物，他的身边逐渐聚集了一批武士[*]。这些人订立盟约，血书自己的名字，据盟书所言，这个秘密组织是出于对天皇、对大名的忠诚而建立的。目睹"堂堂神州"遭受戎狄侮辱，"我们的前主君[山内容堂]为此深感忧虑，与当权者商讨、辩论，非但没有令他们有所行动，自己反被判罪处罚"。在这种情况下，有志之士会怎么做呢？答案很简单："我们对神灵发誓，若天皇的锦旗再次扬起，我们将赴汤蹈火，以慰天皇之心，行前主君之愿，除万民之患。"[2]土佐藩的首席家臣[†]出于谨慎，对幕府的做法向来持默许的态度，与此同时，他一直在想办法重整本藩经济。吉田成了这些人的第一个目标，最终遭受和井伊直弼一样的命运。大老死了没几个月，土佐藩的参政也被刺客砍下了脑袋。刺客将吉田的首级固定在事发现场的一块木牌顶上，木牌详细列出了他的罪状。这一时期可以称为尊皇运动的第一阶段，人们的忠诚还没有陷入矛盾的局面。高位者中有作恶的人，那些胆小如鼠的阁僚理应被打倒，而这一切可以打着藩主——以及藩主为之奔走呐喊的天皇——的名号来进行。

然而，那位"被弹压的"藩主重返政坛后，却对刺杀家老的行为表示愤怒和担忧，这时，勤王党们开始在忠诚上产生矛盾的心情。藩主刚摆脱幕府的打压、进入政坛的核心圈，处境仍然十分困难。

---

[*] 称为"土佐勤王党"。
[†] 即吉田东洋，时任参政一职。

他们不想把事情做得太过分，不然会引起幕府和非幕府势力的忌惮。再说，幕府的中坚分子或有能力再次收紧控制，这个情况总是有可能发生的，因此他们必须谨慎。同时，这些人发现自己带领的这群武士在观点和看法上越来越变化多端。很多时候，他们是上面那些着眼于家族和藩的长远利益的领头家臣一手塑造出来的。但同时，他们必须一直要以武士"民意"捍卫者的姿态出现，因为这场运动的光谱已经波及社会底层。1853 年，幕府将佩里的信件发给大名传阅，要求后者必须有所回应。在准备答复的过程中，他们询问家老们的意见，而涉及其中的家老又带动了权力制度边缘的那些人。下级武士是最不稳定的一群人，接收到的信息却最不充分，他们只越来越强烈地意识到国家有难。交通沿线的村落和宿场的名主被要求作出更大的贡献，提供更多的资源。纵观农村地区，本土主义的狂热分子组成一个网络，不断壮大，进一步刺激了其他人投身其中，后者热切地想要确立自己参与者的身份。因此，大名并非擅作主张的自由身，他们必须仔细听取各方意见，而他们的家臣必须支持大名。

　　西南部的几个雄藩试图干预国内事务，在它们那里，意识形态和政治方面的考量是重叠在一起的。藩士和朝廷贵族合作，谋划提升朝廷在国内事务上的影响力，进而增强藩的话语权。其中发挥领头作用的是长州藩，但它的方案被萨摩藩的打败，而当后者快要被采纳的时候，土佐藩提出了另一个更加彻底的方案。大名对于朝廷参与国内事务的想法往往持冷漠态度，因为他们认识的贵族大多不明事理、不切实际，还有排外情绪。土佐藩的山内容堂就时常称他们为"长袖"，不予理会。但大名手下的家臣不一样，他们的目标是打败别的藩，因此更能看到和朝中积极分子、普通武士建立合作关系的重要性，特别是那些受尊皇思想影响的武士，这些人尤其热衷于与那些出身古老家族的优雅之士合作，后者和天皇的亲缘关系为他们的谋划蒙上了近乎宗教般的色彩。不少武士从藩里跑到京都，

第十章　德川幕府的倒台

甘愿充当朝廷贵族的办事人。随着情绪日渐高涨、投入的赌注越来越大，事情一旦失败，不仅颜面丧尽，性命也往往难保。长州藩的第一个方案*是长井雅乐构思的，但周旋失败后，他被命令切腹自杀。武市瑞山组织了土佐藩/朝廷代表团前往江户，但他的主君重掌藩务以后，认定武市的行为已经踩过界，命令他切腹了断。确实，武市的"罪行"表明，尊皇派的狂热分子可能会威胁到封建等级制度。武市的判词提到，他将主君的名字附于一份建议书上，在朝廷中传阅，政书提议整个京都—大坂平原应该交由朝廷治理，还说大坂商人应该提供资源，资助必需的保安工作。只要落实这个做法，日本或就能把洋人驱逐出去。

公武合体

历史学家（和19世纪的人）将下一阶段的政治运动称为"公武合体"，即公家（京都）和武家（江户）联盟。井伊直弼将两大权力中心扯进一个僵局，如今公武双方都试图从中抽离出来。幕府高阶向来由谱代大名担任，但这时他们都退居二线，让位于那些此前从未身居此等要职的新人。鉴于和京都方面的关系是问题所在，这些新上任的官员将大部分时间花在京都，从而导致幕府内部分裂。松平春岳是德川家旁支越前松平家的家督，安政大狱期间遭到井伊的处罚。1862年夏天，他被解除隐居，受命担任政事总裁，这个职位名头很响亮，但职权十分模糊，实质上是为了安抚朝廷怒气而设置的。至于一桥庆喜，作为将军继嗣人选之一，他曾是井伊的心头大患，如今被授予将军后见一职，为年轻的将军家茂充当监护人。

松平春岳带着一系列新想法赴任，其中很多是他的顾问横井小楠构思出来的，在那个年代里，横井或许是最出色的国防思想家。

---

*　称为《航海远略策》。

他首先大赦所有遭井伊处罚的人，呼吁惩罚当日有份参与施罚的官员。不难想象，江户那些主理安政大狱的谱代大名在听到这番话后该是多么恐慌。这次，轮到长野主膳——井伊在京都的得力助手——被命令切腹自杀。接下来，幕府领导层要做另一件事，他们早在任命新团队之前就已经设计好了这一步。安藤信正曾经是井伊手下的官员，后来遭人暗杀，虽然刺客没能得逞，但他也受了重伤，仕途因此终结。他主张朝廷和年轻的将军之间联姻，这是巩固京都关系的最佳办法。实际上，这个做法起到几乎完全相反的效果。内亲王和宫被许配给将军家茂为妻*，尽管她早就和有栖仁亲王订立了婚约。1861—1862年间冬季，和宫被护送到江户。随行队伍十分庞大，队伍前后是各式各样的物资、行李，300英里的路程足足花了80天才完成。幕府做了大量安保措施，沿路宿场需要供给的人员比平时多了3000多名。

这次降嫁令朝廷的倒幕声音更加高涨，大家都知道，孝明天皇其实是反对将自己妹妹送到江户的。随着愤怒情绪越来越汹涌，操作这次联姻的朝廷贵族陷入危险的境地。岩仓具视是现代日本的创建者之一。他和其他五名促成此次降嫁的人被辱骂为"四奸二嫔"，由于朝廷氛围愈发极端，他被迫辞退官职，离开京都，避走外地。这时，京都派出使团，在西南部几个藩的武士队伍的陪同下，前往江户，要求幕府驱逐洋人。第一个使团由朝廷贵族大原重德带领，800个萨摩藩士负责护送，他们在回京都的路上碰见一批英国人，这些英国人并没有下马，而是在马上看着他们经过。一位愤怒的萨摩藩武士砍下了其中一个名为理查森（Richardson）的商人的脑袋，这件事给幕府对外关系带来了严重的后果。[3]

运动的积极分子逐渐视天皇为"宝物"，得之者如同拿到了一

---

* 皇女嫁给非皇族人员，被称为"降嫁"，这次事件被称为和宫降嫁。

第十章　德川幕府的倒台

张王牌，可以在未来政坛上派上用场。幕府顾及天皇安危，任命会津藩年轻的藩主松平容保担任新设立的京都守护一职，防止其他潜在的敌对势力把控朝廷。松平出色地完成了这一工作，从上任这天开始一直到幕府倒台——其间还遭到一次暗杀——他都没让离间幕府或朝廷的计谋得逞。留守京都的会津藩武士有1500名，此外他还能向同为大名的弟弟求援。德川时代晚期众多人物里，很少有人能像松平这么实干，明治时期的领袖人物对于当时这样的局面一直无法释怀。[4]

　　1862年末，幕府放松了参勤交代的规定，让大名得以抓紧各自的防务，应对将要到来的攘夷之战。现在，大名到江户参勤交代的时间为三年一次，他们的家人也获准搬离江户。这一变动造成交通要道大拥挤，上百支队伍挤在一起，眷属、随行武士、驮运行李的马匹沿着道路缓慢前进。要道上负责招待这批人员的宿场，以及周边那些要为宿场提供搬运工的村落，一下子承受巨大的压力。[5]接下来还要发生更糟糕的事情。

　　交通压力在1863年达到顶点。这年，将军家茂要去京都谒见朝廷，后者不久前才扬眉吐气了一番。自1634年家光率领大军上洛以来，再也没有将军到访过江户。家光带着强大的兵力前往，其目的是威吓朝廷和大名，而此次上洛，家茂处于弱势一方，此行以安抚朝廷为宗旨，以期增强实力。

　　这位年轻的将军在京都受到客气的招待。这次到访本来是短期逗留，但随着安排的典礼仪式越来越多，他们待的时间越来越长。最大的一次活动是，一支庞大的皇家队伍在将军和众多贵族、大名、武士的陪同下，前往贺茂神社，祈求神灵助力驱逐洋人。话事的一方显然是朝廷而非幕府。最能反映这一点的是天皇的授权，这颇为讽刺，天皇明确将世间的统治权授予将军，而在早年，这种授权对幕府来说是完全没有必要的。事实上，假如我们回头看此前关于德川政体的讨论，就会知道，这种"委任"统治是德川时代晚期出现的概念，很大程度上得益于水户学及其思想的传播。此后，家茂又两度前往京都。1864年，他和一群大名参加了某个典礼，一名朝廷大臣在宣读文书时引用了天皇的话，大意是"国家如此，我夜不能寐、食不知味"。1866年，将军在第三次前往关西的路上去世，死在了大坂。

要让统治获得"授权"，必须付出一定的代价。德川庆喜代表幕府一方接受朝廷指示，在1863年6月前将洋人赶出日本。这明显不可能，参与其中的大部分人心里都清楚。但用这种方式来表示"真诚"也不失为一种明智的做法。幕府领导层希望将落实日期往后拖，同时试着说服列强同意延缓开埠的时间。他们首先向第二个目标努力，派出使团前往欧洲，通过签订《伦敦备忘录》，确保各方同意江户、大坂、神户、新潟延期五年开放。而比起合作事宜，英、法两国更担心自己国民的安危，于1863年夏天派出1500名士兵登陆日本，驻守洋人的居住地。局势变得越来越不真实。庆喜以将军身份忠实承诺幕府将会驱逐洋人，但实际上丝毫没有这样做的想法；另一方面，幕府恳求列强同意延期，虽然知道希望不大。这或许恰恰说明他们已经尽力了。幕府采用的延缓策略，和当年应付佩里、哈里斯，试图缓解排洋极端主义的办法如出一辙。这种拖延敷衍的做法并不是什么好兆头。

现在，政策的变动呈现出一种错综复杂的局面。面对一系列彼此交织的叙事，我们从地区或意识形态的角度出发，可能会更容易理解事态的发展。这些叙事包括对萨摩、长州、土佐藩政治权力的斗争，为操控朝廷和贵族所引起的争斗，以及对幕府政治和政策主导权的一系列争夺，还有外国公使内部就落实条约赋予的权利而进行的斗争。尊皇派将天皇和攘夷挂钩，攻击他们的反对者为"佐幕派"。而德川幕府内部则远没有这么团结。即便外国公使这个小群体——尽管在外交事务上他们的立场很坚定——随着欧洲竞争对手重新出现在日本海域上，其内部也出现了严重的分裂。为了方便显示朝廷、藩、幕府各方在一系列事件催促下作出的改变，我们将这些事件一一列出来：

幕府倒台前夕

1860年，幕府派出第一个使团前往美国，确认条约生效。井伊直弼被刺杀（樱田门之变）。

1861年，长州藩的长井雅乐在京都反对攘夷（后来被命令切腹谢罪）。俄国人占领对马岛，后来在英国人要求下撤退。和宫离开京都，前往江户。

1862年，老中安藤信正受袭（坂下门外之变）。松平春岳、一桥庆喜被任命，文久改革。松平容保担任京都守护一职。放宽参勤交代。

1863年，朝廷授权使者前往江户,命令幕府攘夷。将军家茂到访京都。长州藩"遵照"命令，炮轰下关海峡的洋船。会津、萨摩两藩的军队将长州藩势力赶出京都。由于理查森之死，英国人炮击鹿儿岛以示报复。

1864年，长州藩部队试图把控朝廷，但没能成功。幕府下令讨伐长州藩。英、法、荷、美舰向下关开火。

1865年，长州藩向幕府投降；但内部政变导致政策发生转向，幕府发动第二次征讨。

1866年，萨摩藩和长州藩结盟，一起对付幕府。幕长战争由于将军和天皇去世而中止。一桥庆喜被拥立为将军。城市发生骚乱。"不亦善哉"运动[*]。幕府在法国协助下进行全面的改革。

1867年，庆喜在京都辞去大将军一职。《王政复古大号令》颁布。萨摩藩策划的阴谋引发鸟羽伏见之战和戊辰战争。

配合度高的幕府和更加通情达理的朝廷相互合作，形成公武合体，这样的合作关系一度被寄予希望。1863年夏天，驻守朝廷的会津藩士兵和萨摩藩部队一起夺取了皇宫大门的控制权。萨摩藩和长州藩之间向来就互相怀疑和对立。藩政官员对攘夷极端分子誓不屈

---

[*] 日语原文是"ええじゃないか"，意为"这样不是很好吗"，当年大批民众在伊势神宫求得这样的签语，引发民间巡游，最终演变成骚乱。

服的表现感到担忧，西南部各藩——除了长州藩——的大名纷纷采取措施打压内部极端分子。1862年萨摩藩的中坚势力在伏见一家旅馆对某个尊皇派团体发动突袭；土佐藩的藩主山内容堂解散了藩内的勤王党，命令武市瑞山切腹自杀。

外国列强的军舰也将日本人团结了起来。幕府发现，每发生一起针对洋人的恐怖袭击，自己都要为之承担责任，但实际上它无法完全控制大名及其武士的举动。不过有两回，外国列强亲自向外界表明攘夷并非易事，他们教训了犯事的藩，但没有惩罚幕府。1862年商人理查森被杀，作为报复，英国军舰于1863年炮轰并烧毁了萨摩藩的城下町鹿儿岛。这时，由激进派把控着的长州藩决定自行落实朝廷下达的攘夷命令，于1863年对下关海峡的外国船只进行炮击，但第二年，英、法、荷、美派出一支小舰队，摧毁了它的炮台。京都方面，面对激进派的所作所为及其不服从的态度，朝廷有所动摇。年轻的公家贵族和激进的攘夷派好几次联手，不切实际地想要高举天皇的锦旗。1864年夏，长州藩的激进派竟然试图冲破会津、萨摩两藩在皇宫周围设下的警戒线，但遭到惨重的失败。激进派的公家贵族大多逃出了京都，在九州流亡。这次事件清楚表现了激进分子的顽抗不屈，这样一种态度及他们对京都造成的破坏令天皇大为愤慨，长州藩沦为"朝敌"。不仅如此，朝廷还要求幕府采取措施，对长州藩的鲁莽过激行为加以处罚。

德川幕府的中兴

文久改革的核心目标是幕府和以萨摩、土佐、长州为首的雄藩藩主相互合作，为日本通商口岸的开放做好准备。此前这些藩主被排斥在外，没有机会涉足国内事务，如今他们出现在这里的目的，是为了防止幕府一意孤行，作出"自私"的决定。不幸的是，他们每个人在藩内都是"小皇帝"，因此并不习惯合议协作的模式。局面一旦呈恶化趋势，他们很可能就从京都打道回府。身处大本营的他们，往往从狭隘的利益出发来考虑问题、讨价还价。首先这样做的是文久改革的设计者松平春岳，他辞去政事总裁一职，回到福井藩，随后被禁足在家。1863年夏，春岳获赦免，但幕府中坚势力和外部干预力量之间的裂痕已经加深。萨摩藩的岛津久光和土佐藩的山内容堂也以离开的方式，表达自己的异议，他们本应对"自私"的幕府起制衡作用，但事实证明，其做法和幕府没什么两样。各方关于驱逐外国列强的讨论不切实际，偏离了原来的合作计划，让那些负责对外事务的幕府官员感到担忧。一群攘夷派的激进分子把控了长州藩，使得长州藩从合议行列中退了出来，被谴责为"朝敌"。

在这样的环境下，理性的力量在萨摩藩、土佐藩明显占了上风，藩中的行政机构都转而反对激进派，此外，长州藩的勤王党行事过激，证据确凿，令江户方面开始考虑重振幕府的权威。在水户藩，恢复秩序的呼声因为1864年爆发的叛乱*而更为迫切。这场动乱的根源在于齐昭时期形成的意识形态分裂和党派。怨愤的武士和浪人聚集在筑波一带，拒不解散，人数越来越多，威胁性也越来越大。幕府命14位大名调动部队去对付叛乱分子，后者声称要袭击横滨、驱逐洋人。水户藩的行政机构一片混乱，其后才逐步采取措施来应付危机。随着局势进一步失控，幕府发觉自己军事力量严重短缺，于是要求更多的大名予以援助。接着，正当长州藩的叛乱分子在京都遭到突袭之时，水户藩的镇压活动也开始取得进展。此前立场摇摆的大名决定支持幕府的命令，水户藩的武装力量全线崩溃，仅剩下数百个浪人试图往京都方向逃跑。最终，面对压倒性的庞大兵力，这批人只好投降，被幕府处以严酷的惩罚，上百人身首异处。[6]

---

* 称为"天狗党之乱"。

这场叛乱——加上京坂地区发生的一系列事件——促使保守派相信，是时候要重申德川幕府的权威。当关西、关东地区的激进派遭受挫败之时，萨摩藩和长州藩的攘夷派也在为自己的作为付出代价，英国人炮击并烧毁了萨摩藩的鹿儿岛，而长州藩发现自己的处境相当孤立。

幕府开始发挥自己的优势。在它的命令下，21位大名出动军队讨伐长州藩。领导这次征讨的是尾张藩的藩主，就连萨摩藩也全力配合。但事实证明，他们没必要开战。这次危机令长州藩爆发内讧，最终保守势力取得胜利，愿意接受幕府开出的条件。主导这次京都袭击的3名藩长老被下令切腹自杀，他们的首级被移交给幕府长官，同时长州藩方面承诺会处决其余4名等级较低的官员。和长州藩部队一同逃出京都的那些激进派贵族，也被移送到九州监禁。

但幕府对此并不满足，几个星期以前它就决定要恢复参勤交代方面的规定，出行困难的大名可以乘坐幕府提供的汽船。有的藩已经将地方出租给平民，但现在大名收到警告，不得将江户藩邸交给他人使用。然而，这项措施没有成功落实。周边的小藩回应了幕府的命令，但很多大藩保持沉默。幕府早在1865年就提醒他们应当前来参勤。1866年，幕府官员发函询问他们的藩邸和配给人员，以察看其服从程度的高低。但大部分大名——包括所有雄藩的藩主——对这些信息视若无睹。开始频频出手的朝廷也站出来干预，指示江户应当允许大名集中力量重整军备。这次踩过界的明显是幕府。

幕府保守派对处置长州藩的方式并不满意，他们想要削减长州藩的面积，要求将藩主及其儿子移送江户，正式地、公开地进行忏悔。对于朝廷，他们同样心有不甘。1865年，江户派遣两名老中及3000兵力到京都，目的是加强对朝廷的直接控制。他们觉得一桥庆喜不可靠且过于温和，于是把他召回江户。同时，他们不再愿意冒

第十章 德川幕府的倒台

险尝试其他协作性质的活动。胜海舟是一名颇有创新精神的年轻官员，曾受教于佐久间象山，日本派遣的第一艘横跨太平洋的汽船便是由他掌管的。他在兵库设立了一所海军训练学校，从全国各地招收有志气、有能力的年轻人，即便是浪人也可以入学。胜海舟的助手是一位名叫坂本龙马的浪人，他离开家乡土佐藩，加入众多年轻人的行列，积极参与国内事务。龙马本来意图刺杀胜海舟，最终却被后者说服，与其为了攘夷而行英雄主义之事，倒不如加强军备力量，反而更有意义，于是他转而帮助胜海舟招收像他一样的学生。但这些举动在江户的保守派看来相当可疑。不久，胜海舟就被罢免，坂本龙马不得不在萨摩藩避难。

每一个倒退都有代价。朝廷对这些举措不以为然，并放话反对恢复参勤交代制度。曾令长州藩就范的萨摩藩、会津藩、江户"统一战线"如今在幕府发起的新一轮要求下宣告破裂，幕府试图将长州藩主父子召到江户来的做法，几乎令他们所有人感到不安。

事实证明，长州藩的问题仍然没有解决。长州藩投降以前，激进派当权的藩政府就在征募非常规性质的军队，当中包括平民。这些人的父辈大多是农村精英、村长和豪农，其社会地位使得他们拥有接近武士般的身份，同时具备一定文化水平，能够对国内和藩内发生的危机有强烈的意识。如今投降派主政的藩政府要求这群人解散，但后者没有听从，反而发动起义，进一步加强激进党派的势力，迫使藩政领导层再次发生变动。但就其本质而言，这场叛乱并没有冒犯大名的意思，藩主代表着某种政治暗号，他需要做的只是再次转变立场，然后继续统治自己的藩。

目睹这些变化，幕府执政者不得不重新思考自己的路线。意欲改革的人士认为，目前要紧的是团结全国上下、壮大军事力量，主张对长州藩作宽大处理，并和其他雄藩紧密磋商。但是保守派坚持要对长州藩发起第二次征讨，由年轻的将军亲自挂帅。他们相信，长州藩看到大军袭来，肯定会再次投降。

然而，他们错了。夺了权的激进派对幕府采取强硬立场，他们知道自己已经是背水一战，绝无妥协的可能。与此同时，幕府在合作方面遇到困难，其他藩并没有像上次那样配合。此前，萨摩藩的领导层曾协助制定最初的和解方案，但现在他们意识到，一旦长州藩遭到镇压，萨摩藩便可能陷入危险的处境，赢了胜仗的幕府也许会将他们当作自己的下一个目标。

而且，他们惊恐地发现，江户方面获得法兰西第二帝国的帮助，在后者的强大支援下，开始实现军事现代化。法国的外交官列昂·罗修（Léon Roches）于1864年春抵达日本，此前他在阿尔及利亚的经历令他名声大噪。不久，列昂就成了高级外国公使。他发现，德川幕府对技术、训练、设备的渴求对于法国来说可能是一次机遇。幕府派出一支军事考察团前往法国。它希望通过全面的改革，建立一支民兵队伍。法国技术人员的身影开始出现在横须贺的铸铁厂、兵工厂。胜利、团结的幕府能够掌握的资源远比其手下任一家臣丰富，萨摩藩的领导层自然急切想要阻止江户坐大。他们和公家贵族展开更为密切的合作，某些针对幕府政策的法令很有可能就是他们出手干预的结果。

不幸的是，长州藩拒不屈服，对于江户方面来说，进军势在必行。幕府率领的盟军有不少都对这次征讨缺乏热情，反观长州藩，作为抵抗的一方，他们是在为保护领土、为自己的生命和荣誉而战，士气远比前者高涨。幕府试图入侵长州藩，但每一个节点都不成功。就在这时，将军家茂逝世，各方不得不停战，从而将幕府从尴尬局面中拯救了出来。当时德川家茂为了"率领"这次讨伐而在大坂停留，去世时正值军事失利的消息传来，年仅20岁。

这次，除了一桥庆喜以外，明显没有别的人选可以真正胜任将军之位。他立刻被指定为继承人，第二年初正式上任。孝明天皇同意了这次的继嗣，这是他在 1866 年末去世以前最后的几个举动之一。

德川幕府的倒台

庆喜坐上将军之位只有不到一年的时间。在众人看来，他可是当时最有前途的政治人物，怎么会落得如此短暂的任期？的确，他对将军一职不抱什么热情，因为他知道这当中有多少问题；同时，他被公认是一个优柔寡断的人；再说，江户方面有很多"中坚"分子不信任他。不管怎样，问题还在。庆喜上任不到几个月，列强事务似乎有所好转。他计划设立某种合议性质的理事会，让所有雄藩都有机会发声。军事现代化项目在法国帮助下正在按计划一步步展开，庆喜将自己的弟弟派去法国，代表日本出席一个国际博览会，希望将后者培养为自己的接班人。但没过几个月，这一切都破灭了。败退的庆喜为了躲避追兵，乘军舰逃回江户。

幕府对长州藩的镇压遭遇了滑铁卢，这就给另一个运动助长了势力，"倒幕"这一口号便是它的纲领。攘夷肯定是不可能的了，但"倒幕"和"尊皇"可以紧紧结合在一起，就像曾经的"尊皇攘夷"那样。那些排外积极分子开始察觉到一些新的迹象：幕府从挫折中醒悟过来后，转而和洋人联手。如此一来，他们也将自己的仇恨从洋人转移到幕府的身上。幕府保守派的中兴之举，在某些方面显露了它试图重新掌权的意图，最终导致各个不同的藩联合成统一战线，共同对抗幕府。

但要做出这样的选择并不简单，这也不是显而易见的选择。十年的纷争唤醒了各国（省）和藩的地方意识，令它们有了不信任感，假如说幕府不再觉得法国的军事顾问有多么危险，那萨摩藩的领导层也一样，曾经摧毁鹿儿岛的英国枪炮、船舰如今再不会对他们起多少恐吓作用。长州藩仍然深陷困境，畏缩在自己的领地内，承受着朝廷发下的罪名。然而，幕府形象正在以某种方式发生着变化，逐渐将众人、众势力联合起来，尽管后来分崩离析。

我们不妨从坂本龙马的视角来看待这些事件，他的一生横跨了上述身份、意识形态、政治、地理的一切界限。1835年出生的坂本是土佐藩的乡士。黑船事件发生时，他还是一个年轻人，生活在一个饱受身份束缚的社会里，而黑船事件打破了这种沉闷的状态。受此刺激，他跑到江户的道场学习剑术，在那里认识了来自其他地方的有志青年。1861年，回到土佐藩的坂本成了以武市瑞山为中心的尊皇派的年轻一员。作为家中幼子，他不需要背负家族包袱，大可以随心所欲地打破武士法则。为了全身心地投入国内事务，他不顾法令，沿山路悄悄地离开了土佐藩。他的第一个目标——或者说直接行动——是暗杀胜海舟，后者是幕府的一名旗本，负责一所海军训练学校的建立事宜。对着这位意图刺杀自己的年轻人，胜海舟反应十分冷静，竟和坂本讨论起日本为了防备洋人应该做哪些事情，就这样，把坂本从敌人身份变为自己的门徒。坂本成了胜海舟的坚定追随者，协助学校招收浪人。胜海舟丢了官职以后，坂本在萨摩藩避难，在他身边的还有一位勇气可嘉的年轻姑娘，她曾经救了坂本一命，如今是他的妻子。在萨摩藩的帮助下，坂本开始操作一个小型商业组织即海援队，其性质介于原始形式的海军和货运公司之间，从长崎走私货物到长州藩和萨摩藩。

幕府领导层贸然对长州藩发起第二次征讨，于是坂本在萨摩、长州之间斡旋，调解两者的政治分歧。他的浪人身份为他赢得双方阵营的信任，在他的调解下，1866年初两大军事霸主结成同盟。根据盟约，萨摩藩承诺不再参与幕府的第二次征讨，并在朝廷上调停，令其重拾对长州藩的信赖。这时幕府明显成了大家的敌人，必须被取而代之，或至少要重组。

坂本的家乡土佐藩在这位人脉了得的浪人身上看到新的价值。

第十章　德川幕府的倒台

在胜海舟的调解下，山内容堂恢复了坂本的本职。接下来便是土佐藩和萨摩藩的盟约。盟约书强调一国二王是何等羞耻之事。"纠正国体制度，不于万国前露耻是皇国的第一要务……国不能有二王，家不能容二主……现在的封建之体，大政归于幕府，不知其上有皇帝。世界上哪有这样的国体？我们必须革新制度，把政权归于朝廷，建立诸侯会议，成人民共和，这样才能不在万国面前露耻，皇国的国体才能初步确立……我们要谋求皇国兴复，去除奸佞，重用贤良，力求治平，为天下万民推行宽仁明恕之政。"[7]

上述对坂本觉醒之路的简单回顾足以表明，在危机四伏的十年里人的思想意识可以变化得如此之快。从一开始对洋人入侵势力的震怒，转变为对一个不符合国际准则的政权的气愤。盟约上提及"京都议事堂"，表明坂本在和江户进步人物的交往过程中，认识到代议制政府、合议协作的观念。其中最关键的是他给土佐藩老中后藤象二郎建议的方案*，劝说土佐藩主向将军提出相关方案，在新体制内以体面的方式实现和平，用皇国制度来取代德川统治。据盟约书上所言，诸侯议事会将会给统一的政治制度奠定更为坚实的基础。

坂本龙马的船中八策是土佐藩大政奉还论的基础：

1、天下政权奉还朝廷，政令从朝廷出。

2、设立上下议政局，置议员以参万机。万机决于公议。

3、聘用有才的公卿诸侯及各地人才为顾问，赐予官职；罢免有名无实的官员。

4、与外国交际应广泛采纳公议，确立合宜的条约。

5、调整旧有之律令，完备新定之法典。

---

*　因为发生在藩船上，因此被称为"船中八策"。

6、扩张海军。

7、设置御亲兵,守卫帝都。

8、金银物货之价格宜与外国平衡。[8]

1867年11月,实施方案的时机已经成熟。幕府内部主张现代化的人士正在推行一系列改革以提高幕府效率,而萨摩藩、长州藩则在部署兵力,准备军事对抗。在京都,土佐藩代表转交了藩主所写的建议书,提议庆喜辞去将军一职。统治权归朝廷,由大名和公家组成的上下议政局将主持新法令的颁布及皇军、海军的筹建,纠正过往的错误。

庆喜同意了这一提议。他向在场的大名宣布自己的决定。京都二条城的会客厅里,还保留着这些大名恭敬鞠躬的形象。他没有跟幕府其他人商量,明显想通过这个办法从有义务却无实权的窘况中解脱出来。不管怎样,在新的会议制度下,他还是同辈里的第一人,江户正在展开的现代化进程也会进一步巩固他的地位。但这丝毫不会降低他这一决定的重要性。德川政体走到了尽头。土佐藩的老中后藤被召至二条城,亲闻庆喜宣布决定,他兴高采烈地给坂本写信,说:"将军向我们表达了大政奉还的意愿,明日将提请朝廷落实。上下议政局即将成立……这是千年大事。我迫不及待地想要告诉你。普天之下,再也没有比这更让人欣喜的了。"

明治维新

对于大政奉还的提议,萨摩藩的领导层是相当赞成的,但并没有把它作为解决的办法,他们有更彻底的目标要谋划。和提请将军辞任的土佐藩不一样,萨摩和长州是实力雄厚的大藩,理所当然地将自己摆在新制度的核心位置上。为了确保倒幕运动获得朝廷授权,萨摩藩的两位领导者西乡隆盛、大久保利通与公家岩仓具视联

第十章　德川幕府的倒台

手，后者因为支持和宫降嫁而失势，最近才重新上台。大久保致信岩仓，说道："如果任由事态发展，治国大事就只能交给朝廷操劳，交给［久已失效的］三公会议合议，那么开战是更好的选择……我们敦请您小心谨慎地对此事作全盘考虑，顾及每一种情况。新政府迈出的第一步不能出错，这一点很重要……目前，无论出现什么样的议论，务必让将军降级为普通大名的地位，将其官位降一级，让他回自己的领地，为自己的罪行求情。"[9]换言之，唯有痛悔过错、交出德川家的所有领地，才能为新制度打下基础。岩仓向他们保证，天皇将会下令严惩德川家。此时天皇刚刚继位，仍是少年。

可以说，1867年的最后几个星期里，有两个——实际上是三个——计划正在进行当中。幕府执政者在加快推动幕府军事制度的现代化。而萨摩藩、长州藩则准备着利用武力来实现自己的目的。土佐藩的藩主对两边的活动都清楚，他试图阻止暴力活动的发生，确保将军顺利辞任，希望这样会让问题和平公正地得到解决。

庆喜辞职后出现了一个空白期。朝廷命令附近的大名按兵不动。倒幕敕令似乎要被撤回。萨摩藩、土佐藩、长州藩的领导层诱劝各自的藩主，同时加快部署。1868年1月3日，朝廷宣布《王政复古大号令》。

同一天，有一小班人在岩仓具视的宅邸中会面，开始计划行动方案，让部队抢占宫门。庆喜被命令交出领地和权力。他不确定接下来该怎么办，只好回大坂，按早前安排好的行程，在二条城和外国列强会面。这时，朝廷被以萨摩藩为首的同盟牢牢控制着。庆喜几经踌躇，最终同意了一班愤怒家臣的要求。他向朝廷发出异议，随后决定用武力方式进行抗争。1月27日，通往京都的鸟羽、伏见一带爆发战事。激战期间，幕府军沿路遭到敌方的猛烈攻击。由于战斗准备不充分和领兵不当，最后幕府军退回大坂。庆喜乘船前往江户，而在此前短暂的将军生涯里，他从未踏足过这个地方。戊辰战争爆发。这场战争一直持续到1869年春，以幕府最后一支海军队伍在北海道投降而告结束。

第二节　开埠

上述这种政治叙事难以公正地还原19世纪60年代错综复杂的局势，因为在这过程中，每一个阶段都受到外国人和对外问题的影响，后者有时候甚至起决定性的作用。假如将维新时期的政治局势比喻作复杂的对位*，那这些外国人就是数字低音†。日本并不欢迎这些人的到来，幕府曾试图延缓口岸开通，但因为发生针对外国人的暴力活动而功亏一篑，作为补偿，幕府向列强让步，这反而招来更多谩骂，指责它无耻、懦弱。自从横滨开放以后，外汇兑换、通商渠道、扰乱安全的事情一件件接踵而来，而幕府每一回合都败下阵来。每退让一次，大门就被打开一些，这让素来排外的朝廷起了戒心。幕府官员尽力遏制或至少延缓1858年《哈里斯条约》规定的开放计划，同时敦促朝廷撤销其无差别驱逐洋人的命令。百般过后，庆喜以巨大的代价，迫使朝廷同意开放兵库（今天的神户），这时王政复古运动已经发展到高潮，进入清算幕府"罪行"的阶段。

通商口岸其实可以为幕府带来一些好处。如果日本要彻底摆脱西方，重整军备刻不容缓，而军事现代化的最佳办法就是进口先进装备。在日本所有政治体里，幕府是最先也是最能从进口中获利的一方，它拥有的资源也是最多的。

佩里事件没过多久，荷兰的海军军官就在长崎开设了一所海军

---

*　即两个或两个以上的声部组成的统一整体。

†　也称通奏低音，以数字、符号来标示低音上方的和弦构成音。

第十章　德川幕府的倒台

训练学校，其中有三分之一以上的学生来自负责长崎防务的佐贺藩。佐贺藩的藩主在应邀登临荷兰军舰期间，邀请荷兰教员和幕府学员前来参观藩内的一所西学藩校，这个举动引起幕府奉行的担忧，害怕幕府和佐贺藩的人走得太近。[10] 他们的谨慎并非毫无道理，在德川幕府的所有对手里，萨摩和长州两藩由于靠近长崎，在获取现代技术方面最为便利。

纵观整个19世纪60年代，外国公使最为关心的便是通商，但日本方面的焦点却是在政治。如比斯利（W. G. Beasley）所说，"西方从商业利益的角度来考虑这个体系，而中日两国只想着前者给自己造成的政治动荡。他们几乎不加考虑地就在经济方面作出让步"。[11]

英、法两国带头争取落实条约。美国由于内战而四分五裂，而俄国在克里米亚战争中大伤元气，转而对内进行改革。这十年里牵涉到的驻日外交官此前大多曾任职于中国沿海地区。必须承认，他们遭遇了种种挫折，但早在中国期间他们就已形成应对的态度。他们认为，妥协会被当作懦弱的体现，而成功的外交有赖于这样一种心态，即必要时采用武力手段来为自己争取筹码。1859—1861年间英国首任驻日本公使阿礼国（Rutherford Alcock）的著作就对这一观点做过阐述：

> 在东方，懦弱或者说有懦弱之嫌的表现，总会招致不公正的对待与攻击……因此在这些地区，凡是缺乏坚实武装力量或武力因素作支撑的外交活动，在所有温和手段都宣告无效后，都清楚地暴露出其前提之谬，也肯定无法达到其目的——当以和平为目标时，或许更是如此。[12]

1859年横滨开放后出现的第一个问题便是关于商业交易所用的货币。哈里斯要求按重量以银钱作为兑换，但幕府官员意识到他们的钱币含银量更高，因此拒绝了这一请求。但没过多久，另一个更大的问题出现了。不仅江户和大坂两个地区使用的货币有相当的不同，金、银之间的比率更是天差地别。在日本，金银比大约是1∶5，而世界水平则接近1∶15。外国商人很快就察觉到商机，将日本的金币"两"运到中国上海兑换成白银，再将白银拿回日本换成金币，如此往复，从中获利。有作者称之为"淘金热"，这种做法迫使幕府对整个货币体系重新进行调整，19世纪60年代发行了大约1600种纸币和多种硬币，这样看来，似乎也并非坏事。在此期间，迅速的通货膨胀给生活在城市的日本人带来了不少麻烦，据1862年江户町奉行的报告称，生活成本的涨幅高达50%。

走出通商口岸这块飞地，洋人面临的危险和暴力威胁如阴影般持续不散。发动恐怖袭击的人很多都试图引发战事，向洋人开战，其他的则是为了表达政见，让幕府难堪，还有一些不过是带有排外情绪的剑客。外国要求幕府为洋人遇袭事件进行赔偿，幕府除了屈从以外几乎别无选择。假如在政治方面让步，开放更多口岸，幕府付出的代价反而更大。这样一来，日本失去大量货币。1861年，汤森·哈里斯的翻译亨利·赫斯肯（Henry Heusken）在江户遭砍杀。哈里斯的反应相对比较节制。接着，位于东禅寺的英国公使馆遭到长州藩武士的袭击，事发六个月后，英国要求赔偿。代价最为惨重的是英国商人理查森遇害事件。英方不仅要求金钱赔偿，还要在英国人见证下处决相关责任人。海军指挥官逗留日本口岸期间，幕府要支付他们每天的费用。在幕府强迫下，萨摩藩仍然没有交出犯案人员，于是英军派出一支强劲小舰队驶进鹿儿岛湾，俘获了萨摩藩的军舰。炮火轰击下，这座城市遭到大面积烧毁。1863年6月长州藩试图单方面执行驱逐令，激怒了所有列强，凡是有船舰在手的，全都下令对下关炮台进行炮轰。每一事件都成了要求幕府赔偿的理由，幕府不是主导者，却被迫为之负责，最大一笔是理查森事件的赔偿费，高达十万英镑，换算成三百万墨西哥银圆，以硬通货的形式进行支付，幕府不得不在夜间偷偷搬运，避免惹上更多的暴力活动。为此，萨摩藩、长州藩民众有时会痛骂幕府勾结洋人，"和洋人联手打击他们"。

如此重重危机之下，幕府延缓开通口岸的请求并没有得到多少回应。早年为了促成1862年《伦敦备忘录》签订所做的努力因为暴力活动而化为乌有，幕府派出第二支使团前往欧洲请求延缓，但时机对他们十分不利，使者发现自己反而在答应进一步推动日程，只好返回日本，接着他们就被解除了职务，遭受谴责。洋人在日本的生活往往充满困难和危险，和他们打交道的商人亦然，针对性袭击事件的发生促使西方列强采取额外措施来加强口岸制度。1864年，他们从中国香港调来一个团的士兵驻扎江户，以保障外国公使的安全。

后期，英法两国的竞争成了影响局势的另一个因素，体现在法兰西第二帝国驻日公使列昂·罗修（1864—1868年间任职）和英国公使巴夏礼（Harry Parkes，1865—1883年任职）两人的动作上。二者都是经验丰富的殖民官。巴夏礼入行之初在中国广州担任翻译，而罗修则在北非待了数十年。在开通口岸、遭到袭击这些主要问题上，所有外国人都团结一致，但随着幕府权力开始旁落，这两位英、法公使看到了不一样的机遇。巴夏礼表面上不掺和政治，但他一直在给幕府施压，他的萨摩藩之行更如火上浇油，令幕府以为英国人的政策倾向于西南各藩。巴夏礼的得力翻译佐藤爱之助*（Ernest Satow，后来担任英国公使）撰写了一篇名为《英国策论》的长文，以佚名方式发表在一份口岸报纸上，被翻译成日语广泛传播，人们认为这是英国人对其意图的一次声明。佐藤爱之助主张，鉴于朝廷势力日益壮大，将军和诸侯应该共同努力，让协议获得朝廷的正式

---

* 中文名为萨道义。

授权。但罗修不一样，他认为给幕府提供发展和军备方面的援助，反而可以给法国带来机遇。日本有能力支付这些费用，此时法国的丝绸业由于暴发蚕病而遭到致命的打击，日本可以将蚕纸大规模出口到法国。法国派出一个军事团队去训练一支幕府新军，法国的工程师也开始在横滨建造海军基地和兵工厂。英法公使的举动加快了政治变革的步伐：在意识到英国人的支持后，更多人加入以天皇为中心的统一阵营，同时，幕府获得法国援助，对幕府变得强大的担忧，促使众人急忙举起反抗的大旗，虽然这个恐惧未免为时过早。

19世纪60年代对于西方商人来说也是充满机遇的十年，他们的活动有时候也会对政治产生影响。幕府和各藩大张旗鼓地重整军备，军火商往往能从中赚取可观的利润。有的会像苏格兰商人托马斯·格洛弗（Thomas B. Glover，今天游客在长崎看到的"蝴蝶夫人故居"就是他的住宅）那样，卖力讨好西南各藩，令自己成为传奇故事的主角。格洛弗在1859年来到长崎，起初给中国沿海地区的一家大公司渣甸洋行充当类似于承包商这样的角色。1862年，他成立自己的公司，开始出口日本茶叶，公司的劳动力大部分是中国人。1864年，日本动荡的政局给军火、船舰生意带来巨大的商机，格洛弗在横滨和上海开设分行。1862年，为了鼓动大名重整军备，幕府撤除了禁止大名购买洋船的法令，此后，在中国沿海地区广为使用的小型汽船被幕府和大名纷纷入手。19世纪60年代的十年间，日本一共进口了167艘船，其中116艘是通过长崎进来的。

这类交易很多是高利息的长期信贷。格洛弗从渣甸和其他来源那里获得资金（但渣甸自己坚持不参与军火的秘密交易）。在他主导下，1865—1868年间长崎和横滨进口了50多万支步枪，其中长州藩购买了7300支，准备在倒幕战场上使用。格洛弗还参与开发长崎附近的高岛煤矿，生产的煤炭供应给美、法、德、俄的海军舰队。货币兑换方面，由于横滨（墨西哥银圆强势）、长崎（日本货币更强势）

第十章　德川幕府的倒台

和上海的兑换比率并不相同，从而创造了商机。格洛弗常常擦枪走火般摊大生意，有一次幕府刚刚按合同规定给他支付了阿姆斯特朗大炮的到期欠款，他竟然在未经渣甸同意的情况下，把收到的墨西哥银圆借给了萨摩藩。晚年格洛弗吹嘘自己如何导致德川幕府倒台，但相关记载表明，他的赤胆忠心都是跟着他的账簿走的，无论哪个当权者提出请求，只要能迅速致富，他都来者不拒。如神奈川的一位英国领事报告称，时势"将一大批没有多少资本的冒险者带进商场，他们渴望一夜暴富，然后离场。这些人将赌博心态带到生意里，很快就引起一定程度的竞争和不计后果的投机，在贸易里，这样的活动是不可能持续下去的"。[13] 后来，格洛弗的公司倒闭了，但他没有离场，当他于1911年去世时，他还在给三菱公司当顾问。

关于洋人的角色，我们还有最后一点要谈：在洋人活动的地方，他们对破坏日本的身份社会发挥了巨大的作用。日本商家相当灵敏，很快就开张娱乐场所供船员消遣，歌川贞秀用五彩缤纷的版画，记录了横滨岩龟楼等游廓的笙歌酒宴。甚至说，普通的商人和游客发挥的作用可能更大。弗朗西斯·霍尔于1859—1866年间在神奈川和横滨一带活动，他的日记*读起来引人入胜，它不经意地展现了那些好奇甚至好心的洋人可以怎样改变自己的生活质量。没人会觉得自带手枪的建议有问题，但江户湾小岛的野外郊游最后却以打靶射击作为结尾，这在日本百姓看来肯定属于扰乱道德秩序的行为，而这些外人却仍自信满满，令他们摸不着头脑。同样的情况还发生在那些怀有纯真而坚定的好奇心去记录当地民俗的外国人身上，他们可能会穿着靴子大步流星地走过百姓的房子。一方面，普通人发现，那些自诩勇猛的武士此时似乎完全帮不上忙，这必然让人们早早察觉到，日本的社会结构已经没有多少意义可言。另一方面，对于那

---

*　以 *Japan through American Eyes* 的书名出版。

些带刀的武士和浪人来说，这种肆无忌惮的行为如同挑衅，令他们想起自己低人一等的地位。如果再在火上浇油，说不定哪个不小心的外国人就有性命之虞。[14]

第三节　亲历西方

　　日本人强烈反对外国人来日本，但很少有领导者会对自己的西方之行有疑虑。他们有的认为，在日西方人会通过传播基督教危害全国人民，还有的觉得西方人的出现会玷污神州圣地，对天皇来说暗藏危险。不过大部分人担心的是，容许他们进来的话，有可能导致某种形式的殖民。中国似乎就是一个活生生的例子，政府无法将洋人赶出去，国家在沿海部分地区的主权遭到侵犯，另外还发生太平天国起义，给清政府带来沉重打击。但在派遣日本人出国这一举措上，这种种危险没有一个被提起。就连德川齐昭也提议称，如果西方人要的只是通商，那他可以出面与他们交易。同样是民族主义者，吉田松阴也曾试图跟佩里返航赴美。向西方学习，掌握其富强的奥秘，以击退它的进犯，这些都意味着到西方去。

　　第一步要做的是认真研究西方。黑船事件发生后，一些有远见的幕府官员就提议设立相关机构，这就是后来的蕃书调所。他们一致同意这个机构的首要任务应该是军事，但军事本身和其他学科有联系。如胜海舟某次上书所说，蕃书调所应当研究：

　　　　军事和炮术。下令在学校内部设立各部门，研究天文、地理、科学、军事科学、炮术、防御和力学。

　　对此，筒井政宪表示赞成。他认为：

第十章　德川幕府的倒台　　　　　　　　　　　　　　　　　　　393

当下之急是多了解西方。通过研究那些真正有用的东西，如强项和弱点、各国的表象和实情、陆海军情况、其体制的优缺点，我们可以取其精华、去其糟粕……［我们要翻译］关于轰炸、炮台修筑、防御工事、军舰建造与操作、航海、士兵与海员训练、机械方面，以及阐述这些国家强弱、表里的书籍。[15]

这类研究的用处越来越引起人们的重视，机构名称的变化就反映了这一点，不到几年它便改称为蕃书调所，之后再改为开成所。研究中心很快就打破了藩界限制，招聘日本各地的人员。包括佐贺藩和萨摩藩在内的藩很多都在想办法组织类似的学堂。对洋学专家的需求一下子大了许多。

在这类研究的推动下，人们开始到海外留学和游历。第一个机会在 1860 年到来，当年日本为了《哈里斯条约》的生效，派使团赴美。使团共有 77 人，很多人留有日记谈论自己此行的印象。从他们的日记来看，带团的人其实不怎么好奇，他们更多地在操心如何维护自己的尊严。首席大使*在字里行间并没有对技术表现出多少兴趣，反而对美国社会的怪象——例如女性出现在国事场合上——百般嫌弃，美国参议院会议那种有失体面的混乱场面尤其让他嗤之以鼻。他写道："其中一个参议员站起来扯着嗓子大发议论，狂打手势，像个疯子一样。他坐下来以后，其他人又一个接着一个做出类似的举动。"白宫的迎宾会结束后，他颇为得意地写道，希望"夷人会仰头"注视"我们东方帝国的荣耀"。但别人眼里的却是另一番景象。沃尔特·惠特曼（Walt Whitman）看到百老汇上欢迎日本使团的游行队伍，备受鼓舞："容光焕发的曼哈顿！美利坚的伙伴

---

* 即使团正使，由新见正兴担任。

们！东方终于来到了我们身边。"* 把这些民族主义的欢呼放到一边不谈，我们要说的是此次出使意义重大，这是第一次经日本充分授权的出洋，而在不久的将来，日本将改变轨迹，它眼中西方世界的富强成了它的新目标。大使们意识到自己的角色相当重要，一千年前他们的祖辈到中国去，而这次他们追随同样的传统，只不过朝着相反的方向。

　　大使们的无动于衷只是事情的其中一面，还有另一些被选派随行的人，他们的收获远较前者多得多。日本使团此行乘坐的是美国船，但还有一艘小汽船陪同，即幕府从荷兰那里买来的"咸临丸"号。这艘船在1857年送抵长崎，船身长度为163英尺，由100马力的引擎驱动。"咸临丸"号上安排了一名美国人作为顾问，不过日本船员在胜海舟的指挥下，独立操作航行，成功横渡太平洋，这在日本历史上属于首次，每个船员都为之欢呼雀跃。而且，不是所有使团成员都将自己完全禁锢在房间里。有几个担任翻译的年轻人对眼前的一切事物充满了好奇，后来都成了19世纪日本最重要的知识分子。他们有的在两年后再获机会，跟随使团出洋，就延迟开通口岸进行谈判，没能成功，1864年又为此奔波了一趟，依旧失败。每出去一次，日本人就对西方更了解一些。19世纪60年代，出使的步伐逐渐加快，不仅次数越来越频繁，目的性更强，使团成员在信息反馈方面也越来越熟练。随后出洋的大使都比第一次那位尽心尽力，他们看到的更多，反映的情况也越来越详尽。很快他们就意识到，工业进步是强国区别于弱国的关键。巴黎或许比伦敦漂亮，但英国——不管多么肮脏嘈杂，城市贫民的生活条件多么恶劣——仍然掌握着更大的权力。"说到火车、电报、医院、学校、兵工厂和工业，"某份记载强调道，"英国的数量肯定比法国多上二十倍。"[16]

---

* 出自《百老汇上的盛大游行》，此处采用赵萝蕤的译文。

第十章　德川幕府的倒台

出洋的使团一个接着一个，到幕府倒台的1867年，日本人已经是第六次出使，将军庆喜的弟弟被派往巴黎，作为未来领袖，此行是对他的一次培养。

日本的军事制度亟待现代化，承认这一点，幕府和雄藩就得有计划地采纳西式军备。按照武士传统战略，家臣、搬工、装备的供给都由长官自己负责，很明显，这种方式必须被取代。但这样一来，制度变革必然牵涉其中。装备有现代手枪的部队在进行紧密队形操练时，需要保持行动一致、遵守纪律，因此，和娇生惯养的世袭武士相比较，身体结实的平民完全可以胜任甚至做得更好。很多藩开始征召非武士人员进入部队。长州藩率先推行，早在19世纪50年代吉田松阴就已经在藩内提出这一主张。在争夺藩内领导权、抵抗幕府征讨期间，长州藩的这支奇兵队在战斗中表现出色。其他藩纷纷开始效仿。到19世纪60年代末，幕府改革进行到最后阶段时，它也在开展相关计划，允许武士将俸禄用于雇用平民，从而进入更高的级别。

向海外派遣留学生的举措在后期也带来了新的变化。幕府再次身先士卒，于1862年11月首次派遣11名学生乘坐荷兰船经爪哇前往荷兰。这批学生的任务是学习航海、法律、医学，但要约束人的好奇心是很难的。其中一名学生——西周——给他在莱顿大学的导师写信说："我想要去探索那被称作哲学或科学但和宗教不一样的知识领域，是我们国家明令禁止踏足的领域，是笛卡尔、洛克、黑格尔、康德等前人所彰显的领域。这门学科看起来相当难学，但……我觉得，将会对我们国家的文明有所助益。"西周回国后马上就被指派任务，起草相关章程，以整合幕藩达成的共识。

两大雄藩很快就迎头赶上。1863年，在长崎商人托马斯·格洛弗的帮助下，长州藩的五个年轻人前往英国留学。其中，伊藤博文和井上馨曾是吉田松阴的学生，两人日后将会成为明治政府的领导人。他们一听到外国军队即将炮击长州藩下关炮台的消息，就匆忙赶回日本，试图阻止这场灾难，但他们的同胞并没有听从他们的建议，最终轰炸如约而至。第三名留学生——山尾庸三——在一家造船厂工作，同时在苏格兰一家技术学院学习，直到 1870 年才回来。他回国后担任明治政府下属的工部大学校的校长。这所机构下辖六个学部，1873—1885 年间聘用了 47 名外国教师。萨摩藩也在格洛弗的协助下派遣留学生。1865 年，14 名年轻人被送去英、法两国留学，其中 10 人来自萨摩藩的开成所。这与萨摩藩正在酝酿的另一项大计划有关，为了增强经济实力以购买军备，萨摩藩考虑将冲绳岛和本藩的产品通过英国船运到上海。留学生中有五名日后成了日本的杰出人物。他们游历各地，醉心钻研西方强大的源泉。其中一人——森有礼——加入了一个乌托邦性质的社群*，明治维新以后回国担任外交官，是明治时期教育制度的缔造者。另一位叫作寺岛宗则的留学生也成了外交官，他在留学期间到访荷兰，以亲身经历告诫国人荷兰大势已去。他写道，那些真正的强权国家才是未来要关注的对象。

还有一个人靠自己出了国。新岛襄在藩的安排下，先是学习荷兰语，继而学习航海。1864 年。他想办法来到北海道，然后以船上侍应的身份，成功搭上前往美国的船。此后他克服各种困难，十年后在明治期间协助创办了基督教教会和京都的同志社大学。这批年轻人一到国外就立刻深切体会到日本根本变革之必要。外面的世界不再那么具有威胁性，它所展现的种种反而更为诱人。此外，他们作为日本人的民族意识更加强烈，也越来越认识到集权、统一的必要性。出国不到十年后他们回到日本，在为新政府服务、致力于现代化的那一代杰出人才里，充当着骨干的角色。

在所有出洋者里，有一位年轻翻译兼西学学习者以极其认真的

---

* 新生社。

态度来看待自己的使命,他成了那一代人里数一数二的思想家和教育家。福泽谕吉,1835年出生于九州,在大坂学习荷兰语,随后进入幕府,任职于蕃书调所,后来幕府第一次和第二次向西方派遣使团时,他被指派去做翻译。这名年轻人不仅充满好奇心,还拥有无尽的精力,他不遗余力地搜集关于所到国家的书籍和信息。回程时他开始动笔,最终写出《西洋事情》,成了那一代人了解西方的教科书。这部著作被广泛传阅,出现在当时几乎每一位重要人物的日记或信函的字里行间。这本书的初编部分首次出版于1866年,销售量约有15万,若是加上盗版读者,更是多得多。福泽的行文风格清晰明了,每个人都能读懂,他转介的正好是当时日本人所需要的信息,一扫此前对于西方国家的昏昧,建立实实在在的认识,换言之,他以简练的方式叙述了这些国家的日常社会制度,如医院、学校、报纸、济贫所、税收、博物馆、精神病院等。[17]

对于他们这类人来说,回日本——回到这个对洋人满是恐惧与厌恶的国度——往往是痛苦的。福泽讲述过,有一回他坐在理发店的椅子上,听见理发师一边挥动着剃刀一边痛骂那些西学专家,万分惊恐,心里默默祈祷自己的身份不被发现。刚从荷兰留学归来的西周,在《王政复古大号令》出来以后,曾绝望地给莱顿大学的导师写信,告诉他自己可能再也没办法给他去信,因为攘夷激进分子已经掌控了自己的国家。然而,这些攘夷激进者开始意识到日本必须强大起来,杀死洋人的叫嚣渐渐变成对"文明开化"的强烈渴求。福泽和西周突然间发现自己几乎成了掌握神谕的人。福泽在自传中写道:

> 这趟出使欧洲,我试着去认识外国文化中一些最为常见的细节。一路上,我并不想去学习科学或技术方面的科目,这些内容我大可以在回国后从书上学来。但我觉得有必要直接从人们身上

认识那些日常生活中习以为常的事情。因此,每当我碰见一个多少相熟的人,我会问他问题,将他说的所有事情记在笔记本上……回国以后,我根据这些随机记录的笔记进行研究,必要时研读那些我带回来的书籍,从而为《西洋事情》这本书积累了素材。[18]

从他出国的 1860 年至去世的 1901 年,福泽获得显赫的名声,被誉为 19 世纪推动现代化的第一人。他还创办了庆应义塾,即后来日本第一家私立大学*,撰写了一系列数不胜数的文章、书籍来谈论文化和公共事务,他的影响力渗透至明治时期生活的方方面面。

第四节　其他日本人

很多时候人们大体以胜负的眼光来看待明治维新。胜利的一方是武士,失败的那方也是武士,而这些人最后都被某些敢于冒险的公家贵族取而代之。但如果只是这样的话,我们不过是将日本国民当作消极、被动的群体,是儒家学者口中常常提到的"愚民"。事实上,"民"有很多种,但"愚"的只有极少一部分。全国各地存在这么一个阶层,由服务于村落和地区的家族组成,他们往往具备一定的财力和传统势力,在武士当权者和现实村落之间充当中间人的角色。他们在不同的地方有不同的称号,日本西部称之为庄屋、名主,幕府领地呼之为郡中惣代,国道沿线的则叫本阵,等等,不一而足。这些人是推动整个体系运作的力量。他们无一例外都会读书写字且往往有责任心,他们代表了某些人并常常声称要"保护"这些人,后者尊重他们,有时候也怀疑他们,他们在贡税搜集工作中发挥着

---

*　今天的庆应义塾大学。

第十章　德川幕府的倒台

不可或缺的作用，但那些被征税的人对他们并不信任。

　　这些人没有日常的报纸或信息渠道，但对于国家大事却经常出人意料地灵通。他们同样被卷入知识界的争端和变化，为其余波所影响。本土主义思想在他们当中找到不少支持者，平田学派尤甚，这一思想描绘了一个浪漫美好的古代社会，农村的男性族长给村里的神社服务、管理村里的田地，这样一幅画面正反映了他们的自我意象，同时它让人回想起昔日不受武家统治束缚及其等级制度捆绑的明君圣主，与他们心中的渴望和不满产生了共鸣。1841年在土佐藩成立的庄屋同盟曾这样说过："可以知道的是，我们曾经直接受命于朝廷，这样看，我们除了谦逊以外还能做别的吗？我们难道不应该说，身为百姓首领的庄屋不比那些作为公家手脚的家臣具有更高的地位吗？"自豪之余，他们仍保持谨慎："我们所做的工作一方面容易引起藩执政者的怀疑，另一方面也容易让我们治下的民众起疑心，他们很快就指出了我们的弱点，有鉴于此，我们必须时刻保持警惕。"[19]

　　岛崎藤村的史诗体小说《黎明之前》(《夜明け前》)就涵盖了上述线索，他通过（稍加修饰地）展现他的父亲——一名本阵，所在宿场位于连接江户和京都的中山道上——的经历来刻画这个时代。[20]本土主义学者之间的关系网为平田国学思潮的传播提供一个平台。怀着对祖传事业的自豪，这位本阵一直积极响应藩当局的需求，而确定的位置和身份使得本阵这个阶层与同村的农民、佃户区隔开来。19世纪60年代的紧张局势给宿场带来了难以承受的压力，它不得不从附近几个村落征用数百个搬运工，远远超出了平时所需的数量，以应付大名的庞大队列、幕府使团、和宫降嫁时长达80天的江户之行、追捕水户藩浪人的行动，以及幕府和大名的军队。口岸开通后，丝商向横滨运送货物，又进一步加大了交通流量。一旦事情出现苗头，要让交通沿线的人蒙在鼓里，无异于徒劳。而且，权力路径（lines of authority）必然会逐渐磨损，时不时地发生断裂。当这位名叫半藏的本阵就自己不在期间发生的混乱，对佃户进行盘问的时候，被问到一个问题，这也是所有当权者心里的疑问："你真的想让别人告诉你事情究竟是怎样的吗？"

无论是幕府还是藩，重整军备过程中的每一步骤都离不开这个阶层的人。他们的儿子加入配备现代武器的特别部队。他们自己则应武士军队需要，召集大批劳动力，同时料理行动和供给方面的军需事务。

商人也发挥了一定的作用。当维新运动的积极分子四处奔波时，像三田尻白岩家这样的地区商人就在住宿和资助上给予了支持。出于重整军备和安全事务方面的特别需要，幕府和藩强迫商人缴纳特别款项，美其名曰"御用金"。武士发现自己的俸禄被以类似的委婉手法削减。各藩节约资源的力度达到前所未有的程度，包括取消进口外地商品，同时尽力让出口的商品取得垄断。

更糟糕的是，幕府最后十年里发生了一系列事件，令正常生活运行的空间进一步缩减。首先，口岸开通后不久日本即暴发霍乱，不少人在这场灾难中丢了性命，出生率也在好几年里一降再降。这场瘟疫席卷全球，但之所以在日本肆虐——从长崎开始，然后传播到东北地区——明显是跟口岸开通有关。第二次长州征讨发生以前，幕府军和大名军队长期在大坂一带聚集，也是造成疾病大暴发的因素之一。众多人感染天花，孝明天皇也是病患之一。过去几年稻谷歉收，更是雪上加霜。焦虑情绪，以及世事变幻、厄运降临的感觉广泛蔓延，这或许一定程度上引发了最后一场大规模民众狂乱，即1867年爆发的"不亦善哉"（ええじゃないか）运动。基于这场运动的特性，各大城市很快就掀起一股狂欢节的气氛，对此所有观察者都表示认同。作为长州征讨动员的核心地，这场运动首先在京坂地区爆发。当时有传言称伊势神宫的神符从天而降，被民众视为时来运转的迹象。很快，运动就沿着东海道蔓延到江户，给幕府维持秩序带来了极大的困难。幕府一些支持者怀疑，这当中有尊皇派分子的参与。

对于这十年里发生的重大事件，民众心里其实是清楚的，这可以从其他方面得到证实。尽管明令禁止，有关社会骚乱、相关负责人庸碌无为的评论仍然以墙上涂鸦的方式出现在各个地方。有学者指出瓦版的作用，这是一种以图文形式来传递信息的粗糙印刷品，虽然常常有歪曲、错漏之处，但在百姓间广泛流传，到明治时期仍然充当着新闻大报的角色。这类材料为了解城市民众对于时下大事的反应留下宝贵的线索。有的文章对相关船只、人物、事件进行想象和重构；有的天花乱坠地描述各种为了即将到来且万众期待的战争而设置的防御措施；有的则带着幽默的口吻，对幕府及其种种举措进行辛辣的讽刺和批评。不少作者是排外的。比如，有文章将佩里刻画为佛教里的妖魔鬼怪，在描述它的形象时添油加醋地说它：

> 戴着一顶嚣张的头冠，它的右手握着枪和刺刀，左手挂着一根测量水深的绳子，它对自己的祖国百般夸奖，口中说出一大堆溢美之词，但它胸中满是邪灵恶鬼，因此背面伸出一支烟囱以便吐烟喷火……这一形象在岛上各个地方登陆，露出自己的真实本性其实是狂暴恐怖的持剑明王。它的咒语为："两度致函，速回。"它那群野人团伙待在远处，你大可以来看看这些黑船。[21]

不过，关于洋人的流行说法里并非全然带有这种民族主义色彩。当英国海员登陆下关、收拾长州藩那些捣乱的炮台时，他们惊讶地发现竟然有村民一直帮他们留意落下的炮弹。鹿儿岛上的土著看着英国小舰队离去，后者刚刚轰炸自己城市，造成大面积的破坏，但他们反而对船上那些欢唱告捷的乐队留下深刻印象。但所有人——或者说几乎所有人——都明白且不得不明白,局势已乱。

第五节　记忆中的明治维新

关于19世纪60年代的阐释和回忆主宰了现代日本的历史记忆。维新派和幕府派之间明争暗斗,跌宕起伏的故事强烈影响着当下的历史记忆,在小说和电视连续剧的共同作用下,一直保持着鲜活的状态。正如美国内战那样,评价中存在的党派偏见随着时间而逐渐褪去。两边都涌现了大批英雄,责任心、勇气、理想主义并非某一阵营的专属。很多暗地里的策划都在餐馆和旅馆进行,酒席间的喧闹或许能让人打消怀疑。在这种场合里,女性同样发挥了自己的作用。旅馆女仆和艺人开始屡屡出现在舞台上,她们凭借斗志、勇敢和智慧来提醒爱人乃至救其性命。木户孝允和坂本龙马两人就娶了英勇救过自己性命的姑娘。

明治维新过后,政府领导人必然会想尽办法,确保后人将按照他们的方式来看待这段历史:那十年里年轻人奋起反抗,决心让祖国从德川封建制度一手造成的半殖民地状态中走出来,重获自由。支持官方叙事的那些历史协会都有顾问小组,每个西南雄藩都在组里都有代表。为了纪念明治政府的领导人,官方授权的多卷本传记纷纷面世,以守卫传主的回忆及他对未来的贡献。总体来说,这些记述聚焦于以京都为核心、为王政复古所作的斗争,这是统一国家、拯救国家的前提条件。另一方面,关于德川幕府倒台的历史则集中关注那些发生在江户的事件,即幕府官员如何想尽办法来保护政权和国家免受极端排外分子的暴力影响,为重整军备和体制现代化而竭力争取时间。由此诞生了两种叙事,两者似乎只有在冲突的时候才会有交集。[22] 两边都没有错，但无论思考哪一边，都需要对另一边有充分的认识。

还有一个因素让局势变得更加复杂，即不论哪方阵营，没有谁会不尊重天皇，而且，待明治政府的创建者履行完自己的职责后，参与的人都会记住，没有谁比他们更想保护天皇、强化皇权。康拉德·托特曼称其为"明治偏见"（Meiji bias），它往往会扭曲过去乃至当下和未来。武家统治的时代被重新改写，以符合水户学的思想，强调将军对于朝廷道德权威的从属地位，在明治政府的统治下，种种道德确定性（moral certainties）在被长期搁置后终于实现了回归，坚守这些价值，被宣扬为每一个真正日本人不可逃避的责任。在这种偏见的作用下，幕府的种种努力往往会遭到抨击，促使历史学家去忽略19世纪60年代那十年里暴力血腥的一面，还有那些割裂日本人的分歧之深。在斗争中落败的一方表白自己的耿耿忠心，试图借此重拾尊严，而胜利者会将皇旗背后的野心加以升华。

明治维新之所以引人注目，在于那些年发生的思想观念的转变和重估，从某些激进口号里我们能隐约感受到这一点。这些口号有时似乎具体化在某些人身上，这些人因其勇气和思想"纯洁"，成为现代帝国"封圣"的不二人选。很多时候，英年惨死事件令记忆维持"纯净"的状态，当现实政治要求活下来的人进行妥协时，能够不受其影响。

在日本人眼里，明治维新是和某群人的活动关联在一起的，他们当中有各色各样的人，但都自称为"志士"并以此闻名后世。这些积极分子往往是低阶、低收入的年轻武士。和等级更高的人相比，他们的世界里没有那么多条条框框，他们可失去的也没那么多，因此能够自如地团结友人、结成党派和密谋策划。他们可以比较自由地跨越藩界，不像高位者那样需要承担一定的义务。他们混迹于剑术道场——当武士重新发掘出自己的天职后，这些道场大量涌现——参与国家大事的热烈讨论。一开始，他们单凭一腔热血鲁莽行动，但对外国事务的背景又一知半解，容易匆匆判断、草草了事。他们不怕死，也无惧于杀人，这批人介入国内政治，无异于给19世纪60年代盘根错节的争端投入一颗炸弹。

在这过程当中，有人可能会产生自利之心或证明自己能力的想法。对于一些参与者来说，如今的政局提供了一个很好的机会，让他们得以从身份社会的枯燥日常中摆脱出来。土佐藩志士坂本龙马在给姐姐的信中，就将激动人心的浪人生活和家乡的日子作了比较，觉得后者"如同傻子那样荒废光阴"。武市瑞山曾短暂享受过成功的滋味，作为土佐守卫队的一员护送朝廷使团前往江户，他给妻子写信道："我要进城见将军了。"新晋高位的他竟觉难以相信，说："无论我走到哪里，这些伙伴都跟着我，就像舞台上演的那样。"至于其他人，他们继续以狂怒的姿态来回应国家事务，例如真木和泉，当尊皇派在1864年的系列打击下大伤元气后，他选择了自杀。

皇命昭昭，往常道德和责任方面的标准被搁置一边，这成了合情合理乃至不得不为之的做法。1861年坂本加入土佐勤王党时，发誓"若天皇的锦旗再次扬起，我们将赴汤蹈火，以慰天皇之心"，在给姐姐的信中，他强调这一点必定最为紧要。"在这些时候置亲人、置藩于次位，离开母亲和妻儿，是有违自己责任的——这种观念肯定来自我们那些愚蠢的官员……我们应当把朝廷看得比国家甚至比父母更重。"[23]明治政府在叙述维新时期的暴力面时，充分肯定了这类情感。以极端方式来为尊皇派辩护，体现了品德之高尚。参与刺杀汤森·哈里斯的翻译亨利·赫斯肯的两名男子，以及另外五名"虎尾党"成员，都在死后被追授了朝廷勋位。[24]

这个时代及其间发生的种种运动随着它的口号流传后世。黑船事件之后，"攘夷"和"开国"的说法似乎将观点极端化。事实上，

第十章　德川幕府的倒台

如托特曼所揭示的那样，两者在很多方面是重合的。[25]人们可以一边承认开国避无可避，另一边对幕府屈从西方列强要求的做法和屈服的程度予以强烈的反对。人们对于日本领土上的洋人带有族别意识的反感，尤其害怕他们靠近朝廷和关西一带。令人讶异的是，尊皇派开始频频发誓"慰天皇之心"，指责幕府让天皇心绪不宁。随着争端不断升级，朝廷具有的神圣象征性变得越来越重要。

等到开国已成事实，"尊皇"便成了另一个有力的"护身符"。没有谁会反对敬畏天皇，但人们并不一定会因此主张让天皇在政治上发挥积极的作用。幕府高官和众多大名也不会完全同意将具体实务托付给那些终日埋头于空洞仪式的朝廷公家。反观志士，他们抱着盲目乐观的心态，竞相攀附朝中积极分子。其中有两名贵族因受不切实际的叛变牵连而被杀，还有五名在会津、萨摩部队把守宫门后随长州藩军队一起出逃。处置他们，是幕府征讨长州藩的要事之一。后来，其中一名贵族——三条实美（1837—1891）——在早期的明治政府里扮演了重要角色。

1864年血腥事件发生后，另一种两极化浮上台面，即所谓的"佐幕"和"倒幕"。直到数年后高位者才承认自己有份策划倒幕，而那些地位更低的志士丝毫没有悔恨的意思。倒幕之声最为响亮的长州藩，面临着要么屈服要么反抗的两难选择。1864年和1865年至关紧要。当事态明显发展到幕府可能自身难保的时候，此前一直高调批评的人里有一部分开始退缩，和那些仰慕自己的年轻人分道扬镳。会泽正志斋就是一个例子。他的《新论》在激进青年中拥有越来越多的读者。但随着水户藩的意识形态之争日渐白热化，他的保守情绪越来越强烈。1862年，他通过引用中国的事例，指出："若我们拒绝建立友好关系，外邦就会全变成敌人，我们也就无法在它们中间维持独立的地位。"[26]然而，藩里有不少人从他早年的作品里得到另外的启发，1863年他去世后不久爆发的水户藩内乱就展现了这一点。

要"倒幕",就必须有别的东西可替代,而"复古"作为一种选择,呼声越来越高。"复古"一词承载着对追忆往昔以朝廷为中心的纯洁岁月的浪漫情怀。恢复古老的纯洁性,正是国学政治观的一大主题。不止如此。加贺藩希望扭转藩内对进口的依赖性,而这种实际的动机和本土的爱国情绪结合起来,催生出一个复古九谷烧的窑系,志在重新发掘几百年前消亡的陶艺。[27] 艺术家还试着重现德川时代伊始某个重要画派的风格。一个被称作复古大和绘的画派就和当时的政治局势有关系。它以京都为中心,田中讷言(死于1832年)在1790年给皇宫创作屏风画时,就尝试着重现传统之风。他的弟子浮田一蕙(1795—1859)于安政大狱期间沦为阶下囚。一心想要研究平安时期《伴大纳言绘卷》的冈田为恭(1823—1864)为了一睹作品真容,和德川幕府的官员来往,因此激怒了长州藩的激进分子,于1864年被追杀身亡。

在现代日本记忆里,维新年间涌现了很多英雄,但几乎没有恶人。1868—1869年间征讨北部诸藩的战争,与美国内战有一定的相似性,无论是胜利方还是失败方,都被一股强烈、浪漫的怀旧之情所笼罩。战斗是"为了"天皇,同时与平民"有关",两者都被认为怀有这些想法,然而两者都没有太多地参与其中。那些在戊辰战争中牺牲的人很快就被供奉在东京的一所神社里,即日后的靖国神社。《复古记》是关于戊辰战争的官方记载,为了确保其英雄式叙事为各方所认可,编纂小组里有来自西南诸藩的代表。

在大众记忆里,这场战争的失败者没有几个是"错"的。不少顽抗到底的幕府指挥官最后都迅速转变为合作者,投身于现代国家的事业之中。但不得不提一个例外,那就是会津藩的藩主和武士。松平容保作为京都守护尽忠尽职,但在首轮战事鸟羽伏见一战中他的军队被击溃,他退守到藩厅若松城,准备抵抗来自西南诸藩的敌军。他得到北部大藩组成的同盟*的支持,同盟的领导者质疑萨摩、长州、土佐、佐贺各藩组成的"皇军"意欲何为,尝试在会津藩投降一事上进行调解。但到了危急关头,同盟里的大部队面对"皇军"只敷衍抵抗,而会津藩上下极力应战,对抗敌方跋山涉水而来的3万大军的强烈攻势。城堡被围困长达两周时间,无论物资还是人力都逐渐告急,最后敌军出动从西方引进的当时最好的大炮,若松城在炮火的猛烈攻击下被迫投降。城堡被围到沦陷,是这场武士战争的最终章。藩指挥官向来漠视平民性命,这次亦然,为了更有利于战斗,竟下令将整座城付之一炬。一个由几十个年轻武士组成的小组,即历史上所谓的"白虎队",在认识到全线溃败后,望着熊熊烈火切腹自杀。到藩主投降之时,津藩已经失去了3000名武士。领地被没收,一年后松平氏剩下的那些人被封到一块小小的领地,位于遥远的北方,土地贫瘠,根本不适宜种植,"随同"主君一起移居的1.7万名武士及其家属很快就向新政府求助,让后者帮忙埋葬死去的人。[28]会津藩一直顶着"朝敌"的罪名,直到1928年松平容保的孙女和昭和天皇之弟雍仁亲王成婚时,才被摘除。这桩婚事令众人欢欣鼓舞,认为这是期待久已的"会津复权"。[29]

不同的时代有不同的英雄。日本帝国时期,坂本龙马没什么名气,那个时代的社会风气如英国维多利亚时期那样保守、严厉,为人子要尽子之责,讲究尊卑,很难容得下龙马这样我行我素、坚持己见的年轻人,以及他离开家、离开主君去实现那些很可能仅属于他个人抱负的行为。"二战"后,他的这些品质反而将他和明治时期的其他领袖区分开来,后者取得的"成功"将近现代日本带向战争的泥潭。从这时开始,坂本才真正受到大家的喜爱。通俗小说、

---

* 奥羽越列藩同盟。

电视连续剧及各式各样的追念进一步强化了他的形象，令其远远超过他那些更为正统的同辈人。

第六节　德川幕府为什么会倒下？

一夜之间苏联在出乎众人意料的情况下解体了，这件发生在我们的时代的大事，为我们思考日本19世纪历史时屡屡涉及的一个问题提供了新的出发点。和对手相比，幕府拥有更多经验丰富的人手，能拿到更好的资源，听到更为高明的意见。倘若幕府军指挥官的表现能比1868年伏见鸟羽一战时的更加熟练敏捷，作乱的萨摩和长州军队就很难一直闹下去。将某些藩厅彻底洗牌，连带抵抗派领袖切腹自杀，本可以令德川统治的裂痕被遮盖一段时间。但幕府没能做到，由此引起各藩相继效仿，让幕府维持旧秩序的努力付诸东流。

某种程度上，旧秩序在外交危机的挑战下是不可持续的。幕藩制度没有足够的凝聚力来支撑自己成为现代国家。但在最后关头，幕府为了凝聚幕藩，认真实施了一系列举措。庆喜执政最后几年里实施的改革措施，长远来看或许可以建立一个新的制度，至少在地区上是可行的。由于担心改革成功，幕府的敌人开始紧急行动。1867年，英国翻译佐藤爱之助在和萨摩藩某个领袖的通信中写道："我暗示西乡[隆盛]不可错失革命之机。横滨[神户]一旦对外开放，大名可就没机会了。"[30]

有人或许会疑惑，重建制度真的可行吗？推行现代化的政权很少能活到收割成果的时候。苏联领导人察觉到，哪怕小心翼翼地开通口岸、放宽管控，都会随时催生出一股不可逆转的势头。这一点，幕府也发现了，在它试图要求恢复参勤交代制度的时候。改革刚开始时可能会疏远一批忠实拥护者（这里指江户的谱代大名），反对者也会乘势攻击。而且，事实证明，外样大名由于长期被排斥在政务圈子之外，已经没能力承担起合议者的角色、发挥建设性的作用，他们首先想到的总是自己的相对利益。幕府的谱代大名也没什么两样，他们脑袋里装着的都是地方预算和改革的具体细节。19世纪60年代，所有大名都意识到自己驾驭权力的地位已经摇摇欲坠。那些从小就看不起平民智慧和价值的武士，这时也不得不开始留心底下的人。幕府实力最强的部队里有一些从来不行动，部分原因就在于他们要监视百姓动静。

幕府的领导权同样处于分裂状态，一部分人长期待在京都以了解政坛实况，另一部分则留在江户，时刻注意着外来威胁。连末代将军自己也不愿意承担这么一个吃力不讨好且前路渺茫的角色。将军及其以下的所有人都丧失了意愿和决心，因为他们自己也在怀疑现存秩序能否维系下去。

但在朝廷的光环和魅力下，新的联盟体或有形成的可能。这不是君主个人的意愿所能控制的。哪怕孝明天皇对签署条约百般愤怒，在幕府和眼前的其他替代性选择面前，他似乎还是倾向于前者。随后继位的明治天皇虽然"授权"推翻了幕府，但年纪太轻，还不具备影响局势的能力。与此同时，朝廷作为一个机构或者说社会圈子，已经拥有足够多的才干之士，他们的不满和洞察是非的能力，为明治维新的领袖提供了必要的合法性和影响力。但看到执政者权力旁落到如此地步，还是令人颇为吃惊。将军家定、家茂从来没有掌过权，至于庆喜，即便最好的时候，也是苦恼缠身、举棋不定。朝廷这边，面对一批卖力"效忠"自己的人，孝明天皇深感不安，而明治天皇因为年纪还小且新近登基，还不能参与其中。实际上，每个藩的领导权都掌握在某部分官员手中，他们奠定政策的基调，对其他藩的同辈保持警戒，"辅佐"他们的主君处理国内事务。这群人里，谁性格够坚毅、谁能获得军事援助、有决心,谁就能赢。

"维新"运动本身是一场政变,革命仍在后头。外国势力出现所引发的危机如投下一颗炸药,最终导致幕府的垮台。

第十一章
明治革命

幕府垮台，帝国政府宣布成立，使得所有事情只能留待日后解决。攘夷主义表面上的那套托辞让一些人相信，新上任的掌权者会采取全方位的排外措施，以扭转幕府以来的西方化趋势。前文曾提到，刚从荷兰留学归来的西周给莱顿大学的老师写信，说对方应该再也收不到他的信了。有一班驻守堺港的土佐藩武士对11名法国船员大开杀戒。但他们错了。西周很快就担纲重要角色，而那些土佐藩武士被下令在法国公使面前切腹自杀。待要事都料理妥当后，领导层将近一半的人都踏上漫漫出使之旅，寻求西方富强的奥秘。

至于其他人，他们受国学教育的影响——这套说辞在维新派中大受欢迎——认为原教旨式的神权国家即将到来，他们想象中的古代的纯洁性将重临日本。早年典礼仪式一度援引种种先例，但没过多久，神道家就意识到这套做法既不实用又不合理，必须予以抛弃。一批改革派领袖一心想要建立一个自立于现代世界的国家，为达到目的而强迫神道屈服，不让前者干扰自己手上的任务。

尽管在应付西方和意识形态的问题上众说纷纭，但大家都强烈认同，必须要将日本从德川晚期的封建制度的泥沼中解救出来，这样的制度哪怕被称为"旧日之恶"也不为过。新政权在建立之初就对这一点持有共识。它尝试恢复古代的政府机构，但发现不切实际。它用名声和地位来厚待旧贵族的代表，让他们退居场外。它还试着推行文化统一政策，结果让国人生起警惕之心。通过反复摸索和试错，对不满的武士一边低调处理一边坚决镇压，改革派的新领袖最终引发了明治革命。

第一节　背景

推翻幕府后，如何将德川时代四分五裂的主权加以规范并统一起来，是国家领导层接下来15年里的首要任务。1868年1月3日大号令的发布可被视为王政复古的开端。第一个动作便是换掉皇宫守卫，改由刚刚跻身领导层的萨摩、尾张、安芸（广岛）、福井诸藩派出手下一批配备西式武器的部队负责。长州藩还在受禁。但土佐藩的藩主山内容堂犹豫了，他怀疑已经卸任的将军将要遭清算，而后者正是听从他的建议才下的台。而容堂的首席家臣担心，迟迟不肯行动的话土佐藩会丢掉自己的议事席位，因此千方百计让容堂现身，嘱令军队在附近待命。

接着，国家发布法令，宣称"万象更新"，国家苦于武家暴政久矣，而今暴政终于结束。这些措辞出自神道家玉松操的手笔，身为朝廷贵族岩仓具视的心腹兼写手，他为岩仓操刀了这份文稿。这里面还有萨摩藩的领导人——尤其是大久保利通——的贡献，而最终的成稿，一边浩浩荡荡地宣布万象更新，一边对昔日统治大加鞭挞。接下来就轮到15岁（按日本算法）的天皇睦仁表现了。这本质上就是一场政变，而这场政变导致抗议之声汹涌而起，矛头直指卸任的将军庆喜，征讨东北诸藩的军事行动也随之启动。

有的人会把《五条御誓文》视为王政复古开始的标志。1868年4月5日，年轻的天皇在众多贵族、大名面前公开宣誓。从很多方面看，以这一事件作为开端是再合适不过的选择，虽然誓文在措辞上流于泛泛，但事实证明，它预示了"二战"落败后裕仁天皇的举动，他通过引用誓文，证明国家、王朝的使命仍在延续。我们很快会讨论到这一点。

一开始大家关心的是如下事实：纵观现代世界，没有几个政权会比明治之初的日本更为四分五裂，但在不到一代人的时间里，它就一跃成为中央集权程度最高的国家之一。19世纪60年代，卡尔·马克思在纽约《先驱论坛报》（*Herald Tribune*）的专栏里写道，只有日本才是真正意义上的封建国家，存在封建国家的种种不理性和分裂。但到19世纪90年代，驻留东京的中国学者兼外交官黄遵宪给国内同胞描述日本的中央秩序和管控，认为在这方面日本的水平远高于中国*。

这是怎样做到的？同样的变革，在日本进行的速度之快远远超过了西方。直到19世纪末，美国才成功将管控型国家（regulatory state）和自己的那套封建制度整合起来。而英国、法国、俄国、意大利、德国更是经历了前所未有的艰难，花了整整一个世纪才实现了统一，但也没能像日本那样彻底清除了地方主义的势力。不过，这些国家熟知对外战争的威胁，邻国之间的竞争刺激着各方为谁比谁更有实力、更伟大竞相追逐。而日本是在实现了中央集权后才开始进入战争的。作为邻国，中国和朝鲜都是中央集权帝国，将前者拿来和日本的分封制进行比较，向来是日本分析家的传统课题。明治初年，中国似乎仍有借鉴的价值，但没过多久就被舍弃了。

---

* 黄遵宪出使日本的时间应为1877年至1882年。

日本铁了心要加入"强权"行列，和那些曾包围它、限制其主权的列强同行。在日本人看来，列强傲慢，以为自己高人一等，鄙夷他人，让他们大受刺激、奋而直追，其鞭策效果并不亚于过去的正面对抗。毕生服务于明治精英阶层和在日西方人的德国医生埃尔温·巴尔茨（Erwin Bälz）曾忧心忡忡地提到，德国公使的夫人向他炫耀自家刚翻新的客厅，言之凿凿地称"不会有日本人坐进来"。至于别的日本人，他们以欧洲为榜样，羡慕之余，还学而用之。据称，伊藤博文——1889年《大日本帝国宪法》的第一号功臣——对俾斯麦（Otto von Bismarck）的言行风度有着深刻的印象，以至于习惯性地模仿后者抽雪茄的动作。明治政府有不少领导人留着英国维多利亚时期首相巴夏礼爵士那样的鬓角。崇拜，还有恼怒，令明治时期的日本人进一步强化了自己的类别意识，认识到自己是众多国家和领导人的其中之一，在这两种情愫的共同作用下，明治时期的日本决心摆脱自己在民族国家中的二等地位。

仅仅用决心来解释日本变革速度之快是不够的。我们要记住此前德川时代的领地制的特殊性，这一点很重要。纵观德川时代统领各藩的封建君主，只有少数几个的领地可以追溯到中古时代，萨摩藩是最突出的例子。绝大部分人的高官厚禄得益于战国时期的一系列战争，以及和平年代德川封建制度的向心式体制。这些藩主并不"拥有"自己的领地，只是托管着它而已。到德川时代末年，连将军自己也仅仅是众多藩主之一，由朝廷委以暂时的权力，因此要感恩戴德。合法性另有来源，由与世隔绝的天皇授予。假如说普天之下莫非王土——很快就有请愿书明确提到这点——那相当于承认，除了天皇，没有谁可以拥有任何一部分。统治阶级并非真正意义上的"领有土地"，而是担当着照管人的角色，没有任何抗议的理由。[1]再者，他们收取了大量好处，作为自觉靠边站的补偿，因此，抗争之风在一无所有的武士间大行其道，却没能波及他们的主君。这样

第十一章　明治革命

的秩序和欧洲截然不同。在欧洲，很多王公和小领主的领地所有权十分久远，这是他们名义上要臣服的一国之君所远不能及的。

现在，我们可以开始阐述明治时期的中央集权化。

第二节　走向共识

明治维新一开始是藩官员和朝廷贵族策划的政变，因此他们要解决的第一个问题是：如何让别的藩相信，他们提议建立的并非一个由萨摩藩主导的新幕府，而是超越其上的另一种政体。这对于维新的第一年来说尤其必要，当年仙台藩带领东北诸藩组成同盟进行对抗，讨伐东北诸藩的战事成了那一年的头等大事。有人商议能否通过利用某位亲王来表忠心。不仅北部诸藩有疑心，连土佐藩也开始着手组织四国诸藩同盟，还准备了应急计划，意图劫持年纪轻轻的天皇作为自己的"王牌"，以便将来政坛爆发大战之时可以派上用场。其实，反对派自己也打算在皇室血脉的某些方面大做文章，借此来确立自身事业的合法性。这表明，好好利用天皇这张牌，困局便会迎刃而解。"维新"派将天皇牢牢控制在自己手里，他们巧妙利用这张王牌，为各方达成共识开辟了路径。明治时期的头几个月里，中央集权化和改革的现代性都被包裹在朝廷的古老"外衣"之下。这种策略在历经几代人后再度登场，彼时社会迅速孕育出新的体制格局，朝着巨变艰难迈进——当时已经实现中央集权的国家为了阻止现代化的深化，又一次利用了天皇的古老性。

1月的《王政复古大号令》终结了此前官（朝廷）武（幕府）两方面的一切行政架构，任命三亲王执掌政权。其中处于核心地位的是有栖川亲王，即已故孝明天皇的弟弟、和宫早年的婚嫁对象。同时，他名义上还是萨摩、土佐、佐贺等受天皇之命东进部队的司令。11月，等局势安全且允许时，年少的天皇就被带到北方，进入继而占据了将军的江户城，而这座城市早在9月份就被改名为东京。根据一名外国记者的描述，大轿被安置在离地整整六英尺的架子上行进。身穿黄色长袍的人抬着轿子，位于数千人组成的队列的中央。据描述，轿子临近时：

> 民众开始陷入深深的缄默。道路两旁，凡目之所及，都是蹲伏在地上的平民，黑压压一片……当凤舆……及其亮丽夺目的随从闪闪发亮地到来……不消任何命令或指示，民众全都自觉地低下了头……没有人动，也没有人发声让别人腾个地方，所有人似乎都怀着敬畏屏住了呼吸，因为某一神秘存在正路经此地，只有少数人才有观之、赖之以为生的特权。

其后天皇出巡日本各地时，这种情况再次出现。从表面上看，年少的天皇享有相当高的地位，被奉为护身符、某种法杖，或以丸山真男的话来说，是用以威慑民众的"御神舆"（节庆神龛）。

1868年，天皇前往供奉天照大神的伊势神宫进行参拜，从出行安排上，我们可以看到诸多民俗神道方面的忌讳，正在服丧的人和月事期间的女性都不得观望天皇，唯恐死亡和血腥会玷污神圣之人的周遭。

一方面是传统，一方面是刻意的变革，两者相互交融，1868年4月天皇发布的著名的《五条御誓文》便是最好的例子。誓文由来自西南诸藩的人执笔，其中长州藩的木户孝允、土佐藩的福冈孝弟发挥了尤为重要的作用。当时，非维新派的藩忧心自己在种种决策中被排除在外，这份文件便是为了安抚他们，明确主张未来政策将建立在共识的基础上。

第十一章 明治革命

五条御誓文
1. 广兴会议，万机决于公论。
2. 上下一心，盛行经纶。
3. 官武一途，以至庶民，各遂其志，毋令人心倦怠。
4. 破除旧来之陋习，遵从天地之公道。
5. 求智识于世界，大振皇权之根基。[2]

今天看来，这份誓文完全是先进的。考虑到它成文的背景，各种观点其实被巧妙地融合在其行文当中。越前藩（即福井藩）武士由利公正受横井小楠（1869年被刺杀）和坂本龙马（1867年遇害）的思想的影响，他一开始提议，誓文首先叙述"一统民心"之必要，言及奖励"人才"，最后根据"公论"来决"万机"。由利所拟文稿出现了委派公职、让位于"人才"的措辞。维新派的领导人全都出身寒微，都曾因在无能却世袭得位的庸才手下做事而感到沮丧，他们坚决要给像自己这样的"人才"提供出路。由利把这份草稿拿给土佐藩武士福冈孝弟看，后者倾向于使用更温和的措辞，看起来没那么心惊肉跳；由利所说的会议变成"封建诸侯"；"民众"变为"上下"，给"征士"（后来"征"被用来指代被征召的人）——即"被指派"或"被委任"的武士——创造机遇。接着，木户又改了一遍才定稿，为了涵括两种解读，他采用宽泛的措辞；官员能够"遂其志"，"陋习"（世袭的做法）将被摒弃。

另外要提的，是来自不同地方但拥有类似思想的人的共事能力。由利公正是松平庆永（春岳）的家臣，福冈孝弟的主公则是那位对处理末代将军的手法踌躇不定的山内容堂，至于木户孝允，他和军事强藩长州藩有关联，但清醒意识到藩里的人并不完全信任他。他们每个人的弱点不一，但通过合作，他们为自己、为国家开创了未来。[3]

最终版的誓文应被视为一个诺言，承诺渐进，承诺公正。"会议"和"公论"这些措辞早在雄藩藩主合作时就已经用过。"上下"要联合起来，表明等级之分将会持续下去。哪怕是"庶民"，也会得到往日特权阶层——"官武"——的体面对待。没有人会想受制于"陋习"，而带有浓重儒家色彩的"天地"，将指明接下来要走的道路。唯有在"求智识于世界"这一承诺里，我们才明确看到变革的意味，但德川末年的积极分子就已哀叹过，日本这种双头统治制度为世间所仅有，其本身就存在不合理的地方。而且，这种求索将会是选择性的、目的性的，是为了"大振皇权之根基"而规划的。

使用一般的措辞而表达的含义能够随着环境变化进行扩充，这是一份成功的国家文件的标志。美国读者既然能分别对待18世纪美国立法者的"本意"与因应现代社会需要而扩充的政府角色，那应该也不难理解，《五条御誓文》的种种概述经领导层的几名武士反复斟酌写成，后来随着处境的变化而迅速重要起来。时隔四年后，长州藩的领导人木户孝允滞留华盛顿，他的两位伙伴因为需要额外的凭证被遣送回东京。随团的书记员正忙着翻译美国宪法，于是他们纷纷讨论起这样一种声明对日本来说有多少用处。木户想起自己有份起草的《五条御誓文》，于是拍了下手，说："当然！就在那！"第二天早上，他说自己时不时会重读这份誓文："了不起的文件。我们不能让这种精神变质。"更令人惊讶的是，裕仁天皇在他1946年1月发布的诏书中提起这份《五条御誓文》，宣布抛弃"天皇是神圣的，日本人民是高一等的种族、注定要统治世界这种错误观念"。他再三强调《五条御誓文》是"国策所本"。"我们必须重申誓文所体现的那些原则，"他说，"坚定不移地逐步消除过去误入歧途的做法……我们将完全以和平方式缔造一个新的日本，令官民得享丰富的文化，人民的生活水平得以提高。"[4]

1868年4月，分歧进一步扩大，对于以何种仪式来公布誓文，

第十一章 明治革命

大家意见不合。这份誓文是否如福冈所认为的那样，应为藩主和君主之间的协约？抑或是天皇于祖宗圣灵面前所作的誓言？这次，木户主张让仪式神圣化。最后敲定的种种神道仪式，都力求突出以下事实：天皇所处位置，正是先前的或看得见的世界和看不见的诸神世界的结合点。

> 大典开始时，天皇首先进行"币帛呈上"仪式，将一种折纸供品"呈送"给各种各样的神祇，这种供品稍后会用作神圣的"帛"，以清除集会众人的"弊"。太政官的代表……随后向神吟诵"祝词"。最后，神祇官的人员布置供品，进行其他献祭仪式。在神祇官和献祭仪式的协调下，天皇与政府官员同时在场，以协作的方式操持仪式，这种特质通过《五条御誓文》的颁布第一次在现实场景中明确表现出来，为明治制度的其中一个基本隐喻树立了范式：祭政一致，即仪式和统治的统一。接着，三条实美这位不久前从九州流亡归来的贵族，向集会众人宣读了誓文。[5]

在巩固兵力的第一阶段，承诺参与政府决策尤为重要。当时，少年天皇、岩仓、木户和一小批贵族、大名所在的京都新"政府"还不具有多少实质性的内容。而设置在江户的军事总部则由萨摩藩武士大久保利通及其几名盟友掌控，是东北征讨行动的指挥中心，但在资源方面处于告急状态。幕府下辖领地也在它的管辖范围内，实际上政权只在这些地方发生了更替。新政府在某些地区的处境颇为尴尬，此前为了赢取当地民心，冲昏了头脑的官员草率作出减税50%的承诺。"德政"许下的诺言迫使地方精英组织筹款活动，以应对即将实施的减免税新政策，但无济于事。[6] 征战东北的"皇军"由萨摩、长州、土佐藩的部队组成，别的藩在加盟的时候，也要贡献一定的军队和军需物品,例如佐贺藩,由于没能一开始就加入,所以提供了大量支援作为补偿。这些部队的战地指挥官在日本恢复和平以后,当上了明治政府的领导人。用阿尔伯特·克雷格的话[7]来说,这个政权的"根据地"是在西南部的萨摩、长州、土佐和佐贺诸藩,政府的力量和金钱都来自这些地方。而掌控着这些地方的则是京都、江户和军队内部的武士领袖圈子。他们上头的大名仍是一个不可忽视的因素,而藩里的长老对他们在体制内和地方上的获利颇为眼红。对家乡和对国家的忠诚常常发生冲突。没有谁比长州武士木户孝允更能深切体会到这种心情,他的日记里到处都是自省之言:

> 那年［1868］早些时候,［长州］山口城有传言称,我忙着处理帝国政府的事务,连自己的故土长州藩都无暇顾及,或者说我对主君不忠。当然,我常常操心中央政府的问题,但这样做的同时,我是在对主君尽忠,以告慰我们那些倒下的武士亡魂。可那些恶毒的谣言仍然四处流传……忧心似焚的我,甚至强行要求离开帝国政府回到山口城。我清楚表达了自己一直以来的感受,因此争议多少平定了下来……
>
> 如今我再次遭人误会。他们对我观点的议论往往含糊不清、毫不相干。藩里的这一情况不断冲击着我的思想。假如我连自己的同胞都应付不了,我又怎么能有效地管理帝国政府呢?[8]

类似的问题也在困扰着萨摩藩的领导人大久保利通,藩人或许希望萨摩藩取得国家领导权,或至少彻底地实现自治,但为了阻止别的藩加入敌对的东北联盟,萨摩藩政权必须在前几个月保持宽厚的名声和做法。《五条御誓文》便是这一想法最主要的成果。

1868年6月,即《五条御誓文》发布几个月后,这一想法为

第十一章　明治革命

《政体书》所吸收，纳入新建立的政体架构内，立法机关即"议政官"分为上、下局，上局成员都是指定的官员，而下局则由各藩所派代表组成。同时，年少的天皇被最大化地加以利用。这年11月至1869年1月间，天皇从京都前往江户，为此，信使被派去向沿路神社通报天皇的到来，孝子和贞妇受到嘉奖，老者和不幸的人获得救助，江户还举办了一次节庆：公共关系方面的活动花掉了新政府第一年将近五分之一的日常开支。[9]而战场上的军队补助则由各藩维持着。

随着胜利临近，政府不再表现宽厚。议政官上局遭废除，下局成员失去了提建议的对象。4月，设在京都的太政官被迁往东京，朝廷贵族眼看自己渐落下风，对这次迁址大加反对。其实，此前举办的会议就已经清楚显示出，那些衣着优雅、坐姿讲究的贵族说不出多少实质性的内容，反而比不上议事厅外那些坐在卵石地的草席上的武士顾问；不少参与过会议的人回忆称："讨论政策的主要是［武士］廷臣，所以贵族都挤到走廊上加入谈话。"[10]大名的角色也迅速弱化。新政府想方设法增加收入，同时决心要加强控制，于是对统治各藩产生了兴趣。德川势力的最后一个据点函馆投降两天后，《政体书》所承诺的选举开始付诸实践，这是第一次也是最后一次。"选民"包括三等官以上的人员，由他们投票选出他们当中谁应该留在政府。20名资深廷臣里只有3名留了下来，16名初级廷臣只剩下6名。军事局势的巩固，使得新政府可以安心将朝廷贵族和那些有名无实的大名排挤出去。

另一方面，明治维新的头几个月里，复仇情绪并不强烈。那些反抗的藩，其统治家族没有遭到灭顶之灾，只是首席家臣必须下台，换别的人上去。大名绝大部分逃脱了惩罚，毫发无伤，而且不久后其损失也得到了补偿。同样，日本民众的日常生活并没有发生太大变化。胜海舟代表幕府向萨摩藩代表西乡隆盛移交权力时，江户也没有爆发任何血腥冲突。当政府不得不动用武力来解决德川势力的一批据点时，平民都做好了最坏的打算，但教育家福泽谕吉惊讶地发现："即便发生小规模的战斗，士兵的态度看起来也相当温和。他们没有骚扰百姓，也不去伤害那些不参与战事的人。实际上，有些军官四处走动、通报，告诉民众不必担忧，军队受严格管控，无一不听从命令。因此，和大多数人原来设想的相反，没有什么真的令人害怕。"[11] 至于福泽自己，对他来说，两大阵营其实并没有多少区别，于是他选择置身事外。从这点来看，福泽无疑代表了大多数日本人。板垣退助曾震惊地提到，他指挥土佐军和顽抗的会津藩士兵打仗期间，战火稍一停歇，当地农民就会试图向双方兜售新鲜的水果。这种漠不关心的态度，成了新政府的军方领导决心要纠正的对象。

《五条御誓文》中的慷慨承诺和日本民众没什么关系。早些时候，告示板就换了新面目，告诉百姓日子可以照常过，但加了一项重要指示：

> 朝廷已经表明和外国维持友好关系的意愿。和外国有关的所有事务，都将交由朝廷处理……故意杀害洋人或作出任何失礼之举，都会被当作冒犯朝廷命令、意图引发国家动乱。而且，若有人犯下此等行为，已经和外国友好结交的帝国将颜面何存，实在该予以强烈的谴责。[12]

战争胜负一日未定，政府都必须争取民心，西乡隆盛就主张向百姓承诺税收减半。战争初期，某些部队——包括相乐总三率领的著名部队*——就为了争取大众支持，夸下海口要免除全部税收。但

---

* 赤报队。

不久，相乐及其继承者就受到责骂和迫害，政府明令谴责他们"对如何治理社会本身一窍不通，你不过是用小恩小惠来取悦当地百姓"。[13] 而运动的积极分子则因其贡献而被称谢，他们被劝归原藩，回到原来的岗位上。统治的时机到了。

第三节　中央集权之路

对于日本领导人来说，面对外国势力的扩张、对外贸易、外国文化的传播等种种威胁，明显只有通过中央集权才能加以对抗。但日本的特殊体制，包括封建领地的分裂、武士精英阶层的君主—家臣关系和社会阶级的区隔，都是中央集权之路上的重大阻碍。幸运的是，日本的历史记忆里仍保留着一个以天皇为首的中央政府统治的大一统时代，而且，日本的经济和文化在德川时代加快了整合。

因此，他们要解决的第一个难题是，如何让政治制度走上"正轨"。这一过程来得很快，以至于容易让人忽略掉其间经历的种种困难。早期明治政府的领导人不得不和本藩保持一致立场，毕竟后者的军事实力对于当时一切事情来说都是必不可少的，他们要习惯跟外藩伙伴一同共事，即便后者对他们的意图有所怀疑，还要与朝廷贵族合作，这些人一直苦寻良机，好让自己看起来不只是西南诸藩武士圈子的傀儡而已。很明显，无论从哪个群体的利益出发，少年天皇睦仁的作用和形象都应该进一步加强，以便转移对方的疑心。

同样幸运的是，他们个人之间的关系，早在维新前风声鹤唳的那几年里，在合作出兵倒幕及对付顽抗诸藩的过程中，就已建立了起来。高层次的教育水平和社会技能不仅没坏处，反而有助于磨合关系、巩固友谊。

我们可以从木户孝允（1833—1877）等人的日记里清楚看到这

一点。19世纪60年代，身在京都的他逃过暗杀、活了下来，刺杀次数如此频繁，以至于有一回他的现身竟令他的一帮朋友吓了一大跳，因为当时四处传言他已命丧黄泉。与此同时，木户是个有品位的人，书法了得，懂得鉴赏艺术，交友广泛。像他这样的人，在旧社会的权势圈子很吃得开。维新期间的大部分征士在诗歌方面的水平并不亚于其辩才，遇到兴致大发的夜晚，往往会把种种顾虑抛诸脑后。1869年2月，手头上的事务还没开始处理，木户的日记就提到某大名之子发来的邀请：

> 刚离开皇宫，我就和东久世、大原二卿直接前往他的宅邸。容堂［山内氏，土佐藩前藩主］已经在那里。我们喝酒作乐，将近夜幕降临。从今户、柳桥和新桥来了十个艺者帮忙招待。我们每个人都拿着毛笔，随心所欲地写字作画。今天，容堂和我讨论未来大势，我们皆一致认为有必要建立皇基、申明君臣关系。我由衷地感到喜悦。[14]

也许有人会觉得这里面感情色彩要大于实质性的内容，但那是不对的。即便木户自己，也不会坦诚地在日记上写明"皇基"要怎样建立起来。日记里只隐约提到，他和萨摩、土佐藩的人磋商，乘汽船来往于各藩厅之间。就在他写下这些事情的两天之后，成果就出来了，萨摩、长州、土佐、肥前四藩主向朝廷呈递建白书，请求准允他们"奉还"各自的版籍：

> 臣某等顿首再拜。谨案，朝廷＊一日不可失大体……普天率土，莫非其有，天下子民，莫非其臣，是为大体。［朝廷］独掌

＊ 此处指明治政府。

第十一章 明治革命

与夺之权，以爵禄维持下人，尺土不能私有，一民不能私属，是为大权。

……今也既求新治，大体所在、大权所系，宜丝毫不作假。

抑臣等所居，即天子之土，臣等所牧，即天子之民。安能私有？今谨收其版籍以呈上。愿朝廷适当处置，与其所应与，夺其所应夺，凡列藩封土，更宜下诏改定，制度、刑典、军旅之政乃至戎服、器械之制，悉出朝廷，天下之事，无论大小，皆归一统。[15]

上述措辞耐人寻味，值得我们仔细研究和思考。除了历史加于君主的权利，文中没有提到或暗示"权利"，其间也没有歉意或自我牺牲的意思。这些雄藩之主手中握有版籍，但需要获得新的认授，他们将其呈递给君主，向他表明自己的信任，相信他会"与其所应与，夺其所应夺"。

既然萨摩、长州、土佐、肥前四藩已经做了，其他藩就不能继续无动于衷。北部某藩的武士间流传着一份建白书，上面写道："我们这些错与幕府为伍的，难道不应该最先奉还版籍吗？"[16]三个世纪以前，同样是萨摩藩，出于相同的理由，积极配合了丰臣秀吉的刀狩令。朝廷在1869年7月25日正式同意了四藩联署的建白书，责其生效，而在这时，300多个藩中的绝大多数已经提交了类似的请求。

现在，大名作为一藩统领的身份是朝廷任命的，而且不享有世袭的特权。这一变化造成的直接影响很小，但身份上的变动为中央政府的小心试探提供了掩护，它开始发布诏令。其中最重要的一项是规定前藩主可以保留藩中十分之一的税收供家庭开销。此前财政政策一直不归朝廷掌管，而这道诏令则让人认为，中央政府可以对此置喙了。

因此，版籍奉还标志了中央集权道路上迈出的第一步。但论惊心动魄的程度，中央政府机构的改革要更胜一筹。行政官如今改名为太政官*，其执政权力之大，为新政府当时所仅见。三条实美出任右大臣这一要职。位于其下的是三位大纳言，岩仓具视（1825—1883）最重要，然后是众"参议"，全部来自萨摩、长州、土佐、肥前诸藩。朝廷贵族和前藩主的人数大幅减少。即便有贵族参与，萨摩、长州两藩势均力敌的局面也没有改变。岩仓和萨摩藩建立了紧密联系，而三条则在五年前避走长州藩。

虽说有了上述种种进展，局势仍然胶着了一整年。"政府"所能控制的土地并不比昔日德川幕府的辖地——如今改为县——多多少。领导明治维新的诸藩由于军事化项目承受着巨大的花销，维新的关键人物离开中央政府，回到各藩推行改革。长州藩曾试图削减军事编制，遭遣散的部队在1869年10月发起叛乱，最终被木户镇压了下去。而萨摩藩在西乡隆盛（1827—1877）的主导下，调整世袭身份的等级差别，致力于建立一个由低级武士主导的军事化藩。军事领袖板垣退助匆匆令土佐藩现代化。私营企业更容易拿到执业许可。外国"专家"受邀给法律条文的改革提供建议。旧时的藩政指南被下令焚毁，甚至前藩主的画像也没能幸免。和歌山藩（即纪伊藩）的改革派武士不懈努力，以图增强本藩对未来政局的影响力，他们推行军事改革，包括实施新兴的征兵制、雇用德国人充当军校教员。平民被放到行政岗位上，年轻能干的武士——包括后来的外相陆奥宗光——被派往国外。和歌山藩原为德川氏所领，这次它没有再被打个措手不及，后来兰学家津田出回忆道："我们势必让自己的藩成为全日本的改革先驱。"松平庆喜昔日的领地、位于日本海沿岸的福井藩，聘请威廉·格里菲斯（William Griffis）前来指

---

* 《政体书》以太政官为统治机构，下分议政、行政、神祇、会计、军务、外国、刑法七官。

第十一章 明治革命

导西学课程。[17] 九州的熊本藩也一样,除了军事改革外,还新设了一所西学学校*,参与过美国内战的上校简斯(L. L. Janes)被请来当该校的校长。但结果并不总如人所期待的那样。在简斯的影响下,最优秀的学生里出现一批热诚的青年基督徒,他们组成"熊本教会",毕生致力于精神而非军事层面的现代化。[18]

简言之,向心的各种力可能会将日本撕个四分五裂。在某些人看来也的确如此。土佐藩领导人佐佐木高行哀叹,新成立的中央政府并不受欢迎,没有人想在里面工作。他认为在中央有自己人对土佐藩有利,可没人理会他的主张,他写道:"武士阶层的人对这个想法往往十分厌恶,他们相信,为政府做事意味着为不止一个主君效命。结果,他们对我们嗤之以鼻。"[19]

就连中央也并非众志成城。根据陈腐老化的朝廷官位制度,岩仓和三条都属于下层贵族,那些被他们取代了的旧门阀自然心生嫉妒。两人比大部分人都清楚,领导这次维新的西南诸藩之间其实存在怎样的紧张关系。佐佐木高行在日记里提到,萨摩、长州的人并不信任彼此,土佐、肥前的领导人则往往投靠这边或那边,"三条和岩仓深感忧虑。他们避免和来自萨摩、长州、佐贺的人对谈,而是偷偷地和我讲话。"后来他又说:"靠得住的只有大久保,没有他的话我们没法继续下去……这段日子的苦简直难以形容。"[20] 而大久保自己则这样写道:"萨摩、长州是帝国的基石,是后者存亡绝续的关键所在。如果这两个藩不合作,帝国命不久矣……倘若帝国现在没有受到外来威胁,单是国内的几次动荡并不足以惊慌。"[21] 对于他们力争实现的"大业",木户等人的日记仅有含糊的表述,而其他人到底持何种立场,才是令众人困惑的问题。没人能担保这个人是可靠或值得信任的,不过,他们即将达成共识。

---

* 熊本洋学校。

或许该庆幸，大多数人相信国家确实面临外来威胁，而正因为如此，他们同意了统一的方案，愿意齐心协力，哪怕对这一联盟的成员或领导层多么怀疑。

面对重重疑心，朝廷的某些人几经努力，终于走出困境。1870年1月，在萨摩藩的大久保和长州藩的山县的陪同下，岩仓以朝廷信使的身份被派去劝说萨摩和长州的藩主，命两人及萨摩藩的军事领袖西乡返回东京。他们继续前往土佐。三个藩最后都听从了指令。

三个月后，萨、长、土三藩受命从各自军队中抽出1万名士兵到东京，组成皇军。西乡、木户、板垣觉得务必让军队尽快登场。现在的政府有了一些势力，还收到13个藩的建白书——大多是小藩，但北部的盛冈藩也列在其中——称再也无法自理，请求改藩为县，下辖于政府。到8月中旬，长州藩的一些改革派青年纷纷讨论是否有必要进一步集权。伊藤博文、井上馨是19世纪60年代被公派到英伦学习的其中两名留学生，而山县有朋则刚刚从欧洲归国。他们开始游说自己的上级，尤其是木户孝允。令人意外的是，某些人放弃了表态。比如岩仓具视，8月废藩决议几天前，他似乎才被告知这一消息。他向来注意不让自己看起来像是萨长两藩的傀儡，为此，他迅速说服尾张、福井、熊本三藩加入。另一方面，梅垣理郎指出，军事领袖西乡和板垣的影响力在逐渐下降。不管怎样，1871年8月，藩被废除，改为县制。"废藩置县"的举措很快就受到山县的称赞，被他誉为"第二次明治维新"。但从某些方面看，这是第一次，因为只有到了这时，德川时代那种碎片化的体制才真正被废除。朝廷发布诏书，清楚说明了这一决议：

> 政令宜归一处，以推行实质意义上的改革……这一切都是为了去冗就简，除有名无实之弊，以消政令多歧之忧。[22]

第十一章 明治革命

正在福井教书的威廉·格里菲斯记录了当地民众的震惊情况。

> 霹雳！这场政治大地震摇撼了日本，波及中央。福井这里格外明显。今天城里的武士家中充满了激动的气息。我听到他们有些人扬言要杀死三冈［由利公正］。三冈由于1868年的出色工作而获益，长期以来在福井倡导改革和国家发展。

接着，前藩主或长官被召到东京，如同当年响应将军的召集一样。格里菲斯继续描述道：

> 明天，福井就要向封建制告别了。第二天，我们所在的国（省）不再有亲王。赤胆忠心的时代过去了。爱国主义的时代已经到来……
>
> 今晨早些时候，穿上"袴"［礼服］的武士已经准备就绪，到城堡集合……这个动人的场面，我永远不会忘记。分隔房间用的障子全都被移除，形成一个宽阔的榻榻米空间。福井出身的三千武士按等级高低分坐其间，他们身上穿着硬挺的礼服，头顶刚剃干净、戴着一个击锤模样的发髻，他们跪坐在地上，手紧紧握住面前朝上的刀柄……这不只是在告别自己的封建君主，还是在为这项七百年来祖父辈所归属的制度举行庄严的葬礼。

接下来的几周，格里菲斯的学生相继离去。

> 我的挚友和帮手都离开了福井，如今，我那些高年级的学生，由于家里不再有足够的财力支援，都纷纷离乡前往横滨或东京赚钱。班上的学生所剩无几。福井再也不是某个亲王的首府，

仅仅是一座内陆城市罢了……军事学校已经被遣散了，火药厂、步枪工厂搬到别的地方……三个身穿法式军装、戴着带有天皇徽章的军帽的皇军兵团……如今占据了城里的军营。昔日当地和封建制度所享有的特权正在被废除。[23]

就像格里菲斯发现的那样，现在中央计划取代了地方规划；日本眼见就要四分五裂，却在突然之间变得前所未有地中央集权化。新上任的统治者都是武士出身，但很少在所派驻的地区土生土长。长州的长官此前便是德川幕府的官员。政府尝试对边界重新进行整合，原来的300多个藩减少至50个。只有最大的几个藩保持了原有的边界，另有9个则集合了原来的8个甚至更多的藩。职位也随之进行了一次大整合。格里菲斯收到消息，称福井的地方官数量将从500削减到70。昔日幕府统治的一个难题是怎样尽可能多地聘用藩士，如今，效率和经济成了政府优先考虑的因素。

第四节　文化革命的"流产"

革命常常会对传统的思想信仰模式发起全方位的攻击。就像地壳板块运动那样，至少有那么一刻，此前看似坚固如磐的一切都为革命所撼动。法国大革命期间，革命的狂热分子向天主教宣战，没收其财产，大肆征用其建筑，还试图用一种理性宗教（Religion of Reason）取而代之。民众里既有震惊的，又有因为变革的震荡而失去方向的，反应不一，他们或缄默不言，或摇旗呐喊，但最终都向传统立场靠拢。

即便在明治初年，情况也一样，但有一点除外，即传统宗教观的替代方案——复兴日本远古时代的精神世界——更接近于非理性

第十一章　明治革命

宗教。但这不仅是现代性的一次退步，还涉及多个因素。德川幕府和佛教之间的共生关系，容易让后者沦为《五条御誓文》口诛笔伐的"陋习"之一。同时，德川晚期的强烈复古思潮下，人们被古代所吸引。国家披上神权的外衣，由日神天照大人的后裔进行统治，这种方式为凝聚共识、中央集权提供了重要的支撑。此外，新的国家需要恰当的意识形态基础，在这方面，文化政治发挥了一定的作用。

幕府一旦倒台，佛教必然也会在政治乱局中掺和一脚。此前我们提到过，民众必须在寺庙登记户籍，而宗教信仰方面的报告，便是德川幕府控制基督教的一个核心内容。新政权的领导人对基督教的看法并没有比上一任积极多少。虽说19世纪60年代恢复了对外交流，但高札上继续贴着禁止"拜耶稣"的警示，早期明治政府四处新设告示板，同样保留了这一禁令。1865年，法国在长崎建了一所教堂。其牧师珀蒂让神父震惊地发现，附近大浦渔村的大部分村民一直信仰着"隐基督教"（隠れキリシタン），他们趁着这次机会前来参加弥撒，这是17世纪初以来他们第一次能够参与的弥撒。[24]这惊动了幕府的检察人员，他们抓捕了那些领圣餐的人并将其押送至各藩，以便隔离起来进行监视。对于这个做法，明治政府的官员认为并无不妥，当外国公使向他们控诉这是侵犯人权的行为、违反了文明守则时，他们坚决不认可。

不过，限制信仰是一方面，是否支持德川时代流传下来的那套佛教架构，则是另一回事，后者在幕府的恩宠下早已沦为政治工具，腐朽不堪。德川时代就有类似先例。德川时代，儒家思想对佛教的批判日益加深，抨击其为迷信谬说。[25]大名当中那些优秀的儒学者，如冈山藩的池田光政、水户藩的德川光圀，在各自的藩里对佛教发起攻击，解散了上百座寺庙，命其僧徒还俗。这些现象，在那些引领维新思想和行动的藩里尤其明显。在水户藩，德川齐昭下令没收寺院的大钟及一切可以熔铸大炮的铜器，罢免数百人的僧职，摧毁寺庙。1884年幕府下诏斥责齐昭时，确实提到他毁坏寺庙，还强行将日光的家康灵庙转变为纯粹的神道祭祀之地。萨摩藩也一样，改革派指责僧徒对藩的防务、经济全无贡献。藩政官员对寺庙进行合并，解散了一部分，没收钟、锣，将神社的佛教色彩抹去。萨摩、长州两藩抢占了寺庙领地。土佐藩也涌动着类似的情绪，维新没过多久，就针对寺庙及其财富推行改革措施。假如说儒学政治家对佛教的实用性有所怀疑，那宣扬国族神祇、批判外来佛教的国学思想无疑是另一可靠选择。

佛教和神道存在千丝万缕的联系。实际上，每座寺庙里都有一座神社，两者往往都是僧侣供奉的对象。但当时的思想热潮要求将两者严格分开，即所谓"神佛分离"，国家的神祇要重申自己的独立自主性，正如日本决心要恢复大一统那样。这一举措，在维新领导人和神道家的合作中就已有所预示，双方联手为朝廷的自主性和优越性建立基础。岩仓具视和神道思想家玉松操，以及国学大家福羽美静、大国隆正，展开紧密合作。突然之间，这些人发现自己处于关键位置上，影响着历史的走向。日本理论上恢复了公元8世纪的国家制度，但在这套模仿自大陆的官僚结构的内部，又增设了神祇省这一官厅。

执行上述措施的行政架构，是随着1868年太政官七官之一的神祇官的设置而建立的。（相反，佛教事务则由行政官主理。）随着政府开始大展身手，神祇官的地位被提升至太政官之上，照此设想，日本最终将实现真正的"祭政一致"，这是国学思想家长期以来的主张。神道的政治影响力达至顶峰并一直持续到1871年。1871年废藩置县，其后官僚架构进行新一轮的调整，神祇官被改为神祇省，位列省部，不久又遭降级，为文部省所吸纳，成为其新设职能。这种种变化，都是波涛汹涌的官场内斗的结果，在这一过程中，改革派官僚木户孝允、岩仓具视设法摆脱神道思想家频频施加的掣肘。

神道支持者中存在不同派系，这给了他们帮助。大国隆正及其门人希望神道能在政治上发挥核心作用，以宗教之力统一日本。从最高层面来看，国家仪式将扩大和巩固新政权的权威，而在民众层面，神道掌控了传道解惑和丧葬这两大领域，因此可以完全取代佛教在民间生活中的角色。但平田笃胤的弟子则认为，死亡向来被视为污秽，把神道和这种污秽联系在一起，只会贬低它的价值；任何试图将神道划分为一种有组织的宗教的说法，都会遭到这一派的驳斥。随着争议走向白热化，改革派官僚意识到他们必须从这两大阵营中抽身出来，日本还有更迫切的问题需要解决——对付将不平等条约强加给日本的西方列强。

维新刚开始的几年里，狂热的神道支持者春风得意。1868年，政府颁布神佛分离的诏令。神道的祭拜物从寺庙中移走，祭司及其家族全都采用神道的丧葬仪式。诏令一下，民众顿时沸腾，神道祭司和那些对佛教特权早就看不惯的信众更是欣喜若狂。在"废佛毁释"的口号下，寺庙和宗教物品惨遭报复性的破坏。此时中央集权化才开始没多久，运动的激烈程度在各藩不一。一定程度上它体现的是群众的某种抛弃之举，每当政权被颠覆，群众往往以这一举动来响应。1868年12月，寓居福井的格里菲斯曾写下"佛学院在东京授令下被毁坏"，但接着又说：

> 古老世家和旧日豪门的很多旧"屋敷"都被拆毁，改为商铺。市民、商家欢欣雀跃，往日为武士所独占的地方如今成了他们的立足之处。旧盔甲、箭、矛、旗、马具、衣服、"驾笼"[轿子]等昔日封建时代的器具，现在不花几个钱就可以买到。亲王宅邸被拆，剩下的东西全都被卖了出去……有关封建时代的福冈的一切正在消逝。[26]

相比之下，针对佛教的运动不仅带有更明确的目的性，其报复意味也更强烈。有些时候，神道祭司带着团伙一起闯入大寺院，对珍贵的经书和艺术品进行破坏。在萨摩藩，1869年的某道法令规定只有神道仪式才能获准举行。1872年的一项调查显示，共有1066座佛寺遭废，其僧徒被下令还俗，建筑物被充公，用于军事花销，经、像及礼器一律被毁。土佐藩的情况并没有好多少。就连传统的佛教之地京都、奈良也无法幸免，寺庙和艺术品遭到破坏，当年用来揪出基督徒的"踏绘"法一度派上用场，师徒被要求践踏佛像，以证明这等行为不会招来厄运。[27]一名高僧大德悲观地写道："地方寺院被毁，民众退籍，住持乐于还俗……如斯境地，自佛教在日本扎根的十四五个世纪以来，恐怕是第一回。在我看来，未来五至七年内朝廷将会下诏消灭佛教。"[28]

这种破坏劲头会蔓延至农村，感染个人。岛崎藤村作品《黎明之前》的主角青山半藏一心信奉平田思想，尽管有些天真。他拿着燃料，准备放火烧毁村里的妙心寺时，被同村的人抓获，他义正辞严地解释道："我们再也用不着那东西了。"不过村民没有苟同，他们阻止了这次纵火，将半藏囚禁起来，防止他再度犯事。

不出预料，胡乱的破坏行为令大众感到愤怒，在某些地区甚至引发暴力冲突。那些极力挑起事端的神道狂热分子不时遭到声讨，说他们可能是基督徒。绝大多数日本人继续信奉原来的家族信仰，维护其传统习俗和寺院墓地，举行佛教的丧葬仪式、盂兰盆节。最严重的骚乱很多不是政府授意的，反而由神道人士发起，不到一两年，这股破坏潮就开始衰退。

但不论怎样，将神道从佛教分离出来这一首要目的已经达到。政府法令一扫灰色地带，修验道的山伏要不声明自己是佛教徒、要不就退隐，普贤道及托钵僧小派别纷纷遭到取缔。旧时多个神祇并存的寺社，如日光的家康灵庙东照宫，被宣布为神道场所，八幡也

第十一章　明治革命

不再是菩萨，恢复神道中的战神身份。

佛门高僧被剥夺了德川时代的阶级荣光，与此同时，社格制出台，等级最高的是天照大神所在的伊势神宫。此前神社几乎是自主运作的，代表的只是乡村地区的自然神祇和民间宗教，但此后它们将是政府施政的内容。神社的土地被政府没收，一如当年大寺院世代相传的领地那样。如今政府承诺，那些名为官社或国社的重要神社将获得国家扶持。之前由佛教寺院承担的户籍登记工作，现在交由神社负责。日本百姓被划归为各神社的"氏子"，在神社入籍。氏子出生时会获得一个神符，等到他去世后，神符将归还给神社。按照这种方式，伊势神宫的诸神将入驻每户人家，受其供奉，每户人家都将成为伊势神宫的"分社"，从而把所有日本人和这一核心参拜地联系起来。[29]因此，有人提出几条大计，建议利用神道来统一民众信仰，由天皇来担任头号神官，天皇的祖传神社（即伊势神宫）和另一座为了供奉维新期间战死者而建的神社（即后来位于东京的靖国神社）被宣布为"国家神道"，成为国教的中心。

这很有可能会发展为极权制度，但其极端倾向很快就遭到抑制，尽管其主要轮廓从来没有被舍弃过。其中一个作用的因素是民情，有证据清楚表明，民众对熟悉的佛教圣地受冲击一事感到痛心。其次，神道和国学的狂热分子行事不切实际，他们盲目排外，对政治形势一窍不通，他们惹恼了那些支持他们的维新领导人，随后遭到疏远。或许，最重要的因素是西方列强的"长臂"干涉和明确反对，他们捍卫基督教在日本的权利，而且日本要想成功修改条约，列强的同意必不可少。

因此，当明治维新的文化革命走到最后一个阶段时，其立场变得温和了。从1870年开始的"大教宣布"运动持续了将近14年，不时有所动作，它将传播佛教、神道和新宗教（黑住教和金光教）的人一并归为某种融合性的"大教"的宣教使，以培养出爱国、思想可塑性强的臣民。表面上看，大教是不分宗派的国民性宗教，但它更多的以神道为中心。它主张三个相当空泛的教则，包括：(1)敬神爱国；(2)明天理人道；(3)奉戴天皇，遵守朝旨。这些陈词滥调将由宣教人员作进一步的阐发，而大教院是专职培养这类人的地方。交税、守法、教育、公历（1873年改用新历）、"富国强兵"，以及西学与现代文明之重要性，都是宣教指引里所强调的内容。这相当于中国明清时皇帝诏令乡绅当众宣读的圣谕，不过是现代版本，同时它还预示了1890年发布的《教育敕语》。政府花了很大力气在这上面。1876年，登记在册的宣教使就超过一万名。同年，大教院归伊势神宫当局掌管，更加彰显其神道色彩。

然而，这场运动失败了，而且一败涂地。那些遍布各地的宣教使及其淡而无味的教义、口号，成了讽刺作家和墙壁涂鸦的笑料。大部分日本人选择低头忍受，等待势头过去。这些试图建立国家神道、监管神社神道的尝试，以及国家在公民道德方面的劝谕，给日本留下了重要的"遗产"，不过到明治后期才清晰地表现出来。到那时，天皇的光环更加夺目。

第五节　求智识于世界

求智识于世界，以巩固皇基，这是《五条御誓文》末尾的呼吁。日本在重建制度的过程中，有节制地寻找可以适用于日本的模式，这正是明治时期最为独特的地方。而启动这一过程的，自然是德川幕府。出洋使团的成员在执行出使任务的同时，花越来越多的时间来观察。世界上没有别的国家会像日本那样，决定让自己的政府——50名高官——搁置公务，在西方待了整整一年零十个月（1871—1873），同行的还有众多学生和出身名门的随员。日本的这一举动

第十一章　明治革命

令人惊叹，而更令人瞩目的是这批随行人员回国后的就职情况。

派使团去学习这个想法来自荷兰裔美国传教士圭多·沃贝克（Guido Verbeck），驻留长崎的他首先向大隈重信提建议，其后被转达给岩仓具视。沃贝克提议，使团只需要到访五个国家，他写道："这些国家都了解透了的话，就没必要再花时间在别的国家上。"但日本人做的远远更彻底。使团遍历全球，走访12个国家，就政府组织、工业发展、贸易和教育方面进行比较研究。使团的每个人都为自己能够参与其中而骄傲。岩仓具视被任命为特命全权大使，带领整个使团，木户孝允和大久保利通担任副使。随行的还有长州、佐贺、福冈、金泽诸藩的藩主及各自的家臣。北海道开拓使也派了代表前来。使团由一名朝廷贵族带头，萨摩、长州两藩都有合理比例的代表，官方人员里共有三个贵族，而长州、肥前、萨摩藩的人数分别为五、三、一，剩下的都是有过现代管理经验的前幕府官员。至于中下层的人员，并非固定不变，在漫长的海外之旅期间，有人加入，也有人离场。明治时期的领袖大多想要外游。思想家、未来的政治领袖中江兆民就曾苦苦劝说大久保，请求对方让自己成为使团留法学生的一员。包括大久保在内的不少政府领导人，都想办法确保自己的儿子能够随团出行。更令人刮目相看的是，有五名女性被派往美国接受教育，年龄最小的只有七岁。[30]使团里只有两个人有过出洋经验，一位是十年前长州藩公派留英的学生伊藤博文，另一位则是驻美国的日本公使森有礼，当年萨摩藩首次海外使团的成员。

1871年这批大使从横滨出发前往三藩市，有一幅名画就描绘了这一场景。他们既是在学习和观察，同时在证明着日本进行现代化的决心，他们一路上受到国宾待遇，由驻日外交代表陪同，出席市民、工业界和政界领袖招待的酒会和宴席。例如，三藩市的《每日晚报》（Daily Evening Bulletin）对大使大加赞誉，称其为"当今——考虑到它过往的情形——世界上最先进的国家"的代表。19世纪70年代的西方世界沉浸在一片自信大方的氛围中。世界博览会、工业博览会提供了比拼成果的舞台。美国和欧洲恢复了和平，工业发展和铁路开发达到前所未有的高度。对自身成就的自豪感，加上对未来商业利润的期望，促使他们举办一场又一场招待会，将这种种成就告诉日本客人，令其留下深刻印象。他们总是将日程排得满满当当。使团的书记官久米邦武对出访细节作过仔细记录，以陈述事实为主，不时穿插着自己的评论，谈论它们对日本有何意义。[31]

通过木户孝允的日记及他个人大量的书信，我们可以获知使团的行程。美国的教育最让他印象深刻。"学校是我们的当务之急，"他写道，"除非建立一个不可摇撼的国家根基，否则我国家的声誉不可能在一千年里有所提高……我们的人民和今天的美国人、欧洲人没有任何差别。这完全是教育或教育不足的问题"。[32]驻华盛顿的公使森有礼替使团做了些预备工作，他邀请美国的前沿教育家就日本的某些方面提出看法，包括日本怎样才可能最大程度地促进物质繁荣和商业发展，进一步开发工农业利润，改善人民的社会环境、道德水平和身体素质，以及优化法律和政府。1873年，他将收到的回复刊印出来。戴维·默里（David Murray）在给罗格斯大学校长准备的答复里提到，日本在亚洲的位置如同英国之于欧洲，有可能被打造成"同样强大的商业巨头"。这一看法深深触动了日本人，因此默里被聘请到日本，为新设立的文部省担任顾问，直到1878年才离任。默里总结说，虽说应用科学在美国十分受重视，但更高层次的和理论方面的科学都源自德国。不到十年，这一断言便体现在日本的高等教育制度上，它和美国新兴的研究生院一样，在欧洲大陆找到了学习的模板。

使团逗留海外期间，从汤森·哈里斯谈下来的对美条约开始的一系列不平等条约再度被提上议程，但使团只能就此展开商讨，无权达成协议。不过，伊藤和森有礼信誓旦旦地向他们那些资深同僚担保，称现在正是和美国谈判的好时机。但他们发现自己没有文书凭据，于是不得不让大久保、伊藤返回日本，使得行程延误了四个月，其他人只能在华盛顿苦苦等待。两人在东京遭到其他同僚的强烈反对，后者担心他们是在抢占权力。等到两人回到华盛顿时，岩仓和木户已经确信条约的改订必须建立在全面谈判的基础之上，而非双边谈判，并将此事告知了美国的国务卿汉密尔顿·菲什（Hamilton Fish），令后者吃了一惊。木户对那两位自信满满的年轻同僚甚为恼怒，狠批其为"追逐一时之名的机灵青年"，把他和菲什的最后一次会谈形容为"无法言喻地难，比在战场上十面受敌还要难"。[33]

因为这次延迟，使团在美国待的时间（205天）比在英国（122天）、普鲁士（23天）、法国、俄国和其他欧洲国家都要长。久米日记所记各国篇幅的大小就反映了这一点。但鉴于英国的工业实力，还有美国作为发展中国家的典范作用，无论如何这两个地方都可能是重点对象。长时间滞留华盛顿，加上突然而至的暴风雪一度让联合太平洋铁路关停，一行人被困在盐湖城，导致这趟美国之旅格外漫长。

日本会在西方世界找到学习的范例，对此人们从来没有太多质疑。"有富强之国，即所谓成熟的文明，"1872年的福泽谕吉写道，"也有尚处于原始或落后状态的贫弱之国。一般来说，欧美国家代表了第一类别，亚非国家属于第二类别"[34]。

结束行程后，大使们得出结论，日本的独立性所面临的威胁并没有他们以为的那样紧迫。西方不过是近来才晋升龙头。比起军事防务，日本更应该启动"防御性的"现代化计划，将自家打理好，这样一来，日本才会跻身国际社会的上层，赢得尊重和尊严。西方并非样样都领先，如久米在日记中指出：

> 人们所见欧洲的富裕、繁荣很大程度上是1800年以后才开

始的……1830年,蒸汽船、蒸汽火车首次面世。这是欧洲贸易突变的时代,英国人第一个将精力全都花在开发上。[35]

换言之,日本并非落后得全无希望。经过仔细的规划和艰辛的努力,日本也可以达到这个水平。

大使们还深以为日本要在代议制机构上花些功夫,为政府行动奠定共识。在这方面,此前就犹犹豫豫地尝试过相关举措,即1868年6月短暂实行的那套组织格局,不过西方的经验表明,代议制机构和国家富强之间有直接关系。一回到日本,木户就引用波兰的经验指出,缺乏民众参与的话,国家的独立性将面临致命的打击。他在华盛顿时,就已经决定把《五条御誓文》中关于议会的说法视为"宪法的基础"。宪法为"全国人民"提供了一个渠道,"表达他们统一和谐的愿望",反过来,官员"尊重全国上下的愿望,以深切的责任心来服务国家,这样一来,即便在大危大难之际,他们都不会违逆民意随意行动"。日本或许还没完全准备好迎接议会的管治,但基本上"它和欧美国家没有区别,后者政府的行为体现了人民的意志"。[36]另一方面,这趟出使表明了一点,从西方制度中择其一而从之,不仅可能,而且有必要。木户对美国的民主多少有点反感,当他从侨居德国的日本人那里得知还有别的模式可供学习时,不禁松了一口气。

使团所到之处,无一不对明治政府继续实行基督教禁令的行径表示反对。果不出意料,1873年即使团归国那年,写有禁止基督教信仰的高札被拆了下来。宗教在欧美生活中所具有的重要意义,也逐渐得到大使们的尊重。久米邦武说,《圣经》看上去如同儒家经典和佛经的混合体。反过来,日本人由于没有类似的严格规范可以遵守,一举一动必须小心谨慎、明辨细察,以免社会分崩离析。

使团的人自然都深受儒家价值观的影响。久米在深度评论时,

第十一章　明治革命

不可避免地会将西方的十诫和（儒家的）五常做比较。一方是规范性质的，另一方则更具包容性、更人性化。西方看起来贪婪、独断，而东方则立基于家族式统治的道德准则之上，由仁厚爱民的统治者掌权。木户就震惊地发现，美国一个被他称为资深"哲学家"的人，竟然对自己把父母置于妻子之上的做法表示意外，双方都认为彼此的做法不道德，这令木户感到疑惑，人伦价值真的能被现代化并保存下来吗？这番思考发生在他们逗留西方新教国家期间，其价值和责任伦理尚且较为容易接受。至于天主教和东欧国家，其制度化（institionalized）的基督教则又是另一回事。"让我大吃一惊的是，"久米写道，"西方宗教竟将人民的财富大肆挥霍于教会。"很快，他就将这种现象和他脑中正在成型的各国新秩序联系起来。"国家越是落后，宗教迷信的影响力就越强，人民也就越容易崇拜偶像和动物。"

但关键的是，日本所融入的这一新兴国际社会正建在这些"西方"价值观之上，这里竞争激烈、开放参与，不断为新一轮的扩张打造新的殖民基础。西方国家参加的似乎是一场永无止境的比赛，彼此间无休止地怀疑和不信任。"即便所有西方国家的外交都向外界传递着友好，但暗地里都在互相怀疑，"久米写道，"比利时、荷兰、瑞典、瑞士这些小国家，就像豪猪那样竖起全身的刺，加强防御……他们头盔的绑带丝毫不能松懈。"[37]

久米大使在日记里对日本现状和未来道路所作的讨论，就其深度和广度而言，恐怕无人能出其右。这趟出使学到的道理很明白。日本进入了一个竞争异常激烈的世界，在这里，胜利属于教育水平高、团结一致的一方。面对种种范例，日本必须谨慎选择学习的对象。一开始，美国的教育、英国的工业化、法国的法律体系和德国的代议制尤其有吸引力。日本要将种种制度进行现代化的改造，才有资格摆脱那些不平等条约所造就的不平等地位，由此，为了长远的利益，它要推迟此刻的满足。

使团一些资历较浅的成员能空出更长的时间，待在西方学习。日后挂帅的桂太郎和亲王西园寺公望就是这样，两人将在20世纪头十年里交替出任内阁总理大臣。他们一个留德一个留法，在当地浸淫多年。一小拨学生蜂拥至西方世界，这或许是近现代以来的头一回。1868—1902年间，因海外留学而颁发的护照就有11,148本。明治维新不到五年，私人资助的留学活动已经开始和公家持平，越洋求学的学生数量庞大。明治头十年里，这些学生有三分之一留学美国，十分之一在英国，另有69人在德国。[38] 岩仓和木户的儿子早在他们的父亲出使期间就开始留美（罗格斯大学）。

第六节　维新同盟的瓦解

1873年，岩仓使团收到东京发来的紧急召集，要求他们马上回国。在他们外出的时间里，所有事务都交给一个留守政府处理，由西乡隆盛、板垣退助、江藤新平、副岛种臣和大隈重信担纲。三条实美，即十年前那位出走长州的贵族，为政府加持朝廷的光环。留守政府的领导人都有共识，在使团回国以前不会在政府政策上作任何重大的变动。实际上，教育、征兵、税收方面都有大动作发生，不过这些举措大有可能在岩仓使团出发前就已经初步规划好。当财政政策遇到困难时，东京政府常常产生分歧，在这方面，大隈（他对萨长霸权有所疑虑）坚持通货膨胀的主张，而其他人则更为谨慎。腐败、丑闻也让他们苦恼缠身。执掌军队的山县有朋将事务错付给一个转行经商的友人，后者利用公家经费大发了一笔横财，即便后来此人自杀了，对山县有朋的批评之声依然没有消停。井上馨的宦途同样起伏不定，几经上下台。藩藩之间的对立情绪依然高企，令每一次犯事都转变成对派系忠诚与否的问罪。

但有的问题并不会等到岩仓使团回来才解决。日本和俄国之间为争夺萨哈林岛和千岛群岛不动声色地相互较劲，直到1875年，在前幕府官员榎本武扬的努力下，双方在圣彼得堡签订互换条约（千岛群岛归日本，萨哈林岛归俄国），事态才平息。日本人对北海道也有同样的疑虑，北海道开拓使取代了原来的"虾夷奉行"，受萨摩藩的黑田清隆节度，黑田主张一系列有力的移民和开发措施。但这一切耗费了不少金钱，从而掣肘了外交和军事方面的进一步举措。

留守政府里权势最大的领导人是西乡隆盛和板垣退助，两人都以军事将领的身份一路高升，位至显赫。可以想象，旧日的部队同僚——那些受津贴计划影响而艰难维生的武士——会格外引起他们的关注，并对他们产生压力。山县有朋等"现代"军事思想家都深信，从农民当中征集的士兵不仅更有优势，而且可塑性强，而一些旧士兵却对此不以为然。外交政策前景不明朗，人们开始忧心俄国对北部及周边大陆有所企图，他们不得不想想办法，该怎样动用那些不安生的旧日武士的力量，同时又赢得大众的支持。

1873年，大家争论的焦点逐渐放在朝鲜上。日方对朝鲜的立场里明显存在一种蠢蠢欲战的心态，或许是为了弥补由弱势所带来的受挫感。德川幕府晚期的著名人物里，包括吉田松阴，都鼓吹日后要征服亚洲，对马岛上那些和吉田一同修学的年轻人不少都期盼着有直接行动发生，或许能让他们在里面发挥什么作用。木户孝允在远赴西方之前，也曾想要找到对朝宣战的根据。朝鲜一方就给了由头——他们带着些许傲慢，拒绝了日方的外交提议。德川末期，幕府曾试图以现代方式和朝鲜来往，但朝方向来通过对马岛来处理对日事务，且对日本有疑心，于是断然拒绝了这一做法。明治政府甫一上台，立马又尝试了一次，向朝鲜解释自己为何要实行"现代"的国家关系，建议和朝鲜建立正常的邦交。朝鲜再次回绝，而且措辞不堪，让日本有了充分理由发动一场"报复性"的远征。到这时，"征韩论"在留守政府和刚回国的岩仓使团之间引起了分歧。

历史学家会惊讶地发现，明治政府领导人竟如此欣然建议采取强硬的措施。日本自己还在统一之路上奋斗，受新政府控制的地方不比德川辖地多多少，但木户孝允等人依然提议用武力恐吓的方式来警告对岸的邻国。在1869年1月25日的日记里，木户写道：

> 我们要立马决定国家要采取的路线，然后派使节到朝鲜，就其对我方的无礼举动，质问那里的官员。倘若他们不承认错误，我们就当众发声明，在对方领土发动袭击，以扩大我们神州大地的影响力……如果这事成了，我们国家的那些传统保守势力将在一夜之间大变……我们要争取在所有实用技能和技术方面取得进步，要革除彼此刺探、相互指责这类讨厌的行为……这一政策给国家带来的好处真是数不过来。[39]

换言之，战争将实现统一并推动现代化的进程。几个月后，木户觉得自己找到了办法：

> 我不是说我们要在没有适当理由的情况下侵略别的国家。我想提出一个全部人都会接受的理据。我希冀主张的理据便是，我们要将自己优秀的国家政策带到那片土地上。[40]

估计没有比这更不知所谓、固步自封的"理据"了。让人同样诧异的是，1869年的木户还期望"全部人都会接受"它——尽管20世纪有很多日本人都为了这个幻想而努力。1870年7月，木户被任命为特命大使准备赴朝，但一直没有落实。

在岩仓使团离开日本期间，留守政府——特别是西乡隆盛、板

第十一章　明治革命

垣退助和江藤新平这几位——继续在对朝政策上争论不休。1871年废藩置县，对马岛不再有藩主，新措施亟待出台。政府派出为数不少的调查团前往釜山，此前对马藩的贸易就在这里进行，调查团回来后强烈提出要使用武力手段。他们认为，朝鲜之富庶，完全值得日本为之动武。至于中国——外务大臣副岛种臣是第一位被同治皇帝公开接见的外交官——不大可能会出手干预，不久前英法联军才在天津把他们打败。至于俄国，以萨哈林岛交换千岛群岛的交易应该已经满足了他们，即使他们想要趁机进犯北海道，英、法两国也很可能会出手阻止。沿海一带的视野足够清晰，对朝行动不成问题。西乡将以使节身份赴朝。对此朝廷也表示同意，但在行动前夕，紧张不安的朝廷想要岩仓使团参与其事，因此发出紧急召唤，命令他们赶紧回国。

　　1873年10月，回国后的使团将征朝计划搁置一边，展开激烈的辩论，最终决定撤销西乡赴朝的行动。关于这场争论的记录仍不是很全面，当时的公众对此更是几乎一无所知。即便是执掌现代军队的山县有朋和统领新成立的海军的胜海舟，都是在辩论即将结束之时才听到消息。西乡极力反对撤销出使计划。他说，如果他没能说服朝鲜人，反而在朝鲜遇刺身亡，就会让日本有一个极佳的借口对朝宣战。"我没办法说自己会像副岛那样成为一个杰出的使节，"他在给板垣的信中写道，"但如果是性命，那么我向你保证，我随时准备牺牲。"而且，万一开战，那些忿忿不满的武士将会派上用场，"把那些希望国内大乱的人的注意力转移到国外，进而对国家有利"。至于反方，大久保和（刚转变立场的）木户则以自己对国际形势的了解为依据，认为开战属不理智之举，这会制造事态让中国和欧洲列强插手。主持会谈的三条实美身心俱疲，最后崩溃倒下，由岩仓代持，决议终于敲定。

　　西乡愤然从政府出走，离开东京，回到鹿儿岛，一同离去的还有他在天皇近卫军里关系最紧密的追随者和关键人物，当中大部分是萨摩藩的军人。板垣退助、后藤象二郎、江藤新平、副岛种臣也一一从政府离职，但他们首先准备了一份建白书，要求设立民选议院，如此一来，决策过程就不再会像这次那样纷争不断、怨气丛生。过去十年里，明治政府的领导人以开放包容的卓然心态来对待分歧，如今分崩离析。关于这场争论里个人的立场和动机，有很多地方至今都难以明白，但有一点判断或许合理，如井上清所言，这场辩论实质上关系的是哪一方将统治日本：是西乡、板垣等军事头脑，还是大久保利通、木户孝允所代表的改革派官僚。[41]

第七节 赢家与输家

本章将重点放在了明治变革领军人物的事迹上。核心领导层是一批来自西南诸藩的武士，他们在19世纪60年代收获军事和官僚政治方面的经验，说服各自的藩主和朝廷贵族，在如何一步步推动中央集权化上取得共识，然后放眼海外，为新成立的国家制度寻找学习的榜样。不到数年，他们就从政治舞台的两侧走向中央，取代他们昔日的上级。那么其他的、数量更为庞大的日本人呢？他们当中，谁从中获利，谁又输了呢？

从政治进程的中心点来看，昔日的大名和朝廷贵族很快就沦为无关紧要的角色。但他们大多很早就下落不明，只有那么几个背景过硬的仍有消息。萨摩藩的岛津久光由于备受冷待而忿忿不平地抱怨。土佐藩的山内容堂哀叹着大名已成往事，最后酗酒身亡。至于宇和岛藩的伊达宗城，他在明治初年的外交中发挥过一些作用。高崎藩的大河内辉声为了交换诗作、互邀聚会，在新来的驻日中国使团里结交朋友，他还对日本过度偏向西方的行径大加谴责，痛骂大

第十一章 明治革命

久保等领导人。但从个人角度出发，大名并没有什么理由好抱怨。他们和公家贵族一起分属"华族"阶级，高于原来的武士，随后又归到1884年新设的爵位"贵族"。他们的报酬相当可观，根据此前领藩的大小享有高低不等的津贴，因此大藩的藩主仍然家底丰厚。新政府将各藩积压的外债揽过来，把大名和贵族安置在京都居住。政府还专门成立了一家银行教导他们怎样投资，他们在清算中所获得的资金也会通过这家银行来发放。[42]

至于武士，他们熟知的自然是另一个世界。等级是这里的基本架构，但派系间的争斗则不停使之耗损，这里既有富足人家，也有硬撑排场的贫民。只有少数在明治时期晋升至领导层的人，才享受过大权在握的安稳日子。我们接下来就要谈谈这少数人之外的世界。

我们首先想到的是普通百姓，他们是怎样成了赢家或输家的？如斯蒂芬·瓦拉斯托斯（Stephen Vlastos）所言，这方面的材料形形色色的什么都有。[43]1868—1872年间总共发生了343场农民示威活动，1869年更是达到顶峰。从1867年开始连续三年农作物歉收。这类事情发生后大多会上书请求减税，这在德川时代已经是固定的做法。在新政府的鼓动下——如此前提到——减税更是显得大有希望，因此当幻想破灭时，农民的示威浪潮更为汹涌。有些地方的农民反对撤走当地的封建治理机构，后者在施政时对他们表现了同情和理解，比起新许下的承诺，他们更倾向于相信旧日的治理机制。刚上任的行政官员受制于新建立的行政架构，或对长久以来的公共传统和惯有权利尤其地漠视。没过多久，新政府就派军队前来镇压，这些部队和当地没有任何关系，以前农民会逐渐寄希望于本地武士力量的愧疚之心，而今这些部队几乎无动于衷。[44]

新政府还发布了一系列引发混乱和民愤的诏令。1871年，政府解除了平民和武士之间不得通婚的禁令。这对大多数农民而言没什么影响，肯定比不上同年另一则法令——贱民阶层将提升到"平民"

的地位——引起的轰动大。这一做法马上激起好几波抗议。即便是对于那些"被解放的"人,这则善意的诏令一开始也是好坏参半,因为他们传统以来的职业垄断(例如兽皮制作业)和自治机制行将结束,他们全都要隶属于一个新建立的税收制度之下。

好处明显还是有的。农民获准——事实上是命令——使用姓氏。另一项重要收获是,他们有了耕作的自由,此前农民种植什么作物都由藩来决定,是为了满足它们的需求。此外,他们第一次可以自由出行,可以通过提供公众场合所必需的正式化职能来获得报酬。新的户籍法同样在1871年出台,规定每户人家必须登记为新区划下的一个单元,户主对家中其他成员的行为和义务负有连带责任。传统的农村地区都以社群为重,至少理论上如此,而现在,拥有新姓氏、为家人所依附的户主将要像德川时代的武士那样,继承并履行自己的职责。

1873年下达的两道诏令给所有平民带来根本的转变。1月颁布的征兵法要求男子在军队服役四年,随后充当预备役三年。免除兵役需要缴纳270日元,但这样一笔钱并不是大多数农户所能承担的,因此新规定对贫穷阶层带来的压力最为严重。新法令引起一系列示威抗议,其中有的人由于误读"血税"(来自法国的"blood tax",被政府借用了过来)的意思而愤然反抗,其他的抗议则因为暗地里一直怀疑新法令向富人倾斜而积怨多时,如今一下子爆发。

这种好坏参半的矛盾状态,同样体现在农村地区对1873年土地法令的反应上,而这恰好是所有改革里最为重要的一次。根据法令,农民将对自己的土地享有法定权利,过往以乡村为单位上缴的税款如今将由个体来承担。以前税收都是基于估算的生产力来决定的,税率和细节方面因藩而异,而新制度统一要求按所谓的土地商业价值的3%来计算,且以现金形式来交税。而这个土地价值又是通过一个复杂的运算法则算出来的。[45]实际上,大部分当政者认为,通常情况下缴纳的税款不会和以前有多少区别。估算过程和产权凭证的颁发肯定需要时间，在日本某些地区——萨摩尤甚——更是耗时多年。问题是，一个早已为人民所习惯、经当局努力协调出来的制度——而且，在凶荒之年这些执政者有时至少还愿意与大家协商——如今遭到取缔，代之以一个死板的、冷冰冰的制度。整体来看，这项新制度可能更加公平，尽管某些地方的农民并不这样觉得，他们在旧政权时代享有更低的税率。以金钱方式来交税，意味着通货膨胀的益处将累积到土地所有人兼纳税人身上，但在日本部分地区，人们难以跟千里之外的商品市场打交道，因而处于劣势。县制改革后，新上任的执政者由于对当地情况相对不熟悉，可能只会把心思放在如何加强权威上。

在所有因素的作用下，社会突然掀起一股示威抗议的浪潮，其中一些开始出现暴力活动。在地方官员领导有方或新税率尚且合理的地区，事态发展比较顺利。但在1875年，东京政府下令加快改革，令人顿感不公，抗议之火迅猛蔓延。这些示威活动往往收效甚微，毕竟明治政府已非昔日的藩主，它的军事部队可以随时出动。为了维持这摇摇欲坠的统一，政府毫不犹豫地选择了镇压。但到了1877年，政府经受不住各方压力，于是将税率调低到2.5%，经协商后同意荒年减税，允许那些远离交易中心地的农民以合适方式来交税。

普通的日本人——特别是那些农民——又从这些改革里获得什么好处呢？某些地方保留了传统的领袖和带头人，让人们觉得这些改革或许会缓慢地进行。[46]然而，不到数年时间，新的地方精英阶层逐渐成形，他们和旧日的精英阶层虽有重叠但不一样。属于这一阶层的都是当地有声望的地主农民，即日本历史学家所谓的"富农"。他们组织新的乡塾，当恶政贯盈时，他们有资源也有主动意愿去发起抗议活动。令人惊讶的是，他们还可以在如何改善形势的问题上，随时递交请愿、简报或建白书。他们提案的范围之广、思想之活跃，可见于那一大套出版系列。[47] 这些人更像把自己当成新英格兰的地方行政委员（selectmen），而不是唯唯诺诺、备受压迫的听差。另一方面，这些变化对能力不那么出众的人、身处弱势的人和穷人造成负面的影响。了解规则的地主、雇主和低阶官员是优势方，他们知悉谁执行这些规则，享受着新法令带来的自由权利并用这些权利来为自己辩护，而在以前，地方上的传统权利和共同义务限制了个人自我进取的机会。但在一个农民出身的成功企业家背后，很可能有一个被迫在贫困线上挣扎求存的"水吞"佃户。有关变革所带来的相对好处，学界已经有相当多的重要讨论，而我们也会再次回到这个话题上。

武士经历的变化必然最大，而且大部分明显是输家。新政府的军方领导都认为，德川晚期征募的士兵要比武士队伍更有优点。后者固然有魄力、爱惜自尊，但这些特质和纪律性、常规化难以相容。同样重要的是，这一世袭阶级的食禄制度耗费了大量资金，令政府在别的事务上基本有心无力。

维新不久后，西南诸藩开始推行改革。萨摩藩降低了俸禄，长州藩对其等级制度进行简化，肥前藩实行择才授职，而土佐藩推行全面改革，预示了世袭身份制的末日已经到来。1870年秋，中央政府发布诏令，让等级结构更为整齐划一。藩也一样，根据石高大小，被划分为大、中、小三类。

1871年废藩置县的诏令公布后，中央政府一下子就承担起所有武士的俸禄。第一个要解决的问题便是区分"真"的和"近似"的武士，然后将中上阶层的称为"士族"，阶层较低的为"卒族"。这个最低阶层很快就被废除，仅一代的"卒族"被归入平民，而其他的则成为"士族"。接下来，政府为了解决资金压力，开始将注意力转移到德川家的家臣身上，这些人的领地正按照县制被重新划分。他们的俸禄遭到大幅裁减，放弃俸禄的会得到金钱方面的补偿。

第十一章 明治革命

但日本大多数地方和大部分武士有很多问题尚待解决。作为内战战败的一方，德川家的家臣和东北诸藩的武士不会有什么大问题，他们也知道自己输了，故而没什么期望。但身为维新运动的领导方，新近军事化的西南诸藩可就不是这么一回事了。藩里都为赢了内战而兴奋不已，翘首以盼，而且中央某些权势人物还是他们的朋友。然而，他们的俸禄被削减，新政府把期望寄托在征兵上。长州藩试图精简军队，结果招致叛乱。更为不妙的是，政府发现，即便削减津贴来养活这一无所事事的阶层，也会给自己带来难以承受的重担。政府已经允许武士从事贸易和生产，但几乎没人有这方面的天分或有好好干的准备。"武士商法"成了无能的代名词。1874年，政府尝试鼓励武士用津贴来换取附息债券。两年后，劝说无望的政府将这一交易强制化。和此前的俸禄一样，债券和收入成正比，大藩主可能会变成财阀富豪，但对于大部分武士来说，债券只是微不足道的小积蓄。他们大多很快就因为投机或经营不善而失去了这笔钱。

在这样的局面下，可以理解，为何人们开始纷纷谈论起争夺萨哈林岛，说要发动远征，宣称要给被中国台湾高山族居民杀害的冲绳渔民复仇，或报复朝鲜带来的耻辱。武士不在乎输赢，却视荣誉高于生命。

因此，1873年领导层因征韩论问题而分崩离析后，暴力活动很快就随之而来。回到肥前的江藤新平在一群煽动者的劝说下挺身而出，充当这批人的领袖，投入一项从一开始就注定失败的事业。大久保亲自率军平定佐贺的动乱。江藤逃到鹿儿岛想向西乡求援，又到土佐试图让板垣加入，皆无一成功，最终被抓获处决。接着，1876年前原一诚在长州举起反叛的大旗。这次动乱最主要的影响是城下町遭焚毁，百姓为士族给自己造成如此大的不幸深感愤怒。熊本一个被称为"神风连"的叛党对政府的现代化改革十分抗拒，以至拒不使用枪炮弹药、仅靠刀剑，进而令镇压变得轻松些。

这一系列抗争在萨摩藩上演了最后的压轴戏——西乡隆盛走上战场，公然要向天皇痛斥其手下大臣的恶劣行径。自从政府离任后，西乡就过着相对与世隔绝的平静生活，但他所在的地区成了武装基地。军事训练营以"私学校"的名义遍布各个地方。在年轻军人看来，西乡是他们的英雄，而且某种程度上，也是他们的资助人。县长官对当地的不满情绪相当理解，故而出手配合。愈发起疑的东京政府派出密探前去调查，但这些探子很快就被抓获并遭到审讯，其中一个在酷刑下承认他真正的任务是前来刺杀西乡。接着，政府尝试搬离鹿儿岛兵工厂的军火，但被激进的年轻人阻挡了下来。就在这节骨眼上，1877年西乡同意率军前往东京向天皇抗议。为了保护侧翼，他先是围攻了熊本的堡垒。但后者抵挡住他的攻击，战况顿时不妙，但他仍继续包围了大半年。为了对付这次动乱，政府再次指派有栖川亲王为名义上的元帅，率领平乱大军。

　　萨摩之乱*或许算得上是明治维新时期真正意义上的战争。六个月后，南部势力才被击溃。而政府也紧绷到了极点，从其他藩里招来旧日的武士，还派出自己手下的警察部队。它一共动员了6.5万人，其中战死者6000、伤者1万。西乡从头到尾都对天皇示以忠诚，身上穿着护卫军的制服，但他的军队仍遭到覆灭，约有1.8万名叛军被杀或受伤。

　　武士叛乱之所以失败，部分是由于他们只动用武士，将百姓当牲口来看待。将领从不同辖地调来，彼此之间既不能协调计划又无法一同共事。结果，政府得以逐个击破。再者，西乡起义失败后，明显再也不会有武士起义能成功。西乡的人物形象就像海神普洛透斯一样变化多端，在世时举足轻重，去世以后名声更是大噪，给日后的民粹派、军国主义者留下了一笔遗产。西乡死后数年即获天皇

---

* 史称西南战争。

赦免，他作为民族英雄的地位也恢复了过来。

1877年5月26日，木户孝允因肺结核和脑疾病离世。而在1877年9月24日，西乡于最后一役了结了自己的性命。接着，1878年5月14日，明治头十年三巨头的最后一人——大久保利通——在东京被一群厌恶其专权独裁的武士暗杀身亡。

历经十年，新的国家政权逐渐得到巩固，而明治维新的三大领袖就这样相继去世。明治国家的制度化进程，将交给其继任者去完成。

第十二章
明治国家的建立之路

　　木户孝允、西乡隆盛、大久保利通在明治头十年之末相继去世，另一批人走马接任，填补了领导层的空缺。无论以哪种标准来看，明治时期的这批领导人都是卓越之才。如果说领导层是从1880年开始紧密团结起来的，我们可以发现一些有趣的事实。年届55岁高龄、资历深厚的岩仓具视，是当初领导队伍里仍然在世的，但也只多活了3年。其他人平均年龄40岁，正值壮年。他们出身于等级较低的武士家庭，来自那些带头推动维新运动的藩。两人（板垣退助和后藤象二郎）来自土佐，一人（大隈重信）来自佐贺，但不久他们就被长州、萨摩的人排挤了出去。维新运动之所以能发生，依靠的正是这些藩的军事力量，新任领导无一例外都曾参加过其间的战争。明治政府成立之初，伊藤博文和井上馨就在其内任职，是最初的"参议"之一。不久他们的队伍陆续有人加入，随后参议席位从106名减少到26名，到1885年现代内阁制度建立、这一职务遭取代时，席位只剩下7个，但两人由始至终都在其列。团队里的关键人物都有海外经验，伊藤博文和井上馨都是19世纪60年代长州藩公派留英的少数学生之一，至于其他人如山县有朋（长州）和松方正义（萨摩），也很快奔赴海外，考察军事和财政制度。一开始，这些人的职位都比较低，但到19世纪70年代时，随着萨长权势的强化，他们迅速青云直上。从1867年少年睦仁继位天皇、他们仅20多岁起，到天皇年届二三十、日渐成熟之时，他们一直担任其参议和臣下。从1889年起，为了表达感谢，天皇开始发布一系列诏令，授予他们"元勋"的地位，这是中国皇帝在皇朝初立之际不时用以褒奖大臣的称号。这一名称逐渐演变为常见的"元老"。天皇还赐予他们新的贵族头衔，以及钱财上的赠礼。这些厚遇虽然不是形式上的说说而已，但完全比不上他们在一个新兴且迅猛成长的资本主义经济体里获得的另一些好处。通过联姻、过继、荣衔，这一小撮政治寡头被置于明治社会的核心，晋身为权势网络的关键人物。到19世纪90年代，新一代的抱负青年开始公开谴责"天保老人"的保守。山县、松方的离世（前者在1922年，后者在1924年）为明治初那一批人的影响力画上了句号。不过，他们背地里对天皇的那种悄无声息的引导作用，直到1940年朝廷贵族西园寺公望逝世后，才宣告结束。[1]

明治领导人里没有谁在哪个领域拥有专断的权力。像金融、军备这些领域，专业化的特征尤为明显，但由于上述明治领导人背景过于相近，专业化官僚要到第二代领导层掌权后才开始崭露头角。明治政府的领导人把自己视为各方面的权威，外交也好、国内事务决策也好，从全国性到地方性的机构，他们都觉得要插一手。尽管如此，其后局面的形成确实离不开某些人的个人贡献，为方便起见，我们把他们放在这类标题下进行讲述。

第一节　松方经济学

在明治政府种种关心的问题里，经济是重中之重，因此我们不该将所有成就归功于松方正义（1835—1924），但考虑到他自1881年起十年里一直担任财政大臣＊，有"松方经济学"（Matsukata Economics）或更离奇的"松方通货紧缩"（Matsukata deflation）"松方萧条"这样的叫法产生，也并非不可理解。松方尚是萨摩藩一个青年武士时，就和大久保利通交好，直到1878年后者被刺杀前，大久保一直是松方的导师。到那时，松方已经担任一系列重要职务，而且经常是兼任状态。维新后不久，他就为新政府坐镇长崎，接着转任日田县知事，一段时间后进入中央政府。他提出的建议是地租改革的核心要领。其后，大久保在随岩仓使团出发考察之前，任命松方为新成立的工部的负责人，请他监管救济贫困旧武士一事。萨摩藩起事之际，松方的家人还在鹿儿岛，但他们成功躲过那场毁灭性的大火，跑到东京。[2]松方是所有明治"元老"里寿命最长的，他在政治上的表现不如其他同样出身长州的同僚，实际上，尾崎行雄在自传里将松方批评为明治所有内阁总理大臣中最为"钝重"的一个，但他的耐力、以他为中心形成的金融网络即所谓的"松方财阀"，让他始终具有巨大的影响力。

"明治政府最主要的任务是打造一个稳健的财政基底以实现自己的需求。"E. 希尼·克劳库尔（E. Sydney Crawcour）写道。[3]1881年松方开始掌舵时，经济完全达不到这一要求。政府于1871年接过各藩统治权的同时，也将其债务包揽了下来。接着，它又挑起难以承受的重担，发粮给那些因其土地和征兵政策而失去生计的武士阶层。武士津贴的开支占用了新政府将近三分之一的财政收入，其

＊ 明治初期称为"大藏卿"，内阁制度建立后改为"大藏大臣"。

后政府迅速采取措施以降低这一支出，允许武士津贴以购买附息债券的方式来替代，最后因为强制推行，而引发武士叛乱。为了镇压动乱，特别是1877年萨摩的起义，政府不得不印刷越来越多的钞票，而这时的货币单位已经不是德川时代的"两"，而是1871年颁布的"円"。政府曾接手此前由藩把控的垄断行业，但以失败告终，取而代之的是新兴的贸易和金融公司，后者由大批德川时代的商号经营，受政府管控。这些公司被命令持有和纸币发行量相符的现金储备，1872年政府突然要求它们重组为国立银行，许多大阪商家纷纷破产。

乱发纸币造成通货膨胀，使得城市工人和那些靠债券凑合着过的武士的真实收入减少，到1880年，7%的债券市场价值已经低于其面值的三分之二。

与此同时，1873年颁布的地税改革及其后六年推行的相应措施，改变了大部分农村居民的生活。土地成为一种可以自由买卖的资产，只需以金钱形式缴纳固定的地税，1881年以前的三年里，政府的纸币发行量上涨了三分之一，而随着农作物的现金价值上升，农民处于受惠的一方。

政府领导人尽可能阻挡外资的进入。埃及就因为外债而沦为殖民地，来自萨摩的大隈重信是通胀政策最有力的支持者，每当他提出相关议案时，埃及的例子经常被引作反面教材，以当时的国际秩序来看，通过世界银行等组织来推动发展绝不是好办法，外援是将来才要考虑的。明治领导人只冒险借了一笔外债，作为铁路网建设的启动资金，资助从东京到横滨之间长18英里的铁路修建。到1877年，日本只修建完成64英里的铁路，而且出于经济原因，采用的是英式窄轨。选择靠左而非靠右的行驶方式，也是受到英国的影响。长期以来依靠驮马、通过驿站和助乡维持的幕府陆路运输制度，在1871年宣告终止，并转交由私人打理。在这过程中，为了人力、马力而建立并通过这些资源来维持的山区道路系统，逐渐失去了作用，也失去了营收。地方精英——如岛崎藤村笔下的半藏——由于其土地资产无法继续支撑其地位，如同他们口中的武士那样，开始被时代淘汰。

沿海贸易和以前一样，依然占据着重要位置，但政府领导人担心那些速度更快、装备更好的洋船会抢占市场。为了将幕府和藩属船只利用起来，政府成立了一个半公营性质的船运公司，但不久就宣告失败。1875年，政府将自己拥有的30艘船，免费送给了土佐藩的官员岩崎弥太郎，其下的三菱商会还获得可观的运营津贴。三菱商会由于在西南战争期间为政府做事而更受优待，令商会有能力、有优势和通过口岸发展起来的美国太平洋邮船公司（Pacific Mail）和英国铁行轮船公司（P&O lines）竞争。电报是所有通信方式里最便宜和最快的，在西南战争时更是贡献良多，让政府更有能力去镇压叛乱。到1877年，安装的电报线总长2827英里。

政府尽管囊中羞涩，但依然投入大量资源在工业发展上。幕府和藩营的矿业和现代工厂被政府接手过来，为其所有。铁厂、军需厂、造船业分布在细长的沿海地带，位于维新派力量的辖区内。国内的森林和各大矿山如今归属国有，常常令当地居民痛苦不已，他们旧有的权利在新任官员看来不值一提。除此之外还有为数不多的棉纺织厂，外贸造成的贸易逆差不断上升，为了扭转这一局面，政府开始建立棉纺织厂，但效果并不理想。德川时代晚期，欧洲对蚕种和茶叶的需求让日本获利不少，但随着欧洲蚕病的消退，以及洋丝线和洋面料的优势越来越明显，过去的贸易顺差很快就消失了。政府引进棉纺织业，试图扭转这一趋势，但带来的收益微乎其微。不过他们还有另一个期望——通过这种途径，令日本的管理人员和工人得以熟悉工厂模式，实现出口产品的标准化。

1874年，政府下令对生产行业进行全面的普查，到1884年又进行了一次。它急切地对国内资源加以分类、登记在册，寻思着有没有哪些计划可以推动经济发展。不平等条约是一大问题,限制了日本保护新生产业的力量。伊藤博文意识到这一点,并明确写在了提交给岩仓使团其他大使的备忘录上。他提醒道,英国东道主和政治家在谈话里会说自由贸易有多么好,日方应该准备好反驳的措辞,这一点很重要。藩执政者长久以来所追求的"国益",在伊藤博文这里进一步扩展,变成一个更大的个体——中央集权化的日本——的需求。但他主张,在通往现代"文明化"的艰辛道路上,儒家道德要暂且搁置在旁,并觉得有必要为自己的看法辩护:

> 除非国内产品比国外的便宜,否则没有国人会购买,因此要提高进口关税,拉高外国产品的价格……这样的关税可以称为保护性关税……
>
> 我们这样的国家还没实现全面发展,如果不使用这一办法,文明到来的日子就会更晚一些。比如说,我们应该对国内的书籍、机器等产品征收低税额,然后提高丝织品、酒、烟草等产品的税额,通过这种方式来刺激我们国内的生产。美国等国家在烟酒行业只采用了这么一个办法,就已经让人民大幅提高了生产量……
>
> 从道德的角度来看,这种偏心自己[国家]的做法似乎是自私自利、舍弃公平原则的行为。但为了实现国家的富裕和繁荣,这其实必不可少……英国正是通过保护性关税才取得今天的成就,成为全世界制造业的主宰。[4]

这份文件颇有意思,它完美地展示了早期明治政府面临的问题。伊藤的逻辑无可争议,他认为国家要发展,就需要保护自己的产业,但不平等条约的存在让日本失去了这一可能性。不过,或许有人会说,日本没能力建立关税壁垒其实是其幸运之处,在这种情况下它

第十二章　明治国家的建立之路

被迫做的种种事情，从最终结果来看反而更有益。它不得不开展一系列自力更生行动，即19世纪80年代松方和他的同僚实行的计划。

1877年，西南战争刚取得胜利，松方就动身前往巴黎，主持日本在当年巴黎世界博览会上的展览。逗留巴黎期间，他把财政大臣列昂·赛（Léon Say）认作自己的导师。赛的爷爷是十分有名的自由贸易的拥护者，但他本人却大幅提高法国的关税，以便填补由于普法战争战败所背负的赔偿。松方就像此前的伊藤那样，深信日本若想重获自由，则必须尽可能早地采用保护主义政策，同时，要减少日本的对外贸易逆差，只剩下一条路可行，那便是经济紧缩。因为通货膨胀的关系，政府收入减少，政府债券贬值，地价迅速上涨。如松方后来回忆时所指："在这大环境里受惠的只有农民，他们开始养成奢侈的习惯……进口量上升。商人看到价格波动如此之大，受到蛊惑，全都想要通过投机来赚大钱，对生产性行业完全不理会。"[5] 面对这种"泡沫经济"，解决的办法是紧缩。

接着，日本迎来了"松方通货紧缩"。政府开支大幅削减，公营行业全都出售给私人。新税法出台，钞票发行恢复到西南战争以前的水平。这给很多小农户带来了灾难性的后果，他们的资产落入债权人和税收人员手中，破产率、出租率急剧上升。从纯粹的经济理性角度来看，在这一过程中，资源转移到政府、银行系统那里，转移到城乡经济里更有实力、更具竞争力的一方。而从人的角度来看，这对于许多小农来说是困难重重的十年。

毫不意外，"松方经济"的问题引发了一大批极具分量的学术成果，对其后日本历史的发展进行阐述。租佃制和农村贫困化的研究表明，现代日本农村地区的经济分化悬殊，一个受资本和军国两大主义兼具的政府摆布，备受打击、心如死灰的农民群体，和此时浮现的某些趋势存在一定关系。部分研究对于这些趋势是否直接导致20世纪的农村差异持疑义[6]，更有一项研究全然推翻了这个理论。[7]

　　另一个争论焦点和公营企业的出售有关。财阀的出现造成显著的产业集中化，以至于很多研究觉得这是串通舞弊，指责其阻止了日本的民主进程。但托马斯·史密斯认为，出售企业是由政府的艰难环境决定的，那些有眼光且有足够资金买下企业的幸运儿很少很少，恐怕不会再有更好的报价出现。[8]无论哪种情况，有一点是确定的，这种集中化使得三井、三菱、住友、安田等商家占据了支配性的地位，由此形成垄断，把控了市场。针对农村和产业的解决方案双管齐下，试图抑制消费过度的趋势，这种办法在"二战"后其他新兴国家里也没少采用。上述两种观点的基础既不是古典经济学，并没有强调其对未来经济发展的积极影响，也不是马克思主义经济学，没有强调贫困化和处于停滞状态的农村地区。两者没能公平地看待经济趋平稳后日本所呈现的多样化特征，在不同的地方、不同的时间段，输赢的情况其实存在差异。但确定的是，明治政府在这十年里一直致力于现代经济发展的重任。[9]背后的动力就浓缩在"富国强兵"的口号之中，早在德川晚期，有的藩就为这目标摇旗呐喊。现代科学思想和技术开始应用在生产上，人均生产力随人口增长而变化，所有变革都是在充分意识到国际来往所带来的压力和可能性的前提下作出的。松方所主导的十年里，无论产业效率或个人福祉都没有发生明显的改善，但那个对后来经济变化至关重要的底部构造却是在这个时期建筑起来的。

第二节　争取参政之路

　　为了争取参政而开展的一系列运动也是在这些年里发端并愈演愈烈的，一开始只是心怀不满的武士发起的运动，但很快就在政治

第十二章 明治国家的建立之路

和社会方面卷起了风暴。这一运动的开端，和土佐军方人物板垣退助（1837—1919）存在密切的关联。板垣和西乡隆盛同一时间离开了明治政府。他的很多手下想要起义推翻新政权，如西乡那样，但板垣着眼于另一条抗争之路。他告诉手下："西乡用武力来对抗，而我们要用民权来斗争。"

1874年，板垣和后藤象二郎连同佐贺的副岛种臣和江藤新平提交了一份建白书，认为这次朝鲜事务的处理令领导层产生嫌隙，证明有必要兑现《五条御誓文》之承诺，设立民选议院。建白书上写道，他们以为，岩仓使团观察西方政府的运作后，日本会开展相应计划推动代议制政府的产生，但"使团归国已经数月，臣等不知有何措施实行"。这份写于1874年的民选议院设立建白书继续说道：

> 政令百端，朝出暮改，政策随意而行，赏罚由爱憎所定，言路壅蔽，困苦无处申诉……
>
> 人民有向政府缴纳租税的义务，也有权知悉政府事宜，对其表示可否。此为天下通论，不待臣等赘言……政府何以变强？此仰赖天下人民皆同心。……今民选议院之设立，令政府、人民间情实融通，而相合为一体。唯有如此，国家方可以强……
>
> 渐进之理，岂独议院一事不符。凡学问、技术、机械皆然。然彼国数百年积累方致［议会］者，盖因无成规可循，皆自经验发明。今我择其成规、取其方法，何以不成？若我自行发现蒸汽之理后方可使用蒸汽机械，发现电力之理后方可架设电报线路，那政府事务便无从下手……
>
> 设立议院，则天下公论得以伸张，确立人民之基本权利，则天下元气得以受鼓舞，令上下亲近、君臣相爱，帝国得以维持、振兴，确保天下幸福安全。[10]

板垣及其友人准备的这份文件颇有意思，这里面贯穿了好几个主题。一个是权利，这个假设无须任何辩护。其二，参政远非四分五裂的祸首，反而会团结上下、对目标形成共识，政治领域将会同心同德。第三个是文件中频频出现的进步，日本做事可以比西方更快，因为它可以以西方为例进行学习。现代和文明的"后进者"可以直接跳过试验摸索的阶段。

征韩论的争端造成维新领导同盟的瓦解，输了的人愤而辞职返乡。回到佐贺后，江藤新平很快就被推着当上佐贺反叛势力的领袖，他试图向西乡和板垣求援，但不成功，最后遭到处决。土佐的局势则与之不同。板垣及其追随者回到家乡后，组织了一个团体并命名为"立志社"。这个名称取自1870年翻译的塞缪尔·斯迈尔斯（Samuel Smiles）著作《自助论》（Self-Help，日译本书名为《西国立志编》）。这本不一般的小书由一系列励志故事组成，主人翁凭借汗水和决心克服种种困难，写作的初衷是激励英格兰的工人全力以赴。这本书在日本大受欢迎，热度一直不减，很多读者想都不想就把其中的格言套用到自己的国家上——日本，一个穷苦出身的男孩，为竞争者所环绕，但倘若坚持不懈的话，他可以实现富强的梦想。立志社通过代表选举的方式——即社团领袖敦促政府采用的那种——组织各项活动，同时资助旧日武士之间的互助和他们的教育，这些武士如今属于士族，而立志社的成员都来自这一阶层。但是，一个受阶级局限的运动难以持续下去，立志社的声明就体现了一种居高临下的同情，这种矛盾立场是明治初年话术的一大特征。

更重要的是，政府对士族的不满甚为忧心，极力扼杀这场运动，于是劝说板垣再度接受公职，1875年大阪的一次会议上政府就这么做了。政府就民选议院进行了新一轮的讨论，但当进程开始迟缓时，板垣再次退出。新出台的新闻法，加上一个效率逐渐提高的警察组织，足以对代议制支持者构成压力，比如立志社的后继者就给自己

第十二章 明治国家的建立之路

的组织起名为"爱国社"，以申明自己不是一个由暴徒组成的秘密团伙。我们需要补充一点，为政府稍作辩护，它并非无端将士族的背离和暴力联系起来。支持板垣的土佐势力确实有计划支援西乡在萨摩的起事，但还没来得及付诸实践，警察就揭露了这一阴谋。大久保利通在1878年遇刺身亡。政府自然要对持异见的旧武士进行监控。

在这之前，1876年，政府要求元老院（1875年成立的咨询性质的机构，当时政府说服板垣再次加入政府，该机构与日本政坛后来的"元老"或寡头政治家无关）准备一份宪法草案，两年后，元老院提交了成果。重要人物——特别是板垣和岩仓——拒绝了这份草案，他们不满意的是，草案似乎分割了天皇和立法机构的权力，也没有条例确保天皇的诏令可以具备法律效力。这时，政府领导人开始自己着手进行上述事项。民选制的计划被搁置下来。

对民选制的热情很快就冲破了原来狭隘的社会基础，带着这份热情，板垣掀起一场运动。民权开始和自由挂钩，这场运动也因而被称为"自由民权"运动，它成了19世纪80年代初日本人生活最为重要的特征，几乎改变了其面貌。这些新观念通过四个字来传递，在明治年间流行开来。它们的出现是一系列西方思想译著在日本蜂拥出版的结果之一。放到东亚语境里，这个口号的每一部分都存在问题。当时不少人在回忆录里描述说，当他们苦思冥想地试图理解这些词语的含义和意义时，感受到一种类似于信仰改换的体验，充满困惑却又真挚诚恳。这四个字传递的是彻头彻尾的新观念，但要到一段时间以后，人们才理解其"西方"的意味并在此基础上使用它。随着个人优先级和理解的变化，人们常常会表现出令人费解的转变。对于部分人来说，自由暗含着道家那种不具形态但随心遨游的精神，在儒家的观念范畴看来是相当陌生的。而对于另一些人来说，自由意味着自我放纵、自私自利。福泽谕吉在他某本关于西方的重要著作中，为自己擅用某些字来表达"freedom"而表示歉意，并提醒勿要误译这些观念。至于民权，它的起源同样很模糊，但可能是通过某些西方国际法书籍的汉译本而传入日本的。大众更容易将其理解为国家的统治权或全体人民对抗独裁政府的权利，而不是个体享有的权利。另外，早期翻译约翰·穆勒（John Stuart Mill）著作的译者有时候会将"社会"和"政府"混淆起来，西方自由主义思想所暗含的意味也可能随之千差万别。

1881年，板垣的拥护者再次提交建白书，不久利用大阪"酒屋会议"*趁机成立一个全国性质的政党，名为"自由党"。当时政府推出新的地方税法，包括对清酒征税，这是松方紧缩政策的一环。但这个做法激怒了地方从业者，那些参与决策的呼吁如今有了切实的必要。土佐的领导人很快就动身进行全国巡回演讲。当时城市新闻业蓬勃发展，从业的记者也被卷入这场运动之中，他们在地区集会上讲话，常常制造出一条条新闻，也报道新闻。于是政府出台更为严苛的新闻和治安条例，但村镇群众对听取这些新版"福音"的热情依然不减。板垣原是一位严厉的军方领导，如今成了有影响力的公共演说家，是这场运动的象征人物。但这个角色并非毫无风险。1882年，板垣在岐阜某场集会上演说，差点儿就死在了一名警察手上†。传言称，他早有预见，一边倒下一边大喊道："板垣或死，自由不亡！"天皇派出一名政府医生前去照料，即未来的政治领袖后藤新平，不久还送去慰问金。[11]

那时政坛前线上还有另一个政党。19世纪70年代政府领导层缩减，最终留下来的人里有来自佐贺的议员大隈重信（1838—1922）。身处一个萨摩和长州掌控的团派，他作为唯一一个"外人"，

---

* 酿酒行业为抗议政府强加的酿酒税而发起的行动。另外，1870年"大阪"取代"大坂"成为正式名称。

† 板垣在结束演讲后遇袭，袭击他的是一名叫作相原尚褧的小学教员。

上台的日子不会太长。有段时间，大隈被视为伊藤的有力竞争对手。下面这一事件给他的宦途带来了新机，但他也因这一事件而下台。有栖川宫亲王要求各参议就宪法提出各自的意见。草案都以密奏的形式提交，以便政府在决策时不受外界意见的干预。等到其他人的草案都上交了以后，大隈才给有栖川宫递交了一个远比其他人激进的方案。这份草案由小野梓准备，小野学习的是英国宪法实践。其他参议的草案都只主张极有限度的参政空间，但大隈建议采用英国制度，以党派势力为基础进行多数统治（majority rule）。更不得了的是，他提出要立马实行。[12] 此时，天皇刚刚外出对北海道进行巡视，在这空当里，政治局势逐渐沸腾。伊藤谴责大隈的提案，称这份草案削弱了天皇的统治权，还威胁说，若草案通过他便辞职。

大隈试图绕过萨长藩阀的大胆举动，给政府统治带来危机。其他因素也在发挥作用。松方决定抛售政府早期的工业化投资项目，其中一环是出售北海道的资产，但在操作过程中，由于任人唯亲，资产损失严重。报刊和政治家都明言斥责，大隈也发出抗议的声音。其他领导人，尤其是伊藤，对大隈甚感愤怒，怀疑他试图夺权。就在天皇出门期间，他们仓促开了一次会议，重组政府，赶走了大隈*。随后政府公布对北海道资产的合同安排进行调整。最重要的是，他们准备好一份诏令，等年轻的天皇回来后立刻签署。在这份诏令里，天皇宣布将会掌管宪法起草事宜，国会也将举行大选并有望在1890年进行。"要在突然之间推行非同一般的变革，必然伴随着重大的不便……我们察觉到，人民前进过快，但缺乏令进步得以持久的思想和考量。我们劝朝野上下铭记训诲，警告那些或要煽动急剧变革进而扰乱天下安宁的人，他们将在我们的不满下以失败告终。"[13] 明治领导人使计引导天皇实行缓进的政治变革，这样的做

---

* 这一事件被称为"明治十四年政变"。

法之后还会出现。

大隈的友人和拥护者大批随他一同离开，其中一些人如尾崎行雄，将在日本立宪运动中发挥卓越的作用。大隈自己丝毫没有被吓倒，反而继续推进，于1882年春成立第二个政党即立宪改进党。

上述两个政党相当不同。大隈的党派受英国宪法思想和实践的强烈影响。而自由党则更多地被法国大革命的话语和热情强烈感染。中江兆民是自由党的思想指引者之一，法国法律思想和政治思想是其本业，他一开始只是土佐藩派去长崎学习的一名学生（他在那里遇见了坂本龙马），随后到江户学习法语。他给法国公使列昂·罗修担任翻译，然后成功加入岩仓使团，以学生身份随团出访，三年后归国，在东京设立私塾。他在元老院任职，但很快就因为不满立宪过程松散而辞去公务。他翻译了法兰西法典，但他更为著名的译作是卢梭的《社会契约论》*。中江和年轻的（也在巴黎留学过的）朝廷贵族西园寺公望一起经营《东洋自由新闻》，但这份报纸几乎立刻就被禁止发行，此后，他加入板垣的自由党，成为其最有影响力的宣传人物。自由党以板垣为党首，领导层很多出身士族，成员里有大量的酿酒从业者和乡村望族之辈。当时和中江兆民一样显赫的，还有来自土佐的思想家植木枝盛，他是板垣的智囊团，撰写了另一版本的宪法草案。城市里自由党的反对者常常宣称这个党的成员都是一群乡巴佬和顽劣武士，但从上述可见，事实绝非如此。

相较之下，立宪改进党聚集了更多城市利益群体。领导层里同样有不少士族出身的人，而且很多都在福泽谕吉设立的庆应义塾待过。这个党在出版业和新闻业里有着强大的支持力量。但政府也不甘示弱，想着资助帝政党和《日日新闻》来为自己说话也不失为有用的办法，但后两者无论在影响力还是传播范围上都很小，比不上

---

* 日译本名称为《民约译解》。

第十二章　明治国家的建立之路　　　　　　　　　　　　　　　　　469

其竞争对手。

　　党员之间产生分歧，往往出于私人原因，但也有思想意识的因素。尾崎行雄在回忆录里就提到一件事，有段时间自由党和立宪改进党试图联手对付政府。两党举行过一次联欢晚宴，座无虚席，但空气中弥漫着一股火药味，最终，立宪改进党的沼间守一和自由党的星亨之间爆发了激烈冲突。两人都接受过西方学问、法律和语言的教育，星亨在英国留学过，而出身更好的沼间在进入记者行业前，曾出仕幕府和新政府。这晚，沼间喝了很多酒，开始挑衅星亨，唤他作乡巴佬。同样酩酊大醉的星亨很早以前就对沼间心存鄙夷，于是让他手下的粗汉浇灭了蜡烛，拿起铜烛台把沼间痛打了一顿。尾崎写道："星亨铁了心想把沼间打死，然后从上面窗户扔出去抛到隅田川里。幸好警察及时赶到，把沼间从死亡边缘救了回来。"[14]政府领导人在言行上或许更谨慎一些，他们也不乏恐吓的机会。但他们不信任这些自由民权派、对其进行严密的监控，也并非不可理解。

　　但不管怎样，有一点实在惊人。德川幕府倒台后的15年里，在除了欧美以外还没有别的国家运作议会的情况下，日本内部并没有为立宪与否而争论，而是聚焦于应该由哪一方来起草，以及宪法应该包含哪些内容。

　　的确，这种信念的传播之广远超出我们提到的那些人、那些运动。武士出身的领导人和他们的新同僚所做的努力，只是故事的一部分，这片土地上还有一大批人放眼海外、搜寻新的统治模式，其搜寻范围远比前者广泛，而寻觅者之多更是远超从前。1968年，一位日本历史学家带着学生在野外考察，搜罗明治时期的文书，他们在一个久已废弃的仓房里发现一批关于自由民权运动的新材料。五日市位于关东平原西缘，是一座相当偏远的山村。一百年前，从当时东京的边界出发至少要花一天的时间才能到达那里。这批丰富的材料就藏在仓房朽坏的墙壁里，它们反映了当时的村民是如何紧贴这场全国大讨论并热烈地参与其中的，包含一份敦促尽早成立议会的建白书、一份列有204条条文的宪法草案*，以及几百本和国家事务有关的书籍和抄本，还有相关小组讨论的备忘录和章程，以及日本争取修改的不平等条约的手抄本——换言之，在这座偏远的山村里，村民们曾有过活跃的、明晰的政治觉悟，这批材料就是明证。发现这批文书的领队学者色川大吉指出："起草这份宪法的人此前都不为人知，但无一例外都是拖家带口的男人：农民、商人、教师，换句话说，都是和百姓生活有着深厚纽带的'平民'。"[15]

如此看来，大部分士族——还有很多只关注士族载述的历史学家——对日本19世纪80年代初普通百姓的那种居高临下的立场，其实是不恰当的。在日本农村社群里，现代意识在那些富有责任感的成员间与日俱进。西方的冲击引发了这场运动，但本质上，这是对旧日讲求仁爱公平的伦理传统和政治传统进行的一次大改造。而且事实证明，五日市这座山村并非孤例，进一步调查发现，单在东京首都圈的农村地区，像五日市这样的团体组织就不下60个，可以想见，地方上的历史学者（以日本高中历史教师为首）将会继续寻找，发现更多这类文献宝库。

我们来具体谈谈五日市，参与人的名单很有意思。讨论小组的核心人物是一位年轻的学校教师，自称为千叶卓三郎，《五日市宪法》也是由他亲自起草的。他出身于北方仙台藩的一个底层武士家庭，起初他是一名医学生，教导他的是著名的开国派人物大槻玄泽†。大槻不但擅长汉文诗歌词赋，还了解荷兰医学，从佐久间象山那里学到一些炮术知识，他倡导联合俄国以击退英美势力威胁，维新期间，

---

* 又称"五日市宪法"。
† 大槻玄泽死于1827年，远在戊辰战争以前，作者谈论的应为大槻玄泽的儿子大槻磐溪。

第十二章 明治国家的建立之路

他为东北诸藩结盟抵抗"皇军"而从中调解。年轻时的千叶也参与了这场战争，战败以后，由于担心遭到迫害，他转入地下，面对纷扰无序的动荡时代，开始踏上寻求精神指引和个人指导之路。他首先跟随某位知识渊博、当过将军侍医的医师*学习，但这位老师被逮捕下狱，很快千叶就不得不出走他处。接着，他开始钻研本土主义的国学，但鉴于这一学派和明治早期政府的联系，没过多久千叶就放弃了这一归宿。然后，有很短一段时间，他师从净土真宗的某位大师†，这时的佛教正遭到强烈的抨击，这位年轻人的危机依然没能解除。随后，他转向东正教，千叶通过一群教徒知悉这一宗教，而给这群教徒传道的尼古拉神父是一名来自俄国的著名传教先锋，于1861年抵达北海道开始传道。尼古拉发现仙台地区是个传教宝地，对抗明治政府的战争失败后，那些陷入困惑和迷茫的当地人正是潜在的信徒。1872年，尼古拉神父和他新收的一名教徒一同前往东京，当时掌管外交的副岛种臣从政府拿了一笔启动资金，在东京兴建一所学校和神学院。这无疑是岩仓使团的信件起的作用，同时，基督教的禁令也被撤销，改为宽容的立场，甚至对传教士提供外语学习渠道表示欢迎。但没过几年，千叶卓三郎的立场发生了转变，他拜入安井息轩门下，安井是基督教的有力反对者，也是一名儒家学者和诗人，他所写的悲戚诗句捕捉到那一代人茫然不知所处的情绪。但这并没有给千叶带来帮助——安井很快就去世了，他不得不再次靠自己。后来，千叶在一名天主教传教士那里寻获庇护和意义，当时这名传教士在关东西部平原及山区一带巡回布道，千叶从旁协助。

千叶申请五日市教职时所提交的个人记录里，提到他一度跟随过卫理公会。1879年，他开始担任这所山区学校的教员，1881年

---

* 石川樱所。
† 樱井恭伯。

升任校长，1883年因肺结核在五日市去世*。在他带领下，学校氛围显然很活跃，继任的校长抱怨千叶把这里变成民权运动的支部，1881年当县政府颁布法令禁止学校教员参与政治活动时，千叶甚至威胁要辞职。

我们对一位失败者——以明治时期的大部分标准来看，他的确一无所成——的精神求索之路作一次匆匆回顾实属必要，因为这样的人生轨迹还出现在数以百计乃至千计迷茫而真切的青年身上，在寻求意义和指引的路上，他们接受外来的教义，成为政治活跃分子。[16]

千叶最终在五日市这座小镇上结束了自己的游荡，他很可能在协助神父传教的过程中听说了这个地方。当地一批名人对他的到来表示欢迎，这些人迫切想要知道更多、想让自己的国家变得更好，为此他们帮忙筹备一个政治讨论小组。对于千叶来说，自由民权运动提供了一次机会，让身处混乱腐败时代的日本政治和社会有了重新振作的希望，摆脱那个由萨长藩阀掌控且愈发专断的体制霸权。他的朋友和资助人都是村里具备一定财力和地位的人，这些人能写能读，鉴于当时能接触到的材料有限，他们的阅读水平着实惊人，他们喜欢通过汉诗来畅所欲言，觉得这种形式比和诗更能表达复杂的论述。

由像五日市这样的小组撰写的宪法草案究竟起到怎样的推动力，答案常常模棱两可。以千叶卓三郎起草的宪法为例，这里面含糊其词的地方相当多，而且存在一种天真的乌托邦愿景，幻想人民和统治者之间互惠互利、依天意而行，而天意这一观念明显源自传统思想。当然，千叶和其他社团的类似人物完全没有政府官员那样的优势，后者还可以询问外交顾问的意见。但不管怎样，有一点十分明显，即以伦理和公义的概念为依据，对天皇的统治权进行限制。

---

* 千叶在当时东京府本乡区的龙冈医院病逝。

第十二章　明治国家的建立之路

我们不必认为这是多么革命性的一点，既然天皇承诺立宪，那可想而知，他是有相同的想法的，五日市的宪法起草人不过是将天皇长久以来的想法说出来。除了千叶的草案，还有相当多类似的宪法文件保存下来。

当时的立宪运动明显以惊人的速度取得进展。1880年板垣的爱国社在准备建立自由党时，向政府提交建白书，宣称自己代表了十万名来自22个县的请愿人。另外，来自附近神奈川县的23,555名请愿人乞求当时名声显著的福泽谕吉为他们起草一份建白书，呼吁设立国民大会。

随着松方的紧缩政策逐渐收紧，民权运动开始和农村萧条联系起来。在几次小规模事件里，政府部队怀疑有政党的参与。1884年，东京附近的埼玉县秩父郡爆发武装起义，起义人数从5000到1万名不等。起义军一度压制住地方部队，但政府迅速调来更多的军队，轻易就镇压了这支拿着猎枪、竹矛、木制大炮作战的杂牌军。他们对参与起义的人进行围捕，其中有4000人被认定有罪，300人被判重刑，7人遭到处决。那些自称为"困民党"*的起事者被嘲讽为惹是生非的暴徒。然而，有学者对其中有迹可循的161名参与人进行研究，发现这些起事者广泛代表了农村人口。其中三分之二是有文化水平的人。30多岁是人数最多的年龄层，其他人在这之上或之下。他们几乎全都是中等和低收入水平的农民，但也有地主和商人。当时的批评一味抓着有过犯罪前科或是赌徒的7人大肆渲染。我们可以这样看，这是一场德川时代风格的一揆，但其处理方法却并非德川时代的。人们习惯于以前藩内运动那种和缓、节制的方式，如今突然要面临新法律制度和税收制度的严苛对待，只能以自己熟悉的方式进行抗议。同时，这些人有那么一刻——哪怕只很短暂——渴

---

* 也称借金党、负债党。

望新秩序的到来,无疑属于某种弥赛亚和乌托邦信仰的变体。他们似乎将新秩序的希望寄托在民选政府的制度上。这场自由民权运动,一开始只是丧失地位的武士精英阶层表达不满,随后蔓延到社会底层,一度给农村百姓带来革命性的转变,波及的不只是"困民党",还有中等阶层的人,后者对何为"自由"苦心钻研,最终演变为对迅速且彻底的解脱的期望。

自由党和立宪改进党的主要领导人都不想掺和这场与武士无关的叛乱。1884年,两个政党都开始有步骤地解散组织。有的人悲观、绝望,不再寄希望于大型行动,至于其他人,出于对天皇1881年立宪诏令的信从,他们唯有按兵不动。此外,党派内部开始钩心斗角、互相指摘,之前大规模请愿的那种积极乐观、热情高涨的氛围顿时消散。1882年7月,刚从刺杀事件恢复过来的板垣,宣布自己和后藤象二郎正在筹备一次欧洲之旅。他解释称,赴海外考察和学习各种政治制度的优劣,不应该只是政府人员的专利。

党内的其他领导人很多都极力反对这个计划。自由党的运动如今正是全面展开之时,而板垣是最受欢迎的自由党人物。他已经懂得如何观察和激发听众的情绪,对党内众多会议上热烈讨论的经济和社会事务也有所觉察。因此,他的离开似乎说不通。立场越来越激进的马场辰猪是来自土佐的自由党人,后来他就将整个运动的失败归咎于党内领导。他最后流亡到美国,哀叹"选举选出了一个完全不胜任治理政党的领导人"。

更糟糕的是,传言称——事实证明这是真的——政府有份推动这件事。井上馨和三井利益关系紧密,他特意安排三井给板垣的欧洲之旅提供资金。板垣对此是否知情,我们至今不清楚,但按理他对自己的旅费来源必然更加好奇。他在这个节点上离开政党,令人想起1875年他提交首份立宪请求后马上回政府任职的事。或许,在早期领导层担纲过核心人物的经历令人沉醉,加之他遇刺后感受到朝廷的关心，自然让他觉得，既然昔日的同僚如今在欧洲求知，那自己也应该要有这种特别的待遇。从欧洲回来后，板垣打定主意，认为自由党在诉求上过于冒进，当有人提议暂停党派活动一段时间时，他表示赞成。板垣为何在这个时候做出如此举动，背后的动机仍然不明朗。他并非腐败堕落的人，众所周知，正当政府人物收获丰厚回报的时候，他却过着贫困潦倒的生活，即便如此，他也没有让自己的同伴大失所望过。接下来几年里，他和大隈选择了和昔日的同僚一起合作，对抗当前的反对力量。有人怀疑，天皇的影响力在这件事上也起到重要的作用。

不过，自由党领导人的这趟欧洲之旅十分有意思。板垣和后藤抵达伦敦时，担任日本公使的正好是来自萨摩的森有礼，他在某个乌托邦社团待了一段时间后已经回政府就职。岩仓使团赴美时，驻守华盛顿的日本公使也恰巧是他，森有礼后来还出任过驻华公使。板垣通过森有礼的关系，得以与赫伯特·斯宾塞（Herbert Spencer）面谈。斯宾塞打造的理论体系构筑出一套社会发展的宏大图景，令明治时期乃至19世纪的大多数读者为之倾倒。但这次会面并不顺利。森有礼给东京的报告称："[板垣]去[会谈]时，就好像要觐见天皇一样，但在实际交谈过程中，师生地位却调换了过来，学生这边不停地宣扬自己平日那套空洞无物的理论。最后，作为主角的大人物耐心耗尽，在谈到一半的时候，喃喃自语地说'不行不行'，然后向板垣告辞离去，就是这样。"[17]

这则逸事很值得一提，它告诉我们，大部分旁观者认为，宪政对于日本这种发展阶段的国家来说仍属于操之过急的事情。进步和发展上的差距更是表明谨慎之必要。美国前总统尤利西斯·S.格兰特（Ulysses S. Grant）在1879年开展全球之旅、到访日本的时候，同样告诫政府人物，在条件不成熟的时候，切勿将那些他们收不回来的自由权利让渡出去。斯宾塞也提醒说，日本要注意快速现代化的过程中所产生的社会分裂，还通过金子坚太郎转达自己的建议，称日本应该和洋人保持距离，只进行有必要的贸易。据他解释，这是因为双方实力存在差距。"强大种族一旦把握了支点，日后必将发展出一套具有侵略性的政策。"至于其他被问到的问题，如日本人和非日本人之间的通婚，他尤为反感："这是要明确禁止的……这本质上是生物学问题。有大量例子证明，包括人类通婚和动物杂交的案例，混交的事物只要产生那么一点差异，都必然会造成长远的恶果。"[18]

如此一来，我们或许就不奇怪，为何板垣从英国回来后会对自己希望早日立宪的想法感到懊悔。尽管不愿意，他还是接受了1884年新设的贵族头衔（伯爵），仅要求爵位不能世袭。他在好几届内阁担任过职务，立场也越来越保守。对于公民权，后来的他认为，为了维护社会凝聚力，只有一户之主才能拥有这种权利。耐人寻味的是，斯宾塞私下里向森有礼提出过类似看法。比起这位士族出身的领导人，五日市的村民明显对自己的同胞更有信心。

对政治竞争进行简短的回顾，我们可以观察到好几点。第一点和立宪共识有关，几乎所有人都认同立宪是必要的，因而设立某种代议制也属应有之义。这种信念在社会上广为流传，不管是五日市的村民，还是当初把"会议"写进《五条御誓文》的那个人，都秉持着这一信念。能否说，德川时代条割式的管辖权连同其在中央的势力代表——哪怕很脆弱——推动了这一状况？而且，世界上那些实力强大的国家都有代议制机构，这一事实也被岩仓使团发现。东京的中央政府想通过议会来转移外界对萨长藩阀的质疑，但非中央人士则视其为一种分享中央权力的方式。

其二，这些信念在日本社会传播速度之快，令人吃惊。诚然，它们完美地联结了日本的具体背景。权力机构想通过宪法来隔绝天皇和党派，土佐和佐贺的异见派认为这回能趁机把失去的权力夺回来，村民觉得这可以保护自己不会因为专横的执政者而遭殃，而在佃农看来，这为农民起义提供了正当的理由。可以说，没有几个会有相同的考虑，主导美国费城制宪会议的那些设想更不会出现在这里。不管怎样，有股力量在推动局势的发展，当最初的旗手板垣去世时，运动也没有丝毫受到影响。而让这股推力减缓甚至几近停顿的，是《明治宪法》的出台。

第三节　伊藤博文和《明治宪法》

在所有明治领导人里，伊藤博文（1841—1909）出身最为卑微，他的父亲是一个农民。后来，他过继到伊藤家，又获得木户孝允等长州藩领导人的赏识和资助，年纪轻轻就进入领导班子。大久保去世后，他逐渐冒头，成为这个团体里最聪颖、最面面俱全的人。和大久保相比，伊藤更倾向于合作和妥协。众人里，年轻的天皇对他最为信任。1909年伊藤被一名朝鲜民族主义者刺杀身亡后，明治天皇在发布的祭文里表达了真切的悲痛之情，和其他政治家去世时的官方布告判然不同。

伊藤和他的毕生战友井上馨同是1863年长州藩公派留英的学生，彼时伊藤刚获得武士身份。后来为了阻止炮轰下关，两人匆忙回国，但无助于事。伊藤是岩仓使团的核心成员，能够用英语致辞，答谢对方的欢迎。他和当时的驻华盛顿公使森有礼一样特立独行、自信十足，这让上级木户很是不快。明治维新"三杰"木户、西乡和大久保去世以后，他顺理成章地成为核心人物。在1881年驱逐大隈的事件里，他是主导人。

天皇在承诺国会大选后的第二年下了一道诏令，命伊藤带头考察其他国家的政府机构。同行的还有伊东巳代治，来自长崎，是一名年轻有为的官员，两人于1883年3月离开日本，至第二年8月归国。逗留欧洲期间，他得到机会去咨询当时的驻伦敦公使森有礼和驻柏林公使青木周藏。伊藤主要的考察活动是在德国和维也纳展开的，他向德国学者鲁道夫·冯·格耐斯特（Rudolph von Gneist）请教了一番，在维也纳时，洛伦兹·冯·施泰因（Lorenz von Stein）还给他上了关于宪法理论的震撼一课，就在那个连着施泰因家房子的小教室里，后来洛伦兹给近卫笃麿等日本人讲课，也是在这个地方。上述种种安排并非毫无缘由。当时德国政府在俾斯麦的带领下逐渐成形，伊藤对这位人物的印象尤为深刻，以至于后来遭人诟斥，说他试图模仿俾斯麦的言行举止。一方面，俾斯麦要面对社会民主派的激烈竞争，另一方面，刚掌权的统治家族连连被刺，令他警惕。他制定了一系列措施，避免政府权力落到民众手里。可以想见，德国学者既然对日本是否具备宪政条件有所疑虑，自然也会劝说对方要谨慎考虑是否将权利赋予一个亚洲民族。

　　伊藤并非独自一人。1878年，德国学界泰斗赫尔曼·罗斯勒（Herman Roesler, 1834—1894）被聘请赴日，给外务省担任顾问，到1881年，他成为政府的首席法务顾问，深受领导层的信任，因此直到他离开日本的1893年为止，几乎所有重大政策都要请他建言。在立宪问题上更是如此。罗斯勒出任井上毅（1843—1895）的特别顾问。出身熊本的井上毅，其思想脉络可追溯到横井小楠。当年元老院首次征集立宪提案时，岩仓具视的宪法草案就是由井上准备的，他对天皇核心地位的看法如今成了关键所在。通过梳理伊藤离日期间和井上的通信来往，我们可以观察到各个要点是如何被纳入《明治宪法》之中的。另一个参与者是来自福冈的金子坚太郎（1853—1942），他于1878年从哈佛毕业。这三人——井上毅、金子坚太郎和担任书记官的伊东巳代治——是伊藤最主要的助手，而罗斯勒的备忘录和评议对整项工作发挥至关重要的作用。

第十二章　明治国家的建立之路

最终版的宪法有很多条款都以1850年《普鲁士宪法》为蓝本，但我们不能因此认为，这部宪法的目的是建立东亚的普鲁士王国。罗斯勒对普鲁士的国家主义甚为不满。他为自己口中所称的社会君主制（social monarchy）辩护，提出投票权和征税权是宪治的核心特征。同时，他对西欧尤其是英国这种权力分立的做法表示反对，认为最高权力应集中在君主手上。在德国宪政思想的光谱上，格耐斯特和施泰因同属相对温和的一派，两人对法治（rechtsstaat）的理解免不了遭到当时激进人士的质疑。然而，他们一致认为，将所有事情交给人民代表来处理的做法有着种种危险，在贫富差距和毫无负责心可言的个人主义的共同作用下，国家可能会产生无法修补的裂痕。罗斯勒的"社会君主制"论试图对党派之争和专制政治进行反驳。他主张对君主至上仅作简单的陈述，但由于聘用他的日本人坚持要强调君主的神圣性，最后只能作罢。[19]

伊藤回国后马上进行的每一个动作，展示了他要保护天皇制免受大众极端主义影响的决心，当然也是为了维护他及其同僚在权力体制内的核心地位。首先，他通过设立一个新的贵族阶层，将天皇和百姓之别加以形式化。这则诏令于1884年7月宣布*，11位大名和7位朝廷贵族（公家）被划分为"公爵"，24位大名和9位公家为"侯爵"，73位大名、30位公家，以及政府内部核心领导人，被封为"伯爵"，325位大名和91位公家为"子爵"，74位大名——没有公家——获封"男爵"。如此一来，共有507位前大名，连同137位公家，形成一个新的贵族阶层，称为"贵族"。当然，"旧"（公家）和"新"（武家）贵族之间在阵势和地位上会有进一步的区别，用渊源于汉制的九品制来加以细分，而每一品又分为两级。昔日德川时代的顶层精英如今被纳入旧公家的范畴。德川幕府全盛之时，

---

*　称为"华族令"。

德川家和望族近卫家同列一级，得以有资格与天皇家联姻和接受其他荣誉。"亲王"的地位则在所有华族之上。

很多人认为，如今既已进入现代化时代，这样做显得很突兀，对此，伊藤十分坦率地给出了理由。他写道，民众可能会产生共和思想，这很危险，虽然授爵的做法看起来是逆潮流而行，与民众的想法背道而驰，但通过贵族阶层，"封建时代对天皇的最后一股敬畏之情得以留存，时机到来便可以派上用场"。他抱歉地说，在厘定爵名的时候他不得不"搬出汉制那一套"，并请同僚想想办法，如有可能，提出别的替代方案。要指出的一点是，新贵族的唯一功能是给计划中将要成立的贵族院*凑人。新受爵的贵族并非某具体地方的伯爵或男爵，政府提供的酬金也很微薄，他们除了名声以外并没有多少收获。"二战"后华族制被废除，这些人便悄无声息地消失在日本社会里。

接下来，伊藤的第二个动作是将天皇和太政官这一极具平安时代色彩的机制隔离开来。根据其设置，天皇直接统领三公（左大臣、内大臣、右大臣），三公之下是参议，专门职务则委派给下级（称为"卿"，今天用来指代英语的"sir"）。这里有两个问题，参议的数量逐步缩减，职务也很分散，

而且没有任何位置留给天皇的辅弼，即长老和公家人。换言之，天皇几乎承担起治理的公共职责，颇为危险。

为此，1885 年 12 月政府颁布内阁制取而代之。这一举措将日本和西方国家纳入同一轨道上。而这些国家的青睐，是日本修改条约所必需的。就国内环境来看，政府也有充分理由进行改革。根据内阁制，皇室由另外的官僚机构保护，即宫内省和玺印掌管人，这两者被稳妥地移除出政治领域。委任的总理大臣执掌政治领导权，

---

* 即后来的参议院。

第十二章　明治国家的建立之路

其下逐渐形成职责不一的大臣。唯在重新安置三条实美时，处境一度尴尬。自1883年岩仓去世以后，三条作为资历深厚的公家，一直担任太政大臣一职。双方经过必要的协调后得到这样一个解决办法，让三条自己上奏提出改换，而这份文件实际上是由井上馨准备的，之后三条顺利离职、转任内大臣，得以和宫中关系亲近。

伊藤自己在1885年出任日本第一任内阁总理大臣。他从身边的人里挑选内阁成员，萨摩、长州出身的各占一半，然后给土佐（谷干城）和前幕府官员兼外交家榎本武扬分别留了一个位置。在他周围的都是松方正义、山县有朋、森有礼这样能力出众的人才，但他是同辈之中的佼佼者。此后直到1900年为止，出任总理大臣的人选都来自伊藤第一届内阁所代表的萨长藩阀，萨摩和长州的人几乎轮流掌权，除了1898年有很短一段时间，板垣和大隈获准组建内阁（但很快就下台了）。

现在，立宪一事可以加速推进了。整个过程都按照严格的保密方式进行。至于这样做的正当理由是什么，哈佛毕业的金子坚太郎指出，美国宪法的制定也没有公众参与。核心问题再一次回到天皇应保有何等权力上。1881年承诺开设国会的敕谕已经有所表示："其组织、权限，朕将亲自裁决，适时公布。"但说比做容易。罗斯勒在草案和上奏书里建议采用西方宣示君权的模式，但伊藤等人都想通过尽可能强调天皇的古老和神圣来作辩护。伊藤通过口头和书面的方式反复提到，西方国家有公民责任作为基石，有宗教和价值观念作为保守力量，而这些日本都没有。正如他在递交给枢密院的最终方案里说的那样："在日本，宗教力量薄弱，没有任何一方可以充当国之轴［轴心、基石］。佛教在其兴盛时期尚能团结各个阶级的人民，但如今已然日薄西山。至于神道，虽然它奠基于祖先之法并维系着它，但作为宗教，它缺乏那种撼动人心的力量。在日本，只有皇室才可能成为国之轴。正是基于这一点，我们对天皇的权力赋予如此之高的价值、施加尽量少的限制。"[20] 这一结论其实早些时候就已经得出,在他从欧洲写回来的信里提到过。当时,为了表达自己多么满意,他还称"哪怕我死了也是快乐的"。

1888年4月,伊藤向内大臣三条禀报宪法和《皇室典范》的草案工作已经完成。现在需要做的,是通过商议和天皇批准,赋予其合法地位。为此,4月晚些时候,枢密院建立。伊藤辞去总理大臣一职,给萨摩的黑田清隆腾出位置,让后者领导一个致力于守护新宪法的新议院。5月商议开始,至1889年1月结束。在天皇的出席下,一共举行了41场常规会议和3场特别会议。版画家在作品里刻画了议院讨论的庄严氛围,描绘了穿着正装、打扮光鲜的议员们围坐在一张巨大的会议桌旁边。但工作过程继续以秘密形式进行,为防议员泄密,连讨论的文件副本都没有交给他们。

工作之所以保密到这种程度,其实是有某些特别的理由。1886年,政党在经过数年的瓦解后,开始形成一个大同盟,即后来的"大同团结"。长崎爆发的冲突事件触动了大众的神经——当时,中国水兵与日本警察发生冲突,造成双方伤亡。民间的报纸和舆论都狠狠抨击政府为了修改条约博取外国欢心的乞怜模样(在他们眼中如是)。大隈刚回政府出任外务大臣,提交了一份关于改善外国领事裁判权的提案,但似乎不足够。在这样的环境下,他遭到刺杀,虽侥幸活了下来,但失去了一条腿。社会氛围相当紧张,政党的拥护者会抓住政府的任何过错大肆渲染,以增加自己在公众舆论中的力量。

宪法商议开始后,大家首先传阅罗斯勒对宪法草案的建议。对《皇室典范》的讨论花了一个月以上的时间。直到这时才最终确定,只有男性后裔具备继位资格,这是天皇制度走向"欧洲化"的一步。接着,6月,在伊藤的引导下大家开始商讨宪法本身,他解释了为何有必要强调天皇制度是政府的支轴或基石所在。他提醒说,如果

第十二章　明治国家的建立之路　　　　　　　　　　　　　　　　　　　　483

他们没能建造这样一堵防护墙,"政治就会由那些无法控制的民众所操控,那时,政府将无权无势,国将不国。为了生存,为了统治人民,国家必须防止行政权旁落……因为皇权是我们宪法的基石,虽然欧洲某些观念在一些国王与人民共治的欧洲国家行得通,但我们的制度并非建立在这些观念之上。这是此宪法草案的基本原则,体现在它的每一条文里"。[21]

辩论过程中,伊藤就他人对草案的质疑作辩护,而发难者里不乏和伊藤本人一样"现代"的、外游经验丰富的人,他们担心伊藤走得太远——竟提议用"征得国会同意"这等措辞——森有礼质问道,难道这样不会削弱天皇的统治力量吗?他认为国会应当仅是咨询机构。但伊藤为了维护草案,坚持自己的立场,说:"我们若要建立宪政,则必须赋予国会以决策权。没有征得国会同意,预算和法律都不能敲定。这是宪政的本质所在。"

经过激烈的讨论后,草案终于通过,只需少量的修改。1889年2月11日,天皇发布诏令,正式颁布宪法;日期特意选在天照大神之孙神武天皇即位之日,这一天也成了日本的国家假日("建国日"),体现了这一既是开创又是延续的事件所具有的崇高意义。和1868年一样,现代性和变革再次以复古的形式来呈现。最能表现这一点的,是宪法篇首引用的这则神话:

> 仰赖祖宗遗烈,承万世一系而践祚,继位以来,朕亲爱臣民,如同朕祖宗惠抚慈养其臣民,念其康福增进、懿德良能,又愿国家长荣,与臣民同进、得其扶持。为履践明治十四年十月十二日之诏命,兹颁布大宪,以示行为之准则,为朕后嗣及臣民及臣民之子孙所永远循行者。

伊藤最重要的工作完成了。他将再次并多次出任内阁总理,在

1895 年日本打败中国后，他对和平局势进行规划，还以使节身份造访欧洲皇室（并被耶鲁大学授予荣誉学位），最后在朝鲜统监任上身亡。在明治领导人里，他或许最为高瞻远瞩。立宪是他最为人所知的事迹。伊藤的头像和国会大厦被印在"二战"后日本发行的千元大钞上。

第四节　山县有朋与皇军

山县有朋（1838—1922）是继伊藤之后最重要的明治领导人。假如说伊藤的宦途——从在筹备立宪事宜的制度取调局担任长官，到四次出任内阁总理，再到枢密院议长，最后至朝鲜统监——折射了政治权力结构的关键节点；那么，山县的生涯——从戊辰战争的指挥官，到近卫都督，到陆军卿、参谋总长，到新设立的陆军大臣，到参议，再到两次出任内阁总理——反映了国家统治架构形成过程中的权力中心。从某些方面看，山县的影响力要比伊藤更长，他比后者多活了十年，而且他去世以后，军队和官僚集团内部形成了一个势力强大的山县派系。萨长藩阀对政府的把控远不及长州藩在军队内部的势力长久。不过，山县和伊藤有不少相同的经历。两人都出身于长州藩的底层——山县的家族职业是武士里的步卒——又都在吉田松阴的村塾里学习过。维新期间，两人都全身心投入到这一激荡人心而危险重重的运动之中。伊藤的海外经历开始得比较早，但山县很快就抓住机会，德川幕府倒台后，马上申请到国外考察，随后和西乡从道（西乡隆盛的兄弟，担任海军将领）一起在外面待了六个月。在这共同的背景下，两人的影响力都延伸到自己的专业领域之外。在其要求下，伊藤 20 年来全面参与了军队决策，直至去世为止。至于山县，虽然一开始以陆军为重心，但在担任内务大

第十二章　明治国家的建立之路

臣及内阁总理期间，他给国内事务和警察组织带来了深刻的影响。就性格而言，两人截然不同，伊藤为人和善、健谈，而山县严厉、安静，不轻易表露内心。两人经常发生分歧，但在共同背景和长州藩利益的作用下，彼此依然合作。

在陆军和海军内部，萨长主导势力延续了很长一段时间，部分原因在于这两个藩在维新期间担当的角色为其树立了威望。历史学家将明治政府称为"萨长藩阀"。和作为经济领域保皇派的"财阀"一样，这个词是带有批判和谴责意味的。但领导层的组成远不是铁板一块。对于军事领导权的问题，萨摩和长州之间、长州势力内部派系之间不乏激烈的官场冲突。但由于同心抵抗"外部"政党对已竟事业的蚕食，领导层还是团结一致的。政党中人常常呼吁全国人民团结起来，谴责"自私自利"的藩阀行径。但在藩阀领导人看来，自己的领导权本就理所当然，而且对于帝国事业来说是不可或缺的，他们把守了接近天皇的大部分渠道，所以几乎不曾失败过。

正当西方大部分国家在重整军事结构的时候，日本人还在建立自己的军队。但是，军队的崭新性是日本军事最大的特征之一，欧洲国家的军队有时候反倒被批评为落后或保守，而"日本新建立的军队视自己为新时代精神的化身"[22]。当明治领导人掌权的时候，西方国家全都正在学习意大利和德国统一战争、美国内战，尤其是普法战争的经验，重建和反思自己的军事制度，但刚从内战恢复过来的美国可能除外。工业发展和人口增长令平民军人（citizen-soldiers）组成的大规模部队在运输、装备和指挥方面有了新的可能。若武士出身的明治领导人没能在出使西方期间吸收这些经验、将其运用到自己国家身上，似乎说不太过去。

维新落幕后紧接着的一段日子里，很多人仍然向法国军官取经，学习法国的战术。哪怕法国被普鲁士击败了，明治政府依然将法国的军事理论和架构视为超凡之作。其实早在德川时代晚期，日本就在法国指引下搞出种种大动作，政府自然理所当然地——如1870年所做的那样——下令所有的藩皆以法国为陆军建设的榜样，模仿英国的海军建设。19世纪80年代，陆军部队开始采用德国模式。这很大程度上是在山县的第一号门徒及未来元老桂太郎（1847—1913）的主导下进行的，后者在德国待了将近八年。1878年，参谋本部作为独立机构正式成立。德国有组建类似部门的计划，桂太郎以此为参照，花了工夫做准备。此外，军事理论家克莱门斯·威廉·雅克布·梅克尔（Klemens Wilhelm Jakop Meckel）之所以受邀来日，桂太郎功不可没。梅克尔在1885—1888年间担任顾问一职，他在军队中的影响力抵得上罗斯勒对法学家的影响力。

西乡隆盛的溃败令长州藩取得陆军的主指挥权，但在海军内部，萨摩派的势力仍然强大，尽管比不上陆军的长州势力。1926年以前的陆军大将总共有72位，其中30%来自长州。而海军大将则有40名，其中44%出身萨摩。这种势力差别在中央的官僚和指挥机构里同样强烈。山县在世时就已是陆军的主导性人物，而纵观海军的创建者，没有哪位能达到他那样的高度。

至于海军方面，英国是日本首先模仿的对象，此后也一直如此。有前途的海军将领被送到英国进修，常常在英舰上工作个十年或更长。早期的海军装备大体都在英国船厂订造。由于拒绝将其指挥结构和陆军接轨，数年来海军方面承受着种种压力。1880年末，原独立于军部大臣的陆军和海军参谋部被合并，统领于参谋本部之下，海陆两军的指挥架构由此统一了起来。[23]

1872年日本发布征兵令，其中山县的意见发挥了重要作用。他在戊辰战争期间指挥过由平民和武士组成的长州部队，而且他本人出身自低阶武士，深信农民士兵有其优点。同时，他将征兵制视为培养新一代公民意识的途径之一。他认为，给一个男孩提供六年的小学教育和六年的中学教育，"假以时日，这个国家将成为绝佳的

第十二章 明治国家的建立之路

公民大学和军事大学"。这一目标需要一代人的努力方能完成。首部征兵法允许有能力的人支付一定金额来抵消兵役，家中长子或独子也能获得豁免。结果，招募来的都是平庸之徒，大部分一字不识。而且，由于政府财力有限，招募的兵员数量相对较少。萨摩动乱的前夜，军队只有3.3万人。在官僚层面，一系列试验性措施和变动拖延了效率，但随着军官团的培训机制逐渐成形，最后效率反而提升了上去。

兵营和军官学校里反复强调的一个主题是效忠天皇。帝国陆军和海军同属皇军。天皇自己也在19世纪80年代穿上了军装。这表明，此前长期处于隔离状态的君主制发生了巨大变化，和欧洲传统不同，日本君主并非马背上的统治者，而总是与种种太平之术关联在一起。接着，连亲王也要投身军队，有好几年参谋总长的位置都由皇族成员担任。天皇和军队之间的纽带关系被视为对抗地方主义、阶级对立和骚乱的最佳手段，1878年对近卫兵部队内乱竹桥事件的镇压就是一个例子。与此同时，天皇抑制地行使权力，将其赋予更有经验的专人，这一点也很重要。按照这一"办法"，最高指挥官可以直接接触到天皇，军方对国内事务的影响力由此得到了强化。法令规定，参谋总长理应担任天皇的幕僚长，其政策和策略意见可以直达天皇。天皇自己或许没有过多行使自己的"直接指挥"权，但它可以防止公民政府干预决策、对军方造成影响，因此成了军方幕僚应对国内政治纷争的一大利器。

随着政党运动兴起，士族之乱的画面仍历历在目，山县直截了当地命令军方要远离政治。1882年，天皇给山县转交了一份依其指示起草的《赐陆海军人敕谕》*。这份敕令的本意在于给日本的这支现代武装部队充当道德指引，提醒陆海军的军人，莽夫之勇不可取，

---

* 简称《军人敕谕》。

唯审慎、克己、自律的忠诚方有价值。其中有一段这么写道："既为汝等军人之大元帅，朕赖汝等如股肱，汝等仰朕如头首，其亲尤深。"接着，敕谕就忠节、礼敬上级、武勇、信义、简朴进行了长篇讨论。武士的核心价值即武士道，成了平民新兵必须遵守的规定。"此五条，为军人一刻所不能忽视者。倘付诸行动，诚心最为要紧……心诚则万事可成。且此五条为天地之公道、人伦之常轨，行、守皆易。"[24] 天皇身穿的戎装，以及他在军事操练、陆海军军校毕业典礼上的身影，都是天皇和海陆军之间纽带的象征。

然而，军方并非百分百团结，从"外"藩来的人受主流藩阀势力的压制而深感不满。随着军队的扩张、新培训机构的设立，输送到军队的军官数量节节上升，新来的人发现自己和老一辈无论在哪方面都处于对峙状态。出身长州、在陆军士官学校担任校长的三浦梧楼就多番批评自己的上级。他写道："只有在我们国家才存在这么一批高级指挥官。他们并非正规士兵，在对现代军队部署一窍不通、毫无经验的情况下，走上明治维新的战场，和今天那些熟悉现代战略与行动的军官相当不一样。"

19世纪80年代就发生过好几次事件，检验着最高指挥部门能否在逆天皇之意的同时仍充当其"股肱"。天皇对长州势力的支配地位明显不快，1885年军队重组后，他便表明希望对职位进行重新洗牌，并向外界透露自己有意提拔四个外人，其中之一就是受主流派排挤的三浦梧楼*。天皇的建议获得伊藤和井上馨的支持，然而，此时军方正反对松方缩减军队预算，晋升一事被牵涉到这场纠纷当中。伊藤和井上尽管背景强大，但仍觉得有必要站在最高指挥官那边，以便预算限制法案可以通过。几经折中，最后结果是"四将军派"丧失了机遇、从军队引退。天皇谨而慎之的想法就这样被下面那些

---

* 另三人为谷干城、曾我祐准、鸟尾小弥太，这四人被称为"四将军派"。

第十二章　明治国家的建立之路　　　　　　　　　　　　　489

自以为更懂行的将领搁置一边。出于应对，山县把军方领导人派去文职岗位，借此在其他领域发展自己的势力。

比起个性、金钱，这方面的变动更关乎安危，因为"四将军派"都对某个小型反对派军事组织*青睐有加。桂太郎和参谋本部次长川上操六联名上书，最后成功说服了天皇，他们直白地指出：

> 国家之所以持有军队，原因有二。第一，为了保卫自身免受外敌攻击或维护自己的独立地位。绝大多数二流的欧洲国家都属于这种。第二，为了展示国力，必要时动用武力来执行国内政策，如一流的欧洲列强那样。日本持有军队的目的和二流国家不同，而属于一流国家的行列。[25]

换言之，军队的使命不只是保卫国家这么简单，它还有更重要的任务。

山县并不只在军事领域占重要地位。1883年，他在担任参谋总长之余给自己添加了内务大臣一职，1885年伊藤组建第一届内阁时，他仍继续在任。这时，他开始操心起地方政府机构和国家警察体系的组建事宜。原因很明显。民权运动越来越汹涌，松方紧缩政策强加的税制在农村地区遭到抵触。当前最为紧要之事是建立某些组织机构，后者不仅不受民怨之声影响，还能反过来压制它。要记住，即便是伊藤也不免在信函里流露出对极端情绪高涨的担忧。对山县这样的军人而言，必须将"敌人"隔离起来并控制住。他觉得时间拖得越久、形势就对政府越不利，要在尚未失控之时稳住局势。

山县组建地方政府的做法来源于他在军事领域的见解。受控、

---

*　月曜会。

有序、统一是其目标所在。类似的想法和重组同样出现在19世纪80年代的德国，1886年阿尔伯特·莫塞（Albert Mosse）受邀前往日本并待了四年。地方自治是山县计划中的重要一环。罗杰·海克特（Roger Hackett）这么写道，在山县看来，"征兵和地方自治明显是相关的：两者都代表了对国家的贡献，同时将人民和中央政府捆绑在一起，增进团结，促进稳定"。[26] 为达到这一目的，他力主对低阶官员进行选举并确保选举顺利进行，同时阻止这些官员参与政党。不过，市长和府县知事仍由中央政府直接或间接任命。1888年相关法规拟定出台，是为"明治21年4月25日法律第1号"。

警察事宜同样重要。1881年，宪兵队成立，其作用最初仅限于军事领域，兼负责审查兵营内部获准流通的书籍，但在不远的将来，当日本进入军国主义时期后，宪兵对市民生活的掌控权越来越大。就明治时期的整个警察系统而言，法国是最先模仿的对象，东京警视厅制度的核心地位体现了其中的诸多特点。然而，山县转以德国为师，进而与19世纪80年代模仿建立的政治与司法制度更为契合。日本又请来了一位德国顾问。更重要的是，这次重点放在各府县设立的培训机构上，其教官都毕业于某国家级学院[*]。正规训练和专业精神被反复强调，就像军队那样。而且，此前警察组织集中在中央，如今延伸到农村地区。全国警察驻点的数量从1885年的3068所增加到1890年的11,357所，村里的闹市点每每有派出所[†]的存在。[27]

山县对秩序问题的担忧催生出一系列相关法律法规，扩大了警察组织在日常生活中的权力。1886年，法规禁止公职人员请愿。无论何种类型的公众集会，其策划人必须向警察提供个中细节、举办

---

[*] 警官练习所，今天日本警察大学校的前身。
[†] 后来改称为"交番"。

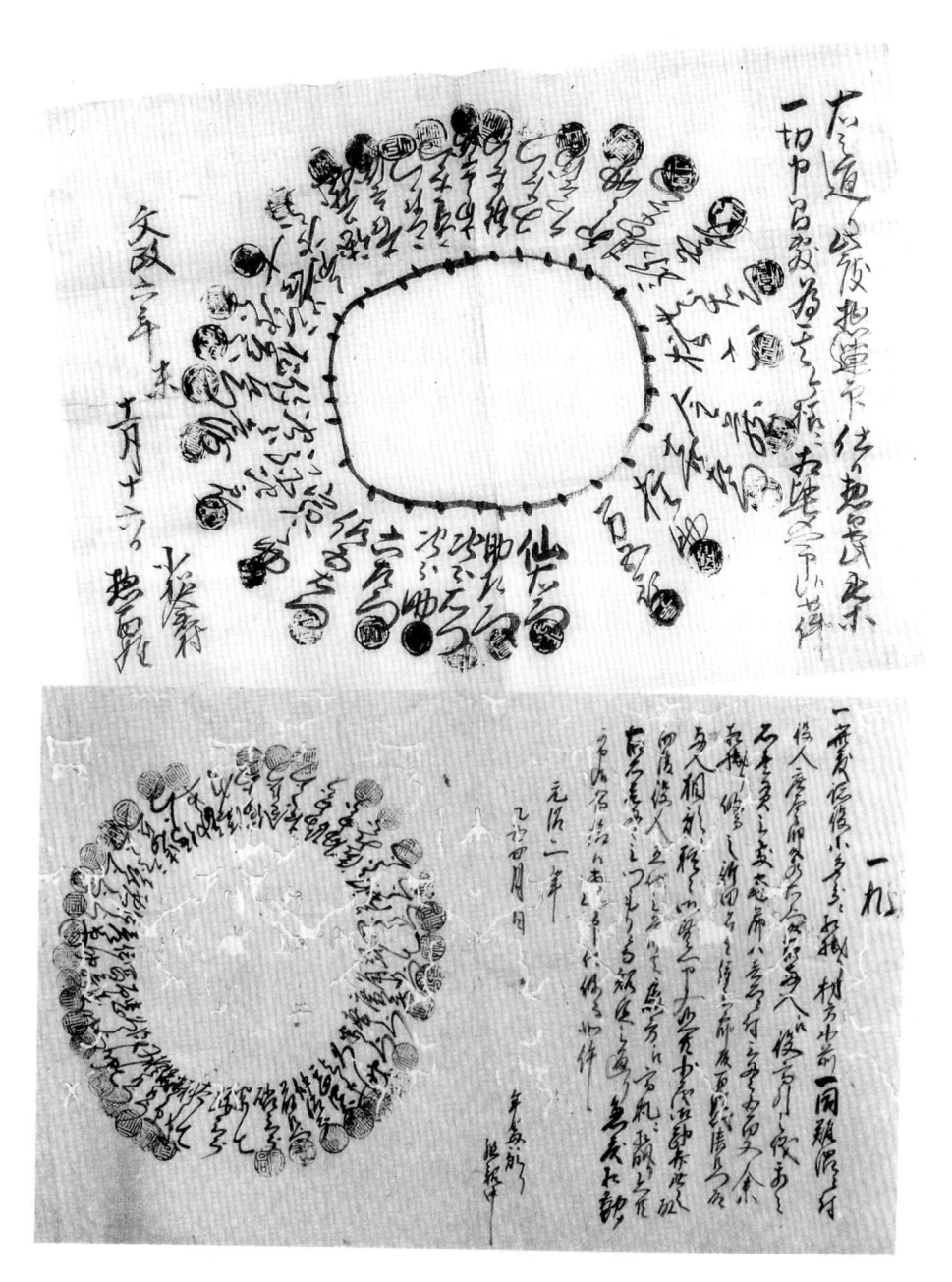

20.1823年和1865年（下图）的伞连判状请愿书，其中以减少额外义务为交换条件承诺合作。

21. 1854年6月8日,美国海军准将佩里在下田指挥美军部队。

22. 最后一位幕府将军德川庆喜(1837—1913)。英国外交官萨道义认为他是"我见过的最具贵族风度的日本人之一……真是个绅士"。

23. 艺术家构想的情景。1868 年 11 月,队伍载着年轻的明治天皇穿过护城河进入幕府将军的城堡;由小堀鞆音(1854—1931)创作。

24. 与插图 10 和 14 相比, 在明治早期版画《日本桥熙熙攘攘的人群》中, 场景由于一辆马车里的西方人和几个中国人的出现而发生变化。小贩、杂耍艺人和购物者都没有改变。

25. 山口蓬春（1893—1971）的画作，描绘的是 1871 年 12 月 23 日岩仓使团前往美国和欧洲的画面。

26. 岩仓使团主要人员。岩仓具视仍身着日本装束,身旁是副使(从左至右)木户孝允、山口尚方、伊藤博文和大久保利通。

27. 处于鼎盛时期的明治维新领导人：1905年，获得牛津大学荣誉学位的松方正义（左上）；1885年，伊藤博文（右上）组织了第一个内阁，为宪政做准备；自由民权运动的代表板垣退助（中）；山县有朋（左下）于1887年担任内务大臣，当时他制订了涉及地方政府的计划；1872年，森有礼（右下）在华盛顿担任明治政府公使。

28. 报纸上的漫画，描绘了自由民权运动的倡导者不顾警方的恫吓，对大量热情的听众发表讲话。

29.1890年颁布的《教育敕语》强调忠诚和传统价值观,是初等学校道德教育的核心内容。敕语被恭敬地宣读,随后三呼天皇万岁并唱爱国歌曲。在这个教室里,老师站在"忠"字和"孝"字之间。

30.1879 年，27 岁的明治天皇。

31. 随着时间的推移,明治初期的敌意被合作和洋洋自得所取代。图为大隈重信(左)和伊藤博文在后者位于大矶的别墅,展示了明治时期的绅士在非正式场合喜爱的东西融合的着装风格。

32. 虽然并不总是准确，但明治时期的版画起到了传递消息的作用。这幅作品描绘的是1894年朝鲜人不情愿地向严肃的日本公使大鸟圭介呈交"改革"协议。

33. 日本决心用文化英雄取代战争英雄和帝国英雄，于是在货币上印上了具有文化特色的人物。在文化变革中引人注目的人物有作家夏目漱石（1867—1916），1000日元；教育家、国际主义者新渡户稻造（1862—1933），5000日元；教育家、洋务家福泽谕吉（1835—1901），1万日元。

34. 第一次世界大战加上1923年9月的东京大地震，使日本城市的面貌发生了深刻的变化。其中一个方面就是出现了全部由少女组成的宝冢歌剧团。这段"火车舞"出自1927年的剧作《我的巴黎》，它将以日本为中心的"国际主义"和现代性前住巴黎途中所经过国家的古雅东方主义加以对比。

35. 艺术传统在一个天才画家流派中得以延续，他们的作品继承了德川时代南画的温和幽默。堂本印象（1891—1975）的画作细致表达了文人对传统中国学者的闲适生活的怀念。（Griffith and Patricia Way 收藏；Eduardo Calderón 拍摄，西雅图美术馆提供）

36. 提供投资潜力，鼓励大众储蓄，这种由"满洲国"于1937年发行的百元债券，通过附带的5张20元的息票，保证了持有者可获得4%的回报。

理由及参与人员名单。1887年出台的《保安条例》更令人惊讶，这部法规意在将棘手的政治人物赶出东京。当时担任内务大臣的山县有朋禁止了一切秘密社团和集会。他可以叫停任何会议或集会，若某人被判有制造公众骚乱或破坏社会安宁的可能，山县有权将其驱逐到距皇宫七英里半以外的地方。1887年12月26日条例公布以后，540名被认定为危险人物的政党成员遭到定点驱逐，如军事行动般精准。尾崎行雄是其中一个被禁止进入东京的人，后来他写道，此后十年，一直到被任命为内阁大臣以前，他自己都没有配备警卫的打算。当时，他和送他出城的警卫聊天，他们惊觉尾崎竟是如此显赫之人，他们告诉他上面有令，倘若他试图反抗——这是希望出现的情形——他们会当场处决他。

1888年，山县前往欧洲学习其他类型的地方治理体系，获取第一手经验。1889年，他首次组建内阁，兼任总理大臣和内务大臣。在这期间，山县仍保留军职，他在军队的重要地位也一如既往。无论是他的工作、事业或策略，有一点是贯穿始终的，那便是强调纪律，还有谨慎。他以及他那一代人目睹过孱弱、无措的日本，他决不允许任何内部敌人或对外冒险行动威胁到帝国的安稳。

第五节　森有礼与明治时期的教育

此前我们已经提到过森有礼（1847—1889）好几回了。出身萨摩藩士的他，年轻时被派去学习海军知识，1865年被送到英国留学。留英期间，他在学习化学、物理、数学之余，拜入乌托邦组织"新生兄弟会"创始人、宗教家托马斯·莱克·哈里斯（Thomas Lake Harris）的门下。森有礼成了一个基督徒，并追随哈里斯及其组织的步伐来到纽约州。幕府倒台后，在哈里斯劝说下，他相信自己对新日本负有使命，于是回到故土，加入新政府。凭借流利的英语，他成为驻华盛顿公使的不二人选，同时受命研究教育事务。森有礼在结束中国的特使之行后被派去伦敦，在他引见下，板垣退助在雅典娜俱乐部和赫伯特·斯宾塞见了一面。[28]

森有礼是个富有好奇心的人，敏感，轻率，极为自信。他过早地主张武士刀禁令，令他一度丢了官职；他建议用英语取代日语作为国语，让保守派大为恼火；他提倡女性在婚姻中享有平等权利，请福泽谕吉以平等协议的方式来主持婚礼*。他在伊势神宫的轻浮不敬之举，让他付出了生命的代价，1889年，他死在一个虔诚的神道信徒的刀下。

1885年伊藤博文组建首届内阁时，森有礼被任命为文部大臣。他绝不是结党结派、挟以自重之人，他在其短暂任期内所做的工作，奠定了"二战"前的日本教育体系：初等教育严格由中央掌控、以天皇为核心，而高等教育则宽松一些，着眼于学问研究，追求独立自主性。

森有礼接手的教育体系来自1872年的《学制》。从这一法令的题跋里，我们可以感受到明治维新运动早期的那股热情，这既有对德川年间平民学校的说教式教育的尊重，又包含了对旧社会的谴责：

> 学问为立身之本，无人可忽视之。无知令人迷途、受饿、家破，直至其人生一败涂地。自学校初创以来已过百年，然以引导不当之故，误入歧途。
>
> 昔学问为士人以上之事，农、工、商及妇人置之度外。士人以上所希见之求学者，往往称其为国家而学，而不知学问正为立身之基……

---

* 福泽谕吉是森有礼的证婚人，婚礼上森有礼和妻子广濑常签署了结婚契约。

第十二章 明治国家的建立之路

文部省不日将订立学制，或追改教则。自今以后，无邑有不学之户，无家有不学之人……

自今以后……应将其子弟之学置于他事之首。[29]

要实现这些雄心勃勃的目标，中央集权和充足财力缺一不可，而当时都不具备。在具体实施过程中，明治时期教育体系的创建者主要着眼于三点：将地区或地方上各种各样的教育组织统一纳入单个体系内，实行中央化管理；取消以武士为培养对象的藩校，代之以新设立的官办学校，凡有才干者，不问出身，一律加以培育和奖赏；用整齐划一的全国性网格体系来代替那些时断时续、未来无法预估的公校和私校。[30]

《学制》要建立一个全国性的体系，为此制定了宏伟的目标。按其预期，全国分为8个大学区，每个大学区又细分为32个中学区，每一中学区内有210所小学。这种管理组织方式是从法国学来的。不出意料，已有资源并不足以支撑这些目标，在接下来的十年里，具体操作层面呈现出断断续续的状态，但对大众教育的投入一直持之以恒。个中意图很明显：民众教育会是国家政策的一大目标。由于财力有限，地方尝试寻求本土支援，地方多样性由此展现。在极短时间之内，哪怕是山区村落的教育，无不以村校为中心展开。1875年对当时约两万所小学的普查结果显示，有40%的小学设在佛教寺院内（类似旧日的寺子屋），33%在私人宅邸（如同过去的私塾），18%在新建筑内。这些新建筑在建造过程中尽可能采用西式风格，带有精美的柱廊、塔楼等，它们是现代化的先声，也是市民生活的中心。塔楼设有钟或鼓进行报时，兼作消防看台之用。除此之外，这些建筑物还常常被用作警察组织的驻地，或提供注射疫苗等公共卫生服务。对于这些庞然巨物的宏伟，明治时期的文字作品从不吝惜赞美。今天，日本从保存下来的建筑中挑选出最好的几座印在邮票上，令其不朽。

实际情况是，读写能力开始在日本民众间普及。理查德·鲁宾格写道："对于大部分地方官员来说，新学校法的精要在于设立公办小学、提升学生就读率。"[31] 除了部分地区进展缓慢之外，入学人数一直稳步上涨，到1905年，小学教育几乎已经完全普及。地方数据的分析结果展示了一个急速追平的过程。经济更为"发达"、不同类型学校业已存在的地区进展缓慢，而在偏远"落后"的地方，就读率急剧上升，从而推高了识字率。起初小学男生的数量如预期般多于女生，但两者差别逐渐消失。不过，军队的统计数字警醒了我们。受过教育、出身城镇、生活富裕的子弟在招募来的士兵里自然只占极少数，但即便如此，1892年的一项军队普查发现，将近27%的新兵仍属文盲，34%勉强可以算作能读会写。直到"一战"前夕，只有4%左右的士兵具备中学以上的教育水平。[32] 就全世界范围而言，日本的情况可能不算太坏，但多多少少落后于西方大国。

明治之初对教育大声疾呼的豪迈之辞，和英美教育家在谈论成功和实现自我等追求时的用词遥相呼应。教育学家福泽谕吉的书在初等学校随处可见，以至于"福泽之书"成了一个通用名称。而在中学层面，魏兰德（Francis Wayland）的《道德科学之要素》等书籍及英语学习材料占据着突出地位。政府设立众多学校提供外语教学，但更多的外语学校是由民间教育者、传教士所创办。1870年，英语学校的数量达到156所，培养的学生超过6000人。

在长达十多年的时间里，局面相当混乱。中央机关和地方社群之间相互拉锯，像在五日市，村校的发展仰赖于本地精英阶层的帮助和支持，当地民众对新出现的中央代理人十分抗拒，与其展开谈判。[33] 彼时一波波突然而至的新文化浪潮不断冲击着日本，不少有能力的年轻人急于寻求指引。以新闻人、历史学家德富苏峰

第十二章　明治国家的建立之路

（1863—1957）为例，他一开始在熊本学习，受教于简斯大尉*，其后多年辗转就读过七所学校，接触到儒家的、英式的及基督教的理念，从他的文字作品里，我们看到他对这些思想是何等熟稔，令人叹为观止。

19世纪80年代，明治政府的政策制定者开始关注教学内容，对其进行把控。在民权运动的推动下，教育机构纷纷建立。《五日市宪法》的起草人、曾是佐幕派一员的千叶卓三郎，此时在一所乡村学校里任职。天皇的汉学侍讲元田永孚等保守派人物把这类学校斥责为"议政团伙"，进而对日本广泛倚重洋学的情况感到担忧。[34] 文部大臣及大多数执行部门将大笔预算花在聘请外国教师、送学生出国留学上。

这些疑虑逐渐加重，到1881年已达到非解决不可的程度。当时，大隈重信借尽早立宪的主张挑战萨长藩阀的专权，还公开对贩卖政府资产的行为进行批评，明治政府的管治在1881年陷入危机。以明治天皇1879年发布的《教育圣旨》为开端，元田首先发难，在他眼中，这是为了日本之魂而战。据敕谕描述，"教学之要、祖训国典及上下秉持之口号"：

> 明仁义忠孝、究智识才艺，以尽人道。然晚近以来，众走极端。所学取之洋文化，仅长于智识才艺，故令品行受损、风俗败坏……道德之学最以孔子为师。人应先修其诚实品行，乃后随其才器、学各科学问。[35]

不过在这之前，官方对外语教学的热情已经开始消退，而更多地强调道德、日本文学，以便打造一个兵民一体（soldier-subjects）的国家。

---

* 全名为Leroy Lansing Janes，从美国陆军退役后设立了熊本洋学校。

这场争端随即走向两极化，某些军方领导人的主张就体现了这一点（或许还有所夸大），他们觉得，学校的主要任务是将普通百姓培养成皇军士兵。陆军中将东条英教，即1941年带领日本向西方开战的那位内阁首相的父亲，在1897年对某教育协会讲话时特别强调：

> 军队是最重要的学校，你们这些人民教育家要知道军队的教育方法，这一点是关键所在。预科学校的职责在于教育民众、让他们进入这所最重要的学校［军队］时具备可塑性。你们是军队的母亲。[36]

这种观点如此赤裸裸地将学校设为军事培养基地，不可能取得所有人的同意，但所有人都认可的一点是，一个新兴国家的健康发展有赖于有多少人爱国报国。

而教育家、公众人物福泽谕吉则代表着另一个极端，他主张，日本需要的是可以塑造独立性且更加务实的教育，而不是他眼中那不切实际、毫无益处的汉学和本土主义学说。福泽谕吉的著作在普罗大众和学校内广受欢迎，让元田等儒学家感到担心。19世纪70年代，制定教育政策的重任交到田中不二麿的手上，1872年的《学制》正是他的手笔，而元田抨击的也正是这些"过激"的政策。

可以理解，像伊藤博文这样务实的政治家，自然会对元田等试图规限一国之学的教育家心存警惕，而倾向于选择一条更为开放和多样的路线，但在立宪预备期间，他有其他更重要的事情需要考虑。伊藤对元田给天皇起草的《教育圣旨》进行了尖锐的批评，认为有必要撤除他汉学侍讲的职位。但他占据上风没多久，文部省的大权就移交到保守派手上，道德伦理被置于课程之首，1881年针对小学教师发布的《小学校教员心得》清楚提到："对皇室尽忠、对国家有爱、对父母行孝、对长辈及上级礼敬、对朋友讲信义、对位卑者

第十二章　明治国家的建立之路

及后辈慈爱、尊重自己，此数条为人伦大道。"在学校，从西方翻译过来的道德读本被弃之不用，中央的管控力度越来越强，而后，基于对汉学的担忧，西村茂树被任命为文部省编辑局长。西村所写的关于道德培育方面的论著成为核心课程"修身"课的基础内容。[37] 学校被围隔起来，与外面日益蔓延的呼喊政治权利之声绝缘。1880年颁布的一则法令规定，教员出席政治性集会或讲话属于非法行为。如此强大的管控背后，其实也有财政方面的因素。早期教育规划方案的实施是以地方税收为前提的，但松方实施紧缩政策的那几年，地方对税制反应抵触，使得中央政府不得不加大这方面的资金投入。随着中央资助的增长，中央发号施令的趋势或许也就不可避免地越来越强。

伊藤留德学习外国宪法期间，当时驻使伦敦的森有礼前往欧陆与之会面。两人发现彼此在教育话题上有基本一致的共识。伊藤对其奥地利导师洛伦兹·冯·施泰因的教育思想深为赞赏，事实上他甚至邀请过后者来日指导教育事业的发展。19世纪70年代森有礼在华盛顿任职期间，大部分时间在研究美国的教育体系，随后又利用出使伦敦的机会，了解西欧各大国的一流教育大家。他还和年轻时一样，仍然相当热衷于全面化的教育，通过这种教育，不仅身体得到锻炼，连心灵也会更加硬朗。与此同时，他为日本早期仅流于表面的政党运动愈加感到灰心。他越来越觉得，日本的体制和实践有必要以自身传统为基础。（他的西方顾问大多数都热情洋溢地表示赞同，这一点或许也有关系。）

伊藤没能把冯·施泰因请过来，于是将日本的教育事业交给森有礼来规划，1885年组建首届内阁时，把文部大臣的位置留给了他。森有礼归国时已经读了不少相关材料，对情况相当熟悉，和当时为教育发声的领军人物也有良好的联系。然而，他的首要身份却不是教育家，而是政治家、政策执行者。他关心的是教育在国家建设过程中的作用，将国家摆在个人利益之前。同时，他的民族主义情绪甚至比留学前更加强烈——从西方留学归来的明治领导人普遍如此——深信天皇制度对未来的日本教育事业的重要意义。对此，他并非出于信仰而为之，反而是从务实的角度，相信这套制度的效用和核心地位。国家才是关键所在。森有礼强调："最好只看国家怎么样。"教育不仅是学生的教育，同时是"为国家服务的"。欧陆和英国的教育情况让他相信，日本应该采用同一套多轨并行的体系来为国家事业培养栋梁之材，而斯宾塞对于国与国竞赛的展望，更是让这套体系不可或缺。森有礼一度提到："所有人，只要有一丝一毫的日本归属感，都必须努力推动日本进步，将她从如今的三流位置拉到二流，进而到一流，最后位于全世界之冠。"不过，他仍秉持着某些价值观，而这正来自他的基督教导师托马斯·莱克·哈里斯在新生活兄弟会里所信奉的理念。森有礼将哈里斯所看重的"遵纪、友爱、顺从［于上帝］"进行通俗化的改造，给新办的师范学校起了一句口号*。

森有礼的西学背景，以及他是基督徒的传闻，令保守派备感忧心，他们想尽办法阻止他就任文部大臣一职。但伊藤相当坚决，势要一意孤行。森有礼的传记称："在日本的近现代史上，没有哪位文部大臣能像森有礼那样，给整个学制带来如此深刻的影响。"[38]

森有礼入职不久就发布了三则法令，奠定日本的学制框架，且一直持续到"二战"末期为止。要讨论这些法令，比较合理的做法是从帝国大学开始、自上而下地看。今天的东京大学是由一系列前身为西学学堂的教育机构合并而成的，但从办学特点和教育质量来看，它比不上众多私立学校。而在后者当中，首要的是福泽谕吉的庆应义塾，以及大隈重信于1882年被迫下台后所创立的早稻田大学。

---

* 1886年《师范学校令》的第一条要求学生必须具备"顺良，信爱，威重"的气质。

第十二章　明治国家的建立之路

这些学校及其他民办机构——大多为传教士所创办——将现代法律和外语设为办学重点，其毕业生在政治浪潮、新闻出版、私人企业方面发挥着重要作用。

为了让东京大学不受这类竞争的影响，森有礼将其命名为"帝国大学"。学生毕业后即具备进入政府工作的资格，而不需像其他学校的毕业生那样应付遴选考试、相互竞争。即便1897年第二所国立大学在京都成立，东京帝国大学依然位于学制的顶端。其顶尖毕业生不仅获天皇嘉勉，前途也是一片光明。学校开支全由中央政府承担。在学生构成方面，引猪木正道的话来说，"尽管没有明文规定"，但招来的绝大多数"是上层或上中层阶级（文官、军官、地主、富农、商人、实业家）的子弟，还有很小一部分是领奖学金的学生，给他们提供奖学金的或是旧日的封建领主，或是其他有钱人"。他对1937年出版的《人事兴信录》的研究表明，73.6%的高级文官和49.7%的司法官员毕业自帝国大学（京都大学设立后改称"东京帝国大学"）。[39] 进入官僚体系的新人往往有出国留学的机会。大学的教职工几乎全都是本校毕业生，且彼此之间的人际网络常高度重合。东京帝国大学的部门主管皆由天皇直接任命，校长经常被天皇敕选为贵族院议员。

还要提到的一点是，帝国大学的学生并不是来自维新运动的中心地，他们代表的是一种新的国家精英体制，当明治早期的那一代人逝去以后，这种体制将主宰日本。

中学制度是森有礼的第二大变革对象。此前就已出现的精英主义趋势，在他的推动下最终成型。实践表明，一开始规划的那套学区制（1872年颁布）并不可行，且超出政府的能力。最终的结果是，在普通中学教育*之外形成另一条精英路径，即建立"高等中学校"，

---

* 称为"寻常中学校"。

作为帝国大学的生源地[40]。高等中学校直属于文部省,由中央政府承担开销,而普通中学教育的开支则由府县负责。

在森有礼看来,初等教育要致力于巩固学生的国家意识、让学生更拥护国家。可以想见,那些爱国情深的父母自然愿意承担学费。由父母来支付学费,是福泽谕吉在庆应义塾开创的先河,是他为了避免落入馈赠制的窠臼而想出的办法。财政方面一旦亏空,本地社群可以自行填补。到 1900 年,所有小孩都必须接受四年免费的初等教育,农村社群开始觉得学业是个负累。松方紧缩政策期间,一些地区的小学就读率有所下降。

教员数量一直处于极为紧缺的状态。在这方面,森有礼发挥了格外强烈的影响。明治最初数十年,学校聘用武士出身的人及地方上形形色色的教师来担任教职工,导致各地发展不均,而且,政府并不满意某些学校的职工安排,担心其教员涉足政治。为此,政府于 1880 年发布法令,禁止老师和学生参加任何政治集会。为遏止政治化倾向,森有礼建立师范学校制度。设立于东京的一所高等学府*负责给各地的师范学校培训教员,从这里毕业的学生有义务在地方学校任教十年。入学程序相当严格,需要由府县知事或市长举荐,然后进行为期三个月的观察。

高等教育追求"学问"之自由,初等教育力求"教导"之划一,两者间的区别在森有礼的举措下进一步强化,这是他带来的又一影响。他深信不仅身体有锻炼的必要,精神也有,这种想法在同时代的英美国家很常见。但不幸的是,他选择动员军事教官来达到目标,而且派遣教官有另一好处,那就是不用花钱。用霍尔的话来说,这种操练"的目的,不仅在于培养新一代教员、将中央权力下放到地方,还为了建立有纪律的校园生活模式"。在森有礼看来,这是军队的

---

* 东京高等师范学校,筑波大学的前身。

第十二章 明治国家的建立之路

用处之一，但从军事的角度看，这种做法营造出一种氛围，以管教之名赋予教师和校长以无上权威，将探索的自由扼杀其中。结果，"训练场上的那套理念被刻意地挪用于师范学校的宿舍、食堂和自修室，然后从这里传播出去，最终整个日本的课堂都受到感染"。因此，"或许可以认为，森有礼的师范政策是他给未来几代人留下的影响力最为深远、持久且特点最强的遗产"。[41]

当枢密院就宪法进行审议时，森有礼的国家主义立场同样影响了他的取向。对于任何有可能强化国会权力的条文，他都奋起反抗，尽管徒劳。他认为，国会应当只是咨询性质的机构，不具备立法的权力。天皇的威严不容遭到任何事物——哪怕只有一点点可能——的削弱。面对森有礼滔滔不绝的长篇大论，伊藤常常不得不强行打断。

明治时期发生的最为讽刺的事件之一，就是森有礼遇刺。他被某狂热分子暗杀身亡，后者斥责他对神道、对国粹不敬。事情发生在明治时期首部宪法公布当天，即1889年2月11日，森有礼身穿亮丽制服、站在一边等待专车时，一个衣着褴褛的年轻人上前来，就学生不满的问题向他提出采访的请求，被拒绝后，突然用刀捅了他。这个年轻人被森有礼的警卫当场杀死（这些警卫一度因涉嫌串谋而遭审讯，随后被无罪释放），但医生都去参加仪式，隔了很长时间后才赶过来，此时的森有礼已经回天乏术。事后，人们在这个年轻人身上找到一份"斩奸状"，宣称"文部大臣森有礼在参拜［伊势］神宫期间，竟然没有脱鞋就走上神殿的阶梯，还违反天皇禁令，用拐杖撩开遮挡的布帘、窥视其内，离开时也没有按传统敬礼"。

森有礼反对在学校立孔子像，但他的反对在他去世后不久就失效了。1890年10月3日，《教育敕语》出台，为明治时期的思想意识形态奠定了基石。通过这部敕语，元田永孚及其同僚的意图进一步得逞。山县就任日本第三任内阁首相时，就已认为有必要设立类似《军人敕谕》那样的敕语。天皇自己也跟新上任的文部大臣说，鉴于日本人"容易走弯路、被洋人学说误导,有必要向他们明确说明何为国家之道德基础"。[42]

《教育敕语》应运而生。当时人们普遍认为这份敕谕是天皇的手笔。到1945年,日本的每所学校都分发这份文件,同时还附有天皇的肖像,使得所有人都对之礼敬有加。大楼着火时校长和老师冒着生命危险把它抢救出来,而学生将这份敕语牢记在心。从文本看,这份文件其实是折中的产物。元田希望敕语能明确地提及孔子,但他的意见不获采纳。不过,敕语列举出孔子主张的伦理关系并视之为日本传统的一部分。在现代读者看来,这些文字只是温和无害的陈词滥调。然而,它的威力来自其使用方式。对个中措辞进一步考察的话,我们会发现,字里行间流露着父权的全能和威严,令听到、读到的人心生敬畏。

> 朕惟我皇祖皇宗肇国宏远,树德深厚,臣民世代克忠克孝,亿兆一心,厥美得彰。此为我国体之精华,教育之渊源亦存乎此。尔等臣民孝敬父母,友爱兄弟,夫妇相和,朋友相信,恭俭持己,博爱及众,修学习业,启发智能,成就德器,广进公益,常开世务,重国宪,遵国法,一有缓急,义勇奉公,以扶翼运至天壤无穷。如是,不独为朕忠良臣民,又彰显尔祖先遗风。
>
> 斯道实为我皇祖皇宗之遗训,子孙臣民所俱应遵守,为古今不谬、中外不悖之理。朕及尔等臣民俱应拳拳服膺,庶几同心同德。[43]

我们或可用平川佑弘的话来总结——明治维新以《五条御誓文》的西风为开端,承诺"求知识于世界"、断言日本未能循"天地之公道",而《教育敕语》则为这一过程画上了句号,强调古代日本所彰显的"国粹"应当成为未来行动与信念之基石。[44]

第十二章　明治国家的建立之路

第六节　结语：明治领导人

这么多年来，对明治领导人的评价大起大落。"二战"前，作为日本帝国的缔造者，他们的赤诚和明智为他们带来了掌声，他们的功绩铭刻在雕像和纪念碑上永垂不朽。到了战时的日本，由于战争物资紧缺，大部分雕像被毁。而在战后的文字叙述里，对帝国时期的日本的评价往往颠倒过来。

经过半个世纪的和平建设后，今天大众对这些领导人的看法更加公允。他们——以及日本——确实取得了成就，尽管这是以牺牲日本百姓和其他亚洲人民为代价换来的。谈到明治领导人的功业，我们可以思考一下领导层的性质，这会很有意思。首先要注意的一点是，他们虽然术业有专攻，但同时通晓各个方面。山县的另一重身份是内务大臣，森有礼、伊藤是外交官，板垣是将领，松方是地方官。在我们描述的这一历史过程里，他们当中没有谁是不可或缺的，没有迹象表明，刺客的匕首或陨落的政途对历史的走向有任何重大影响。明治领导人内部风格不尽相同——山县严苛的规划方案和伊藤更加随意、活泼的取向就是一个鲜明的对比——但他们的核心理念是一致的，当领导层集体受到威胁时，他们会站在同一阵线上。

在这些人看来，裹挟着日本的国际社会是个危险重重、近乎邪恶的地方。为了解这么一个西方，他们远渡重洋，然后带着一手知识和经验回国。他们每一个人都觉得，出洋是他们事业发展过程中至关重要的一步。好些人的生平在上文中已有所介绍，但还有更多的人我们尚未谈到。他们途中碰见的每个外国人，无一不对他们正奋力实现的计划作出告诫——西方用了数百年的时间才发展起来的现代体制，不可能一夜之间在东方落地生根。这些明治领导人试图证明他们的看法是错的。而与此同时，他们又固守着自己国家的传统，没有一个外国顾问能将自己的工作预期完全付诸实践，德国人希望贵族阶层成为一个能够自主延续的世袭精英群体、扶助强大的君权，而美国人则无一例外，全都致力于推动带有民主性质的个人主义的发展。

此外，德川时代形成的条块割据的政治局面，孕育了一大批受过磨难、担过使命的年轻人。掌舵的萨长势力绝不容许任何人挑战他们的首要地位，但在关键时候，他们又毫不犹豫地向合乎资格的外人抛出橄榄枝，寻求他们的帮助。这一新形成的领导团体将那些在德川幕府当过官、从政经验丰富而又不会对政局构成威胁的人招募进来，其次数之频繁，尤令人讶异。

明治领导人都是实干家，明治国家的格局随着其发展而逐渐明晰。争辩中迸发的活力、众人直抒胸臆的果决，每每让历史学家感叹不已。从这个角度看，明治时期的人物和后来者相当不一样，同样在国家建设时期，但继任的领导人冒头于业已成型的官僚制度，当他们上台时，深刻在他们脑海里的是自己所属军事或政治团派的利益。[45]

每当明治领导人写到或谈到某些成就时，无一不将其归功于天皇的美德。在这种种计划付诸实践的过程中，明治天皇总是处于核心地位。在新贵族阶层的保护下，他免受众议院那些政治新星的影响；枢密院诸权势的存在让他不用被内阁左右；他手握军队的最高指挥权，因此不受民众干扰；通过大规模赐地、赐产——受赐者借此积聚大量财富、维持相当的独立性——而不受国会纷争牵累；他掌握着任命内阁的特权，因而不受代议制掣肘；他身边总有警卫环绕，令民间骚乱势力无法靠近；他的统治权通过一系列敕令而成为天经地义，不会有谁对他不忠；同样重要的一点是，那些以他的名义来言说、行动，将他看作自身合法性的根本来源的官员，为他构筑了一道屏障，从而保护了他自己。

明治天皇即位之初仍是一个未经世事的年轻人，总想着安逸度

第十二章 明治国家的建立之路

日，让木户孝允等人担心不已，不过成年后的他，已然是明治领导层里的积极一员。没有哪位日本统治者经历过这般深远的变革。他的人生从昏暗的朝堂开始，没人关心他的想法，他不过是风雅、艺术、诗歌传统的继承者。他的言行举动自有规范要遵循，政坛喧嚣与他相隔万里，依世系血脉确立的等级制度将影子朝廷上那些微小的猜忌和排外情绪压抑下来。突然之间，他被展示在全日本的目光之下，当舆论共识摇摇欲坠之时，他的光环成了争取支持的筹码。作为世界上最古老的文化传统的继承人之一，他却身穿将军制服、拿着一把颇显突兀的佩刀拍照。此时，他只能私底下挥笔作诗，"国家"这两个挺拔的汉字取代他的诗作，成了他书法作品的内容，在他的臣民眼里，国家和他是联系在一起的。对于一个现代元帅和国君所需具备的基本素质，他尽管抱怨却依然默默接受，他不喜欢为洋人显达举办的户外派对，但派对上的他还是放下架子，让皇后站在他身旁。作为领导层一员，他的偏好越来越明显。和山县相比，他更喜欢伊藤；比起森有礼的现代主义，他更倾向于传统的修身理念；相较于冒险进取，他偏向谨慎行事。在明治体制奠定根基、茁壮成长的过程中取得的一系列成果都被归为他的功劳。在日本军队击败中、俄两国之后，他成了一切成就的象征，哪怕是再偏僻的山村，村舍里总会挂着他的画像，而学校的孩子们都会念诵他的敕语。

第十三章
大日本帝国

1890年7月，日本按照《明治宪法》*进行第一次全国性选举。继大西洋沿岸的那些国家之后，日本首先尝试建立代议制政府，他们深知不少西方观察家都在怀疑，一个脱离武家统治仅仅20多年的国家是否真的能成功。宪政是西方工业化"先进"国家所独有的事物，一个不久前还相当"原始"的国家，一个人民还穿着"夹脚人字拖"（某驻欧洲日本外交官对日本传统足履的蔑称）的国家，怎么能搬得过去，想想都觉得荒谬。因此，宪法的授予及其后的选举都在庄严肃穆的氛围中进行，这承载着对不一样的未来的期望。

不过，对于参选的人来说，这并不是他们的第一场选举。地方官会议从1875年开始就已是选举产生，这是明治领导人为了吸引板垣重返官场所作的妥协之一，接着，类似的地方议事会以多种方式接踵而来。它们的权力大多极为有限，其设立之初往往仅充当咨

---

* 即《大日本帝国宪法》。

询性质的机构，为政府任命的府县长官的权力披上一层外衣。但这不妨碍它们成为那些长官的眼中钉，这种对立姿态所折射出来的那股不满，在19世纪80年代的政党运动中浮现了出来。

《明治宪法》也是在那些年里起草的。按照最初的构想，这是仁慈君主的慷慨赠礼，是在分享他的权力。但这样一种分享之所以可能，正有赖于他的君权，而君权并不会因为他的慷慨而有损一丝一毫。宪法的条文也明确指出，天皇的地位依然至高无上。宪法草案由萨长领导人准备，他们以政权创建人、天皇辅弼的身份积聚了崇高的声望，他们在官宦生涯里编织了强大的关系网，遍布宫廷、官场、商业和政坛。从他们当中选出的内阁首相有权暂停国会会议、解散众议院、颁布法令限制政治表述及组织，以及任命府县长官和低阶官员，最后一点令他们得以操纵选举。同时，参众两院议员可以通过阻止政府支出上调方案的通过，或直接给天皇上书、弹劾政府领导，让政府运作受阻乃至中止。这部宪法常常用词宽泛，不精确的地方众多，唯有在给定界限内实际操作一番，其含义才会逐渐清晰起来。日本议会制政体后来的那些特征，很大程度上在1890年到1912年明治之末就已在政治上有所体现，因此，我们有必要对第一次选举和早期内阁作更深入的考察。

第一节 选举

为了尽可能防止激进主义滋生，选举法规定，只有每年上交15日元国税的男性才具备选举资格。1890年，地租占政府收入的60%，这意味着选民及选出的人里将有相当大一部分是地主。[1] 有资格的选民数量为450,365，和昔日武士阶层的人数十分接近。不过，这时大多数武士已经很久没有拿到津贴，而这一新的选民制度面向

第十三章　大日本帝国

的是有产者。这一倾向在贵族院纳税大户的比例上体现得更加明显。每座大都市、每个府县纳税最多的 15 人，每 7 年可以从他们当中选一人进入贵族院。条文还规定，他们的家产必须来自土地、工业或商业。抵押物、公债、股票都不属于"财产"。

　　有超过 1000 名候选人竞争众议院的 300 个席位。自由党和立宪改进党再度活跃起来，两党联手合作，对政府 19 世纪 80 年代的软弱外交政策进行狙击，进而一举拿下众议院大多数议席。但到 1890 年，"大同团结"再也无法维系下去，双方恶战一触即发。除了这两个政党外，还有各种各样分散的小团体，竞选宣言无一不声色俱厉地反对 19 世纪 80 年代的条约改革方案，强调维护国家尊严的重要性。同时，有呼声要求组建政党或至少是"负责任的"内阁，呼吁更多言论、集会的自由，要求减税和削减政府开支。这种种呼声背后的设想是，日本将在参与和决策领域进入一个全新的时期。有好几个团体，包括前军队将领谷干城率领的在内，呼吁精简部队且以防御为主，并主张恢复昔日的道德观念和等级制度。谷干城被提名为贵族院议员，其议席一直保持到 1911 年他去世为止。有趣的是，这位新科议员那时——以及后来——为了争取普通市民的选票而四处奔走，但是成效不大。还有一点值得一提，那便是像谷干城这样的保守派对手握国家决策权的"现代派"所制定的向外扩张政策——最终演变为军事政策——加以抨击。奇怪的是，没有材料表明这些计划将要怎样进行，我们也不清楚选民的决定对新政府的组建是否会起到关键作用。这次选举刚好在山县内阁时期举行，这位长州将领究竟会一改本性还是被撤换下来，这在当时并不明朗。宪法（第 55 条）规定"国务大臣要辅弼天皇并为此担责"，因此或可假定，他们由天皇直接任命。

　　竞选期间，大家都变得相当慷慨。你来我往的观念深刻于社会公德之中，但恐吓的情况同样存在。对于经历过 1880 年党派之争的人来说，暴力手段并不是什么陌生的事。自由党使用"壮士"[*]的现象十分普遍，遭到其反对者的批评，自由党的领袖也常常被劝说把这些"壮士"带在身边作为守卫。不过，这些壮士从来没有引发过命案。

到了7月份那天，投票率如预期一样高，占合资格选民的97%。当选者里，191人是平民，109人士族出身，这表明数百年以来的阶级观、身份观迅速发生了变化。此外，据记录，125个当选人务农为业，或可视其为地主，第二大职业（33人）为商贸行业，然后是法律、政府部门、新闻业。三分之二的人年龄低于43岁。毫不意外，他们当中的某些人日后成了选举政治和帝国议院的决定性人物并一直持续到"二战"为止（而像尾崎行雄这样以新闻人身份而名声大振的人物，"二战"期间仍继续当选）。从这些人及选出他们的选民身上，可以辨认出德川年间那股将农村地区改头换面的社会变革浪潮——乡村带头人、地主富农（日语为"豪农"）、地方领袖及官员，正是这些人聚集在五日市的学校里共同探讨地方事务和国家大事。也正是这些人，给明治初年的政府提交了海量的请愿书和建白书，被称为"名望家"，他们是农村社会的支柱，拥有巨大的影响力。有赖于这类人的支持和合作，未来的很多政治领袖在自己的政治地盘建立起深厚的根基。像犬养毅这样成就非凡、寿命绵长的人，就多次从自己所在的冈山地区重返政坛，直至1932年被暗杀为止。还有尾崎行雄，他连续25次在神奈川胜选。在这些群体的支持下，选区成了某些议员的"票仓"，议员一旦去世，往往为后人所继承，哪怕经历了经济萧条、战争和代际更替，这一纽带关系仍然存在。甚至到了20世纪90年代，众议院里有40%以上的议员是第二或第三代继承人。

---

[*] 民权运动中诞生的政治活动家，一般为出身士族或自耕农家庭、血气方刚的年轻男性。

"是什么驱使他们这么做？"梅森（R. H. P. Mason）提出这么一个问题，然后回答道："大体来讲，是由于他们反对任意征税，加上对中央集权、萨长藩阀势力的厌恶。"[2]这些选民从旧秩序中积累了经济实力和地方影响力，令他们有足够的信心、自身利益及能力去采取政治行动。随之而来的常常还有某种沾沾自喜的狭隘乡土观，认为这一过程证明了日本社会的合理性和优越性。保守派报刊《日本新闻》为选举的顺利举办，向读者祝贺道："我们国家的确比其他任何国家都要优秀，她所创立的这套制度不仅奉君主为神圣，还让总理［对当选的众议员］负责，这在立宪国家也是最近才普及起来的……最后探讨里所呈现的一切，必然归功于皇道，归功于帝国奠基之际人民的品性。"[3]

第二节 《明治宪法》下的政治

撰写这篇社论的人高兴得有点太早，以为此后内阁总理会是"负责"的。《明治宪法》并没有提到总理和内阁，只说"国务大臣"。行政权归属仍旧含糊，无疑是担心会被误解为干预天皇的权力。宪法也没有解释内阁总理是怎样选出来的。实际操作中，这批资历深厚的政治家决定好轮流上台的顺序，然后由天皇任命组建政府，即日后所谓的"大命"。"大命"不可抗，但被任命的人组阁遇到困难时，以抱恙、生病、无法胜任为理由辞任的事例也很多。

《明治宪法》保障众多权利，但除了财产权以外，无一不以在"法律范围内"为条件。对于现代资本主义社会来说，财产自然是核心。宪法第37条规定："凡一切法律，均须经帝国议会之协赞。"开会期间，"除现行犯罪或关于内乱外患外"，议会议员"非经该院许可，不得逮捕"。

然而，事实证明，帝国议院最核心的影响力是财权。宪法第64条称："国家岁入岁出，每年应以预算，经帝国议会之协赞。"第71条更是进一步规定："如未议定预算，或预算不能成立时，政府应照上年度之预算施行。"有的作者引用这条宪法作为预算权归属的关键证据，但肯定是错误的。[4] 第一次国会开会时，议会和政府之间最尖锐的分歧便集中在预算上。先由众议院审议，然后到贵族院。日本进入战争扩张的现代纪元后，明治政府需要更多的资金。安德鲁·弗雷泽（Andrew Fraser）称："政府支出每年逐步增长，从1890年的8200万日元上涨到1905年的4.64亿日元。每届内阁都比上一届提征更重的税，用尽一切办法，哪怕不择手段，也要让预算通过。"[5] 政府可以解散议会、重新选举，而它也真的这么做过几回，但即便这样做了，政府也没把握能赢得过由政党把持的众议院，因为再次当选的往往是同一批人。1892年，政府为了干预选举，采用直接威胁的办法，不仅出动警察，还唆使流氓（"壮士"）闹事，估计有10到25人因此丧命，而伤者达到60到300人，不过最后也没对选举结果造成太大影响。贿赂是另一策略，用钱来收买众议院议员，用高官厚禄、私人恩惠来收买贵族院的人。山县首次组建自己的内阁后，有传闻称，他通过皇室拨款拿了将近100万日元，其中有相当大的一笔补助给了自由党的星亨及其团队，好让他们改变主意、转投自己的阵营。总理在推动预算过程中遇到的种种困难和尴尬处境，也是内阁频频更替的原因所在。以伊藤为例，有一回他还没败下阵来就收到一片嘘声。

不过，议会对内阁组建没有任何置喙的权利。明治年间剩下的日子里，领导体制的正是最初加入体制的那批人，这或许是人类学家所谓的"村民自治"（village governance）的绝佳案例。萨长藩阀长期当权，反而令政党领袖拒不妥协，他们在19世纪80年代就已受过打压、被挤出立宪预备工作。如今，他们有了战斗的场所，

第十三章 大日本帝国

1885—1912年间的首相

姓名	年份	原藩属	入阁次数	最高爵位	拜受元老年份	去世年份
伊藤博文	1885—1888	长州	4	公爵	1889	1909
黑田清隆	1888—1889	萨摩	3	伯爵	1889	1900
山县有朋	1889—1891	长州	5	公爵	1889	1922
松方正义	1891—1892	萨摩	7	公爵	1898	1924
伊藤（第二次组阁）	1892—1896	—				
松方（第二次组阁）	1896—1897	—				
伊藤（第三次组阁）	1898	—				
大隈重信	1898（四个月）	佐贺	5	侯爵	1922	1922
山县（第二次组阁）	1898—1900	—				
伊藤（第四次组阁）	1900—1901	—				
桂太郎	1901—1905	长州	6	公爵	1912	1913
西园寺公望	1906—1908	公家	6	公爵	1912	1940
桂（第二次组阁）	1908—1911	—				
西园寺（第二次组阁）	1911—1912	—				

并且很好地利用了它。很多时候，他们认为自己的任务便是将这个由政敌组成的政府拉下台。尾崎行雄在回忆录里清晰有力地表达了这一决心。他津津有味地回想起自己是如何对好几任内阁总理大加抨击的，他自豪地提到，大家常常形容他某回所做的事如"凑川"一役——那是中世时期某位拥护天皇的英雄人物*的最终一战。

以下表格数据对研究和思考颇有启发。首先注意到的是，经过仔细安排，萨摩、长州利益集团之间交替上台，而萨摩势力衰落以后，转为长州系文官（伊藤）和军方（山县）轮流组阁。考虑到这批人已经彼此争辩、合作、奋斗了整整三分之一个世纪，这种做法并不

---

* 楠木正成。

让人意外。他们在事业、规划甚至家庭方面的关联如此之多，外人几乎没有机会加入这个圈子。1881年被伊藤赶出政府的大隈，终于获得这么一个机会，维持了六个月。

广泛地说，元老之间是平等的，在彼此所组的内阁内担职，大多时候内阁总理（首相）不过是"同侪之首"（first among equals）。等到迈入晚年——有的是去世以后——他们才成为国家英雄。确实，比起同时代人的态度，历史学家对他们的敬意或许更多。这批人大多授勋晋爵，随着明治日本的壮大平步青云。对中、对俄战争的胜利，为庆贺、嘉奖提供了合适的机会。不过一开始，最主要的内阁部门，特别是那些由第一代领导人或内部圈子成员把持着的，往往独自运作、各行其是。为了解决这个问题，内阁早年曾尝试在内部设立相关部门，负责联络和协调工作，但那些成员对这一建议无动于衷，最后什么都没改变。哪怕是大隈也无计可施——1898年上台组阁的那六个月里，他发现自己根本管不了同僚。当时任驻华盛顿公使的星亨尤为棘手，他以为自己即将担任外务大臣，于是违抗大隈指令，执意返回日本。由此可见，当时还没有一个真正的普遍受认可的身份等级制度，或许以后也不会有。

国会陷入僵局、气氛紧张时，内阁总理一般会辞职，将任务留给下一届来推进。这令明治天皇想起那些日子，当年——据他对侍补佐佐木高行的说法——大久保利通面对反对力量毫不胆怯。他疑惑为何其他人不能轮流领导政府。但从上面的表格可以看出，他们其实已经这样做了，只是轮换速度过快罢了。再者，大久保为自己的耿直付出了生命的代价，而继任者更倾向于培养自己的利益群体、择日再战。当然，这套体系对专断没有多少容忍度，独裁就更不用说了。

这些寡头——现在我们或许可以这样称呼他们——常常在政府应当如何对待国会的问题上产生分歧。最先发难的山县态度轻慢，声称国会里政府理应高于党派政治，国会的职责在于立该立的法、拨所需的款。遇上棘手问题时，他会当机立断地通过金钱、威胁解散国会或真的解散国会等手段，势必要让国会屈服。而伊藤虽一心要推行自己所拟的宪法，但手法更温和，尝试和国会进行合作。事实上，早在1891伊藤就开始思考组建自己的政党，借此拿到足够的国会选票确保政府有效运作。次年，他申请组党。他的同僚对此反应不一，有的吃惊，有的震怒。1892年国会大选时，松方就用强硬手段来干预，没成功，他那短暂的任期也随之宣告终结。

还有另一种策略，就是利用天皇来拉拢党派。作为最受天皇信赖的大臣，伊藤有好几次用了这个办法。1893年，当国会压下海军扩张的拨款法案不予通过时，天皇发布敕令，规定其后六年官员俸禄一律降低10%，并宣布皇室每年将拨款10万日元作为补助。面对这般势头，众议院只好妥协。另一回，众议院的议员对星亨甚是恼怒，上书天皇，对他众议院议长的资格进行弹劾。伊藤再次通过天皇阻止了这次行动。天皇问，他们这么做是为自己错选星亨出任议长而抱歉，还是希望他解散国会、纠正他们的错误？议员代表深感理亏、懊悔，解释说他们只是想表达自责之情。

从早年开始，军方和文官关系已经备受争议。宪法将一切指挥权归于天皇，军官出身的军部大臣很快就懂得利用这一规定，在增加预算拨款的问题上，试图对政府施加影响。1892年，陆军和海军大臣拒绝出席内阁会议并提交辞职函，为此，时任内阁总理的松方准备下台，但天皇告诉他没这个必要。最后松方还是辞去了总理一职，因为他没能让军队提交继任的大臣人选。军队的自主性一直是最受关注的问题之一。到1900年，在山县的推动下，天皇发布一系列敕令，规定只有现役将领才能出任陆海军大臣。从那时开始，军方的手里多了一个重要武器，当内阁上下强行阻止军队扩张时，可以派上用场。确实，军事开支是政府所有开支里增长最快的，其中对外战争占了大头。到 1895 年，只有 5% 左右的适龄青年应征入伍，但随着当年对中国清政府的战事的进行，参军人数涨了一倍，其后出于另外的安保需要及大陆事务的考虑，这个数字持续增长。国会对预算的辩论表明，他们切实意识到，日本纳税人要交的税占收入的比例远高于欧洲国家，而后者的产业税、消费税很早以前就已经超过地税，成为政府收入的第一大来源。

　　国会的设立从根本上改变了日本政坛的规矩，这一点显而易见。幕府倒台也不过是 20 多年前的事情，但诸位读者发现自己身处的世界已然不同。农村的生活环境依然变化缓慢，但在中央，新兴利益集团为了争夺新体制的话语权而发生的碰撞，令昔日幕藩间的礼仪之道仿佛是数百年前的旧物。面对新挑战时，元老们常常为怎样才是最好的应对策略而意见相左，他们之间的分歧为政党、团派的产生提供了契机。而这些团体之间的分歧又为明治时期的政治家造就了机会。众议院的重要性在头十年里持续上升，到第五年时，伊藤觉得，让自由党的板垣出任内阁成员或不失为明智之举。松方也不甘落后，把大隈拉拢过来。1898 年，这群寡头甚至试着让大隈和板垣短暂组阁*。这次尝试很快就宣告失败，但在国会里，他们越来越迫切地需要和政党合作。两年后，伊藤终于组建了自己的政党，即立宪政友会（简称"政友会"），将国会里的大部分自由党议员吸收进来。当时，政党之争、税收风波已经变为城乡竞争，每一方都宣称对方要为现代国家的建设付出更多。在经济变革和如火如荼的工业化进程下，结果显而易见。1890 年 60% 的政府收入来自农民，到 1900 年，这个比例下降了一半，零售业（37%）、商业（8%）、关税（6%）日渐重要。这些问题在贵族院内同样引起争论。研究显示，从一开始，对于政府来说，贵族院议员的棘手程度并不比众议院低

---

* 称为"隈板内阁"。

多少，而且他们可能知道得更多，也更能说会道。1898年税收分配的公平性成了贵族院各大会议的辩论主题。这里值得引用一下安德鲁·弗雷泽的结论：

> 国会关于地税的辩论仅仅是做作的表演吗？并不全是，至少他们允许那些了解情况、有能力的人对增税问题进行正反方的长篇讨论。虽然辩论结果毫无悬念，但失败的一方有完全的发言权。尽管国会内外存在的贿赂、暴力、操纵问题常常使之黯淡，但从这类辩论中，我们似乎看到了议会制政体理想发出的光芒，在那些辩论里，有对日本过去最好日子的动人呼唤，有对未来的热切之心。[6]

1900年以后，内阁领导权转移到下一代继任者手中，在西园寺公望（1849—1940）和桂太郎（1847—1913）之间轮替，前者是伊藤挑选出来承继政友会领袖的接班人，而后者作为军队大将，常常有宪政党代表为其背书，城市是宪政党的根据地。政府和反对派最终达成妥协。后来政治生活的基本要素在这时已彻底成形：量才录用远离党派政治的专业官僚，视自身为效力天皇的无私精英阶层之一员的军队官兵，在农村和工业部门有强大选民力量、根基牢固的政党，以及由资历深厚的政治家组成的顶层精英，后者发觉越来越难把控国家这艘大船，不过要将这班人击倒也不容易，因为在制度层面他们是看不见的。虽然某种程度上政党被收编了，但实际上它们仍然是宪政运作中所不可或缺的力量。这一过程免不了有种种问题。但作为大西洋国家以外第一个成功实践宪政和代议制的国家，日本有理由自豪。

第三节　外交政策和条约改革

　　踏入宪政时代的日本，在重大外交问题上仍然无解；条约改革不顺利，和其亚洲邻国——特别是朝鲜——的关系也依旧摇摆不定。

　　不过其他问题已经化解。国界线划定，现代以前国家治理体制的去中心化特征所造成的不明地带，此时被切实界定了下来。1875年，日本和北边的沙俄达成协议，以萨哈林岛上的权利作为交换，取得对千岛群岛的完全所有权。过去边界事务一度交由对马藩（对朝鲜）、萨摩藩（对琉球）等封建领主打理，如今再也不能听之任之，正如政府再也不能忍受松前藩对北地模糊不定的管辖权一样。1871年，中国台湾高山族居民杀死了一班琉球渔民，日本宣称报复，于1874年派出一支无名之师出征台湾，驻扎当地，迫使清政府承认日本对琉球的统治权。事成后，1879年琉球被并入日本，成为辖地之一，琉球王国就此终结，国王被强行召往东京、遭到废黜。[7] 由始至终驱使早期明治政府决策的，是它对中央集权的执念。国内事务的参与权仍局限在武士出身的人手上，而他们的不安分注定了他们会用行动来解决不满。在关键时刻，早期的明治领导人主张——引用木户在1869年说的话——有力的举措会"立刻让日本改变旧习、放眼海外、推广工业技术，以及消除民众的猜忌和指责"。对海外动武的话，就不需要对国内用强硬手段。台湾一役远不是什么英勇之举——在573个伤亡人员里，除了12人之外，其他都是由于热带疾病造成的——但这次行动将全国的舆论统一起来，提高了政权的声望。同时，个人可以借由这次行动来证明自身的卓越地位。领导人竞相争夺机会赴海外，因为如果行动顺利的话，成功的果实将能转换为手中的权力。这正是核心领导团体要力阻西乡的征朝提议、木户先是赞成而后反对的缘故，对朝政策的每一环节都由核心圈子或第一任领导班子的人来负责，原因也在于此。如入江昭所言，对外政策"不过是国内种种竞争上演的舞台"。[8]

对此，朝鲜是最好的例子。1874年西乡、板垣等异见人士离开政府以后，他们制定的政策由别人接手执行。"自由贸易帝国主义"的利益考虑加上"炮舰外交"的做法，看来明治政府已经吸收了20年前从美国准将佩里将军那里学来的教训，并恰当地加以运用。1875年，朝鲜人向朝鲜海域上的日本舰船开火*；第二年，黑田清隆以使节身份、在部队护送下出访朝鲜，双方敲定条约，其不平等程度和德川晚期日本被迫签订的那些并无二致。朝鲜开放三个通商口岸，赋予日方领事裁判权并由此导致治外法权，条约还规定朝鲜为独立国，否定其与中国清政府的宗藩关系。其他贸易国很快也从日本的行动中获利，朝鲜此时也"开放"了。而中国则是输家。1871年，日本和清政府在平等基础上签订了条约，两年后，日本公使副岛于众多列强外交官当中最先被清朝皇帝接见。但以侮辱方式解决日本出兵中国台湾的行动（中国赔偿日本的花销和"开发"费用）、强行吞并琉球，以及否认朝鲜与清廷的宗藩关系，这一切都损害了中国对日本的信任。

1876年的日朝《江华条约》并不能长久解决朝鲜问题。这份条约反而开启了另一阶段，朝鲜的儒学者"两班"和一小拨改革派青年之间就国家主权利益问题展开激烈的政治比拼，对于后者来说，明治日本是现代化的一个范例。最后，这场斗争摧毁了朝鲜的国家主权——事态逐渐演变成中国和日本对朝鲜半岛控制权的争夺战，并最终导致1894—1895年的中日甲午战争。战争的胜利让日方一片欢欣雀跃，进而推动明治政府和政党、和喧闹不停的国会和解。

朝鲜一步步陷入僵局，整个过程可以分为三个阶段。朝鲜开国后，日本企业迅速在其对外贸易中占据支配性的地位，不仅将火柴

---

* 江华岛事件。

等早期产品出口到朝鲜，还充当西方商品的中间商，并把朝鲜大米、大豆进口到日本。1881年，日本向朝鲜派出军事代表团，协助对方训练一支现代军队。日本的私人团体为这种种进展由衷地感到兴奋，福泽谕吉等教育家向朝鲜来的学生提供资助，多个领域的活跃分子都呼吁和朝鲜半岛建立更加紧密的关系。而在朝鲜内部，这一系列变化背后有以闵妃为中心的宫廷势力的支持，让精英阶层内部的当权派起了戒心，后者已掌权十年，摄政的大院君*老谋深算，向来主张排外政策，同时努力重拾朝鲜王国昔日的活力。[9]1882年，闵妃集团被赶下台，旧军发动壬午兵变，声讨日本幕后势力，日方人员侥幸逃过一劫。清廷派出军队阻止事态进一步恶化，将大院君强行带回中国，避免他再次生事。从那时开始，大院君和闵妃两大势力便伺机搅局，以便争取更多支持来对抗彼此。就像宪政以前的日本那样，政治并不会因国内外分界而止步。

但保守派做得太过火了，让朝鲜改革派有机可乘。朝鲜派出代表团到东京来"谢罪"。此时，大隈及其追随者刚被排挤出政府，政党运动刚有兴起的势头。那些指责明治政府在对外政策上过于懦弱的反对派纷纷张开双臂，对来日的众多朝鲜青年表示欢迎。

1884年，局势进入第二阶段。这回过火的是朝鲜改革派及同情他们的日本势力。[10]闵妃集团被认定是反改革（进而反日）的敌对势力，就在那一年，激进分子在汉城发起甲申政变。日本公使竹添进一郎事发前收到警告，于是向政府请示下一步怎么做，但政府的回复来得太晚，他已经暗中提供了支持，而且很快就被发现。然而一切都是徒劳的。清廷在保守派的紧急请求下派军队推翻上台的亲日政府，愤怒的朝鲜暴民杀害40名日本官员及居民。这次危机甚至让明治政府停下手中最紧要的事。外务大臣井上薰从棘手的条约

---

* 兴宣大院君，系高宗之父。

修订工作中抽身出来，前往汉城，试图修补局势、扳回颜面。朝鲜人愿意为日本人遇害一事道歉并将凶手绳之以法，还承诺对遇袭受损的日本公使馆进行重修。伊藤博文中断了《明治宪法》的准备工作，前往天津和清政府官员李鸿章会面。双方签订《天津会议专条》，其中一条规定双方从朝鲜撤军，此外双方还同意，未来任何一方若要再度派兵，须提前告知另一方。朝鲜同意两国的汉城办事处可以派驻守卫，但刚把改革派赶走的清政府无疑拥有更大的话事权。

　　与此同时，朝鲜改革派的领袖逃亡到了日本，朝鲜要求将他们引渡回国，但遭到日方的拒绝。东京政府领导人一直和他们保持着距离，但有热心个体——部分人还有日本高官显贵的支持——培养他们、保护他们，想着他们可能会是开启日本影响力时代的先锋。但事实上，这是一个中国占支配地位的时期。李鸿章派出门下一名得力青年袁世凯前往汉城，在袁的一步步推动下，朝鲜建立了一套制度，成为"非正式帝国"（informal empire）下的保护国。而在很多日本人看来，国内形势似乎糟糕透了。松方改革掏空了政府财库，进而限制军事力量的伸展，同时，为了条约修订，日本还需要照顾西方舆论的发展。大院君结束中国的流放生涯，回到朝鲜，大权已失。朝鲜的朝廷努力避免和清政权走得太近，密谋争取俄国的支持，但没有成功。

　　1894年，驻汉城的某日本外交官不解地抱怨道："朝鲜人似乎将日本人看作是虎狼之辈。"[11]但在贸易来往方面，情况相当不一样。入江昭注意到："自19世纪80年代始，明治政府将对外贸易视为目标之一加以认真对待。"[12]在松方紧缩政策的影响下，日本商品有了更强的竞争力，对朝出口量迅速上升。棉纱、布匹，以及转运过来的西方商品，这一切让朝鲜在日本的名声越来越响，其战略性地位也愈加突出。

　　也正是在那些年，日本人开始大规模地移居海外。明治时期的作者都以西方为范例，深信贸易和扩张是国家有活力和健全的体现，而"发展"一词便有着扩张和发展的双重含义，它将这种种体现完美地结合在一起。当时关于商贸"战"的文字作品数量众多，日本人移居海外——不管是到朝鲜还是夏威夷——正是国家健壮的明证。不久，日本便涌现一批专业的移民公司，将人送往泰国、夏威夷和北美洲大陆居住。[13]

尽管日朝政治关系跌到了冰点，明治政府的头等要务仍然是保证和西方的条约修订工作顺利完成。条约对关税进行了限制，阻碍了日本进一步推动工业发展，而且治外法权（日本前不久才从朝鲜取得）对日本来说如同侮辱，它的存在时常提醒着众人日本仍是低人一等的国家。这个问题越来越突出。到19世纪80年代，西方列强将触角伸向各地，开发资源，圈禁市场，地球上再也没有安全的地方。福泽谕吉在1885年写道，切勿让西方将日本和那个贫穷落后、像朝鲜那样拒绝变革和现代化的"亚洲"联系起来。日本应该"舍弃亚洲"，独自走一条具有西方特色的道路。时任外务大臣的井上馨在给同僚准备的一份简报里写道，日本有必要在亚洲边地建立一个西方式的帝国，而且要趁着还有这个可能性、西方霸权的崛起还没将日本赶出局的时候。但要做到这一点，日本必须在外交方面重回平等的地位，为此，日本必须要让西方确信，它有能力按照西方的规矩生存。一切都要据此调整。西式的服饰和举止要流行开来。假如通商口岸被取消的话，日本要赋予洋人不加任何限制的居留权。但这种做法惹来相当多的争议。对于很多日本人来说，不平等条约有一点还行，那就是让西方人待在自己的地方（通商口岸）。井上馨却认为，若日本各个地方都和西方人建立起日常接触的话，日本的现代化进程将会加快，而且和"先进"人种也因此有了来往，这一点带来的好处可比危害多。此外，他愿意分阶段逐步实现法律平等，接受外国法官参与审判、解决居留权和国际贸易等方面的纠纷。

第十三章　大日本帝国

他用了一年的时间和所有条约国代表面谈（1886年5月—1887年4月），然后形成相关方案。他对于全方位修订日本法律的提议有所保留，勉强同意涉外案件里的法官应以外国人为主。这件事被知悉后，引起众人的愤怒。不唯在野党派如此，就连某些地位举足轻重的寡头也一样，他们援引法务省顾问、法国法官古斯塔夫·布瓦索纳德（Gustav Boissonad）的意见来为自己的反对意见撑腰。当时的农商务大臣谷干城甚至辞职以示抗议。而这一切发生的时候，政府正通过筹措社交活动的方式，全方位争取外国首肯，1887年在鹿鸣馆——一所装饰华丽、维多利亚式的核心社交场所——给外国代表举办的化装舞会就是其中一个象征，而这一段被日本批评者斥责为姑息纵容西方的时期，也随之被称为"鹿鸣馆时代"。

那些总是想办法攻击政府的新闻人和政治家抓住这次机会，抨击政府对西方的谄媚行为。正是在这样的背景下，旧日自由党成员后藤象二郎和其他人走到一起，形成统一战线（大同团结运动）。之前，他们没能参与订立宪法框架的工作，但依然有权大声疾呼，日本应获得完全的平等、独立与尊重，这一点没人会质疑。

井上馨无奈辞职，其后条约修订的任务落到大隈重信的肩上。选择大隈来担当此职，很大程度上平息了党派领袖对井上的抨击浪潮。同时，政府开始想办法应付那些批评者，府县知事被召来东京，要求禁止公众讨论条约修订方案。1887年12月，政府发布《保安条例》，超过500名政党领袖（包括之前提到过的尾崎行雄）被禁止进入东京都的范围。但都于事无补。

1888年，大隈很早就开始着手这项工作，努力避免重蹈井上馨的覆辙。他对协商细节加以保密，甚至没有对政府同僚做过简单报告，直到他的计划已经进展到相当深入的程度。与其采用全面协商的方式、让列强趁机联合起来对付日本，大隈另辟蹊径，进行一连串双边会谈，同时将大英帝国视为最重要的条约国。不幸的是，伦敦的《泰晤士报》将他从东京发过来的提案要点刊登了出来,其中一点是引进外国法官,但仅当新法典完备时才逐步实行。曝光以后,反对派再次怒气冲天。[14] 日本上下一片抗议之声,元老院收到超过300份反对意见。举棋不定的黑田内阁在皇宫举行了一次非常会议,天皇也有出席。但这都不够,争论持续了好几天。10月,大隈最终同意了将整个条约修订工作暂且搁置一段时间。然而,会议结束后,他在回家的路上被一名社团成员投掷炸弹,大隈失去了一条腿并于数周后辞职。黑田辞任,反对大隈方案的山县接着上台。

这些细节表明,民众的利益、狂热和怒气正成为宪政来临前夕的一个影响因素。这给政府领导人带来巨大的压力,他们觉得自己像那些政党中人一样疲惫至极,但后者的难处更能得到历史学家的同情和理解。就在反对派力量大同团结运动再次活跃起来、条约修订几经尝试之时,内阁正在换届;为朝鲜游击运动筹措人力资金的社会运动家大井宪太郎受审,案件备受瞩目[15];《明治宪法》在枢密院进行最后一轮讨论并最终正式颁布(颁布当天森有礼遇害)。与此同时,参谋本部设立,军队行政体制改革完成。面对这种种状况,政府领导人难免会有四面受敌之感,但令人惊叹的是,他们依然出色地投入到工作当中。

宪政的到来令局势有所改善,但问题仍然没有解决。山县第一次组阁的时候,否决了外务大臣青木周藏草拟的条约改革方案。接下来的松方内阁时期,这一问题和关于新法典的讨论纠缠在一起。1892年,伊藤继松方之后上台组阁,众议院直接向天皇上书,称若合适的修订方案不可得,那就单方面废除条约。众议院的议员还提交了相关立法提案,对此,伊藤先是休会,然后解散了众议院。这样一来,政府便有喘息的时间规划下一步的行动。

这次,外务大臣陆奥宗光仔细准备方案,他是政府班子里最有意思也最有能力的成员之一。[16] 1894年7月,日本终于和大英帝国签订新条约，撤除领事法庭；五年后实现关税独立。在另一份协议中，日本同意，当新法典实施之后条约才会生效。政府觉得，即便有违宪法也不能让自己的行动成为公众话题，这样才能让自己有足够的灵活性来争取外国同意。众议院议员依据宪法规定，要求对条约协商内容实行知情权，经过一场激烈的辩论，众人对该方案进行投票，陆奥、伊藤暂时休会，随后解散了国会，以平息反对意见。趁着这段时间，他们悄悄作出种种必要的让步——那些条文若是摆上台面公开讨论的话免不了被谴责一番，却是一份可以让英方接受的方案。一旦处理好最重要的条约国，日本便可以迅速地和其他国家制定类似方案。至于美国，直到1911年即明治天皇去世前一年，日本才通过《日美通商航海条约》获得完全的关税独立地位。此前关于是否让外国人不受限制地居留日本的争论，也因这些条约而画上句号。在此之前的五十年，日本由于不平等条约而被打上落后的印记，直到明治时期行将结束之际，才迎来全面发展的时期。

第四节 中日甲午战争

从一开始政党就发现，对强硬及他们所谓的独立自主的外交政策的诉求，是他们手中的一张王牌。他们反对为了军事扩张而提高征税，但这往往和他们声称要终结西方特权和扩张时代的辩词相左，同时，政府在外交方面的谨慎作风却并不受他们欢迎。刚解决完条约修订的事宜，政府就因为朝鲜问题突然跟中国正面对抗起来。

这一举措却出奇地得到大家一致的同意，立刻在国会获得所需的票数。战事总指挥部设在广岛，连国会也在那里召开，以示支持。为了突出天皇的元首地位，天皇的住处也被搬到广岛，据描述过着清苦的生活。内部分裂造成的深仇大怨很快就在海陆战争的胜利果实面前消散，化为一片欢呼。在这一方面，日本或许和其他国家并没有很大的不同，但经过相对孤绝的数个世纪、屈辱的数十年后，前者展现了超过后者的惊人的战时团结力量。在日本人看来，这是一场为了让朝鲜脱离清政府、实现"独立自主"的战争，似乎带有一种新的民族主义使命感。新闻人德富苏峰写道，他第一次突然意识到，自己一直以来大力抨击的政府实际上是他的政府。他并不是唯一一个这样想的人。

自伊藤和李鸿章就朝鲜问题签订《天津会议专条》以后，十年里清廷在汉城政坛一直处于上风。在李鸿章的得力"代理人"袁世凯的多番努力下，朝鲜几近成为清政府的一个保护国。相比于改革问题，他更加关心怎样掌控，多次出手阻止朝鲜改革派为了行政现代化及高效化所做的种种努力。19世纪90年代初，为了镇压一场名为东学党起义的千禧主义运动，朝鲜政府焦头烂额。[17]陷入困境的朝鲜向清廷求助，后者应允出兵解围。根据此前达成的《天津会议专条》，清廷提前告知了日本。

同年，某个朝鲜人被杀的惊人惨案点燃了日本大众的怒火。这个朝鲜人叫作金玉均，是一位出身良好的年轻人，1882年作为朝鲜的"请罪"代表团成员到访日本。两年后，他参与了亲日改革派发起的政变，引发清政府出手干预，并最后导致《天津会议专条》的签订。事败后，金玉均逃往日本，"亚洲主义"的信奉者在他身上看到了朝鲜现代化的希望。而政府领导人相对比较谨慎，他们拒绝了朝鲜的引渡请求，但几经踌躇后，将他流放到小笠原群岛。金玉均厌倦了那样的生活，有人跟他说他可以联系友人和追随者，于是他想办法去了上海。而事实证明，这番鼓动其实是个圈套。他被击杀在租界一家日本旅店的房间里。英国当局几经犹豫，最后认为尸体不受引渡条例的限制，于是将金玉均的尸体交给清政府。接着，尸体被送到朝鲜，受凌迟之刑，割下来的皮肉被分送朝鲜各道，杀

第十三章 大日本帝国

鸡儆猴，以示警诫。金玉均的惨死在东京引起巨大的轰动，在时人的描述中，李鸿章出尔反尔，日本声望大损，朝鲜的确野蛮。

随着舆论的怒气越来越大，明治政府领导人——在确信日英新条约不受影响之后——认为是时候要果决地斩断朝鲜"改革"这一"戈尔迪之结"，消除清政府的影响势力。当时，朝鲜为了对付东学党起义请求军事援助，有人建议日本政府考虑这一点，最后政府认定，依据《天津会议专条》日本有权出兵。可当日军抵达朝鲜时，起义已经平息下去了，然而，同在朝鲜领土上的清军和日军却带来了不容忽视的新问题及机会。东京政府在经过长时间的讨论后，决定邀请中方加入自己，一同要求朝鲜推行政府改革。他们满心期待，以为必然会遭到清政府的拒绝，这样一来，双方关系的恶化便有了很好的理由。

日方提议——或者说要求——的改革方案涵盖方方面面，和明治维新以后推行的举措很相似。他们主张，应在新建立的理性化政府体制内部设立一个专门的官僚机构；应设立新的司法机关；建立一套更为理性的政府财政会计系统，包括设置固定预算、对税收制度进行改革；组建现代化的军队。东京政府的领导人相信，倘若这些变革无法实现的话，朝鲜的君主制和国家主权将迎来末日，而且总有一天会有外来势力来强制推行它们，只是早晚的问题。而日本想要做第一个。与此同时，他们企图取得经济优先权，无论是在贸易、原材料，还是交通线的特许经营权上。经济优先权方面的考虑可能是最主要的，但它以政治变革为条件。在最高的层面，领导人是从强权政治的角度来看待这一问题的。如外务大臣陆奥在其职务报告中说的那样，日本出手是为了朝鲜福祉，这完全讲不通。"除了我们自己的政治利益以外，我想不到还有什么理由去推动朝鲜内部改革，"他写道，"而且我认为，试图把自己当作十字军那样的骑士之师的做法，其实对我们没什么帮助。我们的政治利益才是关键，我们也不会为此牺牲任何东西。"[18]当然，日本把自己放在这样一个位置，即作为进步势力的资助方、支持改革堕落腐败的朝鲜政府，也是讲得通的，而且获得不少日本人的响应。

听到日方提出的要求——的确是要求——朝鲜犹豫了。他们这种态度也得到了清廷支持。随后，中方拒绝了日方的邀请，不愿强行在朝鲜推动现代化。1894年7月12日，东京方面决定发动战争，指示日本驻朝鲜公使"利用任何可能的借口"来为开战找理由。[19]

接着战争爆发，日军每每在前线获胜。陆地战事主要发生在平壤。日本海军为保证运输线安全，击溃黄海上的中国北洋水师，后者的残余部队藏身山东威海卫，却被登陆的日军从侧翼包抄，在陆地多个地点对港湾进行炮击。清军将领自杀身亡，胜利的日军对其尸首致以最高的军事荣誉，这样一种武士式的死亡令他们甚为敬佩。在接下来的百年里，中国都没有建立蓝水海军。

日本之所以打败清政府，很大程度上可以归功于它以更快的速度实现了社会和军队的现代化。这是局外人得出的观点——他们很多都以为中国会赢——而这对于日本跻身"大国协作"（这个叫法既不妥又古怪）行列至关重要。日军部队装备整齐划一，和清军士兵身上五花八门的武器形成鲜明的对比；前者士气高昂，而后者训练不足、一副了无生气的样子；前者指挥官展现出来的那股气魄和想象力，和对手的保守作风截然不同。双方的海军舰队都购买自欧洲船厂。中方的体量更大，但日方指挥官利用速射炮对准敌船甲板进行扫射。灵活、快速、战术成了制胜的法宝。1895年春李鸿章前往下关进行和谈时，日军已经占领了旅顺港、辽东半岛和山东威海卫，北洋水师全军覆灭，日本评论家强烈呼吁日军进犯北京。总理伊藤博文代表日本抵达下关。毫无疑问，订立的条约将会十分严苛。

《马关条约》是19世纪中国签订的最具破坏性的条约。条约内容包括割让领土、赋予经济特权和支付巨额赔款，成为帝国主义新

第十三章 大日本帝国

一轮扩张的跳板，严重危害中国的主权。日本似乎已经在西方列强队伍里取得一席之地，根据不平等条约体系里最为核心的最惠国待遇原则，它从中国那里榨取到的特权立刻用到其他列强身上。清政府承认朝鲜独立。台湾岛被割让给日本，一同移交的还有辽东半岛连带其优良港口大连和旅顺的城防要塞。日本承继此前在不平等条约体系下西方列强享有的所有特权。除此之外，日本还新获得长江的航行权和在上海设厂的权利，保证日本日后在经济利益上占有更大份额。清政府要在七年里支付两亿两白银的赔款，填补了日本大部分的战争开支。

这时，欧洲势力插手进来，这提醒明治政府，他们还有更多的事要做。德、俄、法三国一起通过书面方式建议日本"为了亚洲和平"最好将《马关条约》里应允割让的辽东半岛归还给中国，东京政府无奈之下只好同意。作为部分补偿，中方增加了战争赔款，但不管赔多少，都无法消除这次"三方干预"给日本带来的愤怒和羞耻。天皇发布诏令，呼吁大家在困境中保持冷静、继续勤勉。

常被人提起的一点是，这场战争标志了日本国内舆论和民族主义的分水岭。中国长期以来的声望遭到重大损失。日本人和中国人之间有如此大规模的、个人层面的接触，这是第一次。当然，这是发生在非正常的环境底下的。曾被知识分子想象为学问与圣贤之地的"中国"，在乡村青年所写的评论和家书里逐渐变得负面。旅顺港沦陷后日本对中国退伍军人、平民的暴力活动进一步加深了双方的厌恶。与此同时，日本人在出版物、新闻、歌曲里对敌人加以贬损和妖魔化。出版物里日本士兵的形象相当西化，冷酷地面对着一群无组织的民众。军队出身的政治家李鸿章被痛斥为狡猾之徒、绝不可信，他利用欧洲"靠山"来"抢夺"日本海陆军给日本人赢来的"胜利果实"，不久就用新的特权来"犒劳"这些"靠山"。[20] 日本对朝鲜人的尊重更是一落千丈——由于日军带来的劳动力不够用，他们强征朝鲜人充当苦力。

434　　这场战争在日本受到广泛的欢迎，知识分子都接受这样一套说辞，即日本是在将朝鲜从中国手里"解放"出来，然后为这成功而欢呼雀跃。福泽谕吉认为，这是"致力于推动文明发展的国家和妨碍文明发展的国家之间的战争"，基督教领袖内村鉴三把这场斗争描述为"正义之战"。不过，1994年的一项研究[21]表明，在铁路尚未普及的内陆腹地——前往征兵集合地的年轻人常常要徒步很长一段距离才能坐上火车——大众的态度相当摇摆不定。投机心理十分普遍，逃避征兵的也不少。

　　政府极为成功地利用这场战争来强化天皇的地位，但天皇自己对这次冲突的态度似乎并不积极。后来有消息透露，他曾发过牢骚称这不是他的主意，当有人建言应到伊势神宫将此事禀告祖灵时，他拒绝了。《马关条约》条款公布以后,那种狂热之情有了些许变化。内村鉴三悲叹道，他的"正义之战"实际上是"海盗之战"。保守派如担任过军中将领、主张军队缩编的谷干城，认为割取领土的做法并不高明，反而会起到反作用。事实上，单是"平定"台湾就花了好多年的时间，出动了六万士兵，造成的伤亡比这场战争更多。但批评的人毕竟只是极少数。至于天皇的真实想法如何，我们已经无从得知，内村鉴三、谷干城等人的担忧淹没在众人对日本这次大展身手的高涨热情之中。皇军成了当时的英雄人物，天皇对立功的指挥官授勋颁爵，以示庆祝。如果回头再看这么两件事——国会开始愿意投票支持开战，伊藤决定邀请政党领袖板垣退助出任内阁大臣——我们明显会发现，这场战争给日本政局带来了重大影响。

　　但这并没有解决日本的朝鲜"问题"。战争刚开始的时候，日本占领了汉城的皇宫。既然明言要让朝鲜"独立"，若国王逃到中国人那里寻求庇护，事情可就尴尬了。那该在宫城做些什么呢？不要指望朝鲜政府会提供多少帮助。于是，日本踏出匪夷所思的第一

第十三章　大日本帝国

步——成立傀儡政府，而这个政府的核心人物正是刚从中国逃回来的大院君。不过，大院君本人并没有多么信任日本人，他心不甘情不愿地配合他们，实际上也不是一个值得信赖的合作方。1894年8月，为了进一步巩固朝鲜执政大臣中的"改革"派，日朝双方签订协议，声言要大幅提升日本的经济和政治影响力。日、朝联合组成的委员会将会"举行会谈，就进一步加强朝鲜独立自主所需要务进行商议和决策"[22]，这些字眼对于日本人来说有着极为特殊的含义："独立""自主"意味着消除中方势力。接着，朝鲜政府签订盟约，承诺将在运兵和补给方面提供帮助。改革进行得颇为缓慢，当日本新闻界看到本国为争取他们以为的朝鲜独立而浴血奋战、朝鲜人却似乎犹豫不决时，恼怒之情日益增加。

这时，东京方面派井上馨作为代表前往汉城，作为第一届领导班子之一的元老级人物，井上对朝鲜有深入了解，经验丰富。访朝代表的挑选同样具有政治方面的意义：出身萨摩的军官赢了无数场战争后，该到长州藩的人上场去夺取和平时期的战果了。

井上馨的态度十分高高在上。他告诉朝鲜国王，天皇亲自派他来提建议，让国王陛下必须开始清理朝廷上那几个保守团伙。日本人似乎是从自己最近的经历出发来看待朝鲜局势的，他们认为，一个重焕活力的朝廷，在知识与经验兼具的改革派带领下，可以扭转国运。他们这种想法自然是错的：明治改革家并没有让自己陷入京都政局的泥潭中，而是将天皇带到了东京。更重要的是，尽管改革在很大程度上是为了赢得外国人的好感，但其大方向掌握在日本国民手中，这些人一心壮大自己的国家，以抵御外敌。

但没过多久，井上就不再自信了。"朝鲜人嘴上说的是一套，有时候做的是另一套，他们并不可信。"在给外务大臣陆奥的电报里，他这么说道。大院君再次被赶下台，很快就暗中策划如何赶走日本人，而另一边的闵妃集团仍然敌意深重。井上转而倚重另一特立独行的改革派人物朴泳孝，但事实证明，他也不可靠。表面上看，改革计划持续进行。到1895年春，约有40名日本人在皇宫、政府部门、警界和邮政行业担任顾问，他们的权力、势力与日俱增。接下来的获利能否更多，取决于某项贷款计划通过与否，让井上有更大的能力和影响力从根本上巩固日本对朝鲜经济的操控。

对于集资推动朝鲜改革，东京那边却并不热情。日本屈服于三国干涉归还辽东一事，让政府再次大失人心，而井上承诺给朝鲜人提供的那笔拨款需要经过国会同意才能下发。结果，计划中的那些改革事项和实际上的种种举措逐渐背道而驰。朝鲜颁布了一大堆法令，涵盖方方面面的事情，上至发髻，下至商业规则，但警惕的保守派往往有办法拖延。1895年9月，努力了11个月以后的井上灰心地回到日本。

接手的退休军官三浦梧楼作风更加强硬。他在没有东京授意的情况下，策划政变推翻闵妃集团，这一计划得到大院君的支持，后者又一次藏在幕后出谋划策。为了确保赢面，三浦从两个日本社团里招募成员，他们打扮成朝鲜人的模样，在事发当天加入行动团伙。1895年10月7日，一个朝鲜人、日本人组成的团伙攻入皇宫，将闵妃刺杀于寝殿中，然后又杀死了几名皇室内务人员。来自不同阶层、国家的评论家纷纷对这一残忍行径表示震惊。三浦很快就被召回日本，因涉嫌共谋而接受审判（但没有判罪）。这次，外务大臣派遣职业外交官小村寿太郎到汉城，和驻朝外交代表一起想办法修补局势。井上薰也来了，还给朝鲜国王送去一封致歉信。

与此同时，朝鲜的俄国势力越来越大。2月11日（刚好又碰上日本的建国纪念日，相当讽刺），朝鲜国王和太子逃到汉城的俄国公使馆避难。由于东京方面强硬及拙劣的手法，加上朝鲜人一直以来的不信任，日本最后只能得到这样的结果——俄国取代中国成为影响朝鲜的一大势力。

第五节　帝国主义外交

《马关条约》之后的那些年里，东亚越来越多地受到帝国主义的压迫。在工业化的驱动下对外扩张，似乎成了现代国家躲不开的命运。面对投入的巨大人力和资金，有的人或加以谴责，但更多的是选择接受，认为这些负担是国家强大所必须付出的代价。美国的西进运动已经抵达太平洋沿岸，接着越过海岸线，割占部分萨摩亚群岛，其后为应对某次政变占领了夏威夷，于1898年打败西班牙，将统治延伸到菲律宾群岛。接管菲律宾并非轻易的决定，大体和日本干涉朝鲜的理由一样。假如这些岛处于无人占领的状态的话，别的势力就会来申领。开战之前和战争期间美国国内新闻界对西班牙的对抗情绪之高涨，不亚于中日甲午战争时期的日本。吞并菲律宾之后，美、日之间以一种新的方式面对面接触。与众多西方国家类似，帝国主义渐渐成了日本国内政治、经济和文化的主流。

作为时代地缘政治的预测者，国际政治的理论家们无不强调防御的重要性。海军上校阿尔弗雷德·赛耶·马汉（Alfred Thayer Mahan）写道："防御，并不仅仅是保卫国土那么简单，还意味着保护我们正当的国家利益，不管是何种利益或处于何地。"山县有朋做过类似的表述，他在几份重要公文里对日本的防御线和利益圈作了区分。而朝鲜完全属于后者。此外，帝国主义兴起的时候，正值工业化进行之际，前者似乎是后者衍生的副产品。中国支付给日本的战争赔款有一大部分流向八幡制铁所，日本进而开始关注中国的焦煤和铁矿。在这当中，民族自豪感是最主要的因素。东京《朝日新闻》发表评论称，帝国主义是民族根本力量的一种表述，以国家这种组织方式体现出来。占取周边领土虽非必要一环，但确实传递了一种信号——对于那些被视为与经济攸关的资源，其他人并不享有独占的权利。

上述这些趋势在众多方面都有体现。"军国主义分子"或许眼界有限，只关心政治操控的问题，他们不少人一再申明日本必须将朝鲜和部分中国领土纳入自己的统治范围。至于其他人——"亚洲主义"的支持者——更容易感受到邻国的需求，对粗暴的侵略大加谴责，认为应该和邻近的亚洲大陆建立更加紧密的联系，鼓励社会活动家向来日避难的朝鲜人、中国人和东南亚人伸出援手。这派人的热心完全超出阶级之别。近卫笃麿就是其中一个，他在1895年至1904年间担任贵族院议长，其家族早在公元7世纪就与皇室有关联，渊源甚深。他资助同文会，借此推动中国研究、加强中日交流，同时力主朝鲜独立，批评军队预算庞大。此外，他极力反对赋予外国人不受限制的居留权，作为一名坚定的仇俄派，他领导国民同盟会，要求俄国人从中国东北撤离。[23]

19世纪80年代自由民权运动的那股理想主义仍然残留在不少社会活动家身上，他们投身救助行动，向金玉均、孙中山等人伸出援手，希望他们将来可以带领自己的国家实现"亚洲复兴"。为此，他们需要政治和财力方面的援助，一个奇怪的、前途暗淡的同盟由此形成，他们相信自己足够真诚，而这种自信往往蒙蔽了他们，使他们察觉不到，若接受了军方的金钱，他们将要妥协自己的事业。[24]

日本打败中国后不久，帝国主义以"租界外交"的方式开展新一波的渗透。中国军力之贫弱已完全暴露，列强开始在那些对自身战略需求和经济利益至关重要的地方，为自己寻求优先权。

亚洲面临的新一轮威胁引起日本的戒心，而带头的正是有份参与干涉还辽的国家，它们无一不向中方索取报偿——广东的法租界、山东的德租界由此而来。最有争议的是俄国，它要求租借辽东半岛25年且如愿以偿，这正是日本3年前不得不放弃的地方。除了租界以外，同样被掠夺的还有后来的中东铁路和南满铁路的路权及相关

第十三章 大日本帝国

权利，这两条铁路连接了北边的西伯利亚大铁路。日本撤离山东威海卫后，英国为了打压俄国人，又重新占领了这里，同时在南方增加另一个据点，于占领香港岛之外又租借了九龙，租期为99年。

日本在这波瓜分风潮中的参与度并不高，仅确保位于台湾对岸的福建省不被其他势力染指。而事实证明，谨慎是对的——美国很快就对福建的某个港口表现出兴趣。不过，日本并没有从这轮突然兴起的租界抢占中收获多少。很多人在谈论或撰文讨论中国即将分崩离析，而这一切肯定令东京政府的领导人开始恐慌。大隈重信开始在演讲、文章中频频提出著名的"支那保全论"。

中国人也一样恐慌。1899年，此前长期处于地下状态的义和团运动终于在山东爆发，其中既有反洋主义，又夹杂着反清思想。随着这场运动席卷整个华北地区，朝中的排外主义势力觉得或许可以和这场运动合流，一同对付洋人。传教士团体成了这波反洋主义的主要受害者，运动波及首都并发展到最高潮——1900年外国公使馆被包围。这进而引发国际社会的干涉。日本在镇压义和团上发挥了主要作用。与此同时，俄国人占领了东北三省，义和团势力被消灭后，俄军仍不撤离。秉持"门户开放"政策的英、美、日势力在华北各有利益，认为俄国的占领行径违反了条约，于是对俄国提出警告，但俄国坚称这不过是俄中双边问题。

对此，日本国内反应不一，既有努力和俄国人协商的，也有决心壮大实力、与之对抗的。几个协商方案提出，日本可以承认俄国在中国东北一带的优先权，但作为交换，俄国不许插手朝鲜问题。但东京政府没能就此达成一致。更糟糕的是，日本方面开始怀疑，俄国人也在对朝鲜虎视眈眈。伊藤博文在一次欧洲之旅期间做了最后一次努力，尝试和俄国达成协议，但就在他离日时，桂太郎为首的政府和英国结下盟约，敲定了局面。

1902年，英、日签订盟约，此后20年里，英日同盟成为日本外交的基调，这和1945年后美日同盟主宰日本对外政策长达半个世纪的情况类似。根据盟约，日本和英国承诺，若在涉俄事件中有第四方势力加入俄国阵营，日、英要联合起来共同行动。这意味着，假如日本和俄国爆发战争的话，它不需担心会再次发生三方或两方干涉。这次结盟标志着日本终于完全"融入"国际社会，成了世界外交舞台上的一个玩家。[25] 在接下来的十年里，国际体系里充斥着各种同盟，盟约条款还往往长年保密。这些盟约渐渐绑住列强的手脚——美国除外——这样一套体系，表面上以加强安全为目的，实际上却剥夺了各国进行干涉的自由。不过，对日本来说，日英联合基本没有危害，反而有明显的好处。在事关日本安危的世界性事件上，日本保持有限度的参与，第一次世界大战*期间，日本为协约国战线出的力不多，仅抢夺了德国在华及太平洋一带的财产。

如今有势力撑腰的日本，可以和沙俄进行严肃的谈判了。[26] 又一次，公众意见大多倾向于反俄。政治家、文字工作者、知识分子组织了一场场运动，敦促政府采取强硬立场。然而，俄国人以为日本人只是在吓唬他们。据报告称，沙俄驻东京公使如此说道——让沙皇派一支部队来，日本人就怕了。比起花费心力和一个亚洲小国谈判，俄国更想和利益相关的强国会谈。事情进展缓慢。沙皇从8月开始到圣诞节以前，一直待在首都以外的地方，迟迟没有对日本的方案给予答复，令日方以为这是刻意在羞辱他们。日本方面，包括山县有朋在内的元老都倾向于谨慎，而外交、军事领域的第二代领导人都被俄方的拖沓激怒了。伊藤博文是最后一个主张和平解决的人，如今也放弃了希望——直到1903年，他才认定俄国不会让步。

桂太郎内阁决定在1904年2月开战。日俄战争的花费和恐怖

---

* 下文中亦简称为"一战"。——编注

程度比不上十年后的第一次世界大战，但它在很多方面都预示了后者。堑壕战、倒刺铁丝网、机枪掩体夺去了大量生命。在辽东根据地旅顺港的苦战期间，担任陆军大将的乃木希典损失了 5.8 万兵员，俄方折损 3.1 万人，而最后一役奉天*会战中，俄军死亡人数约为 8.5 万，日军为 7 万。在海上，俄方的损失更是吓人一跳。日本首先发难，以突袭的方式，将俄国的太平洋舰队围困在旅顺和符拉迪沃斯托克（海参崴）两大港口。在第二年春的对马海峡一役（日本称之为日本海海战）期间，海军大将东乡平八郎率领的舰队击沉了俄国整个波罗的海舰队，后者横跨半个地球前来，最终却没能扳回局面。这些胜仗成了日本现代陆海军传统故事的来源。后来对中国东北一带的种种讨论都离不开明治一代在旅顺港的战事，明治天皇作为一国精神领袖所受到的尊崇，很大程度源于他带领日本度过危机时代的经历。

同时，日本获得国际社会的认可甚至喝彩。日本不宣而战袭击俄国海军，被伦敦《泰晤士报》形容为"大胆之举，绝对名留海军青史"。由于俄国的屠杀行径，日本在纽约和伦敦筹得巨大款项，被派去拉拢美、英舆论的两位资深人物，金子坚太郎和末松谦澄，出色地完成了任务。就在日、俄双方斗得精疲力竭之时，美国总统罗斯福抓住机会，于 1905 年在新罕布什尔州的朴次茅斯组织了一场和平会谈。

根据《朴次茅斯条约》，俄方将辽东半岛的租约和南满铁路的路权转让给日本。萨哈林岛南半部归日本所有。或许最重要的是，俄国不得不承认日本在朝鲜的首要利益。此时，日本不仅晋升为世界强国之一，还以其表现赢得全世界的钦佩。英国在布尔战争[†]期间

---

* 今沈阳。——编注
† 19 世纪末 20 世纪初英国和南非布尔人之间的战争。

的表现给国人留下无能的形象,为此,英国发起一场名为"向日本学习"的运动,重新培养人民的精忠爱国之心。而在整个亚洲,日本击败一个帝国主义大国的事迹让来自众多阶层的民族主义人士深感敬佩。中华民国的开创者孙中山后来回忆道,他某回经过苏伊士运河的时候,遇见一个阿拉伯人,后者问他是不是日本人。这位阿拉伯人"看见俄国的伤兵,一船一船地被运回欧洲去",在他看来,"这一定是俄国打了大败仗"。他写道,身为亚洲人一分子,这位阿拉伯人"当作是自己打胜仗一样"高兴。[27]

第六节　吞并朝鲜

但不是所有人都和孙中山笔下的那个阿拉伯人一样为日本的胜利高兴。即便是日本内部,这场冲突所造成的危害和花费已引人质疑。基督教领袖内村鉴三因为甲午战争最终以"海盗般的"结尾收场而后悔不已,这次他选择站在反战的一边。内村等知识分子在自由派日报《万朝报》上撰文表达自己的意见,那时《万朝报》的管理层还没有倒戈支持战争。其他人甚至走得更远。当时新兴社会主义运动的发起人创立《平民新闻》,出版两个月后因刊登《共产党宣言》的译文而遭到审查[*]。很多人不是因为多么热衷打仗而选择支持这场战争,而更多地带有一种命定的意味,当时的一些歌曲和民谣刻画了军队如何背井离乡、忍受种种磨难(《啊,满洲红土,离乡千里》这首经典之曲广为流传),和甲午战争期间的狂热形成鲜明的对比。

如果说日本内部还有一些摇摆不定的话,那朝鲜的立场可以

---

[*] 《平民新闻》创刊于1903年11月,《共产党宣言》的译文发表在第二年11月。

说是相当坚定了——朝鲜政府很久以前就意识到,朝鲜要取得独立,必须好好利用中、俄、日三方的势力斗争。这三者当中最持之以恒的日本,如今已经不需再费心与别人争夺。当年高宗逃到俄国公馆,日本的在朝影响力一度受挫,但不久俄国人就错估了形势。同样那几年,朝鲜朝廷的保守分子发起请愿运动,请高宗改称皇帝,以提高声望。1897年10月高宗正式称帝*,此后中、日、韩三国君主同称皇帝,平起平坐。现代民族国家的外在特征随之而来——国歌、国旗、军旗,以及膨胀的君权。统治者可以推翻内阁决议,全国矿权都归其所有,他有权垄断高价人参、消费税。这意味着,日本若要操控变革的步伐,必须往皇室方面投入比此前更多的精力。

不过,在这中央集权底下是摇摇欲坠的基础。官员轮换的速度快得令人费解,短短7年内竟产生27位内阁总理,美国驻朝大使霍勒斯·阿伦(Horace Allen)在给华盛顿方面汇报时,称"朝鲜实际上并不存在一个中央政府"。没有多少人觉得朝鲜真的会走向独立。

朝鲜的配合是日本取得日俄战争胜利的关键。在宣战之前,日本就急匆匆地将军队派到朝鲜,2月23日,日本驻朝公使说服朝鲜政府签订一份"协议",允许日本在朝鲜本土发起军事行动,作为回报,日本将确保朝鲜"独立和领土完整"。反日派的主要领袖不久就被秘密地送到日本。朝鲜大众对于这种霸凌行径十分反感,舆论的怒火一发不可收拾,引发多起蓄意破坏事件。朝鲜政府一直没有彻底表明自己站在哪一边,直到5月份日本于平壤击败俄军,高宗解除了和俄国的外交关系。

随着战况逐渐有利,日本开始明确自己的在朝规划,1905年5

---

* 高宗改国号为"大韩帝国",通常被认为是朝鲜王朝历史的一部分。——编注

月桂太郎内阁对日本在朝目标有了正式的决议。日本要在朝鲜设立永久性的陆海军基地,需要对朝鲜的外交政策、财政金融方面予以监督,还要主导朝鲜的邮政和电报通信系统,从大局上监管其经济改革。[28] 日本将来要采取的路线在这一决议中几近表露无遗,随着战争逐渐深入,日本的控制进一步加强。

这一切并没有让外国观察家感到惊讶或忧心。相反,在他们看来,朝、日之间的分歧必然导致这一结果。美国的默许看来已经板上钉钉——日、美于1905年7月签订《桂太郎—塔夫脱协议》,双方达成交易,美方承认日本对朝鲜的控制权,而日方容许美国吞并菲律宾。英国方面的疑虑也在1907年打消了,新修订的日英盟约将印度也纳入其中。更确切地说,大多数西方观察者其实对日本青睐有加,对朝鲜政坛的态度则截然不同。如美国驻朝公使阿伦向华府报告中说的那样:

> 我们若感情用事、试图支持"帝国"独立,那将会犯下大错。这些人并不能统治自己……
>
> 你知道的,我不是狂热的亲日派,但我并不反对由一个文明的种族来接管这批友好的亚洲人,这样做是出于替对方着想、将他们从官僚的剥削压迫中解救出来,是为了建立秩序、发展商业。[29]

美国记者乔治·凯南(George Kennan)也对在朝的日本顾问表达过类似的同情,政府要职替换速度之快,令后者备感沮丧。[30] 凯南说:

> 你要怎样应付这样一个政府呢……不作为、不负责,任由大臣刚上任一两周就辞职不干。大韩帝国的这套体系由二三十

人组成，或许可以拿惠斯特牌的人头牌来打个比方……每次洗牌、发牌，那个老"无赖"[*]都会出现，只是在另一个地方。

和很多人一样，凯南热切期待着日本可以做些什么。"这是一次大型试验，"他写道，"成败未定，但我们也在菲律宾做着类似的事，必然对此最感兴趣，也最有同感。"

但东京当局对于接下来该怎么走却远没有达成共识。军方领导人觉得朝鲜不会配合日方，对其能耐也完全不抱希望，他们主张吞并朝鲜。但伊藤博文的态度没有那么坚定，他担心海外反响，且认为朝鲜仍然有能力作出实际反击。最后，日本采取中间方案，于1905年11月制定了一份协议[†]。日本要全盘接手朝鲜的外交事务，"直至朝鲜被认定具备民族实力为止"。日本于汉城设立朝鲜统监，后者有权直接觐见朝鲜皇帝，必要时接管事务。

直到20世纪90年代，日、韩仍然为这份"协议"的性质争吵不休。保守的日本政府领导人坚称这份文件符合所有法律要求，完全具备法律效力。但韩国内部可不这么看，1992年韩国学者就质疑文件既没有高宗的印章也没有他的签字。这场争执本质上只是玩弄文字游戏，毫无疑问，这份"协议"是伊藤强加在心不甘情不愿的朝鲜政府身上的，他警告朝鲜人不要反抗，否则后果严重。他宣称自己对未来相当有信心：

> 我不是在强调说你们国家应该要自我了断，也不相信你们国家没法进步到我们这样的水平。我希望，如果你们大胆往前冲，总有一天，你们会和我们平起平坐，我们可以互相合作。[31]

---

* 即牌J。

† 《乙巳条约》。

伊藤获机会去证明自己的观点。1905年12月，他被派去担任首任朝鲜统监。为了更好地说明问题，我们接下来描述一下这位明治领导人是怎样履行他生涯中最后一次职务的。他在接受任命之前就觉得自己有必要大权在握，无论是军务还是民事都必须抓牢。而这只有元老中的元老才能实现，放到20世纪30年代，这完全不可想象。伊藤似乎被自己年轻时代的事情迷惑住了。他将明治维新的成就拿来和朝鲜所要达成的目标比较，觉得他及他的同伴们40年前在国内所采取的办法或许同样有效。他想，反抗是错误且无望的，正如明治初年那场士族起义那样。伊藤努力令高宗远离政治，想要将执政权移交到那些重视日本顾问意见的官僚手中。他花了非常多的时间和精力在朝廷上。但朝廷对他的出现甚为反感，政府上下对他带来的顾问更是异常抵触。对于"富强"政策，若是由不受欢迎的日本人所资助的，朝鲜的支持力度往往有限，和日本明治时期的境况无法相比，毕竟这些政策在设计之初是为了巩固民族独立的。日本人似乎没有认识到这一点，而奇怪的是，伊藤本人在这方面也有些迟钝。

这时，事态开始迅速发展，朝鲜独立的希望越来越渺茫。高宗愈加急切地渴望外部支援，他设法将一名英国记者派去美国，但没有引起任何反响。1907年在海牙举行的万国和平会议上，高宗的外交资格不获承认。至此，山县有朋主张吞并朝鲜，态度坚决，但伊藤由于有西园寺内阁撑腰，得以作最后一次调停。日、朝签订《丁未条约》，日本统监有权通过任何法律和行政决议，包括选任高官，国内和外交事务无一不受伊藤掌控。1907年7月，高宗被迫让位给儿子。他退位后做得反而比在位时更有成效，此时的他成了朝鲜民族主义的象征。整个国家的反抗情绪高涨。此前一批反对权权交易、自称"义兵"的人揭竿而起，他们的人数和规模都增长了不少。朝鲜人对日本国民的专横态度很是反感，而且大量日本人涌进来抢占

第十三章 大日本帝国

就业机会、土地和财富，让他们愤恨。朝鲜军队被解散，社会上出现一大批受过训练的武装人员，他们心有不忿，成了游击运动的增援力量。伊藤或许觉得这和当初那些不满的武士没什么两样，但实际上，这批叛乱分子获得整个朝鲜社会的支持，他们的枪口对准伪政府和日本人。野外作战的游击队达数万人之多。平定这次叛乱，需要日本采取种种镇压办法，而这些举措虽然最终成功了，但代价惨烈，涉嫌协助叛乱的村民全被处死。还有一些朝鲜人，他们觉得和日本人合作是个不错的出路。一个受日本人资助、名为"一进会"的大型组织发起"民众"运动，要求将朝鲜全面并入日本，这进一步加剧社会动荡。

1909年初夏，伊藤辞去朝鲜统监一职，或许是因为自己的办法没有奏效、感到心灰意冷。吞并朝鲜的想法一直都在，但他还是希望自己正在力推的那些改革措施能派上用场，令朝鲜心甘情愿地配合和服从日本。然而，日朝协作架构没能在现实中稳固建立起来，他只好收回自己的反对票。1910年8月，朝鲜亲日派内阁在统监府悄悄签订《日韩合并条约》。为了让日本有时间应对朝鲜民众的怨怒和抗议，这一消息直到签约一周后才对外公布。8月晚些时候，明治天皇发布诏书，正式批准这一决议。诏令称：

> 朕，出于维持东洋永久和平、保障帝国将来安全之必要，又韩国常为祸乱之渊源……兹韩国与帝国永久并合……民众将直接由朕绥抚，于治平之下增进康福，产业及贸易发达显著。

这时，伊藤已经不在人世。1909年10月，他在哈尔滨会见俄国代表期间遇刺身亡。杀手是一位叫作安重根的朝鲜青年。他以研究汉学起家，后来成立自己的学校。随着日朝合并的日子越来越近，他偷偷越过边境进入中国东北一带，回国后组织了一支游击队，为朝鲜独立而战。有的人或许会拿他和伊藤昔日的导师吉田松阴比较。今天位于汉城的统监府原址内伫立着安重根的雕像。一个人因刺杀邻国的现代政治领袖而被捧为民族英雄，这样的事估计少之又少。

第七节　国家与社会

1912 年，明治时期走向尾声之际，日本的帝国主义已经稳扎根基。纵观全球，吞并朝鲜一事没有招致多少反感。日美条约（1905 年《桂太郎—塔夫脱协议》）、日英条约（1907 年重修的日英盟约）、日俄条约（1907 年、1910 年、1912 年关于陆上边界线和条约权方面的协议）似乎保障了日本的安全。日本取得和其他列强平起平坐的地位。1905 年，位于东京的英国驻日公使馆被提升为大使馆的级别，别的大国也纷纷作出类似变更。驻东京的外交官如今拥有大使的头衔，而驻清的仍然只是公使，这一点让日本人很欣喜。派驻朝鲜的外国代表全部撤离。

旧麻烦刚走，新问题就来了。日本在亚洲大陆承担的管治责任越来越大，防务开支也随之水涨船高。20 年前山县有朋将日本的"利益"圈覆盖到朝鲜一带，如今这个圈子前所未有地大，帝国海陆军的预算要求也越来越高。昨日的朋友可以是明天的敌人。日本利用清政府的战争赔款建立钢铁厂，以此为开端一步步发展重工业。工业和帝国实力相辅相成。日本开始自己造船。出口方面逐渐发展出一支规模日益庞大的商船队；而随着无畏舰的出现，此前的战舰一下子黯然失色，日本需要建立一支新式海军。日本迈入这新一轮的竞争，以几近平等的身份和对手比拼。在未来的日子里，国会争论将会持续围绕着同一个话题进行：面对越来越多的部队和战列舰，预算要多少且怎么分配。

第十三章 大日本帝国

20世纪初,由于人口分布变化迅速,日本出现新的城乡格局。明治维新刚结束没多久的时候,有人估算1873年的人口大约为3500万。到1891年,这个数字上涨到4100万,至1913年达5200万。得益于优质肥料的使用和水稻品种的优化,农业生产力进一步提升,到1900年封顶,日本开始进口粮食。此前政府收入有很大一部分来自农业,但正如早前提到的,1900年后消费、收入、商业、贸易方面的课税增加,情况随之发生变化。人口增长的地方大部分是城市。太平洋沿岸兴起一系列商贸城市和工业城市,分布在德川时代藩主前往江户参勤交代的交通路线上。神户、大阪、名古屋、横滨和东京是中心地。

不过,日本的选民绝大部分来自农村地区。年纳税额不低于15日元的有产纳税人都有资格投票,地主、富农成了主要的选票来源,即便1900年标准纳税额降低到10日元,情况仍然如此。

由于人口增长,加上对粮食的需求,移民自然成为大家谈论的话题。多年来,日本人一直觉得朝鲜人口相对稀薄,或可容纳不少人前去定居,他们对中国台湾的期待也很高。在那些思想狂热的作家笔下,这类移民运动是民族扩张的一种自然形态。不过,移民中有相当大一部分在夏威夷和美国本土,那里的土地及财富梦将他们吸引过来。乃至日俄战争结束后,美国及其属地仍然是绝大多数海外日本人的落脚之地,比中国台湾、朝鲜更受欢迎。入江昭写道:"这种人口流动之所以持续,依靠的是扩张主义的自信心理,以及美国的友邦形象。"[32] 日本打败俄国后,其扩张的野心以惊人的方式全方位发展,瞄向东西两面。正如某杂志的社论说道:"和平时代的战争已经掀开帷幕。号角声响起,战场上传来呐喊声。我们的人民准备好冲向敌方阵营了吗?"在一些人看来,海外扩张是最紧要的任务。新闻媒体争相呼吁日本人勇敢踏出前进的步伐,展现自己的魄力与才干。这场移民运动刚开始时,人们天真地以为当地会以友爱的姿态欢迎他们：某个记者就这么写道，日本人和美国人是地球上最先进的两个民族，美国西部土地辽阔，理应是双方共同奋斗的地方。但不幸的是，美国人并不这么想，结果，日美关系面临危机。

20世纪的头十年里，关于"黄祸"的言论充斥着全世界的报刊。对此，日本政府领导人颇为惊慌，态度谨慎，但有的人——如大隈重信——撰文直言，日本应该果敢伸张自己的权利。他有信心，日本移民的所作所为会向大家证明他们更像西方人，和中国人及其他亚洲人不一样。然而，随着海外日本人开始遭受敌意和歧视，氛围逐渐发生变化，痛心、愤怒的情绪蔓延。

这样看来，日俄战争给日美关系带来的影响颇为复杂。一方面，美方的贷款帮了日本一个大忙，令后者有足够资金支撑大规模行动，而且，在日本意识到战斗能力已达极限之时，罗斯福总统出面组织了朴次茅斯和议，这让日本当局感激不已。但对于普通日本人来说，事情完全不是这个样子。由于政府没有心思给他们通报最新情况，消息滞后的他们想当然地以为，继续打下去的话俄国人就会跪地求饶，为此所有苦头都是值得的。所以，当发现《朴次茅斯条约》没有任何关于战争赔款的条款时，他们十分愤慨。作为日本人的首要消息渠道，日本的报刊对这次和议持保留态度，认为时机尚未成熟，此时和议如同耻辱。1905年9月5日，条约签订当天，反对和谈的某组织于东京市中心的日比谷集会。其中大批人走到通往皇宫的桥道上，敦促日方拒绝签约并要求军队继续作战，最后被警察粗暴地击退。很快，整个东京爆发骚乱，一连持续好几天，从东京蔓延到其他城市。政府不得不颁布戒严令，以重拾秩序。但那时怒气冲冲的群众已经造成不少破坏，单是东京就有250座建筑被毁，包括内务大臣的官邸，以及一家向政府一边倒的报社。九家警察署、上百所交番遭焚毁；政府和群众的伤亡超过1000人，其中17人身亡。一个不被民众信任的政府，成了这次民怨的攻击对象，这样的反应与一个家长式政府所期望的相去甚远，后者还以为人民会对它感恩戴德。对此，安德鲁·戈登（Andrew Gordon）有过深入的分析：

> 一个推崇资本主义、创建现代国家的精英小圈子一直保持着高强度的控制，这在不少现代日本史学家看来颇为独特，但民众史却揭示了另一个特点，而这一面更为复杂也更加讽刺。精英的操控力是有限的，从上至下的革命实际上给大众的情绪火上浇油。

当时的评论家从日比谷烧打事件里察觉到反美情绪的苗头，虽然事情根源明显还是在于城市民心离散。这给日益局促的日美关系又增添了一份紧张，影响到双方未来的海军支出，从而导致彼此间的不信任进一步加剧。这种不信任似乎在美国发展得最快，与当时种族主义者对夏威夷、西海岸的移民活动的恐慌情绪合流。某些军事部门对日本人的举动十分敏感并予以高度警觉。例如，圣迭戈附近发现一位拿着速写板的日本学生，又或者有日本人拿着地图在哥伦比亚河口一带出现，都会被怀疑为间谍活动，马上生成报告送往陆军部。某位陆军少校报称，西海岸有一万到两万日本人做过军人，有武器，随时准备起冲突。美国海军当局没有那么神经质，但1907年的时候在罗斯福总统要求下，拟定了一份"橙色"（对日）作战计划。计划的核心内容为战舰从大西洋基地到太平洋海岸的机动能力，为此，美国海军作了一次全球航行，于1908年到访日本，被后者赞叹为"太白舰队"。舰队在日本受到热烈的欢迎，这令美国人多少有点惊讶。而从这时开始，日本帝国海军逐渐将美国视为潜在的敌人，并于1907年以俄、美、法三国为假想敌制订了一份作战计划。日本官方对于美日之间必有一战的说法是持怀疑态度的，但美国发来的报告让他们陷入恐慌，面对日俄战争后风云变幻的国际环境，他们一再强调加强国防建设、时刻保持警惕是多么必要。比起国内的媒体人和评论家，东京当局对远渡重洋的贫苦农民远远没有那么上心。外务大臣小村在1907年的国会演讲中表示，移民问题并没有到达严重程度，他认为，更重要的是将未来的移民引导至亚洲东北部，那才是日本的日后利益所在。同一时段，日本不断独占中国东北三省即所谓"满洲"一带的利益，引起司戴德（Willard Straight）等美国官员的警觉和气愤。简短地说，日本在付出惨烈代价击败俄国后并没有松懈下来，新一轮且更为沉重的负担将落到日本纳税人的身上。

在全面意识到日本相较于西方列强有哪些弱点后，明治领导人逐渐成熟起来，这些年吃过的教训让他们知道有必要保持谨慎。和日本媒体人不一样的是，他们大多更重视和美国及西方精英分子保持良好关系，至于怎么对待已经离开日本的农民，并不是那么重要。山县、伊藤等人在计算下一步行动时往往会考虑西方是否会同意，同时经验告诉他们，日美国力之间存在巨大的鸿沟。

可他们的接班人就不是这么回事了。明治末期，这些人因囿于"门徒"身份而不快，厌倦别人谈论昔日的丰功伟绩，热切想要跻身于最前列。要让决策过程不被那些年岁渐高的元老掺和，这本身就是难事，更何况把他们蒙在鼓里，这完全不可能。加藤高明（1860—1926）和小村寿太郎（1855—1911）等外交官为了自主权一路奋斗，招来前辈的反感。军方也有类似情况，桂太郎和田中义一（1864—1929）——尤其是后者——极力鼓吹扩大军队和日本扩张。

代际转变随之发生于政治领域，就像明治初年兴起一批对抗"天保老人"的团体，从中孕育了新一代的领导人。之前提到过，伊藤不想再用内阁职位来换取国会支持，于是在1900年组建了自己的政党。他在宣布成立立宪政友会时，设想党里的都是有一定地位、有责任感的人：官僚、富商、有地的农村领袖、知识分子——一个"富人"政党，政府可以通过联合这个团体，抵挡住那些眼红嫉妒的"穷人"的攻击。但大体而言，这个新成立的政党并没有多"新"，不过是在昔日自由党的基础上加入新成员、新领袖。像板垣这样的前辈已经绝迹于党派政治，取而代之的是积极进取、野心勃勃的年轻新一代。星亨就是其中之一。谈到和伊藤共事的时候，他的态度相当直白："我们不会让老一辈指挥很久。等基础打牢了就把他们赶走，先从伊藤开始，然后我们想怎么做就怎么做。"结果，星亨的、伊藤的期望一个也没有实现。山县一直不认同伊藤的提案，但还没等伊藤做完准备的工作，他就辞职下台，让路给伊藤。伊藤看穿这背后的把戏，怨道："就像对手还没就位，山县就来了个突袭。"[34] 1900年，伊藤刚上任内阁总理一职，就发现贵族院不顾一切地反对他关于政党政府的设想。后来天皇有令，贵族院不得不服从，可当伊藤继续推进时，军队支持力量寥寥，他只好再次辞职。

他提议让井上馨（1835—1915）接手——两人同为长州藩公派的留英学生，从那时开始便是伙伴关系。众多元老里井上是唯一一位从未组过阁的，但他每向一个人抛出橄榄枝，那个人不是身体不适就是带病在身，包括桂太郎，当井上请他继续担任军部大臣时，他回绝了。井上回去后将自己的失败经历告诉同僚，同僚劝井上去请桂太郎担任总理一职，哪怕他身体抱恙。桂太郎收起假装的不情愿，勉为其难地接受了井上的邀请。而这出你来我往的戏，是山县早就设计好了的。

现在，第二梯队的领导人接手了。伊藤改任枢密院议长（之后在朝鲜履行他的最后一次职务），离开政坛，把政友会交给一名贵族青年（同时是最后一位在世的元老）——西园寺公望——打理。明治时期最后那些年里，桂太郎和西园寺默契地轮流执政，前者上台将近五年后，由后者接手三年半，再到桂太郎执政三年，明治最后一年时又轮到西园寺。星亨没有活到"把老人赶走"的那一天——

1901年遇刺身亡。刺客*是一家私塾的校长，他辩称自己对星亨不存在任何厌恶，只是觉得后者竟然有意收受贿赂，"于天皇、于平民百姓，都是国家耻辱"[35]。之后，党内的实际领导权落到原敬的手上，20年后这个男人将会是日本的第一个职业政客，也是第一位领导内阁的党派领袖。值得一提的是，在这过程中，经历过自由民权运动的那些人，还有为运动有力发声过的人，都表现出某种觉悟——接近权力的通道，离不开政治精英的关系。事实上，日比谷烧打事件的其中一个起因是，群众对原敬、西园寺两人与桂太郎的交易毫不知情——双方悄悄达成协议，政友会可以支持政府，但作为交换，后者要将总理一位让出来、由西园寺接手。大家期待国会议员会站出来反对协议，结果什么都没发生。

军队方面，由于山县的长州系一直保持强势地位，代际变换进行得比较和缓，但确实存在。随着陆军大臣、参谋总长、教育总监（该职位于1898年设立）"三巨头"架构成立、决策的"三驾马车"齐备，皇军完全实现官僚制度化。同年，陆军设立军令部直属天皇，而隈板内阁的海军大臣也明确表明自己不受文官派遣。1900年，经山县努力，天皇发布诏令，正式将实际操作的那一套制度化，此后陆军、海军大臣都要从现役武官中挑选。这项规定在1913年有所放松，但到1936年时再度被强调。通过这项规定，军方如获重器，可以解散内阁或阻止组阁，直到自己的需求被满足为止。

更严重的是，从那时开始，军事教育培养出来的武官团体，无论是视野还是背景，都与文官相当不一样。军官的培养路径通常是这样的，学生完成初等教育后，不再进入普通公立学校。他们在初高中阶段专注于学习军令、军纪。顺利毕业的话可以接着进入士官学校，其中有那么少数几个幸运者会进入陆军或海军大学校。和其

---

* 伊庭想太郎。

第十三章　大日本帝国 551

他同辈相比，这套体系出身的人尤为不同，面对国家政策方面的复杂问题，他们往往会用简单方法来解决。

军方声称要遵从《军人敕谕》、远离政治，但几乎每一个政治决策都会带来军事上的变动（反之亦然），因此，那些以"天皇的战士"自居的军方领导人处于上风、备受保护，可以依靠这一保护层对文官发难。第一代领导层形成时，20世纪的专业化时代还没有来临，伊藤在朝鲜拥有的无所不包的统治权，不大可能出现在后来的政治家身上。日中、日俄两场战争的胜利，不仅令军方威望上升，还增强了其实力。每场战争结束后都会诞生新一批勋爵，军队的英勇和献身精神成了通俗报刊和大众教育的焦点。这些通俗报刊还煽动民众反对文官政治。丑闻、腐败方面的指控往往最有攻击力，在大众心里，堕落的政坛和自诩无私奉献的职业化军队很轻易地就形成鲜明的对比。

20世纪的文官体系在明治时代晚期已经初具形态，其内部的代际差异同样相当显著。明治早中期的官员大多武士出身，主君对他们影响很大。19、20世纪之交，通过帝国大学进入政府工作的人在官僚队伍中的比例越来越大，不仅数量在增长，而且地位越来越重要。1895年的《文官任用令》*对未来的聘用程序进行规划，此后，公开的、竞争性的考试逐渐成为文官的选拔途径。公务员成了职业化的"铁饭碗"，通过级别和位等制度，各个部门建立起一套整齐划一的架构。如果说教育背景是宦途的"敲门砖"，那东京帝国大学（及后来的京都帝国大学）是最受青睐的。明治国家的创建者深信，党派政治和分赃制必然导致堕落，于是采取种种办法维持官僚精英的自主性，保护其安全。1899年，山县有朋设法修订了《文官任用令》，政治任命公职人员的做法被废除。接下来几年里，随着党派影响力

---

*　应为1893年颁布。

与日俱增，内阁的更替开始影响到公职，但这种影响总是通过官僚体系内的人员变动来实现，而从来不借外力达成。

从内部看，这套官僚制度是靠年资建立起来的，而年资则以入职年份为标记。同年考生各自组团。在皇军内部，陆军或海军大学校的同期毕业生也形成类似团体。明治年间这类团体的规模始终较小，直到往后几十年，才对高层群体起决定性的影响。以外务省为例，1894年首次以考试方式遴选外交官和领事。1897年的诏令正式将等级和评级制度化。"二战"后日本的著名政治家吉田茂（1878—1967）从东京帝国大学毕业后于1906年参加外务省举办的第十二次选试，成功入选的考生人数恰好为11名。其中就有广田弘毅，1937年日本侵华战争爆发时担任外务大臣。第二年入选的松冈洋右，则是"二战"期间日本和纳粹德国、意大利结盟的推手。考试的表现和得分各不相同（吉田得分最低，而广田分数最高）。[36] 这些从高门槛挤进来的人，在接下来的日子里将以部门领导、总领事、大使、公使的身份共事。这套制度从而催生出一个层级鲜明、选贤任能的公职人员群体。外务省、财务省的专业程度最受赞誉，不过类似特点在内阁其他省部也存在。明治晚期进来的新员，无论在外交、财政或是商务领域，都是"时代创造的见证者"，主宰着日本"二战"及以前的官僚体系。

至于经济变革方面，我们得放到下一章再讨论。在这里，我们只需要谈一点就够了，而且这一点颇为重要，那便是，随着经济变革，社会发生了什么样的变化。明治末期，国内生产力和出口并驾齐驱，传统行业和现代工业高歌猛进，每对更多是互补而非竞争关系。换句话说，从上而下和从下至上的两种增长方式齐头并进。到19世纪90年代为止，种植业和渔业这两大传统行业一直是百姓的粮食来源，然后出口丝织品，通过这种方式来支付需要进口的产品。日中、日俄的两场战争不仅标志着这种模式开始转变，还加快了其转变的速度。在那期间，政府开支急剧上升，清政府的战争赔款，以及1905年收到的英美贷款，进一步加快了工业化进程。结果，某种清晰明确的商业利益逐渐崛起，影响力和话语权越来越大。那些19世纪80年代开始成形的工业巨头，其顶端管理层的领导是完全意义上的掌权精英分子，是投资和人际关系网络的一部分。元老之一的井上馨和三井利益集团有关联；三菱有份资助大隈的政治运动并从中得利；银行家涩泽荣一能够影响政府政策；由于松方可以动用十五银行（又称"华族银行"）所掌管的贵族财富，得以为造船业和铁路开发事业提供资金。这必然会强行改变发展和分配的优先对象，使得国家的发展目标高于个人的消费需求。

不过，随着城市化规模扩大并因持地者移居城镇而进一步加剧，政党和政坛受到一定的影响。党派与政府之间的关系，从《明治宪法》颁布头十年的激烈对抗，在其后桂太郎、西园寺交替组阁的十年里，转变为折中和讨价还价。除了以尾崎行雄为首的少数特立独行的人以外，政治家逐渐形成同一套做事手法，当一场战争结束、另一场还没爆发时，他们对战争预算皆表赞同，但对军方仍不吝批评，政策看起来不够坚定时抨击政府，接受别人恩惠，也将恩惠分予他人。

生活方式、生活水平也在发生变化。在这方面，新事物的引进要缓慢许多。此前提到的那些大事，绝大多数源自掌权精英阶层，城市是它们的舞台。对于农村的普通人来说，明治大部分时候和以前差不多。日本佃农依然过着艰苦、贫困的生活。有一个著名小说情节就清楚告诉我们，还有很多人过着仅能糊口的生活：以泥抹地的简陋房子，赤足或穿草鞋，一日三餐以糙粮为主而非米饭，鱼、肉很少见甚至完全吃不上。[37]对于单干的有地农民来说，直到19、20世纪之交，生活水平才有了显著的转变。如苏珊·汉利指出的那样，这些变化很大程度上体现的是上层阶级或武士从国外借鉴过来的生活方式向底下的传播。房子造得越来越好，垫了席子的地板被抬高离地，宽大的屋檐包裹着整栋建筑，纸拉门——有时是更高级的玻璃门——令家里一派干净明亮。很长一段时间平民都不许用瓦，此时，随着瓦的普及，村落开始变得缤纷，一扫此前的单调。19、20世纪之交，得益于油灯的使用及后来逐渐兴起的电力，人们入夜后不再只有睡觉一事可做。人们可以负担得起以糙米作为日常主食，也越来越多地用酱油等酱料来调味。百姓的菜单上，鱼——有时是肉——愈发常见。城市里有轨马车和人力车队并行，到明治晚期，由于有了有轨电车、火车，人们可以到城里工作或购物。明治中期，德川时代的那种顶髻在城里已经很少见，到明治晚期时，日本上下所有男性都以短发示人。接着，人们开始用帽子来遮挡头部。皮鞋价格高昂，很多时候穿起来也并不舒服，明治早年平民以草鞋裹脚，甚至赤足而行，到这时都改穿木屐。我们还可以从明治年间的不少结婚照片里看到新旧并存的穿戴：圆礼帽，和服，配以木屐。国会召开时，议员都要穿西服出席，城里的裁缝因此迎来一波生意热潮。明治晚期的战争同样给人们的生活带来变化。对于大多数日本人来说，"无论是新的生活方式，还是对于新事物的喜好，它们之所以得以传播开来，背后的推动力来自军事。如同战国时代的战争令16世纪的生活大变，20世纪之初日中、日俄战争给明治时代的生活带来了一场变革"。[38]

第十四章

明治文化

有关日本明治时期历史的书籍，往往采用现代民族国家所建构的那套历史分期。体制的建设，然后是政治、经济和外交政策的实施，到后半世纪末，将日本引向战争，帝国建立，国际社会认同。但明治文化的发展过程却与之相反，它并不那么按时间顺序发展，却可以为我们了解日本发生的变革提供一个至关重要的视角。

关于明治文学史的研究已经相当充分。唐纳德·基恩*（Donald Keene）的研究就相当权威，同时，最重要的明治文学经典，经过一班才华横溢的专家的翻译，进入西方读者的视野里。明治时代的艺术很少被提及，宗教方面的论述也没有获得相应的重视。然而，这里能提供的篇幅实在有限，无法对这两者进行充分得当的叙述。对明治时代的人来说，艺术和宗教在其心灵世界占有十分突出的地位，而且这两者如此有趣，实在难以抗拒，我们有必要在此展开讨论。[1]

---

* 自取日本名"鬼怒鸣门"。

在适用的历史分期上,明治时期的文化发展和现代化历程大体是一致的。两者虽然很少完全相同,但都来源于一股奔涌而来、令日本不得不有所回应的西方浪潮。我们可以借用一下荷兰历史学家约翰·赫伊津哈(Johan Huizinga)的比方,他曾提到,波浪或许会因应碰撞的地形和阻力而在沿岸不同地方破开,但整体上它仍是同一股波浪,势不可挡。用色川大吉的话来说,"19世纪60—70年代欧美文明对日本的影响是带有创伤性和破坏性的,其程度之深,为文化交流史所罕见……一度,任何捍卫传统文化的想法都会遭到嘲讽,在国家面临危难、亟须办法解决的时候,无异于不务正业。当前必须做的是渗透敌方阵营、拿起对方文明的武器反过来对付他们,继而用于国家利益。"[2] 从这个角度看,整个过程似乎是报复性的,甚至颇为戏剧化,但要记住的一个重点是,在明治文化形成过程中,民族奋斗也发挥了一定的作用。

这种二元对立思想被浓缩在下面两句风靡一时的四字口号里。"文明开化"表明抓住新事物的必要,而"富国强兵"指代意欲取得的成果。

虽然明治维新被形容为一次对古法的回归,但很快人们就清楚看到,卷入国际竞争当中的日本必须掌握当前现代世界的工具。于是,如何选择这些工具,以及怎样处置传统因素以令两者完美融合在一起,便成了问题。明治中晚期,社会普遍意识到,日本需要培育一种崭新的、现代的但又具有日本特质的文化。这一过程要求对传统进行界定、挑选和建构。某种程度上,这也是其他霎时间遭遇西方挑战的传统文化所面临的问题。其化解之法各不相同,而日本作为非西方世界首个面临此挑战的国家,我们可以从其经验里,对更大范围的文明冲突窥视一二。明治时期的作者对自己的使命深有体会。1902年,小说家夏目漱石在日记中提到:"人们说日本在三十年前就已苏醒过来,但那时的它,是在火警声中惊醒、从床上

第十四章　明治文化　　　　　　　　　　　　　　　　　　　557

跳起来的。这并不是真正意义上的苏醒，完全处于糊里糊涂的状态。日本匆匆汲取西方文化，结果反倒没有时间去消化它们。日本文学、政治、商业等其余各个方面，都必须要真的醒过来。"[3] 这便是明治时期的知识分子、艺术家、思想家赋予自己的任务。

第一节　复古！

首先，我们有必要提醒一点，德川晚期文化的很多方面都为明治时代的成就作了铺垫。为方便起见，在描述这些运动的特征时，我们会利用其所使用的口号。第一个谈的是"复古"，让日本文化摆脱从中国及儒家舶来的累赘之物。贺茂真渊、本居宣长等国学大家一直苦苦思索一个问题，到底什么才在真正及本质意义上是日本的，在他们眼中，简单、浪漫的誓言包含了淳朴真挚的情感，而这正是他们决心要弄清楚且复原的，放到政治层面，便体现为恢复天皇之治、废除武家专权的理想。

某种意义上，本土主义学者已经在重新界定何为日本文化。艺术方面，大和绘的叙事传统即将取代狩野派那种正经的中式雅风；陶瓷方面，追求古风的热情日益高涨；19世纪60年代京都宫殿重修工程的一大目便是要恢复遗失的要素。

复古运动还存在其他方面。本土的神灵和神话开始受重视，由此产生一个视大自然为神圣、重新以自然与否来判别真与美的世界。神道的繁衍观（与创造观对立）被加以强调，进而产生了活力论、容纳观念，以及实用主义思想。最后一波本土主义思潮兴起时，平田笃胤已经可以接受将其他传统文化中任何有用之物拿过来，贴上日本传统文化的标签。同时，对古代的推崇也让人们时时想起那个时候日本人有过的借鉴行为。很多人称，先辈的做法或许过头了，对大陆来的文化产生依赖,但另一方面,他们从不犹豫去抓住任何有用的、实用的东西。同样的道理,19世纪学习国外经验的行为也并非不可理喻。1876年森有礼和清廷高官李鸿章之间的一次辩论,就完美表现了这一点。李鸿章对森有礼的西服很是鄙夷,问他祖上是否也这样穿戴。森有礼回复说,不,他们穿的是汉服,不过现在派不上用场了,日本向来擅长从其他文明汲取精华、为己所用,如今也是如此。(他接着提醒李鸿章,说李穿的这套官袍是由满人规定的,李的祖上可不这样穿,这么说来,日本至少是自己做主。)

实际上,尝试恢复整套古制、实行神道神权政治的做法,很快就再一次遭到明治领导人的否决。在将古代援引一遍后,可以将其搁置一边、暂且不管。不过,但凡涉及皇制,情况就并不完全这样,甚至绝不如此。来自那消亡历史里的礼制,以及其散发的光环,被用来推动国家的现代化进程,如1868年4月《五条御誓文》的颁布就披上了各种古老的"装饰"。[4] 历史学家常常强调誓文中承诺召开"会议"、废除"旧来陋习"具有的"先进"性,但同样重要的一点是,我们要把《五条御誓文》视为一种仪式,通过承接传说中第一位天皇神武天皇的权力,天皇的中心地位得到了肯定。三条实美替年少的天皇诵文,411位贵族、大名宣誓效忠。这样做带来的效果是,令天皇政治化、成为局中人。用约翰·布林(John Breen)的话来说,"设计这种单向的仪式性对话,目的是在'议定'(顾问、参赞)和天皇之间建立新的关系:让大名摒弃各自的政治议题和执念,将廷臣从前现代的、保守的朝廷中驱逐出去,然后让这些人宣布自己是天皇忠诚的臣属"。由此,这场戏中的种种举措,标志了明治早期领导人的必然崛起,预示着他们借天皇以弄权的路数。

从文化方面看,对古代的推崇几乎没有拖阻物质生活的现代化步伐。除了给天皇、皇权带来意识形态上的支持以外,古代无非空壳一副,现代性可以乘虚而入。不久前的"陋习",即武家统治、以中国为中心的世界观，既不古代又不现代。佛教遭到迫害，溯其缘由，也在于复古运动，但持续时间相对较短。其后引发的一系列民间骚乱，是村民为自己生活中的重要部分惨遭剥夺而发出的惊慌、恐惧之声。在数以千计的村民看来，政府一味推崇"旧"神、对他们早已习惯的举动大加斥骂，都构成他们反抗的事由。如1873年，日本海沿岸的越前地区爆发了一场大骚乱，有两万信众参与到这次"护法一揆"。起事领袖对政府为了剪髻和宗教改革所采取的一系列措施进行谴责，认为这些举措都是基督教颠覆势力的烟幕弹。因此，当新年庆典、乡舞、八月盂兰盆节等被禁时，几乎毫无悬念，反对之声四起。[5] 与此同时，新政府通过1871年颁布的法令，"解放"一直备受压迫的"秽多"阶层。受政策惠及的人为之欢呼雀跃，但只是暂时的，这批新"平民"让邻里感到身份受损，且对自己构成威胁，最后往往招致恶意的抗议和暴动。再者，出身贱民的人发现自己如今要承担完整的公民义务和税额，以前的他们还可以依靠所属社群的半自治特征，得到某种程度的庇护。新来的当权者不大可能对他们格外同情。这道新法令不仅对乡民产生消极的影响；所有以武士为主导的城市都存在庞大的服务阶层，他们以武士为雇主，赖其为生；但随着武士特权没落、收入萎缩，城市生活的优势很快就消失了。单在江户（东京），其人口一度从130万左右掉到了60万。而大量人力车夫的存在——明治时期劳工阶级的一大特征——直到20世纪末仍是亟待解决的社会问题。

第二节 文明开化！立身出世！

用古代来装点门面，这对于政治层面的象征和仪式来说很重要，但在大多数日本年轻人看来，国家沿西方道路推行现代化，以及个人进步，给他们带来更为强大的动力。上述目标包含在以下两个口号里，体现了明治早期对于改革的热情和乐观精神——"文明开化""立身出世"。这两方面完全不存在相互矛盾之处，因为人们准确意识到，对于现代世界的种种好物，日本不仅姗姗来迟，而且自身条件相当不利，实际上无异于一穷小子身处富人之中。日本要"占有一席之地"，最好的办法莫过于让自己的国民跻身前列。"为国"（国のため）成了上上下下所有人、从商人到知识分子和作家都通晓的用语。

明治最初那几十年弥漫着一股强烈的乐观主义。农民忧心于新的地方治理模式，武士抱怨着自己在新秩序里的遭遇，但知识分子无一不怀有重塑社会的决心，这份理想主义精神此后再也没出现过，直至1945年"二战"结束以后。世界似乎才刚刚揭幕。"我们没有历史，我们的历史今天才开始。"一名年轻学生向埃尔温·巴尔茨——一名照料外国人和明治精英人物的德国医师——如此断言道。到访过西方或在西方受过教育的知识分子，发现自己一下子被放到极为重要的战略位置。国外来的顾问、教员也一样，政府把他们请过来，筹措上至教育体制、下至灯塔建造等大大小小的事务。他们被安排住在专门打造的西式宅邸里，薪酬丰厚。[6]他们用英语指导工作，由此，他们的第一批学生直接受19世纪英美经典的洗涤，其对英语的掌握程度是后来者无法实现的，在这之后大量涌现的翻译作品可以为后来者提供养分。[7]人们如此全身心地去学习和精通种种技能，这在历史上实属罕见。

福泽谕吉（1835—1901）自然是这波自我提升热潮里的主要人物。众所周知，福泽的西方研究作品在德川时代晚期广受阅读，到明治初年，"福泽之书"甚至成了通用词。他在1869年出版的《世界国尽》里，为方便背诵，模仿学校使用的佛教义理问答集，行文押韵。《劝学篇》成为那个时代的教科书，1875年的《文明论之概略》

第十四章　明治文化

从世界史的角度，对日本面临的如何从"半开化"现状迈入开化阶段的任务进行审视。[8]同时，福泽谕吉是日本最杰出的教育家。王政复古期间，他在东京一藩邸成立庆应义塾，这所学校后来发展为日本首屈一指的私立大学。福泽还打破送礼、送钱的传统，收取学费，将学校行政规范化。他没有满足于此，接着创办了一份颇具影响力的报纸，自己定期撰文、刊布其上，他大力抨击依赖政府的各种弊端，倡导个体责任是何等必要。他写道，当前需要做的是给日本民众灌输"开化之精神"，只有这种精神——而非西方种种装点之物——才是现代世界的特质。

中村正直（别名敬宇）是这波文明开化潮的另一位主要人物。生于1832年的他，在德川时代的学馆接受传统教育，随后受任儒者，1866年被派往英国。中村于两年后回国，此时的他已经是热衷西学和基督教的积极分子。他也开设了私塾，不过很快就投身教育家的事业、走上仕途。中村、福泽谕吉、森有礼等"开化"人物一同成立明六社，这个精英圈子定期碰面商讨怎样推进日本的现代化。其中很多讨论都发布在其社刊《明六杂志》上，可惜这份杂志寿命不长，由于抗议1875年政府颁布的新闻法而失去赞助。[9]

中村所作贡献里影响最大的，其实是他翻译的塞缪尔·斯迈尔斯的作品《自助论》，并以《西国立志编》作为书名出版。这本书颇有意思，是整整一代人的教科书，其影响力之大、流通范围之广，怎么形容都不算夸张。斯迈尔斯专职写作励志类书籍，在他看来，最能体现19世纪那被奉为圭臬的不屈不挠个人主义（rugged individualism）的，是发明火车机车的乔治·斯蒂芬森（George Stephenson）。斯蒂芬森鼓励工人在面对挑战时要像他一样："按我做的去做——坚持！"《自助论》是三部曲中的一部，另两部为《性格》和《节俭》。每一章都包含了作者对年轻人、工人群体的忠告，以扶助他们走上成功之路。他煞有其事地告诫道，做梦、罗曼蒂克、游手好闲有种种坏处,恰好在日本,责任心之于武士、俭朴之于商人如徽章一样是自尊的标记,由此和作者的话相呼应。[10]虽说斯迈尔斯以激励为目的,但他对节俭的呼吁必然令日本读者感到,这和德川时代乡村布道人对听众所说的,存在某种延续。同时,斯迈尔斯的说教和日本明治时代的民族使命产生共鸣。如果说,这些道理对于为人生目标而苦苦奋斗的工人而言行得通的话,那对于要在不友好的国际环境里开辟一方天地的日本来说,就更是如此。我们此前曾提到,在民主运动早期阶段,土佐的武士自行组织了立志社。

　　日本人热切地投身于"开化""立身"事业当中。当政府领导人着手给前现代时期的日本重拾神秘色彩之时,知识分子已经准备好要抛弃传统的众多包袱,他们的行为没受过多少批评,因为他们在为建立新的社会而奋斗,目标更为宏大。森有礼建议弃用日语——至少官方语言可以这么做——改用英语,认为这或许是明智之举。福泽谕吉揶揄道,宣布日本为基督教国家似乎是个不错的主意,哪怕只有少数人诚心信奉这一新宗教,单是这份决心就足以给西方留下深刻印象。人们也开始讨论起日语作为口头沟通的媒介到底有多大可行性、有多少用处。儒家社会担心口语多变,对文字书写反而更为赞赏。日语口语是否能绕过文字传播所需的层层教育和修为、达到同样的目的呢?福泽在明六社的一次会谈上回答了这个问题,当时的他站在椅子上,讨论向中国台湾出兵的方案。讲话结束后,他询问旁边的人能否明白,对方给了肯定甚至带有些许嘲笑的答复——当然明白。福泽解释道,这不就解决了关于日语口语作为沟通媒介的问题。实际上,后来的他成为受众人敬畏的演说家,经常在他庆应义塾三田校区的礼堂里发表讲话。

　　明治初年,私塾、私校如雨后春笋般相继冒出。其中很多是单个人在经营,当创办人去世或转行去干别的事的时候,学校就不得不关闭。其他有幸存活下来的,逐渐发展成私立学校,最后演变为

第十四章　明治文化　　563

大学。新教传教士是重要的资助方。英语和西方法律成为当时人们迫切学习的领域，这两科或分开单独授课，或合并在一起。另一方面，明治时青年无不怀有雄心壮志，立志在新社会闯出自己的名堂。两大因素驱动下，年轻学子热情高涨、前赴后继地奔向校园。这些学校大部分都设在东京，这里毕竟是新时代之枢纽。不过，有一位年轻热心的基督徒——新岛襄（1843—1890）——选择旧日都城京都，创办了日后的同志社大学，这便直接向这座古都的佛教势力发出挑战。新岛在德川时期末的时候设法离开了日本，前往美国留学。1872年岩仓师团访美时他还在，其坚毅、独立的性格深得木户孝允的钦佩，木户说服他担任使团翻译。回到日本后，新岛及其创办的学校马上成为当时的一大势力据点。

第三节　基督教

早前我们提到过，岩仓使团外访期间碰到不少关于日本基督教禁令的谴责和批评。在其影响下，政府在1873年撤销了针对其所谓"西教"即基督教的禁令。早期明治政府不仅拒不释放幕府官员于1865年抓捕的犯人，到1870年还在进行搜捕基督徒的行动——当年浦上地区有将近3000名疑似基督徒被移送到日本各地下狱监禁。尽管外国代表们发出抗议，政府依然不为所动，局面一度僵持，直到岩仓使团成员提议释放这些人员，情况才有所缓解。1873年，这批囚犯终于被遣送回老家，然而超过600人死在放逐的路上。

虽说如此，日本在包容基督教方面还是取得了一些重大进步。牧师、荷兰裔美国人圭多·沃贝克于1859年抵达长崎。当时，传教仍然属于非法活动，但因应外国社区的需求，为其行使牧师职务还是受允许的。同年，普林斯顿大学博士、牧师詹姆斯·赫伯恩来到神奈川（横滨）。横滨邻近幕府势力的大本营，而在更远的长崎，沃贝克能够和萨摩、长洲、土佐、佐贺的武士青年一起共事，其中一些人后来成了明治政府的领导人。他们跟沃贝克学习英语，向他请教一个又一个问题。王政复古以后，沃贝克第一个提议向海外派遣大使，岩仓使团的成行很大程度上归功于他的建议。而且，沃贝克和荷兰归正会社群、和位于新泽西州新不伦瑞克的罗格斯大学都有联系，令他在招募教员时得以发挥关键作用。

受聘于沃贝克的众人里，最重要也最有趣的莫过于美国内战时期的军官勒罗伊·简斯（Leroy L. Janes）。熊本藩想要打造自身的现代军事实力，所以把他聘请过来。1871年简斯一到日本，就被安置在一栋专门为他打造的、美轮美奂的西式建筑里，跟他学习的武士青年完全交由他处置。这些学生成长在这样一个时代里——父辈那一代人认同的理念看来是错的。他们深感不安却又意志坚定，在这一系列作用下，他们的指导老师简斯被赋予了神谕使者般的色彩。简斯想让他们学习宗教、科学和数学，还在家里举行夜间讨论，学生可以自由参加，通过这些聚会，简斯对他们产生了巨大的影响。不久，他最优秀的35名学生聚首在一座可以鸟瞰熊本的小山上为某份文件*署名，提出以下主张：

> 余辈尝学西教，颇有所悟，而后读之益发感欣戴，遂欲布此教于皇国，欲大开人民之蒙昧。……抱报国之志者宜感发兴起、视生命为尘芥，解明西教之公明正大，是吾曹最所力竭之事，故同志会于花冈山……方今皇国人民多拒西教，故我徒纵有一人背此道，招众谤之余，亦践踏吾徒之决志。

---

* 《奉教趣意书》。

这批年轻人即后来的"熊本团"。有些是现代日本最重要的知识分子、公众人物和牧师。从他们署名的誓文措辞来看，他们将自己视为爱国者，确实，信奉基督教的武士随时可以为了开化自己的同胞而牺牲、受难。他们还明显具有团结意识，即誓文中的"同志"，如同一个半世纪以前那47名浪人那样，他们苦心孤诣地计划各个步骤。他们已经做好接受批判和迫害的准备，这样的遭遇很快就到来。一起学习的同辈刚开始对他们有所排斥，随后又与他们辩论。很多时候，他们的家人会将其软禁起来，或用其他方式施压，促使其放弃自己的新信仰。但最为刚毅的那位始终坚持自己的立场。小崎弘道，即日后东京最大教会*的牧师，曾写道"从儒家入基督教的过程中"他并没有否定某一方、用一物取代一物，"之所以接受基督教，是因为我们相信它完全体现了儒家的精神和真谛"。[11]与此同时，学生决心要通过弘扬自己的信仰来"报国"，对勇武精神加以肯定，这体现了未来可能出现的民族主义倾向，事实上预示了这股发展趋势。不用说，上述种种进展对于熊本当权者来说并不受欢迎，后者想要的是一所西方现代军事学校。1876年，熊本藩解雇了聘约到期的简斯，关闭了学校。简斯的学生移师京都，新岛襄在美国海外传道会（American Board of Foreign Missions）的帮助下，创办了日后的同志社大学。

而在更远的北部，有一所教育机构培育出另一批基督教领袖。和熊本的例子一样，在学生处于可塑性最强的阶段，一位美国教师通过自己的个人影响力，给他们的生活带来变化。约翰·豪斯（John Howes）写道："哲学辩护之术或许能有说服力地表达［日本的传统观念］，但在情况紧急的时候却派不上用场，这无异于佩里炮舰迫近之时东京湾的那些防御一样。西方知识最终摇撼了自身的存

---

* 灵南坂教会。

在。"[12]简斯并非"传教士",实际上他很快就和教会闹翻,但自信如简斯,普通基督信徒的身份反而令他更有影响力。北部的事例也说明了同样的道理。

1876年,日本政府聘请时任马萨诸塞州农学院校长的威廉·克拉克(William S. Clark)前往札幌即将设立的一所新机构*指导研究工作,这所机构的成立是开发北海道计划的其中一环。据了解克拉克的主要任务是教学,但他和学生之间的私下来往并没有受到阻拦。克拉克在北海道待的时间很短,事实上第二年他就回美国了,但逗留期间的他就像熊本的简斯一样,对学生产生了莫大的影响。不久,他们就深以为基督教教义为西方文明核心所在,因而是日本再生之关键。简斯的学生全都来自熊本,但在札幌,由于政府项目的关系,北方多个藩的有为青年被招募过来。克拉克的下述举动令其成为日本的一个传奇——他在离开校园时勒住马停下来,对一路送他到门口的男生喊道:"小伙子,要像这个老男人一样壮志凌云!"[13]老男人很快就消失在日本人的记忆里,但这个使命却存留下来,成了一代日本人心里的印记,鞭策着他们。

札幌农学校里很快就兴起一波宗教觉醒的热潮,第一批皈依基督教的人给其他人带来巨大的社会压力,近乎强迫性,进而对这一过程产生推波助澜的作用。在这风起云涌的背景下,现代知识界及宗教界的两位巨擘走上舞台——无教会运动的发起人内村鉴三(1861—1930),以及贵格会信徒、国际主义者新渡户稻造(1862—1933)。两人都曾在美国留学。新渡户回国后进入政府,以农学家身份在日据时期的中国台湾工作,随后到东京帝国大学担任预科学校校长。"一战"结束后,日本作为世界列强之一加入国际联盟,新渡户出任副秘书长。[14]

---

* 札幌农学校。

第十四章　明治文化　　　　　　　　　　　　　　　　　　　567

内村是这批基督徒里最受人瞩目的一位。一开始他在同侪压力下皈依了基督教，接着便想办法说服父母，他的父亲是一名汉学学者，内村用一部汉文圣保罗传，成功击破其父的辩词。19世纪80年代留学美国期间，他得以亲身体验其心目中的应许之地。他在自传《我是如何成为基督徒的》（*How I Became a Christian*）一书中说道："在我的观念里，基督教美国具有崇高的地位和浓厚的宗教氛围，是清教徒般的国家。我梦见过它那一座座庙宇伫立的山丘、那一块块响起圣诗与颂词之声的岩石。我曾以为希伯来语是美国百姓最为普遍的语言，基路伯、基路冰、哈利路亚、阿门这些话在街头巷尾都能听见。"然而，现实却是另一回事。"是的，"他语带感伤地接着说，"我发现，希伯来语至少某种意义上是一种通用的虔诚之语。那些我们只能怀着莫大敬畏才能说出来的言辞，很轻易地就从工人、马车夫、擦鞋匠及其他从事更为体面工作的人的口中蹦出。每犯一点过错，都会跟着发出某种宗教誓言。"此外，令他感到吃惊的是，自己竟多次被错认为是中国人。"车里和我坐在一起的一位衣着靓丽的绅士，向我借了一把梳子去刷他那灰白色的络腮胡，身处异教之地的我们，面对这种情况都会觉得他应该说一句谢谢，但他并没有这样做，反而在还梳子的时候问道：'对了约翰，你在哪儿开的洗衣店？'"毫不意外，在他笔下，他记忆中的故土日本又开始变得亲切和美丽起来。内村维持着自己的信仰且信念日深，但与此同时，他的民族自豪感一直都在。他写道，在和教会、传教士团体谈话的时候，他感到听众都希望他像一头"被驯服的犀牛"。不久，唯有那种既有独立性又具日本特质的信仰方式才能让他满意，和造物主经过一番精神斗争后，他最终达成这样一个协议——只要不用做"职业牧师"，他会一直是基督徒。回到日本后，他为了生计立马接受了一份工作，在帝国大学预科学校担任教员，同时组织小团体在晚上和周末一起阅读和学习《圣经》。内村组织的这些活动如同新渡户的贵格会一样，接近日本人所熟知的佛教信众组织"讲"，由此产生共鸣。内村还避免对国外的教会委员会产生依赖，态度尤为坚决。

内村的独立自主性很快就要接受另一挑战。某次校园典礼上《教育敕语》被宣读，这份倡导以儒家伦理为教育之基的敕令受天皇神圣光环之庇护，内村的同僚皆鞠躬致敬，对其权威表示承认。但他本人却踌躇不定，他不确定自己能否接受另一个高于造物主的权威。随后，他认定鞠躬并不属于违反信仰的行为，可到了那时候，他犹犹豫豫的态度已经引起争议，他受到激烈的批评，以至引咎辞职。此后，他走上自由作家之路，成为一名道德导师。从他笔下诞生了大量书籍、文章和专栏。他组织的讨论和学习小组成了无教会运动的核心，这个运动直到20世纪中叶仍对城市知识分子圈子具有影响力。不过，传统道德的拥护者抓住内村这个例子，辩称基督教和忠君爱国思想互不相容。教会学校的学生原本被豁免兵役，但不久文部大臣就撤销了这一待遇。从来没有人会怀疑内村这些人的爱国之情，其墓碑上印刻着他对"双J"的爱——一个是耶稣（Jesus），另一个是日本（Japan）。面对这类压力，包括著名的同志社在内的日本多个基督教组织都努力挣脱外国教会委员会的控制，唯恐学生会因此陷入不利处境。

基督教的第三波影响潮来自港口横滨的外国"势力"。早些时候，约瑟夫·赫伯恩就在横滨从事医疗工作、进行传教。19世纪80年代以后，日本最有影响力的那些基督徒面临越来越大的压力，为了保护自己及学生免受本地排外主义的影响，他们要向外界表明自己没有受外国势力指导。《明治宪法》颁布后，对外战争的胜利在日本掀起一股民族主义热潮，保守派知识分子逐渐发展出一套关于天皇神圣性和民族优越感的意识形态框架，问题随之变得尖锐起来。基督徒主张精神自主、良心自由，在刺激明治时期的思想动态方面

第十四章 明治文化

发挥了重要作用，于社会改革和政治变迁中扮演着领头羊的角色。19世纪80年代，基督教皈依热潮愈演愈烈，报纸时常报道又有哪位大名鼎鼎的政坛领袖、社会贤达接受洗礼，可十年后，这波浪潮却往完全相反的方向发展。

明治时期，基督教主要以城市为根据地，其中又以新教占主导地位。但在日本东部存在一个东正教社群，这归功于一位杰出俄国人——尼古拉神父（Dmitrievich Kasatkin，德米特里耶维奇·卡萨特金，1836—1912），他于1861年抵达北海道函馆[15]。此外，天主教传教士在不少农村地区仍保持活跃。新教领袖大都出身武士阶层，受过教育，有才干且表达能力强。他们早期之所以取得成功，和日本身处美、英、德三巨头所主导的国际大环境不无关系。比如，沃贝克在给岩仓使团的出行路线提建议时，就完全没有提到任何一个天主教国家，不过在这点上，他的意见并没有被采纳。基督徒在社会改革和早期的社会主义运动中扮演了重要角色。基督教领袖一度满怀信心、心情振奋。"旧日本被打败了，"新岛写道，"新日本取得了胜利。昔日的亚洲制度正悄然消逝，而近日移植此地的新欧洲观念在茁壮成长……[日本]已经抖落旧日的绳索。她准备好吸纳更好的东西……她那先进的思想再也容不下专制封建主义的老模式，也无法满足于那些过时的亚洲伦理和宗教教条。"[16]

他乐观得太早了。19世纪80年代末，日益高涨的保守主义浪潮开始牵制上述种种势头，随后扭转了整个趋势。政府在条约修订上的失败，导致怨声丛生、幻想破灭。过度追求西化的时尚，不可避免地催生出另一股与之相抵触的民族认同感。为了将天皇光环具象化而设计的一整套制度确立以后，对国家及其拥护者妥协不仅成了可取之举，还常常非如此不可。到19世纪90年代，报纸不时提到有哪些人离开教会。同时，佛教领袖再度拥有了话语权，与神创论相对立的达尔文主义思想给他们带来安慰。19、20世纪之交，日本佛教徒以民族传统代表的身份出席各种世界宗教大会，而数十年前的他们还在遭受神道狂热分子的毁谤。明治初年迫害佛教所带来的伤害、侮辱全都被抛诸脑后，并出于种种现实考虑而不复存在。[17] 可见，在这样的环境下，像熊本和札幌团体这样的基督教领袖为了维护自己的基本信念，需要何等的意志和能力。这有力证明了，在帝国日本这样一个特殊主义社会里，要在个人自主和普世主义认同之间取得平衡，牵扯到种种问题。

第四节　政治与文化

　　政治生活将会改变，这是明治初年那股乐观主义里所包含的一个重要信念。政府领袖想用《五条御誓文》有关"会议"的措辞打消精英阶层其他成员的疑虑，打算借助天皇的光环作为根基维持公共秩序，但他们的同胞有不少希冀于另一种政治秩序。近年来，学者搜集了足足八大本资料，包含日本社会方方面面改革的建白书和提案。明治初年的氛围要远远活跃得多，比起中央政府掌权以后，这时的地方领袖也更加敢言和独立。[18] 封建统治割裂化的治权使得地方享有大小不等的自主性，从而助长了其信心和勇气。单单1871年后的十年里就有130份建白书上交给政府，要求实行某种形式的民众代表制，对这类想法的热情如滚雪球般日益高涨，最终形成我们所知道的自由民权运动的各种呼声。

　　这股热情在文化上也有所体现。地方精英在传统学问和汉诗写作方面接受过良好的教育，他们当中很多都创作了富含哲理的长诗，借此抒发自己的情感。19世纪80年代，组织诗社十分普遍，乡村贤达把自己的诗作交给诗文大家进行有偿的修改，后者可以通过这种方式来谋生。身为现代化先驱的福泽谕吉，自然常常被人敦促要

第十四章　明治文化　　　　　　　　　　　　　　　　　　　　571

带头表达政治诉求。来自今天神奈川县九个郡的 23,555 名居民请求福泽帮忙起草一份设立议会的请愿书。

　　1881 年，政府公布天皇诏书，允诺将在 19 世纪 80 年代末出台宪法；新生的政党则发现在 1884 年至 1885 年解散是明智之举；此时日本民众对政治改革和自由化的渴望，造就一大批喷薄而出的虚构作品，很多作者都是意气风发的青年政治家，视英国政治小说家爱德华·鲍沃尔—李敦（Edward Bulwer-Lytton）、本杰明·迪斯雷利（Benjamin Disraeli）为自己的偶像。这类故事的背景大多比较奇怪，设置在古希腊或更近的西方，但其主题反映的正中那些决心要无畏地拥抱自由主义、在政治世界闯出一条路来的有志才俊的下怀。这些作品诞生之时，文学界正处于西方文学被翻译、引进的阶段，《自助论》、莎士比亚、《鲁滨逊漂流记》等作品大受欢迎。[19]这类政治小说绝大部分杂糅着各种各样的汉日词汇，以便和它那浪漫化且常常华丽空洞的风格相匹配。这里面最出名的作品大概要数《佳人之奇遇》，作者是会津藩的一名武士*，毕业于美国宾夕法尼亚大学，1884 年回国。小说开篇描述了身处费城的主角对自由钟[†]的意义的思考，他碰见一名父亲为西班牙宪政斗士的女子，以及一名父亲死于政治牢狱的爱尔兰美人。而他不久又认识的一名汉人管家——没让人失望——是对抗清政府暴政的反叛分子。这部书本质上记录了一系列民主运动及对压迫的反抗。重点是，作者承诺民主日本必将带领亚洲实现现代化。"朝鲜将遣使来日，琉球群岛将臣服于您膝下。这之后将会是远东大有可为之时。"这本书广为流传。用桑瑟姆的话来说，"据称，即便在偏远的日本山村，我们也可以在几个年轻人的口袋里找到这本书，书中随处穿插的汉诗在各地被

---

*　柴四郎，笔名东海散士。
†　1776 年美国宣布独立时敲响此钟。

津津有味地传诵。"[20]

在明治时期的日本，个人的成就和壮志之所以成为人人追捧的话题，其中一个原因在于，当社会和经济处于疾速发展的阶段、身份制度还没有成形的时候，这些话题在真实生活中往往会引起回响。或许我们可以拿九州熊本藩的两兄弟作例子。德富芦花（本名健次郎，1868—1927）是一名小说家，其《回忆》（英文译名为 Things remembered）[21] 在报纸上连载12个月后，于1901年正式出版，令他一跃成名。这部作品明显参照《大卫·科波菲尔》，通过怀念前资本主义时代日本社会的慷慨和庄重，描述了明治时期头数十年的种种挣扎。主角背景和德富两兄弟一样，父亲为农村的一名武士，面对现代社会的竞争，几乎毫无应对之力。其父早逝后，仍是学童的主角就和村里的游手好闲之徒厮混在一起，但他那严厉果敢的母亲拯救了他，她威胁，倘若他不立志重建家族地位和荣誉，她便在父亲墓前自杀。德富作品的译者写道："那个世纪的头十年，数以千计的青年轻易就在他的身上找到自己的身影，不仅因为他坚韧不拔、活力充盈，还由于他故事里那些特别具有日本色彩的因素：决心重拾菊地家没落前的独立和荣光，为寡母尽孝，对西方文学、西方自由观念的着迷，热烈的爱国心，以及推动日本现代化、'发展'日本的渴望之情，随着代议制政府建立，凝结在一个因应而生的罗曼蒂克的乌托邦愿景里。"不过作者自己在这方面并没有多成功，因为他人生的大部分时间都受制于他那声名远大过他的弟弟。

德富苏峰（本名猪一郎，1863—1957）为简斯学生所组熊本团的其中一员，是团里年纪最轻的成员之一。熊本洋学校关闭后，他转学到同志社英学校，但还没毕业就回熊本创办了自己的私塾。他努力给学生灌输自由和个人主义的理念。一位学生在多年后回忆起学校的活跃气氛：

第十四章　明治文化

这边，胡须花白的淇水[*]——猪一郎的老父亲——会坐在那破烂的席子上讲授斯宾塞的《伦理学原理》，另一边，我们的猪一郎老师越来越激动地谈论法国大革命。当授课进行到高潮时，不由自主地，学生会突然间狂热赞同，上蹿下跳，手舞足蹈，挥刀舞剑，踢打柱子。

所有学生都得按要求加入辩论社，为此作者颇感为难：

> 他们的口才真把我吓到了……我自认是自由民权的拥护者，但看到这些演讲者如此博学，仍不禁自惭形秽，他们怀着满腔热情滔滔不绝，讴歌罗伯斯庇尔和丹东[†]，引述华盛顿和克伦威尔[‡]，讨论科布登和布赖特[§]。[22]

1885年，德富苏峰出版《将来之日本》一书，用斯宾塞主义来阐述自己对日本未来的看法。他认为将来军事力量会被商业实力替代，展望那时的日本将会站在舞台的中央。他预言日本将：

> 成为太平洋上的码头、东方的大都市、国际贸易的大商城。烟雾从数以千计的烟囱里冒出来，盘旋上升，遮蔽了太阳。船桅密密麻麻如同丛林。钻头、撬杠、锤子的声响与蒸汽机的鸣叫交汇在一起，马的嘶鸣、车的动静听起来如晴空下的隆隆雷响。这会让人多么欢乐啊！[23]

---

[*] 此为号，本名德富一敬。
[†] 两人皆为法国大革命领袖。
[‡] 17世纪英国政治人物，曾废除英格兰的君主制、征服爱尔兰和苏格兰。
[§] 两人是19世纪英国自由贸易政策的推手。

这种对未来环境恶化的乐观看法引起了明治时代读者的共鸣。这部书也让德富苏峰一下子名声昭著。1887年，德富创办了民友社，出版日本的第一份现代期刊《国民之友》，并在随后的1890年开始发行报纸《国民新闻》。他一直没有放弃倡导自己年轻时的理念，但日本在国际事件中的遭遇给他带来了影响。甲午战争走到尾声之际，日本被迫归还辽东半岛，这件事让他对自己的反政府情绪作了一番反思。他成了桂太郎——日后的内阁总理——的密友，和政治当权者走得越来越近。1951年德富曾接受本书作者访问，当时，盟军占领日本期间的任何公共活动都没有让他参与，因为他曾以日本文学报国会会长的身份，积极支持第二次世界大战。他那过人的文学修养也体现在日本宣战书的某些措辞上。那时候，他获得不少现代日本领导人的授权、为其写传，将自己的编辑才华花在这方面，他撰写的多卷本的德川时代日本史，至今仍是学生的重要读物。

德富的民友社吸引了那些年轻乐观、亲西方立场的作家和知识分子。19世纪80年代后半期，民友社开始遭到一个名为政教社的出版团体攻击，这一团体对过度西化的现象发出警告，伸张日本和日本主义具有的种种优点与价值，以《日本》《日本及日本人》两本杂志为自己的喉舌。德富及他的团体则主张，为了培养个人主义精神、消除家庭专制的糟粕，有必要在社会进行改革，还警惕地提到教育受到的管控愈发严格。政教社的作者反而强调保有清晰的传统忠孝观十分重要，提醒说一个没能保存基本价值观的社会将会面临道德瓦解的局面。1890年《教育敕语》发布之时，宪政仍处于孕育阶段，敕令明确将国家放在保守主义、传统的一边，肯定忠孝的价值、认为其为"国体之精华"，把天皇制的整个重要性置于其上。具有留德背景的哲学家井上哲次郎，在文部大臣的鼓动下开始给敕语、道德规范作评注。当年内村鉴三在《教育敕语》宣读过程中没有鞠躬敬礼，带头对其发难的人也是井上。政府在条约修订上取得成果，加上1895年打败清政府的战绩，给政教社的事业创造了极为有利的条件。[24]19世纪90年代，日本围绕新颁布的《民法典》的性质展开一轮辩论，气氛随之进一步紧张起来。《民法典》的早期版本被批评为家庭观薄弱，有观点认为，对家庭的忠诚是对天皇忠诚的必要前提。1898年公布的最终版本明确表明，武士的家庭制度及其强大的父权应为全体日本人所效仿。民友社并非没有动静，但如此前提到，甲午战争结束后，德富的立场带有越来越强烈的民族主义色彩，变成政府的拥趸而非独立评论家。

目之所及，公共政策、私人生活及更大的舆论氛围的一切，无不呼应了本章开头所说的赫伊津哈关于波浪的比喻。当西方思想、观念和模式奔涌而来，日本第一阶段的反应便是对思想观念开展紧急重塑和改造计划。政府本着让国家活起来的决心，冒险推动快速变革，但再三考虑后，觉得这海浪似乎有变成海啸之势，不抵抗的话恐怕会冲毁旧日的日本。"富国强兵"的基本策略暗含着这样一个意思，即有必要划清部分界限、选择适当的进行保留。细看之下，西方世界绝非全怀好意或按同一个模板发展起来的。于是，变革的天平开始往回摆。过去的日本不复存在，但它仍然是日本。

第五节 国家与文化

政府在明治文化领域扮演了重要角色。它的合法性来源于天皇制，为此，政府对复古运动及带有的仪式感和神秘感秉持鼓励立场。而"文明开化"运动对内为了实现理性化和现代化、对外为了获得认同，这对政府也有好处，实际上政府便是这场运动的资助者。

改革派官僚对管制、分类、集权及根本上的掌控，表现出一股迫切劲。我们知道，废除藩制、包揽武士花销的结果之一，便是形成一份份关于武士、兵器、资源的"清单"。藩按面积大小被划分为三类，藩民被登记入籍，生产力和资源成为仔细调查的对象。艺术领域也一样。1874年，乐师、舞者、伶人全都登记入册，根据收入多少分为三个级别。音乐、手工、技艺学堂的带头人一律要向有关部门汇报。私立学校被记录在案，为之后废除私校、力推公办学校埋下伏笔。寺社被分类、记录。社会逐渐平面化，刚被分类、入册的各门艺术，以对现代国家的用处大小作为标准接受评判，若是与国家事业毫无关系或有所不符，就会惹来不满。下面我们会拿几个例子作进一步探讨，这对我们的理解有所帮助。

语言与转写

在标准语言的发展过程当中，官方可能并没有过多地插手干预，但仍然发挥了一定的作用。早年不少人质疑转写时保留汉字会否影响效率。其实在德川时代，兰学家就已对西方字母系统的实用性赞不绝口。明治年初，前岛密已经准备好踏出第一步，呼吁废除"不便使用的表意文字，这是我们祖先不加辨别地吸收中国文化而引进过来的"。1875年，德川及明治时期的重要官僚兼知识分子西周[25]就在《明六杂志》上发表文章，主张废除汉字。他预测，以后"就连孩童也能阅读大人的作品，哪怕是无知之徒也可以将自己的看法记录下来……欧洲的一切都将完全属于我们……我们可以自豪地向世界宣布，择善而从是我们民族的良好品性。这会把他们吓得目瞪口呆"。数年后，森有礼甚至提议将英语作为日本的国家用语。

当然，折中做法是保留日语，但对其转写系统进行简化，舍弃德川时代青年学习的那套呆板的汉文，使用口语形式。在明治中人看来，这套用语介于雅语和俗语之间，其发展、定型还需要将近40年的时间。作家有时候会到说唱表演的地方，观察哪些语言对普通市民来说通俗易懂，而警察等人在监控政治集会时使用的速记系统

第十四章　明治文化

也发挥了一定的作用。[26] 最终的解决方案要到数十年后才形成。小说家二叶亭四迷*写于1887—1889年间的经典之作《浮云》[27] 共有两个版本，第二个版本的写作风格更加"现代"和口语化。此后，随着公办学校的义务教育占主导地位，在教育系统的作用下，转写方式和使用的词汇逐渐标准化。

音乐

音乐中的雅俗之别尤其明显。政府一方面决心要恢复古代的礼乐，另一方面还得考虑能否用音乐动员民众，特别是孩童。对于德川时代娱乐业的灯红酒绿，明治政府尽可能地加以规范和管治。音乐改革的重要人物伊泽修二十分清楚，江户的通俗文化很大程度上属于《五条御誓文》所说的"旧来之陋习"。他写道，"日本的民俗音乐"：

> 为读书人所忽视，数百年来掌握在社会最底层、最受人忽视的阶层手中。无论在道德文化还是体育文化上，它都没有任何进步，而且总体来看，其语调伤风败俗……有损国家声誉。[28]

因此，倡优及其主顾只得承受明治时期的"维多利亚时代人"†的道德审判。舞者、乐师、伶人被划分为不同门类并登记入册。曾受幕府保护的平曲随着其垮台一并没落，平曲的演奏大家最终沦为推拿手之流。不过，事物的持续性并不受限于任何一个政府：萨摩、长州不少以琵琶伴奏的民俗曲目，随着出身日本西部的官僚上台执政，逐渐流行起来。在老成的江户武士眼里，这类音乐大多属于下

---

*　此为笔名，本名长谷川辰之助。
†　1837—1901年英国女王维多利亚女王在位时期，崇尚道德之风盛行。

里巴人之作,他们偶尔会轻蔑地称其主顾为"芋侍"。

除此以外,昔日只服务于精英群体的音乐也重新焕发出生命力,传播的范围越来越广。能乐一度处于濒危状态,然而,岩仓具视在结束使团之旅归国以后,带回了一个新想法——能乐或许可以成为日式歌剧。他邀请年少的天皇到自己家里欣赏能乐表演,不久,新兴贵族开始纷纷模仿。此前与之绝缘的普通百姓,如今也被允许学习能乐。

受益的还有古代宫廷音乐雅乐,但这并非没有代价——其剧目经过编排后有了条条框框,变得越来越笨拙。身为宫廷宠儿的雅乐乐师,能够通过宫内省的雅乐部发挥相当大的影响力,甚至掌控着早期乐团和西方音乐。

西方音乐是以军事技艺的形式传入日本的。1863年,英国舰队炮轰并火烧了鹿儿岛,随后军乐团进行演奏以表庆祝,传到岸边,给听到的人留下印象之强烈,不亚于此前的舰炮。当萨摩藩的军事架构要进行现代化的改造时,藩政官员从横滨请来一位英国乐队指挥,教导藩里征召的士兵。1871年萨摩藩取得戊辰战争的胜利后,这些受过训练的士兵成为国家军队军乐团的核心。六年后,一位德国人[*]代替英国人出任指挥,他将《古今和歌集》里表达忠君的诗句编成管弦协奏曲《君之代》,这首歌颂天皇之治的庄严曲目后来成了日本的国歌。

戊辰战争期间,军歌和进行曲开始流行起来。公立学校兴起不久,便纷纷按照斯蒂芬·柯林斯·福斯特(Stephen Collins Foster)[†]的作品旋律创作校歌,如"飞吧,飞吧,雄鹰高飞!"[‡]便是日式曲调改编的"沿斯旺尼河顺流而下"("Way, down upon the

---

[*] 弗朗兹·埃克特(Franz Eckert)。
[†] 民谣作家,19世纪美国著名作曲家。
[‡] 日语为"とべとべ とんび 空高く",出自民谣《鸢尾》(『とんび』)第一句。

Swanee River")*。[29]

早在1871年，文部省大臣就已开始将音乐设为公办学校的课程内容。1875年，伊泽修二被派往美国。在美期间，他认识了波士顿教育家路德·梅森（Luther W. Mason），他敦促后者着手改革日本的民俗音乐。他写道，自打梅森从辛辛那提来到这里，波士顿的学校体系如发生了奇迹。梅森初来乍到时：

> 人们还不太清楚音乐的好处……有的学校盛行古典音乐，其他的则充斥着俗里俗气的音乐，连糟糕的街头曲子也用上了……[梅森]发明了一套新体系，编制欧洲各国的新旧佳曲，把美国的乐曲拿来比对，据此确定优秀的校园音乐，或简单地说，将其本国化。[30]

这正是明治官员想做的事情。梅森于1880年抵日，在接下来两年里做了富有成效的工作。他指导编纂的书籍里，超过一半的歌曲来自国外。西方旋律配以日文歌词，或据雅乐、筝曲改编。不过，教育部门坚持要在第一本书里加入《五伦之歌》等曲目。1891年，文部省推出的规例明确表示"将音乐之美搁置一边，德性涵养才是第一要旨"†。在这一方面，日本和美国等19世纪国家没有太大的不同，维多利亚时期的公众教育在运作上相当循规蹈矩，教化意味十分浓厚。以法国为例，第三共和国设有艺术及公共教育部，认为艺术作品可以向全体人民统一展示何为充实高效、自律守序的生活面貌。

---

* 出自福斯特《故乡的亲人》（*Old Folks at Home*）第一句。
† 原文为：得シメ兼ネテ音楽ノ美ヲ弁知セシメ徳性ヲ涵養スルヲ以テ要旨トス，大意为"辨识音乐之美，以培养德性为宗旨"。

艺术

明治政府在艺术领域大展拳脚之时，背靠德川时代累积下来的庞大资源，可以据此作为开展工作的基础。荷兰人在引进西方音乐上没有发挥多大作用，或者说什么都没做，但在19世纪，他们对艺术产生越来越重要的影响。像司马江汉这样的日本艺术家，对荷兰书籍里那些精确、写实的绘图留下了深刻印象。据司马所说，与之相比，传统的中国画和日本画如同儿戏。出于加强城防、抵御外侮的需要，政府雇用艺术家绘制各地点及路线的草图。在德川幕府设立的蕃书调所（后来改为洋书调所），有关地图绘制和描述性绘图的"画学"就作为一门实用科目位列其中。

在这基础上，明治政府又往前迈了一步。领导这步工作的是一名来自长州的武士，他曾和伊藤博文、井上馨一起被公派到英国留学。山尾庸三（1837—1917）在英国待了七年，从位于格拉斯哥的技校安德森学院毕业，随后回到日本。他接受任命，负责新成立的工部大学校，为此聘用了安德森的同届毕业生亨利·戴尔（Henry Dyer）。两人以苏黎世理工学院为模板，合力打造学校。工部大学校共有六个学科，其中包括建筑。1878年，加设工部美术学校，有绘画、雕塑两个方向。其核心教员皆来自意大利，安东尼奥·冯塔奈吉（Antonio Fontanesi）负责绘画，温琴佐·拉古萨（Vincenzo Ragusa）负责雕塑，建筑方面则有乔万尼·卡佩拉提（Giovanni Cappellati）。1873—1885年间，学校共聘请了47位外国教员，而这期间政府雇用的外国人总共为500名左右，可见所占比例相当高。学生来自日本各地，入学名额数量有限，根据明治初年设置的藩别（大、中、小）发放。这是为了公平起见而作的细心考虑，我们不应该忽略。明治领导人小心地将中央权力掌握在自己手中，同时操心着如何在新体制建立过程中全面实行代表参与的问题，和他们一致认为代表大会是必要的这一共识不无关系。大隈重信所在的工部

第十四章　明治文化

省为开发铁路、矿产、铸铁、灯塔、电报及造船实施一系列计划，而工部大学校是其中至关重要的一环。

　　政府的规划人员可能满脑子想的都是实用性，但老师和学生肯定有自己的兴趣点。冯塔奈吉那些沉郁的油画作品里，颜料偏阴沉，形状线条往往模糊不清，而这些特征都为他的学生所承袭。如此前所言，到了19世纪80年代，西方化进程开始引发本土主义的抵抗，我们在谈别的领域时提到过的、指控别人怀有二心的事情，此时也开始出现在艺术圈子里。1881年，一流的洋风画家川上冬崖被指控向外国人传播谣言兼贩卖地图，这令人蓦然想起19世纪20年代的西伯德一案。川上自杀了，而这一举动被看作是某种信号，预示着一股大潮正转向保守主义。不过在别的领域，试验仍在继续进行。建筑方面，英国建筑师乔塞亚·孔德尔（Josiah Conder）设计的作品成了那个年代的纪念性建筑，1883年落成的鹿鸣馆便是他的名作。[31]

　　早年明治文化的发展过程中，外国人发挥了重大作用，但有一点要记住，他们是在日本人且往往在政府手下做事。若不受约束，他们便会植入自己对于异域东方的想法——有关萨拉森的种种主题*，建筑中的寺、塔意象，宫廷和服。对此，日本人大多不同意，他们想以诚实的面貌迎接西方化。某位宫廷礼仪方面的德国专家曾向伊藤提议皇室应当保持日式着装，但遭到后者回绝。艺术评论家冈仓天心（又名觉三，1862—1913）提醒儿子不要在洋人面前穿和服，除非他的英语已达到毫无瑕疵的水平。对于洋人提出的建筑方案，政府各大委员会予以否决的数量比通过的要多，因为觉得它们过于"东方"。

　　没过多久，日本的行业专家、新设院校毕业生已经可以在没有

---

*　中世纪以来欧洲人将东方阿拉伯人泛称为萨拉森人。

外国人辅助的情况下自行开展工作。接着，日本于1895年和1905年打败中、俄两国，蜚声国际，宏伟的帝国之风随之成为新的时尚。1908年，赤坂离宫建成，用以接待太子和来自西方国家的国宾，建筑以花岗岩打造，有凡尔赛宫之神韵。1914年落成的东京站是一座宏伟的红砖建筑，明治末年时常常被拿来和阿姆斯特丹的中央火车站作比较，但这是错误的。实际上，比起表面的相似，两者的不同之处反而更重要——阿姆斯特丹的火车站面向核心商业区和港口，是这座城市商业之魂的象征，而东京站对着皇宫，它那华丽的中央候车厅服务的是天皇而非东京这座城市。[32]

受雇或到访的洋人往往觉得这已是过度西化，表示强烈反对，呼吁保留本土传统。最能阐述这一观点的是厄内斯特·费诺罗萨（Ernest Fenollosa，1853—1908）的著述，毕业于哈佛大学的他于1878年来到日本教授哲学。抵达不久，他便对日本的传统艺术产生了浓厚的兴趣，谴责日本在追求现代化事业的道路上走得太过。他认为用铅笔而非毛笔来教绘画的做法是错误的，想方设法去帮助那些仍在坚持传统绘画风格的艺术家。他和学生兼同事冈仓天心一起，建立了一所艺术院校及协会。1890年，他返回美国，在波士顿美术馆指导东亚部的工作，同时继续此前的事业，出版了好几本具有影响力的书籍。费诺罗萨向来被誉为"保存"传统文化的一大推手。诚然他很重要，但这一评价有过誉之嫌，是政治还有文化趋势的折射。费诺罗萨自己搜集了一大批传统美术作品，卖给了收藏家和博物馆，其著作受到日本保守派的欢迎，他们发现用外国人来发声颇为便利。[33] 不过，日本的美术传统从来没有陷入过断绝的危机。在日本收藏家和鉴赏家——如三井家的社长益田孝——的努力下，政府宣布将一批重要作品定为国宝并禁止出口。费诺罗萨获得的身后名表明，能够借助外国人有理有节的观点来为早已冒出的势头背书，是一种多么便利的做法。"二战"后，日本人常错以为京都之所以免受轰炸，要归功于哈佛的美术史家兰登·华尔纳（Langdon Warner）。类似地，管理顾问戴明（W. Edwards Deming）曾被视为日本管理思维改革的功臣，但工业管理领域很早以前就已开始跟随西方前进的步伐。

19世纪80年代的错乱局面结束后，日本艺术家的工作继续推进，向着几个大方向发展，每个方向之间几乎毫不相干，前进的轨迹也没多少交集。被称为"日本画"的后传统艺术流派，虽然仍遵循着传统主题，但采用一种全新的维度，画展数量年年上升，犹如法国的竞考*，引起一批著名艺术家的关注并为之投入精力。然而，由于受艺术保守主义的影响，历史学家如费诺罗萨，对偏离经典狩野派的做法一律抨击，因此直到近年，这些绘画作品才开始受到充分的肯定。[34]与之并存的，还有一个专攻油画的西方绘画流派，他们直接以欧洲作为典范，逐渐形成自己的活跃风格，但这一画派也是到今天才开始被认真对待。[35]

文学

文学是最能清晰、细腻地体现新兴文化形态斗争之路的领域，毫无意外地收获西方学者最多的关注。[36]但由于篇幅的关系，这里我们只能匆匆做一介绍。

德川晚期，元禄时代的文化成果已经被远远甩在后面。识字能力越来越普遍，城市化程度加深，一个庞大的大众娱乐市场应运而生，不过这个市场很大程度上迎合的是最底层民众的口味和品质。歌舞伎里开始频频出现邪恶、变态的角色，这或许解释了为何人们开始痴迷于文身。像《膝栗毛》（意思为"徒步旅行"）这样的故事流行起来，它讲述了两个淘气鬼沿日本国道的探险之旅。总的来说，

---

* concour，法国学生需要通过竞考才能被高等院校录取。

小说创作似乎进入了低潮期。文雅之士必然嗤之以鼻。

因此，当明治时期的日本人发现，小说在西方属于描述社会和心理状况的主要作品形式时，他们吃了一惊，尽管日本早期的现代化试验给幽默家、说书人造就了机会。此前提过的那些政治小说很大程度上以迪斯雷利和鲍沃尔-李敦的作品为范例。随着欧洲其他传统越来越为人所熟悉，俄国小说开始进入作家的视野，而二叶亭四迷的作品是格外重要的途径，他的《浮云》被称为日本首部现代小说。那些影响了整个20世纪日本人的明治小说巨著，诞生于明治年代行将结束之际，即20世纪头数十年，和夏目漱石（1867—1916）、森鸥外（1862—1922）及岛崎藤村（1872—1943）这些名字联系在一起。这三人各自留下了一批卓越作品，每人都本着认真的心去奋力解决新文化创造过程中遇到的种种问题。

夏目漱石的父亲是江户一名普通市政官。他的父母并不想要这个孩子，将他送给另一对夫妻，但不久他就被退了回来，此后在成长过程中，他都以为他的父母是自己的祖父母，而他的父母由于被这个小儿子弄得颇为难堪，也一直没有纠正他这个错觉。不过，他还是顺顺当当地走上通往成功的康庄大道，1884年进入帝国大学预科就读，毕业后直升大学。他有良好的英语素养，对于他那代人来说，译著尚未流行，英语属于不可或缺的基本技能。夏目有过当建筑师的想法，虽然他的一个兄长告诫说"在日本这么穷的国家，当建筑师没前途，这里肯定不会有机会让你建像圣保罗大教堂那样的伟大建筑"[37]。1893年从大学毕业后，夏目在东京高等师范学校担任英文老师。很快，他就对这条众人欣盼的"通往成功的康庄大道"不屑一顾，接受了小镇松山一所中学的教职。接着，他搬到熊本，执教于第五高等学校。1900年，他受政府派遣，前往英国学习两年。

夏目完全是在毫无了解和准备的情况下赴英留学，仅能依靠微薄的津贴过活。他和那些资金充沛的日本外交官及商人圈子没有任何交集，在伦敦过着深居简出、郁郁寡欢的日子。按照合同规定，归国后的他马上就被派去帝国大学教授文学，由于前任小泉八云的关系，这份教职的名头颇为响亮。[38]但夏目旋即辞职，令友人大为错愕。他接受《朝日新闻》的聘约，用一年时间写小说，连载在这份报纸上。

在这背后是夏目对公认价值观和目标的无视，这是他不从众的标记。但从伦敦时期开始，他便出现神经衰弱的迹象。他对沙文主义的日本人十分鄙视，也嘲笑那些随大流一味照搬西方文化的人。他在1905年时这样写道："因为过于仰慕西方而丢失自身及自己国家的特点，这未免可惜……对于写作的人来说，模仿文学技巧的动因，理应只是为了开发我们自身才有的特质。"夏目放弃了英语文学的教职，投身日本文学创作，逐渐发展出一套习语，不仅具有个人色彩，引申开来的话，还带有民族性。如评论家所言，他某种程度上是在"为国家"写作，同时，他蔑视打了胜仗后国内弥漫的那股洋洋自得的民族主义热潮，在这样的氛围下，一切都被归功于日本精神的独特性。"我们上厕所或洗脸，是为了我们的国家吗？"他在某次谈话时这样问道，而在另一次谈话里，他争辩道："我的个人主义是，只要日本不是随时会灭亡或可能走向毁灭的悲惨命运，就没有必要四处跑着大叫'民族主义！民族主义！'"

在其成熟期的小说里，夏目通过极具现实主义的心理透视对角色进行描绘。这些角色都被一股强烈的孤独折磨着，往往与自我世界作徒劳的斗争，他们所生活的时代在社会和道德方面都发生了急剧变化。在夏目那个年代，转写问题已经得到充分解决，散文得以摆脱早期那种花哨且常常华而不实的风格，变得灵活自如，他及其同辈人所用的语言与现代日语一样好读。

《心》可能是夏目最引人入胜的小说，由于埃德温·麦克莱伦（Edwin McClellan）细腻的译笔而广为人知。作品面世的时间刚好处于明治日本和 20 世纪日本之交，孤独、孤僻是它的焦点所在。1912 年明治天皇驾崩是核心事件。号炮响起、宣告葬礼进行的时候，那个曾在日俄战争中打了胜仗的大将乃木希典按照中古时代的武士传统为天皇"殉死"，部分是为了弥补数十年前萨摩藩之乱期间军旗被夺的事情，更确切地说，他想要唤醒同胞们去重拾那套眼见就要消失的伦理道德。乃木的妻子也接着随丈夫而去。知悉这件事后，夏目的主角"先生"同样跟着自杀身亡，给他一位年轻友人留下一封长信进行解释，而这构成了这部作品的核心内容。这薄薄的小册子从某种意义上说是为那消亡的时代所作的挽歌。"那时我仿佛觉得明治精神始于天皇，也终于天皇，"先生给他的年轻友人写道，"受明治精神影响最深的我们，就是以后活下去，也毕竟是不合时宜的。……正如我不大理解乃木先生的死因，也许你也不会确切地理解我自杀的道理。倘若真的如此，那便是由时代变迁而造成的人的差异，是无可如何的。"[39]* 正如麦克莱伦所说，这一段读下来，教人如何不有所触动，感叹这些人："真真可谓是明治之子。无论是心智还是社会层面，他们如同被连根拔起一般，而身为小说家，他们最大的念头莫过于去描绘那些因生于大变革时代而不得不承受其重的人。"

　　森鸥外有着截然不同的人生轨迹。他受训当上一名军医，在魏玛德国学习了四年，归国之时已经对当时流行的文学批评颇熟稔，并在多份杂志上作引介。他加入对日本文化现代化的辩论，最后得到共识："采纳异文化的话，不仅会产生压力，还有可能导致精神层面出现真空状态。"而这种真空状态成了他后来人生里时时萦绕的一大念头。用宝灵（Richard Bowring）的话来说，森鸥外给自己提了个问题——"对西方文化和思想的引进要达到何种程度，才会

---

* 引自竺家荣译作《心》，陕西师范大学出版社版，2013 年 8 月。

与过去完全决裂"。[40] 他处理自己与部队上级关系的手法与众不同，但这不妨碍他在军队、公共卫生、医学方面做了杰出的工作。和科学领域相比，他在文学圈内的重要性毫不逊色。就像夏目《心》里的"先生"一样，听到乃木希典切腹自杀、为明治天皇殉死的震惊消息后，森鸥外开始重新思考自己的写作及日本历史。他接着创作了一系列真实动人的历史故事，以严谨的研究为基础，讲述日本史上的种种暴力事件。[41]

森鸥外是现代日本最受敬重的知识分子和作家之一。作为小说家，他对准确性有着严格、近乎学术般的讲究，这或许是他为什么没有岛崎藤村重要的原因。假如说，夏目漱石擅长对孤独和自我主义进行深刻的心理挖掘，森鸥外的长处是他的历史写作，那岛崎藤村的贡献便在于他对自我的关注，而这更接近日本的传统。实际上，他的很多作品是20世纪流行的"私小说"的先声，这类小说的作者将自己的种种挣扎和蹉跎一一暴露出来。岛崎最有名的作品或许是小说《夜明前》[42]，这部半自传性质的作品叙述了一个对德川晚期的国学思想有着天真甚至幼稚信念的人，是如何被一系列变化和悲剧压倒的。我们此前在王政复古部分多次提到过这部小说的主角半藏。岛崎的父亲也是这样一个宿场当家，由于德川时代的国道中山道日渐荒废，家产和地位也随之衰落，《夜明前》以此作为背景，叙述恢宏之余又夹杂着悲剧性。

意识形态与历史

明治时代的意识形态在曲折中前进，这当中有学者、思想家等个人的努力，不过政府官员同样为之操心。在历史领域，尤其是古代日本的问题上，国家的影响力发挥了显著作用。[43]

明治时期那疾风骤雨般的政治和制度革新，给日本人的历史意识带来重要的影响。历史向来是儒家传统学识里的一个大类，德川时代的学者在历史写作上做过不少重大贡献。[44]受荻生徂徕等学者的影响,对事实、证据的重视与日俱增,写作标准也随之越来越严格。像新井白石这样的作家逐渐形成一套分期系统,用以解释并合理化武家之治的优越性,通过这种方式,他可以不带个人感情地看待前代天皇和朝臣统治的不足之处。荷兰人传播的欧洲知识为儒家的理性主义提供了进一步的支持。到德川时代晚期,本居宣长等本土主义学者对神道关于日神和日本诞生的古老神话作出新解说,大阪商人兼学者山片蟠桃(1748—1821)等人还能够撰文将其驳斥为胡说八道。

明治时期发展起来的现代历史写作,很大程度上延续了德川时代顶尖儒者的作品。这一点在历史学家重野安绎(1827—1910)的著作里体现得最为明显。重野出身萨摩藩乡士家庭,凭借自己的才干,地位和名望迅速高升。他16岁执教于藩校,25岁在幕府的昌平坂学问所讲授汉诗文。萨摩藩成为明治维新的赢家后,重野一步步当上修史局的领导,给明治天皇侍讲,被公认为最出色的汉学大家、最为精通徂徕学的考据传统。他强调和中国拉近关系有多么好,主张派学生到中国长期学习。他还认为有必要学习怎样道地讲汉语、读汉文,日本人在传统汉文阅读时为了翻译一部分内容加入语法标记,令他哀叹不已。[45]不过,重野对西方史学的技艺同样深有体会。英国外交官奥古斯特·蒙赛(August H. Mounsey)于1879年出版了一部关于萨摩藩之乱的历史著作,重野注意到,这部作品的叙述手法似乎和东亚的编年传统相当不同。搜集那场动乱的文献资料之类的工作他和修史局的同僚也做过,但蒙赛并没有止步于此。"和囿于事实陈述的日本和中国史书不同,"他写道,"西方史书还探求因果关系、考虑后续影响,[以及]对主题进行详细的叙述,生动地描绘那个时代的相关背景。毫无疑问,他们的这套形式和方法对我们来说有众多闪光点。"[46]

第十四章　明治文化

1888年，帝国大学成立日本史系*，由修史局的两大领头人物出任教授——重野，以及久米邦武。久米是一名儒学者，曾在1871—1873年出访西方的岩仓使团担任史官。两人开始着手厘清那被神话传说所遮掩的古代，为日本史正本清源，很快便对一系列传统归属和传说人物产生了怀疑。重野在1890年的一次讲座中否定了儿岛高德的真实性，长期以来人们普遍相信这一人物的存在，认为他是14世纪南北朝战争期间的一位忠臣。没过多久，重野又将矛头指向另一位长久以来被奉为忠君典范的人物，楠木正成。这些研究引来大量关注，他本人也收获了"抹杀博士"这一名号。[47]

重野所代表的汉学考据学派，还有西方——德国——历史科学的权威加持。1887年，著名学者兰克（Leopold von Ranke）的学生路德维希·里斯（Ludwig Riess）被邀请到新成立的历史系当教授。犹太人出身的里斯，无法在德国大学里取得教席，于是应邀前往帝国大学，一直待到1902年。除了教授世界史外，他还是历史科学在日本发展成为一门学科的主要推手。[48]德国方面的影响进一步加强日本对史料编纂的劲头，修史局迁往帝国大学，标志着历史学这门学科正式确立，而重野和久米成了历史学家。兰克史学的影响还附带另一效果。兰克根据自己对欧洲的研究，深信对外关系是现代国家诞生的核心要素。虽然有德川日本的锁国作为反例，但日本以现代国家的身份崛起，的确可以说是19世纪对外开放的结果，因此，一个搜集对外关系文献资料的宏伟计划很快开展了起来。

明治时期，来自西方世界的影响，以及对"文明开化"新日子那种积极乐观的心态，如大潮般涌动，进一步推高儒家对证据和理性的热情。热门作家如福泽谕吉、《日本开化小史》作者田口卯吉无不尽其所能地放眼更为广阔的国际环境，搜寻日本的合适位置。

---

* 称为"国史学"。

与此同时,"富国强兵"的建设者却退回到之前的立场,试图强化天皇的权力和神性,然后利用这股光环去建设一个强大的国家。如果说,学者和知识分子的读者只是他们这个圈子的人,他们写作的目的只是为了加快现代化的进程,而这是日本建立国际声誉所必需的,那没问题;然而,到了新的体制架构落地运行,平民都具有一定的教育水平并开始在一个不断发展壮大、越来越开放的社会里发挥作用的时候,"历史"自然要成为公众讨论的话题。

这场讨论是经过些时日才发展起来的,某种程度上,19世纪80年代出现的一批立场偏保守和民族主义的期刊杂志预示了它的到来。那时,宪法已经刊行,《教育敕语》规定国家在道德习俗方面发挥规范作用。民间或半官方的哲学家和教育家开始罗列公民应秉持的"正确"立场与观念。同时,带有民族主义的自得心态开始冒头,伴随着日本一路打败它在亚、欧的竞争对手。

1892年,久米邦武在一份顶尖历史学期刊上发表《神道乃祭天之古俗》一文。这篇文章迅速被转载到另一份大众历史杂志《史海》上。久米提出:"神道单凭自身根本无法满足现代需求,它必须清理那些毫无用处的因素,就像一棵树要去除那枯萎的枝叶一样。"[49]但问题是,建设现代国家的那些人不仅不觉得神道"毫无用处",还断定它是他们使命不可或缺的部分。久米公开否定皇室、日神和伊势神宫之间的历史联系,激怒了大批保守派和神道家。久米很快就遭到新闻媒体的猛烈抨击。他的事业并没有从《史海》主编、好争议的田口卯吉那里得到半分帮助,不久,神道的狂热信徒开始在久米家门口示威,还有自称专家的人闯进来质问他。这些人和他足足辩论了五个小时,久米解释,他这篇文章不过想表明所有原始宗教都有同一个起源且具备共同的性质,但没能将那些人安抚下来。最后,久米决定撤回自己的立场,或至少做了些调整,称"有待日后进一步研究"。虽然他在媒体上宣布撤回文章,但造成的伤害已

第十四章　明治文化

经无可挽回。反对者向宫内省、文部省投诉，他因此丢了教职。这也让久米得以转入今天的早稻田大学*，这是他佐贺藩的同乡大隈重信创办的私立学校。和他的职位申请书一同递交过来的履历，简洁明了地显示了他那大起大落的运气：

> 1889年2月23日，升一等官
> 　　　2月27日，赠五等瑞宝章、瑞宝单光章
> 1892年2月29日，赠少五等官
> 　　　3月4日，被勒令辞职
> 　　　3月30日，遵令辞职[50]

久米继续教书、写作，但他和政府资助的修史局之间就此了断。这位20年前曾以书记员身份随岩仓使团前往西方"求知识于世界"的人，就这样成了被指控的对象，指责他亵渎日本神秘的过往。

约翰·布朗利（John Brownlee）1997年做过一项研究，指出久米对自己的免职一直保持沉默。1903年大隈编著《开国五十年史》的时候，他受邀撰写其中一篇关于神道的章节，这次，久米的措辞远比之前慎重和恭敬。他早年出版的某本书，对记载皇室不幸经历的文献做过讨论，表明前现代历史有哪些不足。1925年，政府决定对此书部分内容进行审查，即便如此，久米仍然不作声。那些年里日益高涨的保守主义倾向可能是其中一部分原因，但更大程度上是因为，在爱国精神驱使下，他认同有必要支持官方的意识形态，拥戴天皇。

更令人吃惊的是，无论在修史局还是帝国大学，久米的同僚没有一个站出来为他辩护。这或许由于学派之间对如何阐释民族神话

---

* 当时称"东京专门学校"。

的争议长期悬而未决，又或是担心个人受到牵连。重野也一度持观望态度，但并非没有把它当回事。知悉内情的人之所以保持缄默，很可能出于他们那心照不宣的共识——国家的利益应该放在第一位，再说，专家固然应当在研讨会和学术性期刊上推进自己的研究工作，但另一方面，其他大部分公众应受到保护，避免引起困惑。而当那大部分公众的文化素养越来越高、能够参与讨论的时候，审查成了更有诱惑力的选择。久米的那本书在1887年尚且为人所接受，然而数十年后却被要求进行审查。[51]

不过，社会及内部层面的管控手段才是最有效的。20世纪30年代以前的日本，国家几乎不需要采取什么强制性措施，通过社会内部的各种因素和人们的是非观，就可以达到相应的效果。秉持原教旨主义的神道家紧密观察着辩论的动向，与此同时，顶尖专家们却选择不发声，只要他们的沉默能让他们保有象牙塔内的自由。不久，修史局恢复文献的搜集、整理工作，但仅限于没有争议的内容。用布朗利的话来说，"'抹杀博士'和他那班'杀手'同僚的年代已经过去了。那个属于诸神及最初几代天皇的时代，被免除了学术层面的'死刑'。"[52]

1911年，明治时代已到尾声，这时政府甚至以更直接的方式去干预历史的阐释，对专家明言哪些内容可以写进教科书里。问题在于14世纪的南北朝廷。令人惊讶的是，同一时期的罗马和阿维尼翁也各立教宗、相互对峙。日本国内对哪支皇族世系才具合法地位展开讨论，而这场辩论往深处追溯，其根源在于社会、意识形态的变迁，由此我们需要先谈一下这方面。

无论从哪方面看，明治时代的日本已经得到认可。两场战争下来，日本武力充盈，战无不胜。政府想办法让一切功劳归于天皇。1894年至1895年中日甲午战争期间，天皇连同国会一起移步当时的军事作战总部广岛，如此一来，就可以说天皇在指挥方面发挥了

第十四章　明治文化

积极作用，尽管他本人对这场战事并没有表现出多少热情，也拒绝将此事禀告给伊势神宫里的列祖列宗。1900年，日本在镇压义和团运动中扮演了重要角色。在此期间，日本帮助在北京的外国使团免受义和团攻击，借此巩固自己的现代形象。日英结盟以后，两国拥有世界上最强大的海军力量。日俄战争期间，日军在旅顺港一役的善战表现受到整个西方世界的瞩目。反观数年前英军在布尔战争中的表现，与之相形见绌，由此英国刮起一股"学习日本"的风气。这次胜利和为此所作的牺牲，再次强化了明治天皇的光环。老一代日本人欢呼雀跃，觉得这便是"和魂"之价值的鲜活证明，因此我们可以毫无意外地发现，明治时代不少人物的回忆录里都洋溢着这样一股自得之情。

之前的那些自由派和质疑人士也开始加入同一阵线。基督教领袖内村鉴三是个例外，此前我们提过，他拒绝向《教育敕语》鞠躬。起初他曾形容中日甲午战争是"正义"之战，可日本打败清廷后抢掠土地的行径让他大失所望，令他变为一名和平主义者，反对日本和俄国开战。可他的同辈人不是这样。德富苏峰和内阁总理桂太郎打好关系，其报纸《国民新闻》一直为打胜仗摇旗呐喊。德富自己则写了一篇又一篇的文章，呼吁国民为维护日本国家地位接受这些必要的牺牲。内村在札幌认识的老朋友、隶属贵格会的新渡户稻造，在1899年出版了《武士道》一书，对武士信条进行解说并大加赞赏。这本书面世时恰逢日俄战争，由此大获成功，被翻译成多种语言。罗斯福总统十分推崇此书，甚至给他的孩子每人订购了一本。新渡户相信，"胜仗为我等父辈亡灵所打下，他们领着我们的手、随我们的心跳动，他们并没有死去，那些亡灵，我等好战先祖之魂灵"。新渡户将武士道视为对抗现代物质主义和实用主义的力量，"日本人心里所确信、所理解的国之种子，在武士道中绽放"。然而，眼看这股精神正走向消亡，他希望基督教可以取而代之，但同时，他自信"尽管作为一套独立道德准则的武士道或许会消失……但它的势力不会就此从地球上绝迹,它那些武艺、仪礼方面的流派或许会被推翻,但其光芒和荣耀将长存于遗迹之中"。[53]

大部分日本人都拥有这种自豪感,内村甚至提到自己没能忍住,偷溜进储藏室里喊了几句"万岁"。然而,战争耗资巨大,战事结束后,师团、战舰数量增加,政府不得不征收更高的税来养活它们。工业化、城市化本就不可避免地导致社会紧张,如今,在上述因素作用下,这种张力进一步收紧。欢呼胜利、致敬天皇的同时,人们也在抗议政府、官僚没能将胜利的果实分享给更多的人。为支援日俄战争所作的动员、举办的彩灯巡游,同样具有一定的政治潜力。游行示威遍及日本各大城市,数也数不清,受警局准许的只有几百场,其他几千场声称非政治目的的游行都是在没有得到警察许可下进行的。一旦放下枪炮,上述这一切将会引发大众呼声,要求获得社会而非心理层面的回报。

1905—1918年间东京爆发过的骚乱主要有这么几次。首先发生且规模最大的一次是日比谷烧打事件,人们抗议《朴次茅斯条约》的签署,这份和约为日俄战争画上了句号。如此前所说,眼看日本竟然没获得任何赔偿、无法填补国家造成的大窟窿,示威者感觉自己国家上当受骗了,将这归咎于政府,在城市里四处破坏,摧毁了东京70%的警局。暴力活动随之蔓延至神户和横滨。[54]其后的暴乱有针对电车费上涨的,有反对提高征税的,有要求对华政策更加强硬的,有抗议政府不顾国会大多数意见一意孤行的,有抗议海军建设中存在投机牟利的,还有要求普及成年公民选举权的。随后到1918年,大米价格的飞涨引发多场暴乱,单在东京就有178人遭到拘捕。尽管骚乱动因不一,但在其影响下,那些发展中城市里所弥漫的不满和怨恨情绪进一步加剧,给日本保守派人士敲响了警钟。

负责执政的内阁成员皆非政治家出身,这批人由垂垂老矣但尚

第十四章 明治文化

在人世的明治领导人选出，面对这种种不满情绪的宣泄，他们经常显得行动迟缓，且往往表现笨拙。比如，1908年爆发反对加税的示威活动，为解决问题，政府推行"地方改良运动"，旨在推动农村生活改革。内务省着手理清乡村神社事务、进行集中化管理，由此冷落那些农村自治人士。报德社*成立，青年会负责提供"精神指导"。军方也不甘示弱，设立一个全国范围的退役军人组织，称作"帝国在乡军人会"，用其中一名资助方的话来说，这是"为了维护国体，防止邪恶、庸俗的外来观念流入日本"。好几个事例显示，军人会对村里颇有根基的掌权阶层起到一定的威胁作用，通过勇猛的退伍军人来对付财力丰厚的地主，但究其初衷，其成立目的是巩固乡村体制，为帝国效力是它的要义。[55] 不过，要到天皇颁布《勤俭诏书》的时候，运动才真正发展到高潮。诏书号召"上下国内"一心，各人忠恳从业，勤俭持家，坚守信义，养成淳厚的风俗，要保持质朴、免去浮饰，惯于辛劳，莫有一丝荒怠。这些措辞若是被德川时代那些听过细井平洲等人讲道的村民听到的话，想必会感到熟悉，不同的是，他们并没有被要求到战场上奉献性命。1868年的《五条御誓文》声称"官武一途以至庶民，各遂其志，使人心不倦"，如今事实与之相去甚远矣。

但不满的情绪涌动着，而且这些不满完全合理。我们如果将重心几乎完全放在治国和城市现代性这两方面的话，可能会忽视明治时期社会变革过程中产生的种种分歧。城市投资的商机吸引了大批农村地主的资金，如同城市的教育和就业机会将他们的孩子推向城市一样。在这发展过程中，很多乡村逐渐丧失了政府所谓的"生机"，社会凝聚力被削弱。农村地区的贫困、苦厄，通过新兴现实主义风格小说家的笔触，被形象地描绘了出来。长冢节的作品，1910年出

---

* 类似于农村信用合作社。

版的《土》便是重要的民族志材料。其对农村生活的刻画让夏目漱石大为反感，1912年《土》再版之际，夏目在为其所写的导言里冷淡地说道：

> 《土》里的角色属于贫农。他们没有文化，没有尊严。他们过的生活如同土壤里孵化的蛆虫……［作者］将他们那近乎残酷且一贫如洗的生活，方方面面地描绘了下来。[56]

由于粮食失收严重，日本东北部的情况更为恶劣。1905年的气候异常寒冷，收成跌至18世纪80年代、19世纪30年代饥荒以来的最低水平，而天明、天保年间正是农民起义频发的时期。"宫城县的粮食产量只有正常年份的20%，导致县里大约有28万人陷入赤贫。"[57] 在受波及的地区，土地流失，失业率增长，流民四窜，采矿业的底层苦力及城市的底层工人拼命寻找可以糊口的办法，农村生活的面貌为之一变。

目睹日本社会的走向，不少人通过各种方式来表达自己深切的担忧。北村透谷是一名才华横溢的诗人、散文家，积极参与自由民权运动，同时还是一名基督徒。他奋力书写关于个人主义和权威的主题，最终却于1892年结束自己的生命。他郁闷地发现，梦想中的明治时代有着种种瑕疵。1891年他写道：

> 表面上，明治文明所显现的进步之大，真是不可估量，但这有被大多数人民享受到吗？仔细去看看每户人家的真实状况。天冷下雪时家人能带着红扑扑的脸颊、围坐在温暖的火堆旁，这样的人家有多少？面无血色的少女，无书可看、路边闲逛的少年，其数量之多，完全数不过来……尽管社会表面上光鲜亮丽，越发蔚为大观，但另一方面，我们看到环境的恶化、病弱、

凋敝……穷人越来越受鄙视，而富人愈发傲慢且放纵，对于一个国家来说，没有什么比这更可怕的了。[58]

对于这样一个社会，大多数日本人选择逆来顺受，当然，他们当中有很多人实际上过得还不错，或者对未来仍有所期望。小说家吉川英治（1892—1962）的父亲（武士出身）没能力立足明治的商业社会，从小家里就一贫如洗，通过吉川的回忆录，我们可以看到在孩子眼里，这到底是一个怎样的世界：

> 这些传统习俗所具有的俭朴和传统倾向，颇有武士作风的影子，而这仍完整无损地保存在家庭生活里，但与此同时，人们又耻于向外界表现出贫穷的样子。某种程度上，那时的人从来没想过将贫困归因于政治或社会制度。贫穷是个人属性，穷人频频遭到歧视，被理所当然地视为下等人。因此，家家户户都怕极了低人一等。即便真的有麻烦了，你也会想办法掩盖它，保住面子……福利制度还没产生的时候，一家人有可能全都饿死了而邻居一点都没察觉。同时，我父母这类人，哪怕发觉自己处境艰难，也没能力想出自救的办法。[59]

不过，有的人的确反抗了。一场小规模的社会主义运动即将上演，在这当中基督徒发挥了重要作用。1898年，早期阶段的学习小组成立。1901年，社会民主党建立，但很快遭到警察取缔。生卒几乎完全和明治时代一致的幸德秋水（1871—1911），年轻时十分推崇自由民权运动，是当时那些学习小组的积极分子。1901年，他发表文章抨击帝国主义，称后者为"20世纪的幽灵"，还出版了一本书谈论社会主义的本质。随着日俄战争临近，他和基督教领袖内村鉴三一同在某份自由派报纸的专栏里发声，不停地宣扬和平主义，直到这份报纸不再坚持反战立场方休止。接着,幸德和其他人一起创办周报《平民新闻》。虽然这份报纸同样被禁,但在此之前,它已经发表了马克思《共产党宣言》的首个日文版本。

遭受短暂的牢狱之苦后,幸德离开日本,到美国三藩市待了六个月。他经历了 1906 年大地震,而这坚定了他对建立无政府社会的看法。归国后他深以为,通过现有机制来实现社会正义的做法最终只会徒劳无功,于是开始鼓动总罢工、采取直接行动。他这方面的强烈主张,促使 1907 年重组的社会主义党派*迅速分裂。这时的幸德,成了大家公认的激进左翼领袖。当时某一团体正谋划刺杀明治天皇,他有份参与,但作用较边缘,未与他履行法定结婚手续的妻子也在里面。1910 年,警察逮捕了他及其同伙。他们受秘密审判,以大逆罪论处,但有关记录至今从未被公开过。1911 年,幸德和他的 11 名同伴被处以绞刑。这对众多自由派知识分子来说犹如晴天霹雳。小说家德富芦花在第一高等学校发表了著名演讲《谋叛论》,告诉年轻听众:

> 我们不应害怕谋叛者。我们也不应害怕自己会成为谋叛者。做些新的东西,总会被叫作谋叛……我们要怕的,应当是灵魂之死。若只执念于别人教导的信条,只说别人要求讲的话,为了偷安人世而像套模制作的人偶那样存在着,丧失一切自立自信、自我发展的信念,那便是灵魂之死。活着,就要谋叛。[60]

明治初年的这些声音,在明治晚期那众口一词的声浪中,变成无政府主义的话语。在大部分知识分子眼里,这件事意味着个人反抗国家这条路走不通,令他们更加执念于自己那些或已存在的倾向:

---

* 日本社会党。

第十四章 明治文化

退出、离开，或不问政事。

大逆罪给历史学家和教科书作者带来另一意料之外的余响。教科书的统一促使思想同质化。1903年，由于私编教科书采购过程中存在行贿等一系列丑闻，文部省推出一套国定教科书。《修身》是这套体系的核心课程，强调忠君爱国是公民的道德，据其描述，日本是一个由无数家族层构而成、以天皇家地位最高的"家国"，而天皇血脉又与神话中的神相连。按照这样的框架，历史、地理、语言都各有一套不容置疑的解释。这些课本在1910年朝鲜被吞并后有过一次修订，其后到1918年"一战"结束、1933年傀儡政权伪满洲国建立、1941年太平洋战争爆发前夜，也都分别作了新的修订。除1918年版以外，所有修订版都倾向于对教科书的民族主义部分进行强化。对日本以外的社会、非日裔名人的叙述减少，代之以越来越多关于日本的内容，包括英雄人物及其效益良多的社会秩序。

1911年大逆罪审判期间，日本一段模糊的历史一下子引发大家的激烈争论。日俄战争结束不久，学校教员组成的爱国主义团体发起行动，提出就1336—1392年南北朝时期京都和吉野二天皇并立的历史，要有一个统一、权威的说法。1911年1月，东京某主要日报警示称，1910年版的教科书并没有说清楚哪个才是合法政权，尽管据推测，政府其实更倾向于南朝或吉野世系正统说。政治家、公共知识分子很快就加入争论。有人认为，从幸德这些无政府主义者身上可以看到，以事实为导向、不作价值判断的历史教育存在种种危害。要知道，天上不存在两个太阳，地上不能有两个君王，这是日本人最主要的观念之一，而教科书却告诉他们，南北朝期间并非如此。内阁很快就开始处理这件事，差点因为这场争论下台。首相桂太郎可能并没有觉得这个问题多么重大，但据他后来的记述，这件事最让他为难。

这次喧嚣最终以这样的方式收场——文部省决议，这段时期应当被称为"南朝时代",借此表明北朝政权不具有合法性。东京帝国大学为研究该问题而开设的一门课程也改称为"吉野朝时代"。南朝的大臣和武士成为出版物、雕塑创作争相吹捧的对象,楠木正成——那个被久米教授质疑是否真实存在的人物——尤其受欢迎。至于惹人非议的1910年版教科书,其中一位编著者被勒令停职两年,很多权威机构都遭到公开批评,称其将事实置于公众道德之上。日本的历史学家大多保持沉默,如布朗利指出的那样,这些人将"教育"和"学问"区别对待,"教育"向日本百姓灌输一个个有用且激励人心的虚构故事,以适应神权国家的需要。[61]

因此,明治文化存在种种矛盾:一方面,现代化的迫切性令西方成为效仿的对象,但另一方面,日本的远古神话因应现代用途而被加以改造,以达到强化天皇——及天皇边上那些人——权威的目的。当这两方面发生冲突时,国家的权威与合法性被放到优先地位,按照官场思维,帝国大学的教授们属于文化界的官僚。

明治时期新文化诞生的这股势头,还有其他几点值得我们一提。明治中人在缔造、界定新文化的同时,也在缔造和界定着传统。艾略特(T. S. Eliot)曾这样写道,"新的艺术作品诞生过程中所发生的一切,同时在此前所有艺术作品身上发生着",这在体制和文学方面同样有所体现。为了服务于新的需求,体制和统治仪式在很大程度上都经历了一次再创造。以宫廷音乐雅乐为例,很多原本属于即兴、娱乐性质的东西如今都变得庄严肃穆起来,从众多方面来看,"传统"本身已经被盖棺定论。

为了离开传统——或者说,为了强调传统——有必要解释日本过去是什么样的。将武家统治、武家文化的模式全都加以否定的话,那有什么可以取代它们呢?这一思考历程在知识人身上体现得最为明显,他们有的在同辈当中最能说会道、为人也最有意思。夏目漱石和森鸥外都力求新辟一条文学之路,足以与西方文学媲美,令西

第十四章 明治文化

方刮目相看。他们成功了，不过清楚意识到旧传统无法胜任这样的角色。

那么，能象征过往的最重要且最为不朽的又是什么呢？什么样的作品会成为文学经典？他们背负的使命或许相对要轻一些，毕竟早在18世纪，本居宣长等本土主义学者便已提出几个这样的问题，试图将日本传统从汉文化中剥离出来。但本居宣长意欲实现的是净化、是"回归"，而非打造新事物。打造新的事物，意味着要将旧的锁起来。而且，明治中人生活的时代正值英国的维多利亚时期，实际上，他们自己便是"维多利亚人"。又由于他们关心西方重视什么、惦记着西方会如何理解，这种倾向进一步强化，他们对于得体不逾矩的标准，有着维多利亚时代和儒家文化的双重因素。某种程度上，现代世界的每一个发展中社会都被这类问题困扰过。而这些"后来者"当中，日本或许是第一个奋力与之搏斗的，因此，它的经历对相关主题有着甚为深远的启示。

半个世纪的决心与汗水造就了新的历史时期，"明治"无疑是一个变革的时代，这成了写作与思想领域的广泛共识。到20世纪20年代，人们已经普遍意识到明治的转折意义，而不再仅局限于相关领域的作者。代表这种观念的有两座纪念性建筑物。第一座是京都的平安神宫，采用8世纪汉地朝堂的建筑样式，落成于1895年，以纪念京都建都1100周年，以及建都于此的桓武天皇。

第二座是东京的明治神宫，这座建于1920年的建筑，耗费了超过十万名无偿劳动者的血汗。宽敞的碎石路穿过参天大树，通向宏伟的鸟居，随后抵达朴素的洁净池，以及传统风格的神社。附近的画廊里展示着一幅巨大的西式壁画，描绘了明治时期发生的各件大事。这座神宫供奉着明治天皇，摆放了关于他的各种纪念物，包括他那头忠心耿耿的骏马，被做成标本保存在那里。在这样的氛围下，我们可以领会到，为何夏目漱石会将天皇驾崩、末代武士乃木希典殉节而死,选为这个时代终结的标记。不过,明治神宫也蕴含着对未来的期待,它最热闹的时候是新年,那时,家家户户会带上孩子,身上常常穿着色彩斑斓的和服,来到水池前参拜。

第十五章
两次世界大战间的日本

明治时代之后的历史并没有一个轮廓分明、脉络清晰的分期。明治天皇（明治年号后来成为其谥号）是他所处变革时代的最佳象征，因此当他于1912年7月驾崩时，人们产生了一种一个时代终结了的感觉。继位的天皇年号"大正"，他身体一直不好，而且有尴尬迹象显示他患了精神疾病，于是他的儿子裕仁从1922年始出任摄政，直到1926年他去世为止，其后年号改为"昭和"。20世纪20年代常被称为"大正时期"，但1922年以前大正天皇只在名义上进行统治，在生时他并不重要，去世了也毫无干系。

如此来看，我们更应该将日俄战争和1931年九一八事变之间那四分之一个世纪视为日本现代史的下一阶段。它的开端和明治时代有所重叠，其结尾也和接下来军方势力复燃时期重合，在这一阶段，日本人的生活在方方面面都产生了重要变化。而令人感到讽刺、自相矛盾的事也比比皆是。日本成功挤进世界列强的队伍、晋身帝国行列，恰好在领土瓜分这种19世纪帝国主义行径走向终结之时。日本的形象发生巨大变化，从新兴帝国一下子转变为帝国特权的拥遏。它的陆海军实力接近世界标准,而这些都发生在标准即将变化之时,此后不久,"一战"这场灾难引发军备革命,此前的武器限制转变为狂热比拼。日本政坛领袖在施政过程中扩大民众代表性,这要是在明治年间可是相当受欢迎的行为,但没料到的是,日本在国外新一波变革和激进浪潮推动下获得的种种进步,依然赶不上人们的期望。政府对这种激进主义的警惕心,加上警察的积极镇压,损害了为建立代议制政府所做的真诚努力。"一战"及其带来的后果,连同1923年东京大地震,给社会、知识界、城市等圈子的思想意识造成深远的影响。从部分方面来看,这些年虽然更加民主了,民权却在倒退,这两者在日本社会都有呼声支持。

第一节 政党政府的建立

《明治宪法》特意在行政责任主体的部分模糊措辞。国家主权和一切事务的最高权威皆归于天皇,但同时,天皇必须保护自己免受积极参政之累、将自己会犯错的一面暴露出来。由此形成一种奇怪的多头局面,很多人都有参与,但没有一个人全权负责。内阁总理相对较弱势,早年尤甚,和他们共事的大臣都属于可以和他们同起同坐之辈,内阁大臣负责的机构具有一定的自主性,内务大臣、司法大臣由于执掌地方管治和国内政策,权力尤其大。天皇名义上为所有军队的最高统帅,陆军大臣、海军大臣要直接向其汇报,但这两位大臣的人选都是陆军参谋本部和海军军令部各自从现役的陆海军将领中挑出来的。这项规定在1913—1936年间被撤销,这虽然只是暂时性的一步,但意义重大。尽管如此,军队依然在政治进程中发挥至关重要的作用。权力强大的机构不受众议院民选议员左右。而成员皆由天皇任命的枢密院,仅在事关宪法释法和国家政策的关键决议上发声。由各色各样的世袭贵族（很多都是刚获得爵位）和敕任议员组成的贵族院，容易受山县有朋这样有机会提名议员的政府人物的影响。每打赢一场战争，就有一大批新近受爵的军官涌进贵族院，使得低阶议员数量大增。后来，行业领袖的工业家及其他数一数二的纳税大户也都加入议员的行列，另外还有天皇敕任的议员，这当中不乏出色的学者。换言之，满足直接税条件的合资格选民所投票选出来的众议院，不过是权力赛场上的一个争夺者，除拥有宪法赋予的预算审批权以外，它完全处于下风。[1]

幸好宪法有上述这么一条规定，内阁发觉越来越有必要和众议院协商相关安排，周旋期间，萨长藩阀的寡头们大多不得不掩藏彼此的分歧，好让他们看起来站在团结和谐的统一战线上。起初，他们觉得政党是结党分裂的祸根，试图用一种高高在上的姿态，告诫议员他们有责任合作。行不通时，天皇便会专门下达敕语或敕令，最后往往奏效，不过这个策略用多了的话，天皇"超然物外"的性质就会有被削弱之虞。天皇身上散发着神权带来的庄严气息，若这种神圣权力被不当使用，特别是用于为个人谋取政治优势，便会构成某种形式的亵渎。1895年中日甲午战争结束后，政坛寡头觉得，让那些出身维新运动、资历无可挑剔的政党领袖加入内阁，其实也不失为明智之举。于是，板垣退助、大隈重信分别入职伊藤和松方的内阁。1898年，在伊藤力推下，元老们甚至尝试让两大政党领袖联合组阁，但很快就因为内部纷争而倒台。这时，伊藤产生组建政党的想法。他写道，为了争取众议院合作他不得不精打细算、讨价还价，为此感到疲惫，与其被迫和雇佣兵打交道，他必须组建一支属于自己的部队。一开始，他的同僚坚决反对他这一想法并百般阻挠，其中山县有朋的反应尤为激烈。山县继隈板内阁之后上台，其间他成功获得天皇敕令、建立军部大臣现役武官制，保护政府免受政党操控。如此一来，军部可以通过否决军部大臣人选或让军部大臣退下来，阻挠、拖垮内阁的运作。

1900年，伊藤一意孤行，组建了自己的政党——立宪政友会。其中绝大部分成员是旧自由党人士，他们受权势吸引，加入新组织，毕竟领导他们的可是宪法起草人之一。

山县有朋仍然对伊藤的想法很反感。眼看其建党即将就绪，他马上提名伊藤接任自己内阁总理一职，接着暗中破坏伊藤组建的内阁。很快，在他努力下，天皇任命伊藤为枢密院议长，迫使伊藤将党务交给西园寺公望，不再参与政党政治。不久伊藤就被派往朝鲜，从此远离国内政治。

这么看来，元老内部远非团结一致。立宪政府刚建立的那些年，总理的位置由萨摩、长州的领袖交替出任。1900年后十年多的时间里，萨摩势力再也没有出现在接力赛场上，交替上台的反而是山县手下的桂太郎和伊藤所组政党的接班人西园寺。某种程度上，这已是长州派的天下。即便如此，斗争依然存在，两个权贵之间，为了不同的外交政策，为了文官、军部孰先孰后。明治最后十年的特别之处在于某种模式化的、颇有绅士风度的竞争方式，而这只会发生在那些共同奋斗了半个世纪的人之间，发生在他们开始察觉到有股新势力或将危及他们地位的时候。谁都不允许"失败"，为了不失颜面，他们小心再小心。早前我们提到过1901年井上馨组阁受阻一事。当时，桂太郎被邀请继续担任军部大臣，但以身有疾为理由推脱，"绅士俱乐部"里的其他成员说服井上、让他将国家放在个人之前，把内阁总理一职空出来，这时，桂太郎倒可以出任了。

桂太郎的身体奇迹般地恢复了。日本和英国结盟，又决定与俄国对着干，最后以日俄战争胜利而完满告终，这都是他掌权期间的事情。《朴次茅斯条约》没有要求俄国支付战争赔款，引发日比谷烧打事件，迫使桂太郎辞任总理一职。这时，他推荐西园寺作为接班人。1908年，西园寺因为军部拨款数额争议而下台，反过来又提

第十五章　两次世界大战间的日本　　　　　　　　　　　　　　607

名桂太郎接手。吞并朝鲜成了这时期桂太郎的一大功绩，他也因此获颁公爵。西园寺由于生于高等贵族家庭，从出生开始就拥有公爵称号。

　　这种权力交接的方式之所以行得通，在于桂太郎和西园寺的政友会有合作的共识。桂太郎需要他们投票，而他们也需要桂太郎放弃解散国会的想法（这是内阁总理的特权），不然他们一下子要花上一大笔钱去筹办选举活动。换句话说，桂太郎很难按自己意愿行事，面对这些束缚，不愿屈服的他，和之前的伊藤一样，开始考虑组建自己的政党。他那年长的导师山县有朋依然反对。1911年，轮到西园寺组阁上台。在他主政期间，明治天皇最后一次病重，他和军部再起争端，不久辞职下台。西园寺作为众多寡头里唯一一名公家，被提议以元老身份干政，他也是最后一名获颁此头衔的人。当山县和松方于1922年、1924年相继去世后，西园寺接手向天皇推举首相人选的任务，直到1940年逝世为止。[2] 至于桂太郎，他被悄悄地移出政坛，晋升宫中担任内侍长、侍从长。山县对政党的看法并没有改变。

　　西园寺的显赫背景令政友会得以接近权力，但党内最重要的政治人物却不是他——身为贵族的他相当慵懒——而是原敬（1856—1921）。原敬1918年所组的政党内阁由党派人士组成、受党派人士领导，这还是首次。他的事业和性格很好地展示了，要在日本这样一个权柄大多不受制于民众的国家担任一名成功的党派政治家，应具备哪些品格。

　　原敬投身代议制——尤其是众议院——的心几乎从未动摇过。他早年自愿放弃"士族"身份，后来为保留众议院的位置，一直没有接受爵位。为此，同时代的某些评论家称赞他为"平民宰相"。实际上，他的出身要比大部分同侪及竞争对手显赫，其先祖曾出仕于北方的南部藩，官拜前列。他的籍贯比较特别，纵观明治时代的格局，无论是南部藩还是整个东北部，表现都不佳。按道理，平民事业应该是原敬奋斗的目标，但他并没有专门花力气去讨普通百姓的欢心。有一大批追随者真心拥护，反而会让他成为领导人的眼中钉，而这些领导人肯定是他通往权力之路的关键。他没有参与19世纪80年代的自由民权运动，反而进政府做官。他担任多项重要的外交职务，和外务大臣陆奥宗光亲密共事过。他还一度在大阪的每日新闻社当编辑，做过一些商业性工作。换句话说，他很大程度上属于当权派的一分子，其履历也相当令人服气。此外，他在政治决策过程中表现干练。1900年政友会建立，他发挥了关键作用。其后，他帮助协调党内成员的意见，和国会谈判结果保持一致。更重要的或许是他在政治分肥（pork barrel politics）方面的能力。在他领导下，军部要在全国铺设宽轨铁道的愿望破灭了，代之以开发地方电线、道路、桥梁、港口等工程，这些项目在政治层面更受欢迎，令支持自己的选民感到满意。另一方面，原敬一直仔细留心山县有朋，如今寡头当中权势最盛的明显非他莫属。他想尽办法获取对方信任，但多年来无甚进展，等到终于上台掌权时，他在维持社会秩序上的坚定立场，才令这位老军人直言赞叹。[3]

明治时代最后十年里，政治权力有序地进行交替，这样的局面在下一阶段拉开帷幕之际宣告终结。这时，桂太郎已经入宫任职，明治天皇驾崩的几个月后，他成了新继位天皇的政治导师。又过了几个月，西园寺因拒绝同意陆军增设两个师团的要求，于1912年12月下台。陆军大臣上原勇作愤然辞职，这届内阁最终被拖下了台，除非满足陆军的要求，否则他们不可能提供继任人选。接着便发生了日后所谓的"大正政变"，这是建立政党内阁之路的重要一步。

这时元老院新加入了西园寺，但力量仍相当微薄，为了寻找下一任内阁总理，他们反反复复地会面了好几回。他们向不少人抛出橄榄枝，大部分属于山县派，但没有谁愿意接手西园寺留下的摊子。

12月，桂太郎打破僵局——他辞去宫中职位，组建他人生的第三个内阁。这不仅让众人震惊，还招致大片反感，特别是那些以为政党内阁组建有望的政治家。他们斥责桂太郎违背承诺，丢下自己对年轻天皇的责任，将皇室卷入政治事务之中。一个以"拥护宪政"为目的的政治联盟应运而生。此时，桂太郎刚开始筹备自己的政党——立宪同志会（简称"同志会"）——通过吸收国会内部不属于政友会和反对政友会的势力而逐渐壮大起来。不过，面对长期受压抑的怨怒，他本人成了众矢之的。脾气火暴的独立议员尾崎行雄（1859—1954）发表了日本国会历史上最有纪念价值的演讲之一，从而决定了他的命运。他在国会进行质询时向桂太郎发难，将他及其官场同伙斥为躲在天皇光环背后的胆小鬼。结语里，他这样说道："以玉座[*]为其胸壁，以诏敕为其弹丸。"不堪受辱的桂太郎辞职下台，而且很快就去世了。以尾崎的演讲为标志，一个新的议会时代开始了。

尽管如此，建立政党政府的过程依然缓慢，而且要取得胜利，这场仗不能在国会打。桂太郎下台后，接任总理的是海军大将山本权兵卫，其内阁具有"萨摩"和"海军"背景。然而，随着海军对外采购合同，尤其是和德国供货商之间的交易，被揭露存在贿赂和收受回扣的现象，这届内阁很快就解散了。

元老们又开始着急起来，出于稳妥，他们最后一次将眼光放到自己的同辈大隈重信身上。这时大隈已垂垂老矣，不复年轻时的桀骜不驯。他接受了总理一职，盘算着自己在国会内部会得到同志会的支持，毕竟同志会的大部分成员和他的事业生涯存在千丝万缕的政治关联。不过，内阁的实际领导权掌握在外务大臣加藤高明（1860—1926）手上。加藤的影响力遍及行政的方方面面，其力量之大，连大隈身边的几个亲信都不禁惊慌。犬养毅（1855—1932）

---

[*] 指天皇。

拒绝了出任内阁的邀请,尾崎行雄虽然接受了司法大臣一职,但担心这届内阁会被加藤把持。后来尾崎写道,大隈"年届八十,已显老态龙钟……如今个性多了分冷淡。他常常对同一件事上意见对立的双方都表示支持"。[4]

加藤担任过日本驻英大使,他对英国事物的钟爱可是出了名的。山县有朋有时候会用轻蔑的语气称呼他作"我们那英国人"。在山县眼里,加藤真正失败的地方在于他使劲将外交政策控制在自己手里。他没有按照惯常做法,去咨询资深政治家的意见,甚至没有知会他们一声。在下文将谈到的中日"二十一条"事件里,老政治家的小心谨慎会比他刚愎自用的手段更得人心。这方面事关重要,毕竟外交是大隈的施政核心。元老主政时期日本政策制定过程中那种相对紧密的相互协作关系,如今渐渐松弛下来,有时还让人碍手碍脚。

上台以后,大隈解散了国会,呼吁进行新一轮选举。同志会在选举里大胜,获得一半以上的席位,由此终结了政友会自1900年成立以来占据绝大多数议席的时代。政坛方面,政府拥有国会内部过半数的支持。大隈解散众议院后,同志会成功打破了政友会1990年以来把持绝大多数席位的局面。这位爱絮叨、年事高的内阁总理侃侃而谈,比起他那些寡言少语的前任,他或许更受人欢迎。

可好景不长,1917年,陆军和长州派领导人设法用陆军大将寺内正毅顶替了大隈。山县同样把回归正统领导模式的希望寄托在寺内身上,但他的希望很快就破灭了。寺内尝试在没有众议院两大党派支持下主政,不过这种开倒车的做法最终一败涂地。1918年爆发"米骚动",政府受到大自然和经济局势两方面的夹击。事情开始于7月份,首先发生在日本海沿岸的渔村,妇女聚集起来抗议将大米运到大阪市场,接着又反对铺设通信线路连接日本东部的重要工业城市。针对富人和警察的示威活动、罢工、骚乱让日本

第十五章 两次世界大战间的日本

满目疮痍。政府不顾一切地想要恢复秩序，加派武装部队到现场支援警察，逮捕了大约2.5万名人士，6000人被判有罪，处以罚款、死刑等一系列刑罚。"米骚动"这场社会大动荡是原敬政党内阁形成的关键因素。政府的应对没有起效也没有成功，日本需要新的内阁总理。

到了这时候，人们有理由期待老一辈可能会为政党内阁背书，但官僚、贵族、元老、军部仍旧不情不愿。尽管如此，面对"米骚动"的余波，他们似乎没有别的选择。行事一向谨小慎微的原敬，终于迎来了机会。他没有和寺内公开决裂，还悄悄地向他表示支持，令山县也不得不佩服。他的组阁象征着政党政府终于来到破晓之日，这个班子一直执政到他被刺杀的1921年。然而，原敬去世以后，保守势力却仍旧幻想建立一套机制，让"独立"内阁不需依赖选民也可以与结党分派的国会交涉。选择一名职业官僚不失为折中办法，于是，一个由清浦奎吾领导的内阁上台了。然而，这届内阁只存活了六个月。至此为止,陆军大将（寺内正毅）、海军大将（山本权兵卫、加藤友三郎）、年届八旬的政治老人（大隈）全都尝试过组阁，但没有一个受民众拥护，而民众的支持对于政府施政来说愈来愈必不可少。不幸的是,清浦内阁还掀起一场声势浩大的"宪政拥护运动"，将政友会和宪政会（同志会于1916年采用的新名）团结起来，形成强大的统一战线，最后，1924年夏，加藤高明被委派领导联合政府。这时候，日本将由政党内阁主政似乎成为板上钉钉的事情。手握大权的官员如若槻礼次郎、滨口雄幸（大藏大臣）、大银行家（高桥是清），职业外交官（币原喜重郎），乃至位高权重的陆军大将（田中义一）"从天降临"（日语"天下り"，原指日神天照大神派其孙子下凡统治岛国）以政党领袖身份开展新事业。

以下这份总理和内阁名单体现了两次世界大战之间日本政坛的一些有趣之处。其一是内阁更换的频率。诚然，明治时代内阁更替

从日俄战争到九一八事变期间的内阁

内阁总理	国会支持党派	下台原因
西园寺公望，1906—1908	政友会	军队预算需求
桂太郎（第二次组阁），1908—1911	政友会	优先拨款问题
西园寺（第二次组阁），1911—1912	政友会	军队预算需求
桂太郎（第三次组阁），1912—1913（2个月）	同志会	"大正政变"
山本权兵卫，海军大将，1913—1914	政友会	海军采购丑闻
大隈重信，1914—1916	联合	元老决议
寺内正毅，陆军大将，1916—1918	政友会	米骚动
原敬，1918—1921	政友会	遇刺身亡
高桥是清，1921—1922（6个月）	政友会	兼任
加藤友三郎，海军大将，1922—1923	政友会	任内去世
山本权兵卫（第二次组阁），1923（3个月）	政友会	皇太子受袭
清浦奎吾，1924（6个月）	无	党派联合反对
加藤高明（连续两次组阁）1924—1925，1925—1926	联合/宪政会	任内去世
若槻礼次郎，1926—1927	宪政会	银行危机
田中义一，陆军大将，1927—1929	政友会	触怒裕仁
滨口雄幸，1929—1931，	立宪民政党	遇刺身亡
若槻礼次郎（第二次组阁），1931（8个月）	立宪民政党	九一八事变
犬养毅，1931—1932（5个月）	政友会	遇刺身亡

也很频繁，从1885年内阁制度伊始到日俄战争这段时期内，一共有11届内阁，但总理只有6个，他们作为各派势力领袖，往往轮流上台执政。从日俄战争到九一八事变期间，内阁更替速度没怎么变，共18届，可上台的总理却多达14个。对稳定的希求总是落空。那些提出总理候选名单的人由始至终都没能制定出一套可以包容多元化组织的制度，而这些多元化组织是宪法体制因应选民日趋高涨的呼声、本着对选民的责任所创立的。倘若总理如此频繁地来来去去，日常决策便会越来越多地由官僚系统承担，毕竟那里是立法的

第十五章　两次世界大战间的日本

发源地。

总理的死亡率也相当惊人。加藤友三郎和加藤高明都因自身原因于任内去世，原敬、滨口、犬养遇刺身亡，而原敬和滨口这两位的才赋尤其重要，可谓极为难得。

后来，没有当上总理但也差点被刺杀的尾崎行雄，在回忆录里也对这一点作了番思考。据他所说，军人想让自己在别人眼里是一个为了国家而将性命置于危险之中的人，他们把文官领导和政客嘲笑为贪权、自私且常常腐败之辈。但尾崎认为，事实恰好相反。军部里，头衔越高的人，涉险的可能性越低，因为高级指挥官一般会谨慎地远离战场厮杀。到文官领导人这边，事情倒反过来，官职越大，个人就越不安全。而总理恐怕是这里面最危险的职位。

三任总理在任内遇刺身亡，每次都和外交政策有关。刺杀原敬的是一名右翼分子，他反对总理强制推行华盛顿会议关于限制海军军备的决议。滨口也一样，批驳了海军对于伦敦海军会议裁军决定的抗议。刺杀犬养毅的是来自海军的年轻军官，刚从淞沪会战的战场上归来，战事由于政府出手而中止。每当涉及文官侵犯军方特权的事情时，一些特别微小的点也会触发暴力活动。

随着党派领导人越来越靠近政治权力，毫无意外，他们自身也开始发生变化。自由民权运动早期，他们的支持者还不多，大部分是市民和地方领袖。谴责萨长藩阀是再轻易不过的事，更何况这时候天皇自己也承诺要建立代议制。但在明治体制模式下，这些领导人或成为宫内制度的一分子，或设法将天皇吸纳到自己那一套制度里。用尾崎的话来说，"隐于玉座之荫下"。早年，示威活动和公共论坛吸引一批政治家中的佼佼者参与。后来，日俄议和引发日比谷烧打事件，而带头起事的正是自由民权运动的忠实拥护者。到两场世界大战之间的那些年，群众数量更加庞大，吵闹声变多，人们对演讲的兴趣逐渐衰减。城市工人和贫民开始占据大多数，政治家那滔滔口才越来越多地只展示在国会同僚面前。最初那批领导人的确"受人欢迎",但只是受同侪欢迎。他们和新兴城市群众之间的纽带并不强,而这些群众对他们也有疑虑。

审查与镇压

政党领袖被纳入国家体制之内,这或许解释了为何国会议员对公民社会机制和个人权利的关心止步于此。那些既有智慧又有责任心的政治领袖觉得,随着越来越多群众参与进来,为了维持他们的忠诚,有必要进一步扩大选举权。然而,这个圈子的边缘已经出现另一种声音——与其干涉选举规则,不如改变整个制度。幸德秋水及其他无政府主义者被判处"大逆"罪,于1911年遭处决,审判过程对外保密,体现了政府对极端主义的惧怕。面对布尔什维克革命的余波,保守派和自由派无不警惕,这为之后的镇压埋下伏笔。进入20世纪20年代以后,不断有声音对国会立法镇压人民的行为发出警告,尤其是某些政党领导人,他们皆来自一个以城镇为根据地的政党——桂太郎1913年成立的同志会,1916年改为宪政会,宪政会于1927年衍生出立宪民政党(简称"民政党"),其间成员组成基本没什么变化。20世纪20年代,该党派的重量级国会议员纷纷警告,戒备过严反而会起反作用,但随着国会制度以外的极端主义抬头,几乎所有人都认为内务省和司法省应该采取强硬措施。

公共集会受阻的情况愈发频繁,在田中义一1927年所组建的政友会内阁期间尤其严重。有关"有害思想"的法律规定越来越严厉。诚然,针对出版的限制措施一直都有,明治维新不久就用上了新闻法。1900年出台的《治安警察法》专门对付激进团体的建立和激进思想的传播。警保局内设有图书科,其职责涉及"文化"方面大大小小的细节,包括越来越受知识分子重视的现实主义和自然主义新思潮,没几个作者逃脱得了治安部门的审查机器。"他们开始审查市面上的一切事物，看看是否包含自然主义和社会主义的内容，"森鸥外1910年写道，"知识分子与艺术家被怀疑是自然主义或社会主义的一分子，不得不忍受别样的目光。接着，他们当中某些人发明了'有害洋书'一词……翻译这些书籍等同于传播有害事物。"[5]可以想见，幸德秋水的"大逆事件"，以大杉荣（1885—1923）为中心形成的无政府团体，令政府一下子焦虑起来。大杉荣曾提到，被逮捕是件多么容易的事。据说，某个深夜他和友人一同步行回家，他们经过吉原游廓的时候遇上一场骚乱，某个醉酒汉因打烂了窗户，遭到另一个人责骂，后者想逼迫他赔偿损失，嚷闹着要将他移交警察，很快，一小群人聚集起来。大杉了解情况以后，开始插手处理：

  这个人现在身上没有一分钱。我来赔偿损失。事情就到此为止吧。每次发生点事就把警察喊过来，这不好。我们尽可能不要叫当局来。大部分事情都可以像这样，让在场的人解决。
  酒馆里的人点头同意。街区巡逻队也表示赞成。旁观者亦然。唯一不同意的只有警察。他从一开始就满脸不高兴地盯着我，这时，他向我质问道：
  "这位先生所讲的莫不是社会主义？"
  "是，又怎样？"我呛回去。
  "这是社会主义，你被捕了。跟我来。"
  "这真滑稽！你想让我去哪儿，我自会去。"我推开警察的手，快步走进日本堤的警察署，它刚好就在我们对面。警署里一名巡查命警察将我及其他跟过来的人带到拘留厅。这件事被一份报纸报道出来，称"大杉荣等人被逮捕"。[6]

  这件事以上级官员为这次荒唐之举道歉而告终。不过，下狱监禁对于大杉荣来说是常事，他两次没有遵守新闻法规、两次违反治安法规,还在电车票价骚乱期间"寻衅滋事",坐牢时间加起来足足六年,这或许也解释了为何他活不长。

1909年,桂太郎内阁为对付他们眼中的极端主义势力,出台新的新闻法,根据新法规,警察可以更加便利地监视和拘捕大杉荣这样的左翼极端分子。编辑、出版人为了明哲保身,对出版内容更加谨慎。作者或其编辑采取这样一个办法——对于那些可能会引起警察注意的言辞,去掉里面的一个或多个字眼。连续使用同一个词语时,相继去掉其中不同的字眼,这样一来,读者依然可以读懂,而且肯定感到一丝惊险和刺激。这样看,那警察要么愚钝不堪,发觉不了个中动静,要么只眼开只眼闭,只想在形式上遵守法律。

另一个应付办法颇讽刺,那便是面不改色地搪塞。1921年某亲日派朝鲜人士被杀一事的报道,就是一个例子。闵元植是朝鲜的一名新闻人,主张和占领朝鲜的日本人合作,他在东京的帝国饭店遇刺身亡,凶手据推测是朝鲜的一名民族主义者。作为日本之友,他的尸首按相应礼遇,被运送回朝鲜。《报知新闻》在报道送别过程的时候,仍小心措辞,丝毫不敢放松。报道称,闵元植

> 突然决定回朝鲜……总理、内务大臣、递信大臣、铁道大臣与之道别。在站长的陪同下,他进入专门为他准备的、装饰有花环的二等车厢。就在火车即将启动的时候,朝鲜民政长官水野博士,向闵先生所在的车厢走了几步,不发一言地表示问候。[7]

1925年的《治安维持法》将日本帝国主义时期的警察镇压活动推向高峰。1911年,特别高等警察成立,负责监视朝鲜人、工人、外来思想动态,监督审查和仲裁工作,由此可见政府最关注的是什么。《治安维持法》是在《普通选举法》通过的情况下同步推出的,

第十五章 两次世界大战间的日本

明显是为了将扩大选举权后可能产生的危机扼杀在摇篮中。对共产主义运动抬头的警觉，令立法者订立如下法规："任何人以变革国体、政体或否认私有财产制度为目的结社，或在充分了解其目的的情况下仍参与该组织的……判处十年以下带惩役或不带惩役的监禁。"[8]接下来的条文明令禁止人们讨论和鼓励这类活动。三年后出台的《治安维持法》修订版更为严厉。任何关于变更国体的讨论，等同质疑天皇之治，可判处死刑。

虽有这般严刑峻法，但若据此就把两次世界大战期间的日本描述为警察国家，也未免有所夸张，要说警察国家，还得等到情况更为严峻的军国主义时期才真正出现。掌权的党派不同，结果也会不同。政友会组建的政府整体上倾向于认可警察权力的正当性，1928年3月15日在田中政府授意下警察进行了一系列搜查，是这种取态达到极致的表现。这次行动一共拘捕了1600人，由工人、佃农构成的政治组织遭到取缔。几个月后，为确保裕仁登基期间一切安全，更多人被"拘留"。另一方面，无可否认，不少人因监狱的强制性措施和刑讯丢了性命，但在正式执行的层面，死刑只动用过一次，而且是为了瓦解苏联间谍理查德·佐尔格20世纪40年代建立起来的特务组织。执行苛法的力度在宪政会和民政党领导期间有所松弛，田中政府的举措遭到民政党国会议员的严厉指责，后者警告称，如今这样的环境，只有政改才能真正回应社会动乱，滥用暴力手段不仅不能解决问题，还会引发更多颠覆活动。

政治议程

两场世界大战之间的这段日子常常被称为"大正民主"，那么，这一时期究竟带来什么实际影响、取得何等实绩呢？不要幻想会有一系列具体目标和方案可以对照着一一实现。目的只有一个，那便是为国民争取管治的话语权。国会下议院是国民政体里唯一的民选机构，要实现上述目的，国会的控制权要掌握在众议院手上。又由于政党间互相争夺众议院的话语权，因此"民主"意味着现实中政府要由政党选出来并组织运作的。阻挠不是没有——资深议员、贵族、枢密院、军部，这都是真实存在的阻碍，这意味着还要花上极大的力气，将最高权力从这些人手里夺过来。1890—1953年连续当选议员的政治老手尾崎行雄在其回忆录里就阐明了这一点。他认为，只要是暗箱操作下选出来的内阁，自己便有责任驱逐其下台。只有这样做，宪政才会真正实现。宪法是天皇授予的，属于人民的权利，打着天皇名号对此进行任何破坏活动，都有违天皇誓言。赢得民众广泛支持的宪政保护运动发生在1912年至1913年和1924年，那时候，桂太郎内阁和清浦内阁都作出明显有违"宪政"的行为，这表明上述观念的传播范围已经超出政治家的圈子。

这进而引发人们进一步的诉求，要求获得更广泛的、普及全体（成年男性）的选举权，令人民的意愿有机会被表达出来。议会政体成立之初，按照选举权要求的税收标准，大约有50万男性属于合资格选民。明治年代行将结束之际，人们仍在努力扩大选举权。1897年，一个以男性普遍选举权为诉求的社团成立。有趣的是，从一开始其成立初衷便是为了防止某些事情的发生——社团领袖目睹欧洲社会的动荡不安，不希望同样的局面在日本上演——同时具有积极向上的一面，意识到民意越大、分量越重。民族主义和外交政策也随之受影响，这种情况自1874年板垣提交《民选议院建白书》开始就一直存在。社团创建者觉得，日本屈服于三国干涉一事所引发的民愤，若能通过投票方式表达出来的话，起到的效果会更大。同理的还有1905年因抗议《朴次茅斯条约》而发生的日比谷烧打事件。

关于男性普遍选举权的建白书于1900年首次提交给国会，随后，呼吁落实该选举权的议案出现过好几次，最终，在1911年，

第十五章　两次世界大战间的日本

众议院以微弱多数通过。但因为贵族院拒绝同意，议案随之夭折。吉野作造1916年写道："扩大选举权、严格实施选举法，为当前日本最最紧要之事。"这样的看法又由于日本"一战"期间与民主国家站在同一阵营而获得了支持。1919年宪政会不顾占多数议席的政友会反对，同意授予普遍选举权。选举权所需达到的税收标准继1900年下调（从15日元减至10日元）后，于1911年再度下降（至3日元），但农村地主仍远比无产的城市工人更有优势。

"一战"结束后的那些年里，公开争取普遍选举权的呼声似乎有减弱之势，部分原因在于，庞大的城市工人群体开始远离选举政治，而这群人原本是最有可能支持示威活动的。对于选举政治的支持者来说，这令局势达到前所未有的严峻状态，在他们眼里，选举政治是阻止极端主义进一步发展的途径。1924年，由加藤高明领导的联合政府开始上台执政，支持男性普遍选举权的宪政会成员不顾阻碍、执意落实这一想法，最终于1925年通过相关议案。法案起草得十分谨慎。选举权为男性专属，哪怕那时候争取女性选举权的运动已经拉开帷幕。而且，只有达到25岁及以上且没有收受私人资助或公共福利的男性才有选票。接下来的几年里，有改革者提议下调年龄限制，但实际行动迟迟没有发生，直到1945年日本战败投降以后，盟军占领期间，男性和女性才一同被授予选举权。

尽管1925年《普通选举法》有着种种缺陷，但它带来的变革仍然是那个时代最重要的政治成就，而且事实证明，它不仅大获成功，而且意义非凡。此前，普选一般由刚上台的内阁召开。由于选民对上一届政府不满，再加上以赞助、资金形式进行的选情"管理"，国会大部分议席最终被新人夺走。结果，选举沦为公民投票，且往往为掌权的内阁添砖加瓦。

1928年进行了新选举法推出以后的第一场选举，号召大选的总理田中义一明显希望选情会和往年一样。这时，选民人数已是之前的四倍，从约 325 万上升到 1250 万人。令田中惊讶的是，他领导的政府大费周章也才勉强胜出。政友会取得 219 个议席，对手民政党为 217 个，剩下的 30 个被其他小党（24）和"素人"（6）夺去，他们一共拿走了十九万张选票。

　　政党究竟是什么？某种意义上，政党是一群群职业政治家，他们当中有的视原则为无物，立场反复，令人沮丧。某些选区由于忠诚、知名度和习惯的原因，属于现任议员的铁票仓。尾崎行雄曾在某个场合哀叹过，日本没有真正的政党，只有派系。他本人确实从未长久待在一个政党里，而且一度组织过自己的派系。另一方面，这些政党几乎和专制沾不上边，即便是政友会，在原敬担任总理的时候，还设有一个选任制的顾问委员会，对行政团队咨询的重要事务进行讨论。这些政党受日本政治多元格局下的很多因素影响，某个人的权威并不是决定性的。如之前所说，选民越来越多，政党权力越来越大，那些出身文官和军部官僚系统、从中习得行政本领的人开始被吸纳进领导层里。在前者看来，政党为他们提供了一条权势之路，而对于深陷权斗的政党来说，这类外人可以带领他们取得政治战场上的胜利。政友会将田中选为主席，就是最好的例子。田中需要为他的政治和外交政策争取支持力量，而他的新战友则想要一个有能力为政党摇旗呐喊的人。

　　民政党最后一任总理滨口雄幸（1870—1931）便是一个例子。1870 年出生于土佐一座偏僻乡落的他，于 1889 年成为滨口家的养子，1895 年从帝国大学毕业后，顺利通过大藏省的入职考试。他一路平步青云，领导日本各个地方的税务部门。1917 年，他辞去职务，在后藤新平的推荐下加入同志会。这个后藤便是我们此前提到的那位被派去照料板垣的年轻医生，他后来还做过外交、行政方面的工作，成为帝国的缔造者。1915 年滨口首次(代表土佐地区)当选议员，在大隈内阁下担任顾问职位，1924 年出任加藤内阁的大藏大臣。加藤之后若规上台组阁，任命滨口为内务大臣。这时的滨口，已经是备受尊敬的党派领袖和政府领导人。1927年宪政会重组为民政党时，他自然成为第一把手的不二人选。田中政府下台后，滨口受天皇敕命组织内阁，成为第一位出身土佐——民主运动发源地——的内阁总理。日本这样的制度下，不会产生也不需要讲话动听的演说家——滨口的土佐选区地处偏远、面积狭小——但可以培养出有勇有谋之人。

或许有人会想，男性普遍选举权的实现会激起人们的热情。1912年政府发生管治危机时，这种期待的确起到动员群众的作用，到1924年，第二次宪政保护运动公开宣布其为运动目标之一。无论是对民主改革仍心存希望的左翼领袖，还是相信民众对强硬外交政策的支持将有助于日本摆脱国际主义姿态的右翼领袖，男性普遍选举权都会获得包括他们在内的多方的赞成。但也有人反对。吉野作造在1916年写道："日本不少知识分子对普遍选举权的误解简直不可思议，嫌弃至极。"城市工人一度热情高涨，但这股积极性随着舆论氛围的极端化而逐渐衰减。至于别的群体，由于厌恶存在暗箱操纵到政治腐败等一系列恶迹的日本政坛，他们对改革派候选人的热情也不是很高，反而退回到利己主义的立场，这一趋势将在下文进行讨论。田中政府1928年选举失利后，迅速针对自由派和左翼人士发起攻击，打压初具雏形的无产阶级党派，目睹此情此景，即便是最乐观的人，他对民意、民众授权有效性的信心，也必然会有所动摇。

尽管如此，政党内阁取得的成绩仍然值得尊敬。每一届强势的总理——原敬、加藤高明、滨口——都有意尝试处理文官和军部之间的关系，比如华盛顿会议后的原敬，解散四个师团、实现军队缩编的加藤，伦敦会议后的滨口。不幸的是，每一个都死在任上，两人遇刺，加藤自然死亡。这三位都意识到，日本若要追随战后世界的民主大潮，必须对权力结构进行改革。为此，众议院和枢密院这两个被自由派乃至中间派认为拖后腿的机构，在权力、组成方面必然要经历一番改动。按照自由主义和民主的要求，日本需要将新继位的两位天皇视为宪制下的君主，而非20世纪30年代沙文主义眼中"活着的神"。

20世纪20年代末，滨口内阁的出现令十年前吉野作造等知识分子提出的目标有了实现的希望。民政党掌权以前，"影子内阁"已经规划好相关进程，包括通过立法改革劳资关系、改善佃农与地主关系、在地方选举中赋予女性投票权，以及降低投票年龄的限制。外交方面，职业外交官币原喜重郎重回外务省，这似乎在宣示日本将坚定支持国际合作，在对中国的关系上保持理性的态度——历经二十年断断续续的内战后，中国开始呈现国家统一（民族主义团结）的局面。不幸的是，在经济灾难、军方不服从的双重打击下，这一计划失败了。1931年滨口遇刺身亡，为一个时代画上了句号。尽管存在种种缺陷，这一切仍带来巨大的变化。

第二节　世界大事中的日本

日俄战争后，日本成为亚洲最强大的国家。在接下来的二十年里，其声望与日俱增，跻身世界五巨头之一，担任国际联盟理事会的常任理事国。世界特别是亚洲对日本的认知，很快就随着这一巨大转变而发生显著的变化。在外界看来，明治时期的日本朝气蓬勃，一心想要冲破帝国主义列强施加的各种限制。可是，之后的日本却成为殖民势力，侵占朝鲜、中国的台湾和东北地区。"一战"期间国际秩序陷入混乱，由此带来种种诱人的机会。日本人中有的希望自己的国家可以成为楷模，重燃东亚改革和复兴之火，其他的则继

第十五章　两次世界大战间的日本　　　　　　　　　　　　　　　　623

续以西方为师、对外扩张。随着日本明治领导人垂垂老矣，他们创立的政体也开始显得过时，自决、国际合作、民众参与才是当今世界的主流。君主制和帝国在全球各地轰然倒下。奥斯曼帝国、德意志帝国、奥匈帝国、沙俄、中国清王朝全都在短短十年内分崩离析。目睹世界秩序发生这等剧变，对于如何回应，日本领导人必然感到为难。对于某些问题，"小日本"和"大日本"两派观点对立鲜明，但大部分日本人的态度其实十分模糊，他们心里念着自己国家应得的尊严和地位，但对于如何解决日本在亚洲面临的挑战，却感到茫然不知所措。

"中国为先"

　　中国的问题明显最为突出。清王朝绵延数百年，最终由于帝国主义的冲击、政府无能及近代史上几次严重的流血起义而命数耗尽。纵观历史，日本安稳与否，和中国大有关系。由于不受亚洲大陆方面的入侵，同时偏居太平洋一隅，位置安全，日本得以在和平环境下生生不息。日本15、16世纪的动荡局面，和中国明朝灭亡、新建立的清政权意图的不确定性有关，鸦片战争期间西方侵略中国的行径，更是给日本造成危机、最终引发明治维新。明治时期的日本在某些方面学习了清政权的体制，君主与年号挂钩、科举制度的发展，还有那隆重的、带有教化意味的宣诏仪式，无一不来自中国。[9]19世纪末，当中国面临可能被欧洲列强瓜分的局面时，日本的政治家、意见领袖都提醒"保全清国"有多么重要。日本对俄战争取得胜利，同时，欧洲将部分注意力转移到"一战"对敌战事上，新的形势由此形成。立志改革的中国政治家和学生，在日本身上看到自己国家值得学习的地方。

　　明治最后数十年，日本不少有志之士觉得，日本注定要为中国的改革和复兴出一份力，这也是他们个人的责任。他们很多人的政治生涯发端于自由民权运动,对中国的看法相当天真,以为明治现代化中最最精华的部分会令它有所反应。他们一腔热血地认为,当前紧急的是复兴亚洲传统,而保全中国是这一切的关键。有的希望日本可以成为领头羊,至于其他人,不过想在历史转折之时做些事情。

这份决心,我们可以拿宫崎滔天(1871—1922)作为例子进行说明。宫崎出生于熊本,早年在德富苏峰创办的私塾接受过一段时期的教育,令他有机会沉浸在西方民主与革命理论里,尽管只一知半解。他在东京的时候,思想一度游离不定,皈依了基督教,后来了解到与其竞争的传教士的那股求胜心、嫉妒心,他大为震惊,最后弃了教,开始关注"兴亚"问题。他和他的一个兄弟打算加入一个中国人社团,觅得一位男主人公,可以令他们为其事业奉献出生命。他认识了朝鲜改革家金玉均,又和那些被雇到泰国打工的日本侨民共事,希望借此机会和中国打上交道。最终,他找到了这样一位主人公——孙中山。孙在一次起义*失败后逃到日本,而起义恰好发生在日本打败清政府、取得甲午战争胜利的时候。宫崎开始全力协助东南亚的中国革命人士,为其流亡、起事而奔走(在新加坡时引起英国官员的疑心,被关了起来),想尽办法在日本为孙中山筹得军火和资金,后来,当孙中山动员上千名到东京希望学习民族主义与革命奥秘的中国留学生,组建革命党(后来的国民党)的时候,宫崎还为起义事业奉献自己的一份力。时任大隈幕僚的犬养毅,聘请宫崎讲解中国当时的状况,日本军方的某些大人物——有的动机不纯——帮助他获取武器。宫崎是孙中山领导的团体的全权责任人,他为孙的成功自豪,当孙受挫时为其沮丧。他及他身边的那些积极分子都以志士自居,致力于在亚洲掀起一场新的、规模更大的明治

---

* 广州起义,1895年孙中山领导的反清起义。

维新，其中国友人（他们在中国边疆活动时常装扮成日本人，如孙中山）对他们的志向与真诚从未有过怀疑。日俄战争后涌至东京的数千名中国学生（这也是近代世界最大规模的留学活动之一）为双方的文化交流、日后的政治交情带来了前所未有的机遇。[10]

日本为先

上述这批人后来被称为"大陆浪人"，他们是日本政治制度的边缘人。日本的老牌政治家和权贵都觉得自己国家在用欧洲的方式一步步实现目标，于西方和亚洲帝国间取折中。他们对索取特权、维护特权的决心，要大于支持解放运动。孙中山在被悄悄劝说（并受资助）后离开了日本。日本在下关和朴次茅斯两场谈判取得的利益，通过一系列条约确定了下来，没有受到民族主义复燃的影响。日英同盟1905年获延续，1907年进一步加强。1907年、1910年、1912年、1916年日俄条约出台。1907年法国加入阵营，1908年美国也加入阵营（双方签订《鲁特—高平协议》）。对于包围中国的这一体系，与其说日本要推动其变革，倒不如说是费尽心机渗透进这里面。上述所有条约里，日本都确保自己的"特殊地位"得到承认，如今它是帝国主义秩序的得益者，完全没有挑战这套秩序的意思。用秦郁彦的话来说，"大日本"派正在压倒"小日本"派[11]，对于"行外人"满腔热情制定出来的"兴亚"大计，东京政府不抱什么希望。

1911年10月，中国爆发革命，世界上最古老的帝制政体在数周之内分崩离析。摇摇欲坠的清廷向北洋新军的领袖袁世凯求助，但这位大人物却建议向革命投降、幼帝退位，这位幼帝即后来西方所认识的亨利·溥仪。等到这些都落实了以后，袁世凯和革命党人进行谈判、订立协议，由他出任中华民国第一任大总统，登上权力的宝座。

袁世凯曾对日本占领朝鲜的行动百般阻挠，因此日本对他颇为反感。他用暴力手段铲除中国革命的重要领导人，这令中国革命党人同样不欢迎他。面对如此局势，西园寺政府采取谨慎态度。支持革命的自由派人士起初还欢欣雀跃，尽己所能地给革命党人提供武器，但随着事态逐渐扩大，他们对局势的发展已经无能为力。究竟是通过国际合作、恢复中国内部秩序，还是悄悄资助进一步行动，对此日本军方领导摇摆不定。年迈的山县觉得，西方归根到底对日本还是有敌意的，日本自然要和中国搞好关系。不过，"满洲"——日本人对满人故土、中国东北三省的称呼——就另当别论了。清政权明显将要崩塌之时，山县觉得，西园寺的谨慎令日本错失了一个"天赐良机"——原本可以借此巩固日本在中国东北的特权，将势力扩张到那里。其他军官发起小规模行动，几次试图在中国东北和外蒙古一带建立亲日的"自治"政权，以期扩大日本的大陆势力。陆军大将、后来政友会总裁田中义一所指挥的陆军参谋本部则认为如今时局紧张、有必要扩军，借助陆军大臣增设两个师团一事，将西园寺赶走。大正政变、桂太郎重新上台一事，此前已经有所叙述。这里想要提醒的一点是，中国的动荡局势可以在短时间内引起日本的反响，让逐渐摆脱元老操控、处于过渡时期的日本政治和政策变得更加复杂。

1913年夏，对袁世凯政权的不满引发"第二次革命"，孙中山的党派试图推翻北洋政府，但以失败告终。对袁更不妙的是，中国各地的省长和军队将领纷纷表示不满。中央集权逐渐演变为各省自治，原本由文官掌握的权力旁落到军方人物即后来的"军阀"手上。不久，孙中山再次回到日本，此时他比以往更需要日本的援助，不放过任何可以获得帮助的机会。

直到欧洲战火点燃，事情仍然没有着落。时任总理大隈重信、外务大臣加藤高明是日本政策的主要制定者。由于日英同盟的关系，日本有义务加入盟军，但对于不关涉自身利益的地区，日本并不想插手。几艘护航驱逐舰被派往地中海地区执行任务，除此以外，日本所做的无非抢占德国在中国山东的据点，占领南太平洋上德军据守的岛屿，将入侵东海海域的德国部队赶走。

"二十一条"便是在这样的背景下提出来的。第一，他们认为袁世凯并非值得信赖的合作对象，因此必须趁此时抓住机会将事情完全敲定。第二，俄国于1905年转让的南满租权是有期限的，假如要充分利用，需要加以延长。第三，日本将德国在中国山东的特权抢了过来，但终有一日要"彻底归还给"中国，只是个中细节和归还日期还不明确，与此同时，日本的管辖权仍需要形式上获得中方同意。第四，日本用清政府战争赔款建立的第一家钢铁厂——八幡制铁所——从1901年投入生产以来就依赖中国的原材料。日本工业家想要进一步加强和汉冶萍公司位于汉阳的铁厂之间的商业关系，希望这些资源由中日共同掌控。第五，中国要承诺不会将相关权利赋予第三方列强。

上述每一点都被单独列出来进行概述，被递交到驻北京的外交部门且建议保密。最后一点即第五点，类似于临时拼凑，是在得悉谈判即将进行之后添加上去的。这些条款加在一起将严重侵蚀中国的主权，其中甚至提议要聘请日本顾问负责财务、管理方面的事宜。

大隈－加藤领导的政府由于策略失误，把事情搞砸了。日方代表霸道无礼，触动了中方的敏感神经，面对其他有利益牵扯的列强，日方漫不经心地否认，表现并不诚实。直至数年后，中华民国政府都拒绝日方派遣外交官以特使身份来华。中方底气十足——行政层朝气蓬勃，还有西方特别是美国的积极支持——处事巧妙。而东京方面，外务大臣加藤试图掌控这一切，但随着中方逐渐在外国舆论中占据上风，被冷落在旁的日方元老们愤愤不平，执意知悉相关细节，用尽办法抢回切实利益、挽回国家声誉。终于，东京政府发出最后通牒，最终版也得到了中方同意，但初版中的第五部分被全盘舍弃。中方签约当天成为中国的国耻日。

第一次世界大战转移了欧洲列强的注意力，但美国除外，和平依旧的它，对"少年中国"的发展进步表示欢迎，而这种种进步在不少人眼中，是美国传教和教育工作——特别是伍德罗·威尔逊（Woodrow Wilson）总统和国务卿威廉·詹宁斯·布赖恩（William Jennings Bryan）当政期间——的成果。威尔逊任命的驻华大使芮恩施（Paul Reinsch）和中方紧密合作。布赖恩发出严肃警告，美国不会认可任何"有违中国主权"的行为，1933年伪满洲国成立后，时任国务卿的史汀生再次重申这一立场。因此，"一战"期间日本只实现了很小一部分目的，却付出了昂贵的代价。它本可以对中国发挥主导作用，却错失了一切机会，而且美国本土对日本的政策已经产生不信任，或者说，部分人确信其政策值得怀疑。当"一战"进入最后阶段，日本加入美、英、法阵营，向西伯利亚派军。对此，他们对外宣称的动机各不相同，但归根结底都带有反布尔什维克的性质。日军规模远大于其他国家派驻的军队，人们普遍怀疑，日本这样做是为了占领西伯利亚东部某个地方、以此为据点。即便其他国家已经撤军，日军还留守当地，一直到1922年。[12]

1919年3月1日和5月4日

"一战"行将结束时，日本在其亚洲邻国的形象严重受损且持续了很长一段时间。日本在"二十一条"一事上操弄列强政治，令中国的自由派人士大失所望，革命党人就更不用说了。日本之所以出兵西伯利亚，部分是因为担心布尔什维克主义会蔓延到黑龙江以南，寺内政府花了一大笔资金（"西原借款"）去支援中国北方的保守派军阀，借此稳固北境。但在中国内战的影响下，这支"现代"部队很快就溃不成军。然而，最具破坏力的还要数对朝鲜三一独立运动和中国五四运动的镇压。

第十五章　两次世界大战间的日本

"一战"协约国的胜利，给亚洲各地——特别是学生和知识分子——带来了希望，他们相信一个全新的、更公正的世界秩序即将到来。这里面有辛酸和天真的部分，朝鲜有传言称，威尔逊总统似乎要恢复朝鲜的主权。而中国文化水平更高的一代人完全有理由期待日本会把原来德国强占的地方归还给中国。虽然"二十一条"表明这件事不会这么简单解决，但巴黎和会、《凡尔赛和约》与国联或对此加以修正，威尔逊总统也是这么希望的。不幸的是，日本在其提出的种族平等议案被否决以后，再也不愿意在事关经济和领土利益的事情上退让半分，就在这样的氛围下，日本与其欧洲盟国共同订立的条约获得支持。

令朝鲜民族主义领袖沮丧的是，国联和"一战"和约同样没有作出任何有利于朝鲜的决议，他们决定在1919年3月1日以民族独立为口号进行和平示威。日期特意选在了朝鲜末代国王兼皇帝高宗葬礼举行的日子，在人们心目中，高宗是为朝鲜独立而牺牲的烈士。从1918年开始，各大宗教团体的代表一直谋划要向外界发出呼声。葬礼当天，汉城挤满了一身素白的哀悼者。这些民族主义领袖在独立宣言上签下自己的名字，安静地等待被捕。日本的殖民官员相当震惊，随后怒火中烧、以异常粗暴的方式回击。根据日方记录，大约有500人被杀、1500人受伤。但朝鲜半岛光复后，有人给出不一样的数字，要比前者高许多，有超过7000人遇害、14.5万人受伤。晚至20世纪80年代，日本教科书提到这件事时，将对和平示威者的屠杀描述为镇压"暴徒"，对日韩关系带来破坏性的影响。[13]

事件引发世界各地的示威活动，日本同样受波及，反军国主义氛围浓厚。原敬领导的政友会内阁开始有所动作，削弱军部在殖民官甄选和政策制定方面的话语权，还出台"文化政策"，尝试降低这次无谓的暴力所带来的伤害。即便如此，日本对于这次独立宣言的处理手法仍然是其统治的一个污点，日本曾自诩亚洲现代化的带头人,而这次事件将它的吹嘘批驳得体无完肤。

中国对日本的舆论并没有好多少。朝鲜独立运动遭到镇压两个月后,中国爆发五四运动,这是中国现代民族主义到来的标志性事件。《凡尔赛和约》不仅没有将德国的山东据地归还给中国,还把它转让给日本。幻想的破灭,成了这次运动的起因。那些被指责接受这份和约的中方官员,成为北京民众发泄怒气的对象。希望落空的民众,在中国各地发起大规模的示威活动,5月份,来自13所院校的学生聚集起来抨击条约,然后在亲日派官员曹汝霖的宅邸前会合,令曹仓皇逃走。五四运动作为简称,用以指代一场反传统、反从众的大规模文化起义。中国传统的社会与文化被抵触,而中国共产党正是在那些年的氛围中诞生、成长起来的。在此,对我们论述至关重要的一点是,日本一度是中国革命的温床,为现代民族如何应对西方威胁起了示范作用,此时的它却逐渐被视为中国面临的最大帝国主义威胁势力。再加上中国的反日示威、日本对中国的无礼,种种风波为日后双方的争端埋下伏笔。

幸好,上述事件并不是"一战"后、"二战"前这段时期内中日和朝日交往的全部内容。双方关系实在太紧密、太复杂、太多变,单单概括其为出于民族主义的反感,不足以反映全貌。访华的日本文化人会受到热烈欢迎,同样,在日留学的中国学生也会遇到态度友善、乐于助人的老师,并将这美好记忆带回自己的国家。在朝鲜半岛,这些年里新一代学生也主动接触日本,企业家也和日本企业合作,将日本的制度引进朝鲜半岛。[14] 即便环境如此,这样的来往和情感依然存在,这或许说明了,假如没有遭到日本帝国主义的破坏,东亚的团结和友谊能创造出的机遇该有多大。

国际主义:国联与华盛顿会议体系

日本在新设立的国联里备受尊敬,英日同盟在日本外交关系中的地位也被国联取代。日本地位上升的标志性事件之一便是新渡户稻造——早前提到，他在札幌上过学，在东京从事教育工作——被提名为国联秘书长，这象征着一个国际主义时代的到来。新一代的知识分子、教师和学生怀抱着与世界各地人民一样的希望——在这个新时代里，日本将会在国际会议桌上获得应有的位置。

然而，其他或者说大部分出身明治时代的人发现，新的国际秩序存在严重缺陷，痛惜日英同盟解散后日本无法稳固自身地位。即便是新渡户这样乐观、坚定的国际主义人士，也认为在如何解决亚洲问题方面，新国联或许帮不上忙。他指出，日本最重要的邻国——美国和苏联——都没有加入国联，而且，国联成为那些满腹牢骚的弱国的发声平台，似乎限制了日本这个亚洲唯一大国的影响力。[15]而在此之前，已经有人发声提醒日本要谨慎、切勿仓促肯定英美的世界观。

藤原氏族裔、出身日本顶级贵族的近卫文麿（1891—1945）在西园寺公望的邀请下，陪同后者出席巴黎和会。令西园寺大吃一惊的是，这位年纪轻轻、刚从京都帝国大学哲学科毕业不久的公爵，竟然发表了一篇短文，对"英美本位的和平主义"的前景表示担忧。在近卫看来，强国有"已成"和"未成"之分。他指出，如今那些对和平心切的西方盟国，已经拥有了想要的一切，最大的问题是怎样维持现状。他们可以轻易地将所有罪责归咎于德国的侵略活动，毕竟后者发生的时间要比他们自己所做的晚。西园寺颇感尴尬，提醒这位年轻人将自己的观点放在心里就好，但事实上，对新国际秩序的好处充满疑惑的日本人很多。此前民族主义者就已质疑英日同盟能给日本带来什么利益，而在国联这样的新组织下，连英日同盟带来的关照都没了。英日之间不大可能恢复旧日的盟友关系，面对美、英合作日益紧密的局面，人们已经开始怀疑，和英方结盟究竟有多大用处。明显，若日本和美国发生冲突，英国是不会支持日本的。

同样明确的一点是，日本不具备挑战英美两大巨头的实力。

除此之外，还有其他声音，与上述狭隘的地方主义相抗衡、呼吁国际主义精神，华盛顿会议关于限制海军的决议便是其影响的结果之一。首先，最重要的一点是，所有参与国都在战争期间进行了大规模的海军建设，而到和平时期，没有谁能继续维持这等开支，但彼此之间又需要保证，确保限制军备不会让自己在日后的竞赛中落入下风。其次，1922年日英同盟面临是否续约或替换的问题。英国明显不会和日本一同对抗美国，日本需要一套新的安全机制来取而代之。最后一点，中国政治局势动荡不安，中华民国岌岌可危，所有列强都觉得有义务以合作的方式去处理对华事务。欧洲近年武库充盈，如今这些军备正流入亚洲。从方方面面看，为了解决上述这些问题，确实有必要召开一场会议。

政治上一向特立独行的尾崎行雄，从战后欧洲之行归来后深信，要维护安全，不可能不在裁军问题上达成合作协议。他向众议院动议，但投票结果一败涂地。接下来，他穿梭全国各地，给大量听众讲述裁军问题，通过这种方式，把话题带到人民群众当中。他粗略地做了一次民意调查，每次会谈他都分发明信片，最后一共收回31,519份，其中92%支持他的议案。这明确显示，有不少日本人赞成国际合作的立场。

华盛顿会议的日方代表为时任驻美大使币原喜重郎，此外还有德川家达、海军大将加藤友三郎。会议产生了一系列相互关联的条约，被称为"华盛顿会议体系"，为20世纪20年代太平洋地区的政策与安全订立了框架。

包括美、法在内的《四国公约》，取代了英日同盟的地位。成员国承诺尊重太平洋地区的现状，当四国中任何一国的安全受威胁时，保证相互协商。

接下来的谈判围绕限制海军展开。日本"舰队派"早前曾鼓吹

第十五章　两次世界大战间的日本　　　　　　　　　　　　　　　　633

要建造战列舰和巡洋舰各八艘。英美则提出相反提案，主张中止包括战列舰、重型巡洋舰在内的所有主力舰的建造，采取美、英十成吨位，日本六成吨位的限制措施。日方谈判人员提出将比例提升到十比七，但无功而返，只能接受，条件是用几艘新船取代退役船。但从根本上维护日本安全的是这样一条内容，即各方保证不会在太平洋地区另造基地，为夏威夷、新加坡、日本建的除外。对此日本的"舰队派"并不满意，但海军大将加藤声望极高，足以平息海军内部的反对声音（但没能阻止总理原敬被刺杀）。这些限军条约确实前所未有，太平洋地区的和平似乎有了保证。但要记住的一点是，条约只针对主力舰，对更轻型的船舰的限制在1930年伦敦会议上提出，那时候招致的怨愤可要大得多。这时航空母舰仍未受重视，不在管制范围内，但日本人对空军的发展潜力更有信心，因此设法将几艘尚在建造的战列舰进行重装，计划将其"作废"、充当航空母舰。

最后签署的一份条约为《九国公约》，从对华不平等条约中获利的列强承诺尊重中国的领土主权，在贸易上保持"门户开放"。

20世纪20年代初，日本开始采取措施兑现自己在华盛顿会议上的承诺。德国将其在山东侵占的领土归还给中国。日军从西伯利亚和萨哈林岛北部撤退。在后藤新平的领导下，日本和新成立的苏联政府关系正常化。日本也兑现了海军限制的承诺。各方合作为中国制定新的关税与海关设置时，日本还一度全面协助。对于每一举措，日本国内的意见都远非一致。总理原敬遇刺身亡，军部某些派系主张扩大陆海军规模，有的还鼓吹对外扩张，但有理由相信，日本领导人能看到新国际秩序的种种好处。

移民之困

在充满不信任和怀疑的环境下，几乎没有哪份武器条约能够长久。《华盛顿公约》的承诺很快就因为美国再次发生的移民问题而开始动摇。这一问题在双方"君子协定"（和20世纪70年代针对汽车实行的自动出口限制有相似之处）下似乎得到解决，按照"协定"，日方会"自动"对移民加以限制。但在20世纪20年代，问题再度浮现。来自东欧与欧洲东南部的大规模移民，点燃了美国东部的本土主义情绪，而在西部，针对东方人的排挤、鼓噪氛围，导致一系列外国人土地法出台，使得移民难以拥有甚至租借土地。1922年，美国最高法院裁决，根据先前立法，日本人没有获得公民身份的资格。继1920年加州实行外国人土地法后，另外十五个州很快就推行类似法律。而这一切都在为国会立法铺路。

美国《1924年移民法案》便是对日本人怨愤的一次发泄，这份法案本毫无必要，意识到这一点，方可理解这股怨气有多么大。早在1921年，国会已经开始采取配额制，以民族始籍为依据进行分配，北欧国家优势极大，分配到的名额多得几乎从未用完过。这些配额以1910年在美居住人数为基准（不得超过3%）。1923年基准年份被改为1920年，但比例降到2%。到1924年，某组织主张将基准年份前移至1890年，日本人的配额由此跌到246名。即便如此，本土主义者仍不满意，他们想要的是将日本人彻底排挤在外。不符合公民资格的移民并不在这部法案的考虑范围内。

这对日本来说是一个极大的羞辱，为了避免此事发生，国务卿劝说时任日本驻美大使埴原正直，让他发表声明强调日本在遵守"君子协定"方面的坚定立场。埴原这样做了，但在声明最后说道，他担心，这种排斥主张可能会给本来愉快的日美关系带来"沉重的后果"。这一措辞被参议员亨利·卡伯特·洛奇（Henry Cabot Lodge）呵斥为"暗地里威胁"，实质上推动了法案的通过。这部法案遭到美国大部分当权者和主流报章的谴责，但日本一些头号国际主义人士的影响力还是因此受损，这种破坏持续了很长一段时间。

第十五章　两次世界大战间的日本　　　　　　　　　　　　　635

新渡户稻造是这班国际人士中最为出色的一个，他发誓，在这部侮辱性法案被废除之前，决不踏足美国，而这给他的日内瓦之行带来极大的不便。新渡户一生致力于充当"沟通太平洋彼岸的桥梁"，但在这件事里，桥断了。

民族主义中国的出现

对于如何妥善应对中国民族主义的兴起，列强意见不一，华盛顿会议体系最终在彼此分歧中瓦解。日本内部也有好几种看法，由于这件事会给日本造成长远的影响，因此，采纳什么样的外交政策，便成了国内政坛的一大热点。

我们有理由推测，日本会以同情的态度去对待中国的民族主义。中日两国都认同东亚文明，感受过西方所强加的不平等条约何等不公平。无论是在华人员或中国问题专家的数量，还是对中国文化与文明的了解程度，没有哪个国家可以比得上日本。可惜，那些与孙中山共事过、持"中国先决论"的人只属于少数。有些著名学者认为，中国人更关心的是家族和村落，不大可能会像日本那样去回应现代世界。这一论点来自著名汉学家内藤湖南教授的畅销书《支那论》。[16]然而，清政府统治、帝国主义势力干预、海外经验逐渐孕育出中国的新一代，在这种种事实冲击下，这种论调几乎站不住脚。五四运动的参与者高举民主与科学旗帜，儒家传统无力帮助中国抵御外部侵略，他们希望民主与科学可以成为另一出路。五四运动及参与运动的这班人，引发了一场社会和文化的革命。而且，这还是一场政治变革。最初扎根广东的国民党，在苏联经验的启发及其帮助下，从一个小小党派成长为一股强大势力。其成立的军校（蒋介石任校长）以现代武器和军事策略为培训内容，开展一系列训练计划，教导宣传人员与活动人士怎样和中国的工人与学生合作。

1924—1925年间，华北各大军阀陷入激烈混战，最终自取灭亡。[17] 而在华南一带，国民党和共产主义组织通过民族统一战线逐渐走上舞台，他们在1926年发动北伐，准备借此牢牢把握这次机会。但军队抵达南京时，由于排外情绪、纪律涣散等原因，发生多起针对外国人的暴力事件。日本外务大臣币原由于拒绝加入其他国家的反制行动而遭到抨击。国民党部队到达上海不久，蒋介石便发动血腥政变，背叛了他的共产主义盟友。残存下来的左翼力量逃到武汉——他们很快就遣散了苏联顾问——而蒋介石则准备挥师北上，直指北京，统一全国。

中国发生的这场政治动荡，对日本政局产生直接的影响。对华政策成为重大事务。有声音批评称，日本没能强有力地回应南京发生的事件，导致威望、声誉受损。而币原并没有改变立场，他关心的是日本和华中、华南商业中心的长远关系。蒋介石在上海与共产主义决裂的举动，似乎证实了币原对国民党前途有望的推测。不过，反对党政友会已经找到攻击的由头。

为求妥当，带头攻击的是一名战争英雄、高级将领，他于1925年应政友会领袖请求，从军队退役，带领政友会走出政坛僻野。曾于俄国服役的田中义一（1864—1929）自认在日本北境是个能说得上话的人。日俄战争期间，他向张作霖施以援助。随着清朝版图被地方军阀分割，张作霖通过麾下的奉军，逐渐成为东北地区最强势力，日方对张不仅青睐有加，还不时地充当参谋。张作霖和北洋政府走得很近，令他在国内政治颇有些分量。而在日本，田中在建立全国性预备役军人组织网络上发挥了建设性的作用。他曾在原敬内阁担任陆军大臣，在山县有朋日渐虚弱并于1922年去世的那段日子里，他逐渐成为陆军司令部"长州阀"的第一号人物。现在，作为政友会总裁的他，带着深厚资历坐上了政府的头把交椅。1927年爆发的一次银行危机（下文将有所讨论）导致当时的宪政会内阁下台，政坛出现真空地带，田中带领其下政友会趁势而入。

第十五章　两次世界大战间的日本

田中当政一个月后，下令日军移师中国山东济南，声称保护当地日本侨民的安全，而这阻挡了蒋介石的北伐进程。局势充满各种不确定性。部分文官和外交人员觉得，要避免再次发生之前在南京那样的袭击日本人的事件。与此同时，继田中之后上位的参谋总长对于冒险掺和大陆政治的想法并没有多少兴趣。这时，还没有发生造成长久伤害的事情，日军不久就撤退了。蒋介石（曾于日本受训）暂时辞去政务，出访东京，和田中进行会谈。两人都觉得彼此已达成一定的理解。蒋指出，日本必须避免在明面上支持北洋军阀，田中则强调蒋要坚持反共立场，集中力量维系华中、华南一带的政局安稳。

这一切还不错，但很快，蒋介石的北伐行动就将矛头再次指向北京。北京城一度由张作霖做主，就像其他大军阀那样，张视自己为北洋政府的最高领导人。若任由事情自然发展下去，蒋的北伐将打败奉系军阀，把张作霖拉下马，而蒋介石的部队估计会沿着张的足迹，穿过奉天和北京之间的山岭。如此一来，日本就要面对这样一个局面——一股民族主义势力出现在自己的利益攸关之地。即便是秉持国际主义的外务大臣币原，对中国东北地区也持分裂主义观点。而主张军国主义的田中觉得张作霖的存在十分关键，可以减缓中国民族主义进入东北地区。

1927年夏，田中召开东方会议，外务省、大藏省、陆军、海军、参谋本部都派出代表与会，试图确定日本对华问题的主次。会议带来意料之外的结果，其中之一便是一份被称为"田中奏折"的文件，据称陈述了在华进行系统性扩张的方案。文件来源并不完全清楚，有观点认为是伪造的，至于谁伪造的，观点也不尽相同。《田中奏折》某种程度上预测了未来日本的动向，这想必令人进一步相信其真实性。

会议上没有制订什么扩张计划，反而出现了种种相左的意见。

直到结束之际,各方才勉强达成共识——现今崛起的国民党政权或符合日本标准的政府,政权稳定,不信奉共产主义,日本可与之合作,同时要让中方明白,日本将会支持张作霖在中国东北一带继续维持自己的势力。对于田中来说,这意味着要让张作霖离开北京、远离危险之地,越过山岭前往东北,以防国民党部队追剿。[18]

危机很快就来了。蒋介石回到中国后,重掌北伐的主导权,准备向北京推进。1927年12月,眼看地区冲突随时爆发,田中以保护日本的侨民及相关利益为名义再次派军队前往山东。1928年5月,日军侵占了济南,占领一直持续到1929年。

接下来发生的事情更糟糕。张作霖同意撤出北京回到奉天,日本关东军参谋部认为制造危机的时机已经成熟,希望借此巩固自己在争夺中国东北一带控制权方面的行动优势,不需要继续和张作霖合作。日军内部越来越多关于"支那问题""满蒙问题"的讨论。急躁不安的年轻军官觉得,如今由他们加速推动历史的机会来了。在陆军大佐河本大作的安排下,张作霖乘坐的火车进入东北一带时被炸毁。河本原本希望,上面的人会有所反应、利用他的这次鲁莽行动,结果什么都没发生。张作霖的儿子接掌奉军,等到位置坐稳了以后,宣布效忠新成立的国民党政府。蒋介石任命张学良为东北边防军司令长官。对于心系"满蒙问题"的日本人来说,现在的局势比1928年6月张作霖身故以前的任何时刻都要艰难。

天皇与将军

总理田中陷入了麻烦。政府宣称,夺去张作霖性命的这场爆炸是一起恐怖主义行动,但具体事由尚未厘清,而国会反对派议员想要弄清楚的是,这样的事为何发生在日军据守的地方,必须进行调查。连年轻的裕仁天皇也向田中询问起来。田中承诺会检视此事,若发现行凶者中有军人,必将加以惩罚。田中努力践行自己的诺言,却遭到旧日部队同僚的反对，如今在他们眼里，田中是政坛当权者之一。他们强调，倘若对河本予以惩戒，皇军的形象将会蒙受不可修复的破坏，日本在大陆和国际事务上的角色也会因此受损。他们觉得，为今之计，不如将事情掩饰过去。

这样一来，田中便没法实现当初对天皇的承诺。惊慌错愕的裕仁将他严厉地批评了一番。1929年7月田中辞职下台，很快便撒手人寰。这件事对裕仁的伤害不亚于田中。"二战"结束不久，裕仁仍可能面临战犯指控，这时的他向宫中事务官口述了部分往事。据他描述，令田中下台一事，让他深刻理解了自己角色的局限。他说：

> 田中再次来见我,说想要将此事隐瞒下来。我带着怒气回答，您现在说的话跟之前完全不一样了，您不觉得应该辞职吗？

不久怨声四起，声称有老牌议员在背后策划了这一切。警惕的资深幕僚向天皇进谏，提醒他应该扮演什么样的角色。天皇接着说：

> 如今想来，我的年少轻率令我说出那些话。不管怎样，我在表述过程中使用了那些措辞。田中随即提交了辞呈，内阁也跟着集体辞职。据我听闻，河本说假如自己被送上军事法庭受审的话，将把日本策划的这一切公之于世。这样我便明白了，为何军事法庭审判会被取消……自从这件事发生以后，我决定对内阁呈递的每份报告都表示同意，哪怕我本人可能持相反意见。[19]

由此可见，河本并非单独行动，同时，刺杀张作霖的行动体现了日军对直接行动的渴望，而这样的机会在三年后到来。

"放弃以国权发动的战争"

在这过程中,田中还面临其他麻烦。之前我们曾谈到政友会和民政党之间存在一些分歧,通常民政党更占优势一些。但民政党人是政客,需要公众的支持。1928年,他们指责田中损害了天皇的权力,这是他们对手惯用的做法。在此,我们需要回顾一下《凯洛格—白里安公约》(Kellogg-Briand Pact)所引发的争议,公约里的某些话在战后日本宪法的第9条里再度出现——"日本永远放弃以国权发动的战争"。

《凯洛格—白里安公约》起源于法国外交部长阿里斯蒂德·白里安(Aristide Briand)和美国国务卿弗兰克·凯洛格(Frank Kellogg)的一系列谈判,协议放弃将战争作为国家政策的手段。一开始计划的只是一份双边协议,随后变成包括所有大国在内的62个国家之间的公约,各国政府"以各自人民的名义",把战争视为非法的"国家政策的手段"。内田康哉代表日本签署了这份《巴黎非战公约》,成为最初加入的15个国家之一。局面一度明朗,"放弃以国权发动的战争"似乎成为全世界的共识。

敌对的民政党仍然因政友会民族主义分子对自己的粗暴对待而心有不忿,于是发起另一轮攻击,称"以各自人民的名义"这句话有违国体,侵犯了天皇所拥有的开战与停战的权力,不符合宪法。右翼媒体表示赞同,但有评论员出于责任感支持公约议案,他们意识到,假如日方代表在巴黎签署的协议没能获得国会的支持,日本将会遭到国际舆论的质疑。反对派没有气馁,将战场转移到枢密院,带到立场极为保守的书记官长伊东巳代治面前。[20] 经过枢密院的激烈辩论后,公约获得通过并附声明如下:

> 帝国政府宣布,公约第一条关于放弃战争的条款中出现"以各自人民的名义"这样的措辞……从帝国宪法的规定来看,据

理解，这并不适用于日本。[21]

20世纪30年代以强硬派身份再度活跃于政坛上的内田，最终在一片抗议声中引咎辞职。这让他开始质疑自己身为谈判者的角色，觉得自己损害了国家的声誉。等到事情告一段落后，民政党重掌权力，币原再度担任外务大臣。

《巴黎非战公约》从两方面影响了日本的历史轨迹。首先，"二战"后为追究日本战争罪行而召开的国际法庭作出如下裁决：依据《凯洛格－白里安公约》，侵略战争是非法的，因此，策划这类战争的国家领导人可能要接受审判。

接下来要谈的第二点相当重要。1946年，一批美国官员被召集到麦克阿瑟将军的指挥中心，准备为日本制定一部新的宪法。将军给的具体指示很少，但有那么一张手写的便条，提出宪法文件应当规定政体是非战主义的。但如何措辞呢，他们拿不定主意，于是拿《巴黎非战公约》作为参考，摘取其中的词句，撰写了宪法的第9条及有关放弃战争权的部分。纵观各个条款，被讨论、争议得最多的莫过于这一名句——"放弃以国权发动的战争"——而这份文件也因此获得了"和平宪法"的名号。

第三节　经济变化

日本经济在两次世界大战期间经历了一场大变。为其奠定基础的是明治时期的制度变革，其中很多在还没有必要之时就已提前完成了。例如，1900年日本已经建立起完善的银行体系。采取公开认购的方式、服务于普通市民需求的小银行达数百家之多。这些银行按照上市公司的方式来组织架构，而且是最早采用西方业务做法的机构之一,在日常生活中发挥着重要作用。其他那些受控于政府的银行,则是为了应付日后帝国扩张的需要而设立的,包括兴业银行。又比如说十五银行(华族银行),它的成立是为了安置大名于废藩后收到的大额补偿金并引导这笔资金的使用,通过投资国家重点项目如铁路开发、造船业,能获得不菲的回报。日本现代经济增长的特殊之处在于,传统经济并没有因此受挫,反而为其提供了助力。反观印度和印度尼西亚的殖民经济,当地通过出口半成品来换取那些原本用传统方式生产的消费品。而在日本,国内生产仍然以供应国内需求为目的。这一点,早在1884年前田正名所撰写的长篇报告《兴业意见》里就有预示,这份文件一直被拿来和亚历山大·汉密尔顿(Alexander Hamilton)于美国建国初期制定的提案进行比较。前田认为,进口对象应限定在那些对日本富强来说必不可少的物品上,而传统制造业在因应现代环境、进行适度的改善和改造之后,应该以民众需求为生产目的。直到日俄战争爆发时,只有很少一部分日本职工——大多数在政府、安全、教育部门——受雇于"现代"行业。当然,这个数字增长得很快,但这部分增长是由于有一大批工人群体进入以传统模式运作的小企业所致。到1910年,87%的织布业仍采用手工作业。[22]事实证明,比起早期国营工厂里使用的那些昂贵的进口机器,小幅度、小规模的技术变化更加可行可控。进入20世纪后,日常生活几乎没什么变化,令传统行业得以继续满足日本需求。超过三分之一的"工厂"工人受雇于职工不到十人的单位。这一情况不仅出现在以家庭作坊为主、有五分之一农户参与生产的丝织业,火柴制造等"现代"出口产业也未能避免。制造商组织一个个家庭作业团队来生产这些商品,通过当地银行的贷款,网罗所需原材料及设备。家庭作业团队各有分工,木材劈分、火柴头的沾染、火柴盒制作、贴标签,以及成品打包。E.希尼·克劳库尔写道:"这些'制造者'可能雇用了几百号人在各自家里劳作,由于报酬微薄,

第十五章　两次世界大战间的日本　　　　　　　　　　　　　　　　　　　　　643

为了糊口，整个家庭不得不长时间地工作。"[23]

传统经济与现代经济并肩而行的局面，至少维持到20世纪。随着现代行业的规模和重要性不断上升，其带来的收益及从业人员的数量逐渐超过了传统行业，导致所谓的"二元经济"格局，这是20世纪日本的一大特点，一直持续到"二战"后另一波经济增长到来之前。

克劳库尔等权威人士提出，日本的经济增长之所以不同于西方早期工业国家的发展轨迹，和政府的积极干预有关，后者更偏爱那些与"富国强兵"政策大有干系的发展项目。而这些发展重点和目标也为大多数日本人所接受。尽管投资的企业起初并没有盈利，但基于对未来需求的长远考虑，投资是合情合理的选择，打理这些企业的往往是士族出身的政府官僚。一旦行业能够盈利了，那些非武士出身的商人便会发现个中机遇、纷纷加入，到时候自然不缺商人。这种情况在纺织业出现得比较早，农村姑娘通过中介被招聘过来，然后不得不待在工厂宿舍里，遭受着种种苛待，为此很多人都试图逃跑。[24]

政府努力确保铁路干线和军工厂掌控在自己手上。令人叹为观止的是，在如何提供行政管理方面的指导上，形成了一套模式，以实现标准化、提高质量进而促进盈利。到1914年，乡村合作社已经相当普遍，在其推动下，农艺实现了各个方面的提升，包括种植早熟作物进而实行二熟制、使用公社苗床、采用行列种植以提高耕作质量、大批量使用化肥、改善稻田排涝。在政府带领下成立的贸易协会从本地一步步发展为府县进而全国规模的组织。此前，德川时期成立的商会（仲间）和社会团体提供相关指导，这是传统做法，在上述过程中，这种传统指导不仅在新模式中得到肯定，还被加以利用。

走过19世纪80年代的松方紧缩时代后，日本的经济增长轨迹经历了多个衰退周期，但整体上呈稳定积极的趋势。1886—1920年间，日本的国民生产总值涨了六倍，不过由于同期的人口增长，人均生产量的年增幅仅有1.8%。而且，国家（政府）支出的上涨速度远比个人消费快得多，这也有助于解释为何日常生活的变化如此缓慢。

每一场战争都刺激了经济，带来新一轮的繁荣，政府支出连同薪资水平一并上升。但每一回，战时经济过后迎来的都是战后衰退期，这一方面是因为需求疲软，另一方面是由于军费开支一直维持在高水平甚至有所上升，这里面不仅包括驻守和保护新占领土所需的花费，还有日本在亚洲及国际事务担当更大角色过程中产生的支出。日本的纳税人从来没有经历过"和平红利"时期。中日甲午战争结束后，三国干涉还辽令日本国内一片愤懑，但敢怒不敢言（日本称其为"卧薪尝胆"，该成语来自中国一则著名故事，故事主人公耐心等待报仇雪恨的一天到来），由于和约规定中方将支付大笔战争赔款，日本得到了补偿。政府曾试图在国会通过一份向钢铁厂拨款的预算案，多次尝试但都没有成功。终于，出于战争需要，这份议案获得通过，清政府的战争赔款大部分被用于建设八幡制铁所，这家钢铁厂的建立标志着日本重工业迈出了重要一步。八幡制铁所的厂房于1901年投入生产。新的需求随之产生，如此前所述，八幡依赖进口焦炭和生铁。武汉的汉冶萍公司被纳入"二十一条"，便体现了这一点。[25]然而，日俄战争没有为日本带来任何赔款，这也是东京群众如此愤慨的原因。在这之后，在朝鲜及中国南满地区的活动，再加上海军的现代化建设，导致更为庞大的军事开支。政府想方设法地抵消这部分影响，包括推行地方改良运动，以及天皇发布的勤俭诏令。

但如果像某些人那样就此下结论，认定日本人被"富国强兵"的口号祸害了、最后不得不接受"贫国强兵"的命运，也未免有所夸张。两场战争极大地加快了现代行业的发展速度。日本不再依赖外部供应商进口军事器械及和平时期的机器设备。造船业、武器制造业获得巨额补助。日俄战争期间，此前向日本供应军舰的一部分欧洲船厂宣布中立，但日本自主制造的能力越来越强。1905年至1915年间帝国海军订制的七十七艘船里，只有七艘在日本生产。而到1914年，日本在蒸汽机车生产上实现了自给自足，当时仅有五个国家可以做到这点（另四个是法、德、英、美）。

这一切都成为日本的助力，当第一次世界大战带来新的商机时，它已经万事俱备。到那时为止，"一战"成了日本获利最多的一场战争。"一战"没有给日本造成太大的人员伤亡和财力消耗。西方发达国家将全部精力花在了怎么摧毁彼此上，甚至无暇去压榨殖民地市场。日本曾在这些市场受尽排斥。但在这时，日本的现代行业已经准备好乘虚而入。日俄战争期间日本曾向西方订立借款合同，此后在双方的国际收支差额状况里，日本长期处于欠款状态。然而，情况很快反转过来，日本从借款的一方摇身一变，成为债权人。日本的国民生产总值以年均9%的速度上升，"一战"期间的增幅达到40%。至于关键的钢铁领域，明治时期的日本还得依赖进口，此时成为盈利不菲的行业。纺织业飞速发展，日本利用《马关条约》的条款，成功扩大了在华的投资和生产规模，日资纺织厂的数量增加了十倍。[26] 而在日本国内，对现代行业的私人投资回报达到前所未有的高度。1917年工业俱乐部的成立，体现了新兴工业家的信心，同时是他们成就的象征。这批人是新经济体的缔造者，具备撼动它的力量，俱乐部便是他们聚餐、社交、策划的地方。

但在这时，劳动力出现短缺。工资连带一般物价水平一起飙涨。食物开支迅猛上升，投机、炒卖更是令情况进一步恶化，这是引发1918年米骚动的一大因素。在工业领域，电能使用量迅速增加，虽然总量按西方标准来看仍处于较低水平。举例来说，到1919年，5

到 14 人规模的工厂里有四分之一靠电力运作，这个数字比 1914 年增长了四倍。"和那些有军事或投资需求的制造业相比，"克劳库尔写道，"满足国内外消费的制造业大体上仍属于劳动密集型，规模小，接受技术创新的速度比较慢。"[27]

假如说，"一战"带给日本的经济刺激要大于早前的战争，那随着"一战"结束、国际竞争恢复，由此导致的经济衰退也是前所未有的。高通胀率之下，日本难以继续保有战时开拓的市场份额。政府鼓励从中国台湾、朝鲜进口大米，试图以此抵消食物成本上涨带来的影响——1918 年的米骚动便是这次涨价的后果之一。结果，当和平时期到来，战后经济衰退之际，农民却被迫和进口粮食进行竞争。20 世纪 20 年代经济严重低迷，1927 年的银行危机更是令其雪上加霜。当对长达数十年的政治自由化运动进行思考时，我们要记住，对通货紧缩、经济萧条、经济危机的看法伴随着在大陆频频冒进（有些人或许认为前为因、后为果）。[28]

国际贸易对日本的重要性达到前所未有的程度。和此前相比，日本的化工行业已经远在自足水平之上，但丝织品、廉价小商品越来越依赖进口。在这种环境下，消除物价和工资膨胀、让其回归竞争价格水平，就显得尤为重要。商业领域一度维持着战时的投资与扩张规模，直到 1920 年，随着订单崩跌，"泡沫"才终于破裂。进口大于出口的不平衡状态，一度由于战事而扭转，但很快就回到原样，股市暴跌。新兴的投机型企业表现尤为糟糕。反观老牌经济龙头即财阀，往往能够经受住暴风雨的考验。确实，在新兴企业陷入困境之时，财阀仍能选择性地开设新店铺，这种能力令其在经济领域积累起雄厚的力量，但也因此成为施暴的对象。1921 年 9 月，神州义团的成员朝日平吾刺杀了安田财阀的创始人安田善次郎。他留下一份声明，痛陈时局之腐败。他写道，贫穷之人看不到任何希望，而作奸犯科的巨富却可以扭曲司法体系，将其变作自己的保护伞甚

第十五章 两次世界大战间的日本

至奖赏。一方面，新的改革即大正维新势在必行，另一方面，当务之急是先要惩罚"奸富"，为今之计只能毅然决然地将他们暗杀掉，除此之外别无他法。最后他总结说："牺牲性命并以自己的手段和方法去达成，如此，便是在为革命搭桥铺路。"[29]这样一种危害极大并带有恐怖主义色彩的谴责，在当时仍属于个别行为，而在十年后的20世纪30年代，极端民族主义者发动一系列反资本主义的血腥暴力行动，将矛头指向政客和商人。这次事件表明，政权内部的压力会随着经济环境的恶化而越发严重。

原敬内阁想方设法地抑制和扭转战时引发的高通胀，好让日本的财政政策恢复金本位。从1897年开始，日本便采用金本位制，这是明治时期领导层取得的成就之一。战时紧急状态期间，日本不得不随其贸易伙伴一起舍弃这套标准。对日本贸易越发重要的美国，于1919年恢复金本位。但由于战后的经济萧条，日本迟迟未能踏出这一步。但更糟糕的事情等在后头。1923年9月1日，东京至横滨一带被地震摧毁，引发的大火燃烧了整整40个小时。受破坏的建筑估计达12万座，还有45万座被烧毁。死亡人数约为14万，另有25万人失去生计。1909年的国民财富约为860亿日元，而地震造成的损失就高达100亿。面对如此严重的灾难，早前为应付高通胀、货币贬值而采取的措施已经完全不适用，代之以大规模的政府援助，以"地震债券"的形式进行，而这一举措在之后很多年里令财政政策变得更加棘手。灾后重建带来新一波的进口潮。以三井为例，其位于东京金融区日本桥的总部在地震中被毁，美国的建筑师事务所（特洛布里治与利文斯顿，Trowbridge & Livingston）和建设商（斯图尔德公司，Steward & Co.）随即被聘请过来，为三井打造了一座宏伟壮丽的商业殿堂，于1929年竣工。[30]在这种种压力下，日本不可能早早恢复金本位。

战后投机之风盛行，大地震前夕，恐慌已经开始小规模蔓延，到 1927 年，一场银行危机彻头彻尾地爆发了。在糖生意上和台湾银行有来往的铃木商店宣布破产，将台湾银行等多家银行推入同样的绝境。其中就有十五银行（华族银行），这家银行的管理层——通常被称为"松方财阀"——无视全球船业市场的饱和，执拗地要保留对造船业的投资。雪上加霜的是，由于海军裁军计划，部分造船项目被迫中止。这次银行危机将若槻礼次郎的内阁拉下了台，他在加藤高明于任上去世后接手上台。这一切本可以避免，或至少不那么严重——究其根源，引发这场危机的是政治对立，涉及对华政策的分歧。日本银行请求枢密院授权、援助一家每况愈下的银行，但枢密院以不太相干的理由百般推托，只因为他们对外务大臣币原的不满——蒋介石的国民党在南京采取一系列针对外国人的行动，但币原决意不让大众对此事的情绪升温。托马斯·沙洛（Thomas Schalow）在最末的分析中总结道，这场危机的导火索是"枢密院拒绝给日本银行授权，没能让它以足够快的速度在银行挤兑发生之前行动"，而枢密院之所以拒绝，根本原因在于它对"软骨头"币原对华外交路线的强硬反对。[31] 十五银行宣布破产，前藩主家族的财富大幅缩水，损失惨重。以原萨摩藩主岛津家族为例，其财产约莫 650 万日元，此时只剩下不到 18 万。像川崎造船这样靠十五银行资助的大企业，一下子陷入严重财困。连皇室也受波及，它于 1913 年将官方储金放在十五银行。若规内阁完全没了办法。拥有全国约 11% 存款的银行（接近三分之一的存款放在十五银行东京各支行）发生严重挤兑，大藏大臣为了恢复储户信任，孤注一掷，连忙印制单面钞票，堆放在银行出纳的显眼位置。32 家银行暂停营业。

正是在这样的环境下，若规内阁辞职下台，由田中义一的政友会接手。田中任命已经引退的财政官员高桥是清担任大藏大臣。高桥宣布 20 天的银行延迟偿付期，大藏省利用这段时间重组了台湾银行。政府推出新的法规，提高银行存款准备金的标准，鼓励银行合并，银行数量为此减少了三分之一。和以前一样，实力更强的企业——财阀及其盟友——因运作良好而发展壮大，其触角延伸到日本社会的方方面面，在这过程当中，大企业也越来越被大众嫌恶。

田中"修正"了币原的对华政策，由此带来的问题此前已有所论述，但田中在恢复经济信心方面的举措，我们反倒谈论得比较少。高桥主张扩张型的经济政策，出于经济增长的考虑，他恢复早前政府注资的模式，这是20世纪初以原敬为首的政友会内阁的方案。[32] 相对宽松的政府财政支出，创造了良好的营商环境。小型的、次级的供应厂商数量迅速增加，彼此间竞争激烈，从而将价格维持在较低水平。政府没有尝试去直接操控，但援助了不少同业联盟，还实施保护主义政策，限制包括农产品、钢铁在内的商品的进口。

1929年田中内阁下台后，民政党在滨口雄幸的带领下重新掌权。民政党向来推崇财政责任，主张早日回到国际金本位体系。滨口在引退前在大藏省内做过各种业务。原敬内阁时期，他斥责政府支出宽松，到加藤高明组阁时，他出任大藏大臣，随后在下一届的若规内阁中担任内务大臣。这回，他选择具有留英背景、在美工作过的井上准之助来担当大藏大臣。井上曾在日本银行任总裁一职，后于1923年出任大藏大臣，面对关东大地震之后的乱局，他不得不担起责任、设法维持系统的运转。1927年危机过后，结束贵族院任期的井上重新回到日本银行担任总裁，后来又辞去职务，加入民政党，重新出任大藏大臣一职。

这一回，1929年开始席卷全球的经济大萧条打乱了所有人的计划。井上一心保持稳健财政政策，决意推行紧缩政策，并于1930年将日本拉回金本位体系之中。但事实表明，这几乎是最坏的时机。同年，英国抛弃金本位，不久美国也要做出相同举动。随着经济危机愈发深重，所有国家几乎都不再将自由贸易摆在首位。滨口内阁任命币原喜重郎为外务大臣，希望借此推行国际合作和贸易政策。

1930年，日本正式承认蒋介石的国民党政府。同年，滨口不顾帝国海军反对，执意接受了伦敦海军会议的决议，此次会议扩大了华盛顿会议的军备限制范围，将小型军舰也纳入其中。

但无论是滨口还是币原，最后都以失败告终。军方在中国东北的暴行，令币原的政策付诸流水；至于滨口，他遭到极端民族主义分子刺杀，其后政府一度处于真空状态，后由犬养毅领导的政友会内阁接手。高桥回到大藏省，重拾扩张型政策。1932年，犬养毅遇刺，三年后同样的命运降临到高桥身上。

我们很快会再次谈论到这些事件。现在需要提醒的一点是，世界各国的货币管制措施表明，"一战"后的国际主义浪潮渐渐式微。对外贸易是日本采购原材料的重要途径，这种种变化给它带来的伤害尤其大。他们开始走向孤立，而一系列声名狼藉的军事行动更是令这种趋势日益加强。对于这股孤立态势的经济因素，中村描述道：

> 日本和英美金融圈之间的信任与合作关系[在1931年以后]逐渐冷淡。这一关系是1905年日俄战争以后在日本金融圈的培养下发展起来的，关东大地震后日本筹得外资，20世纪20年代地方债券和电力公司债券能够多次发行，皆离不开这种关系。然而，九一八事变后，"满洲国"的建立、上海事变*，令摩根银行的托马斯·拉蒙特（Thomas Lamont）对日本的态度发生转变，友好不再。国际金融关系的冷淡意味着，当日本在国际收支差额上遇上危机时，不再可能从国外获得援助。[33]

不过，两次大战期间的日本也存在令人愉快的一面，让我们接下来谈谈。

---

* 1932年一·二八事变。——编注

第十六章

大正时期的文化与社会

至1926年天皇去世为止,大正这个年号延续了将近15年。和之前的明治时期或之后的军国主义时期相比,大正这个时期不怎么轮廓分明。但人们仍然可以从这些年里感受到一股革新的气息,伴随议会民主运动的发展一同到来。"一战"期间及结束后,世界主义、不满、改革的声音此起彼伏,直到今天,"大正民主"依旧是这些新浪潮的代名词。对于种种变化,当时的每个日本人都有所察觉。有的表示欢迎,有的心生恐惧。但没有谁对变革的新气象无动于衷。现代国家建设期间那不顾一切的焦急劲消散了,社会上弥漫着一股解脱感。随着高等教育、工业、城市人口的发展,新的社会形态逐渐形成,政府、商业、性别这三个领域开始出现新的分工、分化。

第一节 教育与变革

在教育水平和文化程度上,新日本远胜于昔日。1898年的四年义务教育的入学率达到 69%，到明治末年几乎已经全民普及。1907年，义务教育的时间延长到六年。女校、职业学校组成的网络，为年轻人进入新社会从事有用工作提供了相应的培训。更高级的专门学校——很多前身是外语学校——如雨后春笋般冒出，东京尤其明显。

教育系统里最特别也最重要的一环便是八所高等学校，它们相当于帝国大学的预科。而在这八所学校当中，最重要的要数东京的第一高等学校，即大众所谓的"一高"。这套系统，包括"二战"前日本教育领域的很多东西，都是森有礼 19 世纪 80 年代担任文部大臣期间的工作成果。这些学校里，既有高分高绩点的"事业型"学生，也有打扮时髦的纨绔子弟。它们十分重视西方的语言和学问，然而这些科目的教学质量多年来一直变化不定。有相当大一部分教学由洋人承担，他们中的有些人其实不胜任这份工作。

明治时期的精英很多本身从藩学、私塾出来，他们忧虑，如果一代人没有接受过良好的价值观教育，如何放心把国家的未来交到这些人手上。森有礼的解决方案是制定一套双轨制。五年制的普通中学面向具有一定经济基础、负担得起相关费用的人，为他们提供学校教育，向社会输送一批批能参与建设新国家的有用公民。而高等学校则以提供广泛的人文通识教育为目的，学制两年（后延长至三年），让学生在进入大学前打好基础。这套制度的本意是为了在日本本土发展出一套和美国相仿的大学本科教育，结果却导致教育的集中化、等级化，赤裸裸地以培养一个能够带领国家实现忠诚富强之梦的精英阶层为目标。此前混乱无序的局面结束了，代之以结构化、目标化，通过这样一套制度，培育出一批富有责任感的精英分子，成为政府和社会的领导力量。[1]

带头规划这些学校的教育家当中，有些曾深刻体验过别的国家的教育。京都第三高等学校的校长折田彦市，是第一个从普林斯顿大学毕业的日本人。他十分赞赏普林斯顿大学校长詹姆斯·麦考什（James McCosh）发展出来的德、智、体综合教育模式，回国后也依然推崇。在一高当过七年校长的新渡户稻造，有约翰·霍普斯金大学及德国哈雷大学的学位。价值观和礼仪方面的综合教育是高等学校的一大特征，极具日本特色。明治最后那几十年，藩学的整套理念——至少当学生理解这套规范的时候——创造了一种独特的氛围和学生文化，包括对粗犷阳刚之气的张扬，对教导的质疑，对外部干预的不宽容，对个人主义及个体例外主义的打压，但也促使学生之间形成紧密的纽带，最后凝结为一生的友谊。

学生一般对他们周遭社会的资本物质主义嗤之以鼻。"俯见那沉溺于治安之梦里的荣华市巷，立于向丘之上，五寮健儿意气高亢。"[2]宿舍（寮）通常是"自治"、自主的，校园也不对外界开放。学校管理层对青少年的气盛、轻狂格外宽容，学生因反对管教进行示威乃至引发骚乱的情况很常见。老师甚至校长，都有可能成为学生集会上的众矢之的。有一回，新渡户因为给大众刊物写了好些谈论道德的文章，被指责败坏学校的名声，但他拿出一份早已准备好的辞职声明读了起来，令学生大吃一惊，纷纷把他围住，请求他不要递交辞呈，如此一来，批评者反而被置于下风。众所周知，宿舍环境十分邋遢，住在里面的学生也好不到哪里去。他们脚踩木屐、大声喧闹，头发也是乱蓬蓬的，让人想起江户时代的"男达"和明治维新时期的"志士"。新渡户在《武士道》一书里问道：

> 你看到过很多青年，头发乱糟糟，衣服破旧，手里拿着一大根手杖或一本书，大步流星地走在街道上，对世俗之物没有丝毫的触动吗？对于他这个学生来说，地球太小了，而天堂又不够高。他对宇宙和人生有自己的一套理论。他住在空想的城堡里，以智慧箴言为食。他眼里闪烁着抱负之火，心灵渴望着

知识。贫穷于他而言不过是鞭策其前进的动力,世俗之物在他眼中是束缚品性的枷锁。他饱含忠君爱国之情。他自封为国家荣誉的守护人。具有种种优缺点的他,是武士道最后一块碎片。[3]

新稻户塑造了一个孤独寻找圣杯的形象,但学生生活不只有这一面,其他方面不应该因此被掩盖。高等学校通过仪式,迫使学生紧密联结,对于不随主流的人,这一过程有时候还相当残忍。运动部的部长和宿舍的舍长是校园领袖。在组织化的暴力事件(被称为"暴风雨")里,参与者半裸着上身、相互对决。同性恋或许还被容忍[4],但若和女性逢场作戏且证据确凿的话,就可能会被学生领袖仪式性地"握拳"揍一顿,这样的事发生在烛光下、运动场上,周边还围着一圈默不作声的观众。[5] 这套规范里相对粗暴的内容随时间逐渐变得温和,特别是在新稻户担任一高校长期间(1906—1913),给学生的内心世界和精神生活带来一片新天地。唐纳德·罗登(Donald Roden)分析称:"到1910年,[关于校园经历到底是什么的]争论逐渐式微,人们普遍认为,高等学校之所以独特,文化和内在是关键。"[6] 课程内容向来注重外语,有三分之一甚至更多的课堂时间往往花在这上面。到了这时,文学及学习类的社团——常常还有自己的期刊或宣传杂志——开始迎来繁盛期,学生的诗文作品成了大正时期精神生活的一面镜子,也为它提供了助力。精英主义当然不可能因此有所削弱,但名声、地位这些东西,此时不只靠横行霸道获得,还可以靠头脑。

大正时期,写作者探索着内心自我的边界,学生读者纷纷跟随。同时,20世纪的激进主义也走进了校园,和武士的苦行主义相比,德国哲学和马克思主义理论为学生批判资产阶级物质主义提供了更精细的"武器"。这不单是造成东西方或传统与现代之间二元对立这么简单,而是事物一下子有了日本和国外的区分。

第十六章　大正时期的文化与社会

对哲学的那种欲罢不能的兴趣，是一大突出之处。芥川龙之介曾将一高学生评论为"比康德更为哲学"，学生中有首歌嘲讽自己如何沉迷"笛康叔"（笛卡尔、康德、叔本华），熟悉这首歌的一些评论家恐怕也会对芥川龙之介的看法表示同意。而这一切自始至终都以培养精英为指向。两次世界大战期间，学生人数增长迅速。1918年高等学校开始扩张，随着新学校的设立，此前只有八家、名为"一高"到"八高"的高等学校在数量上翻了四倍。新学校分布在日本上下，以所在县城命名，相对远离各大都市。这些学校尽了最大努力去继承早一批高等学校的传统，但在名声上从来没有超过后者。真要说什么的话，由于新学校大幅增加，老牌学校的声望反而提高了。院校排名对于职业发展具有重大意义，竞争十分激烈。

理论上，每一所高等学校的毕业生都可以进入帝国大学。随着学生人数上升，大学的数量也得有所增长，以满足学生的入学需求。1886年，东京帝国大学敕立，由数家院校合并而成，这是森有礼任职文部大臣期间的又一举措。作为第一家且最靠近首都的帝国大学，东京帝国大学位于整个教育体系的最顶端。成立之初的东京帝国大学，以传授外国知识、培养政府官员为己任。对日本基础资料《人事兴信录》的研究表明，明治时期的精英大部分没有上过大学，而那些上过大学的则大多毕业于帝国大学。但对于接下来那一代官僚来说，大学教育不可或缺。1897年，京都帝国大学成立，接着，帝国大学先后落户于仙台（1907年）、福冈（1910年）、札幌（1918年）、日据时期的朝鲜汉城（1924年）、日据时期的中国台北（1928年）、大阪（1931年）和名古屋（1939年）。在这过程当中，老牌帝国大学的声望日益显著，特别是东京帝国大学。

大学教授的身份相当于政府官员，对于文部作出的指引及提供的资助，他们不得不敏感。尽管如此，许多学部，尤其是与法学相关的，一定程度上还是摆脱了国家的控制，拥有自主权。然而，一旦观念、教义跨出校门，广泛影响到公众领域的时候，就不能这么被"纵容"了。教育官员，特别是那些自诩为正统守门人的，有时候会施压，进而引发辞职、罢免事件。这并不常见，最主要的那几例也是日本公民社会建设或遭到破坏的标志性事件。每当这时候，长期一盘散沙的学部往往会将院校置于个体之上，比起把大学推向险境，他们更愿意选择服从命令。[7] 和高等学校一样，最早成立且实力最强的东京帝国大学，其地位非但没有因为帝国大学的扩张遭到削弱，反而有所提升。其学部成员在其他帝国大学的建立和领导上发挥了建设性的作用。帝大还成了政府官员、官僚的入职渠道。各大部省中，东京帝国大学毕业生的比例十分惊人。此外，大学还受益于东京的首都地位，日本的顶尖作者及最犀利的读者都被吸引到这里来。日本正在变成一个向心型社会，且这种向心力越来越强。

"一战"期间，私立院校也迎来重大变化，其教育机会大幅扩张。1918年的《大学令》放宽了大学的认可标准，让数量众多的专科学校得以升格为大学。到1930年，日本已经拥有30家大学，在校生约4万人，每年的毕业生多达1.5万名。[8] 正规教育比以往更重要。明治时期的人，单凭出身地或私人举荐，往往便能在官场或公民领域找到一官半职。如今，这种情况再也不会发生。教育扩张带来的后果之一便是，即便拥有顶尖学校的学位的人，也不一定获得好工作。倘若毕业的学校刚成立不久、不那么显著，就更是难上加难。日本社会整体上——尤其是政府——逐渐落入新一代精英阶层的手上，它以开放的态度对待有能力的人，尽管任人唯亲的现象仍然存在。

如此一来，帝国大学之间在威望上形成一个清晰的等级体系，和它们成立的次序和所在地直接挂钩。这些大学受国家资助，扎根大都市，成立之初便旨在为国家、为社会服务。东京和京都的帝大各有七个学部。教席方面采用德国模式，每个学部配备一名教授，其下是一大帮副手，负责大部分的教学工作。总体来说，这两所大学的学生占了日本大学生总数的三分之一。

东京帝国大学的盛名有相当一部分来自法学部，法学部的毕业生是日本首屈一指的官员人才库。这样一来，便形成一个能力与出身并重的奇怪组合。大学面向所有人招生，然后通过考试筛选，一旦获得入学机会，就等于打开特权的大门。毕业生的升迁很大程度上由就读过的学校的名声所决定，政府内部尤其如此。结果，以前的那种想法——"社会上大部分人相信，某些人注定要比其他人出色，而这批天生英才应当承担领导社会的角色"——某种程度上并没有发生变化。[9]

第二节　东京帝国大学法学部

基于这种种条件，东京帝国大学法学部教授这个角色可不一般，发挥格外重要的作用。他们资金优渥，几乎都在国外进修过。他们站在教育与政府的交会点，教出来的顶尖学生掌管着政府最重要的省部。他们是公众领袖，也是学术带头人，连政府长官也得咨询他们的意见、邀请他们加入调查研究委员会。出版机构纷纷向他们约稿，对时下的热门话题发话、定调。等到退休下来时，他们仍然年富力强，一流私立大学热情地抛出橄榄枝，邀请他们去教书，于是他们便在接下来的十年甚至更长时间里继续自己的事业。

大正年间的东京帝国大学法学部教授里，有三位尤其突出。第一个是宪法学者美浓部达吉（1873—1949）。具有留德背景的美浓部，对《明治宪法》发展出一套解释，认为天皇是国家的"机关"。这一观点在美浓部执教东京帝国大学的32年里一直处于主流地位。他获颁各项荣誉，他那些阐述自身观点的专著成为标准课文，他自己也被任命为贵族院议员。美浓部的观点和其他人所主张的天皇专制观形成强烈的冲突。他之后也惨遭右翼势力的疯狂攻击,即便如此,两次大战期间的大部分日子里,美浓部仍然是大正民主的象征性人物。[10]

相比之下,吉野作造(1878—1933)的知名度要高许多,他是大正民主的首要理论家和拥护者。吉野在就读仙台第二高等学校期间皈依了天主教。他和信奉社会主义的天主教徒安部矶雄一起,活跃于东京"熊本团"教会,这个"熊本团"是海老名弹正于明治早期创立的。从法学部毕业以后,吉野来到中国教书,正好碰上袁世凯出任中华民国大总统,在那段短暂的日子里,他对孙中山的革命运动产生了浓厚的兴趣。随后,他回东京帝大工作,被派去欧美进修数年,1914年回到原来的工作岗位上,眼看新的世界秩序正在崛起,他深以为日本需要一场政治改革,以便有足够的能力去应对。

吉野认为,道德对于政治领导力和公民责任来说具有重大意义,这个观点的其中一个重要因素来自天主教。他对黑格尔的研究也影响了他。他为之努力的道德秩序源自他对人性之善的信念。他相信,明治领导人——不管做出多少重要的贡献——在匆忙建设现代国家的过程中,造就了一种狭隘的民族主义。如今日本需要一个更具普世意义的目标,而这个目标可以通过教育及更深入的民众参与来实现。吉野并不关心那个被他叫作天主教神话的东西,同时,他的目光也没有局限在天皇神话上,而是放得更长远,据他设想,后者会在适当时候退出舞台。日本需要的是一批有个性、有能力的领导。[11]

吉野没有把教学局限在课堂上。他在大学推广运动(univer-sity extension movement)*期间做过多场讲座,于热门的自由派月刊上

---

* 源于19世纪中叶英国兴起的一场教育运动,主张将大学资源向更广泛的人群开放,为此举办讲座、设置函授课程等。

第十六章　大正时期的文化与社会

撰写具有思想深度的文章并因此名声大振。他在文章里主张政府要更充分地回应人民的诉求，为此需要扩大公民权、更好地保障个人权利及加强代表大会的影响力。他还认为有必要限制贵族院的权力，取消或遏制枢密院。他对自由派学生群体的组建发挥了核心作用，还因为和极端右翼思想公开辩论、成功击退其攻击，成为学生心目中的英雄人物。1926年社会民众党的组建，他也有份参与。吉野的学术成就同样出色。他在明治早期史料的保存和出版项目里充当着带头人的角色。在此之前，关注这一块的大多是官方，因而有所偏袒，系统性的学术工作几乎没有。总而言之，吉野身上正体现了他所认为日本领袖应具有的品质——道德承担，志向高远，为人勇敢。

在帝国时代的日本宣扬民主，首先要面对的是皇权，这是明确写在《明治宪法》上的。但对吉野本人来说，这不是问题。正如彼得·杜斯（Peter Duus）所写的，吉野一度认为，天皇制会在某天像那些关于耶和华的原始观念那样，褪去它那魔法般的光环。在他个人眼里，天皇是人、是国民的君主。同时，他感觉到自己的读者和学生或许还没准备好接受这一点。"democracy"的标准译法是"民主主义"，传达的是人民主权的思想，字面意思为"以人民为中心""以民为本"。他写道，人民主权"对于我们这样从一开始便属于君主制的国家来说并不妥当"。比较之下，他更偏向于使用"民本"这个词，各种促使君主制愈发以人民为中心的举措，都可以用"民本"来概括。（这个词还带有些许儒家意味，虽然吉野并没有强调或讨论这些。）吉野觉得，目前老一辈的政治家和官僚似乎将人民当成问题，想办法去管制而不是带领他们。世界大战带来的繁荣造就了财阀统治的新局面，现在的日本似乎存在一个新的特权阶级，他们的利益受到法律的倾斜和保护。他写道："近来资本家势力壮大，凭借庞大的财力，他们终于走上践踏公众利益的道路。"日本的政治家对这些利益集团有求必应，无法让人对这帮人多有信心。他严厉批评道："立法者中腐败频频发生，或许是日本特有的现象。"日本面临的问题既是道德层面的也是个人的，通过提高参与度、提升责任感，这些问题可以得到解决。他于1916年指出："一般认为，授予全体成年男子选举权，适用于世界上大部分文明国家。"事实上，只有俄国和日本在拉后腿。吉野对人性的看法相当乐观，这一基本观念促使他相信，只要改革完成了，在教育和责任心的作用下，未来还是有希望变得更好的。不过他也察觉到，要再多些年月，日本才会踏出那一步。如此前所见，日本足足花了九年的时间，才真正落实全体成年男子的选举权。[12]

吉野亲身践行自己的理念。他辞去大学教职，专心为《朝日新闻》写文章，当文章内容因审查引发一系列问题时，他又回校担任讲师，和学生共处。他的著作阐述了当时各种可能出路所存在的一些局限。文字间并非没有矛盾之处[13]，但这些作品仍然是《明治宪法》出台以来为进一步深化政治改革所形成的最为深刻的思想成果之一。

吉野是个具有领袖魅力的人物，他为1918年成立于东京帝国大学的新人会，作出至为重要的思想和学术贡献。吉野私下和一班对全民选举权运动感兴趣的学生会谈过几次，新人会便是从这些会谈演变而来的。

新人会的诞生，是学生对社会问题、国际事务愈发关心的结果。大正头十年里发生的种种事件，先有战争带来的资本主义繁荣，然后是1918年的米骚乱，中国及中欧帝制的瓦解，人们对无政府主义、共产主义唯物观愈发强烈的兴趣——这两种思潮由于俄国革命开始受关注——以及威尔逊主义那套关于国际主义的漂亮话。吉野和一班班才华出众的学生在非正式的会面里谈论这些事件。这样一来，不同学校的学生得以互相认识，他们当中不仅有东京帝国大学和京都帝国大学的，还有来自早稻田等一流私立大学的学生，吉野的友人安部矶雄就有一名追随者来自早稻田。而在高等学校，扛起这个任务的是辩论社和社科类社团。变革意识弥漫在每一个角落,足以令人们冲破自己所在的地区,触碰到其他地方的同伴。

据亨利·史密斯所述[14],这个过程的第一阶段充满了浪漫主义和理想主义,目标相当不集中。1918年12月成立新人社的那一小撮学生,提出"推进解放全人类之路上的新趋势",深化"运动以促成当代日本的合理改革"。他们立志为全民(男性)选举权而奋斗,认为此举属于为"人民"献身的伟大事业。他们给自己订立的一个使命便是教育群众并最终带领他们,为此,他们首先要做的,是在学生中招募更多的同道中人。

新人会活跃了十年,会员人数从来没有超过300名,但作为一个扎根于东京帝国大学法学部的团体,它相当受人瞩目,具有一定的影响力。这里面既有已经毕业的校友,也包括在校生。新人会的领袖宫崎龙介为宫崎滔天的儿子,他是孙中山的日本头号追随者。新人会会对日本的外交与殖民政策加以批评,也就不足为奇了。因带领学生罢课而名声大噪的赤松克麿也在这个团体里。赤松和宫崎两人在接下来的数年里,将成为具有影响力的社会主义运动领导者。会员里还有一个早稻田大学的学生,是安部矶雄的追随者。[15]

进入20世纪20年代以来,激进的自由派学生就没停止过控诉。战争结束后接踵而来的经济衰退,导致就业市场收紧。工人罢工便是社会不满情绪的一个体现。足尾山铜矿的排污引发环境大规模恶化,河流受污染,数十万农户的生活岌岌可危,为此政府出台一系列管控措施,却没有强制执行,最后导致整个河漫滩被毁。这个问题早在1877年就已出现,当时也发生过抗议,然而,问题依然持续恶化了一个世纪,直到1974年集体诉讼案胜利后,才宣告解决。[16]

工业城市的贫困问题十分严重,这当中有部分城市成为贺川丰彦等信奉社会主义的基督徒开展工作的地方。最糟糕的是,国会在全体成年男性选举权上百般拖延。与此同时,反军国主义运动也在进行。军队为了安置那些由于预算削减而失业的军官,将军事训练引入高等学校。成立于1923年的某个全国性学生组织,将这个军事项目作为自己的狙击目标之一。大规模的学生示威活动虽然没有取得成果,但成功激发了大家的热情。

在保守派看来,学生起哄、打断军部大臣的讲话——一如他们做过的那样——自然是要受谴责的。但令他们更为担心的是,有迹象表明学生对新兴的共产主义运动产生了兴趣。

日本共产党成立于1922年。1924年,领导人山川均认为目前需要的不是少数精英出谋划策,而是为群众组织做好教育和相关准备工作,党组织随之解散。[17]1925年,日本共产党重组。同年,在《治安维持法》的加持下,国家的镇压力度加强。党活动不得不在一小批忠实党员之间密谋进行。这时党领导层是一班以福本和夫为首的知识分子。这种挑战令激进派学生觉得相当刺激,也让他们的组织引起官方怀疑。政府一度对学生骚乱相当宽容(这种情况在战后再次发生),但在1928年3月,田中政府下令进行大逮捕,学潮连同新人会一起宣告终结。

从一开始,右翼积极分子就全力对抗他们眼中的激进主义。两大阵营在彼此对垒中双双强大起来。面对某个受黑龙会资助的右翼团体(浪人会)的叫嚣,吉野迎头反击,得到学生的热情回应,进而推动新人会的成立。右翼学生的活跃程度并不输给左翼学生团体。在东京大学法学部的走廊上,我们同样可以发现他们的身影。法学部里也有他们的偶像和资助人——上杉慎吉(1878—1929),他是吉野及美浓部的主要批评者,对美浓部抨击尤甚。上杉早年的人生轨迹和他批评的某个学者*如出一辙。他起初也是一名基督徒,在东京帝国大学时备受导师们的喜爱和关注,随后留下来担任教职。他

---

* 吉野。

第十六章　大正时期的文化与社会　　　663

在早年著述里对皇权、对天皇与国家关系的看法，和美浓部的观点并非没有相似之处。然而在1906年，他被派到德国进修，其间接触到耶利内克（Georg Jellinek）的国家理论。回国后，上杉成了"天皇即国家"的坚定拥护者，他对宪法的阐释和理论也因此发生剧变。不久，他对同在法学部的美浓部提出的"天皇机关说"公开表示异议。文部大臣邀请美浓部在某个中学老师集会上讲话，上杉听到后十分惊恐——从学术讨论中发展出来的理论不应散播给肩负教育年轻一代责任的老师，而且官方还大摇大摆地为之背书。早在此前，就有呼声要求在南北朝历史的教学上确立一套更加正统的说法，桂太郎内阁为此抓破了脑袋，如今又得面临新的问题，涉及老师的角色和学生的学习。上杉指责美浓部无权接受这次讲话邀请，称他要是接受邀请进行演讲的话——美浓部的确这样做了——便是在逾越学术与政治之间的界线。上杉和美浓部之间的争论，使得对这个问题的观点呈现出两极化，这原本只是一场有关宪法解释的学术讨论，此后却演变为意识形态之争。上杉渐渐成为右翼势力的宠儿，直到晚年之时，军方领导人仍会怀着敬意对他予以关照。上杉拥护皇权的坚定立场，为数年后军国主义分子攻击美浓部及其著作，埋下了伏笔。

　　上杉不再偏爱新人会里那些仰慕吉野造作的年轻人。在他鼓励下，保守派学生成立了一个社团，取名七生社，以纪念14世纪誓言七生报国的武将楠木正成。这些狂热分子想方设法地捣乱、举报自由派和左翼学生团体的聚会。明治时期历史学家重野安绎曾提出，楠木正成的故事不过是没有事实依据的造神传说，但到这时，以天皇为核心的家国观已经扎下了根，（重野这一研究里所体现的）儒家理性不再受欢迎。

　　上杉绝非势单力薄。一大帮学生追捧着他——有人说这是因为他给分宽松——他也不抗拒在校园内外动用支持力量来宣扬自己的观点，有一次便发生在森户辰男教授身上。森户发表了关于无政府主义思想家克鲁泡特金（Peter Kropotkin）的文章。官方于1920年起诉森户。第一次的判决对森户颇为有利，但在某个受上杉影响的学生团体的鼓动下，执掌高等教育的官僚推翻之前的判决，改判森户三个月有期徒刑，此时森户也丢了教职。新人会会员发起抗议，终究无补于事。校园外也不乏仰慕上杉的人。蓑田胸喜便是其中一个，同样毕业于东京帝国大学法学部，蓑田在庆应义塾大学教了几年书后，开始全身心投入到维护正统的政治运动当中。这类爱管闲事的监视举动，还发挥相当关键的作用。政府官员向来对争议有所回避，但当事情通过舆论批评、媒体报道被推到自己面前时，他们不得不采取行动。

以上谈论了学术界的几位主要人物。当然，法学部里还有其他令人敬佩的教员。法学部在一位叫赫伯恩（Hepburn）的美国银行家的资助下，设立美国宪法领域的讲席教授，暂时由新渡户担任，随后留美归来的高木八尺（1889—1984）继任了这个教职。和吉野一样，高木是个基督徒，为人正直且始终如一，哪怕深陷舆论漩涡里，也拒不低头。但若是在学术圈的边缘，那就难说了。有的学者甚至称不上教育者或知识分子。据学生回忆，日本大学（私立大学）殖民经济学系的系主任仇视外国人、煽动群众为自己牟利。"他在课上说'我到过上海，看到标语称"狗与黄种人不准入内！"……他问我们：'你们会怎样拆了这栋建筑呢？'他在美国留过学，是当代领域的教授，但满脑子想的都是这些煽动性的话。"[18]

第三节　大正青年：从"文明"到"文化"

新人会的自由派也好，七生社的右翼分子也好，全都沉浸在社会改革和意识形态的话题里，然而，对于更多学生——特别是高等

第十六章　大正时期的文化与社会

学校的——来说，身份认同和个人发展才是他们关注的问题。明治时代的年轻人一心想着怎么让自己和日本这个新国家大获成功。如之前我们提到过，几乎一举一动都会冠以"为了国家"之名，仿佛这是护身符一样。

这种现象在两次世界大战之间逐渐消失。这时，民族国家已建立，日本也进入强国之列，人们转而思考社会制度和社会公平的问题。明治青年的成长深受福泽谕吉文明论的影响，这个理论依据各个社会"文明"程度的不同，将它们排比成一个等级序列，怎样沿着发展的阶梯一级级往上爬，是一个社会面临的挑战。而日本做到了。如今，"文化"开始受重视，存在本身比做什么更重要，感受比做成什么更关键。集体意义上的民族危机感，逐渐让位于个人层面的存在主义危机感。上一代人的空洞口号退去，代之以反思和质疑。从明治挣扎自强之路走过来的遗老们，对这种变化很是反感和鄙夷。19世纪80年代的震撼之作《新日本之青年》的作者德富苏峰，便对此口诛笔伐。据他描述，大正青年放纵、柔弱，缺少个性和目标。[19]

那些从高等学校出来的天之骄子，他们的大学生活最能清晰体现这种趋势。进入成年期以后，身份认同、个人志向的问题会变得前所未有的紧迫，恰恰在那时，有关过去是什么样的、未来又将走向哪里的信号前所未有地清晰。坂本龙马那个时代的年轻人意识到外国势力正在渗透日本，在大怒中觉醒过来，而这个国家的领导者和制度却无力应对，令他们愤慨不已。到了接下来的这一代，德富苏峰一心以西方的举止为榜样，与此同时，宫崎滔天誓言复兴亚洲、借此摆脱西方的控制。但大正初年的青年没有将目光投向外面，相反，他们回视自己。

1903年以来，日本人逐渐察觉到"愤青"的存在，那一年，第一高等学校一名前途大好、出身优越的学生——藤村操——投身日光的华严泷自杀，自杀前在树干上刻下"岩头之感"，这正是他存在主义焦虑的体现。自杀在日本并不少见，但藤村的自杀却成了头版大事，他的诗句被学生编曲传唱，为之流泪，有的甚至还将他的举动视为模范。更值得一提的是，就在这件事引起大量关注的时候，日本正如火如荼地准备对俄开战，男子气概是当时的主流。令学生感到压力不单是平常所见的那些原因，身份认同、目标成为他们普遍关心的问题，这表明明治时代崇尚奋斗、追求成功的信念不再对年轻人有吸引力。[20]

高等学校掀起一股研究哲学和认同的风气，这股新风气表明了学生文化的一些特点。最受学生追捧的两本书分别是阿部次郎的《三太郎的日记》和仓田百三的《爱与认识的出发》，都对人生、对目标作了相当个人化的思考，多年以来深受欢迎，通过这两本书，我们多少可以了解到，那些如饥似渴的读者究竟是一班什么样的年轻人。两部作品大体以意识流的形式来反思生活，书中上下散布着西方尤其是德国作家的名字和观点。阿部笔下的三太郎"坐在桌子前苦思冥想了数个小时，其间他'内心的声音'痛斥他那些世俗的思考"。仓田的书是他短篇作品的个人精选集，谈论他内心的挣扎和不停变化的哲思。这两部分别出版于1914年、1917年的作品，让我们得以一窥学生的生活和想法。

这类书中罗列的一系列人物和观点，以及作者对这些人物和观点会引起读者共鸣的信心，体现了两次世界大战期间的世界主义思潮。[21]（对于学生祖父母那一辈来说，陪伴他们成长的作品里同样充斥着对中国经典文献的引用。）

大正年间，欧洲的重要哲学著作在日本几乎都有了廉价译本且随处可得。出版人岩波茂雄（1881—1946）毕业于东京帝国大学哲学科，起初经营着一家二手书店，和夏目漱石交好。夏目的《心》是他所创立的岩波书店第一部大卖的书，其后陆续出版重要的哲学著作，开辟了一个平装本经典的新市场。岩波书店的标志取自米勒的《播种者》，象征着它在传播当代西方思想过程中所担当的角色。

很多人不需要依赖翻译，他们能够阅读第一手的文献进而学习西方思想。大学、政府或商界里那些处于精英梯队的人会在雇主资助下到国外进修一段时间。上百甚至上千名日本人被送到西方留学，两次世界大战期间，这些人大部分前往了德国。放眼世界的国际主义是每个人的目标。新渡户稻造一生致力于充当"太平洋两岸的桥梁"，各大学者无不尽可能地沟通东西方的哲学世界。

即便在日本本土，人们仍然可以通过第一手文献去熟知西方思想。拉斐尔·科贝尔（Raphael Koeber, 1848—1923）教授在1893到1914年间执教东京帝国大学，去世前一直待在日本，但这不妨碍他仍然是德国唯心主义哲学的代表性人物、具有重大影响力，不少文人学者都在自己作品里怀念他。

这股哲学求知潮最令人瞩目的成果，体现在西田几多郎（1870—1945）的人生及其著作上。他是日本现代影响力最大的哲学家。他在1911年出版的《善的研究》虽然内容艰深，但仍受到热烈欢迎，常常被阿部、仓田列为学生的"必读"书目。

高等学校文化所孕育的知己之情及那种一起打闹的纽带关系可以持续一生，西田的事业发展之路便体现了这一点。他在日本沿海城市金泽的第四高等学校念书，拥有一班天赋异禀的同学，其中就包括将禅学引介到西方世界的铃木大拙（1870—1966）。[22] 西田毕业前突然离校，很可能是由于他和文部省刚从萨摩指派过来的校方管理层之间的矛盾。尽管如此，他依旧通过了东京帝国大学的入学考试。但他发现，自己由于没能从高等中学校毕业，被分配到一个"特别"培养模式里，不得进入图书馆及其他学习设施。这类问题一直持续到他毕业找工作的时候。科贝尔教授鼓励他学习古典语言和欧洲语言，以便和西方思想家直接对话。毕业后找不到工作的西田转而研习禅学，开始发展出一套强调体验的人生观，将他过往的很多阅读成果和他的禅学所得关联起来。在第四高等学校执教十年后，他在某位前教员的热烈引荐下，获得京都帝国大学的教职。待在京都的这段时间里，他的事业有了极大的发展，身边逐渐聚集了一批拥有类似想法的同侪，这群人即哲学界的"京都学派"。后来不少人批评这个学派，称他们强调经验、意志、族别，从而助长了唯心的、浪漫主义的民族主义。确实，如以赛亚·伯林（Isaiah Berlin）指出的那样，新康德思想强调精神的内在边界和良心的自主性，有可能为日后不怀好意的人在鼓吹极致的民族精神时所利用[23]，不过，若就此把即将发生的悲剧归咎于这些思想家，那也未免有夸大之嫌。

魏玛德国在文化上呈现出百花齐放的面貌，对日本留学生分外有吸引力。村山知义（1901—1977）原本是被送去学习基督教神学与哲学的，但在德国遇到的这一切令他转而投身先锋艺术。他回到日本后，拥护"构成派"艺术，领导一个自称为"MAVO"的团体。MAVO的成员藐视学院派艺术及为其背书的权威。他们发现，大地震后一片混乱的东京和战后欧洲多少有可比之处，于是开始致力于创造一种全新的、革命性的文化。他们把创作目光锁定在那些为无家可归之人建造的简陋营房的抽象装饰物上；另一方面，时髦的咖啡厅也是他们的创作对象。MAVO的成员在衣着和外表上逐渐发展出一套怪异的风格，体现了某种形式的自由。他们对政治不再抱有幻想，与国家、与周遭的资产阶级文化保持一种深深的疏离。作为一场运动，MAVO的生命很短暂，但它对平面设计产生了相当巨大的影响。其后，村山继续致力于改革戏剧、舞蹈。这个团体及运动在生活方式、在肯定身体自由方面相当"现代"，充满了挑衅意味。也正是在这一时期，文学界对色情和丑怪之物刮起一股风潮，这一切都令当时的保守派大为惊恐。[24]

马克思主义为日本大正时期的文化和思想批判提供了最为强有

力的基础。其实,马克思的作品早在之前就已被引介到日本来——日俄战争爆发前,幸德秋水的《平民新闻》刊登了《共产党宣言》的日文版——但在经济陷入衰退的那些年里,面对政治腐败,资本家贪婪,政府古板且压迫人民的局面,这份宣言引发了新一波共鸣。从哲学层面来看,马克思主义提出一套完整自洽的观点,指出问题所在及一套行动方案,通过共产主义运动提供制度上的支持。不管是对周遭的唯物主义不屑一顾、百般挑剔的唯心主义思想家,还是读过黑格尔的哲学系学生,都被马克思主义这套无所不包的思想体系吸引住了,常常弃械投降。此前提到过,20世纪20年代新人会的学生越来越受马克思主义的感染,而政府也正好是在那几年里开始设立新的法规和机制,着手对付"有害思想"。

不夸张地说,马克思主义成为20世纪20年代社会科学研究最最重要的风向。文部省的一项调查显示,左翼学生往往具有良好的出身,他们大部分"谦逊""得体""冷静""勤勉"。他们身上的这些特质本来应该帮助他们在政、商、学术界建功立业的,这一点令人不安。

明治时期的社会主义者有着强烈的道德观,很多是基督徒,他们反对早期资本主义的不公,希望随着20世纪的进步,社会主义秩序会如约而至。而新一代的马克思主义左翼知识分子,很多都接受过政府资助,前往欧洲就读研究生课程,回国后到各自大学担任经济学或政治科学的教职,成为学术殿堂的顶梁柱。[25]

有些人在新兴外来事物的风暴中陷入困顿,他们目睹一整套价值观在他们身边逐渐瓦解,转而投身研究怎样保存它们。民族志学家柳田国男(1875—1962)是日本民俗学的创始人。柳田从事过各种各样的职业——政府官员、报刊作者、诗人——但从来没有停下过旅行的脚步,于旅途中记录普通人的信仰和生活方式。他努力搜集和系统整理那些能体现日本民族特性的民间故事和习俗。在他的上百本书和上千篇文章里，柳田对于某种超越时间的细微特质的喜爱溢于言表，但他觉得，由于集权化政府——他曾在里面工作过——强行整齐划一，这种特质正在被摧毁。[26]

相比之下，京都帝国大学哲学教授九鬼周造（1888—1941）的轨迹相当不同。他在欧洲待了很长一段时间后回到日本，立志对日本的传统和审美加以重估。明治时期的好几位大家都尝试证明，日本的文化与审美在本质上和西方不同，并认为前者更为优越。九鬼沿袭了这一传统，以19世纪天保年间为着眼点，认为这个时代的文化和风潮展现了真正的日本特质。他在影响巨大的《"粹"的构造》一文里所主张的文化排他主义和社会区隔，在之后的很多年里一直相当有影响力。值得关注的一点是，九鬼所赞美的"粹"实际上是大城市尤其是江户一带富足町人的"粹"。新渡户为了让外国读者更深入了解日本，以武士道为主题撰写了一本书。而九鬼不一样，作为贵族的他是在为自己的人民写作，更喜欢关注町人，后者对嬉戏、对食物的挑剔口味，似乎和他所处时代的资本家形成了鲜明的对比。当然，无论是新渡户还是九鬼，其实都在怀念昔日的时光。[27]

第四节　妇女

"一战"前后城市中产阶级之间弥漫着一股解放气息，其中有一部分来自妇女运动。这样一场运动能在日本发展起来，一点都不意外。和大多数发达国家相比，日本妇女争取平等的道路要更加艰难，但值得一提的是，早在1918年人们就发起了一场争取妇女选举权的运动，那时候只有瑞典、新西兰、澳大利亚和英国的妇女才有投票权。选举权的普及给男性带来诸多好处，未来的女权主义领袖自然想要分一杯羹，然而男性的饭桌上并没有给她们留下多少残

第十六章 大正时期的文化与社会

羹冷浆。实际上，要到"二战"结束、明治民法典被废止后，日本才迎来彻底的变革。明治民法典以武士阶级的理想家庭为蓝本，重视父系权威和家族血脉。家产由长子继承，妻子无权享有丈夫一丝一毫的财产（尽管她的财产成为丈夫财产的一部分），她对自己的孩子也没有任何法定权利。当然，明治时期妻子的地位，例如武士的妻子，实际上往往要高于法典所赋予的。她是孩子生活的中心，家庭的财权一般掌握在她手里，但她没能获得多少保障。例如，哲学家西田喜多郎就在（用德语写的）日记里闷闷不乐地提到，当父亲赶走儿媳即他的妻子时他是多么悲痛。

加入劳动大军的妇女数量随着工业化的进程逐步上升。大部分女工以合同方式为纺织厂工作，她们不大可能有背景或机会表达自己。更多的妇女则居住在穷乡僻壤，和男人一起、同样卖力地干着粗重活，但在她们身上，我们也看不到带动一场女权运动的希望。与此同时，女性从事接线员、检票员、会计等工作，在现代行业中发挥越来越重要的作用。

女权主义的斗争或许可以追溯到1911年，当年平冢雷鸟（1886—1971）创办杂志《青鞜》、发起运动，"青鞜"之名令人联想到同时代英国的某个团体*。运动的宣言一开头便说："我是新女性。我每天都在渴望成为一名真正的新女性。而真正恒常如新的是太阳。我就是太阳。"在接下来的几年里，"新女性"从礼数中挣脱出来，这样的举动常常让当时的人大吃一惊。平冢第一次受到公众关注便是因为计划和一名小说家殉情。而这位小说家后来改变了主意，还写了一部小说讲述两人的情事。著名美人、诗人"白莲"是某个贵族之女的笔名，她逃离了自己和九州煤矿巨头的无爱婚姻，与新人会领袖、孙中山旧友宫崎滔天之子宫崎龙介私奔。想一想有

---

* 蓝袜社，起源于18世纪中叶英国组织举办一系列文艺座谈活动的一班上层知识女性。

多少上层女性被禁锢在不幸福的婚姻里，能像白莲这样逃脱出来，可以说是相当了不起。

没过多久，青鞜社的运动就开始停滞不前，但还有别的组织继续在为女性权利奔走。1920年，新妇人协会宣布成立。两年后，1900年《治安警察法》有所修订，此前妇女被禁止参与任何政治活动，如今可以开始参加政治集会。出版人抓住时机创办各种女性杂志。在这样的环境下，争取女性选举权的运动得以展开。

领导这场运动的是市川房枝（1893—1981）。她曾目睹自己的父亲如何粗暴对待母亲，这段经历促使她加入女性运动。市川是真正意义上的先锋，她的第一份工作是在名古屋一家报社当记者，她是这家报社的第一位女性记者。1918年，她搬到东京，认识了平冢雷鸟。1921年，她离开日本到美国留学，待了两年半的时间。回国后，她成立了妇人参政权获得同盟会，一直到1940年由于战时限制、运动进展无望，这个组织才停止运作。直到盟军占领时期，日本政府才最终授予妇女选举权，而在这不久后，市川便当选国会议员。[28]尽管争取选举权的努力在战前并没有成功，但滨口领导的民政党内阁曾准备过一份妇女公民权利法案，扩大妇女在城镇乡公务员选举中的投票权。

这么看来，妇女运动应当被看作是大正时期变革与解放运动的一部分。1919年，《改造》创立，这份自由派的大众月刊从名字到内容都反映了这个时代的精神。在报社的安排和组织下，爱因斯坦和桑格夫人（Margaret Sanger）在日本进行了巡回演讲。促成桑格夫人日本之旅的石本静枝（后来改姓加藤）对桑格夫人推崇备至，倡导日本妇女节育。而这恰恰和政府政策唱反调，官员动用一切既有手段阻止桑格夫人来日。最终他们松口了，允许她入境，条件是不允许在公开演讲中谈论节育问题。这反而起了极佳的宣传效果，令桑格夫人的巡回之旅吸引大量关注。[29]

第十六章　大正时期的文化与社会

第五节　劳动力

城市劳动力在两次大战期间有了快速的增长。人们的生活越来越围绕学校和工厂的日程展开。雇主想办法维持劳动力的稳定有序，而工人则努力争取更好的报酬和工作环境。由于日本发展之路所具有的特性，这方面的内容成为比较研究、日本史研究的一大兴趣点。

两次世界大战期间日本工人的确面临着各种问题。"一战"那些年造就了日本的经济繁荣，但同时伴随着恶性通货膨胀，这进而引发1918年的米骚动。对此政府的解决办法是允许大米从中国台湾和朝鲜进口，这反而给农村地区带来麻烦，地主和佃农之间的纠纷越来越多。然而，工业家并不真的觉得存在劳动力的问题，他们可以轻轻松松地大谈日本这片"家国"之地上有着温情脉脉的家长主义"美风"。他们认为，工作场所里家庭般的亲密氛围令员工深感愉快，立法和行政力量的介入只会让这种亲密变质。心知肚明的政府官员展开调查，揭露了员工遭到什么样的剥削。同时，他们意识到日本必须顾及国际劳工组织等两次大战期间兴起的组织。现在的日本已经是世界强国，国联也承认这一点。谁将代表日本劳工呢？

终身雇佣制和工龄工资制是日本"二战"以后劳动关系得以稳定的两大因素，人们不时会觉得，这两种制度是日本文化传统的产物。从表面上看，身份关系和（虚构的）家庭关系或许在社会从传统过渡到现代的过程中起到桥梁的作用。德川时期，经济关系、政治关系常常通过家庭用语来表达，"父母"要给年轻一辈以身作则，以此来换取后者的忠诚。

可这种说法不再足以解释全貌。当代日本的劳动关系或许正好符合人们对日本文化的某些假设和偏好，但仔细想想的话，这些关系明显是在充满论辩、争议的环境下经过大量试验后才最终形成的。[30]

首先，我们必须注意到日本的城市劳动力高度集中，有人或许会认为这能促使劳动力更有组织性。1900年的日本人口约为4400万，这个数字在1920年上升到5600万。"一战"结束后日本城市进入增长期，这主要发生在太平洋沿岸各大港口城市及其附近。由于种种原因，这些地方对外贸易发达。这些城市属于"通商口岸"，不平等条约规定对外贸易只能在这些地方进行。到了19、20世纪之交条约不再适用的时候，国内航运线，通信设施及港口设施仍在运作，维持乃至提升了这些城市的重要性。[31]新兴港口城市神户、横滨分别毗连大阪和东京这两座大都市，引发城市蔓延现象，促使神户、横滨率先建设现代公共交通和郊区铁路，将城市废弃物运到郊区作农肥，把居住在郊区的通勤人员送到各自岗位上，把店主送到商铺。"二战"爆发前，东京、大阪所在的广阔平原逐渐跻身世界上人口最为密集的地区之一。这一过程在"二战"后经济快速增长时期进一步加快。今天，东京所在平原大约居住了3500万人，这比明治改革时代整个日本的人口还要多。

大部分城市工人都来自乡下，对于不是长子的孩子来说，他们待在乡下没有多少出路。早在18世纪农村人口就已经十分密集。德川时期，藩与藩之间的人口流动受限制，农村人满为患，农民常常不得不开垦贫瘠的山地，或者沿山坡开辟小块小块的农田。即便在肥沃的河谷地带，非长子的孩子仍然处于劣势。明治民法典支持长子继承制，对于家中幼子来说，到城市务工是再自然不过的选择。长子一般会留在靠近祖墓的地方。经济繁荣的时候，人口向城市流动大有滔滔之势。等到经济衰退时，工人往往会回到乡下，让生活暂时得以保证，很多人要么拿着最低工资给工匠干活，要么开办小企业，就这样一直等到经济形势有所变化。任何市镇，不管大小，都存在一批规模小、产量小的生产单位，但这类生产单位的数量在城市及附近一带尤其多，它们给规模更大的公司提供货源。

第十六章 大正时期的文化与社会

资本密集型大企业的设立大多和政府"富强"政策有关,在"劳动力"方面,和小型企业有着显著的区别。造船厂、军工厂、重工业长年没有盈利,需要纳税人在补贴和订单上给予支持。等日本追赶上来、成功扩大市场后,私人企业一下子涌了进来分享红利。日俄战争标志着这一转变的第一阶段,不过"一战"的经济繁荣期才是真正的分水岭。

生产日用品的轻工业则呈现另一局面。早期明治政府曾试过国营企业的方式,但没有持续很久,之后供应国内市场的生产活动全由私企接手。这些公司大小不一,差别很大,大多数规模很小,和人口集中地的联系不那么紧密。纺织业在这类私有经济里长年占据着核心地位。

这两个产业对劳动力的需求是不一样的。纺织工人里有出身农村的妇女和女孩,包工头在农村四处物色,把她们招聘过来,为此常常不择手段、连哄带骗。工人的生活环境简陋,个中艰辛众所周知。[32]她们受契约约束,没多少机会社交,更别说组织活动,对于日后的劳工组织者来说,她们提供的基础十分微薄。感到不满的时候,她们往往会选择逃跑而不是去斗争。

关注公共健康福祉的政府官员对这种种劳动状况有所察觉,在他们授意下一系列调研活动陆续展开,从而为劳动改革奠定了基准。1903年有关方面针对工厂工人进行了一次大规模调查,调查报告书《职工事情》细数了行业中存在的种种作为和虐待情况。在此推动下,政府出台《工场法》并于1911年实施生效,要求职工人数12人及以上的工厂必须遵守一定的安全标准。根据《工场法》,工人年龄不得小于12岁,妇女和15岁以下的男孩的工作时长不得超过12个小时。这些限制或许已相当温和,但仍遭到工业家的反对,足足拖了5年才最终实施。

对于具有重大国防意义的大工厂来说,它们面临的问题是不一样的。它们需要培训员工使用进口技术,以及维持劳动力的相对稳定。德川时代的幕府和藩给明治政府留下了一批军工厂和船厂,最出色的那几家由新政府和有政府背景的工业家接手。安德鲁·戈登对船厂和军工厂的研究显示,这些企业的典型做法是先雇用西方技术人员进来,等培训接班人的工作完成后让他们离开。[33] 普通工人的招聘通常由工头负责,这些人被受聘者称为亲方(父母),是企业和职工之间的中介。对于企业来说,它们需要解决的是,怎么令工头招来的工人将对工头的那份忠心转移到公司身上,只把工头视为领班这样的角色。小说家吉川英治的家庭因为武士出身的父亲无能而一贫如洗,吉川在回忆童年经历时,说起自己曾在横滨的船厂找到工作,可以给长期操劳的母亲带来些收入:

> 我拿着他的推荐信来到船厂公司,却惊讶地发现我不用接受任何考试。他们只问我年纪多大。内藤先生提醒我不要透露我十七岁的真实年龄,公司规定船厂工人的最低年龄为十九岁,于是我说我十九岁了。我马上就被派去零件部,工人被分配到不同的工作部门,除零件外还有电力、机械、金属。我们级别最低,接到的任务各色各样,首要条件就是体力好,没有技术含量可言。

吉川的部门有一个类似于领班的人:

> 我们部门有上百名工人,分为六个小组,每个小组十七到十八人,这种做法可能是为了鼓励大家竞争。每个组有一个领队和副领队。一到早上,领队首先会去领班的办公室领当天的任务,例如在某某船坞给船上漆,或者下水前往近海下锚的洋船,协助它们靠岸。[34]

第十六章 大正时期的文化与社会

据吉川描述，他的工作向来不愉快，常常极为危险，得到的报酬却很少。不过，部门同僚之间倒滋生出一股情谊。他们会将微薄的收入挥霍于纵乐，也会交给焦急等待他们归来的家人，用于养家糊口。可想而知，他们对横滨船厂不会有多忠心，更别说责任感了。

没过多久，由于技术的发展，上面所说的工作方式逐渐被淘汰。生产模式的理性化取代了吉川描述的这种混乱局面，同时消解了作为员工士气一部分的同僚情谊，哪怕只是同病相怜之情。如托马斯·史密斯提到，明治时期工厂工人地位低下，几乎不受尊重。1913年有一名工人给报刊去信，责难道："因为我们的同胞看不起我们，我们就想办法躲开他们的鄙视，出了工厂大门就打扮成商人或学生的模样。假如我们所有人穿着工服一起走在大街上，人们会大吃一惊，不仅因为我们人数众多，还因为我们举止得体。"[35]

即便企业内部，人们的地位和受到的尊重也存在天壤之别。小说家松本清张放弃了《朝日新闻》的工作，投身军队。后来他写道：

> 军旅生活于我而言是一场启示。就像我刚报到时他们跟我说的那样："在这里，社会地位、财富、年龄一点都不重要。每个人的级别绝对一样。"我在新兵当中感受到的平等，给我带来了一种奇怪的感觉，觉得人生是值得的。在《朝日新闻》的时候，我是机轮上的一个齿轮，而且是毫无价值的齿轮……报社里我本身的存在得不到任何认可。但在这里，我是受重视的。发现工厂之外人类的另一种境况，神奇般地焕发了我的活力。[36]

我们知道，军队并非没有地位高下之分，松本发现这里比他工作过的地方更平等，正突出了后者的状况。

明治晚期至大正初年，日本最大工业企业的工人开始要求获得更多的尊重和重视以及更高的报酬。如此前提到，城市发生一系列抗议活动，这些示威者里有相当大一部分是工厂的工人。他们开始要求他们也应当被视为"国民"——"国民"一词是新出现的，包容性强，还带有某种价值取向。[37]

早期日本劳工互助协会之所以没有像西方那样按行业发展起来，很可能是因为德川时代四分五裂的政治版图难以培养出比地方行业协会更高级的组织形态。等到工会真正形成时，它们更倾向于以企业为单位。"一战"以前重工业工厂发生的75起纠纷里，没有一例有工会的参与。然而，体贴的工业家和早期劳工领袖意识到，存在某种总领性的组织不失为一件好事，能够维护劳工的安宁。

成立于1912年的友爱会便是这一努力的成果。它的成立带有道义方面的考虑，希望现状一步步改善。这个平台呼吁以友爱合作的方式进行互助，倡导提高品行、增进知识、开发技能，以及在提高职工地位上相互合作。这么看来，友爱会能获得涩泽荣一等具有同情心的资本家的支持，或许也并不意外。成立之初会员人数仅几千，到1918年时，这个数字已经高达三万。

"一战"令工人的诉求和不满逐渐尖锐起来。在通货膨胀的影响下，虽然企业盈利可观，员工的真实工资却一直维持在低水平。越来越多的私人企业进军重工业，劳工规模不断扩大，工人们的选择也越来越多。单在1917年，友爱会便干预了70起劳资纠纷，几乎是明治维新以来劳工纠纷数量的总和。

在这样的环境下，政府和商界的关系转恶，友爱会的很多分会被迫关闭。1921年，友爱会改称劳动总同盟，但在立场上仍然温和。随着时间的变化，它渐渐变成劳工运动的保守派。不过，由于早年它在组织工人方面的成绩，这一组织是警察常年打压的对象。

执法机关手里有一个强大的武器。根据1900年《治安维持法》第17条——它的制定源于中日甲午战期间的劳动纠纷——煽动他人加入工会、参与集体谈判或罢工属于违法行为，违者将被予以惩处。但由于法规愈发过时,这条法例的实施经历了多个阶段,一直到1926年才被废除。不管怎样,这一条对于劳工组织者来说仍然相当有震慑力。

1921年,由于战后经济衰退,川崎和三菱造船厂的工人失去了工作,从而引发日本"二战"以前最大规模的劳工纠纷。总同盟的组织者率领3500名工人走上神户的街头,进行大规模的示威活动,要求获得组织人员和集体谈判的权利。他们还宣称要抢占工厂、控制生产。为此,政府出兵支援警察。资方派人混入罢工队伍随时准备闹事、搞破坏。这场斗争持续了一个半月,最后以罢工被镇压而结束,几百人被捕,至少一人死亡。罢工虽然以失败告终,但产生了一系列重要影响。此前对劳工组织持宽容态度的公司,现在越来越敌视它们,不少劳工领袖开始怀疑和平示威是否真的可行。

一小班无政府工团主义分子对包括全民选举权在内的所有改革方案都失去了信心,他们得出总结,必须推翻整个制度。之前提到,日本共产党成立于1922年,虽然第二年就被警察取缔,部分曾参加过友爱会和总同盟活动的党员,仍然继续活动,寻求更激进的解决方案。这场罢工令双方立场变得更加强硬。无政府主义的领军人物大杉荣在1923年东京大地震后旋即被捕,于拘禁期间被残忍地杀害,另有至少十人在1923年12月遭到警察、军人的谋杀,这些警察和军人将法律操弄于股掌之中,实际上成了自发的治安队。[38]

企业管理层和警察想方设法对劳工组织赶尽杀绝,就在这时候,政府官僚伸出了援手。[39]农商务省官员对劳工问题的关心,早在此前的一系列劳工调查中就已有所体现,1911年的《工场法》便反映了他们调查的首个成果。此外,个别改革派——其中大多是信仰社会主义的基督徒——很早以前就已经呼吁政府必须出台法律保护工人。大公司工人的不满迹象及这种情绪的规模之大,促使政府官员对劳资关系进行新一轮的审视。

日本的学者和官员此前便对欧洲——特别是魏玛德国——解决"社会问题"的举措有所了解，他们觉得这样下去肯定会发生冲突，急切地想要在发生之前先行阻止。[40]"一战"以后，随着英国工党的崛起，欧洲在社会政策方面又多了一种选择。与此同时，1918年俄国爆发的布尔什维克革命，促使日本加紧行动，以扭转激进主义的势头。

这一切恰逢日本国内新世代官员的崛起。萨长系逐渐让位于一班具有大学教育背景的新人，后者有不少曾随当年出国大潮在外留学过，对西方有第一手的认识。在日本，政府规划者的影响举足轻重，因此，这一现象必然会对这个国家带来强烈的冲击，对内务省的影响尤其直接。内务省从农商务省手里接过劳工事务，于1922年设立社会事务局。政府政策的实施受官场职权竞争的影响。社会事务局从改革的角度进行考虑，而执掌警察部门的司法省则更倾向于使用强硬手段。一方是抛出改革与选举权作为诱饵的社会事务局，另一方则是手握警察镇压这根大棒的司法省，最后到底谁会胜出，还受到政党政府建立过程中政治斗争的影响。

20世纪20年代，日本政坛逐渐形成两党制，由国会内部分散的独立小团体对权力进行制衡。其中两大党占据了大部分的势力，两者都发家于19世纪80年代的自由民权运动。自由党的核心成员加入政友会；立宪改进党的大部分成员被吸纳到（桂太郎的）同志会，而同志会后来改名为宪政会，最后于1927年定名为立宪民政党。这些党派并没有多少"政党"性质，更像是一班政治家聚集在一起。特立独行且不愁选票的人频繁在党派间转换。尾崎行雄一开始追随大隈重信，加入又退出了政友会，后来逐渐成为一名坚定的独立议员，还一度是"开明派"的领袖。犬养毅在国会运动之初同样是大隈的追随者，当了几年独立议员以后投身政友会。除了对如何迫使政治当权者接受政党内阁的想法这一问题有分歧以外，党派之间并

第十六章 大正时期的文化与社会

不真正涉及任何意识形态或思想的区别。两大派都属于"资产阶级"，拥护天皇，持帝国主义立场。但双方侧重不同，因此产生分歧，谢尔登·加龙的研究表明，谁掌权同样重要。

政友会的选票绝大部分来自农村地区，它也会通过公共建设项目来巩固农村的支持力量，不过党内高层对重工业更加重视，倾向于有力的对外政策和强大的军事力量。改进党或民政党内部的主流主张和侧重点都在城市和商业这两方面。政友会掌权时期，加上执掌财政的是高桥是清，经济政策往往具有扩张性，以增长为导向。民政党上台的时候则刚好相反，主张财政责任，操心如何实现并维持日本和国际贸易伙伴之间的贸易平衡。某些官员或部局的权力大小，还和哪个党派掌权有关。这些问题和分歧在劳工问题上表现得尤为清晰。加龙把双方的不同点记录下来，发现宪政会或民政党的领导人愤怒地指责田中的政友会内阁采取的镇压政策，提出另一种更为自由主义的做法，对公民权利和劳工予以更多的尊重。他们认为，政府试图通过镇压手段将激进主义连根拔除，但除了上述自由主义做法外，别的举措都只会起到反作用。不过，我们也不应该过于强调双方在这方面的分歧，出台1925年《治安维持法》的内阁恰恰是宪政会的加藤高明领导的。

对于劳动立法，政友会的主流意见是反对，而宪政会／民政党倾向于支持。随着政党间权力的交替，局势像钟摆一样在两端之间摇摆，或是司法省疯狂镇压，或是反对派领袖愿意支持社会事务局开明官员的看法。

加藤的联合内阁时期，内务省大臣是若槻礼次郎，他曾下令让社会福利局起草一份劳动关系法案。这份草案在内阁讨论期间被修剪了不少，政友会党人对其中的很多条例都表示反对。就在法案即将提交给国会的时候，加藤去世了，若规一下子坐上总理的位置。这时，政友会退出联合政府，开始和内阁对着干，坚决不同意法案通过。政府不得不求助于国会内部的独立小党。然而，内阁由于1927年的银行危机被迫下台。就在这时，田中从若规手里接任总理一职，组建了政友会内阁，这对于劳动立法的支持者来说并非什么好消息。田中号召1928年2月进行大选，之前提到过，这是全体成年男性选举权生效以后举行的第一次选举，结果，执政党和反对党打成平手，话事权落到小党手里，接着，田中在3月份调动警察进行大规模搜捕行动。工人获得组织权利的希望似乎已经十分渺茫，司法省准备修订、强化1925年《治安维持法》，加大对特别高等（"思想管控"）警察监控工作的资助。反对派发言人严厉谴责政府打压异见的笨拙举措，警告称只有参与民主制才能有效地阻止激进主义的传播。尽管反对派作出种种努力，工农组织及其领袖已经受到真切的伤害且这种伤害是长期的。最主要的几个组织全都被捣毁，连带遭受灭顶之灾的还有为一个月前的大选贡献了19万张选票的工农政党。

但田中在台上的日子也没剩多少了。他违背了对裕仁天皇的承诺，在奉系军阀张作霖之死这件事情上，没有起诉任何一名负责军官，因此失去了年轻的天皇对他的信任，最后辞职下台。战场形势一下子又扭转了过来，滨口雄幸组建的民政党政府开始为劳动立法进行新一轮的努力。

滨口内阁准备在好几个方面进行改革。社会事务局的领导吉田茂（和那个做过外交官、"二战"后担任过内阁总理的吉田茂是两个人）再次起草了一份劳动关系法案。提案条例对工会的法律保护超过了此前所有的法律法规。他们聘用的专家还准备了租佃制改革法的提案，以加强耕作者的权利。他们还定好计划，通过立法让女性获得地方政府选举的投票权。滨口内阁执政期间，币原喜重郎重回外务省，日本正式承认蒋介石的国民党政府，而这是田中一直阻挠的事情。但在有些方面，摩擦仍然存在：中国拒绝接受日本将一名参与过"二十一条"谈判的外交官任命为日本驻华公使，政友会的民族主义分子想要利用此事大做文章。

在这之后发生了更严重的冲突。日本勉为其难地接受了伦敦海军会议的讨论结果。滨口不顾反对意见，甚至直接出任海军大臣一职，填补空缺。接着，各方又为了条约通过与否展开斗争。他被指责违背天皇的"最高指令"，为此遭到一名右翼分子刺伤，随后伤重身亡。同时，日本还面临别的灾难。财政政策方面作风保守的大藏大臣井上准之助，在全球经济大萧条前夕，坚持让日本恢复金本位，不久国际丝绸市场就在大萧条中遭遇灭顶之灾，给日本农业带来毁灭性的后果。

劳动立法的提案刚被交到国会讨论，就引发尖锐的对立，币原不得不接替奄奄一息的滨口为法案进行辩护。接着，关东军鲁莽策划九一八事变，身为外务大臣的币原只能承受由此带来的暴风骤雨。为了平复更大的危机，劳动法案很快就被牺牲掉。

这场工人运动的目的大部分没有实现。警察镇压和个人发起的暴力事件，将其中最有作为的运动领袖全都打倒，而更多的人从此不再发声。原本日本还有相对开明的官员草拟法案，但在随后的战争时期，这种做法便消失了，代之以更具威权主义的治国模式。尽管如此，这场运动的力度、作出的承诺，以及在屈从和激进立场上的摇摆，恰好说明了两次世界大战期间工业化发展给日本悄悄带来的变革。

第六节　乡村变化

日本乡下的变化发生得较为缓慢，但两次世界大战间的那些年依然给农村社会造成了深刻的变化。归根到底，原因是一样的：人们已经厌烦了那套为国牺牲的话语，不想再看到特权阶层以他们为牺牲品为自己牟利，同时，他们的教育和知识水平也足以令他们意识到，在别的地方还有别的人为公平发声。除此之外，他们作为地租上交的一部分农作物可能会被地主卖出去大赚一笔。

日俄战争结束后，日本的大部分地区仍属于农村。虽说城市发展迅速，绝大多数日本人仍住在小村庄和村落里。人们普遍有这么一个共识，即国家在精神和社会方面的发展，取决于农村是否安稳。农业是根本基柱，这种被概括为农本主义的看法，可以追溯到儒家的重农思想。某些反现代化者痛陈时局，称日本正在为了西方那种虚造的浮华，抛弃自己的根。健康发展的农村才是抵御城市腐朽风气影响的真正堡垒，这是所有人都会同意的。

不幸的是，现在的农村远远谈不上健康，对于大多数农村人口而言，现代化并没有给他们带来多少好处。"一战"以后，约有40%的农地属于租种地。这个数字不时上下浮动，但在"二战"后改革实施以前大体保持稳定。平均地租约为产量的50%，以实物形式支付，佃农有义务将这些作物运送到地主的粮仓里。当地主需要帮助的时候，佃农还要给他提供各式各样的服务。可以说，这种关系带有父系色彩，地主属于"亲方"，我们之前谈到，这个称呼也用于包工头。很多时候，它指代的是服从而非喜爱之情。佃农在租约上没有任何保障，惹怒地主的话，只能好自为之。

不过，租佃关系的形式多种多样。地主可能并不在村里，这里面有不舍得卖掉家族产业的学校教员或其他生活在外的村民，也有想方设法扩大自己地产的职业放债人，他们会派中介或代表去处理土地事宜。更多的地主是村里人。其中只有一小部分是真正的大地主，最顶级的那些来自日本海沿岸，他们通过某个资深佃户代理人来联络佃户，而这个代理人的生活水平也要比其他佃户更高一些。这些人彼此之间有等级高低的差别，且这种关系已经结构化。一个普通的佃户不会奢望自己进得了自己地主家的大门口，正如一个低级武士不会想着从主君家的正门进出一样。一切都在高效运作。金泽附近有几栋旧地主的宅邸被改造成博物馆，游客可以在里面看到成堆的账本和租金收条。绝大多数地主属于地主兼佃农，这些农民因为自家土地面积太小，只有租借更多的土地才能有盈余。自有地也好，租借地也好，有的确实小得可怜，这恰好说明了大多数农民的偿付能力额度极为有限。

租佃协议一般口头协定，假如地主想要剥削佃户或将他赶走的话，佃户什么保障都没有。在有文字契约的情况下，其条文也好不到哪里去，反而有力地体现了佃户是多么弱势。据其中一份描述，佃户请求道："因自然因素造成歉收的话，您将视察作物情况，把地租减少至您认为合适的水平。但若是我个人管理问题导致产量减少且仅影响到我个人的话，我保证不会要求减租……您要是出于必要、决定终止租契，我保证一个字也不会抱怨。"[41]

到明治末年，现代社会的几个方面已经对农村的社会结构造成影响。教育是其中一个。地主家和租户家的儿子齐坐在同一间教室里，如果地主家的孩子是个笨蛋而租户家的孩子有栋梁之才的话，这种差别不可能不会影响到后来人的态度。另一个则是军队。遍布全国上下的帝国在乡军人同样发挥了作用，佃农在战场上的英勇表现关系到他在军人会的地位。

"一战"的发生促使这些问题浮出水面。食品价格的飞涨让地主大赚了一笔，他们在仓库里囤满粮食，等到价格上去了再拿出去卖。但佃农不一样，他们要用大米交地租，没有办法撑到市场合适的时候才把自己不需要的东西拿去出售。1918年，米骚动首先在日本海沿岸的渔村爆发，随后迅速蔓延至日本各地。

两次世界大战之间，租佃纠纷越来越常见。村民明白市面上的繁荣跟他们没有任何关系。他们还是要交一样的地租，而地主的财富却随着战时的经济膨胀飞速增加。租佃纠纷的增长数量也相当惊人。1917年,日本有173家农会。1923年,战时经济的繁荣潮退去、逐渐走入衰退期,这时,农会的数量上升到1530家,到1927年时更高达4582家,一共有365,322名成员。那些年的运动集中在日本中部,这里城市化的程度最高,教育带来的影响也最大,还有先进的领导力量带领运动。安·瓦斯渥（Ann Waswo）注意到,农会里的领导人大多数是阶层向上流动、以盈利为驱动力的佃农,而会员都是一批饱受贫困之苦的小租户[42]。

1917年是农民抗议运动具有标志性的一年。那年作物收成低于正常水平,佃农请求地主适度减收地租。在离名古屋不远的爱知县发生了一起纠纷,牵扯800名佃农和约70名地主,事件起因与地租减收有关,随后争议点延伸到稻田维护、灌溉方面的分工,以及土地使用权的保障。大量的调解工作把法庭和地方警力都动用了起来。随着争端进一步激化,京都大学的一名教授发起一项法律行动,旨在保障佃农对土地的长期使用权。随着审讯日子临近,大批佃农涌上街头进行示威,当局觉得为今之计最好是将审讯延后。这单案子直到1923年才在名古屋地方政府的干预下彻底解决。[43] 这类纠纷在两次世界大战间越来越多,可见农村地区的共识基础是多么的薄弱。地主为了保护自身权益同样成立了自己的联合会,官员这边则为激进主义的发展势头感到忧心。

多尔注意到,知识分子在促成佃农组织方面扮演了重要角色。自由主义和左翼思想汹涌而起,而正是这股浪潮起到鼓励的作用,还有国际大趋势推波助澜。国际劳工组织通过决议,支持佃农集体谈判的权利。彼时日本共产党刚成立不久,提出没收地主土地的主张,很快就被定性为非法组织。不过,信奉社会主义思想的基督徒同样以土地社会化作为长期目标,这批人当中包括贺川丰彦（1888—1960）,他为神户贫民窟所做的工作令他在当时声名大噪。

政府官员这边,和处理工人问题的时候一样,他们明白问题所

第十六章 大正时期的文化与社会

在并尝试制定租赁法,但在国会里那些代表地主的人和政治说客看来,这些工作不符合他们的利益。两大党派的政治家都被牵涉到这件事里。整体来说,政友会和农村显贵的关系更为紧密,而在1928年选举活动期间,正是民政党的候选人主张有必要出台租佃关系法。气氛开始发生变化,用瓦斯渥的话来说,"佃农明显且往往有意识地去对抗那些地位不平等的体制和规矩"。[44]

尽管如此,佃农运动在20世纪20年代开始逐渐走下坡路。绝大多数农会局限于小村庄之内。组建一个覆盖整个行政村的联合会,难度要大许多,再往上走的可能性更是微乎其微。政府的强力镇压或许是这一局面的罪魁祸首,不过,尽管国家通过多种方式对农会进行监控、打压,但手段并不强硬。只有在对待左翼组织者的时候,特别是在1928年的大规模拘捕行动中,那种强硬手段才派上用场。此外,政府为了避免发生更大冲突,做了些工作。1924年《小作调停法》出台,为处理纠纷制定了正式机制,1926年通过立法,同意给符合资格的佃农提供低息贷款,资助他们购买土地。同时,政府修改早前的《工业组合法》,为不少农会所主张的协同行动提供了一套机制。

假如工农间有更多的合作的话,他们的力量或许能更有成效。1926年成立的劳农党便在这方面进行过尝试,可是,虽然党派领导人尽了最大的努力,大部分农民对阶级斗争依旧不感兴趣,他们看不到自己和城市工人的生活状况之间有任何相似之处。1928年劳农党被田中政府取缔,这条道路的可能性也随之告吹。

世界经济萧条对日本农业的冲击,改变了租佃纠纷的分布和频率。在日本最发达的地区,农会大量涌现,反映人们的期望不断上升。20世纪20年代晚期的情况恰好相反,期望变成绝望,人们想尽办法去阻挡灾难的来临。这时,在日本没那么发达的边缘地区,租佃纠纷开始增多,反观中部县市,这个数字反而在缓慢下降。日本上下都感受到大萧条的影响。国际丝绸市场的崩溃,蚕茧的价格一年之内跌了47%。大米价格同样大跌。假设1926年的数据为100点,那1933年农村收入下降为33点,到1934年时恢复到44点。当时普遍认为这是一场"农村危机",政府的援助措施也相应增加。

1931年九一八事变爆发后的几年里,物资短缺的危机令日本农村相对繁荣。而随着日本的处境越来越孤立,政府加大了对粮食分配的控制。地主丧失对自家土地和农作物的支配权,只能遵照政府指示,将大米运到新建成的合作社里。地主和自家田产之间越来越疏离,再也不能随自己意愿去谈条款。而小农和佃农这边,当兵的儿子给家里寄钱,令他们的钱包多少鼓胀了起来,进而在谈判中处于上风,这在日本现代史上是首次。如此一来,日本已经具备土地改革的条件,到"二战"后盟军占领时期,土地改革正式实施。

第七节　城市文化

两次世界大战期间,一种新的流行文化或大众文化在日本发展起来。早在德川时期,大坂和江户这两座大城市里都存在一股流行文化,它充满了生机,它为町人所形塑、迎合町人的需要,这种影响越来越突出。町人在休闲娱乐方面讲究品味、具有吹毛求疵的本领,这正是九鬼周造《"粹"的构造》里所谈论的理想状态。然而,在明治时期的现代化运动下,这种状态没有多少生存的空间,再加上国家建设,以及日本的"维多利亚时代"保守风气,玩乐、消费似乎成了不该做的事情。明治维新后,作为消费群体,不事生产的武士阶级失去了收入来源,城市人口实际上一度在下降。到了日俄战争时期,一种新的城市生活方式发展起来。城市人口快速增长,来自农村的工人成了生力军。比起德川时代那些口味挑剔的纨绔子弟，新一代消费群体要粗俗许多，人数也大得多。他们需要的，不是对闲人玩意有近乎专家般的鉴赏能力，而是让他们从办公室、工厂艰辛枯燥的工作中挣脱出来，喘一口气。他们在生活上不像乡下亲人那样可以自给自足，他们需要衣服、食物，也需要在自己能力范围内进行消遣。娼妓业很普遍。花钱请才华出众的艺伎出场这种事，只有有钱或有权的人才能消费得起；更多的是喝着啤酒，和居酒屋女招待、咖啡馆老板娘闲聊个不停。要补充的一点是，某种程度上，啤酒是日本占领德国在华据地的一大产物，酿酒的师傅和所用的器具随之进入日本。

这样的局面被时人称为文化、消费和品味的"大众化"。这个过程从明治晚期开始，"一战"期间随着经济的繁荣逐渐加深，关东大地震后更是发展迅速。技术和工业化的成果开始改变普通人的生活。照相、录音、电影逐渐进入普通人的圈子。报纸的印刷方式从明治晚年的转轮印刷发展到轮转凹版印刷、彩印和胶印，出版量增加。朝日新闻的《画报志》于1923年首次面市。尽管国家的管控无处不在，但通过新媒介，商业和娱乐尚能活泼、相对自由地生长。

1923年9月1日的大地震是大众化发展的一道分水岭。大地震所带来的迷失和破坏，为MAVO的建构派艺术家及其他激进派提供了自由创作的空间，尽管没有持续很久。重建工作在后藤新平（1857—1929）——他是20世纪最重要的政府官员之一——的领导下迅速展开。[45]昔日毗邻的街道沦为瓦砾，被新建的主干道拦腰截断。政府制订了雄心勃勃的重建计划，但城市的重建工作并没有因此增加多少计划性。以前的商区（下町）被破坏得尤其严重，城市生活的中心转移到"上町"*。

大地震过后，东京居民的生活环境和以前大不相同。大地震发

---

* 在东京被称为"山手"。

生前，藩邸园林留下来一块块的绿地，如小岛般点缀着东京城。和后来相比，这些绿地在面积上要小许多。市内通勤铁路环线（山手线）便是当时市民聚居的范围。今天通勤线交会的两大地点涩谷和新宿，在当时仍然属于乡下，稻田、菜地分布其间，人们还能从中感受到些许农村生活的气息。地震后的东京已然是另一个城市。以前，城壕用于城内交通，也是晚间纵乐的好去处，如今被改作公路、铁道和地铁。绿地越来越少见，1945年东京再次遭破坏，这些地方几乎消失殆尽。

银座得名自江户时代，顾名思义，这个地方是当时银匠同业会所在，后来逐渐成为东京的游览胜地。日本桥一带是其核心区，矗立着各大银行的大楼，如同新兴资本主义的殿堂。从京桥到新桥一带，一排排的百货大楼、潮店、咖啡厅伫立在大街小巷的两侧。东京的第一条地铁线即将动工，届时，只需15分钟的时间，顾客、员工便能从涩谷抵达银座。城市人口达到前所未有的规模，以他们为对象的消费文化应运而生。

这些城市群众几乎都能读会写。到1930年，接受过六年初等教育或更高教育的日本成年人将近90%。以他们为目标群体的印刷品大量涌现。报纸大规模发行、流通。1932年，依《新闻法》登记在册的杂志从1918年的3123种上升到11,118种。大阪《每日新闻》的发行量长期领先各大都市日报，从1912年的26万份，增加到1921年的67万份，至1930年已达150万份。[46] 同时，报纸的风格也在发生变化。明治时期的报纸常常是某个人或某个团体追求某项事业的成果。随着资金愈发充足，这时报纸成了大公司的一项生意，设有董事会、编辑和记者团。大学毕业生要通过考试才能进入大型日报社。一开始只有很少人来应考，到20世纪20年代末，应聘者的数量已经是空缺岗位的50倍乃至以上。由于涉及大额资金，若被警察暂停营业的话，大型日报社的日子将会相当

第十六章　大正时期的文化与社会

难熬。他们深知出版规定可以有各种各样的解读方式，因此，对于国内事务，他们倾向于小心谨慎。结果，这些报纸呈现出千篇一律的风格，哪怕到了20世纪后半叶，环境宽松了些，日本报业依然如此。即便这样，两次世界大战期间报社依然站出来支持大众的改革呼声，包括全体成年男性的选举权，比起20世纪30年代，这时候的报社还没有那么谨小慎微，军国主义和帝国主义还没有成为裹挟大众的口号。

两次世界大战期间的出版物当中，光专题杂志就达到上百份，以满足不同读者的口味。严肃读者一般会选择《中央公论》等月刊。从吉野作造关于民主的深思，到有关当代政策和政治的种种讨论，乃至小说连载，都可以在这类月刊中找到。《改造》在作风上更大胆，这也是20世纪30年代它被列入审查对象的关键原因。《妇人公论》《主妇之友》的读者数量更是庞大。野间清治（1878—1938）是讲谈社的创始人。讲谈社的名字来自当时迅速消失的传统说书人"讲谈"，一开始出版的也是类似的历史故事题材，由此奠定了自己的财力。不久，讲谈社就成为日本最大的出版社之一。所谓的"讲谈社文化"实际上是大众文化。讲谈社曾经（现在也是）对各种各样的口味或市场嗅觉灵敏，它的成功奠定了它在大众阅读市场上的主导地位。假如说岩波书店让读者能以便宜的价格买到各大名著，那讲谈社也一样，只是它提供的读物五花八门。两者的成功都建立在价格亲民的平装书上，这一策略迅速被其他出版社效仿。

可以说，日本正大步迈进消费社会。我们可以在报刊上看到资生堂化妆品、狮王牙膏等新产品的广告，也可以在商店架子上买到这些商品。百货商场成为新兴的大众消费时代的象征，或者说神殿。明治时期，大商铺沿袭江户时代的传统，以服饰用品为主。后来，商铺的货品种类越来越多。20世纪20年代，银座一带新建了不少多楼层建筑，展示着琳琅满目的国内外产品，成为人们的"朝圣地"、家庭消遣的好去处。建筑顶层设置游乐场且往往还有小型动物园，供孩子们玩耍；往下一层则是餐馆、画廊；底层设有熟食店、特产店，顾客是那些想吃零食或寻购包装精美的礼物的城市人。富人一度可以安排销售员上门推销，他们若亲自来的话，只需舒舒服服地坐在榻榻米上，售货员便会恭恭敬敬地将物品带过来。店内商品的展示方式越来越光鲜亮丽，给大众分发的册子里列出各类商品，令人们忍不住前来看看这些东西。多年以来，客人进入商店时仍依照传统做法，穿上店内提供的拖鞋，准备离店时，他们会发现自己的鞋被整整齐齐地摆放在那里。大地震过后，百货商场带头允许顾客穿鞋入内。地板的榻榻米被换成木板和大理石，人们可以随意进来。[47]

城里的娱乐活动越来越多，种类也愈发多样。政治家小林一三是一名能干的实业家，1913年他在大阪附近的度假小镇宝冢创建了一个少女歌剧团，吸引游客前来。宝冢歌剧团逐渐发展壮大，有了自己的学校，招收有才华的学生，即便经历过"二战"和战后重建，剧团仍然广受欢迎。它以"男役"演员为宣传点，上演的音乐剧和歌舞剧素以场面壮观著称。剧目有国际元素（如《Mon Paris》讲述了途经古老东方国度的巴黎之旅），同时视角是本土的，带有日本的现代性和帝国主义色彩。歌剧团逐渐壮大，1934年于东京又多开了一家歌剧院。受宝冢歌剧团巨大成功的刺激，1922年松竹艺能成立，与之打对台。宝冢以唱为特色，松竹则专注于舞蹈，两家在舞美制作上都追求壮观，有时候甚至有好几百个少女同时上台，按照好莱坞的标准，可以说是盛大演出。这些表演吸引了大量观众，在中产阶级还有年轻女性群体中相当受追捧。歌舞伎、能剧清一色都由男性表演，而以"清、正、美"为标准的宝冢歌剧团通过精明的方式，成为中产阶级繁荣富庶的一大标志。[48]

随着城市发展及城市人口的增长，商业开发达到新的高度。私

第十六章 大正时期的文化与社会 693

营铁路将城郊各地连接在一起，形成一片片居住区，居民搭乘铁路前往市内的工作地和购物点。他们的目的地分布在山手线各站，这是东京的核心通勤环线，开发商在车站开设的百货商场逐渐兴起，成为新的消费殿堂。上述现象不仅存在于东京，日本其他大城市也有出现。神户、大阪和名古屋变成各家私营铁路线交会的地方，农村与城市的距离前所未有地拉近。堤康次郎或许是现代日本经营规模最大、事业最成功的开发商，最近某项研究注意到，"1912年至1926年大正民主的兴起对他影响颇大……他预见中产消费者的数量将大幅上升，为了迎合这些人的需求，于20世纪20年代对包括铁路、城郊房屋、度假山庄在内的第三产业进行投资"。[49]

遍地开花的咖啡厅，成为人们消遣、喝酒、会面的地点。爱德华·赛登施蒂克（Edward Seidensticker）提到20世纪20年代银座一带喝酒的地方足足多了两倍。如珍妮弗·威森菲尔德（Gennifer Weisenfeld）所言，咖啡厅成了时髦场所。这里的氛围带有一丝靡靡之气，和侍应及时周到的服务不无关系，但这不妨碍咖啡厅成为文化传递的新渠道。[50] 人气作者频频光顾、谈论这些地方，将故事的发生背景设定在这里。

在这种种变化发生的过程中，对消逝之物的怀旧情绪也日渐浓厚起来。明治的精神气质中，几乎找不到江户时代及其文化的踪迹。到大正年间，江户时代和文化已经相当遥远，反而披上了一层玫瑰色，有时候还会和刚发生的历史事件搭上关系。当时传言那些信奉虚无主义的剑客在路上碰见谁就杀谁，有作者表示，这类故事的流行反映了幸德秋水等无政府主义分子大逆事件带来的破坏性影响。[51] 明治时期自由民权运动的先驱人物被捧上神坛。有部戏剧讲述了土佐勤王党武士瑞山和坂本龙马的故事，由于民众反响热烈，在日本各地巡演。鹤见俊辅认为，"恰恰是这些虚构出来的江户英雄，对大正民主的出现起了最大作用"。电影于明治晚期引进日本，受

572

到民众极大的欢迎。电影往往以忠诚的武士为主题。在涉及明治维新的政治时，它们不再简单地进行说教。双方阵营都有英雄，在激烈的厮杀中，佐幕派往往坚毅不屈地抵抗。明治时代的领袖人物已经逝去，下一代接班人如今坐镇枢密院和贵族院，垂垂老矣，行事小心谨慎，民众对他们没有多少好感。讽刺的是，这些电影有不少以反抗主流为基调，战争期间仍然能够在日本本土上映，到了盟军占领时期反而被贴上军国主义的标签，遭到禁止。

大众文化还包括漫画和连环画。朝日《画报志》1923年首刊便刊登了美国的热门漫画。没过多久，其他人就转向葛饰北斋等日本艺术家所代表的灿烂的绘画传统，从中吸取创作要素。冈本一平（1886—1948）等重要漫画家用漫画来记载重大文化事件，如爱因斯坦和桑格夫人的访日之旅，为大众留下记录。日后漫画将会发展为一个欣欣向荣的行业，那时读者已经对这类名为"芝纸居"的小型可移动的图片展示模式相当熟悉，这类图片展示一般设在街角或空地，说书人每天骑着自行车过来开讲，来听的主要是附近的孩子。纸芝居直到"二战"结束后仍然存在，但没过多久就消失了。

我们此前提过柳田国男，身为民俗研究之父，他搜集当时存留的传统习俗并加以整理和保存。其他民族志学者坚持不懈地记录当下的种种迹象，觉得日后的境况或许可以从这些迹象中得到预示。他们把城市作为文本，好奇地想要知道阶级、性别、工匠及那些挤满东京街头和游乐场所的白领工人之间，到底是怎样互相作用的。用某个学生的话来说，他们研究、记录的是"社会关系的断层，通过充满传统习俗色彩的话语呈现出来，在这过程中深刻地认识到，一种为社会全体所共享的新文化正在建构当中，但同时这种新文化存在性别和阶级的区别"。[52]

此外，还有一批人对普通人和日常事物的重视不亚于前者，他们试图延续、拯救那些正在工业社会的大批量生产中消失的日常生活要素。柳宗悦（1889—1961）带领的民艺运动表明，他们意识到社会和文化正在发生变化且这种变化是不可逆转的。柳宗悦原来是美术史家，加入了一个叫"白桦"的文学团体。1916年，他在朝鲜旅游的时候迷上了民间制作的日用陶器。其中几件顶尖作品，很早以前就引起日本茶艺大家及为他们制作茶具的陶匠的关注。日本传统日常生活中用到的那些简单朴素的器具蕴涵着别样的美，而柳宗悦要做的是重新肯定这种美的地位、重拾人们对这种美的赏识。他的事业得到当时日本最重要的两名陶艺大师——滨田庄司（1894—1978）和河井宽次郎（1890—1966）——的支持。经过他们三个再加上受他们感召而来的人的共同努力，就在传统即将要被现代批量生产的产品淹没的时候，人们开始认识到它的艺术价值及精神价值。坐落在东京一座朴素但结实的村镇建筑中的民艺博物馆，便是他们成果的一个标志。村窑烧造的日用陶器的地位焕然一新，德川时期随处可买到的佐贺青花瓷，成了收藏家的藏品。民艺运动的领袖不仅有担当，品味还相当不错。柳宗悦在汉城建了一所博物馆，声援朝鲜的独立运动。滨田对冲绳的织物和图纹十分重视，就在日本军国主义领导人竭尽办法全面实现"日本人化"时，依旧鼓励使用冲绳方言。这些例子表明，对昔日简朴之物的欣赏，其实和20世纪日本强制推行中央化、同一化所导致的危机有关。

第八节　两次世界大战之间

"一战"后、"二战"前的那些年，日本在政治和思想上展现出高度多元化的局面。受日俄战争的刺激，工业化发展的步伐进一步加快，并在"一战"期间达到顶峰，自明治维新开始的种种变革逐渐成为时代的焦点。这些变革的目标是把日本打造成一个和其他大国平起平坐的国家,成为东北亚的主导力量。然而,变革带来的冲击撼动了日本社会的方方面面,导致错乱。女性逐渐对自己被赋予的"贤妻良母"角色感到厌倦。作为工业俱乐部一员的工业家,其不容置疑的权威开始受到劳工运动的挑战,而农民运动的发生,说明乡村生活也陷入紊乱。由于教育普及,人们能够随时接触外面的思想,与此同时,现代交通连接了前现代的日本和新兴的工业中心与城市。城市化孕育了一种全新的大众文化。日本在社会面貌上远比从前多姿多彩。它对世界的开放程度也是前所未有的。现代世界带来的影响及张力,令日本变得更加国际主义、世界主义。越来越多的西方文学与思想以译介的方式进入人们的视野,加上日本的学术和文化机构发展出了自己的一套架构和机制,使得日本知识分子的眼界在某些方面比明治时代更为狭隘,后者还能了解原汁原味的西方,不需假手于翻译。

日本关于世界的图景在明治时期曾清晰无比、高低分明,这时却开始模糊和复杂起来。如今日本已进入大国行列,对于一度明确鼓励的仿效他国的做法,它的态度变得暧昧,在取向上表现更加多样。受勤皇派奋斗目标的驱使,关于发达国家的话题在19世纪的日本十分活跃,但如今大家转而谈论自决、谈论合作。中国、俄国、奥匈帝国、德意志帝国、奥斯曼帝国的君主制被废除,共和制取而代之。假如说在19世纪80年代的想象里日本尚是一个奋斗青年的话,这时的他已然是一个志忑不定、忧心忡忡的大人。

明治时代日本国内在政治方面的共识,经过近代日本"国父"的"温和化"处理,早就失去了尖锐的棱角,逐渐淡去。按照明治时期的国家制度,国家职能表面上由天皇统领,实际上被分割给相互独立的机构,它们分别执掌军事、外交和政务。初代元老尚能协调这些机构,通过合议的方式令这套制度运行下去。但继任者不一样,他们年轻时并没有并肩奋斗的经历,彼此无法联结起来。桂太郎试图依仗天皇去操作这一切，最后反而招致恶果，这表明新的时代已经到来，需要的是新的角色、新的手段。受国外波及的经济困局加上外交政策方面的危机，使得这一时期的发展陷入曲折，引发长达十年的动荡。

第十七章
侵华战争

乍看之下，20世纪30年代日本的历史轨迹和前十年南辕北辙，两者之间仿佛存在一个巨大的鸿沟。为此，人们使用"军事接管""法西斯"等词语来形容这一时期。再加上其他方面的考虑，要阐释和理解这段历史，便变得相当复杂。哪个才是日本现代史的主线，是政党政府下的"民主"时期，抑或军国主义的20世纪30年代？什么事情属于反常？早期研究往往强调其中一点：有的认为，20世纪20年代只是现代日本急不可耐地增强国力、建造帝国期间的一个插曲；有的则认为，军国主义时代是实现民主现代性过程中不可抗逆的一环。这些观点进而影响了20世纪后半叶的政策。假如说日本的政体和心理状态确实因为军国主义而存在致命缺陷的话，那战败后的重建工作必须将这彻底扭转过来。不然，即便帝国主义所赖以形成的军部势力通过改革手段被堵住或消灭了，20世纪20年代的种种势头依然有可能死灰复燃。

接下来的讨论将会表明，这两种说法都站不住脚。20世纪30年代不少发展趋势的形成，离不开此前大众文化和民众参与方面取得的进展。同理，明治现代国家制度的特点，是军部势力得以强化并占据主导地位的重大因素。变化首先发生在事情的优先程度、大小轻重上。渐渐地，明治时代的国父再也无法通过自己的影响力去缓解变革、从中调停。他们在包括意识形态、军部在内的方方面面采取的举措，已积聚了一定的势头。他们建立的体制孕育了一批有权有势且常常针锋相对的官僚队伍和利益群体。

代际变化同样发挥了作用。虽然最高层很大程度上仍保留着上一代的遗产——已经老态龙钟的西园寺公望，仍在想办法从中协调——新一代领导人没有经历过积贫积弱之苦，他们表现出来的那种傲慢心态，在明治领导人身上从未见过。

日本对外部世界的理解也经历了巨大的变化。由于全球经济大萧条的冲击，国际社会上及日本国内的国际主义声音有所削弱。面对资本主义的挫败，以国家为主导的经济和政体模式开始在世界各地冒头。法西斯领袖在德国和意大利似乎大获成功，世界大国的实力排行随之发生变化，而这是日本赖以参考的风向标。至于邻近的中国，日本自日俄战争以来便掌控着中国东北地区南部，此时中国境内反侵略力量再起，威胁到日本在南满地区的势力。同时，俄国势力重返东北亚，这给日本领导层敲响了警钟，后者一直担心25年前的战火再度燃起。无论哪个圈层，都没法在上述种种事情上达成共识。"军部"并非铁板一块，也不存在一个与之对立、一致主张和平的"文官"政府。通过多个纽带的联结，各方在侵略活动上形成共谋。"大正民主"时期发展起来的大众媒体为新到来的扩张和战争事业吹起了号角。

第一节　从中国东北说起：九一八事变

中国东北三省——辽宁（奉天）、吉林、黑龙江——是清朝统

第十七章　侵华战争

治者的故土。清末日俄势力入侵，称东三省为"满洲"。清廷尝试通过立法禁止汉人移居此地，但到19世纪，这些规定已形同虚设。这一带连同热河紧接长城北面，从山海关入河北便可直达京师。20世纪日本关于"满蒙问题"的讨论也谈到内蒙古对满人来说不可或缺，其中又以察哈尔至为重要。1911年清朝灭亡后，人们谈起满洲的时候，仿佛这一带已经沦为政治真空地带，局势不稳定，人口稀少，对北边刚成立的苏联几乎没有抵抗之力。早在1823年政治经济学家佐藤信渊（1769—1850）就写道，日本的扩张大业应从"我们最容易拿下的地方——满洲——开始，我们可以从清人手上夺走。在清国势衰之时乘虚而入，对于我们来说不难"。[1] 佐藤所在的时代，鼓吹扩张之风盛行，一个世纪后，他的观点有了新的补充。

　　日本势力得以侵入中国东北地区，是1905年日本在日俄《朴次茅斯条约》中争取到的成果，十年后日本通过"二十一条"延长租借期，势力进一步巩固。所谓的南满地区包含位于辽东半岛尖端的辽宁，拥有旅顺、大连两个港口，原中东铁路有一段从长春向南延伸到大连，此后被称为南满铁路。

　　行政管理方面，中国东北一带由多个部门分辖，职权间有所重叠，形成复杂的格局。起初主理该地区的是外务省。"一战"期间和结束后，军部逐渐占据上风，对中国东北一带实行大体统一的军事指挥。到原敬内阁时期，文官治理模式再度回归。辽东半岛的租界设有专门的行政机构*，其首长由天皇任命。但从某些方面看来，最关键的角色其实是南满铁道株式会社†的负责人，满铁得到来自政府和私人的巨额投资，但仍属于官营机构。第一代掌门人后藤新平此前在中国台湾负责殖民统治的建设工作。（1923年关东大地震后，

---

*　关东总督府，1906年改置为关东都督府，再后来改为关东厅。

†　简称"满铁"。

东京的重建工作也是由后藤负责。）南满铁路如同引擎一般，成为帝国主义势力在中国东北进行经济开发的动力源泉。鞍山、抚顺、烟台的煤矿资源及其他矿藏、电力、仓储事业，都在它的控制之下。日本还掌管着铁路沿线的治安、税收、公共建设和教育。满铁资助包括研究调查在内的各种项目，这些调查活动的重要性越来越突出，凝聚了当时日本部分顶尖学者的思考。[2] 城市设有警察，隶属于日本领事馆。领事馆分布在各主要城市，尤其是港口，归外务省管辖。日后掌权的领导人里很多都把中国东北一带作为自己事业的试验场。外交官、"二战"后出任内阁总理的吉田茂，就凭借自己在中国东北担任领事期间的表现赢得了名声。松冈洋右（1880—1946）担任外务大臣以前，曾出任满铁总裁一职，作为外交官的松冈，在日本陷入危机的那些年里表现十分耀眼，他入职外务省的时间和吉田相差不到一年。满蒙素来被称为日本的"生命线"，这个说法的形成正是松冈所致，"生命线"一词也跟着被普遍使用起来。

关东军负责中国东北一带的"防务"，"关东"一词的字面含义为"关之东"，"关"指代的是中国华北和东北之间的山海关。这支部队也发生过不少行政责权方面的变动，到1931年，关东军的指挥权被掌握在军部大臣和陆军参谋本部手里。其兵力根据每英里铁轨上的人数来计算。其下一个师团是日本派遣过来的地方兵团，每两年轮换一次，此外还有六个独立守备营。1925年宇垣一成担任陆军大臣期间实行缩军，关东军的规模有所减小，后来由于苏联势力重回东亚，时任内阁总理田中义一又将其兵力恢复到原有水平。[3] 1928年关东军参谋河本大作策划刺杀了张作霖。此前提到，田中曾答应裕仁天皇对这件事进行调查，却最终食言，导致他所领导的内阁下台。之后有两位颇为能干的军官接任河本，至1931年两人结束轮值，回到日本。

和陆军老牌势力长州系的领导人相比，陆军大将板垣征四郎

（1885—1948）的作风截然不同，这一点跟他的同僚陆军中将石原莞尔（1889—1949）一样。板垣出生于日本北部的岩手县，石原出生于山形县。两人都毕业于陆军士官学校和陆军大学校。板垣位阶更高，是关东军的高级参谋，后来负责指挥侵华军事行动，直到1937年受总理近卫文麿邀请，回国出任陆军大臣。之后，晋升上将的板垣再次赴华，担任"支那派遣军"总参谋长。日本"二战"投降后，他在东京的国际法庭上被列为甲级战犯，因其战争罪行被判处死刑，于1948年执行。

石原年轻一些，同样特立独行，但为人更有意思。他以第二名的成绩从陆军大学校毕业，获颁"恩赐刀"。他信奉日莲宗，这一点或许影响了他将战争视为末日的看法。亲身了解到"一战"给欧洲带来的破坏后，尾崎行雄等部分文官开始呼吁裁军、拥护国际主义。然而，陆军大学校的学生却得出完全不同的观点。石原在留德三年期间，阅读腓特烈大帝、拿破仑和毛奇的作品，从中形成一系列观点，回国不久后，在给陆军大学校所做的演讲中发表了出来。他预测，更大规模的战争将要到来，最终演变成亚洲霸主日本和西方之首美国之间的一场大决斗。不过，这要等到技术发展到更先进的水平、飞机不需中途加油便能环球飞行的时候才有可能。同时，日本需要侵略中国东北，这样一来便能将它发展为后方基地，为对苏战争做好准备。1937年，当时任职参谋本部的石原反对发动侵华战争，认为这样做偏离了总体战略计划。他不随主流的作风和执拗的个性，损害了他在军队的升迁，或许也拯救了他，令他的战争罪责轻一些。战争结束后，他在国际法庭上遭到审讯官的盘问时，还雄辩了一番进行反击，称要对日美战争负责的人应该是佩里，他打开了日本的国门、将它推入冷酷的国际体系之中。[4]

九一八事变绝非军中活跃分子肆意妄为、违反军令而导致。整件事经过精心的策划和准备，在个人和团体间紧密联系、相互交错的背景下被付诸行动。事情的起因是，苏联于1928年公布五年计划，日本开始担心敌对势力将重临北境。张学良接掌其父张作霖的奉系，于1928年加入国民党。第二年，币原承认蒋介石的国民党政府，引发日本国内对辽东日租界既有利益会否受损的担忧。在图们江北岸的边境地区，中、朝居民之间相互敌视，这些朝鲜人当中不少是为了躲避日本统治而逃跑过来的，这下子，日方便有了口实，控诉自己的国民遭受何等"暴行"。南满地区的日本侨民大声疾呼、要求得到保护，其中又以某个青年组织最为积极。

1929年夏天，板垣和石原组建学习小组，组织关东军参谋人员外出调查。石原给他们讲述自己关于战争将至的理论。其中有一份关东军印发的材料，完整地揭示了日本如何分三个阶段占领中国东北的计划。有的军官则谋划得更为深远，试图将中央政府改头换面。当时，五年前操刀裁军的宇垣被选为滨口内阁的军部大臣。同时，滨口进行一系列的人事调动，以加大对军队决策的掌控。此时，关东军派遣人员即将面临轮换，东京的年轻军官错误理解了宇垣的位置，以为在他领导下军部将会接掌中央政府。1931年"三月事件"期间，一群高级军官（樱会成员）和参谋部两大人物（小矶国昭和建川美次）在民粹右翼理论家（大川周明）的鼓动下，试图通过袭击总理办公室（币原在此办公，此时滨口已经遇刺受伤、性命危在旦夕）和政党总部，然后组织上千群众聚集，让军队宣布戒严，令宇垣得以以军人身份上台、恢复秩序。但事情没有如愿。宇垣退缩了，军部领导人觉得中国东北的情况更紧急，群聚也没有出现。这件事一直被保密处理，策划者被调配到其他地方，有的被派遣去了关东军。

滨口最终还是因枪伤去世，4月，西园寺公望不得不提名新的总理人选。他担心，如果内阁彻底改头换面的话，可能会引发更多的暴力活动，为此，他确保若槻礼次郎当选总理。外务大臣依旧由币原担任，但面临的问题依然棘手。日本和南京国民党政府的谈判进展顺利，直到币原其中一名大使、受中方信赖的佐分利贞男离奇死去，或许是自杀，但更可能是被杀。"三月事件"中没能成事的宇垣离任军部大臣，这时，井上准之助下令进行新一轮预算缩减，接手的南次郎不得不与之周旋。传闻称军队已经按捺不住，这令币原警惕了起来，西园寺向南次郎明确表示，天皇希望军队遵守纪律、保持克制。此外，政友会领导人森恪对中国东北的不安局面深感同情，建议党内众议员在谈话时使用满蒙"问题"的措辞。

而在中国东北一带，策划事变的一方取得更大的进展。引发事变的爆炸案发生前几天，一群声名狼藉的日本人聚集在关东军的总部。甘粕正彦——此人于1923年刺杀了大杉荣——身上带着日本右翼分子筹措的资金。策划皇姑屯事件的河本大作得到的资助更是优渥。傲慢、贪婪、虚伪以危机之名找到了藏身之所。关东军的军官和东京参谋本部的有关人员一直有联系，后者在个人立场上赞成这次策划，但对时机有所疑虑，于是把刚在"三月事件"中受挫的建川美次派往中国东北，敦促关东军谨慎行事、延缓行动。关东军内部策划事变的人知道建川此行的任务，待他一来便给他安排了一连串的派对，拖延他去司令部的行程。到第二天早上建川准备好履职时，沈阳北部南满铁路的柳条湖段发生炸弹爆炸。爆炸造成的破坏很小，没有妨碍下一班南行的火车按时抵达沈阳。但关东军声称此举是中国军队所为，并以此为借口发动袭击，九一八事变由此爆发。令石原忧虑的是关东军司令官本庄繁的反应，虽然本庄本人赞成行动，但担心他会听从东京发来的谨慎行动的指令。事实证明，石原多虑了。本庄刚刚结束对关东军驻地的考察，考虑到本庄的配合对这次计划至关重要，在石原的安排下，他没能接触到外务省派驻沈阳的官员。张学良率领的奉军也是潜在的问题，其兵力要比关东军大许多，但这次事件中，张反倒起了助长的作用——他给指挥官下达命令，任何情况下都不得对日军进行还击，以防冲突升级。

石原以事情亟待解决为托词向本庄施压，本庄思考了片刻，说道："好，让我来接手。"

关东军对在沈阳的中国军队采取军事行动，几个小时之内便取得初步的胜利。一旦动用了武装力量，军事上的必要性便成为进一步行动的理据，如此一来，东京文官政府的说法——这些举动仅出于维持秩序的目的、没有扩张的意图——便沦为骗人的话。相关负责人焦急地想要避免事态扩大，想重新掌控事情的发展。与此同时，参谋本部和陆军省上下各级军官全都欢呼雀跃，庆贺满蒙"问题"终于进入解决日程。东京方面暗流涌动，传言称有关方面正在谋划如何将当下这个政府取而代之。大为紧张的政府极力避免声张、以免时局动荡，反而更令传言甚嚣尘上。情况已经够糟的了。九一八事变几周之后，第二联队的大佐桥本欣五郎——同时是参谋本部人员和樱会的拥趸——想出一个奇怪的计划，试图在内阁开会时空投炸弹、消灭整个政府，然后让右翼分子包围陆军省和参谋本部、要求建立军政府。这被称为"十月事件"，不过计划最终没有付诸实践。桥本被上级勒令接受20天的监禁处分，而上级拒不承认有任何意外发生。桥本的名字将会再次出现，不过那是6年后，当日军在长江上炮击美国"巴纳"号的时候。

这种不守纪律及恐怖主义的做法一下子成了威胁日本社会安宁的因素，这着实不寻常。但我们要考虑到这么一点，20世纪20年代的日本社会潜藏着一股不满。针对个别资本家的暴力活动当时零星发生过，不服从上级命令的情况在1928年皇姑屯事件也有所体现。陆军内部发生严重分裂，宇垣等制订和执行裁军计划的人和反对者之间形同水火。面对工业化的急速发展，右翼思想家担心社会激进思潮会因此进一步蔓延；另一方面，他们又正当化自己的直接行动，视其为"拯救"乡村的办法。社会上频频讨论"支那问题"、批评政府的"弱"外交，在这样的背景下，很多人反而松了一口气，觉

第十七章　侵华战争

得终于有人行动了。像桥本这样急性子的年轻人，假如没有石原和板垣等参谋官的支持，肯定是办不成事的，同时，石原和板垣这批人至少要有上级的默许才能行动。上级这边，由于担心武装冲突加剧，加上军队内部的纽带关系，对这些行动采取默许或至少是容忍的态度。日本本土的"改革"诉求与"解决"国外问题的呼声此起彼伏。日本社会及政体的运转和走向遭到普遍的质疑，而军队的积极分子首先站了出来。作为政体的守护人，年事已高的西园寺和那些呆板的老政治家却退缩了，他们正苦苦应对着经济衰退和国际社会的抨击，希望将来某一天这股势头会扭转过来。

假如这些也算得上策略的话，那它们带来的后果是两方力量之间匪夷所思的对峙。1932年9月8日，桥本及其部属在皇宫受到隆重的接待，仿佛凯旋的英雄。宫内省的马车在车站把他们接上以后，驶过著名的二重桥，进入皇居范围。午饭过后，桥本就中国东北一带军情作了报告，人们零零散散地提问，这时，裕仁天皇竟然问起是否有任何切实证据表明"事变"的确是某些人策划的，让桥本大吃了一惊。现场一下子安静下来。桥本起身、鞠躬、立正，说道："我也听说这个传闻，称这次事件是某些军人和师团操控的，但我可以向陛下保证，关东军和我都没有涉足这类事情。"据说，当时也在现场的石原喃喃自语道："有人在对陛下胡说八道呢。"[5]

回到中国东北，关东军继续推进，通过空袭和迅速进军，东北三省全部落入日军手里。显然，日本违反了《九国公约》和《巴黎非战公约》。然而,其他经济大国在全球大萧条的冲击下仍自顾不暇。对于中国，大众看到的报道大多有关内战和盗匪，他们并不坚定地觉得要对日本进行谴责。这个局面之所以形成，原因有几点。首先，日本文官们走错了一步又一步，没能像其他国家那样让军队遵守对政府的承诺。日本国内和海外都弥漫着暴力的阴霾。与此同时，日本官员在国际上表现出毫无疑义的好战和浮夸。文官和外交系统的发言人察觉到，容许军队的所作所为逐渐成为选拔的标准，由此发展出一套针对日本国内及海外的托辞。

就在桥本于皇宫接受众人欢迎之时，日军在东北三省的行动进一步推进。1931年12月13日，运气不好的若规内阁解散下台，退伍的犬养毅接手、成立政友会内阁。1932年1月3日，关东军侵占锦州，尽管此前他们曾承诺不会占领这个地方。几天后，外务省、陆军省、海军省的代表达成共识，在中国东北一带建立一个独立政府。第二天，某个朝鲜人向停靠在皇宫大门外的御驾扔炸弹，为此，犬养毅提出辞职但遭到拒绝。接下来一周，几名日本佛教僧侣在上海被杀，日本海军及海军陆战队借此向上海调兵，突袭闸北，国民革命军第19路军与日军激战。众议院按犬养毅要求重新进行选举。来自政友会的候选人在被敦促下强调解决满蒙问题多么重要，最终以大比数压倒民政党。当时还有别的暴力事件。日莲宗僧人井上日召于1月31日组建血盟团，招募有志之士去刺杀那些代表资本主义－国际主义秩序的著名人士：前大藏大臣井上准之助（死于2月9日）、三井财阀总帅团琢磨（死于3月5日）先后遇害，其他成员则和从中国上海战场返回的海军军官一起，于3月15日将犬养毅枪杀在家里。在这期间，关东军加紧侵占中国东北，于2月5日侵占哈尔滨。国联派代表团到当地对事情进行调查，就在李顿调查团抵达不久，3月1日，"独立"的"满洲国"宣布成立。新政府的"首都"设在"新京"（今天的长春），政府首脑为清朝末帝宣统（即西方所熟知的亨利·溥仪）。溥仪在军阀混战期间被赶出紫禁城，随后一直在天津避难。9月15日，日本在外交上承认伪满洲国的地位。这一举动早在三个月前就得到众议院的一致同意。曾作为日方代表签署《巴黎公约》的内田康哉被任命为外务大臣，他向国会保证，若有任何势力出手阻挠，日本随时可以采取"焦土外交"。至此，日本的国际主义——币原的对华政策——以及过去十年塑造东亚格局

第十七章　侵华战争

的华盛顿会议体系在明面上宣告终结。1894年的日本向清廷开战，如今它却试图在中国东北重新扶持这一"政权"。

换言之，到10月2日李顿调查团提交报告的时候，日本已经是在为"独立事业"奋斗且以此为己任，这件事再无协商的余地。松冈洋右回到日内瓦，一手策划整个事变的石原也在那里，大概是为了监视他。李顿调查团造访日中两国，在中国东北待了六周，尝试厘清整件事。调查报告得出的结论尽管对日方来说不利，但没有彻底否定日本所做的事情。然而，松冈不会忍受任何批评，国联大会上，在确定日本没有胜算之后，他带着代表团离开了会议厅。离席之前他发表了一通惊人讲话，称国际舆论已经把日本钉死在十字架上，但针对日本的这些指控会在某天扭转过来，就像拿撒勒的耶稣所经历的那样。[6] 日本宣布退出国联，不过日方代表和国联众多机构仍保持合作。从1868年开始日本便一直通过和世界上数一数二的大国合作来为自己争取平等的地位，但就在数周之内，这一外交目标就被抛诸脑后。

自由派和保守派的领袖陷入进退两难的境地，这其实不难理解，他们是在旧秩序设定的各种目标下成长和成熟起来的。他们大部分人都踌躇不定，希望舆论氛围会扭转过来。这么一来，他们不仅需要说服西方世界，日本并没有彻底地、永久地抛弃国际合作的政策；另一方面，也要让日本人相信，西方的谴责并不意味着永远和日本断绝来往。有一班出色的外交官和国外联系比较广泛，他们在伦敦《泰晤士报》及其他媒体上发出缓和的信息。国联前副事务长新渡户稻造此时身体已大不如前，此前曾因《移民法案》扬言再也不踏足美国，如今改变了主意，拖着病躯，前往北美大陆开展一系列巡回演讲，最终病逝在路上。一班自由派学者觉得政府匆匆翻译的李顿调查报告措辞刻板、语带挑衅，他们联同英国一位著名外交官乔治·桑瑟姆彻夜改稿，抱着一丝幻想——如果在用词上更温和一些的话，或许会有帮助。另一边，日军似乎势头凶猛、节节进犯。1933年1月，日本占领山海关，这是扼守华北平原的要冲。一个月后，在日方突然下了最后通牒之后，中国军队从热河省撤退。伪满洲国的国界还不清晰，但日本已经决心致力于"创建"与"防御"。

第二节　伪满洲国：帝国事业的东进

关东军全面占领中国东北之后马上面临一个问题——怎么处置这个地方。关东军的决策者们打定主意，要赶在树敌之前筹建一个半独立性质的"国家"。倘若像在朝鲜那样将中国东北打造成一个殖民地的话，那无疑极具挑衅意味，其后这块地方也会划归东京政府下的殖民机构管辖。而半独立性质的国家就不一样了，它可以贴上"独立"的标签，成为日本的盟友。在石原看来，这是实现他那宏大的战略目标所必不可少的关键一步，他甚至一度想过要放弃日本国籍、加入新成立的伪满洲国。在选择政治体制的时候，他本人可能投了共和国制度一票，但由一个满族统治者来统领伪满洲国，说服力更大。溥仪这位幼年登基、1909—1912年间在位的清朝末帝，在劝说之下于1932年重新"执政"，成为伪满洲国的首脑。两年后，溥仪正式登基，成为伪满洲帝国的"皇帝"，年号"康德"。溥仪的"皇帝"身份或许对裕仁天皇的地位构成挑战，不过，1935年溥仪到访东京、和天皇一同在代代木视察皇军队列时，两人是并排坐在御驾上的。

比起明治早年以来所知悉的北海道，中国东北一带的潜力要大得多。中国台湾已经人满为患，而朝鲜政体的历史比日本还悠久，相比之下，中国东北被（错）认为是一块相对敞开的地方。九一八事变伊始，日本国内便产生热烈的反响。经济衰退令很多人陷入贫

第十七章　侵华战争

困，党派政客的活动被冠以腐败、谋私的印象，关东军的胜利一下子牵动了全国民众的心。肤浅的沙文主义大量涌现，大吹特吹其英雄事迹——但要考虑到奉军受命在先，不得抵抗——几乎不可能起到真实记录的作用。一·二八事变期间，作战的中国士兵训练有素、斗志高昂，用这来吹捧日军反而更有力。不管怎样，关东军凭借一万兵员，就将兵力是其好几倍的奉军击败，迅速侵占中国东北，收获赞许也是意料之中的事。

这种赞许之所以重要，跟两次世界大战期间发展起来的大众媒体有关。尽管这当中不少是以市场为导向的，但其影响力和重要性没有因此被削弱半分。《大阪每日新闻》《朝日新闻》这两家大型日报在都市版和城郊版上打出激动人心的标题，还出特刊大肆庆祝，铺满全国各个地方。随着发行量的增长，报社转变为股份制公司，获得不俗的投资，甚至有能力买下飞机将记者送到前线，然后将新闻稿和照片第一时间送回来。数不清的杂志就中国东北一带有何机遇进行详细报道，讲谈社下"各大杂志变成关东军的'啦啦队'"，这一情况直到纸张出现短缺、实行限额配给以后才有所转变。此外，广播起了补充作用，这时农村地区已迅速电气化，人们能从广播里听到步兵交火时那断断续续的枪声。[7]

军部不久前才在反军国主义的浪潮中受挫，为扭转这股趋势，它发起一场深入民众的运动，这或许还是首次。从前线回来的军官被派去做巡回演讲，有相关知识背景的学者和旅人被请来召开关于中国东北的专题讨论会。调查显示，这些策略甚至影响了此前抱怀疑态度的大学生。其中最有效的非"国防国家"宣传运动莫属。在纸媒和演讲的狂轰滥炸下，人们开始担心苏俄重回大陆将带来种种威胁，想起日本资源贫乏，不公平的是其他国家在关键资源上却不愁困乏，这对日本来说是个劣势，自黑船事件以后日本遭西方侵略、剥削的历史也重新被唤醒。

这场运动也波及知识分子，事实上，他们在很多方面起了带头作用。对于大学生来说，经济衰退使得就业前景黯淡，相比之下，新建立的伪满洲国的机遇令他们心生向往。20世纪20年代风靡社会科学领域的马克思主义理论潮，在被正统思想钳制、遭恫吓打压的情况下，再也不复当年势头，但国家和官僚在经济发展中发挥主导作用的观点，切合军部对伪满洲国的发展规划。1936年，伪满洲国公布五年计划*，间接肯定了苏联1928年的做法†。这当中有新的挑战，也有新的机遇。另外，伪满洲国的"独立"外衣或能开辟一条超越旧帝国主义制度的蹊径。

规划意味着要对社会和经济进行细致的研究，日本境内外的研究机构数量大增。从名校毕业的学生完全不愁找不到工作。有件事更令人惊讶——那些在日本国内被思想警察监视的马克思主义及左翼学者，反倒在中国东北的研究机构里受到热情的招待，受满铁资助的大机构尤其如此。日本国内不少主张变革和社会规划的人士在对岸找到工作，这种情况一直持续到1941年太平洋战争爆发后、日本的清洗运动波及中国东北为止。[8]

无论是哪一种人才，都能在中国东北找到施展的地方。日本狭窄的空间和逼仄的街道给城市规划者带来诸多限制，但在伪满洲国的新首都，他们可以打造林荫大道和公园。"新京"刚成立的"建国大学"为学术建设者提供了机会。交通领域的专家能够增设新的宽轨铁路，延伸原来的南满铁路和中东铁路（1934年从苏联手中买下来）。以大连高档宾馆大和旅馆为开端，一大批旅馆相继在各大铁路线上开张。"亚细亚"号搭载日本游客在铁路线上往返，这条路线以前基本只运送东北的大豆，配备最新机车的"亚细亚"号，

---

* 全名《满洲产业开发五年计划》。
† 五年计划作为国家性质的中期经济方针，为苏联于1928年首创。

第十七章 侵华战争

在很多方面比日本国内的设备还要精妙。

巨额资金被投入到中国东北一带，试图将这个地方打造成重工业基地。用路易丝·扬（Louise Young）的话来说，中国东北成了资金的"陷穴"，等到大量军工项目也在日本国内开动时，连资源也被困在这个"陷穴"里。投资很多都以国家担保的债券形式进行，对于这类新股权，私人企业的态度更为谨慎。大财阀不得不承担大部分投资需求，新兴财阀在钢铁业开发上尤其活跃，其中又以日产尤甚，其总裁鲇川和军部关系紧密。这过程当中免不了发生矛盾和冲突。由于纺织品出口十分依赖中国市场，在抵制日货运动的影响下，其在东北的工业地位遭到严重削弱。纺织业出口商和关东军决策者直接产生利益上的矛盾。日本企业为了扩大出口，希望实行低关税，但伪满洲国当局亟需关税收入来支撑重工业的发展。起初，伪满洲国和日本之间处于贸易均衡的良好状态，但由于前者决策层的自行其是，伪满洲国逐渐如"黑洞"般吸干日本的资源，商界经常为此公开批评，甚至对军部决策者制订的计划嗤之以鼻。

在井然有序的港口、铁路，以及高档宾馆背后，存在更为残酷的现实情况。关东军入侵过程中遇到有组织的抵抗，尚能小心应付，但在这之后怎样维持内部安定，很快就成为他们苦苦解决的难题。伪满洲国组建了军队和警察，其后十年里，这些部队大部分时间在打击游击队——当中有不少是共产党员——控制其势力发展。为此，日本将安全、"干净"的村庄组织起来，通过道路交通、电话联络的方式，与当地的保安部队保持联系，同时加强宣传"王道"的利好，希望借此消解民族主义和激进主义。这些做法在20世纪30年代逐渐产生成效，虽然谈不上成功。当局通过严酷的打压，切断了游击队的冬粮。在日方组织运作下，一大批报告、图表和调查相继完成，安全问题逐步得到解决。[9]边界管控不严，令武器有机会流入反抗人士手中，但也为日本向南、向西运送鸦片提供了方便，鸦片是他们为增加收入而苦心经营的生意。这种交易模式由军阀割据政权和中国右翼势力发展起来，以贸易口岸的治外法权为保护衣（治外法权就是在鸦片战争后形成的）。日据时期，鸦片交易在官方保护下达到新的规模，配送网络从内蒙古一路延伸至华北和华中地区。根据最近公布出来的详细记录，我们得以追踪到鸦片如何有组织地流向各地，这里面既有中国东北产的，也有伊朗产并由三井、三菱轮船运抵中国东北的。[10]

　　日本人大批大批地移居伪满洲国，几乎都以城市为定居地。行政机构和交通部门提供了诱人的工作机会，城市居住人口里日本人的数量逐步上升。关东军的决策层希望他们能移居农村，通过这些村庄打造出一道防护线，尤其在北部一带。明治初年北海道的开发，同样采用屯田兵这种类似的模式。但要说服农户往北走不是件容易事，就像当初吸引人们移居夏威夷和美国西海岸一样。宣传运动如火如荼地展开，旨在招揽佃农和无地农民，和当年杰伊·希尔（Jay Hill）的哄骗手段——谎称北太平洋铁路沿线的北部平原存在一个"香蕉带"*——如出一辙。官方描绘了这样一幅"乐土"景象——在这里，人们能够拥有自己的农场，丰富的林地资源足以养活家庭和牲口，政府还会补贴相关旅费。被吸引过来的人发现，这片土地其实是新政府从中国人手里夺走的——往往用敲诈或错定为"未开垦"的手段。他们适应不了当地的气候和地形，也没能如约拿到机械化设备。为此，很多人雇中国农民来当劳动力，甚至把土地租给他们耕种。农业产量增长了，但远比当初期望的慢。随着战况恶化，苏联加入战事的可能性增大，政府把移民中身体健壮的男性征召入伍，留下手无寸铁的家人，做法十分冷酷。不可思议的是，由于官僚惰性，哪怕这条路走不通，很长一段时间内，移民项目仍在进行当中。

---

* 即美国气候相对温和的地区。

1945年5月，我们还能看到一批来自长野县的日本人迁往中国东北一带。移居中国东北的日本人当中，务农的仅占14%，但1945年8月苏日战事爆发时他们占了遇难平民的一半以上。[11] 等到他们终于被鼓励逃离中国东北时，大多数家庭都没有交通工具，食物也少得可怜。"二战"结束后，有一批人数或过百、不会讲日语的日本人前往日本试图寻找亲人和自己的家乡，最终无功而返。当年，他们的母亲实在想不到别的逃生办法，绝望之下只能将尚在襁褓的他们寄托给友善的中国家庭。

第三节　军人与政治

明治领导人为了保住自己天皇首席顾问的地位，不得不接受相应条件、沦为军队手中的提线木偶。1882年的《军人敕谕》就告诫军人要远离政治，但从组织架构来看，更加明确的一点是，文官的决策不会干扰到军部。不过有一件事情属于例外且颇为重要，那便是国会的预算划拨。随着日本战略利益不断扩大，军部迫切需要更多经费来应付增派的师团和战舰。

军事决策不可能交给天皇来做，为此一个层级复杂的顾问班子被组建起来。他们向天皇汇报，天皇不用指挥什么，只需肯定他们的决定。这套班子以陆军参谋总长和海军军令部总长为首，他们向天皇汇报完毕后，通过陆海军大臣向内阁传达敕令。此外，军事参议院也起顾问作用，其成员包括前任及现任陆海军元帅、陆海军大臣、参谋总长和军令部总长，以及天皇从陆海军将领当中选派的军事参议官。危急时刻还会召开陆军元帅会议、海军元帅会议。决策敲定后，陆海军将帅之间会举行联络会议，起草御前会议的议程。在这整个过程里，天皇按惯例是要保持沉默的。尽管有不少关于"直接指挥"的论述，但权责是分散的。没有谁能独立做出决策，《明治宪法》只把最高指挥权赋予天皇一人。当这个高级顾问小团体凝聚力够强、能在背后协调各方意见时，结果还是会令人满意的。然而，到20世纪30年代，形势已经大不一样。

对于文官来说，除非已跻身最高层，否则无法参与军事决策过程中的任何一个环节，而军人却可以通过圈外"政治"的方式瓦解内阁，从而在政治上发挥重大影响。1900年出台条例规定军部大臣必须从现役军官中选任，不止这样，到20世纪20年代，即便规定有所松动，军人和军队事务仍然占据重要位置。1885—1945年间一共诞生了43届内阁，30位出任过内阁总理的人里有过半具有军方背景，这里面包括9位陆军大将、6位海军大将。内阁的494个文官当中，有115个是前陆海军大将。军方比例在明治时期偏高，大正时代有所回落，到昭和时期、"二战"投降前再次高涨，165个职位中军人占了62个。不过，大藏大臣倒一直没有被军方渗透。[12]

从犬养毅开始到决定投降的铃木贯太郎为止，这期间的内阁组成清楚显示了军方的影响越来越大。从下面的表格可以看出，导致不稳定的缘由有这么几个——命令遭违抗，国际体系被误判，国会根基不牢。犬养毅遇刺身亡。冈田逃过一劫，但由于政变的打击，地位一落千丈。斋藤实、林铣十郎没能处理好和议会的关系，受阻之下议会未能行使自身职权。广田弘毅和林铣十郎触怒军方，近卫文麿在屡屡受挫之后选择放弃——先是对华政策失败，接着没能阻止、哪怕延缓战争的到来，而正是他当初那煽风点火的言论，把这战争之火点燃。

彼时，西园寺公望是唯一一名尚在人世的元老，到他去世的1940年为止，内阁总理的人选一直由他来提名。已经八十多岁的西园寺，特别重视咨询宫中大臣的意见，包括内大臣牧野伸显和木户幸一，两人历任一系列公职，逐步晋升为宫中显要。西园寺所咨询

第十七章　侵华战争

1931—1945年内阁

内阁总理	下台原因
犬养毅（1931年至1932年5月15日在任）	遇刺身亡
斋藤实（海军大将，1932至1934年在任）	受贿丑闻
冈田启介（海军大将，1934至1936年在任）	青年军官叛乱（"二二六事件"）
广田弘毅（1936至1937年在任）	"切腹质问"事件，陆军大臣称在国会受辱
林铣十郎（陆军大将，1937年在任四个月）	败选
近卫文麿（1937至1939年在任）	在侵华战争中表现不力
平沼骐一郎（1939年在任八个月）	未能及时应对《苏德互不侵犯条约》
阿部信行（陆军大将，1939至1940年在任）	遭到政党、军方反对
米内光政（海军大将，1940年在任六个月）	陆军反对
近卫文麿（第二次组阁，1940至1941年在任）	撤换外务大臣松冈洋右
近卫文麿（第三次组阁，1941年在任三个月）	日美谈判失败
东条英机（陆军大将，1941至1944年在任）	塞班岛战役失败
小矶国昭（陆军大将，1944年至1945年4月在任）	冲绳失守
铃木贯太郎（海军大将，1945年4月至8月在任）	战败投降

的这些人，可以说是现代日本真正意义上的政治精英。牧野伸显的父亲是大久保利通，木户幸一则是木户孝允之孙。西园寺也会和其他宫中大臣商量，被视为"重臣"的前任总理、陆海军大臣、政党领袖同样在咨询之列，但方式没有那么直接。1932年2月犬养毅提出大选，政友会赢得大多数席位。5月，总理遇刺，党内推选铃木喜三郎继任总裁，大家都理所当然地以为铃木会被提名总理一职。然而，西园寺不喜欢铃木这个人，也不信任他，觉得他立场极端。同时，陆海军大臣一同反对再组一届政党内阁。作为反对派的民政党，同样不欢迎以铃木为首的政友会内阁。西园寺做了别的选择——请退伍军人、海军大将、担任过朝鲜总督的斋藤实组建一个"举国一致"内阁。斋藤实在国会两大政党势力里都有相当的支持，如此

一来，在这国难之际，政坛上的党派纷争也会少一些。组建非政党内阁的决定引发了一系列极为严重的后果，直到"二战"以后政党内阁才再度出现。但在当时的大多数日本人看来，在中国东北、上海、刺杀、国际谴责带来的种种危机下，西园寺这个决定是合理的。

可以料想到，西园寺等"老卫士"尽管不情愿，但还是对军方的要求慢慢地作出让步。此外，他们坚决不让天皇直接干预此事。至少在刚开始的时候，裕仁对眼下的局势感到懊丧、忧心，大概也愿意利用自己的声望和光环来做些什么。但在西园寺看来，这样做会产生两个问题：首先，他对立宪君主的角色有自己的理解，觉得必须坚守这条界线，天皇出手干预的话，有违《明治宪法》的精神。其次，西园寺察觉到军部的激进势力。青年军官之间说的那些大不敬的牢骚话传入他耳朵里，让他反感，开始担心天皇乃至君主制的存在能否维系下去。这对于他来说绝对是头等大事。[13]

不同党派、地方派系和意识形态的势力强烈涌动，令皇军内部纷争不断、问题频出。自明治初年始，以山县有朋为首的长州系便在最高指挥层占据主导地位。山县的影响力一直持续到他1922年去世为止，他挑选了一些继任者，但表现都很糟糕。大正二年，桂太郎在组建第三个内阁后不久便撒手人寰。二把手上位的寺内正毅，在担任总理期间政绩差劲，于1919年过世。领导权随之落到田中义一手中，前文说到，他在俄国待过，日俄战争期间服役于中国东北。田中带头组建军队预备役、青年团，他先是在参谋本部任职，接着在原敬内阁担任陆军大臣，随后于1925年出任政友会总裁。他和日本大陆政策的制定有一定关系，他没能信守承诺对张作霖遇刺事件进行调查，令裕仁天皇不快，不久便于1929年去世。这时，领导长州系的担子落到宇垣一成（1868—1956）的肩膀上。实际上，宇垣不是长州人，他来自冈山，但他继承了田中的政党合作路线——那时当政的是宪政会/民政党——出任加藤高明、滨口雄幸两届内阁的陆军大臣，退下来后担任朝鲜总督。1931年"三月事件"的策划者本以为宇垣会支持他们的计划、新政府紧急成立后出任总理一职，可是，宇垣没有按计划走下去，还永久地疏远了他们。1937年，宇垣受权组阁，在军队的反对下寸步难行。第二年，他在近卫内阁担任外务大臣，后来政府通过官员调动，削弱、损害外务省的职权，为了表示抗议，宇垣辞去职务。[14]

　　长州系长期称霸，招来非长州系的厌恶，他们拒绝受其支配，谴责它保守、在政治上分帮分派。高级军官清一色的长州系，招致反感，这是陆军内部派系之争的一个源头；另一方面，陆、海军对于经费援助上谁先谁后的问题意见不一，这是两军的一大分歧。日俄战争结束后。海军领导人将从俄军那里俘获的部分战舰拿去翻新，但不久他们就意识到，随着英国"无畏号"战列舰的面世，他们需要做更多基础性的工作，大规模的建设项目势在必行。陆军则要求增设两个师团，以应对大陆新出现的任务需求，以前也有过类似的要求，还导致1912年西园寺内阁解散，之后的大正政变还将桂太郎拉下了台。海军爆发采购丑闻，迫使山本内阁于1914年解散下台，这给陆军增添了筹码。第一次世界大战的爆发，令日本在大陆有机可乘（"二十一条"，寺内向华北军阀提供"西原借款"，更重要的是，日本干涉西伯利亚），过去那一套由元老谨慎把控的行事方式宣告终结。[15]

　　1914年，时任总理、海军大将山本权兵卫放宽军部大臣须由现役军官选任的规定，如此一来，退伍军官便有了出任这些职位的机会。为此，陆军最高指挥层强化了参谋本部的权力，以减少可能由此带来的对军务的政治干预。然而，"一战"导致军队核心层出现变节，日本社会各界对军队的支持也有所减少。同时，反军国主义、遣散军队的国际潮流波及日本，这一点此前已经谈过。或许在这些因素的影响下，军队各派系开始团结起来，不过军队内部仍然存在争论，焦点围绕在如何实现军队现代化，以达到竞争对手西欧国家的发展水平上。田中义一任职于参谋本部时，对陆军增设两个师团、出兵干涉西伯利亚都十分支持，但在两次世界大战之间的这些年里，面对重重困难，他意识到日本必须有所抉择。他选择了现代化，同时限制人数，以保证有足够资金支撑发展。此时政友会越来越重视重工业，出于形势需要，田中和政友会的领导层连成一线。宇垣虽然站在反对党那一边，但对这些目标也表示认同。1922年，陆军省对已有师团进行精简以缩减开支。1924年，宇垣前后解散了四个师团，1931年再度出任陆军大臣的他，提议解散近卫师团。这些举措受到反对者的激烈抵制，后者认为，大陆敌军不具有技术上的优势，而日方常规部队秉承顽强精神，同时受过突袭训练，理应是对付敌军的好手。然而，主张军事现代化的那一派一意孤行，在1924年军事参议院的投票中，以一票之差胜出。陆军大将上原勇作是其中一个最有力的反对者，出身萨摩的他在军队待了超过十年，身边聚集了一股强大的势力。那些寄希望于"精神"而非现代化的人，成为后来所谓"皇道派"的核心成员。这一派的发言人是荒木贞夫（1877—1966），在他的糊弄、蒙骗之下，20世纪30年代的局势更是一团糟糕。

　　陆军领导层还在另一件事上存在分歧，即日本应该对中华民国采取什么样的政策。币原有意承认蒋介石的南京政府，但在大多数人看来，这会对日本在东北亚的地位构成威胁，他们主张将这一地区置于日本的全盘控制之下。这些看法在关东军参谋部自然最为盛行，而这一派人在陆军参谋本部有丰富的人脉。有关中国的情报来源不少。中国各大军阀的总部都有日本军官的身影，有的还是顾问。参谋本部第二部是处理这些情报的枢纽。出任二部职位的都是陆军大学的优秀毕业生，不过该部门的主官再怎么晋升，也不大可能直接掌控决策权。但比起陆军省的同僚，他们处于更具战略意义的位置上，前者还要受制于军方和文官内阁之间的关系。

20世纪20年代末，军校同届生在军队内部形成一个个团体，由此出现不一样的派系格局，这些派系常常造成极大的危害。这些团体彼此独立，一次次把酒夜谈聚集成群的过程中，有的人开始对自己上级的谨慎作风不耐烦，立志寻求一劳永逸的办法，他们觉得，通过直接行动把旧秩序的象征消灭掉的话，那些当机立断、敢冒风险的人便会上台掌权。这批人本质上属于恐怖主义分子，他们并没有清晰的计划，杀害犬养毅的一名刺客向法庭解释称："我们首先想要破坏。我们从没有考虑过要承担重建的责任。但我们预料，一旦破坏完了，就会有某个人负责重建。"他们视陆军大将荒木贞夫为英雄，后者在20世纪30年代头几年出任陆军大臣。荒木鼓吹日本精神、日本复兴，这类模糊不清的话语却被他们错以为是智慧的表现。另一方面，荒木认为虽然这些人多少有些瑕疵，但不妨碍他们仍然是日本精神的楷模，值得尊敬，他们是无私的爱国者，为了他们所执念的事业，可以毫不犹豫地献出生命。但不幸的是，他们也会毫不犹豫地牺牲别人的性命，他们行事鲁莽轻率，这必定令很多保守派迟疑再三，才敢向国民警示国家正在走向何方。

这些扭曲的超国家主义和派系之争在九一八事变到1936年之间浮出水面，让温和派在日本的处境变得危险起来。在军队最高层，荒木利用自己作为陆军大臣的影响力，让盟友真崎甚三郎出任参谋次长一职，两人想办法把长州系的人（即田中、宇垣）打发去参加选举活动，这是为了报复他们做过的事情——赞成精简军队、推进军队现代化，和政党合作，时刻避免挑衅英美势力。这批人觉得，日本要依靠传统价值观，而不应仰赖现代制度，有的甚至指责现代武器不人道。

荒木强调意识形态、强调"精神"，这令他出任陆军大臣那几年的作为显得不切实际。他认为日本和苏联迟早要发生冲突，甚至在 1934 年收购中东铁路一事上表示反对，理由是日本打败苏联后这条铁路自然会作为战利品收归已有。他搁置军事现代化的进程，转而补助"乡村"，他深信日本精神的优越性，乃至对苏联空军力量的进展不屑一顾。

这段时期日本的政策不断在西方引起愤怒。国民党政权将热河省交由张学良把守，关东军出于"防卫"伪满洲国的需要，攻占了热河。长城以北的领土全被日本侵占。接着，长城以南开始爆发冲突。南京政府的中央军深知这一带的军阀势力向来与自己不睦，加上关东军指挥官的威逼，无奈之下只好于 1933 年 5 月同意停火（即《塘沽协定》），京津平原以北成为"非武装区"。九一八事变以来的中日交火某种程度上就此结束，只要日军的前线指挥官遵守自己的协定，和平的日子是有可能到来的。南京政府对该地区保有剩余主权，但权力被下放给当地部队，后者不可能抵抗得住日军。后来日军在华中地区尝试推行同样的办法，用詹姆斯·克劳利（James Crowley）的话来说，军事扩张主义在持续不断地推动着这一切，带头的是前线指挥官，但总体上得到军队高层的纵容和许可。[16]

1934 年 4 月，外务省发言人天羽英二声称中日关系纯粹是两个国家之间的事务，任何干涉或援助中国的举动在政治和经济层面上都只会损害这一现状。实际上，日方所主张的是亚洲版本的门罗主义*，华盛顿会议体系的整套制度就此宣告结束。裁军、对华事务上的合作方针、共同遵守华盛顿体系的承诺，此时全都成为过去。詹姆斯·克劳利写道："至 1933 年 12 月为止，日本政府所一以贯之的政策都旨在遏止苏联、中华民国政府和英美国家的影响，这一外交手段背后是日本军方的傲慢。"[17]

---

* 19 世纪中叶美国总统詹姆斯·门罗提出的涉外方针，主张对欧洲殖民地和欧洲内部事务采取不干预的态度，而欧洲也不应干涉美洲这方面的事务。

第十七章　侵华战争

1934年，海军大将斋藤下台，由同为海军大将的冈田接过总理一职。荒木趁这时候出手了。他反反复复宣扬一套有关苏联的"1935年危机"说，以至于人们不由得产生警觉，把增强国力、为将来的持久斗争作准备视为当务之急。永田铁山是主张军事现代化的一员，在荒木的打压下，被派去指挥某个步兵团，而今他被擢升为陆军少将，以陆军省军务局长的身份重回权力中心。陆军省在一个小册子*里大谈全面建设国防国家的重要性，甚至用上"创造之父、文化之母"这样抓眼球的字眼。

于冈田内阁担任外务大臣的广田弘毅，似乎有意和中国南京政府就双方协议进行谈判，军方人士迅速警告他，若谈话启动，中方可能会有粗鲁之举。为了阻止谈判发生，日军战地指挥官和中国地方势力达成协议，《何应钦－梅津美治郎协定》《秦德纯－土肥原协定》相继签订，以遏制国民党在华北地区的势力。

不过，日本国内发生的叛乱令上述事件黯然失色，这是自1877年西南战争以来规模最大的一次。永田铁山对参与某次政变†的人员采取果断行动，随后被陆军中佐相泽三郎砍死在办公室里。对相泽的公开审判演变成一场纯粹发泄极端爱国主义情绪的闹剧，宣传分子大加赞扬被告人的"高尚品德"和"爱国情操"。公众情绪起伏不定，外务省只好放弃和南京政府协商的想法。美浓部达吉教授的"天皇机关说"之前备受认可，此时却一下子成为众矢之的，他不得不辞去贵族院议员一职，他的著作也被烧毁、禁止出版。很大程度上，美浓部不过是一名无辜受害者，不幸被卷进一批"专职爱国者"发起的内斗，荒木和真崎被解职了，这些"爱国者"所做的不过是为了扭转这一局面。

---

*　陆军省新闻班发行的《提倡国防本义及其强化》。
†　1934年陆军士官学校事件。

在这样歇斯底里的氛围下，一班平民出身的极端分子和青年军官联合起来，于1936年2月26日发动被称为"二二六事件"的叛乱。陆军第一师团按计划即将被调往中国东北，和五年前关东军石原、板垣即将调职一样，这是发生叛乱的好时机。冬末某个下雪天，各刺客小队出动，清除当时权力架构内最重要的几名保守派。前内阁总理、时任内大臣的斋藤实（时年78），出任陆军三巨头之一陆军教育总监的渡边锭太郎（时年62），大藏大臣高桥是清（时年82）于睡梦中被叫醒，然后被枪杀在卧室里。时任侍从长的铃木贯太郎（时年69）身受重伤，但还活着，铃木的妻子请求刺客让她亲自了断他的性命。刺客头目解释称铃木的死是为了国家，接着向躺在地上的铃木敬了个礼，离开现场。另一支军队来到位于箱根群山脚下的汤河原，袭击了旅馆内的牧野伸显（时年75），后者在斋藤之前担任内大臣。出乎刺客意料，值班警察和他们交火，牧野和他的女儿，还有一名护士、一名警察，成功从后门逃走。最重要的刺客分队被派去刺杀内阁总理。这批军人很快就占领了官邸，但开枪错杀了冈田的妹夫——他和冈田有几分相似——而冈田则藏在储物间里躲过一劫。冈田的死讯被公布出来，人们也以为他已经死了，几天后，冈田在掩护下从官邸偷偷溜走。但他的政治生涯显然已经终结。

就在刺客队伍执行任务之际，皇居守卫队的长官带领士兵准备占领皇居大门。他们认为，只要把天皇拿下，事情也就离成功不远了。他们打算清除裕仁身边的"奸臣"。在他们眼里，天皇是个戴着眼镜、紧张兮兮的青年，只要他们以正直之言诚恳劝说，相信他会答应组建军政府，任命真崎甚三郎为总理、荒木贞夫为内务大臣，推行"昭和维新"。一名青年军官甚至打定主意，假如天皇有一丝疑虑，他愿意当场切腹以证己心。

政变策划者原计划进入皇居，但任务失败。他们本来希望假传命令，用这种方式得体地进宫，但当值的皇居守卫长已经知悉有刺杀发生，阻挡了他们的去路。叛军忖度，陆军最高指挥部内有同情他们的人，这些人是会站在他们那边的。皇道派的领袖一开始还有些犹豫不决，但天皇本人的震怒，令他们转而镇压叛军。明治时代的"国父"所极力避免的事情，在接下来好几天发生了——天皇本人直接裁决。天皇没有立刻决定接任冈田的总理人选，如此一来，朝廷实际上成了内阁。最高指挥层发布的公报起初还形容这次行动为"起义"，随着用词的微妙变化，这些人逐渐成了"叛军"。忠实可靠的部队被增调前往东京，包围第一师团的驻地，叛军大势已去。头几份声明肯定了叛军动机之纯良，叛军领袖还为此感到满意，可声明从来没有认可过叛军的所作所为，这让他们不知所措。裕仁天皇个人的反对乃至愤怒，对立场的转变发挥至关重要的作用。西园寺一派幸存下来的人，很有技巧地部署了这一切——他们没有任命内阁，令叛军举棋不定，最后命令他们的指挥官投降。

这批叛军行径如同恐怖主义分子，这一回他们无法无天的作为没有得到宽恕。参与叛乱的1483人被审问，124人被起诉并于秘密军事法庭接受审判，19名军官、73名士官、19名士兵、10个平民分开接受法庭审讯。整个过程秘密处理，以防出现任何装腔作势的行为、像此前案件那样妨碍审讯进行，同时，法庭认为没有必要聆听被告对作案动机的东拉西扯，于是，只过了两个月的时间，庭审就结束了。13名军官、4个平民被判处死刑，另外50人罪名相对较轻。包括真崎在内，只有3名高级长官被起诉，真崎被无罪释放，其他两人从轻发落。右翼领袖中相对底层的西田税、北一辉被处决，那些有份提供援助的出资者仅遭审问而并未被起诉。这样的结果受到大多数日本人的质疑。新闻媒体及不少发言人都赞扬青年军官之"赤诚"，连陆军发布的第一份公告也似乎有肯定之意。

部分了解实情的人感叹这些青年军官被背后的资助人利用，最后沦为弃子。宇垣在日记里暗示了这一点：

真恶心,看着这批无赖一手拿着火柴、一手拿着水管,把火点了又把它灭掉,煽动少壮派军官,然后将他们清除,为他们辩护而后又以剿灭他们为由前来邀功。

关于叛乱和叛军领袖,我们已经谈了不少,但不应该就此结束。这批青年军官很多是有背景的人,其中一位还是天皇侍从武官本庄繁的女婿。本庄以叛军领袖的"赤诚"为由向天皇求情,但无功而返。假如叛军设法拿下皇居的话,最高指挥层的暧昧立场或许就会是另一种走向。

就本章来说,像上述那样严重违抗命令及血腥暴力的事件到此结束。陆军最高指挥层为另一派别"统制派"所掌控,他们讲究统制、追求效率,是一批实干官僚,而不像前一批人那样空谈理论。内阁的文官大臣和国会尴尬不知所措,于是大幅增加陆军预算。随着侵华战争的深入,注意力被转移到国外。下一次类似事情的发生,要等到在十年后日本帝国行将没落之际,青年军官反对投降,再次闯入皇居,抢占无线电台,希望屏蔽广播、扭转投降的决定。可同样失败了。[18]

违抗命令、残忍血腥的事仅发生在那么短短几年里,但给日本留下了深刻的影响。歇斯底里的劲头活跃在整个日本,我们期待看到官僚体系那种有条不紊的领导作风,而前者似乎难以与后者共存。或许正因为如此,青年军官身上的勇气及理想主义——哪怕用错了地方——仍能打动当时的评论家,甚至令战后的浪漫主义者如小说家三岛由纪夫也为之动容。[19] 到了1988年,一直以来不为人知的法庭记录被曝光,这个特殊的年代再次引发大众的关注。[20]

就军方政治来说,造成一系列流血冲突的派系斗争经过这次镇压后暂时落下帷幕。统制派竭力结束纷争,为此不惜将皇道派和宇垣一派的势力扫地出门。军人不得在政治上有任何从属关系(宇垣和政党领袖走得很近）。1937年，宇垣受天皇之命组建内阁，遭到军方阻挠。如北冈教授所言，此时不再是团派之间的斗争，而是地方派系之争，陆军大臣的地位在参谋本部的影响力下大受打击。陆军预算此前一直受大藏大臣高桥是清牵制，这时一下子增长了33%，以设置大规模支出计划所需要的新职位，这些项目旨在减少国内纷争，同时为更大型的战争到来做好准备。此时，掌握日本未来的是一批头脑冷静、官僚作风的人，如东条英机。[21]

第四节　神化国体，回归日本

血腥的"二二六事件"过后，陆军最高指挥层被大换血，留下来的人开始在军队进行肃清，但无论是受袭对象还是支持这种暴力行径的人，他们的仕途都没有因此终结。长州系掌门人宇垣、皇道派领袖荒木虽然在最高指挥层失去了影响力，但在别的职位上冒头。宇垣曾经出任滨口内阁的陆军大臣（1931年三月事件策划者也将希望寄托在他身上），随后接手斋藤，于1931—1936年间担任朝鲜总督，1936年"二二六事件"结束后他被提名为内阁总理，遭到陆军否决，不过他进入近卫内阁，从广田弘毅手上接过外务大臣一职。几个月后，新成立的兴亚院（后来的大东亚省）削弱了外务省的权限，为表示抗议，宇垣辞去职务，从此退出公职。[22]至于荒木，他是1931年10月政变计划所选定的内阁总理，1936年"二二六事件"期间对叛军态度仁慈，他的回归更令人震惊，影响也更加重大——他被近卫重新任用，担任文部大臣一职。在职期间，荒木主持了一系列精神复兴计划，旨在确保每一个日本人——用他的话来说——在身份认同上首要是意识到"我是……日本人"。为此，每个学童都要打心底里懂得感恩，要认同"家国"为国体核心之所在，这个"家国"是由无数个具有等级结构的家族组成的金字塔,位于顶端的是仁慈的天皇,他既是父母又是神之后裔。在这样的架构下,人们不由得心生敬畏、感激与虔诚,还有一股强烈但有防护之效的决心。[23]

这样一套自恋观本质上必然模棱两可,通过附会神话传统来巩固自身,日本在军事和道德上的优越感便是它的体现。1937年,文部大臣发布《国体之本义》,铺天盖地分发到各所学校和媒体。第一份草稿由东京帝国大学日本文学某位著名学者执笔完成,但经过专门委员会、官员的加工后,最终面世的版本晦涩难懂。书里充斥着各种华美的神祇之名,引自公元8世纪的日本文献,这些文献将当时口口相授的古代学问记录了下来。如此一来,《国体之本义》一书初看给人一种玄妙深奥之感。[24]明治时期的宫廷大臣也有过不少类似的举动,但他们这样做是为了给现代民族国家的日本奠定一套礼仪制度。放在1937年,使用这类措辞传递其中所包含的观念,体现了日本渐渐收回对西方文化与制度的开放态度,转而"回归日本",回到一个不曾存在过的"日本"。19世纪80年代福泽谕吉发出"脱亚入欧"的呼声,如今却成了人们试图挣脱的口号,朝着与之相反的方向走去。[25]

这是20世纪20年代末就已开始的趋势,如今达到高潮,农耕文化主义和民族性是其中最大的要素。有的人感怀日本昔日乡村社会的种种优点,为其大声疾呼,他们痛骂资本主义带来的影响、城市生活的奢靡,还有随之出现的政治腐败。权藤成卿(1868—1937)、橘孝三郎(1893—1974)在作品中屡屡哀叹日本是如何远离了乡村的根去追随资本主义的伪神。他们认为,西式的代议制政府将党派之争制度化了,同时腐蚀了日本社会所赖以组成的家族式结构。前人在建设现代官僚制国家的过程中,想尽办法摆脱乡村社会的价值观念,哪怕后者是日本传统之精粹。橘孝三郎还进一步将德行、国家与天皇等同起来，号召组建一个同好会，集合那些愿意为了他自以为是的期许、把性命豁出去的人。权藤将皇室视为守护国家社稷的核心力量，他觉得，现代西方皇室用华丽的外衣装扮自己，扭曲了其本来的面貌，也损害了自己的名誉。日莲宗僧人井上日召（1886—1967）将一班年轻人组织起来、建立"血盟团"，以刺杀资本主义精英阶层的领袖为目标。研究伊斯兰哲学、亚洲哲学的大川周明（1886—1957）也认为有必要把社会中的资本家、官僚领导清除掉，这样一来，日本便有机会成为亚洲各民族复兴运动的中心，树立道德标杆，为如何摆脱西方帝国主义指明方向。

离题谈一点，那些为被嘲者、为丧失权利者代言的人，本身代表的就是现代社会里具有一定教育水平的阶层，他们舍弃"现代"的各种光鲜成就，或像大川那样利用这些作为踏脚石去声讨现代性。他们密切参与了 20 世纪 30 年代初的政变和恐怖主义活动。他们那些煽动性的话语，对海陆军的年轻军官——陆军尤甚——特别有吸引力。在这些军官下面有一批新兵直接受其指挥，新兵们唯命令是从、不会多想，无奈的是，军队的官僚架构限制了他们的行动。这些军官谴责日本这个"农村国家"，但他们手下的年轻人都是农村出身，他们痛斥官僚制度的程序和特权，却不察觉自己本身便体现了这一点。本－阿米·史洛尼（Ben-Ami Shillony）指出，发动"二二六事件"的少壮派军官尽管嘴上谈着"农村"，但绝大部分和上层的军人家族关系紧密。用 R. P. 多尔的话来说，相比于村民，他们更感兴趣的是农村。[26]

与此同时，有另外一种声音加入对资本主义政治体制的鞭挞。主张国家社会主义的北一辉（1883—1937）才是真正意义上来自社会精英阶层之外的人。他出生于日本海一个叫佐渡的小岛上，在早稻田大学当旁听生，醉心阅读社会主义的著作。《国体论与纯正社会主义》这本薄薄的小册子便是他早期的成果，不过很快就成了禁书。他和幸德秋水等社会主义者相识，接着开始关注中国的革命运动。1911年武昌起义爆发期间，他每隔一定时间就撰写长篇报告，发给日本的亚细亚主义者，特别是黑龙会的骨干内田良平。北一辉把中国革命的失败归咎于日本资本主义的贪婪，革命派的物资告急，而日本却没能出手援助。他总结道，日本在亚洲前路堪忧，除非它能对自身进行一次社会上的、制度上的重大革新。1919年中国爆发五四运动，他再度访华，亲身感受到当地的反日情绪。可以说，亚洲的问题根源在日本。

在这样的环境下，北一辉想出国有化的方案。个人的贪婪和权力将被国营企业取代，甚至天皇也会成为"国民的天皇"，依靠年薪生活，再也没有私库可供调度。[27] 北一辉显然不是农本主义者，他的观点和当时的国家社会主义更加契合，与前现代日本的道德观念相去甚远。他在某本书*里对这些方案有过概述，但这本书遭到严格的审查，相关章节——尤其是关于天皇的那部分——全都被出版商删掉，只留下空白页。虽然对资本主义的腐败有过种种批评，北一辉却收下了商家送过来的补助金和一辆汽车，或令这些商家以为这算是某种保证。不过，他身上的激进主义标签让他在青年军官中颇受推崇。1988年发现的档案表明，1936年叛军曾谋划要提名北一辉在即将掌权的真崎内阁出任无任所大臣。"二二六事件"结束后，他是因策划政变而被起诉、处决的平民之一，临枪决之前，有那么几个人被指责不肯大喊"天皇陛下万岁"，他是其中一个。

民族主义和文化民族性的思潮波及社会的上层。学术界开始有人发声要求敬畏天皇、将天皇视为唯一的价值标准，为首的平泉澄（1895—1984）后来成了国体说的理论家或者说神学家。他关于历

---

* 《日本改造法案大纲》。

史的阐述被称为皇国史观,该论派日渐壮大,与学界疑古派相对抗。从东京帝国大学国史学科[28]毕业的平泉,以中古日本的宗教与文化生活见长。1930年,他前往德、英、奥、意的大学访学,希望在史学研究法、史学史方面有所长进。回国后的第二年,他发表了有关1333年建武新政的重磅作品。建武新政的失败最终导致南北朝政权的对立,对这一段分裂时期的解释曾在20年前引发巨大争议。平泉似乎对这些问题十分上心,他对当时日本局势走向的不满可能是其中一个因素。他开始主张"昭和维新",渐渐地将部分教学任务交给他的信徒。历史学家色川大吉对这班人有过描述,那时他刚上大学,战争一触即发:

> 我刚来东京帝大国史学科的时候,平泉澄的拥趸就告诉我们"日本海军的领导人背地里是英美派,鼓吹和平。时机一旦到了,这些人是要被清算的"。在这些人眼里一切事情非黑即白,他们说话的方式犹如狂热分子。但他们拿不出任何资料或证据,因此对于他们说的话,我总是半信半疑。[29]

平泉在校园附近开了一家私塾亲自授课,很快就受到一班青年军官的追捧,他们高兴有这么一位日本顶尖史学家发声支持族群民族主义和皇权。就在日军于前线进犯之际,平泉也有新进展,他被请去给刚成立的伪满洲国的"首脑"溥仪讲课。平泉可能有份参与策划"二二六事件",但即便是真的,他之后也改变了立场,和其他人一起劝天皇的弟弟雍仁亲王不要对叛军示以同情。平泉起草了1941年的宣战诏书,这是他得过的最高荣誉。

最后要提的是那些超国家主义组织。"爱国主义"社团数量众多,遍布日本各地,它们侧重于行动。这些社团的发展壮大有可敬之处,但也声名狼藉,它们游离在合法与非法之间,因应形势需要,或好言相劝，或露出威吓的一面。黑龙会是它们的母组织，势力也最强大。"黑龙"二字来自汉语，在西方它以"Black Dragon"之名著称。其成立远在伪满洲国建立以前，立会宣言宣称"黑龙江为日本北界"，但它所做的远不止鼓动对俄采取强硬外交手段这么简单。该组织发源于自由民权运动，致力于自由事业——在和日本合作的前提下——支持孙中山、金玉均等亚洲的民族主义者。它痛骂日本的资本主义社会、积极呼吁"昭和维新"，抨击从西方照搬过来的教育制度。日本以天皇神圣血统为核心，这样一个至纯至善的政体，大可以将仁治惠及那些深受西方帝国主义压迫的亚洲土地。从头山满（1855—1944）等黑龙会主导人物的人生轨迹，我们可以清楚看到日本近现代史发展的延续性。头山满出生于福冈一个武士家族，因谋反被捕下狱，未能参与西南战争。被释放以后，他在九州开设了自由民权运动的分支社团，没过多久，由于条约修订进度缓慢，头山满带头抨击政府工作。1889年，他袭击时任外务大臣大隈，随后花大量工夫去巩固日本在朝鲜推行的政策，与此同时，他还组织各方资源对孙中山进行援助，希望以后和中国有合作的机会。此后数十年里，他藏身幕后进行操控、资助，拥有越来越大的影响力，游走在政界和商界的边缘，"二战"期间，他成了老一辈里的著名"爱国人士"，给报纸撰写专栏、呼吁全国团结一致，照片里的他总是穿着传统服装、留着一把长胡须。最后提一下德富苏峰，他经常在自己专栏里和头山满唱对台戏。这两位在19世纪80年代都属于特立独行之人，相差很大，但不妨碍两人最终都成了民族主义的代表者。

第五节　经济：复苏与资源

日本侵华战争、20世纪30年代初的政治恶果、军队派系间的

第十七章 侵华战争

仇杀、"昭和维新"的呼声，全都发生在世界经济大萧条期间。那些年，国际贸易体系分崩离析，各国转而追求经济民族主义。国际丝织品市场的崩塌摧毁了日本上千农村，也削弱了日本对出口利润的需求，这部分利润原本用于支付原材料的进口。国际资本主义体系似乎业已瓦解，贸易优惠、保护主义、货币危机及由此引发的银行倒闭，最终导致投资停滞。这时候，农本主义者或会呼吁回归过往、回到他们想象中的伊甸园，改革派或会支持官僚国家加强管制力度，哪一方都觉得货币体系已经走到尽头。

不过，相较于其他资本主义国家，日本有自己的优势。银行危机来得比较早，随之发生的事件导致1927年若槻内阁倒台。在经历一轮兼并、合并后，银行体系更加健全，能够抵御未来国际竞争的暴风骤雨。政府一度加入金本位，尽管时间很短，随之而来的经济紧缩如此严重，令农业部门雪上加霜，也让出口市场的竞争更加激烈。日本陷入危机的时间在其他发达国家之前，而复苏也来得比它的对手早。

行业垄断集团、合并企业在竞争日益白热化的市场上逐渐占据主导地位，各方面的控制随之加强。一家新合并的企业占了97.5%的铁产量和51.5%的钢产量，某个新成立的信托公司控制了90%的新闻出版机构。纵观各行各业，银行、机械、电力、啤酒等消费品行业里新出现的合并企业，无一不以某大规模、财力雄厚的财阀银行为主导，它们成了经济的支配性力量。这必然令日本百姓对财阀产生嫌恶。在日本试验金本位的短暂时间里，财阀银行从货币投机中大赚了一笔，这一举动受人诟病。每一个在作品里哀叹农村凋敝的作者，都会拿经济领域那些新冒头的保皇派作对比，当三井总帅、男爵团琢磨等具有相关政治背景的实业家遇刺时，人们会齐声赞叹刺客动机之纯良。在大城市周边的农村地区，这种对比最为突出。东京边上的茨城县颇有名气，因为刺杀团琢磨、大藏大臣井上馨、内阁总理犬养毅的杀手都来自这里。

经济形势危急,这时期担任大藏大臣的是高桥是清(1854—1936)。众多日本领导人当中,他的职业生涯最为惊心动魄,也最值得从头到尾地记录下来、写成传记。他出生于江户,被仙台一个武士家庭收作养子,后来给一名洋人当僮仆,其间学会了英语(还为森有礼工作过),之后在帝国大学前身之一上学,开始涉足投机买卖,尝试经营银矿但不顺利,接着便在金融行业安了身。他先是在日本银行、横滨正金银行工作,随后进入政府,在松方正义身边工作,之后加入政友会,出任原敬内阁的大藏大臣,还短暂代理过总理职务。田中义一上台期间,高桥重回大藏省,以大藏大臣的身份解决了银行危机,1931—1936年间——其中间断过六个月——他先后出任了犬养毅、斋藤、冈田内阁的大藏大臣,直到"二二六事件"中被枪杀身亡。

据中村隆英描述,高桥属于早期凯恩斯主义派。[30] 在他掌权期间,政府大幅增加开支,采取措施刺激生产活动兼推行经济民族主义,以加快推进工业化进程。他允许日元由市场估价,导致其贬值了40%左右。用于农业纾困、扩军的开支上升,其中大部分以政府债券的形式进行。低息、低汇率,以及政府在公共工程、救济、军工方面的高开支,令形势迅速有了起色。出口业回暖,加上政府开支,促使经济进一步发展。"国家紧急权""国防国家"等措辞开始流行,为恢复国内经济、推行对外扩张的种种措施作辩护。为了保护行业发展,日本提高了关税。由于汇率表现日益糟糕,进口成本越来越高,这促使投资和资本转向国内化工行业。低息为农村重建提供了条件,公共健康保障及其他社会法律法规,增进了社会信心、提升了社会福利。军事支出是这波经济复苏潮里的重要部分,但并没有像很多人认为的那样,扮演核心角色。重工及化学行业的军需生产比例在20世纪30年代初达到顶峰,但到1936年已有所滑落。当然,我们可以说，在经济复苏的起步阶段，军事的确发挥了特别重要的作用。

在这样的背景下，我们或许便能理解日本媒体及其读者为何会对日军侵略中国东北和华北地区有如此热切的反应。很多人觉得自己生活变得更好了。对于部分人来说，的确如此，特别是在现代化的经济领域工作的城市劳动者。很多年后有人回忆称，当时的日子——尤其在1937年侵华战争全面爆发后——看起来多么"美好"：

> 军火需求一下子大涨，机械师表示欢迎。此前，我们就一直焦急等待突破口的出现。从那时开始，我们开始忙碌起来，关于中国的新闻到处都是。甚至我父亲也订阅了《朝日画报》，它每一期都会刊登大量在华士兵的照片。1937年底，全国上下每一个人都在干活。我第一次能够帮衬我父亲。我想，战争并非全是坏事。因为技术娴熟，我收到不少热切抛出的橄榄枝，1938年、1939年和1940年的工资收入也是最高的。加班加得可多了！我经常换工作，待遇一份比一份好。1940年，为限制我们四处流动，针对熟练技工的征用体系开始实施。[31]

到1936年高桥遇刺身亡以前，他所制定的政策已经成功起到全面就业、刺激经济增长的作用。这时，他觉得是时候要对经济通胀的各要素进行约束，但他手下那些人批准了陆军和海军的扩张计划，分别为期五年和六年。1937年的政府预算比上一年高了整整40%，这个数字在1937年7月侵华战争全面爆发后更是再创新高，战争头三个月，军事开支实际上达到全国总预算的水平。这不可避免地导致通胀螺旋式上升，推高工业部门基础原材料的进口成本。商界巨头预计进口价格还会上涨，纷纷囤积进口货物，贸易差额日益扩大。

高柏的分析表明，这一局面导致"管制经济"的成分越来越大，最终演变为指令型经济。[32] 政府领导人创立各种委员会，以内阁企划院（成立于1937年10月）最为著名，国会通过立法对部分工业（以1931年的《重要产业统制法》为开端）及进口货物进行管控（《临时资金调整法》和《进出口品临时措施法》），1938年的《国家总动员法》标志这一系列措施达到顶点。根据该法规，政府有权设立企业，就进口物资的生产、分配、调动和消耗发布相关指令，以指示方式对劳动力及工作条件加以管理，运营、使用和征收工厂及矿场。

20世纪30年代中叶，日本领导人觉得世界正在被划分为美元、英镑和日元阵营。可以发现，这里面并没有苏联，那时苏联的对外贸易还不具有很大的影响力，但无论怎样，日军深信，一旦苏联于1936年完成五年计划，日、苏之间马上面临一场斗争（即所谓的"1936年危机"）。石原莞尔关于伪满洲国的设想如今以官方形式出现在一系列计划上，他认为在日本在与西方展开斗争之前，和苏联必有一战，而这些措施就是为了这一战做好准备。根据计划的设想，一个以日本为中心的东北亚集团将会建立起来，以中国东北一带的资源（铁、煤、铝、金、工业盐，以大豆为主的农产品）为基础发展壮大。朝鲜可以提供煤、铁、铝、镁、棉、毛，中国华北的资源有煤、棉、毛、盐、肉。但中国政府拒绝接受这一套，这也是为什么在割据统治实力和日军相差极为悬殊的地方，日军领导层会倾向于和这些地方领袖合作，一同对付南京的国民党政府。

一切看起来很好，但这个"日元阵营"只是未来的一个梦想，建立在这么一个期望上——通过在以伪满洲国为主的地方投入大笔大笔的资金，快速实现工业化。与此同时，宝贵的黄金储备在用于购买必要的原材料——特别是日方阵营内部无法提供的石油资源——的过程中逐渐消耗殆尽。这遭到欧美帝国主义列强的控诉，称这不公平。这些列强凭借早到的优势，掌控了位于今天越南、马来西亚、菲律宾和印度尼西亚的巨大资源，此时却对日本加以责备。

第十七章　侵华战争

这充满了讽刺。我们上文谈到的那位技术娴熟的机械师觉得日子更好了，认为战争令自己生活变得富庶，但对于另外一批数量更多的工人而言，由于国家发展重点转移到重工业上，他们的生活陷入困厄，这在纺织业尤其严重。而且，日本正在投身的这个领域需要从外面进口材料，这让它处于相对劣势的位置。随着日本出口业凋敝、贸易差额日益失衡，再加上由此引发的通胀，工资收入开始下降。安场保吉对这种种矛盾有过尤为清晰的总结。[33]日本凭借轻工业出口在大萧条中成功崛起，出于增强军备的需要，把重点转移至化工行业，而日本在这方面并不具备良好的发展条件。"扩充军备及由此带来的重工业扩张，导致对自然资源的需求一下子大增，此前不存在的资源短缺如今成为切实的问题，贸易条件指数逐渐恶化。"扩充军备和帝国主义扩张开始显得必要。经济危机即将到来的预警一步步成为现实，当初臆想会出现的问题也一个个地成真。

很多人观察着这一切的发生，对政治和军事方面的政策是否明智、实用产生了怀疑，可社会没有任何一方出来抗议。对于可能会实施的战时征税，出口业、财阀银行的龙头反应冷淡，政府为资助扩大产能和产业转向，向他们提供政府贷款和担保，这倒让他们获利不少。

战争带来的危机逐渐将工人领袖拉到同一战线上。当时劳工阶层分裂成右翼和左翼团体，感觉危机来临的这一刻，右翼带头支持国家，左翼随后跟上。政府为促进秩序、鼓励生产，采取一系列措施，改善了工作环境，借此堵住了劳工组织的怨声。内务省官员做了不少工作去提高工作场所的安全标准进而提升工作效率。军队内部再也没出现血腥暴力的事件，公开的劳资纠纷也在这些年里销声匿迹。不久，日本侵华战事爆发，上述趋势进一步加强。军方急切想要抑制工会运动的激进声音，并得到大企业的积极支持。很快，工会保证不会进行罢工。侵华战争发生后，总同盟领袖决定"紧急时刻，我们的任务是保护国家的后方，在工业前线上像士兵那样战斗"。他们接着提议成立一个劳工及产业代表委员会，但政府另有考虑。1938年，"产业报国会"筹备成立，该组织受国家控制。超过六千家企业的五百万工人登记入会。1940年，工会被取缔。颇为讽刺的是，为阻止工人流动而出台的一系列法规，成了战后广受赞誉的"终身聘用制"的先声，自由组织的劳工运动要到"二战"日本投降以后才再度出现。

第六节　转向：左翼的转变

这种国内外情况告急的感受，使得"回归日本"的呼声开始活跃起来且带有强烈的族群民族主义色彩，这股民族主义情绪体现在国体论的辩词里，在军队内部派系之争中爆发出来。随着"转向"*运动兴起，激进分子被重新拉回同一阵营，国内外局势也给左翼带来同样的紧迫感。20世纪20年代，在社会问题研究和政治经济学领域里，马克思主义的分析方法风靡一时。这一现象引起国家"道德卫士"的警惕，他们发起声势浩大的治安运动，1920年3月，激进分子及被怀疑是激进分子的人遭到大规模拘捕。这些拘捕行动对劳工运动造成沉重的打击，地下共产党组织从此销声匿迹，但检察官仍然想不通，为何这么多认同马克思世界主义的人都是有头脑的年轻人，他们也真的是同辈中的佼佼者。中国东北及国际形势带来的危机感，替他们解决了这个难题。

佐野学（1892—1953）在东京帝国大学上学时加入了吉野作造的新人会，随后当上日本共产党的领导人，曾于1929年在中国上

---

* 日语为"てんこう"，意为转变政治或思想主张。

海被逮捕。1933年，佐野和党中央委员会成员之一锅山贞亲在狱中发表共同声明，宣布脱离共产党。他们收回之前对中国东北诸事件的反对意见，称他们再也不认为朝鲜和中国台湾有必要实现自治。更重要的是，他们不再相信（第三国际同一年发布的文件里所说的）"天皇制是日本制度改革的绊脚石"。

日本共产党的两位最高领袖脱离党组织，令那些正在被警察拘禁的日本人大为震撼，接下来发生的可以说得上是大规模的"转向"潮。不到一个月，尚未判刑的人（1370人）当中有45%（614人）跟着宣布退党，被裁定有极端思想或行为的人（393人）中有34%（133人）也这样做了。三年内，被判处谋反罪的人（438人）中有74%（324人）宣布他们已重回"正途"。

从心理学，从理论的角度来看，这股退党潮十分有意思。毫无疑问，官方采取了形形色色的威逼手段，但审讯人员收到提醒，和对方辩论或胁迫对方的话会引起反抗，要避免出现这种情况。激进分子大多还年轻，再说，他们的受教育程度比大部分警察都要高。审讯人员的每一举动，无一不是为了促使这些年轻人"回归"家的价值观，特别是此时，战争和危机如阴云般笼罩，这套价值观岌岌可危。根据审讯方专用的工作簿，他们首先会给一碗亲子饭（鸡肉、鸡蛋盖饭），令犯人想起父母亲情。警察不应谈论任何有关意识形态的话题，而是用责备的口吻提醒对方"你母亲在为你担心"。他万万不能提起父亲，因为这可能会引发对方对权威的反抗心态。[34]这些策略带有鲜明的日本色彩，那种近乎柔软的、甜腻的东西。至于拒不服从的顽固分子，那自然只能得到劣质食物和严酷的对待。

转向潮对社会科学界和马克思主义理论的影响更大。20世纪30年代初，一批出色的历史学家和社会科学家之间爆发论战，论战所围绕的理论问题直接关系到政治行动，涉及明治维新的性质——它是一次革命吗？是的话，日本或许已经具备条件可以迈进下一阶段，进行民主社会主义革命？还是说，它只是一次不彻底的、自上而下的改革，只有超越这场改革，日本才能进入现代化阶段、追求社会主义实现前的民主？日本实际上准备好迎接革命了吗？这些争论以"日本资本主义发达史讲座"之名、多卷本的形式在岩波茂雄的出版社出版。这套书树立了1945年以前个人思考的维度，奠定了1945年后公众讨论的基调，影响如此深厚，单是争议所涉及的书目就有多达好几卷，足以证明人们对这场争论所投入的巨大热情。

在转向潮中退党的人抛弃了共产主义，但这绝不意味着他们把马克思主义也一并放弃了。确实，他们不认同关于资本主义的基本观点，即在这样一套制度下，统治阶级通过剥削受压迫工人所创造的剩余价值来维持自己的权力。他们也不接受马克思主义有关世界主义的内容——按照马克思的说法，国际资产阶级剥削国际无产阶级。但日本的情况与此不同。阶级斗争的呼声应该就此结束。真正的社会改革只有通过日本各社会阶层的合作才能实现。这种观念的形成是由于民族主义和理论结合起来了。明治时期，塞缪尔·斯迈尔斯的读者把日本看作国际大家庭的一个穷小子。昭和时代的学者就不一样了，在个人和日本这个国家的经历的影响下，他们认为日本这片土地某种程度上就像是被剥削的"无产阶级"，而剥削它的正是国际资本主义。但日本自身的帝国主义属于另一范畴，其动机是为了解决资源短缺而非赚取资本盈余，为了存活下去，它必须这么做。

在大规模退党潮发生以前，自由派和激进派的某些作者已经表明这一立场。比如高桥龟吉，他是近卫文麿的昭和研究会的委员之一，他就发现这个论点可行，即日本对朝鲜、中国台湾和中国东北的占领属于过渡性质，在国际体系的激烈竞争面前，它不得不为之，这和西方的帝国主义行径不一样，后者的剥削更严重。他认为，扩张具有历史进步意义，对于日本的使命而言必不可少。[35]

20世纪30年代的著述往往潜藏着某种一以贯之的想法。缺乏资源是日本的一大劣势。人口压力令它喘不过气。它遭受的迫害，一方面是因为错失历史先机，另一方面，由于种族偏见，它的困境得不到国外批评家的理解。

不过，这并不意味着知识分子没有发表异议的机会。对于右翼批评家来说，找到能够抨击的人或事再轻易不过了。有时候体制会给他们撑腰，例如美浓部天皇机关说受迫害的那一次，被攻击的对象可能被打压、消声。与此同时，大学向来有独立自主的传统，虽然经历了一系列危机，但保存了下来。学生对社会问题的兴趣高涨，这自然会引起教育部门的注意，后者怀疑这是他们老师的责任，由此引发院系教员和教育系统官僚之间的多次交锋。不幸的是，大学教员的抵抗常常由于个人派别及意识形态的划分而被削弱，上杉慎吉对美浓部达吉的宿怨就是一个例子。每当危机发生的时候，大学的行政管理层往往选择妥协，他们知道，和教育官僚直接对抗的话，他们会受到大学外面那些自发的狂热分子的抨击，后者和军方及平民当中的右翼分子是一道的，一旦发生争执，占上风的是这些人。

以下这件事更令人瞩目。1931年，京都帝国大学教授泷川幸辰在某私立大学发表演讲，因演讲内容而遭抨击，文部省向大学提议解雇泷川，泷川法学部的同事递交辞呈以示抗议。然而，文部省没有改变主意。高压之下，谈判旷日持久，最后文部省同意包括泷川在内的三人辞职。显然，学术界在最后一搏，他们急于避免直接对决，心里清楚，这场战斗自己赢不了。还有另外几点要提一下。随着教育的推广，以及教育机构数量的急速增加，大学教授的地位不再像明治时期那样备受推崇。另外，陷入困境的教员竟然得到同事一致的支持，这可不一般。侵华战争爆发后，思想的自由交流、在公共事务上发声的机会急剧减少。对国家政策持反对意见的，要不就沉默，要不就把话说得晦涩难懂。在东京帝国大学经济学部，教员内部分为马克思主义和非马克思主义两大派别，1938年大拘捕中有不少年轻有为的老师被警察逮捕拘禁。除有泽广巳（这个人稍后会有更详细的介绍）、阿部勇以外，所有人都在第一次审判后被无罪释放。政府上诉，两年后庭审再次进行，审判结果和此前基本无异，只是把案件又理了一遍。这就是后来所谓的"教授团体"案，该案件一直被拖延不决，有泽、大内兵卫两人，以及河合荣治郎，分别在六年和四年后才完全获得清白。[36]

这些事件中涉及的案件表明，言论和思想自由受到当局严峻的挑战，出手打击的官僚急于避免公众批评他们缺乏警惕。更惊人的或许是，对于日本的政策及其侵略活动，公众竟然没有就其实施的基本前提进行讨论和检视。到20世纪40年代，这显然已经不可能。这一局面到底是什么时候形成的，为什么只有那么少人发声抗议、警告，受这些问题的影响，战后日本的知识分子深感自己必须行使这一自由。

第七节　管制经济的规划

讽刺的是，追击疑似颠覆势力的行动，反而令日本一部分顶尖青年经济学家摆脱了教学、加入满铁及东京其他智库机构的研究团队。被停职的人，不管是留薪或带薪，都没办法公开发言或发文，但无论哪种情况，都阻止不了他们继续思考。有的以别人的名义刊文，有的则完全停止了发表，但这些人全都开始思考解决日本经济困境所带来的种种问题。

其中最重要的那批人里，有好多就职于昭和研究会，这是近卫文麿于1936年设立的研究组织，专门研究国家政策的可行方案。领导研究会工作的是东京帝国大学政治学家蜡山政道。在不确定的将来，若日本必须进行结构性转变，研究会要能够提供相应的计划方案，这是蜡山的任务。政治、外交、经济、教育，没有哪个研究领域不受重视。资本主义秩序瓦解的迹象在发达国家比比皆是。美国的罗斯福新政，德国的国家社会主义，意大利的法团主义，苏联的共产主义经济，无一不在说明国际秩序发生了彻底的变化。近卫这个智囊团要做的正是决定哪些变革最能适应日本的情况。近卫本人性格冷淡、喜怒无常，他的想法很少会显露出来，之前我们提到，他早年警告"已成"之国的立场具有倾向性，在巴黎和会召开前夕发表"英美和平"论，这些事件令他名声大振。

苏联模式可能会破坏社会秩序，这样的模式令日本觉得没有用处，不过五年经济计划倒已经在伪满洲国宣布实行。以法西斯领导人为核心发起群众运动，这对于日本来说更是风马牛不相及，但发源于"一战"时期的结构化经济体制和经济规划就不同了。这似乎是可行的，日本若要取得国外这些例子所取得的大部分成就，这样的举措是必需的，而且可能也有必要在官僚指导下自上而下地实行，如此一来，日本行政体制内部形成的党派之争也将被超越。近卫手下的"革新官僚"，以及那些致力于以平和方式推动"昭和维新"的改革规划者，或许能打造一个更有领导效力和团结一致的政体。《明治宪法》或许仍然神圣不可侵犯，但在含糊笼统的措辞下，各种不同立场都可以被囊括进来，统一方向，带领陷入末路的日本走向复兴。这个愿景激起青年知识分子的满腔热情，其高涨程度不亚于太平洋另一端罗斯福总统手下的那些年轻规划者。到1937年近卫上台时，他的内阁书记官长风见章已经让手下团队准备好一批计划[37]。

为帮助理解，我们接下来看看上述种种趋势怎样交会在有泽广巳（1896—1988）的一生里。有泽所在的团队是日本战后经济规划最重要的几批人之一。有泽开始学习经济学的时候，正值1918

年米骚动爆发,这场暴动似乎预示了日本经济即将到来的危机,"一战"后的大萧条表明某些结构性缺陷不容忽视。随后,他加入东京帝国大学刚成立不久的经济学部,成为一名年轻教员,他的同事也是青年学者,这批人日后成了日本最有能力也最激进的一批知识分子。

1926年,有泽前往德国开始为期两年的进修,留学期间,他更加深入地了解了马克思主义思想。他阅读大量有关德国"一战"期间经济问题的书籍,成为"总体战"理论方面的权威人物,这些理论是德国思想家的思想成果。有泽回东京时,正好碰上1928年的大拘捕,他的友人、同事很多都遭到逮捕,但他仍旧组织了一系列研讨会,讨论日本资本主义即将面临的危机。九一八事变发生后,他的注意力转移到另一问题上,即日本需要为更大规模的战争——实际上即总体战——作准备。他断言,国家需要干预多个生产领域,为国家总动员奠定基础。这时,他在兴趣点上逐渐靠近军事规划家如后来的内阁总理小矶国昭,为了明确实现"国防国家"的理想所需要的举措,小矶还专门组织人员进行研究。通过比较"一战"时期美、德两国的做法,有泽认为,对于日本这样的资源贫国,如何有效地管控和分配资源尤为重要。日本侵华战争爆发后,他制定了一套涵盖各个方面的方案以满足战争扩大化的需要。他觉得,日本需要"国家资本主义",以避免因重复、竞争造成浪费,要把资金投放到最需要的地方。他的思路一步步地发展,很多研究——除了最后的那些以外——也随之发表在月刊上。

1938年,有泽因"教授团体"事件被捕,在接下来的漫长诉讼里,他不能教学并失去了发表的自由。但这没有阻止他继续写作,他以朋友的名字发表、出版了一系列重要文章和书籍。这时,他想出一套国营经济的方案,主张将资本、经营分离,打造一个更高效的经济结构。

根据有泽的研究结论，日本不可能在战争中打败更发达、生产力也更高的西方民主国家。对于鼓励他研究的那些军事规划家而言，这种话可不中听，他的报告被悄悄按下。即便如此，随着日本经济开始为更大规模的战争作准备，他的很多建议被一一落实，日本战败投降后，他的别的建议也得到采纳，到了那时候，他所信奉的真理——以促进经济增长为目标，对稀缺资源进行管制——甚至远比此前更有实行的必要。这位一度被当作颠覆势力受迫害的青年学者，在其晚年被授予日本最高勋章，以表彰他在制定日本战后产业政策上的杰出贡献。[38]

第八节 侵华战争与近卫的"亚洲新秩序"

在中国华北一带，日军前线指挥官胁迫地方当局签订协议，保护日军免受南京政府部队的"干涉"，但在1936年以前，日本政府的政策仍然比较谨慎。正为军队统一问题焦头烂额的蒋介石，对于伪满洲国建立一事采取了敷衍、拖延的态度。按照《塘沽协定》，北平一带属于非武装区，如某些批评所言，这相当于默认了日本对中国东北的占领。蒋决心剿灭中共政权，以解决国内问题。上海"四一二政变"后，中共势力已撤退到位于中国东南部的江西省。蒋介石在德国军事顾问的帮助下，对中共进行一系列围剿，幸存下来的中共军队开始著名的长征，最后在西北延安安顿下来。奉军统帅张学良被授予官衔，具有名义上的指挥权，换来他对国民党政府的归顺。在日本，皇道派的将领提出"1936年危机说"，要求对苏联采取预防性的打击，这对于蒋来说绝非坏事。蒋介石和日军将领默契地达成一致，把镇压共产党势力作为第一要务。1936年发生的一系列事件彻底改变了这一切。日本"二二六政变"失败，皇道派领袖权势不再，他们痴迷的日苏战争论也一同没落。1936年西安事变期间，张学良扣留了蒋介石——当时蒋正谋划对延安进行新一轮围剿——迫使他同意形成抗日统一战线，整个局势被扭转了过来。[39]

日本方面，对于军方不停上涨的预算需求，广田内阁同意满足。与此同时，陆、海军大臣需要从现役军官中选任的规定在被搁置二十年后再次实施，通过这种方式，军部能够否决他们认为不可靠的总理候选人（如宇垣）。那年春夏晚些时候，广田和外务大臣有田八郎明确表示，日本不再觉得有必要遵守华盛顿会议体系所赖以建立的那一套条约框架。新的军事立场带来新一轮的军备扩张。夏季，陆海军就可能爆发的对华、对苏及对大西洋列强的战争制定应急方案，提交给内阁批准。和军事计划不同，这是首次以正式国家文件的形式说明日本侵占东亚所必须具备的条件。

欧洲动荡的政局也第一次干扰到日本的决策。有观点认为，"二战"的爆发可以和日本实际上所受的排挤联系起来，但日本的政策与政治本来就和它对西方发展趋势的看法密不可分。苏联和共产主义是日本人最主要的担忧。1936年11月，日、德两国签订《反共产国际协定》，一年后意大利加入。三国同意分享有关共产国际活动的信息，若苏联发起袭击，三国将共同商讨方案。这份协定于数年后进一步加强，为日后轴心国的形成奠定了基础。就这样，日本和欧美各国的关系愈发疏远，和欧洲的"修正主义"国家走得越来越近。军方领导人对新格局表示支持，认为有助于日本对美谈判。然而，这给罗斯福政府带来完全相反的效果。美国方面，对日本意图的怀疑、对其侵华行动的反对声越来越大。同时，日本愈发依赖外部尤其是美国的资源。这里面所潜藏的危机，远比日本军方领导人谈论的1936年日苏危机更为严重。

这时候的日本，全身心投入到反共产国际的国际战线上，在中

37. 1935年，中国清王朝最后一位皇帝，伪满洲国"皇帝"溥仪被带到东京。6月9日，他和裕仁天皇（左）检阅了军队。

38. 1936 年 2 月 26 日，日本青年军官发起兵变，在东京市中心设置路障。

39. 在 1945 年 3 月的大轰炸中，东京大部分地区被毁。在这张神田地区的照片中，所有可燃物都被烧毁，留下了一片荒地。

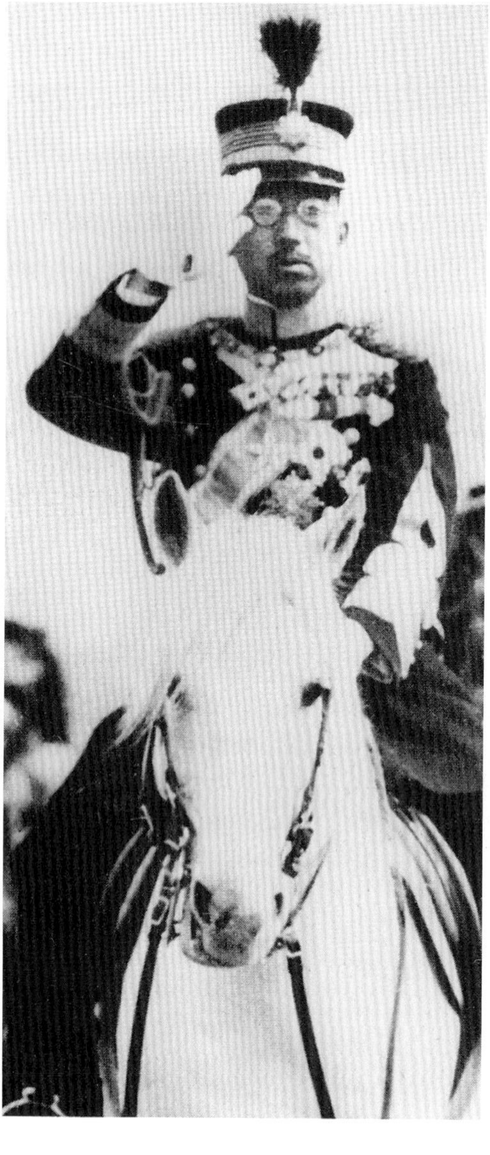

40. 裕仁天皇：(上) 视察被轰炸后的首都，(左页图) 作为大元帅检阅部队，(下) 日本投降后与普通人交谈。

41. 1952年5月1日，在日本恢复主权国家地位后不久，发生在皇宫广场的暴动显示了盟军占领结束后日本的社会和政治和紧张局势。

42. 吉田茂被免职时并不受欢迎，但在赋闲后，他很快被视为战后可堪大任的元老。

43. 在江户和明治时代繁华而引人注目的日本桥（见插图10、14、24），此时隐藏在现代大都市的高架公路之下。

第十七章　侵华战争

国华北地区，共产国际也正在促成抗日统一战线的建立。延安政府派周恩来作为代表前往西安，说服张学良释放蒋介石，只要后者答应放弃围剿中共、加入统一战线以抵抗日本进一步的侵略。这时，蒋得以以中国民族主义领袖的身份发声，呼吁国际舆论的关注和支持。这段时期内发生的事也大大提高了他的地位。政府联手美国顾问进行货币改革，增强了中国的经济实力。同时，德国顾问给陆军提供的协助提高了蒋的军事实力。蒋的命途实现了巨大的转变，曾经在西安事变中被拘禁、命悬一线的他逃过一劫，成了当时的民族英雄、实绩显著的领袖。另一方面，日军将领开始蔑视他，觉得他没什么用、只会制造麻烦。反共产主义是日军唯一的准则。日本说服柏林撤回在华的德国军事代表团，准备集中精力进一步做大自己手上的"蛋糕"。

以上种种为接下来发生的事情铺垫了背景。1937年春，以陆军大将、前陆军大臣林铣十郎为首的内阁曾短期上台执政，担任外务大臣的职业外交官佐藤尚武努力想办法重新拿回日本对华政策的话事权。他强调日中贸易多么重要，且尽可能减少使用日本的那套空洞之辞。不幸的是，林的内阁缺少一名政党代表，被抨击官僚主义严重，现实中也没法取得国会的合作。犬养毅遇刺身亡后的六年里虽然没有诞生过任何政党内阁，但政党势力仍然强大，对于任何一届政府来说，政党的合作必不可少。林的内阁在全国大选中受挫，随后辞职下台，其执政时间仅短短三个月。

这时候，西园寺开始考虑近卫文麿。很长一段时间里，他都对自己的判断抱有疑虑。但近卫在政党领袖看来是可以接受的人选，让近卫组阁的话，似乎可以保证政府平稳运作。"二二六事件"结束后，近卫拒绝了职务邀请，但这次他接受了，尽管多少有些不情愿。

日本现代史上最具神秘色彩的莫过于近卫文麿，贵为公爵的他此时当上了内阁总理。[40]他出身日本家格最高的豪族之一，自有历史记载以来，近卫氏便和天皇家关系密切。众多顾问、大臣中，只有近卫文麿能够放松自如地和裕仁谈话，他甚至在天皇面前盘起腿来，令在场其他人大为震惊。近卫本身为贵族子弟、养尊处优，但也是一名野心勃勃的政治家。他在京都帝国大学学习哲学，系里还有西田几多郎及日本的一批新康德主义、唯心主义哲学家。学生时代他就已经在贵族院有一席之地，他的父亲曾出任贵族院的议长。之前提过，他年纪轻轻便随西园寺代表团出席巴黎和会。近卫一度想过做大学教授，但负责监护他的人劝阻了他，担心他会卷入争端。近卫没有对政治避之不及，在他广泛的交友圈子里，有很多来自不同圈层的人。九一八事变发生后，一些中级军官开始和他建立交情。近卫的父亲资助亚细亚主义，为亚洲的民族主义分子提供庇护，他也一样，和亚细亚主义者交往，还在其父有份建立的东亚同文书院担任会长。1933年，他出任贵族院议长，三年后，他把身边一批官员和知识分子聚集起来，建立昭和研究会。他对各种形式的国家政体都抱有浓厚的兴趣，但没有哪一种能让他彻底倾心。在他鼓动下，他身边的人不禁生出这么一个想法——他兴许愿意一马当先，建立一种新的超政党国家体制。1933年，他将大儿子带到美国入读劳伦斯维尔中学（Lawrenceville School）的预科课程，为之后进入普林斯顿大学作准备。他和罗斯福总统会面，谈论美中关系。他告诉大女儿，假如她是个男生的话，他会把她送到莫斯科留学。他会认真考虑智囊团的建议，思考一种新的非党派制度是否可取。"大政翼赞会"便是这番思考的最终成果，该组织的建立旨在消除一切党派纷争和"金权"，实现真正意义上的全国统一。近卫比西园寺年轻得多，但他的等级比这最后一位尚存人世的元老还要高，当西园寺称呼他为"阁下"时，他觉得浑身不自在，甚至怀疑这种礼貌是不是藏有嘲笑的成分。实际上，西园寺对近卫的判断力的确有疑虑，这份不信任早在1918年就已经产生，是在这位年少公爵撰文攻击

第十七章　侵华战争

英美和平虚伪不公的时候。西园寺为了阻止他进一步行动，提名他为枢密院议长。然而，到1936年，年届八十的西园寺除了近卫以外，再也找不到别的人可以选择。随着日本的政治危机逐渐加深，作为军方能够接受的人选且具有深厚的政党人脉，还是个贵族公子，近卫被提名为内阁总理，成了板上钉钉的事情。1937年6月4日，近卫上台执政。一个月后，侵华战争全面爆发。

日中双方更愿意称呼这次为"事变"，以避免中立法对物资供应的任何管制。事变发端于7月7日北京西边卢沟桥上的一次冲突。一名日军从部队失踪了，其指挥官要求搜寻这一带区域，对此中方提议双方联合行动。等到这名士兵（解手）归队时，双方已经发生小规模的武力冲突。这一事件引发后面长达数年的战争及上百万人的死亡，拉开了侵华战争全面爆发的序幕。

涉事区域属于《塘沽协定》所划分的"非武装区"。中国的安全部队有一部分受日军指挥，其他的则在某个最为亲日的将领的麾下——某个日军将领意外去世时，他还出席了葬礼，他个人甚至想好要为爆发冲突道歉。最初，双方都希望这件事能在本地迅速解决，然而，不到一个月后，双方却匆匆派兵增援。

摆上来的赌注越来越大，远比之前的多许多，如同一根火柴在高度易燃的环境下被划亮了一样。南满地区的日军野战军指挥官——包括关东军新任参谋长东条英机——敦促日本必须采取更加强硬的举措以控制华北的资源，这是对苏作战所必须做好的准备。对苏联的担忧促使日本签订《反共产国际协定》，中共和蒋介石建立统一战线联手合作，也就必然令日本产生忧虑。只要蒋集中精力去"围剿"他所谓的"共匪"，这个人及他的事业还是有些用处的，但自从他改变主意、和毛泽东的延安政权合作以后，包括东条在内的日本军方人物感到日本在华利益岌岌可危。突然之间，全中国都明确主张抵制日货、宣传抗日，为今之计是让蒋介石推翻他在西安的谈判协议，重新回到反共战线上。

中国方面也逐渐失去耐心。广田弘毅于1933年首次出任外务大臣，此后在这个岗位上待到1937年（除了"二二六事件"期间曾短暂代任内阁总理以外），这期间他对南京政府的声明越来越专横，命令对方必须配合日本的反苏政策。关东军的领导层采取行动，在伪满洲国以西建立伪蒙疆政府作为缓冲带，但在中方看来，这是日本图谋整个北平地区及河北省的迹象。

东京方面，参谋本部的石原莞尔一心想着即将到来的日苏大战，深以为侵华战争是错误一着，而且不该在这时候发动。但陆军省却不这样看，在决定是否增派大规模部队的委员会上，双方由于分歧无法达成一致意见。日军试图把中国部队赶出非武装区，武装冲突愈发频繁，单单一天之内中方就损失了5000兵力。随着战争加剧，日本陆续增派师团前往中国。7月末，日军麾下一支中国"保安队"起义，杀死日军军官，接着屠杀了日本平民。发动全面战争的压力越来越大。蒋介石将自己手下实力最强、受过德国军事训练的师调到北边。东京方面，政府和军方领导人都觉得时机已到，快速打一仗，让"中国问题"暂时得到"解决"。

新上台的近卫内阁尽管由文官领导，但在立场上比之前的林内阁要强硬，这是灾难性的。近卫试图通过派遣职务给那些煽风点火的人，彻底消除军队闹事的可能性。这导致他在为内阁挑选成员的时候作出一些奇怪的决定。他一开始的陆军大臣人选是板垣征四郎，正是这个人（和石原莞尔一起）策划了九一八事变。他还打算让大将末次信正出任海军大臣，这对于反对伦敦海军会议裁军决议的舰队派来说无疑是一种支持。军事参议院一些更明智的领导人拦下了这两人的任命，但近卫一意孤行，让板垣走马上任，将末次派去领导内务省。更令人大吃一惊的是，他居然任命荒木贞夫为文部大臣，这个人可是发起"二二六事件"的少壮派军官的偶像。荒木可以趁

第十七章 侵华战争

职位之便,设法将国体论渗透到整个教育系统中。要反抗这些人的领导,参谋本部那些更为务实的军官不得不经历一番艰难斗争。

日本掉入侵华战争的泥潭——"泥潭"这个描述的确恰当——这是东京方面不希望也不想要看到的局面。[41]日军决策层有信心,只要展示一下武力,就足以为自己争取到新的且更有利的地位。蒋介石这边,统一战线刚在西安成立,他被冠以国家领袖的头衔,他觉得只要自己态度够强硬,而且在他呼吁下,《九国公约》签署国给他撑腰,日本不会有进一步的侵略行动。在这样的环境下,日本领导人的嚣张、傲慢让他们自己迷失了方向,如同困在迷宫里、找不到出口。"七七事变"发生后,作战指挥官立刻想办法就地解决这件事,东京强烈指责中方请求外援的举动十分粗鲁、缺乏"诚意"。蒋介石感到必须做些什么来体现自己的新角色,他宣布华北危急,把手下最优秀的、受过德国军事训练的部队调往当地,这在日方看来违反了《塘沽协定》。日本先派出三个师团,随后又多次增派,日军在华北的军事力量很快就占据上风,随时有向上海及长三角进军的态势。中方的抵抗力量一度瓦解,日军侵占了南京,在这之前国民党政府已经撤出这座城市,沿长江撤退到武汉,再到重庆。

1937年12月,南京沦陷,其速度之快超出预估。沉醉在胜利中满心自负的日军开始在城内逐家逐户地进行搜查,接下来的日子里,杀人、掠夺、洗劫层出不穷,日方至今拒绝承认其所作所为,这是日本皇军历史上永远抹不掉的污点。直到现在,"南京大屠杀"仍然是中日关系中的一个阴影。同时,日本教科书有关这场战争的描述引发诸多争议,进一步激起人们对大屠杀的回忆。在中国,这场大屠杀以纪念馆的形式被铭记下来,纪念馆正面石壁上的馆名为邓小平亲笔题写。纪念馆中还有"三十万遇难同胞"的题字。[42]

让事情更加复杂的一个因素是,日本的领导层很难读懂国际政治的趋向。东京的领导人觉得华盛顿会议体系只是一纸空文,但蒋介石尝试把它唤醒，他向《九国公约》的签署国发出呼声，促使西方成员国在布鲁塞尔召开会议，虽然会议没有作出定论，但在某种程度上孤立了日本。日德的反共产国际战线似乎给日本带来了一个实力强且日渐壮大的盟友。等意大利加入后，这几个"未成"之国终于站在同一阵线上。苏联仍然是最大威胁。伪蒙疆政府正是为了巩固边境而设立的，但国民党政府同意联手中共建立统一战线，这让日本产生新的危机感。

日本首先想到的办法是请德国帮忙了结这场侵华战争。时任外务大臣广田表示，日本同意在内蒙古设立一个政权作为缓冲，这将会是中国最大的非军事区，由南京政府的亲日派进行管治，此外，中国要停止各种反日活动，与日本合作对抗共产主义。对此，蒋介石一开始是不屑一顾的，然而，随着他在军事上日益处于劣势，他似乎表现出些许兴趣，结果，日方趁着自己新取得的军事优势，提出更多的要求。日本追加赔款，称这是换取和平的筹码，实际上就是要求中国投降。不太意外，这些努力也白费了。接着，和日（《反共产国际协定》）、中（通过派遣大规模军事顾问团）同时交好的希特勒，考虑到德日深切合作的利益，决定撤走他在中国的军事顾问团。他推测，这样做的话，或许有助于约束美、英、苏，令德国趁机将势力延伸至中欧。德国展示出来的反共立场，令东京政府颇感欣慰，然而，1939年苏、德签订《互不侵犯条约》，将日本推入一个尴尬境地。这在日本立刻掀起风波，继近卫之后于1939年1月上台的平沼内阁宣布解散，结束短暂的执政生涯。

就在日本摸索着怎样结束这场战争的时候，侵华日军的前线部队并没有停下行动的步伐，他们不停在寻找需要打败的敌人，忖度还有什么任务要执行。1938年底，中国的主要城市大多已经被日军占领，连接这些城市的各大铁路线也牢牢掌握在他们手中。但在面积广阔的农村地区，有相当一部分属于中共及其他游击队伍的势力

第十七章　侵华战争

范围。国民党政府已经撤退到重庆，日本除了反复轰炸外，并没有要占领位于内陆的四川省的念头，也没有资源去支撑他们这样做。日本的军事机器为了应付侵华战事已经忙得不可开交。更糟糕的是，日本依然要依赖西方——尤其是美国——为自己提供推进战争所不可或缺的资源，特别是石油。除非蒋介石政府全线溃败或投降，这场战争似乎没有结束的一天。

尽管日本在军事上节节进犯并最终于1937年12月占领南京，蒋介石依然没有表现出一丝一毫要答应日方条件进行议和的意愿，近卫内阁决定尝试新的策略。1938年1月16日，近卫在一份语气相当傲慢的声明中宣布，日本将不再和南京政府协商、会谈。"我们不会举行会谈"（日语原文"对手とせず"）这句话，表明日本再也不寄希望于和国民政府达成和议。显然，这时日本已经准备好要持久作战。政府向国会提交《国家总动员法》，开始采取措施对电力等资源加以管控。近卫想方设法巩固自己的政府，为此还邀请陆军大将宇垣和金融家池田成彬出任内阁职务。人们经常谈论如何彻底解决中日关系的问题，但日本的举动使得这一可能性十分渺茫。正是在这一背景下，日本试图寻找西方国家的支持，借德国之手，撤走蒋身边的德国军事顾问团。但失去了外援的蒋仍不妥协，这让日军领导人开始怀疑是不是有英美两国在给他撑腰。

1938年11月，近卫发布有关东亚"新体制"的声明，开始谋划在南京成立傀儡政府。孙中山的门徒汪精卫从国民党政权出走，由汪来领导国民党的替代品的话，这个南京政权或能具有一定的合法性。随着计划一步步实施，日军指挥官提出越来越高的要求，甚至让对方有限度地撤军。最终，中国的这场分裂很快就脱去外衣，露出通敌卖国的傀儡性质。备感沮丧和厌倦的近卫于1939年1月辞职。到7月份，对华政策和日本国内改革有了转机，带着新希望的他重回政府。若日方有撤军迹象的话，中方保证会重新考虑对日政策；而在日本国内，以"大政翼赞会"形式进行的政治改造，致力于结束政治分歧、建立共同目标。部分观察家认为，这预示了一种新的极权主义制度，但事实上，这场政治改造只实现了少数几个目标。回过头来看，有一点值得一提，尽管日本最大的问题是如何控制和约束军方，但这些旨在建立"新体制"的计划却落在文官部门头上。

在近卫内阁的带领下，日本陷入侵华战争，尽管打赢了一场场仗，却没办法取得整场战争的胜利。往中国投入的人力、物力已达到前所未有的程度。指挥部使尽力气才从这里面抽出足够的精力，去应付亚洲其他地方的行动。在这样的环境下，日方不可能作出有意义的让步、撤退，让谈判人员能够和中国政府协调出一个体面的解决方案。在战争史、外交史上，没有几个国家像日本这样，自认是胜利的一方但没法随心所欲，只能宣布不再承认敌人为自己的对手。按那句著名的"对手"言论的意思，日本是一个爱好和平的国家，但不愿意和唯一能进行和议的政党碰面，这是一个失败的政府给我们留下来的疑惑。日本接着得出这么一个结论，重庆政权之所以能存活下来，是因为有英美撑腰，于是开始对这两个国家展开工作。与此同时，在南京成立"新政府"的计划也逐渐展开，这个"新政府"将会对日本更加友好。

第十八章

太平洋战争

分期断代，意味着我们对不同时期有不一样的理解。第二次世界大战常常被我们划分为一个时间段，但在日本的著述里，这很少见，其实不意外。日本的战争多少有所区别。讨论"二战"的时候，我们可以不怎么谈东亚部分，只关注对德、意两国的战事。但在论述日本的战争时，我们却不能抛开西方发生的事情，因为前者在相当程度上取决于日本领导人对西方乱局的解读。在日本看来，1936年的《反共产国际协定》进一步巩固了他们对日苏战争的预估，当希特勒和斯大林达成协议时，东京政府不得不引咎辞职。新上台的内阁试图调整策略，外务大臣松冈大胆和斯大林谈判，签订《日苏中立条约》。条约刚签署没多久，希特勒就再一次推翻之前的立场，进犯苏联。这时，松冈尝试一展身手，提议让日本加入战事，从东边进攻苏联。结果，他被撤了职。

20世纪40年代日本和德、意两国结盟，初衷是为了遏制英国或美国出手干预，它几乎没计划过要和纳粹联手。盟约就像是1902年日英建立的同盟关系一样，只是那时是为了抑制德、法两国的势力。但这次结盟却带来相反效果，导致民主国家将日本和德国视为一体，属于同一种威胁。德国在西欧战场上的胜利，使得东南亚的荷、法殖民地出现权力真空，诱使日本出手袭击这些资源丰富的地区。两方阵营必然都有失算的地方。罗斯福总统以为，将太平洋舰队驻扎夏威夷的话，可以对日本人起到阻吓效果，但对方却觉得这是个提高战争赢面的良机，在这一想法促使下，他们发动了袭击。

大西洋和太平洋这两场战争实际上不是一起的。轴心国和日本之间的合作微乎其微，德国驻东京大使馆的武官是在遛狗的时候才得悉袭击珍珠港的事情。随着海上航线逐渐被截断，日本花了不少工夫将德国技术带到日本，包括用潜艇把铀运输到日本做核试验，但日、德两国从没有想过配合行动。双方的距离，再加上英美强大的海军实力，这样的合作不可能实现。

战时日本的对外发言人将这场事变称为"大东亚战争"。言外之意是说日本正在做的其实是把受西方压迫的亚洲"解放"出来。那些被殖民的地方"理应"对这场以其名义发起的"侠义之举"报以积极的回应，可现实中，中国在反抗，而且屹立于战场上不倒，这只能说明它从英美那里获得援助。

在为追究战争罪行于东京召开的国际军事法庭上，起诉方强调，日本为了新霸权的利益，持续且有目的地计划在亚洲进行侵略活动。这种说法在日本史编纂中有另一个变体，这场战争被称为"十五年战争"，从1931年九一八事变开始，终于日本投降的1945年。这种分期背后的想法是，把日本侵华战事作为焦点。海上战场变得没那么重要，陆军行动成为追寻的线索。但这种看法也有其问题所在：1933年《塘沽协定》签订后至七七事变爆发为止，日、中之间有长达四年相对平静的时期。1941年，侵华战事几乎毫无进展，日本将火力集中在美国陆军第十四航空队的行动基地。从某种程度看，

第十八章 太平洋战争

要到1937年日军发动全面袭击，战争才真正开始，是在日本政府决心全力打造"新秩序"，和蒋介石的国民党政府断绝来往之后的事情。

章名提到"太平洋战争"，这个名称最早或许是出现在币原喜重郎于1951年出版的回忆录里，这本书出版后没多久他便离开人世。这个叫法逐渐为日本主流历史学家所接受、采用。由多人合作完成的权威之作《日本走向太平洋战争之路》（*Japan's Road to the Pacific War*）四卷本已经有英译本面世，虽然此书以九一八事变为开端，但只是作为海上袭击继而引发一系列血腥太平洋战事的前奏。这种做法同样有问题。某种程度上，这成了日本和以美国为主的西方大国之间的战争，看低了侵华战争的重要性。谁也不能漠视中国战场，美、日之间的冲突正由此而来。[1]

第一节 东京眼中的国际政治

在通向太平洋战争之路上，每一次转弯，日本都以自身对国际体系变化的认识为依据。在解决大萧条的种种问题上，国家计划体制取得了显著的成绩，这让人们深深体会到政府领导的诸多优点。日本意识到自己对进口资源存在依赖，这想必令它决心发展出一套自主模式。西方民主国家用制裁来回应日军的步步进逼，日本就越发对这种依赖性感到刺痛。

在日军领导层看来，和德国联手似乎有助于他们逃脱即将被孤立的命运。再说，1936年签署的《反共产国际协定》也符合政府抑制共产主义势力在亚洲蔓延的决心。满洲边界浮动不定，当地部队指挥官想必跃跃欲试，一探苏联兵力之强弱。1938年8月，驻守中国东北、苏联、朝鲜交界之地的关东军部队，试着将苏联部队驱赶到日方所认可的边界线上，但没有成功，接着他们召集更多部队前来，试图把事态进一步升级，可东京方面的领导人还没做好开战的准备，于是制止了他们的行动。

一年后，关东军部队对控制区的边界提出异议，他们在西面边界上挑起事端，试图通过西界加强对外蒙古地区的掌控。问题核心落在一个叫作诺门坎的小地方，这场争夺逐渐演变成一次全面冲突，尽管双方没有承认。[2] 外界几乎不怎么提及这场冲突。苏联的远东地区不对外部的观察家开放，关东军也有自己的顾虑，因此没有声张。1939年夏季，日、苏双方动用了当地所有可用的资源，苏联集合部队，抵抗日军的进攻。日方遭遇了种种挫折，促使政府和军部对计划进行调整，从"北进"转为"南进"。皇道派强调一切事情都应让位于对苏战争，俄方的空军和坦克部队在朱可夫（Georgi Zhukov）的指挥下节节取胜，这位俄军将领在后来的对德战事中也展现出英雄本色。日军死伤士兵达1.7万名，不得不接受停战协定。冲突结束前最后一个月，德军入侵波兰，第二次世界大战全面爆发。同年8月，日本对日德合作抗苏的期望——不管是什么样的期望——因为《苏德互不侵犯条约》的签订彻底落空。日苏双方为应对之后可能爆发的全面战争，继续加强自身的军事建设，关东军获得的供给数量如此庞大，以至于1945年8月战争结束时仍有不少剩余。东京方面，阿部信行领导的内阁提交辞呈。愤怒的国会促使阿部迅速下台，在危机、牺牲中形成的统一战线正面临瓦解。侵华战事没有任何结束的迹象；军方内部意见存在分歧，有主张设立国民政府作为傀儡，以蒋介石多年的对手汪精卫为领导人；有主张对蒋穷追不舍，直至其被迫投降（这需要确保有充足的资源，但这种做法限制了对其他道路的选择）；也有人认为要对日本已经占据的地方进行长期占领。"圣战"不再不受非议，百姓日常所需资源愈发短缺，这令日本人民渐感厌倦。当欧洲战火点燃之时，日本正处于政府空

第十八章　太平洋战争

缺的状态，负责政治决策的精英分子在几经犹豫后作出妥协，让米内光政担任内阁总理。

这时，斗争转移到别的地方。美国在7月告知日本，美方将不再延长1911年贸易条约的期限（该条约促使日本成功摆脱不平等条约），1940年1月以后该条约将不再有效。对于日本的转变，这件事并非决定性原因，但或许起到加速的作用。数月内，德国在西欧取得惊人胜利，这带来了新的转机，日本或可要求获取东南亚的荷、法、英殖民地的资源。印度支那的法国官员听命于亲德的维希政府，但在今天印度尼西亚一带的荷兰殖民官，受辖于流亡英国的荷兰政府，后者选择加入英美的限日政策。如此一来，便形成日本所谓的"ABD包围阵"，通过这么一个邪恶组合，夺走日本所需的资源。在所有资源当中，石油至为重要，日本的决策层深知必须在某个日期之前和华府达成协议，不容一丝拖延，这迫使他们不得不采取行动。他们决意避免完全依赖美国，但讽刺的是，为此采取的一系列举措最终反而将他们推入这一境地。华盛顿方面拒不退让，他们自信夏威夷一带有足够的防御，而且，通过控制日本战争机器所必需的原材料，他们占据着上风，来自中国及英国政府的声援——英方认为自身存亡要看美国怎样介入欧洲战争——都在为他们撑腰。

在这些考量的影响下，东京核心决策层的各派力量开始发生变化。海军反对和德国全面结盟，意识到自己没有足够资源去争夺海洋的控制权，不足以实现这样的联盟。纳粹在欧洲的胜利打开了通往东南亚资源的大门，然而，随着日本的石油储备开始缩减，海军领导人只能不情愿地接受陆军提出的轴心国同盟，后者于1940年正式成形。大局尚未完全确定，可这时的日本已经加速推动军事行动计划，要是外交这条路走不通的话，将付诸行动。

第二节　明治图景的重塑

九一八事变之后的几年里，日本国家政策的制定和实施过程无一不恪守着明治时期所奠定的内在框架，除了"二二六事件"期间裕仁天皇亲自掌权一事可能属于例外。当时任内阁总理的冈田一直藏起来，后来才逃出官邸，可以说，即便在没有政府运作的情况下，宪法秩序也没有真的受到扰乱。[3]

目前为止，我们几乎没怎么谈到政党。政党领导人被替换下来，取而代之的是那些被西园寺等人认为能够象征国家团结的人，包括有名望的海军大将、陆军大将及贵族子孙。可事实证明，这样的团结不过是虚无缥缈的东西。国会仍然是有效管治之本，政友会和民政党依然跟以前一样，为争取政治影响力相互比拼。代表农业利益的议员人数远超出应有比例，在这样的体系下选出的国会议员，只会和地方贤达所在的传统选区产生共鸣。[4]

有不少回，国会为了发泄不满，拒绝支持政府政策，由此导致内阁下台。这种情况在缺乏操作经验、不懂得怎么妥协的军队领导人（林铣十郎、阿部信行）担任总理时尤其突出。与此同时，军方倘若对内阁不满意，也会毫不犹豫地让他们走人。米内内阁曾试图和政党全面合作，为此邀请了六名党派领袖入阁，但事实表明，这并不能解决团结方面的问题。该内阁不到四个月便倒台，导火索是某民政党领导人的讲话，他对军队前后矛盾的作为发表了一通尖锐的批评。他提到，随着在中国的战事持续进行，东京一时说要建立以汪精卫为首的"政府"进行对抗，一时又试探是否可以和蒋介石进行和谈。他问道,欺诈如此,这场战争怎么可能称得上"圣战"呢？政府又怎么能期望全国团结呢？军队领导人指责说，这些讲话侮辱了上千名在战场上死去的士兵，要求在国会纪要上抹去相关言论。事情在经过一番斗争后才告解决，为此不仅动用了审查手段，还把

第十八章 太平洋战争

这名冒犯军队的议员赶出了国会。这导致组织、团体间霎时兴起一股改名潮，借此对"圣战"加以控诉。

全国总动员和团结在怨气丛生的情况下越来越成问题，很多人开始思索怎样将日本多元政治下所特有的多个利益团体联结起来，形成一个更有效率的统一体。官僚体系和政坛上的"改革"分子，受够了为琐事吵个不停、互投赞成票，这都是国会政治中经常发生的事，不少政党领导人已经对重拾20世纪20年代"正常"政党政府的道路断了希望，愿意考虑另外符合其需要的办法。对于建立一套能够相互协作的、稳定的政治架构，军队领导人更是尤其关切。万事俱备，唯独缺少一个具有合适民意基础的非党派领导人，而种种迹象皆指向近卫文麿。自从其内阁于1939年1月辞职解散以后，近卫就一直充当旁观者的角色；而且，他有昭和研究会的知识分子为他出谋划策，军队领导人也能够接受他这个人选。而近卫本人觉得，自己可以驾驭这头"猛兽"而不被反噬。在这样的背景下，1940年7月，近卫受天皇之命组建其第二任内阁。

近卫早前鼓吹过"东亚新秩序"，正当日本国内议论"新体制"之际，他能重新掌权，或许也是顺理成章的事。昭和研究会的知识分子、改革派官僚都希望建立起某种制度以断绝党派纷争、营私舞弊，日本政治背后有太多这样的现象。没有初代元老居中调节，日本只能吃力地应对精英多元化的局面，在这期间，改革派势力绵延了数十年。国会两大政党的后座议员常常和小众及独立党派的改革人士联合起来，他们都想在政坛上拥有比过去几年更大的话语权。改革派官僚希望有一个新的政党制度，一扫战前那习以为常的招权纳贿，代之以高效和资源的充分调动。这些组织的领导人把希望寄托在近卫身上，而近卫也下定决心，不能让大众社会和文化的纷争影响到日本社会和政治的稳定。

于是，重掌权力的近卫将自己视为"新秩序运动"的象征。他听取一批先进知识分子的讨论意见，其中包括东京帝国大学的矢部贞治。近卫认为侵华战争的终结并非遥遥无期，只要通过谈判达成共识便可以解决。近卫的顾问按其指示起草了一份声明，满满期待定稿的面世，然而，结果却让他们大感震惊和失望，承诺撤军的语句在最终版里被删除了，这很可能是军队施压的结果。[5] 近卫似乎断定，此时正是建立新政治秩序的好时机，于是1940年夏天，他召集各大利益团体的代表人进行会谈，为建立新秩序制订方案。

成果便是1940年10月成立的"大政翼赞会"。该组织旨在通过把下至小村落、上至大都市的地方组织起来，对日本社会进行全面的渗透并发挥协调作用，这是法西斯国家的群众性政党在日本的方案。37人组成的筹备委员会代表了所有重大利益团体。近卫打算建立一套可以取代现行政党的制度，包含地方和全国级别的代表性组织，进而在国家行政和立法机关中发挥主导作用。从组织制度来看，这一体制变革的最大得益者是内阁总理，该职位长期处于失效状态，既不具备强硬手段，又不能协调各方，但在新建立的制度里，总理将位于核心位置，能够代表日本城村各地的人民，把每一个具有选举权的团体及所有利益团体都囊括进来。

可这不是解决问题的恰当办法。参与创办的利益团体无一不致力维护自己的属地。尤其是内务省的人，他们认为新组织可以帮助自己增强控制权；在军方看来，通过在乡军人会及附属青年团体的运作，新组织将推动社会进一步军事化；商界没有打算交出自己的特权；至于右翼团体，只要有任何可能有损或危害天皇形象的迹象，他们都提出质疑。面对如此艰难的斗争，近卫像往常一样退缩了。最后成形的翼赞会架构，建立起一张由"参与性"单元组成的网格，覆盖整个社会。城市里以街区为单位设立一个个"邻组"。该组织协调从物资配给许可到灭火等各方面的事务，而在自视过高的领导人的管辖下，日本市民社会所发展起来的自由被大大削弱。大政翼

第十八章　太平洋战争

赞会尽管在应对战时紧急状态上有一定成效，但对市民阶层更多的是打压而非激发他们的活跃性，它非但没有牵制内务省或使其民主化，反而成了它的爪牙。近卫本人也似乎认为事情不太妙。他撤换了对自己寄予厚望的改革派大臣，代之以资历深厚、几近荣誉加身的人选，其中就包括（不久前当过内阁总理的）平沼，这些人比"改革派"更"日本主义"，都对大政翼赞会的活动抱有怀疑。1942年大选过后，所有国会议员实际上都意识到，最好加入大政翼赞会下的政治团体。此后，该组织承担起挑选政职候选人的角色，这样的政治垄断行为，与倡导"新体制运动"的理论家所希望看到的大相径庭。到后来，大政翼赞会的作用不过是增添既有的头衔、属性，在农村地区尤其如此，本地的名门望族多得了一个名号，但做的事情和他们长期以来所做的没什么两样。

简而言之，明治制度依然保持着原样，只是多多少少更集权、更独断。事实证明，旧有体系有足够的灵活性，令日本得以应对战时紧急情况。下一次日本现代体制的重建工作，将由麦克阿瑟将军（General Douglas MacArthur）的司令部承担。

第三节　华盛顿对话

近卫之所以没有坚持继续建立国内新秩序的计划，对外事务的压力是原因之一。他任命前外交官、性格善变的松冈洋右为外务大臣，不久前松冈才在满铁担任总裁一职。松冈洋右（1880—1946）在俄勒冈大学留过学，他自信对美国有足够的了解。当国联接受李顿调查团的报告时，正是他率领日本代表团离开国联。他深受军队领导层的认可，对外交政策持强烈的修正主义立场。松冈接受任命后，给近卫准备了一份文件，罗列出他认为日本应采取的政策。在他看来，在欧洲战事的形势下，日本的当务之急是加强日德关系，将《反共产国际协定》上升为全面的军事同盟。西方对华援助被切断，必然令中国意识到和日本合作建立"新亚洲"的重要性；亚洲南部的殖民地失去和欧洲宗主国的联系，应被视为"大东亚"的一部分。（松冈是第一个提出"大东亚共荣圈"的人。）至于日本在太平洋的天敌美国，将不得不学习怎样尊重日本的"领地"，一如它希望日本尊重它的领地一样，除此之外的办法都只会走向对抗。最后，日本要把能源和资源集中起来，方法是像纳粹德国那样和苏联达成互不侵犯条约，从而获得五年或十年的喘息期，可以趁机增强自己的实力。[6]近卫会给蒋介石领导的国民党政权一次新的和议机会，为此日本会明确表示自己的撤军意向。

　　松冈的文件既一厢情愿又傲慢自大，两相结合，十分奇怪。欧洲事态发展如此迅速，日本不太可能有五年的缓冲期，而日本在华劣迹斑斑，重庆方面也不会对日本的任何承诺有多少信心。再说，近卫没有绝对的话语权，这一点很快就体现出来。近卫的对华声明公之于众后，有关从中国撤军的部分全都不见了，毫无疑问，这是军部坚持的结果。汪精卫本以为自己会得到更好的安排，如今却被冷落在门外。事实证明，松冈在国际政治上不是一个可靠的领路人。他冲动鲁莽、自视甚高，时不时夸大其词，有一回他强调，有时候必须有"从清水寺一跳的准备"。*随着危机愈发临近，他的言行举止越来越激烈，和他共事的人里至少有一名怀疑他是否神志清醒。

　　不过这都是后来发生的事。1940年，松冈匆匆做了一趟外交之旅，签订《德意日三国同盟条约》，正式建立同盟关系，德国、意大利都分别和苏联签署了《互不侵犯条约》。他在措辞上的挑衅水平，和他的军事盟友不相上下，后者对中国施压、试图把蒋介石拉回谈

---

* 日语俗语"清水の舞台から飛び降りる"，表示以必死之心决断行事。

判桌上。与此同时，近卫重新恢复了联络会议，把内阁最重要的几位大臣和参谋本部聚在一起，更好地协调各方的策划和重点工作。陆、海军之间分歧严重，海军担心自己没有足够能力抵抗英美联合舰队，这一点可以理解。

美国采取威慑和制裁手段，反而迫使海军领导人决断，让陆、海军走得更近。美国太平洋舰队被调派，虽然有疑虑，但还是从西海岸驶达夏威夷的珍珠港，对日本海军形成威慑，但也成了他们的目标。美国决定停止1911年签订的《日美通商航海条约》，促使日本摆脱对美国废钢和石油的依赖，将需求转移到国内。在松冈看来，《德意日三国同盟条约》可以令日本增加对抗美国的底气，但实际上效果相反。美国认为，英国的存续与否关系到它自身安危，这一考虑影响了美国的每一项对日政策。1940年1月《日美通商航海条约》废止，其后美国针对航空汽油和润滑油颁布贸易禁令，对废金属实行限制。西欧国家的殖民地资源丰富，在上述处境下，除非日美间达成协议，这些地方对日本的吸引力会越来越强烈。日本开始觉得自己迟迟未能结束侵华战争，正是因为英美经东南亚向蒋介石提供支援，这种心态进一步强化日本对这些欧美殖民地的态度。

为了解决这些难题，东京政府任命野村吉三郎（1877—1964）——一位颇有功绩的退役海军大将——为日本驻美大使。野村和罗斯福在"一战"期间相识，当时他是一名海军武官，被派驻华盛顿，而罗斯福在海军部长手下工作。赴美之前，野村和负责大陆作战的前线指挥官还有军队参谋本部进行商谈，确保不管他达成什么样的协议，后者都会配合。这个任务本身几乎不可能完成，但更糟糕的是，野村本人并不是这个职位的最佳人选。他是一名亲切的老市民，但没有任何外交经验。他还听力不好，有关他答非所问的传闻很多。他迫切想要成功，为此他诱使他上面的人相信美国人的立场会比实际的更灵活，以防他们太快下决定、然后固执己见，到1941年11月，他们发现野村的判断有误，既失望又生气，这给日美对话蒙上了一层不祥的阴影。

或许影响最严重的是某些善意的玛利诺外方传教士的干涉，他们在东京和华盛顿都有些门道，建议措辞上保留妥协的余地，由此在日美的外交往来中插了一脚。这引起了困惑——究竟哪个才是"东京"的立场——华府筹划回应的从来不是日方的真实提议，从而增添了不信任和怀疑。起初对美国立场的这些误解被传回东京后，松冈还颇为得意，以为《德意日三国同盟条约》一如他所料的意义重大，之后他发现自己判断有误，对野村驻美使团的热情一下子冷了不少。[7]

有明显证据显示日本正在准备入侵东南亚，这令野村的任务难上加难。日军指挥部在得到相关方面同意后，于1940年7月向印度支那北部调派部队和空军，这时候轴心国同盟甚至还没有正式形成。1941年6月德国入侵苏联，其后松冈开始鼓动日军向北边发起袭击，以彰显《德意日三国同盟条约》的意义。他的鲁莽提议惹怒了军队指挥部——不久前的诺门坎战役已经显示了苏联的军力——连裕仁天皇也生气了。最后，近卫觉得有必要撤掉这位外交大臣。为此，他在1941年7月16日率领内阁总辞。两天后，他重组了内阁，但松冈没有在里面。

在这过渡期间，有关首先向北还是向南进军的问题在东京引发激烈的争论。海军关心石油供应，倾向于向南，但日德合力给苏联以致命一击的想法，对很多陆军领导人来说难以抗拒。这些及其他方面的讨论都被苏联间谍佐尔格仔细捕捉下来，他是伏尔加德意志人，以德国记者的身份，很快就得以自由出入位于东京的德国大使馆。他和不少日本人建立了热切的友谊，包括尾崎秀实，尾崎是近卫昭和研究会的一员，能够接触到政府最高层。佐尔格把上千份秘密档案和文件传送到莫斯科，直至1944年被逮捕、处决之前，可以说，他是那个时代最成功的情报人员。尾崎同样遭到拘捕、处决，他是第一个被依据1928年《治安维持法》判处死刑的人。这次发生在高层的颠覆活动被曝光后，政府对左翼知识分子和作家采取新一轮大拘捕。很多问题，包括尾崎这样的人是怎样参与进来的，至今仍没有答案。部分学者认为，这种种动机背后，究其缘由，都是为了尽可能阻止战争爆发，或至少阻止日本取得军事胜利。[8]

在华盛顿，罗斯福总统及其幕僚同样面临选择，到底是把重点放在大西洋还是太平洋。轴心国同盟的建立解决了这个难题，令两个战场合二为一，日本在亚洲的霸权对美国安全的危害不亚于德国的欧洲霸权。包括战争部长（史汀生，Henry Stimson）、财政部长（亨利·摩根索，Henry Morgenthau）和内政部长（哈罗德·伊克斯，Harold Ickes）在内的一批官员都倾向于对日本的军事行动采取非常强硬的立场。另一方面，美国的战争准备工作才刚刚启动，希望能争取足够的时间。国务卿科德尔·赫尔（Cordell Hull）的主张更温和，而政治顾问、远东事务处前处长亨培克（Stanley Hornbeck）相信日本人只是在虚张声势，赌日美之间不会决战。美国正在筹备战争，事情拖得越久，对美国明显越有利，而日本不一样，它在疯狂搜刮战争机器所需要的资源，时间不在它那边。

整件事不是日美冲突这么简单。随着日本人步步逼近，美国在华发起反击。日军进军印度支那北部，美国采取制裁。1941年7月，日军指挥部继续对印度支那其他地方进行占领，美国冻结了日本的所有财产。面对美方的强硬表态，此前还有所怀疑的人这下都下定了决心。蒋介石的重庆政府本来还表示出一些和谈的意向，这时看到有望获得强有力的支援，信心大振，拒绝了日本的提议。日本人继续推进傀儡政府的计划，在南京成立以汪精卫为首的"国民党政府"。英国方面，丘吉尔领导的政府把主要精力放在怎样获取美国援助来应付对德作战上，一度决定关闭的滇缅公路被重新启用，此前这是给重庆运送物资的通道。华盛顿对话所涉及的赌注一天比一天大。

日本的军事需求推动着华盛顿谈判的展开。近卫反对日军南下印度支那，他知道，这样一来日军将直接和美军相遇，但他的反对没有起到任何作用。军方意识到日本没有时间可以浪费，强调10月是谈判的死限，在这之前必须和美国达成协议。谈判失败的话，日本要不放弃地方霸权的想法，要不就要在石油供应低于安全水平之前，对拥有油田的印度尼西亚发动袭击，或至少占领这块地方。但有一个结论不变——假如日本没法获取战争资源，那它将不惜以战斗的方式来争取。

东京方面，军方和内阁代表出席的联络会议落实或者说汇报了一系列决定。根据会议记录，重大乃至致命性的决定都被放在笼统的措辞里表达出来，令人感受不到一丝情绪。起草文件的是陆军、海军两省下属各办公室及参谋本部隶属部门，完成后递交给上级。4月一次联络会议上，陆军参谋本部总长杉山元明确表示讨论没有任何约束力，因为他还没有看到讨论涉及的文件。联络会议所作的决定被提交到御前会议，在裕仁天皇在场的情况下，被赋予合法性，但几乎不再商讨。决定的重要性、讨论所依据的标准，都包含在这份文件里。所有这一切都严格依照既定程序完成，前线作战指挥官不再有机会擅作主张、鲁莽行动。讨论从一开始就以军方为主导，特别是在东条英机于10月组阁上台以后，就更是如此。

1941年仲夏，日本在一股惯性作用力下缓慢但不停歇地走向战争。7月2日的御前会议通过一份名为《适应情势变化之帝国国策要纲》的文件，会议正式同意，日本将建立"大东亚共荣圈"、迅速终结在中国的战事，从而为世界和平作贡献，若世界形势需要，

第十八章　太平洋战争

日本也会为解决日苏的"北方问题"做好准备。换言之，日本基本决定要进军（袭击）南方，假如德苏爆发战争的话，日本或许还可以趁机巩固北境。接着，文件提到："为了实现上述目标，做好对英美战争的准备工作。帝国不会因为英美可能参战而却步。"[9]

随着形势愈发严峻，时任内阁总理近卫尝试和美国总统私下沟通，八年前他曾在白宫拜访过罗斯福。8月8日，在近卫指示下，野村提议让日本内阁总理和罗斯福总统单独会面。近卫推断，假如他能从罗斯福那里得到一些保证的话，他便能让天皇出面干预、挽救和平。罗斯福刚结束和丘吉尔的会面回到美国，双方在会议上制定了《大西洋宪章》。他没有如日方提议的那样立刻动身前往阿拉斯加，但表现出些许兴趣，想要了解更多日方计划的内容。近卫在发去会面邀请的同时，还附加了一份总体声明，他解释称，日本进军印度支那是为了解决对华战争，而不是意图向东南亚扩张。罗斯福同样认可私下沟通的重要性，但觉得双方需要用好几天的时间进行面谈，于是建议把时间定在10月中旬。总统顾问特别是国务卿赫尔，对日方及其提案怀有很深的疑虑，建议除非对方提前作出某些保证，否则不要面谈。会面一事最后无疾而终。后来，近卫辩称自己已选好军方代表陪同自己出席，之后也有能力通过天皇的影响力来强迫对方接受任何协议。美方领导人认为谈成的希望渺茫，不值得为此承担风险。中国一度担心日美会达成协议，英国则认为太平洋地区冲突可以成为美国加入大西洋战事的切入口，因此，当近卫的提议没有被接受时，中、英两国一点都不感到惋惜。

一个月后即9月6日召开的御前会议成了转折点。会议通过一份名为《帝国国策遂行要领》的文件。文件内容显示，军方领导人已经认定华盛顿对话不会成功并做好开战的准备。其"要点"是，日本将出于"自存自卫"的需要，完成战争预备工作，也不会忌惮于对英美开战。日本会继续谈判，但临近的10月末是最后期限，目的也很明确，这在文件附录里有清楚的说明：英美不干涉日本解决对华战争，关闭滇缅公路，中止对蒋介石的军事援助，承认日本和印度支那的"特殊关系"，停止军备扩张，也不要和泰国等位于日本南、北两面的邻国达成军事协议，"友好"同意日本和泰国、荷属东印度群岛之间进行经济合作，同时恢复通商，以便日本可以获得必要的物资。相应地，日方会作出最大让步，停止进军东南亚，等到"公正的和平"确立后，将从印度支那撤军，确保菲律宾中立。不过，日本坚持要履行作为轴心国同盟一员的责任。

这些要点能实现的希望不大，日方企图通过单单一个不袭击菲律宾的承诺，便换来自己想要的一切。这种挑衅的态度，还有强加的最后期限，似乎令当时的内大臣木户幸一及天皇本人也惊恐起来，裕仁打破沉默，读了一首明治天皇所写的诗，表达了对国与国之间情同手足的祈盼。

所幸的是，实际谈判内容集中在几件事上，没有像这份文件提议的那样将一切笼括起来。日方希望与美国恢复战略性物资的贸易往来，美方则希望日本交出一个从中国撤军的时间表。不信任侵蚀了双方的关系，日方谈判人员背后还有军方领导人在施压。东京方面，海军大将、海军军令部总长永野修身提醒时间不多了，假如没有渠道获得石油的话，日本将要换一个目标。7月，永野警告："我们有取胜的可能，但时间拖得越久，这个可能性就越低。"10月，他指出："海军平均每小时消耗400吨石油。到底走哪条路，希望迅速有个定论。"最后一轮会议上，他总结了目前的局势："政府断定，不打仗的话，国家的命途可想而知。即便打了，国家也会有灭顶的可能。但不管怎样，在这样的困境中不战斗，国家便失去了它的魂，注定要灭亡。"[10] 在开战决定最终下来以后召开的一系列会议上，众人更多的是愁云惨淡而非情绪高涨。日本把自己带到了死胡同里，日本的领导人决意，与其甘心做个二等大国，还不如开战，

第十八章　太平洋战争

哪怕战败。当初他们也是这样把自己推入如今这个境地；退缩了便是懦弱，是无法想象的。

　　灰心丧气的近卫最终选择了放弃、辞职下台，由陆军大臣东条英机于10月18日接任。除总理一职外，东条还一度兼任陆军大臣和内务大臣两个职位。体制权力高度集中在一个人手上，这在此前几乎没有发生过。数十年后解密的档案文件显示，他这样做是因为决心要维护公共秩序，极端分子可能会想办法阻止日本用外交手段来解决问题。但外交解决方案没有，极端分子的问题也不存在，随后他便把内务大臣一职交给他人，不过仍出任陆军大臣。东条任命退休外交官东乡茂德担任外务大臣，谈判期限临近之际，东乡和大藏大臣贺屋兴宣成了文官最主要的发声人。

　　裕仁天皇在委任东条组阁的时候，指示他从头再理一遍事情的来龙去脉，为了有足够时间做这项工作，开战的期限——假如日美谈判破裂的话——从10月延迟到11月末12月初。最后向天皇提交的结论及建议和之前一样，没有变化。军方把期限定在11月末，若不想开战，日美必须在这之前达成部分协议。日本这边提出的需求是恢复贸易，特别是石油贸易，美国这边则坚持让日本说明从中国撤军的计划。

　　11月初，野村收到两份呈递给美国国务卿赫尔的日美协议提案草稿。提案B显然更受日方青睐，不仅让美国同意日本或可保留侵华部队直到1955年，同时为双方订立了一个和平解决的方案，日美贸易也恢复到《日美通商航海条约》废止前的水平。日本有了石油、废铁的供应，解决"中国问题"的日程也更加宽松。但这样的条款没有很大吸引力，赫尔担心谈判会一拖再拖、没完没了，于是在11月16日明确回复，要求日本从印度支那和中国撤军。

　　那时的还有之后的日本人，不少都把赫尔的通知形容为最后通牒，但逻辑上很难说得通。赫尔及日方谈判人员都以为双方之后还会继续谈判；野村，还有赴美协助野村的外务省专家来栖三郎，都认为赫尔是在为接下来的谈判作铺垫，尽管给出的条件很糟糕。无论如何，假如这是最后通牒，那也是日方而不是赫尔的。陆军、海军设定了期限，但华府没有。别的作者谈到，美国冻结日本资产属于战争行为，但这只有在谈判方完全依赖美国贸易的情况下才有可能。日本海军、陆军驻华盛顿代表断定协议再无达成的希望，甚至在野村通知外务省之前，就已经向东京总部传达了这一信息。日军处境紧急，海军尤甚，石油储备将会在未来约六个月内消耗完毕，其后任何侵略行动都再无可能。陆军这边则观察德军逼近莫斯科的情况，料想德军将会拿下战局，开始担心日本无法及早瓜分欧洲殖民主义的战利品。

11月2日最后一轮御前会议上，枢密院议长原嘉道总结道："从当下政治形势及自存的角度来看，我们不可能全盘接受美方开出的条件。另一方面，我们不能让目前的情况继续发展下去。假如错失现在开战的机会，我们就要被迫对美国唯命是从。因此我承认，我们迟早要下决定向美国开战。我相信自己听到的说法，即战争初期一切都会发展顺利；随着战事的进度，我们会面临越来越多的困难，但我们还是有希望胜利的。"[11] 日本会为了和平进行谈判，也会为战争做好准备。

日本在决定开战的时候，就已经预感到国家会面临破坏，但相比为了贸易而默默接受美方条件、进而牺牲几代人为实现"大国之梦"所作的努力，这些破坏都是可以接受的。此时，日本进入最后阶段。华盛顿的谈判明显已经无望，但仍在继续，为的是掩护日本从千岛群岛调派舰队、准备袭击珍珠港的行动。日本也讨论过是否要正式宣战。诚然，出其不意是制胜之道，但按照国际规则行事同样重要。1905年，日军在中国旅顺偷袭俄国的太平洋舰队，得到西方世界特别是英国大部分媒体的肯定，被称赞为有勇有谋的奇招。

第十八章　太平洋战争

类似的行动却在1941年获得截然相反的回应。

相关人员起草了一份文件，详细列出14点终止谈判的理由，准备传给野村。野村则将会在第一颗炸弹抛落前，但又不至于丢失先机的时候，递交给国务卿赫尔。然而，等事情发展到最后，连最低限度的提醒都没有，理由还相当荒唐。为了准备开战，日本大使遵照指令拆除所有密码机，只留下一台。等到最后那份也是最长、最重要的电报发过来以后，周围只有一名青年海军军官能打出一份清晰的文本，但他的打字技术不好。他努力地打了一份又一份，期望打出整洁的文本递交给上级，在这过程中，令日本大使错过了和国务卿赫尔进行紧急会面的指定时间。野村还为延误特意打了电话道歉，当他抵达会面地点时，炸弹已经投向珍珠港。

日本国内不少著述都责怪日本没能及时通知赫尔，但要注意的是，这个通知不过是日方申明断绝关系并暗示——虽然没有具体说明——从今开始日本会采用战争手段。事实上，正式的宣战书已经准备妥当，但出于对安全的担心，从来没有对外公布。假如宣战书能够及时发布，日本的举动仍在国际法的框架内，但没有理由认为，美国的反应会因此有什么太大的不同。[12]

宣战诏书于当天晚些时候被公布出来，平泉澄教授参与了诏书的拟定。诏书以轻慢的口吻描述，开战是为了建设"大东亚和平"而迫不得已的决定。不同于明治天皇分别在1894年、1904年向清政府、俄国宣战的诏书，它不再劝诫日军要遵守国际法的规定。或可认为，日本不再是国际社会的"初学者"，它对自己的规则和说法满怀信心，哪怕有夸大的成分在里面。很快，德富苏峰以记者身份就诏书撰写了一篇评论文章。他在明治时期属于改革派，半个世纪前为日本青年构建了一幅现代化的愿景，如今却用肃穆的口吻谈论日本的"伟大使命"。1934年，政府规定"日本"这两个汉字应该念"nippon"（にっぽん）而不是"nihon"（にほん），以便听起来更有力、更显威严。德富这篇用英文发表的评论文章采纳了这个拼法。他说"nippon"的皇家神器代表着真（镜）、仁（勾玉）、勇（剑）。文章中称，和以个人主义为根的西方、以家族主义为基的中国相比，日本的生活之道高妙不可言，别的亚洲种族唯欧美马首是瞻，而现在日本要告诉他们这种做法是多么错误："换言之，在赶走盎格鲁—撒克逊人、迫使他们撤走自己在东亚的痕迹以前，我们必须彻底击败他们。"这一步达成后，日本将会对东亚的资源进行更为公平的分配，带头创建"大东亚共荣圈"。[13]

第四节　日本人民与战争

日本在头六个月的战场上节节取胜，大部分日本百姓为之亢奋不已。媒体只报道好消息，好消息也很多。日军攻陷的国家一个接着一个，诏书也一道道地颁布下来对此加以评论，最后往往以"朕深表赞赏"结束，报纸头版专门留了一个角落刊登这些诏书。在这样的环境下，百姓打消疑虑也并非不可理解，但值得注意的是，那些老到的知情人居然也亢奋起来。据近卫传记的作者描述，第一轮袭击宣告成功后，皇宫举办了一场庆典。老一辈政治家都在举杯喧哗，其中就有"二二六事件"幸存下来的冈田。看到眼前这番景象，近卫产生一股不祥的预感，抛下一句："这班人可真粗俗！"

大部分知识分子和文人也一样欢欣鼓舞，他们的反应十分有意思。长期反抗权威的高村光太郎是一名自由放浪的诗人，他在巴黎待了五年后，满腔热忱地回到故土。1908年，他说自己"在巴黎解放了灵魂"，可到了1941年，夏威夷及太平洋爆发战争的消息传来后，他之前的信念如同被封印了起来："我听到宣战布告文时身体一抖。思想被提炼了一番。昨日成为远去的昔日／远去的昔日成为

第十八章　太平洋战争

今天／天皇有难！就这么一句话／决定了我的一切。"* 著名文学评论家伊藤整也同样感动，他写道："一听到诏书，我就觉得我好像从生命的深处变成了一个新人。"[14] 要保持沉默无疑很困难，很多作者习惯了被报社追访，他们的评论会像神谕一样被引述，面对这般显赫的军事胜利，他们自然难以自持。军方迫切想要将这班知名文人利用起来，于是安排他们前往远方的战场。但这一举动带来的危险要大于它所起的消声作用。在一片欢腾气氛中，有某股念头格外突出，人们打心底里觉得自己是受迫害、被阉割的一方。日本不情愿地被卷入一个英美列强所主宰的世界，而且不公平的是，对方手中已经掌握了一堆牌。这种感受在十多年的新闻媒体和官方评论渲染下酝酿而成，但若没有那股深层的想法，这些媒体、评论不可能起到这么大的作用。当然，我们要记住，1941年的日本已经在战争和动乱中走完了十年。资源紧缺，人们集会、在夜间举着火炬游行，此时终于有办法改变这个局面，这个想法肯定让不少人如释重负、感到兴奋雀跃。

　　最初的狂喜没过多久就变成不祥的预感及惊慌，但很多甚至大部分作者仍然对这项国家大业深信不疑。日本一流作家中有一部分人保持了沉默，当然他们也有底气这样做。谷崎润一郎（1886—1965）或可称得上日本名气最大的文豪，他从战争年间开始连载小说《细雪》，带着感怀、哀伤对战前日本的家庭生活娓娓道来。小说受到巨大的欢迎，但在《中央公论》上出版了两回以后，编辑就收到警告，说当下需要打仗的士气，这部作品会对此产生不利影响。编辑担心受牵连，毕竟政府完全可以通过拒绝供应纸张来制裁他们，于是停止了更新。[15] 名气同样显赫的作家永井荷风（1879—1959）也在作品中悼念逝去的老城和老日子。[16] 永井拒绝加入大众阵营，

---

* 诗名《珍珠湾之日》。

在日记里怒斥军国主义之风盛行引发的种种荒唐事。谷崎、永井两人都是有名望的前辈，而年轻的左翼作家如高见顺，应邀访问了位于缅甸的前线战场，据其日记描述，一个身穿皇军军服、大声吵闹的醉鬼给他做了一场沉闷的表演，高见顺表示，如果日本没有打赢这场仗的话，也没关系。

作家或许都有写日记的习惯，料想当局也会容许他们这样做，但对于普通市民来说，这是冒险的行为。清泽洌（1890—1945）是国际时事的自由撰稿人，也是专攻日美关系领域的历史学家，他在珍珠港事件一周年的时候开始动笔写战时日记。[17]他说，友人对他这种大胆举动表示惊讶。他写道，自己不过想要做些日常记录，再补充一些报纸剪影，计划等战火消停后撰写一部历史著作。或许有人会觉得，他这么写是为之后如果有警察拘捕、审讯他的话，能够表明自己的清白。早在清泽开始动笔的时候，日本竟然就已经出现物料短缺、食物不足的情况。他拜访贵为子爵的牧野伸显，发现这位老绅士连一天两顿的面包都没法保证。官方大肆宣扬牺牲多么必要，为了向国内人民传递这一信号，他们还砍倒东海道沿线的参天巨松（九州佐贺城城壕边上的一棵老樟树存活了下来，一群老妇人围在大树底下保护了它）。

清泽和永井一样瞠目于军队的愚蠢。他提到，应征入伍的士兵常常被施虐成性的教官残酷对待，有一回甚至严重到毁容。在他看来，公共道德的败坏同样令人担忧。随着物资日益短缺，盗窃越来越普遍；纺织品稀缺，布料显得愈发珍贵，连公共交通工具上的坐垫都被扯去了垫罩。他及友人对周围的怨气感到忧虑。他们有强烈的预感，战败后的日本将会迎来社会革命，只是不知道自己在将来这个社会里会不会过得更好。等到轰炸降临，日本的城市沦为废墟时，人们平静而不屈地接受命运的安排，让清泽感到震惊。

清泽的友人知己都属于温和派，他们当中有重要月刊的出版商

第十八章　太平洋战争

和作者，还有石桥湛山（1884—1973）这样的经济学家——战争结束后，石桥成了经济和政治领域的领导人。清泽在美国接受教育，曾经在西海岸的日文报社担任记者，他本人遭受过不公平对待、歧视，再清楚不过那些煽动仇恨的宣传机器究竟多么无谓。清泽于日本投降前几个月去世，没来得及把他的历史书写出来，但他编写下来的记录或许比他的这本书更有价值。

通过清泽的叙述，我们大概能体会到，那些没有朋友，没有土地、农场等资源，没有自己看法的人，在打仗的这些年里过得多么惨淡。纵观日本社会上下，政权及那些起恫吓作用的组织把触角伸得越来越长。各种各样的组织、行业——从工会到写作圈——被整合起来，形成一个个"报国会"。德富苏峰再一次领导了写作圈的这个报国会。新教的各个教派被切断海外联系后，被归到一个名为日本基督教团的组织下。该组织的成立受到有关方面的压力，但不存在压迫的情况。圣公会教徒拒绝加入，要罗马天主教教徒这么做就更是难上加难。新教领袖愿意配合的表现，在20年后的日本引发"大地震"，招致激烈的抨击。

政府愈发加大对异见的监控力度。特别高等科（简称"特高科"）依据《治安维持法》成立，其分支遍布所有地方警局，受内务省管辖。诉讼方面的事务则交由司法省负责，其下设有专门的思想检事。政府尤其重视对教派、朝鲜人及可疑的左翼和反战分子进行监视。在德国影响下，日本还开始监控犹太人，只是人数较少，有关限制也没有严格执行。确实，从纳粹威胁下逃脱出来的犹太人，在中国的哈尔滨、上海等日本占领的城市往往可以找到容身之所。除了可疑的基督教分子外，被警察监视、其后遭到取缔的，还有日本出现的一系列"新"宗教和教派，包括日莲宗系的创价学会。

战争年间政府的打压力度越来越大，另一原因是宪兵队的权势在逐步增长，他们的管制对象从军部职员扩大到任何有妨碍战事之嫌的人和事。这支约 7500 人的队伍，手段残忍，塑造的那一套国家利益观片面狭隘，成为人们惧怕的对象。战争即将结束之际，近卫、吉田茂等精英层讨论怎样令日本从越陷越深的泥潭中走出来，宪兵成了他们特别提防的对象。

战争期间，政治生活很大程度上是在大政翼赞会的主持下进行的。自从政治党派在 1940 年解散以后，大政翼赞会下的一个分局负责审核候选人的资格，爱不爱国、志气高不高成了评判的标准。近卫获准推迟原应在 1941 年举办的大选，而东条认为大选是群众动员的好机会，一年后继续举办。为了帮助自己认可的候选人赢得选举，政府不惜花钱，利用一家官方操纵的报社来影响选情。年迈体弱的尾崎行雄继续当选，尽管他并不在官方认可之列。竞选期间尾崎一度被捕，因为他的某次演讲被怀疑对天皇不敬。尾崎在演讲中提起三代人是如何"白手起家"又如何再度沦落，说日本明显在挥霍明治、大正两位天皇积累下来的成果。虽然尾崎和上层存在种种矛盾，他仍然照常当选就职。但他发现自己身边没有同道人，在 1942 年的选举中，有三分之二的选票进入"被推荐"的候选人手中，466 个议席里有 381 个被这批人拿下。

东条内阁想要继续在形式上维持议会程序。天皇身穿旧时华服，主持国会开幕。代议制政府的外衣下实质是军事独裁。预算提案在国会上提交、通过，有时需要补充，则向东条及内阁其他大臣汇报，但显而易见的是，权力不在这里。[18]

日本的战时生活也并非没有建设性的一面。男性劳动力紧缺，必然导致妇女地位不断提升，妇女也越来越自信。动员、团结的需要促使政府官员对妇女团体采取鼓励、扶持的态度，最重要的女性领袖也迫切想要获取更多官方的援助。妇女公民权运动在 1931 年受到沉重打击以后，由于生活的军事化程度越来越高，几乎没有转败为胜的希望。战时物资紧缺要求人们必须省吃俭用、操持家务，为了达到这一目的，妇女的合作至关重要。那些领导妇女力量的知名人物从中看到机遇。1931年，大日本联合妇人会成立，这种理性化、统一化的特征在战争年间也出现在社会其他领域，而妇人会是第一步。1937年侵华战争全面爆发，为了进一步提高动员效率，妇女提倡换掉和服、西裙，统一改穿色调沉闷的扎腿裤，在这过程中国防妇人会应运而生。类似的呼声也出现在妇女报刊上，鼓励人们作出更大努力、上下团结一心，这反映了她们和政府官员之间存在紧密合作。[19]

在日本，人们习惯把战时那些年称为"暗谷"，代表着未被纾解的苦难与痛。[20]回望战争最后几个月的绝望，有这种评价并非不可理解，但也不要忘了，战争伊始人们对头几场胜利的反应有多么亢奋、欣喜。日本报刊、广播只报道胜利的消息，虽然打胜仗的地点越来越靠近日本本土，但大概要到1945年春，日本城市在一波波大空袭下变成废墟的时候，人们才普遍打心底里怀疑战争的结果。

第五节 投向广岛和长崎的原子弹

关于太平洋战争期间陆海军的作战事迹，人们谈得已经够多、够充分了[21]，在此就不过多展开。不过，有关的经验教训和回忆对日本战后半个世纪的历史发展影响重大，为帮助理解，实在有必要谈一下其中较有争议的几点。

首先要提的是偷袭珍珠港一事。联合舰队司令长官、海军大将山本五十六作战经验丰富，能力也很强。他在哈佛留过学，曾服役于华盛顿，对美国实力有较为充分的判断。他相信，日美继续僵持下去的话，日本海军将要想办法从东南亚进口燃料。1940年，罗斯福总统把圣迭戈的太平洋舰队调往珍珠港，以遏制日本行动。在山本看来，无论日本想要在东南亚有什么样的动作，都必须同时配合打击太平洋舰队，以防日本的供给线被切断。山本经过一番苦劝才说服同僚空袭的可行性。海军大将们半信半疑，认为这个想法不仅不切实际还很危险，山本唯有以辞职作要挟，迫使他们改变了主意。1941年夏季那几个月，他们都忙于军事演习、地图演练及各项准备工作。源田实带头制定作战策略，我们会在后面再次提起这个人。这次行动决定使用北边航线，虽然风浪大但较少使用，为此特遣舰队从千岛群岛出发，该舰队司令长官南云忠一属于舰队派，行事谨慎的他并不觉得这次行动可行。这支特遣舰队在无线电静默的状态下行进。华盛顿的谈判继续进行，周日早上袭击发生，美军完全被打了个措手不及，行动成效甚至远比预期的大。后来有人抨击南云，说他没有继续攻击在场的其他美军部队、就此撤退。当时美军的舰队航母在海上，位置不明，出于谨慎，南云最终选择撤退。[22]

美军太平洋舰队失去作战力后，日军侵略部队得以自由行动，突击菲律宾、马来亚和新加坡。没有一个地方的守军足以抵挡日军的袭击，这次行动所体现的强大军力，令丘吉尔也不得不佩服，他在日记里坦承：“日军之猛烈、狂暴、技巧及力量，都远超出我们此前的预估。”除了驻守菲律宾的美军有所抵抗、固守在巴丹半岛和科雷希多岛以外，日军一路势如破竹，取胜的速度甚至超出日方的预料，入侵爪哇的时间比原定计划早了一个月。战事爆发后没几个月，日本似乎已经达到目的。太平洋岛屿成为日军稳固的航空基地，石油库存及设施落入手中。日军在东南亚的军事指挥部把情报工作并入作战部门，明显觉得自己完全掌控了局势。不管怎样，美国选择了把重心放在欧洲战场上，这里涉及的利益更多、危险也更大。

日本南、西两面的战略边境线尚算稳固，相比之下，夏威夷仍然在美国手上，日本要在东边的太平洋巡逻出入，困难更大。1942

第十八章 太平洋战争

年4月，美军发起杜立特空袭（Doolittle raid），轰炸机从距离日本将近600英里的美国航母上起飞，这次空袭虽然只对日本造成轻微的实物损失，但在心理上带来重要的影响。山本断定有必要把中途岛纳入防御范围内，于是动用自己所有力量准备进行一场轰轰烈烈的争夺战，1942年6月初，战斗打响。

这次日军没有夺得头筹，四艘航母被击沉。显然，太平洋战争将会在太平洋上演，以航母而非战列舰为主角。这样一来，"战列舰阵"[*]的船只损失不算太严重。这几艘船被替换或改装成移动炮台，用于炮击敌军基地，为登陆作准备，而航母负责承载。美国通过动员工业部门，制造了数量惊人的飞机、船只、武器，日本这方面的能力则逊色不少。通过潜艇及侧翼行动，南太平洋的日军基地被切断了补给，占领地的资源也只够短期使用。美国在科技方面更加先进。由于有雷达，而且珍珠港事件爆发前日本的密码就已经被破译，美军指挥官在策划行动、击退敌军反攻上具有关键优势。

技术和军备或许是决定最终结果的两大因素，接下来几个月的战事磨人心志且困难重重，有的伤亡人数甚至是美国战争史上之最。最后，日军没能保住远方军事基地的供给线，日军据点也由于"越岛作战"策略而沦为孤岛，战争的形势开始对日本不利。美军方面，由于战备需要，加上以欧洲战场为先的决策，反攻行动有所迟缓，但一旦准备就绪，双方工业水平的差距便开始发挥作用，美军行动取得巨大进展，日本长期以来吹嘘的"精神"全无招架之力。有见识的人早已看到这一天的到来。清泽的战时日记开始出现德军失利的消息（这在日本有报道，但日军的则没有），清泽不安地意识到，轴心国同盟没希望了。日军领导人打赌德军会取胜，赌美国会因为在欧洲和太平洋两个战场上受挫而丧失所有的热情，然而情况相反，

---

[*] 日军偷袭时停靠在珍珠港的八艘战列舰。

珍珠港事件触发的怒气令美方坚决反击。松冈开始后悔和德国结盟，认为这是他最大的失误。

　　日本自身受制于军方内部倾轧，这个问题一直以来都没有解决。陆、海军没能在飞机制造计划或生产设计方面协调好，在资源严重短缺的情况下仍然重复劳动。技术领域的状况或许也没比工业好多少。在雷达、轰炸瞄准具、航空器及原子弹方面，美国远比日本军方领导人想象的强。潜艇战对于日美双方来说都具有重要地位，一开始日本在船只、鱼雷上拥有优势，很快美军潜艇就对商船发起攻击，破坏速度如此之快，日本完全来不及补充。开战之初日本拥有大约1000万吨的钢底船舶，最后只剩下不到50万吨。东南亚的资源原本要被日本用来作战，结果却原封不动。日本国内的食物供给越来越困难，战争尾声之际，存活下来的那些船只大部分都用于给大后方运送食物。其他方面甚至更糟糕，对于生活在"大东亚共荣圈"内的平民来说，他们的需求被排在相当后面的位置。

　　上述这些对于战后的日本人而言没那么突出，他们的焦点都放在另一件事上——没有武装的平民成为美国空军攻击的对象，最终酿成广岛、长崎原子弹爆炸的可怕后果。东京或德累斯顿的大轰炸都没有把针对平民的行动作为战略的一部分。西班牙内战期间曾发生过类似事情，美国国务卿赫尔还公开谴责过，宣称"没有任何战争理论可以为这等行为开脱"，然而事实证明，对比"二战"期间的平民死亡人数，这只能算是起步。中国境内的空军基地原先服务于陈纳德将军的第十四航空队，现在为美军轰炸机所用，遭到日军火力攻击。天宁岛沦陷后，美国很快就在马绍尔群岛建立基地，这一带非日军所能及。B-29是按照精确轰炸机的构想设计的，但在实际运用中不胜任。美国空军采用燃烧弹轰炸作为主战术，将燃烧弹密集投向日本城市，这些城市本来就很容易着火。1945年春，上百架飞机一起往日本各大城市投下数千颗燃烧弹。3月9日、10日，

第十八章 太平洋战争

一共有12万人丧生在东京的火灾暴风里，2.3万座房屋被摧毁。四天后，大阪陷入火海，除京都以外，日本其他大城市很快也在大火中烧毁殆尽。

轰炸机的到来让日本平民认识到战败的事实，与此同时，美国陆、海军和海军陆战队在太平洋上一路向东京湾进发。1944年夏，日美海军对阵，日方损失了众多战舰及上百架海军飞机，美国陆军和海军陆战队进攻塞班岛，随后占领天宁岛。面对这一连串失利，日本最高司令部没有准备任何作战计划，海、陆军之间的不和加剧。更重要的是，东条的内阁解散下台了。东条曾用自己名誉保证塞班岛固若金汤，塞班失守后，东条想尽办法留任，但在一系列没有声张的操作下，仍不得不在7月18日辞职。

局势显然在一步步恶化。御前会议及陆、海军元帅会议上，各方一致同意要保护日本防御圈内环领空的安全，也认同海陆军之间有必要合作，他们在含糊的措辞中表达了对"决战"的希望。军方认为，随着战事越来越靠近日本本土，协调行动和供给问题会变得简单一些，纪律、士气可以大大杀伤美军，令日本占据有利位置去考虑结束战争。平民开始训练用竹矛作战。人们坚忍不屈地承受苦难、迎接危险，几乎看不见丝毫战败的气息。

小矶国昭接任东条上台。小矶的名声最初来自其军事策划方面的工作，后来曾出任朝鲜总督。米内光正重回海军大臣一职及代理内阁总理，小矶内阁的影响力进一步加强，米内坚决认为日本应该动用一切可用力量保护通向东京的岛链，防止岛上主要堡垒陷落。接下来轮到菲律宾战场，战事从10月份麦克阿瑟将军抵达吕宋岛开始，之后发生的莱特湾海战可谓史上最大规模海战。日本战略大胆，几乎成功阻挡了进攻的势力，但最终仍不免战败。战事最后阶段，日本海军没了航母、飞机，还失去一批顶尖飞行员，全都是不可挽回的损失，再也无法战斗。因为不同指挥部之间的分歧，日本在莱特湾的防御部署颇为棘手：位于东京的最高司令部想要进行一场正面决战，但山下奉文有不一样的想法，觉得更应该打一场持久的防守战。山下有"马来之虎"之称，但仅在美军进攻数天前加入指挥部。驶向菲律宾的船只里，有80%在路上被美空军和潜艇击沉。虽然胜负从一开始就已见分晓，但菲律宾的战事仍持续了好几个月，直到1945年3月，美国的船才驶入马尼拉港。山下率领残余部队撤回山区。马尼拉失守后，日军再次作出破坏的举动，制造大屠杀。在山区一带，战事一直持续到日军投降，最后日军亦有大量人员伤亡。

有人或许会觉得，这下子可以满足大本营对"决战"的渴望了吧，但事情接踵而来。随着战火逐渐迫近日本本土，日军越来越拼命抵抗。在硫黄岛这座火山荒岛上，双方战事从1945年的2月一直持续到3月，两军伤亡加起来接近5万人，几乎各占一半，只有少数日本人生还。这座岛距离东京只有650英里，美军夺下硫黄岛后，将此作为基地辅助轰炸行动，对日本本土的轰炸正式开始。

1945年4月，美军进攻冲绳。在接下来的战事里，美军伤亡高达4.9万人，为太平洋战争爆发以来之最，伤亡率也是美国军事史上最高的。但日方的损失更大，死亡人数为10.7万，约有2.5万人被封死在洞穴里，1.1万人被俘。日军大本营在冲绳的防御部署上没起到多少帮助，驻扎当地的三个师团里有一个被调往中国台湾预防敌军进攻，防空部队于战争后期被遭回日本国内，为最后的"关键决战"积蓄力量。冲绳一役尸横遍野，将近四分之一的平民被杀，这无异于清楚告诉双方，若美军继续进攻日本，等待着他们的将会是什么。[23] 日军毫不在意冲绳的防守与安全，这些作为在冲绳居民看来恰恰证明了他们在日本的边缘地位，由此带来的创伤在半个世纪后进一步恶化。

1945年4月，意大利投降，德国战败已成板上钉钉的事情，美

第十八章 太平洋战争

军进攻部队离日本本土一步之遥。小矶辞任总理，提议由大本营掌权。没有谁会同意，包括军方，最后，枢密院议长、已经退役的海军大将铃木贯太郎收到天皇的委任诏。铃木曾于1936年"二二六事件"中逃过一劫，接到任命后，他极力申明自己能力不足，不仅年事已高（78岁），而且耳聋得厉害，但都没有用。今天回过头来看，很明显，他的任务是结束战争（虽然没有直接说出来）。铃木处事圆滑、不露声色，一方面向天皇保证战争会继续下去，另一方面指示外务大臣东乡茂德动用一切外交资源。入夏后，日本似乎没有了动静，城市沦为废墟，民众饱受饥饿，工厂、船坞缺少原料，日常生活的方方面面无一不处于茫然无措的状态。无论是军方发言人的傲慢，还是警察和邻组无孔不入的监控，全都消失不见，取而代之的是震惊，以及蔓延的痛苦。清泽洌在日记里提到，4月份和商界领袖午餐的时候，其中一人对罗斯福总统的去世表示痛惜，他一度希望罗斯福可以掌管战后日本。

或许，日本的海陆军领导人会找到办法，利用他们引以为傲的"和魂"，去克服物质上的不利条件。自杀式袭击似乎就是这样一种办法。这些自杀袭击小分队以"神风"为名，该名字来源于13世纪的一股台风，把当时入侵日本的蒙古舰队吹翻，被称为"神风"（1854年黑船来航时人们一度乞求"神风"再来，但没能如愿）。神风特工队招募的青年都相信命中早有定数，他们目睹国家正在遭受的破坏，希望燃烧自己的生命奉献给家庭和国家。美国士兵是被攻击的对象，据他们的可怕描述，这些年轻的飞行员是一班狂热之徒，毫不怜惜自己或敌人的生命。数十年后，神风特攻队队员的遗书——一般都写给母亲——结集出版，人们才颇为惊讶地发现，这些年轻人认真严肃、心思细腻，常常受过很好的教育，他们写下深情的文字，感谢自己曾获得的爱意。战争形势逐渐对日本不利，考虑到当时人们对死亡的扭曲观念，他们愿意赴死，也并非那么匪夷所思。

死亡发生在各个地方，而神风特工队让他们有机会用死来回报家庭、国家和天皇。不少年轻的飞行员都属于精英分子或将来会进入这一阶层。战争后期才应征入伍的学生，很多都在高等学校受过熏陶。当中有不少人成了幸存者，他们还没等到发动袭击的最终指令下来，战争就结束了，其中好些人之后还在外交和教育领域取得不俗的成绩。

当日美双方有机会了解彼此、卸下对方那邪恶的面具后，他们的态度发生了变化。日本文化研究的权威鬼怒鸣门当时仍是一名年轻人，在夏威夷给受审讯的日本俘虏当翻译，他说，他在自己碰见的那些日本人身上发现了人性。他写道："一开始，我会问他们提前准备好的军事问题，但很快就转到一些与战争完全无关的话题上。在这样特殊的环境下，我第一次和那些有共同兴趣爱好的日本人交上朋友……我惊叹他们既有学识、人又聪慧，但让我疑惑的是，他们依然相信日本的使命是神圣的，对战争时期的那套思想观念深信不疑。"[24] 对于绝大部分军人来说，能和外界联系的机会很少很少——因此也没有机会反思——即便有，也是相隔很长一段时间才有那么一次。不过，到战争后期，被俘虏的日本人极少；他们更多地会听从指挥官最后的指令，了结自己的性命。塞班岛及冲绳岛上的日本居民，在日本军官的催促下——有时甚至是强迫——在洞穴内自杀或从海边悬崖一跃而下。日本士兵常常是在不省人事或伤重的时候被送到战俘营里，事后他们觉得自己人生已经无望——他们背叛了祖国，再也不可能回去。

受投降可耻的观念影响，再加上种族主义，那些落入日军手中的俘虏活不长，往往当场被杀。明治时代的俘虏会被强制安排在矿山上劳动，随着战争临近，劳役中国台湾人、朝鲜人（尤甚）的情况越来越普遍，而盟军士兵一旦被俘，等待他们的命运便是苦役。太平洋战争的战场充满了血腥暴力。正如约翰·道尔（John

Dower）指出的那样[25]，日美双方都对彼此怀有种族仇恨，按他们形容，敌人所做的已非人类行为。有关日本是怎样对待俘虏、占领区和妇女的传闻逐渐在同盟国内部传播开来，令日本的形象进一步黑化。侵华战争期间，日本人对落入自己手上的战俘表示鄙夷，在菲律宾被俘的美国人的遭遇被曝光以后，源于"偷袭"珍珠港的那股怒气更是加深不少。加万·道斯（Gavan Daws）研究了太平洋战争时期日本对待14万名盟军战俘的手法，这些人几乎都在战争头几个月里被俘。这项研究通过揪心的细节，表明日本没能践行自己当初在日内瓦签署的关于战俘待遇的公约——尽管公约没有得到日方批准。[26]就全部国籍而言，士兵的死亡率为27%，而美国人则高达34%，道尔认为，假如战争一直进行到下个冬天，几乎没有人可以生还。战俘遭到系统性的虐待且不获治疗，先是在东南亚被奴役干活，之后通过恶劣的运输条件被送到日本继续做苦工。后来签订的"旧金山和约"只给战俘争取到微薄的赔偿——英国战俘有78英镑，被关押的政治或军事犯有47英镑——长期郁积的怒气一下子熊熊燃烧起来，1998年天皇明仁访问英格兰的时候，就有人组织抗议示威，要求将赔偿提高到人均1.4万英镑。即便这个数字的赔偿金——虽说不大可能实现——大概也不足以平息英、荷两国幸存者内心一直翻滚的恨意。奇怪的是，美国战俘获得的赔偿没有好到哪里去，却没有像前者那样大声疾呼。华人战俘的境遇甚至悲惨得多，在东南亚当非军事劳工（日语称为"劳务者"）的甚至多到数不清。朝鲜人也一样，尽管百般不情愿，仍被迫加入"勤劳报国队"，出现在大多数危险场合。

除了上述可怕事迹以外，还有慰安妇的问题，她们的故事后来也被报道出来，这些妇女被强行送到军妓院为日军服务。日本陆军比其他部队更开放，一直以来都有开设和打理妓院，以减少士兵骚动、降低性病感染率。妓女的招募工作一般由妓院的承办方负责，大多数妇女来自九州一带的穷乡僻壤。同时，明文禁止强迫妇女从业。然而，随着军队数量增加、前线扩大，往常供应的妓女数量不足以应付需求，一开始当慰安妇的都是妓女，渐渐地，有被骗过来的、有强迫的，且数量越来越多。20世纪90年代，这些受害人要不已经去世，要不因为觉得羞耻而不愿再谈。受害人里有朝鲜、中国乃至荷兰妇女，长期以来默不作声的她们，到20世纪90年代终于发出有力的控诉，给日本造成国际难题，为此,政府设立了一个基金（对外属于非政府性质）负责赔偿工作，表明她们的怨诉有根有据。

战争最后几个月发生的事情最有争议。怀有切齿之恨的同盟国——尤其是美国——决意报复，另一方面，日军决心进行最后一轮血腥大战，期许给自己带来荣誉，也让日本在投降谈判上争取一些优势。多年来一直被日本怀疑、担心的对手苏联，这时候却是日本最后一个突破火力包围圈的机会。1945年7月，东京政府表示希望由近卫文麿率领使团到莫斯科一趟。这是近卫最后一丝希望，他想通过一系列高层商讨可以说服苏联在同盟国充当调解者。他知道再多的反抗都是徒劳，并重新思考过去十年的历程。2月，在美军进攻冲绳以前，近卫向天皇裕仁上呈了一份异乎寻常的奏章，在这之前他和吉田茂商量过。他在上奏过程中，承认自己才意识到整场战祸是军队"统制派"领袖一手造成的，他们把皇道派踢出局、打压后者的北进计划。而现在，他发现这些人的真正目的是在日本进行共产主义革命，在他们的操纵下，国家即将面临颠覆。换言之，毁掉日本的不是把国家推到日苏战争边缘的军事极端分子，而是那些百般算计的官僚，他们在"二二六事件"后掌控了军队决策，还精心设计了一系列事件，为之后共产主义掌权铺路。为今之计，天皇必须当机立断地结束战争。

对此，天皇没有明确表态，也没有回复这份奇怪的奏章。宪兵怀疑高层有战败倾向，对近卫进行监视，还拘捕了吉田。接下来几个月，形势越来越危急，近卫把莫斯科之行视为自己的最后一搏。松本重治后来写道，如今他认识的这个近卫已经和早年那个文质彬彬的贵族大不相同。带着惨淡的决心，近卫准备好以乞怜者的姿态，前往那个曾令他又惧又怕的苏联。

然而，已经晚了。俄国人没办法接待日本使团，因为斯大林在2月的雅尔塔会议上已经和罗斯福、丘吉尔达成协议，俄方将会在德国战败后加入对日战事。日方提出近卫出使的请求后，俄方进一步询问相关细节，苏联驻东京大使雅科夫·马利克（Jacob Malik）主持的一系列后续商讨，耗光了时间。杜鲁门总统在7月末于波茨坦和斯大林、丘吉尔会面，其间获悉日本的请求，与此同时，他得知原子弹试验成功的消息。他希望在俄国人出兵前先发制人，而且俄方也没有出兵的必要。8月6日、9日，原子弹相继在广岛和长崎的上空落下。第二次轰炸前一天，苏联宣布对日作战，大量军队进入伪满洲国境内，并在偶然的情况下俘虏了近卫的长子。[27]

从近卫规划莫斯科之行，到苏联加入对日作战这段日子里发生了好些重大事件。7月晚些时候，杜鲁门、斯大林和丘吉尔在位于波茨坦的旧普鲁士王宫举行会议，开始对战后世界进行详细规划。杜鲁门带来一份对日最后通牒，这份公告于7月26日以美、中、英三国名义发布，敦促日本投降。日本将受到严格但公平的处理——"日本必须决定一途，其将继续受其一意孤行计算错误，使日本帝国已陷于完全毁灭境地之军人之统制，抑或走向理智之路？"*接下来文件具体指出日本要怎样剔除军国主义的影响，对日本的占领会一直持续到"有确实可信之证据"显示这一目的达到为止；日本的主权必将限定在本土四岛及"吾人所决定其他小岛之内"，军队完全解除武装以后，将被允许重回生产生活，日本将被允许"维持其

---

* 《波茨坦公告》译文引自《战后中日关系文献集》。

经济所必需及可以偿付实物赔偿之工业"。《公告》表示："吾人无意奴役日本民族或消灭其国家，但对于战罪人犯，包括虐待吾人俘虏者在内，将处以法律之严厉制裁。日本政府必须将阻止日本人民民主趋势之复兴及增强之所有障碍予以消除，言论、宗教及思想自由以及对于基本人权之重视必须建立。"上述目标达到后，"同盟国占领军队当即撤退"。

公告有个问题，它没有提到皇室。这一代日本军人把以天皇为核心的"国体"捧上神坛，甘愿为天皇鞍前马后，公告却对天皇一字不提，这可不是什么好兆头。前美国驻日本大使、曾在国务卿手下工作过的约瑟夫·格鲁（Joseph Grew）意识到有问题，敦劝另添一条保留皇室的条款，但他的意见没有被采纳。在美国执政者看来，有关天皇的问题还可以再讨论；由于战场上结下的仇恨，美方不可能让步，没有什么可以令他们改变"无条件投降"的要求，这是罗斯福总统从美国内战史读本里借用过来的措辞。（虽说如此，据部分日本人认为，贝尔纳斯的言论——下面会提到——还有《波茨坦公告》谈到"以下为吾人之条件，吾人决不更改"都表明，归根到底，投降不是"无条件的"。）

《波茨坦公告》传到东京后，日本政府显然不会接受其中的条款。一家报社向时任总理铃木提问，后者只答复说政府以"默杀"来回应公告，"默杀"一词含义颇为隐晦不明，在英语里常常被直译成"kill with silence"——换言之，日本会无视这份公告。华府方面自然是这么理解的。投掷原子弹的准备工作启动。阿拉莫戈多的核爆炸试验已经证明原子弹的实力，试验成功的消息汇报给了当时人在波茨坦的杜鲁门总统。（日本时间）8月6日，随着第一颗原子弹从广岛上空落下，原子时代宣告到来。杜鲁门总统公开表示，若日本不投降的话，数不清的生命便会如骤雨般消失，是历史上从未有过的惨烈。

打击一个接一个地来。苏联外长莫洛托夫（V. M. Molotov）

第十八章　太平洋战争　　　　　　　　　　　　　　　　　　791

召见驻苏日本大使，后者没有等来对近卫访苏的答复，而是苏联宣布对日开战。后来，美国国务卿詹姆斯·贝尔纳斯（James Byrnes）这样形容："不知道历史上还有没有另一个政府也像这样，一边传递出有意投降的消息，另一边却被宣战。"美方提议，根据《联合国宪章》规定的义务，苏联有正当理由不履行《日苏中立条约》，苏联接受了这个意见，后来还在东京国际法庭上起诉日本在诺门坎发动侵略战争。

东京方面，议事会的争论仍然在无望地进行。陆军大臣阿南惟几面对下属的强烈施压，依旧主张最后一战，除非能确保天皇地位无虞。美方继续推进进攻九州的计划，将作战日期定在11月1日。冲绳南半部的居民被转移到别的地方，那霸至首里一带不久前仍是战场模样，此时被改造成一个规模巨大的基地。美军飞机继续攻击日本本土残存的目标建筑，死亡的骤雨并没有停下来。8月9日，第二颗原子弹投向长崎。

政府领导人会面的地堡里，气氛一下子紧急起来。8月10日，日方发表声明，表示愿意遵守《波茨坦公告》的条款，但"据日方理解，《公告》里没有包含任何会损害天皇君主特权的要求"。对此，国务卿贝尔纳斯巧妙地给了一个模棱两可的答复，大意是"日本天皇及日本政府统治国家之权力，即须听从盟国最高统帅之命令"，"日本政府之最后形式，将依日本人民自由表示之意愿确定之"。

东京的参议官会议又一次陷入僵局，军方领导人拒不同意上述条件。乐观者认为"听命于他人的天皇"仍然是天皇，也不需要担心日本人民会怎样表达意愿。最后，内阁总理铃木呈请天皇裁决。随后，裕仁作出登基以来最重要的声明，对日方声明内容表示同意，也认可人们对和平的呼唤。"阿南，"他向这位曾担任他侍从武官的陆军大臣再三保证，"没事的。"

这一态度同样体现在《终战诏书》上，天皇宣读诏书的录音于

8月15日向全国人民播送。这是一份很有意思的文件，通篇使用怜悯、自我牺牲的口吻，天皇称："……敌使用残虐炸弹，频频杀伤无辜，惨害所及，诚不可测，且若继续交战，不但我民族终告灭亡，且人类文明亦必被毁。"* 接下来，他借用佛教《四十二章经》里的词句："朕堪所难堪、忍所难忍，欲以为万世开太平。"† 他对伤亡寄予哀思，向协力日本帝国"解放"东亚的亚洲盟国道歉。不过，诏书仍然表达了对未来的乐观心态，向日本民众确保——按照官方英语译文——日本成功"保卫及延续了帝国制度"。日文原文则清楚保留了"国体"一词。[28] 1945年8月14日《终战诏书》的官方译文如下‡：

> 尔等忠良臣民：
>
> 深鉴于世界大势及帝国现状，朕决定采取非常措施以化解当前局势。
>
> 朕已命帝国政府通知美、英、中、苏四国政府，同意接受联合［波茨坦］公告的条款。
>
> 各国的共同繁荣与福祉，以及朕臣民的安宁幸福，系皇祖皇宗交予朕的唯一责任，也是朕心之所系。朕向美、英宣战，亦出于帝国自存、东亚安定的真诚之心，侵犯他国主权、扩张领土远非朕的初衷。如今，战事已持续将近四年。尽管众人全力以赴——陆海军骁勇作战，朕百僚有司刻苦勤勉，一亿子民殷殷奉献——战局也未必能够好转，与此同时，世界大势皆对我方不利。而且，敌人开始采用一种新型且残暴至极的炸弹，破坏力不可估量，令众人无辜丧生。若朕继续交战，不仅会令日本民族最终灭亡，也会导致人类文明全然毁灭。若到如斯地步，

---

* 引自1945年8月16日《申报》译文。
† 诏书此处引用的是中国宋代张载的"为万世开太平"。
‡ 以下依据《终战诏书》英译版翻译。

第十八章 太平洋战争

朕该如何拯救万民，又如何向皇祖皇宗在天之灵谢罪呢？朕下令接受各大国联合公告的条款，原因正在于此。

对始终协力帝国解放东亚的各个盟国，朕必须致以深切的遗憾。想到死于战场上的军民众人，那些殉职或死于非命者，以及他们那经历丧亲之痛的家人，朕痛彻心扉、昼夜难安。那些受战伤、遭战祸的，还有失去家园、生计的，他们的福祉为朕所深切牵挂着。帝国今后必然要遭受重大苦难。朕深知尔等臣民心底的感受。但受时运之召，朕决心为万世开太平，为此忍人所难忍、受人所难受。

朕保卫及延续了帝国制度［国体］，一直与尔等忠良臣民同在，依赖尔等赤诚。最要提防冲动惹事、争吵添乱，令尔等误入歧途、失信义于世界。让国家如一家人那样一代代延续下去，坚信神州不可灭，谨记重任及前路之漫长。倾尽全力投入到未来的建设当中。修习正直之道，培养高尚情操，行之以决心，如此或能弘扬帝国精华、与世界共同进步。[29]

在这之后，天皇再也没有提过相关的事，直到1971年，他才再次发声，否认自己的干预有任何违宪之处。他说："总理铃木负责做决定，这是我的理解。"不管怎样，若没有民族主义分子口中的"圣裁"，军方绝不会放下武器、就此放手自己的势力，这是事实。

即便如此，不是所有军官都愿意投降。诏书录播前一晚，叛乱爆发了。陆军参谋及师团军官率领手下士兵占领广播设施，杀害了近卫师团的一名将领，确保叛军能够直入皇居，他们在皇宫职员收藏录音的房间里四处翻找。阿南对这次政变是知情的，但没有支持也没有反对，最后在自家宅邸的走廊上切腹自杀，在经历漫长且痛苦的余息后断了气，用这种方式告别自己的宦途。

盟军可能会针对天皇和皇太子明仁发起行动，为此，陆、海军已经做好准备，集合了一批批精良志士，由他们负责在偏远的山区保护年轻的北白川宫亲王，北白川宫系明治天皇确立的宫家。其中海军队伍由当年一手策划袭击珍珠港的源田实率领，他征召信得过的同伴一起行动，但形势已经发生瓦格纳式的突降*。当他们粗疏的准备工作终于有了进展时，天皇已明显不大可能有危险，回过头来看，这些行动显得颇为荒唐。值得注意的是，即便是在上述这些紧急时刻，军队也没能好好协作。这也显示了他们处于什么样的危机状态。[30]

第六节　20世纪史上的太平洋战争

这些灾难性事件引发巨大的纷争，主要集中在战争开始和结束这两个节点上。战争结束后不久，罗斯福总统的批评者便开始抨击华盛顿谈判过程中的不当之处。据指责，执政团队为了让公众支持美国介入欧洲战事绞尽了脑汁，1940年轴心国签署同盟条约后，美方对日本的态度马上强硬起来。1941年11月25日，战争部长史汀生在日记里概括了罗斯福总统的想法，大概是"我们应该怎样操作才能让他们［日本人］打响第一枪，同时没有给我们自己带来多少危险"。一些作者抓住这句话大做文章，觉得停靠在珍珠港的太平洋舰队是引诱日本发动袭击的饵。有的甚至生搬硬造，提出日本宣布终止谈判前，美国曾截获过日军的情报，据此认为是华府特意没有把即将到来的危险通知夏威夷的指挥官。[31]

这样的指控不仅忽略了美方向来轻视日本的实力，还一如既往夸大了同盟国在太平洋的预备能力。丘吉尔首相自然不会在没有空

---

* bathos，内容从庄重一下子变为庸俗可笑。

第十八章 太平洋战争

军充分掩护的情况下派出英国最好的两大战舰——"反击号"和"威尔士亲王号"——前往新加坡,仿佛觉得损失了也无伤大雅。相反,他们这样做是希望能震慑日军、阻止他们南下。美国也差不多,罗斯福总统的军事顾问曾向他保证,珍珠港、夏威夷是攻不破的堡垒。日本的军事技术也被低估了。战争头几个阶段,零式战斗机在灵活性上远高于对手,源田实于袭击数月前发明的浅水航空鱼雷对珍珠港战舰造成极大的破坏,是美国意想不到的惨重教训。

要解释这个不难,美国没有认真对待日本的意欲,在实力上也没有把日本当回事。在东京,包括美国宪法的著名学者高木八尺在内,不少人都对近卫提出的"新秩序"严肃以待,令他们遗憾的是,美国没能力或者说不愿意理解这样一个道理,即罗斯福执政团队的强硬做法如同玩火自焚。高木在给驻日大使约瑟夫·格鲁的信中写道:"至此战火已经一触即发。这时候的日本并非像某些人认为的那样,自认做好万全准备、发动侵略战争,而是觉得自己被逼到了墙角——且不管这个感觉对或不对——要不顾后果地进行绝地反击。"[32]

华盛顿方面,当时任职于国务院的亨培克估计日本只是在虚张声势。1941年7月23日,他向副国务卿萨姆纳·威尔斯(Sumner Welles)递交了一份简报,信心十足地说:"在当前环境下,不管美国在太平洋作出什么样的举动,日本总体上都不可能反击,日方采取的任何行动都意味着两国交战。"1941年11月27日,南云大将的战舰已经在海上前进,而亨培克胸有成竹地撰写了一份简报,开头便是:"据报告人认为,日本政府不想也不期望当下就和美国发生军事冲突。"接着,他还估算了一下,说战争在12月5日以前爆发的概率为20%,1月15日以前为30%,甚至押钱赌3月1日以前都不会打仗。最后他总结道:"报告人相信,现阶段日本不会马上在太平洋开战。"[33]事实证明,高木的预言更准确。亨培克的过分自信同样体现在美军身上。海军上将哈斯本·金梅尔(Husband

Kimmel）收到报告，称没有接收到临近珍珠港的那艘日本战舰的无线电信号，他还不觉得会发生袭击，回复道："你是说日本战舰可能在环绕科科角吗？"

更多人在事后质疑的是，战争前夕近卫曾迫切希望进行谈判，而执政团队却决定冷处理。有人认为，近卫本可以通过天皇对军方施压，令后者同意接受决定，哪怕它不讨喜欢。那些事后诸葛亮的观点当然说明不了什么，但可以认为，假如近卫确实有能力动用天皇的话，即便没有阿拉斯加的对话，他也能动用。当近卫于1940年再度上台的时候，大家都以为他会向中国方面保证撤军，但这些让步条件神秘地消失了，据松本重治猜测，这是军方插手的结果。张伯伦在慕尼黑的耻辱行为仍历历在目，这种暗示要解决分歧的谈话，在丘吉尔看来是绥靖，对蒋介石来说是背叛。不管怎样，有一点是确凿的，只要能阻止之后发生的战争大屠杀，任何办法都本应该要去尝试，每一个政治家都应该为了和平这个目标竭尽全力。

战争爆发后，空军的出现改变了战争的面貌，以前军事史的教条一下子还不如外交学说可靠。1905年，东乡平八郎在太平洋上击沉俄国的波罗的海舰队，印证了主力舰的威力，英国无畏号战列舰于1908年面世，开启了战列舰的新一轮发展，然而，太平洋战争期间，战列舰的优势宣告终结。珍珠港事件当中，美方从头到尾都没有看见日本军舰的踪影，而中途岛一役，日美两军没有进行军舰的正面对决，这两场战事里，空军都是决定性的力量。日本最开始是在珍珠港、在英国"反击号"和"威尔士亲王号"战列舰于马来亚被击沉的时候领教到这一点的，后来日军体量更大的"武藏号"与"大和号"被美国战机击沉，更是给了它一个大教训。陆上作战也一样，远方军事基地之间相距遥远，非但没有对敌军构成障碍，相反，美军从瓜达尔卡纳尔岛一路向冲绳推进时，巧妙采取越岛作战的策略，令这些基地陷入孤立无援的境地。

第十八章 太平洋战争

太平洋战争最特别的莫过于它结束的方式。原子弹的使用不仅扭转了日本的政策，还带来了比这多得多的变化。原子弹彻底改变了世界的战略性思维，构筑了一幅末日决战的画面，给世界各地人民的心理带来深远的影响。有必要向广岛和长崎投掷原子弹吗？这样做合理吗？这个问题迅速引起争议。随着人们愈发认识到原子弹的可怕后果，包括美国国务卿史汀生在内的有关人士称原子弹减少了原本更巨大的平民和军人伤亡，以此为自己辩护。显然，正因为有原子弹的爆炸，东京潮湿的地堡里才发生那场争论，天皇也有了一个过渡的台阶，以便如慈悲佛陀降临，拯救他的人民。

不过，这场争论的核心在于，假如不使用原子弹的话，日本会不会在1945年秋季之前投降。清泽洌日记里谈到的那位商人就相当睿智，早在战争结束四个月前，在数十万生命还没有消逝的时候，他便知道美国必然会占领日本。经济规划专家、后来的外务大臣大来佐武郎提到，1945年4月他去东京帝国大学拜访某位教授，谈话中他冷静地接受了日本必然战败的命运。两人聊起一个故事（故事出自白芝浩，Walter Bagehot）*，一个武士百般挨饿，终于买了一套盔甲，却发现自己虚弱的身体根本撑不住穿上它去战斗。他们都觉得这恰恰是日本的情况。日本很可能要被迫举手投降，但这未尝不是一种幸运：和披盔戴甲相比，西装革履的日本反而可以更大限度地达到自己的目标。[34]

明智的人已经做好投降的准备。不过，他们大多从一开始就不怎么可能选择战争。如果当初《波茨坦公告》含有保留天皇制这项条文的话，日本军方会不会早一些投降？又或者再稍晚些，但肯定不迟于美军计划于11月进行的登陆。对此，我们没办法回答，但想到1941年近卫曾计划访美，或许日本也并非没有尝试过。不用

---

* 19世纪英国著名经济学家。

假设说日本有原子弹的话也会使用它，这和我们的问题没有一点关系。设想原子弹能拯救多少生命，然后用这个来抵消牺牲掉的非战斗人员，这不过是拙劣的安慰。但有一点倒是真的，假如日本军事领导人成功制造了一场最终"决战"，到那时候，要让战斗部队撤下来必然难上加难，考虑到冲绳一役日本指挥官漠视平民性命的行径，可以想象，九州将会变成什么样的人间炼狱。有意思的是，针对罗斯福、杜鲁门两位总统的批评不少来自所谓的"自由主义左翼"，对帝国主义日本和军事法西斯主义的绥靖最为警惕的也是这群人。

但在太平洋战争的另一方面上，大家的看法却相当一致——这场战争标志了殖民式帝国主义在亚洲的终结。欧洲的势力和影响力在"一战"以后就已经走上下坡路，太平洋战争不过是进一步推进这个过程。日军对在东南亚的西方殖民者的羞辱和鄙视，令他们再也无法重拾长年以来的优越感。印度尼西亚、缅甸的独立运动开始成形。没过多久，日本帝国主义也变得不受欢迎，而且比起之前的殖民者，其行径往往更不人道。这些经受过奴役的人民决心摆脱任何外来的操控，这股意志比其他都要强大。朝鲜半岛和中国台湾的日本势力被赶走，世界史也从此发生转折。战后年代的日本人有不少常常会从这里找安慰，认为这是给亚洲带来的好处。人们可以用这个角度来为对西方开战辩护，但对侵华战争就行不通了。日本的侵略活动同样给中国的历史发展带来决定性的转折，某种程度上，它创造然后摧毁了蒋介石的国民党政权，与此同时，对中国革命起到至关重要作用的农民民族主义，同样是日本破坏旧社会的结果。

第七节　明治国家的废除

日本于9月2日在美国战列舰"密苏里号"上正式签署投降书，

第十八章 太平洋战争

按《波茨坦公告》要求，占领部队开始抵达日本。麦克阿瑟被选任为驻日盟军总司令（Supreme Commander of the Allied Powers, SCAP）兼美国远东军总司令，后者的重要性不比前者小。人们对麦克阿瑟的任命似乎从来没产生过疑问，尽管同样胜任这一角色的还有海军上将切斯特·尼米兹（Chester Nimitz），在他指挥下，美军在太平洋打赢了多场战事。麦克阿瑟的声誉更高，行政的时间更长，共和党领导人对他也有信心，在民主党执政的政府里，共和党领导人的支持意义重大。麦克阿瑟本人口才了得，有时甚至可以说是高谈阔论，对世界和平的热切盼望一直驱使着他。他的影响力体现在盟军占领的多个方面。赖肖尔在1950年写道，麦克阿瑟的名字将会"跻身日本历史伟人堂，日本有史以来能超过他的人没几个，在风云激荡的明治时期以后更是无人匹敌"。[35]那些豪迈的点评已经被今天的我们抛诸脑后，如今日本的参考书对于麦克阿瑟几乎都只一笔带过。幸运的是，麦克阿瑟是这个位置的最佳人选，这一点无可否认。

盟军总司令部（General Headquarters, GHQ）*共有数千名文官、武官，分属民政局、民间情报教育局、经济科学局等几个部门。级别最高的几个职位由麦克阿瑟的亲信出任，不少从20世纪30年代麦克阿瑟被罗斯福总统派去菲律宾当军事顾问开始就一直追随着他。其余的则是依据能力与经验广泛搜寻后聘请过来的，这里面有一位劳工组织方面的专家[36]、一名德国法官——这个法官后来还认可了现代日本法律体系的基础[37]——以及经济学家、银行家。除了《波茨坦公告》的条文以外，麦克阿瑟还要按照《投降后初期美国对日方针》（Initial Post-Surrender Policy）行事，这份文件由国务院、战争部、海军部人员组成的委员会制定，但文件给出的指引比

---

* 下文中亦简称为"盟总"。——编注

较宽泛、没有具体细节。美国最关注的始终是欧洲，日本只能排在后面。由11个太平洋战争同盟国组成的远东委员会（Far Eastern Commission）在华盛顿的前日本大使馆进行会谈，制定并检视政策。美国、英联邦、苏联和中国代表组成的盟国理事会（Allied Council）在东京开会，理论上是要监督政策的执行，但大多时候没有发挥实际作用。麦克阿瑟几乎不允许别人指手画脚，他的下属时不时要匆忙安排措施，以应付委员会可能下达的指令。除了驻日盟军总司令之外，占领军——一开始只有美国第八集团军——分布在日本各地，随着职能简化，逐渐转变为地方军政部门。英联邦的部队也有一定程度的参与，苏联对占领北海道表示有兴趣但遭到拒绝。中国很快就因为国民党和共产党争夺全国政权爆发内战，在占领日本过程中，参与度最低。

日本政府尚未成形。政府的领导人没有像德国的那样要么惨烈死去要么仓皇逃跑。《波茨坦公告》对"日本政府"提出要求。盟军占领力度大，但方式不直接，由日本有关部门落实总司令或总司令部的指令。

当时下达的第一道命令便是消灭军国主义及其他不利于日本民主政府建设的势力。盟总迅速对明治国家体制的几大机构出击。

军方第一个倒下。陆、海军设施被没收、摧毁，本土军人被勒令复员，至于远方前线的，一旦有船只将他们运送回国，他们马上也要复员。俄国人把大量战俘扣留下来，拘押在苏联远东一带的劳改营里长达数年。归国军人早已失去当年那份"皇军"的自豪感，只感到羞耻和悔恨。这时候的日本正经历战败、饥饿，对这批人的归来没有表示多少欢迎。很多军人抱怨说自己怎样被回避、被忽视。物资短缺，公共服务瘫痪，对于复员军人来说，同胞给不了多少帮助，政府就更指望不上了，后者甚至被禁止向他们发放退休金。拥挤的火车上开始出现头戴军帽、穿着破烂的乞丐，向乘客讨要铜板，

第十八章　太平洋战争

而后者很多时候都会把视线移开，这样的情况持续了好些年。

事实表明，解散军队指挥层和体制的做法不仅有效，还往往受到欢迎。不过，盟军总司令部有些过于偏激的人士，为了打击日本军国主义，有时甚至做出一些荒唐举措：出版物遭到审查，看是否存在煽动战争的话题，就连歌舞伎的经典剧目也要受监管，检查是否涉及日本的历史英雄人物。地方军政部门对刀剑持有情况进行登记，不少日本人丢失了家族历代相传的宝物。军事学校昔日曾是某特殊阶层的摇篮，如今被并入大众教育的大框架，不复存在。军方不久前还能决定大部分级别政府机构的组建和政策，这时候已经停止运作，为盟军总司令所取代，后者通过设立的中间机构，能够对日本各个层级的政府施加影响。军事阶层的缺失对当代日本的影响之重大，怎么高估都不过分。在明治领导人看来，军队直接听命于天皇，万万不能受公民社会领袖的牵制。

天皇制是明治国家的轴心，是其意识形态的核心及国家权力的支点。盟总在政策上也得益于这道光环，在日本投降、服从其管治的时期里，盟总没少利用这套制度，然后逐渐抽空它，对它进行现代化改造。在天皇的带领下，日本一步步陷入侵略战争。天皇的出现，令委员会上那些重大决策具有了合法性。军方头目直接向他汇报，会议纪要显示，他还时不时对政策或程序提出疑问。他不可能不知道偷袭珍珠港的计划，虽然他手下的长官向他保证在这之前会通知对方谈判中止。战争初期日军节节取胜的时候，他的诏令不无满足之意。另一方面，他在日本投降这件事上也发挥了卓有成效的作用，他的配合很大程度上令日本民众也跟着配合，军方就更不用说了。之前提到，陆军、海军都已经准备好应急计划，一旦天皇成为敌军针对的对象，他们会采取行动。战争期间，盟国各政府在发表公告时都小心避免提到裕仁本人，把火力集中在东条英机身上，尽管如此，战争期间天皇还是免不了替日本承受外界日益膨胀的厌恶、仇恨。不少人赞成把天皇送上法庭，审判他的战争罪行。

1945年9月，天皇局促不安地坐在老爷车里，车辆小心驶过首都那坑洼不平的路面，前往美国大使官邸，这是裕仁第一次正式拜访麦克阿瑟将军。在场没有美方翻译，不过后来麦克阿瑟写道，裕仁提出愿意为手下大臣的所作所为负全盘责任，如麦克阿瑟所言，不愧是"日本教养第一之人"。不管两人谈得怎么样，由于最高指挥官麦克阿瑟的关系，这次碰面提高了裕仁的地位。1945年整个秋季，到处都是关于审判天皇战争罪行乃至废除天皇制度的讨论。天皇一旦受审，在当时那样的环境下，很可能就会被定罪。然而，日本报纸的民意调查显示，民众强烈要求保留皇室，但也有不少人质疑天皇制和民主政府能否结合在一起。华府向麦克阿瑟询问意见，1946年1月25日，他回复了一份措辞激烈的电报。他警告，一旦逮捕天皇，整个日本社会将发生大动荡，盟军占领的目标就难以实现，甚至再无实现的可能。他说："文明的做法大部分会消失，骚动转到地下，山区及边远地带爆发游击战。"因此，天皇对于占领目标的实现至关重要，天皇要是被拉下马，占领部队就得增援一百万兵力以维持秩序。天皇对这一切并不知情，还拟好了一份辩词以备不时之需，这份文件到1990年才公之于世。

但是，要保留天皇的话，就必须把他从国家神道中剥离出来，因为日本的战争和扩张行径主要依靠这种意识形态作为自己的合法依据。明治政府在建立之初便吸纳神道，在某种程度上创造了它，把神道中关于皇室神圣起源的传说，作为祭告"远古"祖先之仪的核心。随着日本帝国日渐壮大，日本民族有神圣使命在身的观念被强调得越来越多。神道被输入到中国台湾和朝鲜半岛，当地开始建造神社，相关营造和维护费用全都来自公共资金。陆军部队有随军的神道祭司，随着战死的人越来越多，大部分仪式都是为战争亡魂进行，其数量之多，前所未有。到"二战"末期，死亡人数足足有

2,453,199，其中丧生于太平洋战争的就有 2,123,651 人，占了绝大多数，另外在侵华战争中死亡的 188,196 人也被供奉于神社里。[38]

无怪乎神道很早就被盟总盯上，成为其早期的改革对象。1945 年 12 月 15 日，盟总发布指令，名为《有关废止政府对国家神道、神社神道的担保、支持、保护、监督、传播的文件》[39]。昔日为维护神道关系而设立的国家机构如今全部被废除。裕仁天皇向全国人民发表的新年讲话《人间宣言》带来关键的变化，称他和臣民的纽带"不单单依靠神话传说，更不是建立在某些错误观念之上的，即认为天皇是神圣的，日本民族比其他种族更优秀、必将统治世界"。实际上他是在否认自己的神性，这是盟总官员和皇室谈判协商的结果。在日方代表的争取下，措辞被修改得更圆滑一些，不过无损于这份文件的重要性。这份坦白对于从帝国意识形态教育中成长的一代人来说无疑是毁灭性的，甚至是一种背叛。天皇在声明中没有提到神话，反而高调援引了其祖父于明治初发布的《五条御誓文》，他要在余下的统治日子里以此作为先例和指引。当年发布《五条御誓文》，为的是让封建精英阶层确信他们会得到公平合理的待遇，直到后来，这份文件才成为新一代的灯塔。与之类似，如今天皇重提《五条御誓文》，为的是向盟总官员再三申明天皇可能扮演什么样的角色。

《明治宪法》是日本帝国体制架构的核心部分。国父元老在德国顾问的协助下把它制定出来，然后由仍保有自身特权的天皇惠赐给整体国民。对于新日本来说，这显然需要变革。1945 年 10 月，近卫请求和麦克阿瑟会面，谈话期间，他恳请对方以渐进的方式进行体制改革。他觉得，有必要暂时保留一部分传统特征，以遏制共产主义势力的快速扩张。麦克阿瑟提醒他，国会和政府之所以还能存在，完全是因为同盟国的意愿。关于两人一直谈到的新一轮选举，麦克阿瑟承认，选举过程中必然会面临很多"技术上"的障碍，接着，他鼓动近卫，说对方既为"封建"家族的后裔，年纪轻，又有国际视野。假如近卫能把自由派的领袖聚集到自己身边，"将一套宪法改革的方案推到公众面前，我想，国会也会赞成"。第二天，东久迩宫领导的内阁辞职下台，他们拒绝接受盟总的民权自由指令，也不愿意听从其强制遣散几千名官员的命令。而近卫却认为自己已被任命去领导这方面的事务[40]，于是和友人、专家一起研究起法律来，为变革做准备。日本和西方的报社记者立刻写文章批评近卫，抨击他战前的所作所为，对他进行谴责。不管怎样，侵华战争是在他任职内阁总理期间全面爆发的，和德国、意大利的盟约也是他签署的，日军进攻法属印度支那的行动可是得到他授权的。眼见批评声音越发高涨，盟总退缩了，否认曾授权给近卫。近卫的草案被搁置一边。接下来，国会任命一个委员会负责改革议案*，领导该委员会的是保守派法学家松本烝治。委员会制定的提案被交到盟总那里，随后向大众公布，很快就遭到日本媒体的批评，称提案仅为了挽尊，没有任何实质性内容。盟总下属的民政局裁定，草案不够彻底，不足以修正旧宪法的缺陷。

接下来，为了向日本人展示新宪法应该是什么样子的，1947年宪法†应运而生。时任民政局局长的考特尼·惠特尼（Courtney Whitney）将军组织了一小批人，然后告诉他们现在进行的是"制宪会议"。这批人能够参考的文献有限，对日本的程序也仅有一点了解，但他们斗志昂然，在一周多一点的时间内便完成了一份草案。这份草稿作为盟总心目中的宪法模板，被递交给内阁总理过目，但这位总理犀利地指出，这份文件不止这么简单。草案也被递交给远东委员会，后者提出两处改动，在国会审核过程中，更多地方被修

---

* 宪法问题调查委员会。
† 《日本国宪法》，又称《和平宪法》《战后宪法》。

改过来。保守派领袖忧心地发现，草案内容和《明治宪法》大相径庭，但在国会辩论的时候，对方可是口口声声地向他们保证，国体肯定会被保留下来。1946年，草案得到国会参众两院的批准，第二年成为法律生效。根据该宪法，君权坚决为人民所授予，天皇不再具有任何政治特权，被形容是整体人民的"象征"。宪法第9条奠定了日本去军事化的基调，日本"真诚渴望在公平有序的基础上实现国际和平"，"永远放弃以战争为国家主权之权利，不再动用或威胁动用武力来解决国际纷争……不再保留陆、海、空三军及其他战争力量。国家交战权将不予承认"。

这份文件带有葛底斯堡演说、《凯洛格－白里安公约》的影子，在接下来长达半个多世纪里一直屹立不倒，成了世界上使用时间最长的宪法之一，这不得不说是20世纪历史的一个奇迹。在日本国内及国际政治的影响下，这部独特的"和平宪法"越来越受人肯定。不过，它在词句上仍留有太平洋战争的阴影——日本坚守"真诚"，等到日本再也不会对和平构成威胁了，目标才算达成。《明治宪法》的早期草稿是用德语写成的，这份宪法草案用的是英文。盟总坚持译文要用口语化的日语，以避免古文辞藻的隐晦。这个做法起初冒犯了不少日本人，但今天已经很少听到这类抱怨。这部宪法的条文使用了足足有半个世纪，也生效了半个世纪。这证明了，通过阐释、执行，这部宪法有足够的灵活性满足治理的需要。这一点，我们之后会再次谈到。

天皇的身份发生变化后，明治领导人为保护天皇特殊地位所建立的那套体制架构也随之被废除。枢密院、世袭贵族在新宪法里找不到任何踪影，随着新宪法在贵族院被通过，贵族院不复存在。执掌与内阁并列的宫内省的内大臣也一并被撤。皇室事务交由隶属内阁的宫内厅负责。[41]在伊藤博文及其他同时代元老看来，贵族作为君主制的"保护圈"，是不可缺少的存在，被废止了以后，马上就消失了,几乎没泛起什么涟漪。日本似乎已经做好准备,迎接占领时期的一系列平等主义举措,一如明治时代那套等级分明的制度被建立时一样。无论如何,社会和经济所发生的变革已经超出德川和明治体制的范畴。

根据占领时期的方针,从国家到地方,凡是支持军国主义的都要被移除公职*。但这很难办到,因为大部分日本人都支持过,不管是出于自愿还是情非得已。盟总觉得有必要设立一个大类。复员后的军官被禁止从事公务。右翼组织全部被下令取缔,在接下来的大清洗中,其成员全被禁止履行公职,也不能参与公共事务。整个计划加起来影响了 20 万人。受"清洗"的人被列入大类名单内,包括军官、曾参与日本殖民统治相关事业(如南满铁路和台湾银行)的人员,以及"敕任或以上级别的文职公务员,或担任一般由同级别人员出任的职位的人"。这种分类落到个体上时,免不了发生不公,一开始没有被列入名单的人由于内斗、党争的关系也相继被揭发、举报,但为了对付那些把日本带入军国主义泥潭的人,这一步被认为是必需的。一大批行政人员被迫赋闲,原来被排斥在圈子外的人也随之获得新的机会。

更棘手的问题尚在后头,那便是太平洋战争这场浩劫的责任归属。欧洲这边,纽伦堡审判清楚表明侵略行动和种族灭绝是纳粹高层一手策划的,入侵波兰也好、奥斯维辛集中营的骇事也好,都获得足够的、大量的同情。远东国际军事法庭参照纽伦堡审判的形式,在东京原陆军指挥中心举行。纳粹死亡集中营的暴行是欧洲审判的重点,而在东京,大部分关注集中在南京大屠杀上。包括南京战事指挥官松井石根在内的罪犯被处以绞刑。但令人痛心的是,日军 731 部队在中国东北实施的惨无人道的细菌战,居然没怎么被提

---

* 被称为"公职追放"。

起，指挥这一部队的将领石井四郎因为把"实验"结果转交美国而免于被起诉。东京审判还参照了之前设立的马尼拉军事法庭，山下奉文因为日军在马尼拉犯下的暴行，在这场审判中被判绞刑，虽然定罪存在争议——他辩称犯事部队不受他指挥。此外还有一点要提的是，为某些具体罪行负责或参与过这些罪行的乙级、丙级战犯，被安排在他们此前驻扎的国家接受审判。最终被处死的共有1068人。除此之外，另有一批日本人被苏联以战犯之名处决，人数可能多达3000，他们接受了简单的审讯，但细节没有被公开。[42]

东京审判没有像纽伦堡审判那样受肯定。控方称，这些被告从1931年开始便始终如一地推进一项侵略计划，但无论是档案材料还是日本政治的性质，都不支持这一诉状，而控方对后一方面并不熟悉。更尴尬的是，诉讼过程不得提及裕仁天皇，而日军恰恰以天皇之名在亚洲发动侵略。苏联为了参战不惜违反当初松冈制定的中立条约，而尊重这份协议的日本领导人却要被苏联妄加评议。难怪这些审判有时候会被诟病为"胜利者的正义"[43]。国际法庭只负责审判甲级战犯，即那些预谋发动侵略战争的人，1946年开庭，一直到1948年才结束。不少本书曾重点谈论的人物都在甲级战犯之列，其中东条英机、广田弘毅、板垣征四郎，以及另外两名在关东军举足轻重的军官，最终出现在被判绞刑的7人名单上。[44]被告全都被判有罪，16人被判终身监禁，一人被判20年监禁，另一人为7年。明治领导人之孙，贵为侯爵、内大臣的木户幸一被判处有期徒刑，差一点就把天皇也卷进去。近卫不愿屈辱受审而选择自杀。松冈洋右在审讯期间去世，前内阁总理小矶国昭则死于狱中。荒木贞夫经历多年的牢狱生活，自称已是佛教智者。大川周明因为精神病的原因被释放，战后继续找渠道出版自己的作品，直到1957年去世为止。

还有很多人有甲级战犯之嫌，但从来没有受到审判，包括著名右翼领袖儿玉誉士夫和笹川良一。曾在伪满洲国任职、出任东条内阁大臣的岸信介，甚至在1957年当上了内阁总理。因此，我们不能说东京审判达到目的、成功向外界表明侵略者会受到惩罚。大部分日本人觉得这批被告会被定罪，不过他们已经没有多余的同情或关心可以给予这些刚下台的领导，投降后的日本一片狼藉，他们为了住处和食物已经操碎了心。

太平洋战争旷日持久，在这过程中日本越来越孤立于世界之外。通信由于航运而受阻，交流因为包围圈而大减。某种程度上，美军的出现终结了这种孤立状态，令日本得以和外面的人——人数最后大概有数十万——第一次发生密切接触。国外的专家也开始到访日本，慷慨地出谋划策。因此，很多人把这一时期称为"第二次对外开放"，也不是完全不合适。

不过，这两次"开放"的差别要大于相似之处。第一次对外开放是受危机感驱使，领导这一过程的是日本人自己。在开放的每个节骨眼上，他们所关心的问题都是如何保留自己的国家主权。"第二次开放"则不一样，是丧失主权所带来的后果，最高权力掌握在外国力量手上。满足外部强加的要求，是日本重拾主权的条件。明治时期领导人当年因为种种不足被嘲笑，但和日本的战时权力机关在占领初期被贬损的程度相比，完全是小巫见大巫。占领时期，宣传及教育部门为了令日本人感到羞愧，用尽了一切办法，即便没有让他们痛悔不已，至少也要对自己国家曾经的模样和所作所为感到尴尬。替罪羊里最受人唾弃的便是军方，就像一个世纪以前的武士那样，被认为在能力上低人一等、没法保护自己的国家。不久前还在领导他们的人如今正在遭受惩罚，对此，数百万日本人轻易就转移了视线。

从另一个角度来看，与"第二次开放"伴随而来的孤立，远超过此前锁国时期的任何时候。没有一个日本人可以出国。世界各地的日本外交官，上至大使下至领事，全都被传召回国，侨居在朝鲜

第十八章 太平洋战争

半岛、中国、东南亚的约 300 万日本人回到早已拥挤不堪的岛国，连吃的东西、住的地方都很难找到，已成焦土的都市就更不用说了。刚从东亚和东南亚各地回来的日本士兵，在苦苦寻找意义、寻找活计。盟总部门开始采取措施，通过美国船，试图让对外贸易恢复一丝生机，但三井、三菱这些行商经验在世界上数一数二的商家仍在观望。对于很多人来说，最终打破这种孤立状态的是服务于美军的无线电广播——远东广播网（Far Eastern Network）。

第十九章
吉田时期

1946—1953年间,吉田茂(1878—1967)一共组建了五届内阁,比日本现代史任何一个政治领袖都要多。除了1947—1948年以外,在日本历经政治和社会变革之痛的时候,担任内阁总理的一直是他。当政期间,吉田常常被骂是"糊涂的老古董"、不能与时俱进,他退休时,政治评论人一个个拍手欢迎。吉田的想法和他那批从"吉田学校"出来的接班人给日本战后半个世纪带来深刻的影响,这一点随着时间的流逝越来越明显。到他去世时,他已经赞誉有加,被视为战后日本的元老级前辈。

执政时期的吉田给人一种顽固不化的印象,完全没有现代政治所需的手腕去处理公共关系。他从来不太依附于当权势力,多年来一直保持养子身份。吉田的父亲竹内纲是一位出身土佐的自由民权运动领袖。后来,吉田被一个富商家庭收养,他后来的生活品味就是在他被收养后不久形成的,明治时期的他还会骑马穿过东京,到东京帝国大学上课。他一毕业就通过了外交省的考试,和另外四人同期入省。他迎娶了牧野伸显(1861—1949)的女儿,这让他间接进入日本精英的核心圈子。牧野是明治时期领导人大久保利通的儿子，1871年初随岩仓使团出行并留在菲律宾当地学习，父亲被刺杀后他回到日本，从此踏上显赫的政途，先后在教育（在西园寺内阁担任文部大臣）和外交（出任过几任大使，被派去出席巴黎和会，在山本内阁当外务大臣）领域工作，出任皇室职务（做过宫内大臣，1925年后转任内大臣）。

吉田在外交方面的成绩有好有差。巴黎和会期间，他似乎没能妥善安排西园寺和牧野的行程。他在中国担任过一系列职务，还出席了1927年时任内阁总理田中主持的东方会议。在对华政策上，他个人倾向于支持那些持保守立场的、亲日的中国军阀，而国民党通过北伐剿灭了这批军阀。对吉田的国际事务观影响最大的，莫过于在他担任圣詹姆斯宫廷大使*期间的经历，日军于20世纪30年代发起攻势不久，吉田为了获得英国方面的理解，还做了一些笨拙的举动。1936年"二二六事件"发生后，广田弘毅组建内阁，曾希望吉田出任外务大臣，但有人以他和牧野之间的关系为由，否决了这一提议。

战争最后一年，吉田因配合近卫的终战行动而一度遭到宪兵拘捕。这段经历提高了人们对他在投降后从政的接受程度。日本投降后，东久迩宫稔彦王组建内阁，从寂寂无闻的政治人物一下子跃升为内阁总理，这样安排是为了利用皇室声望，确保日本同意投降。吉田先是在东久迩宫内阁担任外务大臣，随后币原喜重郎接手出任总理，吉田职位不变。

多年后吉田回想起占领初期他接受任命，从东京以西30英里的大矶赶回去的情况。当时，他的司机载着他前往东京，一路上小

---

* 驻英国大使。圣詹姆斯宫作为具有法定地位的正式宫廷，是英国君主接见新任外国大使的地方。

第十九章　吉田时期

心避开坑洼的地方，突然车子被几个美国士兵拦下。吉田和司机做好最坏的打算，但士兵礼貌地解释称他们迷路了，问能不能送他们一程，吉田两人松了口气。士兵坐进车里后，不停向这两个日本人塞口香糖、巧克力和香烟，让他们大吃一惊。吉田在后来写道："这件事让我们又惊又喜，也许大部分日本人第一次接触盟军士兵时都会有这种感觉。"吉田想要暗示的是，盟军占领是善意的，在实际操作中也是管得住的。确实，事态很快就对他有利起来。再后来，他出任内阁总理，据说，他在召开第一次内阁会议时的开场白是，有这么个道理，输了战争但赢了和平。这句话可算是吉田的治国目的，尽管从来没有宣之于口。

这个任务不简单，涉及怎样和盟军总司令部合作，要知道，盟总下属的民政局由惠特尼将军领导，民政局的这些改革家立志要驱除日本昔日军国主义的梦魇、消灭所有"封建主义"的残余，这是他们的任务，也是机遇。新权力的出现给日本人带来了机会，诱使他们检举、投诉政府及其领导人，既可以用直接的方式，也可以联系那些热衷于捕捉故事的美国记者，任何有关投降前的日本的负面内容很快就能传播出去。盟总并不确定日本老一辈领导人是否有能力带领日本走上新的道路，他们从群众支持度和政治活力两方面来进行考察。吉田去除了这一顾虑，凡事他都尽可能直接和麦克阿瑟、惠特尼两位将军商量，面对级别较低的人，他则想办法让自己难以捉摸。通过这种方式，他表面上的权势比实际掌握的更大。随着盟总的监管力度逐步减弱，表象渐渐成了真实。

1946年春，盟总下令进行大选，妇女第一次拥有了选票。最终胜出的是自由党，战后重生的它宣称自己继承板垣退助于1874年提出的代议制主张。党领袖是前政友会议员鸠山一郎。不幸的是，鸠山"二战"前的经历颇为复杂，一直被媒体穷追猛打，于是在5月份，盟总专门给鸠山下达了"公职追放"的命令。鸠山曾在田中内阁担任书记官长，参与过《治安维持法》的修订工作及1928年的大追捕，在损害公民权利上，他负有部分责任。1931—1934年间，时任文部大臣的鸠山同意解聘疑似左翼分子，京都大学教授泷川幸辰的休职处分正是他一手促成。

既然鸠山已经不可能，自由党只好把吉田推出来作为替代。吉田出身土佐，和战前的温和派有联系，再加上他为终结战争所做的事情，吉田无疑是个合适的人选。

到这时为止，吉田的掌权之路上运气的成分颇大。出身土佐的他，通过牧野和萨摩也有关系，做过外交工作，极端主义横行期间被撤职，战争行将结束时被军方盯上，最后一段经历更显得他有资格。上述每一点都不会让人想到吉田竟然是个狡黠的掌舵人，他将领导日本完成重建，直到"旧金山和约"签订，日本于1952年拿回自己的主权。

吉田和麦克阿瑟两人的故事必然是交织在一起的，他们互相成就了对方。日本的投降、盟军的占领在重建日本社会、政治和经济生活上具有决定性的作用。半个世纪后回过头，我们应当从日本而不是美国的角度来看待这段经历，麦克阿瑟时期也就相应地变成吉田时期。

第一节　投降后日本的社会背景

吉田时期同样是麦克阿瑟时期。战败后日本社会经历了快速的变革。战时的缺衣少食依然存在，城市居民在食物、燃料、住所方面的紧缺情况甚至更加严峻，而那些有办法周转过来的人开始寻欢作乐，这股享乐、放纵的苗头后来愈演愈烈。城市废墟间，以及连接地铁站、火车站的地下隧道里，开始出现一些小酒吧，服务于通

第十九章　吉田时期

勤路上的人。美国士兵也逐渐有了一系列娱乐的好去处，从宽敞的啤酒屋到满是油渍的夜店，一应俱全。现金、物料都处于紧张和稀缺的状态，但人们仍尽最大努力。日本当局急欲取悦占领者，于是雇用了一些女艺人，这样做也是为了保护自己的妇女，结果美国总部禁止士兵踏入这些场所。直到一段时间以后，美方才普遍对"本地人"——这是美国当局对所有日本人的称呼——友善起来。虽然双方一开始都抱有疑虑，但敌意很快就被好奇、包容取代，而且常常升华为友谊。城里的黑市一直都从乡村农场取货，后来从罐头、香烟和包装食品发现新的商机，美军服务中心和福利商店货架上的这些商品经常被抽走，拿到黑市上贩卖。

　　盟总肯定不是铁板一块。以惠特尼将军为首的民政局由一批热心改革的人组成，他们很多都支持罗斯福新政甚至左翼思潮，他们视自己为解放者，觉得依照美国模式来改造日本是他们的使命。查尔斯·威洛比（Charles A. Willoughby）将军统领的参谋二部也关心改革，但同样重视稳定，尤其密切监控着共产主义者及左翼分子，盟军占领头几个月，盟总便下令释放了这批人。盟总的总体目标是日本军事势力的解体，而参谋二部为了防止新斗争的出现，迅速为这批前军官建立档案。经济科学局负责经济调控，他们关注生产活动、产业和平，对以财阀为首的大企业垄断格局进行改革。该局负责人急切想让一切再度运转起来，对去中心化的做法颇为抗拒，认为这不仅没作用而且会产生反效果。经济科学局下设劳动科，由该部门和日本改革派官员一起合作，推动《劳动组合法》的实施，赋予劳动者集体谈判和罢工的权利，而这一切发生在盟军占领三个月后。《劳动关系调整法》和《劳动基准法》在接下来几个月里相继推出。[1] 民间情报教育局操心意识形态的问题，对日本过去的军国主义加以责备，强调新建立的民主多么重要。日本人的生活没有哪个方面能逃过盟总的注意，不在这个局便是在那个局的管辖范围内。

从人数上看，加上附属人员，盟总一共有 3.5 万人左右。和 8 万驻日军队一样，食宿及其他物资的供应都由日本政府承担。一开始，美国为了避免投降后出现大饥荒，在食物上提供了一些援助，但随着局势逐渐稳定下来，占领费用占了日本政府将近三分之一的预算。这些费用没有任何商量的余地。

麦克阿瑟便是在这么一个富有争议性的环境里掌管着一切。他拥有最终话事权，但管理智慧超群的他并没有在细枝末节上和局长们纠缠。吉田这样的精明人，自然可以察觉到这个制度里存在种种张力，想办法为己所用。后来吉田在回忆录里写道，盟总的军人既讲道理也和善，与平民百姓截然不同。麦克阿瑟及他下面那些军人都是现实主义者，理想主义者反而更麻烦。身为首相，吉田除了和最高司令官开会以外，尽可能不接触他们。他们每个人多少都对彼此抱有谨慎、警惕的心态，但也意识到对方对自己事成与否的重要性。[2]

盟总从来没想过要推翻日本政府。一开始它的指令甚至是下达给"日本帝国政府"的，哪怕这个帝国已不复存在。日本政府这边，为应付这种尴尬的权力分配，设立联络事务局和占领当局打交道。联络事务局的人员必须掌握相当程度的英语，对英美的价值道德观也必须有一定了解，由于当时日本已经没有任何外交活动，原外务省官员自然被调派到联络事务局里工作。吉田刚上任的时候，先是把办事处设立在外务省。这很容易让人想起"武家传奏"，朝廷和德川幕府之间的沟通便是通过"武家传奏"实现的，但在江户时期，朝廷本质上已经无权无势，而投降后的"日本帝国政府"依然对这个复杂的现代化社会拥有治权。

盟总指令在很多方面改变了日本的传统做法。首当其冲的便是赋予妇女投票权。1947 年《日本国宪法》明确规定男女平等。明治政府立法推行的（具有武士色彩的）家族掌权制，因为《民法典》

第十九章　吉田时期

的制定而宣告终结。盟总专门设立一个由女性领导的分局，负责解放日本妇女的工作。

另一个关心的问题是教育的民主化。盟军占领头一个月，学校官员便努力去除教科书的军国主义内容，但做法往往比较粗率，例如将战舰和坦克的图片涂黑，没过多久，一个全国性的教育委员会开始考虑如何在体制改革和课程设置上进行更大范围的改革。依据日本效仿美国所建立的新制度，帝国时期的高等学校被改制为本科院校。县立大学的角色和美国州立大学一样，开展博雅教育，帝国大学的精英主义逐渐消失，其组建方式更加平等化。

这一切所需要的资源远远超过现实条件允许的范围，在接下来很多年里，这套新架构都只是愿景，没办法实现。部分新设立的院校甚至不得不利用之前的军营，官僚培养向来采用精英化模式，这些新院校加入以后，在教职工、图书馆和资源上，和既有的、名声更响的大学（如后来发展为东京大学的东京帝国大学）的差距不但没有缩小，反而进一步被放大。教育领域的保守派急欲取悦新的掌权者，往往盲目地推行上面传达的指令，没有对改革内容是否合理进行争辩，这种情况在其他领域也存在。美国一个到访日本的教育团主张在方法上进行全盘变革，呼吁使用"和平英雄"而不是战争英雄的称呼[3]。日本教育家逐渐能够出国以后，对美国公立和私立教育的多样性有了第一手的认识，他们回国后利用这部分经历，进一步充实相关讨论。纵观日本社会各个方面，教育最为积极地投入到新日本的建设中。没过多久就出现一批新的教科书和期刊，破口痛骂战前日本的种种过分行为，其言辞之激烈，令文部省那些保守官员也警惕起来。由此引发的争论至今仍在。

天皇舍弃自己的神圣光环，影响了整个教育和政治生活。1946年1月1日天皇发表《人间宣言》，盟总下令禁止国家神道，明治时代确立的意识形态制度顿时失去了内核。日本投降后组建的内阁宣称，国家要为辜负天皇而谢罪，但新闻报纸上很快就刊印了一张麦克阿瑟和天皇的合照，在这张著名照片里，穿着开领衫的麦克阿瑟身材魁梧，站在旁边的天皇一身正装、形色紧张。占领当局认识到需要让天皇为自己背书，不久，盟总官员提议裕仁公开露面，一开始他的姿态还颇不自在、把软呢帽攥在手里。提议初衷是为了鼓励他的百姓度过艰难日子，但这无意之中提升了天皇的形象。这些出行起初还遭到外国记者的嘲笑，但很快就受到热烈欢迎，以至于当初提议的盟总官员开始担心这样下去会不会损害总司令的威望，转而批评这些举措浪费。而天皇自己却逐渐学会如何与日本的平民百姓互动，能够勇于回答一些常规问题。

值得一提的是，麦克阿瑟倒从来没有一丝想要讨好日本大众的意思。他对外始终保持着一副严厉、专注于任务的形象，维持一成不变的日常规矩。他在新年当天向日本人民发表一番勉励的话，这番讲话的作用多少类似于投降前天皇发布的诏令。每天，麦克阿瑟乘坐他的豪华轿车，从美国大使馆的官邸出发，抵达他办公室所在的第一生命大厦，从皇居方向跨过城壕。他曾出席大韩民国第一任总统李承晚的就任仪式，也因为某位大人物（陆军参谋长艾森豪威尔，Dwight D. Eisenhower）到访，特意去了机场，除此以外，他的日常轨迹一成不变。他在办公室接待美国来的访客，有时候会于大使馆官邸设晚宴款待，但他接触的日本人极少。今天，第一生命大厦仍保留着这位将军的办公室，空荡荡的房间里一片安静，提醒着人们盟军占领的那段历史。

我们还要记住的一点是，麦克阿瑟独掌大权，基本没人能挑战他的话事权。在华盛顿，由太平洋战争几个盟国组成的远东委员会可以提建议但不能做决定；在东京，由美、苏、中、英几个成员国组成的盟国对日委员会可以评论但不能阻挠。为了防止苏联反对，盟总会围堵苏联代表在盟国对日委员会的行动，预先阻止他们在远

第十九章　吉田时期

东委员会上发声。美国的注意力主要集中在西欧的重建上，华府不时派特使到访日本，但由于时差关系，疲惫不堪的特使只能勉强打起精神听盟总提前彩排好的汇报，对盟总的重点规划和程序安排的影响微乎其微。

第二节　改革与重建

当日方和盟军的计划发生交集的时候，或者盟总的提案冲击了日方利益但最终令日方获益，又或由于日方阻挠加上美国反对而被叫停的时候，我们可以看到战后的政坛是如何运作的。土地改革代表了第一种情况，1947年《日本国宪法》是第二种，产业去垄断计划是第三种。

之前提过，"一战"后、"二战"前日本兴起一波农民运动，目标是改善租地条款、争取租佃权利。20世纪30年代军国主义突起，政府为改革租佃权利所做的一切随之付诸流水，然而到了战争时期，物资缺乏所导致的种种环境，削弱了地主对农业的控制力度。地租被送到地方合作社而不是地主家里。这在一定程度上平衡了佃农上缴的作物份额。农民家的儿子应征入伍后常常会把一部分军饷寄回家，虽然微薄，仍有助于改善农民的经济水平、提高他们的自信。战争到达尾声之际，农田施肥不足引发作物歉收，配给制彻底瓦解，迫使所有日本人到农村搜刮粮食，活跃的黑市也给农民带来增加收入的机会。土地改革的想法可能已经变了，但土地所有权的状况仍然和以前一样。日本600万农户里有三分之一拥有了90%的土地，自有地分布零碎且小得可怜，佃农不得不花大量时间从这块田走到那块田。

农林、内务两省的日本官员很久以前就一直想找机会提出这个问题。1945年12月，国会通过一份保守版的土地改革法案，但被盟总认为不够彻底，法案偏袒在村地主，获批准的持有地实在太多。美方到晚些时候才开始对这一块产生兴趣，《投降后初期美国对日方针》没有提到土地改革，顾虑到社会仍一片混乱，这样的举措会令人以为在鼓励集体化，但没过多久盟总官员便发现，要压制军国主义的农本主义倾向，土地改革是不可或缺的环节。接下来，英联邦代表、盟总专家和日本改革派官员向盟国对日委员会提交改革方案，其合作程度之高，在委员会里并不常见。1946年10月，提案正式成为法律生效。根据法案，日本政府以通胀前的价格购买土地。本地佃农、地主和自耕农按比例组成委员会，负责确定价格、挑选符合资格的买家。在人口最为密集、地力最高的地区，在村地主只能拥有平均两英亩半的土地。至于距离大城市市场较远的，政府也有妥善的安排。佃农的书面契约受法律严格保护。地租以现金形式缴纳，这样一来，佃农能够在粮价上涨的时候获得更多收入，同时地租不得超过土地产出的四分之一。1949年，自耕土地的比例从1947年的55.7%上升到88.9%。[4]

这是一项巨大的社会工程，可以与之相比的，有7世纪日本处于皇权之治时因应改革给农民分配土地的措施，有17世纪开明派大名推行的农业项目，以及早期明治政府颁发的地契。和以前不同的是，盟总这样做是为了公平而不是管控，但在作用上和以前类似，为之后的政治发展奠定了坚实的农村基础。不用很久，这项工程就成了盟总眼中最大的社会成就。吉田政府一开始还担心做法极端、地主利益不能得到公平对待，不过他们逐渐认识到，稳定有序的农村可以为选举打下牢不可破的根基。农村的革命之火还没燃烧就被掐灭，农民抗议运动宣告终结。接下来的这些年，日渐富裕起来的农村为城市制造业提供了广阔的国内市场。

改革派官员很多都来自昔日内务省下辖的社会局，开明的盟总

第十九章　吉田时期

官员决心确立劳工组织的权利，改革派的合作给他们带来了至关重要的帮助。工人领导力量的加强得益于众多社会主义者和共产主义者，过去十年里这些人大部分时间都在狱中度过，后来盟总出于保护公民权的需要推行了一系列措施，其中之一便是释放这批人，但即便没有这个举动，这场在20世纪30年代因军国主义戛然而止的劳工组织运动，也注定会以新的且更加强势的面目回归。日本工厂厂房遭到空袭破坏，再加上食物和城市住房短缺，民怨沸腾到一触即发的程度。新出台的法律法规迅速肯定了工人的需求，1950年，将近56%的工厂工人隶属于工会，加入工会的工人数量多达600万以上。谢尔登·加龙表示，这些进步绝非全来自盟总那些负责劳工改革的美国人，有一批官员很早以前就寻求改革，只是没有那么彻底，这次改革有相当一部分的功劳是属于他们的。[5]这件事本身具有重要意义。某种带有英雄色彩的说法在一个个领域流传开来，形容这些改革是从第一生命大厦这座奥林匹斯山投掷而下的惊雷，但要推行这样复杂的社会工程，显然，日本官员各方面的配合必不可少。

说到合作，1947年《日本国宪法》似乎是一个例外。此前我们提到，这部宪法是匆忙完成的，负责起草的小组来自惠特尼将军领导的民政局。他们只有一份便笺可以参考，这份便笺很可能出自麦克阿瑟之手，如今已经丢失，上面的说明十分笼统，称天皇的统治必须经过人民授意，战争必须被废止，日本必须投身于"如今席卷全球的更高理念"，"日本的封建制度将终止"。贵族制将被废除，预算方面的事务将"仿照英国制度"进行安排。[6]

本来这是给日方提供参照的"模板"，最后却成了日方理应接受的宪法草案。后来，惠特尼不无自豪地讲述，在一次户外招待会上，自己是怎样信心满满地向吉田表示他正在"享受原子弹过后的阳光"，与此同时，内阁成员正在距离两人不远的地方，试图说服那些立场保守的日本人接受这份草案。

这份草案的拟定历经十天，整个过程高度保密，来自民政局的25人在惠特尼的授命下组成"制宪会议"。没有一个人是宪法律师。其中一个成员刚从女校瓦萨学院毕业，她的工作主要是制定有关妇女平等权利的条款，将其纳入宪法内。[7] 民政局之所以如此仓促，原因在于他们获悉苏联加入远东委员会的程序已经进行到最后一步。为了防止之后的干预，他们有必要赶紧行动。这个理由在和日方人员谈判时同样奏效。

1946年2月末，制宪小组勉强凑出一份符合其要求的文件。开篇便是一段有关人权的铿锵有力的宣言，大有葛底斯堡演说的风范，接着指出天皇是"日本国的象征，是日本国民统一的象征，其地位以主权所在的全体日本国民的意志为依据"*。有关妇女权利的规定及另外37条属于绝对有效的范畴，不"受法律左右"，如同《明治宪法》规定的全部权利一样。从这些权利延伸出"有益身心且具教养的生活方式的最低标准"。新成立的众议院远比战前更有权力，内阁首相作为众议院一员，由众议员投票选出。选区也很灵活。多年以来吉田都代表土佐——这是他父亲昔日根基所在——竞选众议院的席位，竞选期间在当地短暂露面。

行政过程也被明确规定下来，这在日本现代史上属于首次。其他变动包括县长及本地官员必须通过选举产生，不能委派。第九条规定日本放弃以国权发动战争或以战争为国策，这在此前已经讨论过。

这部宪法是外来的，但《明治宪法》的很多条文又何尝不是。1947年宪法提出的那些理想目标，在接下来很多年里都未能实现，但《明治宪法》所体现的强大君权，对于那时的日本人来说同样陌生。吉田政府尽管不情愿，但还是接受了这份草案，他们意识到，天皇

---

* 引自日本驻华大使馆官网译文。

能被保住与否，很可能就取决于他们的决定。天皇在和大臣会面时也表示同意。日方对草案有关国会的部分提出改动意见，有的还颇重要。例如，国会从单院制变为双院制，增加参议院，议员以全国及地方选区为单位选举产生，取代解散了的贵族院。其他地方的变动相对较小，但在之后愈发显得重要。对"国民"所作的定义，排斥了在日本出生的朝鲜半岛人士和中国台湾人。不过，草案的主旨没有发生变化。在第九条的宽泛阐释下，日本得以成立自卫队，但由于条文的存在，日本无法在集体安全上采取十足的措施。20世纪90年代，日本为建立维和部队、小心踏出一步时，却被以严格限制使用武力为由，遭到各方面的围堵，连日本外交部门也难以为行动性质辩护。不管怎样，这部《和平宪法》大受欢迎，后来，为了让日本对世界事务发挥更大作用，有人提出对第九条进行修订，对此连立场保守的日本人也有所抵触，自由主义派更是声明反对，担心战前种种管控会死灰复燃，哪怕只是一部分。

明治年间的《民法典》以武士家长制为框架，整个都需要重新编写，以符合宪法有关个体平等、男女平等的规定。婚姻必须基于双方同意才能缔结。宪法草案被提交到国会进行讨论，议员必须再三确认个中条文——尤其是涉及天皇的部分——不会有违反国体的表现。

有人或许会觉得，在这样的环境下起草的文件估计用不了多长时间。有保守人士抱怨，宪法条文采用口语而不是古文，不仅不准确，而且不典雅。条文有些地方还带有英语原文的痕迹。第22条[*]规定"不得进行检查，并不得侵犯通信的保密性"，和盟总情报机构的做法形成鲜明对比，后者对通信进行严密监控，以防止发生任何威胁占领部队安全的事情。第九条宣布日本放弃战争，然而，这项充满

---

[*] 应为第二十一条。

理想主义的规定和不久后美苏爆发的军备竞赛相冲突，不少美国人谴责这条规定不合时宜。

这部宪法并非没有受过批评。有人主张，麦克阿瑟设计这部宪法的初衷是为了挽救裕仁天皇，而吉田则利用它来保护日本不被卷入冷战政治之中。[8] 对其中有关天皇的部分，日本执政的保守派常常表现冷淡，而身为反对派的左派则推崇备至。《和平宪法》在日本政治立场上大获掌声乃至于喜爱，这为它打下稳固的根基。它不但没有很快被弃用，还成了世界上存在时间最长、最为耐用的宪法之一，它得到国会批准——在盟总敦促下，将其采纳为《明治宪法》的修正案，以强调其延续性与合法性——此后半个世纪里，都没有受到实质性的挑战。第九条放弃战争的规定，在"现实主义者"看来纯属美好幻想，但他们逐渐意识到，这为日本提供了某种便利，美国想要提高双方防务合作，日本可以凭借该条表示拒绝。毋庸置疑，1947年的《日本国宪法》是一项惊人成就。它和《明治宪法》一样，通过在阐释和执行上采取灵活态度，对各种各样的政府立场体现了足够的兼容。说到日本的实用主义，这又是一个例子，能够说明日本是怎样把不得不做的事情转变为机遇的。

经济改革方面的情况更为复杂。美方规划人员一开始的想法是把日本的很多工厂彻底转移到曾受日本侵略的国家。早期美国派出的调查团里有一个由埃德温·保利（Edwin Pauley）率领，他是杜鲁门的友人，还是一家石油公司的执行官。这个调查团提议大幅削减钢铁产能，全部飞机生产线都要被拆除，其他战略性材料的生产也要锐减。日方管理层不确定哪家企业是调整对象，于是推迟恢复生产的计划。由于日本经济停止运转，要决定以哪种工业产能作为赔偿、把它迁移到哪个地方，就变得更加困难。东南亚各国仍然在争取独立，缺乏工业基础，而中国正处于内战之中。没过多久，日本在去工业化上的不情愿表现，反倒获得美方规划人员的声援，后者认为，日本不能无限依赖于美国的援助，它需要再次振兴经济。从一开始盟总官员就形容财阀是日本战争潜力的巨头，麦克阿瑟自己就曾语带夸张地对这些大企业严加指责，以回应外界对盟总工业去垄断计划的批评。他强调，在日本的"私有财产"制度下，"由56个家族组成的10个大家族能够直接或间接地在各个阶段奴役其他日本人，只有逆来顺受之人才能拥有更好的生活，他们为了在国外搜寻进一步掠夺的对象，甘愿成为军方的武器库，让后者踏上征服世界之路，最终以悲剧收场"。[9]

因此，经济科学局的改革者开始制订计划，进行全方位的变革。第一步，将财阀家族和受其控制的企业网络分离开来，这还比较简单。接下来实施的经济去垄断步骤更困难，也更具挑战性。计划早期主张把工业集团拆散，还原为一家家企业，数量多达1200家。为此成立的持株会社整理委员会，负责集团股份的保管和转售，这些股份随后会对外公开发售，反垄断法则防止这些商业王国有再组建的可能。

日本政府官员的专业知识对这项计划至关重要，然而他们显然了无兴致，战后日本的经济大环境低迷不振，购买股份的更多的是投机牟利之人，而非有生产能力的资本家。此外，美国内部也在炮轰这项计划。《新闻周刊》用了整整一期对计划作了严格的评估，撰稿人是一位战前在东京工作过的律师，他批评盟总的新政拥护者和激进派仗着权势正在践踏私有产权。这件事促使日本理事会成立，由前驻日本大使约瑟夫·格鲁担任会长，敦促盟总谨慎行动。[10]这里面最重要的莫过于美国国务院的干预，由政策规划办公室领导人乔治·凯南（George F. Kennan）亲自出面，于1948年飞到东京。一开始迎接凯南的是礼貌的冷遇，这是麦克阿瑟对待华盛顿访客的一贯态度，之后他成功突破盟总防线，就日本的角色进行了一系列深度谈话，在他看来，这项计划竟然为了未经现实检验的影响因素而去消灭那些已被检验过的，他质疑这种做法是否明智。的确，凯南后来反思道，"麦克阿瑟将军的总部"推行的这些政策"乍看还以为是为了把日本社会推向共产主义政治势力那边，为共产主义夺权开辟道路，真若如此，几乎没有别的办法比这些更能实现这个效果了"。[11]凯南这段评论表明了他的担忧。日本实际上没有防御力量，8万多美军联合在一起活动也有限。日本本身已经彻底解除武装。占领对日本经济构成沉重的负担，政府预算有三分之一用于3.5万名公务员及士兵的开销。日本100万名行政人员有四分之三由于清算被闲置一旁。是时候要将侧重点从改革转移到重建上了。

凯南在和麦克阿瑟谈话的过程中——他形容对方是一位望而生畏的地方总督——发现这位将军早就洞悉这些问题，但对是否要更弦改辙一直犹豫不决，担心这会招来反对。凯南认为,《波茨坦公告》本身就存在局限，其目的已经达到了，他建议，麦克阿瑟可以在改变路线的同时宣称占领日本取得成功。这样一来，麦克阿瑟便有了撤回的台阶。他可以公开肯定占领政策大获成功，然后放宽去垄断计划——早前他还强调这是为打败日本"封建势力"的必要一步。

去垄断政策针对的企业从一千两百家降低到325家，最终只有28家解散。其中包括那些和三菱、三井两家巨头有关联的大型贸易公司，但更多被下令整改的是电力公司而非制造商。财阀这种垄断现象再也没有出现。一连串反垄断措施为外部力量提供了新的机会，战时经济领袖在清算运动中被迫引退，给想法大胆的企业家创造了一段充满机遇的时期。像丰田、本田、索尼这些战后大企业，和战前财阀不存在任何关联。企业重组过程中形成一个个以某家大银行为中心的企业网络，这种企业联盟后来被称为"经连会"。[12]

上面几段展示了占领目标和日方反应之间怎样相互作用，进而影响社会和经济两大方面的变革。土地、劳工这两个领域的改革，在日本官员的配合下给经济带来永久的变化。至于宪法修订，日本保守派起初不怎么愿意，接着勉强接受，最后满怀感激，意识到这些变化原来可以成为他们生活的一部分，当反对派的社会主义人士在国会质疑这部宪法的时候，他们还成功保全了它。针对战前军方体制力量的每一次清除，都给新力量的成长带来呼吸的空间。而当初期目标不切实际、令日方有所警惕的时候——比如去垄断计划——他们的担心得到美国经济和政府圈子的声援，两相合力，促使改革进程放缓，实际上使其改向。随着"相反路线"——这是日本评论家的叫法——指向重建与生产计划，盟总的新政派感觉自己被孤立了，大批返回美国。留在东京的盟总在事务上逐渐常规化，再也不怎么提出新的奋斗目标，转而夸赞自己过去的成就。

说起日本投降后的社会情况，有一点必须要提，新改革措施出台的时候，日本大环境动荡不定，有时候甚至毫无秩序可言。美方官员普遍热情高涨，他们把自己视为解放者，那些之前还担心会遭到报复、敌视的日本人这时松了一口气，对他们表示欢迎，令美方官员感到欣慰。日本这边，自由派，尤其是学者，终于可以随心所欲地批判昔日的秩序。占领初期日本一度有陷入饥荒之虞，危机过去以后，辩论和讨论百花齐放。新出版的杂志和宣传册谈论一个什么样的社会才是更好的新社会、应该建立的社会，辩论会、研讨会、讲座吸引了大量关注，考虑到当时住房、食物、交通方面的困顿，这真是惊人。激进派被释放出狱，原本在中国流亡的野坂参三这时也坐飞机回国，在这样的环境下，这些人无疑是最适合给众人打气、起带头作用的。他们发现自己的活动不再受限制，为此欢欣雀跃，甚至在大街上为麦克阿瑟喝彩，很快，他们便在工会运动中担任领导角色。资方大多数保持沉默，他们不确定自己或自己的产业将面临何种命运。罢工、示威被组织起来；工会为加快生产，夺取了设备，以展示产业的领导层如何毫无生气，这些都增加了劳工的信心。针对往日事迹的种种指责里，有些属于取悦征服者的谄媚之举，有些代表了机会主义左派对新秩序的大方接受，但总的来说，社会上下充满了希望，如此真切而又鼓舞人心。即便通勤的列车上拥挤不堪、几乎没有落脚之地，也阻止不了上班的人手拿严肃的月刊杂志进行阅读。大多数日本人觉得，自己正在建设一个新社会，一个远比之前更公平的社会。

对于盟总在政策上采取"相反路线"的做法至今已有相当多的讨论，但有一点很明显，早在凯南访日以前，凭盟总的改革决心，它断不会任由日本左翼带这个头。有人号召在1947年2月1日发起全国性罢工，麦克阿瑟"极不情愿地"拒绝了，解释称，考虑到当下的普遍情况，公共事业和交通部门的停摆，会严重损害和扰乱当前仅有的经济活动。他宣称："由一小群日本人领头的罢工可能会将普罗大众带入灾难之中。"这份声明让劳工领袖大为震撼和失望，认为这等同背叛，但给保守派和中产阶级重新带来信心。日本的历史学家迅速根据事件进行历史分期，这次禁令经常被他们视为美国占领政策采取"相反路线"之始，虽然更好的做法或许是将开端放到产业去垄断计划被废除的时候。1947年的大罢工很有可能会引发社会混乱、打乱城市生活，但我们很难认同这会推动民主化这一公开目标的实现。

在这非同寻常的变革时期，政治领导层既需要以现实的态度接受盟总施加的限制，同时得保持一定程度的独立。吉田成功做到了这一点。他没有对处于上位的美国一方点头哈腰，但聪明的他在公开场合从不拂对方的意。盟总下面的民间情报局推行一系列计划，试图令日本人相信他们的政府近年作为之败坏，但这对吉田大概没什么影响，后来的他还给被处决的前领导人的墓碑题了字。另一方面，他个人经历过军国主义的疯狂，不希望日本将来再次陷入其中，利用这一点，他推迟了日本重新军事化的步伐，避免拖慢经济发展的速度。

第十九章　吉田时期

他本人相信，日本人民绝非好战好事之徒，他们更向往平静安宁，军国主义时期其实是反常的。他认为，明治时代日本的真正路线是日英同盟，而未来这必然是日美同盟。日本要重拾这条曾行之有效的道路。

吉田把盟总分为"理想主义"和"现实主义"两派，他明显更倾向于后一派，而不是民政局的改革者。他尽可能只和盟总的最高司令联系，也总体上做到了这一点。民政局的"理想主义者"不得不和这个身材矮壮、言辞生硬的顽固分子一起共事，他们对他有疑虑，尝试用他的对手取代他，反而被对方压制住。新上位的人和吉田一样不再随时听候美国吩咐，拒绝为选举背书，选择辞职下台。

随着美国政策越来越侧重于重建，吉田的疑虑也开始变少，尽管仍然强烈反对清算。在美国人看来，这些老牌亲英派能在至关重要的时刻给予支持。因此，麦克阿瑟和吉田之间形成了某种共生关系，为此，理查德·芬恩（Richard Finn）称两人为"和平的赢家"[13]。

第三节　振兴计划

日本投降以后其经济状况一直处于水深火热之中。战争时期尚能受控的通货膨胀迅速飙升。1946年的批发物价指数是1934—1936年间的16倍，五年后更高达240倍。社会失序、经济混乱这些战败国常有的状况，进一步加剧通货膨胀的恶化。政府债券日渐贬值，兑换出来的货币一下子大量涌入市场。有谣言称军方将其储备的大批钞票放出来，还有的称原本为军方搜集原材料的人如今把这些资源据为己有。与此同时，城市居民不仅房子被毁或严重受损，而且由于日本被封锁、战争破坏的原因，他们没办法获得自己极度需要的物资。化肥短缺，导致作物歉收，海洋被过度捕捞，山林遭到滥伐。战时依靠战俘运作的矿山在失去劳动力以后陷入荒废。政府开征新的税目，对象包括战时获利的项目，同时监管银行，还颁布法规对价格进行限制，但由于国内法纪随着战败一同陷入崩坏，这些措施只能治标不治本。

此时需要做的是恢复生产力。这个过程十分缓慢，日本比欧洲更甚，其国民生产总值只有1934—1936年的一半，直到1953年才恢复到前者的水平。[14]

在这样的环境下出现了一批经济规划者，他们之前对日本的战争潜力做过研究，有的还因此受罚。如今他们面临新的挑战、需要制订各项经济复兴计划，他们的工作催生出一个全国性的产业政策。吉田本人坚信以国家为主导的经济规划不适合资本主义社会，但投降后头几年日本情况紧急，这给其他多年来思考有关问题的人带来了机会。

我们在前文提过有泽广巳，他对马克思主义经济理论有过全方位的学习，两次世界大战之间在德国留学，其间熟读"总体战"理论家的作品。回到日本后，他马上加入了一项关于日本资源的研究项目，他认定日本在战争方面的努力纯属徒劳。[15]这项研究遭到打压，于是他与昭和研究会的学者悄悄合作，借用别的名字写作。1941年，他沦为"反赤化"迫害对象"教授团"的一员，被东京帝国大学解聘，随着日本恢复和平，他跃升为今东京大学的领军人物。通过和劳工方面的经济学家（中山伊知郎）及另两位经济增长理论的学者（下村治和大来佐武郎，后者原是工程师，后来转为经济学家）合作，有泽成为日本经济复苏的总设计师。他们每个人都在自己的领域获得相当高的成就。大来在三木内阁担任外务大臣，有泽、中山和下村都被授予皇家勋一等旭日大绶章，这是日本最高国家荣誉。为了进一步彰显有泽、中山和下村三位的重要地位，他们有时候还被称为"御三家"，这原用于指称德川家三大旁支纪伊、尾张、水户。[16]

在日本投降后的大环境下，经济规划至关重要。一方面，战争

第十九章　吉田时期　　　　　　　　　　　　　　　　　　　831

年间服从国家号令的财阀，如今正在被拆散成各家企业，不能担任领导角色。另一方面，占领当局在改革旧秩序的过程中扩大了自己的集中权，要实施任何大规模计划，必须得到他们的同意，至少是容忍。在盟总指令的执行上，官僚系统是不可或缺的一环，其在公共生活中的核心地位几乎不可动摇。通过对溢价外汇的管控，以及物资分配，日本的确有可能也有这个必要去规划经济的发展方向，以现有的劳动力、资金和资源获得最大的回报。

于是，日本开始推行全面细致的经济规划，这个规划可以追溯到某个研究会，早在美军到来之前，他们就已开始会面讨论。到日本即将战败之际，原来为了接手外务省的亚洲事务而设立的大东亚省被解散。能力最强的部分人员被调到外务省的战后问题研究会*。研究会成员艰难地穿过东京的废墟，在受损严重的"满铁"总部大楼开会，这栋难看的建筑矗立在东京虎之门交叉点的正中央，这个地方后来被盟总用作办公地。

战争最后几天，每个省陆续下令烧毁内部文件，东京的上空因为纸张焚烧的灰烟而蒙上一片片黑色。"这种行为十分愚蠢。"研究小组的主要组织者之一大来佐武郎后来这样说，"在中庭等地方烧掉的文件包括动员档案、产能调查报告及很多基本经济数据，有不少材料可以帮助我们规划战后经济。可那时候大家都被战败冲昏了头，对人数未知的占领军感到害怕。"大来决心抢救，在一个个中庭搜索，从冒着烟的文件堆里找出尚未烧毁的部分，偷偷拿回家，"有一天我这么干的时候，碰到稻叶秀三，他居然也在做一样的事情。那时，稻叶系统地搜集了一批没有烧毁的文件，利用这批东西设立了国民经济研究协会。"[17] 战后的经济规划便是从这么一个薄弱的基础发展而成的。在物资极度匮乏的日子里，为了解决会议的

---

*　该委员会在日本投降后改为特别调查委员会，隶属外务省调查局。

午餐，秘书拿着为数不多的捐款到黑市上搜罗吃的。而这一切没有妨碍大家的热情越来越高涨——日本必须重新出发，而且要在很短时间之内。后藤誉之助后来回忆道，多亏了这些精彩的报告，会议一次比一次成功。一部讲述外务省的历史著作提到，研究会发布的报告[*]"以幕末志士身上的那股锐气展开论述"，渐渐地，日本的经济专家几乎全都被动员到这一事业中。

研究会的报告于1946年3月完成后印刷成书分发出去，总数一万份。报告并没有把目光停留在当前的废砖残瓦上，反而高瞻远瞩，着眼于日本未来在世界经济中的位置。大来在报告前言所说的几句话，体现了他及报告其他作者的敏锐。

> 考虑日本未来的基本经济政策时，我们必须超越当前的环境，立足于更广阔的视野，从全球和发展的角度出发。首先，我们必须对人类社会的进步轨迹、现今阶段和未来趋势有所认识；第二，了解日本现在及未来所处的世界环境的性质。在对普遍环境有了一定的评判后，我们必须分析社会和经济里面传统及日本所特有的特征，以及我们战后时期所面临的新状况。通过这种方式综合普遍性和特殊性，在这基础上，我们的路线应该带有建设性的、积极向上的精神。[18]

字里行间丝毫没有战败之感。这些经济学家只有少量材料可以参考，而令人吃惊的是，他们将自己比作幕末志士的继承者。根据大来的说法，著名的战后经济规划家佐伯喜一读这份报告的时候，正在"从中国东北回国的路上，直到后来他才意识到，自己是在这份报告的启发下开始思考未来人生志向的"。

---

[*] 《日本经济重建的基本问题》。

第十九章　吉田时期

规划家面临的第一个问题涉及日本可能面临的战争赔偿。《波茨坦公告》向日方保证，维持经济所需的产业都将被获准保留，至于经济要维持到什么样的水平，很大程度上取决于挑选的时间点和接下来的政策。1945年11月保利考察团访日，他们提议的路线颇为严苛，实质上把日本人赶回去种田，但没过多久，这些规划家的"国际环境"意识便促使他们对美国的经济援助产生怀疑，考虑把工业设备搬到欠发达经济体是否可行，以及冷战迫近之下日本的稳定与合作高于一切等问题。

日本给经济复兴设定了合理的目标，要将经济恢复到1930—1934年的水平，标准一确定下来，规划家就可以指出保利提案的种种矛盾之处。他们对那几年的人均商品消费水平进行系统统计，然后根据日本的人口增长——加上刚从海外回来的600万名日本人——修正总额。

1946年5月吉田第一次上台执政，每周他都会邀请经济规划家一起共进午餐，他说他们的谈话比内阁会议要有趣多了。一次午餐会上，有泽提出经济复兴过程中必须有所侧重。他指出，总体生产水平太低了，不可能方方面面都同时开动。当时，工业能源来自煤炭，战争年间众多战俘和朝鲜劳工被迫在煤矿劳役，如今这些煤矿已枯竭，还常有危险，产量尤其低。虽说如此，1947年吉田在新年广播讲话时，依旧训斥煤矿工人"不服从指令"，从而为遭到盟总禁止的2月1日大罢工推波助澜。不久后，社会党领导的内阁上台，在其短暂的执政期间，经济学家和田博雄担任经济安定本部总务长，日后名声大振的"倾斜生产方式"便是从这时候开始生效的。生产钢铁需要煤炭，而钢铁是改善矿井和矿区铁路必不可少的材料，改善后的设施又可以进一步提高煤炭的产量。盟总出于配合，允许日本进口一定额度的原油，以巩固能源基础。一系列研究和报告相继面世，其中一部分是受英国工党政府出版物的启发。大来、有泽、稻叶等经济学家以经济安定本部为大本营，积累了越来越多关键经济部门的文件材料。

初期几个月所取得的成绩，无论在速度还是程度上都不应该被夸大。真实工资水平没怎么上升，刚爆发不久的劳工运动引起一众保守人士对社会动荡的担忧。在冷战加剧的背景下，如前所述，盟总改革遭到美、日两方的批评。华府愈发关注日本的安定与自足，经济去垄断计划被大打折扣，远还没有达到当初设下的目标便不得不宣告结束。美国陆军部部长肯尼斯·罗亚尔（Kenneth Royall）在1948年公开说道："显然，日本不可能以农业立国，也不能单靠买卖、工艺和小手工来养活自己。"从那时开始，美方政策和日方期望之间越发一致。在这过程中，日本政界、大学和劳工阶层里的左翼开始发难，谴责政策过于倾向生产而不是消费，"相反路线"改变了美国政策的主调。起初领导改革的很多盟总官员都选择辞职，包括民政局的上校查尔斯·凯迪斯（Charles Kades），他曾是惠特尼"制宪小组"的带头人。顶替他们职位的多数赞成重建。

占领当局对日立场的变化，虽然难以给出一个具体的数字，但意义重大，值得铭记。到20世纪40年代末，美国昔日的对手在很多方面来看已转变为被监护的对象。[19] 盟总经济局为重启对外贸易专门设立了一个周转基金。位于弗吉尼亚州诺福克的麦克阿瑟图书馆藏有一批报告资料，仔细阅读这批材料，我们会惊讶地发现，盟总同时还扮演着国际贸易公司的角色。有的电报讨论纺织品里的棉花和人造纤维要达到什么样的混合比例才在关税上最有优势，其他的则是下令从世界各个角落搜罗和进口日本所没有的材料。占领初期的那些命令式指示不再出现，如今美日双方互相协商合作。这样的工作环境对日本规划家颇为有利。

不过，基本的分歧仍然存在。石桥湛山等部分日本领导人倾向于采用扩张式的政策，但在美方当局看来过于鲁莽，而且，日本企业随时可以从刚建立的复兴金融金库贷款投资，这进一步推高通货膨胀。为了解决这一问题，美国于1949年派出以底特律银行家约瑟夫·道奇（Joseph M. Dodge）为首的考察团访问日本。道奇曾在德国担任过类似的职务。他是一名作风干练的财政保守派，根据他的建议——即后来所谓的"道奇路线"（Dodge line）——日本政府在制定国家预算的时候应该做到整合、均衡，关闭复兴金融金库，减少政府在补贴、价格管控方面的干预，将日元对美元的汇率确定为360∶1。这些举措导致经济发展放缓，劳工运动举步维艰。"道奇路线"在政治上并不讨喜，这些措施造成失业率上升、带来社会压力，在这样的环境下，日本共产党在1949年大选中拿下国会几乎10%的席位，创下历史新高。有些人将"道奇路线"类比19世纪80年代的"松方紧缩"。与此同时，新政策出台，为日本能够通过对外贸易实现自足而做好一系列准备，新确定的汇率旨在保证日本产品的竞争力。在这之后汇率一直保持不变，贯穿整个经济增长时期，一直沿用到1970年尼克松政府取消固定汇率、允许日元反映其真实价值为止。

由于通货膨胀，消费一度放缓，而出口生产力凭借有利的汇率呈现大幅增长，这样的环境正好让经济规划家大展拳脚。虽说如此，日本的发展之路仍是异常艰辛、跌跌撞撞的，直到1950年6月朝鲜战争爆发，日本迅速成为支援大韩民国的"联合国军"的后方工厂，大笔外汇进入日本，援助道奇的改革措施。[696]

第四节　政治局势以及"旧金山和约"的形成

在战后的日本，过去被视为自由派的政治团体如今被标上保守派的名号。20世纪20—30年代，左翼以反对派的角色崭露头角，无产阶级政党通过工农选区，开始在大选中获得相当数量的选票。政府的打压，再加上全国对战争的支持，削弱了他们的吸引力，其身影随后消失在政坛上。日本投降后，盟总颁布民权自由指令，社会主义和共产主义的领袖重回公众视线，而在政府信誉破产和经济困难的情况下，左翼反对派的势力迅速扩大。土地改革促进了农村地区的稳定，过去的工农联盟如今变成以工人为主体、以城市为中心的格局。面对新形成的舆论氛围，战前的自由派和温和派在战后倒成了保守派。

盟军占领的七年里，保守派不费多少工夫就占据了主导地位，这不仅因为有盟总的许可，也得益于广受欢迎的占领举措。然而，这些有利因素是会变的，盟总的措施最初显示出推翻保守派、支持反对派的坚定立场，但随着华府指令日益侧重日本在国际大框架下的角色，这一立场逐渐弱化。土地改革使得保守派在农业人口仍占绝大多数的选民群体中占据稳固地位。然而，政治之路依旧充满了不确定性，内阁频频更替也反映了这一点（见下表）。

盟军占领时期的内阁

东久迩宫内阁	1945 年 8 月—10 月
币原喜重郎	1945 年 10 月—1946 年 4 月
吉田茂（第一届）	1946 年 5 月—1947 年 5 月
片山哲（社会党）	1947 年 5 月—1948 年 3 月
芦田均	1948 年 3 月—10 月
吉田茂（第二届）	1948 年 10 月—1949 年 2 月
吉田茂（第三届）	1949 年 2 月—1952 年 10 月
吉田茂（第四届）	1952 年 10 月—1953 年 5 月
吉田茂（第五届）	1953 年 5 月—1954 年 12 月

第十九章　吉田时期

把这种种变化的原因事无巨细地一一罗列出来，未免太过单调。东久迩宫和币原是依照战前制度、在枢密院议长木户幸一的推荐下被任命为内阁首相的，木户本人则接受短暂的审判、被东京国际法庭判决入狱。第一次吉田内阁解散后，新宪法规定内阁总理必须从国会下议院选举产生。之后进行的全国大选决定了下议院的组成比例，由多数党选出总裁担任内阁总理。相比之下，战前的选举往往属于公投，由新上台的内阁操办，目的是巩固自身地位。虽然大家对于民主治理的新时代充满了希望，投票率很高，但我们不能据此认为选举过程特别有意思或有启发性。从表面上看，最高权力和盟总站在同一阵线上。战前那批政治家重回政坛，纷纷加入竞选。参议院逐渐囊括了全国知名的人士与妇女，但整个政治过程只有轻微的改变。最主要的变化或许是这两点——军方一下子消失了，民族主义的口号和象征再也无法得到人们的支持。实际上，公开展示日本国旗的做法一度遭到盟总禁止，此后也一直存在争议，直到20世纪末，在国会行动下，国旗作为国家象征的地位才被牢牢确立下来。

如前所述，吉田一开始是作为鸠山一郎的替代人选出任内阁总理的，盟总对鸠山下达"公职追放"命令，他不得不退出。在这之后吉田一直担任总理一职，甚至在鸠山恢复了就职资格以后，吉田也没有离开，等到日本拿回主权以后，吉田很快就把这个位置转交给他。盟总官员对吉田并不太有兴趣，特别是初期。他们只在一开始容忍了他，后来想办法让他下台，但没有成功。可见，虽说投降后的每一届日本政府都必须获得美国信任，随着七年占领期逐渐过去，盟总的直接影响力从最初的势不可挡逐渐弱化。

占领头两年，盟总是日本政治的最大推手。新宪法、土地改革、公民权、劳工法令实现甚至超越了尾崎行雄等战前自由派人士的目标。但日本左翼期望得到更多，他们乐观地认为盟总是站在他们那边的。保守派也担心会是这样。公民权指令颁布后,获释的政治犯得知自己之所以能重获自由,离不开麦克阿瑟的直接干预。当初怀着赤诚、拒不撤回主张的共产主义领袖,这时候被城市工人追捧为英雄人物,很快就在当时壮大的劳工运动中担任重要角色。"控制生产"的示威活动期间,资方被阻止进入工厂,由工人组织的委员会接手管理。1946年有将近100万名工会工人参与了1260起劳资纠纷,其中不少都出现类似做法。

工人高估了自己的优势,对盟总的意图有误解,这一点清楚体现在运输工人宣布于1947年2月1日大罢工,却遭到麦克阿瑟明令禁止的时候。接着,日本政府拒绝了公职人员(包括铁路工人,他们的工会规模最大)的罢工权利。随后发生的"怠工"行为或许困扰了通勤的人、考验他们的耐心,但全面瘫痪交通已然不可能。

随着营养不良和饥荒的可能性逐渐降低,经济开始再次出现生机,示威数量减少,保守势力重新活跃起来。土地改革为保守的政治势力奠定了坚实的农村基础,人们对食物的迫切需求,令农民的产品在市场上不愁没有出路。农村革命之火还没有燃烧便被掐灭了,但城市工人的处境不太一样。工厂薪资增长缓慢,直到1952年占领末期才真正恢复到战前水平。

某种程度上,占领期间的所有政治事件都是主权被恢复以前的先声,但在通往旧金山和谈的道路上发生的事情,不只牵连日本这个国家,还有更大的背景。早在1947年,美国国务院日本方面的专家便已经开始制定和约大纲,通过和约为占领画上句号。但他们的思维仍属于投降后的那一套——国民党领导下的中国会是美国在亚洲的主要盟友,如今问题是,如何在把主权交还给日本的同时限制它。他们认为,对日本要一直保持监视、维持去军事化状态,至于其他方面,可以通过一定办法逐步归还主权。对此,麦克阿瑟似乎是赞同的。1948年,麦克阿瑟有望被共和党提名竞选美国总统,

第十九章　吉田时期

但在当年的威斯康星初选中惨遭大败，于是收拾心思，重归原来的角色，做回那个受全国欢呼的和平英雄和战争英雄。

　　随着冷战走向白热化，这些计划全部落空了。中国明显要成为共产主义阵营的一员。五角大楼的参谋人员灰心丧气，预料美军在日本的前线基地将不复存在。国务院的现实主义者担心，如果被彻底解除军事能力的日本要被迫靠自己解决防卫问题的话，东亚政治的安定局面将会产生变数。在这样的背景下，凯南访问东京，和麦克阿瑟展开谈话，当时产业去垄断计划尚未完成，凯南敦促对方克制，陆军部部长罗亚尔也提醒说，日本不可能从工业国家的发展道路上倒退回去。从这时开始，美方政策转向如何复兴日本经济，警惕日本境内的共产主义活动。如此一来，局势的发展自然契合日本保守派的立场。美国的工会带有强烈的反共产主义倾向，他们派代表团，给他们眼中的日本保守派工会（有时候也会弄错）提供资金援助。这一切助长了日本的保守势力，也进一步推动了工业和经济领域规划家的产业增长计划。生产被视为日本实现独立自主的必要条件，就现阶段而言，生产比消费更重要。假以时日，由此带来的利益必然会普及社会上下。商品需求被延迟满足，意味着未来有利益增长的空间。[20]这也是"道奇计划"所主张的经济变革重点，强调紧缩和理性化。

　　20世纪40年代即将落幕之际，盟总愈发提防左翼可能存在的共产主义渗透，1950年朝鲜战争的爆发加剧了他们的警惕心。盟总内部的权力格局也在发生变化，新政派人数减少、影响力下降，而威洛比将军的情报部门参谋二部（G-2）的权力越来越大。"反赤化"运动席卷教育及政治领域，针对政府部门里的共产主义者及疑似人员，占领初期用以打击右翼的法律如今被用来对付左翼。对于这种种举措，日本保守派自然为之一振，1949年大选后国会的共产主义势力一度占据10%的席位，这时和他们的领袖一起销声匿迹，后者再次转入地下活动。

外部趋势施加的压力在很大程度上促使人们后来看到的变化，即盟总的关注点从改革转向振兴，由起初一心打压右翼活动，转而留心共产主义。盟总当局的说法自然是，他们不能任由那些受国外影响的极端势力破坏日本刚实现的各项自由权利，而日本人对这些转变的反应大多也在我们的预料之中。大部分日本人不操心世界政治，美国军事力量的驻守给了他们安全感，不久前的经历让他们深信，参与国际政治完全没有任何好处。日本曾为了跻身前列努力过，可最终失败收场。[21]日本周边都是打败过日本的国家，它们对现状没有任何不满，遇到紧急情况的时候，美国也会保障日本的安全。日本百姓普遍关心的问题是如何提高生活水平，美方政策的某些转变让他们产生不祥的预感，联想起早年的、他们不久前才被警告过的种种做法。知识分子和社会主义领袖谴责这些变化，担心政治的民主化改革面临倒退。有些保守派开始讨论修改宪法，以恢复部分军事制度、重新确定天皇的地位，但没有任何帮助。最后导致颇有意思的局面——激烈抨击美方政策的左翼转而热切拥护《和平宪法》，仿佛这是他们的宪法，至于保守派，作为新政治秩序的受益者，他们相信自己有美方撑腰。

在和约的准备阶段，皇室和裕仁天皇的确发挥过一定作用。占领时期裕仁和麦克阿瑟一共进行了11次会面。每次会面都没有美国翻译在场，谈话记录也从未公之于世。然而，其中的只言片语仍不免走漏，有一回某位翻译说漏了嘴，马上被解除了职务。

裕仁在占领刚开始的时候，对麦克阿瑟进行第一次拜访，当时他整个人都忐忑不安，但随着局势变得清晰、天皇制得以保留，他恢复了信心，如今他俨然成了日本保守势力的代言人，深谙如何利用自己的优势为他们发声。从泄露出来的少许谈话片段里，天皇表达了对日本工人的担忧，认为他们不像美国工人那样具备多年积累

第十九章 吉田时期

而成的经验和责任心，可能会形成不负责任的态度——大概是指工资和安全方面。比这更重要的是日本的位置，他忧心忡忡地表示，被解除了军事力量的日本如何在世界政治格局中自处。对此麦克阿瑟夸下海口，保证他会像保护加州那样保护日本，但这似乎只减轻了天皇一部分的担忧。更令人惊讶的是，天皇居然暗示，美国或许想要在和约签署后继续留守冲绳，把这里用作美军基地，把该岛的剩余主权交给日本。这一提案（实际上是在谈话后紧接着出现的）并没有拉近天皇和冲绳居民的关系，冲绳是天皇唯一一个从未到访过的县，尽管在1989年——他去世那年——访问冲绳已经在计划之中。有观点认为，这些谈话发挥了独一无二的传递作用，为最高层之间提供了交流信息和彼此关心的问题的机会，某位学者甚至将其形容为新版"双重外交"，在这方面，天皇甚至比内阁总理吉田更有优势。[22]

这样一来，以美国保留在日军事基地并全权掌控冲绳为条件，归还日本主权的计划开始成形。朝鲜战争的局势由败转胜，没想到在中国的干预下再次转胜为败。1951年春，李奇微（Matthew B. Ridgway）接替麦克阿瑟的职位，盟总的存在越来越不合时宜，日本的态度也愈发不耐烦。华府的参谋人员强调，日本必须做好自己的安保工作。为保证和约能获得国会共和党的支持，杜鲁门任命约翰·福斯特·杜勒斯（John Foster Dulles）为特使，负责和约的相关安排。麦克阿瑟由于公开对朝鲜战争政策表示异议，被召回美国本土，他从东京飞往美国的路上，通过无线电和同一时间乘飞机前往日本的杜勒斯商谈，两架飞机都在太平洋上空，只是朝着相反方向飞行。杜勒斯的目标是确保日本和美国站在同一阵线上，能够参与到自身防务中去，但吉田不愿意承包美方需求，为日本经济增加负担，对绕过宪法第9条一直表现得很勉强，而且是在公开的政治场合上如此。

在接下来的谈判里,吉田作为领导人表现得狡诈但巧妙。他拒绝了建立正式军队的提议,但他在后来的书信中明确认为日本要在适当时候建立自己的防卫部队,而该信件数十年后才被公开。不过这时及稍后他都认为,不顾社会主义党派反对去重整军事力量的话,日本将会付出高昂的政治代价,尽管有迹象表明他有份鼓动对方的反对,好让自己更有利。

最后,双方作了妥协。日本建立警察预备队,接手部分安保工作,之前负责这部分工作的美军则前往朝鲜参战,这支队伍是后来日本自卫队的前身。美国有权保留日本的美军基地,冲绳也在美国的全权管治下。此时,正式的协议开始提上日程,准备过程中日本和其他盟国进行双边会谈。可想而知,有关美军留守日本的任何安排都会遭到苏联的反对,有必要避免在将要召开的会议上发生纷争。苏联果真派代表到旧金山参会,但迪安·艾奇逊(Dean Acheson)使计压制住他们,每到关键时刻便裁定对方违反会议规章。这一切和巴黎和会、维也纳和会的传统模式形成鲜明的对比。

1951年9月,旧金山会议召开。吉田以内阁总理的身份前往,签署了恢复日本主权的文件。根据和约,日本承认朝鲜独立,放弃它对中国台湾、澎湖列岛、千岛群岛、萨哈林岛南部和太平洋岛屿所拥有的各项权利。然而,苏联不在签署国之列,千岛群岛的问题仍然悬而未决,而且日本主张,最南边的岛屿从来不在千岛群岛的管辖范围内。虽然1956年两国达成终战协议,但进入21世纪,南端岛屿的所有权问题仍然是日苏(现在是日俄)双方邦交的一大障碍。冲绳的主权此时依然不明朗,直到1972年美国才结束管治,交还给日本。

和约承认日本有权采取措施维护集体安全,称联合国肯定"个人或集体的自我防御是一项固有权利"。而这项权利——实际上是义务——立刻就以《日美安保条约》的形式付诸实践。条约规定,美军将会留在日本直至其能够"肩负起自身防卫"为止。日本同意，日方不会在未经美方许可的情况下将类似权利赋予第三方，与此同时，美国将会在防御性武器、技术和培训上向日本提供援助，好让日本有一天具备保卫自己的能力。不过，由于当时及之后一段时间里大众对于重整军备都是一片反对声，可见这一天不会很早到来。在中国主权的问题上，日本也不得不和美国保持一致立场。杜勒斯提出，参议院的批准对这份条约至关重要，这迫使吉田不情愿地承诺，日本将会承认台湾当局而非中华人民共和国政府作为中国的"合法"政府。

"旧金山和约"使日本恢复了自己的主权，但与此同时，它在世界政治之路上失去更多选择的空间。美国对安保方面的安排再三强调，是考虑到朝鲜半岛上对中国和朝鲜军队的战事仍在持续。日本的保守派向来怀疑日本单方面宣布放弃武力是否可行，而这份和约给日本提供了一层"核保护伞"，他们欢迎至极。知识分子总体上持批评态度，日本被迫卷入非其所愿的政策里，他们自然感到很矛盾。以这份协议为基础，此后数十年里美方不断和日方进行谈判，要求日本为双方安全作出更大贡献，有关《日美安保条约》好处和代价的争论也在日本国内持续了数十年。

第五节　"旧金山体制"

日本拿回主权，终于结束这段颇为漫长的与世隔绝时期，再次回归国际秩序，不过这是在非同寻常的情况下。在明治时代，不平等条约被废除后，日本拥有了完整的主权，代价是外国人可以自由在日本各地居住。而在半个世纪后，日本为此付出的代价是美国可以不受限制地使用日本的领土。不过，在吉田领导的保守派政府看来，这样做利大于弊。日本要恢复多大规模的军备及恢复的速度完全取决于日本自己。日本多年以来都把军事力量维持在最低水平，将经济的复兴和增长摆在第一位，它有信心能够以低成本满足防御需求，以应对任何不测情况。日本重新开展对外贸易，不过是按照它自己的方式。有利的汇率提高了日本制造业的竞争力，在日美强有力的纽带关系下，世界上最大的市场向日本打开了大门。美国制造商对自己长年的龙头地位颇有自信，慷慨地——乃至有些大意——向日本新兴产业输送技术。

"旧金山体制"切断了日本和中国大陆的联系，韩国、中国台湾地区和独立不久的东南亚国家还需要一段时间才能成长为繁荣的市场。1953年朝鲜半岛达成停战协定，东亚局势稳定下来，日本的复苏加快了东亚沿海地区的经济发展。这时候，东南亚和澳大利亚的资源与市场已经对日本开放，不再受帝国主义列强摆布。美国持续在政策上推动日本融入世界贸易秩序，在美国的支持下，日本成为几大地区贸易体系的其中一员。日本打开了一片广阔天地，既能够进口原材料，又有渠道打入国外市场，某种程度上它借战败实现了当初最主要的战争目标。

当然，有部分日本人谴责这种和平带有偏向性，苏联和中华人民共和国并没有位列其中，还有日本人断言，日本承认台湾当局，和中华人民共和国之间的联系也就随之中断。

吉田本人有信心这些问题会在将来迎刃而解，相信和世界头号强国再度联手的日本又回到历史正轨上。通过这样的部署，日本得以集中精力发展经济，着力把"自卫"和"战争潜力"区分开来，从而解决《和平宪法》第九条的问题。自吉田卸下总理职务后的几十年里，这些事项继续作为重中之重，在专栏作家所谓的"吉田学校"的毕业生——那些追随吉田、认同其目标的人——手里加以推进。退休时名声一般般的吉田随着政策开始成功，变成大受欢迎的

第十九章　吉田时期

人物，同样增长的还有他的自信。在回忆录里，吉田用刻薄的语气贬低一众谴责日本沦为美国附庸的知识分子，他把这些人的看法和明治晚期日英结成同盟的时候相比。他指出，那时候：

> 英国国力最盛，为七海霸主，而日本只是远东一个小小岛国，刚从默默无闻之辈发家没多久。这两个国家在国际名声和潜藏实力的差别远远超过今天的日、美。然而，日英同盟得到政府和人民的支持，没有谁会觉得日本在讨好英帝国主义，或认为日本有沦为大英殖民地的危险。
>
> 提起这段历史，然后回想起我们那些所谓的"进步"知识分子的说法，称日本不比美国殖民地好多少、成为"亚细亚的孤儿"之类，我感到疑惑，这些批评家和五十年前的那班人果真属于同一个民族吗？后者行事有如此决心和判断力，在他们身上看不出一丝那种所谓的殖民时代低人一等的感觉。[23]

回过头看，我们很难说吉田关于"旧金山体制"的评价有什么错误。日本政局稳定，在安全上依赖美国的保护，缓慢地、小心翼翼地重建军事力量。在美国的参与下，日本逐渐重新赢得东亚沿海贸易伙伴的信任。美国的纽带关系，令日本有渠道获得资源、技术和市场，重新站稳脚跟，再现经济增长，为东亚整个沿海地区的发展充当了火车头。[24]

第六节　知识分子和吉田制度

吉田的名声并非向来如此，如前所述，他退休的时候还经常被人形容是政治无能、脱离大众之辈。对于一边倒的和平与安全格局，日本国内舆论意见不一、分歧巨大，到 1960 年《日美安保条约》更新之际甚至到了触发危机的地步。《日美安保条约》的反对之声蔓延整整一代学生及其老师。20 世纪 50 年代知识分子的分裂程度之深，不亚于投降后日本浮现的那些阶级矛盾，我们不能像吉田那样对这些"进步知识分子"嗤之以鼻。

"和平"、"民主"和"文化"成了战后时代的吉祥词。日本发誓要洗心革面，将自己塑造成一个"文化国度"，在这项使命里，知识分子即"文化人"发挥了核心作用。这些人为人严厉，常常自命正直，几乎没有什么荣誉加身却是媒体追逐的对象，正如某些评价所言，他们自觉继承早年武士道德家的衣钵，担当新一代的传承人。[25]

20 世纪 50 年代日本复苏之路带来了种种分歧，这些分歧直到 20 世纪 60 年代仍主宰了生活的方方面面。到吉田撰写回忆录的时候，1960 年的大动荡已经过去，但没几个会想到这一切会平息得如此突然。当时最为敢言、也最受尊敬的知识分子对《日美安保条约》的态度往往很矛盾，但从更长的时间段来看，他们的不安早在 1948 年盟总改变政策方针之时就已经产生。

最能体现这一点的莫过于以下这一事例，一家出版社获得信息后组织了一批领袖，这批人成了占领时期后段最有影响力的团体。岩波书店在战后推出《世界》月刊作为王牌商品，这本刊物很快就成为进步知识分子极力追捧的平台。之前提到，盟总为了严防军国主义死灰复燃，一直有对期刊杂志进行审查。1949 年 9 月，《世界》编辑的工作责任之一便是前往民间情报教育局的审查部报到，确保下一期能够出版。这类程序有时候或许令人厌烦，但也让他们有机会接触到海外文件。报备的时候，编辑收到一份由联合国教科文组织（UNESCO）最近颁布、社会科学家撰写而成的声明，标题为"导致战争的因素"，有关人员还建议编辑，称或许他想要刊登这份文

第十九章　吉田时期

件。几个月后，文件真的被登在报刊上，促使和平问题谈话会成立。当时日本和世界潮流多少仍有些脱节，这个团体几乎主导了国内的舆论讨论，同时体现了人们思想上的困惑。这个谈话会的创建人总结道，拟定 UNESCO 声明的八个学者里有一个来自相对没那么出名的匈牙利，属于苏联阵营的人，这相当于悄悄地向外界发出信号，苏联当局希望和平共处。受到鼓舞后他们开始努力实现非武装中立。他们认为，假如条约迫使日本卷入冷战一边倒的局势里，那还不如没有条约的好，再说，这样做也违反新宪法。[26]

从上述立场出发，这批知识分子进一步推动讨论，成了影响大众舆论的主要力量。媒体几乎清一色地抨击保守派政府，这批知识分子是媒体积极追访的对象，至于收入微薄的知识分子，他们自绝于身边新一波商业主义的蓬勃发展，不得不靠写作维生。但激发他们这股劲头的还有更深的力量——军国主义盛行、日本发动对外侵略战争的时候，他们没有发声，如今他们决意要为当年的沉默赎罪。那些年，不少知识分子和作家都被国家收编，而拒绝这样做的则退出舆论舞台不再出声。如前文提到，20 世纪 30 年代的特点之一是，对于日本当时的走向，日本国内居然缺少相应的公共对话，即便在对话仍有可能的时候也是如此。知识分子决心不再重蹈覆辙。马克思主义分析法由于战争时期被禁而名声大振，成了这时社会科学写作的主流思想。昔日受人敬仰的保守派人物被迫消声或流亡。曾提出皇国史观、影响巨大的平泉澄教授在一个小职位上度过余下的职业生涯。有些曾被军方收编的人，这时候比谁都更激动地支持新到来的民主与和平。

代际之间的差别进一步加强了这种倾向。和平问题谈话会的早期讨论里，参与的知识分子来自众多不同立场，但没过多久，"旧自由主义"和"新进步派"之间便出现深刻的分歧。随着老右派和军方的退场，战前的自由主义在战后成了保守派。战前那一代的自由主义者没能重建自身。而大正这一代人因为战争承受巨大的损失，还没有准备好面对新进步派的猛烈势头。

左翼对共产主义的兼容度不一，据此分裂成不同的思想派别，但面对日本新出现的亲美保守主义，他们全都明确发声反对，坚定地站在同一战线上。某种意义上，这标志了一个反国家立场的新知识界的形成。吉田对他们的否定对于他们来说如同荣誉勋章，对于吉田的鄙夷，他们也还之以鄙夷。

最后这里面还带有忏悔的成分：新一代知识分子谴责日本侵华的所作所为。太平洋战争或许还能说是因为抵抗西方帝国主义而发起，因此归根到底是进步的，但侵华战争不一样，日本对原本和平安宁的邻国发起战争，这是不可饶恕的侵略行为之一。这一忏悔促使他们对中国正在进行的革命产生敬佩，很多时候甚至是仰慕，因而更是反对任何有可能切断中日联系的政策。20世纪50年代，一众关于中国的评论里无不带有一种浪漫主义的留恋情愫，哪怕有关于中国的负面消息被报道出来，像汉学家竹内好这样的重要人物竟然觉得日本不应该关注，日本自己的所作所为令它根本没有立场去指责中国。

从20世纪50年代发生的很多事件来看，我们有理由相信，安保方面的新格局终结了日本以和平与民主为先的政策方针。1954年，吉田把位置让给老对手鸠山一郎，保守派开始认真钻研宪法，着手准备修订工作。在美方敦促下成立的警察预备队改为自卫队，分设陆、海、空三大部队。当初策划袭击珍珠港的源田实再度出山，负责组织新成立的空军部队。有好几次，美国军事基地因为轰动的新闻事件引发公共争论，例如，一个日本国民在进行清理活动的时候由于在炮火射程内而被射杀。美军喷气式战斗机在附近学校和居民区上空轰鸣，在这样的局面下，日本独立似乎只能是一个幻想。

争论的焦点集中在《日美安保条约》上，"旧金山和约"签订

第十九章　吉田时期

后没过几个小时，日美双方就签署了这份条约。根据最初的版本，条约开头便承认被解除军备的日本不具备"有效手段去践行其固有的自卫权利"，这让日本面临危险，因为"不负责任的军国主义还没有在这世界上消失"。因此，日本要求《日美安保条约》随《旧金山条约》一同生效，这是"暂时性的防务安排"，日本还要求"美国应该在日本境内及周边维持军事部队，以阻吓武装袭击"。美方同意上述要求，不过期望日本会在保卫自身免受直接或间接侵犯方面承担越来越多的责任，但"要根据《联合国宪章》的宗旨和原则，始终避免持有任何可能构成侵略性威胁的军备，或除促进和平与安全之外其他用途的军备"。根据条约，日本授予美方"在日本境内及周边设置陆、空、海部队"的权利，美方接受这一权利。这些部队可用于"维持远东地区的国际和平和安定"，也可以在日本政府的请求下"镇压在日本国内的境外势力煽动或干预下发生的大规模叛乱和骚动"。

条约并不是互惠性的：出于日本国内安全的考虑，为了维护远东安定，美国可以自由动用军事部队而不需事先和日本协商，而日本将继续向美方支付保护费用。反对者指责这是新形式的不平等条约。事实上，这立马出现另一层不平等——美国承诺保护日本，而日本并没有可予以回报的东西，没有义务保护美国。

1957年，石桥湛山上任内阁总理两个月后因病辞职，政府领导权交到岸信介手上，后者曾是东条内阁的一员，战后接受过审问，但从没有作为甲级战犯遭到起诉或审判。《日美安保条约》将在1960年续签，岸信介内阁提出修订意见，以增加互惠性和商量的空间。

这些改动没能对那些持批评意见的知识分子起到多少安抚作用，他们觉得岸信介在和平或民主方面做得很糟糕。他们不信任他，说条约修订不过是一种粉饰，呼吁不要接受修订版、直接废除条约。

岸信介政府决意要赶在1960年美国总统艾森豪威尔访问日本

之前让《日美安保条约》修订版在国会通过。这次访问计划原意是为了缓和冷战期间美国和苏联赫鲁晓夫政府之间的紧张关系,行程规划里还包括莫斯科之行,但 U-2 侦察机事件令双方疑心加重,访问计划不得不发生变化*。

作为反对派的社会党决心阻止《日美安保条约》修订案的通过,试图把众议院议长挡在国会门外。政府也相应地采取强制手段,把警察叫来清除障碍、开路前往会议厅。对此,反对派拒绝出席会议,在他们缺席的情况下,政府于三更半夜强行在国会通过了修订案。

这下子,众多日本人清楚感受到和平与民主正在摇摇欲坠。东京爆发声势浩大的示威游行,抗议岸信介政府的所作所为。艾森豪威尔的新闻发言人此时已经抵达日本,为总统行程进行规划,却没能离开机场前往东京。艾森豪威尔的访问被取消。[27] 岸信介胜利了,但付出高昂的代价——他本人遭到右翼分子袭击,身负重伤。之后,另一右翼狂热分子刺杀了日本社会党领导人浅沼稻次郎,当时他正在集会上演讲,全程电视直播。

这些事件令日本代议制民主的形象蒙上污点,很多人开始为它的未来担忧。这时候距离战争炮火熄灭、日本尝到战败滋味还不到 20 年,逝去的生命、城市的废墟依旧可见可感。将示威骚乱完全归因于知识分子的失望未免有点夸张,但有一点毋庸置疑,抗议示威是当时舆论氛围导致的结果,知识分子的疑惑和质疑推动了舆论的发展,而政府面对国会受阻时的愚蠢反应无疑火上浇油,新闻媒体对政府政策及策略一贯持批评态度,它们将这种氛围散播开来并予以支持。显然,我们看待 1960 年发生的事件时,必须进入当时的情境、理解人们的恐惧,他们担心军国主义死灰复燃、战争重临,

---

* 美国一架 U-2 侦察机在苏联领空被击落,起初美方否认其间谍活动,直到苏联曝光生还的飞行员及飞机的残骸。

第十九章 吉田时期

担心异见被打压,担心右翼恐怖主义将回归日本。

就在日本即将重获独立的1952年,日本爆发五一游行,拉开了这一切的序幕,社会党领导的工会为当时席卷日本各大城市——尤其是东京——的抗议示威组织了大量人员,工人在安保斗争中作出了重要贡献。有观点从知识分子的愤怒和沮丧来理解这些事件,它们依据的理由是,示威者绝大多数来自都市圈的校园,往往由指导老师率领行动。学校的横幅围成一个个阵营,骚乱唯一一个死者是一名女学生。不过需要补充的是,这些示威活动还带有一种喜庆、嬉戏的氛围,从某些心理来看,和早年农业社会的节庆不无联系。

不少知识分子对这些事件进行评价的时候,都会得出这样一个结论,即这些示威活动是日本民主化进程中一个重要的新现象。据他们认为,一股追求真变革的力量正在从底下沸腾而上、对来自上层的说辞置之不理,这几乎是前所未有的第一次。他们觉得社会上逐渐出现一股革命性的意识,面对变革,从前的社会只有选择接受,从未担当过发起者的角色。

或可认为,这种意识此前只出现过一次,那是在自由民权运动的19世纪80年代。《明治宪法》生效以后,这股精神被吸纳继而转化为国家及帝国权力的目标。再一次,20世纪60年代这波参政热潮被转移到别的目标上,而这次是经济增长和个人消费。

突然之间,引发示威的种种恐惧消退了。国民收入翻倍的话题取代了对民主与和平夭折的担忧。国际局势重新达到一定程度的平衡。发展令日本安稳下来,而日本经济的振兴似乎又给东亚沿海地区带来了稳定。吉田的优秀"弟子"池田勇人(1899—1965)组成新内阁,一改岸信介的专制作风,采取"低姿态"。渐渐地,日本再度融入国际社会,和东南亚国家签署了一系列条约,到1965年,和韩国签订条约。力量远不足以构成威胁的自卫队在招募人员上遇到困难,经济发展的既定目标——国民生产总值在十年内翻一番——很快就超额完成。知识分子及其学生出游的机会增加，他们的阅读范围愈加广泛，翻译也越来越多。20世纪50年代的那股热血逐渐冷却，社会氛围更加多样，甚至可以说宽松。

第七节　战后文化

德川时代，刀、笔两项技能缺一不可，两百年来《武家法则》要求武士既要培养和平技艺也要修炼战争之术。到19世纪，如何将权力工具收入囊中成了现代国家的第一要义，"文"不得不让位于"武"，退居次位。天皇向来是诗歌、绘画这些宫廷艺术的权威人物，后来摇身一变，穿上戎装进行阅兵。到了战后时期，曾经并行不悖的两项内容完全脱离开来：这个国家为自己能活下来松了一口气，转而背弃战争之术，更加积极热情地发展文化方面的技艺。和平、民主与文化是新时代的"三位一体"。到1946年1月，皇太子新年挥毫所写的"打造文化国家"几个字，被学校孩子一笔一画地模仿，写在自己的练习本上。

这个目标尽管模糊，但相比于当时有关战争、统治这些空洞的措辞，这样的转变仍然受欢迎，等到物资需求方面的燃眉之急得到解决后，日本立刻热切地投入到这方面的事业中去。之前由于当局拒绝配发新闻纸、被迫"自愿清盘"的评论杂志这时候奇迹般重新面世，那些颇有声望的热门刊物很快就受到不少新声音的质疑，后者努力打响自己的名堂、扩大读者群体。后来有日本人回忆这段日子是如何令人兴奋、激动，在那时候，即便是初出茅庐的作者想要发表什么崭新想法，也不愁找不到表达的渠道。

"战后出现了一种类似于创造力爆发的现象，那时的日本仍然废墟遍野、食不果腹，但众多杂志社纷纷成立或再度出版，书籍恢复印刷,为'战后一代'提供写作的平台。"[28] 川端康成（1899—1972）和谷崎润一郎（1886—1965）两位作家曾低调地对往昔表示怀念,而这种怀念令他们在战争年代陷入沉寂,此时两人又重新回到写作一线。谷崎的《细雪》在战争时期被禁止出版,如今收获一片掌声,很快就登上现代经典的宝座。川端的《雪国》(1948)也一样。[29] 接下来,谷崎和川端在作品中开始探讨年龄和性权力衰落的问题,这便回归到战前的新感觉派,他们当初正是从这里出道的。

战争时代的个人经历是大冈升平（1909—1988）作品的重要特点,他的人生经历奠定了他的小说背景。[30] 太宰治把战后那股深切的绝望倾注在《斜阳》(1947)的写作中,这部作品同样赢得大众的喜爱。三岛由纪夫（1925—1970）是一位才华横溢的设计大师,在他眼里,艺术与真实之间并无界限。他对战后那套理念感到幻灭,尝试在小说和生活里重新塑造极端民族主义的理想,他私下组织了一支小兵团,理想化了发起"二二六事件"的那批少壮派军官的形象。1970年,三岛写完《丰饶之海》四部曲后觉得作品已经大功告成,于是在自卫队总部发起一次政变,政变过程每一步都进行得很小心,但在无望中落幕,三岛切腹,以为这样做可以媲美1912年乃木将军的自杀。这一事件造成巨大的震撼。[31]

女性创作的作品也在这时候大量涌现,不少连载在迎合女性趣味的新兴杂志上。有吉佐和子（1931—1984）等人描写了旧日父权社会对女性的压迫。女性写作不是什么新鲜事,明治时期的作家与谢野晶子就备受追捧（《源氏物语》的作者就更不必说了）。不过,这支新文学队伍带着女性自觉去写作,而且她们写作的目的往往也是为了女性,意识到自己正在创造一种新的文学类别。

三岛所崇尚的复古民族主义,明显和更年轻一辈的作家及读者的观念格格不入。大江健三郎（出生于1935年）在20世纪50年代渐露锋芒，那时的他积极拥护他那一代人的自由与进步事业，一开始他以描写非英雄角色而著称，他笔下的人物将自己在社会上碰到的挫折通过好勇斗狠的性行为发泄出来（例如《个人的体验》）。此外还有大量关于原子弹爆炸的写作，但有好几年由于盟总审查的关系未能出版。大江在1965年发表的纪实作品《广岛札记》里，将个人和这场核爆炸关联起来。这方面的写作最有名的莫过于井伏鳟二的《黑雨》，这部作品后来被改编成好几部电影。还有作家——不少是女性——投身于当时的社会问题，例如九州水俣的水银污染事件。

自明治时期以来，日本文学就深受西方文学与思想的影响，战前的新感觉派和现代主义在谷崎、川端等作家身上留下的烙印又进一步强化了这股影响。到了战后，这股势头在某种意义上再一次强大起来，西方的思想家和作者开始频频出现在题外话里。但和此前不一样的是，随着外界对日本的兴趣日益增长，日本作家的重要作品很快就被翻译出版，还经常登上畅销书的宝座。日本作家开始受到前所未有的关注，相比之下，欧美文学虽然涵盖了形形色色的迷人主题，但只有很小一部分被翻译过来、让日本读者可以一饱眼福。1968年，川端被授予诺贝尔文学奖，此前只有一位亚洲作家（泰尔戈）获得该项荣誉。众所周知，三岛一直希望拿奖（但没能如愿），反倒是批评他的大江健三郎获得了1994年的诺贝尔文学奖。日本文学似乎正在融入世界文学。日本人对同胞才能获得的认可很是看重，这些都是日本"文化国家"之梦即将实现的迹象。另外，东京当选1964年奥运会的举办城市，给这个国家带来巨大的满足感。

新宗教的蓬勃发展是战后日本文化的另一面。日本有超过3000个宗教团体，其信徒人数加起来多达三四十万。其中15个属于主流教团，拥有上百万的信众。单是创价学会就有1200万名信徒。这个组织还运营着一所"创价大学"，成立了政党。某几个教团还

第十九章　吉田时期

有自己的国际网络，它们将积累的大量财富，用于建造恢宏的总部大楼（灵友会）和美术馆（MOA美术馆、美秀美术馆）。

新宗教的兴起并非战后才出现的现象。天理教、黑住教和金光教皆源起德川时代晚期，其创教人都是在经历一场重病后开悟、创立了教派。[32]这三大教派在日本中、西部的农业发达地区逐渐壮大成长。由于国家方面的压力，它们大多接纳了神道的神话传说和表述方式，进而越来越接近神道，但它们仍然具有独立自主的地位，让官方不悦，甚至有好几回遭到禁止。20世纪初，包括灵友会和创价学会在内的另一批宗教异军突起。[33]这一次源头是佛教，不过第三大新宗教"生长之家"更具有融合性，强调万教归一。

日本投降以后，国家神道被取缔，新宪法规定宗教自由，制度性佛教由于和国家同流合污、巨大的社会变迁及混乱而失势，新宗教——尤其是那些此前被官方嫌弃的——走向独立。它们的教条形形色色，但都围绕着追求和谐这一点，强调忠与诚等日本农业文明的核心价值。随着经济发展，数百万日本人从农村出走到城市打工，新宗教为信众提供了某种稳定感，将他们联合起来。信仰疗法的观念十分普遍。总体来看，新宗教都不具有政治性质，立场保守，但有一个重要例外，那便是创价学会于1964年成立的公明党。虽然公明党宣称自己拒绝传统政治，但到20世纪末，它和自由民主党组成联合政府，获得内阁大臣的席次。

新兴的宗教团体广泛开展传教项目，将信众组成一个个协会，给身处社会变幻中的人们提供意义和归属感。对于怎样才有资格成为其中一员，它们所倡导的大体和日本社会上更常见的名誉途径不沾边。信众往往分布在日本的小企业、小商铺而非大企业里，而且很多是女性。早期不少创教人也是女性。"新宗教提供了另一套声望体系，它们之所以能够吸引女信众，这必然是主要原因之一，毕竟世俗社会里女性的晋升机会仍然有限。"[34]战后的日本一下子涌现出大批新宗教，其实是新获得的宗教自由、对于社会凝聚的新需求所带来的回响，只是以传统方式表现出来，其规模之大也出乎人们的意料。但不幸的是，新趋势、新宗教并不一定促进社会的融合。1995年，日本乃至全世界突然注意到一个自称为奥姆真理教的教派，"奥姆"来自印度教密咒，这个教派的核心人物是一个名叫麻原彰晃的上师，只有一半视力的他被传具有神秘力量。令全国震惊的是，麻原的信众里居然有年轻聪慧的科学家和研究生，他们不满一个愈发技术化的日本社会对成功设下的各种标准，于是盲目地听从其先知的指示制造沙林毒气，然后施放在拥挤的东京地铁线内，最后造成12人死亡、几千人不适，这使得人们开始疑惑，虽说法律规定不得干扰宗教组织，但警察是否真的要一丝不苟地遵守吗？

战后日本文化的最大成就是在电影领域。日本电影工业很早以前就备受追捧，到战争时期，为了强调爱国、忍耐和英勇这些主题，武士战役成了电影制作的常规主题，类似于好莱坞的西部片，但以国家的角度来拍摄。[35]日本投降以后，盟总官员对这类带有军国主义的题材很是反感，1952年占领管治解除，一大批杰出电影喷涌而出，由大师级导演操刀，他们的作品将日本推向世界电影的前列。

这里我们对电影种类和质量的评述不可能做到全无偏倚。沟口健二、小津安二郎及黑泽明三位都是蜚声国际的名导演，但有必要突出谈一下黑泽明（1920—1998）的地位。黑泽明起初是一名艺术家，他一生画过不少素描，从这些细心完成的画作里，我们可以看到他是怎样通过构图达到戏剧性的效果的。他的第一部电影于1943年上映，由于没能符合战时动员的要求惹来批评，但仍取得巨大成功。

真实对比幻觉是黑泽明作品的一个核心主题。他的电影，无论是以投降后一片萧瑟的东京还是以过去的日本为背景，都以幻觉为开端，之后才一步步去探索真实。黑泽明首部享誉国际的作品《罗

第十九章 吉田时期

生门》（1950）将故事设置在中世纪的日本，讲述了一件强奸和杀人案在强盗、受害人、受害人丈夫的鬼魂及旁观者眼里的不同版本，而电影并没有回答到底哪个版本才是正确的。显然，对于带着各自幻觉活着的人来说，他／她自己的版本才是对的。黑泽明的制片人认为这部电影没办法成功，但当它真的成功后，他却四处宣扬，把功劳归于自己，黑泽明后来写道，他觉得这部电影在他身上再次上演了一样。《罗生门》所代表的暧昧与自欺丰富了世界电影语言。黑泽明这部及之后的电影里，我们都可以看到演员三船敏郎的身影，每当观众回忆起这些电影时，总会不自觉地想起外表严厉、演技娴熟的三船。

黑泽明收获好莱坞导演的一众掌声，后者翻拍了他的《七武士》《罗生门》《用心棒》，还把他的很多想法和策略改造再利用。黑泽明的素材来源各种各样，既有西方文学——从高尔基到莎士比亚——也有日本的民间传说、好莱坞的西部片。日本电影的黄金时代也是他最为活跃的时期，1948—1965年间他一共拍摄了十七部电影。他去世的时候，《纽约时报》用了整整一个版面发表讣文致敬，称他"给日本电影打上个人符号，推向世界大部分地方，是电影诞生以来屈指可数的真正重要的导演之一"。

回顾吉田当政的这段时期，如他在早年内阁会议上所说的那样，日本输了一场战争但赢来了和平。和战争不同，这个和平是在没有被敌人征服的情况下实现的。日本和美国打了一场仗，一方输了，另一方赢了，而在和平里面，双方成了彼此的盟友。

第二十章

主权恢复之后

"旧金山和约"于1952年4月28日开始生效。几天后的五一劳动节，皇居前广场上的示威活动逐渐失控，暴徒不顾催泪弹和警察对抗。报纸报道以后，美国读者突然意识到日本社会原来存在种种深层矛盾，开始对日本的未来感到担忧和疑惑。工人骚动不断，言行激烈的左翼势力对《日美安保条约》敌意很深，而保守派看起来想要抓住这次机会进行变革，或许可以扭转1947年新宪法所引发的变动。朝鲜战争给日本经济带来巨大的刺激，但生产力仍然很低。煤炭仍然是唯一的能源，这些煤炭费了不少工夫才从破旧的矿场运送出来，那里的煤层不仅狭窄还常常有危险。森林乱砍滥伐，沿海水域被过度捕捞，土地肥力不足。国际贸易毫无起色。住房仍然紧缺，城市里随处可见临时搭建的房子。学校设施破损不堪，又潮又冷。在东京市中心，几项主要建筑工程开始动工，建筑坯体外围着竹子搭建的脚手架，穿着橡胶鞋的工人们背着沉重的建筑材料，沿着梯子缓缓走到木板做成的平台上。未来的现代性和机械化还距离他们很远很远。

50年后，东京市中心的这批水泥历史建筑周围升起一座座光鲜的摩登大楼。时髦的火车快速进出城市，与行程表上的时间分秒不差，载来数以万计的旅客。通勤的人乘坐洁净透亮的地铁，从四面八方聚集到一起，安安静静的，正在上班或回家的路上。各地开始建新学校，高等教育把越来越多的年轻人带到校园里，新落成的图书馆和实验室成为校园一道靓丽的风景线。日本人的穿着打扮和饮食水平都有了提升。日本产品的各种好处被打在霓虹灯的广告牌上，分布在世界的各个角落。日本大街小巷上的人流比以前更大。数以百万计的机动车来来往往。消费文化改变了这个国家。日本成了七国集团（G7）——后来变成八国集团——的其中一员[*]，开始在世界事务上发挥作用。

第一节　政治与1955年体系

日本投降以后，随着政治生活的恢复，战前的政坛老兵再度归来，出任政党领袖。右翼这边有前身为政友会和民政党的自由党和进步党，它们的诞生可以追溯到明治时代的政治斗争。另一边则是大正及昭和年间的改革党派，是以前工农党派的残余力量，这时候它们不再需要顾忌名称，起名为社会党。1946年春，日本第一次大选，两大保守党都处于劣势，两党内都有大批国会议员由于清洗运动被移除公职，进步党和自由党各失去了90%和40%的席位。而社会党和共产党毫发无损——它们在战时政权下受到的压迫如今成为它们的金牌。自由党仅以微弱优势胜选，随后成立第一届吉田内阁。

---

[*] 除了日本，G7成员国还包括美国、加拿大、英国、法国、德国、意大利。俄罗斯曾于1997年加入，但在2014年由于克里米亚问题而被暂停成员国地位。

选区也发生了变化。战后第一次大选实行新的选举体系，以行政区划的都道府县为一个大选区，选民投票给候选人中的三位。1947年的大选恢复1925年以来的做法，使用中选区制，每位选民投票给候选人中的一位，得票最多的若干人当选。这促使政党进行选举管理，假如得票远多于胜出所需票数的话，有一部分选票相当于被浪费掉，因为这本可以用于支持党内另一名候选人。这套体系被沿用下来，直到1990年国会通过改革方案，改用小选区制。

社会党在1947年大选里的表现出乎意料，获得大多数选票，之后成立的片山内阁只上台了很短一段时间，接着便是过渡性质的芦田内阁。到昭和末年"1955年体系"即将寿终正寝之时，社会党才再次尝到执政的滋味，虽然还是很短暂。两年后的1949年，"道奇路线"的紧缩政策造成经济下滑，结果社会党的大量席位被共产党拿走，在众议院只占了10%的席位。

1950年，朝鲜战争引发日本的赤色整肃，共产党的政治力量遭到剿杀，与此同时，"联合国军"加入朝鲜战争支援韩国，日本成为其后方工厂，经济有所回暖，促进共产主义力量的经济压力由此得到缓解。但是，日本政坛依旧变动不居。一方面，极右翼军国主义势力出局以后，"旧自由派"由一班温和的保守派老人把持，表现乏善可陈。从事政策规划的和田博雄一开始跟随吉田，但他错以为保守派会在美国撤出日本后日薄西山，于是转投社会党。[1]另一个要谈的是铃木茂三郎，他是个白手起家的人物，出身贫寒，但通过奋斗考取早稻田大学，随后进入新闻界，战争期间被下狱监禁。和田与铃木两人代表了一批旧工农政党人，如今以新左翼社会党人的身份崭露头角。工人运动领袖里能与他们相提并论的还有西尾末广和浅沼稻次郎，两人在战前属于右翼社会主义分子，浅沼是个精明的政客，1960年被刺杀身亡。至于右派，一系列废止公职追放的指令下来后，前外交官重光葵（美军"密苏里号"上签署投降同意书的日方代表之一）、资深官员岸信介（东条内阁一员，属于甲级战犯但没有接受审判）及德高望重的财经记者石桥湛山等人回归政坛。他们大部分已经年老体弱，所有人选都无法令人特别振奋。正是在这样的环境下，知识分子对当时日本所走的道路感到灰心丧气。

将近半个世纪里，每届内阁的执政时间平均不到一年半，内阁首相的在任时间平均下来只有两年多一点（见下表），可见政治领导层不太成功。当然，去世（石桥、池田、大平）、中风（大渊）及个人，特别是财务方面爆发的丑闻（田中、竹下、宇野），也是内阁总理频频更替的原因。1960年，岸信介政府对《日美安保条约》修订案的处理手法导致民怨沸腾，最终他不得不辞职下台。这是唯一一次民众明显对政治进程进行干预的例子，但即便如此，也是在保守派政府达到眼下目的后才发生的。

这段时期，阶级对立逐渐减弱。20世纪40年代后期及整个50年代，日本社会为尖锐的矛盾所撕裂。早在1960年以前，工人运动有感工业现代化、生产理性化的威胁，加入激进反对派的行列。工人反响热烈。日本劳动组合总评议会（简称"总评"）成为社会主义政治势力的主干组织。尽管工资水平在占领末期恢复到战前的水平，不满情绪仍然高涨，动荡的局势在1960年针对《日美安保条约》的示威活动中达到顶点。此后，政治的意识形态色彩逐渐减弱。随着经济增长，生活标准逐步提高，20世纪70年代初日本在美国带头下改变对华政策，左翼的大部分口号不再有意义。到20世纪90年代，当初的口号更是被弃之如敝屣，社会党和保守党联合组成村山内阁。

1955年，眼见成功在望，社会主义运动的两股势力联手，日本社会党成立。同年，保守派自由党和民主党合并组成自由民主党[*]，

---

[*] 下文中亦简称为"自民党"。——编注

第二十章 主权恢复之后

吉田之后的内阁

鸠山一郎（三届内阁）	1954年12月—1955年3月；1955年3月—11月；1955年11月—1956年12月
石桥湛山	1956年12月—1957年2月
岸信介（两届内阁）	1957年2月—1958年6月；1958年6月—1960年7月
池田勇人（三届内阁）	1960年7月—12月；1960年12月—1963年12月；1963年12月—1964年11月
佐藤荣作（三届内阁）	1964年11月—1967年2月；1967年2月—1970年1月；1970年1月—1972年7月
田中角荣（两届内阁）	1972年7月—12月；1972年12月—1974年12月
三木武夫	1974年12月—1976年12月
福田赳夫	1976年12月—1978年12月
大平正芳（两届内阁）	1978年12月—1979年11月；1979年11月—1980年7月
铃木善幸	1980年7月—1982年11月
中曾根康弘（三届内阁）	1982年11月—1983年12月；1983年12月—1986年7月；1986年7月—1987年11月
竹下登	1987年11月—1989年6月
宇野宗佑	1989年6月—8月
海部俊树（两届内阁）	1989年8月—1990年2月；1990年2月—1991年11月
宫泽喜一	1991年11月—1993年8月
细川护熙	1993年8月—1994年4月
羽田孜	1994年4月—6月
村山富市	1994年6月—1996年1月
桥本龙太郎（两届内阁）	1996年1月—11月；1996年11月—1998年7月
小渊惠三	1998年7月—2000年4月
森喜朗	2000年4月至今 *

---

* 此处为本书初次出版之时，森喜朗于2001年4月辞去首相一职。

一同对抗社会党的强大势力。自民党把持政坛长达40年。在这期间，社会党人以反对派身份活动，被派到国会各个委员会里，结果，如某些人说的那样，主宰日本政治的是"一个半"党而非两党制，由此建立的政治结构常被称为"1955年体系"。[2]

自民党内部根据被合并的党派分成好几个派系。派系之争迅速愈演愈烈，党领袖身边围着一群群政客，前者可以帮助后者筹措选费，令他们服务于派系或自民党官僚系统，借此拿下选席。

早在自民党成立初期，从政府转投政党政治的官员便是其重要组成部分。1958—1976年间，担任过局长或以上级别高官的人，在众议院的比例高达10%以上。这里面几乎所有人都和自民党有关联。[3]

自民党成立的时候，时任内阁总理鸠山一郎明显很快就要卸任，或者更确切地说，将不久于人世。1956年，鸠山到访莫斯科，和苏联签署终战协议（但没有签订和约），当时的他已经年老体衰。自民党几个头号人物的健康状态也没好到哪里去。绪方竹虎在新闻业地位显赫，还有出任内阁的经验，有望成为自民党第一任内阁总理，不料死于心脏病发。接手出任内阁总理的石桥湛山，也在上任两个月后去世。于是，这一接力棒被交到自民党干事长岸信介的手上。前文谈过岸信介在1960年《日美安保条约》修订案上的表现多么糟糕。接下来发生的国会骚乱令他丢了职位，几乎连性命也不保。这为池田勇人创造了机会，"吉田学校"的一众毕业生里，池田是最成功的一个。

池田先是提出一系列低姿态的议案，一改岸信介的强硬立场，同时宣布要在任内令国民收入十年内翻一番。[4] 势头对池田十分有利。他本人颇受欢迎。其执政期间恰逢美国另一个年轻有活力的新时代。这时候，新上任的肯尼迪政府派赖肖尔出任驻日美国大使，换掉原来的道格拉斯·麦克阿瑟（Douglas MacArthur，麦

第二十章　主权恢复之后

克阿瑟将军的外甥），赖肖尔作为美国代表深受人们欢迎，他常常提到日美是伙伴关系。日美内阁之间举办了一系列联合会议，可见所言非虚。

收入翻一番计划取得的巨大成功出乎所有人的意料，在经济水平上升的种种迹象下，日本人对社会、对未来变得更有信心。1964年，日本举办奥运会，没想到令人们的国家自豪感和自信心大增。这场奥运会还给日本的城市生活带来额外的贡献，政府开展大规模建设项目，修建高速公路和体育馆，准备迎接即将到来的外国游客潮。由杰出建筑师丹下健三负责设计的奥运会场馆，将现代技术与传统设计融合在一起，给人留下深刻的印象，其宏伟却不张扬的气质引起国际关注。直到这时，日本人民才开始切实看到，日本过去为重建、为促进经济所作的努力终于有了回报。

池田早逝，吉田学校的另一位"毕业生"佐藤荣作接着出任内阁总理一职，在政策上延续广受欢迎的池田路线。佐藤执政期末尾，日本通过和美国谈判，于1972年收回冲绳。位于冲绳的美军基地尽管要跟日本四岛上的其他基地一样受到同等限制，但这仍然对冲绳的生活具有决定性的影响，东京政府其实是在让冲绳承受日本安保部署的大部分负担，为了补偿，东京政府开始在岛上实施开发项目。佐藤继续吉田的方针，将军事支出维持在最低限度，此外他明确保证日本不会出口武器或制造、储放核武器，这为他赢来了一座诺贝尔和平奖。

这时候，自民党内部的派系格局已经十分稳固，政治评论员的焦点更多是放在派系势力的消长而不是一党坐大的事实上。每个派系的规模为50位国会议员，大选期间派系领袖有分配资金的权力，用以支援这些国会议员的选举活动，而这些议员是其领袖在党内及国会得以进行操盘的基础。像池田、佐藤这样强势且高调的政治家当政的时候，党总裁的选举结果必然直接关系到之后的内阁总理人选，这个人选更多地是派系领袖之间彻夜谈判的结果。胜出的候选人上台组阁时，都会适当地尊重那些支持自己当选的派系，上文内阁列表中有不少重组的情况，通过重组，内阁总理能够改变或扩大回馈的方式，这也是内阁重组如此频繁的原因之一。

要求废除派系的声音常常有，但实际成果没有多少。20世纪80年代，自民党开始就总裁选举实施党内初选，此前自民党党员大多只限于参政的人，这时候在数量上有所增长，可是这一举措成效不大。派系格局可以对政府政策起到适度调节的作用，但不会反对政策本身。相反，有时候它提供了一种容纳多元但又不用牺牲党主导权的办法。小派系的领袖可以联合起来形成多数派。曾短暂执政的三木内阁便是在田中内阁腐败丑闻被揭发后组建上台的。中曾根在党内根基薄弱，但通过巧妙运用手上的资源，成为强有力的领导人，和美国的里根总统交上朋友，在国际舞台上表现亮眼，还因应大众对国防关注高涨，成功推动相关计划。

国会议员需要对自己在选区的支持力度做到心中有数，他们需要留意葬礼、婚礼等活动，组织后援会帮助自己应付这些繁重的职责，这些活动最后会反映到他们的预期得票数量上。他们几乎没有从政府那里获得任何运营、差旅方面的援助。[5] 由于这类组织活动巩固的是个人而非党派的关系，议员的票仓实际上可以被其亲属"继承"。20世纪80年代末，众议院席位里大约有40%甚至更多的议员是第二或第三代政客。

日本农村地区是自民党的铁票仓。快速的工业化促使大批农村人口流向城市，国会席位的换组情况严重滞后，远不能反映人口分布的变化，尽管法院已经在好几次裁决中质疑选举结果的合宪性。为了保证自民党候选人在复数选区胜出，自民党采取选票分配的选举"管理"策略，这在旧势力扎根的地区同样十分奏效。

由于自由党、民主党在意识形态上没有多少差别，此前相互认

第二十章 主权恢复之后

同和理解的关系在两党合并以后很快就被派系割裂。社会党则不一样，联手的两派之间存在深层且原则性的分歧。社会党的左派在裁军问题上保持坚定立场，强调自卫队不合宪，呼吁日本在美苏争霸里采取完全中立的态度。到1960年，局面开始变化，党内右派再次出走，成立民主社会党。左派对国内外形势那套激昂、刻板的论调，越来越脱离日本的大环境，立场更为温和的右派同样没能争取多少支持，虽然它发起的好几个计划受到高度赞誉，被称赞有"新视野"。

通过在地方上组织后援会，国会议员和代表选区之间维持着适当的紧密联系，但这并不意味着自民党拥有广泛的支持。相反，在它主导的数十年里，自民党在选举中获得的多数票一直在下滑，每隔一段时间就会出现这样一个预言，称日本很快就要成立联合政府。这一可能性直到20世纪90年代"1955年体系"终结时才真正实现。90年代的细川内阁、羽田内阁里都有社会党人的身影。而村上当上内阁总理后也吸纳自民党人入阁，公明党于20世纪末加入小渊内阁，双方组成联合政府。

随着20世纪90年代苏联解体、日本和东亚邻国的关系有所改善，那套冷战危机、脱离亚洲的话语再也没有用武之地。日本共产党在朝鲜战争期间一度转入地下，这时候再次崛起。他们通过销售《赤旗报》，以及接收左翼工会和国外的援金，拥有充沛的经费。不过，他们面临一个难题，即怎样避免被认为自己跟苏联是一道的。日本在战前对俄国的疑虑此时转移到苏联身上，而且，苏联苛刻对待西伯利亚的几十万名日本俘虏，这些恶行通过生还者之口广为人知，苏联称北海道沿海一带的岛屿是千岛群岛的一部分，这在日本招致一片反感。这种情绪被右翼组织利用，通过广播车和标语在换乘站及都市里人流聚集的地方反复宣扬。与此同时，随着日本越来越繁荣、产生大批中产阶级，有关中国"文化大革命"的消息对日本共产党同样不利。

除此以外，日本共产党还面临一些根本性的问题。日本投降前不同意识形态派别之间相互斗争，导致发生党员向警察告密的情况。此外，他们还被怀疑在收集情报，与苏联有所牵连。在这样的环境下，野坂参三——他本人是个颇受人欢迎的参议院议员——及其他党领导人尽可能远离那些革命、暴力言论，他们解释道，日本已经是发达国家，没必要再经历动乱。因为上述及其他种种原因，日本共产党再也没能重现1949年大选普选中取得10%票数这样的好成绩，遑论超越。

统治权长期掌握在单一党派手里，这在任何国家都会滋生腐败现象。日本也不例外，日本富裕程度越高，曝出的丑闻就越惊悚。田中角荣任内阁总理时，接受洛克希德公司的贿赂，在采购飞机的过程中为其说情，1974年，这件事被揭发出来，整个内阁在公众、媒体的哗然声中下台。田中曾被誉为新生代的政治家。他出身寒门，也没有名牌大学的光环，但他大手笔且巧妙地划拨政府资金给属于政治分肥的建设项目，通过这种方式，他在自民党内的话语权越来越大。他在自己撰写或者说以他名义出版的一本书里，提出要重建日本本岛，减少对都市圈的侧重，拓宽地方发展。商界团体和偏远地区对此反应热烈，田中就像他的称呼"推土机"一样势要踏平崎岖不平之地，他的家乡新潟已经被他这么改造了一番，大规模的高速公路和高速铁路改变了新潟和外界的连通程度。他受人欢迎，但这种欢迎并没能抵消人们得知他被外国承包商贿赂以后的愤怒。当时他的派系在自民党内势力最大，即便这件事在冗长的调查和谴责机制下最终走上法庭，田中派系的地位仍然稳固。在他律师的操作下，田中到1997年去世以前都没有被送进监狱。这必然会让历史学家想起1914年的西门子丑闻，德国船厂为了保证拿下利润丰厚的合同，贿赂海军人物。同样值得一提的是，田中的丑闻曝光时，美国的水门事件才刚发生不久，太平洋彼岸的调查报道被日本记者

第二十章 主权恢复之后

拿来作榜样。

1964年，势力最大的新宗教之一创价学会设立公明党，他们有感政治体系内部腐败，希望以此反制。尽管它存续了下来，甚至在自民党的"1955年体系"瓦解后一度加入内阁，但它一直没能成为日本政坛的主要力量。公明党多少疏远了当初的资助方，但仍然保持着宗教属性。它在后来同样出现了派系分化的现象，有人甚至质疑它已经成了自己口口声声要对抗的恶龙。

自民党长期一家独大，日本经济刚好也在这时候稳步增长，这导致大企业、官僚和政党之间来往无间，个中形成的种种关系逐渐超出了大众——尤其是媒体——容忍的界限。说到高层腐败，上文提到的田中和洛克希德公司的丑闻便是一个例子，到20世纪80年代，大量"金权政治"、公然弄虚作假的事例被曝光出来，数量之多，引发民怨之甚，最终危及自民党的统治地位。这个问题很大程度上是系统性的，和选举经费高昂不无关系。企业组织大型表彰会、支持候选人，作为回报，它们更容易拿下政府合同，还能够获得有关官员调动和管治方面的内幕消息。牵涉其中的政客名誉扫地，遭到媒体的辛辣讽刺。党委会某个带头人和某家建筑公司联系得特别紧密，最后在他家公寓发现大量金条，这时候，司法机关再次行动起来。这样的画面越来越频繁地出现在新闻读者面前——检察官派出的人员浩浩荡荡地从党政官员的办公室、银行和证券行里抬出一箱箱报告，以调查金钱的来源和去向。短时间之内，自民党丢失了主导地位，联合政府一度执政。

自民党的改革人士开始出走、创立小党，希望形成主要的保守派反对党。社会党人在沉寂多年以后，重新考虑了自己出于意识形态对日本国防政策的反对立场，他们和小党联手、推翻了宫泽喜一的自民党内阁。宫泽是个有能力、有耐力的领导人，之后他再度出山，出任小渊内阁的大藏大臣。宫泽运气不好，刚好在民众对政坛怨气到达顶点的时候出任内阁总理。

接着组阁的细川护熙原系熊本县知事，本身颇受人欢迎。他一度被看作是日本未来和过去的代表人物——细川既为熊本藩主的后裔，又是近卫文麿的外甥。细川及其内阁抓住这个势头，宣布一系列去垄断、去自由化和选举改革的计划。根据新的选举法案，日本恢复小选区制，同时增加比例代表制以增强党派力量。

"1955年体系"尽管已经终结，但没有被替换掉。细川及其下一任羽田的执政时间都十分短暂。羽田输掉的那场大选里，新的选举改革方案实际上扑灭了社会党掌权的希望。继羽田之后上台的是联合内阁，试图平衡社会党和自民党的势力，在其任期结束后，权力再一次落入自民党出身的内阁总理桥本龙太郎手上。改革势头似乎一度停滞，人们意识到，"金权政治"的泛滥是系统性问题，除非选举能获得其他经费来源。的确，这个问题在其他包括美国在内的民主社会同样紧迫。无论如何，自民党的领导权虽然再度确立，但肯定不如"1955年体系"时期那般稳固。不再是绝对多数派的它，需要在国会寻求其他党派的支持。

20世纪90年代，日本经历长达十年的放缓和衰退，政治一定程度上让位于经济。经济泡沫破灭的另一个后果便是，人们开始意识到政坛的肮脏无耻，商家、党派、官僚这三大势力里新增加了一个要素，那便是有组织犯罪。哪怕是大藏大臣也逃脱不了不正当作为的指控，被指责在20世纪80年代日本高度繁荣的时候对银行借贷的违规现象睁一只眼闭一只眼。体制里唯一保持清廉的似乎只有司法部门了，司法程序进行缓慢，部门人手不足，但它不会落得行为不当的指控。

这些事件给日本的政治意识形态带来重要的变化。社会党人失去的不仅是国会议席这么简单，他们背弃了自1952年开始便坚持的反对自卫队、反对日美安保关系的立场，而这是他们一直以来最

第二十章　主权恢复之后

大的特点。更重要的是，日本的民主机制表现出某种源自深处的弹性和韧劲。公民权得到审慎尊重，法庭不再像战前那样受制于法务大臣的行政指挥。战后的改革措施给日本建立了一套更加独立的司法体系。

现在的日本政府和战前最大的不同之处，自然是它再也没有一个能够倚仗天皇权威的军事部门。自卫队下辖于内阁总理，不具备稳固的战斗力基础，而战前皇军深谙后者之重要。成立五十年后的自卫队，看起来对新日本的体制构成不了任何威胁。

自民党之所以能够长期坐大，原因在于它有能力修正路线、对快速工业化大潮下发生的不公与委屈进行补偿。农业、小企业、建筑和地方利益有办法让自己被特别对待，进而取得极大的发展。自民党能够成为多数派，正是因为日本各种群体为自身利益投出自己的一票。[6]

让人高兴的是，人们对战后的政治体制运作表现出广泛的热情，越来越深也越来越多地参与其中，在这方面，日本跟随了其他发达国家的步伐。这些年来，选民投票率呈下降趋势。保守势力长期掌权，不可避免地导致人们对变革愈发不抱期望。战后日本的生活水平逐步改善，但几乎没什么事情可以鼓动选民——曾经的"中国问题"也在20世纪70年代日本承认中华人民共和国政府是中国唯一合法政府后解决了。日美同盟所带来的安全保障，尤其是核保护伞，看起来还算稳固，万一真发生什么，那也是别的国家做主。自民党的派系格局不利于产生一个强有力的领导人，除了池田、大平和口才了得的中曾根等少数人以外，几乎没几个强人能够突围而出。20世纪90年代，人们对细川执政班子的呼声异常高涨，最后这届内阁却匆匆下台。令细川内阁栽倒的和当初让他们登上权力宝座的正好是同一件事情，细川拒绝公布自己的财务明细，觉得这有损尊严。20世纪70年代末工业化大潮刚起步之时，大平曾担任过公职，对世界大势有精辟的分析，他感到有必要尽早订立计划，为将来自民党真正受到更多人的欢迎，为日本凭借其经济发展担纲新角色的那一天做好准备，然而，他去世过早，令这一愿景戛然而止。

日本政治没能激起大众兴趣的另一个原因与官僚权力有关。美国众议院议员习惯了行政职员的服务，但日本不一样，众议员手下没有几个员工，他们获得的只有最低限度的帮助，为了维持正常运作，却需要在选区设立办公室、雇用员工。这使得他们必须依赖地方拥趸的支援，而在核心圈子内的派系领袖能够获得大规模的、全国范围的资助。或许正是20世纪70年代初的田中角荣内阁，将"金权政治"推向新高度的。

另一方面，预算和法案往往由中央各省的公务员拟定。战后头数十年里，中央的分配及指导尤为重要，一大套指引和行政法规应运而生，企业和公民必须依照这些条文进行操作。但随着时间的推移，事情不一样了，"违规"成了媒体和领袖经常挂在嘴边的词语，可见要做到符合规定并不容易。20世纪80年代和90年代爆发的丑闻，以及20世纪末日本经济的持续放缓，令现状开始出现变化的迹象，且这种变化是持久的。

第二节　经济巨人的崛起

大来佐武郎在回忆录里写道，日本投降前最黑暗的那段日子里，某位友人曾说过，戎装日本所没能争取到的东西，在穿上商务正装后反而有可能。几十年后回过头来看，这些话仿佛预言。这不是说日本取得地区霸权，实现此前军事领导人的目标，它的成就远远比这显赫——日本成了世界经济巨人，是仅次于美国的第二大经济体。对于日本是怎样发展到这一地步的，我们现在越来越清楚，但对于个中原因及相关解释，争论仍然相当激烈。

查默斯·约翰逊（Chalmers Johnson）形容日本是一个"成长型国家"，和更加发达的经济体特别是美国的"调控型国家"不一样，随着讨论走向两极化，约翰逊的说法代表了其中一个极端。[7]他以日本的通商产业省*为关注点，讨论日本这个国家怎样利用产业政策跻身国际经济前列。有权威学者批评约翰逊的说法过分夸张，指出通产省的计划常常遭到私营企业拒绝。20世纪末的亚洲金融危机过后，经济学家已经不承认"经济奇迹"的存在，认为过去数十年呈现出来的高速发展不过是廉价劳动力和外资的双重作用，东南亚经济体及韩国注定要慢一拍，要等到规范和财政体系这些基础建设发展到一定程度。无论"成长型国家"的说法在多大程度上适用于20世纪90年代的事情，很少人能否认，日本在其致富之路上恰恰是这样一类国家。因此，历史学家的任务是寻找日本崛起过程中存在的延续性和断裂，尝试去辨别产业政策在什么时候发挥关键作用、在什么时候却达不到这样的效果。我们从日本经济实力的事实出发去考虑。日本经济尽管经历了十年的衰退期，到20世纪末仍仅次于美国位居第二大经济体。在包括中国在内的整个亚洲经济里，日本占了三分之二。

日本的经济复苏是外在和内在因素共同作用下促成的。之前提到，朝鲜战争对日本来说是刺激其经济发展的大好机会。然而，这同时引发了新一轮的通货膨胀，很快就对战争所带来的种种好处产生威胁，即便不是完全抵消，也会构成限制。在这之后，国际形势对日本持续有利。美国热切推动日本振兴，将日本经济和反苏阵营捆绑在一起，在美国帮助下，日本加入国际贸易组织，先是科伦坡计划（Colombo Plan），然后是经济合作与发展组织（OECD），美

---

* 简称"通产省"。

国还大开方便之门，向日本开放自己的国内市场。技术和科学的发展同样发挥了作用。在纺织业，合成材料的引进和完善减少了纤维的进口需求。此时它拥有方方面面的渠道，可以拿到亚洲各地除中国以外的原材料，这些地方是日本发动战争却始终没能征服的地方。新的交通布局降低了日本资源贫乏所带来的劣势。日本的工厂坐落于港口城市；在政府帮助下，东京附近进行大规模填海工程，令川崎制铁公司能够临海修建设施。巨型矿砂船、超级油轮降低了进口原材料的单价，日本工厂得以和其他国家的内陆供应商进行竞争，后者的工厂不仅没那么现代化，而且只能依靠铁路或内河驳船补充货源。日本重新出发，但工业化世界的大多数国家也一样。日本和别的竞争者之间的差距没有表面上看起来的那么大。由于不得不替换所有厂房，日本能够改用最有效率的制造方法。在位于千叶海岸的川崎钢铁厂里，一连串几乎毫不间断的加工程序将矿石转化为高级钢铁。不久，日本的造船水平就位居世界领先地位。曾造出世界上最大战列舰"大和号"的船厂，这时候开始制造体量巨大的超级油轮。日本还有最后一道优势，西方尤其是美国的电子、机床和机动车制造商对日本近乎宠溺，他们几乎没想过日本有一天会变成竞争对手，通过向日本转移技术，他们也很高兴自己可以收回部分开发成本。不公平竞争的控诉声开始出现，这时候，美国政策把日美的安保关系作为首要强调，对呼吁反击的声音一律表示拒绝。最后，日本在每一个节点都比亚洲其他国家先走一步。原本可以与之制衡的中国，在彼时尚未显现出日后企业运营的那种灵活性和理性化。

  回过头来看，当时的国内环境对日本的经济发展同样有利。防卫支出要维持在最低水平，反对派社会党的这点要求得到了自民党政府的同意。国防预算不得超过国民生产总值的1%，最初忐忑不安的保守派是在和平民主人士的倒逼下被迫接受这项规定，这在后来演变成一种原则性的政治话术。这个额度一直到20世纪80年代

第二十章　主权恢复之后

中曾根内阁执政时才被超过，但也只是一点点。日本将军备维持在低水平，令亚洲其他国家大为放心，为日本的国家经济发展奠定了基底。退休以后的吉田茂目睹了自己"学校"培养出来的学生将"吉田法则"付诸实践，他本人也逐渐被视为战后政治与政策的元老级人物。同时，保守派政府没有尝试去克服日本的"核过敏"，反而顺应民众要求，明确限制美国在日本的美军基地引进核武器。在这过程中，双方都有一定程度的欺瞒，但当反对制造、存储或引进核武器的声音从日本——世界上唯一遭受过核爆炸的国家——领导人之口宣布出来的时候，这些口号具有强大的力量。如我们此前所说，这项公开宣言是佐藤于1974年获得诺贝尔和平奖的一个主要因素。

　　制度性的举措也在发挥作用，而这正体现了约翰逊关于成长型国家的产业政策的观点。其中最明显的措施包括，政府直接对特定产业进行补助，至于不具有竞争力的技术、设备，通过政府和税收措施，促使其数量减少乃至消失。大藏省有能力调配资金、通过日本政策投资银行刺激贷款，因此发挥了重大作用，而通产省为增强日本竞争力制订了详细的计划。这些策略以官方商讨和"指导"的形式出现，而不是直接下达指示，它们也不总是成功，最后的效果好坏夹杂。有一班工程师就避开官方，组建了一家小公司，这便是如今世界闻名的索尼。通产省计划将小生产商并入大公司，借此对汽车行业进行合理化改造，但最终以失败告终。官方把竞争力作为重点加以发展，为此对规模加以调控，股东——尤其是工人——也愿意忍受迟来的报酬，这是长时段的经济规划得以实施的原因。

　　制度性措施为鼓励资本积累，几乎以强制方式实现高储蓄率，同时对消费加以限制。储蓄账户所获利息不用上税，已付利息不可扣除。改善健康保险的法律法规进展缓慢，为应付将来之需，个人储蓄的重要性越来越大。企业税收水平适中。政府并不反对同业联盟，但鼓励行业合作。日本经济团体联合会（简称经团联）的企业领袖、保守派政客、官僚之间形成互助的三角关系，官员从中央省部退休后，往往以顾问身份转入商界。不出预料，在推行这些措施的同时，实行保护主义。从农业——日本禁止大米进口，直到1994年细川内阁时期才取消——到任何种类的消费品，无不推行这种模式，从而为日本的生产商制造机会，让他们发展到具备一定竞争力的经济规模，到那时，国内市场已经掌握在他们的手上。日本各地纷纷推出保护小商铺的措施，为此排斥大商店、管控及限制商店囤积竞争性商品。难怪外国进口商会觉得日本的流通网络和行政格局错综复杂、难以看透。即便正式的关税壁垒有所降低乃至被取消，但那些看不见但有效的关税以外的壁垒仍然在起作用，进口依然缓慢。结果，日本市场是"开放的"，但日本商界不是。

随着这样的共识逐渐形成气候，管理层充分发挥自身在组织、管控市场方面的作用。大企业和银行互相持有对方的证券和股份。在有关发展的种种考虑面前，股东利益退居第二。证券持有人处境不利，偶尔爆发的抗议往往遭到一班受雇于企业的恶棍拦截，这些人被称为"总会屋"，成员都来自社会边缘。可以说，"国家"是重要角色但并非全能，国家与非国家不是二元对立共存，两者大体上基于共识进行合作，模式远远灵活得多。

在这样的格局下，首当其冲的便是日本消费者，这样的情况持续了很多年。他们支付高价，几乎没有别的供应商可以选择，工作收入微薄。以消费者为对象展开的一系列形式新颖、多面向的运动，宣扬劳动、忍耐、节约这些传统美德。[8]

到20世纪70年代，以美国为首的对日贸易伙伴要求日本进一步开放国内市场。成果虽然缓慢但一直没有停下来过。随着经济稳步增长，日本离发达只有一步之遥，贸易盈余，凭借着这样的条件，

第二十章　主权恢复之后

日本政府开始在社会政策和福利方面下功夫。

对于这波增长发生的过程和先后次序，香西泰的总结颇合适[9]。倾斜生产计划阐述了振兴日本所需要经历的过程，这对于接下来的步骤十分关键，不过这项计划仅代表紧急情况下的做法，是暂时的，不是长久之策。紧接着这项计划之后，政府省部、经济企划厅这类组织、行业领头人之间进行协作和规划。在这方面，钢铁业的现代化和合理化改造便是一个例子。电力和化学行业同样经历了现代化改造。早期计划里还包括煤矿业，但日本煤层狭窄、煤炭质量平庸，据此各方认定，改用进口原油和电力作为能源反而更高效，而且随着中东新油田投入使用，原油产量十分丰富。不用说，煤矿工会肯定不同意，但他们的反抗没有成功。电力和热力行业在经过现代化改造后，可以提供的能源量一下子大增。水力发电厂和碳化物工厂又进一步推动了乙烯基塑料等合成物的生产，随着化学行业的发展，生产出来的化肥大大促进了农业生产。

日本只花了相对比较短的时间就形成发达经济体所特有的关系模式，很快便引起外界的关注，逐渐为亚洲沿海国家所模仿。从一贫如洗到身家丰厚，其速度之快，在汽车行业体现得最为淋漓尽致。美国制造商于20世纪30年代在日本设立分厂，但军事领导人出于国家安全和自产自足的考虑，迫使他们离开。留下来的是一个效率极低的行业，主要为军队制造卡车。1950年，丰田汽车公司的高级主管身处美国，正准备出发去底特律，希望获得一笔财政紧急援助，这时，他们获悉朝鲜战争爆发，于是返回东京。战争为公司和行业提供了翻身的机会，尽管如此，他们还是认真考虑了是否要放弃国内产业。产量开始缓慢增长，这里面有相当一部分是出租车，既不好看又不舒适，这些出租车穿梭在空荡荡的大街上，对交通规则或行车安全基本毫无顾忌。1955年，丰田作为行业领头羊，只给自己订下每月3000辆汽车的生产目标。之后，丰田和日产汽车进行激烈竞争，在这种刺激下，丰田汽车的质量和产量都有所提升。本田、马自达、三菱、铃木、富士斯巴鲁等规模更小的制造商，以及整个产业，成功抵制了通产省的合理化改造与合并计划。20世纪60年代，日本制造商——尤其是丰田——已经做好打入美国市场的准备。他们选的时机也刚刚好。中东动荡的局势危及汽油供应，这让省油的日本车显得更有吸引力。在这竞争过程中，体量小且节能的进口日本车很快就体现了它们的价值。[10]

汽车行业衍生出一系列生产零部件的附属产业，刺激了钢铁、轮胎、玻璃和电子产品的需求，还为农闲时分的农场工人——每到春季这些工人便会返回各自村庄——提供就业机会和收入，可以说，汽车行业是日本工业化的核心力量，如同昔日底特律在美国长期具有的地位一样。

日本技术引进的势头在这数十年里逐步增强，引进的技术往往还会被进一步改善。以五年为计，1949年至1955年，日本进口的商品价值为6900万美元，到20世纪70年代初，这个数额高达32亿美元。一开始很多企业和外商尤其是美国企业联合，随着经济力量和政府助力，最后变成彻头彻尾的日本企业。

结果，日本出口量大涨，而且出口商品的构成发生巨大变化。20世纪70年代，日本传统出口商品纺织品的出口量被以汽车为主的重工业产品追平，跟着被远远甩在后面。电视机及其他电子产品出现类似的增长。像纺织品这样的轻工业曾常年占据日本出口主要份额，此时重要性越来越低，转而集中力量发展国内市场。这一增长大大振奋了时事评论家，令他们联想起德川时期的繁华城市，他们把这形容是"新的元禄时代"，甚至追溯到日本历史之初，吹捧这是"神武［传说中第一位天皇］以来"最大的发展。国内资金流向规模更大、更现代的新厂房，这一切表明日本正在成为世界工厂。

但是，产业领袖和政府领导人依然发出警告，指出日本在原材

第二十章 主权恢复之后

料方面的劣势，特别是日本对进口（原油）能源的依赖，以此打消人们对外商进入日本市场的抱怨。他们担心进口上升会引发通货膨胀，忧虑这是经济"过热"的迹象、暴露出基础的脆弱性。到20世纪80年代初，日本告别高速增长的日子，这些断言某种程度上得到了证实。1971年，尼克松总统取消360日元对1美元的固定汇率，给日本出口创造了尤为有利的条件。按照灵活的"流动"汇率，日元的确被大大低估，汇率迅速上涨到300日元对1美元，高峰时期甚至到87日元。日本越来越不像是美国政策的保护对象，实际上，尼克松政府一度禁止大豆出口，依据的是"一战"时期禁止与"敌国"发生贸易的法律条例。接下来局面进一步恶化，中东地区局势动荡，引发第一次石油危机，把石油价格推高了四倍（按美元计算）。石油危机之下，日本全国上下弥漫着一股危急氛围。政府和产业领袖同心协力，灵活开展节能计划。都市华灯一下子变得暗淡。警察在办公楼里展开检查，以确认暖气和空调温度是否符合规定。广播、电视和报刊提醒家庭主妇要注重节能。规划和道德两种手段双管齐下，以降低石油冲击造成的破坏，到1978年伊朗发生革命、第二轮石油短缺爆发的时候，日本虽然和从前一样依赖进口石油，但比起其他工业国家，它在应对措施上准备更加充分。与此同时，节能汽车出口迎来了繁荣期。

随着日本出口盈余逐渐增加，不少国家——尤其是美国——开始施压，要求日本贸易自由化、进一步开放国内市场。日本政府的谈判人员行动拖拉、不情不愿，他们称国内的强烈抵制可能会构成阻碍，而美国警告日方，为了缓解失业问题，美国国会有可能采取保护主义立法。实际上，由于日美安保关系至关重要，华府的策略制定者制止了保护主义的主张。日本政府更是焦急不已，想办法阻止美方立法，为此屡次承诺实行自愿出口限制，对出口商进行工业出口额的分配。20世纪初日美有过一次"君子协定"，日本政府借那份协定缓解由移民引发的日美冲突；有人或许会认为这次是那份协定的更新版。然而，这只是临时性的制度安排，并不令人满意，因为这样一来政府的角色就被进一步强化了，这与美方一贯要求背道而驰。

随着日本出口量上升，日本的管理体系逐渐获得广泛赞誉，在这样一套体系运作下，日本生产出高质量的商品，但只有很少的劳工纠纷。终身雇佣制保障了工作，减少技术创新的后顾之忧，年资薪酬制保证公平，"质量控制圈"令工人参与到生产一线的决策当中并使之成为制度的一部分，这似乎预示了一种更加人性化、回报性更强的体系。管理层没有囿于季度盈亏，能够对未来进行长远的发展规划，在他们所规划的未来里，他们可以无限量地扩张和增长。雇用和管理制度尤其受关注。日、美两国的时事评论家把这大部分归功于美国管理顾问戴明，他于占领时期末访问日本，之后每隔一段时间就会回来。戴明强调质量控制，对战后的日本经济有缔造之功，他被形容为新产业格局的预言家，美国媒体纷纷哀叹，听取他建议的居然是日本而非美国的管理层。日本媒体也称赞他是来自国外的一代宗师。戴明作为舶来偶像的形象的出现，或许需要放在和下面人物一样的情境里理解，包括费诺罗萨等明治时期的指导老师，长崎那些有宗师之称的中国画家，以及更早时候的佛教传道人如鉴真。通过冷静评估，我们可以对上述评价稍作调整。[11] 终身雇佣制和年资薪酬制并非日本传统，而是后来才出现的模式。这两个制度只覆盖了大约四分之一的劳动人口。戴明的管理思想也不是从"二战"硝烟刚灭时便如此受欢迎，早在战前日本管理者就已经紧跟西方特别是美国的管理学思想，包括"泰罗主义"。这和费诺罗萨的情况一样属于偶然，某种国外声音的出现刚好能够带动对日本有利、为外界所乐见的趋势，结果，戴明被拔高到近乎神话般的地位。

韩国、中国台湾、中国香港、新加坡四个经济体似乎将日本视为榜样，追随其步伐，20世纪80年代先有"日本奇迹"引发世界兴趣，后有"亚洲奇迹"成为热议话题。日本的银行和企业大量投资东南亚及中国——对中国投资相对少一些。有些人抱怨说，"大东亚共荣圈"最终还是实现了。随着投机活动扩大，东京的股票市场前所未有地红火。资金充裕的银行竞相贷款，对贷款人没有严加审核，甚至将资源输送给其他审核更加宽松的借贷机构。房地产的价格变成天文数字，据说，哪怕地方很小，价格也高得离谱。日本公司买下欧美的标志性地产，印象派画作在西方各地的拍卖行情被私人买家推高。长年背债的日本，此时变成世界上最大的债权国。日本购买美国的国库券，补贴了美国20世纪80年代的预算赤字，到这时美国成了世界上最大的债务国。在一些人看来，日本发展了一种新型的资本主义。官方鼓励延迟满足和长期规划，劳资关系和谐、共同推进"家"或企业的发展，这样的环境造就了日本的繁荣，还带来相当公平的收入分配。与此形成鲜明对比的，是美国式自由市场上那些冷酷无情的竞争势力。

20世纪最后十年，这个"泡沫"——象征着17世纪荷兰画派所刻画的傲慢、欺诈、自满——破灭了。20世纪90年代头几个月，东京的股票市场一泻千里，从3.3万点跌到1.3万点。经济增幅陡然下降，接着如死水般毫无起色，甚至出现负增长，日本进入长达十年的严重衰退期，是"二战"以来最严重的一次。曾经看似强大的经济机构和策略，对于环境变化尤为抵触，这表明，从低水平刺激增长要比维持一个成熟经济体的增长更容易。早期实行的自由化举措有时导致巨大的判断失误，物质主义、贪婪和腐败的故事日复一日地出现在报纸上。之前从日本事迹中发掘成功要素的评论家，这时候不禁疑惑，为什么日本没能早点认清新形势，为什么修正措施来得这么晚。

可以说，泡沫是被自己的势头撑破的，房地产和股票的估价已经像疯了一样，与利润、实际完全脱节。随着投机热高涨，劣币紧跟良币之后。以往靠勒索保护费维持日常的有组织犯罪，这时也一股脑地扎入房地产热、股票热中。借贷过程粗心大意，很多商业地产被多次抵押，成为非法占用者和弄虚作假的公司的目标。

经济决策判断轻率、有误，与此同时，政治上出现同样轻率、无耻的腐败现象。媒体高调曝光了一系列丑闻，揭露了自民党领导人、建筑商利益和竞选资金之间的关系，最终把自民党拉下马，细川内阁成立。

接着，亚洲经济危机爆发。很多东南亚国家在外资涌入的时候，还没有建立起公开透明的监管制度，在这过程中形成一个个私人或家族经营的政治王国，而这些王国实际上很脆弱。

这些事件冲击了日本的大银行，其中有些甚至是世界上最大的金融组织之一。房地产市场崩溃后留下来的大多是不良贷款，亚洲金融危机的到来更是令银行雪上加霜。很快，这些银行开始为达到流动资产的监管要求抓破头皮，为此将自身持有的企业客户的股票（此时已经贬值）也一并纳入相关报告里，引发人们对更大的金融系统的担忧。政府批准几家银行——包括日本长期信用银行——倒闭，收紧报告要求。当这十年即将结束的时候，大批公共资金开始进入银行以维持其稳定。分析家注意到，危机波及面变得更广，代价也更加高昂，和几年前美国政府处理储蓄和借贷机构的手法相比，日本的解决方案并不彻底。

在这过程中，商家发现自己没办法借到钱，经济慢慢地陷入停滞状态。政府通过一系列措施将利息降到0.25%，为世界最低水平，但如此一来，储蓄、放贷的回报更低了，反而更有必要借钱。外界曾见证日本的振兴如何走在亚洲国家的前列，然而，不久前仍然是亚洲发展火车头的日本，此时似乎掉到了车尾位置。这时候，体制——尤其是终身雇佣制和年资薪酬制——身上背负了太多利害，

第二十章　主权恢复之后

阻碍了日本像美国在20世纪80年代所做的那样，进行重组和合理化改革。以上这几个简短段落只能粗略描述这个关系网的复杂性，但或许足以说明20世纪90年代这十年怎样损害了80年代的传统：明智的官僚、谨慎的领导、目光长远的规划家、家族共识。

20世纪尾声之际，日本政府开始使出大力气，通过基建方面的公共支出，刺激经济活动。几乎每条河都建了桥，所有海岸基本都安上堤防，承建商搜寻需要重建的公路，农村面貌为之一变。肆意挥霍的日子一去不复返，消费者开始存钱以应对不确定的未来。日本的储蓄率一直居高不下，高到20%以上，另一边，美国的储蓄率随着市场信心的上涨而出现负增长。

最后一个因素——或许可以算得上是严重的因素——便是日本的消费成本超过其生产率的增长。经过20世纪70年代、80年代的发展，日本的物价和工资水平削弱了日本的竞争力。日本各大出口商将生产设施搬到国外。至于国内，一大套体制和规章向农业和小商家倾斜，同时，流通体系将物价维持在世界最高水平。工资高，但物价更高。这时候，战后那代人开始大批退休，给储蓄金和养老金带来极大的压力，这预示着下一个世纪的日本将会面临更多问题。

与此同时，经济压力之下，长期以来的外资限制也有所放松。日本某主要证券行进入破产程序，最后被纽约一家公司收购。汽车制造商巨头日产发觉自己无法获得国内贷款，于是向法国政府和雷诺公司求救。福特汽车公司拿下马自达的控制权，戴姆勒-克莱斯勒公司和三菱汽车进行谈判。纽约的金融机构纷纷派出主管队伍前往日本，以低价收购当地的房地产。

假如说真有什么方法是可以彻底解决问题的，那便是，日本需要更加公开透明、挣脱行政指导的束缚、给予社会更大的自由度，同时对国际大势及案例具有更高的敏感度。此时的全球化进程下，深化合理化改造、降低产能是趋势，战后日本经济为自己打造的安全保障网——或者说母体——也会受到威胁。这会给社会和政治领域造成什么样的后果，我们并不清楚。海外顾问满怀信心地提议种种"理性选择"，而日本当局还没有准备好无条件地服从。

如果将这些事情进行比较、探讨其理论意义，那会很有意思，哪怕只能匆匆讨论一下。首先要谈的是日本经济经过战后数十年从"孤儿"成长为巨人的过程。有作者认为日本的经济增长充分利用了产业政策的优势，有的甚至觉得当代日本出现了一种新型资本主义，这一观点严重挑战了那些对国家干预或管控深恶痛绝的古典经济学家。[12] 有些日本社会科学家把这个问题放到更大的理论框架下考虑，将日本社会看作是一个依照后西方原则——或许是更优越的原则——运作的"家"。[13] 此外，十年时间里来自众多派别的观点出于警惕或提倡，把日本视为其他国家的榜样或威胁。[14] 另一方面，有经济学家不认同亚洲"奇迹"，保罗·克鲁格曼（Paul Krugman）的说法代表了他们的观点，他将分析家的热情类比于20世纪50年代苏联的经济规划所受到的敬意。[15] 还要提到的一点是，克鲁格曼将日本和周边国家区别开来。他认为后者的发展极大程度上依赖于大规模投入，尤其是劳动力，而日本不一样，它提高个体的生产力。问题仍然没有答案，不过日本在20世纪90年代陷入长时段的衰退，令那些对日本发展有所戒备的人稍稍放下心来。这个讨论会继续优化，变得更加敏锐。[16]

第三节　社会变革

自占领时期结束后，日本经历了巨大的社会变革。有关这方面的文献浩如烟海，要在这短短篇幅里讨论似乎过于仓促。在一些评论家看来，日本几乎完全换了个面貌；另一些观点则强调这背后存在延续性。我们认为，这些变化重大归重大，但在实现模式上既有与其他发达工业社会相通的部分，也有它独特之处，最后得到的结果归根到底是"日本的"。历史学家乔治·桑瑟姆曾经写道，日本虽然有着一副"借鉴"的外表，但从未放弃过内在的文化堡垒。著名中国哲学家胡适也写过，日本的变革尽管比中国更加迅疾，但只流于表面，而中国从根本上挪用西方文化，这种做法会更加持久。这两个评价表明，这背后存在着一种"日本性"，它抗拒改革。有人会对此表示怀疑，觉得任何具有悠久历史的文化都会这样，特别是像日本这样长期处于孤立、狭隘状态的文化。不管怎样，日本自1952年以来发生了深刻的变化，这不可避免地给其内部政治和外部关系带来影响。

人口

20世纪头30年里，日本的领导人一直坚称日本人口在膨胀、需要向外安置，利用这一说法为扩张找借口。2000年，日本诸岛的居住人口已经达到20世纪30年代的两倍，生活水平得到极大的提升。东京都一带就容纳了3500万人，这个数字已经超过明治年代初的日本总人口。

"二战"以后，日本的人口再一次大幅度膨胀。除了几百万从远方战场应召回国的军人以外，数以万计的平民从亚洲各地被遣返回日本。这波流入人口，进一步加重了已经极度紧张的住房问题，这块土地的人口本来就高度密集，如今还要容纳新来的和回国的人。和战后的其他社会一样，日本的出生率有所上升。投降以前日本政府一直反对采取节育措施，这时改变政策，放宽堕胎禁令，允许妇女出于医学、优生、经济或伦理方面的原因进行堕胎，但直到20世纪90年代晚期，政府才放开避孕药的获取渠道。随着工业化和人口城市化，出生率开始平缓，接着出现下降。[17] 日本也开始走上其他工业化社会的道路。

这样一来，战后的人口膨胀也逐渐缓慢下来，最后在社会因素、经济因素的共同作用下陷入停滞。这里还要提一下"二孩"运动，官方敦促一家只养不超过两个孩子，即"一姬一太郎"。随着人口增长出现放缓、停滞及倒退，政府领导人不时发出警告，呼吁年轻女性少关注事业、多重视育儿，但没有什么效果。作为补充劳动力的移民人口对日本也没有产生影响，日本的人口水平呈平稳状态，维持在1.25亿左右，在世界上排名第八。

在这一切作用下，日本的人口结构不同于其他工业化社会，老龄人口逐步上升，而年轻世代的人口规模却小得多。女性婚龄越来越晚，所生孩子也越来越少。此外，日本人不仅更加健康，还愈加长寿，日本成了世界上长寿人口比例最高的国家。劳动人口通过税收和工资扣除的方式，缴纳日本的国民健康保险和社会保险，但这部分的支出不断增长。厚生省预计，到2020年日本将有四分之一人口年届60岁以上。更具体地说，65岁或以上年龄的人口比例在1990年达到12%，到2000年已上升到16.6%，据估算，至2010年和2020年，将分别高达20.3%、24.5%，令日本在"银发族"数量上成为发达经济体之最。接下来的日子里，日本在国内社会政策和国际竞争力方面都面临着一系列问题。

战争结束后的半个世纪里，日本的城市化过程将千万人口从农村迁移到城市。到"旧金山和约"签署之际，约44%的日本人口从事农业生产。到1970年，这个比例下降到17%，20世纪末更是跌到4%。对于留在村里的人来说，农业往往只是副业，他们在农闲时分会到附近城市工厂打工，增加自己的收入。

人口密集到这种程度，土地自然也就前所未有地宝贵。多年来，所得税单显示，土地开发商大赚特赚，获得的利润远超出合理水平。农业的性质也发生了变化。大米仍然是最重要的主食，但供应城市市场的商品蔬菜种植业愈发重要。苹果、葡萄、草莓被包在单个袋子里进行种植，免受气候和虫害影响，生产规模日渐扩大，供应给数量越来越多的都市餐厅，或被作为当季礼品送人，由于生产过程需要密集的劳动力，定价十分高昂。

国内的食物生产规模进一步缩小，日本开始从国外——主要是美国——进口食物作为补充，迅速成为美国最大的农产品海外市场。不过，大米仍然受到法律保护，直到20世纪90年代大米出现短缺，政府才不得不作出调整，至少暂时需要这样。政府支持农业的种种措施必然在国外引发猛烈的批评。美国的柑橘、苹果生产商给政府施压，迫使其要求日本放宽进口限制，大米就更不用说了。东京政府的领导人只好不情不愿地采取行动，这种不情愿一部分是出于避免完全依赖进口食物的顾虑，属于常情，但更多是由于日本农场的游说势力。有时候他们也会栽在自己手里。池田内阁时期，政府鼓励在干燥的边际土地上种植柠檬，结果面临海外出口商的竞争压力，他们出口的水果不仅更加优质，而且价格低廉。日本农业在自由市场上的竞争力如何，这个问题切实牵动着人们的心。某大部头著作直接题名为"日本农业可以生存下来吗？"，便是这一方面的反映。[18]

在日本大部分地区，农村发生了翻天覆地的变化。在政府的鼓励和补贴下，耕地进行了一定程度的合理化调整，以提高耕作效率和个体生产力。这很快导致新式农业机器大量被使用，虽然这些机器的体型没有西方国家使用的那些大，但大米的插秧、培植、收割等很多步骤实现了机械化。传统的农村种植方式——从公用苗床取苗，种植过程中相互协作，欢唱《田植歌》庆祝丰收——一去不复返。政府原计划将农业机械集体持有，但这种做法很快就违背了人们自主独立的生产意愿，即便是体量更小的机械，也被个体农户买走。结果，农村地区出现机械投资过多的局面，和之前的劳动力过剩如出一辙。地方的农业合作社可以提供购买、支付新机械所需的贷款，在分期付款的压力下，农闲到工厂打工——这些工厂往往地处偏远——便成了不可或缺的收入。全国各地开始出现一批小型供货商依靠这类劳动力维生，那些主营出口的大公司进而能够将成本控制在低水平。这些工人几乎和终身雇佣制或年资薪酬制的讨论沾不上边，哪怕他们的贡献对日本国际竞争力的贡献具有重要意义。[19]

农村格局也发生了改变。大量劳动力只把"农业"当作副业，通过机械、妻子和周末劳作来维持作物生长。在通勤距离允许的情况下，农妇也会加入上班队伍，到小型供货厂工作。在这样的环境下，如威廉·凯利（William Kelly）指出，昔日在家里横行霸道、从媳妇刚入门起就对其加以欺凌的婆婆，也会成为被剥削的对象，她们不仅要照顾、管教孩子，还得承担农务。[20] 至于其他更偏远的地方，当地工业化规模小，对农村生活造成的冲击没有那么直接，到外面就业的意愿——新兴中产阶级的特征——也没那么普遍，农村生活的苦闷使得一大批人口从农村出走。滞留下来的农民发现自己很难娶到老婆。由此带来另一个重要后果，这些人开始从海外——尤其是菲律宾——寻找愿意到日本结婚、生活和工作的年轻女性。这当然没有发展为大规模现象，但"国际化"以这种方式影响了日本社会里最排外的这部分人的生活，这一点很有趣。

对日本农村变革产生影响的，还有保守派政府为了回报选民、提高经济效率、促进行政合理化所做的一系列举措。约翰·恩布里（John Embree）"二战"前曾率先对熊本的须惠村做过研究，这座村庄也因此为西方读者所熟知，据日本某位人类学家的后续研究显示，自从乡村公交路线将须惠村设为其中一个小站点以后，这座村庄逐渐失去原来的气质和趣味。[21] 接通的公路带来车流。本地的铁路线大多铺设于明治时期，如今愈发陈旧，设施维护费用高昂。这些铁路线被公交取代。出于行政合理化的需要，行政管辖权和边界发生变化。新的商贸中心崛起。而贸易的发展又促使出行更加方便，随着城市化越来越普遍，对过往的缅怀令昔日的偏远地区成为报刊杂志、电视节目的采访对象，以及人们旅游的目的地。自20世纪60年代开始高铁出行逐渐兴盛，通过这些"子弹头列车"，大城市的居民可以轻易前往的地方越来越多。新干线把标准铁轨推进到新的地方，设置的路线和车站避开（高成本的）人口聚集地，通过这种方式开辟出新领地。田中担任内阁总理期间，出于对自己家乡新潟及家乡支持者的关心，开通了一条穿过日本阿尔卑斯山、直达日本海沿岸的交通路线，给1998年的长野冬季奥运会带来极大的便利，这种滚木立法*的做法，早在20世纪头十年原敬内阁推动地方窄轨铁路扩建工程时就已出现。

工业增长的后果

工业增长驱使上千万人口涌入城市。据饶济凡（Gilbert Rozman）研究显示，日本的城市化程度向来比较高，但20世纪下半叶发展尤其迅猛。[22]这在两大都市体现得最为明显。城市周边的郊区一带在20世纪50年代还是农村面貌，此时完全发展起来，随着公共交通进一步改善，城里的打工人可以选择住在更远的地方。部分人希望，更好、更快的交通方式可以将中心所聚集的力量分散到其他地方，新兴的居住区和工业区会减少大城市的压力。内阁总理田中角荣在其出版的某本书里提出全面开发日本列岛的口号，并以此为理据主张扩建高铁网络。这些目标在一定程度上被付诸实践，九州成为高科技产业的中心，太平洋沿岸即昔日东海道兴起一批小型供应商。日产将自己的第一大厂从东京附近搬到九州。不过，从更根本的角度来看，新兴的交通网络将集中化趋势提高到前所未有

---

* 互投赞成票。

的水平。越来越多公司觉得有必要在东京一带设立总部。"工薪族"可以从更远的地方赶来上班。学者则更容易接受在地方院校从事教学，但无须把住处搬离靠近图书馆及大城市的地方。20世纪即将结束之际，将政府部门、中央省部迁移或至少分散到外部地区的声音持续不断，岐阜被提议设为新政府的所在地。然而，很多人不希望这样做，他们不愿意看到东京或大阪在国家大事和经济发展中的重要地位被削弱。集中化的加强一定程度上正在令本地及地区行政陷入瘫痪，面对这一现象，人们常常会怀念起早年地方自治的日子。

各大城市的周边迅速矗立起一栋栋千篇一律的工人公寓，郊区早年落成的独栋房屋此时价格飙升，越来越昂贵。白天，通勤铁路的车站被一大片自行车包围。能驾车的人也会把车停在这里，但由于停车位紧缺，而且过桥费、高速公路的过路费特别高，工人们一般只会在周末驾车。政府设下的驾驶要求十分严苛，为了帮助人们达标，一大批驾驶学校应运而生。驾校以浓缩的方式再现了现实中那些弯弯绕绕的道路、狭窄的交叉口和转弯处，仿佛是昔日日本园林的现代版本。实际上，汽车经常取代园林存在，有关规定要求车主在街外停车，为此园林的外墙和入口门廊不得不被牺牲掉。车辆登记方面的法规还要求对汽车尽早进行彻底的机械性能测试，比起局部改造，换车似乎更常是首选。

为了迎接1964年的奥运会，东京当局打造了一个由高速公路和立交桥构成的巨大交通网络，令前往市中心的道路更加顺畅。随着这些设施一步步落成，旧日的邻里街道要不被拆除，要不终日被立交桥遮挡，在大城市的闹市区，老式家族小店成片聚集的景象越来越少见。

城市环境拥挤不堪，于是，到没那么拥挤的外地旅游，就变得更有吸引力也更加重要。人们感觉到日本某种旧日浪漫而今正在消

第二十章　主权恢复之后

逝，在这种氛围下，国家铁路局资助了一系列"发现日本"之旅。国营广播电视台——日本广播协会（NHK）——配合播出有关日本各地区风俗、节日与生活的专题节目。京都这座历史名都躲过战火轰炸，自然成为最多人拜访的地方，至于远方的山寺、圣地，此前只有朝圣者能及，他们脚穿草鞋，在静谧中一步步走向这里，而现在，山路上挤满了旅游大巴，当地不得不辟出停车场加以安置。过去很长一段时间里，能够出门旅游的都属于值得敬畏的人，但在战后这些年里，每个人多少都有能力出游。中小学生会到京都等历史胜地进行"游学"。更年长的则会搜寻日本有哪些休闲玩乐的好去处，后来还把目光投向海外，夏威夷成了他们的第一站。20世纪70年代晚期，到海外旅游的日本人多达400万，20年后这个数字攀升到1000万。

城市生活多种多样，在东京和大阪，既有静谧尊贵的上流住宅，也有零工居住的肮脏拥挤的旅店，不过从物质层面上看，几乎所有日本人都过上比之前更好的日子。实际上，日本兴起的城市社会显示出一种惊人的一致性。其中一方面可以归根于持续多年的经济发展所带来的乐观向上的氛围。生活条件得到了改善，不过大多数人仍期望未来越来越好。在法律法规和保护措施的作用下，物价和服务业消费高昂，但由于工资也在上涨，大部分日本人接受这一现实，认为这是对社区小商店和老售货员的一种社会公平。政府法规打压"大商店"，除非这些商店得到社区一致同意（实际上是官方批准），这进一步巩固了小商铺的垄断地位，同时加强了供货商对竞争产品尤其是进口货物的控制能力。随着日本和华盛顿的经济矛盾日渐激化，这几点都会成为被抨击、被要求进行结构性改革的对象，而这类提议每一个都对选举结果产生影响，进而掀起政坛波澜。消费者运动迟迟未来，而在此之前，现状的既得利益者自然拥有优先话语权。到20世纪90年代末期，由于经济持久低迷，失业率上升，这一局面开始有所突破,连续几届内阁都提倡行政改革,但这些例行公事般的呼吁基本没有落实到行动上。

一次次选举结果显示,绝大部分日本人认为自己属于中产阶级。对于老一辈来说,前些年的战败和贫困让他们清楚认识到这一点,而年轻一辈不一样,他们之所以这样认为,是因为经济繁荣对他们来说是事实、是企盼。这些期望,在战后半个世纪的头40年里没有被辜负,从媒体大肆宣扬的标语里,我们能感受到,电饭煲这些廉价家电的日渐普及如何减轻了传统的厨房苦差,从而给人带来满足。到20世纪70年代,人们开始走向更高端的消费层次,被简称为"3C",即汽车(car)、彩电(color television)和冷风机(cooler)。20世纪80年代,薪资水平持续上涨,工作机会众多,进口品牌手袋和设计风格在年轻女性中大有市场。有能力的人可以在到海外旅游的时候购得这些商品。从此以后,个人消费似乎取代了国家实力,成为人们奋斗的目标。

另一方面,这种方式的工业发展造成环境的全方位恶化。日本人之前不是没有经历过环境污染,前文讨论过,足尾町铜矿排出来的污水是怎样导致一大片农田变成废土的。但与此前不一样的是,战后日本的环境问题影响到更多的日本人,其中城市居民最深受其害。20世纪70年代初,汽车、卡车、大巴废气无处不在,危害性极强,以至于早上的新闻广播都会公布最拥堵的十字路口的废气情况。有报道称学校孩子昏倒在操场上,还有报道提到奇怪的传播路径,称某个楼层如第二层比底下及以上楼层更危险。城里的河流渠道越来越多油污,堆满垃圾,形成一个个积水潭,熟悉的景色逐渐隐没在雾霾中。城郊居民陷入惊慌失措,对此政府官员迅速反应,总体上应对有效。意识到民愤会迅速威胁到自身的统治地位,自民党终于开始关注环境问题,特别是站在公共卫生的立场。据1967年出台的某部法律,法律可以"平衡"环境和经济发展的需要,然而,到

第二十章　主权恢复之后

了1970年，污染已然是"公害国会"*要处理的头号问题。

相关立法进一步加强，第二年，环境厅于总理府成立，以确保法律实施、监督规划进度，以及订立水质标准。环境厅还下设原子能部门，致力于克服公众对核电站的敌对情绪，在这过程中维护公共安全。通过十年努力，空气污染有了巨大的改善，到20世纪80年代，东京市民终于再次看见远处的富士山。这时的日本还援助海外项目，协力治理墨西哥城的污染问题。

这场改革运动最主要的推动力，来自日本上下对水俣病事件的深恶痛绝，该事件甚至引起国际关注。水俣位于九州熊本县，新闻人德富苏峰在这里度过童年，他曾呼吁年轻人投入日本的工业化进程、将日本打造成一个"浮式码头"，浓烟从工厂烟囱袅袅向上，水俣那乌漆漆的上空，仿佛是对意气风发的明治时代中叶的回应。水俣一家碳化物工厂不顾警告，擅自将含有水银的废物排放到海湾一带。本地渔民在海湾进行捕捞，水银由此进入食物链，引发水俣病。还不清楚发生什么，数以百计的村民便被各种各样的恐怖症状折磨着。在事发数年里，企业表现冷漠，政府坐视不管，令这一事件变成一桩丑闻，水俣病也成为一个代名词，表明工业污染倘若放之任之，将会造成什么样的危害。

日本20世纪的城市生活，无论在公共秩序还是个人安全方面，都属于世界级水平，这是它最后一个特点。过去的日本警察大多手段严酷、动辄恫吓，属于地痞流氓之流，沾沾自喜于自己的"天皇警察"身份，此时的警察看起来完全不一样，他们讲道理、乐于助人，对小孩子和醉汉关怀备至，遍布各处的警岗会在外面贴有大幅社区地图，每当有人要在这迷宫一样的街道里搜寻某个地址时，他们会帮忙指点方向。对于某些人来说，这些礼貌的身影更多的是一种打

---

*　1970年为应对公害而召开的临时国会。

扰，非其所愿，预防性拘留的做法也让不少人担心，但有一点很清楚，日本的警察体系是为公众安全与秩序服务的，让外国评论家羡慕不已。[23] 根据全球调查结果显示，日本在保护公民权利方面取得不俗的成绩。事实上，警察为了不逾越宪法权利的界限，在行动上极为小心谨慎，这令邪教奥姆真理教至少有了一次可乘之机，真理教利用宗教组织的身份，于1995年策划对东京地铁实施大规模恐怖袭击。邪教徒渗透到警察和自卫队中。当然，警察不是完全没有戒备的，他们正在立案调查，将毒气解药准备就绪。不管怎样，只要被认定为"宗教"团体，他们会一丝不苟地遵守着宪法对它们的保护，这一点对邪教组织来说颇为有利。要是在战前的日本，警察反倒会渗透到邪教组织里面。在这方面，此时和战前那种入侵式监控形成鲜明的对比，值得称赞。

劳工

1955年以后，由于劳工关系的发展，日本经济增长开始趋缓。如前所述，占领结束后的那几年充满了社会矛盾和阶级冲突。工人运动的发展势头威胁到工业的合理化改造和以产能为导向的种种措施，每一步的推行都面临着尖锐的冲突。三池煤矿工人大罢工这样的动乱，正是政府和商界领袖所极力避免的情况。日产汽车公司的管理层计划撤除一家迅速老化的工厂，工人岗位岌岌可危，引发1953年另一场大罢工。不过，接下来几年里再也没发生类似的纠纷。

战后的工人运动很大程度上再现了战前的派系格局。社会民主右翼、社会主义左翼，以及由共产党主导的团体为争取权力及影响力互相斗争。激进派的目标有一部分是政治性的，如1947年2月那场遭到麦克阿瑟禁止的大罢工，其策划者本希望借这次罢工把吉田内阁拉下台，然后在事后的权力变动中分一杯羹。日本恢复主权后，盟军占领后期于朝鲜战争期间实施的那些管控手段被取消，不少评论家担心，20世纪50年代工人运动的热潮会引发政坛动荡。

工人被吸纳为组织内部提高整体生产力的一部分力量，这种做法可以看作是某种"社会契约"。[24] 通产省设立日本生产性本部的时候，不仅有官僚和管理高层，连工人领袖及学界专家也被安排进来。对此我们应该这么理解，这是行政国家官僚经过考虑得出的结果，是限制工人运动极端左翼势力发展的部署之一。

管理层逐渐接受工人参与到自己的理事会里来。要做到这样，有一点很重要，那便是大家都认同一个目标，即通过生产力实现企业繁荣，由此引发的工会运动以企事业单位而非行业为组织特征。在这样的模式下，最大的工会是政府职工、铁路职员和学校老师，他们代表了最大的全国性企事业单位。但担任公仆的人并没有罢工的权利，手段有限，只能采用铁路怠工这样的策略，而这样做会把通勤人员惹怒，难以拉近彼此的关系。通过半年一次的运动，全国范围内的工资水平终于提升了上去，运动中设立的奖金成为工人的固定预期收入之一。这笔钱比较多，因此会被存起来，进而促进经济增长。

大企业内部会组织质量控制圈，工人会就如何改善现状竞相提交方案，通过这种方式，管理层进一步加深了工人的参与度。这种对质量的强调——被意外地归功于美国某个明智管理学家的建议——吸引了海外评论家的关注。

20世纪90年代的经济衰退结束后，变革的脚步逐渐临近。终身雇佣制只应用在产业精英身上，但依然拖累了企业的变革速度。在日本这片土地上，绝大部分人自视为中产阶级，这样的环境无法给工人斗争提供丰厚的土壤，企业债券方面的管控开始松动——有的是主动放出，有的是因为离职——局面有可能再次变化。20世纪90年代，失业率迫近5%，没人确定这会带来什么样的后果。此外，对于只经历过繁荣的这代人来说，他们将终身在同一个单位里工作，这样的未来不免让他们感到幻灭。政府规定也遭到质疑，社会氛围倾向于放宽管制，尽管过程将会缓慢、曲折，但这样的放宽明显有利于建立一个更加自由的劳动力市场。媒体报道某某公司通过各种各样的手段裁减包括办公室"工薪族"在内的劳工数量。20世纪60至80年代曾风靡一时的"向日本学习"此时被提得越来越少。但是，有两大特征——对企业的忠诚，以及着眼于国际竞争力的生产力——必然继续为日本的发展作贡献。

妇女

纵观日本历史，每当社会发展来到重要关口的时候，某些老旧制度会在社会工程颇具戏剧性的壮举下焕发全新的面貌。明治年初便是这样，而在投降后的那几年里，原有社会秩序的制度架构也发生了类似的变革。全盘变革令制度不仅与时俱进，很多时候还相当超前。明治期间，面对新政府的进步主张，农村的封建关系仍然岿然不动，甚至比前者活得更长。日本投降后，盟总公布了一系列重大变革宣言，表现为立法改革，然而，尽管他们描绘的目标非常美好，现实行动常常不尽如人意。

这在妇女权利上尤其如此。1947年日本宪法在某些条例上比美国还要先进。在美国，人们为争取平权已经进行了整整几十年的政治斗争。"二战"后的大环境下，妇女深受其益，而且立竿见影。修订过后的明治《民法典》，以及另增的有关平权的宪法条款，瓦解了专制的武士家族体系，而这套制度在明治时期被政府明令全体国民遵从。选举权、婚姻自由、教育机会平等，以及新的劳动机会，改变了年轻女性和女孩的命运。和其他国家一样，战争期间的就业局面也令一部分人心怀希望，相信未来会更加公平。

20世纪60年代，随着人口大量涌入城市、工业蓬勃发展，女性工人的贡献自然和男性工人一样不可或缺。新权利的有效行使，必然面临很多障碍。其一，很多来自传统家庭的妇女本身就不抱什么雄心壮志，她们被灌输了一套以"家"和家族利益为先的价值观。另一阻碍则是劳工官僚和产业领袖的家长作风，他们把很多工作种类划为男性领地，宣称这是为了保护妇女。很多工业家以为，妇女或许会加入劳动大军，但那多半是在生养孩子以前的事情，这种想法造成的影响最严重也最持久。她们可能会在中年时期回归职场，但也只能再干一些低端工作，收入微薄。妇女在大公司里能走到多高的岗位，很多时候都不是很清楚。20世纪最后一二十年里，有不少法庭案件就涉及女性要求兑现当初被承诺的权利。为补救而推出的一系列法律法规虽然被称赞为创举，但大多数缺少实施的细则，这场斗争远远称不上胜利。[25]20世纪90年代的经济衰退令工业增长戛然而止，这样的环境不大可能会提供多好的机会。和其他地方一样，最晚受雇的那批人也是最早被解雇的。

在其他方面，妇女的地位也发生巨大变化。随着经济繁荣、就业改善，城市街道上到处都是穿着时髦、充满自信的年轻女性。随着郊区人口越来越密集、距离市中心越来越远，男人们在城里工作的时候，女性便是郊区生活的主宰。这可能令人联想起德川时代，武士妻子是家庭和公共生活的轴心，她们的丈夫则离家千里，陪同主君到江户参勤交代。到20世纪末，日本男性地位下降，而女性的地位有所上升。居住、学校教育、消费这些关键问题的决策都掌握在妻子手上。市面上出现越来越多的女性杂志，它们的话题围绕着如何在丈夫和父亲角色缺席的情况下"打理"一个家庭。媒体不时报道，有丈夫哪怕已经做到主管级别，当他拿着遣散费回家的时候，妻子竟然迅速提出离婚。妇女是证券经纪的重要客户，这些经纪人还把办公室开在百货商场里。消遣方面，她们从小学开始便和同学结伴约会，在餐厅和国内外旅游团里，我们都能看到她们的身影。

在很多人看来，日本之所以在政治和经济方面陷入困境，一大因素是它迟迟没能让女性在关键岗位上发挥自己的才干。随着管理层的女性任职比例增大，昔日男性打造的网络迟早会被打破，而这个网络所巩固的政、商、官"铁三角"关系正是顽疾所在，难以通过放宽管制、行政优化等措施进行改革。这进一步要求某些关键领域的培养地——例如东京大学法学院，大藏省、外务省等中央省部从这里招收大量生源——招收更多的女性学生。有人提出，当前精英学校的女性比例需要再增加个四五倍才能达到平衡。女性在特定岗位上表现出来的才干与正直，如服务于联合国难民事务高级专员公署的绪方贞子，展现了未来发展的某种可能。与此同时，尽管宪法承诺男女平等待遇，日本的政治领域依旧由男性把控着，和其他发达国家相比，甚至有过之而无不及。

第四节　考试人生

随着日本踏上全面发展的道路，教育也变得前所未有地重要。高等教育迅速发展，旧制高等学校转变为县立大学，社区大学、两年制大学如雨后春笋般四处涌现，城市的民营机构也大量增长。到高校升学的中学毕业生数量稳步增加。学生人数的增长速度超过合资格设施的承载量，曾是困扰多年的难题，但随着 20 世纪 70 至 80 年代的经济增长，新建立的建筑和校园缓解了这方面的压力。诚然，从明治时期开始，教育机会便吸引了一批批有能力、有雄心的年轻人，但 20 世纪最后 25 年里，高等教育的增长标志了日本的发展和现代化进入一个新的阶段。如何进入合适层次的工作岗位，成为家庭及家族操心的主要问题。而教育提供了这块敲门砖。

由于"工薪族"每天都有好长一段时间不在家，孩子的学前准备工作——这项决定他们未来人生的重要任务——便交到妻子和母亲的手上。这些"教育妈妈"认为有义务确保孩子——尤其是儿子——进入名校，为日后成功铺好垫脚石。考试和考前准备成为人生早段的重点，进入大学院校后依然如此。雇主也一样，通过考试来挑选一批"终身雇用"的出色职员，和政府官僚的做法如出一辙。私立大学由于申请学生数量众多，开始采用入学考试的方法，为了提高效率和速度，这些考试越来越倾向于使用事实性的单选题。经常有提案要求设立某种全国性的教育考试服务，不用再像目前这样成倍成倍地花工夫，但是，即便这类考试方式得到采用，院校自己也会额外增加别的考试。

结果，初、中等学校教育越来越侧重于应付考试。通过相关指导及运用，日本学生在数学和科学两大学科取得的高分，于一众发达国家中最为亮眼，但在社会科学和人文学科，课程内容往往是提前设置好的，学生只是按时间先后背诵事实知识。为了积累这些知识，补习学校——"塾"——这一辅助性产业在全国各地迅速发展起来。在城市化和通勤的压力下，家庭纽带关系日渐削弱，家庭再也无法约束孩子，日本人越来越指望学校，希望学校能够用严明的纪律来达到管教之效。在战前的日本，按级别、师团划分的军队是人们在组织及表达上学习和模仿的对象，到了战后时期，教育方面的术语开始发挥旗鼓相当的作用。像创价学会这样备受欢迎的宗教团体，经常向信众和负责解惑的老师颁授学术头衔，一来作为信念精进的表现，二来属于组织内部晋升的方式。

这套新架构并非没有遇到困难。托马斯·罗伦（Thomas Rohlen）的研究表明，城市高中良莠不齐，学生组成也各不相同，由此形成一个多轨并行的体系，到高中阶段，学生将来会走什么样的道路，往往已经八九不离十。[26]企业会根据职工是否接受过高等教育进行区分，在整理名单和报告时也会将这两批人分开处理。高等教育也有私立大学和重点国立大学之分，前者依靠学费和入学考试费作为收入来源，而后者能够限制学生数量和申请人数。因此，倘若没能进入名校的话，学生常常还要多花一年甚至更长时间准备再次冲刺，这些学生经常被叫作"浪人"，以前只有那些没有主君的武士才会被这么称呼。

公立的初、中等学校教育成为政治和意识形态的战场。斗争一方是日本教职员组合（简称日教组），其领导层涵盖自由派到左翼；另一方则是文部省官员，公众担忧学校缺乏纪律，他们利用这股情绪强推自己的一套培养模式，以弥补这一代学生缺失的性格特质和爱国情操。文部省于20世纪60年代掌握了教科书的审批权，有好几本热门教科书痛斥日本战前及战时的政策和暴行，被拒绝通过。文部省的管制手法引发质疑，家永三郎教授发起法律行动，他所编写的教科书也被审核为不及格。长达数十年的马拉松式审判最终迎来一个模棱两可的判决结果，即文部省在认定教科书合格之前有权进行审核，但在家永这个案例里，文部省反应过度。斗争双方都以最坏的打算猜测彼此。自由派和左翼担心，战前那套灌输式教育会死灰复燃，战争罪行会被洗白。文部省官员和右翼批评家则认为，培养出来的一代人对先辈厌恶至极的话，会带来各种危险。右翼思想家兴奋地加入战斗，他们想尽办法阻挠日教组的活动和会议。为达到骚扰目的，他们动用广播车、暴力恐吓，以至于日教组集会向社区申请使用设施的时候，社区不得不再三考虑是否批准。

1960年，在那场反对《日美安保条约》的声势浩大的运动里，人潮向总理宅邸和国会进发，其中绝大部分是学生。他们把岸信介内阁拉下台，但没有撼动自民党及其政策方针。紧接着，日本进入快速经济增长时期，这时候，在大多数日本人心中，政治已经退居次位，但学生当中的激进派将矛头反过来对准自己，不同立场及程度的激进主义将学生宿舍变成战场，其暴力程度远远超过战前高等

第二十章　主权恢复之后

学校发生的"风暴"。这类暴力活动在20世纪70年代初达到顶峰，据悉，极端学生间的斗争达到令人震惊的血腥程度。日本的激进分子有一部分继续在以色列和韩国进行国际恐怖主义活动，但自此以后极端势力逐渐偃旗息鼓。

20世纪60年代的激进主义划分了两代人的教育，还延伸到日本社会的其他领域。在准备1964年东京奥运会相关展览的过程中，日本基督教团体由于青年激进派和老一辈教徒之间的尖锐矛盾而被撕裂，前者谴责后者充当战时政府政策的帮凶。当时几乎没有谁公开反对战争，绝大多数人选择接受政府指令，将教派统一并入日本基督教团。神学院甚至教会都被卷入纷争，其激烈程度不亚于教育领域。

不到十年，经济的繁荣与发展令人们更加关注物质方面的享受和奖赏。"3C"等热门消费品愈发成为人们关注的焦点，人们开始追逐这些商品，渐渐地，日常生活的价值观取代了意识形态的地位。教科书不再那么备受"争议"，讨论战争的篇幅越来越少，不少日本人惊讶地发现，这时候国外竟然开始批评他们。很多人觉得遗忘过去是更容易的做法，这对于过去那个时代的家庭和幸存者来说也更友好。对此，左翼激进派表示拒绝，而右翼激进派接受了。但在某一点上，左右翼的意见是一致的——日本是1945年原子弹爆炸的受害者。

这种被安排得严丝合缝的考试人生，必然遭到很多日本年轻人的反抗。随着日本越发繁荣，有些人发现自己可以到海外尤其是美国求学，国外不少私立院校都在寻找有能力支付大学费用的生源。数以千计的海外留学生里，有一部分甘愿待在没有名气的社区大学，他们得益于家庭实力，能够挣脱日本那套严密的体系、获得自由。另外成千上万的学生则蜂拥至日本各地新设立的、门槛较低的私立院校。

有些年轻人迟迟没有异动，直到完成高等教育后才反叛起来。像奥姆真理教这样"离经叛道"、试图策划大规模恐怖袭击的教派，吸引了一班刚从大学毕业的年轻才俊，他们忠心耿耿地为其效力，有的还是来自重点大学的毕业生。有评论家注意到这些事件，将之和日本年轻一代的价值空缺联系起来，还延伸到更广泛的思想背景，即后核爆时代的哈米吉多顿（Armageddon）*思潮。和其他国家不一样，日本人有时会表达对年轻一代的困惑，称呼后者为"新人类"。物质主义的欲望驱使人们追逐商品，在这过程中，人与人之间旧有的纽带和忠诚似乎越来越薄弱。学校官员努力想办法解决中学的校园暴力问题，这些暴力活动有时甚至以老师为攻击对象，但绝大部分针对的是新学生和异己分子。20世纪90年代，经济持续低迷，媒体频频曝光丑闻，撼动了银行、证券行乃至大藏省，这表明不只是年轻一代正在偏离传统价值观。

另一个时代变化的表现是，黑道势力在20世纪最后几年逐渐壮大。极道†发源于德川时期，当权的武士阶层允许这类组织自主运作，但作为交换，他们表面上要服从官方的管控和秩序。到战前时代，极道和右翼民族主义分子、政治组织建立了紧密的联系，军方经常袒护他们，觉得他们的极端爱国主义和沙文主义能够帮助军方震慑批评者。投降以后的日本陷入无序状态，极道趁机勒索保护费、恐吓正当的商业利益。不过，从整体上看，黑社会的暴力活动针对的是竞争对手，大众群体没有察觉到——或者说根本不在乎——他们的这些动作。企业发现，雇用黑社会打手来维持年度会议的秩序，可以达到威慑异见分子的目的，有时可以说是聪明的做法。极道具有组织性，他们并非隐形般的存在，有的办公楼会把某某地方帮派

---

* 《圣经》预言世界上最后的善恶决战。

† 日本对黑社会的称呼。

第二十章 主权恢复之后

总部的标志贴出来，仿佛这是稀松平常的事。

新秩序的繁荣兴盛加上其蕴含的巨大利润，给极道带来体面致富的机会。他们通过暴力威吓，迫使银行和证券商在贷款上做手脚，从非法操作中获利，到经济泡沫膨胀的20世纪80年代，物价飞升，他们通过贷款投资土地买卖，从中大赚一笔。随着经济在下个十年陷入低迷状态，黑社会和商界之间被揭发相互勾结，黑社会问题随之被推向台前。到这时，极道的保护网已经遍及几乎所有餐馆、酒吧等娱乐场所，合法与非法的界线不再像以前那样泾渭分明，而是逐渐模糊起来。

有评论家哀叹社会价值发生翻天覆地的变化，这未免过于夸张。事实上，变化的只是这类活动的可见方式，媒体的好奇心加上更加自信的黑帮成员，使得这些活动浮出水面。年轻人绝大部分仍然在应付学校和考试的要求。20世纪90年代晚期，随着经济愈发不景气，就业越来越困难，反叛的享乐主义和思想观念才变得没那么普遍。

日本进入新千年以后，在社会和经济两方势头的会合碰撞下，高等教育的扩张开始发生巨变，从此时的情况来看，这种变化似乎不可逆转。出生率多年低迷，日本几乎难以维持现有人口数量，经济持久衰退，众多私立院校的生存岌岌可危。人口变动造成的入学率下降，在经济不稳定的环境下进一步恶化，对于家庭而言，是否负担孩子尤其是女儿的大学费用，必须经过慎之又慎的考虑。生源减少不仅发生在新成立的大专和两年制大学身上。2000年，文部省注意到国立大学热门院系的入学率在剧减，宣布推行私有化政策，院系需要有足够的学生才能继续运作。战后日本一开始实行的通识教育模式也遭到否决，被认为这成本高且过时，专门化教育随之而来。如此一来，高等教育面临愈发专门化、愈发以就业为导向的危险。有些人觉得，面对考试人生的不再是学生，而是院校。

第五节　世界大事中的日本

　　1952年日本恢复主权，但这个主权并不完整，"旧金山和约"意味着日本要在美苏争霸期间接受美国的领导。日本在"二战"中的一众敌国里只有一部分签署了这份和约，之后，外务省不得不和东南亚那些刚独立的国家一个个地进行磋商、协议。每一回，美国都积极配合和援助。"旧金山和约"还有另一个不全面之处，它没有解决冲绳问题——冲绳直到1972年仍受美国管治，也没有解决北方四岛——齿舞岛、色丹岛、国后岛、择捉岛——的问题，这四个岛屿在"二战"终结之际被苏联占领。根据和约，"日本放弃1905年9月5日据《朴次茅斯条约》获得之萨哈林岛部分，以及邻近各岛屿之所有权利与请求权"，但对于北方四岛（俄方称"南千岛群岛"），日方认为这一条款并不适用，千岛群岛自《1875年圣彼得堡条约》签署以来便归属日本。在此后的多年里，日本一直强调北方四岛是日本的合法领土，"北境"问题始终是阻碍日俄关系进一步发展的绊脚石，也成了日本右翼大肆发挥的话题。直到20世纪60年代中叶，日本才和大韩民国签订和约。至于对华关系，日本必须得到美国同意后才能有所动作。美国国务卿杜勒斯将参议院对"旧金山和约"的批准和日本承认台湾当局而非中华人民共和国政府为中国唯一"合法"政府一事捆绑起来。之后20年里，日本的知识分子和商业利益圈在经营日本和中国的双边关系上花了不少工夫，试图将政治和经济分开处理。到1972年，中美两国签署《上海公报》，东京政府亦跟随美国的步伐。时任内阁总理田中角荣前往北京，和中华人民共和国正式建交，日本的驻台代表被修改为非国家级别。在这20年里，日本政策紧跟美国要求。日本的总理或其代理人会在就职以前依照惯例前往华盛顿，在白宫和五角大楼进行会谈，在重大国际关系事件上，华府有信心日本会顺从美方立场

第二十章 主权恢复之后

并表示支持。

对于日本来说，日美的纽带关系具有莫大的好处。通过把相关责任推向美国，日本很大程度上将外交政策移除出公众讨论的范围。由于没有机会在国际事务上采取强硬立场，日本总是一副被动反应的姿态，有所回应但很少主动出击。不过，这时候的日本无论采取任何行动，都会遭到亚洲其他国家的不信任和质疑，所以这种小心翼翼的态度也有好处。

在美国的支持下，日本先后加入科伦坡计划、经济合作与发展组织等国际组织，特别是联合国，成为联合国一员的日本在世界事务上正式享有平等地位。日本在20世纪60至70年代实现经济复苏。对于日本来说，这意味着低水平的防务支出，美方对日本在国际贸易上的支持，以及随时获得美国技术、进入美国市场的机会。1951年以后的30年里，日美签订了超过4万份技术转移合约，日本的买家一共为此支付了170亿美元，这个金额低于美国那些年的平均年支出。这波技术转移基本上给日本所有现代行业奠定了基础。美国卖家庆幸自己能收回部分开发费用，难以预料到不远的将来日本会成为自己的竞争对手。到20世纪80年代，日本不再依赖于进口技术。不少美国评论家开始感叹技术转移给日本带来的影响，但另一部分人从长远角度出发，更倾向于将这视为治国策略的胜利，与马歇尔计划下的欧洲重建工程不相伯仲。

到了这时，日本已经颇为安定，整个太平洋地区的局势也因此稳定下来。日本迅速成为世界最大的贸易强国之一，在各类资源进口方面处于领先地位。根据某分析文章推测，日本经济的增长幅度相当于法国1985年后的十年里国民生产总值的总和，或者相当于韩国的年均国民生产总值。20世纪80年代，日本制造商在开设新厂和技术研究上的支出超过美国同行，尽管美国的经济规模仍然比日本多出40%。

更重要的是，日本开始当上太平洋地区发展的火车头。诚然，20世纪90年代的事件表明有相当一部分增长伴随着腐败、徇私的污点，但对于较其落后的国家来说，这时候的日本已经成为它们发展的主要推动力。此时，日本不仅有渠道获得当地资源，还可以进出当地市场，实现了它长久以来的渴求，日本的出口和技术也开始改变亚太地区的面貌。据评论家赤松要形容，日本是"雁行"队列中带头的那个。韩国、中国台湾、中国香港、新加坡和东盟国家也一度有飞跃之势，人们开始谈论"亚洲奇迹"，韩国、中国香港、新加坡、中国台湾被冠上"亚洲四小龙"的名号，20世纪80年代那股积极向上的氛围可见一斑。随着地区形势的发展，雁列的其中一个侧翼进一步分成好几个队列。中国台湾在菲律宾的投资超过美国，中国香港成为外资流入中国内地的渠道，日本大量资金流向泰国和印度尼西亚。

日本人开始将自己视为亚洲经济的龙头。不少人提出的日本"亚洲化"现象在图书市场上也有反映，当年福泽谕吉呼吁同胞"脱亚入欧"的主张此时似乎已经过时。"旧金山体制"初期，相对于太平洋沿岸的混乱局势，欧亚大陆比较安定，但到20世纪80年代，情况却反转了过来。日本政治和外交上的分歧点趋于消解，虽依然依附于美国领导的国家联盟，但这种关系不再是它和邻国来往的障碍。

在各项政策的综合作用下，形势对日本有利，但要记住的一点是，日本更多的是这些政策的受惠者，而不是牵头制定政策的一方。朝鲜战争给日本带来的经济刺激，我们之前已经提过。越南战争期间，日本同样是美国部署的关键基地，日本再次从中获利，尽管没有上一次的多；而且由于越南战争引发日本政坛尤其是学生的抗议示威，经济方面的进账一定程度上被抵消掉。日本与苏联之间的领土争议，给日本保守派政府提供了为日美紧密关系辩护的理由。

当然，日本在西方同盟内部的发展道路并非一帆风顺。首先是美国引发的贸易问题及日益增长的贸易逆差。日本的农产品订单对于美国农民来说十分重要，但日本卖出去的比它买回来的还要多，日本车在美国的市场份额节节上升，与此同时，美国工厂日渐无工可开，在新闻媒体和政治的共同作用下，日本再次被视为威胁。据美国批评家指责，日本制造商通过不公平的手段获利，侵犯了双方协议所赋予的专利和技术，日本轻轻松松就渗透到美国市场内部，而美国产品要进入日本，则要面对迷宫一样的管控和审批条例。为应付日益高涨的怨怒，日本最终取消了这些壁垒，但日本企业之间通过"经连会"体系相互合作的同盟关系，构成另一种非正式的非关税壁垒。继加拿大之后，日本成为美国最重要的贸易伙伴，也是美国农产品最大的市场，然而，不管是柑橘、苹果还是大米，从方方面面来看，阻碍自由贸易的因素仍然没有被清除。不过，日本人那边表示，美国制造商在研究日本市场、根据其需求调整生产方面行动迟缓，相比之下，日本大型贸易公司开展的研究计划十分细致。不管怎样，双方都有改善，虽然缓慢，但稳定。随着20世纪80年代的经济繁荣，日本购买美国制成品、农产品及特殊品的数量迅速增加，而经济泡沫的破灭扭转了这个趋势。此后，大环境似乎再次对日本有利起来。美国由于经济持续扩张，对贸易问题的敏感度下降，与此同时，美国对华贸易逆差快速扩大，使得日本的问题没那么突出。

第二个争议领域则有关《日美安保条约》下日本对集体安全的贡献程度。驻日美军在20世纪末有3.7万人之多，基本上都驻扎在冲绳。在1997年的一份谅解备忘录里，日本同意在战争爆发时配合行动，但也仅限于撤退战区平民而已。《日美安保条约》签署后的半个世纪里，美国国会及报刊社论经常形容日本在花美国的钱"搭便车"，为了应付这些评论，美国敦促日本越来越多地承担美军基地支出，总体上颇为成功。1999年，日本为此支付了40亿美元，这个额度相当惊人，特别是和韩国、德国比起来，这两个国家为境内基地分别花了2.9亿和6000万美元。这笔钱用于支付薪金、军役和土地租金，最后一点尤其花钱，在冲绳的经济资产负债表上，这笔钱占据着主要位置，同时有助于纾解岛上居民的怨气，他们觉得自己过分承担了这部分责任，很是不满。至少在冷战结束以前，美国谈判人员就一直在想办法让日本承担更多防务支出，然而，东京政府始终坚持将金额控制在国民生产总值的1%以内。不过，随着国民生产总值的提高，这个1%也在增长，到2000年，日本在防务支出预算上或许仅次于美国。

随着20世纪90年代日本陷入经济衰退，这笔花销开始引起争议。政治家谴责日本身为"东道国"居然为美军支付如此高额资金，1999年东京都知事选举期间，最后当选的石原慎太郎就提出撤销横田基地的竞选口号，这是美军在日本的最大空军基地。民意调查显示，70%的日本民众支持日美同盟，但67%认为驻守日本的美军数量不应该这么多。

在重大外交事务上，日本坚守美国设下的界限，但美方仍不时抱怨日本支持力度不够，这是第三个问题。日本极度依赖中东石油，这迫使它在以色列问题上采取谨慎立场，避免惹恼阿拉伯国家，20世纪80年代，日本从中东进口的原油量迅速增加，有评论猜测，从波斯湾到东京湾的海域上，航行的油轮可以连成一条线。20世纪70年代石油危机爆发时，日本情况尤其危急。1990年伊拉克入侵科威特，1991年海湾战争打响，日本援引宪法规定的限制条款，避免提供任何援助，哪怕是非战斗人员。另一方面，日本为联合国的军事行动提供了巨额资金，实际上相当于资助了这次行动，最后被其盟友批评为"支票外交"（日语称为"小切手外交"）。

这时候的日本亟须找到某种方式加入联合行动，宫泽喜一于短

第二十章　主权恢复之后

暂执政期间创立了非武装性质的维和部队，这支队伍和自卫队有关联，但性质不同，很快就被派往柬埔寨等地，在当地起到重要作用。

日本不愿意违反或修订1947年宪法的第九条，进而限制了它在联合国发挥更重要的作用。在"旧金山和约"中，日本承诺支持和维护《联合国宪章》。针对一些地区的集体安全行动，需要成员国高调参与行动，日本认为这不是自己能擅自作决定的事情。只要这种情况继续存在，日本就不大可能获得联合国安理会常任理事国的位置，这一地位可以恢复其昔日在国联享有（并丢掉）的声望。然而，即便没有这种地位，日本代表仍然为柬埔寨及一些专门机构提供支持，联合国难民事务高级专员公署便是一个著名例子。

从更基本的角度来看，日本尽管没能出任安理会常任理事国，但数十年以来一直是七国集团一员的它仍在强国之列。七国集团领袖合影里，中曾根及之后的每一任日本内阁总理都会站在比较中间的位置。1885年，福泽谕吉在一篇新年社论中疾呼日本加入西方强国。文章配了一幅七福神乘宝船的插图，但船上的七福神并不是大黑天这些神祇，而是英、法、俄、德、奥、意、美七国。他希望，在未来的某个元旦日，日本能以第八福神的身份和另外七个坐在同一条船上。一个世纪以后，他的愿望实现了，而且日本不是中途加入，而是七个初始成员国之一。到2000年为止，日本已经举办了四次峰会，最后一次在冲绳的名护市。这想必会让福泽更加震惊。

第六节　旧千年之末的日本

1989年，天皇裕仁以87岁高龄去世，对于很多上了年纪的人来说，这象征着一个时代的落幕。裕仁死后依据年号被追谥为昭和，是日本历史上在位时间最长的君主，一共治世62年，远超过他的祖父明治天皇。"二战"时期的国家领袖，除他以外，大都很早就与世长辞。裕仁出生于明治年间，从小接受乃木希典的教导，明治天皇去世时乃木以死殉葬，标志了武士时代的终结。长大成人的裕仁是大正时代自由主义的一个缩影，象征着它的希望与退败。1921年，他以皇太子身份前往英国和欧洲其他国家，这是日本第一位到海外出游的皇太子或天皇，英国皇室表现出来的那种自由和受欢迎程度让他大为震惊和欣喜。可一回到日本，他便再次被装进严苛、正式的阶级身份里，这套阶级制度从明治维新开始便将皇室包裹起来。他和新认识的同学朋友开派对，因为这种明面上的肆意行为被训斥了一番。由于父亲的精神疾病，他以摄政之位走向台前。东京大地震令他的大婚和登基仪式一再推迟。1928年，通过充满神秘的神道继位仪式，他和祖上之荫融为一体。之后不久，关东军刺杀了张作霖，他不得不面对这带来的种种影响。时任内阁总理田中承诺调查这次暴行但最终没能兑现，裕仁表示不悦，随后田中辞职下台，几乎带着耻辱去世。

这时候，裕仁身边一班资深顾问开始表示警惕。天皇或许会被认为逾越了宪法赋予他的角色，这样一来，他会给自己及他们惹来麻烦乃至危险。据天皇后来回忆，那时仍然年轻的他下定决心，以后一定要维持低姿态，仅做他的角色形式上要求他做的事情。

20世纪30年代，裕仁以天皇身份出任大元帅一职，他骑在白色军马上——一开始还有点笨拙——视察一排排正在行军操练的士兵，中国奉天被侵占以后，他还给关东军的司令颁发荣誉，甚至将后者安置在皇居的核心位置，担任他的侍从武官。

第二年，裕仁开始主持一系列军事会议，首先是有关侵华战事，随后有关西方民主国家，他没办法或者不愿意将正在走向灾难的日本拉回来，当时日本一心要侵占中国领土，为了满足区域部署的需

第二十章　主权恢复之后

要，攻打那些拥有相关资源的地区。面对长期以来的派系纷争，以及那些宣称对他崇拜有加的装腔表态，裕仁感到沮丧。在充满狂热的那几年，每一次重大会议上，裕仁由于责任感驱使，同时也因为有所保留，故而保持沉默。战争初期日军节节取胜的时候，他无疑是高兴的，为此向他的陆海军部队发布诏令以示庆贺。接着，当众人都以宿命心态等待着最后一场"决战"到来之时，裕仁也是其中一分子。可随着战场转移到冲绳，他不再认可"决战"，在摧毁性的原子弹威力面前，他最终屈服了。

太平洋战争初期，日军一路取胜，每一次进军，天皇都会发布诏令赞赏皇军的英勇气魄。之后危机、难关接踵而来，天皇选择留在位于皇居的指挥部，和臣属一同哀悼丢失的领地——至少在形式上如此——他从皇居吹上御苑的防空洞往外眺望，看着自己继承的这片土地沦为废墟。然而，军方坚持要再打一场仗，铃木内阁毫无办法，请求裕仁裁决，裕仁选择了投降，乐观地以为这样国体就能得以保留。他录下公告向全国人民播放，他们此前从未听过他的声音，他在公告中说，假如不投降的话，人类文明将会被彻底毁灭，有违皇族世代相传的圣职，即为万国福祉、为臣民安康而努力。

远方岛屿上的陆军士兵，神风特工队的飞行员，每一艘船舰上的海军士兵，都以天皇的名义奔赴前线，往往战死疆场，死前口中仍念着他的名字。不过，盟军这边对东条的仇恨比对裕仁更多，他们担心抵抗会一直僵持下去，感觉天皇或许能在日后规划里派上用场。尽管如此，是否要让天皇逃过罪责、保留下来，这一切都十分不确定，假如美国——包括麦克阿瑟——没有施压的话，裕仁很难逃脱得了1946年东京法庭的审判。天皇没有出现在法庭上，这让检察官和被告人陷入了尴尬，他被保留了下来、重新崛起，但只作为人民团结的"象征"，对当时的过渡阶段起到纾解的作用，然而从长远来看，局势变得更加复杂了。

裕仁的乐观想法没有落空，国体的确保住了。美国人相信，凭借裕仁的重要性，保留他有助于日本顺从、抵御极端主义的侵蚀，他们设法让裕仁躲过东京审判、免受屈辱。他还收到建议，对外否认自己的神性——其实他从来没有宣称过自己是神，对那些神性言论也感到不快——他听从劝言，配合种种将自己塑造成"人民的天皇"的活动。盟总官员鼓励他离开皇居和民众见面，而他自己则意识到，他的这种新姿态可以通过1868年的《五条御誓文》与他祖父早年的形象贯穿起来。

接下来的经济发展逐渐改变了日本社会的面貌，天皇也再次发生变化。在这个利己主义盛行的繁华时代，他成了顾家男性的典范。精心设计的媒体发布会上，通过谨慎操作，天皇开始被打造成一个和蔼慈祥的男士形象，他的简单朴素和沉默自持呈现出他优雅至极的一面。他再次前往欧洲，还到访美国并且取得更大的成功。他每去一个地方，都会被人们观望，看他怎样谈论不久前的历史，然而，他的发言相当公式化，几乎没什么实质性内容，他表达的更多的是遗憾而非悔恨。裕仁成了最后一个幸存者。在他弥留之际，大批日本人聚集在皇居大门外，二重桥上那些祝愿天皇康复的署名里甚至有美国前总统卡特（Jimmy Carter）的名字。[27]

有意思的是，此前唯一一个能在在位时间上和裕仁相当的是德川时代伊始的后水尾天皇（1596—1680）。后水尾天皇应幕府将军请求，发布《公家诸法度》，后来他受够了幕府将军的干预，一怒之下让位于自己的女儿（第二代将军的孙女），但在接下来的半个世纪里，身处京都的他依然保持一定的势力。东京审判结果出来后，裕仁或许考虑过退位一事，但他没有这样做，反而继续在皇室坐镇半个世纪。这两位天皇都受过武官施压，一个退位了，至于另一个，由于麦克阿瑟的决意，他仍然留在皇位上。以前天皇都隐身于神的神秘光环之中，深居简出，他们身上的这道光环属于某种民

第二十章　主权恢复之后

间宗教信仰。相比之下，裕仁最后那场大病被媒体一路报道，连每日的血细胞计数和输血量都被仔细记录下来。据我们了解，明治天皇病笃前，由于禁忌关系，医生难以给他作诊断和治疗。而裕仁一直留着一口气，仿佛连去世也是不被允许的事。死亡终究来临，葬礼一部分是私密的，甄选过去几百年的神道秘仪，然后将之完整重现出来；而在对外公开的葬礼上，以美国总统乔治·布什（George Bush）为首的世界各国领导人安静地等待上前鞠躬敬拜，他们坐在不舒适的座椅上，大帐篷外冷雨飘泼。之后，灵柩被一班年轻人——他们来自京都附近某座村庄，扶灵是他们的传统——静静抬到灵车上，灵车缓缓驶过人潮拥挤的街道，开向位于八王子的陵墓。几乎没有谁比裕仁经历过更多的变幻与跌宕，身为第一位现代化改革者之孙及最后一位神圣统治者，裕仁某种程度上象征着20世纪日本的种种暧昧不明。

裕仁的儿子明仁继承了皇位，年号平成，这两个字对偶，本义为和平。这位天皇登基不久便声明支持1947年的宪法。明仁年轻时接受外国老师的教导，后来娶了一位平民作妻子，这桩婚事被誉为日本新民主历程上的重大事件。明仁儿子，即后来的皇太子德仁更是如此，他在牛津留过学，妻子拥有哈佛大学的学位。简单概括，这是个为"国际化"——这个词语颇为别扭——呐喊的时代。大学院校争相向文部省申请设立学院致力国际研究，这股热情也体现在皇室身上，皇室的"国际化"倾向之高是100年前所无法想象的。不过，遵守宪法意味着决策权掌握在城壕之外的那些人手上，但不管怎样，谨慎寡言的裕仁身上所具有的领袖魅力是其继承人所无法企及的。后者再也不可能被奉为神，也不会作为国家从废墟中振兴的象征被铭记。

旧千年最后十年也是新天皇登基的第一个十年，日本政体很快就面临前所未有的局面。苏联的解体带来新的世界秩序——更准确地说是混乱无序——东欧、中东和非洲郁积已久的民族主义和种族主义引发一轮轮危机,以及一次次集体安全联合行动,在这方面日本发挥的作用极其有限。长久以来美国把对安全的考虑摆在商业前面,苏联解体后,这种布局显然将发生改变。

中国经济出现巨大增长,似乎向美国展示了吸引力,有关"战略伙伴关系"的谈论声音随之出现,连日本的怀疑论者也对日美安保部署的看法变得积极起来。经济衰退的日本和迸发出新活力的中国在海外形成强烈的对比。

日本和大韩民国的关系从20世纪90年代末开始突飞猛进。民选政府取代了20世纪50年代以来在韩国当权的军事独裁政府。随着日益增长的自信和繁荣,韩国的反日情绪有所缓和。1999年,韩国总统金大中访问日本,双方关系全面回暖,达到太平洋战争以来的新高,给两个民主国家之间的种种裂痕带来弥补的希望。各方进一步推动朝韩对话,但到2000年为止进展不大。这个问题事关日本及其盟友美国的核心利益,若朝鲜半岛再次爆发战争,冲绳岛上的美军将会卷入其中,日本也无法幸免。

这类不确定性在战后不少年里对日本的政治有立竿见影的影响,但在2000年,情况好像不一样了。东京方面更有自信也更加团结。1993年,国会的不信任投票最终推翻了宫泽内阁,自民党掌权的时代宣告结束,深受海内外欢迎的细川护熙领导"改革派"内阁一度上台执政,政坛面貌有了焕然一新的希望。细川内阁很快就下台了,但在这之前,20世纪20年代以来确立的选举体系被重新改造,实行多年的大米进口禁令逐渐松绑。

接着,泡沫经济破裂,各方面的后果全部浮现。丑闻曝光,欺诈,补救措施迟迟不到位,破产,工作保障不稳定,失业增加;日本官僚素来受人尊敬,被认为是智慧和正直的化身,而这一切动摇了人们的信心。日本投资者匆忙取消购买美国的标志性建筑,这类买卖此前已经引起美国人的警惕。日本在公共卫生和改善环境上取得的成绩也带来别的问题。日本人的寿命得到延长且社会迅速老龄化，医疗及社会保障系统承受着巨大负担。随着一代日本人逐渐进入退休年龄，基于过去十年的低利率，退休金并不能完全保障他们的未来生活。经济复苏的日程，不管是国内的还是海外的，都因此更加紧急。

显然，进入新千年以后的日本仍然会不断面临问题。我们有理由认为，推行了半个世纪之久的"旧金山体制"到了该变革的时候。日本注定会再次积极投身国际事务。《日美安保条约》仍然有效，但随着苏联的威胁消失不再，其优先级必然下降。这并不意味着要扮演一个新的军事角色，因为日本对战争的憎恶似乎是深刻而坚定的。美国的霸权终究会减弱，美国、俄罗斯、中国、日本，以及韩国，或许再加上朝鲜，必然会形成一个新的制衡格局。

过去一千年里，日本的社会表现出极大的弹性和韧度。一千年以前，紫式部的《源氏物语》所描绘的贵族社会逐渐让位于武家，随后八百年日本都处于武家统治之下。明治革命卸下了武士的刀剑，转由国家披甲上阵。新建立的明治帝国只昙花一现，战败的国家随即被去军事化。重建给日本带来巨大的经济影响力和实力，但这套架构同样未能逃过周期性的衰落。然而，任何学习日本历史的学生都不会怀疑，这样一个聪慧、丰饶、勇敢的国家，必然会在新千年里发挥重大作用。

推荐阅读书目

直到第二次世界大战尾声之际,严肃的日本史研究在西方世界寥寥无几,只有少数几个学者身先士卒、刻苦钻研,几乎没有任何机构给予支持。太平洋战争——日本人对这场战争的称呼——改变了这一局面。各种日语研修班在政府和军事部门的资助下开展起来,战后一系列成果从中诞生,在此推动下,日本史发展为一门研究领域,确立了自身的学科地位,成为历史研究院校的常规科目之一。首先,我们需要花一些篇幅说一下当时可供参考的英语书目。詹姆士·默多克(James Murdoch)的三卷本著作《日本史》(*History of Japan*)于1925年由开根·保罗及特劳奇·特吕布纳出版公司(Kegan Paul, Trench Trubner and Co.)在伦敦发行,其内容涵盖整个德川时期,但重点关注"早期对外交流(1542—1651)",这是第二卷也是最好的一卷。该书所强调的日本与西方的接触,在之后西方著述中频频出现,假如全盘接受的话,可能会给人造成错误的认识,似乎一切事情都离不开圣方济各·沙勿略、佩里、麦克阿瑟三人的"神助",以及威尔·亚当斯(日文名为三浦按针)、汤森·哈里斯、戴明的助力。默多克在日本教拉丁文和希腊语，夏目漱石是他的学生之一，常常分不清他在说苏格兰口音的英语还是希腊语。默多克展现给读者的是老派的政治史，带着自以为是的老派观点，用乔治·桑瑟姆后来的话来说，读者仿佛是戴着"1880年左右产自阿伯丁的眼镜"来看日本。这本书唯一的价值来自他的合著者山形功（Isoh Yamagata），默多克宣称亲自搜罗的历史记载，其实是山形辛劳的成果。

乔治·桑瑟姆的经典之作《日本文化简史》（Japan: A Short Cultural History）在质量方面完全上了一个层次，这本书由克里斯特出版社（Cresset Press）于1932年在伦敦发行。桑瑟姆是英国外交官，担任商务专员。他有一口流利的日语，得以吸收日文的二手学术成果，对于艺术与文化——这一块被默多克完全无视——他也有自己的见解，这本著作哪怕过了很久也依然有价值。他曾经写信告诉我，说那时候还没有现代通信技术，外交官不用被紧盯，他很少会在中午之前来办公室，书稿大部分内容都是他在日光的中禅寺湖泛舟的时候写成的。行文间的慢条斯理便是这些时光的倒影。

他的叙述同样止于德川时代，不过对默多克看重的"对外交流"只轻轻带过。"二战"结束后，他在哥伦比亚大学教书，在这期间他填补了这一空缺，撰写《西方世界与日本》（The Western World and Japan. New York: Knopf, 1951）一书，对明治时期的西方化进行了全面细致的研究，退休后的他又推出三卷本的《日本史》（History of Japan. Stanford: Stanford University Press, 1958–1963），这本书的叙述范围只到德川时代末期。

对于战后时期的学者来说，还有另外两座高山可以作为自己的学术标杆。首先是鲁思·本尼迪克特（Ruth Benedict）的《菊与刀：日本文化模式》（The Chrysanthemum and the Sword: Patterns of Japanese Culture. Boston: Houghton Mifflin, 1946），这是美国战时

新闻处的项目——研究日本的民族性格——的成果，他们开展这个项目是为了判断日本是否有可能投降，面对美军的优胜火力，日本的领导人会否强迫国民作最后的殊死搏斗。本尼迪克特是人类学家，研究美国西南部的原住民。她对日语一窍不通——虽然她的一些助手会——但懂得怎样寻找文化模式，从而为日后的行动提供思路。她没办法询问当时的日本人，唯有从美籍日裔身上下功夫，这批人在移民潮刚开始时来到美国，不过20世纪初有关限制出台后这波移民就中止了，她的研究难免让人觉得这是19世纪老派日本人的理想型。战后，美国涌现一批社会科学研究，对本尼迪克特摸索出来的分析成果进行检验和深化，这样的研究在日本学术圈也不少见。

另一座高山——E. 赫伯特·诺尔曼（E. Herbert Norman）的《日本现代国家的崛起》（*Japan's Emergence as a Modern State.* New York: Institute of Pacific Relations, 1940）——相当不一样，诺尔曼是加拿大的一名年轻外交官，出生于日本，父亲是传教士。这本书的副标题是"明治时代的政治与经济问题"，表明他的关注点是日本现代转型过程中存在的问题或缺陷，这是日本军国主义和扩张主义的来源。他大量参考日本20世纪30年代初马克思主义学者的二手著述，这些学者试图寻找日本的制度"矛盾"，他总结精妙、观点尖锐，战后绝大多数学术研究都以此作为标杆。

在接下来的半个世纪里，形势发生了翻天覆地的变化。桑瑟姆和诺尔曼依然是巨人般的存在，但这时的研究远比此前丰富，诞生的成果也多样得多。首先，日本学术圈——被西方学者忽视——摆脱了忠于天皇的心态和文部省施加的正统观，可以自由地探索理论和事实而不须顾忌后果。战争结束后的头数十年里，学术圈的思想氛围几乎清一色的马克思主义，战前的研究绝大部分被冠上怵惕的骂名，政治史被"科学的"物质主义取代，后者要探究传统史学所描述的上层建筑到底以什么作为根基。这个关注点逐渐被拓宽并发生变化。由于物质条件日渐宽裕，学者不再着急出版著作，而拥有更多的时间去反思和研究，随着海外社会主义运动陷入困境，社会主义理念开始消退，日本社会和院校——不管多么不完美——再次表现出过人之处。

这时，各方面的条件已经到位，质量和视野兼具的出色论著终于诞生。这当中有的发端于战前的研究计划，但战争及战败带来的经济灾难迫使部分工作中断，与此同时，其实用性由于政治需要而遭到严重削弱，例如某 11 卷本的传记辞典，书中日期一律按照神武天皇登基的公元前 660 年计算。给今天历史学家带来极大便利的《国史大辞典》（东京：吉川，1973—1998）足足有 15 卷，这部楷模之作汇集了上百名学者的智慧结晶，个中词条还附带参考书目，辅以精良的地图和图表。在 20 世纪 60 年代"历史热"的推动下，日本出版商推出由一流历史学者主笔的多卷本国史书籍，事实证明，这些学者能够很好地将各自领域的现有成果以通俗易懂、迎合受众的方式表述出来。以这三家出版社之一的中央公论来说，在其组织下，各大学术权威合作写出了 28 卷本的《日本史》，这套书销量巨大，精装本之后他们又推出平装系列。之后面市的一系列学术专著更是推进了一大步，如此前提过的大书商岩波书店就出版了三套《岩波讲座日本历史》，涵盖了历史研究传统的每个转变和方方面面。

这同样是个编著兴盛的时代，令英语读者大饱眼福。1983 年，讲谈社发行了一套九卷本的《日本百科》，十年后推出浓缩的两卷本，这里面汇集了绝大多数西方权威学者及不少日本同行的文章，而且经常是长篇大论，读者想要了解的话题几乎都能找到。《剑桥日本百科》（*Cambridge Encyclopedia of Japan*. Cambridge: Cambridge University Press, 1993）虽然在编纂方式上不同于前者，但在质量上毫不逊色，这套书的主编理查德·鲍林（Richard Bowring）和彼得·科尼基（Peter Kornicki）汇集了一批深受敬重的同行，他们依照时间顺序撰写"地理""历史""文学""宗教""社会"等领域的内容。

讲谈社国际文化信息协会发行的"三巨头"同样价值巨大，它们分别是《日本历史人物辞典》（岩生成一编，华兹生 [Burton Watson] 译，1978）、《日本文学人物辞典》（久松真一编，1976）及《日本艺术人物辞典》（田泽坦编，1981）。另一项浩大工程当数《日本文化地图集》（*Cultural Atlas of Japan*. Oxford: Phaidon, 1988），书中插图丰富，马丁·科尔库特（Martin Collcutt）、熊仓功夫、詹森三人分别负责撰写日本早期、德川时代和现代时期的历史与文化。读者如果想要了解日本早期现代和现代历史的某个方面的话，可能会对上述几本书不太满意，但若直接跳过这些书、一点都不参考，那恐怕会错过好的建议。

最新出版的海伦·哈达克（Helen Hardacre）主编的《战后美国的日本研究》（*The Postwar Development of Japanese Studies in the United States*. Leiden, Boston, and Cologne: Brill, 1998）对日本各历史时段的历史著述作了一番调研，在此基础上进一步讨论历史、艺术、宗教、人类学、法律、政治领域的写作进展，每篇文章都出自大家之笔。

有关原始文献的英语译本，首先要参考的是角田柳作编纂，狄百瑞（Theodore de Bary）、唐纳德·基恩（Donald Keene）翻译的《日本传统源泉》（*Sources of Japanese Tradition*. 1958），这是任何书都无法代替的。该书收录的文本相当丰富，它们节选自思想、宗教、文化史方面的基础史料，本书有不少文献摘录及引用便出自这里。就在我撰写这本书的时候，这部著作的修订工作正在进行，修订后的版本将被扩充为两卷。今天日本文学的英译本数量可观，这是因为有整整一代专才致力于引进质量上乘的重大作品及进行解说，将这项工作视为第一要务。

接下来必须要提的是由一众学者举力完成的两大研究及出版项目。第一个成果来自现代日本会议（Conference on Modern Japan），该组织为亚洲研究协会内部创办，旨在结合社会科学和比较视野来思考日本的现代转型。这系列会议的种种成果很大程度上奠定了日本研究领域的形态，虽然会议所强调的现代化主题到 20 世纪 70 和 80 年代的时候不再是热门话题，但其出版的著作依然对思想史、政治进程、经济发展、文化与社会变革方面的主题具有重要意义。这套"日本现代化研究"系列丛书由普林斯顿大学出版社出版，包括詹森主编的《日本人对于现代化态度之变迁》（Changing Japanese Attitudes toward Modernization. 1965）、威廉·洛克伍德（William W. Lockwood）主编的《日本的国家与经济事业》（The State and Economic Enterprise in Japan. 1965）、多尔（R. P. Dore）主编的《现代日本社会变革诸方面》（Aspects of Social Change in Modern Japan. 1967）、罗伯特·沃德（Robert E. Ward）主编的《现代日本的政治进程》（Political Development in Modern Japan. 1968）、唐纳德·施弗利（Donald H. Shively）主编的《日本文化的传统与现代化》（Tradition and Modernization in Japanese Culture. 1971）、詹姆斯·莫利（James W. Morley）主编的《战前日本增长之困境》（Dilemmas of Growth in Prewar Japan. 1971）。

类似盛举的项目直到二十年后才再度出现，这次汇集了日本和西方一众资深学者，他们共同编写了一部目前为止西方最全面也最权威的日本史。这套六卷本的《剑桥日本史》（Cambridge History of Japan. Cambridge: Cambridge University Press, 1988–1999）将日本史研究有力地推向了新的层次，本书读者会注意到我在很多地方参考了这套书的某些专题。这套书按照时间先后分为德尔默·布朗（Delmer M. Brown）主编的《远古时期》（Ancient Japan, 1993）、唐纳德·施弗利主编的《平安时代》（Heian Japan，1999）、山村耕造主编的《中世纪》(Medieval Japan. 1990)、约翰·霍尔(John W. Hall)主编的《早期现代》(Early Modern Japan. 1991)、詹森主编的《19世纪》(The Nineteenth Century. 1989)及彼得·杜斯(Peter Duus)主编的《20世纪》(The Twentieth Century. 1988)。"剑桥历史"丛书的众主编认为，文化史——尤其是艺术史和文学史——应当另作处理，这套书首先关注的是日本的政治、制度、经济、国际交流及社会方面的历史发展，而在这几块，这套书的视野及其质量都为后来者所难以超越。

除上述著作以外，读者还可以通过《日本研究》(Journal of Japanese Studies. Seattle: University of Washington, 简称 JJS, 1974 至今)、《日本学志》(Monumenta Nipponica. 简称 MN, 东京：上智大学)、《亚洲研究》(Journal of Asian Studies. 简称 JAS, Ann Arbor, Mich., Association for Asian Studies)、《日本亚洲研究协会学报》(Transactions of the Asiatic Society of Japan. 简称 TASJ)一众优秀期刊追索日本史领域的变迁，观察这门发源于东方学的日本学，如何从一开始的孤幽走向今天位列各大院校的盛况。

战国统一者与德川时代之建立

康拉德·托特曼(Conrad Totman)的《早期现代日本》(Early Modern Japan. Berkeley: University of California Press, 1993)展现了深厚的学力和广阔的视野，令我们对德川时代的方方面面有了进一步的了解。朝尾直弘的《16世纪的统一》(《剑桥日本史》第4卷)勾勒了整个图景。约翰·霍尔、永原庆二、山村耕造主编的《德川时代以前的日本》(Japan before Tokugawa. Princeton: Princeton University Press, 1981)及乔治·埃利松(George Elison)、布拉德威尔·史密斯（Bradwell L. Smith）主编的《军阀、艺术家与百姓》（*Warlords, Artists, and Commoners*. Honolulu: University Press of Hawaii, 1981）收录了一系列文章，对这些统一者所属的时代作了精彩细致的叙述。西方学界对织田信长至今仍缺乏深入研究，丰臣秀吉相对好一些。乔治·埃利松（后来的著述署名改为"Jurges Elisonas"）写了一篇极为精彩的文章——《慷慨大方的丰臣秀吉》——收在上述编著里，玛丽·贝瑞（Mary Elizabeth Berry）的《丰臣秀吉》（*Hideyoshi*. Cambridge, Mass.: Harvard University Press, 1982）叙述了这位非凡人物的一生，极具可读性，引述丰富。阿德里安那·博斯卡罗（Adriana Boscaro）根据第一手材料，写成《秀吉的一百零一封书信：丰臣秀吉的私人通信》（*101 Letters of Hideyoshi: The Private Correspondence of Toyotomi Hideyoshi*. Tokyo: Sophia University, 1975）。秀吉有自吹自擂、贪婪、慷慨、嗜暴的一面（例如，他让年轻的秀赖将四个惹其不快的人绑起来，说"等我来了必定将他们揍死，不要放了他们"——和切斯特顿伯爵对儿子的语气差不多！），上述这些著作令人们重新感受到那个激荡而暴虐的时代。那些怀着无比勇气踏足这片土地的欧洲来客及传教士，将自己眼中的战国时代的日本折射在来往书信中，迈克尔·库珀（Michael Cooper, S.J.）从这些书信里节选出精彩片段，收录在《他们来到日本：1543—1640年间欧洲关于日本报告合辑》（*They Came to Japan: An Anthology of European Reports on Japan, 1543–1640*. Berkeley: University of California Press, 1965）。

康拉德·托特曼在《德川幕府的政治，1600—1843》（*Politics in the Tokugawa Bakufu, 1600–1843*. Cambridge, Mass.: Harvard University Press, 1967）中讨论了德川时代的政治秩序，他将日本从人治逐渐让位于官僚统治的转变过程分为好几期，颇为有用。他的观点并非没有非议，哈罗德·博莱索（Harold Bolitho）在《人中珍宝：德川日本的谱代大名》（*Treasures among Men: The Fudai Daimyo in Tokugawa Japan*. New Haven: Yale University Press, 1974）里对两者转换过程进行审视，间接批评过托特曼的看法。松平太郎的《江户时代研究》(『江户时代制度の研究』，东京：武家制度研究会，1919）曾是多年来阐述德川体系的典范之作，直到后来才被藤野保集大成者的研究超越，后者在《幕藩体制研究（修订版）》(『幕藩体制史の研究』，东京：吉川弘文馆，1975）等著述里记录并分析了每代将军在职务上的变化。书中相关图表皆源于藤野教授的著述。

对于大部分武士来说，藩代表了政治活动及政治意识的界限，是研究全国性进程如何在地方上展开的最佳出发点。金井圆的《藩政》（东京：至文堂，1962）清晰地勾勒了整个框架，而哈罗德·博莱索在《剑桥日本史》卷六第六章《藩》及《人中珍宝》中提供了很有意思的细节。有关全国性及地区性趋势的研究，约翰·霍尔的《政府与日本的地方权力，500—1700年：基于备前国的研究》（*Government and Local Power in Japan, 500 to 1700: A Study Based on Bizen Province*. Princeton: Princeton University Press, 1966）仍然是经典之作。霍尔在早年研究中偶然发现了备前国（冈山藩）的记录材料，只有少数几个"资料库"从自然灾害及人为破坏中幸存下来，备前国是其中之一，此后他便一直沉迷于这里面丰富多样的资料，对官僚的日常运作十分感兴趣。后来，他在他和詹森主编的论文集《早期现代日本的制度史研究》（*Studies in the Institutional History of Early Modern Japan*. Princeton: Princeton University Press, 1969）的好几个篇章里重新讨论了这批材料。

霍尔这项研究是众多通过地方分析日本整体趋势的例子之一，只不过他的最为雄心勃勃。关于萨摩藩的制度研究，有原口虎雄、罗伯特·酒井（Robert K. Sakai）、崎原贡、山田和子、松井正人的译评之作《萨摩藩的身份制度与社会组织》(*The Status System and Social Organization of Satsuma.* Tokyo: University of Tokyo Press, 1975)，酒井所写的长篇导论提供了萨摩藩的精彩细节。菲利普·布朗（Philip C. Brown）的《日本早期现代过程中的中央权威与地方自主：以加贺藩为例》(*Central Authority and Local Autonomy in the Formation of Early Modern Japan: The Case of Kaga Domain.* Stanford: Stanford University Press, 1993) 谈到日本海一带的金泽，詹姆斯·麦克莱恩（James L. McClain）此前对这个地方作过编年史研究，见其《金泽：日本17世纪的一个城下町》(*Kanazawa: A Seventeenth-Century Japanese Castle Town.* New Haven: Yale University Press, 1982)。有几项研究通过审视地方动态来探讨明治维新，其中的背景章节有助于我们全面了解整个过程，尤为值得一提的是阿尔伯特·克雷格（Albert M. Craig）《明治维新中的长州》(*Chōshū in the Meiji Restoration.* Cambridge, Mass.: Harvard University Press, 1961)，詹森《坂本龙马与明治维新》(*Sakamoto Ryōma and the Meiji Restoration.* Princeton: Princeton University Press, 1961) 中的土佐藩，以及詹姆斯·巴克斯特（James C. Baxter）《石川县所见明治统一进程》(*The Meiji Unification through the Lens of Ishikawa Prefecture.* Cambridge, Mass.: Harvard University Press, 1994) 中的金泽藩。查尔斯·耶茨（Charles L. Yates）的《西乡隆盛：神秘面具后的男人》(*Saigō Takamori: The Man behind the Myth.* London: Kegan Paul, 1996) 在进入正题前首先讨论了萨摩藩的背景，但详细程度远比不上他在普林斯顿大学的博士论文，这本书本身也是脱胎于此。最近，卢克·罗伯茨（Luke S. Roberts）的《藩的重商主义：18世纪土佐藩所见经济民族主义的商业因素》(*Mercantilism in a Japanese Domain: The Merchant Origins of Economic Nationalism in 18th-Century Tosa.*

Cambridge: Cambridge University Press, 1998）以土佐藩为例提出铿锵有力的观点，具有挑战性。

国际环境

从16世纪40年代葡萄牙人来到种子岛开始，欧洲人便开始走入日本人的生活，直到17世纪40年代一系列政令发布后，这段历史才宣告结束，他们这一百年里的足迹吸引了不少历史学家的关注。这个时期的西方人和西方物品影响了日本的政治进程，西方的文献材料为我们了解16世纪的日本提供了一个与众不同的渠道。传教士编纂的字典对我们研究当时日本口语具有一定的价值，耶稣会在长崎印刷的出版物同样重要。詹姆斯·默多克从《日本史》中卷开始讨论这一百年的对外交流，他大量使用天主教的材料，却对后者的传教事业无动于衷。在这方面，博克塞（C. R. Boxer）的《基督教在日一百年，1549—1650》（*The Christian Century in Japan, 1549—1650*. Berkeley: University of California Press, 1951）有更出色的讨论，这本书根据丰富的一手文献写成，相当扎实。迈克尔·库珀的《他们来到日本：1543—1640年间欧洲关于日本报告合辑》（*The Christian Century in Japan, 1549–1650*. Berkeley: University of California Press, 1951）将西方有关日本的报告记录——大部分来自伊比利亚半岛——按照主题整理成集，是个宝库，库柏的另一本书《翻译者罗德里格斯：一名早期来日及来华的耶稣会士》（*Rodrigues the Interpreter: An Early Jesuit in Japan and China*. New York: Weatherhill, 1974）也不相伯仲，文思精妙。乔治·埃利松在《上帝的毁灭：早期现代日本基督教的形象》（*Deus Destroyed: The Image of Christianity in Early Modern Japan*. Cambridge, Mass.:

Harvard University Press, 1973）利用翔实的材料描述了基督教从兴起到被剿灭的过程，在这之后他翻译了四本驳斥传教士教义的小册子，第一本小册子的作者是叛了教的日本籍耶稣会士不干斋（Fabian Fucan），埃利松的书名即来自这本小册子。埃利松（此时已改名为"Jurges Elisonas"）在《剑桥日本是》卷四第七章《基督教与大名》里检视了传教运动带来的政治影响。

有关德川初年英国东印度公司的活动，参见德里克·马萨雷拉（Derek Massarella）的《别处的世界：16 至 17 世纪欧洲与日本的初遇见》（*A World Elsewhere: Europe's Encounter with Japan in the Sixteenth and Seventeenth Centuries.* New Haven: Yale University Press, 1990）。两卷本的《理查德·考克斯日记》（*Diary of Richard Cocks*）于 1899 年在东京发行，考克斯在 1615 至 1622 年间担任东印度公司的首席代理，他的日记为我们提供了第一手的资料。

罗纳德·托比（Ronald Toby）的《日本早期现代的国家与外交：德川幕府发展进程中的亚洲》（*State and Diplomacy in Early Modern Japan: Asia in the Development of the Tokugawa Bakufu.* Princeton: Princeton University Press, 1984）对早年幕府外交关系的解释有重要进展。他的观点最早体现在《锁国问题再探：德川幕府合法性中的外交》（"Reopening the Question of *sakoku*: Diplomacy in the Legitimation of the Tokugawa Bakufu".《日本研究》1977 年刊）这篇文章里。至于德川幕府与朝鲜的关系，庆应大学的田代和生在《江户时代的外交关系："锁国"再探》（"Foreign Relations during the Edo Period: *Sakoku* Reexamined".《日本研究》1982 年刊）及其众多日文著述——最重要的是《近世日朝交通贸易史研究》（『近世日朝通交貿易史の研究』，东京：创文社，1981）——颇具启发性。有关朝鲜访日使团的研究，参见李元植

《朝鲜通信史研究》(『朝鮮通信使の研究』,京都:思文阁出版,1997)。

德川时期的中日关系是大庭修终生研究的主题,他的著作依次谈到书籍进口(《江户时代的唐船持渡书研究》,『江戸時代における唐船持渡書の研究』,关西大学出版部,1967)、文化交流(《江户时代中国文化吸纳研究》,『江戸時代における 中国文化受容の研究』,京都:同朋社出版,1984),然后是充满趣闻逸事的《江户时代的中日秘事》(『江戸時代の日中秘話』,东京:东方书店,1980)。我经常引用他的《德川世界里的中国》(*China in the Tokugawa World*. Cambridge, Mass.: Harvard University Press, 1992)。

至于贸易中的长崎体系,罗伯特·英尼斯(Robert Leroy Innes)的《大门微启:17世纪日本的对外贸易》(密歇根大学博士论文,1980)有细致的叙述。日本学者有不少著述专门讨论这一体系,中村质的《近世长崎贸易史研究》(『近世長崎貿易史の研究』,东京:吉川弘文馆,1988)尤其有用。有关荷兰与日本的接触,参见格兰特·古德曼(Grant Goodman)的《日本:荷兰经验》(*Japan: The Dutch Experience*. London: Athlone, 1986)和博客塞的《日本的荷兰东印度公司:1600—1860》(*Jan Compagnie in Japan: 1600–1860*. The Hague: Nijhoff, 1950),后者关注的更多的是荷兰的影响而不是其发挥的作用。此外必须要提一下长崎市推出的双语大作《出岛图:景观及其变迁》(『出島図:その景観と変遷』,东京:中央公论,1987),该书展示了荷兰商馆的生活场景。2000年,日兰学会出版了类似作品,用荷、日、英三语写成,由包乐史(Leonard Blussé)、雷梅林克(W. Remmelink)及伊沃·斯密特(Ivo Smits)编著,即《跨越两端:日荷关系四百年》(*Bridging the Divide: 400 Years, the Netherlands–Japan*. Tokyo: Hotei Pub.; Ede: Teleac/not),这里面有关出访江户的荷兰代表团的资料十分丰富。

荷兰商馆长的日常报告及海牙保存的档案资料浩如烟海，令大部分学者望而却步。近年，莱顿大学的包乐史、雷梅林克和日兰学会合作，刊布了当年抄写员所写的旁侧小结，以方便学者查阅档案，我们可以从中一睹出岛生活、出使江户方面的迷人细节（副手自己也有一本日记）。如今，保罗·范德费尔德（Paul van der Velde）、鲁道夫·巴霍夫纳（Rudolf Bachofner）主编的《出岛日记：旁注，1700—1740》(Deshima Diaries: Marginalia, 1700–1740. 东京：日兰学会，1992）精装本已经面世，还有一套十卷本的《出岛日志：原始目录》(The Deshima Dagregisters: Their Original Tables of Contents)，后者从 1680 年开始记录，最新出版的第十卷涵盖到1780—1800 年，由辛西娅·瓦莱（Cynthia Vallé）与包乐史主编，1997 年出版。还要提一下的是，有位日本妇女曾流落到爪哇，回国后将军命令她自述这段经历，见包乐史的《怪异的伙伴：汉人居民，混血女性及荷兰东印度公司"巴达维亚号"上的荷兰人》(Strange Company: Chinese Settlers, Mestizo Women, and the Dutch in VOC Batavia. Dordrecht: Foris Publications, 1986）。

有关出岛生活及馆长的江户之行，经典之作仍然是坎普费（Engelbert Kaempfer）的《日本史》(The History of Japan)，由肖赫泽（J. C. Scheuchzer）翻译成英语，于 1728 年首次出版，1906年在苏格兰以三卷本形式再版。在有名的最后一章里，他提到"有个疑问，从这个日本帝国的福祉来看，像现在这样一直保持闭关、禁止居民进行任何国内外的商业活动，是否是一件好事"，这句话打响了有关"锁国"政策的争论的第一枪，至今也没有真正结束。令人惊讶的是，坎普费觉得最好的做法是维持现状，对基督徒的迫害并没有对他造成多大困扰。对于这一点，碧翠丝（Beatrice M. Bodart-Bailey）和德里克·马萨雷拉所主编的《远大目标：恩格尔伯特·坎普费与德川日本之相遇》(*The Furthest Goal: Engelbert Kaempfer's Encounter with Tokugawa Japan*. London: Curzon, 1955)的一系列有趣文章给出了解释,我们从中得知,在坎普费的家乡,位于威斯特伐利亚的莱姆戈,被当作女巫烧死的人多达38个,还有他一位当牧师的叔父,后者曾在讲坛上抨击这种行为。这里面的研究有的追溯了手稿的来源,有的(通过荷兰东印度公司的档案)确认了那位给坎普费提供情报的日本年轻人,还有的找到坎普费谈论身居京都的天皇的内容。碧翠丝对坎普费做过好几项研究,她翻译了坎普费整本书,即碧翠丝编、译及注的《坎普费的日本:他所观察到的德川文化》(*Kaempfer's Japan: Tokugawa Culture Observed*. Honolulu: University of Hawai'i Press, 1999)。

身份

邓恩(C. J. Dunn)的《日本的传统日常》(*Daily Life in Traditional Japan*. London: B. T. Batsford, 1969)是个不错的起点,这本小书写得十分有趣,以图片形式分别展示了四种传统身份群并进行讨论。戴维·豪威尔(David Howell)的《日本的身份地理学:19世纪的政体、身份与文明》(*Geographies of Identity in Nineteenth-Century Japan*. University of California Press, 2005)做了相当重要的贡献,他在这本书及其他地方谈到阿伊努人的身份问题,而这样的讨论并不常见。约翰·霍尔在《日本研究》首刊(1974)发表的《德川时代的身份统治》("Rule by Status in Tokugawa Japan")较早地对日本学者所关心的"身份制"问题进行反思。20世纪末,日本国内出现大量相关研究和讨论,朝尾直弘主编的《近世日本》卷七《从身份到格式》(『近日本の近世 7 身分と格式』,

东京：中央公论，1992）便是其中之一，这部珍贵的著作收录了一系列关于身份体系各方面的精彩论文。日本宫廷方面，最好的著述是赫歇尔·威伯（Herschel Webb）的《德川时期的皇室制度》（*The Imperial Institution in the Tokugawa Period*. New York: Columbia University Press, 1968）。武士等级及其分类因藩而异，上文提到的那些针对某县或某藩的研究，无一例外都对此作了讨论。纵观农村及乡村生活方面的研究，论扎实和敏锐，没有哪个可以超越——或者说比肩——托马斯·史密斯（Thomas C. Smith）的《现代日本的农业根源》（*The Agrarian Origins of Modern Japan*. Stanford: Stanford University Press, 1959），他后来还写了几篇有关17世纪农村和地租的文章加以补充，见霍尔和詹森主编的《早期现代日本制度史研究》，以及史密斯十篇重要论文合集《1750年—1920年有关日本工业化的日本文献》（*Native Sources for Industrialization in Japan, 1750–1920*. Berkeley: University of California Press, 1988）。农村人口问题见史密斯的《长原：一个日本乡村的家庭架构和人口统计，1717—1830》（*Nagahara: Family Framing and Population in a Japanese Village, 1717–1830*. Stanford: Stanford University Press, 1977）。人口统计（往往以寺院的户籍记录为依据，这种登记旨在对基督教进行监控）是以速水融为首的一批经济学家的专攻领域，庆应大学长期在这方面占据榜首，他们的研究成果在每个有关人口及经济增长的讨论上都有所反映。在考虑宏大的经济史问题时，人口研究具有重要意义，苏珊·汉利（Susan B. Hanley）、山村耕造的《前工业时代日本的经济与人口变化，1600—1868》（*Economic and Demographic Change in Preindustrial Japan, 1600–1868*. Princeton: Princeton University Press, 1977）便体现了这一点。有关城市发展的内容，我们会在后文有更全面的叙述，但加里·路普（Gary P. Leupp）的《德川时代城市的奴仆、店小二与劳工》(*Servants, Shop-hands, and Laborers in the Cities of Tokugawa Japan*. Princeton: Princeton University Press, 1992) 大大推进了这方面的研究。

城市化与通信

饶济凡 (Gilbert Rozman) 在《清朝中国与德川日本的城市网络》(*Urban Networks in Ch'ing China and Tokugawa Japan*. Princeton: Princeton University Press, 1973) 里将江户和北京城进行对比，涉及江户的内容十分丰富。约翰·霍尔的《城下町与日本的城市现代化》（收录于霍尔与詹森主编的《早期现代日本制度史研究》）是另一标志性著作。同样重要的还有饶济凡的《转变中的城下町》（收录于饶济凡与詹森主编的《转变中的日本：从德川时代到明治时期》[*Japan in Transition: From Tokugawa to Meiji*. Princeton: Princeton University Press, 1986]）。詹姆斯·麦克莱恩、约翰·梅里曼 (John M. Merriman)、鹈川馨主编的会议论文集《江户与巴黎：早期现代的城市生活与国家》集合了一系列有关江户治理与社会组织的文章。这部论文集收录了亨利·史密斯 (Henry D. Smith II) 一篇对比江户和巴黎印刷业的文章，同作者所写的另一篇文章《江户与伦敦：关于城市的比较性概念》则见于阿尔伯特·克雷格主编的《日本：比较性视野》(*Japan: A Comparative View*. Princeton: Princeton University Press, 1979)。阵内秀信著、西村贵美子译《东京：空间人类学》(*Tokyo: A Spatial Anthropology*. Berkeley: University of California Press, 1995) 从早期现代的角度去"解读"这座现代城市，引人入胜。有关江户和城下町的文献数量自然十分庞大。其文献之丰富，从吉田伸之主编的《都市时代》(『都市の時代』) 一书中多少可以感受到一些，该书是朝尾直弘主编的巨大工程《近世日本》的第七卷。

康斯坦丁·瓦波里斯（Constantine Nomikos Vaporis）的《穿破障碍：早期现代日本的出行与国家》（*Breaking Barriers: Travel and the State in Early Modern Japan*. Cambridge, Mass.: Harvard University Press, 1994）让我们对德川时代的交通有更深的了解。瓦波利斯还针对土佐和江户之间的交通发表了好几项论述，他还在研究参勤交代制度。塚平利夫早期著作《德川日本的封建管治》（*Feudal Control in Tokugawa Japan: The Sankin-kōtai System*. Cambridge, Mass.: Harvard University Press, 1966）仍然是经典研究。荷兰驻日外交官迪尔克·德格雷夫·范波尔斯布鲁克（Dirk de Graeff van Polsbroek）的记述《1857年—1870年日志：荷兰外交官所见19世纪的日本》（*Journaal 1857–1870: Belevenissen van een Nederlands diplomaat om het negentiende eeuwse Japan*. Assen/Maastricht: Vangorcum, 1987）对我帮助很大，被我频频引用，他从长崎到江户的旅途参照了一个半世纪以前坎普费的三卷本《日本史》。

教育与文学

多尔（R. P. Dore）的《德川时代的教育》（*Education in Tokugawa Japan*. Berkeley: University of California Press）自从1965年面世以来便属于经典行列，是衡量其他学者研究水平的标杆之作。理查德·鲁宾格（Richard Rubinger）的《德川时代的私塾》（*Private Academies of Tokugawa Japan*. Princeton: Princeton University Press, 1982）就日本各地众多类型私塾提供了重要材料。

布莱恩·普拉特（Brian W. Platt）在《19世纪日本的学校、社区与国家》（伊利诺伊大学博士论文，1998）中对平民学校的讨论颇有成效，表明这些学校比想象中更少地以"辖区"或"寺院"为中心。劳伦斯·斯通和詹森的《日本与英格兰的教育和现代化》（"Education and Modernization in Japan and England". Comparative Studies in Society and History 9, 2, Jan. 1967）将英格兰的教育发展和日本进行比较。关于日本出版业的发展，读者要参考亨利·史密斯的文章，他将日本和巴黎的情况作了对比，文章收录于麦克莱恩、梅里曼、鹈川馨主编的《江户与巴黎》，还要参考《剑桥日本史》卷四唐纳德·施弗利（Donald H. Shively）讨论大众文化的部分。彼得·科尼基的《日本的书：从萌芽期到19世纪的文化史》（The Book in Japan: A Cultural History from the Beginnings to the Nineteenth Century. Leiden: Brill, 1998）追溯了书的发展历程。

思想关切

有关德川时代的思想状况，角田柳作、狄百瑞、唐纳德·基恩编著的《日本传统源泉》（Sources of Japanese Tradition）是一部优秀的入门指南，尤其在儒学和国学方面。布特（W. J. Boot）的《日本对新儒学的吸收与改造：藤原惺窝与林罗山的作用》（The Adoption and Adaptation of Neo-Confucianism in Japan: The Role of Fujiwara Seika and Hayashi Razan. Leiden, 1992）表明，林罗山远没有他读者所以为的那样重要。赫尔曼·奥姆（Herman Oom）的《德川的思想观念：早期构建，1570—1680》（Tokugawa Ideology: Early Constructs, 1570–1680. Princeton: Princeton University Press, 1985）讨论了德川早期的思想和观念，对山崎暗斋予以特别关注。

这一领域的文献浩如烟海，读者可以首先参考《剑桥日本史》卷四奈地田哲夫所写的《18 世纪思想的历史与自然》（"History and Nature in Eighteenth Century Thought"）。同作者的《德川日本有关德的愿想》（Visions of Virtue in Tokugawa Japan. Chicago: University of Chicago Press, 1987），以及他和埃尔文·沙伊纳（Irwin Schiner）主编的《日本德川时期的思想》（Japanese Thought in the Tokugawa Period. Chicago: University of Chicago Press, 1978）等著作都是重要参考，数量太多，不一而足。

德川时代的学者当中，最受关注的或许是荻生徂徕，从本书相关叙述就可以知道个中缘由。其中最重要的创见为丸山真男的《日本政治思想史研究》（『日本政治思想史研究』，1952），由羽根干三翻译成英语《德川日本思想史研究》（Studies in the Intellectual History of Tokugawa Japan. Princeton: Princeton University Press, 1974）。奥洛夫·李丁（Olof Lidin）的《德川时代的儒学家荻生徂徕的一生》（The Life of Ogyū Sorai, a Tokugawa Confucian Philosopher. Lund: Studentlitt, 1973）对他的生平进行了讨论，这部书是斯堪的纳维亚亚洲研究中心专著系列之一。徂徕的几本著作有英译本，不过麦克尤恩（J. R. McEwan）的《荻生徂徕的政治写作》（The Political Writings of Ogyū Sorai. Cambridge: Cambridge University Press, 1962）对社会科学研究者来说最为有用，他从徂徕给吉宗的建白书里摘取了长篇内容。

有关新井白石的研究，见凯特·怀尔德曼·中井（Kate Wildman Nakai）的《幕府政治：新井白石与德川统治的前提条件》（Shogunal Politics: Arai Hakuseki and the Premises of Tokugawa Rule. Cambridge, Mass.: Harvard University Press, 1988），以及乔伊斯·阿克罗伊德（Joyce Ackroyd）翻译的两部重要著作——《折焚柴记：新井白石传》（Told Round a Brushwood Fire: The Autobiography *of Arai Hakuseki*. Princeton: Princeton University Press, 1979[*]）与《读史余论》（*Lessons from History: Arai Hakuseki's Tokushi Yoron*. St. Lucia: University of Queensland Press, 1982[†]）。对其他学者的研究及其著作翻译，见约瑟夫·斯贝（Joseph John Spae）的《伊藤仁斋：德川时期的思想家、教育家与汉学家》（*Itō Jinsai: A Philosopher, Educator, and Sinologist of the Tokugawa Period*. Peking: Catholic University of Peking, 1948）、吉川幸次郎的《仁斋、徂徕与宣长》（东京：东方学会，1983）和玛丽·塔克（Mary Evelyn Tucker）的《日本儒学的伦理及精神修养：贝原益宣（1630—1714）的生平与思想》（*Moral and Spiritual Cultivation in Japanese Confucianism: The Life and Thought of Kaibara Ekken, 1630–1714*）。相关文献数不胜数。另一本值得一提的著作是彼得·诺斯克（Peter Nosco）主编的《儒学与德川文化》（*Confucianism and Tokugawa Culture*. Princeton: Princeton University Press, 1984），这本书的内涵已经超过其预期。崇尚中国的儒者和他们的民族情感也是研究重点之一。我在《德川世界里的中国》（*China in the Tokugawa World*. Cambridge, Mass.: Harvard University Press, 1992）讨论过这方面的问题，在思想史领域，凯特·怀尔德曼·中井发表的《德川时代儒学的归化》（"The Naturalization of Confucianism in Tokugawa Japan: The Problem of Sinocentrism". *Harvard Journal of Asiatic Studies*, 40, June 1980）一文梳理了相关内容。只关注知识分子的话，可能会给人一种江户时代居然如此"儒家"的错觉。马丁·柯尔库特（Martin Collcutt）在《日本儒学遗珍》（"The Legacy of Confucianism in Japan"）里表达了这一顾虑，这篇文章收录在吉

---

[*]　日文原书名『折たく柴の記』。
[†]　日文原书名『読史余論』。

尔伯特·罗兹曼所编《东亚地区：儒家遗产及其现代改造》(*The East Asian Region: Confucian Heritage and Its Modern Adaptation*. Princeton: Princeton University Press, 1991)。

水户学融合了儒学和本土主义关心的问题，下面两项关于19世纪学者会泽正志斋的研究对该学派进行了讨论，分别是维克多·科什曼（J. Victor Koschmann）的《水学的思想观念》(*The Mito Ideology*, Berkeley: University of California Press, 1987) 和若林正的《早期现代日本的排外主义与西学》(*Anti-Foreignism and Western Learning in Early Modern Japan: The New Theses of 1825*. Cambridge, Mass.: Harvard University Press, 1986)。

国学和早期神道没有固定形态，因此引发的问题更多。有关本土主义学者的研究只有寥寥几项，其中之一便是松本滋的《本居宣长》(*Motoori Norinaga*. Cambridge, Mass.: Harvard University Press, 1970)。哈利·哈如图涅（Harry Harootunian）的《看见的与看不见的：德川时期本土主义的话语与意识形态》(*Things Seen and Unseen: Discourse and Ideology in Tokugawa Nativism*. Chicago: University of Chicago Press, 1988) 及更易读的《德川晚期的文化与思想》(《剑桥日本史》卷五) 将国学、平民文化与信仰的多个方面联系起来。黑田敏夫的《日本宗教史上的神道》(《日本研究》卷7, 1981年第1期) 对这个问题作了精彩的探讨，海伦·哈达克（Helen Hardacre）的《神道与国家，1866—1988》(*Shinto and the State, 1866–1988*. Princeton: Princeton University Press, 1989) 前面部分补充了更多的细节。御师促进了民间宗教，关于他们组成的关系网络——尤其是伊势神宫——的研究，见高野利彦的《移动的身份：神职与百姓之间》(『移動する身分——神職と百姓の間』，收录于朝尾直弘编《近世日本》卷七《身份与格式》)。对朝圣的专门研究，见温斯顿·戴维斯（Winston Davis）的《朝圣与新生：日本的宗教与社会价值观研究》("Pilgrimage and World Renewal: A Study of Religion and Social Values in Japan")，重新收录在他的《日本的宗教与社会：结构与变化的范式》(*Japanese Religion and Society: Paradigms of Structure and Change*. Albany: State University of New York, 1992)。

关于兰学的重要参考著作可参见上文"国际环境"部分，古德曼的《日本：荷兰经验》尤其值得注意。我在《兰学与西学》("Rangaku and Westernization," *Modern Asian Studies,* 18, 4 [October 1984])和《日本及它的世界：两百年变迁》(*Japan and Its World: Two Centuries of Change*. Princeton: Princeton University Press, 1980)里讨论过翻译方面的问题。唐纳德·基恩的《日本发现欧洲》(*The Japanese Discovery of Europe*. Stanford: Stanford University Press, 1969)对"兰学者"本多利明作了精彩的讨论。有关艺术所受影响，提蒙·史克里奇(Timon Screech)在《西方的科学凝视与江户时代晚期的流行图像》(*The Western Scientific Gaze and Popular Imagery in Later Edo Japan*. Cambridge: Cambridge University Press, 1996)作过讨论。吉田忠的《志筑忠雄的兰学》(The *rangaku* of Shizuki Tadao，普林斯顿大学博士论文，1974)解释了译者面临的种种困境。志筑将坎普费的"closed country"翻译成"锁国"，这个译名为后世史学相传。

危机与反应

面对冲突存在的确凿证据，日本社会的"共识"论已经难以自圆其说。奈地田哲夫和维克多·科什曼主编的《日本现代史上的冲突：被忽视的传统》(*Conflict in Modern Japanese History: The*

Neglected Tradition. Princeton: Princeton University Press, 1982）是不错的入门。多年以来，有关农民抗争的英语资料只有休·博顿（Hugh Borton）的《德川时代的农民起义》（"Peasant Uprisings in Japan of the Tokugawa Period," 《日本亚洲研究协会学报》卷2, 1938年5月第16期），这篇文章主要依据黑正严的研究写成。"二战"后，特别是20世纪70至80年代，相关研究大量涌现，康拉德·托特曼检阅了大部分农民抗争的文献，见其《德川时代的农民：赢，输，或打平？》（"Tokugawa Peasants: Win, Lose, or Draw?"，《日本学志》卷41, 1986年第4期：457–476）。詹姆斯·怀特（James W. White）的《一揆：日本早期现代的社会冲突和政治抗争》（*Ikki: Social Conflict and Political Protest in Early Modern Japan*. Ithaca, N.Y.: Cornell University Press, 1995）对青木虹二等日本学者收集的数据进行分析，给这个方向树立了清晰的框架并填充了丰富的细节。安妮·沃尔瑟（Anne Walthall）继《日本18世纪的社会抗争与民间文化》（*Social Protest and Popular Culture in Eighteenth-Century Japan*. Tucson: University of Arizona Press, 1986）后又编了一部有关农民叙事的选集，即《日本的农民起义：农民历史文选》（Peasant Uprisings in Japan: A Critical Anthology of Peasant Histories. Chicago: University of Chicago Press, 1991）。斯蒂芬·瓦拉斯托斯（Stephen Vlastos）的《德川时代的农民抗争与起义》（Peasant Protests and Uprisings in Tokugawa Japan. Berkeley: University of California Press, 1986）对某养蚕地区的民愤作了精巧的叙述和分析。赫伯特·比克斯（Herbert Bix）在《日本的农民抗争，1590—1884》（*Peasant Protest in Japan, 1590–1884*. New Haven: Yale University Press, 1986）所作的阐释更是长期被奉为圭臬。威廉·凯利（William W. Kelly）的《日本19世纪的顺从与反抗》（*Deference and Defiance in Nineteenth-Century Japan*. Princeton: Princeton

University Press, 1985）精彩地描述了19世纪初庄内村的武士和平民发起运动、阻挠幕府替换其大名的过程。塞尔柱·艾姗贝尔（Selçuk Esenbel）的《连神也会反叛：日本中野的农民与1871年的中野骚乱》（*Even the Gods Rebel: The Peasants of Takaino and the 1871 Nakano Uprising in Japan*. Ann Arbor, Mich.: Association for Asian Studies, 1998）研究了德川与明治的交替时期，对我们了解日本早期现代和现代的国家充满启示。日文文献汗牛充栋，在此难以概括，但必须要提一下横山俊夫的《百姓一揆与义民传承》（『百姓一揆と義民伝承 (1977年) 』，东京：教育社，1977），他对这方面的文献记载作了整理、分析和讨论。

打开国门

19世纪日本和西方的相遇引发一系列事件，这方面的文献数量庞大，我只能提及那些我觉得最有用的。美国方面的官方记载，见卜舫济（Francis Hawks）的《一支美军分队在中国海域及日本的远征记》（*Narrative of the Expedition of an American Squadron to the China Seas and Japan*. Washington, D.C., 1856），共两卷，由美国政府下令出版。莫里森（Samuel Eliot Morison）的《熊老头：马休·卡尔布莱斯·佩里准将》（*"Old Bruin": Commodore Matthew Calbraith Perry*. Boston: Little, Brown, 1967）对佩里的生平有不错的描述，佩里的自述由罗杰·皮诺（Roger Pineau）进行编辑，即《1852年—1854年日本远征记：佩里准将日记》（*The Japan Expedition of 1852–1854: The Personal Journal of Commodore Matthew C. Perry*. Washington, D.C.: Smithsonian Institution, 1968）。彼得·威利（Peter Booth Wiley）协同日本历史学家，完整呈现了这段历史，见其《神

之国度上的美国佬：佩里与日本的对外开放》（*Yankees in the Land of the Gods: Commodore Perry and the Opening of Japan*. New York: Viking, 1990）。有关佩里用白旗威吓日本人的做法，最近三轮公忠在《佩里藏起来的"白旗"》（『隠されたペリーの「白旗」』，东京：上智大学出版社，1999）对此做了研究。很早以前，学者就注意到麦克阿瑟有不少做法是在阅读有关佩里的书籍时受到的启发，当然他用不上白旗。

和佩里相比，汤森·哈里斯的角色更重要，面对的困难也更大。马里奥·科森扎（Mario Cosenza）编的《汤森·哈里斯日记》（*The Complete Journal of Townsend Harris*. Rutland and Tokyo: Tuttle, 1959*）是基础史料，但有鉴于哈里斯是个难相处的人，最好另外参考他的荷兰翻译亨利·赫斯肯的记述《日本纪行，1855—1861》（*Japan Journal, 1855–1861*. New Brunswick, N.J.: Rutgers University Press, 1964），以及奥利弗·斯塔特勒（Oliver Statler）的《下田物语》（*Shimoda Story*. New York: Random House, 1969）。

有关俄国的角色，经典研究见乔治·亚历山大·伦森（George Alexander Lensen）的《俄国向日本的扩张：日俄关系，1697—1875》（*The Russian Push toward Japan: Russo-Japanese Relations, 1697–1875*. Princeton: Princeton University Press, 1959）及《1852年—1855年俄国远征日本》（*Russia's Japan Expedition of 1852–1855*. Gainesville: University of Florida Press, 1955）。约翰·斯蒂芬（John J. Stephan）的《千岛群岛：太平洋上的日俄边境》（*The Kuril Islands: Russo-Japanese Frontier in the Pacific*. Oxford: Clarendon, 1974）聚焦北方诸岛争端，但出色地概括了早期的日俄关系。

日本对北海道的控制与扩张模式带有不同寻常的特点，这令

---

* 日文译本为『日本滞在记』。

北境问题更加复杂。相关讨论，见戴维·豪威尔（David Howell）在《从内而外的资本主义：日本一个渔场所见之经济、社会与国家》（*Capitalism from Within: Economy, Society and the State in a Japanese Fishery*. Berkeley: University of California Press, 1995）。布雷特·沃克（Brett L. Walker）的《松前藩与虾夷地之征服：德川扩张过程中的生态与商业》（*Matsumae Domain and the Conquest of Ainu Lands: Ecology and Commerce in Tokugawa Expansion*. Berkeley: University of California Press, 1999）系根据他1997年俄勒冈大学的博士论文写成。

有关英国的角色，比斯利（W. G. Beasley）的《大英帝国与日本的对外开放》（*Great Britain and the Opening of Japan*. London: Luzac, 1951）是这方面的基础读本。荷兰部分则可参考范德齐斯（J. A. van der Chijs）的《荷兰为打开日本国门所做之种种》（*Neerlands Streven tot Openstelling van Japan*. Amsterdam: Frederik Muller, 1867），引述文献相当丰富。

当然，最有趣也最重要的必然是日本这边发生的事情。比斯利在《剑桥日本史》卷五精巧地概括了这方面的内容，他的《日本外交政策文选，1853—1868》（*Select Documents on Japanese Foreign Policy, 1853–1868*. Oxford: Oxford University Press, 1955）更是基础材料，介绍了当时各种各样的忆述和简报，对相关事件及问题作了广泛的讨论，将这方面的研究做到极致。

明治维新

明治维新是日本现代史上的重中之重，相关著述浩如烟海，此处只能大致描述其梗概。《剑桥日本史（卷五）：19世纪》是不错的起点，博莱索、哈如图涅、比斯利、平川及詹森的部分尤其值得注意。比斯利的《明治维新》(The Meiji Restoration. Stanford University Press, 1972）是经典研究。翻译方面的问题在乔治·威尔逊（George M. Wilson）的《日本的爱国者与救世主：明治维新的动机》(Patriots and Redeemers in Japan: Motives in the Meiji Restoration. Chicago: University of Chicago Press, 1992）中有专门研究。康拉德·托特曼的《德川幕府的倒台，1862—1868》(The Fall of the Tokugawa Bakufu, 1862–1868. Honolulu: University of Hawaii Press, 1980）一书特别重要。当其他著述都在聚焦京都和长州这些未来赢家身上时，托特曼的关注点却是江户幕府存在的问题、采取的行动和行动者，他对文献资料的讨论也十分有价值。哈如图涅的《走向维新》(Toward Restoration. University of California Press, 1970）有关维新时期的人如何用思想去激励同时代人行动的叙述不仅有挑战性，还颇为生动有趣。

英语著述中首先对此加以认真研究的是 E. 赫伯特·诺尔曼的《日本现代国家的崛起》，他以 20 世纪 30 年代日本马克思主义学者的材料为依据，对长州经历的社会变革进行了生动且有力的探讨。阿尔伯特·克雷格的《明治维新中的长州》就诺尔曼关于"低级武士"观点的根据提出质疑，托马斯·胡贝尔（Thomas M. Huber）的《现代日本的革命根源》(The Revolutionary Origins of Modern Japan. University of Chicago Press, 1981）则集中讨论了吉田松阴及其弟子，以强调社会革命的种种要素。相比之下，有关萨摩藩政治的叙述更少一些，或许是因为这里面缺少戏剧性的变动。这一块内容之丰富，参见罗伯特·酒井的《岛津齐彬与萨摩藩作为国家领导者的崛起》("Shimazu Nariakira and the Emergence of National Leadership in Satsuma"）一文，收录于阿尔伯特·克雷格和唐纳德·施弗利主编《日本史上的名人》(Personality in Japanese History.

Berkeley: University of California Press, 1970），以及查尔斯·耶茨的《西乡隆盛：神秘面具后的男人》。我在《坂本龙马与明治维新》的研究则以土佐藩为背景。西方学界仍然没有佐贺藩的专著，虽然富兰克林·小渡（Franklyn Odo）有关佐贺藩制度架构的博士论文（普林斯顿大学，1975）不失为这方面的佳作。那些"推动"维新的藩自然首先得到大家的关切，但同样重要是，为什么其他大藩没有发挥作用，詹姆斯·巴克斯特的《石川县所见明治统一进程》正通过加贺藩探讨了这一点，加贺藩是非德川系众藩里最大的一个。

随着西方人和日本人彼此了解加深，对外开放及旅行带来的影响开始逐步增加。芳贺彻的《太君的使节：幕末日本人的西欧体验》（『大君の使節—幕末日本人の西欧体験』，东京，1968）在十分简短的篇幅里给出令人叹服的叙述。日人游记中《福泽谕吉自传》或许是最好的一本。从更大的背景来看，岩仓使团的西方经历最值得关注，明治早年的领导人中几乎有过半曾随团于 1871 至 1873 年间到访美国和欧洲。使团书记员久米邦武的记述见其五卷本著作《美欧回览实记》（『特命全権大使 米欧回览実記』），首次出版于 1878 年，有关这部书的研究见马琳·梅奥（Marlene J. Mayo）的《久米邦武的西方教育》（"The Western Education of Kume Kunitake,"《日本学志》卷 38，1973 年第 1 期）。田中彰、高田诚二编著的《〈美欧回览实记〉跨学科研究》（『米欧回览実記』の学際的研究，札幌：北海道大学图书馆，1993）十分出彩，本书的大使出行路线图便取自该书地图 5，略加调整而成。

19 世纪中叶一众西方观察者中，佐藤爱之助（Sir Ernest Satow，汉名为萨道义）的《驻日外交官》（A Diplomat in Japan. Philadelphia: Lippincott, 1921）内容最为丰富，作者本身给巴夏礼当过多年翻译。政府组织之外的西方人同样有影响力，参见诺特黑尔菲尔（F. G. Notehelfer）编著的《美国人眼中的日本》（Japan

through American Eyes. Princeton University Press, 1992），以及弗朗西斯·霍尔（Francis Hall）的日记——霍尔是美国的一名自由记者，于1859—1866年间居住在横滨。

明治日本

终于谈到这里。卡罗尔·格鲁克（Carol Gluck）的《日本的现代神话：明治晚期的意识形态》(Japan's Modern Myths: Ideology in the Late Meiji Period. Princeton University Press, 1985）通过丰富的文献仔细探讨了20世纪意识形态的构建。

詹森和罗兹曼主编的《从德川时代转向明治时代》(Japan in Transition from Tokugawa to Meiji. Princeton: Princeton University Press, 1986）从多个角度讨论了日本走向明治时代的转折点。梅垣理郎的《维新之后：日本现代国家的起点》(After the Restoration: The Beginning of Japan's Modern State. New York: New York University Press, 1988）专门研究了最终走向统一的政治过程。明治维新头十年的情况体现在这时期的领导人的身上，相关研究包括著名的《木户孝允日记》，该书一共三卷本，经西德尼·布朗（Sidney D. Brown）和广田昭子翻译成英文，由东京大学出版社于1983至1986年出版。加上岩田正和的《大久保利通：日本的俾斯麦》(Ōkubo Toshimichi: The Bismarck of Japan. Berkeley: University of California Press, 1964）和耶茨的《西乡隆盛：神秘面具后的男人》，明治头十年三大领导人的生平传记就此完备。至于军队的建立，罗杰·海克特（Roger F. Hackett）的《山县有朋与现代日本的崛起，1838—1922》(Yamagata Aritomo in the Rise of Modern Japan, 1838–1922. Cambridge, Mass.: Harvard University Press, 1971）专

门进行了探讨。梅溪升的《〈军人谕敕〉的确立：天皇制国家观之成立》(『軍人勅諭成立史 天皇制国家観の成立』，东京：青史书房，2000) 通过文献对《军人谕敕》的演变作了出色的讨论。冈义武著、安德鲁·弗雷泽 (Andrew Fraser) 及帕特里夏·默里 (Patricia Murray) 译的《现代日本的五位政治领袖》(*Five Political Leaders of Modern Japan*. Tokyo: University of Tokyo Press, 1986*) 简洁地描述了伊藤博文、大久保利通、原敬、犬养毅、西园寺公望的生平及性格。

我们对"文明开化"运动的理解，离不开福泽谕吉生平的相关研究。福泽自传由清冈映一翻译成英文，目前有好几个版本在流通，他的《文明论概论》被大卫·迪尔沃思 (David A. Dilworth) 和 G. 卡梅伦·赫斯特 (G. Cameron Hurst) 翻译过来 (*Outline of a Theory of Civilization*. Tokyo: Sophia University Press, 1973)，他的其他著作也有英文译本，包括颇有名气的《劝学篇》，见迪尔沃思和平野梅代的翻译 (*An Encouragement of Learning*. 东京：上智大学，1969)。有关这位思想家的精要研究，见卡门·布莱克 (Carmen Blacker) 的著作《日本的启蒙运动：福泽谕吉著述研究》(*The Japanese Enlightenment: A Study of the Writings of Fukuzawa Yukichi*. Cambridge: Cam bridge University Press, 1964) 及阿尔伯特·克雷格的《福泽谕吉：明治民族主义的思想源泉》一文 ("Fukuzawa Yukichi: The Philosophical Foundations of Meiji Nationalism")，后者收录于罗伯特·沃德 (Robert E. Ward) 主编的《现代日本的政治发展》(*Political Development in Modern Japan*. Princeton: Princeton University Press, 1968)，阿尔伯特·克雷格正在进行的研究将有更详细的展开。以福泽为中心的"明六

---

* 日文书名『近代日本の政治家——その運命と性格』。

社"的有关情况，参见威廉·布雷斯特德（William R. Braisted）翻译的《明六社杂志》(*Meiroku Zasshi: Journal of the Japanese Enlightenment*. Cambridge, Mass.: Harvard University Press, 1976）。有关该团体另一重要成员森有礼的专项研究，见伊万·霍尔（Ivan Parker Hall）的《森有礼》(*Mori Arinori*. Cambridge, Mass.: Harvard University Press, 1973）。西周也是明六社的忠实一员，后来成为明治政府的官员，托马斯·哈文斯（Thomas R. H. Havens）在《西周与现代日本思想》(*Nishi Amane and Modern Japanese Thought*. Princeton: Princeton University Press, 1970）一书对他进行了研究。

科学的历史与国家意识形态的各项要求之间要如何调和在一起，芳贺彻的论文《明治初期知识分子的西洋体验》（日文原名：『明治初期知識人の西洋体験——久米邦武の米欧回覧実記』）首先让我意识到这个问题的重要性，这篇文章收录在1961年出版的岛田谨二教授纪念论文集里。更多细节见玛格丽特·梅尔（Margaret Mehl）的《学术与意识形态的冲突：1892年久米邦武笔祸事件》("Scholarship and Ideology in Conflict: The Kume Affair, 1892",《日本学志》卷48，1993年冬第3期）。约翰·布朗利（John S. Brownlee）的《日本历史学家与国家神话，1600—1945：天神与神武天皇的时代》(*Japanese Historians and the National Myths, 1600–1945: The Age of the Gods and Emperor Jinmu*. Vancouver: University of British Columbia Press, 1997）有力探讨了一个更宏大的问题。陶德民在《荻生徂徕在明治时代的影响：主张"实用汉学"的重野安绎》("The Influence of Sorai in Meiji Japan: Shigeno Yasutsugu as an Advocate of 'Practical Sinology'"）一文中讨论了荻生徂徕的学术思想和重野安绎破除国家神话的立场两者之间的联系，该文章收录于《日本汉学思想史论考》（『日本漢学思想史論考』，吹田：关西大学出版部，1999），这部论文集的文章涵盖中、日、英三语。有关外国顾问和日本留学生，参见 H. J. 琼斯（H. J. Jones）的《活人机器：洋雇员与明治日本》（*Live Machines: Hired Foreigners and Meiji Japan*. Vancouver: University of British Columbia Press, 1980）和阿德斯·伯克斯（Ardath W. Burks）主编的《现代化的建设者：留学生、洋雇员和明治日本》（*The Modernizers: Overseas Students, Foreign Employees, and Meiji Japan*. Boulder, Colo.: Westview, 1985）。伯纳德·西尔德曼（Bernard S. Silberman）的《现代化的大臣：明治维新期间的精英阶层流动，1868—1873》（*Ministers of Modernization: Elite Mobility in the Meiji Restoration, 1868–1873*. Tucson: University of Arizona Press, 1964）专门讨论了海外经验或训练的重要意义。厄尔·金蒙斯（Earl H. Kinmonth）的《明治时期日本人眼中的白手起家之人：从武士到日薪一族》（*The Self-Made Man in Meiji Japanese Thought: From Samurai to Salary Man*. Berkeley: University of California Press, 1981）出色地探讨了"立身出世"这句口号所代表的成功之路。

系统的宗教研究始于岸本英夫主编、约翰·豪斯（John Howes）翻译的《日本明治时代的宗教》（*Japanese Religion in the Meiji Era*，东京：欧文社，1956）。詹姆斯·科特拉尔（James Edward Ketelaar）的《日本明治时代的异教徒与殉道者：佛教及其迫害活动》（*Of Heretics and Martyrs in Meiji Japan: Buddhism and Its Persecution*. Princeton: Princeton University Press, 1990）。我们可以在新教传入地之一熊本看到现代新教运动的来龙去脉，参见诺特黑尔菲尔的《美国武士：简斯上校与日本》（*American Samurai: Captain L. L. Janes and Japan*）和埃尔文·沙伊纳（Irwin Scheiner）的深入研究《日本明治时代的基督教皈依者与社会抗争》（*Christian Converts and Social Protest in Meiji Japan*. University of

California Press, 1970）。札幌有一批追随克拉克博士的信徒，约翰·豪斯主编的《新渡户稻作：跨越太平洋的日本桥梁》（*Nitobe Inazō: Japan's Bridge across the Pacific*. Boulder, Colo.: Westview, 1995）是唯一一本对他们进行研究的著作。

德富苏峰是简斯的熊本洋学校的毕业生之一，对他的研究，见约翰·皮尔森（John D. Pierson）的《德富苏峰（1863—1957）：以现代日本为业的新闻人》（*Tokutomi Sohō (1863–1957): A Journalist for Modern Japan*. Princeton: Princeton University Press, 1980），以及德富明治年间最重要的著作《日本之将来》，荣生（Vinh Sinh）将其翻译成英文（*The Future Japan*. Edmonton: University of Alberta Press, 1989），还撰写了《德富苏峰（1863—1957）：晚期事业》[*Tokutomi Sohō (1863–1957): The Later Career*. Toronto: University of Toronto/York University Centre on Modern East Asia, 1986]。德富在另一项重要著作——肯尼思·派尔（Kenneth B. Pyle）的《日本明治的新生代：文化身份问题，1885—1895》（*The New Generation in Meiji Japan: Problems of Cultural Identity, 1885–1895*. Stanford: Stanford University Press, 1969）——里也经常出现。

明治时期的政治是首先被研究的几个领域之一，麦克拉伦（W. W. McLaren）的旧作《日本明治时期政治史，1867—1912》（*A Political History of Japan during the Meiji Era, 1867–1912*. London: Allen and Unwin, 1916）仍然不失用处，虽然比不上另一本经典之作，罗伯特·斯卡拉皮诺（Robert A. Scalapino）的《日本战前的民主与政党运动：首次尝试之失败》（*Democracy and the Party Movement in Prewar Japan: The Failure of the First Attempt*. Berkeley: University of California Press, 1953）。池信隆的《日本政治民主的开端》（*Beginnings of Political Democracy in Japan*. Baltimore: Johns Hopkins, 1960）关注自由民权运动的两位思想家

植木枝盛和中江兆民，尤为有帮助。有关 19 世纪 80 年代非武士阶层的参与程度，读者也可以参考色川大吉的《明治时期的文化》(*The Culture of the Meiji Period*, ed. M. B. Jansen. Princeton: Princeton University Press, 1985)，以及罗杰·鲍温的《日本明治时代的反叛与民主：民权运动中的民众》(*Rebellion and Democracy in Meiji Japan: A Study of Commoners in the Popular Rights Movement*. Berkeley: University of California Press, 1980)。

假如把《明治宪法》看作是"从不情不愿的政治寡头手中强行争取过来"的东西，那未免过于简单，虽然"宪法之父们"确实花了不少心思去防止局势失控。乔治·贝克曼（George M. Beckmann）的《〈明治宪法〉的成立》(*The Making of the Meiji Constitution*. Lawrence: University of Kansas, 1957)注意到政府领导人起草的初稿，十分有用。约瑟夫·皮陶(Joseph Pittau, S.J.)的《日本明治初年的政治思想，1868—1889》(*Political Thought in Early Meiji Japan, 1868–1889*. Cambridge, Mass.: Harvard University Press, 1967)细致地叙述了文件的起草过程。约翰内斯·西姆斯（Johannes Siems, S.J.）的《赫尔曼·罗斯勒与〈明治宪法〉的成立》(*Hermann Roesler and the Making of the Meiji Constitution*. Tokyo: Sophia University, 1966)补充了罗斯勒这位重要顾问的评论。梅森（R. H. P. Mason）的《日本 1890 年首次大选》(*Japan's First General Election, 1890*. Cambridge: Cambridge University Press, 1969)提供了各项实际运作的精彩细节。乔治·秋田的《现代日本的宪政基础，1868—1900》(*Foundations of Constitutional Government in Modern Japan, 1868–1900*. Cambridge, Mass.: Harvard University Press, 1967)揭示了政府在新宪法下的就职与经历，至于 1900 年以后的十年，参见奈地田哲夫的《原敬与妥协之政治，1905—1915》(*Hara Kei in the Politics of Compromise,*

1905–1915. Cambridge, Mass.: Harvard University Press, 1967），作者展示了明治晚期各项事务如何在"成熟的"宪政之下运作。大卫·提图斯（David A. Titus）的《日本战前的皇室与政治》(Palace and Politics in Prewar Japan. Columbia University Press, 1974）专门讨论了宫内省的角色与权力。

有关明治时代经济变化的描述，参见大川一司和亨利·罗索夫斯基（Henry Rosovsky）的《日本百年经济发展》（"A Century of Japanese Economic Growth"）一文，收录于洛克伍德主编的《日本的国家与经济事业》，更详细的版本见两位作者的专著《日本的经济发展：20世纪趋势之加速》(Japanese Economic Growth: Trend Acceleration in the Twentieth Century. Stanford: Stanford University Press, 1973）。不过，洛克伍德的《日本的经济发展：增长与结构性转变，1868—1939》(The Economic Development of Japan: Growth and Structural Change, 1868–1939. Princeton: Princeton University Press, 1955）仍然是日本经济史领域的开山之作，至今仍然具有重要意义。托马斯·史密斯（Thomas C. Smith）的《日本的政治变革与工业发展：国营企业，1868—1880》(Political Change and Industrial Development in Japan: Government Enterprise, 1868–1880. Stanford: Stanford University Press, 1955）是财阀起源问题的必读之作。怀雷义（William D. Wray）的《三菱与日本邮船株式会社，1870—1894》(Mitsubishi and the N.Y.K. Line, 1870–1894. Cambridge, Mass.: Harvard University Press, 1984）详细论述了这家现代邮船巨头的诞生过程。约翰内斯·赫希迈尔（Johannes Hirschmeier, S.V.D.）的《日本明治时代企业家精神的起源》(The Origins of Entrepreneurship in Meiji Japan. Cambridge, Mass.: Harvard University Press, 1964）对商人进行个案研究，很有意思。拜伦·马歇尔（Byron K. Marshall）的《日本

战前的资本主义与民族主义：商业精英的意识形态，1868—1941》（Capitalism and Nationalism in Prewar Japan: The Ideology of the Business Elite, 1868–1941. Stanford: Stanford University Press, 1967）有助于我们理解赚钱和爱国主义是怎样结合在一起的。

对农业系统的专门研究，参见托马斯·史密斯的经典之作《现代日本的农业起源》(The Agrarian Origins of Modern Japan. Stanford: Stanford University Press, 1959)，该书及同作者的文集《日本工业化的本土溯源》(Native Sources of Japanese Industrialization, 1750–1920. Berkeley: University of California Press, 1988)是学习日本现代史的必读书。理查德·史密瑟斯特（Richard J. Smethurst）的《日本的农业发展与租佃纠纷，1870—1940》(Agricultural Development and Tenancy Disputes in Japan, 1870–1940. Princeton: Princeton University Press, 1986)指出，明治时期农民的生活水平随着其转变为农场主而得到改善，不过有批评者认为史密瑟斯特研究的地区相对优渥。安·瓦斯沃（Ann Waswo）的《日本地主：农村及精英阶层的衰落》(Japanese Landlords: The Decline of a Rural Elite. Berkeley: University of California Press, 1977)以20世纪30年代为背景探讨了佃农的处境及相关运动。

外交与战争

斯特林·达志·竹内（Sterling Tatsuji Takeuchi）的《日本帝国的战争与外交》(War and Diplomacy in the Japanese Empire. New York: Doubleday, 1935)所代表的官方外交史研究不应该被轻视，该书简要地叙述了从不平等条约的修订到九一八事变等一系列事件，资料扎实，对《明治宪法》框架下的运作机制给出谨慎的阐释。明治时期的外交关系史，以对朝政策的争端开始，直到朝鲜被侵吞为止，可参见希拉里·康罗伊（F. Hilary Conroy）的《日本占领朝鲜，1868—1910》(*The Japanese Seizure of Korea, 1868–1910*. Philadelphia: University of Pennsylvania Press, 1960)。彼得·杜斯（Peter Duus）的《算盘与剑：日本对朝鲜的渗透，1895—1910》(*The Abacus and the Sword: The Japanese Penetration of Korea, 1895–1910*. Berkeley: University of California Press, 1995) 提供了经济和政治方面的翔实资料，是关于日本侵吞朝鲜的最佳研究。不过，上述两部作品都没有用到韩文材料。至于1894至1895年间的中日甲午战争，专题研究见鹿岛守之助的《日本外交史》卷一《中日甲午战争与三国干涉》[*]。外交大臣陆奥宗光自述宦途之作《蹇蹇录：甲午战争外交秘录》被戈登·贝尔格（Gordon Mark Berger）翻译过来（*Kenkenroku: A Diplomatic Record of the Sino-Japanese War, 1894–95*. Tokyo: Japan Foundation, 1982) 是不可或缺的补充读物。斯图尔德·隆（Stewart Lone）的《日本的第一场现代战争：中日冲突间的军队与社会，1894—1895》(*Japan's First Modern War: Army and Society in the Conflict with China, 1894–95*. London: St. Martin's Press, 1994) 将这场战争放在社会史的背景下去研究。

伊恩·尼什（Ian Nish）在日俄战争研究领域具有重要地位。可以先读他的《日俄战争起源》(*Origins of the Russo-Japanese War*. London: Longman, 1985)。他对日英同盟的研究，即《日英同盟：两个海岛帝国之研究，1894—1907》(*The Anglo-Japanese*

---

[*] 日语原作名为『日本外交史・第4巻・日清戦争と三国干渉』，作者此处为英语译本，*The Diplomacy of Japan, 1894–1922*, vol. 1: *Sino-Japanese War and Triple Intervention*. Tokyo: Kajima Institute of International Peace, 1976.

Alliance: A Study of Two Island Empires, 1894–1907. London: Athlone Press, 1966），奠定了整个研究框架。鹿岛和平研究所出版的《日本外交史》卷二《日英同盟与日俄战争》（*Diplomacy of Japan*, vol. 2: *Anglo-Japanese Alliance and Russo-Japanese War*. Tokyo: Kajima Institute of International Peace, 1978）包含了有用的文献材料，但最好在这之上进一步阐释。冈本隼平的《日本的寡头政治与日俄战争》（*The Japanese Oligarchy and the Russo-Japanese War*. New York: Columbia University Press, 1970）讨论了决策过程和日比谷骚乱，颇与众不同。

社会环境、激进主义与抗议

帕特里夏·鹤见（E. Patricia Tsurumi）《工厂女孩：日本明治时期纺织厂的女性》（*Factory Girls: Women in the Thread Mills of Meiji Japan*. Princeton: Princeton University Press, 1990）所作的研究全面且仔细，但目前为止针对日本城市和工厂条件的著作仍然付之阙如。某些文集和专著试图对抗日本"共识"论，后者认为日本即便不完全属于"家族型"社会，也属于合作型社会。奈地田哲夫和维克多·科什曼主编的《日本现代史上的冲突：被忽视的传统》从历史角度进行探讨，而埃利斯·克劳斯（Ellis S. Krauss）、托马斯·罗伦（Thomas P. Rohlen）、帕特里夏·斯坦霍夫（Patricia G. Steinhoff）主编的《日本的冲突》（*Conflict in Japan*. Honolulu: University of Hawaii Press, 1984）则从社会学和人类学的角度出发。羽根干三的《农民、反贼与被排斥者：现代日本的底面》（*Peasants, Rebels, and Outcasts: The Underside of Modern Japan*. New York: Pantheon, 1982）和《行刑路上的反思：日本战前的叛乱女性》

(*Reflections on the Way to the Gallows: Rebel Women in Prewar Japan*. Berkeley: University of California Press, 1988）几乎就要高举"两个日本"或明、暗两面日本的观点，提供了除"共识"论以外的另一说法。田中正造终其一生都在为足尾铜山污染事件奔走（诺特黑尔菲尔在一次会议上也注意到这点，见《日本研究》卷1，1975年第2期），对田中本人的研究，见肯尼思·斯特朗（Kenneth Strong）的《对抗风暴的公牛：日本保育主义先驱田中正造（1841—1913）传》(*Ox against the Storm: A Biography of Tanaka Shōzō, Japan's Conservationist Pioneer (1841–1913)*. Vancouver: University of British Columbia Press, 1977）。无政府主义运动和"大逆审判"在诺特黑尔菲尔的《幸德秋水：日本一名激进分子的肖像》(*Kōtoku Shūsui: Portrait of a Japanese Radical*. Cambridge: Cambridge University Press, 1971）有专门研究。关于日本共产党的研究不少，包括罗杰·斯韦林根（Rodger Swearingen）和保罗·兰格（Paul Langer）的《日本的红旗》(*Red Flag in Japan*. Cambridge, Mass.: Harvard University Press, 1952），以及乔治·贝克曼和大久保源治的《日本共产党，1922—1945》(*The Japanese Communist Party, 1922–1945*. Stanford University Press, 1969）。海曼·库布林（Hyman Kublin）的《亚洲革命家：片山潜的一生》(*Asian Revolutionary: The Life of Sen Katayama*. Princeton: Princeton University Press, 1964）研究了这位最终死在莫斯科的共产党员。

20世纪20年代

大正之后发生的轰动事件吸引了历史学家的大部分注意，大正时代本身反而没受到多少关注。沙朗·米尼奇洛（Sharon A.

Minichiello）的《日本相抵触的现代性：文化与民主的问题，1900—1930》(*Japan's Competing Modernities: Issues in Culture and Democracy, 1900–1930*. Honolulu: University of Hawaii Press, 1998）为填补空缺迈出了令人欣慰的一步。托马斯·里默尔（Thomas Rimer）主编的《文化与身份：两次大战期间的日本知识分子》(*Culture and Identity: Japanese Intellectuals during the Interwar Years*. Princeton: Princeton University Press, 1990）生动勾勒了大正文化的各个方面。

关于两次世界大战期间的政治，参见彼得·杜斯的《日本大正时期的党派对立和政治变革》(*Party Rivalry and Political Change in Taishō Japan*. Cambridge, Mass.: Harvard University Press, 1968）。伯纳德·西伯尔曼（Bernard S. Silberman）和哈利·哈如图涅主编的《危机中的日本：大正民主研究论文集》(*Japan in Crisis: Essays on Taishō Democracy*. Princeton: Princeton University Press, 1974）包含一系列优秀文章，探讨了两次世界大战期间的种种暧昧特征。安德鲁·戈登（Andrew Gordon）在《日本战前时期的帝国民主》(*Imperial Democracy in Prewar Japan*. Berkeley: University of California Press, 1991）所作的阐释尤其具有挑战性。对政治人物的研究有一些颇有意思。大杉荣短暂的一生，参见托马斯·斯坦利（Thomas A. Stanley）的《大杉荣：日本大正时期的无政府主义者》(*Ōsugi Sakae: Anarchist in Taishō Japan*. Cambridge, Mass.: Harvard University Press, 1982），拜伦·马歇尔翻译了《大杉荣自传》(*The Autobiography of Ōsugi Sakae*. Berkeley: University of California Press, 1992）。沙朗·米尼奇洛的《退出改革：日本两次大战期间的政治行为模式》(*Retreat from Reform: Patterns of Political Behavior in Interwar Japan*. Honolulu: University of Hawaii Press, 1984）将永井柳太郎（1881—1944）作为研究对象。

这时期的思想生活和文化生活受到越来越多的关注。有马龙夫的《自由之败：现代日本知识分子肖像》(*The Failure of Freedom: A Portrait of Modern Japanese Intellectuals*. Cambridge, Mass.: Harvard University Press, 1969）讨论了一批魅力非凡的作者。唐纳德·罗登（Donald Roden）的精彩著作《日本帝国的校园生活：精英学生的文化研究》(*Schooldays in Imperial Japan: A Study in the Culture of a Student Elite*. Berkeley: University of California Press, 1980）研究了高等专门学校的思想氛围。亨利·德威特·史密斯（Henry DeWitt Smith II）的《日本第一批激进派学生》(*Japan's First Student Radicals*. Cambridge, Mass.: Harvard University Press, 1972）出版于日本战后学生激进浪潮期间，该书研究了从高等专门学校升学到东京帝国大学、加入吉野造作所创办的新人会的学生。拜伦·马歇尔的《学术自由与日本帝国大学，1868—1939》(*Academic Freedom and the Japanese Imperial University, 1868–1939*. Berkeley: University of California Press, 1992）探讨了政府对大学激进主义的关注。格里高利·卡萨（Gregory J. Kasza）的《日本的国家与大众媒体，1918—1945》(*The State and the Mass Media in Japan, 1918–1945*. Berkeley: University of California Press, 1988）讨论了文化生活一个尤其有用的方面。这时期的流行文化也开始得到应有的重视，例如詹妮弗·罗伯森（Jennifer Robertson）的《宝冢歌剧团：现代日本的性别政治与流行文化》(*Takarazuka: Sexual Politics and Popular Culture in Modern Japan*. Berkeley: University of California Press, 1988），还有珍妮弗·威森菲尔德（Gennifer Weisenfeld）的《丸山、MAVO 和现代性：日本大正时代先锋艺术中现代性的构建》("Maruyama, MAVO, and Modernity: Constructions of the Modern in Taishō Japan Avant-garde Art"，普林斯顿大学博士论文，1987）。

两次世界大战期间的日中政治关系得到不少关注，但文化联系方面直到后来才成为焦点。相关日文文献数量众多，我在《从战争到和平的日本与中国，1894—1972》(*Japan and China from War to Peace, 1894–1972*. Chicago: Rand McNally, 1975) 对实藤惠秀在学生交流方面所做的研究有过讨论。傅佛果 (Joshua Fogel) 是该领域的权威。必须要提的著作是《游记与日本重新发现中国，1862—1945》(*The Literature of Travel in the Japanese Rediscovery of China, 1862–1945*. Stanford: Stanford University Press, 1996)、《中江丑吉在中国》(*Nakae Ushikichi in China*. Cambridge, Mass.: Harvard University Press, 1989)，以及《"满铁"人生：伊藤武雄回忆录》(*Life along the South Manchurian Railway: The Memoirs of Itō Takeo*. Armonk, N.Y.: Sharpe, 1988)。

在日本的对外政策上，入江昭是首屈一指的学者。他在《帝国主义之后：在远东寻找新秩序，1921—1931》(*After Imperialism: The Search for a New Order in the Far East, 1921–1931*. Cambridge, Mass.: Harvard University Press, 1965) 研究了苏联、日本、中国三国对华盛顿会议秩序的反应，他的另外三本书检视了日美关系的各个方面，包括《跨越太平洋：美国与东亚关系内史》(*Across the Pacific: An Inner History of American-East Asian Relations*. New York: Harcourt Brace, 1967)、《太平洋上的陌生人：日本与美国的扩张，1897—1911》(*Pacific Estrangement: Japanese and American Expansion, 1897–1911*. Cambridge, Mass.: Harvard University Press, 1972) 和《力量与文化：日美战争，1941—1945》(*Power and Culture: The Japanese-American War, 1941–1945*. Cambridge, Mass.: Harvard University Press, 1981)。入江昭在《亚太地区的二战根源》(*The Origins of the Second World War in Asia and the Pacific*. New York: Longman, 1987) 所做的概括周到且翔实。欧内

斯特·梅（Ernest R. May）和詹姆斯·汤森（James C. Thomson, Jr.）所主编的《美国与东亚关系研究》（American-East Asian Relations: A Survey. Cambridge, Mass.: Harvard University Press, 1972）收录了一系列文章，涵盖交流互动的整个过程，令读者对该领域的复杂性及参考材料的巨大体量有一定的了解。

对日本殖民主义的研究如今在多个层面展开，这有赖于三本会议论文集，即雷蒙·迈尔斯（Ramon H. Myers）和马克·皮蒂（Mark R. Peattie）主编的《日本殖民帝国，1895—1945》（The Japanese Colonial Empire, 1895–1945），彼得·杜斯、雷蒙·迈尔斯和马克·皮蒂主编的《日本在中国的非正式帝国，1895—1937》（The Japanese Informal Empire in China, 1895–1937），以及《日本战时帝国，1931—1945》（The Japanese Wartime Empire, 1931–1945），由普林斯顿大学出版社分别于1984年、1989年和1996年出版。此外必须要补充的一本著作是路易丝·扬（Louise Young）的《日本的总帝国：满洲与战时帝国主义文化》（Japan's Total Empire: Manchuria and the Culture of Wartime Imperialism. Berkeley: University of California Press, 1998）。

20世纪30年代

进入20世纪30年代以后，阅读材料大大增加，我们只能列举几部著述作为导引。到了这时，明治时代的精英人物中只有西园寺公望尚在人世，莱斯利·康纳斯（Lesley Connors）的《天皇的顾问：西园寺公望与日本战前政治》（The Emperor's Adviser: Saionji Kinmochi and Pre-war Japanese Politics. London: Croom Helm, 1987）专门研究了他。西园寺的秘书原田熊雄在20世纪

30年代留有详细的日记，为众多政治著述所参考。该日记第一卷被托马斯·迈耶—奥克斯（Thomas Francis Mayer-Oakes）翻译过来，是为《脆弱的胜利：西园寺公望与1930年〈伦敦条约〉事件》（*Fragile Victory: Prince Saionji and the 1930 London Treaty Issue.* New York: Weatherhill, 1968），内容精彩，但关注很少。冈义武所撰写的近卫文麿传记，有冈本隼平和帕特里夏·默里翻译的英译本（*Konoe Fumimaro: A Political Biography.* Tokyo: University of Tokyo Press, 1983），对于这位神秘的贵族人物，该著作留下不少疑问。戈登·伯格的《日本的失权党派，1931—1941》（*Parties out of Power in Japan, 1931–1941.* Princeton: Princeton University Press, 1977）是必读书目，涵盖20世纪30年代的政党及大政翼赞会的发展。本—阿米·什洛尼（Ben-Ami Shillony）的《日本的战时政治与文化》（*Politics and Culture in Wartime Japan.* Oxford: Clarendon, 1981）讨论了投降以前的政治状况。

每一"事件"背后都隐藏着日本皇军内部的派系斗争，这个问题在詹姆斯·克劳利（James B. Crowley）的《20世纪30年代初的日军派系之争》（"Japanese Army Factionalism in the Early 1930s,"《亚洲研究》卷21，1962年5月第3期）中有出色的讨论。有关1936年"二二六事件"的经典著述，参见本—阿米·什洛尼的《日本的叛乱：少壮派与"二二六事件"》（*Revolt in Japan: The Young Officers and the February 26, 1936 Incident.* Princeton: Princeton University Press, 1973）。有关右翼组织及恐怖主义的著述不少，可读性比较高的有理查德·斯托瑞（Richard Storry）的《双面爱国者：日本民族主义研究》（*The Double Patriots: A Study of Japanese Nationalism.* London: Chatto and Windus, 1957）。更系统、更仔细的叙述见坦尼（O. Tanin）和尤汉（E. Yohan）的马克思主义著作《日本的军国主义与法西斯主义》（*Militarism and*

Fascism in Japan. New York: International Publishers, 1934），这两位作者后来在斯大林的清洗运动中被迫害。平民出身的民族主义人士同样重要。约翰·威尔逊（George M. Wilson）的《日本的激进民族主义者：北一辉，1883—1937》(*Radical Nationalist in Japan: Kita Ikki, 1883–1937.* Cambridge, Mass.: Harvard University Press, 1969）所研究的这位人物卷入1936年的政变（并因此被处决）。托马斯·黑文斯（Thomas R. H. Havens）的《日本的现代农场与民族：农村民族主义，1870—1940》(*Farm and Nation in Modern Japan: Agrarian Nationalism, 1870–1940.* Princeton: Princeton University Press, 1974）研究了权藤成卿和橘孝三郎，两人的著述和思想掀起了巨大波澜。

从九一八事变到日本投降

这方面的文献浩如烟海，但重复的不少，因此这里只作简短的介绍。绪方贞子在成为一名出色的联合国官员前曾出版过一部著作，即《"满洲事变"：日本外交政策的形成，1931—1932》(*Defiance in Manchuria: The Making of Japanese Foreign Policy, 1931–32.* University of California, 1964），这部书或许仍然是这一领域的最佳读本。伊恩·尼什的《日本与国际主义的斗争：日本、中国与国联，1931—1933》(*Japan's Struggle with Internationalism: Japan, China, and the League of Nations, 1931–3.* London: Kegan Paul, 1993）对李顿调查团带来的反响作了仔细的考察。防务专家对这个问题有不同的意见，要了解日本军方领导人对局势的看法，詹姆斯·克罗利的《日本寻求自主之路：国家安全与外交政策，1930—1938》(*Japan's Quest for Autonomy: National Security and Foreign Policy, 1930–*

1938. Princeton: Princeton University Press, 1966）仍然是最好的读物。

罗伯特·布托（Robert J. C. Butow）的《东条英机与战争的降临》(*Tojo and the Coming of the War*. Princeton: Princeton University Press, 1961）将这位军方人物的仕途和华盛顿谈判、开战决定联系起来，提出一些比较常规的看法。同作者的《匿名伙伴：为了和平的后门外交，1941》(*The John Doe Associates: Backdoor Diplomacy for Peace, 1941*. Stanford: Stanford University Press, 1974）首次详细探讨了华盛顿谈判过程中的协助行动，这项行动出于好意但过于别扭且毫无助益，最后无功而返。罗伯塔·沃尔斯泰特（Roberta Wohlstetter）的《珍珠港：预警与决策》(*Pearl Harbor: Warning and Decision*. Stanford: Stanford University Press, 1962）十分精彩，有助于我们了解1941年12月夏威夷发生的一连串错误。多萝西·伯格（Dorothy Borg）和冈田隼平主编的《作为历史的珍珠港：日美关系，1931—1941》(*Pearl Harbor as History: Japanese-American Relations, 1931–1941*. New York: Columbia University Press, 1973）收录了一系列出色论文，将日美同类事务局、机关、省部的形势先后串联起来。戈登·普朗格（Gordon W. Prange）的《我们在黎明入睡：珍珠港不为人知的故事》(*At Dawn We Slept: The Untold Story of Pearl Harbor*. New York: McGraw-Hill, 1981）对这一历史大事件的发生前夕及发生过程进行了深入研究，尤其关注日本的策划及实施过程，至今仍属经典。

有关日本走向战争的过程，最好的研究是《走向太平洋战争》（『太平洋戦争への道』）这部日文大部头著作，由众多专家撰写完成，詹姆斯·莫利（James William Morley）编辑的英文摘译本共五卷，皆由哥伦比亚大学出版社推出，按照涉及材料的先后顺序，包括《威慑性外交：日本、德国与苏联，1935—1940》(*Deterrent Diplomacy: Japan, Germany, and the U.S.S.R., 1935–1940*. 1976）、

《日本爆发：伦敦海军会议与九一八事变，1928—1932》(*Japan Erupts: The London Naval Conference and the Manchurian Incident, 1928–1932*. 1984)、《中国困局：日本在亚洲大陆的扩张，1933—1941》(*The China Quagmire: Japan's Expansion on the Asian Continent, 1933–1941*. 1983)、《命运的抉择：日本进军东南亚，1939—1941》(*The Fateful Choice: Japan's Advance into Southeast Asia, 1939–1941*. 1980)和《最后对决：日本对美谈判》(*The Final Confrontation: Japan's Negotiations with the United States*. 1984)。最后，涉及日本对美战争决策的关键会议的记录被池信隆翻译成英文，是为《日本的战争决策：1941年政策会议记录》(*Japan's Decision for War: Records of the 1941 Policy Conferences*. Stanford: Stanford University Press, 1967)，这份资料十分珍贵。

有关日本战时生活的讨论，参见当时身在日本的法国记者罗伯特·吉兰（Robert Guillain）的《日本人与战争》(*Le Peuple japonaise et la guerre*. Paris: Julliard, 1947)，这本书不容易找到，很少被引用。托马斯·哈文斯的《黑暗山谷：日本人民与第二次世界大战》(*Valley of Darkness: The Japanese People and World War Two*. New York: Norton, 1978)利用了这本书及不少日文资料。清泽洌的日记《暗黑日记》对这段岁月的叙述扣人心弦、充满压抑，正如其书名一样，是一段黑暗的日子。有两部珍贵的资料集收录了人们对战争的回忆。1986年、1987年《朝日新闻》的编辑收集了上千封忆述战争经历的信件，有当时在军队的，也有平民生活方面的，部分信件经过弗朗克·吉布尼（Frank Gibney）编纂、贝丝·凯瑞（Beth Cary）翻译后出版，即《战争：日本人记忆中的太平洋战争》(*Sensō: The Japanese Remember the Pacific War*. Armonk, N.Y.: Sharpe, 1995)。类似的著作还有田谷治子、西奥多·库克（Theodore F. Cook）的《战时日本：一部口述史》(*Japan at War:*

An Oral History. New York: New Press, 1992），该书从访谈中挖掘人们的回忆，将其汇集成册。这些材料令读者走进战争幸存者的内心，口述者既有受害人也有加害人，有深感内疚的也有不以为耻的，他们的回忆解释了为何这么多日本人会觉得努力遗忘和向前看才是最好的做法。

一连串震撼事件结束了这场战争——原子弹爆炸，巨大的死亡人数，御前会议，天皇的决定，流产的政变，最后的默从——相关著述数量众多，此处提到的只是其中有限的一部分。罗伯特·布托的《日本投降的决定》（*Japan's Decision to Surrender*. Stanford: Stanford University Press, 1954）依然是标准之作。还有另一极具可读性的读本，即日本太平洋战争研究会的《日本最长的一天》（*Japan's Longest Day*. Tokyo: Kodansha International, 1968），天皇以英雄形象出现在这本书里。由于可能面临国际军事法庭的审问，裕仁准备了一份"自述"，关于这份文件存在不同的理解。部分解读见赫伯特·毕克斯（Herbert P. Bix）的《昭和天皇的〈自述〉与战争责任问题》（"The Shōwa Emperor's 'Monologue' and the Problem of War Responsibility,"《日本研究》卷 18，1992 年夏季第 2 期），尤其是他的《关于广岛的历史与记忆：重新解读日本晚来的投降》（"Hiroshima in History and Memory: Japan's Delayed Surrender—a Reinterpretation," *Diplomatic History*, 19, 2 [Spring 1966]: 197–235）。同样利用这份"自述"的还有若林正的《裕仁天皇与对中国的局部侵略》（"Emperor Hirohito on Localized Aggression in China," *Sino-Japanese Studies*, 4, 1 [October 1991]: 4–27）。裕仁的完整传记，见斯蒂芬·拉治（Stephen S. Large）的《裕仁天皇与昭和日本》（*Emperor Hirohito and Shōwa Japan*. London: Routledge, 1992）。

吉田与麦克阿瑟的时代

有关盟国占领日本的材料必然数不胜数。正文注释提到的一些参考文献,有助于我们了解盟军占领初期为摧毁旧秩序所采取的举措。其中尤其受关注的是东京的远东国际军事法庭,相当于日本版本的纽伦堡军事法庭。理查德·迈尼尔（Richard H. Minear）在《胜者的正义：东京的战争罪行审判》（*Victor's Justice: The Tokyo War Crimes Trial*. Princeton: Princeton University Press, 1971）中尖锐地批评了审判程序。有意思的是,有关在日审讯的批判性著述数量不多,或许是因为进步派历史学家不想涉足战前当权者及其政策,不过至少有一部重要电影有志于修正原有观念。鹤见和子的《社会变革与个人："二战"战败前后的日本》（*Social Change and the Individual: Japan before and after Defeat in World War II*. Princeton: Princeton University Press, 1970）认为,军事法庭等审判并不会带来多大变化。考特尼·惠特尼领导的民政局编订了一部官方历史书,即《日本的政治改造：1945年9月至1948年9月》（*Political Reorientation of Japan: September 1945 to September 1948*）,由政府出版部门于1948年刊发,共两大卷,一卷是不太严谨的总述,而更厚的另一卷则收录了一批核心文件。麦克阿瑟自己及惠特尼等同僚的忆述当然也包含在内。梳理这批文献的过程如同穿越丛林,理查德·芬恩（Richard B. Finn）的《和平时期的胜利者：麦克阿瑟、吉田与战后日本》（*Winners in Peace: MacArthur, Yoshida, and Postwar Japan*. Berkeley: University of California Press, 1992）提供了一个清晰简洁的导引。吉田角度的叙述,见《吉田回忆录》（*The Yoshida Memoirs*. Boston: Houghton Mifflin, 1962）,这是他儿子根据稍长一点但也辛辣得多的原始版本翻译过来的,行文有丘吉尔之风。约翰·道尔（John W. Dower）

的《帝国与未来：吉田茂与日本经验，1878—1954》(*Empire and Aftermath: Yoshida Shigeru and the Japanese Experience, 1878–1954*. Cambridge, Mass.: Harvard University Press, 1979）是他恰当挑选材料、仔细写成的著作，他在这本书里一如既往地对吉田、对脱离改革的占领总方针大加抨击。

占领时期的历史远不止麦克阿瑟这班人在盟总的作为、吉田对前外交官和政治家的影响这两项内容，约翰·道尔在《拥抱战败：第二次世界大战后的日本》(*Embracing Defeat: Japan in the Wake of World War II*. New York: Norton, 1999）所做的研究得到高度评价，我真希望这样精彩绝伦的研究能早点出现。道尔关心的是普通人是怎样经历战败之挫及怀着坚定信念度过这段特殊日子。他认为，保留天皇的做法预示了从改革到重建的转变，精准地抓住了战后那些年的情绪。

当我们知道历史后来的走向，回头再看当年那些作者的观点会很有趣。杰罗姆·科恩（Jerome B. Cohen）著、桑瑟姆撰写前言的《日本战时及重建时期的经济》(*Japan's Economy in War and Reconstruction*. Minneapolis: University of Minnesota Press, Institute of Pacific Relations, 1949）感叹早期实施的严厉计划不该被中止，书里有不少生动细节描述日本战时的笨拙做法。埃莉诺·哈德利（Eleanor M. Hadley）曾参与占领政策的实施，她在《日本的反垄断》(*Anti-Trust in Japan,* Princeton: Princeton University Press, 1970）里叙述了经济去集中化计划是怎样被放弃的。赖肖尔的《美国与日本》(*The United States and Japan*. Cambridge, Mass.: Harvard University Press, 1950）20年来不断修订再版，这里面的叙述或许更加权威也更加全面。有关土地改革的经典研究，见多尔的《日本的土地改革》(*Land Reform in Japan*. Oxford: Oxford University Press, 1959）。从盟总实施的劳工改革中，我们看到盟总某些改革派官员对自己工作倾注的部分热情，西奥多·科恩（Theodore Cohen）在赫伯特·帕辛（Herbert Passin）主编的《重造日本：罗斯福新政下的美国占领》（*Remaking Japan: The American Occupation as New Deal*. New York: Free Press, 1987）中回述了这场改革，不过，改革的最终成果很大程度上是日本官员筹划的结果，这一点在谢尔顿·加隆（Sheldon Garon）的学术著作《日本的国家与劳工》（*The State and Labor in Japan*. Berkeley: University of California Press, 1987）中体现得很清楚。

有关战后日本最重要的著作或许是安德鲁·戈登主编的《日本战后史》（*Postwar Japan as History*. Berkeley: University of California Press, 1993），它收录了一系列精彩文章，一共16篇，涵盖日本社会诸多方面。于1989年逝世的裕仁天皇一生贯穿20世纪，他的去世引发众多对其时代和人生的评价，在卡罗尔·格鲁克主编下，以"昭和：裕仁的日本"为主题，一批日、美学者撰写的评论文章被以特刊形式发表在《代达罗斯》（*Daedalus*, American Academy of Arts and Sciences, Summer 1990）上，并于后来作为单行本出版。

关于日本的经济复苏，有大量研究及评论探讨这一现象对其他正在工业化及完成工业化的社会有何重要意义。有关管理和劳工安排方面的研究，詹姆斯·阿贝格兰（James Abegglen）的《日本工厂：其社会组织的方方面面》（*The Japanese Factory: Aspects of Its Social Organization*. Glencoe, Ill.: Free Press, 1958）是开山之作，该书将终身雇佣制视为日本残留的传统社会行为。更深入的研究如多尔的著作《英国工厂和日本工厂：工业关系中民族多样性的起源》（*British Factory—Japanese Factory: The Origins of National Diversity in Industrial Relations*. London: Allen & Unwin, 1973）表明这绝非传统的产物或延续，不久后出版的加隆的《国家与劳工》，以及特别是安德鲁·戈登的大作《日本劳工关系的演进：重工业，1853—1955》(*The Evolution of Labor Relations in Japan: Heavy Industry, 1853–1955*. Cambridge, Mass.: Council on East Asian Studies, Harvard University, 1985)，表明这一制度虽然和日本对社会公义和互惠关系的态度相呼应，但实际上是在"二战"前夕劳工短缺期间才出现的。

后来的学者开始探讨日本国家与私有企业之间的关系。现代化系列丛书之一、威廉·洛克伍德（William W. Lockwood）主编的《日本的国家与经济事业》(*The State and Economic Enterprise in Japan*. Princeton: Princeton University Press, 1965)对相关事情进行评估，努力做到不偏颇。随着日本经济日渐发展，眼看对美国领先地位的威胁越来越大，"日本资本主义"异构论越来越多。这方面最主要的著作是查默斯·约翰逊（Chalmers Johnson）的《通商产业省与日本奇迹：产业政策的发展，1925—1975》(*MITI and the Japanese Miracle: The Growth of Industrial Policy, 1925–1975*. Stanford University Press, 1982)，该书将美国等工业民主国家的"监管型政府"和"发展型国家"作了区分，后者以日本为最佳代表，但在后发国家中也有体现，这些国家的政府积极约束、引导、资助重工业和出口业的发展，以期达到促进作用。其他学者优化了这一说法，强调市场和国内政坛的运作，这方面的重要著作包括高柏的《经济意识形态与日本产业政策》(*Economic Ideology and Japanese Industrial Policy*. Cambridge: Cambridge University Press, 1997)、丹尼尔·冲本（Daniel I. Okimoto）的《通商产业省与市场之间》(*Between MITI and the Market*. Stanford: Stanford University Press, 1988)，以及肯特·考尔德（Kent Calder）的《危机与补偿》(*Crisis and Compensation*. Princeton: Princeton University Press, 1988)。总的来说，日本经济史的研究和日本经济一样有长足的进步，而在1955年的时候，该领域的著作只有威廉·洛克伍德的《日本的经济发展：增长及结构性变化》这么一本，由普林斯顿大学出版社出版。

多年以来，这些看似紧迫不已的问题令新闻记者及其他专家大声高呼，其中卡雷尔·范沃尔弗伦（Karel van Wolferen）的《日本权力构造之谜：无政府状态国家的人民与政治》（*The Enigma of Japanese Power: People and Politics in a Stateless Nation*. New York: Knopf, 1989）颇有名气。这里的"谜"，其实是作者没能从日本这一片相互交织的关系网中辨别出一个居于中心位置的"蜘蛛"即"政府"所致。帕特里克·史密斯（Patrick Smith）的《日本之再诠释》（*Japan: A Reinterpretation*. New York: Vintage, 1997）等不少研究赶紧抓住这一点，坚决痛斥赖肖尔等持颠覆性观点的人，后者认为日本和西方从长期来看是趋同的。与此同时，一批学者在村上泰亮和休·帕特里克（Hugh T. Patrick）的组织下，重新思考了20世纪60年代"现代化"学派的范式，这一系列会议的成果是三大卷的《日本的政治经济学》（*Political Economy of Japan*），由斯坦福大学出版社出版，包括山村耕造、安场保吉主编的《国内转变》（*The Domestic Transformation*. 1987），猪口孝、丹尼尔·冲本主编的《变动的国际环境》（*The Changing International Context*. 1988），以及公文俊平、亨利·罗索夫斯基主编的《文化与社会动态》（*Cultural and Social Dynamics*. 1992）。

20世纪90年代，日本经济经历了战后以来首次也是最长一次的萧条，而这竟然不在上述争论范围内。日本不再被邻国视为奇迹，也不再对其对手构成威胁。但若是认为20世纪90年代的这位"沉睡巨人"不再重要，那就如同20世纪80年代接受"妖魔化"日本的观点那样，大错特错。

注 释

本书从角田柳作编纂，狄百瑞（Theodore de Bary）、唐纳德·基恩（Donald Keene）翻译的《日本传统源泉》(*Sources of Japanese Tradition*. 1958）及赫伯特·柏辛（Herbert Passin）翻译的《日本的教育》(*Education in Japan*, Columbia Teachers College, 1965）里节选的段落，皆有哥伦比亚大学出版社（地址：562 W. 113th St., New York, N.Y. 10025）授权。其出版已经通过美国版权税计算中心得到出版方的同意。

第一章　关原之战

1. George Elison, "Introduction," in George Elison and Baldwell L. Smith, eds., *Warlords, Artists, and Commoners: Japan in the Sixteenth Century* (Honolulu: University Press of Hawaii, 1981), pp. 1ff.
2. Jurgis Elisonas, "The Inseparable Trinity: Japan's Relations with China and Korea," in *Cambridge History of Japan* [以下亦简称为 *CHJ*], vol. 4: *Early Modern Japan*, ed. John Whitney Hall (Cambridge: Cambridge University Press, 1991), p. 255.
3. Jurgis Elisonas, "Christianity and the Daimyo," in *CHJ*, 4:303.
4. *Teppoō-ki*, in Ryusaku Tsunoda, Wm. Theodore de Bary, and Donald Keene, comps., *Sources of Japanese Tradition* (New York: Columbia University Press, 1958), pp. 319–320.
5. Asao Naohiro with Marius B. Jansen, "Shogun and Tennō," in John Whitney Hall, Nagahara Keiji, and Kozo Yamamura, eds., *Japan before Tokugawa: Political Consolidation and Economic Growth, 1500–1650* (Princeton: Princeton University Press, 1981), p. 249.
6. Nagahara Keiji with Kozo Yamamura, "The Sengoku Daimyo and the Kandaka System," in Hall, Nagahara, and Yamamura, *Japan before Tokugawa*, p. 50.
7. 这类说法在19世纪反反复复地出现，这时武家统治的道德依据越来越站不住脚。在位于四国的土佐藩，庄屋同盟对武家统治的批评，称："我们曾直接受命于朝廷……庄屋作为百姓之长，他们的地位难道不比那些充当公家左右臂的家臣更高吗？" Marius B. Jansen, "Tosa during the Last Century of Tokugawa Rule," in John Whitney Hall and Marius B. Jansen, eds., *Studies in the Institutional History of Early Modern Japan* (Princeton: Princeton University Press, 1968), p. 341.

8. Asao with Jansen, "Shogun and Tennō," pp. 252–253.
9. George Sansom, *A History of Japan, 1334–1640* (Stanford: Stanford University Press, 1981), p. 310.
10. Tsunoda, de Bary, and Keene, *Sources of Japanese Tradition*, pp. 315–316.
11. Fujiki Hisashi with George Elison, "The Political Posture of Oda Nobunaga," in Hall, Nagahara, and Yamamura, *Japan before Tokugawa*, pp. 155–173.
12. Asao with Jansen, "Shogun and Tennō," p. 255.
13. Michael Cooper, S.J., *They Came to Japan: An Anthology of European Reports on Japan, 1543–1640* (Berkeley: University of California Press, 1965), pp. 93–95.
14. Ibid., pp. 134–135.
15. James Murdoch, *A History of Japan*, vol. 2 (London: Kegan, Trench, Trubner, 1925), p. 386.
16. 丰臣秀吉的传记当中，最好的要数玛丽·伊丽莎白·贝瑞的《丰臣秀吉》(*Hideyoshi*. Cambridge, Mass.: Harvard University Press, 1982)。亦见于 John Whitney Hall, "Hideyoshi's Domestic Policies," and Elison, "Hideyoshi, the Bountiful Minister," both in Hall, Nagahara, and Yamamura, *Japan before Tokugawa*.
17. 直接引用贝瑞的英语译文，见 Berry, *Hideyoshi*, p. 219。
18. Yoshio Kuno, *Japanese Expansion on the Asiatic Continent* (Berkeley: University of California Press, 1937), 1:311–312.
19. John W. Hall, *Government and Local Power in Japan, 500 to 1700: A Study Based on Bizen Province* (Princeton: Princeton University Press, 1966), p. 288.
20. Tsunoda, de Bary, and Keene, *Sources of Japanese Tradition*, p. 330.
21. Marius B. Jansen, "Tosa in the Sixteenth Century," in Hall and Jansen, *Studies in the Institutional History*, and Hall, "Hideyoshi's Domestic Policies."
22. Philip C. Brown, *Central Authority and Local Autonomy in the Formation of Modern Japan: The Case of Kaga Domain* (Stanford: Stanford University Press, 1993), pp. 76–84. 23.
23. Berry, *Hideyoshi*, p. 105.
24. Quoted in C. R. Boxer, *The Christian Century in Japan, 1549–1650* (Berkeley: University of California Press, 1951), pp. 54–55.

第二章　德川政府

1. 有关这份文献的研究里最优秀的当属 Lee Butler, "Tokugawa Ieyasu's Regulations for the Court: A Reappraisal," *Harvard Journal of Asiatic Studies*, 54, 2 (1994): 451–509.
2. Hall, *Government and Local Power in Japan*, pp. 6–7.

注 释

3. Thomas C. Smith, "The Japanese Village in the Seventeenth Century," in Hall and Jansen, *Studies in Institutional History*, pp. 263–282.
4. Albert M. Craig, *Chōshū in the Meiji Restoration* (Cambridge, Mass.: Harvard University Press, 1961), p. 22.
5. William Coaldrake, *Architecture and Authority in Japan* (London: Routledge, 1996).
6. Bob T. Wakabayashi, "In Name Only: Imperial Sovereignty in Early Modern Japan," *Journal of Japanese Studies*, 17, 1 (1991): 41.
7. John W. Hall, "The bakuhan System," in *CHJ*, 4:152.
8. Kären Wigen, *The Making of a Japanese Periphery* (Berkeley: University of California Press, 1995).
9. Quoted in George M. Wilson, "Hashimoto Sanai in the Political Crisis of 1858," in Albert M. Craig and Donald H. Shively, eds., *Personality in Japanese History* (Berkeley: University of California Press, 1970), p. 260.
10. Conrad Totman, *Politics in the Tokugawa Bakufu, 1600–1843* (Cambridge, Mass.: Harvard University Press, 1967), pp. 213ff.
11. Donald H. Shively, "Tokugawa Tsunayoshi, the Genroku Shogun," in Craig and Shively, *Personality in Japanese History*, pp. 85–126.
12. Beatrice Bodart-Bailey, "The Laws of Compassion," *Monumenta Nipponica*, 40, 2 (Summer 1985): 163–189.
13. Hall, "The bakuhan System," in *CHJ*, 4:166–167, and Totman, *Politics in the Tokugawa Bakufu*, pp. 270–277.
14. Thomas C. Smith, " 'Merit' as Ideology in the Tokugawa Period," in R. P. Dore, ed., *Aspects of Social Change in Modern Japan* (Princeton: Princeton University Press, 1967), pp. 75–76.
15. Robert K. Sakai et al., eds., *The Status System and Social Organization of Satsuma* (Tokyo: University of Tokyo Press, 1975).
16. Bonnie Abiko, "Watanabe Kazan, His Life and Times" (Ph.D. dissertation, Princeton University, 1982).
17. Marius B. Jansen, "Tosa in the Sixteenth Century: The 100 Article Code of Chōso-kabe Motochika," in Hall and Jansen, *Studies in Institutional History*, pp. 89–114.
18. Jansen, "Tosa in the Seventeenth Century: The Establishment of Yamauchi Rule," in Hall and Jansen, *Studies in Institutional History*, pp. 115–139, and Luke S. Roberts, *Mercantilism in a Japanese Domain* (Cambridge: Cambridge University Press, 1998), chap. 2, "The Geography and Politics of Seventeenth Century Tosa."
19. Philip C. Brown, *Central Authority and Local Autonomy in the Formation of Early Modern Japan: The Case of Kaga Domain* (Stanford: Stanford University Press, 1993), pp. 24ff.
20. Ronald DiCenzo, "Daimyo Domain and Retainer Band in the Seventeenth Century" (Ph.D. dissertation, Princeton University, 1978).
21. Hall, "The bakuhan System," in *CHJ*, 4:159.
22. Harold Bolitho, "The han," in *CHJ*, 4:194.

23. Hall, *Government and Local Power in Japan*, pp. 414–418.
24. Harold Bolitho, *Treasures among Men: The Fudai Daimyo in Tokugawa Japan* (New Haven: Yale University Press, 1974), p. 35, and William Kelley, *Deference and Defiance in Nineteenth-Century Japan* (Princeton: Princeton University Press, 1985), pp. 78ff. 两位作者将这件事视为社会史进行研究。
25. Yoon Byung-nam, "Domain and Bakufu in Tokugawa Japan: The Copper Trade and Development of Akita Domain Mines" (Ph.D. dissertation, Princeton University, 1994).
26. Hiraide Kojirō, "kataiuchi" (vendetta), in *Kokushi daijiten*, vol. 3 (Tokyo, 1983), pp. 350–352.
27. Constantine N. Vaporis, "Post Station and Assisting Villages: Labor and Peasant Contention," *Monumenta Nipponica*, 41 (1986): 377–414.
28. Mary Elizabeth Berry, "Public Policy and Private Attachment: The Goals and Conduct of Power in Early Modern Japan," *Journal of Japanese Studies*, 12, 2 (1986).
29. James W. White, "State Growth and Popular Protest in Tokugawa Japan," *Journal of Japanese Studies*, 14, 1 (1988).
30. 这一主张的带头学者为渡边浩，其《东亚的王权与思想》(Tokyo: Tokyo Daigaku Shuppankai, 1997) 的导论被卢克·罗伯斯率先翻译成英语，发表于 *Sino-Japanese Studies*, 10, 2 (April 1998)。近来某些历史书籍只在19世纪中叶以后才开始称"幕府"，朝尾直弘完全不使用"幕府政权"，认为这是个有问题的词语，倾向于直接使用"德川政制"这种简单叫法。

第三章　对外关系

1. Olof G. Lidin, *The Life of Ogyū Sorai, a Tokugawa Confucian Philosopher*, Scandinavian Institute of Asian Studies Monograph Series (Lund: Studentlitt., 1973), p. 120.
2. *Japanese Family Storehouse*, trans. G. W. Sargent (Cambridge: Cambridge University Press, 1959), pp. 85–86.
3. Leonard Blussé, *Strange Company* (Dordrecht: Foris Publications, 1986), pp. 99, 103.
4. George Elison, *Deus Destroyed: The Image of Christianity in Early Modern Japan* (Cambridge, Mass.: Harvard University Press, 1973), p. 116.
5. Tashiro Kazui, "Foreign Relations during the Edo Period: Sakoku Reexamined," *Journal of Japanese Studies*, 8, 2 (Summer 1982), and her magisterial *Kinsei Ni-Chō tsūkō bōekishi no kenkyū* (Tokyo: Sobunsha, 1981).
6. Ronald P. Toby, *State and Diplomacy in Early Modern Japan: Asia in the Development of the Tokugawa Bakufu* (Princeton: Princeton University Press, 1984), provides the definitive statement of this position.
7. 新井白石的自传译文，见 Joyce Ackroyd, trans., *Told Round a Brushwood Fire* (Princeton: Princeton University Press, 1979), p. 62.
8. Dan F. Henderson, "Chinese Legal Studies in Early Eighteenth Century Japan: Scholars and Sources," *Journal of Asian Studies*, 30 (November 1970): 21–50.
9. Sin Yu-han, Haeyurok (Seoul: Chongumsa), trans. Byungnam Yoon, unpublished paper, 1976.

10. Deshima Diaries: *Marginalia, 1700–1740*, ed. Paul van der Velde and Rudolf Bachofner (Tokyo: Japan-Netherlands Institute, 1992), p. 148.
11. 关于亚当斯，见 Michael Cooper, S.J., *Rodrigues the Interpreter: An Early Jesuit in Japan and China* (New York: Weatherhill, 1974).
12. Kamigaito Kenichi, *Sakoku no hikaku bummei ron* (Tokyo: Kodansha, 1994), pp. 42ff.
13. Derek Massarella, *A World Elsewhere: Europe's Encounter with Japan in the Sixteenth and Seventeenth Centuries* (New Haven: Yale University Press, 1990)。该著述充分使用了东印度公司的档案。
14. Ivan I. Morris, *The Nobility of Failure: Tragic Heroes in the History of Japan* (New York: Holt, Rinehart and Winston, 1975), pp. 143–179. 这篇文章叙述了这次起义及天草四郎，天草和日本众多悲剧人物一样，死后名声大振，被追念为殉道义人。
15. *Dai Nihon Shiryō*, 34, sect. 12.
16. Sakai et al., *The Status System and Social Organization of Satsuma*, p. 45.
17. 埃里森翻译了其中一本小册子，其著作《上帝的毁灭》(*Deus Destroyed*) 的书名也来源于此。
18. Reinier H. Hesselink, "The Prisoners from Nambu: The Beskens Affair in Historical and Historiographical Perspective" (Ph.D. dissertation, University of Hawaii, 1992) 记录了一件骇人逸事，狱中的荷兰人被利用去告发受囚禁的神父。
19. 远藤周作的小说《沉默》便围绕着两位神父的命运展开，两人为了让另一位叛教的神父重新皈依而来到日本，不料落入审判官的手中。
20. Grant K. Goodman, *Japan: The Dutch Experience* (London: Athlone Press, 1986), and Kanai Madoka, *Tai gaikōshōshi no kenkyū: kaikokuki no tōzai bunka kōryū* (Yokohama: Yurindo, 1988) 两书提供了大量细节。
21. Robert LeRoy Innes, "The Door Ajar: Japan's Foreign Trade in the Seventeenth Century" (Ph.D. dissertation, University of Michigan, 1980) 该书对长崎贸易的记述最为全面。
22. Engelbert Kaempfer, *History*, trans. J. Scheuchzer (Glasgow: James MacLehose, 1906), 3:167–168. 有关坎普费及其手稿流传，参见 Beatrice M. Bodart-Bailey and Derek Massarella, eds., *The Furthest Goal: Engelbert Kaempfer's Encounter with Tokugawa Japan* (London: Curzon Press, Japan Library, 1995).
23. Kaempfer, *History*, 3:334. 坎普费认为日本有幸出现这么一个聪明的统治者，令它远离不必要的货品和诱惑。"快乐且欣欣向荣，"他总结道，"这便是（德川纲吉）臣民在其治下的生活状况。"
24. 有关这段历史比较经典的说法，见 Toby, *State and Diplomacy*。
25. Ibid., p. 126.
26. Ōba Osamu, *Edo jidai no Ni-Chū hiwa* (Tokyo: Toho Shoten, 1980), and *Edo jidai ni okeru Chūgoku bunka juyō no kenkyū* (Kyoto: Dōhōsha, 1984).
27. 坎普费及他之后的通贝尔格、铁俊甫、冯·西博尔德，不顾当时所受的种种限制搜集信息，拼凑出日本江户时代的生活面貌，至今仍然令我们受教。讽刺的是，这些中国来客尽管拥有远远得多的机会，却没有做这方面的记录。假如隐元留下有关他和日本东道主之间谈话、研讨、宴会的记载，那将会是无价之宝！

28. Wai-ming Benjamin Ng, *The I Ching in Tokugawa Thought and Culture* (Honolulu: Association for Asian Studies and University of Hawaii Press, 2000), pp. 66–67.

29. 引自荻生徂徕给悦峰道章（1635—1734）的信，悦峰于1655年抵达长崎，1708年被请去给纲吉讲课。徂徕余生都与他保持来往。Lidin, *The Life of Ogyū Sorai*, pp. 116–117.

30. William S. Atwell, "Ming China and the Emerging World Economy, c. 1470–1650," chap. 8 in Denis Twitchett and Frederick W. Mote, eds., *Cambridge History of China*, vol. 8: *The Ming Dynasty* (Cambridge: Cambridge University Press, 1998), pp. 376–416.

31. Marius B. Jansen, *China in the Tokugawa World* (Cambridge, Mass.: Harvard University Press, 1992), p. 68, and De-min Tao, "Traditional Chinese Social Ethics in Japan, 1721–1943," *Gest Library Journal*, 4, 2 (Winter 1991): 68–84.

32. 例如在1710年，荷兰人在《出岛日记》里提到"有十七个日本人被判罪。其中八个被钉死，七个被斩首。犯的全都是走私罪"。几天后又写道："过去几百年汉人走私猖獗，导致大量金、银流出日本。再者，六十年来日本在贵金属勘探方面没有任何新的进展。"*Deshima Diaries*, pp. 128–129. Also Fred G. Notehelfer, "Smuggling in the Kyōhō Period," *Princeton Papers on Japan* (1972).

33. Quoted in Marius B. Jansen, "New Materials for the Intellectual History of Nineteenth Century Japan," *Harvard Journal of Asiatic Studies*, 20, 2–3 (1957): 597, quoting from *Ihi nyūkō roku* (Tokyo, 1931).

34. Leonard Bussé, "Japanese Historiography and European Sources," in P. C. Emmer and H. L. Wesseling, eds., *Reappraisals in Overseas History* (Leiden: Leiden University Press, 1979).

第四章　身份群体

1. Kōsaka Masaaki, ed., *Japanese Thought in the Meiji Period*, trans. David Abosch (Tokyo: Pan-Pacific Press, 1958), p. 203.

2. John W. Hall, "Rule by Status in Tokugawa Japan," *Journal of Japanese Studies*, 1, 1 (Autumn 1974).

3. Lafcadio Hearn, *Japan: An Attempt at Interpretation* (New York: Macmillan, 1907), pp. 386–387.

4. Herschel Webb, *The Imperial Institution in the Tokugawa Period* (New York: Columbia University Press, 1968), 是这方面最好的研究著作。

5. Asao Naohiro, ed., *Mibun to kakushiki*, vol. 7 of *Nihon no kinsei* (Tokyo: Chūō Kōron, 1992), pp. 193ff.

6. Bob T. Wakabayashi, "In Name Only: Imperial Sovereignty in Early Modern Japan," *Journal of Japanese Studies*, 17, 1 (Winter 1991): 48.

7. Ibid., p. 49. 这类联姻诞生的孩子里，有一位继承了皇位（明正天皇），另一位出任幕府将军（德川家治）。

8. Adapted from F. G. Notehelfer, "Ebina Danjō: A Christian Samurai of the Meiji Period," *Papers on Japan* (Harvard University, 1963), 2:6.

9. Tamamoto Tsunetomo, *The Hagakure: A Code to the Way of the Samurai*, trans. Takao

Mukoh (Tokyo: Hokuseido, 1980), p. 35. 亦参见 Yukio Mishima, *The Way of the Samurai*, trans. Kathryn Sparling (Putnam, N.Y.: Pegasus, 1977), pp. 110–112.

10. Quoted from Tsunoda, de Bary, and Keene, *Sources of Japanese Tradition*, p. 399.
11. 有关这方面的主要汉文与日文文献，见 Asao, *Mibun to kakushiki*, pp. 14ff.
12. Donald H. Shively, "Popular Culture," in *CHJ*, 4:708.
13. 最近的研究进一步补充了这一观点。高木昭作认为，这些法令最初只是为了应付战时的紧急局势，更多的是着眼于仆从而非武士，旨在防止逃跑，但毫无疑问，"阶级"分化的确是从那时候开始的。参见 Asao, *Mibun to kakushiki*, p. 45.
14. W. G. Beasley, "Feudal Revenue in Japan at the Time of the Meiji Restoration," *Journal of Asian Studies*, 19 (1960): 235–275.
15. E. Herbert Norman, *Japan's Emergence as a Modern State* (1940; New York: Institute of Pacific Relations, 1946), p. 81.
16. Carmen Blacker, "Kūhanjō, by Fukuzawa Yukichi," *Monumenta Nipponica*, 13 (1953): 304–329.
17. John W. Hall, "The Ikeda House and Its Retainers," in Hall and Jansen, *Studies in Institutional History*, p. 87.
18. Kate Wildman Nakai, *Women of the Mito Domain* (Tokyo: University of Tokyo Press, 1992), p. xiii, for Yūkoku's humble origins.
19. Kozo Yamamura, *A Study of Samurai Income and Entrepreneurship* (Cambridge, Mass.: Harvard University Press, 1974).
20. Luke Roberts, trans., "'From a Parrot's Cage'—The Diary of a Samurai," unpublished diary of Asahi Monzaemon (1674–1718).
21. *Musui's Story: The Autobiography of a Tokugawa Samurai*, trans. Teruko Craig (Tucson: University of Arizona Press, 1988). 有关这本日记的具体背景信息，参见 *Journal of Japanese Studies*, 16, 2 (1990).
22. Gary P. Leupp, *Servants, Shophands, and Laborers in the Cities of Tokugawa Japan* (Princeton: Princeton University Press, 1992), p. 32.
23. Donald H. Shively, "Sumptuary Regulation and Status in Early Tokugawa Japan," *Harvard Journal of Asiatic Studies*, 25, 4–5 (1965): 152.
24. Nakai, *Women of the Mito Domain*, p. 54.
25. Brown, *Central Authority and Local Autonomy*. 该书根据加贺藩的材料，质疑过往对丰臣秀吉举措的影响的公认看法。
26. Adapted from Dan Fenno Henderson, *Village "Contracts" in Tokugawa Japan* (Seattle: University of Washington Press, 1975), p. 188.
27. 卢克·罗伯茨（Luke Roberts）在《藩的重商主义》(*Mercantilism in a Japanese Domain*) 里有力地说明了这一点。
28. Smith, "The Japanese Village in the Seventeenth Century," p. 265.
29. See Harumi Befu, "Village Autonomy and Articulation with the State," in Hall and Jansen, *Studies in Institutional History*, pp. 301–316, and Befu, "Duty, Reward, Sanction, and

Power: Four-cornered Office of the Tokugawa Village Headman" in B. S. Silberman and H. Harootunian, eds., *Modern Japanese Leadership* (Tucson: University of Arizona Press, 1966), pp. 25–50.

30. Thomas C. Smith 的 *The Agrarian Origins of Modern Japan* (Stanford: Stanford University Press, 1959) 该书是这方面的经典之作。

31. Kodama Kōta, *Kinsei nōmin seikatsu shi* (Tokyo: Yoshikawa Kobunkan, 1957), pp. 215ff.

32. Jansen, "Tosa in the Seventeenth Century," p. 120. 但如果生计变得足够困难,迁移就会发生。见关于从土佐迁移到萨摩的讨论:Roberts, *Mercantilism in a Japanese Domain*, pp. 68ff.

33. George Sansom, *A History of Japan, 1615–1867* (Stanford: Stanford University Press, 1963), p. 99.

34. Shively, "Sumptuary Legislation," pp. 154–155.

35. Smith, *Agrarian Origins*, p. 280.

36. Thomas C. Smith, "The Land Tax during the Tokugawa Period," in Hall and Jansen, *Studies in Institutional History*, pp. 283–300.

37. Hayami Akira, *Keizai shakai no seiritsu 17–18 seiki* (Tokyo: Iwanami, 1988).

38. Naitō Jirō, *Kinsei Nihon keizaishi ron* (Tokyo: Yachiyo, 1981), pp. 57ff.

39. Kumakura Isao, *Kan'ei bunka no kenkyū* (Tokyo: Yoshikawa Kobunkan, 1988), and Kumakura, "From the Outlandish to the Refined: Art and Power at the Outset of the Edo Period," *Asian Cultural Studies*, 17 (March 1989): 59–68.

40. 对此林美一有过动人的描述,可惜书名不佳,见 *Seventeenth-century Japan: A Time of Mystery and Isolation—120 Paintings by Yusetsu Kaiho* (Tokyo, 1991)*。另一部大约同时代的作品《人伦训蒙图集》也网罗了各类手工艺人,描绘了 400 个不同职业。

41. Sasamoto Shōji in Asao, *Nihon no kinsei*, 4:90ff.

42. 值得一提的是,秀吉在 1587 年转而打压基督教,其中一个说辞便是:"日本人被贩卖到中国、南柏柏里及朝鲜,实在不可容忍。日本是禁止人口贩卖的。" Elison, *Deus Destroyed*, p. 118.

43. Leupp, *Servants, Shophands, and Laborers*, p. 41.

44. David Howell, *Geographics of Japanese Identity: Polity, Status, and Civilization in the Nineteenth Century* (forthcoming, University of California Press).

45. Edwin McClellan, *Woman in the Crested Kimono: The Life of Shibue Io and Her Family Drawn from Mori Ōgai's "Shibue Chūsai"* (New Haven: Yale University Press, 1985). 这部文学作品包含丰富的社会史材料。

46. Bitō Masahide, in *Japan Foundation Newsletter*, 1981. 这本书对一大批文献作了有力的概括。

---

* 此为日文原书『海北友雪「職人絵尽」』的英译本。

注 释

第五章 城市化和交通

1. Toshio G. Tsukahira, *Feudal Control in Tokugawa Japan: The Sankin Kōtai System* (Cambridge, Mass.: Harvard University Press, 1966), and Bolitho, "The han," in *CHJ*, 4:198ff.
2. Constantine Vaporis, "To Edo and Back: Alternate Attendance and Japanese Culture in the Early Modern Period," *Journal of Japanese Studies*, 23, 1 (Winter 1997): 30.
3. F. G. Notehelfer, ed., *Japan through American Eyes: The Journal of Francis Hall, Kanagawa and Yokohama, 1859–1866* (Princeton: Princeton University Press, 1992), pp. 133, 382.
4. Kaempfer, *History of Japan*, 2:336.
5. *Journaal van Dirk de Graeff van Polsbroek* (Maastricht, 1978), pp. 33, 34.
6. DiCenzo, "Daimyo Domain and Retainer Band," p. 44.
7. 这方面的权威研究，见 Constantine Novikos Vaporis, *Breaking Barriers: Travel and the State in Early Modern Japan* (Cambridge, Mass.: Harvard University Press, 1994).
8. 或许可以将这和当代日本那套繁杂低效的分配制度做比较，后者保护的是那些经济效益低下的弱势群体。
9. 有关这方面的简要概括，见 William Wray, "Shipping: From Sail to Steam," in Marius B. Jansen and Gilbert Rozman, eds., *Japan in Transition: From Tokugawa to Meiji* (Princeton: Princeton University Press, 1986), pp. 250–254.
10. Van Polsbroek, *Journaal*, p. 34.
11. Vaporis, "To Edo and Back,"提供了翔实的记录，讨论土佐武士在旅程中的游览及购买行为。亦参见同一作者在 *Kōtsūshi kenkyū* (1995) 中的讨论。
12. Tsukahira, *Feudal Control*, p. 68.
13. 罗伯茨在《藩的重商主义》里有力地指出，频频为这类政策护航的观点，究其缘由，来自商人的看法和建言，土佐藩便是一个例子。
14. 如 Yokkaichi, "fourth-day market"，这篇文章回忆了每月第四、十四和二十四天举办的集市。
15. Jinnai Hidenobu, *Tokyo: A Spatial Anthropology*, trans. Kimiko Nishimura (Berkeley: University of California Press, 1995); 亦参见同一作者的 "The Spatial Structure of Edo" in Chie Nakane and Shinzaburo Ōishi, eds., *Tokugawa Japan: The Social and Economic Antecedents of Modern Japan* (Tokyo: University of Tokyo Press, 1990).
16. Jinnai, *Tokyo*, p. 40.
17. Coaldrake, *Architecture and Authority in Japan*, and William H. Coaldrake, "Building a New Establishment," in James L. McClain, John M. Merriman, and Ugawa Kaoru, eds., *Edo and Paris: Urban Life and the State in the Early Modern Era* (Ithaca, N.Y.: Cornell University Press, 1994). 唯一一座保留下来的大门为东京大学的赤门，原系加贺藩为迎娶家齐女儿所建造的"御守殿门"。
18. 这或许可以和现代东京相比较，东京的中央地带和纽约一样为绿植所覆盖，但和纽约的中央公园不同，这块绿地并没有边界。
19. Miyazaki Katsumi, "Edo no tochi—daimyo, bakushin no tochi mondai," in Yoshida Nobuyuki, ed., *Toshi no jidai*, vol. 9 in *Nihon no kinsei* (Tokyo: Chūō Kōron, 1992) . 这里清

晰梳理了有关江户武士宅邸的具体细节和人物。关于空间布置，可参见 Gilbert Rozman, *Urban Networks in Ch'ing China and Tokugawa Japan* (Princeton: Princeton University Press, 1973)。

20. Constantine Vaporis, "Edo to Tosa—Edo hantei no ichi kōsatsu," *Tosa shidan* (Kochi, 1995).
21. Notehelfer, *Japan through American Eyes*, p. 592.
22. McClellan, *Woman in the Crested Kimono*, pp. 28–29.
23. Jinnai, *Tokyo*, p. 39.
24. 关于浅草寺的历史和地位，见 Nam-il Hur, *Prayer and Play in Tokugawa Japan: Asakusa's Sensōji and Edo Society* (Cambridge, Mass.: Harvard University Press, 2000).
25. James L. McClain, "Edobashi: Power, Space and Popular Culture in Edo," in McClain, Merriman, and Ugawa, *Edo and Paris*, pp. 105ff.
26. Quoted by McClain, in ibid., pp. 105ff.
27. William W. Kelley, "Incendiary Action: Fires and Fire Fighting in the Shogun's Capital and the People's City," in McClain, Merriman, and Ugawa, *Edo and Paris*, pp. 310–331.
28. Hatano Jun, "Edo's Water Supply," in McClain, Merriman, and Ugawa, *Edo and Paris*, pp. 234–250.
29. 大冈（1677—1751）做了20年的町奉行，接着又出任寺社奉行长达25年。在这期间，他在隶属幕府的评定所担任审判人员，以其大智慧千古流芳。
30. Dan Fenno Henderson, *Conciliation and Japanese Law* (Seattle: University of Washington Press, 1965), pp. 142–162 提供了一宗违约案件的审讯记录，涉案人员来自不同辖区，审判人员强行将案件交由双方私下解决，为此威胁他们，称假如没能找到解决办法的话将会遭受惩罚。
31. Katō Takashi, "Governing Edo," in McClain, Merriman, and Ugawa, *Edo and Paris*, pp. 57ff.
32. 对于身份较低的人，一旦他们作出任何不当行为，其处理手法相当不同。有关身份社会和惩罚之间关系的充分讨论，见 Daniel V. Botsman, "Crime, Punishment, and the Making of Modern Japan, 1790–1895" (Ph.D. dissertation, Princeton University, 1999)。
33. Katsu, *Musui's Story*, pp. 101, 155, 68. 森鸥外发现，哪怕是医师家庭，为了制止其子有辱家门的举动，也会采用相同的手段。"万分绝望的抽斋[*]在楼上建了一间禁闭室，门窗都被装上铁条，这样就能把儿子关在里面。" McClellan, *Woman in the Crested Kimono*, p. 46.
34. *The Autobiography of Fukuzawa Yukichi*, trans. Eiichi Kiyooka (Tokyo: Hokuseido, 1948), pp. 252–253.

第六章 大众文化的发展

1. Shively, "Popular Culture," in *CHJ*, 4:716.
2. Yoshiaki Shimizu, *Japan: The Shaping of Daimyo Culture, 1185–1868* (Washington, D.C.:

---

* 全名涉江抽斋。

注　释

National Gallery of Art, 1988), and Shimizu, "Workshop Management of the Early Kano Painters circa A.D. 1590–1600," *Archives of Asian Art*, 34 (1981).

3. Quoted from Robert Treat Paine and Alexander Soper, *The Art and Architecture of Japan* (London: Penguin, 1955), pp. 273–274.
4. Henry D. Smith II, "The Book," in McClain, Merriman, and Ugawa, *Edo and Paris*, p. 333.
5. Smith, in ibid. 对这一过程作了简洁而出色的讨论。
6. 相关讨论见 Ekkehard May, *Die Kommerzialisierung der japanishen Literatur in späten Edo—Zeit 1750–1868* (Wiesbaden: Harrassowitz, 1985).
7. Shively, "Popular Culture," pp. 718–720.
8. Mary Elizabeth Berry, *The Culture of Civil War in Kyoto* (Berkeley: University of California Press, 1994), p. 186.
9. Paine and Soper, *Art and Architecture*, pp. 268–269.
10. Berry, *The Culture of Civil War in Kyoto*, p. 210.
11. 大阪大学的历史学家宫本又次有不少著述就探讨了这套系统的复杂精细之处。
12. Nishizi Yasushi, in Yoshida Nobuyuki, ed., *Toshi no jidai*, vol. 9 in Asao, *Nihon no kinsei*, pp. 173ff. 讽刺的是，今天的日本为了分配制度的平等，通过《大店立地法》对商店规模加以限制。
13. 这份家法的全英文翻译见 Sansom, *History of Japan*, 1615–1867, 2:251–253.
14. 英语译文及译注见 E. S. Crawcour in *Transactions of the Asiatic Society of Japan*, 3d ser., 8 (1961).
15. 关于三井家历史的讨论，参见公认名作 John G. Roberts, Mitsui: *Three Centuries of Japanese Business* (New York: Weatherhill, 1973), 还有权威之作 *Mitsui jigyō shi* (Tokyo: Mitsui Library, 1980), 3 vols., 以及 Hayashi Reiko in *Shōnin no katsudō*, vol. 5 of Asao, ed., *Nihon no kinsei*.
16. J. Mark Ramseyer, "Thrift and Diligence: House Codes of Tokugawa Merchant Families," in *Monumenta Nipponica*, 34, 2 (1979): 219–230.
17. Nishizaka Yasushi in Yoshida, *Tōshi no jidai*, pp. 203–206.
18. Donald Keene, *World within Walls: Japanese Literature of the Pre-Modern Era, 1600–1867* (New York: Holt, Rinehart and Winston, 1976), p. 93.
19. Yoshikawa Kōjirō, *Jinsai, Sorai, Norinaga: Three Classical Philologists of Mid-Tokugawa Japan* (Tokyo: Tōhō Gakkai, 1983), p. 268.
20. Shively, "Popular Culture," pp. 728ff., and Keene, *World within Walls*, pp. 156ff.
21. Keene, *World within Walls*, p. 156.
22. Howard Hibbett, *The Floating World in Japanese Fiction* (New York: Oxford University Press, 1959), p. 63.
23. See Shively, "Popular Culture," pp. 742ff.
24. See Liza Crihfield, "Geisha," in *Encyclopedia of Japan* (Tokyo: Kodansha International, 1988), 3:14–15, and Liza Dalby, *Geisha* (New York: Vintage Books, 1985).
25. Donald H. Shively, *The Love Suicide at Amijima: A Study of a Japanese Domestic Tragedy*

by Chikamatsu Monzaemon (Cambridge, Mass.: Harvard University Press, 1953), pp. 26–27.

26. See the discussion by Donald H. Shively in ibid.

27. 这出戏剧的英语译文，见 Donald Keene in *Major Plays of Chikamatsu* (New York: Columbia University Press, 1961), pp. 39–56.

28. Translated by Donald Keene: *Chūshingura: The Treasury of Loyal Retainers* (New York: Columbia University Press, 1971).

第七章　教育、思想与宗教

1. Tetsuo Najita, *Visions of Virtue in Tokugawa Japan: The Kaitokudō Merchant Academy of Osaka* (Chicago: University of Chicago Press, 1987), and Tao De-min, *Kai-tokudō Shushigaku no Kenkyū* (Osaka: Osaka University Press, 1994).

2. R. P. Dore, *Education in Tokugawa Japan* (Berkeley: University of California Press, 1965), pp. 76ff.; 此为标杆之作。

3. Richard Rubinger, *Private Academies of Tokugawa Japan* (Princeton: Princeton University Press, 1982).

4. 例如，明治时期德富芦花的小说《回忆》里西山先生的形象，小说的英译本见 Kenneth Strong as *Footprints in the Snow* (Tokyo: Tuttle, 1971), pp. 80ff.

5. John W. Hall, "The Confucian Teacher in Tokugawa Japan," in David S. Nivison and Arthur E. Wright, eds., *Confucianism in Action* (Stanford: Stanford University Press, 1959), and Kate Wildman Nakai, "The Naturalization of Confucianism in Tokugawa Japan: The Problem of Sino-Centrism," *Harvard Journal of Asiatic Studies*, 40, 1 (June 1980).

6. 新井白石是众多学者里被研究得最多的一位。除了凯特·怀尔德曼·中井（Kate Wildman Nakai）《幕府政治：新井白石与德川统治的前提》（*Shogunal Politics: Arai Hakuseki and the Premises of Tokugawa Rule*, Cambridge, Mass.: Harvard University Press, 1988）这部出色的研究作品之外，另外两种翻译见 Joyce Ackroyd, *Told Round a Brushwood Fire: The Autobiography of Arai Hakuseki* (Princeton: Princeton University Press, 1979) and *Lessons from History: Arai Hakuseki's Tokushi Yoron* (St. Lucia: University of Queensland Press, 1982)。

7. Hall, "The Confucian Teacher," and John W. Hall, "Ikeda Mitsumasa and the Bizen Flood of 1654," in Craig and Shively, *Personality in Japanese History*, pp. 57ff.

8. *Told Round a Brushwood Fire**, trans. Ackroyd, pp. 202–203.

9. 关于山崎暗斋的材料，最容易看到的是赫尔曼·奥姆斯（Herman Ooms）的研究：Herman Ooms, *Tokugawa Ideology: Early Constructs, 1570–1680* (Princeton: Princeton University Press, 1985).

10. Tsunoda, de Bary, and Keene, *Sources of Japanese Tradition*, pp. 369–370.

11. 参见 Mary Evelyn Tucker, *Moral and Spiritual Cultivation in Japanese Neo-Confucianism:*

---

* 日文原书『折たく柴の記』。

The Life and Thought of Kaibara Ekken (1630–1714) (Albany: State University of New York Press, 1989).

12. Kaibara Ekken, "The Greater Learning for Women," trans. Basil Hall Chamberlain; first published in *Journal of the Royal Asiatic Society of Great Britain* (X, pt. 3, July 1878), and republished by him in *Things Japanese* (Tokyo, 1905), pp. 502–508.
13. Masao Maruyama, *Studies in the Intellectual History of Tokugawa Japan*, trans. Mikiso Hane (Princeton: Princeton University Press, 1974); Yoshikawa, *Jinsai, Sorai, Nori-naga*; Lidin, *The Life of Ogyū Sorai*, and Olof G. Lidin, trans., Ogyū Sorai's *"Distin-guishing the Way" : An Annotated English Translation of the Bendo* (Tokyo: Sophia University, 1970); J. R. McEwan, *The Political Writings of Ogyū Sorai* (Cambridge: Cambridge University Press, 1962); and Samuel Hideo Yamashita, *Master Sorai's Responsals: An Annotated Translation of "Sorai sensei tōmonshō"* (Honolulu: University of Hawaii Press, 1994).
14. Tetsuo Najita, "History and Nature in Eighteenth-Century Tokugawa Thought," in *CHJ*, 4:599.
15. From the fine exposition of Sumie Jones, "Language in Crisis: Ogyū Sorai's Philological Thought and Hiraga Gennai's Creative Practice," in Earl Miner, ed., *Principles of Classical Japanese Literature* (Princeton: Princeton University Press, 1985), p. 221.
16. W. J. Boot, *The Adoption and Adaptation of Neo-Confucianism in Japan: The Role of Fujiwara Seika and Hayashi Razan* (Leiden, 1992), p. 244.
17. Bob Tadashi Wakabayashi, *Japanese Loyalism Reconstrued: Yamagata Daini's Ryūshi shinron of 1759* (Honolulu: University of Hawaii Press, 1995), p. 105, and Martin Collcutt, "The Legacy of Confucianism in Japan," in Gilbert Rozman, ed., *The East Asian Region: Confucian Heritage and Its Modern Adaptation* (Princeton: Princeton University Press, 1991).
18. Robert L. Backus, "The Kansei Prohibition of Heterodoxy and Its Effects on Education," and "The Motivation of Confucian Orthodoxy in Tokugawa Japan," in *Harvard Journal of Asiatic Studies*, 39, 1, and 39, 2 (June and December 1979): 55–106 and 275–358.
19. 明治维新领袖创建了一套新的体制，而徂徕对缔造创新体制的人推崇备至，有些学者将前者的治国之术与后者联系起来。见 Robert Bellah, "Baigan and Sorai," in Tetsuo Najita and Irwin Scheiner, eds., *Japanese Thought in the Tokugawa Period* (Chicago: University of Chicago Press, 1978), p. 148.
20. Nakai, "The Naturalization of Confucianism," pp. 157ff.
21. Tsunoda, de Bary, Keene, *Sources of Japanese Tradition*, pp. 389–400.
22. Bob Tadashi Wakabayashi, *Anti-Foreignism and Western Learning in Early-Modern Japan: The New Theses of 1825* (Cambridge, Mass.: Harvard University Press, 1986), p. 149.
23. Nakai, "The Naturalization of Confucianism," p. 173.
24. 引自 Tsunoda, de Bary, and Keene, *Sources of Japanese Tradition*, pp. 538–540.
25. Ibid., pp. 512–514.
26. Heinrich Dumoulinn, "Kamo Mabuchi: Kokuikō," *Monumenta Nipponica*, 2, 1(1939): 165–192. 这类誓愿并不少见，私立学堂领头人绝大多数会要求晚辈对自己百分之百的忠诚。花道、茶道、香道等实用艺术的家本体系，其中的权威结构便与上述情况一样。不管怎样，历史诗学的教学也使用这样一套权威结构，体现了导师的某种强烈情绪。

27. Shigeru Matsumoto, *Motoori Norinaga, 1730–1801* (Cambridge, Mass.: Harvard University Press, 1970) 从埃里克森心理学的角度对此做了重要的性格分析。
28. Harry D. Harootunian, "The Functions of China in Tokugawa Thought," in Akira Iriye, ed., *The Chinese and the Japanese: Essays in Political and Cultural Interactions* (Princeton: Princeton University Press, 1980), pp. 9–36.
29. Tsunoda, de Bary, and Keene, *Sources of Japanese Tradition*, pp. 544–548.
30. Donald Keene, *The Japanese Discovery of Europe* (Stanford: Stanford University Press, 1969), chap. 7, "Hirata Atsutane and Western Learning," p. 170.
31. Thomas C. Smith, "Ōkura Nagatsune and the Technologists," in Craig and Shively, *Personality in Japanese History*, p. 129.
32. Harry Harootunian, "Late Tokugawa Culture and Thought," in *Cambridge History of Japan*, vol. 5: *The Nineteenth Century*, ed. Marius B. Jansen (Cambridge: Cambridge University Press, 1989), pp. 198–215.
33. 德国莱顿大学教授哈尔姆·布埃克（Harm Beuker）的一项研究专门讨论了这些医生。
34. Yoshida Tadashi, "The rangaku of Shizuki Tadao: The Introduction of Western Science in Tokugawa Japan" (Ph.D. dissertation, Princeton University, 1974).
35. 改编自 Keene, *The Japanese Discovery of Europe*, p. 22, 用于 Marius B. Jansen, *Japan and Its World: Two Centuries of Change* (Princeton: Princeton University Press, 1980), pp. 32–33.
36. Jansen, *Japan and Its World*, pp. 38–39.
37. 所引用的杉田的话均可参见 Haga Tōru, ed., *Sugita Genpaku, Hiraga Gennai, Shiba Kōkan*, vol. 22 of *Nihon meicho* (Tokyo: Chūō Kōron, 1971).
38. Paul B. Watt, "Jiun Sonja (1718–1804): A Response to Confucianism within the Context of Buddhist Reform," in Peter Nosco, ed., *Confucianism and Tokugawa Culture* (Princeton: Princeton University Press, 1984), pp. 188ff.
39. Kuroda Toshio, "Shinto in the History of Japanese Religion," *Journal of Japanese Studies*, 7, 1 (1981): "The word Shinto by itself probably means popular beliefs in general" (p. 5), and Helen Hardacre, *Shinto and the State, 1868–1988* (Princeton: Princeton University Press, 1989), pp. 15ff.
40. Helen Hardacre, "Conflict between Shugendō and the New Religions of Bakumatsu Japan," *Japanese Journal of Religious Studies*, 21, 2–3 (1994), and Carmen Blacker, *The Catalpa Bow: A Study of Shamanistic Practices in Japan* (London: Allen & Unwin, 1975).
41. Hardacre, "Shugendō," p. 147.
42. 一次有吸引力的演讲，参见 "A Sermon Given by Hosoi Heishū on 14 December 1783" in Michiko Y. Aoki and Margaret B. Dardess, "The Popularization of Samurai Values," *Monumenta Nipponica*, 30, 4 (Winter 1976): 401– 413.
43. Janine Sawada, *Confucian Values and Popular Zen: Sekimon Shingaku in Eighteenth-Century Japan* (Honolulu: University of Hawaii Press, 1993), p. 45; 亦可参见 Robert Bellah 的旧作 *Tokugawa Religion: The Values of Pre-Industrial Japan* (Glenco, Ill.: Free Press, 1957).

第八章　改变、抗争、革新

1. Conrad Totman, "Tokugawa Peasants: Win, Lose, or Draw?" *Monumenta Nipponica*, 41, 4 (1986): 468.
2. Susan B. Hanley and Kozo Yamamura, *Economic and Demographic Change in Pre-industrial Japan, 1600–1868* (Princeton: Princeton University Press, 1977).
3. Ann Bowman Jannetta, *Epidemics and Mortality in Early Modern Japan* (Princeton: Princeton University Press, 1987)。该书讨论了天花、麻疹和痢疾的暴发。日本幸运地躲过了鼠疫，这很可能得益于它与外界相对隔绝。还要提一下的是，艾维尔（William S. Atwell）梳理了火山爆发在气候变化、作物歉收、政治骚乱方面对日本和中国同时产生的影响。
4. Hayami Akira, *Kinsei nōson no rekishi jinkōgakuteki kenkyū* (Tokyo: Tōyō keizai shinpō, 1973), and other works.
5. Laurel Cornell, "Infanticide in Early Modern Japan? Demography, Culture, and Population," *Journal of Asian Studies*, 55, 1 (February 1996): 22–50.
6. Thomas C. Smith, *Nakahara: Family Farming and Population in a Japanese Village, 1717–1830* (Stanford: Stanford University Press, 1977).
7. Thomas C. Smith, "The Land Tax in the Tokugawa Period," *Journal of Asian Studies* 18, 1 (November 1958), and reprinted in Hall and Jansen, *Studies in the Institutional History*, pp. 283–299, and in Smith, *Native Sources of Japanese Industrialization, 1750–1920* (Berkeley: University of California Press, 1988).
8. Matsudaira Sadanobu, *Kokuhonron*, quoted in David Lu, ed., *Sources of Japanese History* (New York: McGraw-Hill, 1974), 2:6–7.
9. Haruko Iwasaki, "Writing in Circles: Cultural Networks of Edo Gesaku Literature, 1760-1790" (Ph.D. dissertation, Harvard University, 1991), pp. 318, 148–151.
10. Kozo Yamamura, *A Study of Samurai Income and Entrepreneurship* (Cambridge, Mass.: Harvard University Press, 1974), p. 133.
11. Lu, *Sources of Japanese History*, 2:4.
12. Yamamura, *Samurai Income*, pp. 47–48.
13. Kelley, *Deference and Defiance in Nineteenth-Century Japan*, chap. 3, and Bolitho, Treasures among Men, p. 35.
14. James W. White, Ikki: *Social Conflict and Political Protest in Early Modern Japan* (Ithaca, N.Y.: Cornell University Press, 1995)。该书如今是公认名作。
15. 日本农民起义研究曾在20世纪70年代和80年代风靡日本及海外，据某些观点认为，中国"文化大革命"的影响是部分原因，但总体来看，这其实是在否定日本社会的共识模式。这方面的文献综述和评论，见Conrad Totman, "Tokugawa Peasants: Win, Lose, or Draw?" pp. 457–476, 以及Tetsuo Najita and J. Victor Koschmann, eds., *Conflict in Modern Japanese History: The Neglected Tradition* (Princeton: Princeton University Press, 1982)。
16. 这方面参见Irwin Scheiner, "Benevolent Lords and Honorable Peasants: Rebellion and Peasant Consciousness in Tokugawa Japan" in Tetsuo Najita and Irwin Scheiner, eds., *Japanese Thought in the Tokugawa Period* (Chicago: University of Chicago Press, 1978).

17. Anne Walthall, *Peasant Uprisings in Japan: A Critical Anthology of Peasant Histories* (Chicago: University of Chicago Press, 1991) 专门讨论了这个问题。
18. 关于起义中殉道传统的讨论，见 Yokoyama Toshio, *Hyakushō ikki to gimin denshō* (Tokyo: Kyōikusha, 1977)。速水融提醒了我这本精彩的小书，除此之外他还帮助了我很多回。梅原猛有好几项研究便针对日本文化及能剧中的"怨灵"等类似主题。
19. Jansen, "Tosa in the Seventeenth Century," p. 120. 卢克·罗伯茨提到这样一个案例，不堪拥挤的土佐居民逃跑到萨摩藩，最后，两藩留守江户的官员为此协商制定了一份移民协议，不过卢克同意，引渡本会是更普遍的做法。见 Roberts, *Mercantilism in a Japanese Domain*, p. 68，其中附带相关档案文件。
20. Marius B. Jansen, "Tosa during the Last Century of Tokugawa Rule," in *Studies in Institutional History*, p. 335, 继 Hirao Michio, *Tosa nōmin ikki shikō* (Kōchi: Shimin toshokan, 1953), pp. 32–61.
21. Herbert Bix, "Leader of Peasant Rebellions: Miura Meisuke," in Murakami Hyoei and Thomas Harper, eds., *Great Historical Figures of Japan* (Tokyo: Japan Culture Institute, 1978), pp. 243–260. 亦参见 Bix, *Peasant Protest in Japan*, 1590–1884 (New Haven: Yale University Press, 1986).
22. White, *Ikki*, p. 125.
23. 换言之，这和《独立宣言》的签署方式相反，据说约翰·汉考克（John Hancock）把自己的名字写得特别大，这样一来国王不用戴眼镜也能看见他的名字。
24. David L. Howell, *Capitalism from Within: Economy, Society, and the State in a Japanese Fishery* (Berkeley: University of California Press, 1994).
25. Tsuji Tatsuya, "Politics in the Eighteenth Century," in *CHJ*, 4:445ff.
26. Luke Roberts, "The Petition Box in Eighteenth-Century Tosa," *Journal of Japanese Studies*, 20, 2 (1994): 423–458.
27. 之前提到 1808 年的某次诉讼案最能说明这一原则，丹·汉德森（Dan Fenno Henderson）对此做过研究和翻译。诉讼人好不容易将案件带到下级法院，却被反复命令自行解决纠纷，否则双方都会受罚。见 Henderson, *Conciliation and Japanese Law* (Seattle: University of Washington Press, 1965), 1:135ff.
28. Tsuji, "Politics in the Eighteenth Century," in *CHJ*, 4:456.
29. Najita, *Visions of Virtue*, pp. 148ff.
30. 这是卢克·罗伯茨在《藩的重商主义》中有力提出的观点，他认为藩商比藩官更早支持这种形式的保护主义。
31. Byung-nam Yoon, "The Akita Copper Trade" (Ph.D. dissertation, Princeton University, 1994).
32. John W. Hall, *Tanuma Okitsugu (1719–1788): Forerunner of Modern Japan* (Cambridge, Mass.: Harvard University Press, 1955). 该书是权威资料。
33. Ibid., pp. 119ff.
34. 赫尔曼·奥姆斯曾以松平定信为研究对象，见 Herman Ooms, *Charismatic Bureaucrat: A Political Biography of Matsudaira Sadanobu* (Chicago: University of Chicago Press, 1975).
35. Keene, *The Japanese Discovery of Europe*, p. 75.

注　释

36. 我曾对这些趋势做过更详细的论述见 Chapter 1, "Japan in the Early Nineteenth Century," *CHJ*, 5:71–87.
37. Gilbert Rozman, "Edo's Importance in Changing Tokugawa Society," *Journal of Japanese Studies*, 1, 1 (1974): 94.
38. Katsuhisa Moriya, "Urban Networks and Information Networks," in Nakane and Ōishi, *Tokugawa Japan*, pp. 97–123.
39. Buyo Inshi, *Seji kemmonroku* (Tokyo: Misuzu shobō, 1969).
40. Harold Bolitho, "The Tempō Crisis," in *CHJ*, 5:117.
41. Ivan Morris, *The Nobility of Failure* (New York: Holt, Rinehart and Winston, 1975), p. 197 对这次起义作了精彩的叙述。有关大盐思想的分析，见 Tetsuo Najita, "Ōshio Heihachirō, 1793–1838," in Craig and Shively, *Personality in Japanese History*, pp. 155–179.
42. Lu, *Sources of Japanese History*, 2:8.
43. 《经世秘策》，英译本见 Keene, *The Japanese Discovery of Europe*, p. 191。
44. Charles L. Yates, Saigō Takamori (London and New York: Kegan Paul, 1995), p. 19, 以及详见 "Restoration and Rebellion in Satsuma: The Life of Saigō Takamori" (Ph.D. dissertation, Princeton University, 1987), pp. 57–75. 亦参见 Nishikawa Shun-saku, *Edo jidai no poriteikaru-ekonomii* (Tokyo: Nihon Hyōronsha, 1974), pp. 161–182.
45. Craig, *Chōshū in the Meiji Restoration*, chap. 2, "Chōshū and the Tempō Reform," and Nishikawa Shunsaku, "Grain Consumption: The Case of Chōshū," in Jansen and Rozman, *Japan in Transition*, pp. 421–446.
46. 参见 Ooms, *Charismatic Bureaucrat*, pp. 85–86.
47. Bolitho, "The Tempō Crisis," p. 156.
48. Ibid., p. 151.
49. Tōyama Shigeki, *Meiji Ishin* (Tokyo: Iwanami, 1950) 或许是这一观点的经典表述。

第九章　对外开放

1. Howell, *Capitalism from Within* 首次对这类产业进行细致的描述。
2. Yoshikazu Nakamura, "The Satsuma Dialect in St. Petersburg, or the Adventures of Gonza the Castaway," *Japan Foundation Newsletter* (Tokyo), 26, 3, November 1998, pp. 1–3. 这个故事首先由一位研究波格丹诺夫的学者发现，鹿儿岛的居民甚为高兴，还特意将一条街道命名为"权藏"。
3. John J. Stephan, *The Kuril Islands: Russo-Japanese Frontiers in the Pacific* (Oxford: Oxford University Press, 1974), p. 55.
4. W. G. Beasley, "The Foreign Threat and the Opening of the Ports," in *CHJ*, 5:265–266.
5. 原文见 Haga Tōru, ed., *Nihon no meicho: Sugita Genpaku, Hiraga Gennai, Shiba Kōkan* (Tokyo, 1971), pp. 269–295.
6. 有学者对此做过不错的总结，见 Takakura Shin'ichirō in *Kokushi Daijiten*, vol. 2 (Tokyo, 1980), pp. 271–273.

7. 本多的《经世秘策》在唐纳德·基恩（Donald Keene）所写《日本发现欧洲》（*The Japanese Discovery of Europe*）一书里作过讨论并被翻译了一部分。
8. 同时期的英国东印度公司正在变成英国政府的分支，这一转变于1834年完成。
9. 有关船只及船长的具体细节，见 Kanai Madoka, *Nichi-Ran kōshōshi no kenkyū* (Kyoto: Shibunkaku Shuupan, 1986)。
10. Jansen, "New Materials for the Intellectual History of Nineteenth Century Japan," p. 575.
11. 译文引自 Bob T. Wakabayashi, *Anti-Foreignism and Western Learning in Early-Modern Japan*, p. 60。
12. Wakabayashi, *Anti-Foreignism and Western Learning in Early-Modern Japan*, p. 103.
13. 菲利普·弗朗茨·冯·西博尔德的著作及影响，参见吴秀三《西博尔德先生》一书，它对西博尔德的生平做了大量研究，此外还可参考《西博尔德研究》，这份期刊由隶属于东京法政大学的冯·西博尔德研究会发行，自1982年始出版了好几年。根据西博尔德的《日本》（*Nippon: Archiv zur Beschreibung von Japan*, Leiden, 1832）写成的热门读物《日本人的风俗》（*Manners and Customs of the Japanese*）在1852年于伦敦、纽约两地出版，第二年被佩里带到日本作参考书用。
14. Abiko, "Watanabe Kazan: The Man and His Times."
15. Satō Shōsuke, *Yōgakushi no kenkyū* (Tokyo: Chūō Kōron, 1980). 我第一次注意到这本书是因为岩崎春子（Haruko Iwakasi）。
16. 完整英译本，见 Wakabayashi, *Anti-Foreignism and Western Learning in Early-Modern Japan*, p. 149.
17. 同上，p. 169.
18. 对此本书作者曾做过更详细的讨论，见 *China in the Tokugawa World*, pp. 74–75.
19. Tsunoda, de Bary, and Keene, *Sources of Japanese Tradition*, p. 613.
20. Bob T. Wakabayashi, "Opium, Expulsion, Sovereignty: China's Lessons for Baku-matsu Japan," *Monumenta Nipponica*, 47, 1 (Spring 1992): 5.
21. Robert van Gulik, "Kakkaron: A Japanese Echo of the Opium War," *Monumenta Serica* (1939): 516–540.
22. C. R. Boxer, *Jan Compagnie in Japan 1600–1850* (The Hague: Nijhoff, 1950), app. V, p. 186.
23. 完整版本见 J. A. van der Chijs, *Nëerlands Streven tot Openstelling van Japan voor den Wereldhandel* (Amsterdam, 1867), pp. 47–52. 至于文中所引老子之言，负责翻译的天文方涉川六藏称没有在老子作品里找到这两句话。
24. 多年以来，学者都相信水野意欲开放日本贸易，将他的辞官和尝试失败联系在一起，但三谷博认为这种说法很难站得住脚，见 "Kaikoku zen'ya," in *Nihon gaikō no kiki ishiki* (Tokyo: Kindai Nihon kenkyūkai, 1985), pp. 7ff.
25. W. G. Beasley, *Great Britain and the Opening of Japan, 1834–1858* (London: Luzac, 1951), p. 93.
26. 关于送旗一事，见 Miwa Kimitada, "Perri 'daiyon no shokan,' " in *Kokusai seiji*, no. 102 (Tokyo: Kokusai seiji gakkai, February 1993), pp. 1–21; 更充分的讨论，见同作者的 *Kakurareta Peri no "shirohata"* (Tokyo: Sophia University Press, 1999)。Peter Booth Wiley, *Yankees in the Land of the Gods: Commodore Perry and the Opening of Japan* (New

York: Viking, 1990) 对这次的叙述最为全面。佩里在 1856 年的自述，见 F. J. Hawks, ed., *Narrative of an Expedition of an American Squadron to the China Seas and Japan*, 2 vols. (Washington, D.C.: "Published by Order of the Congress," 1856)。佩里本人的记录，见 *The Japan Expedition of 1852–1854: The Personal Journal of Commodore Matthew C. Perry*, ed. Roger Pineau，这份记录于 1968 年由美国华盛顿史密森学会公布。

27. 这一点出自 W. G. Beasley, "Japanese Castaways and British Interpreters," *Monumenta Nipponica*, 46, 1 (Spring 1991)，该作者提到，由于英语的关系，用荷兰语进行谈判比用中文进展更加顺利。

28. 某同时代的画作显示其船身为棕色，但长期以来人们都用晦气的黑色来形容域外船只，以区分中国来的"白船"。"黑船"之黑在版画作品中尤其突出，"黑船"也随之逐渐成为日本的惯用说法。

29. 卫三畏对条约的汉文翻译发挥了至关重要的作用，他在日记里谴责佩里傲慢。"这位准将和他大部分同袍谈论日本的那种态度让我完全喜欢不起来，他们称这些人为野蛮人、骗子、一班笨蛋、可怜人，咒骂他们，然后实际上又全盘否认，认为有必要和他们协商出一份条约。究竟上帝在用什么样的工具行事！"见 Wiley, *Yankees in the Land of the Gods*, p. 398。

30. From W. G. Beasley, *Select Documents on Japanese Foreign Policy, 1853–1868* (Oxford: Oxford University Press, 1955), pp. 102–107。

31. From ibid., pp. 117–119。

32. Conrad Totman, "Political Reconciliation in the Tokugawa Bakufu: Abe Masahiro and Tokugawa Nariaki, 1844–1852," in Craig and Shively, *Personality in Japanese History*, pp. 180–208。还有一种观点但不太受认可，见 Harold Bolitho, "Abe Masahiro and the New Japan," in Jeffrey P. Mass and William B. Hauser, eds., *The Bakufu in Japanese History* (Stanford: Stanford University Press, 1985), pp. 173–188。

33. 哈里斯的记录可以参见他的 Complete Journal, ed. *Mario Cosenza* (Rutland and Tokyo: C. E. Tuttle, 1959); 另外还可参考他那位讲荷兰语的翻译亨利·赫斯肯（Henry C. J. Heusken）的记述，见 *Japan Journal 1855–1861* (New Brunswick, N.J.: Rutgers University Press, 1964), 以及奥利弗·斯塔特勒（Oliver Statler）审慎研究之作、可读性更高的《出岛故事》(*Shimoda Story*, New York: Random House, 1969）。

34. 齐昭这封信的内容，见 Beasley, *Select Documents on Japanese Foreign Policy*, pp. 168–169。

35. 这封信引自 *Ishin shi*, 6 vols. (Tokyo: Meiji shoin, 1941), 2: 442–443。另外可参考某位摄政大名的言论，见 George M. Wilson, "The Bakumatsu Intellectual in Action: Hashimoto Sanai in the Political Crisis of 1858," in Craig and Shively, *Personality in Japanese History*, pp. 234–263。

36. 这方面的经典之作为 G. B. Sansom, *The Western World and Japan* (New York: Knopf, 1950), pp. 248–274, "Forerunners of the Restoration Movement"，特别是 H. D. Harootunian, *Toward Restoration: The Growth of Political Consciousness in Tokugawa Japan* (Berkeley: University of California Press, 1970), 此处谈到的人物在这两本书里有更多生动的细节（见 Sansom）和敏锐的分析（见 Harootunian）。

37. 文本内容见 Beasley, *Select Documents on Japanese Foreign Policy*, pp. 102–107, 该书前言就日本打开国门这段历史，对各方观点作了高屋建瓴的探讨。有关藤田东湖的讨论，见 Richard T. Chang, *From Prejudice to Tolerance: A Study of the Japanese Image of the West*,

1826–1864 (Tokyo: Sophia University, 1970), pp. 21–97.

38. From Sakuma Shōzan, "Reflections on My Errors," in Tsunoda, de Bary, and Keene, *Sources of Japanese Tradition*, pp. 608f.

39. 中国的改革者如张之洞也提出了这样的方案，但那已是19世纪之末。

40. 有所改动，原文见 Chang, *From Prejudice to Tolerance*, p. 124。宫本仲的《佐久间象山》（东京，1940）列出了佐久间的主要著作及其生平。

41. 引自 Thomas M. Huber, *The Revolutionary Origins of Modern Japan* (Stanford: Stanford University Press, 1981), p. 13，提供了详尽的生平细节。

42. Sukehiro Hirakawa, "Japan's Turn to the West," in *CHJ*, 5: 451.

43. From Tsunoda, de Bary, and Keene, *Sources of Japanese Tradition*, pp. 618–622, and *CHJ*, 5:452.

第十章　德川幕府的倒台

1. 原文见 *Ishin shi*, 2:731–739。

2. Marius B. Jansen, *Sakamoto Ryōma and the Meiji Restoration* (Princeton: Princeton University Press, 1961), pp. 108–109.

3. 除了理查森以外，这批英国人里还有马歇尔先生和柏拉黛女士，其中马歇尔胸口受伤，而柏拉黛头部遭到攻击，不过她的遮阳帽帮她挡了一部分。某位荷兰外交官写道："马歇尔后来告诉我，这完全是理查森的错。他们本来可以让队伍通过的，可当马歇尔喊道：'我的天，我们不要吵！转过身去！'，理查森完全不理会，这个大狂直接横穿随员队伍，立刻就被砍倒在地。" *Journal van Jonkheer Dirk de Graeff van Polsbroek* (Assen: Van Gorcum, 1987), p. 60.

4. Harold Bolitho, "Aizu, 1853–1868," *Proceedings of the British Association for Japanese Studies*, 2 (1977): 8ff.

5. 岛崎藤村在关于明治维新的史诗作品《黎明之前》（英译本见 William Naff, *Before the Dawn*, University of Hawaii Press, 1987）里，通过其父亲——中山道宿场一名本阵——的经历展示了这些事件的具体过程。

6. 有关这一事件，最出色的叙述见 Conrad Totman, *The Collapse of the Tokugawa Bakufu, 1862–1868* (Honolulu: University Press of Hawaii, 1980), pp. 108–122.

7. Jansen, *Sakamoto Ryōma and the Meiji Restoration*, p. 300.

8. From ibid., pp. 295–296.

9. Lu, *Sources of Japanese History*, 2:29.

10. 佩里在1854年下田向幕府提议建造小型铁路，杉谷昭指出，佐贺藩和幕府官员对此反应不一，形成强烈的对比。江户派来的人对火车的动力引擎一无所知，他们坐在乘客车厢顶上，当车厢在引擎牵动下前进时，不禁发出欢喜的叫喊声。而佐贺藩派来的人不一样，他们受过一定训练，登上荷兰汽轮后直接走向锅炉房，提出恰当的问题，然后快速着手制造自己的引擎。"Kaikoku zengo ni okeru Nichi-Ran kankei" in Marius B. Jansen, ed., *Kyūshū to Nihon no rekishi*, Monograph Series no. 1 (Singapore: National University of Singapore, 1991), pp. 113–139.

注 释

11. W. G. Beasley, "The Foreign Threat and the Opening of the Ports," in *CHJ*, 5:301.
12. Rutherford Alcock, minister to Japan, to Lord Russell, November 19, 1864. Quoted in ibid., 5:297.
13. Shinya Sugiyama, "Thomas B. Glover: A British Merchant in Japan, 1861–70," *Business History*, 26, 2 (July 1984): 115–138.
14. *Japan through American Eyes: The Journal of Francis Hall, Kanagawa and Yokohama, 1859–1866*, ed. Notehelfer.
15. Jansen, "New Materials for the Intellectual History of Nineteenth Century Japan," p. 579.
16. 对于这些出洋使团，我之前已做过讨论，见 *Japan and Its World*, pp. 45ff。有关首个出洋使团成员日记的讨论，见 Masao Miyoshi, *As We Saw Them: The First Japanese Embassy to the United States (1860)* (Berkeley: University of California Press, 1979).
17. Carmen Blacker, *The Japanese Enlightenment: A Study of the Writings of Fukuzawa Yukichi* (Cambridge: Cambridge University Press, 1964), p. 8.
18. *The Autobiography of Fukuzawa Yukichi*, trans. Eiichi Kiyooka (Tokyo: Hokuseido, 1948), pp. 143–144.
19. Jansen, "Tosa during the Last Century of Tokugawa Rule," p. 341. 这种中间角色被清楚展示在 Anne Walthall, "Caught in the Middle: Gunchū Sōdai in the Restoration Era," *Asian Cultural Studies*, 18 (February 1992): 164ff.
20. 《黎明之前》的英译本，见 *Before the Dawn*, trans. Naff; 亦参见 Naff, "Shimazaki Toson's Before the Dawn: Historical Fiction as History and as Literature" in James White, Michio Umegaki and Thomas Havens, eds., *The Ambivalence of Nationalism: Modern Japan between East and West* (Lanham, Md.: University Press of America, 1990), pp. 79–114.
21. M. William Steele, "Goemon's New World View: Popular Representations of the Opening of Japan," *Asian Cultural Studies*, 17 (March 1989): 79.
22. 这一点，在对比康拉德·托特曼（Conrad Totman）的《德川幕府的崩溃，1862—1868》（*Collapse of the Tokugawa Bakufu, 1862–1868*）和阿尔伯特·克雷格（Albert Craig）以长州藩为中心写成的《明治维新中的长州藩》（*Chōshū in the Meiji Restoration*）或笔者《坂本龙马与明治维新》（*Sakamoto Ryōma and the Meiji Restoration*）之后尤其突出。
23. Jansen, *Sakamoto Ryōma and the Meiji Restoration*, pp. 108–109; 关于武市，见 p. 133.
24. Reinier Hesselink, "The Assassination of Henry Heusken," *Monumenta Nipponica*, 49, 3 (Autumn 1994): 351.
25. Conrad Totman, "From Sakoku to Kaikoku: The Transformation of Foreign-Policy Attitudes, 1853–1868" *Monumenta Nipponica*, 36, 1 (1980), and Totman, *The Collapse of the Tokugawa Bakufu, 1862–1868*.
26. Bob T. Wakabayashi, "Rival Statesmen on a Loose Rein," in White, Umegaki, and Havens, *The Ambivalence of Nationalism*, p. 33.
27. Sensaku Nakagawa, *Kutani Ware*, trans. John Bester (New York: Kodansha, 1979), pp. 104–143. 路易丝·柯特（Louise Cort）提醒我参考该著述。
28. Bolitho, "Aizu, 1853–1868."

29. Takie Sugiyama Lebra, *Above the Clouds: Status Culture of Modern Japanese Nobility* (Berkeley: University of California Press, 1993), p. 92.
30. Sir Ernest Satow, *A Diplomat in Japan* (Philadelphia: Lippincott, 1921), p. 184.

第十一章　明治革命

1. 相关讨论见 Thomas C. Smith, "Japan's Aristocratic Revolution," reprinted in his *Native Sources of Japanese Industrialization, 1750–1820* (Berkeley: University of California Press, 1988).
2. Tsunoda, de Bary, and Keene, *Sources of Japanese Tradition*, p. 644.
3. 这三份文献还有另外英译版本，稍与之不同，见 Lu, *Sources of Japanese History*, 2:35–36. 我依据的是井上清的分析，见其 *Meiji ishin*, Nihon no rekishi, no. 20 (Tokyo: Chūō Kōron, 1966), pp. 84–90.
4. 关于木户，参见 Jansen, *Japan and Its World*, p. 63, 依据的是久米邦武的回忆录；天皇裕仁的《人间宣言》，见 Government Section, Supreme Commander for the Allied Powers, *Political Reorientation of Japan*, vol. II, appendices (Washington, D.C.: U.S. Government Printing Office, 1949), p. 470.
5. James Edward Ketelaar, *Of Heretics and Martyrs in Meiji Japan: Buddhism and Its Persecution* (Princeton: Princeton University Press, 1990), pp. 88–89. 亦参见 John Breen, "The Imperial Oath of 1868: Ritual, Politics, and Power in the Restoration," *Monumenta Nipponica*, 51, 4 (Winter 1996): 407–429.
6. Inoue, *Meiji ishin*, pp. 77ff. 对其中各种紧张关系作过巧妙的总结。
7. Albert M. Craig, "The Central Government," in Jansen and Rozman, *Japan in Transition*, p. 45.
8. *The Diary of Kido Takayoshi*, trans. Sidney Devere Brown and Akiko Hirota (Tokyo: University of Tokyo Press, 1983), 1:71 (entry of August 6, 1868).
9. Craig, "The Central Government," p. 48.
10. Ibid., p. 47.
11. *The Autobiography of Fukuzawa Yukichi*, p. 212.
12. Lu, *Sources of Japanese History*, 2:38.
13. Michio Umegaki, *After the Restoration: The Beginning of Japan's Modern State* (New York: New York University Press, 1988), p. 124.
14. *The Diary of Kido Takayoshi*, 1:186 (entry of February 28, 1869).
15. 引自萨摩、长州、土佐、肥前四藩于1869年3月上表的公文，见 Kan'ichi Asakawa, *The Documents of Iriki* (Tokyo, reprint 1955), pp. 377–378.
16. 译文引自 Umegaki, *After the Restoration*, p. 61, 有改动。
17. 关于威廉·格里菲斯（William Griffis），参见 Edward R. Beauchamp, *An American Teacher in Early Meiji Japan* (Honolulu: University Press of Hawaii, 1976).
18. F. G. Notehelfer, *American Samurai: Captain L. L. Janes and Japan* (Princeton: Princeton

注 释

University Press, 1985). 简斯等不少美国人，包括格里菲斯，都是由荷兰籍美国人、传教士兼教育家圭多·沃贝克（Guido Verbeck）通过联系位于罗格斯、新不伦瑞克及新泽西的荷兰改革宗神学院，从长崎招募过来的。

19. Umegaki, *After the Restoration*, p. 63.
20. Craig, "Central Government," p. 55.
21. Ibid., p. 54.
22. 引自 Beasley, "Meiji Political Institutions," in *CHJ*, 5:634.
23. W. E. Griffis, *The Mikado's Empire* (New York, 1876), pp. 526, 534, 536. 格里菲斯在1874年离开了日本，而他的这本书到1912年为止一共出了12版，在有关日本的书籍里，这本或许是美国半个世纪里最多人阅读的。
24. 1945年8月9日长崎被投掷原子弹，浦上天主堂刚好处于核爆核心冲击区内。
25. Martin Collcutt, "Buddhism: The Threat of Eradication," in *Jansen and Rozman, Japan in Transition*, pp. 144–153.
26. Griffis, *The Mikado's Empire*, pp. 336–337.
27. Collcutt, "Buddhism: The Threat of Eradication," p. 159; Ketelaar, *Of Heretics and Martyrs in Meiji Japan*.
28. 福田行戒，引自 Fukuda Gyōkai, quoted in *Japanese Religion in the Meiji Era*, ed. Kishimoto Hideo and trans. John F. Howes (Tokyo: Obunsha, 1956), p. 111.
29. Helen Hardacre, *Shintō and the State, 1868–1988* (Princeton: Princeton University Press, 1989), pp. 28–29, 对这个繁杂的过程作了简洁的概括。
30. Barbara Rose, *Tsuda Umeko and Women's Education in Japan* (New Haven: Yale University Press, 1992), and Akiko Kuno, *Unexpected Destinations: The Poignant Story of Japan's First Vassar Graduate* (New York: Kodansha, 1993) 追踪了其中两名女性的轨迹，一位成为教育先驱、创办了津田塾[*]，另一位嫁给了将军大山严[†]。
31. Marlene Mayo, "The Western Education of Kume Kunitake," *Monumenta Nipponica*, 27, no. 1 (1973): 3–67; Tanaka Akira, *"Bei-Ō kairan jikki" no gakusaiteki kenkyū* (Sapporo, 1993); and Kume's five-volume account, *Bei-Ō kairan jikki*, 初版于1875年，由Tanaka教授于20世纪70年代修订。本书写作期间，该日记英译本的出版工作正在进行当中。
32. Irokawa Daikichi, *The Culture of the Meiji Period* (translation of Irokawa, Meiji no bunka), ed. Marius B. Jansen (Princeton: Princeton University Press, 1985), pp. 55ff. 两书都对木户的观察评论做过相关讨论。
33. *The Diary of Kido Takayoshi*, 2:187.
34. 福泽谕吉《劝学篇》，英译本见 *An Encouragement of Learning*, trans. David A. Dilworth and Umeyo Hirano (Tokyo: Sophia University, 1969), p. 15. 福泽后来对这篇文章进行扩充，写成《文明论概略》，英译本见 *Outline of a Theory of Civilization*, trans. David A. Dilworth and G. Cameron Hurst (Tokyo: Sophia University, 1973)。

---

[*] 津田梅子。

[†] 山川舍松。

35. 引自 Mayo, "The Western Education of Kume Kunitake," p. 48.
36. 引自 Tsunoda, de Bary, and Keene, *Sources of Japanese Tradition*, pp. 650–651.
37. 引自 Eugene Soviak, "On the Nature of Western Progress: The Journal of the Iwakuea Embassy" in Donald Shively, ed., *Tradition and Modernization in Japanese Culture* (Princeton: Princeton University Press, 1971), p. 31.
38. James F. Conte, "Overseas Study in the Meiji Period: Japanese Students in America, 1867–1902" (Ph.D. dissertation, Princeton University, 1977). Also Ishizuki Minoru, *Kindai Nihon no kaigai ryūgakushi* (Kyoto: Mineruba shobō, 1972).
39. *The Diary of Kido Takayoshi*, 1:167–168.
40. Ibid., 1:191 (entry for March 12, 1869).
41. Inoue, *Meiji ishin*, pp. 314–340; 关于这场斗争中的西乡，Charles L. Yates, *Saigō Takamori: The Man behind the Myth* (London: Kegan Paul, 1994), pp. 130–155 有深刻的讨论，作者认为西乡或许希望能够和平地谈判让步，他在幕府第一次征讨长州藩，以及江户沦陷之际与胜海舟谈判时，就是这样做的。
42. 成立于 1877 年的十五银行，拥有 1782 万日元的资金，几乎是其后第二大银行资金规模的八倍，484 名投资者全都是华族。
43. Stephen Vlastos, "Opposition Movements in Early Meiji," in *CHJ*, 5:367–382.
44. 其中一次颇为惊人，具体细节见 Selçuk Esenbel, *Even the Gods Rebel: The Peasants of Takaino and the 1871 Nakano Uprising in Japan* (Ann Arbor, Mich.: Association for Asian Studies, 1998).
45. 相关总结，可参见 Kozo Yamamura, "The Meiji Land Tax Reform and Its Effects," in Jansen and Rozmen, *Japan in Transition*, pp. 382–397.
46. 尼尔·沃特斯（Neil Waters）在川崎发现了这一现象，见 *Japan's Local Pragmatists* (Cambridge, Mass.: Harvard University Press, 1983); James C. Baxter, *The Meiji Unification through the Lens of Ishikawa Prefecture* (Cambridge, Mass.: Harvard University Press, 1994), pp. 100–108, 作者基本上同意，但也提到加贺藩被废除后变化逐渐发生，其中之一便是人们有意绕过昔日的村领袖。
47. *Meiji kenpakusho shūsei*, 6 vols. (Tokyo, 1986–).

第十二章　明治国家的建立之路

1. Roger F. Hackett, "Political Modernization and the Meiji Genrō," in Robert E. Ward, ed., *Political Development in Modern Japan* (Princeton: Princeton University Press, 1968), and Lesley Connors, *The Emperor's Adviser: Saionji Kinmochi and Pre-war Japanese politics* (London: Croom Helm, 1987).
2. 其孙女松方春子·赖肖尔所著《绢与武士》（*Samurai and Silk*, Cambridge, Mass.: Harvard University Press, 1986）叙述了松方的人生轨迹，语带温情，对松方自然也是赞许的。
3. Sydney Crawcour, "Economic Change in the Nineteenth Century," in *CHJ*, 5:606.
4. 译文稍有改动，原引自 *Itō Hirobumi den* (Tokyo, 1940), 1:622–623, by D. W. Anthony and G. H. Healey, "The Iwakura Embassy in Sheffield," *Research Papers in East Asian Studies*, no. 2

(University of Sheffield, December 1994): 14.

5. Crawcour, "Economic Change," p. 614, quoting Thomas C. Smith, *Political Change and Industrial Development in Japan: Government Enterprise, 1868–1880* (Stanford: Stanford University Press, 1955), pp. 96–97.

6. Ann Waswo, *Japanese Landlords: The Decline of a Rural Elite* (Berkeley: University of California Press, 1977).

7. Richard J. Smethurst, *Agricultural Development and Tenancy Disputes in Japan, 1870–1940* (Princeton: Princeton University Press, 1986). 作者认为松方紧缩的这十年固然艰难，但他强调，土地复垦和创业活力是租佃领域增长的基本要素。其研究针对的是一个相对有优势的地区，那些遭到其指责的学者对这项研究提出尖锐的批评，有关这场争端的来龙去脉，可参考作者本人的回应文章，见 *Journal of Japanese Studies*, 15, 2 (Summer 1989): 417–437.

8. Smith, *Political Change and Industrial Development in Japan*.

9. Kazushi Okawa and Henry Rosovsky, "A Century of Japanese Economic Growth," in W. W. Lockwood, ed., *The State and Economic Enterprise in Japan* (Princeton: Princeton University Press, 1965), pp. 47–92.

10. W. W. McLaren, *Japanese Government Documents* (Transactions of the Asiatic Society of Japan), 42, May 1914, pp. 426–433 翻译了整份文件，此处依据其英译文，但有所改动。Nobutaka Ike, *The Beginnings of Political Democracy in Japan* (Baltimore: Johns Hopkins Press, 1950) 依然是政党运动诞生这段历史的经典作品。

11. 100 日元的纸币上印有板垣的头像，他留着胡子、形同约翰·布朗（John Brown, 1800-1859, 美国废奴起义领袖之一）。"二战"后，100 日元纸币一直在流通货币中处于核心地位，直到后来通货膨胀，货币单位变为金属硬币。

12. George M. Beckmann, *The Making of the Meiji Constitution: The Oligarchs and the Constitutional Development of Japan, 1868–1891* (Lawrence: University of Kansas, 1957). 除了大隈的提案，该书在附录中还列出木户、大久保、山县、伊藤、板垣的意见，他们提议 1882 年底以前举办大选。

13. 英语译文引自 ibid., p. 149.

14. Ozaki Yukio, *Nihon kenseishi o kataru*, in vol. 11 of *Ozaki Gakudō zenshū* (Tokyo: Kōronsha, 1956). 由原不二子翻译的英译本由普林斯顿大学出版社推出。

15. Irokawa, *The Culture of the Meiji Period* (translation of Irokawa, Meiji no bunka), ed. Marius B. Jansen, p. 45.

16. Irokawa, *The Culture of the Meiji Period*. 另一类似事例见 *My Thirty-three Years' Dream: The Autobiography of Miyazaki Torazō*, trans. Etō Shinkichi and Marius B. Jansen (Princeton: Princeton University Press, 1982). 该书叙述了一段类似但属于另一个年轻人的流亡生涯，踌躇满志的宫崎寅藏，为了拯救亚洲、摆脱西方帝国主义，投奔孙中山为其效力并从中找到自己人生意义所在。

17. Ivan Parker Hall, *Mori Arinori* (Cambridge, Mass.: Harvard University Press, 1973), p. 292.

18. Lafcadio Hearn, *Japan: An Attempt at Interpretation* (New York: 1907), appendix, p. 531; 1892 年 8 月 26 日斯宾塞给金子坚太郎的回信，之前金子转达了伊藤博文的问题。

19. 参见 W. G. Beasley, "Meiji Political Institutions," in *CHJ*, 5:651–665; Johannes Siemes, S.J., *Hermann Roesler and the Making of the Meiji State* (Tokyo: Sophia University Press, 1966);

and Joseph Pittau, S.J., *Political Thought in Early Meiji Japan, 1868–1889* (Cambridge, Mass.: Harvard University Press, 1967).
20. Pittau, *Political Thought*, pp. 177–178.
21. Ibid.
22. Theodore F. Cook, "Soldiers in Meiji Society and State: Japan Joins the World," in Banno Junji, ed., *Nihon kin-gendai shi* (Tokyo, 1993).
23. David C. Evans and Mark R. Peattie, *Kaigun: Strategy, Tactics, and Technology in the Imperial Japanese Navy, 1887–1941* (Annapolis: Naval Institute Press, 1997). 该著作如今是权威经典。
24. 引自 Tsunoda, de Bary, and Keene, *Sources of Japanese Tradition*, pp. 705–707. 不幸的是，"二战"表明这几点并不总是"行、守皆易"。
25. Ōsawa Hiroaki, "Emperor versus Army Leaders: The 'Complications' Incident of 1886," in *Acta Asiatica*, 59 (Tokyo, 1990): 10.
26. Roger Hackett, *Yamagata Aritomo in the Rise of Modern Japan* (Cambridge, Mass.: Harvard University Press, 1971), p. 111.
27. 关于政治体系结构与问题的讨论参见 D. Eleanor Westney 的 *Imitation and Innovation: The Transfer of Western Organizational Patterns to Meiji Japan* (Cambridge, Mass.: Harvard University Press, 1987), pp. 35–99.
28. Hall, Mori Arinori 叙述了整件事的来龙去脉。
29. 英译文引自 Herbert Passin, *Society and Education in Japan* (New York: Columbia Teachers College, 1965), pp. 210–211，有所改动。
30. 相关总结，见 Richard Rubinger, "Education: From One Room to One System," in Jansen and Rozman, *Japan in Transition*, pp. 195–230.
31. Ibid., pp. 212–213.
32. Cook, "Soldiers in Meiji Society and State," p. 14.
33. Brian Wesley Platt, "School, Community, and State in Nineteenth Century Japan" (Ph.D. dissertation, University of Illinois, 1998). 该书专门研究了这个主题。
34. Donald H. Shively, "Motoda Eifu: Confucian Lecturer to the Meiji Emperor," in David S. Nivison and Arthur F. Wright, eds., *Confucianism in Action* (Stanford: Stanford University Press, 1959), pp. 302–334.
35. 英译文引自 Passin, *Society and Education in Japan*, p. 227.
36. Cook, "Soldiers in Meiji Society and State," pp. 26–27.
37. Donald H. Shively, "Nishimura Shigeki: A Confucian View of Modernization," in Marius B. Jansen, ed., *Changing Japanese Attitudes toward Modernization* (Princeton: Princeton University Press, 1965), pp. 193–241.
38. Hall, Mori Arinori.
39. Masamichi Inoki, "The Civil Bureaucracy: Japan," in Robert A. Ward and Dankwart K. Rustow, eds., *Political Modernization in Japan and Turkey* (Princeton: Princeton University Press, 1964), pp. 296–297. 亦参见 Byron K. Marshall's chapter "The Academic Elite," in his

Academic Freedom and the Japanese Imperial University, 1868–1939 (Berkeley: University of California Press, 1992), pp. 21–52.

40. 有关这些院校的学生文化的研究，见 Donald T. Roden, *Schooldays in Imperial Japan: A Study in the Culture of a Student Elite* (Berkeley: University of California Press, 1980).
41. 引自 Hall, Mori Arinori, pp. 426, 430, 424.
42. Shively, "Motoda Eifu," p. 330.
43. Tsunoda, de Bary, and Keene, *Sources of Japanese Tradition*, pp. 646–647.
44. Hirakawa Sukehiro, "Japan's Turn to the West," in *CHJ*, 5:497.
45. Carol Gluck, *Japan's Modern Myths: Ideology in the Late Meiji Period* (Princeton: Princeton University Press, 1985). 该书对这股新兴帝国主义思想的背景和内涵作了出色的研究。

第十三章　大日本帝国

1. 以下大部分信息出自 R. H. P. Mason, *Japan's First General Election, 1890* (London: Cambridge University Press, 1969)。
2. Ibid., p. 208.
3. 引自 in ibid., p. 189，有所改动。
4. 实际上，该条文和美国国会的差别不大，当新预算案没能一致通过的时候，国会将启动"持续决议"，按照前一年的预算案进行分配。
5. 接下来的讨论有相当一部分参考了 Andrew Fraser, "The House of Peers (1890–1905): Structure, Groups, and Role," and "Land Tax Increase: The Debates of December 1898," in Andrew Fraser, R. H. P. Mason, and Philip Mitchell, eds., *Japan's Early Parliaments, 1890–1905* (London: Routledge, 1995), and to George Akita, *Foundations of Constitutional Government in Japan, 1868–1900* (Cambridge, Mass.: Harvard University Press, 1967).
6. Fraser, "Land Tax Increase."
7. 琉球王国成为日本的冲绳县，但仍然没有取得完全平等的地位。这里改革和投票权的发展进程要比其他地方更慢，"二战"期间其岛屿作为日本本岛防御圈的缓冲地带，不得不沦为牺牲品，盟军占领结束以后很长一段时间里，这一带仍然受美国控制，1972 年回归日本后又不得不承受美军基地带来的各种负担。
8. Akira Iriye, "Japan's Drive to Great-Power Status," in *CHJ*, 5:747ff. 这篇文章对日本国内政治和海外扩张作了出色的概括。
9. Chin Young Choe, *The Rule of the Taewon'gun, 1864–1873* (Cambridge, Mass.: Harvard University Press, 1972).
10. 关于这些阴谋诡计的梳理，见 Hilary Conroy, *The Japanese Seizure of Korea, 1868–1910* (Philadelphia: University of Pennsylvania Press, 1960)，以及 Peter Duus, *The Abacus and the Sword: The Japanese Penetration of Korea, 1895–1910* (Berkeley: University of California Press, 1995)，该书现在已被广泛认可。
11. 杉村濬在 1894 年说的话，援引 Duus, *Abacus and Sword*, p. 60.
12. Akira Iriye, "Japan's Drive," in *CHJ*, 5:758.

13. 参见 Alan Takeo Moriyama, *Imingaisha: Japanese Emigration Companies and Hawaii* (Honolulu: University of Hawaii Press, 1985).
14. 事实上，连《泰晤士报》也觉得这不合理，认为"佯称日本的体制不够文明、不足以保障英国臣民的权利与利益，真是无的放矢"。引自 Tatsuji Takeuchi, *War and Diplomacy in the Japanese Empire* (Garden City, N.Y.: Doubleday, 1935), p. 95。
15. 有关大井宪太郎，见 Marius B. Jansen, "Ōi Kentarō (1843–1922): Radicalism and Chauvinism," *Far Eastern Quarterly*, 6, no. 3 (May 1952).
16. 参见 Marius B. Jansen, "Mutsu Munemitsu," in Craig and Shively, *Personality in Japanese History* (Berkeley: University of California Press, 1970), pp. 309–334.
17. 这场运动颇有意思，有关权威研究见 Benjamin B. Weems, *Reform, Rebellion, and the Heavenly Way* (Tucson: University of Arizona Press, 1964)，该著作将社会抗争和混合型宗教结合起来讨论。
18. 陆奥《蹇蹇录：中日甲午战争外交秘录》的英译本，见 Gordon Berger (Tokyo: Japan Foundation, 1982)。引文出自 *Hakushaku Mutsu Munemitsu ikō* (Tokyo: Iwanami Shoten, 1929), p. 322.
19. 我对这些事件作过较为详细的讨论，见 *Japan and China from War to Peace, 1894–1972* (Chicago: Rand McNally, 1975), 以及"Mutsu Munemitsu"。
20. 关于这一点，参见 Donald Keene, "The Sino-Japanese War of 1894–1895 and Its Cultural Effect on Japan," in Shively, *Tradition and Modernization in Japanese Culture*.
21. Stuart Lone, *Japan's First Modern War: Army and Society in the Conflict with China, 1894–1895* (London: St. Martin's Press, 1994).
22. Duus, *Abacus and Sword*, p. 81.
23. 我对近卫笃麿的中国之旅作过讨论，见"Konoe Atsumaro," in Akira Iriye, ed., *The Chinese and the Japanese: Essays in Political and Cultural Interactions* (Princeton: Princeton University Press, 1980), pp. 107–123.
24. 最突出的例子是宫崎滔天（寅藏），其自传《三十三年之梦》英译本见 Etō Shinkichi and Marius B. Jansen (Princeton: Princeton University Press, 1982).
25. Akira Iriye, "Japan's Drive," in *CHJ*, 5:774 该文章提到，这次结盟带来巨大的反响，迫使法国靠拢英国，同时维持对俄关系，这成为1914年"一战"爆发的诱因之一。
26. Ian Nish, *The Anglo-Japanese Alliance: The Diplomacy of Two Island Empires, 1894–1907* (London: Athlone Press, 1966), 和 Nish, *The Origins of the Russo-Japanese War* (London: Longman, 1985) 两书梳理了数量庞大的相关文献作出总结。
27. Marius B. Jansen, *The Japanese and Sun Yat-sen* (Cambridge, Mass.: Harvard University Press, 1954), and Jansen, "Japan and the Chinese Revolution of 1911," in John K. Fairbank and Kwang-ching Liu, eds., *Late Ch'ing*, vol. 11 of *Cambridge History of China* (Cambridge: Cambridge University Press, 1980).
28. Duus, *Abacus and Sword*, pp. 181–187.
29. Ibid., p. 189.
30. 引自 Jansen, *Japan and China from War to Peace*, pp. 124–125.
31. 引自 Duus, *Abacus and Sword*, p. 190.

32. Akira Iriye, *Pacific Estrangement: Japanese and American Expansion, 1897–1911* (Chicago: Imprint Publications, 1994, reprint of the 1972 Harvard University Press edition), p. 101.
33. Andrew Gordon, *Labor and Imperial Democracy in Prewar Japan* (Berkeley: University of California Press, 1991), p. 33. 对此事件最充分的讨论见 Shum-pei Okamoto, *The Japanese Oligarchy and the Russo-Japanese War* (New York: Columbia University Press, 1970), pp. 167–223, and Okamoto, "The Emperor and the Crowd: The Historical Significance of the Hibiya Riot" in *Najita and Koschmann, Conflict in Modern Japanese History*. 有关朴次茅斯谈判的叙述，见 John Albert White, *The Diplomacy of the Russo-Japanese War* (Princeton University Press, 1964)。
34. Akita, *Foundations of Constitutional Government*, p. 142.
35. 尾崎行雄后来回忆道："身为政党领袖的星亨，一手拿大棒，一手拿钱，如果钱不起作用，就动用他的大棒。他打败了一个又一个对手，短短时间内就手握权势。他自然需要钱……但钱不是他的目的，权力才是。"见 Ozaki, *Nihon kenseishi o kataru*。
36. 吉田的考试名次，援引自 Inoki Masamichi, *Hyōden: Yoshida Shigeru* (Tokyo: Yomiuri Shinbunsha, 1978), pp. 66–68。有关外交/领事（及其他）考试的全面叙述，可参见 Robert M. Spaulding, Jr., *Imperial Japan's Higher Civil Service Examinations* (Princeton: Princeton University Press, 1967), pp. 100ff.
37. Nagatsuka Takashi, *The Soil*, trans. Ann Waswo as *A Portrait of Rural Life in Meiji Japan* (London: Routledge, 1989).
38. Susan Hanley, "The Material Culture: Stability in Transition," in Jansen and Rozman, *Japan in Transition*, p. 468.

第十四章　明治文化

1. 这方面必须要提的著作是 Donald Keene, *Dawn to the West*, 2 vols. (New York: Holt, Rinehart, and Winston, 1984); Christine Guth, *Art, Tea, and Industry: Matsuda Takashi and the Mitsui Circle* (Princeton: Princeton University Press, 1993); Kishimoto Hideo, ed., *Japanese Religion in the Meiji Era* (Tokyo: Ōbunsha, 1956); Dallas Finn, *Meiji Revisited: The Sites of Victorian Japan* (New York: Weatherhill, 1995); and Ellen P. Conant, *Nihonga: Transcending the Past: Japanese-Style Painting, 1868–1958* (St. Louis: St. Louis Art Museum, 1995).
2. Irokawa, *The Culture of the Meiji Period*, p. 51.
3. 引自 Isamu Fukuchi, "Kokoro and the Spirit of Meiji," *Monumenta Nipponica*, 48, 4 (1993): 469.
4. Breen, "The Imperial Oath of April 1868."
5. Irokawa Daikichi, "The Impact on Popular Culture," in *Nagai Michio and Miguel Urrutia*, eds., *Meiji Ishin: Restoration and Revolution* (Tokyo: United Nations University, 1985), pp. 120–133.
6. Hazel Jones, *Live Machines: Hired Foreigners and Meiji Japan* (Vancouver: University of British Columbia Press, 1980). 该书分析了外国专家的数量及其贡献。
7. Ōta Yūzō, *Eigo to Nihonjin* (Tokyo: Kōdansha), 1995 将这个时代的主流人物形容为 "英语之神"。

8. Carmen Blacker, *The Japanese Enlightenment: A Study of the Writings of Fukuzawa Yukichi* (Cambridge: Cambridge University Press, 1964).《劝学篇》英译文见 *An Encouragement of Learning*, trans. David Dilworth and Umeyo Hirano (Tokyo: Sophia University, 1969)，《文明论概略》英译文见 *An Outline of a Theory of Civilization*, trans. David A. Dilworth and Cameron Hurst (Tokyo: Sophia University, 1973)。

9. 完整译文见 William R. Braisted, *Meiroku Zasshi: Journal of the Japanese Enlightenment* (Cambridge, Mass.: Harvard University Press, 1976).

10. See Earl H. Kinmonth, *The Self-Made Man in Meiji Japanese Thought: From Samurai to Salary Man* (Berkeley: University of California Press, 1981).

11. F. G. Notehelfer, *American Samurai: Captain L. L. Janes and Japan* (Princeton: Princeton University Press, 1985), p. 205; for the oath, pp. 196–197.

12. John F. Howes, "Japanese Christians and American Missionaries," in Jansen, *Changing Japanese Attitudes toward Modernization*, p. 339.

13. 亲历这一幕的人里只有一个留下记述，见 Masatake Oshima, "Memories of Dr. Clark," *Japan Christian Intelligencer*, 2, 2 (April 5, 1926).有赖福岛淳史提醒，我才注意到这篇文章。

14. 关于新渡户其人，见 John F. Howes, ed., *Nitobe Inazō: Japan's Bridge across the Pacific* (Boulder, Colo.: Westview Press, 1995).

15. Naganawa Mitsuo, "The Japanese Orthodox Church in the Meiji Era," in J. Thomas Rimer, ed., *A Hidden Fire: Russian and Japanese Cultural Encounters, 1868–1926* (Stanford: Stanford University Press and Woodrow Wilson Center Press, 1995), pp. 158–169. 关于尼古拉神父，有一部传记，见 Nakamura Kennosuke, *Senkyō shi Nikorai to Meiji Nihon* (Tokyo: Iwanami, 1996).

16. 引自 Masaharu Anesaki, *History of Japnese Religion* (London: Kegan Paul, Trench, Trubner, 1930), p. 342.

17. James Edward Ketelaar, *Of Heretics and Martyrs in Meiji Japan*, p. 206.

18. 建白书合集，见 Daikichi and Gabe Masato, eds., *Meiji kempaku shusei* (Tokyo: Chikuma shobō, 1980).

19. 参见 Hirakawa Sukehiro, "Japan's Turn to the West," in *CHJ*, 5:477ff.

20. Sansom, *The Western World and Japan*, p. 414.

21. 该书被肯尼思·斯特朗（Kenneth Strong）翻译成英文，见 *Footprints in the Snow: A Novel of Meiji Japan* (Tokyo: Tuttle, 1970)。

22. *My Thirty-three Years' Dream: The Autobiography of Miyazaki Tōten*, trans. Ēto and Jansen, pp. 12–13.

23. Tokutomi Sohō, *The Future Japan*, trans. Vinh Sinh (Edmonton: University of Alberta Press, 1989), p. 126. 德富的生平，参见 John Pierson, *Tokutomi Sohō, 1863–1957* (Princeton: Princeton University Press, 1980), and Vinh Sinh, *Toku-tomi Sohō (1863–1957): The Later Career* (Toronto: University of Toronto/York University Joint Centre on Modern East Asia, 1986).

24. 对这些事情的相关讨论，见 Kenneth B. Pyle in *The New Generation in Meiji Japan: Problems of Cultural Identity, 1885–1895* (Stanford: Stanford University Press, 1969), and

Pyle, "Meiji Conservatism," in *CHJ*, 5: 674–720.

25. 关于西周其人，见 Thomas R. H. Havens, *Nishi Amane and Modern Japanese Thought* (Princeton: Princeton University Press, 1970).
26. J. Scott Miller, "Japanese Shorthand and Sokkibon," *Monumenta Nipponica*, 49, 4 (Winter 1994): 471–487.
27. 英译本见 Marleigh Grayer Ryan, in *Japan's First Modern Novel: Ukigumo of Futabatei Shimei* (New York: Columbia University Press, 1967).
28. 引自 Ury Eppstein, "Musical Instruction in Meiji Education: A Study of Adaptation and Assimilation," *Monumenta Nipponica*, 40, 1 (Spring 1985): 32.
29. 参见 William Malm, "The Modern Music of Meiji Japan," in Shively, *Tradition and Modernization in Japanese Culture*.
30. 引自 Eppstein, "Musical Instruction," p. 12.
31. Dallas Finn, *Meiji Revisited: The Sites of Victorian Japan* (New York: Weatherhill, 1995) 这部权威之作图文并茂地介绍这些建筑并予以点评。
32. 威廉·考德瑞克（William Coaldrake）提醒了我这一点。
33. 这些思考有相当一部分得益于艾伦·柯南特（Ellen Conant）对费诺罗萨的研究，后者即将出版。
34. 参见 Conant, *Nihonga: Transcending the Past*, and Michiyo Morioka and Paul Berry, eds., *The Transformation of Japanese Painting Traditions: Nihonga from the Griffith and Patricia Way Collection* (Seattle, Wash.: Seattle Art Museum, 1999).
35. Shūji Takashina, J. Thomas Rimer, and Gerald Bolas, eds., *Paris in Japan: The Japanese Encounter with European Painting* (Tokyo: Japan Foundation; St. Louis: Washington University, 1987).
36. 这方面的权威研究见 Donald Keene, *Dawn to the West*, 基恩、爱德华·赛登施蒂克（Edward Seidensticker）、霍华德·希伯特（Howard S. Hibbett）、埃德温·麦克莱伦（Edwin McClellan）将主要日本作家的作品翻译过来，这些出色的英译本值得我们在此一提，但由于数量众多，无法一一罗列出来。
37. Edwin McClellan, *Two Japanese Novelists: Sōseki and Tōson* (Chicago: University of Chicago, 1969), p. 5.
38. 小泉八云（1850—1904）原名拉夫卡迪奥·赫恩（Lafcadio Hearn），是一名自由写作者，1890年到日本，在松江和熊本教英语，随后被帝国大学聘任为英语文学讲师。他对传统日本甚为着迷，娶了一位武士的女儿，以"小泉八云"之名入赘，成为一名日本公民。（他的工资也因此被大幅削减，和日本人薪资水平一样）他根据日本民俗故事编写了一系列作品并由此名声大振。之前我们引用过他的遗作《日本：一种诠释可能》(*Japan: An Attempt at Interpretation*, New York: Macmillan, 1904)。还可参见 Sukehiro Hirakawa, ed., *Rediscovering Lafcadio Hearn: Japanese Legends, Life, and Culture* (Kent: Global Books, 1997).
39. *Kokoro: A Novel by Natsume Sōseki* (Chicago: Henry Regnery, 1957), p. 245. 日本批评家对这股"精神"作了另一种解释，相关讨论参见 Isamu Fukui, "Kokoro and the Spirit of Meiji," *Monumenta Nipponica*, 48, 4 (1993).
40. Richard Bowring, *Mori Ōgai and the Modernization of Japanese Culture* (Cambridge:

Cambridge University Press, 1979), p. 19.

41. 不少被翻译在 David Dilworth and J. Thomas Rimer, *The Incident at Sakai and Other Stories and Saiki kōi and Other Stories* (both Honolulu: University Press of Hawaii, 1977).

42. 英译本见 William E. Naff (Honolulu: University of Hawaii Press, 1987).

43. 关于这个大问题, Carol Gluck, *Japan's Modern Myths* 的研究属于杰出之作。

44. 可参考 Kate Wildman Nakai, "Tokugawa Confucian Historiography: The Hayashi, Early Mito School, and Arai Hakuseki," in *Nosco, Confucianism and Tokugawa Culture*, pp. 62–91.

45. Tao De-min, "The Influence of Sorai in Meiji Japan: Shigeno Yasutsugu as an Advo- cate of 'Practical Sinology,'" in *Tao, Nihon kangaku shisōshi ronkō* (Osaka: Kansai University, 2000), pp. 69–81.

46. 引自 Numata Jirō, "Shigeno Yasutsugu and the Modern Tokyo Tradition of Writing," in W. G. Beasley and E. G. Pulleyblank, eds., *Historians of China and Japan* (London: Oxford University Press, 1961), p. 277.

47. John S. Brownlee, *Japanese Historians and the National Myths, 1600–1945: The Age of the Gods and Emperor Jimmu* (Vancouver: University of British Columbia Press, 1997), p. 86.

48. 日本和美国同时期采用德国模式，以研讨会的形式来培养研究生，也同样在这十年里将历史学研究发展为一门学科。美国历史学会成立于 1885 年，日本史学会成立于 1889 年，由重野担任会长。

49. Margaret Mehl, "Scholarship and Ideology in Conflict: The Kume Affair, 1892," *Monumenta Nipponica*, 48, 3 (Winter 1993): 342. 更详细的讨论，见 Brownlee, Japanese Historians.

50. Brownlee, *Japanese Historians*, p. 96.

51. 有关文献审查这个大问题的讨论，见 Jay Rubin, *Injurious to Public Morals: Writers and the Meiji State* (Seattle: University of Washington Press, 1984).

52. Brownlee, *Japanese Historians*, p. 109.

53. *The Works of Inazo Nitobe*, 5 vols. (Tokyo: University of Tokyo, 1972), 1:138–141.

54. 骚乱的相关图表和讨论，见 Andrew Gordon, *Labor and Imperial Democracy in Prewar Japan* (Berkeley: University of California, 1991), pp. 26ff.

55. Richard J. Smethurst, *A Social Basis for Prewar Japanese Militarism: The Army and the Rural Community* (Berkeley: University of California Press, 1973). 该书在这方面的研究广受认可。

56. 引自安·瓦斯沃（Ann Waswo）英译本导论，见 *The Soil by Nagatsuka Takashi: A Portrait of Rural life in Meiji Japan* (London: Routledge, 1989), p. xv.

57. Irokawa, *The Culture of the Meiji Period*, p. 219.

58. 引自 ibid., p. 241. 色川还出版了北村透谷的传记，见 *Kitamura Tōkoku* (Tokyo: Tokyo Daigaku Shuppankai, 1994)。

59. Eiji Yoshikawa, *Fragments of a Past: A Memoir*, trans. Edwin McClellan (Tokyo: Kodansha, 1992), pp. 112, 186.

60. 引自 F. G. Notehelfer, *Kōtoku Shūsui: Portrait of a Japanese Radical* (Cambridge: Cambridge University Press, 1971), p. 203. 新渡户稻造当时是第一高等学校的校长，被迫对德富这场演讲负责，文部省要求他引咎辞职，他没有作任何抵抗就服从了，参见 Howes, Ni-

tobe Inazō, p. 148。管野须贺子是幸德的事实婚姻伴侣，也是他唯一交往的女子，须贺子的狱中日记被翻译成英文，见 Mikiso Hane, *Reflections on the Way to the Gallows: Rebel Women in Prewar Japan* (Berkeley: University of California Press, 1988).

61. Brownlee, *Japanese Historians*. 关于这场争端的另一探讨，见 H. Paul Varley, *Imperial Restoration in Medieval Japan* (New York: Columbia University Press, 1971).

第十五章 两次世界大战间的日本

1. 相关讨论，见 Taichirō Mitani, "The Establishment of Party Cabinets, 1898–1932," in *CHJ*, 6.
2. 西园寺的人生，可参见 Leslie Connors, *The Emperor's Adviser: Saionji Kinmochi and Prewar Japanese Politics* (London: Croom Helm, 1987).
3. 有关这些策略的探讨之作里，最好的是 Tetsuo Najita, *Hara Kei in the Politics of Compromise, 1905–1915* (Cambridge, Mass.: Harvard University Press, 1967).
4. Ozaki autobiography, *Nihon kenseishi o kataru*, chap. 9.
5. Richard H. Mitchell, *Censorship in Imperial Japan* (Princeton: Princeton University Press, 1983), pp. 132ff. 该书对审查所作的研究受到广泛的认可。至于文学审查，奠基之作为 Rubin, *Injurious to Public Morals*.
6. Byron K. Marshall, trans., *The Autobiography of Ōsugi Sakae* (Berkeley: University of California Press, 1992), pp. 132–133.
7. Harry Emerson Wildes, *Social Currents in Japan: With Special Reference to the Press* (Chicago: University of Chicago Press, 1927), p. 108. 感谢金秀园帮我确认这位不幸的闵先生的身份。
8. Mitchell, *Censorship in Imperial Japan*, pp. 196–197. See also Richard H. Mitchell, *Thought Control in Prewar Japan* (Ithaca, N.Y.: Cornell University Press, 1976).
9. Ben-Ami Shillony, "The Meiji Restoration: Japan's Attempt to Inherit China," in Ian Neary, ed., *War, Revolution, and Japan* (Kent: Sandgate, Folkestone, 1993), pp. 20–32.
10. 进一步讨论，见 Jansen, *The Japanese and Sun Yat-sen*, and Etō and Jansen, trans., *My Thirty-three Years' Dream*.
11. Ikuhiko Hata, "Continental Expansion, 1905–1941," in *CHJ*, 6:271–277.
12. 这方面的典范之作，见 James W. Morley, *The Japanese Thrust into Siberia, 1918* (New York: Columbia University Press, 1957).
13. Frank P. Baldwin, "The March First Movement: Korean Challenge, Japanese Response" (Ph.D. dissertation, Columbia University, 1969), and Baldwin, "Participatory Anti-Imperialism: The 1919 Independence Movement," *Journal of Korean Studies*, 1 (1979): 123–162.
14. 参见 Joshua A. Fogel, *The Literature of Travel in the Japanese Rediscovery of China* (Stanford: Stanford University Press, 1996), and Carter J. Eckert, *Offspring of Empire: the Koch'ang Kims and the Cultural Origins of Korean Capitalism, 1876–1945* (Seattle: University of Washington Press, 1991).
15. Ian Nish, *Japan's Struggle with Internationalism: Japan, China, and the League of Nations, 1931–1933* (London: Kegan Paul, 1993), p. 10.
16. Joshua Fogel, *Politics and Sinology: The Case of Naitō Konan (1860–1934)* (Cambridge, Mass.:

Harvard University Press, 1984), and Yue-him Tam, "In Search of the Oriental Past: The Life and Thought of Naitō Konan (1860–1934)" (Ph.D. dissertation, Princeton University, 1975).

17. 这方面的权威著作，见 Arthur Waldron, *From War to Nationalism: China's Turning Point, 1924–1925* (Cambridge: Cambridge University Press, 1995).

18. Akira Iriye, *After Imperialism: The Search for a New Order in the Far East, 1921–1931* (Cambridge, Mass.: Harvard University Press, 1965). 关于张作霖，参见 Gavan McCormack, *Chang Tso-lin in Northeast China, 1911–1928: China, Japan, and the Manchurian Idea* (Stanford: Stanford University Press, 1977).

19. 译文引自 Herbert Bix, "The Showa Emperor's 'Monologue' and the Problem of War Responsibility," *Journal of Japanese Studies*, 18, 2 (Summer 1992): 339, 相关讨论见 Marius B. Jansen, "The Pacific War and the Twentieth Century," published in Japanese as "Nijū seiki ni okeru Taiheiyō sensō no imi," in Hosoya Chihiro, Homma Nagayo, Iriye Akira, and Hatano Sumiyo, *Taiheiyō sensō* (Tokyo: University of Tokyo Press, 1993), p. 599.

20. 关于伊东巳代治其人，见 George Akita, "The Other Itō: A Political Failure," in Craig and Shively, *Personality in Japanese History*, pp. 335–372.

21. 整个过程的完整叙述，见 Sterling Tatsuji Takeuchi, *War and Diplomacy in the Japanese Empire* (New York: Doubleday, 1935), pp. 262–274.

22. 关于日常生活的缓慢变化，见 Susan B. Hanley, "The Material Culture: Stability in Transition," in Jansen and Rozman, *Japan in Transition from Tokugawa to Meiji*, pp. 447–469.

23. 有关这些问题，最有说服力的论述莫过于 E. Sydney Crawcour, "Industrialization and Technological Change, 1885–1920," in *CHJ*, 6:420. 下面所引克劳库尔、中村、平三位学者的论文，后来收录于 Kozo Yamamura, ed., *The Economic Emergence of Modern Japan* (Cambridge: Cambridge University Press, 1997), chaps. 1, 2, 3, 6.

24. 参见 Mikiso Hane in *Peasants, Rebels, and Outcasts: The Underside of Modern Japan* (New York: Pantheon Books, 1982), pp. 172ff., and E. Patricia Tsurumi, *Factory Girls: Women in the Thread Mills of Meiji Japan* (Princeton: Princeton University Press, 1990).

25. 更详细的探讨，见 Marius B. Jansen, "Yawata, Hanyehping, and the 21 Demands," *Pacific Historical Review*, 23, 1 (1954): 31–48.

26. Peter Duus, "Zaikabō: Japanese Cotton Mills in China, 1895–1937," in Peter Duus, Ramon H. Myers, and Mark R. Peattie, eds., *The Japanese Informal Empire in China, 1895–1937* (Princeton: Princeton University Press, 1989), pp. 65–100.

27. Crawcour, "Industrialization and Technological Change," p. 443.

28. 在这方面，有学者作过权威总结，见 Takafusa Nakamura, "Depression, Recovery, and War, 1920–1945," in *CHJ*, 6:451–493, 也有学者对此作过尖锐的讨论，见 Hugh Patrick, "The Economic Muddle of the 1920's" in James W. Morley, ed., *Dilemmas of Growth in Prewar Japan* (Princeton: Princeton University Press, 1971), pp. 211–266.

29. 朝日平吾的这份声明，后来被收录于 Tsunoda, de Bary, and Keene, *Sources of Japanese Tradition*, pp. 767–769.

30. 1989年为纪念其落成60周年而推出的一本豪华文集里，这座建筑的种种典雅之处——上至环抱建筑的柯林斯柱，下至进口大理石做成的壁炉架和卫生间装置——被娓娓道来，见 Mitsui honkan (Mitsui Real Estate Development Co, Inc., 1989)。这里仍然以进口为名贵。

注　释

31. Thomas Schalow, "The Role of the Financial Panic of 1927 and Failure of the 15th Bank in the Economic Decline of the Japanese Aristocracy" (Ph.D. dissertation, Princeton University, 1989), p. 160.
32. Nakamura, "Depression, Recovery, and War," p. 459.
33. Ibid., p. 466.

第十六章　大正时期的文化与社会

1. 关于这些学校及其创造的社会环境，经典参考著作见 Donald Roden, *Schooldays in Imperial Japan* (Berkeley: University of California Press, 1980).
2. Ibid., p. 137.
3. Bushido, in *The Works of Inazo Nitobe* (Tokyo: University of Tokyo Press, 1972), 1: 131–132.
4. 这同样发生在军校里，但明目张胆的话会被曝光，大杉荣——后来成为无政府主义者——就是一个例子。参见 Byron Marshall, trans., *The Autobiography of Ōsugi Sakae* (Berkeley: University of California Press, 1992), p. 77.
5. 陆军军官学校也有一样的现象，"他们让我立正站在一大帮人的中央，他们一个接一个地出拳揍我……我不能用手挡，否则就是不服从前辈。我被打的时候一动不动，小心稳住跟脚。我怕倒下的话会被踢"。参见 *Ōsugi*, trans. Marshall, pp. 71–72.
6. Roden, *Schooldays*, p. 210.
7. Byron K. Marshall's *Academic Freedom and the Japa-nese Imperial University, 1868–1939* (Berkeley: University of California Press, 1992). 该书专门研究了这些事例。
8. William J. Cummings, *Education and Equality in Japan* (Princeton: Princeton University Press, 1980), pp. 26–29. 这些数字只是保守估计，别的资料包括更多的大学和毕业生。
9. Henry DeWitt Smith II, *Japan's First Student Radicals* (Cambridge, Mass.: Harvard University Press, 1972), pp. 7–8.
10. Frank O. Miller, *Minobe Tatsukichi: Interpreter of Constitutionalism in Japan* (Berkeley: University of California Press, 1965) 专门研究了美浓部。
11. Peter Duus, "Yoshino Sakuzō: The Christian as Social Critic," *Journal of Japanese Studies*, 4, 2 (Summer 1978): 301–320.
12. 引自《民本主义论》英译文，有部分删减，见 Tsunoda, de Bary and Keene, *Sources of Japanese Tradition*, pp. 724–746. 亦参见 Peter Duus and Irwin Scheiner, "Socialism, Liberalism, and Marxism" in *CHJ*, 6:673–681.
13. 有关这一点，见 Tetsuo Najita, "Some Reflections on Idealism in the Political Thought of Yoshino Sakuzō" in Bernard Silberman and Harry D. Harootunian, eds., *Japan in Crisis: Essays on Taishō Democracy* (Princeton: Princeton University Press, 1974), pp. 29–66.
14. Smith, *Japan's First Student Radicals*, pp. 52ff.
15. 安部的人生（1865—1949）体现了本文讨论的很多主题。他在同志社大学念书的时候，新岛襄给他进行了洗礼。后来，他前往美国学习神学和社会主义。在早年夭折的社会主义组织中，他扮演了领导角色。

16. 相关细节，见 F. G. Notehelfer, "Japan's First Pollution Incident," *Journal of Japanese Studies*, 1, 2 (Spring 1975): 351–383. 这场斗争是由一位政治上特立独行的人领导的，他于 1913 年去世；参见 Kenneth Strong, *Ox against the Storm: A Biography of Tanaka Shōzō, Japan's Conservationist Pioneer* (Vancouver: University of British Columbia Press, 1977).

17. 山川的妻子菊荣撰写了《水户藩的妇女：武士家庭生活回忆录》(*Women of the Mito Domain: Recollections of Samurai Family Life*)，在第四章有引用。

18. Haruko Taya Cook and Theodore F. Cook, *Japan at War: An Oral History* (New York: New Press, 1992), p. 51.

19. 我觉得唐纳德·罗登（Donald Roden）的相关讨论相当令人信服，见其 "Taishō Culture and the Problem of Gender," in J. Thomas Rimer, ed., *Culture and Identity: Japanese Intellectuals during the Interwar Years* (Princeton: Princeton University Press, 1990), p. 39.

20. 参见 Earl H. Kinmonth in *The Self-Made Man in Meiji Japanese Thought* (Berkeley: University of California Press, 1981), chap. 6, "Anguished Youth."

21. 引自 Roden, Schooldays, pp. 212–215。详情见 Stephen W. Kohn, "Abe Jirō and The Diary of Santarō" and J. Thomas Rimer, "Kurata Hyakuzō and The Origins of Love and Understanding," in Rimer, *Culture and Identity*, pp. 7–36.

22. Valdo H. Viglielmo, "Nishida Kitarō: The Early Years," in Shively, *Tradition and Modernization in Japanese Culture*, pp. 507–562.

23. Isaiah Berlin, "Kant as an Unfamiliar Source of Nationalism," in Berlin, *The Sense of Reality: Studies in Ideas and Their History* (New York: Farrar, Straus and Giroux, 1997), pp. 232–248.

24. Gennifer Weisenfeld, "Murayama, MAVO, and Modernity: Constructions of the Modern in Taishō Japan Avantgarde Art" (Ph.D. dissertation, Princeton University, 1997), and Miriam Silverberg, "Constructing the Japanese Ethnography of Modernity," *Journal of Asian Studies*, 51, 1 (February 1992): 30–54.

25. Peter Duus and Irwin Scheiner, "Socialism, Liberalism, and Marxism, 1901–1931," in *CHJ*, 6:654–710. 该文章对此作了出色的讨论。

26. Ronald A. Morse, *Yanagita Kunio and the Folklore Movement: The Search for Japan's National Character and Distinctive Culture* (New York: Garland, 1990). 柳田国男最有名的作品《远野物语》被罗纳德·摩尔斯（Ronald Morse）翻译成英文 (Tokyo: Japan Foundation, 1975)。此外可参见柳田另一深思熟虑之作《关于先祖》，英译本见 *About Our Ancestors: The Japanese Family System*, trans. Fanny Hagin Mayer and Ishiwara Yasuyo (Tokyo: Japan Society for the Promotion of Science—Ministry of Education, 1970)。

27. 参见 Leslie Pincus, *Authenticating Culture in Imperial Japan: Kuki Shūzō and the Rise of National Aesthetics* (Berkeley: University of California Press, 1996).

28. Kathleen and Barbara Molony, *One Woman Who Dared: Ichikawa Fusae and the Japanese Women's Suffrage Movement* (Stanford: Stanford University Press, 1995).

29. Shizue Ishimoto, *Facing Two Ways: The Story of My Life* (New York: Farrar and Rinehart, 1935), and Dorothy Robins-Mowry, *The Hidden Sun: Women of Modern Japan* (Boulder, Co.: Westview Press, 1983). 关于爱因斯坦这趟旅程，见 Marius B. Jansen, "Einstein in Japan," *Princeton Library Chronicle*, 50, 3 (Winter 1989): 145–154.

30. 重点参考 Andrew Gordon, *Labor and Imperial Democracy in Prewar Japan* (Berkeley: University of California Press, 1991); Gordon, *The Evolution of Labor Relations in Japan: Heavy Industry, 1853–1955* (Cambridge, Mass.: Harvard University Press, 1985); Sheldon Garon, *The State and Labor in Modern Japan* (Berkeley: University of California Press, 1987); and Koji Taira, "Economic Development, Labor Markets, and Industrial Relations in Japan, 1905–1955," in *CHJ*, 6:606–653.

31. Thomas O. Wilkinson, *The Urbanization of Japanese Labor, 1860–1955* (Amherst: University of Massachusetts Press, 1965).

32. Tsurumi, *Factory Girls*, and Mikiso Hane, *Peasants, Outcasts, and Rebels: The Underside of Modern Japan* (New York: Pantheon, 1982), pp. 172–204.

33. Gordon, *Evolution of Labor Relations*.

34. Yoshikawa Eiji, *Fragments of a Past: A Memoir*, trans. Edwin McClellan (Tokyo: Kodansha International, 1992), pp. 204–205. 横滨船渠是 Gordon, *Evolution of Labor Relations* 研究的企业之一。

35. Thomas C. Smith, "The Right to Benevolence: Dignity and Japanese Workers, 1890–1920," in Smith, *Native Sources of Japanese Industrialization, 1750–1920* (Berkeley: University of California Press, 1988), p. 242. 此处我们或会想起当下的日本工人，他们穿着西装、打上领带，手里的公文包中装着午餐。

36. 引自 Smith, *Native Sources*, p. 268.

37. "国民"一词在当时的寓意，见 Gordon, *Labor and Imperial Democracy*, pp. 17–18. 然而，后来这个词却意在排斥外来者，令人们的民族认知更加狭隘。

38. 有关龟户事件受害者的生平简要，参见 Gordon, *Labor and Imperial Democracy*, pp. 345–348.

39. 这方面广受认可的著作，见 Garon, *The State and Labor in Modern Japan*.

40. 参见 Kenneth Pyle, "Advantages of Followership: German Economics and Japanese Bureaucrats, 1890–1925," *Journal of Japanese Studies*, 1 (August 1974): 127–164, and Garon, *The State and Labor in Modern Japan*, pp. 25–26.

41. R. P. Dore, *Land Reform in Japan* (Oxford: Oxford University Press, 1959), p. 33.

42. Ann Waswo, *Japanese Landlords: The Decline of a Rural Elite* (Berkeley: University of California Press, 1977), and Waswo, "The Transformation of Rural Society, 1900–1950," in *CHJ*, 6:541–605.

43. Dore, *Land Reform in Japan*, pp. 69ff.

44. Waswo, "The Transformation of Rural Society," p. 586.

45. 后藤做过医生、医学院校长、官僚、台湾殖民统治长官、南满铁路总裁，在内阁出任过外务、递信、内务大臣，后来担任东京市长，在他策划下日本承认了新兴的苏联政权，后藤的一生是日本近现代史的生动缩影。近年出版的后藤传记，见 Kitaoka Shin'ichi, *Gotō Shinpei: Gaikō to vuishion* (Tokyo: Chūō Kōron, 1988).

46. 数据引自 Gregory J. Kasza, *The State and the Mass Media in Japan, 1918–1945* (Berkeley: University of California Press, 1988), p. 28.

47. Edward Seidensticker, *Tokyo Rising: The City since the Great Earthquake* (Cambridge, Mass.:

Harvard University Press, 1991), p. 30. 爱德华·赛登施蒂克的《下町与山之手》(*Low City, High City*, ambridge, Mass.: Harvard University Press, 1991）再加上这本《东京崛起》(*Tokyo Rising*)，对江户风貌和东京生活作了引人入胜又不乏深度的描述，行文间对重要日本作家的词句信手拈来。

48. 参见 Jennifer Robertson, Takarazuka: *Sexual Politics and Popular Culture in Modern Japan* (Berkeley: University of California Press, 1998).

49. Thomas R. H. Havens, *Architects of Affluence: The Tsutsumi Family and the Seibu-Saison Enterprises in Twentieth-Century Japan* (Cambridge, Mass.: Harvard University Press, 1994), p. 5.

50. Weisenfeld, "Murayama, MAVO, and Modernity."

51. Shunsuke Tsurumi, "Edo Period in Contemporary Popular Culture" in William Beasley, ed., *Edo Culture and Its Modern Legacy, a special issue of Modern Asian Studies*, 18, 4 (October 1984):748ff.

52. Miriam Silverberg, "Constructing the Japanese Ethnography of Modernity," *Journal of Asian Studies*, 51, 1 (February 1992): 31.

第十七章　侵华战争

1. Jansen, *China in the Tokugawa World*, p. 90.

2. Ramon H. Myers, "Japanese Imperialism in Manchuria: The South Manchuria Railway Company, 1906–1933," in Duus, Myers, and Peattie, *The Japanese Informal Empire in China*, 1895–1937, pp. 101–132. 亦参见 John Young, *The Research Activities of the South Manchurian Railway Company, 1907–1945: A History and Bibliography* (New York: Columbia University, East Asian Institute, 1966).

3. Alvin D. Coox, "The Kwantung Army Dimension," in Duus, Myers, and Peattie, *The Japanese Informal Empire in China, 1895–1937*, pp. 395–428. 更多细节见 Coox, Nomonhan: *Japan against Russia, 1939* (Stanford University Press, 1985), 1:1–16.

4. 有关石原其人，典范之作是 Mark R. Peattie, *Ishiwara Kanji and Japan's Confrontation with the West* (Princeton: Princeton University Press, 1975), 关于九一八事变在准备和执行方面的详情，见 Sadako N. Ogata, *Defiance in Manchuria: The Making of Japanese Foreign Policy, 1931–1932* (Berkeley: University of California Press, 1964), and Hiroharu Seki, "The Manchurian Incident," trans. Marius B. Jansen, in James W. Morley, ed., *Japan Erupts: The London Conference and the Manchurian Incident* (New York: Columbia University Press, 1984), pp. 123–240.

5. Hata Ikuhiko, *Hirohito Tennō itsutsu no ketsudan* (Tokyo: Kōdansha, 1984), p. 1. 本庄后来出任天皇的侍从武官，他的回忆录已经被羽根干三翻译成英文，见 *Emperor Hirohito and His Chief Aide-de-Camp: The Honjō Diary, 1933–1936* (Tokyo: University of Tokyo Press, 1982)。

6. 李顿调查团及其对日本的影响在 Nish, *Japan's Struggle with Internationalism* 中有仔细研究。

7. 这部分内容有不少得益于 Louise Young, "Imagined Empire: The Cultural Construction

of Manchukuo" in Peter Duus, Ramon H. Myers, and Mark R. Peattie, eds., *The Japanese Wartime Empire, 1933–1945* (Princeton: Princeton University Press, 1996), pp. 71–96, 尤其是她的重要著作 *Japan's Total Empire: Manchuria and the Culture of Wartime Imperialism* (Berkeley: University of California Press, 1997), p. 456。

8. Joshua Fogel, *Life along the South Manchurian Railway: The Memoirs of Itō Takeo* (Armonk, N.Y.: M. E. Sharpe, 1988). 该书讨论了这一现象，还翻译了伊藤的回忆录。

9. 据认为，这些策略于四分之一个世纪后在越南被派上用场，见 Chang-sik Lee, "Counterinsurgency in Manchuria: The Japanese Experience, 1931–1940," memorandum RM-5012-ARPA, RAND Corporation, 1967, p. 352.

10. 多伦多约克大学学者若林正（Bob T. Wakabayashi）针对这类贸易活动作了研究。

11. Young, *Total Empire*, p. 411.

12. 数据来自 Roger F. Hackett "The Military," in Ward and Rustow, *Political Modernization in Japan and Turkey*, p. 346.

13. 参见 Connors, *The Emperor's Adviser*, pp. 126ff.

14. 参见 Masaru Ikei, "Ugaki Kazushige's View of China and His China Policy, 1915–1930," in Iriye, *The Chinese and the Japanese*, pp. 199–219.

15. 关于这些复杂政治事件，权威研究有 Kitaoka Shin'ichi, *Nihon rikugun to tairiku seisaku, 1906–1918* (Tokyo: Tokyo University Press, 1978), and Kitaoka, "China Experts in the Army," in Duus, Myers, and Peattie, *The Japanese Informal Empire in China, 1895–1937*, pp. 330–368. 此外可参考北冈新一——针见血的总结，见 "The Army as a Bureaucracy: Japanese Militarism Revisited," *Journal of Military History*, 57 (October 1993): 67–86。

16. Shimada Toshihiko, "Designs on North China, 1933–1937"，英译文及评论见 James B. Crowley, in James William Morley, ed., *The China Quagmire: Japanese Expansion on the Asian Continent, 1933–1941* (New York: Columbia University Press, 1983)。

17. James B. Crowley, *Japan's Quest for Autonomy: National Security and Foreign Policy, 1930–1938* (Princeton: Princeton University Press, 1966), p. 195.

18. 有关二二六事件的经典研究，见 Ben-Ami Shillony, *Revolt in Japan: The Young Officers and the February 26, 1936 Incident* (Princeton: Princeton University Press, 1973)。宇垣的日记内容援引自 p. 203, Hata, *Hirohito Tennō itsutsu no ketsudan*.

19. 三岛由纪夫"四部曲"之二《奔马》，英译文见 Michael Gallagher, *Runaway Horses* (New York: Knopf, 1973)，这部作品尝试以同情的角度重塑20世纪30年代那股充满浪漫主义而又心狠手辣的民族主义。

20. 这些档案包括组阁名单等众多细节，真崎被提议出任新内阁的总理，见 *Asahi Shinbum*, February 15, 1988.

21. 参见 Robert J. C. Butow, *Tōjō and the Coming of the War* (Princeton: Princeton University Press, 1964).

22. 我在1945年首次执行任务，其中一项便是给美军某位军医当翻译，向宇垣提问，宇垣当时生活在伊豆半岛上一座温泉村庄里，军医需要确认他身体状况能否允许他飞往马尼拉，山下奉文在行刑前的审讯里请求让宇垣出庭作证。医生最后判断他不适合坐飞机，而宇垣他本人则告诉我，山下的级别比他低得多，他对这个人几乎一无所知。1953年，根据新颁布的宪法，宇垣当选日本参议院议员，他获得的票数在众多参选人当中是最高的。
23. 荒木在东京国际法庭上被判处监禁，狱中他潜心佛学，后来由于身体疾病被释放，随后被赦免，于1966年去世。
24. 该书由欧文·冈特雷特（Owen Guntlett）翻译成英文，罗伯特·霍尔（Robert King Hall）撰写导言，见 Kokutai no Hongi: Cardinal Principles of the National Entity of Japan (Cambridge: Harvard University Press, 1949)。
25. 对这一趋势的深度分析，见 Tetsuo Najita and H. D. Harootunian, "Japanese Revolt against the West: Political and Cultural Criticism in the Twentieth Century," in CHJ, 6:711–734.
26. R. P. Dore, "Tenancy and Aggression," chap. 5 in Dore, Land Reform in Japan; and Dore and Tsutomu Ōuchi, "Rural Origins of Japanese Fascism," in Morley, Dilemmas of Growth in Prewar Japan, pp. 181–209.
27. 关于北一辉的权威研究，见 George M. Wilson, Radical Nationalist in Japan: Kita Ikki, 1883–1937 (Cambridge, Mass.: Harvard University Press, 1969).
28. 直至20世纪末，日本大学里日本史、亚洲史和西方历史仍然分开设系。
29. Irokawa Daikichi, Aru Shō wa shi: jibunshi no kokoromi (Tokyo: Chūō Kōron, 1975), p. 92.
30. Takafusa Nakamura, "Depression, Recovery, and War," in CHJ, 6:451–493, and 再版于 Kozo Yamamura, ed., The Economic Development of Modern Japan (Cambridge: Cambridge University Press, 1997), pp. 116–158.
31. Haruko Taya Cook and Theodore F. Cook, Japan at War: An Oral History (New York: New Press, 1992), p. 49.
32. Bai Gao, Economic Ideology and Japanese Industrial Policy: Developmentalism from 1931 to 1965 (Cambridge: Cambridge University Press, 1997).
33. Yasukichi Yasuba, "Did Japan Ever Suffer from a Shortage of Natural Resources before World War II?" Journal of Economic History, 56, 3 (September 1996).
34. 有关"转向"的文献数量众多，又以鹤见俊辅为思想科学研究会主编的多卷本为集大成者，他根据这批资料撰写了《战时日本精神史（1931—1945年）》，英译本见 An Intellectual History of Wartime Japan, 1931–1945 (London: Routledge and Kegan Paul, 1986)，关于工作簿，见 pp. 10–11。还可参见 George M. Beckmann and Okubo Genji, The Japanese Communist Party, 1922–1945 (Stanford: Stanford University Press, 1969)。
35. Germaine A. Hoston, "Marxists and Japanese Expansionists: Takahashi Kamekichi and the Theory of 'Petty Imperialism,'" Journal of Japanese Studies, 10, 1 (Winter 1984)，关于马克思主义者就日本历史阶段展开的争论，见 Hoston, Marxism and the Crisis of Development in Prewar Japan (Princeton: Princeton University Press, 1986)。
36. 有关该事件及其他类似事例，见 Byron K. Marshall, Academic Freedom in the Imperial Japanese University, 1868–1939 (Berkeley: University of California Press, 1992)。
37. 关于该团队的涉猎范围和重要地位，见 James Crowley, "Intellectuals as Visionaries of the New Asian Order," in Morley, Dilemmas of Growth in Pre-war Japan. 亦参见 Miles Fletcher, "Intellectuals and Fascism in Early Shōwa Japan," Journal of Asian Studies, 29, 9 (November 1979).
38. Bai Gao, "Arisawa Hiromichi and His Theory for a Managed Economy," Journal of Japanese

注　释

Studies, 20, 1 (Winter 1994): 115–153, and Gao, *Economic Ideology and Japanese Industrial Policy: Developmentalism from 1931 to 1965* (Cambridge: Cambridge University Press, 1997).

39. 有关文献浩如烟海，我对这次事变作过讨论，见 *Japan and China from War to Peace, 1894–1972*, pp. 425–426.
40. 这方面最容易找到的研究著作是 Yoshitake Oka, *Konoe Fumimaro: A Political Biography* (Tokyo: University of Tokyo Press, 1983)，原书出版于 1972 年，这是冈本隼平与帕特里夏·默里（Patricia Murray）翻译的英译本。
41. Morley, *The China Quagmire*.
42. Daqing Yang, "A Sino-Japanese Controversy: The Nanking Atrocity in History," *Sino-Japanese Studies*, 3, 1 (November 1990), and Yang, *The Rape of Nanjing in History and Public Memory: A Critical Anthology* (forthcoming, Westview Press). 日本学者众多研究里，最合理的见 Hata Ikuhiko, Nankin jiken (Tokyo: Chūō Kōron, 1986).

第十八章　太平洋战争

1. 名称方面，约克大学学者若林正在一篇尚未发布的长文里有更详细的讨论。《日本走向太平洋战争之路》系列英译本由哥伦比亚大学出版社詹姆斯·威廉·莫利（James William Morley）编辑出版，见 *Japan Erupts: The London Conference and the Manchurian Incident, 1928–1932 (1984), Deterrent Diplomacy: Japan, Germany, and the USSR, 1935–1940 (1976), The China Quagmire: Japan's Expansion on the Asian Continent, 1933–1941 (1983)*, and *The Fateful Choice: Japan's Advance in Southeast Asia, 1939–1941 (1980)*。
2. 有学者在其两卷本著作里对该事件前后脉络进行了梳理，见 Alvin D. Coox, *Nomonhan: Japan against Russia*, 1939。
3. 包括色川大吉在内的部分作者认为，裕仁那时候的举动已经明确表明自己的直接统治权，之后发生的一切事情也因此跟他直接相关。
4. 有关这时期的权威之作，见 Gordon M. Berger, *Parties out of Power in Japan, 1931–1941* (Princeton: Princeton University Press, 1977)。
5. 有关当时的情况，见 Matsumoto Shigeharu, *Konoe jidai*, 2 vols. (Tokyo: Chūō Kōron, 1986), 2:28ff。
6. Akira Iriye, *The Origins of the Second World War in Asia and the Pacific* (London and New York: Longman, 1987), p. 107.
7. 外交史上这段不寻常的往事被罗伯特·布托（Robert J. C. Butow）揭露了出来，他的书名采用沃尔什神父及其同伴的代号，见 *The John Doe Associates: Backdoor Diplomacy for Peace, 1941* (Stanford: Stanford University Press, 1974)，还可参考他更早的著作 *Tojo and the Coming of the War* (Princeton: Princeton University Press, 1961), pp. 129ff。
8. 参见 Chalmers Johnson, *An Instance of Treason: Ozaki Hotsumi and the Sorge Spy Ring* (Stanford: Stanford University Press, 1964, and expanded ed., 1990).
9. Nobutaka Ike, ed. and trans., *Japan's Decision for War: Records of the 1941 Policy Conferences* (Stanford: Stanford University Press, 1967). 该书提供了相关讨论的档案及录文。

此处引文出自第 79 页。

10. James B. Crowley, "Japan's Military Foreign Policies," in James William Morley, ed., *Japan's Foreign Policy, 1868–1941* (New York: Columbia University Press, 1974), p. 98.

11. 我对此作过讨论，见 *Japan and China from War to Peace, 1894–1972*, pp. 397–409.

12. 关于这个没能发出的通知，见 Robert J. C. Butow, "Marching off to War on the Wrong Foot: The Final Note that Tokyo Did Not Send to Washington," *Pacific Historical Review*, 62, 1 (February 1994): 67–79.

13. 德富这段评论，引自 Tsunoda, de Bary, and Keene, *Sources of Japanese Tradition*, pp. 798–801.

14. 关于高村其人，见 Irokawa, *The Culture of the Meiji Period*, p. 11；关于伊藤及其他作家，见 Donald Keene, "Japanese Writers and the Greater East Asian War," in Keene, *Landscapes and Portraits: Appreciations of Japanese Culture* (Tokyo and Palo Alto: Kodansha International, 1971), pp. 300–321.

15. 英译本见 Edward Seidensticker, *The Makioka Sisters* (New York: Knopf, 1957).

16. 参见 Edward Seidensticker, *Kafū the Scribbler: The Life and Writings of Nagai Kafū, 1879–1959* (Stanford: Stanford University Press, 1965).

17. 英译本见 Eugene Soviak and Kamiyama Tamie, *Diary of Darkness: The Wartime Diary of Kiyosawa Kiyoshi* (Princeton: Princeton University Press, 1998).

18. Ben-Ami Shillony, *Politics and Culture in Wartime Japan* (Oxford: Clarendon Press, 1981). 该书研究了包括这些在内的趋势。

19. Sheldon Garon in *Molding Japanese Minds: The State in Everyday Life* (Princeton: Princeton University Press, 1997). 该书以敏锐的眼光深度剖析了这一现象。

20. 参见 Thomas R. H. Havens, *Valley of Darkness: The Japanese People and World War II* (New York: Norton, 1978)，以及法国记者的客观记述：Robert Guillain, *Le Peuple Japonais et la Guerre* (Paris: René Julliard, 1947).

21. Alvin D. Coox in chapter 7, "The Pacific War," in *CHJ*, 6: 315–382 对此作了出色概括。

22. 叙述最为全面的是 Gordon W. Prange, *At Dawn We Slept: The Untold Story of Pearl Harbor* (New York: McGraw Hill, 1981)。

23. 高级参谋、陆军大佐八原博通提供了第一手的关键证言，见《冲绳决战》，英译本为 *The Battle for Okinawa* (New York: Wiley, 1995)，由罗杰·品诺（Roger Pinneau）和上原正稔翻译，弗兰克·吉布尼（Frank Gibney）撰写导言，当年吉布尼负责审问八原。至于平民方面，大田昌秀的叙述令人揪心，见 Masahide Ōta, *The Battle of Okinawa: Typhoon of Steel and Bombs* (Tokyo: Kume Publishers, 1984)，大昌先生在 20 世纪 90 年代当上冲绳县知事。

24. Donald Keene, *Meeting with Japan* (Tokyo: Gakuseisha, 1979), p. 45.

25. John W. Dower, *War without Mercy: Race and Power in the Pacific War* (New York: Pantheon, 1986).

26. Gavan Daws, *Prisoners of the Japanese: POWs of World War II in the Pacific* (New York: William Morrow, 1994).

27. 近卫文隆遭到审讯，被判处"协助国际资产阶级"的罪名，1956 年死于莫斯科外的伊万诺沃。

注 释

28. 有关日本决定投降的过程，经典叙述见 Robert J. C. Butow, *Japan's Decision to Surrender* (Stanford: Stanford University Press, 1954)。也可参见太平洋战史研究会编纂的 *Japan's Longest Day* (Tokyo: Kōdansha, 1968)。

29. 引自 Butow, *Japan's Decision to Surrender*, p. 248.

30. 有关行动细节，见 Hata, *Hirohito Tennō itsutsu no ketsudan*。源田在1989年去世以前，在日本战后防空部署上发挥了领导作用，还因此获得功绩勋章，这是美国授予外国人的最高荣誉。

31. 罗伯特·布托（Robert J. C. Butow）对这些谈判有着最为细致的了解，他在一篇文章里嘲讽了这类修正观点，见其 "How Roosevelt Attacked Japan at Pearl Harbor: Myth Masquerading as History," *Prologue*, 28, 3 (Fall 1996): 209–221。

32. 1941年10月7日高木的信，收录在 *Toward International Understanding*, vol. 5 of *Takagi Yasaka chosakushū* (Tokyo: Tokyo University Press, 1971), pp. 100–101.

33. James C. Thomson, Jr., "The Role of the Department of State," in Dorothy Borg and Shunpei Okamoto, eds., *Pearl Harbor as History: Japanese-American Relations, 1931– 41* (New York: Columbia University Press, 1973), p. 103.

34. Ōkita Saburō, *Japan's Challenging Years: Reflections on My Lifetime* (Canberra: Australian National University, 1983).

35. Edwin O. Reischauer, *The United States and Japan* (Cambridge, Mass.: Harvard University Press, 1950), p. 224.

36. 关于这些人，见 Theodore E. Cohen, *Remaking Japan: The American Occupation as New Deal* (New York: Free Press, 1987).

37. Alfred D. Oppler, *Legal Reform in Occupied Japan: A Participant Looks Back* (Princeton: Princeton University Press, 1976).

38. Helen Hardacre, *Shintō and the State* (Princeton: Princeton University Press, 1989), p. 25.

39. 引自 Government Section, Supreme Commander for the Allied Powers, *Political Reorientation of Japan*, 2 vols. (Washington, D.C.: Government Printing Office, 1949), 2:467.

40. 这或许不完全是他的责任。根据某份记录，麦克阿瑟的翻译在解释近卫（有关改革选举法）的话时，把"组织政府"（organization of government）方面的困难翻译成"政府宪法"（the constitution of the government）存在困难，麦克阿瑟听后反驳道，那就要修改宪法，以涵盖"自由主义的基本要素"（这里指妇女选举权），称近卫应该要在相应位置上做些什么。参见 Dale M. Hellegers, "The Konoe Affair," in L. H. Redford, ed., *The Occupation of Japan: Impact of Legal Reform* (Norfolk, Va.: MacArthur Memorial, 1977), p. 168。

41. 有关皇室权力的边界及日本政治，权威研究见 David Anson Titus, *Palace and Politics in Prewar Japan* (New York: Columbia University Press, 1974)。

42. Kazuko Tsurumi, *Social Change and the Individual: Japan before and after Defeat in World War II* (Princeton: Princeton University Press, 1970), pp. 139ff. 作者对被处决的战犯的遗嘱作了讨论。有关苏联政府，见 John W. Dower, *Embracing Defeat: Japan in the Wake of World War II* (New York: W. W. Norton/New Press, 1999), p. 449.

43. 参见 Richard H. Minear, *Victors' Justice: The Tokyo War Crimes Trial* (Princeton: Princeton University Press, 1971)。或许可以补充一点，美国提议苏联可以援引联合国作为更高权威，

为苏联违反对日条约义务作辩护，苏联方面感激并遵从了这一建议。诚然，五年以前已经有不少日本领导人提议日本废除中立条约，进攻北方。

44. 他们在巢鸭监狱被执行绞刑。该监狱被废用后，开发商将建造在这处高地上的建筑命名为太阳城。

第十九章　吉田时期

1. 关于参与者的意见，见 Theodore Cohen, *Remaking Japan: The American Occupation as New Deal,* ed. Herbert Passin (New York: Free Press, 1987)；关于这个过程，见 Sheldon Garon, *The State and Labor in Modern Japan* (Berkeley: University of California Press, 1987).

2. Richard B. Finn in *Winners in Peace: MacArthur, Yoshida, and Postwar Japan* (Berkeley: University of California Press, 1992). 该书很好地描述了这种关系。

3. 参见美国访日教育使节团的报告（*Report of the United States Education Mission to Japan,* Washington: Government Printing Office, 1946），由 27 名教育者组成的代表团于 1946 年 3 月提交。

4. 这方面的权威著作是 Dore, *Land Reform in Japan*。

5. Garon, *The State and Labor in Modern Japan*. 至于盟总这边，见 Cohen, *Remaking Japan*.

6. 麦克阿瑟起初称修订宪法不在其权力范围内，但在回复惠特尼将军的一份备忘录时，他承认自己实际上有这个权力。参见 Robert E. Ward, "The Origins of the Present Japanese Constitution," *American Political Science Review,* 50, 4 (December 1956)，更新的研究，见 Finn, *Winners in Peace*, pp. 89–106。西奥多·麦克奈利（Theodore McNelly）总结了过去数十年的研究成果并出版，见 *The Origins of Japan's Democratic Constitution* (Lanham, Md.: University Press of America, 2000)。

7. Beate Gordon, *The Only Woman in the Room* (New York: Kodansha, 1997).

8. 参见 Tetsuya Kataoka, *The Price of a Constitution: The Origin of Japan's Postwar Politics* (New York: Taylor & Francis, 1991).

9. Douglas MacArthur, "Reply to Criticism of Economic Policy," February 1948, in SCAP, *Political Reorientation of Japan*, 2:762.

10. Howard B. Schonberger, *Aftermath of War: Americans and the Remaking of Japan, 1945–1952* (Kent: Kent State University Press, 1989). 该书对此事件的描述最为出色。

11. George F. Kennan, *Memoirs, 1925–1950* (New York: Little, Brown and Co., 1967), p. 376.

12. 这方面的权威著作为 Eleanor M. Hadley, *Antitrust in Japan* (Princeton: Princeton University Press, 1970)，作者是参与这一过程的盟总人员。

13. 参见 Finn, *Winners in Peace*。有部重要传记必须要提，那便是 John W. Dower, *Empire and Aftermath: Yoshida Shigeru and the Japanese Empire, 1878–1954* (Cambridge, Mass.: Harvard University Press, 1979)，吉田茂本人的叙述被翻译成英文，见 *The Yoshida Memoir: The Story of Japan in Crisis* (Boston: Houghton Mifflin, 1962)。

14. Yutaka Kōsai, "The Postwar Japanese Economy, 1945–1970," in *CHJ*, 6:494–537.

15. Gao, "Arisawa Hiromi and His Theory for a Managed Economy."

16. Gao, *Economic Ideology and Japanese Industrial Policy*, p. 20.

注 释　　1015

17. Saburō Ōkita, *Japan's Challenging Years: Reflections on My Lifetime* (Canberra: Australian National University, 1983), pp. 32–33.
18. Ibid., p. 34.
19. Michael Schaller, *The American Occupation of Japan: The Origins of the Cold War in Asia* (New York: Oxford University Press, 1985). 该书专门研究这一转变，重点突出冷战的作用和美国国防部的工作侧重点。
20. 此处走马观花地讨论一下，细致研究见 Andrew Gordon, ed., *Postwar Japan as History* (Berkeley: University of California Press, 1993)。
21. 外交官约翰·艾默生（John K. Emmerson）被分派到三井银行大楼的一间办公室，当他搬进去的时候，三井一位主管刚好要走："转身出门前，他犹豫了一下，然后指着墙上日本那幅'大东亚共荣圈'的地图：'这里，'他笑着说，'我们试过了。看看你们能做什么。'" *The Japanese Thread: A Life in the U.S. Foreign Service* (New York: Holt, Rinehart, and Winston, 1978), p. 256。
22. Hata, *Hirohito Tennō itsutsu no ketsudan*, and Toyoshita Haruhiko, "Japanese Peace Negotiations and 'Double Diplomacy,' " paper presented at "Social Change and International Affairs," Paris, December 1994.
23. Yoshida, *The Yoshida Memoirs*, p. 4.
24. 关于我所谈论的"吉田教义"，见 Kenneth B. Pyle, *The Japanese Question: Power and Purpose in a New Era* (Washington, D.C.: American Enterprise Institute, 1992).
25. 参见 Herbert Passin, "Modernization and the Japanese Intellectual: Some Comparative Observations" in Jansen, *Changing Japanese Attitudes toward Modernization*, pp. 425–446.
26. Masaru Tamamoto, "Unwanted Peace: Japanese Intellectuals in American Occupied Japan, 1948–1952" (Ph.D. dissertation, Johns Hopkins University, 1988).
27. 关于这些事件，公认说法见 George R. Packard, *Protest in Tokyo: The Security Treaty Crisis of 1960* (Princeton: Princeton University Press, 1966)。
28. Irmela Hijiya-Kirchnereit in Richard Bowring and Peter Kornicke, eds., *Cambridge Encyclopedia of Japan* (Cambridge: Cambridge University Press, 1993), p. 145.
29. 两本著作的英译本见 Edward G. Seidensticker, *Makioka Sisters* (New York: Knopf, 1957) and *Snow Country* (New York: Knopf, 1956)。
30. Ōoka Shōhei, *Taken Captive: A Japanese POW's Story*, trans. Wayne P. Lammers (New York: John Wiley, 1996)。
31. 对三岛这个奇怪男人的研究，见 John Nathan, *Mishima: A Biography* (Boston: Little, Brown and Co., 1974)。
32. 关于天理教，见 Henry van Staelen, *The Religion of Divine Wisdom: Japan's Most Powerful Religious Movement* (Kyoto: Veritas Shoin, 1957)；关于黑住教，见 Helen Hardacre, *Kurozumikyō and the New Religions of Japan* (Princeton: Princeton University Press, 1986)。
33. 关于灵友会，见 Helen Hardacre, *Lay Buddhism in Contemporary Japan: Reiyūkai yōdan* (Princeton: Princeton University Press, 1984)。关于创价学会，见 James W. White, *The Soka Gakkai and Mass Society* (Stanford: Stanford University Press, 1970), and Noah S. Brannen, *Soka Gakkai: Japan's Militant Buddhists* (Richmond, Va.: John Knox, 1968)。

34. Helen Hardacre, in Bowring and Kornicke, *Cambridge Encyclopedia of Japan*, p. 177.
35. 这方面的全面叙述，参见 Joseph L. Anderson and Donald Richie, *The Japanese Film*, expanded edition (Princeton: Princeton University Press, 1982)。

第二十章　主权恢复之后

1. 和田（1903—1967）在战后政坛上扮演了重要角色。当选参议院议员后，他出任第一届吉田内阁的农林大臣，负责推行土地改革计划。他还采取措施解决粮食危机。片山内阁上台后，和田改属日本社会党，担任经济安定本部总务长官，随之和社会党左翼关联起来。
2. "1955 年体制"已经被众多政治学学者研究过，相关著作之多，在此无法一一列出。唯一要提的一本是升味准之辅的权威之作《现代政治》两卷（东京：东京大学出版会，1985），英译本见 Lonny E. Carlile, *Contemporary Politics in Japan* (Berkeley: University of California Press, 1995)。
3. 相关图表及众多细节，见 Masumi, *Contemporary Politics*, pp. 205ff。
4. 关于这项计划的摘要，见 T. J. Pempel, *Party Politics in Japan: Creative Conservatism* (Philadelphia: Temple University Press, 1982), pp. 78ff。
5. Gerald L. Curtis, *Election Campaigning Japanese Style* (New York: Columbia University Press, 1972). 该书对某个地方政客所做的研究十分有趣。
6. 这一点参见 Kent Calder, *Crisis and Compensation: Public Policy and Political Stability in Japan, 1949–1980* (Princeton: Princeton University Press, 1988)。
7. Chalmers Johnson, *MITI and the Japanese Miracle* (Stanford: Stanford University Press, 1982).
8. Garon, *Molding Japanese Minds* 专门研究了这一块。
9. Yutaka Kōsai, "The Postwar Japanese Economy, 1945–1975," in *CHJ*, 6:518ff.
10. 这方面写得最好的历史著述是 Michael A. Cusumano, *The Japanese Automobile Industry, Technology, and Management: Nissan and Toyota* (Cambridge, Mass.: Harvard University Press, 1985)。
11. William N. Tsutsui, "W. Edwards Deming and the Origins of Quality Control in Japan," *Journal of Japanese Studies* (Summer 1996): 295–326, and Tsutsui, *Manufacturing Ideology: Scientific Management in Twentieth-Century Japan* (Princeton: Princeton University Press, 1998).
12. Johnson, *MITI and the Japanese Miracle* 是这方面的核心著作。另见 David Williams, *Japan and the Emergence of Open Political Science* (London: Routledge, 1996)。
13. Yasusuke Murakami, *An Anticlassical Political and Economic Analysis: A Vision for the Next Century*, trans. Kozo Yamamura (Stanford: Stanford University Press, 1996).
14. Ezra Vogel, *Japan as Number One: Lessons for America* (Cambridge, Mass.: Harvard University Press, 1979)，对此表示高度赞赏；与之形成鲜明对比的是 Karl van Wolferen, *The Enigma of Japanese Power: People and Politics in a Stateless Nation* (London: Macmillan, 1989)，作者隐约察觉到那些身穿深色制服的东京大学毕业生在部署某个阴谋。
15. Paul Krugman, "The Myth of Asia's Miracle," *Foreign Affairs* (November/December 1994),

以及其他地方发表的文献。更详细的日俄比较研究，见 Cyril E. Black, Marius B. Jansen, Herbert S. Levine, Marion J. Levy Jr., Henry Rosovsky, Gilbert Rozman, Henry D. Smith II, and F. Fredrick Starr, *The Modernization of Japan and Russia* (New York: Free Press, 1975)。

16. 参见 Bai Gao, *Economic Ideology and Japanese Industrial Policy*, 作者将"私人"组织和"公共"政策形成联系起来；在 Kent Calder, *Strategic Capitalism: Private Business and Public Purpose in Japanese Industrial Finance* (Princeton: Princeton University Press, 1993) 中, 作者试图找到一个中间点；Daniel I. Okimoto, *Between MITI and the Market: Japanese Industrial Policy for High Technology* (Stanford: Stanford University Press, 1988)；最后是分别由山村耕造与安场保吉、猪口孝与丹尼尔·冲本（Daniel Okimoto）、冈本隼平与亨利·罗索夫斯基（Henry Rosovsky）主编的三部著作：*The Political Economy of Japan: The Domestic Transformation* (I), *The Changing International Context* (II), and *Cultural and Social Dynamics* (III) (Stanford: Stanford University Press, 1989, 1990, and 1992)。

17. 令人心酸的是，过去——现在也是——寺院和墓地有专门为被引产或流产的婴儿打造的"水子"，相关讨论见 William LaFleur in *Liquid Life: Abortion and Buddhism in Japan* (Princeton: Princeton University Press, 1992)。奇怪的是，日本不像美国那样激烈讨论生命起源问题，但在器官移植牵涉到的生命终结问题上却有大量争论。

18. Takekazu Ogura, *Can Japanese Agriculture Survive?* (Tokyo: Agricultural Policy Research Center, 1980)。

19. 一位记者通过业余体验农场工人的工作，为我们提供第一手的材料，见 Satoshi Kamata, *Japan in the Passing Lane: An Inside Account of Life in a Japanese Auto Factory* (New York: Pantheon, 1982)。

20. William W. Kelly, "Rationalization and Nostalgia: Cultural Dynamics of New Middle-Class Japan." *American Ethnologist*, 13, 4 (November 1986)。

21. John F. Embree, *Suye Mura: A Japanese Village* (Chicago: University of Chicago Press, 1939); Ushijima Morimitsu, *Henbo suru Suemura* (Kyoto: Mineruva Shobō, 1971), and *Suemura, 1935–1985* (Tokyo: Nihon Keizai Hyōronsha, 1988)。

22. Rozman, *Urban Networks in Ch'ing China and Tokugawa Japan*。

23. 参见 David M. Bayley, *Forces of Order: Police Behavior in Japan and the United States* (Berkeley: University of California Press, 1976)。

24. Sheldon Garon and Mike Mochizuki, "Negotiating Social Contracts," in Gordon, *Postwar Japan as History*, pp. 144–186. 如这两位作者所言，中小型企业中也存在类似考虑，为达到这一目的还专门设立中间机构。

25. 有学者看法乐观，见 Sumiko Iwao, *The Japanese Woman: Traditional Image and Changing Reality* (New York: Free Press, 1993)。

26. Thomas Rohlen, *Japan's High Schools* (Berkeley: University of California Press, 1983).

27. 关于裕仁晚年种种模棱两可的地方，参见 Norma Field, *In the Realm of a Dying Emperor* (New York: Pantheon Books, 1991), and Thomas Crump, *The Death of an Emperor: Japan at the Crossroads* (New York: Oxford University Press, 1991)。

图片出处

1. Sekigahara screen, Osaka Municipal Art Museum.
2. Nagashino screen, Naruse Collection. 复制于 *Nihon no kinsei*, vol. 4 (Tokyo: ChūōKōron, 1992), pl. 1.
3. *Genshoku Nihon no bijutsu*, vol. 10, *Shiro to Shoin* (Tokyo: Shogakukan, 1968), pp. 12-13.
4. 作者收藏。
5. Nagasaki Deshima Historical Association, *Deshima: Its Pictorial Heritage* (Tokyo: ChūōKōron, 1987), pl. 10.
6. 作者收藏的照片。
7. Woodcut from Masahiro Murai, *Tanki Yōryaku* (A single horseman: Summary on how to wear armor), 2nd ed. (1837). The Metropolitan Museum of Art, The Bashford Dean Memorial Collection.
8. *Nōgyō zensho*; Princeton University, Gest Oriental Library and East Asian Collections.
9. Hikone screen, Hikone Castle Art Museum.
10. Neil Skene Smith, "Materials on Japanese Social and Economic History: Tokugawa Japan," Asiatic Society of Japan, *Transactions*, 2nd ser., 14 (June 1937, Tokyo): 84. (Hereafter TASJ.)
11. Engelbert Kaempfer, *History of Japan*, trans. J. Scheuchzer (Glasgow: James MacLehose, 1906), 3:368.
12. Yamauchi archives, Kōchi.
13. *Jōkamachi ezu shū: Kantō* (Tokyo: Shōwa reibunsha, 1981), n.p.
14. *TASJ* 1937, p. 52.
15. 作者收藏。
16. *Edo meisho zu byōbu* (Tokyo: Mainichi shinbunsha, 1972), "Hakkoku issō."
17. *TASJ* 1937, p. 155.

18. *TASJ* 1937, p. 127.
19. 作者收藏的照片。
20. 复制于 *Nihon no kinsei*, vol. 17 (Tokyo: Chūō Kōron, 1994), pl. 7.
21. Lithograph, U.S. Naval Academy Museum, Annapolis.
22. *Journaal van Dirk de Graeff van Polsbroek*, ed. Herman J. Moeshart (Maastricht, 1987).
23. Meiji Jingu Gaien, Seitoku Kinen Kaigakan, Tokyo.
24. 作者收藏。
25. Meiji Jingu Gaien, Seitoku Kinen Kaigakan, Tokyo.
26. 摄于 San Francisco 并翻印, inter alia, in Kodama Kōta, ed., *Zusetsu Nihon bunka shi taikei* (Tokyo: Shogakukan, 1956).
27. 传记依次为: *Kōshaku Matsukata Masayoshi den* (1935); *Itō Hirobumi den* (1940); *Kōshaku Yamagata Aritomo den* (1933); Ivan Parker Hall, *Mori Arinori* (Cambridge, Mass.: Harvard University Press, 1973), frontispiece; and for Itagaki, Marius B. Jansen, *Sakamoto Ryōma and the Meiji Restoration* (Princeton: Princeton University Press, 1961), n.p.
28. Ienaga Saburō, ed., *Nihon no rekishi*, vol. 6 (Tokyo: Harp shuppan, 1977), p. 21.
29. *Nihon no rekishi*, suppl. vol. 4 (Tokyo: Chūō Kōron, 1967), pp. 144-145.
30. 收藏于 H. Kwan Lau, New York.
31. *Ōkuma Kō hachijū-gonen shi*, vol. 2 (Tokyo, 1926).
32. 作者收藏。
33. 1999 年货币。
34. Jennifer Robertson, *Takarazuka: Sexual Politics and Popular Culture in Modern Japan* (Berkeley: University of California Press; 1998 The Regents of the University of California).
35. Griffith and Patricia Way Collection. Photograph by Eduardo Calderón, courtesy Seattle Art Museum.
36. 作者收藏。
37. Takahara Tomiyasu, ed., *Ichiokunin no Shōwa shi*, vol. 1, *Manshū jihen zengo* (Tokyo: Mainichi, 1974), p. 220.
38. Takahara Tomiyasu, ed., *Ichiokunin no Shōwa shi*, vol. 2, Ni niroku jiken to *Ni-Chūsensō* (Tokyo: Mainichi, 1975), p. 8.
39. Takahara Tomiyasu, ed., *Ichiokunin no Shōwa shi*, vol. 4, *Kūgeki-haisen-hikiage* (Tokyo: Mainichi, 1975), p. 128.
40. 右页上图与下图: *Asahi Graph*, special issue devoted to the emperor's trip to Europe, October 25, 1971.
41. Takahara Tomiyasu, ed., *Ichiokunin no Shōwa shi*, vol. 6, *Dokuritsu, jiritsu e no kunō* (Tokyo: Mainichi, 1976), pp. 8-9.
42. 作者拍摄的照片, 摄于 Yoshida's Ōiso villa in 1961.
43. Takahara Tomiyasu, *Ichiokunin no Shōwa shi*, vol. 7, *Kōdo seichō no kiseki* (Tokyo: Mainichi, 1976), p. 220.

索引

（按汉语拼音顺序排列，页码见本书边码）

E. 希尼·克劳库尔（E. Sydney Crawcour）373, 529–530, 532

MAVO（MAVO）551, 569

R. P. 多尔（R. P. Dore）190, 602

A

阿部次郎《三太郎的日记》（Abe Jirō: Santarō's Diary）549

阿部信行（Abe Nobuyuki）591, 628–629

阿部勇（Abe Isamu）612

阿部正弘（Abe Masahiro）270, 274, 279–284

阿尔伯特·克雷格（Albert M. Craig）38, 340

阿尔伯特·莫塞（Albert Mosse）400

阿尔弗雷德·赛耶·马汉（Alfred Thayer Mahan）437

阿拉伯人（Arabs）64–65, 67, 441, 757

阿礼国（Rutherford Alcock）313

阿里斯蒂德·白里安（Aristide Briand）527

阿弥陀佛信仰（Amida sects）167

阿南惟几（Anami Korechika）659, 662

阿伊努人（Ainu）3, 258–259, 261–262, 267

埃德温·保利（Edwin Pauley）686, 693–694

埃德温·麦克莱伦（Edwin McClellan）481

埃尔温·巴尔茨（Erwin Bälz）335, 460

艾略特（T. S. Eliot）493

爱德华·鲍沃尔—李敦（Edward Bulwer-Lytton）469, 479

爱德华·赛登施蒂克（Edward G. Seidensticker）572

爱因斯坦（Albert Einstein）555, 573

爱知县（Aichi）566

安·瓦斯渥（Ann Waswo）567

安保条约（Security Treaty）702, 704, 707–709, 715, 718–719, 750, 757, 764

安部矶雄（Abe Isō）543, 545

安场保吉（Yasuba Yasukichi）608

安德烈·波格丹诺夫（Andrei Bogdanov）259

安德鲁·弗雷泽（Andrew Fraser）418, 422
安德鲁·戈登（Andrew Gordon）449, 557
安德鲁·杰克逊（Andrew Jackson）275
安东尼奥·冯塔奈吉（Antonio Fontanesi）477
安井息轩（Yasui Sokken）385
安藤信正（Andō Nobumasa）299
安田财阀（Yasuda conglomerate）377, 533
安田善次郎（Yasuda Zenjirō）533
安土城（Azuchi Castle）14, 16–17, 26
安艺（Aki），参见"广岛"条
安政年间（1854–1860）（Ansei era, 1854–1860）285, 293, 295, 297, 299, 329
安重根（An Chung-gun）445
岸信介（Kishi Nobusuke）673, 707–709, 717–719, 750
奥古斯丁会修士（Augustinians）28, 68, 77
奥古斯特·蒙赛（August H. Mounsey）483
奥姆真理教（Aum Shinrikyō cult）713, 745, 751
奥运会（Olympic Games）；东京奥运会 712, 720, 742, 750；长野奥运会 740
澳门（Macao）5, 64, 66–67, 73–74, 79, 88

B

八幡神（战神）（Hachiman, War God）353
八幡制铁所（Yawata steel works）437, 515, 531
巴丹战役（Bataan, battle of）648
《巴黎非战公约》（Pact of Paris）527–528, 583–584
巴黎和会（Paris Peace Conference）517–519, 613, 618, 675–676
巴黎世博会（Paris Exhibition）375–376
巴夏礼（Harry Parkes）315, 335

白虎队（White Tigers）330
白桦（社团）（White Birch Society）573
白莲（Byakuren）554
白木屋（Shirokiya）170
白岩（三田尻商人）（Shiraishi）324
百姓（Hyakushō, farmers）113–116, 119
"班乃岛号"事件（Panay incident）582
坂本龙马（Sakamoto Ryōma）305, 308–311, 326–327, 330, 338, 382, 549, 572
板仓氏（Itakura family）98
板垣退助（Itagaki Taisuke）342, 346–348, 361, 363–364, 369, 371, 377–382, 386–388, 393, 402, 412, 414, 422, 424, 434, 452, 497, 508, 677
板垣征四郎（Itagaki Seishirō）579, 583, 597, 620, 673
版画（Wood-block printing）164–165, 175, 177–179, 181, 241
宝灵（Richard Bowring）481–482
宝冢歌舞剧团（Takarazuka revue）571
《保安条例》（Peace Preservation Ordinance）401
保罗·克鲁格曼（Paul Krugman）736–737
报国会（Hōkoku associations）645
《报知新闻》（Hōchi shinbun）506
北白川宫能久亲王（Kitashirakawa, Prince）662
北村透谷（Kitamura Tōkoku）490
北冈新一（Kitaoka Shin'ichi）600
北海道（虾夷）（Hokkaido, Ezo）49, 93, 129, 237, 258–263, 278, 284, 286, 291, 312, 321, 355, 361, 363, 381, 384, 465, 467, 586, 589, 667, 722, 753
北京（Beijing, Peking）19, 86, 283, 523–526, 596, 615

索引

北条氏（Hōjō line）3, 30
北野大茶会（Grand Kitano Tea Ceremony）26
北一辉（Kita Ikki）599, 602–603
贝原益轩（Kaibara Ekken）196–198；《女大学》（Onna daigaku）197–198
备前（Bizen），参见"冈山藩"条
本—阿米·史洛尼（Ben-Ami Shillony）602
本百姓（Honbyakushō）113
本多利明（Honda Toshiaki）250–251, 263–264
本杰明·迪斯雷利（Benjamin Disraeli）469, 479
本居宣长（Motoori Norinaga）177, 205–208, 217, 457, 483, 493–494；《古事记》207, 209
本能寺（Honnōji temple）16
本田技研工业（Honda Motor Company, Ltd.）688, 731
本愿寺（Honganji temple）167–168, 217
本阵（Honjin, inns）133, 135
本州（Honshu）42, 85, 134, 261
本庄繁（Honjō Shigeru）582–584, 599, 760
比斯利（W. G. Beasley）313
彼得·杜斯（Peter Duus）543
彼得·克鲁泡特金（Peter Kropotkin）547
彼得大帝（Peter the Great）259
俾斯麦（Otto von Bismarck）335, 390
币原喜重郎（Shidehara Kijurō）502–503, 511, 520, 523–524, 528, 534–536, 563–564, 580–581, 585, 594, 676, 696–697；《日本走向太平洋战争之路》（Japan's Road to the Pacific War）626–627
滨口雄幸（Hamaguchi Osachi）502–504, 510–511, 535–536, 554, 564–565, 580–581, 593
滨田庄司（Hamada Shōji）573–574
兵库县（Hyōgo），参见"神户"条
波茨坦会议/《波茨坦公告》（Potsdam Conference/Declaration）657–660, 665–667, 687, 693
播磨屋（Harima merchant house）117
伯纳德·珀蒂让（Bernard Petitjean）350
布尔什维克党人（Bolsheviks）504, 516–517, 561

C

财阀（Zaibatsu conglomerates）376, 605, 678, 686–688, 692
参勤交代制度（Sankin-kōtai system）39, 53, 56–58, 127–134, 140–141, 147–150, 157, 300, 305
仓田百三《爱与认识的出发》（Kurata Hyakuzō: Setting Out with Love and Understanding）549
曹汝霖（Ts'ao Ju-lin）518
曾根崎殉情（Sonezaki shinjū）184
茶道（Tea ceremony）26–27, 117, 124
查默斯·约翰逊（Chalmers Johnson）726–727, 729
查尔斯·L. 理查森（Charles L. Richardson）300, 303, 314–315
查尔斯·凯迪斯（Charles L. Kades）695
查尔斯·威洛比（Charles A. Willoughby）678, 699
禅宗（Zen Buddhism）88–89, 161, 176, 191–192, 198–199, 201, 216–217, 219, 221, 550–551
产业报国会（Sangyō hōkuku kai organization）609

长冈城（Nagaoka Castle）231
长井雅乐（Nagai Uta）298
长崎（Nagasaki）117, 128–129, 135, 142, 161, 163–164, 196, 262, 270–271, 313, 324, 372, 382, 394, 733；长崎与对外贸易（and foreign trade）28, 49, 59, 63–64, 67–69, 71–73, 75, 77–93, 124, 131–132, 208–214, 241, 244, 252, 257, 260, 263–267, 273–278, 283, 286–287, 289, 291, 309, 316, 319–320；长崎与传教士（and missionaries）28, 67–68, 77, 350, 355, 463；长崎原子弹爆炸（atomic bombing of）649, 657, 659, 664
长篠之战（Nagashino, battle of）12
长野（Nagano）589
长野冬季奥运会（Nagano Olympic Games）740
长野主膳（Nagano Shuzen）285, 299
长塚节《土》（Nagatsuka Takashi: *The Soil*）489
长州藩（Chōshū）38, 133, 149, 245, 290, 292–293, 463, 474, 497–498, 501, 504, 524, 592–593, 595, 600；对抗德川幕府的统治（antagonism toward Tokugawa rule）50, 251–254, 256, 297–298, 301；明治维新期间的角色（role in Meiji Restoration）303–316, 324–325, 328–330, 334, 337–341, 344–349, 351, 355–356, 368–369；明治期间的重要地位（importance during Meiji period）371, 373, 381, 385, 389–390, 393, 396–397, 399, 405, 412, 415, 417, 419, 435, 452
长宗我部（Chōsokabe）51–53
场所贸易体制（*Basho* system of trade）258, 261–262

朝圣（Pilgrimages）140, 218–219
朝廷（封建时期）（Court, imperial: feudal period）3, 14, 24；德川时期（Tokugawa period）35–37, 39, 48, 62, 97–101, 166, 204, 227, 284–285, 295, 298–303, 305, 307, 309–312, 322, 327, 331；明治时期（Meiji period）334, 336, 342–343, 346–347, 364–365, 391
朝尾直弘（Asao Naohiro）9
朝鲜（Korea）79, 92, 94, 129, 194, 199, 262, 266, 335, 389；日朝贸易（Japanese trade with）4, 8, 86–87；丰臣秀吉入侵朝鲜（Hideyoshi's invasion of）19–21, 27, 51, 66, 68, 192; 朝鲜文化（culture of）27, 89, 158, 162, 164, 179, 192, 214, 573–574；德川时代的对朝政策（Tokugawa policy toward）68–72, 86；明治时期的对朝政策（Meiji policy toward）362–363, 369, 377–378, 423–427, 429–437, 439–447, 452, 497；日本吞并朝鲜（Japanese annexation of）441–446, 492, 498；20 世纪初（early 20th century）506, 512–514, 517–518, 532, 555, 574, 586, 604, 608, 610–611；第二次世界大战（World War II）645, 655–656, 665, 669, 674；战后（postwar）681, 696；朝鲜民主主义人民共和国（North Korea）702, 763–765；大韩民国（South Korea）703, 709, 717, 727, 733, 750, 753, 755, 757, 763–765；朝鲜战争（Korean War）696, 699, 701–703, 715, 717, 722, 727, 731, 745, 755, 759
朝鲜高宗（Kojong, King/Emperor）435–436, 441–444, 517
成田国际机场（Narita International Airport）233

索引

城堡（Castles）14–17, 25–26, 30, 36–37, 55, 142
城市化（Urbanization）127–128, 141–158, 166–175, 179–180, 245–246, 447, 568–574, 737–738, 741–742。另参见具体城市条目
城市火灾（Fires, urban）151–153, 223, 250, 373
城下町（Castle towns）121, 127–146, 154, 157, 159–161, 166–167, 193。另参见"城市化"条
澄江·琼斯（Sumie Jones）200
池大雅（Ike no Taiga）90
池田成彬（Ikeda Seihin）623
池田光政（Ikeda Mitsumasa）193–194, 350
池田勇人（Ikeda Hayato）709, 717–720, 725, 739
齿舞岛（Habomai Island）722, 753, 758
赤坂（Akasaka district）182
赤坂离宫（Akasaka Palace）478
《赤旗报》（Akahata）711
赤松克麿（Akamatsu Katsumaro）545
赤松要（Kaname Akamatsu）755
赤穗（Akō）185
冲绳（Okinawa）90, 183, 214, 262, 266, 274, 368, 423, 574；早期与日本的关系（early relations with Japan）19–20；日本的占领；贸易（Japanese seizure of）168, 252, 278, 320；美国的控制（U.S. control of）277, 700–702, 720, 753, 757, 760, 764；第二次世界大战（World War II）651, 655–656, 659, 664–665
崇传（Sūden）201
出岛（Deshima）63, 67, 75, 80, 83–85, 87, 91, 138, 211, 264–265, 267, 273, 287–288
川端康成（Kawabata Yasunari）710–711；《雪国》（Snow Country）710
川崎重工（Kawasaki company）534, 560, 727–728
川上操六（Kawakami Sōroku）400
川上冬崖（Kawakami Tōgai）477
传教士（Missionaries）5, 28–29, 66–68, 74–79, 567, 274, 350, 355, 463–464
创价学会（Sōka Gakkai sect）645, 712, 723, 749
茨城（Ibaraki）606
慈云尊者（饮光）（Jiun Sonja, Onkō）217
"亚种姓"群体（Subcaste groups）121–123, 459
村山富市（Murayama Tomiichi）717–718, 722
村山知义（Murayama Tomoyoshi）551
村田清风（Murata Seifū）254

D

达伽马（Vasco da Gama）67
达米恩·波莫尔采夫（Damian Pomortsev, 日文名为"权藏"）259
大阪（大坂）（Osaka）47, 49, 52, 59, 71, 82, 122, 159, 164, 178–179, 183, 188, 225, 236, 245–246, 248–249, 254–255, 259, 283, 296, 301, 312, 324, 379–380, 447；早期的重要政治地位（early political importance）11, 16, 30–31, 33, 35–37, 55–56, 75–76, 86, 129；大阪的商业发展（commercial development of）72, 117, 120, 141, 143–145, 166, 168–170, 172, 180, 223, 237–239, 242, 252, 258, 299, 314, 373；20世纪的大阪（in 20th century）501, 540, 556, 568, 572, 650, 741–742
大藏省（Ministry of Finance）453, 502, 525,

534–536, 564, 581, 591, 606, 725, 729, 751–752

大藏永常（Ōkura Nagatsune）209

大尝祭（Daijōsai ceremony）99

大城（Ayuthia）68

大川周明（Ōkawa Shūmei）580, 602, 673

大村纯忠（Ōmura Sumitada）28

"大东亚共荣圈"（"Greater East Asia Co-Prosperity Sphere"）633, 637, 642, 648–649, 674, 733

大冈升平（Ōoka Shōhei）710

大冈忠相（Ōoka Tadasuke）154

大槻玄泽（Ōtsuki Gentaku）212, 262, 384

大国隆正（Ōkuni Takamasa）351–352

大和绘（Yamato painting）458

大河内辉声（Ōkōchi Teruna）364–365

大化改新（Taika Reform）100

大江健三郎（Ōe Kanzaburō）:《广岛札记》（*Hiroshima Notes*）711；《个人的体验》（*Personal Matter*）711

"大教宣布"运动（Daikyō, Great Promulgation campaign）354

大井河（Ōi River）139

大井宪太郎（Ōi Kentarō）429

大井左马允（Ōi Samanojō）9

大久保利通（Ōkubo Toshimichi）311, 334, 340–341, 347, 355–356, 358, 364–365, 369–372, 379, 389–390, 420, 592, 675

大来佐武郎（Ōkita Saburo）664–665, 691–694, 726

大连（Dairen）433, 446, 525, 578, 588

大名：新势力的崛起（Daimyo: new powers of）9–11；丰臣秀吉体制下的大名（under Hideyoshi's system）21–23；皈依基督教的大名（converts to Christianity）28–29, 67, 77；德川统治下的大名（under Tokugawa rule）33–35, 37–43, 47–50, 52–60, 69, 75–78, 99, 104–106, 108, 117, 121, 125–134, 139, 143–144, 147–150, 167–168, 225, 227–228, 231, 234, 238–240, 244, 246–247, 250–251, 254–255, 280–281, 285–286, 296–306, 310–312, 324, 331；江户藩邸（residence in Edo）39, 53, 56–58, 127–134, 140–141, 147–150, 157, 300, 305；明治时期的大名（under Meiji rule）334, 339–342, 345–346, 348, 364–365, 391

大内兵卫（Ōuchi Hyōei）612

大平正芳（Ōhira Masayoshi）717–718, 725–726

大浦（Ōura）350

《大日本帝国宪法》（1889年）(Constitution of 1889) 335, 359, 379, 381–383, 386–387, 389, 391, 393–394, 410, 414–418, 426, 428–429, 454, 467, 496, 543–544, 590, 592, 614, 670–671, 684, 686, 709

大日本联合妇人会（Greater Japan Federation of Women's Associations）646

《大日本史》（*History of Great Japan, Dai Nihonshi*）193, 203–205

大杉荣（Ōsugi Sakae）505–506, 560, 581

大庭修（Ōba Osamu）87

大同团结（Daidō Danketsu alliance）394, 428

大隈重信（Ōkuma Shigenobu）355, 361, 373, 381–382, 388, 390, 393–394, 405, 408, 419–420, 422, 425, 428, 438, 448, 452, 454, 477, 485–486, 497, 500–503, 510, 513, 515–516, 561, 604

《大西洋宪章》（Atlantic Charter）637

大萧条（Great Depression）567–568, 627

索引

《大学》（Great Learning）160
大盐平八郎（Ōshio Heihachirō）223, 236, 248–250, 296
大垣城（Ōgaki Castle）1
大原重德（Ōhara Shigetomi）300
大院君（Taewon'gun）425–426, 434–436
大正时代（1912—1926）（Taishō era, 1912–1926）495, 500, 507, 533, 537, 540, 542, 545, 549–550, 552, 554, 559, 572, 577, 591, 593, 706, 716, 759
大政翼赞会（Imperial Rule Assistance Association, Taisei yokusan kai）618, 624, 631–632, 644–645
戴明（W. Edwards Deming）478, 733, 746
戴维·豪威尔（David Howell）121–122
戴维·默里（David Murray）357
丹下健三（Tange Kenzō）720
《当世风俗通》（"Essence of Current Fashions"）229
岛津家久（Shimazu Iehisa）35
岛津久光（Shimazu Hisamitsu）304, 364
岛津氏（Shimazu）18, 23, 100, 130, 227, 534
岛津义弘（Shimazu Yoshihiro）34–35
岛井宗室（Shimai Sōshitsu）174
岛崎藤村（Shimazaki Tōson）479；《黎明之前》（Yoake mae）323, 353, 374, 482
岛原（Shimabara district）180
岛原之乱（Shimabara Rebellion）67, 77, 80, 106
道格拉斯·麦克阿瑟，将军（Douglas MacArthur, general）528, 632, 650, 666–670, 676–681, 683, 685–687, 689–690, 698–701, 745, 761–762
道格拉斯·麦克阿瑟，美国驻日大使（Douglas MacArthur, ambassador）719

道教（Taoism）150, 192, 203, 206, 380
稻叶秀三（Inaba Hidezō）692, 694
德川纲吉（Tokugawa Tsunayoshi）44–46, 54–55, 83, 88–89, 99, 120, 170, 175, 185, 188, 194, 198, 200, 205
德川光圀（Tokugawa Mitsukuni）193, 350
德川吉宗（Tokugawa Yoshimune）43–44, 46–47, 59, 71, 90–91, 154, 188, 198, 200–201, 205, 211, 237–241, 253–254, 265
德川家达（Tokugawa Iesato）520
德川家定（Tokugawa Iesada）44, 282–284, 331
德川家纲（Tokugawa Ietsuna）44, 46, 54, 88
德川家光（Tokugawa Iemitsu）43–45, 48, 54, 56–57, 77, 80, 129–130, 162, 168, 182, 231, 237, 300
德川家继（Tokugawa Ietsugu）44
德川家康（松平元康）（Tokugawa Ieyasu, Matsudaira Motoyasu）19, 24, 27, 98, 108–109, 119–120, 146, 153, 160, 227, 237, 258, 296；崛起之路（rise to power）1, 12, 17, 29–31, 128；夺权（taking control）33–37, 134；与幕府的关系（and bakufu）43–46, 48, 54–55, 58；与大名的关系（and daimyo）51–52, 54–55, 58, 117, 129, 254；对外政策（foreign policy）67–69, 72, 74–76, 78, 82, 85–86, 93；家康之墓（日光东照宫）（tomb at Nikkō）99, 161–162, 351, 353；与佛教的关系（and Buddhism）192, 200–202, 216
德川家茂（Tokugawa Iemochi）44, 282, 284–285, 290, 296, 299–301, 307, 311, 331
德川家齐（Tokugawa Ienari）44, 46–47, 59, 227, 231, 241–242, 250, 253
德川家庆（Tokugawa Ieyoshi）44

德川家宣（Tokugawa Ienobu）44, 193

德川家治（Tokugawa Ieharu）44, 46

德川家重（Tokugawa Ieshige）44

德川幕府（Tokugawa shogunate）1–3, 21, 23–24, 28, 31, 333, 339, 342–343, 346, 348, 350, 353, 355, 362, 365–368, 373–374, 377, 383, 386, 389, 392, 402, 412, 416, 424, 447, 455, 457, 460–462, 471, 473–474, 476, 479, 482–484, 489, 530, 555–556, 559, 568, 572–573, 672, 748, 752, 762；德川幕府治下的国家（state under）32–62；大名的角色（role of daimyo）33–35, 37–43, 47–50, 52–60, 69, 75–78, 99, 104–106, 108, 117, 121, 125–134, 139–141, 143–144, 147–150, 157, 167–168, 225, 227–228, 231, 234, 238–240, 244, 246–247, 250–251, 254–255, 280–281, 285–286, 296–306, 310–312, 324, 331；与朝廷的关系（and imperial court）35–37, 39, 48, 62, 97–101, 166, 204, 227, 284–285, 295, 298–303, 305, 307, 309–312, 322, 327, 331；天皇的角色（role of emperor）36, 62, 97–101, 125, 284–285, 295–297, 301–303, 310, 331–332, 336；武士的角色（role of samurai）38–39, 48, 50, 52–53, 56, 60, 77, 93, 101–111, 113, 115–118, 124, 130, 140, 143, 147, 149–150, 152–154, 157, 159–161, 163, 166, 169–170, 180–182, 184–186, 188–189, 193–194, 198, 203, 221, 225, 229–230, 237, 241, 243–246, 251, 255, 261, 271, 280, 284, 289, 293, 295, 298, 303–305, 309, 317, 322, 324, 327, 330, 399；藩的地位（status of domains）49–60, 125–126, 195, 227, 234, 255–256, 290, 308, 320, 324；农业（agriculture）52, 103–104, 111–116, 124, 209, 218, 224–226, 228–229, 234–237, 239, 247, 252, 255；对外贸易（foreign trade）60, 63–64, 68–75, 78–91, 94, 117, 241, 244, 257, 260–264, 274–275, 278, 280–281, 283, 313–316；对外政策（foreign policy）63–95, 257–293；宗教（religion）96–98, 187–189, 215–222；身份群体（status groups）96–126；城市化与各地通讯（urbanization/communications）127–158；文化（culture）159–222；教育（education）160, 163, 165–166, 187–191, 197–215, 238, 243–244, 291–292, 318；改革（reforms）223–256；倒台（fall of）294–332。另参见"幕府官僚体制"条

德川齐昭（Tokugawa Nariaki）109, 247, 280–288, 295–296, 304, 317, 351

德川庆喜（Tokugawa Yoshinobu, Keiki）44, 282, 284–285, 296, 299, 301, 305, 307, 310, 312, 319, 331, 334

德川氏（Tokugawa family）11, 29, 37, 42, 45

德川秀忠（Tokugawa Hidetada）31, 34–35, 43–44, 48, 54–56, 69, 72, 75, 78, 100, 161, 202

德富芦花（Tokutomi Roka）491；《回忆》（Omoide no ki）470

德富猪一郎（苏峰）（Tokutomi Iichirō, Sohō）430, 470–472, 487, 513, 605, 641–642, 644–645, 744；《将来之日本》（The Future Japan）471；《新日本之青年》（Youth in the New Japan）96–97, 126, 404, 548–549

德国（Germany）316, 467, 577, 613, 757；德国研究（study of）335, 346, 360–361, 390–391, 397, 400–401, 412, 475, 484, 550, 561；明治时期的对德政策（Meiji

索引

policy toward）433, 438, 515；"二战"时期作为盟国的德国（World War II ally）453, 616–617, 622–623, 625–629, 632–633, 635–637, 640, 649, 651, 657, 667, 670, 672–673；"一战"时期作为敌国的德国（as World War I enemy）517–519, 521, 569, 614

德山藩（Tokuyama）143

地方改良运动（Local Improvement Movement）488, 531

邓小平（Teng Hsiao-p'ing）622

堤康次郎（Tsutsumi Yasujirō）572

迪尔克·德格雷夫·范波尔斯布鲁克（Dirk de Graeff van Polsbroek）132–133, 141–142

迪安·艾奇逊（Dean Acheson）701

荻生徂徠（Ogyū Sorai）63–64, 89, 198–206, 210, 212, 217, 238, 240, 243, 262–263, 482–483, 493

帝国大学（Imperial University）参见"东京大学"条

帝国陆海军（皇军）（Imperial Army and Navy）310；其创建（creation of）366, 395–401；明治时期（Meiji period）440, 447, 449, 452–453；20世纪初（early 20th century）525–526, 531, 535；侵华战争（China War）579, 582–584, 586, 590–600, 616, 622, 624；第二次世界大战（World War II）630, 633–637, 640, 642–643, 647–650, 656, 662, 664, 667–668。还可参见"关东军""自卫队"条

帝国在乡军人（Imperial Reservists）566

帝国在乡军人会（Imperial Military Reserve Association）489

帝政党（Teiseitō party, Imperial Party）382

第二次世界大战（World War II）94, 258, 334, 416, 453–454, 471, 492, 526, 528, 587, 616, 625–674, 733, 753, 759–761

第乌（Diu）65, 67

第一次世界大战（World War I）439–440, 492, 495–496, 508, 512, 516–517, 531, 537, 541, 555, 557, 559–560, 566, 569, 574, 579, 593–594, 614, 634

电影院（Cinema）572, 713–714

佃农（Tenant farmers）113–114, 564–567, 682

淀屋（商号）（Yodoya merchant house）120, 170

雕塑（Sculpture）161–162, 476

调所广乡（Zusho Hirosato）252

町（城市街区划分）（Chō, municipal units）147, 150–151, 154–155

町人（Chōnin, townsmen）116–121, 147

东禅寺（Tōzenji）314

东大寺（Tōji temple）71

东海道（Tōkaidō highway）82, 131, 134–135, 138–139, 142, 324, 644, 741

东京（旧名江户）（Tokyo, Edo）30, 32, 34, 39, 42, 51–52；江户的大名宅邸（daimyo residence in）39, 53, 56–58, 127–134, 140–141, 147–150, 157, 300, 305；幕府对江户的管控（bakufu control of）45–49, 55–58, 61；对外关系（and foreign relations）63, 69, 71–72, 78, 82, 86, 92, 260, 263, 267–268, 278–279, 283–284, 286, 288, 291–293, 428, 447–449；身份群体（status groups）98–100, 103, 108–109, 117, 119, 122, 124；城市发展（urban development）127–131, 133–134, 139–141, 143–158；大众文化（mass culture）159–161, 163–164, 166–168, 170, 172, 175–176, 179–182, 459, 462, 478, 488, 494, 537–541, 551, 553, 556, 568–569, 571–573；教育与学术（education/scholarship）193, 195–196, 199–200, 206, 211–212, 513；宗教（religion）216, 218；抗议与改革（protests/reforms）224–225, 227, 229–231, 233, 239, 241–242, 246–247, 251–255；德川幕府倒台之际（during Tokugawa fall）296–301, 305–307, 309, 314, 323–324, 326–327, 329, 331；明治时期（during Meiji period）337, 340–342, 347, 370, 374, 382, 401；第二次世界大战（during World War II）649–650, 692；20世纪晚期（late 20th century）708–709, 713, 715, 741–742, 744–745

东京奥运会（Tokyo Olympic Games）712, 720, 742, 750

东京大地震（Tokyo earthquake）496, 532–533, 536, 551, 560, 569, 578, 760

东京大学（旧帝国大学）（Tokyo University, Imperial University）147, 408–409, 453, 480, 483–484, 486, 493, 540–547, 550, 601, 603, 612–614, 675, 680, 691, 748

东京警视厅（Tokyo Metropolitan Police）401

东久迩宫稔彦王（Higashikuni Naruhiko）670, 676, 696–697

东南亚国家联盟（简称"东盟"）（Association of Southeast Asian Nations）755, 763

东条英机（Tōjō Hideki）591, 600, 619, 637, 639, 645–646, 650, 668, 673, 708, 718, 760–761

东条英教（Tōjō Eikyō）405

东乡茂德（Tōgō Shigenori）639, 654

东乡平八郎（Tōgō Heihachirō）440, 664

东学党起义（Tong-hak movement）430–431

东亚同文书院（East Asian Common Culture Association, Tōa Dōbun Shoin）618

东亚同文书院（Tōa Dōbun Shoin, East Asian Common Culture Association）618

《东洋自由新闻》（Asian Liberal Press）382

《东洋自由新闻》（Toyō jiyū Shinbun, Asian Liberal Press）382

都道府县知事（Governors, of prefectures）345, 348–349, 414

渡边锭太郎（Watanabe Jōtarō）597

渡边华山（Watanabe Kazan）50–51, 268, 270

对马岛（Tsushima）69, 71, 86–87, 129, 362–363

对日委员会（Allied Council for Japan）666–667, 681–682

对外贸易（Trade, foreign）：封建时期（feudal period）4–6, 20, 27–28, 65–67；德川时期（Tokugawa period）60, 63–64, 68–75, 78–91, 94, 117, 241, 244, 257, 260–264, 274–275, 278, 280–281, 283, 313–316；明治时期（Meiji period）343, 374, 376, 427；20世纪初（early 20th century）605–606, 608；20世纪晚期（late 20th century）695–696, 703, 727, 729–734, 755–756

多明我会修士（Dominicans）28, 68

堕胎（Abortion）226, 230, 738

E

俄国（Russia）266, 286, 313, 316, 384, 426；俄国对千岛群岛和北海道的兴趣（interest

索引

in Kurils and Hokkaido），见 93, 257–264, 361–363, 423；日俄贸易（trade with Japan），见 278, 283–284；明治时期日本的对俄政策（Meiji policy toward），见 335, 361–363, 413, 420, 433, 436–442；20 世纪初的俄国（early 20th century），见 512, 514–517, 544；1990 年以来的俄国（since 1990），见 722, 758, 763–765。另参见"苏联"条目

俄国革命（Russian Revolution）504, 516–517, 545, 561

俄美公司（Russian-American Company）260

厄内斯特·费诺罗萨（Ernest Fenollosa）478–479, 733

恩格尔伯特·坎普费（Engelbert Kaempfer）88, 128, 175, 211；《日本史》83–85, 91, 131–132, 138–139

儿岛高德（Kojima Takanori）484

儿玉誉士夫（Kodama Yoshio）673

"二十一条"（Twenty-one Demands）501, 515–517, 531, 563, 578, 593

二条城（Nijō Castle）14–15, 26, 35, 119, 161, 168, 311

二叶亭四迷《浮云》（Futabatei Shimmei: *Ukigumo*）474, 479

F

发达国家集团（Group of Developed Nations）716, 759

法国（France）93, 105, 212, 264, 303, 333, 335, 363, 375–376, 382, 476；法国研究（study of）266, 306–308, 319–320, 360, 397, 401, 403；对华贸易（trade with China）274, 283, 313, 315–316；对日贸易（trade with Japan）301；法国传教士（missionaries from）350；明治时期的对法政策（Meiji policy toward）433, 438, 449；20 世纪初（early 20th century）516, 520, 527, 625, 628

法隆寺（Hōryūji temple）119

法务省（前身为"司法省"）（Ministry of Justice）427, 496, 505, 561–563, 645, 725

蕃书调所（Bansho Shirabesho, Institute for the Study of Barbarian Books）318, 321

藩：德川时期（Domains, *han*: Tokugawa period）49–60, 125–126, 195, 227, 234, 255–256, 290, 308, 320, 324；明治时期（Meiji period）340–343, 345–349, 361, 368, 473。另参见"谱代大名""外样大名"条

《凡尔赛和约》（Versailles, Treaty of）517–519

《反共产国际协定》（Anti-Comintern Pact）616, 619, 622, 625, 627, 632

方广寺（Hōkōji temple）119

方济会修士（Franciscans）67–68, 74, 76

非人（*Hinim*, subcaste group）123

菲利普·弗朗茨·冯·西博尔德（Philipp Franz von Siebold）84, 92, 197, 267–268, 477

菲利普·弗朗西斯科（支仓常长的教名，Philip Francisco）76

菲律宾（Philippines）5, 19–20, 65–66, 73–74, 87–88, 92, 436, 442–443, 608, 638, 647–648, 650–651

肥前藩（Hizen），参见"佐贺藩"条

腓力二世（Philip II）67, 73

斐迪南·麦哲伦（Ferdinand Magellan）65

废藩置县（Haihan chiken）348–349

丰臣秀次（Toyotomi Hidetsugu）18–19
丰臣秀吉（Toyotomi Hideyoshi）17–24, 26–31, 33–35, 37, 51–52, 66–70, 74–76, 85, 98, 104, 111, 117, 119, 121, 129, 142, 146, 161, 163–164, 166–168, 192, 216, 345
丰臣秀赖（Toyotomi Hideyori）30–31, 34–37, 75
丰田汽车公司（Toyota Motor Corporation）688, 730–731
风见章（Kazami Akira）614
封建主义（Feudalism）8–11, 16, 18, 21, 28, 32–33, 38–39, 50, 96, 111, 120, 125, 127–130, 185, 222, 245, 255, 293, 298, 335–336, 338, 343, 468, 677, 684
奉公人（Hōkōnin）170, 173, 175
奉天（沈阳旧称）（Mukden）440, 582, 760
夫役（Buyaku, forced labor）121, 125, 232
弗兰克·凯洛格（Frank Kellogg）527
弗朗西斯·德瑞克（Francis Drake）65
弗朗西斯·霍尔（Francis Hall）131, 149, 317, 409
伏见（Fushimi）303
伏见城（Fushimi castle）21, 31, 34–35, 119
佛教（Buddhism）3, 177, 325, 384；织田信长的佛教政策（Nobunaga's policy toward）12–13, 15–17, 28；丰臣秀吉的佛教政策（Hideyoshi's policy toward）18, 21, 28；德川时期（Tokugawa period）36, 45, 49, 57, 67, 76–77, 88, 96–98, 118, 122, 143, 161, 164, 166–168, 172, 182, 187–189, 191–196, 198, 200, 203, 205–207, 215–222；与基督教的关系（and Christianity）57, 67, 79, 122, 466, 468；与教育的关系（and education）58, 160, 187–189, 403；与儒家的关系（and Confucianism）191–196, 221, 350–351；明治时期（Meiji period）350–354, 359, 393, 403, 459–460, 466, 468；与神道（and Shinto）351–354, 393；20世纪（20th century）550–551, 579, 584, 601, 645, 660, 712, 733
佛陀（Buddha）205, 222, 664
浮世（Ukiyo）177–178
浮世草子（Ukiyo zōshi books）178
浮世绘（Ukiyo-e）179–180
浮田一蕙（Ukita Ikkei）329
福本和夫（Fukumoto Kazuo）546
福冈藩（黑田氏）（Fukuoka, Kuroda）129, 196–197, 355, 540
福冈孝弟（Fukuoka Takachika）337–339
福建（Fukien）86, 88, 438
福井藩（越前藩）（Fukui, Echizen）55, 134, 154, 172, 285, 296, 299, 334, 338, 346, 348–349, 352, 459
福山（Fukuyama）279
福田赳夫（Fukuda Takeo）717
福羽美静（Fukuda Bin）351
福泽谕吉（Fukuzawa Yukichi）105–106, 124, 156–157, 321–322, 342, 358, 380, 386, 402, 404, 406, 408–409, 425, 427, 434, 460–462, 469, 484, 548, 601, 755, 759；《文明论之概略》（Bunmeiron no gairyaku）460；《劝学篇》（Gakumon no susume）460；《西洋事情》（Seiyo jijo）321；《世界国尽》（Sekai Kunizukushi）460
福州（Foochow）88
抚育局（长州藩）（Buikukyoku, Chōshū savings bureau）253
釜山（Pusan）69, 79, 363
妇人参政权获得同盟会（Women's Suffrage League）554

《妇人公论》（*Fujin Kōron*）570

《复古记》（*Fukko ki*）329

复兴金融金库（Reconstruction Finance Bank）695

副岛种臣（Soejima Taneomi）361, 363–364, 377, 385, 424

G

《改造》（*Kaizō*）554–555, 570

甘粕正彦（Amakasu Masahiko）581

冈本一平（Okamoto Ippei）573

冈仓天心（觉三）（Okakura Tenshin）477–478

冈山藩（备前国）（Okayama, Bizen）34, 58, 106, 193, 350, 417

冈田启介（Okada Keisuke）591, 596–598, 606, 629, 642

冈田为恭（Okada Tamechika）329

高木八尺（Takagi Yasaka）548, 663

高柏（Gao Bai）607

高村光太郎（Takemura Kōtarō）642

高岛煤矿（Takashima coal mine）316

高岛秋帆（Takashima Shūhan）268, 287–288

高等中学校（Special Higher Schools）408–409, 537–541, 545, 548–551, 654, 680, 748, 750

高见顺（Takami Jun）643

高崎藩（Takasaki）364

高桥龟吉（Takahashi Kamekichi）611

高桥景保（Takahashi Kageyasu）260, 266–268

高桥是清（Takahashi Korekiyo）502–503, 534–536, 562, 597, 600, 606–607

高桥至时（Takahashi Yoshitoki）260

高野长英：《戊戌梦物语》（Takano Chōei: "The Story of a Dream"）268

高御产巢日神（Takami-musubi）208

高札（*Kōsatsu*, signboards）57–58, 222

高知（Kōchi）52–53, 117, 142, 148

歌川广重（Utagawa Hiroshige）131, 135, 147

歌舞伎（Kabuki theater）118, 123, 131–132, 181–186, 479, 571

格奥尔格·耶利内克（Georg Jellinek）546

葛饰北斋（Katsushika Hokusai）573

工部（Industrial Production Bureau）372

工部大学校（Kōbu Daigakkō technical college）320, 476–477

《工场法》（Factory Law）557, 561

工匠（Artisans）116–119, 124, 128, 142–143

工农政党（Labor-Farmer Party）563, 567, 716–717

工藤平助（Kudō Heisuke）261–262

工业化（Industrialization）：明治时期（Meiji period）374, 376–377, 427, 447, 454, 531, 556–559；20世纪初（early 20th century）530–532, 553, 574, 605–609；20世纪晚期（late 20th century）682–683, 686–688, 691, 693–694, 698–699, 703, 715, 721, 728–732, 736, 738, 741, 743–744

工业俱乐部（Industrial Club）532, 574

《工业组合法》（Industrial Cooperative Law）567

公家（*Kuge*, court nobles）100–101, 391–392, 498

公家诸法度（*Kuge shohatto*, Code for the Nobility）36, 762

公明党（Clean Government Party, Kōmeitō party）712, 722–723

公武合体（*Kōbu-gattai* period）299–303
宫城（Miyagi）489
宫内省（Ministry of the Imperial Household）485, 671
宫内厅（Imperial Household Agency）671
宫崎安贞《农业全书》（Miyazaki Yasusada [Antei]: *Treatise on Agriculture*）209
宫崎龙介（Miyazaki Ryūsuke）554
宫崎滔天（Miyazaki Tōten）513, 545, 549, 554
宫泽喜一（Miyazawa Kiichi）717, 724, 758, 764
共产国际（Comintern）610, 616–617, 619, 622, 625, 627, 632
沟口健二（Mizoguchi Kenji）713
《古今和歌集》（*Kokin wakashū* anthology）27, 475
古斯塔夫·布瓦索纳德（Gustav Boissonade）427
古田织部（Furuta Oribe）27
古文辞学（Ancient Learning）200–202
古文辞学（*Kobunjigaku*, Ancient Learning）200–202
谷干城（Tani Kanjō, Tateki）393, 416, 427, 434
谷崎润一郎（Tanizaki Jun'ichiro）710–711;《莳冈家四姐妹》（*Makioka Sisters*,《细雪》英译名）710;《细雪》（*Sesame yuki*）643
瓜达尔卡纳尔岛战役（Guadalcanal, battle of）664
关东军（Kwantung Army）525, 578–584, 586–589, 594, 596–597, 619–620, 627–628, 673, 760
关东平原（Kantō plain）30, 34, 40, 42–43, 107, 122, 304

关所（*Sekisho*, barriers）139–141
关西平原（Kansai plain）40, 122, 301, 304, 328
关原之战（Sekigahara, battle of）1–2, 5, 7, 9, 11, 27, 29–31, 33–35, 38, 42–43, 50–52, 56, 69, 128–129, 134, 146, 159, 181, 221, 225, 258
观音（Kannon）150
馆林藩（Tatebayashi）45
贯高制（*Kandaka* tax system）9
光太夫（Kōdayū）259–260
广岛（Hiroshima）185, 334, 430, 487；原子弹爆炸（atomic bombing of）649, 657–658, 664
广田弘毅（Hirota Kōki）453, 591, 597, 600, 616, 619, 622, 673, 676
广州（Kwangchow, Canton）88, 270, 283
圭多·沃贝克（Guido Verbeck）355, 463, 467
贵格会信徒（Quakers）465–466
贵族院（House of Peers），参见"国会"条
桂川甫周（Katsuragawa Hōshū）262
桂离宫（Katsura garden）166
桂太郎（Katsura Tarō）360, 397, 399–400, 419, 423, 439, 442, 450–451, 454, 471, 487, 492, 497–500, 503–504, 506, 508, 515, 547, 561, 575, 593
"桂太郎—塔夫脱协议"（Taft-Katsura Agreement）442, 445
锅岛（Nabeshima）27, 162–163
锅山贞亲（Nabeyama Sadachika）610
国道（Highways）82, 127, 131–141, 150, 246
国防妇人会（Women's Patriotic Association）646

索 引

国后岛（Kunashiri Island）722, 753, 758
国会（Diet）381, 390, 413；贵族院（House of Peers）392, 418, 422, 496, 508, 543, 572；宪法基础（constitutional basis）393–394, 410, 415, 418；众议院（House of Representatives）415, 417–418, 421, 429, 496, 499, 501, 507–508, 684, 696, 716, 719, 721；明治时期（Meiji period）416, 418, 420–422, 425, 429, 434, 447, 451, 455, 488；20 世纪初（early 20th century）496, 498–502, 504, 507–509, 511, 528, 531, 543, 546, 561, 564, 567, 572, 584, 590–591, 599, 607, 617, 623, 629–630, 632, 646；20 世纪晚期（late 20th century）670–671, 682, 684–685, 688, 696–697, 708, 716, 719–721, 724, 764；参议院（House of Councillors）685
国际劳工组织（International Labor Organization）555, 566
国际联盟（League of Nations）511, 517, 519, 555, 584–585, 632, 759
《国家总动员法》（National Mobilization Law）607, 623
国民（Kokumin）471, 487
国民党（Kuomintang, Chinese Nationalist Party）513, 523–525, 534–535, 563, 580–581, 594, 596–597, 608, 615–617, 619–624, 626, 628, 633, 636, 665–667, 676, 698
国民经济研究协会（Research Institute of the National Economy）692
《国民之友》（Kokumin no tomo）471
国体（Kokutai structure）601, 609, 658, 660, 669, 671, 685
国务院（Council of State）341–342, 346, 351, 392
国学（Kokugaku, National Learning）204–210, 214, 243, 323, 333, 351, 354, 384, 457–458, 482
果阿（Goa）19, 66

H

哈里斯条约（Harris treaty）132, 283–285, 293–295, 312, 318, 358
哈利·哈如图涅（H. D. Harootunian）207
哈罗德·博莱索（Harold Bolitho）56, 247, 256
哈罗德·伊克斯（Harold Ickes）635
哈斯本·金梅尔（Husband Kimmel）663
海北友雪（Kaihō Yūsetsu）119
海部俊树（Kaifu Toshiki）717
《海国图志》（Hai-kuo t'u-chih）270–271
海军准将詹姆斯·比德尔（Commodore James Biddle）275–276
海老名弹正（Ebina Danjō）102, 543
海湾战争（Gulf War）757–759
海牙会议（Hague Conference）444
函馆（Hakodate）261, 278, 342, 467
汉城（今首尔）（Seoul）19–20, 69, 425–426, 434, 436, 443, 445, 517, 540, 574
汉密尔顿·菲什（Hamilton Fish）358
汉学（Kangaku, Chinese Learning）202–204
汉冶萍煤铁厂矿公司（Hanyehp'ing steel works）515, 531
航海家亨利王子（Henry the Navigator）64
《何梅协定》（Ho-Umezu agreement）597
和歌（Waka poetry）176–177
和歌山（纪伊）（Wakayama, Kii）18, 46, 237, 282, 346
和宫亲子内亲王（Kazu, Princess）299, 311,

323, 337
和平问题谈话会（Peace Problems Discussion Group）705–706
《和平宪法》（Peace Constitution），参见"《日本国宪法》（1947 年）"条
和辻哲郎（Watsuji Tetsurō）94
和田博雄（Wada Hirō）694, 717
河本大作（Kōmoto Daisaku）526–527, 579, 581
河合荣治郎（Kawai Eijirō）612
河井宽次郎（Kawai Kanjirō）573
荷兰（Netherlands）32, 48, 79, 88, 95, 141, 175, 197, 260, 264–265, 267, 273–278, 283, 291, 303, 313；荷日贸易（trade with Japan）5, 59, 63, 65–67, 69, 71–75, 80–84, 87, 90–91, 131–132, 261；荷兰传来的知识（knowledge from）46, 85, 92–93, 208–215, 238, 241, 243–244, 257, 262–263, 266, 268–270, 286–288, 320–322, 333, 476, 483；第二次世界大战（World War II）625, 628, 656
荷兰东印度公司（Dutch East India Company，VOC）65, 67, 73, 80–82, 84, 87, 260, 264
荷田春满（Kada no Azumamaro）188, 205–206, 210
贺川丰彦（Kagawa Toyohiko）546, 567
贺茂神社（Kamo Shrine）301
贺茂真渊（Kamo no Mabuchi）206, 457；《国意考》（Kokuikō）206
贺屋兴宣（Kaya Okinori）639
赫伯特·斯宾塞（Herbert Spencer）388–389, 402, 407
赫尔曼·罗斯勒（Herman Roesler）390–391, 393–394, 397

赫鲁晓夫（Nikita Khrushchev）708
赫歇尔·威伯（Herschel Webb）99
鹤见俊辅（Tsurumi Shunsuke）572
黑格尔（G. W. F. Hegel）543, 552
黑龙会（Amur Society）546, 602, 604
黑龙会（Kokuryūkai society, Amur Society）546, 602, 604
黑田清隆（Kuroda Kiyotaka）361, 393, 419, 424, 428
黑田氏（Kuroda），参见"福冈"条
黑泽明（Kurosawa Akira）：《罗生门》（Rashomon）713–714；《七武士》（Seven Samurai）714；《用心棒》（Yojinbo）714
黑住教（Kurozumikyō cult）354, 712
亨德里克·道夫（Hendrik Doeff）82, 84, 264–265, 288
亨利·戴尔（Henry Dyer）476
亨利·赫斯肯（Henry Heusken）314, 327
亨利·卡伯特·洛奇（Henry Cabot Lodge）522
亨利·摩根索（Henry Morgenthau）635
亨利·史密斯（Henry D. Smith）164–165, 545
亨培克（Stanley Hornbeck）636, 663
横滨（Yokohama）278, 297, 304, 312, 314, 316–317, 323, 374, 447, 463, 467, 488, 532, 556, 558。另参见"神奈川"条
横井小楠（Yokoi Shōnan）299, 338, 390
横田空军基地（Yokota air base）757
横须贺（Yokosuka）306, 315
弘道馆（Kōdōkan academy）280, 286
鸿池家（Kōnoike merchant house）120
后柏原天皇（Go-Kashiwabara）5
后水尾天皇（Go-Mizuno-o）88, 762
后藤象二郎（Gotō Shōjiro）310–311, 364,

索 引

371, 377, 387–388, 428
后藤新平（Gotō Shinpei）381, 510, 521, 569, 578
后藤誉之助（Gotō Yōnosuke）693
后阳成天皇（Goyōzei）19, 21, 27
厚生省（Ministry of Health and Welfare）738
胡适（Hu Shih）737
户籍法（Registration Law）366
华盛顿会议（Washington Conference）504, 511, 520–522, 535, 585, 596, 616, 622
化政时代（文化、文政年间）（Kasei, Bunka and Bunsei eras）244–247
怀德堂（Kaitokudō merchant academy）188, 238
怀月堂派（Kaigetsudō school）181
环境保护主义（Environmentalism）743–744
环境厅（Environmental Agency）744
桓武天皇（Kammu, Emperor）494
荒木贞夫（Araki Sadao）594–598, 600, 620, 673
皇道派（Imperial Way faction）594, 598, 600, 616, 627–628, 656
黄檗僧（Ōbaku monks）198–199
黄遵宪（Huang Tsun-hsien）335
黄檗宗万福寺（Ōbaku Manpukuji temple）161–162
会津（Aizu）300, 303, 306, 328–330, 342, 469
会泽正志斋（又名"会泽安"）（Aizawa Seishisai, Yasushi）93；《新论》（Shinron）203–204, 269–271, 280, 286, 291, 295, 328
绘画（Painting）25–26, 124, 161, 179, 458, 476–479, 551
秽多（Eta, subcaste group）122–123, 125, 459
惠比寿（Ebisuya）170

火器（Firearms）2, 7–8, 10, 12, 20, 317, 319–320, 369
霍华德·希伯特（Howard S. Hibbett）179
霍勒斯·阿伦（Horace Allen）441–442

J

基督教（Christianity）7, 65, 80–81, 216, 266, 272, 286, 317, 321；传教士（missionaries）5, 28–29, 66–68, 74–79, 274, 350, 355, 463–464；对基督教信徒的迫害（persecution of converts）5, 89, 92–93, 95, 118；基督教禁令（injunctions against）49, 57–58, 60, 74, 127, 165, 217, 350；与佛教之关系（and Buddhism）57, 67, 79, 122, 466, 468；明治时期（Meiji period）346, 353–354, 359–360, 384–385, 402, 404, 407, 434, 441, 459, 461–468, 487–488, 490–491；20世纪初（early 20th century）542–543, 546, 548, 551–552, 567, 645；20世纪晚期（late 20th century）750–751
畿内（Kinai）117
吉川英治（Yoshikawa Eiji）490–491, 558
吉良义央（Kira Yoshinaka）185–186
吉田家（Yoshida family）218
吉田茂（日本首相）（Yoshida Shigeru, prime minister）453, 578, 645, 656–657, 675–679, 683–685, 689–691, 694, 696–697, 700–707, 709, 714, 716–717, 719–720, 728, 745
吉田茂（社会事务局长官）（Yoshida Shigeru, Social Bureau chief）563
吉田松阴（Yoshida Shōin）289, 291–293, 317, 320, 362, 396, 445；《幽囚录》（"Record from Prison"）292–293
吉野（Yoshino）219, 492–493

吉野作造（Yoshino Sakuzō）508, 510–511, 542–548, 570, 610
吉原（地名）（Yoshiwara district）180, 505–506
极道（Yakuza enterprises）752
《己酉条约》（Kiyu, Treaty of）69
纪伊半岛（Kii），参见"和歌山县"条
纪伊德川家（Kii cadet line）34, 44, 46, 282, 284–285, 296
济南（Tsinan）525
加贺（Kaga）145, 147, 239, 329
加里·路普（Gary Leupp）121
加藤高明（Katō Takaaki, Kōmei）450, 500–503, 509–511, 515–516, 534–535, 562, 593
加藤清正（Katō Kiyomasa）27
加藤友三郎（Katō Tomosaburō）502–503, 520–521
加万·道斯（Gavan Daws）655
《佳人之奇遇》（Kajin no kigu）469–470
家永三郎（Ienaga Saburō）750
嘉仁（大正天皇）（Yoshihito, Taishō emperor）495, 537, 646, 760
假名草子（Kana zōshi books）177, 179
榎本武扬（Enomoto Takeaki）361, 393
间部诠胜（Manabe Akikatsu）293
柬埔寨（Cambodia）759
检地（Land surveys）22–23, 58, 111
建川美次（Tatekawa Yoshitsugu）580–581
建国大学（Kenkoku daigaku）588
建武新政（Kenmu restoration）603
建筑（Architecture）161–162, 477–478, 720
贱民（Senmin, subcaste group）123
鉴真（Ganjin）733
江川太郎左卫门（Egawa Tarōzaemon）287–288
江岛其碛（Ejima Kiseki）179
江户（Edo），参见"东京"条
江户城（Edo castle），参见"千代田城"条
江户桥（Edo Bridge）152
江户时期（Edo period），参见"德川幕府"条
江苏（Kiangsu）88
江藤新平（Etō Shinpei）361, 363–364, 369, 377, 379
江西（Kiangsi）88
讲谈社（Kōdansha publishing company）570, 587
蒋介石（Chiang Kai-shek）523–526, 534–535, 563, 580, 594, 615–617, 619–623, 626, 628, 630, 633–634, 636, 664, 666
角仓（商号）（Suminokura merchant house）117
教育：德川时期（Education: Tokugawa period）160, 163, 165–166, 187–191, 197–215, 238, 243–244, 291–292, 318；明治时期（Meiji period）90, 189, 321–322, 402–411, 452, 460–462, 465, 470–471, 537–538, 540–541, 543, 565, 748–749；20世纪初（early 20th century）537–548；20世纪晚期（late 20th century）667, 680, 748–753
《教育敕语》（Imperial Rescript on Education）90, 410–411, 466, 472, 484–485, 487
《教育圣旨》（"Great Principles of Education"）405
"节用"集（Setsuyō manuals）166
芥川龙之介（Akutagawa Ryūnosuke）540
堺地（Sakai）27, 117, 167, 333

今川氏（Imagawa family）29
今川义元（Imagawa Yoshimoto）12
今右卫门（Imaemon ware）145
金大中（Kim Dae Jung）764
金光教（Konkōkyō cult）354, 712
金玉均（Kim Ok-kyun）430–431, 437, 513, 604
金泽（Kanazawa）42, 50, 56, 129, 147, 355, 565
金子坚太郎（Kaneko Kentaro）388, 391, 393, 440
津轻信枚（Tsugara Nobuhira）1
津田出（Tsuda Izuru）346
《进出口品临时措施法》（Temporary Export and Import Commodities Law）607
近江国（Ōmi）112
近松门左卫门（Chikamatsu Monzaemon）183–186
近卫笃麿（Konoe Atsumaro）390, 437
近卫氏（Konoe family）100–101, 227, 242, 392
近卫文麿（Konoe Fumimaro）519, 579, 591, 593, 600, 611, 613–614, 617–620, 623–624, 630–633, 636–639, 642, 645, 656–657, 659, 663–665, 670, 673, 676, 691, 724, 760
京都（Kyoto）11, 31, 63, 118, 122, 128, 134, 179, 255, 260, 323–324, 458, 462；京都朝廷（imperial court in）3–5, 9–10, 42, 61, 98, 100–101, 166, 242, 280, 284–285, 296, 298–301, 303–305, 310, 492, 494, 762；织田信长对京都的控制（Nobunaga's control of）13–17；京都的寺庙（temples in）26, 71, 88, 119, 161, 166–167, 216, 353；丰臣秀吉对京都的控制（Hideyoshi's control of）26, 166–167；德川时期的京都（under Tokugawa rule）35–37, 43, 98；幕府在京都的领地（bakufu territory in）48–49, 167–168, 170, 292；京都的商业发展（commercial development of）69, 72, 117, 128, 164, 167–168, 170, 172–173, 180–183, 242；京都的学者（scholars in）195–196, 206, 221, 329；明治维新时期的京都（during Meiji Restoration）312, 326, 331, 340–342；"二战"时期免遭毁坏（spared during World War II）478, 650, 742
京都大学（Kyoto University）408, 453, 540–542, 545, 551–552, 566, 612
京桥区（Kyōbashi district）569
经济安定本部（Economic Stabilization Board）694
经济合作与发展组织（Organization for Economic Cooperation and Development）727, 754
经济企划厅（Economic Planning Agency）730
经连会（Keiretsu enterprises）688, 756
井伏鳟二《黑雨》（Ibuse Masuji: Black Rain）711
井上清（Inoue Kiyoshi）364
井上日召（Inoue Nisshō）584, 601
井上馨（Inoue Kaoru）320, 348, 361, 371, 387, 390–391, 399, 425, 427–428, 435–436, 451, 454, 498
井上毅（Inoue Kowashi）390–392
井上哲次郎（Inoue Tetsujirō）472
井上政重（Inoue Chikugo no Kami Masashige）80
井上准之助（Inoue Junnosuke）535, 564, 581, 584

井伊直弼（Ii Naosuke）281–282, 285–286, 293, 295– 297, 299

井原西鹤（Ihara Saikaku）64, 159–160, 178–180, 200；《日本永代藏》（The Japanese Family Storehouse）179；《好色一代男》（The Life of an Amorous Man）178；《西鹤织留》（Some Final Words of Advice）179

净土真宗（Shin Buddhism）167, 216

净土宗（Jōdo Buddhism）12, 167, 216, 384

靖国神社（Yasukuni Shrine）329, 354–355, 669

静冈（Shizuoka）31, 119

鸠山一郎（Hatoyama Ichirō）677, 697, 707, 717, 719, 753

九鬼周造（Kuki Shūzō）552–553, 568

《九国公约》（Nine Power Treaty）521, 583, 620–622

九一八事变（Manchurian Incident）495, 502, 564, 568, 577–586, 595–596, 614, 618, 620, 626–627, 629

九州（Kyushu）4–5, 18–19, 28, 30, 34, 49, 51, 55, 66, 76–79, 85, 92, 105, 144, 162, 291, 303, 305, 656, 659, 665, 741

久里滨（Kurihama）277

久米邦武（Kume Kunitake）356, 358–360, 483–486

"旧金山和约"（San Francisco Treaty of Peace）655, 677, 698, 701–704, 707, 715, 738, 753–755, 759, 764

橘孝三郎（Tachibana Kōzaburō）601

聚乐第（Jurakutei Palace）26, 167

《军人敕谕》（Imperial Precepts to Soldiers and Sailors）398, 452, 590

军事（Military），参见"皇家陆军""皇家海军""自卫队"条

军事参议院（Supreme War Council）590

《君之代》（日本国歌）（Kimi ga yo anthem）475

骏府城（Sunpu）31, 69, 117, 119

K

卡尔·彼得·通贝尔格（Carl Peter Thunberg）84

卡尔·马克思（Karl Marx）335, 491

卡斯珀·冯·萧贝尔根（Casper von Shaumbergen）211

开成所（Institute for Development, Kaiseijo）318, 320

开成所（Kaiseijo, Institute for Development）318, 320

开放港口（Open ports）270, 303, 312–317, 319, 323, 427–429

开国（Kaikoku, open country）91, 327–328

《开国五十年史》（Fifty Years of New Japan）486

凯伦·威根（Kären Wigen）43

《凯洛格—白里安公约》（Kellogg-Briand Pact）527–528, 583, 671

凯特·中井（Kate Wildman Nakai）202, 204

康拉德·托特曼（Conrad Totman）224, 326–328

康斯坦丁·瓦波里斯（Constantine N. Vaporis）140

考特尼·惠特尼（Courtney Whitney）670, 677–678, 683–684, 695

科德尔·赫尔（Cordell Hull）636–637, 639–641, 649

科雷希多战役（Corregidor, battle of）648

科伦坡计划（Colombo Plan）727, 754

索引

克莱尔·李·陈纳德（Claire Lee Chennault）649

克莱门斯·威廉·雅克布·梅克尔（Klemens Wilhelm Jakop Meckel）397

克里米亚战争（Crimean War）283, 313

肯尼斯·罗亚尔（Kenneth Royall）694, 699

孔子（Confucius）71, 188, 196, 203, 205, 249, 405, 410

堀田正睦（Honda Masatoshi）279, 283–285

宽政年间（1789—1801）（Kansei era, 1789–1801）188, 241–244, 253, 260–261, 263

"困民党"（Debtors' and Tenants' Party）386

L

拉斐尔·科贝尔（Raphael Koeber）550–551

蜡山政道（Rōyama Masamichi）613

来栖三郎（Kurusu Saburō）640

莱特湾海战（battle of Leyte Gulf）650–651

赖肖尔（Edwin O. Reischauer）33, 666, 719

兰登·华尔纳（Langdon Warner）478

兰学（Western Learning, rangaku）210–215, 346

浪人（Rōnin samurai）77, 117–118, 184–186, 194, 198, 203, 284, 289, 304–305, 309, 327

浪人会（Rōnin Society）546

《劳动关系调整法》（Labor Relations Adjustment Law）679

《劳动基准法》（Labor Standards Law）679

劳动总同盟（Sōdōmei, General Federation of Labor）560, 609

《劳动组合法》（Trade Union Law）678–679

劳工关系（Labor relations）：20世纪初（early 20th century）555– 564, 607–609；20世纪晚期（late 20th century）679–680, 683, 687–689, 698, 745–746

老中（Rōjū, senior councillors）47–49, 58, 60, 75, 144, 154, 238, 240, 253, 270–271, 273– 274, 279–280, 284–285, 288, 295, 298, 310

老子（Lao Tzu）8, 206, 274

勒罗伊·简斯（L. Leroy Janes）346, 404, 463–465

李承晚（Rhee, Syngman）681

李顿调查团（Lytton Commission）584–585, 632

李鸿章（Li Hung-chang）426, 430–433, 458

李滉（Yi Hwang, Yi T'oegye）70, 192

李奇微（Matthew B. Ridgway）701

理查德·芬恩（Richard B. Finn）690

理查德·考克斯（Richard Cocks）78

理查德·鲁宾格（Richard Rubinger）404

理查德·佐尔格（Richard Sorge）507, 635

立宪改进党（Kaishintō party, Constitutional Progressive Party）382–383, 387, 415, 561–562

立宪民政党（Minseitō party, Progressive Party）505, 507, 509 – 511, 527 – 528, 535, 561 – 563, 584, 592–593, 629–630, 716

立宪同志会（Dōshikai party）500–504, 510, 561

立志社（Risshisha society）379, 462

利奥波德·冯·兰克（Leopold von Ranke）484

利根川（Tone River）254

连歌（Renga poetry）176

联合国（United Nations）659, 696, 702,

705, 707, 717, 754, 758–759
联合西印度公司（United West India Company）73
联络会议（Liaison Conference）590, 633, 636
联络事务局（Liaison Office）679
镰仓（Kamakura）216, 278
镰仓幕府（Kamakura shogunate）3–4, 37, 221
两国桥（Ryōgoku Bridge）155
辽东半岛（Liaotung Peninsula）432–433, 438, 440, 446, 471, 525, 578, 580
列昂·罗修（Léon Roches）306, 315, 382
列昂·赛（Léon Say）376
林罗山（Hayashi Razan）192–193, 201–203, 278
林铣十郎（Hayashi Senjurō）591, 617, 620, 629
林子平（Hayashi Shihei）262–264；《海国兵谈》（*Kaikoku heidan*）262；《三国通览图说》（*Sankoku tsūran zusetsu*）262
临济禅寺（Ōbaku Rinzai Zen temple）88
临济宗僧人（Rinzai monks）88–89
《临时资金调整法》（Temporary Capital Adjustment Law）607
琳派（*Rimpa* ceramics）27
灵友会（Reiyūkai）712
铃木大拙（Suzuki Daisetsu）550
铃木贯太郎（Suzuki Kantarō）591, 597, 651, 654, 658–659, 661, 761
铃木茂三郎（Suzuki Mōsaburō）717
铃木善幸（Suzuki Zenko）717
铃木商店（Suzuki Trading Company）534
铃木喜三郎（Suzuki Kisaburō）592
铃木正三（Suzuki Shōsan）221
菱川师宣（Moronobu）178–179

岭田枫江《海外新话》（Mineto Fūkō: *Kaigai shinwa*）271–272
硫黄岛战役（Iwo Jima, battle of）651
柳田国男（Yanagita Kunio）552, 573
柳泽吉保（Yanagisawa Yoshiyasu）89, 198
柳宗悦（Yanagi Muneyoshi, Sōetsu）573–574
龙溪（Ryōkei）88
泷川幸辰（Takigawa Yukitoki）612, 677
垄断集团（Monopolies）252–254, 373。另见"财阀"条
芦田均（Ashida Hitoshi）697, 716
鲁道夫·冯·格耐斯特（Rudolph von Gneist）390–391
《鲁特—高平协议》（Root-Takahira Agreement）514
陆奥宗光（Mutsu Munemitsu）346, 429, 431–432, 435, 499
陆海军元帅会议（Conference of Field Marshals and Fleet Admirals）590, 650
陆军参谋本部（General Staff, military）594, 600, 620, 633, 636, 638
陆军大臣（Ministry of the Army）582, 594–596, 620
鹿儿岛（Kagoshima）34, 130, 255, 267, 303–304, 308, 314, 325, 364, 369, 372–373, 475
鹿鸣馆时代（Rokumeikan era）427
路德·梅森（Luther W. Mason）475–476
路德维希·里斯（Ludwig Riess）484
路易斯·德阿尔梅达（S.J. Luis de Almeida）25
路易斯·弗罗伊斯（Luis Frois）14–19
路易丝·扬（Louise Young）588
《伦敦备忘录》（London Protocol）301, 315

索 引

伦敦海军会议（London Naval Conference）504, 511, 521, 535, 563, 620
《论语》（Analects of Confucius）160
罗杰·海克特（Roger F. Hackett）400
罗马（Rome）4, 76
洛克希德公司（Lockheed Corporation）722–723
洛伦兹·冯·施泰因（Lorenz von Stein）390–391, 406–407
洛伦佐·瓦拉（Lorenzo Valla）200
旅顺港（Port Arthur）432–433, 440, 446, 481, 487, 525, 578, 641

M

麻布（Azabu）150
麻原彰晃（Asahara Shoko）713
马场辰猪（Baba Tatsui）387
马克思主义（Marxism）224, 377, 540, 552, 587, 609–612, 614, 691, 706, 721
马来西亚（Malaysia）64, 73, 66, 608, 647, 664
马尼拉（Manila）5, 65–66, 73–74, 87–88, 92, 651, 672
马修·佩里（Commodore Matthew C. Perry）32, 91, 94, 275–278, 280–281, 283–284, 287–289, 291, 294–295, 298, 301, 308, 313, 317–318, 325, 327, 424, 465, 580, 587, 654
马自达（旧称东洋工业）（Mazda [Tōyō Kōgyō] company）731, 736
玛格丽特·桑格（Margaret Sanger）555, 573
玛丽·伊丽莎白·贝瑞（Mary Elizabeth Berry）23
满族（Manchus），参见"清朝"条
毛利氏（Mōri family）15, 38, 143, 149

梅森（R. H. P. Mason）417
梅垣理郎（Umegaki, Michio）348
《每日新闻》（Mainichi shinbun）499, 570, 586–587, 644
美国（United States）92；打开日本（and opening of Japan）132, 264–265, 267, 274–281, 283–284, 289, 291, 293, 296, 303, 313–314, 316, 318–319；明治时期的日美关系（relations during Meiji period）335, 356–361, 384, 388, 393, 406, 412, 429, 436, 438, 440, 442, 445, 447–450, 454, 460, 467；20世纪初（early 20th century）514, 516, 519–522, 527, 533, 535–536, 579–580, 613–614, 616–618, 623–624；"二战"（World War II）625–629, 633–642, 647–674；占领日本（Occupation of Japan）675–709, 711, 713–714；"二战"后的日美关系（postwar relations with Japan）715, 718–736, 739, 743, 745, 747, 751, 753–759, 761–765
《美国移民法案》（Immigration Act, U.S.）522
美国总统艾森豪威尔（President Dwight D. Eisenhower）681, 708
美国总统富兰克林·罗斯福（President Franklin D. Roosevelt）614, 617–618, 625, 634–635, 637, 647, 654, 657–658, 662–663, 665–666
美国总统哈里·S. 杜鲁门（President Harry S. Truman）657–658, 665, 686, 701
美国总统吉米·卡特（President Jimmy Carter）762
美国总统肯尼迪（President John F. Kennedy）719
美国总统理查德·尼克松（President

Richard M. Nixon）695, 732, 754

美国总统罗纳德·里根（President Ronald Reagan）721

美国总统乔治·布什（President George Bush）762

美国总统伍德罗·威尔逊（President Woodrow Wilson）516–517, 545

美国总统西奥多·罗斯福（President Theodore Roosevelt）440, 448–449, 487

美国总统尤利西斯·S. 格兰特（President Ulysses S. Grant）388

美浓部达吉（Minobe Tatsukichi）542, 546–547, 597, 612

蒙古（Mongolia）577–578, 581–582, 584, 589, 620, 622, 627

蒙古人（Mongols）2–3, 263, 654

盟国最高司令官（Supreme Commander of the Allied Powers）参见"道格拉斯·麦克阿瑟"条

孟子（Mencius）160, 196, 249

《梦醉独言》（Musui Dokugen）155–156

米内光政（Yonai Mitsumasa）591, 628–630, 650

"密苏里"号战舰（U.S.S. Missouri）666, 718

缅甸（Burma）636, 638, 643, 665

苗代川（Naeshirogawa）27, 71

妙心寺（Myōshinji temple）290, 353

妙心寺僧（Myōshinji monks）88

民法典（"二战"后）（Civil Code, postwar）679

民法典（明治时期）（Civil Code, Meiji）472, 553, 685

民艺运动（Folkcraft movement）573–574

民友社（Minyūsha Press）471–472

民主（Democracy）376, 537, 543–544, 705–709

民主党（Democratic Party）718, 721。另参见"自由民主党"条

民主社会党（Democratic Socialist Party）721

闵元植（Min Won-sik）506

名古屋（Nagoya）19, 117, 161, 447, 540, 566, 572

明朝（Ming dynasty）4–5, 19–20, 27, 36, 46, 65, 68, 70, 79, 82, 85–86, 90, 161, 193, 198, 232, 248, 286, 354, 512

明成皇后（Min, Queen）425, 436

明历（1655–1658）大火（fire）151–153, 160, 180

明六社（Meirokusha society）461–462

《明六杂志》（Meiroku zasshi）473

明仁天皇（Akihito, Emperor）656, 662, 762

明正天皇（兴子）（Meishō, Empress）43

明治年间（1868–1912）（Meiji era, 1868–1912）190, 208, 227, 300, 326, 371–494, 498–499, 504–505, 574–576, 611–612；税制（taxation）22, 343, 345, 365–367, 372, 421–422, 447；教育（education）90, 189, 321–322, 402–411, 452, 460–462, 465, 470–471, 537–538, 540–541, 543, 565, 748–749；宗教（religion）210, 222, 349–355, 459, 463–468；朝廷（imperial court）334, 336, 342–343, 346–347, 364–365, 391；天皇的角色（role of emperor）334, 336–337, 339–340, 343–345, 371–372, 379, 392–394, 398, 414–415, 452, 590, 760；大名的角色（role of daimyo）334, 339–342, 345–346, 348, 364–365, 391；武士的角色（role of samurai）334, 346–347, 349, 364–365, 368–369, 372–373, 377, 473；

索引

藩的地位（status of domains）340–343, 345–349, 361, 368, 473；对外贸易（foreign trade）343, 374, 376, 427；寻找学习的榜样（search for models）355–361, 601；政府（government）361–364, 371–372, 377–395, 414–423, 450–455, 502, 508, 747；农业（agriculture）365–367, 447, 489；军事（military）366, 395–401, 440, 447, 449, 452–453；经济（economics）372–377, 528, 533；工业化（industrialization）374, 376–377, 427, 447, 454, 531, 556–559；对外政策（foreign policy）423– 450, 511–513, 589–592, 598, 629, 632, 655, 690, 702；文化（culture）456–494, 548–549, 568, 570–572, 711；明治国家解体（dismantling Meiji state）666–674, 679–680, 683–686

明治神宫（Meiji Shrine）494

明治天皇（Meiji, emperor），见"睦仁"条

明治维新（Meiji Restoration）100, 147, 223–224, 237, 289, 294, 308, 311–312, 324, 327, 329, 332– 371, 693, 737, 740, 765

《明治宪法》（Meiji Constitution），见"《大日本帝国宪法》（1889年）"条

明智光秀（Akechi Mitsuhide）17

末次信正（Suetsugu Nobumatsu）620

末松谦澄（Suematsu Kenchō）440

"莫里森"号事件（Morrison affair）267–268, 275, 277

莫洛托夫（V. M. Molotov）658

木户孝允（Kido Takayoshi）325, 337–341, 344, 346– 348, 351, 355–356, 358–364, 370–371, 389–390, 413, 423–424, 463, 592

木户幸一（Kido Kōichi）592, 638, 673, 696

牧野伸显（Makino Shinken, Nobuaki）592, 597–598, 644, 675–677

幕府官僚体制（Bakufu bureaucracy）39, 42, 60–62, 121, 290；架构（structure of）43–49；和基督教的关系（and Christianity）49, 57–58, 74, 76–78, 95, 127, 350；宗教方面（on religion）49, 57–58, 74, 76–78, 95, 216, 218–220；和藩的关系（and domains）50, 53–59, 108, 133, 245, 255–256, 324；对对外贸易的控制（control of foreign trade）69, 75, 81, 86–87, 89, 261–266, 272–273, 283–284, 293, 312–316；与朝廷（and imperial court）99–100, 204, 226–227, 295, 299–303, 305, 307, 309–310, 312, 331；与大名之关系（relations with daimyo）99, 108, 117, 130, 134, 139, 143–144, 147–149, 152, 154, 227, 231, 239, 245, 250–251, 254–255, 279–286, 296–297, 299–310, 324, 331；国道管理（regulation of highways）135, 139, 246；城市管理（city regulations）147, 149, 152, 154, 180, 243–247；与国内贸易（and domestic commerce）167–170, 195, 240–241, 245, 251；对戏剧的管理（regulation of theaters）181–182, 184；教育及学术方面（on education/scholarship）201, 204, 243, 263, 270–271；改革（reforms）236–256；农业政策（agricultural policies）243, 247；倒台（fall of）294–297, 299–310, 312–316, 319–320, 324, 326, 331–332

幕府将军（Shoguns）：由天皇赋予的权力（powers granted by emperors）3–5；织田信长对待将军的策略（Nobunaga's policy toward）13–14；丰臣秀吉对待将军的策略（Hideyoshi's policy toward）24；德川

统治时期的将军（under Tokugawa rule）31–35, 39, 44–45, 50, 54–55, 62, 77, 99, 125, 146, 165, 237, 284, 301, 307, 310–312, 331, 336–337。另参见具体某任幕府将军的条目

睦仁（明治天皇）（Mutsuhito, Meiji emperor）331–332, 334, 337, 340, 343, 371–372, 381, 389–390, 399, 406, 413, 420, 429–430, 434–435, 451, 458, 481, 483, 487, 494–495, 498–499, 638, 641, 646, 662, 669, 759, 762

慕尼黑会议（Munich Conference）664

N

拿破仑战争（Napoleonic Wars）2, 82, 261–262, 264–265, 273, 288

拿骚的毛里茨（Mauritz of Nassau）74, 82

那霸（Naha）274, 277–278, 659

乃木希典（Nogi Maresuke）223, 440, 481–482, 494, 711, 759

奈地田哲夫（Najita, Tetsuo）199

奈良（Nara）17, 25, 161, 167–168, 353

南部藩（Nambu）234, 499

南次郎（Minami Jirō）581

南京（Nanking）5, 88, 523–524, 534, 622–623, 636, 672, 756, 763

《南京条约》（Nanking, Treaty of）270

南满铁路（South Manchurian Railroad）438, 440, 525, 578–579, 581, 587–588, 613, 632, 672

南云忠一（Nagumo Chūichi）647, 663

楠木正成（Kusunoki Masahige）484, 493, 547

内村鉴三（Uchimura Kanzō）434, 441, 465–467, 472, 487–488, 491

内阁（Cabinets）371, 393, 416–418, 420–421, 496–497, 500, 633。另可参见"内阁总理"条

内阁企画院（Cabinet Planning Board）607

内阁总理（Prime ministers）：明治时期（Meiji period）419, 503；20世纪初（early 20th century）503, 591；20世纪晚期（late 20th century）697, 717。另参见各任内阁总理的词条

内藤湖南《支那论》（Naitō Konan: Shina ron）523

内田康哉（Uchida Yasuya, Kosai）527–528, 584

内田良平（Uchida Ryōhei）602

内务省（Ministry of Home Affairs）400, 488, 496, 505, 561–562, 609, 620, 631–632, 645, 682–683

能剧（Nō drama）24, 27, 160, 163, 182, 475, 521

尼古拉·雷扎诺夫（Nikolai Rezanov）260–261, 267, 286

尼古拉神父（原名"德米特里耶维奇·卡萨特金"，Dmitrievich Kasatkin）384–385, 467

娘组（Young Women's Associations）112

鸟居坂（Toriizaka, Shrine Hill）150

鸟居清长（Kiyonaga）181

鸟羽伏见之战（Toba-Fushimi, battle of）312, 329–330

纽伦堡审判（Nuremberg trials）672

农民（Peasants）9–11, 23, 61, 77, 113–116, 123, 225, 228–229, 233–234, 241, 244, 255, 365–366

农商务大臣（Ministry of Agriculture and Commerce）427, 561, 682

农业（Agriculture）：封建时期（feudal

索 引

period）8, 22–23；德川时期（Tokugawa period）52, 103–104, 111–116, 124, 209, 218, 224–226, 228–229, 234–237, 239, 247, 252, 255；明治时期（Meiji period）365–367, 447, 489；20 世纪初（early 20th century）530, 532, 564–568, 589, 605–606；20 世纪晚期（late 20th century）682–683, 696, 698, 736, 738–740, 756
浓尾平原（Nagoya plain）11, 42–43, 50–51, 268
诺埃尔·肖梅尔（Noel Chomel）265, 288
诺门坎战役（Nomonhan, battle of）627, 635, 659
女性（Women）：女性与皇位继承（and imperial succession）97–98；武士（as servants）109–110, 139；女性侍从（as servants）149；女子教育（education of）197–198, 747；女巫（as mediums）220；20 世纪初（early 20th century）508–509, 553–555, 574, 646；慰安妇（"comfort", ianpu）656；20 世纪晚期（late 20th century）679–680, 684, 711, 746–748

P

俳句（Haiku poetry）175–176
配额制（Quota system）522
澎湖列岛（Pescadores）701
片山哲（Katayama Tetsu）697, 716
平安神社（Heian Shrine）494
平安时代（Heian period）172, 329, 392
平成年间（1989—2019）（Heisei era, 1989–2019）762
平川佑弘（Hirakawa Sukehiro）411
平沼骐一郎（Hiranuma Kiichirō）591, 623, 632

平户（Hirado）67, 73, 75, 78, 80
《平民新闻》（Heimin shinbun）441, 491, 552
平泉澄（Hiraizumi Kiyoshi）603–604, 641, 706
平壤（Pyongyang）432, 442
平田笃胤（Hirata Atsutane）208–209, 215, 323, 352–353, 458
平冢雷鸟（Hiratsuka Raichō）554
评定所（Hyōjōsho court）47, 59–60
葡萄牙（Portugal）5, 11, 19, 24, 28, 63–67, 72–75, 78–81, 83, 94
《朴茨茅斯和约》（Portsmouth Treaty of Peace）440, 448, 452, 488, 498, 508, 514, 578, 753
朴泳孝（Pak Yong-hyo）435
浦贺（地名）（Uraga）278, 281, 296
浦上（地名）（Urakami）463
普贤道（Fugendō Buddhism）353
溥仪（宣统帝，英文名"亨利"）（Pu Yi, Henry[Hsuan T'ung]）514, 584, 586, 604
谱代藩（Fudai domains）38, 40, 42–44, 47–48, 53–54, 56, 59, 96, 106, 121, 129–131, 135, 147–148, 227, 231, 240, 247, 254, 285, 299, 331

Q

七生社（Seven Lives Society）547–548
岐阜（Gifu）16, 381, 741
祇园（Gion district）182
旗本（Hatamoto, bannermen）39, 42–43, 51, 107–108, 147, 149–150, 154, 170, 230, 254–255, 261, 309
千代田城（Chiyoda Castle）30, 45, 47, 99, 119, 129–130, 140, 146, 151, 185, 227, 231, 239, 295, 337
千岛群岛（Kuril Islands）93, 258–260, 262,

283, 361, 363, 423, 446, 641, 701–702, 722, 753

千利休（Sen no Rikyū）18, 26, 117, 176

千叶卓三郎（Chiba Takusaburō）384–386, 404

前岛密（Maejima Hisoka）473

前田（Maeda）129, 147

前田纲纪（Maeda Tsunanori）70

前田利家（Maeda Toshiie）19, 27

前田氏（Maeda family）42, 50, 56

前田正名（Maeda Masana）529

前原一诚（Maebara Issei）369

浅草（Asakusa）150, 180

浅草寺（Sensōji temple）150, 180

浅井了意（Asai Ryōi）151–152;《浮世物语》（Ukiyo monogatari）177–178

浅野长矩（Asano Naganori）185

浅沼稻次郎（Asanuma Inejirō）708, 718

乔塞亚·孔德尔（Josiah Conder）477

乔万尼·巴蒂斯塔·斯多蒂（Giovanni Battista Sidotti）92

乔万尼·卡佩拉提（Giovanni Cappellati）477

乔治·B. 桑瑟姆（George B. Sansom）12, 177, 469–470, 585, 737

乔治·凯南（George F. Kennan）442–443, 687, 689, 699

乔治·斯蒂芬森（George Stephenson）461

桥本龙太郎（Hashimoto Ryūtarō）717, 724

桥本欣五郎（Hashimoto Kingorō）582–583

切腹（Seppuku, ritual suicide）16, 18, 26, 37, 44, 102, 107, 185, 198, 265, 268, 295, 299, 303, 330, 333

切斯特·尼米兹（Chester Nimitz）666

侵华战争（China War）577–624, 626–628, 631, 646, 655, 669, 706, 760, 763

《秦德纯—土肥原协定》（Ch'in-Doihara agreement）597

秦郁彦（Hata Ikuhiko）514

青木虹二（Aoki Kōji,）232

青木周藏（Aoki Shūzō）390; 429

倾斜生产方式（Priority Production Program）694

清朝（Ch'ing dynasty）2, 5, 68, 82, 87–88, 90, 168, 202, 214, 262, 268, 271, 273, 354, 421, 424, 426, 438, 458, 512–514, 523, 577, 584–585, 641

清浦奎吾（Kiyoura Keigo）502–503, 508

清泽洌（Kiyosawa Kiyoshi）643 – 645, 649, 654, 664

庆应义塾大学（Keiō University）322, 382, 408–409, 461, 547

庆长年间（1596—1615）（Keichō era, 1596–1615）201

丘吉尔（Winston Churchill）636–637, 648, 657, 662, 664

秋田（Akita）59, 229, 241

萩城（Hagi）291

曲亭马琴（Takizawa Bakin）246

权藏（俄文名"达米恩·波莫尔采夫"，Damian Pomortsev）259

权藤成卿（Gondō seikyō）601

泉岳寺（Sengakuji temple）185–186

犬养毅（Inukai Tsuyoshi）417, 500, 503–504, 513, 536, 561, 584, 591–592, 595, 606, 617

R

让—雅克·卢梭（Rousseau, Jean-Jacques）382

饶济凡（Gilbert Rozman）741

热兰遮城（Zeelandia factory）73

索引

人情（*Ninjō*）183–184
《日本》（*Nihon*）417, 472
日本大学（Japan University）548
日本共产党（Communist Party, Japan）546, 560, 566–567, 610–611, 683, 687, 695–699, 716–717, 722, 745
日本广播协会（NHK）742
《日本国宪法》（1947年）（Constitution of 1947）528, 670–671, 679, 682–686, 696, 700, 703, 715, 747, 759, 762
日本画（Nihonga painting）478–479
日本基督教团（Nippon Kirisutokyō Kyōdan, United Church of Christ in Japan）645, 751
日本基督教团（United Church of Christ in Japan, Nippon Kirisutokyō Kyōdan）645, 751
《日本及日本人》（*Nihon to Nihonjin*）472
日本教职员组合（简称日教组）（Teachers' Union, Nikkyōso）750
日本经济团体联合会（简称经团联）（Japan Management Association, Keidanren）729
日本劳动总同盟（General Federation of Labor, Sōdōmei）560, 609
日本劳动组合总评议会（简称"总评"）（Sōhyō, General Council of Japanese Trade Unions）718
《日本农业可以生存下来吗？》（*Can Japanese Agriculture Survive?*）739
日本桥区（Nihonbashi district）146–147, 150, 533, 569
日本生产性本部（Japan Productivity Center）745
日本银行（Bank of Japan）534–535, 606
日本长期信用银行（Long-Term Credit Bank）735

日本政策投资银行（Japan Development Bank）729
日比谷骚乱（Hibiya riots）448–449, 451, 488, 498, 504, 508
日产（Nissan company）588, 731, 736, 741, 745
日俄战争（Russo-Japanese War）413, 420, 439–442, 447–450, 452, 454–455, 478, 487–488, 491–492, 495, 498, 502, 511–513, 524, 529, 531, 549, 552, 557, 564, 568, 574, 577–578, 593, 641
日光东照宫（Nikkō tombs）69, 99, 161–162, 351, 353
日教组（Nikkyōso, Teachers' Union）750
日莲宗（Nichiren Buddhism）216, 579, 584, 601, 645
《日美通商航海条约》（Treaty of Commerce and Navigation）429, 634, 639
《日日新闻》（*Nichinichi shinbun*）382
日神（Sun Goddess），参见"天照大神"条
日田县（Hida）372
日英同盟（Anglo-Japanese Alliance）439, 442, 445, 487, 514–515, 519–520, 690, 704
儒家（Confucianism）70, 72, 89, 160, 177, 197, 217, 223, 248–250, 322, 380；儒家研究（studies of）45, 62–64, 70–71, 124, 158, 175, 188, 199–206, 208, 243；价值观（values）97, 115, 163–165, 185, 215, 238, 271, 293, 339, 359–360, 462；与佛教之关系（and Buddhism）191–196, 221, 350–351；与神道之关系（and Shinto）196, 202–203, 249；明治时期（Meiji period）404–406, 410, 457, 462, 464, 466, 482–484, 494；20世纪初（early 20th century）523, 544, 547, 564

儒者（Jusha, Confucianists）193–195, 198, 215
入江昭（Iriye, Akira）424, 426, 448
芮恩施（Paul Reinsch）516
若昂·罗德里格斯（João S.J. Rodrigues）72
若槻礼次郎（Wakatsuki Reijirō）502–503, 510, 534–535, 562, 581, 584, 605
若林正（Wakabayashi, Bob Tadashi）100, 271
若年寄（Wakatoshiyori council）47–48, 154
若者组（Young Men's Associations）112, 488–489

S
萨哈林岛（即库页岛，日本称"桦太岛"）（Sakhalin）260, 262, 283, 361, 363, 368, 423, 440, 446, 521, 701, 753
萨摩藩（Satsuma）23, 27, 34–35, 47, 51, 53, 58, 71, 79, 86–87, 90, 100, 106, 130, 144, 148, 154, 216, 227, 259, 274, 300, 463, 474, 497, 504, 597, 604, 677；与德川政权的对抗（antagonism toward Tokugawa rule）50, 251–252, 256, 297– 298, 301；明治维新中的作用（role in Meiji Restoration）303–316, 318, 320, 328–331, 334–337, 340–342, 344–348, 351–352, 356, 361, 364, 366, 368–370, 475；明治年间的重要地位（importance during Meiji period）371–376, 379, 381, 385, 388–389, 393, 396–398, 405, 412, 415, 417, 419, 435
萨姆纳·威尔斯（Sumner Welles）663
塞班岛战役（Saipan, battle of）650, 655
塞缪尔·斯迈尔斯（Samuel Smiles）:《西国立志編》（Self-Help）379, 461, 469, 611
三船敏郎（Mifune Toshirō）714
三岛由纪夫（Mishima Yukio）102, 223, 600, 710–711
三井八郎右卫门（Mitsui Hachirōemon）120
三井高房《町人考见录》（Mitsui Takafusa: "Some Observations on Merchants"）172–173, 179
三井高利（Mitsui Takatoshi）172–173
三井高平（Mitsui Takahira, Sōchiku）（法名宗竺）171, 173
三井家（Mitsui merchant house/company）119–120, 124, 170–173, 175, 377, 387, 454, 478, 584, 589, 605, 674, 688
三井越后屋（Mitsui Echigoya）170
三菱（Mitsubishi company）316, 374, 377, 454, 560, 589, 674, 688, 731, 736
三木清（Miki Kiyoshi）691
三木武夫（Miki Takeo）717, 721
三浦命助（Miura Meisuke）234
三浦梧楼（Miura Gorō）399, 436
三田尻（Mitajiri）324
三条家（Sanjō family）100
三条实美（Sanjō Sanetomi）328, 340, 346–347, 361, 392–393, 458
三越百货（Mitsuikoshi department store）119–120, 170
色川大吉（Irokawa Daikichi）383–384, 456–457, 603
色丹岛（Shikotan Island）722, 753, 758
涩谷（Shibuya district）569
森户辰男（Morito Tatsuo）547
森恪（Mori Kaku）581
森鸥外（Mori Ōgai）149, 479, 481–482, 493, 505
森喜朗（Mori Yoshirō）717
森有礼（Mori Arinori）321, 356–358, 388–390, 393–394, 402, 406–410, 412–413,

索 引

429, 458, 461–462, 474, 538, 540, 606
杀婴（Infanticide）226, 230
山本常朝：《叶隐》（Yamamoto Tsunetomo: *Hagakure*）102–103
山本权兵卫（Yamamoto Gonnohyōei）500, 502–503, 593, 675
山本五十六（Yamamoto Isoroku）647–648
山川菊荣（Yamakawa Kikue）109–110
山川均（Yamakawa Hitoshi）546
山村耕造（Yamamura, Kozo）107, 225, 230–231, 237
山代（地名）（Yamashiro）175
山东（Shantung）432, 438, 515, 518, 521, 524–525
山东京传（Santō Kyōden）246
山伏（*Yamabushi*, mountain priests）219–220
山口城（Yamaguchi）255
山鹿素行（Yamaga Sokō）103, 203, 291
山内容堂（Yamauchi Yōdō）297–298, 303–304, 309, 334, 338, 344, 364
山内氏（Yamauchi family）100, 105, 117
山内一丰（Yamauchi Kazutoyo）52–53, 104
山片蟠桃（Yamagata Bantō）238, 483
山崎暗斋（Yamazaki Ansai）195–196;《大和小学》（*Yamato shōgaku*）196
山手线（Yamate line）569, 572
山尾庸三（Yamao Yōzō）320, 476
山下奉文（Yamashita Tomoyuki）651, 672
山县有朋（Yamagata Aritomo）347–348, 361–363, 371–372, 393, 395–401, 410, 412–413, 416, 418–421, 428–429, 437, 439, 444, 447, 450–453, 496–502, 514, 524, 592–593
杉山元（Sugiyama Hajime, General）636

杉田成卿（Sugita Seikei）268
杉田玄白（Sugita Genpaku）92, 212–215, 261, 267–268, 295
商人（Merchants）104, 113, 116–117, 119–121, 124, 128, 142, 170–175, 179–180, 195, 237, 239–241, 246, 251–252, 569
上海（Shanghai）314, 316, 320, 433, 504, 523, 536, 548, 584, 586, 592, 645
《上海公报》（Shanghai Communiqué）754
上杉慎吉（Uesugi Shinkichi）546–547, 612
上田（地名）（Ueda）236
上野（地名）（Ueno）150
上原勇作（Uehara Yūsaku）500, 594
社会党（Socialist Party, Shakaitō party）683, 688, 694, 696–697, 700–701, 708–709, 716–719, 721–722, 724–725, 728
社会民主党（1901年成立）（Social Democratic Party）491
社会民众党（1926年成立）（Social Mass Party, Shakai Minshutō party）543
社会事务局（Social Bureau）561–563, 683
涉江抽斋（Shibue Chūsai）124
涩泽荣一（Shibusawa Ei'ichi）454, 559
申维翰（Sin Yu-han）71–72
身份制（*Mibunsei* status system）96–97
深川（Fukagawa）150
神道（Shinto）21, 24, 51, 98, 100, 140, 143, 191, 193, 205–206, 208, 210, 410, 494；神道与儒家之关系（and Confucianism）196, 202–203, 249；德川时期的神道（Tokugawa period）217–219, 221–222；明治时期的神道（Meiji period）333–334, 337, 340, 351–355, 393, 458, 468, 483, 485–486；神道与佛教之关系（and Buddhism）351–354, 393；20世纪晚期

的神道（late 20th century）669, 680, 712, 760, 762
神风特攻队（Kamikaze attacks）654, 761
神户（兵库县）（Kobe' Hyōgo）301, 305, 313, 331, 447, 488, 556, 560, 567, 572
神奈川（Kanagawa）278, 297, 316–317, 386, 417, 463, 469。另参见"横滨"条
神祇官（Office of Rites）340, 351
神武天皇（Jimmu, Emperor）249, 395, 458, 731
沈南萍（Shen Nan-p'in）90
生长之家（Seichō no ie cult）712
《圣彼得堡条约》（St. Petersburg, Treaty of）753
圣德太子（Shōtoku, Prince）191–192
圣方济各·沙勿略（St. Francis S.J. Xavier）5
胜海舟（Katsu Kaishū）305, 309, 318–319, 342, 363
胜小吉（Katsu Kokichi）107–108
盛冈（Morioka）245, 347
诗歌（Poetry）27, 70, 124, 164, 175–177, 205, 207
十五银行（Fifteenth [Peers'] Bank）454, 529, 534
辻达也（Tsuji Tatsuya）238
石本静枝（后改姓加藤）（Ishimoto [Katō] Shizue）555
石井四郎（Ishii Shirō）672
石桥湛山（Ishibashi Tanzan）644, 695, 707, 717–719
石田梅岩（Ishida Baigan）221–222
石田三成（Ishida Mitsunari）31
石原莞尔（Ishiwara Kanji）579–580, 582–583, 585–586, 597, 608, 620

石原慎太郎（Ishihara Shintarō）757
识字能力（Literacy）160, 163–164, 190, 209, 246, 403–404, 473–474
《史海》（Shikai）485
史汀生（Henry Stimson）516, 635, 662, 664
矢部贞治（Yabe Teiji）631
士族（前武士阶层）（Shizoku, former samurai）368–369, 379, 382, 384, 389, 398, 416, 453
《世界》（Sekai）705
市川房枝（Ichikawa Fusae）554
市川中三郎（Ichikawa Chūsaburō）173, 175
柿右卫门（Kakiemon ware）145
室町冷泉町（Renga poetry）167
室町时代（Muromachi era）161
笹川良一（Sasegawa Ryōichi）673
手岛堵庵（Teshima Toan）222
守护大名（Shugo daimyo）9
狩野派（Kanō school）25, 161, 179, 458, 479
狩野探幽（Kanō Tanyū）161
狩野永德（Kanō Eitoku）25–26, 167
书法（Calligraphy）161, 164
枢密院（日本）（Privy Council）393–395, 410, 413, 429, 451, 496–497, 508, 511, 528, 534, 543, 572, 640, 671
水户（Mito）62, 106, 109–110, 193, 247, 280, 286–287, 291, 295, 304, 323, 328, 350–351
水户德川家（Mito cadet line）34, 44, 47, 280, 285
水户学（Mito scholarship）203–205, 269, 280, 283, 286, 301, 326
水野忠邦（Mizuno Tadakuni）253–254, 256, 270, 273–274, 279
水俣（Minamata）711, 744

索 引

顺治（Shun-chih）90
司戴德（Willard Straight）450
司马江汉（Shiba Kōkan）476
私塾（Shijuku, private academies）188–189, 403
斯巴鲁（富士重工）（Subaru, Fuji Heavy Industries, Ltd.）731
斯大林（Joseph Stalin）625, 657
斯蒂芬·柯林斯·福斯特（Stephen Collins Foster）475
斯蒂芬·瓦拉斯托斯（Stephen Vlastos）365
四国（Shikoku）18, 30, 51, 142, 336
《四国公约》（Four Power Treaty）520
四天王寺（Shitennōji temple）168
寺岛宗则（即松木弘安）（Terajima Munenori, Matsuki Kōan）93, 321
寺内正毅（Terauchi Masatake）501–503, 517, 593
寺子屋（*Terakoya*, temple schools）58, 189, 238, 403
松坂屋（Matsuzakaya）170
松本清张（Matsumoto Seichō）559
松本蒸治（Matsumoto Jōji）670
松本重治（Matsumoto Shigeharu）657, 664
松代（Matsushiro）288–289
松方正义（Matsukata Masayoshi）371–373, 375–377, 380–381, 393, 400, 406, 409, 412, 419, 421, 426, 429, 454, 498, 530, 606, 695
松冈洋右（Matsuoka Yōsuke）453, 578, 585, 625, 632–635, 649, 673
松井石根（Matsui Iwane）622, 672
松木弘安（寺岛宗则）（Matsuki Kōan, Terajima Munenori）93, 321
松平春岳（松平庆永）（Matsudaira Shungaku, Keiei）296, 299, 304, 338, 346

松平定信（Matsudaira Sadanobu）47, 201, 228, 241–244, 248, 251, 253, 263, 288
松平容保（Matsudaira Katamori）300, 329
松平氏（Matsudaira family）55, 134, 288, 330
松平秀康（Matsudaira Hideyasu）55
松平元康（Matsudaira Motoyama），参见"德川家康"条
松前（Matsumae）129, 258, 261–262
松山（Matsuyama）234
松尾芭蕉（Matsuo Bashō）164, 176–177, 200
松竹艺能（Sōchiku Girls Opera Company）571
宋朝（Sung dynasty）161, 192, 195–196, 199–200, 202
苏联（Soviet Union）：20世纪初（early 20th century）519, 521, 523, 561, 577, 579–580, 587–589, 595–596, 604, 608, 613, 616–617, 619–620, 622– 623；第二次世界大战（World War II）625, 627–628, 633, 635, 640, 656–660, 666–667, 673；冷战时期（cold war period）681, 684–685, 692, 701–703, 705, 708, 719, 721–722, 753, 756, 763–764。另参见"俄国"条
苏珊·汉利（Susan B. Hanley）225, 455
速水融（Hayami Akira）116, 225–226, 228
孙中山（Sun Yat-sen）437, 440–441, 513–515, 523, 543, 545, 554, 604, 623
蓑田胸喜（Minoda Mineki）547
索尼（Sony Corporation）688, 729
索铁罗（Luis Sotelo）76
锁国（*Sakoku,* closed country）79, 87, 91–95, 674

T

台北（Taipei）540

台湾（Taiwan）5, 19, 66, 68, 73, 88, 368, 423–424, 462；日本的侵吞（Japanese annexation of）433–434, 438, 446–447；20世纪初（early 20th century）512, 532, 555, 578, 586, 610–611, 651, 655, 669；20世纪末（late 20th century）701–703, 733, 753–755

台湾银行（Bank of Taiwan）534, 672

太夫（Tayū）180–181

太阁检地（Taikō Survey）22

太平天国运动（Taiping Rebellion）271, 317

太平洋战争（Pacific War），参见"第二次世界大战"条

太宰春台（Dazai Shundai）202–203

太宰治《斜阳》（Dazai Osamu: The Setting Sun）710

太政官（Dajōkan）346, 392

泰国（Thailand）66, 68, 87, 275, 513, 638, 755

汤森·哈里斯（Townsend Harris）279, 283–285, 289, 301, 314, 327

唐纳德·基恩（Donald Keene）456, 654–655

唐纳德·罗登（Donald Roden）539

《塘沽协定》（T'angku Truce）596, 615, 619, 621, 626

桃山城（伏见城）（Momoyama castle）26

桃山时代风格（Momoyama style）65, 167

陶瓷（Ceramics）27, 70–71, 89–90, 145, 162–163, 458, 573

特别高等警察（Special Higher Police）506–507, 563, 645

藤村操（Fujimura Misao）549

藤田东湖（Fujita Tōko）106, 286, 288

藤田幽谷（Fujita Yūkoku）106

藤原镰足（Fujiwara no Kamatari）100–101

藤原氏（Fujiwara family）3, 18, 24, 101

天保年间（1830–1844）（Tenpō era, 1830–1844）225–226, 247–253, 256, 270, 279, 372, 450, 489, 553

天草四郎（Amakusa Shirō）77

天海（Tenkai）201

天皇：将权力授予幕府大将军（Emperors: powers granted to shoguns）3–5；丰臣秀吉的相关政策（Hideyoshi's policy toward）24；德川时期（Tokugawa period）36, 62, 97–101, 125, 284–285, 295–297, 301–303, 310, 331–332, 336；神性神话（divinity myth）96, 204, 339–340, 669；明治时期（Meiji period）334, 336–337, 339–340, 343–345, 371–372, 379, 392–394, 398, 414–415, 452, 590, 760；20世纪初（early 20th century）495, 590, 658–661, 668–670, 759–761；20世纪晚期（late 20th century）680–681, 683–686, 700, 759, 761–763，还可参见各天皇的条目

天皇《人间宣言》（Imperial Rescript on divinity）339

《天津会议专条》（Tientsin Agreement）426, 430–431

天理教（Tenrikyō cult）712

天明年间（1781–1789）（Tenmei era, 1781–1789）225, 240–241, 489

天宁岛战役（Tinian, battle of）649–650

天台宗僧人（Tendai monks）12

天文方（Astronomy Bureau）265

天羽英二（Amō Eiji）596

天照大神（日神）（Amaterasu Ōmikami, Sun Goddess）100, 162, 204, 207–208, 217, 249, 337, 350, 395, 402, 483

索 引

天主教（Catholicism）28, 60, 65–68, 74–75, 78–79, 88–89, 216, 360, 385, 467, 645。另参见"基督教"条
田代和生（Tashiro Kazui）69
田口卯吉（Taguchi Ukichi）484–485
田原（地名）(Tawara)，参见"浓尾平原"条
田沼意次（Tanuma Okitsugu）240–242, 244, 254, 261
田中不二麿（Tanaka Fujimaro）406
田中角荣（Tanaka Kakuei）717–718, 721–723, 726, 740–741, 754
田中讷言（Tanaka Totsugen）329
田中休愚（Tanaka Kyūgu）139
田中义一（Tanaka Gi'ichi）450, 502–503, 505, 507, 509–511, 515, 524–527, 534–535, 546, 562–563, 567, 579, 593–595, 606, 676–677, 760
铁俊甫（Isaac Titsingh）84, 211
铁路（Railroads）374, 569, 571–572, 740–742, 758
《铁炮记》（Teppō-ki）7–8
通产省（Ministry of International Trade and Industry）727, 729, 731, 745
通货膨胀（Inflation）373, 376, 555, 559, 566, 607, 690, 727
同盟国占领（Occupation, Allied）568, 666–674, 676–709, 711, 713, 733, 745, 747, 761
同文会（Dōbun association）437
同志社大学（Dōshisha University）321, 462–464, 467
同治（T'ung-chih）363
筒井政宪（Tsutsui Masanori）318
偷袭珍珠港（Pearl Harbor attack）626, 634, 641, 643, 647–649, 655, 662–664, 668, 707

头山满（Tōyama Mitsuru）604–605, 644
土佐藩（Tosa）22, 51–53, 100, 104–105, 114, 117, 129, 131, 142–144, 148, 151, 154, 160, 195, 227, 234, 245, 285, 290, 323, 327, 333, 353, 368–369, 377, 382, 387, 389, 462–463, 510, 675, 677；对抗德川政权（antagonism toward Tokugawa rule）251, 297–298, 301；明治维新期间的角色（role in Meiji Restoration）303–305, 308–312, 329, 334, 336–338, 340, 342, 344–347, 351；明治时期的重要地位（importance during Meiji period）371, 379–380, 389, 393
土佐堀（Tosabori）169
土佐派（Tosa school）1, 26, 161, 179
团琢磨（Dan Takuma）584, 605–606
托马斯·C. 史密斯（Thomas C. Smith）48, 113, 226, 228, 376, 558–559
托马斯·格洛弗（Thomas B. Glover）316, 320
托马斯·肯皮斯（Thomas à Kempis）：《效法基督》（Imitation of Christ）28
托马斯·拉蒙特（Thomas Lamont）536
托马斯·莱克·哈里斯（Thomas Lake Harris）402, 407
托马斯·罗伦（Thomas Rohlen）749
托马斯·马尔萨斯（Thomas Malthus）224–225
托马斯·沙洛（Thomas Schalow）534
托马斯·斯坦福·莱佛士（Thomas Stanford Raffles）264

W

瓦版（Kawaraban, news broadsheets）324–325
瓦西里·格罗宁（Vasillii Golovnin）《日本

幽囚记》(Narrative of a Captivity) 260
外国奉行 (Commissioner for Foreign Countries, gaikoku bugyō) 279
《外国人土地法》(美国) (Alien Land Laws, U.S.) 522
外务省 (Ministry of Foreign Affairs) 390, 436, 453, 511, 525, 528, 563, 578, 581–582, 584, 593, 596–597, 600, 640, 675, 679, 692–693, 753
外样大名 (Tozama domains) 38, 40, 42–43, 47, 50, 54, 59–60, 96, 106, 130, 148, 227, 231, 242, 285, 331
丸桥忠弥 (Marubashi Chūya) 117
丸山真男 (Maruyama Masao) 191, 198, 337
《万朝报》(Yorozu chōhō) 441
万福寺僧人 (Manpukuji monks) 88, 162
《万叶集》(Manyōshū anthology) 205
汪精卫 (Wang Ching-wei) 623–624, 628, 630, 633, 636
汪直 (Wang Chih) 5
王阳明 (Wang Yang-ming) 223, 248
王政复古运动 (Fukko movement) 328–329, 457–459, 473
"往来" (Ōrai manuals) 166
《望厦条约》(Wangshia, Treaty of) 275
威尔·亚当斯 (日名"三浦按针", Will Adams) 67, 72–73, 75
威海卫 (Weihaiwei) 432, 438
威廉·格里菲斯 (William Griffis) 346–348, 352
威廉·凯利 (William W. Kelly) 740
威廉·克拉克 (William S. Clark) 465
威廉·詹宁斯·布赖恩 (William Jennings Bryan) 516
威廉二世 (William II) 273–274, 280

威尼斯 (Venice) 64–65
《威斯特伐利亚和约》(Westphalia, Treaty of) 67, 79
伪满洲国 (Manchukuo) 492, 516, 536, 584, 586–590, 596, 604, 608, 613, 615, 620, 627, 657, 673
尾崎行雄 (Ozaki Yukio) 373, 382–383, 401, 416–417, 419, 428, 454, 500–501, 503–504, 508– 509, 520, 561, 579, 646, 697
尾崎秀实 (Ozaki Hozumi) 635
尾藤正英 (Bitō Masahide) 125
尾张 (Owari) 11, 52, 104, 107, 131, 285, 304, 334, 348
尾张德川家 (Owari cadet line) 34, 44
卫三畏 (S. Wells Williams) 277
慰安妇 (Ianpu, "comfort women") 656
魏兰德 (Francis Wayland):《道德科学之要素》(Elements of Moral Science) 404
魏源 (Wei Yüan) 270–272;《圣武记》(Sheng-Wu Chi) 271
温琴佐·拉古萨 (Vincenzo Ragusa) 477
文部省 (Ministry of Education) 351, 357, 403, 405–406, 467, 472, 475–476, 485, 492, 541, 547, 550, 552, 601, 612, 675, 680, 750, 753, 763
《文官任用令》(Civil Service Appointment Ordinance) 453
文化年间 (1804—1818) (Bunka era, 1804—1818) 244–247
文久年间 (1861—1864) (Bunkyū era, 1861—1864) 296, 303
"文明开化" (Bunmei kaika slogan) 457, 460–463, 473
文政年间 (1818—1830) (Bunsei era, 1818—1830) 244–247

索引　　　1057

倭寇（*Wakō* pirates）4–6, 8, 66
沃尔特·惠特曼（Walt Whitman）319
巫女（*Miko,* female mediums）220
屋敷（*Yashiki* estates）147–150, 153–154
五街道（Gokaidō highways）134
五日市町（Itsukaichi）383–386, 389, 404, 417
五十铃汽车（Isuzu Motors）731
《五条御誓文》（Charter Oath）334, 337–342, 350, 355, 359, 377, 389, 411, 458, 468, 474, 489, 669–670, 761
武家诸法度（Code for the Military Houses, *Buke shohatto*）56–57, 100, 108, 129, 229, 709–710
武士（Samurai）：其形成（emergence of）8；战斗中的传统角色（traditional role in battle）12, 319–320, 330；织田信长的武士政策（Nobunaga's policy toward）14；丰臣秀吉的武士政策（Hideyoshi's policy toward）21–23；德川政权下的武士（under Tokugawa rule）38–39, 48, 50, 52–53, 56, 60, 77, 93, 101–111, 113, 115–118, 124, 130, 140, 143, 147, 149–150, 152–154, 157, 159–161, 163, 166, 169–170, 180–182, 184–186, 188–189, 193–194, 198, 203, 221, 225, 229–230, 237, 241, 243–246, 251, 255, 261, 271, 280, 284, 289, 293, 295, 298, 303–305, 309, 317, 322, 324, 327, 330, 399；明治时期（under Meiji rule）334, 346–347, 349, 364–365, 368–369, 372–373, 377, 473。另参见"乡士""浪人""士族"条目
武士道（*Bushidō* code）103, 203, 221, 261, 399, 487–488
武市瑞山（Takechi Zuisan）297–298, 303, 309, 327, 572
武田氏（Takeda）9, 29
武阳隐士（Buyō Inshi）246
戊辰战争（Boshin [Restoration] War）312, 329, 334, 354, 368

X

西安事变（Sian Incident）616–617, 620
西班牙（Spain）5, 24, 28, 65–67, 72–76, 78, 80, 94, 436
西本愿寺（Nishi Honganji temple）12, 26
西伯利亚（Siberia）516–517, 521, 594, 722
西川祐信（Sukenobu）179
西村茂树（Nishimura Shigeki）406
西南战争（Satsuma Rebellion）369–370, 372–376, 379, 398, 481, 483, 597, 604
西田几多郎（Nishida Kitarō）550–551, 553, 618；《善的研究》（*Study of the Good*）550
西田税（Nishida Zei）599
西尾末广（Nishio Suehiro）718
西乡从道（Saigō Tsugumichi）396
西乡隆盛（Saigō Takamori）311, 331, 342–343, 346–348, 361, 363–364, 369–371, 377, 379, 390, 396–397, 424
西行（Saigyō）176
西园寺公望（Saionji Kinmochi）360, 372, 382, 419, 423, 444, 451–452, 454, 497–500, 503, 514–515, 519, 577, 581, 583, 591–593, 598, 617–619, 629, 675–676
西周（Nishi Amane）320, 322, 333, 473–474
希特勒（Adolf Hitler）622, 625
《膝栗毛》（*Hizakurige*）479
戏剧（Theater）24, 27, 118, 123, 131–132, 161, 163, 181–186, 475

戏作风格（Gesaku style）229, 241
细川护熙（Hosokawa Morihiro）717, 722, 724, 726, 729, 734, 764
细川藤孝（Hosokawa Yūsai）27
细井平洲（Hosoi Heishu）221, 489
虾夷（Ezo）参见"北海道"条
下村治（Shimomura Osamu）691
下关（Shimonoseki）82, 141, 252–253, 303, 314, 320, 325
《下关条约》（Shimonoseki, Treaty of）432–434, 436, 514, 531–532
下田（地名）（Shimoda）278–279, 283, 289
夏目漱石（Natsume Sōseki）457, 479–482, 489, 493–494；《心》（Kokoro）481–482, 550
仙台（Sendai）2, 76, 105, 234, 238, 258, 261–263, 336, 384, 540
县（Prefectures, ken）346, 348–349, 367–368, 414
宪兵（Kenpei, military police）645, 657
宪政党（Kenseitō party）423
宪政会（Kenseikai party）502, 504–505, 507–510, 524, 562, 593
乡士（Gōshi samurai）52–53, 225
乡校（Gōkō, village schools）189
相乐总三（Sagara Sōzō）343
相泽三郎（Aizawa Saburō）597
香港（Hong Kong）315, 438, 733, 755
香西泰（Kōsai Yutaka）730
享保年间（1716–1736）（Kyōhō era, 1716–1736）198, 225, 237–240, 253
消费主义（Consumerism）569–572, 574, 742–743
小村寿太郎（Komura Jūtarō）436, 450
小关三英（Kozeki San'ei）268

小矶国昭（Koiso Kuniaki）580, 591, 614, 650–651, 673
小津安二郎（Ozu Yasujirō）713
小林一三（Kobayashi Ichizō）571
小崎弘道（Kozaki Hiromichi）464
小泉八云（原名"拉夫卡迪奥·赫恩"，Lafcadio Hearn）97, 126, 480
小田氏（Oda family）29
小田原（Odawara）18, 30, 85
小西行长（Konishi Yukinaga）5, 7, 29
小野梓（Ōno Azusa）381
小渊惠三（Obuchi Keizō）717–718, 722, 724
小早川秀秋（Kobayakawa Hideaki）34
《小作调停法》（Tenancy Conciliation Law）567
《孝经》（Classic of Filial Piety）160
孝明天皇（Kōmei, Emperor）284–285, 293, 295–297, 300, 307, 324, 327–328, 331–332, 337
谢尔登·加龙（Sheldon Garon）562, 683
心学（Shingaku movement）221–222
新岛襄（Niijima Jō）321, 462–464, 467–468
新町（Shinmachi district）180
新渡户稻造（Nitobe Inazō）465–466, 519, 522, 538, 550, 553, 585；《武士道》（Bushidō）487–488, 539；《我是如何成为基督徒的》（How I Became a Christian）466
新妇人协会（New Woman's Association）554
新加坡（Singapore）647, 662, 733, 755
新教（Protestantism）65–66, 79–80, 274, 360, 462–468, 645。另参见"基督教"条.
新井白石（Arai Hakuseki）32, 70–71, 92, 193–195, 198, 201, 482
新桥（Shinbashi district）569

索 引　　　　　　　　　　　　　　　　　　　　　　　　　　　　　　　　　　　　　1059

新人会（Shinjinkai society）544–548, 552, 554
新人会（Shinjinkai society, New Man Society）544–548, 552, 554
新宿（Shinjuku district）569
《新闻法》（Newspaper Law）570
新潟（Niigata）148, 301, 723, 740
新秩序运动（New Order[Shin taisei] movement）623–624, 626, 630–632, 663, 674
星亨（Hoshi Tōru）383, 418, 420–421, 451
兴业银行（Industrial Bank）529
幸德秋水（Kōtoku Shūsui）491–492, 504–505, 552, 572, 602
熊本（Kumamoto）27, 63, 130, 346, 348, 369, 404, 463–465, 468, 470, 543, 724, 740, 744
熊野（Kumano）218–219
熊泽蕃山（Kumazawa Banzan）217, 248, 263
修史局（Historiographical Bureau）483–486
修学院（Shūgakuin garden）166
修验道（Shugendō Buddhism）219–220
须惠村（Suye Mura）740
绪方贞子（Ogata Sadako）748
绪方竹虎（Ogata Taketora）719
学问所（Shōheikō academy）201–202, 243–244, 278, 483
《学制》（Fundamental Code of Education）402–403, 406
雪舟（Sesshū）176
血盟团（Ketsumeidan, Blood Brotherhood Band）584, 601–602
殉情（*Shinjū*, double suicide）183–184
《殉情大鉴》（*Great Mirror of Love Suicide, Shinjū ōkagami*）184

Y

鸦片战争（Opium War）270–271, 512, 589
雅尔塔会议（Yalta Conference）657
雅加达（旧称"巴达维亚"）（Jakarta, Batavia）65, 73, 75, 82–85, 264
雅科夫·马利克（Jacob Malik）657
雅乐（*Gagaku* music）475–476
亚当·克鲁森斯特恩（Adam Johann von Krusenstern）267
亚历山大一世（Alexander I）260
延安（Yenan）615–617, 619
延历寺（Enryakuji temple complex）12, 16, 216
岩波茂雄（Iwanami Shigeo）550; "日本资本主义发达史讲座"系列丛书（*Nihon shihon hattatsushi kōza*）611
岩波书店（Iwanami publishing company）705
岩仓具视（Iwakura Tomomi）300, 311–312, 334, 340, 346–348, 351–352, 355, 358, 361–363, 371–372, 375, 377, 379, 382, 385, 388–390, 392, 462–463, 467, 475, 483, 485, 675
岩龟楼（Gankirō）317
岩崎弥太郎（Iwasaki Yataro）374
岩清水（Iwashimizu）218
岩佐又兵卫（Iwasa Matabei）179
盐谷宕阴（Shionoya Tōin）271–273
彦根（Hikone）281
耶稣会传教士（Jesuit missionaries）5, 14–19, 25, 28–29, 66–67, 74, 165, 208
野坂参三（Nozaka Sanzō）689, 722
野村吉三郎（Nomura Kichisaburō）634–635, 637, 640–641
野间清治（Noma Seiji）570

野野村仁清（Nonomura Ninsei）162
野中兼山（Nonaka Kenzan）52
叶夫菲米·瓦西里耶维奇·普提雅廷（Evfimii Vasil'evich Putiatin）278, 283
一高（第一高等学校）（Ichikō Special Higher School）538–540
一进会（Ilchinhoe society）444–445
一揆（Ikki protests）235–236
一桥德川家（Hitotsubashi cadet line）44, 46–47, 282, 284–285
一向宗（Ikkō Buddhism）79, 216
伊达政宗（Date Masamune）2, 76
伊达宗城（Date Munenari）364
伊东巳代治（Itō Myōji）390–391, 528
伊朗（Iran）589, 732
伊曼努尔·康德（Immanuel Kant）540, 551
伊能忠敬（Inō Tadataka）260–261, 267
伊势（Ise）12
伊势神宫（Ise shrine）100, 140, 162, 206, 217–219, 249, 337, 353–355, 402, 410, 485, 487
伊索（Aesop）28, 164
伊藤博文（Itō Hirobumi）320, 335, 348, 356, 358, 371, 375–376, 379, 381, 389–396, 399–400, 402, 406, 410, 412–413, 418–423, 426, 429–430, 432, 434, 439, 443–445, 450–452, 497–498, 671
伊藤东涯（Itō Tōgai）196, 217
伊藤整（Itō Sei）642
伊万里烧（Imari ware）70–71, 90
伊泽修二（Izawa Shūji）474–475
医学（Medicine）124, 210–214, 244
以赛亚·伯林（Isaiah Berlin）551
以色列（Israel）750, 757
义和团运动（Boxer Rebellion）438, 487

义理（Giri, obligations）183–184
艺伎（Geisha）182, 568
役（Yaku services）125
《易经》（Book of Changes, I Ching）89, 194, 269
益田孝（Masuda Takashi）478
意大利（Italy）4, 28, 64–65, 76, 335, 453, 577, 613, 622, 625, 633, 651, 670
阴阳（Yin/yang）211
音乐（Music）474–476
银座（Ginza district）569, 571–572
隐元（Ingen）88–89
隐元（Yin Yüan, Ingen）88
印度（India）2, 5, 19, 66, 73, 75, 87, 209, 442, 706
印度尼西亚（Indonesia）5, 64–66, 73, 75, 82–85, 264, 608, 628–629, 636, 638, 665, 755
应仁之乱（Ōnin War）4–5, 8
英格兰（England），见"英国"条
英国（Great Britain）92–94, 264–265, 300, 335, 363, 384, 428–429, 431, 438, 454, 467, 501, 516, 535–536, 618；对日贸易（trade with Japan）5, 65–67, 72–75, 80, 94, 301, 313–316, 375；英国研究（study of）266–268, 319–320, 348, 358, 360–361, 374, 379, 381–382, 397, 460；对华贸易（trade with China）270, 273–275, 283–284；炮轰鹿儿岛（shelling of Kagoshima）303–304, 308, 325, 475；英日同盟（alliance with Japan）439, 442, 445, 487, 514–515, 519–520, 690, 704；与日本的侵华战争（and Japanese war in China）623–626；第二次世界大战（World War II）625–626, 634, 636–638, 641, 655–657, 660, 662,

索 引

664, 666–667；战后的对日占领（postwar Occupation）676, 681–682
英国东印度公司（British East India Company）67, 72–75, 78, 270
樱会（Cherry Blossom Society）580, 582
永井荷风（Nagai Kafū）643–644
永田铁山（Nagata Tetsuzan）596–597
永野修身（Nagano Osami）638–639
由井正雪（Yui Shōsetsu）117–118
由利公正（Yuri Kimimasa）338, 348
犹太人（Jews）645
友爱会（Yūaikai society, Friendship Society）559–560
友爱会（Friends of Constitutional Government）559–560
有吉佐和子（Ariyoshi Sawako）711
有马氏（Arima）76
有栖川宫炽仁亲王（Arisugawa, Prince Taruhito）299, 337, 369, 381
有田（Arita）163
有田八郎（Arita Hachirō）616
有泽广巳（Arisawa Hiromi）612, 614–615, 691, 694
右大臣（Minister of the Right）346
与谢芜村（Buson, Yosa Buson）90
与谢野晶子（Yosano Akiko）711
宇和岛藩（Uwajima）364
宇野宗佑（Uno Sōsuke）717–718
宇垣一成（Ugaki Kazushige, Kazunari）579–581, 583, 593–595, 599–600, 616, 623
宇治（地名）（Uji）88, 161–162
羽田孜（Hata Tsutomu）717, 722, 724
雨森芳洲（Amenomori Hōshū）71–72, 89
玉松操（Tamamatsu Misao）334, 351
御前会议（Imperial Conferences）590, 636–638, 640, 650
御师（Oshi, circuit priests）218–219
裕仁天皇（Hirohito, Emperor）330, 334, 339, 495, 507；战前时期（prewar years）526–527, 563–564, 579, 583, 590, 592–593, 598, 618；"二战"期间（during World War II）629, 635–636, 638–639, 656, 659–662, 664, 668–670, 673；战后时期（postwar years）680–681, 685, 700, 759–763
元老院（Genrōin）379, 382, 390, 428
元禄年间（1688—1704）（Genroku era, 1688–1704）45–46, 99, 175–188, 198–199, 205, 219, 224, 236, 479, 731
元田永孚（Motoda, Eifu）405–406, 410
袁世凯（Yüan Shih-k'ai）426, 430, 514–515, 543
原城（Hara castle）77, 80
原敬（Hara Takashi, Kei）451, 498–499, 501–503, 509, 511, 518, 521, 524, 533, 535, 578, 593, 606, 640, 741
原子弹爆炸（Atomic bombs）658–659, 664
原子能部门（Atomic Energy Bureau）744
源氏幕府大将军（Minamoto shogunate）3–4, 34–35
源田实（Genda Minoru）647, 662–663, 707
远东国际军事法庭（International Military Tribunal for the Far East）626, 659, 668, 672–673, 761
约翰·J. 史蒂芬（John J. Stephan）259
约翰·布朗利（John S. Brownlee）486, 493
约翰·布林（John Breen）459
约翰·道尔（John W. Dower）655
约翰·恩布里（John Embree）740
约翰·福斯特·杜勒斯（John Foster Dulles）701–702, 753

约翰·豪斯（John F. Howes）465
约翰·赫伊津哈（Johan Huizinga）456, 472
约翰·霍尔（John W. Hall）37, 106
约翰·穆勒（John Stuart Mill）380
约瑟夫·道奇（Joseph M. Dodge）695–696, 699, 716
约瑟夫·格鲁（Joseph Grew）658, 663, 687
越后屋（Echigoya textile store）119
越南（Vietnam）87, 608, 628–629, 635–638, 640
越南战争（Vietnam War）756
越前藩（Echizen），参见"福井藩"条

Z

早稻田大学（Waseda University）408, 485, 545
择捉岛（Etorofu Island）722, 753, 758
增上寺（Zōjōji temple）150, 216
渣甸洋行（后改名"怡和洋行"）（Jardine, Matheson & Company）316
札幌（Sapporo）465, 468, 540
斋藤实（Saitō Makoto）591–592, 596–597, 600, 606
詹姆士·杜立特（James Doolittle）648
詹姆斯·W. 怀特（James W. White）61, 232–235
詹姆斯·贝尔纳斯（James F. Byrnes）658–659
詹姆斯·赫伯恩（James Hepburn）463, 467
詹姆斯·克劳利（James B. Crowley）596
詹姆斯·麦考什（James McCosh）538
詹姆斯·麦克莱恩（James McClain）151–152
战俘（Prisoners of war）655–656
战国时代（Sengoku era）5, 9, 11, 22, 29, 37, 42, 50–51, 57, 111, 113, 117–119, 126, 139, 142, 158, 161–162, 192, 336, 455
战国时代（Warring States period）5
战后问题研究会（Research Bureau for Postwar Problems）692
张伯伦（Neville Chamberlain）664
张学良（Chang Hsüeh-liang）580, 582, 596, 615–617
张作霖（Chang Tso-lin）524–527, 563, 579–581, 593, 760
漳州（Changchow-Ch'uanchow）88
昭和时代（1926–1989）（Shōwa era, 1926–1989）495, 591, 598, 603–605, 611, 614, 716
昭和天皇（Shōwa, emperor），参见"裕仁"条
昭和研究会（Shōwa Research Association）611, 613, 618, 630, 635, 691
朝仓敏景（Asakura Toshikage）172
《朝日画报》（Asahi Graph）569, 572–573, 607
朝日平吾（Asahi Heigo）533
《朝日新闻》（Asahi shinbun）437, 480, 544, 559, 587, 644
沼间守一（Numa Morikazu）383
折田彦市（Orita Hikoichi）538
浙江（Chekiang）88
贞秀（Sadahide）317
珍妮弗·威森菲尔德（Gennifer Weisenfeld）572
真木和（Maki Izumi）327
真崎甚三郎（Mazaki Jinzaburō）595, 597-599, 603
真言宗（Shingon Buddhism）219
征兵法（Conscription Law）366

征税（Taxation）：封建时期（feudal period）8–10, 22–23, 30；明治时期（Meiji period）22, 343, 345, 365–367, 372, 421–422, 447；德川时期（Tokugawa period）42, 49–51, 53–56, 111, 113, 125, 135, 138, 225, 227–228, 230, 235–237, 239, 243, 251；20世纪晚期（late 20th century）691, 729

正仓院（Shosōin storehouse）17

正亲町天皇（Ōgimachi, Emperor）13–14, 17

郑成功（又称"国姓爷"）（Cheng Ch'eng-kung, Koxinga）5

政教社（Seikyōsha press）472

政事总裁（Seiji sōsai, Supreme Councillors）299, 304

《政体书》（Seitaisho）341–342

政友会（Seiyūkai party, Friends of Constitutional Government））422–423, 450–451, 497–498, 500–503, 505, 507–510, 515, 518, 523–524, 527, 534–536, 561–563, 567, 581, 584, 592–594, 629, 677

支仓常长（教名为"菲利普·弗朗西斯科"）（Francisco, Philip [Hasekura Tsunenaga]）76

芝（地名）（Shiba district）150–151

知恩院（Chion'in temple complex）167

织田信长（Nobunaga）11–18, 21, 24, 26–29, 31, 33, 37, 85, 117, 129, 139, 161, 168, 216

《职工事情》调查报告（Shokō jijō survey）557

植木枝盛（Ueki Emori）382

志士（Shishi activists）327–328, 344, 693

《治安警察法》（Peace Police Law）505, 554, 560

《治安维持法》（Peace Preservation Law）506–507, 546, 562–563, 635, 645, 677

秩父宫雍仁亲王（Chichibu, Prince Yasuhito）330, 604

秩父郡（Chichibu district）386

秩父郡（Saitama）386

中曾根康弘（Nakasone Yasuhiro）717, 721, 725–726, 728, 759

中村隆英（Nakamura Takafusa）536, 606

中村正直（号敬宇）（Nakamura Masanao, Keiu）461–462；《西国立志编》（Saikoku risshi hen）461

中国（China）2–3, 28, 93–94, 96, 128, 140, 226, 232, 263, 268, 279, 319, 466, 545, 569, 686, 698, 737；中日贸易（Japanese trade with）4, 8, 19–20, 59, 63–64, 68–69, 75, 79, 81, 87, 91, 168, 252；欧洲在华利益（European interest in）5, 65–66, 73, 82, 260, 266, 270–275, 283–285, 313, 316–317；对日本的影响（influence on Japan）11, 26–27, 32, 39, 45–46, 70, 87–90, 92, 99–100, 103, 160–166, 188–194, 198–215, 217–218, 238, 262, 286, 328, 335, 365, 380, 385, 392, 413, 457–459, 469–470, 483–484, 494, 550；德川幕府的对华政策（Tokugawa policy toward）85–92；明治时期的对华政策（Meiji policy toward）363–364, 394, 413, 423–426, 430–433, 447–448, 450, 452–454, 487–488；中日甲午战争（Sino-Japanese War）420–421, 424, 430–436, 441, 455, 471–472, 478, 487, 497, 531, 560, 641；20世纪初（early 20th century）511–526, 531–532, 534–535, 563, 676；20世纪30年代侵华战争（1930s war with Japan）577–624, 626–628, 631, 646, 655, 669, 706, 760, 763；第二次世界大战（World War II）625–634, 636–642, 646,

649, 655–657, 660, 664–667, 674；20世纪晚期（late 20th century）681, 702–704, 706, 718, 722, 725, 727–728, 733, 753–756, 760, 763, 765

中国东北地区（Manchuria）：日本在中国东北地区的利益（Japanese interest in）433, 437–441, 450；日本对中国东北地区的投入（Japanese involvement in）512, 514–516, 524–526, 536；日本侵占中国东北地区（seizure by Japan）577–590, 592, 595–597, 604, 606, 608, 610–611, 613–615, 618–620, 672。另参见"伪满洲国"条

中江藤树（Nakae Tōju）192–193, 248

中江兆民（Nakae Chōmin）356, 382

中津（Nakatsu）105–106, 124

中井正清（Nagai Masakiyo）119

中山道（Nakasendō highway）482

中山伊知郎（Nakayama Ichirō）691

中途岛战役（Midway, battle of）648, 664

《中央公论》（Chūō Kōron）570, 643

《中庸》（Doctrine of the Mean）160

《忠臣藏》（"Treasury of Loyal Retainers", Chūshingura）185–186

《终战诏书》（Imperial Rescript on surrender）659–661

种子岛（Tanegashima）5, 7, 67

种子岛时尧（Tanegashima Tokitaka）7–8

众议院（House of Representatives），参见"国会"条

重宝记（Chōhōki）166

重光葵（Shigemitsu Mamoru）718

重庆（Chungking）623–624, 636

《重要产业统制法》（Important Industries Control Law）607

重野安绎（Shigeno Yasutsugu）483–484, 486, 493, 547

周朝（Chou dynasty）128

周恩来（Chou En-lai）617

轴心国同盟协议（Axis Pact）453, 633–635, 638, 649, 662

朱可夫（Georgi Zhukov）628

朱熹（Chu Hsi）192–193, 196, 199–201, 221, 243, 248

株（Kabu, shares）116, 151

猪木正道（Inoki Masamichi）408

竹内纲（Takeuchi Tsuna）675

竹内好（Takeuchi Yoshimi）706

竹添进一郎（Takezoe Shin'ichi）425

竹下登（Takeshita Noboru）717–718

《主妇之友》（Shufu no tomo）570

住友（商号）（Sumitomo merchant house/company）120, 124, 377

筑波（Tsukuba）304

"转向"潮（Tenkō movement）609–613

庄内藩（Shōnai）59, 231

庄园（Shōen estates）8–9, 11

紫式部《源氏物语》（Murasaki Shikibu: Tale of Genji）207, 711, 765

自杀（Suicide），参见"切腹""殉情"条

自卫队（Self-Defense Forces）685, 701–707, 709, 711, 721, 725, 745, 757, 759。另参见"帝国陆海军"条目

自由党（Jiyūtō party, Liberal Party）380, 382–383, 386–387, 415–416, 418, 422, 428, 450, 561, 677, 716, 718, 721。另参见"自由民主党"条

自由民权运动（Freedom and People's Rights Movement, Jiyū-minken movement）380, 383–387, 400, 404, 437, 451, 469, 490–491, 499, 504, 512–513, 561, 572, 604, 675, 709

索 引　　1065

自由民主党（Liberal Democratic Party）712, 718–726, 728, 734, 744, 750, 764

宗家（对马藩藩主）（Sō family）69

宗教：德川时期（Religion: Tokugawa period）96–98, 187–189, 215–222；明治时期（Meiji period）210, 222, 349–355, 459, 463–468；20世纪晚期（late 20th century）712–713, 745, 751。另参见具体宗派的条目

宗祇（Sōgi）176

足利幕府（Ashikaga shogunate）4–5, 9–11, 13–14, 21, 24, 37, 45, 128, 161

足利义满（Ashikaga Yoshimitsu）4

足利义昭（Ashikaga Yoshiaki）13–14

最上德内（Mogami Takunai）260, 267

佐伯喜一（Saeki Kiichi）693

佐仓藩（Sakura）233, 283

佐仓惣五郎（Sakuma Sōgorō）233, 283

佐分利贞男（Saburi Sadao）581

佐贺藩（肥前藩）（Saga, Hizen）27, 70, 82, 102, 129, 142, 145, 162–163, 196, 251, 297, 463, 573, 644；明治维新运动中的角色（role in Meiji Restoration）308, 313, 318, 329, 337, 340, 344–347, 355–356, 368–369；明治期间的重要地位（importance during Meiji period）371, 373, 377, 379, 381, 389

佐久间象山（Sakuma Shōzan）271, 288–292, 305, 384；《省愆录》（"Reflections on My Errors"）289–292

佐藤爱之助（Ernest Satow）315, 331

佐藤荣作（Satō Eisaku）717, 720, 728

佐藤尚武（Satō Naotake）617

佐藤信渊（Satō Nobuhiro）577

佐野学（Sano Manabu）610

佐佐木高行（Sasaki Takayuki）347, 420

理想国译丛
imaginist [MIRROR]

001 没有宽恕就没有未来
　　　[南非] 德斯蒙德·图图 著

002 漫漫自由路：曼德拉自传
　　　[南非] 纳尔逊·曼德拉 著

003 断臂上的花朵：人生与法律的奇幻炼金术
　　　[南非] 奥比·萨克斯 著

004 历史的终结与最后的人
　　　[美] 弗朗西斯·福山 著

005 政治秩序的起源：从前人类时代到法国大革命
　　　[美] 弗朗西斯·福山 著

006 事实即颠覆：无以名之的十年的政治写作
　　　[英] 蒂莫西·加顿艾什 著

007 苏联的最后一天：莫斯科，1991年12月25日
　　　[爱尔兰] 康纳·奥克莱利 著

008 耳语者：斯大林时代苏联的私人生活
　　　[英] 奥兰多·费吉斯 著

009 零年：1945：现代世界诞生的时刻
　　　[荷] 伊恩·布鲁玛 著

010 大断裂：人类本性与社会秩序的重建
　　　[美] 弗朗西斯·福山 著

011 政治秩序与政治衰败：从工业革命到民主全球化
　　　[美] 弗朗西斯·福山 著

012 罪孽的报应：德国和日本的战争记忆
　　　[荷] 伊恩·布鲁玛 著

013 档案：一部个人史
　　　[英] 蒂莫西·加顿艾什 著

014 布达佩斯往事：冷战时期一个东欧家庭的秘密档案
　　　[美] 卡蒂·马顿 著

015 古拉格之恋：一个爱情与求生的真实故事
　　　[英] 奥兰多·费吉斯 著

016 信任：社会美德与创造经济繁荣
　　　[美] 弗朗西斯·福山 著

017 奥斯维辛：一部历史
　　　[英] 劳伦斯·里斯 著

018 活着回来的男人：一个普通日本兵的二战及战后生命史
　　　[日] 小熊英二 著

019 我们的后人类未来：生物科技革命的后果
　　　[美] 弗朗西斯·福山 著

020　奥斯曼帝国的衰亡：一战中东，1914—1920
　　　[美] 尤金·罗根 著

021　国家构建：21世纪的国家治理与世界秩序
　　　[美] 弗朗西斯·福山 著

022　战争、枪炮与选票
　　　[英] 保罗·科利尔 著

023　金与铁：俾斯麦、布莱希罗德与德意志帝国的建立
　　　[美] 弗里茨·斯特恩 著

024　创造日本：1853—1964
　　　[荷] 伊恩·布鲁玛 著

025　娜塔莎之舞：俄罗斯文化史
　　　[英] 奥兰多·费吉斯 著

026　日本之镜：日本文化中的英雄与恶人
　　　[荷] 伊恩·布鲁玛 著

027　教宗与墨索里尼：庇护十一世与法西斯崛起秘史
　　　[美] 大卫·I. 科泽 著

028　明治天皇：1852—1912
　　　[美] 唐纳德·基恩 著

029　八月炮火
　　　[美] 巴巴拉·W. 塔奇曼 著

030　资本之都：21世纪德里的美好与野蛮
　　　[英] 拉纳·达斯古普塔 著

031　回访历史：新东欧之旅
　　　[美] 伊娃·霍夫曼 著

032　克里米亚战争：被遗忘的帝国博弈
　　　[英] 奥兰多·费吉斯 著

033　拉丁美洲被切开的血管
　　　[乌拉圭] 爱德华多·加莱亚诺 著

034　不敢懈怠：曼德拉的总统岁月
　　　[南非] 纳尔逊·曼德拉、曼迪拉·蓝加 著

035　圣经与利剑：英国和巴勒斯坦——从青铜时代到贝尔福宣言
　　　[美] 巴巴拉·W. 塔奇曼 著

036　战争时期日本精神史：1931—1945
　　　[日] 鹤见俊辅 著

037　印尼Etc.：众神遗落的珍珠
　　　[英] 伊丽莎白·皮萨尼 著

038　第三帝国的到来
　　　[英] 理查德·J. 埃文斯 著

039	当权的第三帝国
	[英]理查德·J. 埃文斯 著

040	战时的第三帝国
	[英]理查德·J. 埃文斯 著

041	耶路撒冷之前的艾希曼：平庸面具下的大屠杀刽子手
	[德]贝蒂娜·施汤内特 著

042	残酷剧场：艺术、电影与战争阴影
	[荷]伊恩·布鲁玛 著

043	资本主义的未来
	[英]保罗·科利尔 著

044	救赎者：拉丁美洲的面孔与思想
	[墨]恩里克·克劳泽 著

045	滔天洪水：第一次世界大战与全球秩序的重建
	[英]亚当·图兹 著

046	风雨横渡：英国、奴隶和美国革命
	[英]西蒙·沙玛 著

047	崩盘：全球金融危机如何重塑世界
	[英]亚当·图兹 著

048	西方政治传统：近代自由主义之发展
	[美]弗雷德里克·沃特金斯 著

049	美国的反智传统
	[美]理查德·霍夫施塔特 著

050	东京绮梦：日本最后的前卫年代
	[荷]伊恩·布鲁玛 著

051	身份政治：对尊严与认同的渴求
	[美]弗朗西斯·福山 著

052	漫长的战败：日本的文化创伤、记忆与认同
	[美]桥本明子 著

053	与屠刀为邻：幸存者、刽子手与卢旺达大屠杀的记忆
	[法]让·哈茨菲尔德 著

054	破碎的生活：普通德国人经历的20世纪
	[美]康拉德·H. 雅劳施 著

055	刚果战争：失败的利维坦与被遗忘的非洲大战
	[美]贾森·斯特恩斯 著

056	阿拉伯人的梦想宫殿：民族主义、世俗化与现代中东的困境
	[美]福阿德·阿贾米 著

057	贪婪已死：个人主义之后的政治
	[英]保罗·科利尔 约翰·凯 著

058　最底层的十亿人：贫穷国家为何失败？
　　[英] 保罗·科利尔 著

059　坂本龙马与明治维新
　　[美] 马里乌斯·詹森 著

060　创造欧洲人：现代性的诞生与欧洲文化的形塑
　　[英] 奥兰多·费吉斯 著

061　圣巴托罗缪大屠杀：16世纪一桩国家罪行的谜团
　　[法] 阿莱特·茹阿纳 著

062　无尽沧桑：一纸婚约与一个普通法国家族的浮沉，1700—1900
　　[英] 艾玛·罗斯柴尔德 著

063　何故为敌：1941年一个巴尔干小镇的族群冲突、身份认同与历史记忆
　　[美] 马克斯·伯格霍尔兹 著

064　狼性时代：第三帝国余波中的德国与德国人
　　[德] 哈拉尔德·耶纳 著

065　毁灭与重生：二战后欧洲文明的重建
　　[英] 保罗·贝茨 著

066　现代日本的缔造
　　[美] 马里乌斯·詹森 著